Für
mike larsel
18 · XII · 81
GIK

Das Glashaus

Studien zur Kunst des neunzehnten Jahrhunderts, Band 43
Forschungsunternehmen der Fritz Thyssen Stiftung
Arbeitskreis Kunstgeschichte

Georg Kohlmaier
Barna von Sartory

Das Glashaus

ein Bautypus
des 19. Jahrhunderts

Prestel-Verlag München

CIP-Kurztitelaufnahme der Deutschen Bibliothek

Kohlmaier, Georg:
Das Glashaus : e. Bautypus d. 19. Jh. /
Georg Kohlmaier ; Barna von Sartory. –
München : Prestel, 1981.
(Studien zur Kunst des neunzehnten
Jahrhunderts ; Bd. 43)
NE: Sartory, Barna von:

© Prestel-Verlag, München 1981
Gesamtherstellung: Passavia Passau
ISBN 3-7913-0506-9
ISSN 0081-7325

Inhalt

Einleitung

»Mit einem Lächeln zog der König den Vorhang beiseite. Ich war sprachlos, denn ich sah einen enormen Garten, angelegt in venezianischer Manier mit Palmen, einem See, Brücken, Pavillons und schloßartigen Gebäuden. Komm, sagte der König, und ich folgte ihm fasziniert wie Dante Vergil ins Paradies folgte.«

Maria de la Paz,
Beschreibung des Wintergartens König Ludwigs II., 1883

Das einen tropischen Garten überdeckende Glashaus ist ein realisierter Traum des 19. Jahrhunderts. Wie in jedem Traum so finden wir auch hier Bruchstücke des unbewältigten Tages verarbeitet, wobei Wirkliches und Mögliches sich unentwirrbar in einem bunten Bild vermischen.

Geträumt wurde die vollkommene Naturbeherrschung, anschaubar auf einer Insel, beschützt von Glas und filigranem Netzwerk des Eisens. Die wissenschaftliche Kontrolle der Naturprozesse als Grundlage der neu entstehenden Industrie des 19. Jahrhunderts war als greifbares Element, als tägliche Gewohnheit im Gewächshaus gegenwärtig: Die sorgfältig überwachte Kultur von Pflanzen entfaltete sich mit Hilfe von Glas, Eisen und Dampf. Das ephemere Element war, daß die Zähmung der Natur an exotischen Pflanzen demonstriert wurde und sie sich, anders als im Alltag, dem direkten profanen Nutzzweck entzog. Denn Naturbeherrschung war hier nur als Kunstwerk, als Bild anschaubar. Das Glashaus beherbergte ein nach Blüten duftendes und langsam wachsendes Gemälde – ein vergängliches Stilleben, das in sanfter Weise Lebensgesetze vorführte: Hier war der erhoffte Ort für die Versöhnung von Natur und Mensch. Die von Verwertung bestimmte Ökonomie des 19. Jahrhunderts schien hier außer Kraft gesetzt. Dies unterstrichen die – nach unseren Augen – ungeheure Verschwendung und der orientalische Luxus, die mit der Existenz des Glashauses verbunden waren: Die mühsam gezogene und gehegte Pflanzensammlung aus fernen Ländern überdeckte eine kostspielige Glas-Eisenkonstruktion und wurde durch einen aufwendigen, nie stockenden Betrieb am Leben erhalten. Riesige Geldsummen wurden ausgegeben, um ein Naturtheater aufzuführen. Jedoch: Von einer Welt der Notwendigkeit umgeben, erfüllte das Glashaus als Gegenstand der Ostentation ein allgemeines Bedürfnis, dessen Breite wir heute nur noch erahnen können. Dieses Bedürfnis ist aufs innigste mit der gesellschaftlichen Struktur des 19. Jahrhunderts verbunden. Das industrielle Wachstum führte zugleich zum Verlust der Natur, die eine deformierte Gestalt annahm: Sie trat zunehmend als Tauschwert auf. Im sozialen Druck der Großstädte wurde ›Grün‹ zu einer Mangelware, die man aufsuchen mußte. Der im 19. Jahrhundert entstehende Begriff vom ›Grün‹, der den der Natur ersetzte, beleuchtet das abstrakt gewordene Verhältnis der Großstadtmenschen zu ihrer Lebensquelle.

Die magische Wirkung, die von den Gewächshäusern ausging, bestand in der tropischen Pracht der Pflanzen ferner Länder, die Natur gleichsam am Ursprung ihrer Geschichte zeigte und zugleich die Ahnung vermittelte, daß mit dem Kolonialismus – der organisierten Naturausbeutung im Weltumfang – der Beginn einer Zerstörung unmittelbarer Verhältnisse auch in fernen Ländern einsetzte.

Um die Erinnerung an das Paradies – den allzeit gehegten Traumgedanken – zu retten, war es ein Gebot der Stunde, die Natur, wenn anders nicht möglich, so wenigstens als

Methapher, zu konservieren, indem man sie unter Glas stellte. Das Glashaus des 19. Jahrhunderts war ein Louvre, in dem Meisterwerke der Natur in Form von erlesenen Pflanzenexemplaren versammelt und für die Zukunft geschützt wurden. Wie in Galerien oder Bibliotheken stand ein Katalog zur Verfügung, in dem die Exponate nach Entstehungsort und Titel geordnet waren.

Paul Valéry hat die Museen mit den Wartehallen von Bahnhöfen verglichen, in denen der Abschied präsent ist. Die Wartenden sind die Bilder, die ihren ursprünglichen Zusammenhängen entrissen sind. Dies gilt auch für das Glashaus des 19. Jahrhunderts. Es war nicht nur in seinen Exponaten, sonders als Ganzes ein Kunstwerk, das Naturillusion vermittelte. Zugleich ist es einem Kraftakt der Industrie zu verdanken, die es ermöglichte, eine Beute – selten wie die antiken Pferde am Markusplatz – in die Großstadt zu verschleppen. So war der Raub auch inmitten des ästhetischen Arrangements gegenwärtig. Insofern gehörten die Gewächshäuser ganz dem Kulturbetrieb jener Zeit an, wo der Aufbau einer geschichtlichen Welt, die eigentlich schon Vergangenheit war, und keine Probleme der Gegenwart offerierte, die krude Wirklichkeit vergessen machen sollte. Der Mechanismus der Verdrängung erfüllte sich im Bildungsideal eines Publikums, das – wie im Museum die Kunstgeschichte –, hier die Botanik, Revue passieren ließ. Die Suggestion der Bilder wurde entschärft, indem der Betrachter ihnen mit Populärwissenschaft begegnete.

So sind die Gewächshäuser des 19. Jahrhunderts in ihrer verschwenderischen Üppigkeit zugleich Ort der Glückverheißung, wie auch des schlechten Gewissens, insofern die Demontage der Natur direkt hinter dieser Kulisse sich vollzog und das ersehnte Paradies in immer weitere Ferne rückte. Der Doppelcharakter des Gewächshauses bestimmte es zum Vorboten der großen Weltausstellungen, die eine Erfindung des 19. Jahrhunderts waren. Entlang eines Labyrinths von verschlungenen Kieswegen waren Pflanzen aus aller Welt ins beste Licht gerückt und, nach ›Erzeugerland‹, Arten und Gattungen geordnet, ausgestellt. In den großen botanischen Gärten zeigte sich im Schauwert der Pflanzen auch ihr Tauschwert: Die Pflanzen wurden direkt für den Verkauf gezüchtet und wanderten von hier in die privaten Wintergärten und in die bürgerlichen Wohnungen. Zugleich wurde in den botanischen Instituten Pflanzenkunde betrieben, um den Nutzwert der neuentdeckten Pflanzen zu ermitteln und sie dadurch der industriellen Verwertung zuzuführen.

In den öffentlichen Wintergärten, die sich einem sich amüsierenden Publikum öffneten, wurden nicht einzelne Pflanzen angeboten und geordnet, sondern eine Naturinszenierung wurde als Ganzes gegen Eintrittsgeld verkauft. Jede Kamelienblüte, die sich öffnete, trug zum Florieren des Vergnügungsetablissements bei. Daß die Rechnung aufging, zeigten die ab der Mitte des 19. Jahrhunderts auf der Basis von Aktiengesellschaften entstehenden monumentalen Wintergärten, die Tausende von Menschen zu gleicher Zeit versammeln konnten.

In den Weltausstellungen stellte sich die ganze Welt als Ware aus. Die Organisationsform des endlosen Weges, die Gruppierung von Objekten nach Erdteilen, das Prinzip der Mannigfaltigkeit, das Nebeneinander vom kleinsten bis zum größten, unscheinbarsten und mächtigsten, alltäglichsten und seltensten Gegenstand – dies alles, geordnet und arrangiert nach den Gesetzen der Ästhetik, wurde vom Gewächshaus entliehen. Dies war um so leichter möglich, da hier um die Jahrhundertmitte bereits alles formuliert vorlag. Dies ging so weit, daß selbst der Raum wie auch die Konstruktion des Gewächshauses übernommen und nach dem Zweck der allumfassenden Schaustellung von Industriegütern adaptiert wurde. Über den Weltbazar stülpte man das Glas-Eisendach eines Gewächshauses. Der Kristallpalast von Joseph Paxton, die Hülle der ersten Weltausstellung

1851, wurde von Zeitgenossen als ein Riesengewächshaus apostrophiert, in dem nun die Waren ihre Augen aufschlugen.

Mit dem bewußt verfolgten Hereinholen des flanierenden Publikums in die zur Schau gestellte Pflanzenwelt, wo der einzelne als anonymer Käufer eines Naturspektakels auftrat und sein Geld für eine organisierte Zerstreuung ausgab, wurde der Wintergarten zum frühen Verkünder der Vergnügungsindustrie, die im 19. Jahrhundert ihren Ursprung hat. Das allgemeine Bedürfnis nach einer Natur ›aus zweiter Hand‹ war durch die Großstadt und die Fabrik geschaffen. Die Industrie beeilte sich, die kommerzialisierbare Form der Befriedigung zu finden und bereitzustellen.

Natur als Machwerk, als Kunst zu genießen, ist zunächst ein Vorrecht der privilegierten Klassen, des Adels und der sich nobilitierenden Großbourgeoisie. Das Palmenhaus, der intime Wintergarten sind der Ort privater Aneignung eines Bildes, in das sich der Besitzende und dessen Freundeskreis versenken und sich in der Stille der Pflanzenwelt einschließen. Die Vergnügungsindustrie setzt der Kontemplation eines einzelnen die Zerstreuung einer bunt zusammengewürfelten Besuchermasse entgegen, die eine tropische Flora durchstreift und durch sie hindurch sich selbst anschaut und darin ihren Zeitvertreib findet. Dem stillen Glasschrein, in dem das Wohnen unter dem Kunsthimmel zelebriert wird, stellt sie den Versammlungsraum entgegen, der sich dem endlosen Pilgerstrom eines Vergnügen und Erholung suchenden Volkes öffnet.

Das Aktienkapital verwirklicht die Demokratisierung des Naturgenusses in der Großstadt. Dies, indem es die Chance wahrnimmt, die von der Lohnarbeit sich abspaltende ›Freizeit‹ ebenfalls in die Sphäre der Verwertung einzubetten. Nicht mehr der König, sondern seine Majestät, das Publikum, persönlich, zieht den Vorhang zum Garten der Semiramis beiseite. Unter der ausgeweiteten Glasglocke der großen Wintergärten wurden in geradezu exzessiver Weise alle Vergnügungsarten konzentriert, die vorher in der Straße oder auf dem Boulevard einzeln aufgereiht waren und nacheinander aufgesucht werden mußten. Konzert, Revue, Theater, Café, Bibliothek, Kunstsammlung, Billard und Restaurant, Tanz und Feste und eine dies alles zusammenfassende panoramaartig wirkende Pflanzenwelt, unterstützt durch romantische Prospekte wie Fontänen, veritable Wasserfälle, von Galerien herabhängende Pflanzenkaskaden, wurden unter einem einzigen Dach vereinigt.

Alle Formen der Gewächshäuser, die ihre Existenz dem Bedürfnis nach Naturillusion verdanken, die großen und kleinen Palmenhäuser, Greenhouses, Conservatories, die Wintergärten des zurückgezogen lebenden Privatmannes und der mächtigen Aktiengesellschaften, die ›Floren‹ und Kristallpaläste spiegeln gleichermaßen das Empfinden wie das rationelle Handeln des 19. Jahrhunderts. Sie sind mit dessen Ende wie das Trugbild einer Fata Morgana aus unserem Gesichtskreis verschwunden. Ohnehin glich die fragile Glas-Eisenkonstruktion dieser Bauten einer schimmernden Seifenblase, die den Atem der Zeit nicht überdauert und zerplatzt. Naiv und zugleich bewundernswert erscheint uns heute das Unterfangen jener Zeit, die Ferne dadurch einzuholen, daß man Gegenstände weite Reisen antreten ließ – in unserem Falle die in feuchte Tücher gehüllten Palmen – und sie als Triumph der Naturbeherrschung im Glashaus ausstellte.

Dies erscheint desto eigentümlicher, als wir heute eine Fluchtbewegung in entgegengesetzter Richtung antreten. Durch den organisierten Massentourismus wird jetzt der Mensch zu den von ihm begehrten Schauplätzen geliefert. Doch durch die Reise kann er sein Ziel nicht einholen, da die unberührte Welt, wie damals im Gewächshaus, ihm nur als Reservat, diesmal am authentischen Ort, entgegentritt. Fernsehen und Film erzeugen eine Nähe, die in Wirklichkeit eine unverbindliche Ferne ist. Der ersehnte Anblick der unschuldigen, nicht unterworfenen Natur, die eigene mit inbegriffen, rückt immer weiter aus dem Blickfeld. In diesem Sinne meinte Bertolt Brecht, daß unter der Sonne Kaliforniens alle Pflanzen ihr eigenes Preisschild trügen.

Das Gefühl, das die Gewächshäuser hervorgebracht hat, ist nicht mehr lebendig. Die Freude der Anschauung von Orientalia ist für uns, die wir an kräftige Reize gewöhnt sind, nicht mehr in ihrem damals gültigen Sinne nachvollziehbar. Einzig die Hülle aus Glas und Eisen, die jenen Gefühlen Raum gaben, sind gleich Fossilien einer ausgestorbenen Tierart – zum Teil beschädigt, zum Teil an vergessenem Ort überwintert – erhalten geblieben.

Die filigranen Konstruktionen, als realer Teil des Traums, stehen uns als Schattenriß des vergangenen frühen Industriezeitalters vor Augen und fordern ihre geschichtliche Deutung.

In der baugeschichtlichen Theorie der Gegenwart herrscht Einhelligkeit darüber, daß in den Eisenkonstruktionen des 19. Jahrhunderts sich das Bauen im industriellen Zeitalter in seiner technisch und ästhetisch avanciertesten Form widerspiegelt. Die Eisenkonstruktionen werden gegenüber den traditionellen Bauten aus Holz und Stein als eine qualitativ neue Stufe der Konstruktion und Raumkonzeption und insofern als die Grundlage für die moderne Architektur des 20. Jahrhunderts begriffen.

Dieses Urteil beruht auf der Erkenntnis, daß der Fortschritt in der Architektur nicht allein eine Frage der Raumform ist, sondern sich darin erweist, inwiefern die ihr zugrundeliegende Konstruktion den erreichten Stand der Produktivkräfte aufgreift und weiter vorantreibt. Eisen ist ein vollindustrialisierbares Konstruktionsmittel für Bauten und korrespondiert mit den Produktivkräften und damit mit den Gesetzen der Kapitalentwicklung der bürgerlichen Gesellschaft. Das Manufakturwesen der Feudalzeit, das die Technologie der Eisengewinnung und Verarbeitung vor allem für das Kriegswesen einsetzt, erweist sich als eine innere Schranke, Eisen für den Markt herzustellen und sich industriell zu organisieren. Dies durchzusetzen blieb der bürgerlichen Revolution vorbehalten. Somit tritt das Material Eisen relativ spät in die Geschichte des Bauens ein. Zugleich jedoch offenbart es sein neues Wesen, dessen Prinzip sich aus dem industriellen Produktionsprozeß ableitet: Eisen ermöglicht die massenhafte Herstellung von Bauteilen und somit deren Standardisierung und Normierung. Der Bauprozeß verlagert sich von der Baustelle in die Fabrik. Die Baustelle wird nurmehr zum Schauplatz der Montage. Handarbeit kann großteils durch Maschinenarbeit ersetzt werden. Die Materialeigenschaft des Eisens ermöglicht große Spannweiten bei geringem Querschnitt der Tragglieder – eine Ökonomie der Konstruktion, welche sich ebenfalls als eine Ökonomie des Raumes niederschlägt: Es entstehen Räume neuer Größenordnung, in welchen die Tragkonstruktion einen verschwindend kleinen Teil des Raumvolumens einnimmt; Räume in Form offener und weiter Hallen, anpassungsfähig an wechselnde Funktionen und Nutzungen.

Die ökonomischen und technischen Voraussetzungen, die der Eisenbau in den Bauprozeß einbrachte, eröffneten mit dessen Industrialisierung zugleich einen neuen Horizont der Verwertung. Nicht mehr einzelne Bauteile wie Balken, Pfosten, Türen, Tapeten usw., sondern der Bau als Ganzes kann als Fabrikware produziert und am Markt angeboten werden. Die ökonomische Grundlage dafür ist meist nicht mehr Einzel-, sondern Aktienkapital, das sich in großen und weitverzweigten Unternehmen verkörpert.

Im Eisenbau ist die Entwicklung von Konstruktionstypen, letztlich sogar von Bautypen bzw. Bausystemen, folgerichtig. Ein extremes Beispiel sind dafür Fertigbauten oft in Gestalt mehrstöckiger Häuser. Sie wurden bereits um die Mitte des 19. Jahrhunderts über Katalog in großer Auswahl angeboten. In der Tat verkörpert der Eisenbau die erste Etappe der im 19. Jahrhundert beginnenden tiefgreifenden Umwälzung der Bautechnik, welche ihrerseits Ausdruck einer allgemein wirksam werdenden technischen Revolution war. Er eröffnete der Architektur neue konstruktive, funktionelle und gestalterische Möglichkeiten im Zusammenhang mit Bauaufgaben, deren Verwirklichung die industriell sich organisierende Gesellschaft des 19. Jahrhunderts forderte: Die Anwendung des Baustoffes Eisen blieb nicht bei der Unterwanderung der traditionellen Steinarchitektur stehen. Sie verkörperte sich in Bauten, die von diesem Material nicht mehr nur nebenher, sondern strukturell bestimmt waren: Brücken- und Fabrikbauten, Lagerhäuser, Bahnhöfe, Passagen und Warenhäuser, Markthallen, Industrie- und Ausstellungsbauten.

Diese mit der allgemeinen technischen Entwicklung verbundenen Bauten sind in großer Zahl entlang der Verkehrsstraßen und in den Zentren der Großstädte erstanden. Ihre Bedeutung für Produktion und Warenaustausch sowie ihre von der herkömmlichen Architektur abweichende Erscheinungsform bewirkten, daß diese Bauten bereits für die Zeitgenossen im Mittelpunkt der Betrachtung und kritischen Diskussionen standen. Vor allem ab 1900 hat die Baugeschichte sich diese als Vorläufer moderner Zweckarchitektur begriffenen Eisenbauten als Gegenstand ihrer Untersuchung gewählt. Ab der Mitte des 19. Jahrhunderts bereits haben sich die Bau- und Konstruktionslehren z. T. eingehend und detailliert mit diesen Großbauten befaßt.

Neben diesen großen Eisenbauten entstanden, von der Baugeschichte beinahe unbeachtet, im Laufe der industriellen Revolution Gebäude, die gemäß ihrer inhaltlichen Bestimmung völlig transparente, lichterfüllte Hallen bildeten. Es waren dies Gewächshäuser, Bauten, die für den Zweck, Pflanzen, vor allem des tropischen und subtropischen Klimas, zu kultivieren, zu konservieren oder auszustellen, meist abseits vom Großstadtbetrieb, in Parks oder botanischen Gärten, errichtet wurden. Diese Glas-Eisenkonstruktionen bildeten eine geschlossene Klimahülle, und machten es dadurch möglich, innerhalb von Großstädten eine fremde, exotische Welt, bestehend aus tropischen und subtropischen Pflanzen, einzufangen. Glashäuser entwickelten sich zu geräumigen Wintergärten, in welchen sich das Bürgertum des 19. Jahrhunderts vor dem Hintergrund der Pflanzen begegnen und vergnügen konnte. So entstanden neben Palmen-, Orchideen-, Farn-, Wasserlilienhäusern usw. gesellschaftliche Treffpunkte in Form von Wintergärten, ›Flora‹-Bauten, Vergnügungsetablissements mit Konzert, Theater, Restaurantbetrieb, überdeckt von weitgespannten Glas-Eisenkonstruktionen. In ihrer größten Ausbildung erreichten manche Glashäuser die Dimension von Ausstellungsbauten und bildeten als transitorische Räume deren Vorform. Der Kristallpalast in London von Paxton überspannte die Bäume des Hyde Parks mit einer Glas-Eisenkonstruktion. Zuvor war sie in den Pflanzenhäusern von Chatsworth erprobt worden.

Gewächshäuser bestehen in ihrer vollendeten Ausbildung vom Scheitel bis zum Boden aus Glas und Eisen. Sie werden fast ausschließlich aus diesen beiden, im 19. Jahrhundert als hochindustriell zu bezeichnenden Materialien gebildet. Deshalb sind sie – mit Ausnahme der Eisenbrücken – strenger an den Entwicklungsstand der fortgeschrittensten Bautechnologie gebunden, als die übrigen Bautypen. Die aus der Bauaufgabe entstehende Notwendigkeit, völlig transparente, weitgespannte Hellräume zu schaffen, in welche die Sonnenstrahlen allseits ungehindert einfallen können, führte zur Entwicklung von Filigrankonstruktionen, die in ihrer extrem feingliedrigen Ausbildung in der Geschichte der Eisenkonstruktion unübertroffen sind.

Mit Beginn der industriellen Revolution wurden die Gewächshäuser zu Protagonisten in der geschichtlichen Entwicklung der Glas-Eisenbauten im 19. Jahrhundert. Ein wesentlicher Faktor dafür war, daß die Mehrzahl der Glashäuser als Nutzbauten für Pflanzen zunächst nicht für den dauernden Aufenthalt von Menschen konzipiert worden waren. Die Ausbildung ihrer Konstruktions- und Raumform konnte sich daher z. T.

unabhängig von den Bauvorschriften und den ästhetischen Prinzipien des 19. Jahrhunderts auf einem gleichsam exterritorialen Gelände der Architektur entfalten. Das angestrebte Ziel weitgespannter Glasflächen und Gewölbe konnte in reiner Ausrichtung auf den Zweck verfolgt werden, Pflanzen zu kultivieren und auszustellen.

Die erstaunliche Tatsache der Sonderstellung der Gewächshäuser, vor allem im Laufe der ersten Hälfte des 19. Jahrhunderts, nicht nur in der Entwicklung der Glas-Eisenkonstruktionen, sondern in der Bautechnik überhaupt, war zu einem nicht geringen Teil darin begründet. Die Orientierung an der Pflanzenwelt bewirkte nicht nur die durchsichtige Ausbildung der Außenhaut, sondern auch die Lösung des Problems eines künstlichen Klimas. Dies sollte später, im 20. Jahrhundert, zu einer Art Naturbedingung für die Arbeit und das Wohnen der Menschen werden. Man denke an den Curtain Wall und die Klimaanlage, die die Anpassung an ein Leben unter einer Glasglocke ermöglichten.

Die z. T. tropischen Innengärten der Gewächshäuser benötigen zu ihrer Existenz eine vollkommene Nachahmung ihrer natürlichen Bedingungen wie Sonnenlicht, Wärme, Beschattung, Tau, Regen und Windbewegung, eine Klimatisierung also im weitestgehenden Ausmaß und anpaßbar an die jeweilige Besonderheit der Pflanzen, die auf das Empfindsamste auf die Einhaltung ihrer Naturbasis ausgerichtet sind. So kommt es bei der Schaffung jenes künstlichen, feucht warmen Klimas besonders auf die Konstanz desselben an. Das Glashaus als Klimahülle, welche die Landschaft eines tropischen Gartens zu überdecken hat, forderte diesem Zweck nachkommend nicht nur eine filigrane weitgespannte Konstruktion aus Glas und Eisen, die in ihrer Form und Ausbildung auf maximalen Sonneneinfall ausgerichtet war, sondern auch einen gegenüber anderen Bauten höher entwickelten technischen Apparat, vor allem der Heizung, Befeuchtung und Lüftung, zur Herstellung jener zweiten Natur.

Die besonderen bautechnischen wie auch bauphysikalischen Probleme waren bestimmend dafür, daß diese Glas-Eisenbauten von Anbeginn an primär zum Aufgabenbereich von Ingenieuren und nicht von Architekten im eigenen Sinne gehörten. An Pflanzenhäusern – früher als an Bahnhofshallen – wurden die ersten Experimente zur Fertigung und Konstruktion derartiger Bauten durchgeführt. Pflanzenhäuser werden zum frühen Schauplatz einer Reihe technischer Erfindungen, und diese trugen, in enger Wechselwirkung, zu den in der Bautechnik sich jeweils verkörpernden Produktivkräften, zur Revolution des industriell orientierten Bauens bei. Gußeiserne und schmiedeeiserne Tragkonstruktionen finden hier ihre für spätere Ingenieursbauten richtungweisende Formulierung in Form von Konstruktionstypen, welche, um Masse zu sparen, jeweils aufs äußerste verfeinert wurden. Hier wurden die großen technischen Probleme industrieller Serienfertigung genormter Bauteile und ihrer Montage früher als woanders gelöst. Probleme der Dichtung großer verglaster Flächen, der Heizung und Lüftung großer Hallen stellten sich hier in neuer Qualität und forderten ihre technische Bewältigung.

Die an dieser Bauaufgabe gewonnenen Erfahrungen im industrialisierten Bauen ermutigten die frühen Konstrukteure, sie im größeren Maßstab, vor allem an den Glas-Eisenbauten der Ausstellungen, Bahnhöfe und Glaspassagen, anzuwenden. Umgekehrt finden wir eine Rückwirkung dieser Großkonstruktionen auf die Ausbildung des Glashauses im Laufe des späten 19. Jahrhunderts. Die verschlungene Kette des Austausches experimenteller Konstruktionserfahrung und wissenschaftlich fundierter Bautechnik ist nicht nur in der geschichtlichen Entwicklung der Glas-Eisenkonstruktionen, sondern in der personalen Geschichte des Werkes einzelner Konstrukteure konkret nachweisbar. John Claudius Loudon, Richard Turner, Sir Joseph Paxton, Charles Rohault de Fleury, August von Voit, Hector Horeau, Alphonse Balat sind dafür die bekanntesten Beispiele. An der Bauaufgabe des Gewächshaus- und Ausstellungsbaues wird zugleich die Trennung des

Arbeitsfeldes von Architekt und Ingenieur deutlich. Während die Architekten sich, gemäß ihrer akademischen Ausbildung, den Repräsentationsbauten und den herkömmlichen Materialien zuwenden, erhalten in dieser Bauaufgabe auch Baudilettanten die Chance, Konstruktionen nach ingenieursmäßigen Prinzipien zu planen und zu bauen.

Paxtons Londoner Kristallpalast stellte in der Weltausstellung von 1851 mit seinem Riesenkörper aus Glas und Eisen die technische Revolution des Bauens vor Augen, welche in aller Stille und in unscheinbarer Gestalt zu einem nicht geringen Teil im Gewächshausbau vorbereitet worden war.

Die radikale Ausrichtung des Glashausbaues auf filigrane Konstruktionen aus Glas und Eisen in Erfüllung des ganz singularen Zweckes, dem Licht und der Sonne allseits Einlaß zu verschaffen, bewirkte zugleich einen Wendepunkt in der architektonischen Ästhetik. Dem Glashaus kam es in der Ausbildung seiner ästhetischen Formensprache zugute, daß es selbst dann, wenn es repräsentativ sein wollte, sich als Zweckbau nicht zu verleugnen brauchte. Fern vom akademischen Zugriff der Architekten entstanden Ingenieursbauten, die in ihrer Gestalt ihren Zweck propagieren konnten. Mit dem Glashaus entstand historisch erstmals der absolute Hellraum, »ein Raumvakuum und doch Haus«, die Negation der konventionellen Steinarchitektur, welche in mimetischer Darstellung der Lastfunktion ihrer hierarchisch aufgebauten Glieder einen massiven Riegel zwischen Außen und Innen bildete. »Keine Schönräumigkeit, von gezieltem Licht durchflutet, kein Gegensatz von zusammengeballten und aufgeballten Massen, von Schatten und Licht, keine Schmuckformen – nur gleichmäßige Helle.«[1] Der Raum wird nur durch den Raster einfacher gleicher, additiv zusammengestellter Konstruktionsteile bestimmt, die als ein feines, fast körperloses Netzwerk eine quasi unendliche Perspektive nach außen eröffnen.

Die Notwendigkeit großer geschlossener, nur durch das Netzwerk der Eisensprossen und Spanten gegliederter und bis zum Boden reichender Glasflächen und Glasgewölbe begünstigte die Ausbildung des Glashauses in den einfachsten geometrischen Formen: Aus Kubus, Pyramide, Kegel, Zylinder, Halb- und Viertelkugel etc. zusammengestellt, sind die Glashäuser eine in ihrer Einfachheit und ästhetischen Wirkung elementare Erscheinung in der Baugeschichte des 19. Jahrhunderts. Das Glas erhielt als Material in diesen Formen eine historisch neue ästhetische Qualität: teils sich in vielen Reflexen spiegelnd, teils völlig durchscheinend, den Blick auf eine exotische Pflanzenwelt freigebend, entmaterialisierte es den Bau und gab ihm jene Leichtigkeit und Eleganz, welche bereits von den Zeitgenossen mit staunender Bewunderung wahrgenommen wurde.

Die konventionelle Stilarchitektur des Historismus im 19. Jahrhundert kann man als ästhetische Antithese zu den herrschenden, industriell entfalteten Produktionsbedingungen auffassen. Ihre Ästhetik entstand durch die Entwicklung eines selbständigen dekorativen Apparates, welcher die eigentliche Konstruktion eher verhüllte, als darstellte.

Am Glashaus sind alle Konstruktionsglieder mit dem Auge ablesbar. Neben den Pflanzen sind die Elemente der Konstruktion selbst ausgestellt und insofern zugleich ästhetisch zu rezipieren. Konstruktionsform, Raumform und Ornament sind nicht mehr getrennt und verselbständigt. Ihr Zusammenwirken ermöglicht es, den architektonischen Aufbau schlagartig zu begreifen: »Nichts ist da, was nicht bis in das kleinste Detail sofort verstanden werden kann.«[2] In der Ausstellung der Konstruktion als selbstverständliches Manifest einer ihr immanenten Ästhetik in Verbindung mit dem Aufbau nach einfachsten geometrischen Formen wirkt das Glashaus des 19. Jahrhunderts heute als eine utopische Antizipation der Avantgarde-Architektur des frühen 20. Jahrhunderts.

Zusammenfassend läßt sich sagen, daß das Gewächshaus in der Entwicklungsgeschichte des Ingenieurbaues in Glas und Eisen einen wichtigen Platz einnimmt. In der konsequenten Verfolgung der Bauaufgabe, einen möglichst vollkommenen Hellraum zu schaffen, hat es sich im Laufe des 19. Jahrhunderts das Gewächshaus als Bautypus nicht nur in Raum- und Konstruktionsformen mit eigener geschichtlicher Kontinuität verwirklicht, sondern gleichzeitig Impulse für den Fortschritt des eisernen Hochbaues gegeben. Als Experimentierfeld früher vorgefertigter und typisierter Eisenkonstruktionen wurde es zum Wegbereiter einer neuen Architektur und Ästhetik; in seinen Tragwerken und Glasfassaden verkörpert sich die im 19. Jahrhundert einsetzende, tiefgreifende Umwälzung der Bautechnik und des Raumbegriffs durch die Industrialisierung in oft geradezu kompromißloser Radikalität.

Um so erstaunlicher ist die Tatsache, daß wir in der neueren Literatur zum Thema des Glashauses diesen Zusammenhang zwar manchmal angedeutet, nicht jedoch systematisch erforscht und dargestellt finden.[3] Im Unterschied dazu sind in den zeitgenössischen Abhandlungen zu den frühen, englischen Gewächshausbauten, vor allem in den Schriften von John Claudius Loudon (1817, 1818) und Charles McIntosh (1853) wichtige Hinweise zur Konstruktion eiserner Gewächshäuser zu finden. In dem 1842 erschienenen Werk von M. Neumann zum Thema ›Glashäuser‹ sind einzelne englische, französische und niederländische Gewächshausbauten veröffentlicht worden. Das Gewicht liegt auf ihrer technischen Ausrüstung, vor allem der Heizung und Lüftung. Auf die Tragwerkstruktur wird nicht eingegangen. Ähnliches gilt für das Buch von Carl David und Julius Bouché (1886), wo Vor- und Nachteil der Anwendung des Eisens nur in Hinblick auf dessen physikalische Eigenschaften erörtert werden. Im ›Handbuch der Architektur‹ wird erstmals 1893 ein Überblick über den Stand des Gewächshausbaues gegen Ende des 19. Jahrhunderts gegeben, ohne daß dabei die Konstruktion zu einer gesonderten Darstellung gelangt wäre. Alfred Gotthold Meyer (1907), Hermann Jordan und Eugen Michel (1913), mit der Ästhetik der Eisenbauten des 19. Jahrhunderts befaßt, sind die ersten Autoren, die seit der Zeit der industriellen Revolution der Eisenkonstruktion von Gewächshausbauten ihre Aufmerksamkeit wieder zuwenden. Anhand von einigen Einzelbeispielen beschreiben sie diese als Grundtypen von Hallenbauten. In den dreißiger Jahren des 20. Jahrhunderts beschäftigten sich Hans Pfann (1935) und Arnold Tschira (1939) mit dem Thema des Gewächshausbaues: Beide Arbeiten setzen sich jedoch fast ausschließlich mit der Vorgeschichte des eisernen Gewächshausbaues auseinander. Einen wichtigen Einzelbeitrag zum Verständnis des Gesamtwerkes von J. Paxton hat George F. Chadwick in seinem Buch ›The works of Sir Joseph Paxton‹ (1961) geliefert, wobei die Glashäuser in Chatsworth ausführlicher beschrieben werden: Den Zusammenhang der Entwicklung der Glasindustrie mit der des Gewächshaus- und Ausstellungsbaues beleuchten Raymond McGrath und A. C. Frost in ihrer Untersuchung ›Glass in Architecture and Decoration‹ (1937). Erwähnt sei schließlich die wichtige Arbeit von John Hix ›The Glass House‹ (1974), in welcher eine Kulturgeschichte des Gewächshauses und der Treibhausgärtnerei gegeben wird.

In keiner dieser erwähnten Schriften zum Gewächshausbau des 19. Jahrhunderts wird die Bedeutung der Gewächshausbauten als Ingenieurbauten mit spezifischen Raum- und Tragwerksformen erfaßt und deutlich gemacht. Diese Lücke zu schließen, ist ein Ziel des vorliegenden Buches. Zu belegen gilt, was A. G. Meyer schon 1907 verkündete: »Der Ursprung aller Architektur aus Eisen und Glas im Sinne der Gegenwart ist das Gewächshaus.«[4]

Darüber hinaus wird der Versuch unternommen, auch das sozialutopische Moment zu erörtern, das mit der Entwicklung des Glashauses verknüpft ist: die Herstellung eines ›künstlichen Paradieses‹, dessen Idee sich in diesen Bauten konkretisiert. Sie verweist auf die Dialektik, daß die allgemeine Geschichte der Menschen immer nur Teil der Naturgeschichte sein kann; daß Natur wiederum erst dann ihre wahrhafte und wirkliche Gestalt gewinnt, wenn sie – durch künstliche Eingriffe – menschlich wird. Gleichzeitig wird mit dem durchgrünten Glashaus des 19. Jahrhunderts eine sich nach ihren eigenen Gesetzen richtende Gesellschaft entworfen. Der technisch und wissenschaftlich gerüstete Mensch sollte seine Welt nicht mehr als bloßen ausbeutbaren Rohstoff, sondern als eigenen, ins Universum verlängerten Leib begreifen. Die industrielle Entwicklung vermochte freilich nicht, diese Utopie anders als in der entfremdeten Form der Ware einzulösen.

Das Glashaus, ein Mythos des 19. Jahrhunderts

> »Passez en revue, analysez tout ce qui est naturel ... vous ne trouverez rien que d'affreux. Tout ce qui est beau et noble est le résultat de la raison et du calcul.«
>
> Charles Baudelaire, Curiosités esthétiques, 1859/60

Das Natürliche des Künstlichen – zum Naturbegriff im Zeitalter der Maschine

Das Glashaus des 19. Jahrhunderts ist der Spiegel des neuen Naturverhältnisses der Großstadtmenschen. Es ist der Point de vue für die Zusammenfassung all dessen, was durch die Technik jener Zeit erreichbar war. Angesichts der Domestizierung der Pflanzenwelt und der Tiere ferner Länder unter dem Schirm von Glas erschien der Mensch als höchste Entwicklungsstufe im Darwinschen Sinne. Zugleich eröffnete sich im Bestaunen der ausgestellten Pflanzen die allgemeine technische Manipulierbarkeit der Natur, auch die des Menschen selbst.

Dem Blick des Besuchers wurde das Gewächshaus zum stillen Laboratorium, in welchem zunächst eine Versuchsreihe mit der nicht leidenden Kreatur – den Pflanzen – eingeleitet wurde. Damit öffnete sich zugleich der Türspalt zu neuen Experimenten – der Vivisektion, der Zerschneidung aus wissenschaftlichem Interesse und der Herstellung eines Golem oder Homunkulus, die Beseelung toter Materie mit Hilfe der Technik. So erklärt sich die Bewunderung für die Eroberung der Natur, die die Zeitgenossen jener grünen Inseln im Gewächshaus empfanden und die darin ein Pendant zum Bau der Cheopspyramide und zum Bau des Suezkanales zu sehen meinten. Mit der Ausbreitung des Botanisierens und Klassifizierens als Sonntagshobby des kleinen Mannes konnte jeder Philister sich als Meister Wagner fühlen, der die Unendlichkeit der Natur unter Glas eingefangen hatte. Wie es jener Zeit eigen war, mischte sich die rationale, pragmatische Betrachtung der Natur mit einem sentimentalen Gefühl, das aus dem Selbstmitleid dessen stammt, der die Natur nicht mehr unschuldig ansehen kann. Natur und Mensch hatten in der zweckorientierten Welt des Bürgertums ihre ihnen zugewiesene Rolle. Zugleich repräsentierte die Pflanze im Gewächshaus trotz ihrer Künstlichkeit in ihren Blüten eine eigene Zeit, die der organischen Welt, die, kaum entstanden, bereits ›Beute der Vergänglichkeit‹ wurde. In der Abgehobenheit des Gewächshauses hatten die Pflanzen den Aspekt des Nutzens verloren und offerierten sich dem Auge nur als Naturschönheit in erhabener und zugleich vergänglicher Gestalt. Daraus entsprang ein Gefühl der Rührung. Die auf einmal zweckentfremdete Pflanzenwelt wurde zum Schauspiel einer Unendlichkeit des Entstehens und Vergehens, vor der der Mensch, ähnlich wie vor großen Naturszenerien des Meeres oder eines Gebirges, sich nichtig vorkam. Er hatte fremdes Land betreten und sah in Verzückung den fernen Tropenwald unbekannter Kontinente. Er war in eine andere Zeit eingetreten.

So war das Gewächshaus zugleich Fluchtort vor der realen Zeit, die von der Politik des Tages erfüllt wurde. Inmitten der Großstadt eingebettet, wurde das Gewächshaus im Bereich eines Parks zum unerläßlichen Requisit von Rekreation und Entspannung, bewirkt durch Entlastungsbilder der Phantasie.

Man kann einen Zusammenhang zwischen den wachsenden, sozialen Spannungen in der ausufernden Großstadt des 19. Jahrhunderts und der Ausdehnung von Naturillusion in Form von Gewächshäusern, Parks und begrünten Boulevards rekonstruieren, die den sozialen Druck aufheben sollten. Nicht zufällig entsteht der erste öffentliche Wintergarten, das Glashaus im Regent's Park in London, 1846, und das erste Vergnügungsetablissement mit Pflanzen, der Pariser Jardin d'Hiver, 1848, in der Zeit sich zum Konflikt zuspitzender Klassengegensätze. Entsprechend entstanden in Deutschland Volkspaläste mit Palmen, die zahlreichen ›Floren‹, in der Zeit des ›Gothaer Programms‹ und der Sozialistengesetze. Die Verbindung von Natur und Politik zeigt die Ausbreitung des ›strategischen Grüns‹ in den Großstädten der zweiten Jahrhunderthälfte, ein Vorgang, der mit dem Wirken von Georges-Eugène Haussmann und James Hobrecht auf der einen Seite und von Gräfin Dohna-Poninski und Lord Rosebery auf der anderen Seite verbunden wird. Der Einsatz des Grüns hatte stets eine moralisch-sittliche Intention, die ›Hebung der arbeitenden Klasse‹ und deren Friede mit den Arbeitsbedingungen. In diesem Sinne war Naturillusion in der Großstadt stets auch Gesellschaftsillusion. Die Landschaftsgärten en miniature, die Haussmann als grüne Lunge von Paris anlegen ließ, erfüllten diese Funktion. »Sie waren für den Spaziergänger gedacht, für den Arbeiter an seinem Feierabend, für den Sonntagsbummler, der ihnen entlang frische Luft schöpfen konnte wie ein Fürst, der beschaulich durch seine Besitzungen wandelt.«[5]

Natur konnte in der Großstadt des 19. Jahrhunderts nur mehr als künstliche Natur, als Produkt des Menschen genossen werden. Die Natur als solche war nicht natürlich. Sie hatte keinen Charakter, erst der Blick des Städters verlieh ihr einen. Oscar Wilde vermittelt in der Gestalt des Vivian den Begriff einer artifiziellen Natur, der für die Naturbetrachtung des späten 19. Jahrhunderts bezeichnend ist. Darin spricht sich die Empfindung des ironischen Dandys aus, dessen Nährboden einzig die Großstadt und deren treibhausartig entwickelte Zivilisation ist. Durch den Dunst seiner Zigarette betrachtet er die Landschaft als einen fremden, ja feindlichen Ort, dem er ausgeliefert ist, wenn er ihn nicht als einen Ausschnitt – als Bild – durch das Fenster, von seinem bequemen Fauteuil aus erlebt.

»Die Natur ist aber so unbequem. Der Rasen ist hart und bucklig und feucht und wimmelt von schrecklichem Ungeziefer. Der schlechteste Arbeiter bei Morris macht dir eine bequemere Sitzgelegenheit, als die Natur es vermag... Ich beklage es nicht. Wäre die Natur wohnlich, dann hätten die Menschen nie die Architektur erfunden, und ich ziehe die Häuser dem freien Himmel vor. In einem Haus fühlen wir uns alle im richtigen Verhältnis. Alles ist uns untergeordnet, für uns und zu unserem Behagen eingerichtet. Selbst der Egoismus, der für ein gesundes Gefühl der menschlichen Würde so unentbehrlich ist, entsteht ganz und gar aus dem Leben im Hause. Außerhalb des Hauses werden wir abstrakt und unpersönlich. Wir verlieren unsere Individualität. Und außerdem ist die Natur so teilnahmslos, so verständnislos. Sooft ich hier im Park spazierengehe, fühle ich, daß ich ihr nicht mehr bedeute als das Vieh, das am Abhang weidet, oder die Klette, die im Graben blüht.«[6]

Um seine Distanz zur Natur theoretisch zu untermauern, läßt Oscar Wilde Vivian in Begriffen der deutschen idealistischen Philosophie reflektieren, wonach die Existenz der Außenwelt von der Vorstellungskraft des Individuums abhängt: »Denn was ist Natur? Die Natur ist keineswegs die große Urmutter, die uns gebar. Sie ist unsere Schöpfung. Es ist unsere Einbildungskraft, die sie beseelt. Die Dinge sind, weil wir sie sehen, und was wir sehen und wie wir sehen, hängt von den Künsten ab, die uns beeinflußt haben... Jenes weiße, zitternde Sonnenlicht, das man jetzt in Frankreich sieht, mit seinen seltsamen, malvenfarbigen Flecken und seinen unruhigen violetten Schatten, ist das neueste

1 Eugène Delacroix, Algerische Frauen im Harem, Gemälde, 1834, Paris, Louvre

Phantasiegebilde; und, im ganzen betrachtet, gibt die Natur es höchst bewundernswürdig wieder. Wo sie uns früher Corots und Daubignys gab, bietet sie uns jetzt erlesene Monets und entzückende Pissarros.« Allerdings gäbe es, so sinniert Vivian, wenig Anlässe, wo die Natur ganz modern werde. Meist erschöpfe sie sich in Wiederholungen, die langweilen. »Heutzutage spricht zum Beispiel kein wirklich Gebildeter mehr von der Schönheit des Sonnenuntergangs. Sonnenuntergänge sind ganz aus der Mode. Sie gehören einer Zeit an, da Turner noch tonangebend war. Sie zu bewundern, ist ein untrügliches Zeichen für einen provinziellen Geschmack.« Der Spaziergänger kommt zu dem Schluß, daß nur die Kunst sich selbst ausdrückt, die sichtbare Natur jedoch eine Nachahmung der Kunst ist. »Die einzigen Eindrücke, die sie uns bieten kann, sind die Eindrücke, die wir bereits durch die Poesie oder die Malerei kennen. Dies ist das Geheimnis für den Zauber der Natur und zugleich die Erklärung ihrer Schwäche.«

Der Städter im Industriezeitalter kann die Natur nicht mehr elementar erleben, sondern vermittelt durch seine eigene Existenzform. Der Dandy sieht die Natur von der Welt des Salons aus, wo vornehmlich die Kunst Mittelpunkt des gesellschaftlichen Lebens ist, ja das Leben zum Kunstwerk werden soll. Der Städter jener Zeit erkennt die Natur vom Endprodukt her – als Dandy vom Gemälde oder Gedicht, als Bourgeois von der Ware her. Die Ästhetik der Natur entsteht im Abstand von ihr, der hier durch den industriellen Produktionsprozeß hergestellt wird. Der Bauer betrachtet Natur zwar ebenfalls vom Endzweck, von der Ernte her, er ist jedoch, solange er seinen Pflug selbst führt, noch Teil der Natur. Die fehlende Distanz zu seinem Element ist der Grund, daß er niemals eine sentimentale Ästhetik seiner Welt entwickelt hat. Der Sonnenuntergang begeistert ihn nicht, noch langweilt er ihn. Diese Szenerie ist Teil seines Lebens. Er betrachtet sie nicht als Bild. Deshalb kann er sie nicht als mehr oder minder gelungen bezeichnen. Hingegen hat die Industrie die Sinneswahrnehmung des Großstädters verändert, indem sie, was er als Rohstoff aufgreift, als zweite Natur entstehen läßt. In diesem Verwandlungsprozeß werden eine Vielzahl von Mitteln – die Maschinerie der Arbeitswelt – zwischen dessen Ausgangspunkt und dessen Ende geschoben. Wildes Vorstellung, daß sich die Natur der Kunst angleiche, ist im industriellen Produktionsprozeß vorgezeichnet, der den Wunschtraum des 19. Jahrhunderts von Naturbeherrschung erfüllen soll. Fauna und Flora sollen sich im Sinne des höchsten Nutzeffektes der Form der Ware durch Zucht angleichen. Rückwirkend reflektiert der Städter unter dieser Form die Natur.

Dies ist das Geheimnis des Pilgerstromes des 19. Jahrhunderts in die städtischen Parks und Gewächshäuser, die die Blütezeit des nach Bildern komponierten Grüns darstellen. Dessen Erscheinung und ästhetische Rezeption prägen Industrie und Kunst. Die Pflanzen mußten den Bedingungen der Großstadt ebenso angepaßt werden, wie die Menschen. Dafür ist Grünplanung in der Ära Haussmann ein Beleg. »Die neu eingeführten Pflanzen waren winterharte, subtropische Arten, die Jean Alphand und seine Mitarbeiter entdeckt und in großer Vielfalt nach Europa gebracht hatten. Sie waren groß, kräftig und leicht ziehbar … und zeichneten sich durch rasche Anpassung und große Vielfalt ihres Blätterwerkes aus oder … waren leicht aus Samen ziehbar und wuchsen üppig in guter Erde. Charakteristisch für sie alle war es, daß ihre enormen Blätter und die Größe ihres Wachstums schon aus weiterer Entfernung als gewöhnlich erblickt wurden, so daß sie nicht verschwanden, wenn sie in weite Rasenfläche gepflanzt wurden.«[7]

Das um 1800 beliebte ›Bilderwerfen‹ – das Gruppieren von Personen nach einem Meisterwerk der Malerei – wiederholte sich in den Gewächshäusern in Form eines Pflanzenarrangements, die orientalische Bilder von Eugène Delacroix, Alexandre Gabriel Decamps und ihrer Zeitgenossen zur Vorlage hatten (Abb. 1). Die Gewächshäuser waren der Ort eines Naturschauspiels, das der Industrie zu verdanken war. Es wirkte durch die Intervention von Kohle, Dampf, Glas und Eisen.

Die Steinwüste und die grüne Oase

»Denn, Herr, die großen Städte sind
verlorene und aufgelöste;
wie Flucht vor Flammen ist die größte, –
und ist kein Trost, daß er sie tröste,
und ihre kleine Zeit verrinnt.

Da leben Menschen, leben schlecht und schwer,
in tiefen Zimmern, bange von Gebärde,
geängsteter denn eine Erstlingsherde;
und draußen wacht und atmet deine Erde,
sie aber sind und wissen es nicht mehr.«

Rainer Maria Rilke, 1903

In der Frühzeit der Industrialisierung, in der Zeit von 1800 bis 1848, wurde versucht, dem Umsichgreifen der Mietshäuser und der Bodenspekulation das Konzept einer durchgrünten Stadt entgegenzusetzen, die dem Gestaltungsprinzip eines Landschaftsgartens entsprechen sollte.

Im 18. Jahrhundert waren städtische Grünanlagen, die der Öffentlichkeit zur Verfügung standen, selten. Mauern und Ringwälle, obwohl strategisch veraltet, grenzten in der Regel die Stadt noch scharf vom Lande ab, die als politisches, ökonomisches und kulturelles Machtzentrum des Bürgertums bewußt als Gegensatz organisiert war. In dieser Periode einer nur langsamen Ausdehnung der Städte wurde die Einführung des Grüns innerhalb der Mauern nicht für notwendig erachtet. Meist beschränkte es sich auf die Anlage von Alleen oder Esplanaden, wie z.B. der Straße ›Unter den Linden‹. Große Gärten blieben den Fürsten oder dem Adel vorbehalten und lagen zudem oft außerhalb der bebauten Zone. Mit dem schnelleren Wachstum der deutschen Städte und dem Erstarken der politischen Macht des Bürgertums in der Zeit der Freiheitskriege – die sich in der Aufstellung einer Bürgerwehr und Volksvertretung ausdrückte – war die Zeit der Umwandlung dieser Gärten in öffentliche Parks gekommen. 1810 wurde der ›Englische Garten‹ in München dem Publikum eröffnet. Ihm folgten der Tiergarten in Berlin, der Park von Herrenhausen in Hannover, der Herrengarten in Darmstadt u.a. Zugleich setzte, dem Beispiel Napoleons I. in Paris folgend, die Schleifung der Wallanlagen ein, wobei in Form begrünter Glacis oft breite Promenadegürtel um die Stadt gelegt wurden. Das dabei sich durchsetzende Gestaltungsprinzip war das des Englischen Gartens, dessen Weglabyrinth dem Bedürfnis des Stadtbewohners, sich im Grün zu verlieren, am meisten entsprach. Man kann diese ersten öffentlichen Parkanlagen als eine Beute betrachten, die dem Bürgertum im Zuge der Auflösung der feudalen Ordnung zufiel.

Darüber hinaus versuchten sich Bestrebungen durchzusetzen, das Grün nicht bloß rudimentär, wie es die historische Situation ergab, mit der Stadt zu verbinden, sondern es ganz gezielt zum Moment einer neuen Stadtplanung zu erheben. Beispiele dafür sind die Stadtkonzepte des romantischen Klassizismus, die, als ästhetisches Programm formuliert, in krassem Gegensatz zu einer Entwicklungstendenz standen, die von der Verwertung des Bodens bestimmt war. Dies läßt sich am Beispiel der Berliner Stadtplanung verfolgen. Friedrich Gilly entwarf bereits 1797 in seinem Projekt zum Friedrichsdenkmal am Leipziger Platz in Berlin eine Idealstadt, die einem Garten mit eingestreuten architektonischen Objekten glich. Die Freilegung von Bauwerken durch den Einschub von begrünten Räumen verfolgte auch Friedrich Schinkel in seinen Architekturprojekten und in seiner Malerei: Der Mailänder Dom wird von ihm in einem Gemälde in eine Landschaft bei Triest versetzt. In seinen Panoramen komponierte er die Bauwerke, die als Silhouette wirkten, inmitten von Baumgruppen. Schinkel erfüllte darin die Forderung der Romantik, die 1834 der Landschaftsgärtner Hermann Fürst Pückler-Muskau im Begriff der ›architektonischen Auflockerung‹ umschrieb. Die Architekten jener Zeit reisten mit dem Skizzenbuch, um die geglückte Verbindung von Bauwerk und Landschaft festhalten und auf die Stadt übertragen zu können. Giedion bemerkte zu den Skizzenbüchern Schinkels, daß nicht Architekten, sondern Landschaftler gereist zu sein schienen.

Ähnliche Intentionen verfolgte auch Peter Joseph Lennés städtebauliches Konzept. Das Dogma der Freistellung von Gebäuden findet sein Analogon in der Forderung, charakteristische Bäume freizustellen und den Wald zu lichten. In seiner Denkschrift ›Schmuck- und Grenzzüge der Stadt Berlin‹ von 1840 folgte Lenné der Idee einer zusammenfassenden Gestaltung von Stadt und Landschaft durch von Grün begleitete Wasserwege, Ringboulevards und Prachtstraßenzüge. Gleichzeitig schlug Lenné »konzentrische Verschönerungskreise« der brandenburgischen Sandlandschaft um Berlin und Potsdam vor, in welchen durch Pflanzungen und Bauten eine Nachahmung der Lombardei entstehen sollte. So schrieb er zur geplanten Umgebung des Gärtnerhauses in Charlottenhof: »Der Eindruck einer italienischen Ländlichkeit [wird] noch erhöht durch die lombardischen Culturstücke, die dort angelegt sind. Wir sehen dort Obstbaumpartien, wo die Bäume durch Festons von Weinlaub und Kürbisranken miteinander verbunden sind, dann symmetrisch angelegte Felder, auf welchen Riesenmais, Artischocken, Cardis und selbst italienische Rohrpflanzungen das Bild einer malerischen Üppigkeit südlicher Vegetation geben und zugleich eine landwirtschaftliche Benutzung des Bodens andeuten.«[8] Notwendige Kommunikationswege wie Eisenbahnlinien, Straßen und Kanäle wurden dieser Landschaftsästhetik untergeordnet und eröffneten den Reisenden überraschende Prospekte.

Diese Versuche zu einer Naturidylle in der Stadt wurden von der Industrialisierung überrollt. Statt der von Gilly, Schinkel und Lenné verfolgten Dezentralisierung der Stadt durch Auflockerung setzte sich die Zentralisierung in Gestalt von Industriekomplexen und vermehrter Zuwanderung von Arbeitskräften durch. Sie erfolgte mit elementarer Gewalt und machte dem Traum einer harmonisch organisierten Stadt ein Ende. Innerhalb von achtzig Jahren verzehnfachte sich die Bevölkerung in Berlin:[9]

Jahr	Bewohner	Bewohner pro Haus
1815	180 000	30
1840	328 700	40
1861	547 500	48
1895	1 800 000	72

Dies bedeutet, daß das Stadtgebiet mit Mietskasernen aufgefüllt wurde, die das noch vorhandene Grün verdrängten. Am Ende des Jahrhunderts hatte Berlin den traurigen Ruhm, in seiner Behausungsziffer alle Metropolen Europas überflügelt zu haben.

Nicht die eklektischen Prinzipien verfolgende Ästhetik der ›Landschaftler‹, sondern der pragmatische Zugriff von Bürokratie und Technik bestimmten die Stadtplanung. Dies betraf vor allem Metropolen wie Berlin und Paris, die zugleich Sitz einer zentralisierten und autoritär verfügenden Staatsgewalt waren. In Berlin war es der Stadbaurat James Hobrecht, der zusammen mit dem Polizeipräsidenten von Wurmb die Straßenzüge, die Bebauung und den Naturdekor plante und der sich damit anmaßte, die Matrix für das Leben der Berliner zu bestimmen. Schärfer als in Paris, wo in geschichtlicher Tradition ein selbstbewußtes und gut organisiertes Bürgertum und Proletariat sich entwickelt hatten, war in Berlin die Stadtplanung in der entscheidenden Wachstumsphase ab 1853 der Staatsaufsicht unterstellt. Dazu schreibt Werner Hegemann: »Berlin hatte 450 000 Einwohner, als sein Polizeipräsident die seit zwanzig Jahren dringend wiederholten Forderungen einsichtiger Sozialpolitiker in den Wind schlug und den kühnen Bebauungsplan (d.h. hier Straßenplan) aufzustellen begann, der unabsehbare grüne Flächen der Umgebung Berlins für den Bau dichtgepackter großer Mietskasernen mit je zwei bis sechs schlecht beleuchteten Hinterhöfen amtlich herrichtete und vier Millionen künftiger Berliner zum Wohnen in Behausungen verdammte, wie sie sich weder der dümmste Teufel noch der fleißigste Berliner Geheimrat oder Bodenspekulant übler auszudenken vermochte.«[10]

Durch die Baupolizeiordnung für Berlin von 1853 wurde die ab 1800 sich Schritt für Schritt vollendende Mietkaserne als Grundbaustein des Ausbaus von Berlin amtlich sanktioniert. Der allgemeine Typus des vier- bis fünfstöckigen Gebäudes bestand aus einer etwa 20 m langen Straßenfront und Seitenflügeln mit Quergebäuden, die bis zu 60 m in die Tiefe der Bauparzelle reichten und die im schlimmsten Fall ihr Licht von quadratischen Innenhöfen von 5,30 m × 5,30 m – genug, um ein Wenden der Feuerspritze zu gestatten – erhielten. Diese Hofgröße war die einzige Beschränkung hinsichtlich der Ausnutzung der Bebauungsfläche. Hinter den Schmuckfassaden befand sich das aneinandergereihte Elend Tausender von Familien.

Das aus der Stadt verbannte Grün wurde – abgesehen von dem Friedrichshain und dem Kreuzberg, beide vor 1850 – in der Zeit der sozialen Gärung (der Zeit der Gründerjahre ab 1870) wiederum zum Anlaß für Idealisten, ein neues Städtebaukonzept vorzuschlagen. Anstelle des ästhetischen Aspektes wurde jetzt das soziale Moment in den Mittelpunkt gestellt. Nun wurden Grünanlagen als Notwendigkeit für Gesundheit, Erholung und Moral der arbeitenden Klasse gefordert. Arminius (Gräfin Dohna-Poninski) verlangte in ihrem Buch ›Die Großstädte in ihrer Wohnungsnoth‹, 1874, »Erholungsstätten in freier Natur am Feierabend und Sonntag, insbesondere für die handarbeitenden Klassen und die intelligenten Stände« in Form von Parks in dichtbebauten Vierteln. Diese Anlagen sollten ein »grüner Ring der Großstadt« sein, der von jedem Bewohner innerhalb einer halben Stunde erreichbar sein müsse. »Diese Fläche, als der kostbare grüne Ring, welcher der Stadt zu erhalten ist, darf nur in einem Fünfteile mit Gebäuden besetzt werden; der übrige Raum bleibt den Eigentümern und Pächtern zur Benützung als Garten, Feld, Wiese und Wald und dient zugleich der gesamten Bevölkerung in allen ihren Schichten zu mannigfaltigen, ihren verschiedenen naturgemäßen Bedürfnissen angemessenen Erholungsstätten in freier Natur, einschließlich der Nutzgärtnereien.«[11]

»Es wird wahrlich höchste Zeit, daran zu denken, daß in unseren Großstädten, deren Bevölkerung sich christlich nennt, die Gasse und der Rinnstein wie der enge Hof keine passenden Orte für die Erholung der Kinder sind und daß man Sorge tragen muß, gedeihlichere Stätten ihnen aufzuschließen und die nötigen Verbindungen herzustellen, anstatt müßig zuzusehen, wie an Abenden der schönen Jahreszeit die Kinder der untersten Schichten, aus den Hinterhäusern, aus hohen Stockwerken und Kellern hervorquellen, in zahlreichen Schwärmen die Höfe und die Straßen überfüllen, im wirren, unbeaufsichtigten Treiben.«[13]

Reinhard Baumeister schrieb 1876 über »die Verkettung von Gemütsleben und Natur«, die durch städtisches Grün erzielt werden sollte: »Der günstige Einfluß solcher Anlagen ist in physiologischer Hinsicht längst nachgewiesen, fast noch wichtiger ist die geistige Wirkung.«[13]

Diese Vorschläge von Sozialreformern hatten ebensowenig die Chance auf den Städtebau Berlins maßgeblich einzuwirken, wie die der romantischen Klassizisten. Die kurzsichtige Ökonomie ließ große Investitionen überhaupt nur zu, wenn sie unmittelbar produktionsrelevant waren, d.h. zu einer weiteren Vergrößerung und Verdichtung des Stadtkörpers beitrugen. Dies gilt auch für die Entwicklung von Paris.

22

Die Wiederbelebung der ›Circulation‹ – der schnelle, ungehemmt erfolgende Fluß des Verkehrs wie auch des spekulativen Geldstroms – war das von Haussmann leidenschaftlich verfolgte Ziel. Sein Programm war nicht die Eindämmung des Großstadtwachstums, sondern umgekehrt dessen Erweiterung unter der Aufsicht und Kontrolle des Staates. Nicht die Dezentralisierung der Stadt, sondern weitere Zentralisierung auf Kosten des sich entvölkernden Landes war seine Absicht. Den Zeitraum seines energischen Eingriffs von 1853 bis 1870 deckt der Waffenstillstand zwischen den beiden für das 19. Jahrhundert folgenschweren Revolutionen von 1848 und 1871. Die um 1853 bestehenden großen Pariser Verkehrsarterien waren zwar noch keineswegs durch Überfüllung an Passanten und Wagenmassen für den Verkehr unbrauchbar, jedoch stand die Sättigung vor der Tür. Es fehlte ein zusammenhängendes Netz breiter Straßen, das den ›Bauch von Paris‹ öffnete: Viele Pariser Straßen überschritten nicht die Breite von 7 m. Daran schloß sich ein Gewirr unübersichtlicher Gäßchen.

Bereits 1819 verweist Chabrol, Préfet von Paris der Restaurationszeit, auf die Notwendigkeit, die Straßenbreiten von Paris auf den Droschkenverkehr abzustimmen: »On connaît par l'expérience, quelle est pour la ville de Paris la largeur de la voie absolument nécessaire au roulage dans les principaux quartiers de la ville; il suffit, que deux voitures étant arrêtées de part et d'autre de la rue, une troisième puisse passer dans l'intervalle.«[14] Er verwies auf die Priorität des ruhenden Verkehrs vor dem sich bewegenden. Die Straße, in der sich selten zwei Wagen aus entgegengesetzter Richtung begegneten, sollte vor allem dem Parken dienen. Nach einer Statistik von Edmond Texier passierten 1853 innerhalb von 24 Stunden 9070 ›Colliers‹ (d.h. Zahl der Pferde) den Boulevard des Capucines, den Boulevard des Italiens 10750, den Boulevard Poissonnière 7720, den Boulevard Saint-Denis 9609, d.h. im Durchschnitt durchzogen 8600 Gespanne die großen Boulevards. Nimmt man eine tatsächliche Verkehrszeit von zwölf Stunden, so erreichte der stündliche Andrang im Durchschnitt 500 Wagen. Wie man sieht, war die ›Circulation‹ seit Chabrol enorm gewachsen. Sie fand jedoch in den Straßen noch Raum, ohne an die Grenze der Stockung zu gelangen.

Jedoch im Zusammenhang mit der Übervölkerung der bewohnbaren Flächen wurde auch die Überfüllung der freien öffentlichen Plätze und Straßenzüge zu einem Problem, das das Kaiserreich nicht sich selbst überlassen durfte. Paris war von 1800 bis 1853 von 600000 Einwohner auf über eine Million gewachsen. Es entwickelten sich hinter dem Straßengewirr Slums, die jenen von Manchester, wie sie Engels 1845 beschrieb, vergleichbar waren. Der Chef des ›Bureau à la Préfecture de Police‹ Frégier[15] signalisierte als besonders verkommene Elendsviertel das Quartier Saint-Honoré, la Cité, Saint-Jacques und Saint-Marcel. »Parfois la cour n'a que 4 pieds carrés (1,20 × 1,20 m) et se trouve remplie d'ordures. C'est sur elle que s'ouvrent les chambres. Les latrines crevées au 5ᵉ étage laissent tomber les matières fécales sur l'escalier qui en est inondé jusqu'au rez-de-chaussée.« Es ist keineswegs erstaunlich, daß diese Quartiere in der Sphäre der Politik ebenso bedrohlich waren wie für das Leben der Enterbten, die hier in Massen sich zusammengepfercht fanden. Die von Frégier genannten Elendsquartiere waren zugleich Schauplatz heftiger Kämpfe noch vor der Massenerhebung von 1848: Sac de l'Archevêché, Kloster Saint-Merry, Massaker in der Rue Transnonain.

Das eilig zur Sanierung der Großstadt Paris drängende Kaiserreich unter Napoleon III. bewies ein gutes Gedächtnis an diesen Zusammenhang: Baron Georges-Eugène Haussmann erhielt die nötigen Mittel, um die im Pariser Stadtplan bereits 1853 gleich strategischen Linien von Napoleon III. farbig eingetragenen Boulevards zu bauen. »Sourtout la circulation qu'Haussmann trouvait insuffisamment assurée n'était sans doute pas celle des voitures. Elle était d'un autre ordre, stratégique: circulation des soldats, des cavaliers et des artilleurs aux jours d'émeute. Revenons aux quartiers surpeuplés et ›dangereux‹, notés par Frégier. Ils ont servi de champs de bataille, non seulement parce que la population y était misérable et mal logée, mais parce que la bataille y était facile à soutenir pour les insurgés. Dans ces rues étroites il suffit de deux voitures renversées, de quelques chaises, de matelas pour faire une barricade. L'armée régulière s'avance à découvert sans pouvoir utiliser la longue portée de ses armes. Ce n'est pas gratuitement que nous prêtons à Haussmann une intention ›stratégique‹; l'épithète revient souvent sous sa plume à propos de ses percées.«[16] Begreiflich wird die Befriedigung, mit der Haussmann schreiben konnte: »J'ai rayé la rue Transnonain de la carte de Paris.«

Die ersten begrünten Boulevards stammen aus der Zeit Louis xiv durch Umwandlung des alten Befestigungsringes von Paris. Mit den von Haussmann angelegten Boulevards wanderte das Grün auch in das Zentrum der Stadt. Ihre Flucht säumen noch heute in Reihen gepflanzte Bäume. Haussmann ließ eigens konstruierte Baumaushebe- und Pflanzmaschinen bauen, mit deren Hilfe gleichsam über Nacht ein dichter Alleewald mit ineinandergreifenden Baumkronen entstand, deren monumentales Grün von den uniformen Häusern nur die in die Tiefe führende Horizontlinie freiließen. Die grandiose Perspektivenwirkung die dadurch entstand, war der Haussmannschen Ästhetik wesentlich: An das Ende der Boulevards, exakt im Fluchtpunkt, konzentrierte Haussmann mit Sorgfalt einen Point de vue: einen Sternplatz mit Obelisk, Triumphbögen, Brunnen, einen auf Fernwirkung zielenden Monumentalbau oder die Glas-Eisenfront eines Bahnhofes. »Je n'ai jamais arrêté le tracé d'une voie quelconque … et à plus forte raison celui d'une artère principale sans me préoccuper du point de vue, qu'on pouvait lui donner.«[17] Das Netz der Boulevards tangierte oder durchschnitt Parks, die in großen Abständen als weite Naturoasen inmitten des Häusermeers angelegt wurden, so daß die grünen Alleen als ihre in die Straßen gesetzten Vorboten erschienen. Haussmann war bereits vor seiner Tätigkeit als Préfet von Paris als Gartenamateur bekannt. »Haussmann en plain Paris, n'oubliait pas ses amis les arbres.«

Der schöne Schein von Natur, der Paris schmückte, konnte jedoch das städtische Elend und die revolutionäre Gärung nicht aufheben. Dies desto weniger, als Paris in der Zeit zwischen den beiden Revolutionen von einer Million auf ein und dreiviertel Million Einwohner gewachsen war und die Haussmannschen Eingriffe die Bodenpreise und damit die Mietpreise in zuvor nicht gekannte Höhen schnellen ließen. Der moralisierende Standpunkt, hinter dem sich sein Utilitarismus verbarg, zeichnet Haussmann ganz als einen Vertreter der Bourgeoisie des 19. Jahrhunderts. Nach seinem Urteil waren die grünenden Plätze Spender der Heilsamkeit (»dispensateurs de salubrité«), Verteidiger des menschlichen Lebens, die es durch ihren wohltuenden Einfluß verlängerten und die überdies sich als Orte der Erholung und des Vergnügens den Arbeitern und ihren Familien anböten.[18] Die Revolution von 1871, die dem Kaiserreich und dem Wirken des Präfekten von Paris ein Ende setzte, bewies, daß ein Sanierungsversuch einer Riesenstadt auf einer Grundlage der Spekulation sozial gesehen nicht durchführbar war.

Naturillusion in der Großstadt

»Wenn eine Erfindung Glück verheißt, so fürchtet man sich, der Hoffnung auf eine Verbesserung, die nicht verbürgt ist, hinzugeben. Man weist eine Aussicht von sich, die eingeschläferte Wünsche wecken könnte und fürchtet, die glänzenden Versprechungen würden das Gefühl für die gegenwärtige Not noch verschärfen. So wird der Arme, der plötzlich durch Erbschaft ein Vermögen gewinnt, zunächst nicht daran glauben wollen, er wird den Überbringer der guten Botschaft abweisen und ihm vorwerfen, seiner Armut zu spotten.«

Charles Fourier, 1808

Die Existenz des Glashauses ist undenkbar ohne die Realität der im 19. Jahrhundert entstehenden Großstädte mit ihren ungeheuren Steinmassen und dem bedrohlichen Menschengedränge. Es ist Ausdruck des Widerspruchs einer voranschreitenden Isolation des industriell organisierten Menschen von seinem Naturzusammenhang und dem unverzichtbaren Bedürfnis, diese Einheit immer wieder herzustellen, und sei es um den Preis einer Illusion. In der Kulissenwelt des Gewächshauses ist die Natur ausgestellt – als bloßes Bild, als Schein einer weiten Welt und zugleich als ein in greifbare Nähe gerücktes, irdisches Paradies. Im Akt des Ausstellens ist jedoch die Trennung vom Gegenstand, auf den der Blick fällt, bereits unwiderruflich vollzogen. Die Natur ist nicht mehr in gleichsam unschuldiger Gestalt verfügbar, sondern hat Marktwert. Über Eintrittsgelder öffnet sie ihre Schaufenster in die Tropen. Der Genuß, auf diese Weise Natur anzuschauen, war um so begehrter, je dichter sich die Großstadt massierte.

Das Glashaus war im 19. Jahrhundert der extremste Gegensatz zum Steinpflaster der Städte: »Wenn man alle Alleen des Landschaftsgartens durchlaufen hat; wenn man alle die Tiere mit ihren so verschiedenen Formen und Gewohnheiten gesehen hat; wenn man den Duft der Pflanzen gesammelt an allen Stellen der Welt eingeatmet hat, hat man noch die für die Öffentlichkeit geschlossenen Glashäuser zu besuchen, in welchen alle Blumen und exotischen Pflanzen versammelt sind. Diese Glashäuser öffnen sich vor einer kleinen Zahl Privilegierter; es ist ein wahres Glück, in diese prachtvollen Räume einzutreten, wo die Sinne unbekannte Reize entdecken. Nichts Schöneres als das Innere dieser Glasgebäude. Aus den schwarzen Tannenalleen heraustretend, welche sich auf dem Labyrinth-Hügel ausbreiten, befindet man sich plötzlich in einem dampfend-heißen Klima, inmitten mächtiger Vegetation, welche die tropische Sonne emporsprießen läßt wie grüne Raketen eines trächtigen Bodens. Der durch den Kontrast verursachte Eindruck ist schwierig zu definieren: Eingetreten, empfindet man eine Blendung, die auch weiterwirkt, wenn man die Promenade draußen wieder aufgenommen hat. Die Seine, von weitem sichtbar, bedeckt sich mit diesen Palmen, diesen Kokosbäumen, diesem Bananenwald, die in den Glashäusern emporwachsen, und es kostet eine Anstrengung, um nicht vom Nil oder Ganges zu träumen. Die Schätze der Vegetation, welche man soeben bewundert hat, die Tiere, welche man betrachtet hat, geben Ihnen die Idee einer neuen Welt, die sich plötzlich hinter Ihnen schließen wird.«[19]

»Obwohl Oliver genügend damit zu tun hatte, seinen Führer nicht aus den Augen zu verlieren, konnte er nicht umhin, im Dahineilen einige rasche Blicke nach beiden Seiten des Weges zu werfen. Eine schmutzigere und armseligere Gegend hatte er noch nie gesehen. Die Straßen waren eng und morastig, und die Luft war erfüllt von ekelhaften Gerüchen. Es gab eine ganze Menge kleiner Läden, aber die einzigen Warenvorräte schienen Haufen von Kindern zu sein, die selbst zu dieser Nachtzeit zu den Türen heraus- und hereinkrochen oder von drinnen kreischten und brüllten. Das einzige, was inmitten der Giftatmosphäre dieser Gegend zu gedeihen schien, waren die Wirtshäuser, und in diesen zankten und stritten sich Irländer der niedersten Schichten aus Leibeskräften. Überdachte Wege und Höfe, die da und dort von der Hauptstraße abzweigten, gaben den Blick frei auf kleine Häusergruppen, wo betrunkene Männer und Frauen sich buchstäblich in Schmutz und Unrat wälzten, und aus etlichen Hauseingängen schlüpften vorsichtig verdächtig aussehende Gestalten, die allem Anschein nach nicht gerade anständige und harmlose Wege gingen.«[20]

Die Großstadt wird hier als Natur und zugleich als naturwidrig geschildert. Als Blüte der Zivilisation und des industriellen Fortschritts ist sie der Ort eines gleichsam organischen Verfallprozesses, dessen Opfer der Mensch ist, der sich selbst nicht mehr zu kennen scheint. Am Ende dieser mit Entsetzen wahrgenommenen Vision steht die zur Ruinenlandschaft gewordene Megalopolis, wie sie Gustave Doré in seiner Lithographie ›Das zerstörte London‹ 1872 darstellte (Abb. 2).

Unter dem Kristalldach des Gewächshauses öffnete sich eine andere Welt: Hier schienen Friede und Harmonie zu herrschen, weil die Natur sich selbst gehörte, indem sie behaust war. Der Kampf um die Existenz, der draußen tobte, war unter den immergrünen Palmen, die nur ihren Gesetzen des organischen Wachstums zu folgen schienen, zum Stillstand gebracht. Der Blick auf die Stadt, durch die Glaswände hindurch, transponierte sie als ganze in eine orientalische Märchenlandschaft – eine Fata Morgana inmitten der Steinwüste.

Das Gewächshaus des 19. Jahrhunderts ist in seiner Existenz nicht allein aus seinen materiellen Bedingungen heraus erklärbar. Mit ihm sind feste Glücksvorstellungen verbunden. Seine Wirkung auf seine Zeitgenossen beruht auf Kontrast. Das gläserne Haus, gefüllt mit tropischen Pflanzen, ist der Traum einer glückvollen Einheit von Natur und Mensch im ersten Industriezeitalter. Jede Epoche versucht ihre Zukunft als Glück, als innige Symbiose von Natur und Mensch in die Gegenwart gestellt sich vorzustellen. Stets folgte das Bestreben, dem Traum seine Form zu geben, ihn zu bauen. Das Glashaus entspricht dem Traum des 19. Jahrhunderts: Im Programm der tatsächlichen Naturausbeutung, die sich über alle Weltteile ausgedehnt hatte und die dem Bürgertum die Weltherrschaft des Kapitals einlösen sollte, grenzte sich das Bild eines Paradieses aus, wo die Vernichtung der Natur und Entfremdung ungeschehen blieben, wo die Natur mit Hilfe der Technik für den Menschen zur wohnlichen Heimat werden konnte.

In der Geschichte der Architektur war das Paradiesmotiv stets ein beliebter Gegenstand illusionistischer Darstellung. Noch ehe durch Fenster gezielte Ausblicke in die Landschaft gezeigt wurden, lieferten Wände mit gemalten Naturszenen deren Abbild. In der Renaissance wird das Fenster zögernd geöffnet. Die Landschaft dringt in das Haus ein, wobei sie wie in Fresken als Bild gefaßt wird. Mit der Einführung des Spiegels im Barock wurden die massiven Wände illusionistisch durchbrochen und ein direkter Zusammenhang mit dem Außenraum hergestellt. Die kultivierte Landschaft vor dem Haus wird zum Symbol der Naturbeherrschung.

Im 19. Jahrhundert öffnete sich in Gestalt des Glashauses das Fenster zur Natur, dehnte sich aus, ja verschwand in seiner Totalität, indem das ganze Haus sich in Glas auflöste. Die Grenzen nach außen waren nicht wahrnehmbar; unter freiem Himmel versammelten sich die fruchtbarsten Bäume der Tropen. Mit dem Anspruch der gewachsenen Naturbeherrschung wird deren Symbol die noch unberührte exotische Vegetation, die den Paradiesgedanken tragen konnte. Die heimische Vegetation wurde als bloßer Lieferant zur Ernährung der Großstadt angesehen und als solche abgewertet. Die Zeit der unschuldigen Freude an Almhütten und Schafherden Rousseauscher Art war vorbei.

Diese Bilder waren als Kontrast zur entwickelten Zivilisation nicht mehr brauchbar. An ihre Stelle trat das Bild des Orients. Die Faszination steigerten die in den Glashäusern erstmals extensiv verwendeten Materialien Glas und Eisen, die einzig geeignet schienen, die zur Herstellung jenes utopischen Bildes notwendige immaterielle Wirkung zu erzielen.

2 Gustave Doré, Der Blick nach Jahrtausenden (Das zerstörte London), Holzstich, 1872

> »Die Dinge nehmen, wie sie sind, ist keine empirisch genaue
> Formel, kein Positivismus sondern eine Formel der Gemeinheit,
> der Feigheit, der Armseligkeit. Begreifen, was war, heißt: be-
> greifen nicht als das, was war, nicht als Gewordensein sondern
> als Werden. Die Utopie ist der Ort, an dem sich das noch nicht
> Bewußte einfindet.«
>
> Ernst Bloch

Das Glashaus mit seinem Grün wurde als Symbol des Gartens Eden auf der Erde zum Fluchtpunkt nahezu aller Sozialutopien des 19. Jahrhunderts. Bestrebt der Natur und damit der Geschichte zu ihrem Recht zu verhelfen, erblickten die Utopisten in Räumen aus Pflanzen, Glas und Eisen einen Ort der Versöhnung, ohne den sie sich die von ihnen propagierte Stadt nicht vorstellen konnten. Zwar wurde das in der Entwicklung befindliche Industriesystem als Grundlage der Lebensexistenz auf Stadt und Land stets mehr oder weniger anerkannt, zugleich war ihnen die Naturbasis deutlich, auf die sich dieses System stützte: der Mensch als Arbeitskraft. Ihrer Überzeugung nach war der Mensch jedoch mehr als nur Arbeitskraft: Er war ein denkendes, fühlendes, sinnliches Wesen, das im Steinmeer der Städte und der hier fast absolut gewordenen Lohnarbeit sich von seiner eigentlichen Natur abgeschnitten hatte. Diese ihm zurückzugeben, war das Ziel dieser Utopien. Der Weg dazu sollte nicht im Rückzug zur Natur, sondern – umgekehrt – im Vorwärts zu einer humanisierten Industrialisierung zu finden sein, in der die Gegensätze von Stadt – Land, Industrie – Agrikultur, Natur und Gesellschaft aufgehoben sein sollten.

Der dialektische Ansatz dieser Utopien bestand darin, daß die Versöhnung der Menschen mit der Natur nicht außerhalb der Städte und Industrie, sondern sich innerhalb ihrer und durch sie vollziehen sollte: Freilich sollten diese Städte keine Großstädte mehr sein, sondern überschaubare Produktionsgemeinschaften, Kommunen, in denen die Menschen imstande sein sollten, wieder ein lebendiges soziales Gefüge zu ihrem eigenen Wohl zu bilden. Im Mittelpunkt dieser Vorschläge stand die Reflexion über die Organisation der industriellen und der Landarbeit, über die der Mensch sich zu einem Kollektiv formieren und sich entsprechende Räume schaffen sollte. Verwirklicht wurden diese Vorschläge in Gartenstädten, mit denen sich das Grün des Landes verband und sogar die Fabriken umschloß. Ort des kommunalen Lebens war eine in einen Park verwandelte Landschaft in Form von Grünzügen und Plätzen, die z. T. in großer Ausdehnung von Glas- und Eisenkonstruktionen überdacht wurden. Das Glashaus als Symbol der neuen Wohnlichkeit wurde zur Idée fixe der Utopisten.

Um den »Schäden der Zivilisation« zu begegnen, schlug Charles Fourier in seinen Projekten zum ›phalanstère‹ Produktionseinheiten mit einheitlichem Wirtschaftsplan vor, die in ihrer kommuneartigen Organisation ca. 2000 Menschen umfassen sollten. Diese ›phalanstères‹ bildeten Städte im Kleinen: Sie bestanden aus einem einzigen axial geordneten Gebäude von 600 m Länge, das durch große durchgrünte Hofgärten gegliedert war und dessen Hintergrund das bestellte Land bildete. Das Zentrum des Bauwerkes formierten öffentliche Versammlungsräume, Speisesäle, Bureaus, Geschäfte, Bibliotheken. Die Werkstätten befanden sich zur ebenen Erde in den Seitenflügeln, die Wohnungen darüber. Den Zusammenhang mit der freien Natur vermittelten begehbare Dächer, ein großer Zentralpark und Korridore, die in den Höfen die Teile des ›phalanstère‹ untereinander verbanden. Diese Gänge dienten als Zirkulationssystem und waren, wie der Gesamtbau, zentral beheizt; sie bildeten eine Art Wintergarten. Innere Galerien, die das erste, zweite und dritte Stockwerk erschlossen, ergänzten dieses Wegsystem.

Bereits vor der im Detail ausgearbeiteten Konzeption seiner ›phalanstères‹ pries Ch. Fourier 1808 seine verglasten Korridore als Signum einer neuen, vernünftigen Gesellschaft: »Paläste oder Schlösser müssen miteinander durch gedeckte Gänge verbunden sein, die gegen die Unbilden der Witterung schützen, so daß man bei Zusammenkünften, in Geschäften oder zum Vergnügen vor dem Einfluß der unfreundlichen Jahreszeiten geschützt ist, unter denen man in der Zivilisation auf Schritt und Tritt leidet. Es muß möglich sein, bei Tag und bei Nacht von dem einen Palais zum anderen durch geheizte oder ventilierte Gänge zu wandeln, so daß man nicht, wie es in der heutigen Ordnung der Fall ist, Gefahr läuft, beschmutzt oder durchnäßt zu werden und sich einen Schnupfen oder eine Lungenentzündung zu holen, weil man aus geschlossenen Räumen ins Freie tritt ... Statt wie in der Zivilisation drei oder vier Straßen zurücklegen zu müssen, durchschreitet man nur die gedeckten Gänge von drei oder vier benachbarten Schlössern, ohne Hitze oder Kälte, Wind und Regen zu empfinden. Diese geschützten Verbindungswege sind eine der tausend Annehmlichkeiten, die der neuen Gesellschaftsordnung vorbehalten sind.«[21]

Zu den gesellschaftlichen Vorstellungen, nach denen Fourier in seiner ›Theorie der vier Bewegungen‹ seinen ›phalanstère‹ entwirft, bemerkt Elisabeth Lenk folgendes: »Fourier glaubt, das erste ›phalanstère‹ werde eine derartige Anziehungskraft ausüben, daß bereits in einem Zeitraum von wenigen Jahren mit einer weltweiten Verbreitung des Prinzips der leidenschaftlichen Serien zu rechnen sei. Die soziale Metamorphose könne sich vollziehen, ohne daß auch nur ein einziger gewaltsamer Handstreich geführt zu werden brauche. Könige, Kleriker, Wilde, Kapitalisten, Händler und Verbrecher werden sich mit all ihren Lasten harmonisch in die neue Ordnung einfügen. Selbst der blutdürstige Nero wäre, ohne daß man seine Natur hätte verändern müssen, ein nützliches Mitglied der ›Harmonie‹, nämlich der beste aller Metzger, geworden.«[22]

Eine sozial nicht determinierte, jedoch technisch bereits erstaunlich ausgearbeitete Utopie einer nicht mehr vom Klima abhängigen Natur, die dem Menschen kraft des Einsatzes industrieller Mittel immerwährend einen sommerlichen Aufenthalt gewähren und die ihm ihre exotische Vielfalt zur vertrauten Umgebung machen sollte, hat der Gärtner J. C. Loudon in Form eines Riesengewächshauses, das sich über ganze Landstriche hinwegzieht, 1823 vorgeschlagen. Im Hintergrund steht der Gedanke einer intensiv betriebenen Landwirtschaft – einer Großgärtnerei – verbunden mit einer parkähnlichen Landschaft, die zugleich ein zoologischer und botanischer Garten sein sollte. Die Ausrichtung des Projektes auf einen industrialisierten landwirtschaftlichen Großbetrieb mit Publikumsattraktionen zeigt, daß Loudon sich seine dampfgeheizte und mit einer Regenanlage ausgestattete glasgedeckte Landschaft in Beziehung zur Stadt dachte, an die eine domestizierte Natur herangebracht werden sollte: »Es läßt sich kaum eine Grenze bezeichnen für die Anwendung dieser Art leichter Dächer. Mehrere Äcker, selbst ein ganzer Landsitz von mäßigem Umfang können auf diese Art überdeckt werden, wenn man hohle, von Eisen gegossene Säulen zu Stützen braucht. Sie können zugleich auch dazu benutzt werden, das Wasser abzuleiten, welches auf das Dach fällt. Einen Regenschauer im Hause kann man auf Loddiges Manier hervorbringen, oder man legt ein polyprosopisches Dach an, das man willkürlich öffnen und dadurch dem Regen den Zutritt gestatten kann. Man kann jede erforderliche Temperatur durch verborgene Dampfröhren unterhalten und durch den Apparat des Herrn Kewley regulieren. Auch das Lüften kann durch dieselbe Maschine bewirkt werden. Ein solches Dach baut man entweder aus flachen, rückenähnlichen Erhöhungen, die von Norden nach Süden laufen, oder aus achteckigen oder sechseckigen Kegeln mit einem unterstützenden Tragwerk für jeden Winkel, der 100 oder 150 Fuß vom Boden aufsteigt. Unter einem solchen Dach können die höchsten orientalischen Bäume gezogen und eine Schar passender Vögel auf ihren Ästen gehalten werden. Man kann so eine Menge orientalischer Vögel und Affen, auch andere Tiere im Hause haben; man kann ferner Süßwasserteiche und salzige Seen anlegen und durch Maschinerie mit Wasser versorgen, und darin Fische und Polypen und andere Erzeugnisse des süßen Wassers oder des Meerwassers unterhalten.«[23]

C. McIntosh hat 1841 in seinem Projekt zu einem glasgedeckten Garten in Dalkeith den Versuch unternommen, die Vision Loudons mit Hilfe einer quasi ins Unendliche erweiterbaren Dachstruktur als bereits technisch machbar vorzustellen. Entsprechende Anregung erhielt er dabei vom Bahnhofsbau seiner Zeit, vor allem von der ›North Midlands Trijunct Railway Station‹ in Derby (Abb. 3).

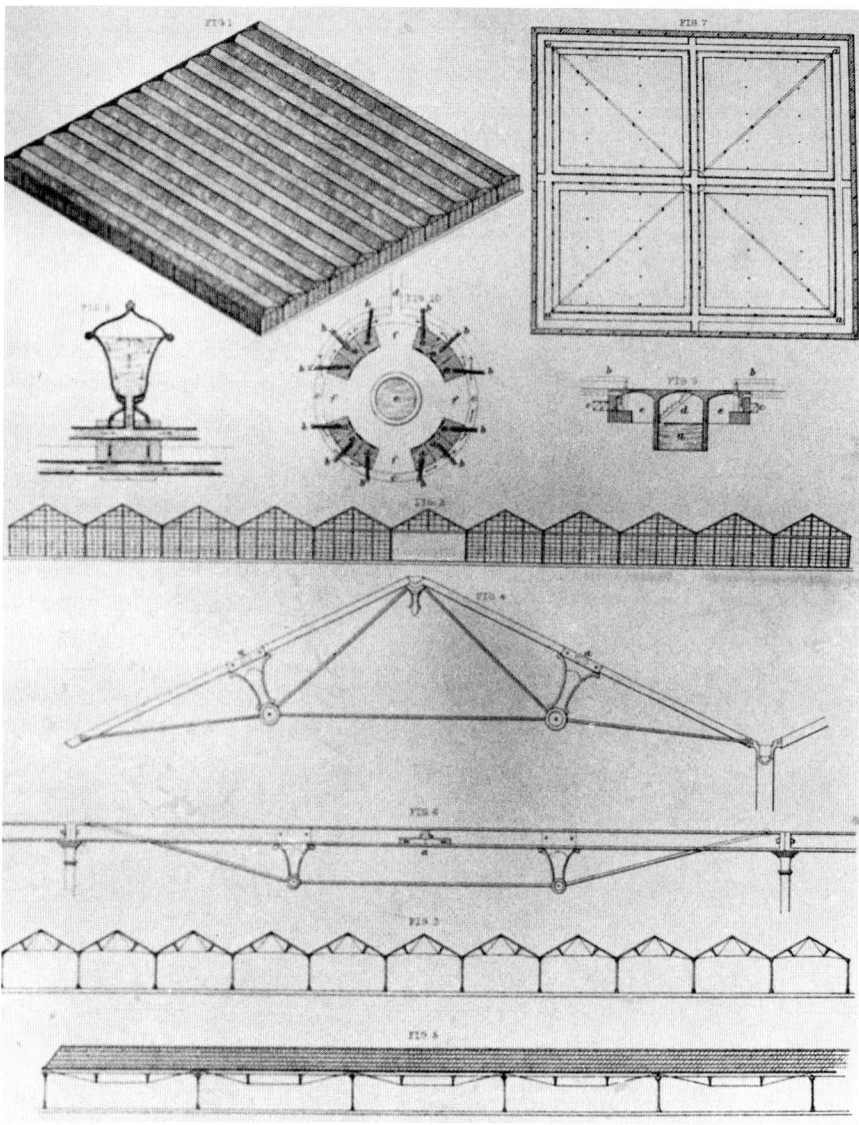

3 Charles McIntosh, Projekt zu einer glasgedeckten Landschaft mit künstlichem Klima für den Küchengarten des Dalkeith Palacce bei Edinburgh, 1841

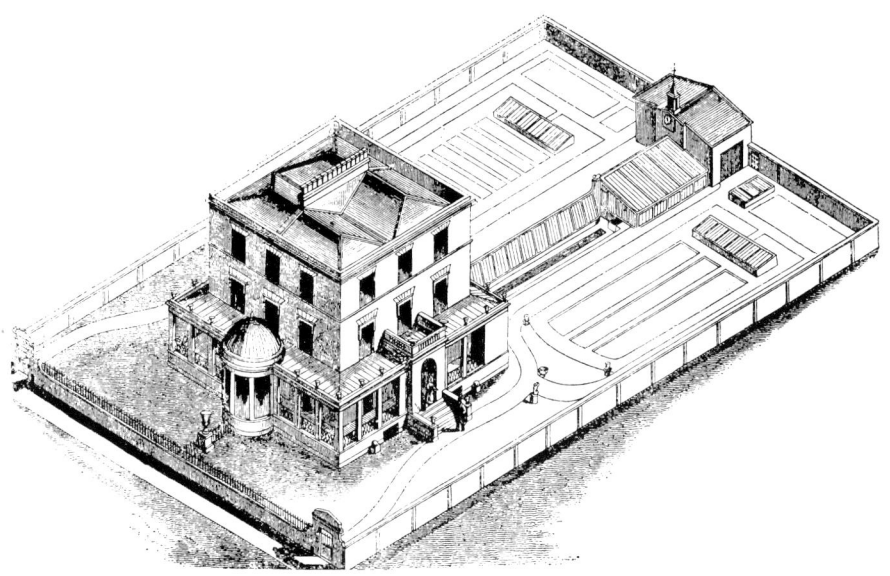

4 John Claudius Loudon, Projekt zu einem Zweifamilienhaus, 1838

Auch die Auflösung der Stadt durch Wohnen im Grünen, jedoch unter Beibehaltung urbaner Wohnformen, hat J. C. Loudon 1838 im ›Suburban Gardener‹ and ›Villa Compagnion‹ sich bereits zum Problem gestellt. Es handelte sich um ein Zweifamilienhaus, das, inmitten eines Nutzgartens gesetzt, als Baustein einer Siedlung des Mittelstandes gedacht war. Der Kubus des Hauses war mit einem glasgedeckten Umgang umgeben. Daran schlossen in die Tiefe des Gartens kleine Treibhäuser an. Hier war bereits nicht nur die Idee der Stadt im Grünen für breitere Bevölkerungsschichten – dem Mittelstand – entworfen, sondern zugleich auch, ganz im Sinne des englischen Pragmatismus, eine Selbstversorgung des Stadtbewohners intendiert (Abb. 4).

1817 legte der Textilunternehmer Robert Owen nach dem Bau seiner Mustersiedlung New Lanark der Regierung einen Plan vor, nach dem Industriesiedlungen von 1200 Einwohnern, im Lande verstreut und durchgrünt, anstelle der industriellen Ballungszentren errichtet werden sollten. Das umliegende Land sollte von diesem Zentrum aus kultiviert werden. Owens Industrieansiedlungen sind der Ausgangspunkt für Gartenstädte, die als soziale Utopie konkreter waren, da sie nicht wie Fouriers Stadt nach dem Lustprinzip und manufakturmäßig, sondern streng industriell organisiert waren. Dem Elend der Arbeiter abzuhelfen, verfolgte er die künftige Lieblingsvorstellung des Paternalismus – die Umwandlung der Arbeiter in Besitzende. Sie wurde zum Urheber zahlreicher weiterer utopischer Vorschläge, die im Kristall des Glases ihrer ›Volkspaläste‹ den adäquaten Ausdruck kollektiven Glücks sahen.

Zu diesen gehörte Pembertons ›Happy Colony‹, die als Zentrum einen Glashausring als öffentlichen Treffpunkt der Stadtgemeinde enthielt.[24] Einen Glashausring von 60 m Durchmesser, gefüllt mit tropischen Pflanzen, hatte bereits 1831 Loudon in seinem Projekt für den Botanischen Garten in Birmingham vorgeschlagen. Es ist ungewiß, ob Pemberton dieses frühe Konzept eines um einen grünen Innenplatz geführten, gewölbten Wintergartens gekannt hat. Sicherlich stand ihm jedoch Paxtons Riesenhalle des ›Crystal Palace‹ im Hyde Park von 1851 vor Augen, der zu dieser Zeit als Wunder industrieller Bautechnik neu war und seine nachhaltige Wirkung auf Proselyten der Gartenstadtidee der folgenden Jahrzehnte nicht verfehlte.

31

Titus Salt, ein Textilfabrikant und Mitglied der Stadtverwaltung von Bradford, entschloß sich 1851, in der Zeit der Fertigstellung des Kristallpalastes, seine Produktionsstätten auf das Land zu verlegen und seine Arbeiter um sie herum anzusiedeln. Seine noble, Ausgaben nicht scheuende Intention war es, seine Bauten – Fabrik, Wohnungen, öffentliche Einrichtungen – nicht nur mit architektonischer Qualität im Stile der Neorenaissance durchzubilden. Zugleich wollte er eine für das Eindringen der umgebenden Natur offene und zugleich überschaubare Stadt schaffen. Saltaire – so hieß diese Stadt – hatte 850 Reihenhäuser und ca. 4000 Einwohner. Zwei dem Wohnbezirk zugeordnete Areale von Kleingärten dienten der Selbstversorgung und Erholung der Arbeiter. Das nördlich gelegene ging jenseits des Flusses in einen weiten Landschaftspark über. Die im Gelenk zwischen Siedlung und Park angelegte Fabrik war nach Nordosten verschoben, so daß kaum Rauchbelästigung auftrat.

Titus Salt gelang es – und dies ist sein historisches Verdienst –, eine Arbeiterstadt zu schaffen, welche die sozial brauchbaren Elemente der Stadt – Reihenhaus, Plätze, öffentliche Anlagen – auf das Land transponierte und zugleich eine Antithese zum Slum der Großstadt darstellte. In diesem Zusammenhang steht das sensationelle Projekt von Titus Salt, den Kristallpalast von Paxton als Ganzes zu kaufen, zu demontieren und in Saltaire als Fabrikhalle ganz in Glas und Eisen wiederaufzubauen.[25] Darin verbarg sich – über ein halbes Jahrhundert vor Henry Fords Produktionskonzept – der Gedanke, die industrielle Arbeit aus ihrem düsteren Kryptodasein zu befreien und wieder dem hellen Tag auszusetzen. Das Bemerkenswerte war, daß nicht nur das der Freizeit überlieferte Wohnen, sondern auch die Sphäre der Arbeit mit der Natur verbunden werden sollte. Diese fortschrittliche, vom Paternalismus vorangetriebene Idee einer humanisierten Arbeit demonstriert die Aufmerksamkeit und Achtung gegenüber ihrer Naturbedingungen in einer Zeit, wo die Möglichkeit der Ausbeutung von Natur von den meisten Unternehmern bereits blindlings verfolgt wurde.

Freilich muß in diesem Zusammenhang gesagt werden, daß die sogenannte Humanisierung der Arbeit die Aufrechterhaltung der Lohnarbeit unter verbesserten Bedingungen meinte, ohne jedoch an deren Abschaffung grundsätzlich rütteln zu wollen. In diesem Lichte diente die philantropische und engagiert moralische Haltung des Paternalismus der »sittlichen Hebung der Arbeiterklasse« in der Einsicht, daß nur auf diese Weise eine revolutionäre Katastrophe des industriellen Kapitalismus abzuwenden war. »Ich werde alles tun, was ich kann, um so große Übel wie verschmutzte Luft und verschmutztes Wasser zu vermeiden, und ich hoffe, um mich wohlgenährte, zufriedene, glückliche Arbeiter zu versammeln.«[26]

Während die von Fourier ausgehenden Utopien zur Versöhnung mit der Natur das Land im Blickfeld hatten, in welches städtische Elemente verlagert werden und eine neue Einheit eingehen sollten, zielten zahlreiche Projekte ab der Jahrhundertmitte verstärkt auf die Umkehrung: Die Stadt sollte in ihrer Mitte das Land aufnehmen, sich durchgrünen. Gleich einem riesigen Regenschirm aus Glas und Eisen sollten durchgehende Hallen Parklandschaften und von Alleen gesäumte Geschäftsboulevards in sich aufnehmen, wo die Menschen der Großstadt dem Austausch und dem Vergnügen nachgehen konnten. Die Ideen der Passage, der zum Interieur einer Wohnung verwandelten Straße, und des pflanzengefüllten weitgespannten Wintergartens, der eine südliche Landschaft heimatlich machte, verschmolzen zu der Vorstellung eines endlosen Glasringes, der das Zentrum der Großstadt einfassen und schmücken sollte. Wie in der Passage die Ware sollte im Wintergarten die Natur in der Stadt ausgestellt werden. Der historische Hintergrund dieser megalomanen Vorhaben war der erreichte Stand der Industrialisierung um 1850, der für diese Bauten das Material Glas – Eisen zu niedrigen Preisen als Massenartikel zu liefern

vermochte. Zum anderen waren es die in diesem Zusammenhang entstehenden Riesenbauten des Jardin d'Hiver von 1848 in Paris sowie insbesondere des Kristallpalastes von
Paxton von 1851, die als konkrete Beispiele mächtig auf utopische Phantasien einwirkten
und sie zum Florieren brachten.

Im Revolutionsjahr 1848, nach der Vertreibung des Hauses Orléans, entstand nach
einem Bericht Gottfried Sempers in Paris der Plan, »den ganzen weiten Garten des Palais
National mit transportablem Dachwerk zu überdachen, so daß im Sommer die Pflanzen
im Freien gestanden wären, die im Winter bedeckt wären ... Die Republik hat diesen Plan
aufgenommen, und man wird nächstens eine Concurrenz ausschreiben, die diesen Gegenstand zur Aufgabe hat.«[27]

In London entstanden, ebenfalls um die Jahrhundertmitte, zahlreiche Projekte, die den
Kristallpalast Paxtons ins quasi Unermeßliche ausdehnten und ihn in ein der Großstadt
proportionales Strukturelement verwandelten. Paxtons Projekt zum ›Great Victorian
Way‹ (Abb. 364), 1855 dem ›Select Committee on Metropolitain Improvements‹ vorgelegt, wird von uns an anderem Ort ausführlicher dargestellt. Es bestand in der ringförmigen Anlage eines 16 km langen Glasringes, der um das Geschäftszentrum Londons geführt war. Dessen Querschnitt und Aufbau entsprachen dem tonnengewölbten Hauptschiff des Ausstellungspalastes. Einen inneren grünen Boulevard überdeckend, verband
dieser Glasring, den acht Schienenstränge parallel begleiteten, die wichtigsten Bahnhöfe,
Handels- und Geschäftszentren und Parks.

Noch vor Paxton, jedoch von ihm inspiriert, hatten Frederick Gye und William Mo-
sely (1855) Projekte ähnlicher Größenordnung vor demselben Komitee vorgeschlagen.
Gye war Direktor der ›Royal Italian Opera‹ im Covent Garden und der Auftraggeber der
›Floral Hall‹ (1855) von Sir E. M. Barry, einer Glas-Eisenhalle nach Paxtonschem Muster.
Gye, wie man sieht, auch ein praktischer Förderer der Glas-Eisenarchitektur, schlug eine
›Glass Street‹ vor, deren Dach die Breite der King William Street und die Höhe von
70 Fuß haben sollte. Seine Arkade bildete eine verzweigte, glasgedeckte Promenade mit
Gewölben, Rotunden etc., welche an öffentliche Gebäude anschloß und sich zu einigen
großartigen Galerien und Hallen erweiterte. Unter dem Glasdach versammelten sich
Leseräume, Ausstellungshallen, Konzertsäle, öffentliche Versammlungsräume, Bäder,
Cafés, Geschäfte und ein Blumenmarkt.[28] Gyes Projekt, das er bereits seit 1845 verfolgte,
zeigt, daß innerstädtische Großräume mit künstlichem Klima schon vor Paxtons Ausstellungspalast die Vorstellungen der Utopisten beschäftigten. Die Idee der absoluten Naturbeherrschung, die Grundlage solcher Vorschläge, wurde hier erstmals im großen Maßstab
formuliert. Die uns heute vielleicht naiv scheinende Vorstellung, daß mit Hilfe der Technik alles machbar sei, ist der Vater solcher Utopie.

In dieser Reihe steht auch das Projekt W. Moselys zu einem ›Crystal Way‹, 1855, das,
ähnlich dem Gyeschen, eine überdeckte Verkehrsarterie vorschlägt, die in mehreren Ebenen Fußgänger, Eisenbahn und Wagen aufnehmen sollte. Sie sollte wie Paxtons Great
Victorian Way einen Glasring inmitten Londons bilden.

Diesen drei Vorschlägen war gemeinsam, daß sie Sanierung, ja Rettung der Großstadt
vor Augen hatten, die schon damals in einem Verkehrschaos zu ersticken drohte. Durch
gläserne Arkaden sollten der ›Blutkreislauf‹ der Städte erneuert und der ›Stoffwechsel‹
verbessert werden. Diese Vorschläge scheiterten von Anbeginn an Kapitalmangel: Der
Staat finanzierte die Eroberung der Kolonien in der Ferne und war nicht bereit, solche
Riesenprojekte zur Stadtsanierung (der ›Great Victorian Way‹ von Paxton sollte 34 Millionen Pfund kosten), die nicht kommerzialisierbar waren, zu tragen.

Den Weg einer ›inneren Kolonisation‹ der Städte, der zugleich das Feld lukrativer
Spekulation des Grundeigentums und des Handelskapitals eröffnete, wies Haussmann,

der durch das wildwuchernde Paris wie mit dem Seziermesser die Schneisen seiner begrünten Boulevards legte.

Das Scheitern jener, ab der Jahrhundertmitte auftretenden, Versuche, der Großstadt mit Hilfe der fortgeschrittensten damaligen Technik ihre Unwirtlichkeit zu nehmen, sie den Bedürfnissen der Masse entsprechend zu naturalisieren, bewirkte, daß die Idee der Gartenstadt, die auf der Auflösung der Großstadt insistierte, in den folgenden Jahrzehnten weiteren Auftrieb erhielt.

In der Gründung von Saltaire war noch die Absicht deutlich, durch Transplantation eines städtischen Arbeiterviertels auf das platte Land Elemente der Großstadt zu retten. Es handelte sich hier eher um eine Übersiedlung einer städtischen Produktionseinheit in Form einer Fabrik samt Maschinerie, Arbeitertroß und dem Kapitalherrn denn um eine Neugründung unter dem Aspekt einer qualitativ veränderten Produktions- und Lebensordnung. Saltaire war von ländlicher Natur umgeben, sie blieb jedoch in ihrer freundlichen Nähe den Arbeitern dennoch fremd, da die Fabrikarbeit bestimmend blieb. Als Moment der Nichtarbeit, der Freizeit, behielt die Natur trotz der humanisierten Fabrikwelt den Charakter des Abstrakten, Unverbindlichen, den Charakter eines aus der geltenden Wirklichkeit ausgegrenzten Idylls.

Mit der Gründung des zwanzig km von Londons City entfernten Gartenvorortes Bedford Park von Norman Shaw wurde 1875 eine Entwicklung eingeleitet, die man heute als Gartenstadtbewegung bezeichnet. Sie knüpfte an die Ergebnisse des Paternalismus an. In ihrem Programm einer Rückwendung zum Grün war sie jedoch radikaler als dieser, indem sie damit eine veränderte Arbeits- und Lebensform suchte. Ihr wichtigster Vertreter wurde, mit dem Ausgang des Jahrhunderts, Sir Ebenezer Howard, ein Londoner Parlamentsstenograph. Im Unterschied zu den Gründungen der Industriedörfer wollte er Gemeinden schaffen, die ein selbstverwaltetes Kollektiv bildeten und die die Keimzelle einer allgemeinen sozialen Erneuerung sein sollten – ein Lebensmodell: »Denn die Gartenstadt selbst sollte nicht das Ergebnis des vom Fabrikherrn veranstalteten freundlichen Hinausführens aus dem städtischen Elend und der kapitalistischen Ausbeutung sein: Sie war ein freier Zusammenschluß. Sie sollte ein neues Stadtkonzept an die Stelle der Großstadt setzen, den Zustrom zur Großstadt wenden und ihn auf jene neuen Stadtgebilde auf dem Lande lenken, endlich die große Stadt selbst umbauen; denn Howard sah wohl, daß neben einer Gartenstadtbewegung, die dem ganzen Lande neues städtisches Leben zuführen würde, Megalopolis nicht bestehen könnte. Seine Ziele lagen weit jenseits dessen, was der Paternalismus erstreben konnte.«[29]

Howard war kein Naturschwärmer. Neben den Nachteilen der Großstadt sah er ebenso deutlich die Nachteile eines nicht urbanisierten, ländlichen Lebens: Isolation der Menschen durch die Weite des Raumes, Monotonie durch das Fehlen gesellschaftlicher Einrichtungen und Vergnügungsmöglichkeiten, erschwerte und verlängerte Arbeit und Unbequemlichkeit des Lebens durch fehlende technische Mittel, die den Großstädtern dienstbar waren und deren Mangel hier den Menschen hinderten, gesund zu leben und »sich am hellen Sonnenschein und der reinen Luft zu erfreuen«. Sein Ziel war daher die Versöhnung von Stadt und Land auf einer höheren Stufe: Aneignung der Natur im Gebrauch der vorhandenen technischen Mittel, Überführung des Bodens in Gemeindeeigentum, innige gesellschaftliche Beziehungen durch Selbstverwaltung und unmittelbarer Austausch der in der Stadt und auf dem Land produzierten Güter unter Ausschaltung der Spekulation.

Zur Versinnbildlichung seines Vorhabens entwarf Howard 1898 das Modell der drei Magneten: Die Sphären der Stadt und des Landes wurden einer dritten, der von Stadt–Land gegenübergestellt, wobei jede in Beschreibung der Vor- und Nachteile die Anziehungskraft deutlich machen sollte, die sie wechselweise auf das Volk auszuüben imstande wäre (Abb. 5). Der Magnet Stadt–Land vereinigte in diesem trinitarischen Schema nur die Vorteile der beiden anderen, ohne deren Schattenseite, und erwies sich für Howard als jene Macht, die künftig die Menschen versammeln könnte. »Weder der Stadt- noch der Landmagnet erfüllen den Zweck eines wirklich naturgemäßen Lebens. Der Mensch soll Geselligkeit und Naturschönheit zusammen genießen. Die beiden Magneten müssen zusammengeschmolzen werden. So wie Mann und Weib einander durch ihre verschiedenartigen Gaben und Fähigkeiten ergänzen, so sollen es auch Stadt und Land tun. Die Stadt ist das Symbol des Gesellschaftslebens, ... der Wissenschaft, der Kunst, der Kultur und der Religion. Und das Land! ... Was wir sind und was wir haben, verdanken wir ihm. Wir sind Gebilde der Natur und müssen wieder zu ihr zurückkehren. Ihre Kraft treibt die Räder der Industrie. Sie ist die Quelle aller Gesundheit, allen Reichtums und aller Wissenschaft. Aber die Fülle ihrer Freuden und ihrer Weisheit hat sich dem Menschen noch nicht geoffenbart, und sie kann es auch nicht, solange diese unheilige, unnatürliche Trennung zwischen Gesellschaftsleben und Natur andauert. Stadt und Land müssen sich vermählen, und aus dieser erfreulichen Verbindung werden neue Hoffnung, neues Leben und eine neue Kultur entstehen.«[30]

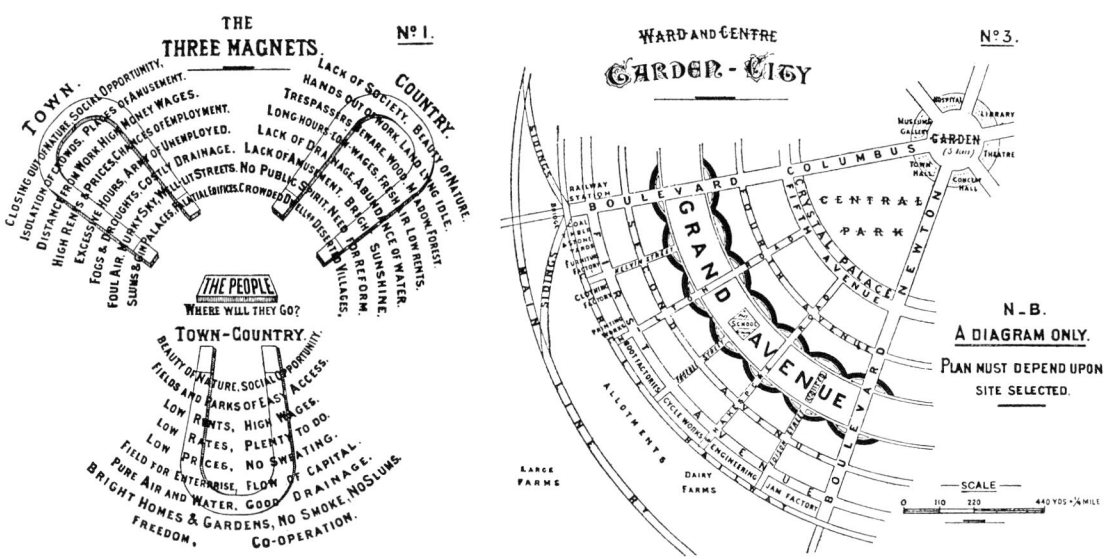

5 Ebenezer Howard, Die drei Magneten und Teil des Planes der idealen Gartenstadt, 1898

Die von Howard nach diesen Prinzipien entworfene, kreisförmige ›Garden City‹ von 2 km Durchmesser befand sich im Mittelpunkt eines 2400 ha großen, durch Landwirtschaft genutzten Gürtels. Die Stadt gliederten sechs große Boulevards von 36 m Breite als Radien und teilten sie in sechs gleiche Teile, die durch fünf Avenuen konzentrisch verbunden waren. Über eine Haupteisenbahnlinie und eine um die Stadt gelegte Ringbahn gelangte der Ankömmling zum Zentrum über den Außenring von Fabriken, Lagerhäusern, Märkten zu einer großen Avenue von 130 m Breite, an die Wohnhäuser, Kirchen und Schulen anschlossen. Von hier aus, die durch Grünzüge aufgelockerten Wohnviertel durchquerend, erreichte der Besucher den Glasring des ›Crystal Palace‹, der das gesellschaftliche Zentrum der Stadt mit dem von ihm eingeschlossenen Park und den öffentlichen Gebäuden bildete (Abb. 5). »Rund um den Zentralpark (mit Ausnahme der Stellen, wo er von den Boulevards durchschnitten wird) läuft eine breite Glashalle, der ›Kristallpalast‹, der sich nach der Parkseite öffnet. Dieses Gebäude ist bei nassem Wetter eine beliebte Zufluchtsstätte der Bewohner, und das Bewußtsein der unmittelbaren Nähe dieses prächtigen Schutzdaches lockt die Leute selbst bei dem zweifelhaftesten Wetter in den Zentralpark. Hier sind Waren der verschiedensten Art zum Kauf ausgestellt, und hier wird der größte Teil der Einkäufe besorgt, die mit Überlegung und Muße gemacht sein wollen. Der Raum, den der Kristallpalast einschließt, ist jedoch bedeutend größer, als zu diesem Zweck notwendig, und ein beträchtlicher Teil desselben dient daher als Wintergarten. Das Ganze bildet eine höchst anziehende, ständige Ausstellung, die durch ihre kreisrunde Anlage für jeden Einwohner leicht zu erreichen ist; denn selbst für diejenigen, die am weitesten vom Mittelpunkt entfernt wohnen, liegt sie nicht weiter als etwa 600 m entfernt.«[31]

Der Glashausring wurde in Howards ›Garden City‹ zum Inbegriff der neuen Stadt: Als gewaltige Glas-Eisenkonstruktion von 400 m Durchmesser und 2,5 km Länge, gefüllt mit Pflanzen und zum Park geöffnet, wurde er zum urbanen Ort, wo die Natur eingefangen und als ästhetisches Schauspiel von der flanierenden Menge genossen werden sollte. Die Beziehung der Stadt zum umgebenden Farmland wiederholte sich als Vexierbild im Glashausring, in dem der Park in tausend Reflexen sich spiegelte und fortsetzte.

Am Ende des Jahrhunderts träumt die soziale Utopie des Bürgertums von einer mit der Natur versöhnten und von Ausbeutung befreiten Gesellschaft als dem Bild eines Glashauses, das die Realität der bedrohlichen Gegenwart außer Kraft setzen soll. Daß sich diese Utopien nicht erfüllten, lag daran, daß ihre Urheber die Gesetze der gesellschaftlichen Entwicklung ihres Jahrhunderts verkannten: Die Massenproduktion von Waren wurde mit Hilfe der industriellen Macht Schritt für Schritt beschleunigt und hatte alle gesellschaftlichen Beziehungen, wie auch das Verhältnis zur Natur, zu ihrer Grundlage gemacht. Die industrielle Entwicklung des 19. Jahrhunderts hatte sich verselbständigt. Sie drängte auf die weitere Zusammenfassung und Zentralisierung der Produktivkräfte in den Städten und bewirkte dadurch eine weitere Agglomeration der Menschen und deren verstärkte Konkurrenz. Die Industrie selbst war, wie sich herausstellte, die einzig konkrete Utopie des 19. Jahrhunderts und schritt, sie in die Tat umzusetzen: Diese Utopie hieß absolute Naturbeherrschung. Die Natur, die sie gefesselt hatte, gab sie nicht mehr frei. In diesem Sinne schrieb Hegemann: »Kasernen und ihre Hinterhäuser hatten die alten Gärten und die noch herübergeretteten kleineren Häuser überrannt, soweit nicht Eigenbrötler darin wohnten, die ihren Tod abwarten wollten.«[32]

1. Glück ohne Glas –
   Wie dumm ist das!
2. Backstein vergeht,
   Glasfarbe besteht.
3. Das bunte Glas
   Zerstört den Haß.
4. Farbenglück nur
   In der Glaskultur.
5. Ohne einen Glaspalast
   Ist das Leben eine Last.
6. Im Glashaus brennt es nimmermehr;
   Man braucht da keine Feuerwehr.
7. Das Ungeziefer ist nicht fein;
   Ins Glashaus kommt es niemals rein.

8. Brennbare Materialia
   Sind wirkliche Skandalia.
9. Größer als der Diamant
   Ist die doppelte Glashauswand.
10. Das Licht will durch das ganze All
    Und ist lebendig im Kristall.
11. Das Prisma ist doch groß;
    Drum ist das Glas famos.
12. Wer die Farbe flieht,
    Nichts vom Weltall sieht.
13. Das Glas bringt alles Helle,
    Verbau es auf der Stelle.
14. Das Glas bringt uns die neue Zeit;
    Backsteinkultur tut uns nur leid.

Paul Scheerbart, 1914

Im 19. Jahrhundert verband sich mit der Vorstellung des Glashauses die Idee des irdischen Paradieses: Wesentlich war dieser Idee die sinnliche Gegenwart der Natur, der der Mensch gleichsam auf einer Insel begegnete. Die Requisiten in Form von tropischen Pflanzen entsprachen dem paradiesischen Schauplatz. Dabei wurde der Gesichtspunkt des Authentischen sorgfältig beachtet: Die tropische Welt wurde transplantiert und nach Bildern neu zusammengestellt. Es entstand eine Landschaftsmalerei ohne Hilfe von Farbe und Leinwand. Gauguins Traumwelt verwirklichte sich unter dem Glassturz.

Mit dem Beginn des 20. Jahrhunderts wandelte sich der Symbolwert des Glashauses. Die Katastrophe, die das neue Jahrhundert erschüttert hatte – der Weltkrieg – verstärkte den Fluchtgedanken, der bereits im 19. Jahrhundert wurzelte. Die Hoffnung der Herstellung eines friedlichen Wettstreites – Kommerziums – der Weltvölker fand auf den Schlachtfeldern ihr abruptes Ende. Aus diesem Desaster traten in Deutschland zwei einander entgegengesetzte Tendenzen der Naturauffassung und Urbanisierung ans Licht, die schon im 19. Jahrhundert vorhanden waren. Zum einen eine radikalisierte Utopie des Expressionismus, die den Schauplatz des Glücks ins Planetarische verschob: Die subjektive Glückfindung gelang nur in emphatischer Umarmung der Allnatur oder des eigenen Ichs. Zum anderen zeigte sich die Tendenz zu einem verstärkten Pragmatismus, der darauf drängte, sich der neu formierten Industrie – Serienherstellung über Fließband und Taktstraßen – zu bedienen. Hier war der Glaube an die Allmacht der Technik wieder präsent. Der blitzenden und sauber arbeitenden Maschine wurde, ohne die Natur des Menschen zu berücksichtigen, die Kraft zugesprochen, die Welt zu erlösen. Das Zauberwort der Neuen Sachlichkeit hieß Fordismus. Beide Tendenzen finden ihren Ausdruck in einer Glasarchitektur, die der Idee des Glashauses entspringt.

Den Utopisten der ›gläsernen Kette‹ – die Avantgarde des architektonischen Expressionismus um 1920 – wurde das Glashaus zum Symbol nicht eines irdischen, sondern außerirdischen Elysiums. Die Utopien des 19. Jahrhunderts, die noch einen Bezug zur Wirklichkeit wollten und eine Realisierung anstrebten, verloren sich im Abstrakten. Nicht die Pflanze und der Mensch, sondern das Glas selbst als Ausdruck eines ›Geistigen‹ war Inhalt ihrer Vorschläge. Dabei nahm das Kristall als Symbol des Reinen und der Vollkommenheit den obersten Rang in der Hierarchie der Naturformen ein: Das Glas erschien jenen Utopisten als das einzige Material, das durch das Licht als solches zur Darstellung gebracht und zugleich durch das Licht entmaterialisiert wurde. Im Kristall fand das Glas seine adäquate Naturform und erglühte in reiner Geometrie, indem es mit seinen Facetten das Licht einerseits zurückwarf und zugleich zu speichern schien. »... Kein Material überwindet so sehr die Materie wie das Glas. Das Glas ist ein völlig neues, reines Material, in welchem die Materie ein- und umgeschmolzen ist. Von allen Stoffen, die wir haben, wirkt es am elementarsten. Es spiegelt den Himmel und die Sonne, es ist wie lichtes Wasser, und es hat einen Reichtum der Möglichkeiten an Farbe, Form, Charakter, der wirklich nicht zu erschöpfen ist und der keinen Menschen gleichgültig lassen kann ...«[33]

Mit dem Glashaus als Kristall verband sich ein elitäres Selbstgefühl einer Künstlergemeinschaft, die den Affront suchte: Er war gegen den bürgerlichen Spießer gerichtet, der, hinter festem Mauerwerk sitzend, es sich gemütlich gemacht hatte. Er war für die Verhäßlichung der Welt, für die Tyrannei des Alltäglichen verantwortlich. Selbst im Zusammenbruch der bürgerlichen Existenz durch den Weltkrieg ging er zur Tagesordnung über. Vor dem Glashaus sollte seine Mißgestalt sich gespiegelt finden, ohne daß es ihm den Zutritt je gestattete: »Waren bisher alle Behausungen des Menschen nur immer weiche Prellböcke seiner Bewegungen, Versuchungen, behaglich auszuruhen und die Dinge gehen zu lassen, so wird uns die Glasarchitektur in Räume stellen, die immer wieder uns verhindern, in Stumpfsinn, Gewohnheit und Gemütlichkeit zu verfallen.«[34] »Der Europäer ist dort, wo er unverantwortlich ist, gemütlich, dort aber, wo er Verantwortung hätte, hart. Unter einer qualligen Außenseite ist er stumpf und brutal. Das Glas wird ihn umwandeln. Das Glas ist klar und kantig, aber in seinem versteckten Reichtum ist es milde und zart.«[35]

In der ostentativen Hinwendung zum Glas wird deutlich, daß die ›gläserne Kette‹ in jene Tradition des 19. Jahrhunderts eingebunden ist, die das Glashaus als Bautypus und Lebensalternative entwickelt hatte. J. C. Loudon hatte fast hundert Jahre vorher, um 1820, in ähnlicher Emphase und Entzückung die ästhetische Erscheinung und den darin enthaltenen Fortschritt seiner Glasarchitektur beschrieben. Paul Scheerbart, der Poet der ›gläsernen Kette‹, notierte 1914 als Spaziergänger in der Glaslandschaft der Gewächshäuser in Berlin: »Eine Glasarchitektur besitzen wir bereits – und zwar in den Botanischen Gärten. Der Botanische Garten zu Dahlem bei Berlin zeigt, daß bereits ganz imposante Glaspaläste aufgeführt sind. Allerdings es fehlt die Farbe. In der Abendsonne wirken das Palmenhaus und das Kalthaus so herrlich, daß man wohl einen Begriff bekommt ...«[36] An einem anderen Tag schreibt er: »Die Backsteinarchitektur der Vorzeit hat oft das Senkrechte überwunden. In den Wänden von der Senkrechten abzugehen, schien aber unmöglich. Das wird in der Glasarchitektur ganz anders. Schon das große Palmenhaus im Botanischen Garten zu Berlin hat nicht mehr senkrechte Wände; die Krümmung nach oben fängt schon in drei Meter Höhe an.«[37]

Der Kult des Glases war eine provokative Geste, die als solche zu genügen hatte. Architektur wurde zugleich zu deren Verneinung: Das gläserne ›Haus auf der Schaukel‹, veröffentlicht im ›Frühlicht‹ 1920 bis 1922, vermeidet jede Berührung mit dem Boden. Die ›gläserne Kette‹ sprengte die Grenzen der Kunstgattungen, indem sie Architektur, Skulptur, Malerei und Literatur miteinander verbunden als ein Medium zur Darstellung ihrer Vision einsetzte. Trotz des Idealismus dieser Utopisten, der nicht zum Bauen fortschritt, gibt es eine Verbindung zur Neuen Sachlichkeit, die im Unterschied zur ›gläsernen Kette‹ das Leben in den Grundrissen ihrer Pläne zu bannen suchte. Die Gebrüder Bruno und Max Taut, Hans Scharoun u. a. waren prominente Mitglieder der ›Kette‹ und Architekten von Bauten, die der Rationalität industrieller Massenherstellung verpflichtet waren. Adolf Behne, ein Ideologe der ›gläsernen Kette‹, wurde zugleich als Autor des Buches ›Der moderne Zweckbau‹ 1923 zum Sprachrohr der Neuen Sachlichkeit.

Was beide Bewegungen der zwanziger Jahre vereinte, waren die Aufhebung des massiv gebauten Hauses, das als Refugium bereits außer Kraft gesetzter Lebensformen diente, und die begeisterte Hinwendung zum Glas als Baumaterial, wodurch das Licht der ›modernen Zivilisation‹ eindringen sollte.

Das ›störende Fenster‹

»Der Vorhang ist gefallen …, eine neue Weite öffnet sich vor uns und die ganze Welt hat sich in diese Weite hineingestürzt.«
Le Corbusier, 1922

Wirkliche Hellräume, in die das Licht ungehindert einfallen konnte, gestattete das 19. Jahrhundert nur den Gewächshäusern. In den Wohnungen der Städter des 19. Jahrhunderts hingegen herrschte das Dämmerlicht. Dies gilt nicht allein für die zu geschlossenen Steinmassen zusammentretenden Mietshäuser der Arbeiterquartiere, deren Fenster das Licht oft nur indirekt, über schachtartige Höfe, Keller- oder Dachluken empfingen. Auch in den zur Sonne und Grün gerichteten Wohnungen der wohlhabenderen Bürger des gehobenen Mittelstandes und der Großbourgeoisie fiel das Licht durch einen engen Raster der Fenstersprossen und durch die Maschen sorgsam drapierter Gardinen und Portieren nur gefiltert und zum Helldunkel gedämpft ein. Das Innere des Zimmers war nach dem Zweck organisiert, das in die Tiefe des Raums noch gelangende Licht gleichsam aufzusaugen und derart abzulöschen, daß Farben und Formen wie unter der Mastixlasur vergilbter Gemälde jede Schärfe genommen war. Auf dem Boden lagen lichtschluckende persische Teppiche und ›Läufer‹, die vier Wände waren meist mit dunklen, reich ornamentierten Tapeten überzogen. Aus massivem Holz gedrechselte Möbel figurierten als dunkle Silhouetten. Sofa, Fauteuil und Tisch waren mit Draperien überzogen. Requisiten wie Uhren, Gläser, Bilder, Trophäen und Waffen füllten das Zimmer, wie um den Blick, der in einen leeren Winkel abzugleiten droht, aufzufangen. Einziges Unterpfand der Natur war in diesem Ensemble die obligate Zwergpalme, die im Halbschatten ein Kümmerdasein fristete.

Das 19. Jahrhundert war das Zeitalter der Etuis, in die die Gegenstände, wo es ging, eingebettet lagen. Wie diese war auch der Mensch vor dem Licht geschützt: Auf den alten Fotografien der Boulevards sieht man kaum einen Menschen ohne Hut oder nicht in hermetisch geschlossener Kleidung, die nur das Weiß des Gesichtes und der Hände aussparte.

Das ambivalente Verhältnis des Bürgers des 19. Jahrhunderts zum Licht drückt sich jedoch am treffendsten im Widerspruch relativ großer Fensterdurchbrüche und der Schutzwehr eines mehrfachen Vorhanges aus, der den Tag abhielt. Dieser Widerspruch ist der des bürgerlichen Individuums als Privatmann zu seiner öffentlichen Existenz. Der Begriff der Schwelle, die scharfe Trennung zwischen drinnen und draußen – hier sorgender Familienvater, dort rücksichtsloser Konkurrent des anderen –, fand im Verhältnis der Wohnung zum Fenster seinen für das Jahrhundert charakteristischen Ausdruck. Die ersehnte Behaglichkeit entstand aus dem Kontrast der Öffnung des Fensters zum geschäftigen Treiben der Außenwelt und deren Widerruf durch die textile Wand des Vorhanges: Dieses Verhältnis bezeichnet Dolf Sternberger im ›Störenden Fenster‹[38], indem er den Kunsthistoriker Cornelius Gurlitt, einen kompetenten Zeitgenossen, zitiert[39]. Dabei wird die Klage über die gegen das Jahrhundertende sich ständig vergrößernden Fensteröffnungen deutlich: »Unsere gewöhnlich großen Fenster nehmen dem Raum die innere Ruhe, setzen ihn zu sehr in Beziehung zur Außenwelt ... Jeder halbwegs Erfahrene weiß, wie hart der Unterschied zwischen der Helligkeit des einfallenden Tageslichtes und den dieses begrenzenden festen Gegenständen wirkt, wie sehr dadurch der Eindruck der Farbe gestört wird. Eine Abstufung durch immer dichter gelegte Gardinen von der unverdeckten Glasfläche bis zum schweren, undurchsichtigen Stoff wird am besten herbeiführen, daß man sich dessen Farbe klarer bewußt werde.«

Jedoch selbst die Vorhänge erscheinen dem Bürger des späten 19. Jahrhunderts als nicht ausreichend und zudem paradox, da das Fenster als ein äußerst kostspieliger Teil eines Hauses dadurch zugleich – wiederum mit hohem Aufwand – um seine Wirkung gebracht wird. »Wozu schafft man sich für teures Geld große, krystallhelle Gläser an, wenn man ihre Wirkung durch die engen Maschen des Tülls und durch die Linien eines Ornamentes beseitigt?« In melancholischem Rückblick erinnert Gurlitt an die Butzenscheiben, die Gardinen überflüssig machen: »Das ganze Zimmer erscheint dämmrig, lauschig. Wir fühlen uns in ihm allein, sei es mit unseren Gedanken oder mit unseren Freunden. Fernab liegt, was draußen vorgeht. Nicht einmal das Vorbeiziehen der Wolken läßt sich durch das grünliche Lichtgemenge erkennen.«

Eine sorgfältige Studie über die Lichtwirkung im Raume und die Wohnlichkeit desselben ist uns von Architekt Richard Lucae – nomen est omen – überliefert.[40] Ähnlich wie Gurlitt, jedoch mit dem Auge des Praktikers, reflektiert er die Funktion des gardinenlosen Fensters und den Einfluß des Lichtes in einem Wohnraum, der zunächst »nackt und unwohnlich« gedacht ist. Er geht in seiner Untersuchung von einem Raume aus, der an seiner langen Seite in gleichmäßigen Abständen mit Fensteröffnungen versehen ist, und bemerkt: »Die Helligkeit des Tages erfüllt ihn ... aber das Licht läuft im ganzen Zimmer herum und beleuchtet die Gegenstände fast zudringlich. Es duldet nirgends einen tiefen Schatten, und indem es seinen Gegensatz vernichtet, bringt es sich selbst um seine poetische Wirkung. Diese Räume haben ein immer gleiches konventionelles Lächeln ... aber was Gemütliches haben sie eigentlich nicht.« Der prosaische Charakter des Raumes wird jedoch nach Lucae geradezu zum Unwohnlichen gesteigert, wenn zu den gleichmäßig verteilten Öffnungen in der langen Wand noch Fenster an einer schmalen Stelle oder gar noch an mehreren Stellen kommen. »In einem solchen Zimmer fehlt völlig diejenige Empfindung, die wir bei einem Wohnraume vor allen anderen haben wollen, nämlich die, daß wir uns von der Außenwelt abgeschlossen fühlen und der Sprachgebrauch nennt einen solchen Raum sehr treffend Laterne.«

Zum Schreckensgedanken wird die Vorstellung, daß das Privatleben in die Öffentlichkeit hinausstrahlen und dadurch entheiligt werden könnte. Im Hintergrund dieses Schreckens stand sicherlich die zur Überzeugung gefestigte Ideologie des 19. Jahrhunderts, daß die Familie als Ort der Geborgenheit um jeden Preis zu schützen sei. Gleichzeitig war gegenwärtig, daß das Industriezeitalter daran arbeitete, die Familie aufzulösen. Die Großstadt erschien jenen Bürgern feindlich, die in der ersten oder zweiten Generation vom Lande zugewandert waren. Ihrer Vielfalt permanenter Reize, denen geantwortet werden mußte, fand sich das Individuum unzulänglich angepaßt und ließ es nicht zur Ruhe kommen. Gewohnheitsmäßiger Ablauf und Ritual der Bewegung war nur in der Sphäre der Wohnung möglich. Darum erschienen die vier Wände als ein Fluchtpunkt, als ein Labyrinth des Vergessens, wo das Gefühl, wie man meinte, hervorgekehrt werden konnte. Von der gardinenverhangenen Wohnung aus führte der Bürger des 19. Jahrhunderts sein Rückzugsgefecht gegen die gefühllose Maschinenwelt. Lichterfüllte Räume mit gläsernen Fassaden oder Dächern wurden nur in öffentlichen Gebäuden akzeptiert, die zum Sammelpunkt einer transistorischen Bewegung wurden: Bahnhöfe, Markthallen, Ausstellungshallen und Gewächshäuser.

Der absolute Hellraum, der im 19. Jahrhundert den im Lichte ausgestellten Pflanzen vorbehalten blieb, drang im 20. Jahrhundert mit der Neuen Sachlichkeit in die Wohnungen ein. Die Helle, die jeden Winkel auszuleuchten hatte, wurde zum Inbegriff eines ›Befreiten Wohnens‹.[41] Das Fenster wurde aufgerissen, die Wohnung verlor ihren Festungscharakter, ihre Solidität, der man im 19. Jahrhundert noch eine Beschirmung zutraute. Die Gardine als Filter des Lichtes verschwand; blankes Spiegelglas, möglichst ohne jede Teilung, machte die Wohnung zu einem Appendix der Außenwelt. Nicht mehr die Steinmassen der Großstadt und die lärmenden Straßen belagerten das Fenster, sondern eine grüne Landschaft, die eine neue Wüste war. Sie war nichts als eine Aussparung von Natur, die zwischen zeilenartigen Wohnblöcken übrigblieb. Damit war eine totale Umkehrung des Verhältnisses von Wohnung und Großstadt erreicht, das das 19. Jahrhundert gekennzeichnet hatte: Sie drückt sich im lichterfüllten Fenster aus. Diese Wendung, die für viele einer Verletzung gleichkam, war gewollt. Dabei fiel dem Licht die Rolle des Peitschenschlages zu, der den Bewohner begreifen lehren sollte, daß das Drinnen ein Draußen war.

Die Architekten und Städteplaner gingen daran, die Forderungen einer hochentwickelten Industrie zu verwirklichen. Fließbandarbeit, Produktionsstraßen, Automatisierung lieferten einen Warenstrom, dessen Schranken im begrenzten Bett des Marktes von seinem eigenen Überfluß gebildet wurden. Die diesem Industriesystem innewohnende Gesetzmäßigkeit drängte darauf, alle menschlichen Beziehungen in die maschinelle Arbeitsteilung einzureihen und am Ende die Menschen selbst in eine Ware zu verwandeln. Dem sperrte sich die Sphäre der Wohnung, in deren Labyrinth der Mensch den Gedanken an die industrielle Arbeitswelt abstreifen und seine individuelle Sonderlichkeit wiederaufbauen konnte. Er verhielt sich hier, sonst ganz moderner Mensch, vorindustriell. Er entspannte sich oder tobte, sensibilisierte oder brutalisierte sich im verspäteten Reflex auf das Geschehen in Fabrik oder Kontor, aber er konsumierte nicht und reproduzierte sich nicht entsprechend dem Takt, der seine Bewegungen tagsüber bestimmt hatte. Der Kreislauf der Verwandlung des Menschen in ein Moment der Warenproduktion war in der Wohnung, wenn nicht durchbrochen, so doch empfindlich gestört.

Die Revolutionierung der aus dem 19. ins 20. Jahrhundert verschleppten bürgerlichen Wohngewohnheiten war somit ein Gebot der Stunde. Sie sollten im Zeichen einer veränderten Bautechnik liquidiert werden. »Das Räderwerk der Gesellschaft ist ernstlich gestört, es schwankt zwischen einem Aufschwung von historischer Bedeutung und ihrer Katastrophe. Die verschiedenen arbeitenden Klassen der Gesellschaft haben heute keine angemessene Ruhestätte mehr, weder der Arbeiter der Hand noch der des Geistes. So ist der Schlüssel für die Wiederherstellung des heute gestörten Gleichgewichts ein Bauproblem: Baukunst oder Revolution.«[42] Indem die Architekten gegen die alte Form des Bauens polemisierten, lieferten sie die Bewohner in rigoroser Form dem Bedürfnis aus, das die Industrie vorschrieb. Der Wunschvorstellung der Produktion entsprach der mobile Mensch, eine überall disponible und allzeit abrufbare Arbeitskraft: der moderne Nomade, der stets seine Zelte abzubrechen bereit ist.

Welcher Art war die Vision des ›befreiten Wohnens‹? »Das Haus wird nicht mehr dies schwerfällige Ding sein, das den Jahrhunderten trotzen will … Es wird kein archaisches Wesen mehr sein, das mit tiefen Fundamenten im Boden verwurzelt ist und mit einer Pietät erbaut, auf die sich seit so langer Zeit der Kult der Familie … stützt.«[43] Der Bewohner des modernen Mietshauses sollte ein Minimum von persönlicher Habe in das Haus mitbringen: Er findet eingebaute Wandschränke, Fächer, Garderobenhaken, eine Einbauküche und montierte Lampen fertig vor. Alle Gegenstände des täglichen Gebrauchs wandern, soweit es möglich ist, in die vorhandenen Schränke. Nur der nackte

Kubus der Zimmer soll den Bewohner umschließen. »Verlangt nackte Wände in eurem Schlafzimmer, in eurem großen Wohnraum und Eßzimmer … Bringt euren Kindern bei, daß das Haus nur wohnlich ist, wenn es Licht in Hülle und Fülle hat und wenn die Fußböden und Wände sauber sind. Verzichtet … auf Möbel und Orientteppiche. Mietet Wohnungen, die etwas kleiner als die sind, an welche euch eure Eltern gewöhnt haben. Bedenkt die Ersparnis an Bewegungen, an Anordnungen und Gedanken.«[44]

Immer wieder wird die Vorstellung des nichtseßhaften Menschen beschworen, dessen bewegliche Habe auf das Marschgepäck reduziert ist. Die ideologische Aufrüstung hingegen besteht in Bildern von modernen, schnellen Transportmitteln, wie Flugzeugen, Autos, Ozeandampfern, an deren technischen Formen, die durch die Fortbewegung bestimmt sind, sich das Haus zu orientieren hätte. Aus der ingenieurmäßig kalkulierten Stromlinie wurde eine Ästhetik abgeleitet, die der Reisephantasie entsprang. »Ein ernsthafter Architekt, der einen Ozeandampfer betrachtet, wird in ihm die Befreiung von jahrhundertelanger fluchbeladener Knechtschaft erkennen. Das Haus der Landratten ist Ausdruck einer veralteten Welt von kleinem Ausmaß. Der Ozeandampfer ist die erste Etappe auf dem Weg zur Verwirklichung einer Welt, die dem neuen Geist entspricht.«[45] Das Haus soll nicht mehr im Boden verankert werden, sondern, auf Stützen gestellt, leicht und beweglich erscheinen – der Ästhetik nach eher einem dynamischen denn einem statischen Prinzip folgend. Der Teppich des Rasens setzt sich unter dem Hause fort, das darüber, wie über einem grünen Meer, zu schweben scheint. In der luxuriösen Villa Savoie in Poissy von Le Corbusier (1928-1930) spiegelt sich jenes in der Seine verankerte Schiff, daß er für Pariser Obdachlose zur Herberge adaptiert hatte. Am Ende steht das auf Räder gestellte Haus mit Blinklicht, der Wohnwagen, der – als dauernde Behausung genutzt – überall dort innehält, wo die Arbeitsbedingungen günstig sind. Die Ästhetik des wandernden Hauses entspricht der neuen Gestalt der Ware: der Wohnung, die – in Serie hergestellt – vom Lager aus über Katalog angeboten wird und auf Sattelschleppern auf dem Markt erscheint. Die Verlagerung des Herstellungsprozesses der Massenware Wohnung von der Baustelle in die Fabrik hat die Neue Sachlichkeit theoretisch und ästhetisch vorbereitet, jedoch erst in geringem Maß praktisch eingelöst. Die Verwirklichung blieb der zweiten Hälfte des 20. Jahrhunderts vorbehalten.

Hinter dem Ideal der Bewegung stand die Bewunderung für die Maschine, mit der sich der Fortschrittsglaube der Rationalisten verband: Hebung der Produktion durch das Fließband, Einhaltung der ›Gesetze der Sparsamkeit‹ unter dem Aspekt der mit der Maschine verbundenen Zeitökonomie und Verteilung der Fabrikgüter als eines Massenartikels für alle – die typisierte Ware als Wegbereiter einer modernen Massengesellschaft, die, wie jene, dem Prinzip der Gleichheit und Ökonomie gehorchte. Durch das Schaufenster der Warenhäuser fiel der prüfende Blick auf den Konfektionsanzug und entwarf zugleich die Gestalt, die Figur, die ihn tragen konnte. Indem der Mensch sich der Ware anpaßte, glich er sich nicht nur dem Produkt, sondern auch dessen Erzeuger an: der Maschine. Im Pathos des Maschinenkults der Neuen Sachlichkeit wird die Magie dieser Verwandlung zum Prinzip der neu zu formierenden Gesellschaft. »Faßt zu, konstruiert, umrechnet die Erde! – Aber formt die Welt, die auf euch wartet. – Einfach und sicher wie die Maschine, klar und kühn wie die Konstruktion. Uns treibt die Präzision ihrer Touren, der harte Klang ihres Ganges zu neuer Klarheit, der metallene Glanz ihres Materials in neues Licht.«[46]

Die Wohnung des modernen Menschen sollte nicht nur maschinell gefertigt werden, sondern auch wie eine Maschine funktionieren. Le Corbusier prägte den Begriff des Hauses als ›Wohnmaschine‹. Nach seiner Meinung könnten die heutigen Wohnbedürfnisse genau festgestellt und die Bewegungen in der Wohnung berechnet werden. Wie in der Fabrik, so könnten sie auch in der Wohnung optimiert und jede Raumverschwendung, die überflüssige Wege erzeugt und Geld vergeudet, vermieden werden. Man müßte das Haus auf den Quadratzentimeter genau ausrechnen und ebenso präzise und praktisch wie eine Schreibmaschine, Schiffskabine oder ein Auto organisieren.[47] Dem komme die innere Struktur des Bewohners entgegen. »In jedem modernen Menschen lebt Mechanik. Das Gefühl für die Mechanik kommt von unserem täglichen Tun und Treiben. Unsere Gefühle für sie sind Respekt, Dankbarkeit, Hochachtung.«[48]

Diese Wohnmaschinen wurden in den Projekten der zwanziger Jahre, horizontal oder vertikal, zu Baublöcken oder Türmen addiert, zum Baustein der Großstädte. In Verbindung mit Licht, Luft, Sonne und dem Grün der Natur sollte in ihnen die Rettung der Metropolen entstehen, die seit dem Ende des 19. Jahrhunderts weiter ausgeufert waren. An die Bewegung der Gartenstadt anknüpfend wurde die ›Ville verte‹ wieder propagiert, jedoch jetzt mitten in der Großstadt. Das von den Bauten verdrängte Grün sollte in Form von begrünten Terrassen, Loggien und flachen Dachlandschaften wiedererstehen. Der Boden erscheint in diesen Städten nicht mehr als Naturbedingung, sondern als ein technisch reproduzierbares Element, das selbst auf die Höhe von Hochhäusern emporgehoben werden kann. Die damit verfolgte Intention war ohne Zweifel eine Verbesserung der Lebensbedingungen der Stadtbewohner: Durch die Wohnmaschine mit ihren minimierten Räumen und ihrer industriellen Herstellung sollten niedrige Mieten und zugleich ein gesundes Leben im wiedergewonnenen Sonnenlicht ermöglicht werden. Eine wichtige Voraussetzung dazu war die Aufteilung der Stadt nach Zonen der Arbeit, der Freizeit und des Wohnens, die durch schnelle Verkehrsmittel zur ›Ville verte‹ zusammengefaßt werden und hier ihre Einheit finden sollten. Diese Vorstellungen einer funktionalisierten Stadt fanden ihre endgültige Formulierung in der ›Charte d'Athènes‹ der CIAM (1943), die den Städtebau bis heute maßgeblich bestimmt.

Diese neue Organisation der Stadt hat ein neues Elend – nur diesmal in Lichtwohnungen – hervorgebracht. Die Utopie der Gartenstadtbewegung von Fourier bis Howard – nämlich die einer wiederherzustellenden Einheit von Natur und Gesellschaft – wurde ad absurdum geführt: Isoliert und abgeschnitten vom geschichtlichen Hintergrund seiner Erfahrungen, stand der Bewohner der Natur fremd gegenüber, weil sie nur als Bild, als Panorama für ihn da war. Übliche Darstellungen von Stadtkonzepten jener Zeit waren Vogelperspektiven, wobei die breite Horizontlinie mit den Dächern der Wolkenkratzer zusammenfiel. Im Blick von oben entzog sich die sinnliche Gegenwart von Natur, ebenso wie für den Fußgänger, der auf seinem Wege unten weder Raum noch Zeit für sich vorfand.

Die Trennung des Lebens nach den ›Drei Verrichtungen – Arbeit, Freizeit, Wohnen‹ – erzeugte streng geschiedene Existenzformen, wobei jede für sich monomanische Gestalt fand und – da das Leben unteilbar ist – die Seite ihrer Unwahrheit hervorkehrte. Diese Trennung war von der Maschine und der nach ihr ausgerichteten Form der Arbeit bestimmt. Der in den Fabrikhallen herrschende Taylorismus zerlegte jede Arbeit in gesonderte Einzelverrichtungen, die nur über das Fließband ihre Einheit fanden und zum Resultat in Form der ausgestoßenen Ware führten. Dieser ›erfolgreichen‹ Produktionsmethode lag das Bedürfnis zugrunde, auch Bereiche außerhalb der notwendigen Arbeit zu erfassen und nach ihrem Bild zu organisieren. Die Lebensexistenz wurde in getrennte Sphären aufgesplittert, und so wurden Einzelbedürfnisse geschaffen, die zugleich Massenbedürfnisse waren und gezielt von der Industrie befriedigt werden konnten.

Indem die Architekten der Neuen Sachlichkeit diese Gesetzmäßigkeit erkannten und sie in der Ausrichtung ihrer Praxis nach dem höchsten Stand der industriellen Produktivkräfte zu nutzen suchten, waren sie fortschrittlich. Fatal war jedoch, daß ebendiese progressiven Architekten diese Gesetzmäßigkeit ideologisch nochmals überhöhten, anstatt ihr kritisch entgegenzutreten. Auf sie geht die perfekte Übertragung der Maschinenbewegung in die Sphäre der Wohnung und des Städtebaues sowie die Vollendung eines anonymen Kollektivs in der Großstadt zurück.

Le Corbusier verkündete das System der ›drei Achter‹ – acht Stunden Arbeit, acht Stunden Erholung, acht Stunden Ruhe. Die Wohnung erhielt die Aufgabe einer Reproduktionsmaschine, »um die von der Arbeit, der Schwerarbeit, abgenutzte Spannkraft von Muskeln und Geist zu erneuern«.[49] Dazu braucht man Sonne, reine Luft, Sauberkeit und Grün vor dem Fenster. Dies beleuchtet die puritanische Strenge der Wohnung, die Enterotisierung jedes Gegenstandes, der nur besteht, indem er der Einsparung an Bewegung zu dienen hat. Diese wird aufs peinlichste abgezirkelt: Schlafzimmer, Wohnzimmer, Kinderzimmer; Drehstuhl in der Küche, die sich in ein Laboratorium verwandelt, wo die Versuchskette des Kochens und Bratens nicht mehr der Lust am Essen, sondern der puren Notwendigkeit der Ernährung dient. Das Schlafzimmer Erwin Piscators von Marcel Breuer (1927/28), mit Sportgerät und gleichsam schwebendem Bettkasten[50], und die Frankfurter Küche von Ernst May (1929) dienen einzig der Konzentration und der Ertüchtigung für das Geschäft des Tages.

Die gewandelte Funktion des Fensters wird nun deutlich. Gurlitt und Lucae haben über das ins Zimmer fallende Licht sich beunruhigt. Jetzt soll die Helligkeit mit voller Kraft einfallen. Das Fenster bildet nurmehr eine entstofflichte Membrane zwischen innen und außen. Im scharfen Licht und der blitzenden Sauberkeit gibt es keinen Rückzug mehr von der Welt der Arbeit. Der Begriff des Privatiers ist unwiderruflich aufgelöst. Das der ganzen Wohnung entlangstreichende Fenster soll ihn daran erinnern und das Draußen ständig gegenwärtig machen. Das störende Fenster wird allgegenwärtig. Damit vollendet sich die Säkularisierung jener sozialen Utopien, die mit dem Glashaus den Ort der Versöhnung von Natur und Gesellschaft zu entwerfen suchten.

Die Idee des Wintergartens

»Es liegt ein wunderbarer Reiz darin, mitten im Winter die Fenster eines Salons öffnen zu können und statt der rauhen Dezember- oder Januarluft einen milden, balsamischen Frühlingshauch zu fühlen. Es regnet vielleicht draußen, oder der Schnee fällt vom schwarzen Himmel in stillen Flocken herab, man öffnet noch die Glastüre und befindet sich in einem irdischen Paradiese, das des Winterschauers spottet.«

Bericht über den Wintergarten
der Prinzessin Mathilde v Bonaparte, Paris 1869

Ein Innengarten unter künstlichem Firmament

Die Idee des Wintergartens ist ein alter, oft wiederholter Traum der Menschen, den Garten Edens mit künstlichen Mitteln auf die Erde zu holen. Aus den Gewächshäusern hervorgegangen, die zunächst nur der Aufbewahrung und Pflege der Pflanzen dienten, war dieser für gesellige Zwecke und Vergnügen, aber auch für private Beschaulichkeit konzipiert: Er stellte einen Innengarten dar, in welchen der nur durch Glas getrennte Außengarten sich fortsetzte und seinen Höhepunkt fand. Diesem Charakteristikum verdankt der Wintergarten sein vom bloßen Pflanzenhaus abweichendes Erscheinungsbild: Er war den Regeln der Gartenkunst unterworfen. Der Innengarten sollte den Aspekten einer quasi natürlichen Landschaft, jedoch von exotischen Pflanzen formiert, entsprechen. Danach richteten sich auch Konstruktion und Raumform. Die Weiten und Höhen der üblichen Pflanzenhäuser genügten nicht mehr, um den Eindruck eines landschaftlichen Prospektes hervorzurufen.

Die frühen Wintergärten sind höfischen Ursprungs und haben die Gestalt von Orangerien. Sie bildeten den notwendigen Lebensbestandteil des Adels und dessen Unterhaltungszeremoniell. Aus der Ära des Barock entstanden, waren sie ein wichtiges Repräsentationsbauwerk. In der Gesamtanlage von Schloß und Garten oft am Ende einer Achse liegend und als Gegenüber des Schlosses in repräsentativem Stil ausgeführt, waren sie nicht nur Blickfang, sondern dienten auch dem gesellschaftlichen Leben in Form von Banketten, Theateraufführungen und Festen. Zu den prachtvollsten Orangerien im 18. Jahrhundert zählten die Bauten der Höfe von Versailles, Petersburg und Wien (Abb. 7 a).

Einen Begriff von der Funktion der Orangerie für den Hochadel gibt ein zeitgenössischer Bericht über das Wiener Bauwerk, das der Hofgärtner Nicolaus Joseph Jacquin als »eine herrliche, gewölbte Orangerie« bezeichnet, »die vielleicht unter allen in Europa die größte ist, da das in einem Zug fortlaufende Gebäude 600 Schuhe lang, $35^{1}/_{2}$ breit und 25 hoch ist. Sie dürfte schwerlich ihresgleichen haben. ... Wiederholt hatte Kaiser Josef Festtafeln in der Orangerie arrangieren lassen, wie er sie im Petersburger Wintergarten auf seiner Reise gesehen hatte. Die Blumen aller Jahreszeiten dufteten hier im strengsten Winter auf einer prächtigen Tafel, ringsumher standen Pomeranzen und Zitronenbäume in schöner Beleuchtung und nach der Tafel war Schauspiel und Ball in diesem blühenden Wintersaale... Während des Wiener Kongresses speisten die fürstlichen Gäste am Abend des 11. Oktober 1814 an zwei Tafeln zu 62 Gedecken. Man sah nichts als blühende Bäume und Blumen, zwischen denselben Statuen und einen vierfach über Felsen strömenden Wasserfall, von 3136 Lichtern erhellt.«[51]

Eine Weiterentwicklung des Wintergartens vollzog sich zu Beginn des 19. Jahrhunderts durch die direkte Verbindung der Pflanzenräume mit dem Wohntrakt. Dadurch veränderte sich die Funktion des Wintergartens, der zuvor – in Form der Orangerie – nur zu festlichen Anlässen benutzt wurde. Er wurde nun Teil des alltäglichen Lebens der adligen und bürgerlichen Familien und deren Freundeskreises. Ein Grund für diese Veränderung war die im Zusammenhang mit der romantischen Betrachtung der Natur verbundene Aufnahme der Prinzipien des ›natürlichen Gartens‹ und einer von bloßer Repräsentation befreiten Wohnkultur.

Das neue Prinzip der Gartenkunst – ›der Englische Garten‹ – hat der Landschaftsgärtner Friedrich Ludwig von Sckell umrissen: »Unsere heutigen Gärten, obschon sie auch die Kunst größtenteils hervorgehen macht, gleichen nicht mehr jenen vormaligen künstlichen Gartenanlagen, wo alle Formen nach den strengen Gesetzen der Regelmäßigkeit erscheinen mußten. Die Natur ist es, die den neueren Gärten zum Muster dient; ihre so mannigfaltigen, unzähligen Bilder, die die schöne Erde zieren, schmücken nun auch unsere Gärten, aber ohne daß sie den allergeringsten Zwang einer ängstlichen Nachahmung fordern.«[52]

Die begeisterte Aufnahme des Englischen Gartens bereits vor 1800 war zugleich ein neues Programm einer veränderten Gesellschaft. Die Orangerie und die geschnittenen Buxbäume wurden als Zeichen einer absoluten Ordnung abgelehnt. Wie widersinnig diese Ordnung erschien, drückte Sckell 1825 in einem Zitat Friedrich von Schillers aus: »Der Baum mußte seine organische Natur verbergen, damit die Kunst in seiner gemeinen Körper-Natur ihre Macht beweisen konnte. Er mußte sein schönes selbständiges Leben für ein geistloses Ebenmaß und seinen leichten schwebenden Wuchs, für einen Anschein von Festigkeit hingeben, wie sie das Auge von steinernen Mauern verlangt.«[53]

Im Einklang mit der Einführung des ›Englischen Gartens‹ entwickelte sich in jener Zeit auch ein neuer Begriff des Wohnens. Das starr repräsentative Wohnen wurde aufgegeben und der Bequemlichkeit und dem Komfort der Vorzug gegeben. In dieser Nachahmung bürgerlicher Vorbilder auch durch den Adel kann man den ersten Schritt zu dessen Rückzug ins Private erblicken. Architektonisch drückte sich die neue Einstellung des Adels zum Wohnen in einer Umwandlung aus, die vom palladianisch-klassischen Ordnungsprinzip der Symmetrie und der Subordination zur freieren Grundrißordnung des ›gotischen, maurischen bzw. orientalischen‹ Stils überging. Diese mannigfaltigen Stilformen waren nur das architektonische Gewand für einen veränderten Inhalt des Bauens.

In der Umgruppierung des Wohntraktes nach den Gesichtspunkten einer in die Landschaft und den Garten sich einfügenden malerisch aufgefaßten Architektur wurden die Gesellschaftsräume Ende des 18. Jahrhunderts zur ebenen Erde angelegt und mit dem Wintergarten räumlich eng verbunden. Durch seine Glaswände hindurch setzten sich der Garten und der Himmel scheinbar ohne Schranken fort. Die Natur dringt in das Haus ein.

Die Auseinandersetzung von Gärtner und Architekt

Aus der Verbindung eines Wintergartens mit dem Wohnhaus bzw. Schloß ergaben sich ästhetische Konflikte. Dies gründet in der bisher ungewohnten Aufgabe, die Steinarchitektur mit einem transparenten Glas-Eisenbau – also gleichsam mit einer Nichtarchitektur – zu verbinden. Solange der Wintergarten, wie in der Orangerie oder in Verbindungskorridoren zu ihr, aus festen Mauern und Dach bestand, ergab sich kein Problem in der Herstellung einer architektonischen Einheit. Nach der Meinung der konservativen Schularchitektur, der damals die meisten Architekten verpflichtet waren, gehörte ein aus Glas und Eisen errichtetes Pflanzenhaus als Zweckbau in den Bereich des Gartens, entfernt vom repräsentativen Wohnbau. Vor allem das neue industrielle Baumaterial Eisen wurde von den Architekten nur zögernd verwendet, meistens jedoch in Formen, die, wie in der Gotik, von der Steinarchitektur ableitbar waren. Selbst fortschrittliche Architekten, wie Humphry Repton und John Nash, in Deutschland Karl Friedrich Schinkel, die bereits sehr früh Gußeisen in der Wohnarchitektur anwendeten, griffen zu solchen Formen. Der Architekt Repton, bekannt als Verfechter des ›Englischen Gartens‹, entwarf mit S.P. Cockerell 1806 in Sezincote eine palastartige ›Villa‹ in maurisch-gotischem Stil, die mit einem langgestreckten Wintergarten verbunden war. Dabei verwendete er in den Spitzbogenfenstern aus Gußeisen den Stil des Hauptgebäudes (Abb. 674). In diesen und ähnlichen Beispielen aus der Zeit um 1800 wird deutlich, daß die Architekten sich noch nicht dazu durchringen konnten, das Eisen in seiner funktionellen Gestalt zu zeigen. Im Bau der Wintergärten trat dabei der Widerspruch von Form und Funktion deutlich zutage, der sich zu Ungunsten der Pflanzenkultur auswirkte. Es ist verständlich, daß die stilbewußten Architekten über diesen Widerspruch weniger bekümmert waren als die Gärtner.

J.C. Loudon, dem als Gärtner die Vorteile des Eisens im Gewächshausbau sehr früh bewußt wurden, verband mit dem Bau von Wintergärten nicht nur ein konstruktiv, sondern auch ästhetisch neues Programm: In seinen Schriften um 1820 ist erstmals in der Baugeschichte formuliert, daß Eisen-Glasbauten ebenso einen ästhetischen Anspruch auf Schönheit besitzen wie die Steinarchitektur. Er geht sogar noch einen Schritt weiter und behauptet, in Form einer Kampfansage an die Stilarchitektur, daß Schönheit und Zweckmäßigkeit notwendigerweise verbunden sind und einander bedingen. »Die konstruktive Unvollkommenheit von Treibhäusern, sowohl hinsichtlich der Schönheit ihrer Form, als auch im Hinblick auf die Lichtdurchlässigkeit, ist schon lange bekannt… Kann ein Gebäude anstößiger für das Auge sein, als diese Glasdächer, die wie ein Anbauschuppen wirken? Die, obwohl sie etwas bedecken, was man einen Schauplatz des größten Luxus nennen kann, durch ihre äußere Ungestaltheit allgemein nur dafür erdacht wurden, in einem Küchengarten versteckt zu werden? Sollten nicht diese Schauplätze, die die verschiedenen Früchte und Blumen aus der heißen Zone ausstellen und die Fröhlichkeit und Schönheit des Frühlings und Sommers inmitten der frostigen Kulisse des Winters zeigen, dem Wohnhaus anhängen oder doch dem eleganteren Teil eines Wohnsitzes zugewiesen sein? Es ist wahr, daß zahlreiche Versuche unternommen wurden, so bei den Conservatories, die häufig mit dem Wohnhaus verbunden sind – damit sie toleriert werden können –, die schuppenartige Erscheinung durch Steinwände zu verkleiden. Jedoch ist die Konstruktion solcher Gebäude schlecht: In dem Verhältnis, in dem sie durch die architektonischen Formen erhaben werden, leiden die Pflanzen Mangel an Licht, das durch das Mauerwerk nicht eintreten kann. Der Zustand der Pflanzen, die in solchen Conservatories den Winter überdauert haben, beweist dies. Kann es richtig sein, daß die Architektur eines Gebäudes im Widerspruch zu seinem Gebrauch steht? Zu leugnen, daß Gebäudeformen schön sein können, ohne daß die Ordnungen der griechischen oder gotischen Architektur gezeigt werden, dafür ist – wie wir vermuten – das gegenwärtige Zeitalter zu aufgeklärt und liberal. Die Erhabenheit und Schönheit der Formen, beobachtet Mr. Alison, entstehen aus den Assoziationen, die wir mit ihnen verbinden oder aus der Qualität, in der sie sich uns darstellen.«[54]

Ansätze zu einer neuen Architekturtheorie

Dem Prinzip folgend, daß die Schönheit eines Gebäudes aus der der Zweckmäßigkeit entsprechenden einfachsten Form entstehe, wurde Loudon zum Pionier einer Architektur in Eisen und Glas, die als Ingenieurbaukunst kompromißlos war. Ihm galt ein Wintergarten nur dann als schön, wenn er in seiner Gestalt das war, was er sein sollte: eine transparente Glashülle, die dem Sonnenlicht möglichst ohne Schattenwurf allseits Zutritt in das Innere gewährleistete. Die Anwendung von Eisen für das Tragskelett – das Konstruktionen von bisher unerreichter Filigranität ermöglichte – ergab sich nach der Meinung Loudons zwangsläufig aus den der Bauaufgabe immanenten Forderungen.[55] Es entstanden erstmals Wintergärten in einfachsten, geometrischen Formen, deren Glasgewölbe frei vom Boden aufstiegen und die nur von dünnen Eisensprossen gegliedert waren. Mit dem massiven Wohnhaus verbunden, waren sie zu diesem bewußt als jener Kontrast gesetzt, der aus der Verbindung von Natur und Kunst, Pflanzenlandschaft und Wohnraum entstehen sollte. Die Überraschung, mit der der Besitzer des Hauses beim Durchwandern der Wohnräume den lichterfüllten Wintergarten betrat, sollte ihre Entsprechung auch im architektonischen Gesamtbild haben: Der Effekt des Kontrastes war durchaus vorgesehen. Die architektonische Einheit von Wohnhaus und Wintergarten sollte nicht durch die Angleichung, sondern – umgekehrt – durch den bewußt gesetzten Unterschied entstehen. Diese Haltung zeigt exemplarisch der Entwurf Loudons zu seinem Landhaus mit angebautem Wintergarten in Bayswater aus dem Jahre 1817 (Abb. 141). Dieselbe Absicht wird im Entwurf zu einem ›Gentleman's house‹ am Beispiel der Villa in Sezincote deutlich. Hierbei zeigte Loudon, daß auch in der Glas- und Eisenarchitektur eine Verbindung von orientalischem Stil und Wintergarten möglich ist (Abb. 433). Die radikale Position Loudons in der Gestaltung von Wintergärten war in ihrer Zeit einmalig und wurde erst nach der Jahrhundertmitte in den Wintergärten von August von Voit für die Bayernkönige Maximilian II. und Ludwig II. (1854, 1867-1869) wiederaufgenommen. Der Wintergarten wurde als Krönung auf das Dach des Schlosses gebaut. Die klassische Ordnung der Steinarchitektur wurde in einem noch gesteigerten Maße mit einem transparenten Bau in Kontrast gesetzt. Anstelle von Statuen und Gesimsaufbauten zeichnete sich eine Eisenkonstruktion mit Palmensilhouetten gegen den Himmel ab (Abb. 400-402, 652-655).

Gegenüber dieser modernen Haltung verfolgten die meisten Konstrukteure und Architekten von Wintergärten traditionelle Wege, um den Gebrauch des Baumaterials Eisen und Glas einzuführen. Sie konnten den Widerspruch von massiver und transparenter Architektur nicht auflösen und befürworteten daher eine Trennung von Wintergarten und Wohnhaus. So bemerkte der Landschaftsgärtner Friedrich Ludwig von Sckell in seinem grundlegenden Buch ›Beitrag zur bildenden Gartenkunst‹ von 1825, daß bei der Anlage von Pflanzenhäusern nicht nur eine gehörige Distanz zum Schloßtrakt, sondern sogar ein Verstecken zu empfehlen sei. »Solche regelmäßigen Anlagen müssen für sich bestehen, man muß ihnen unerwartet begegnen und durch sie überrascht werden; daher muß sie ein Gebüsch verstecken.«[56]

Sckell maß den Bauten aus Glas und Eisen als solchen keine architektonische Bedeutung bei und versuchte diese durch klassizistische Formensprache aufzuwerten: »Ich habe auch dem Gewächshaus einen architektonischen Wert (weil dies bei derartigen Gebäuden so selten der Fall ist) dadurch zu geben getrachtet, daß ich die beiden Endportale oder Eingänge mit der dorischen Ordnung nach den reinsten Verhältnissen und Regeln der Baukunst geziert und mit Frontons versehen habe.«[57] (Abb. 391-393) Immerhin war das strenge Ordnungssystem des Klassizismus mit der flächigen Ausbildung der Baukörper unter Anwendung des Rasters am ehesten als Stil für Pflanzenhäuser geeignet. Fassaden mit großen Fensterflächen konnten in Massivbauteile gut integriert werden. Das Prinzip der Reihung mit der Wiederholung gleicher Bauteile, wie es im Bau von Gewächshäusern nötig wurde, konnte hier voll genutzt werden.

Konnten demnach Eisen und Glas innerhalb des klassizistisch orientierten Ideals Aufnahme finden, so wurden sie jedoch innerhalb einer Strömung, die die unberührte Natur verherrlichte, total abgelehnt. Es war dies ein auf die Spitze getriebener Rousseauismus, der nur die Natur als Ordnungsprinzip anerkannte und jedes technische Hilfsmittel als Eingriff und Störung empfand. Ein Resultat dieser Haltung war der Versuch, bei der Anwendung von Eisen als tragende Konstruktion von Wintergärten diesem eine Gestalt und Ornamentik zu geben, die der Pflanzenwelt entstammte. So wurden z. B. in Gewächshäusern Säulen zu Bambusschäften, Kapitelle zu Palmenwedeln, Konsolen zu Ranken und Astwerk stilisiert (Abb. 71).

Dieses Vorgehen befreite die Eisenkonstruktionen von klassischen Vorbildern und erleichterte ihre zierliche und filigrane Ausbildung. In der extremen Anwendung des Naturalismus führte die Forderung der Unterordnung von Technik zum Verbergen der Konstruktion und letztlich zu deren Verleugnung. Der Wunsch nach einem vollkommenen Naturbild erfüllte sich nur, wenn Glas und Eisen nicht in Erscheinung traten. M. Neumann, der in einem umfassenden Werk über ›Glashäuser‹ 1842 die Erkenntnisse der ersten Jahrhunderthälfte zusammengefaßt hat, äußert sich über die ästhetischen Prinzipien bei der Erstellung von solchen Bauten: »Welches Ziel soll der Erbauer eines großen Glashauses vor Augen haben, wo es sich um Aufstellung von tropischen Pflanzen handelt? Kein anderes als die Nachahmung der reichen Unordnung eines Urwaldes, indem er mit lebendigem Kunstsinn alle auffallenden Spuren der Künstlichkeit verwischt und vorzüglich den materiellen Beweis, daß man unter einem Glasdach wandelt, zu bemänteln, unbemerkbar zu machen sucht. In der Tat, warum sollte man nicht das geometrisch regelmäßige Netz oder Gitterwerk der Fenster und Scheibeneinpassungen durch eine möglichst getreue Nachahmung der Formen der Baumästung und Verzweigung ersetzen und durch die ungleichen Maschen derselben das Licht gerade so einfallen lassen, wie durch den Dom eines natürlichen Waldes? Launenvolle Lianen, zwischen diese künstliche Äste und Zweige eingeflochten, werden die malerische Täuschung noch vollkommener machen, hier das nackte Gerippe von Metall unter ihrem Laubwerk verstecken, dort an die schwankenden Zweige großer Bäume sich anhängend, anmutige Guirlanden bilden... Inmitten einer sorgsam gewählten Lichtung müßte sich ein Bächlein schlängeln, bevölkert mit tropischen Fischen, bald rauschend zwischen Felswerk sich durchdrängend, bald sanft und still in ein breites, von Sand und Kieseln umgebenes Becken sich ausdehnend... An einem solchen Glashause würde das Innere Alles sein, das Äußere durchaus keine Ansprüche machen; also könnte man es hinter einem Gürtel dichten Gebüsches dem Blicke verbergen und müßte dabei nur die Vorsicht anwenden, den Buschgürtel so weit entfernt zu halten, daß dem Hause dadurch kein Licht entzogen würde. Den Zugang zu diesem tropischen Wald würde sehr zweckmäßig ein felsiges und steiniges Tal bilden, geschmückt mit Yucca und anderen Pflanzen, welche die Ausdauer

6 M. Neumann, Entwurf zu einem Wintergarten als Naturkulisse, 1842

unter unserem Klima mit tropischem Aussehen verbinden. Dem Hause selbst näher müßte sich der Zugang in einen förmlichen Tunnel verwandeln, in dessen Hintergrunde die Eingangstür verborgen wäre. Hiernach würde der plötzliche Übergang aus einem engen und vergleichsweise dunkeln Raum in ein weites und sehr helles Haus einen sehr günstigen Eindruck hervorbringen. In ähnlicher Weise müßte die Ausgangstür des Glashauses in einen Tunnel führen, der vielleicht in Gestalt einer Naturhöhle bis zu dem Gebüschgürtel hinausliefe und erst dort wieder ins Freie führte.«[58] (Abb. 6)

Hinsichtlich der ästhetischen Qualität, die in den Glas-Eisenbauten der Wintergärten entstand, war J. Paxton ebenso kompromißlos, wie sein Zeitgenosse Loudon. Er war auf die größte Wirkung seiner Architektur bedacht und wollte daher dem Konflikt mit der Stilarchitektur weitgehend ausweichen. Ein solcher erschien ihm jedoch unvermeidlich, wenn, wie es der Fall war, mit dem Anwachsen des Volumens eine Konkurrenz zum Wohnsitz bzw. Schloß entstand. Daher plädierte er für eine absolute Trennung großer Wintergärten vom Wohngebäude, dies nicht um sein Ingenieurwerk zu verstecken, sondern um es in seiner Reinheit zu bewahren: »Wenn Tempel oder andere Gebäude vom Haus aus sichtbar sind, ist es unbedingt nötig, daß sie mit ihnen harmonieren. Aber dies ist ein Bau, der ganz gegensätzlich zu einem Wohnhaus ist, der völliger Isolierung bedarf und eine Stelle braucht, wo sein Wesen wirken kann... Das Gewächshaus muß soweit wie möglich vom Wohnhaus entfernt stehen, da die Menge des verwandten Glases ihm eine durchgreifende Besonderheit verleiht.«[59]

Das große Gewächshaus in Chatsworth, bestimmt für die Palmensammlung des Herzogs von Devonshire, wurde, diesen Prinzipien folgend, von Paxton außer Sichtweite des Schlosses, inmitten einer Waldlichtung aufgebaut. Die notwendige Heizanlage wurde unterirdisch angelegt, wobei der Kamin im Wald verborgen wurde (Abb. 222, 527, 528, 532).

Der ästhetische Konflikt, den die Erbauer der Pflanzenhäuser in der Kombination Glas-Eisenarchitektur mit dem ›Stilbau‹ erblickten, charakterisiert das gesamte 19. Jahrhundert. Neue Lösungen zur Synthese von Ingenieurbauten und historisierender Formenwelt brachten die Bauaufgaben der Bahnhofsbauten, Ausstellungshallen und Floren, die ab 1850 in Erscheinung traten. Dabei wurde das Arbeitsfeld von Architekt und Ingenieur oft noch in Personalunion von ein und demselben Erbauer abgedeckt.

Im beigefügten Text von Gottfried Semper wird das architektonische Erscheinungsbild des Jardin d'Hiver in Paris (Abb. 417-421, 660-664) zum Anlaß einer ästhetischen Theorie, in der die Anwendungsmöglichkeit des Baumaterials Eisen im Monumentalbau kritisch untersucht wird. Es werden dabei die Vorbehalte deutlich, die selbst fortschrittliche Architekten wie Semper gegenüber einer schwerelos wirkenden Eisenkonstruktion hatten. »Der Wintergarten zu Paris, 1849: Die Wintergärten sind uralt. Schon die Römer wendeten sie zur Verschönerung ihrer verschwenderisch angelegten städtischen Wohnungen und Villen an, und mögen sogar in technischer Beziehung, vorzüglich in Beziehung auf Zweckmäßigkeit der Heizungsmittel und geschickte Benutzung der Himmelslage, nach allem was wir darüber lesen und selbst in einigen Überresten noch sehen, weiter gewesen sein, als wir jetzt sind, die wir nach so langer Zeit diesen Gegenstand erst wieder neu aufgenommen haben, und gleichsam vom ABC wieder anfangen mußten. Noch viel mehr waren sie zweifelsohne uns überlegen in der architektonisch-künstlerischen Auffassung dieser Aufgabe, die, wir müssen uns dieses gestehen, bis jetzt bei uns auf die allerroheste und ursprünglichste Weise, in einer Art von nacktem Eisenbahnstile ihre Lösung gefunden hat. Es wird noch lange dauern bis das Eisen und überhaupt das Metall, welches erst wieder in seine Rechte als Baumaterial eingetreten ist, auf eine so vollkommene Weise technisch beherrscht sein wird, daß es als künstlerisches Element in der schönen Baukunst neben dem Steine, den Ziegeln und dem Holz Geltung und Würdigung zu finden beanspruchen darf.

Mir ist noch nicht ein einziges Beispiel einer künstlerisch genügenden sichtbaren Eisenkonstruktion an monumentalen Bauwerken vorgekommen. Nur an Bauwerken entschieden praktischer Bestimmung, wie an Schutzdächern von weiter Spannung, besonders an den Garen der Eisenbahnhöfe, machte sie einen befriedigenden Eindruck. Wo immer sie sonst in Anwendung kommt, erinnert sie, oft sehr störend, an jene kalten und den Zugwinden bloßgestellten Eisenbahnräumen und macht jede gemütliche oder feierliche Stimmung unmöglich. Ein auffallender Beleg zu dem Angeführten ist die neue Bibliothek des Sainte-Geneviève zu Paris, ein Gebäude, das sehr vieles Interessantes darbietet und als das bedeutendste Werk der letzten republikanischen Zeit zu betrachten ist, in welchem aber der Architekt, Herr Labrouste, einen unglücklichen sichtbaren eisernen Dachstuhl anzubringen und ihn noch dazu mit dunkelgrünem Anstrich zu bedecken für gut fand, so daß dem Bibliotheksaale, der zugleich als Lesesaal dient, die für ernste Studien so nötige gemütliche Abgeschlossenheit fehlt und schwerlich jemand denselben ganz befriedigt verläßt.

Das Mißlingen dieser Versuche, der Eisenkonstruktion für die ernste Architektur einen Ausdruck zu geben, sollte es aber wirklich aus unserer Unerfahrenheit in der Benutzung des Stoffes herrühren? Vielleicht! – Doch soviel steht fest, daß das Eisen überhaupt jedes harte und zähe Metall, als konstruktiver Stoff seiner Natur entsprechend in schwachen Stäben und zum Teil in Drähten angewendet, sich wegen der geringen Oberfläche, welche es in diesen Formen darbietet, dem Auge um so mehr entzieht, je vollkommener die Konstruktion ist, und daß daher die Baukunst, welche ihre Wirkung auf das Gemüt durch das Organ des Gesichtes bewerkstelligt, mit diesem gleichsam unsichtbaren Stoff sich nicht einlassen darf, wenn es sich um Massenwirkungen und nicht bloß um leichtes

Beiwerk handelt. Als Gitterwerk bei Einhegungen, als zierliches Netzwerk darf und soll die schöne Baukunst das Metall in Stäben als günstigsten Baustoff anwenden und zeigen, aber nicht als Träger großer Massen, als Stütze des Baues, als Grundton des Motivs.

Man macht den Römern und Griechen den Vorwurf, daß sie es nicht verstanden haben, das Metall in seiner Eigentümlichkeit als Baustoff zu benutzen, und führt als Beispiel die bronzenen Balken des Pantheon an, bei welchen das Metall zu Formen benutzt sei, die anderen Stoffen, dem Holze und allenfalls dem Marmor naturgemäß seien. Ich nehme in dieser Beziehung die Architekten des Pantheon nicht nur in Schutz, sondern ich behaupte sogar, daß sie den einzig richtigen Ausweg gefunden hatten, der geboten ist, die Bedingungen des Stoffes mit denen der Schönheit in Einklang zu bringen. Wer darf behaupten, daß die Benutzung des Eisens zu Trägern und Stützen am vorteilhaftesten in Form der Stäbe geschieht? Beweisen der Kalkül und die Erfahrung nicht im Gegenteil, daß hohle Metallprismen gegen die horizontale Belastung so gut wie gegen den Vertikaldruck nach der Richtung ihrer Längenachsen bei Weitem größere Widerstandsfähigkeit haben als volle Stäbe von gleicher Durchschnittsfläche des Metalls? Ist es außerdem nicht bekannt, daß das Metall in Blechform am meisten durcharbeitet ist und Strukturfehler in dieser Form am leichtesten äußerlich erkennbar sind, während sie sich im Inneren der Stäbe nicht erraten lassen? Warum machen wir es nicht den Römern nach und bilden Blechdekken? Allerdings geschieht dies schon lange, hauptsächlich in Rußland, wo mächtige Blechbalken zu unsichtbaren Trägern weit gespannter Gipsdecken und von Gewölben benutzt worden sind. Aber so viel mir bekannt ist, hat noch Niemand diese Konstruktionsweise architektonisch herausgehoben. Ich meine, daß dies geschehen müsse, wenn die Kunst Anteil an dem Eisen gewinnen soll. Das Eisen in Blechform wird immer genug charakteristisch Eigentümliches behalten, um z.B. für die von Blechbalken getragene Decke einen von der Holzdecke ganz verschiedenen Stil zu motivieren.

Das Metall, außer dem vorerwähnten Falle des leichten und zierlichen Gitterwerkes, ist bloß in Blechform für die schöne Baukunst anwendbar. In dieser Form tritt es auch bei den Alten als kostbarste Bekleidung der Wände und als Stoff für solche Türen in Anwendung, bei denen die größten Ansprüche auf Sicherheit, Pracht, Würde und Schönheit gemacht wurden. Man verzeihe diese Abirrung, von welcher ich wieder auf den Gegenstand dieser Mitteilung, auf den Wintergarten zurückkomme. Offenbar bietet die Aufgabe eines Wintergartens ein Beispiel dar, wobei die Metallkonstruktion in Stab- und Drahtform alleinige Anwendung finden darf. Der Beweis dafür liegt so klar vor Augen, daß ich ihn nicht erst zu führen brauche. Was mich daher unbefriedigt ließ bei dem Besuche des Wintergartens in Paris, war keineswegs jenes überleichte Gesprärre der Glasdecke. Wäre es zugleich solid (was nicht in genügender Weise der Fall ist), so würde ich nichts anderes dagegen einzuwenden haben, als daß selbst die vorhandenen ziemlich mageren Verzierungen daran überflüssig erscheinen und daß man die Prätention hatte, dieses Gerüst als Grundmotiv auch in die architektonischen Teile der Anlage und selbst in die Fassade des Baues hinüberspielen zu lassen. Mißfallen hat es mir, daß die ganze Anlage aus nichts Weiterem besteht, als aus einem enormen Glaskasten von ziemlich formlosem und stumpfem Grundplane, daß die Baukunst zu wenig Anteil an dieser Schöpfung hat und daß die leichten niemals ganz ihre Wirkung verfehlenden Hilfsquellen der Pflanzennatur auf zu raffinierte unnatürliche Weise dabei ausgebeutet wurden. Man wird sagen: Aber dafür ist es ein Wintergarten! Wir wollen keine Säulen- und Bogengänge, keine Statuen und Gemälde, wir wollen Bäume und Pflanzen sehen. Außerdem fehlt es ja nicht an Vorhallen, an Gemälden darin, an Nischen, Karyatiden und Gruppen, an Fontänen etc. Das aber ist der Fehler, daß alles dies vorhanden ist und daß es so gut ist, als wenn es nicht da wäre. Kein Zusammenwirken der Kunst mit der künstlichen Natur.

Kein Ganzes im Gegliederten. Der enorme Glaskasten mit seiner ziemlich unklaren Distribution absorbiert alles andere und läßt es als verkrüppelte Andeutung erscheinen, ein Organismus, wie bei jenen ersten Versuchen der lebenden Natur, die einige wenige Lebensorgane in hohem Grade entwickelt, das übrige nur in versuchenden Andeutungen zeigen.

Ein Garten bedingt notwendig ein Haus, zu dem er gehört; dieses Haus macht ihn erst zum wahren Garten. Ohne letzteres und ohne die Fortsetzung seiner architektonischen Ordnung bis in das innerste Gebiet der Gartennatur hinein, ist der Garten kein Garten, sondern eine zahme Wildnis, mit einem Worte ein Unding. Von dem Hause als Brennpunkt der Kunst soll die letztere sich strahlenförmig über die Natur ausbreiten und die Natur soll ihrerseits in gleich mächtiger Wechselwirkung auf die Kunst hinüberwirken. Dieser notwendige Zusammenhang, diese ersten Bedingnisse einer derartigen architektonischen Anlage fehlen dem Pariser Wintergarten. Diese Fassade ist unter der Kritik, die Vorsäle sind so untergeordnet, so ungemütlich, so schlecht ausgestattet und beleuchtet, daß man eilt, um durch ihre finstern Räume hindurch die große glasgedeckte Halle zu gewinnen, deren vorderer Teil für Konzerte und Bälle bestimmt ist, und in welchem der Gärtner seine modernen Treibhauskünste in vollem Maße entwickelt. Kein Vordergrund, keine Loggia mit ihrem schimmernden Helldunkel bereitet den Übergang zu dem treibhauswarmen exotischen Garten vor. Er allein ist alles in allem. ... Vor der Vertreibung des Hauses Orléans ging man mit dem Plane um, den ganzen weiten Garten des Palais National zu einem einzigen großartigen Wintergarten umzuwandeln, mit transportablem Dachwerke, so daß für den Sommer die Pflanzen im Freien gestanden wären, die im Winter gedeckt waren. Dies hätte ein echter Wintergarten in dem von mir gedachten Sinne werden können. Nur als großartiges Beiwerk zu einem noch wichtigeren Hauptwerke und mit allen daraus erfolgenden Zwischengliederungen, hat ein Wintergarten Sinn und künstlerischen Nachhalt.«[60]

Der private Wintergarten – ein Ort der Versenkung

Der Wintergarten des Adels

Die Ausbreitung von privaten Wintergärten ab 1800 war durch die Einführung tropischer und subtropischer Pflanzen und durch die Entwicklung der technischen Mittel, insbesondere der Heizung, Glasherstellung und Eisenproduktion ermöglicht. Abgesehen davon, daß die Wintergärten einen ersehnten Luxus verkörperten, insofern eine an das Paradies erinnernde tropische Landschaft zum Teil des Hauses wurde, waren sie zugleich das anerkannte Zeichen eines gehobenen gesellschaftlichen Standes. Der Bau und die Erhaltung von Wintergärten waren kostspielig: Allein die Beheizung eines größeren Wintergartens verschlang bereits beträchtliche Summen. Aus diesem Grunde war der Besitz eines privaten Wintergartens ein Privileg, das in der Anfangszeit dem Adel, später auch einer großbürgerlichen Schicht vorbehalten blieb. Seltene und exotische Pflanzen zu sammeln und in der Fülle eines Tropenwaldes zu präsentieren, wurde im Laufe des 19. Jahrhunderts zu einer ähnlichen Leidenschaft wie der Besitz einer Bildergalerie. Große Sammlungen, vor allem von Palmen, waren berühmt und begehrt. Der Ankauf solcher Sammlungen war oft die Grundlage für den Bau von Wintergärten. So verdankt das Palmenhaus auf der Pfaueninsel in Berlin, 1832, von König Friedrich Wilhelm III. erbaut, seine Existenz dem Verkauf der Palmensammlung des Franzosen Foulchiron. Diese Kollektion botanischer Exoten galt unter Fachleuten als die beste Europas. Alexander von Humboldt fühlte sich unter den Palmen der Pfaueninsel an die Urwälder des Orinoko versetzt.[61] In gesteigerter Form zeigte sich die Sammlerleidenschaft in den Biebricher Gewächshäusern des Herzogs von Nassau (1846), deren Baumbestand den Grundstock für die Frankfurter Flora bildete.

Im Palmengarten verkörperte sich zugleich die romantische Sehnsucht nach einer jenseits der Zivilisation liegenden Ferne. Er symbolisierte die noch nicht verdorbene Natur. Dessen Besitz wurde deshalb bei entsprechendem Reichtum zum Gegenstand einer ins nahezu Unermeßliche getriebenen Verschwendung. Leopold II. von Belgien hat eine ganze Stadt aus Glas und Eisen, eine Kirche mit inbegriffen, mit Palmen und anderen tropischen Gewächsen gefüllt. Die gigantische Glaslandschaft von Laeken bei Brüssel (1876-1886) ist auch heute noch zu durchwandern (Abb. 209-214, 504-518). Hinter diesem romantischen Rückbezug verbarg sich die Fluchtbewegung des Adels vor der Realität seines politischen Machtverlustes, der in der endgültigen Auflösung des Ständestaates bestand. Die ungeheure Verschwendung von Geld, die sich in diesem Luxusbauten zeigte, war dem Feudaladel naturgemäß und trug zu seinem Untergang bei.

Von Interesse ist, daß die frühe Großbourgeoisie des 19. Jahrhunderts ebenfalls – wenn auch in kleinerem Maßstab – nicht streng nach den Gesetzen der Geldakkumulation und der Sparsamkeit, sondern, im Gegenteil, verschwenderisch handelte. Indem man als oft großzügiger Bauherr von Wintergärten auftrat, suchte man sein Aufsteigen in der Hierarchie der neugebildeten Machtstruktur zu beschleunigen. Anläßlich der ersten Blüte einer Victoria Regia im Wintergarten des Fabrikanten August Borsig (1850), erschien der deutsche Kaiser, um das Naturschauspiel zu bewundern. Mit dem Wandel des Kapitalismus vom patriachalisch organisierten Unternehmertum zum anonymen Monopolkapital des 20. Jahrhunderts ging auch die Ära des privaten Wintergartens zu Ende. Dem Luxus wurde die soziale Anerkennung entzogen, und er wurde als Sünde wider den Geist der Kapitalverwertung geahndet.

7a Wien, Schönbrunn, Fest in der Orangerie, Lithographie, 1839

7 b Bibliothek und Wintergarten, Kupferstich, 1816

7 c Wintergarten mit angebautem Landhaus, Kupferstich, 1825

Die frühen privaten Wintergärten waren eine direkte Erweiterung des Wohnbereichs: Sie wurden in der Regel den öffentlichen Teilen der Wohnung, wie Bibliothek, Billiardzimmer und Salon, angeschlossen. In einem Entwurf von H. Repton um die Jahrhundertwende öffnete sich die Glastür einer Bibliothek in das Gewölbe eines Wintergartens (Abb. 7 b). Das gußeiserne Conservatory in ›The Grange‹ (Hampshire), 1825 von Sir Charles Cockerell erbaut, besaß eine direkte Verbindung zum Speisesaal und zum Damensalon des Wohntraktes, dessen Originalentwurf von Inigo Jones stammte (Abb. 8). Eine besondere Funktion erhielt der Wintergarten, der 1832 von K. F. Schinkel an das Palais des Kronprinzen Albrecht in Berlin angefügt wurde. Die Türen des Schlafzimmers, der Garderobe und des Arbeitszimmers des Prinzen öffneten sich zu einem Glashaus gefüllt mit blühenden Orangenbäumen (Abb. 151). War hier in den angeführten Beispielen der Wintergarten ein Appendix der Wohnung, so kehrte sich das Verhältnis um, sobald der Wintergarten mit einem Sommerwohnsitz verbunden wurde: Der Wintergarten, meist als weitausgreifender Flügelbau ausgeführt, wurde zum Hauptteil des architektonischen Ensembles, dessen Zentrum ein relativ kleiner Wohntrakt bildete.

8 Charles Cockerell, The Grange (Hampshire), 1825 (abgerissen), Innenansicht des Wintergartens, Holzstich

Einen frühen Ansatz zu dieser qualitativen Umkehrung in welcher das Gewächshaus zum eigentlichen Inhalt der Anlage wird, finden wir in der von H. Repton 1806 erbauten Indian-Villa in Sezincote (Abb. 674). In der Villa Berg (1845) mit den bogenförmig angeordneten Wintergärten und Glasrotunden schrumpft der Wohnbereich zu einer Gärtnerwohnung romantischer Reminiszenz (Abb. 443). Das Ensemble, welches Wasserkaskaden, Tropenvögel und Statuen zusammen mit den Pflanzen einschloß, diente einer Idylle inmitten freier Natur auf den Anhöhen von Stuttgart. In unmittelbarer Nachbarschaft wurde in noch übersteigerter exotischer Form ein ähnliches Bauwerk errichtet: die ›maurische Villa‹ der Wilhelma, 1846 von Ludwig von Zanth erbaut. In einem zeitgenössischen Bericht wurde die Anlage mit dem moscheeartigen Wohntrakt, der sich seitlich zu langgestreckten Gewächshäusern öffnete, mit dem Märchen aus Tausendundeiner Nacht verglichen. Verglaste Verbindungskorridore mit Pavillons umschlossen einen Park und verbanden ein Festhaus mit einem Theater (Abb. 444-448, 689, 690). »Nun öffnen sich die mächtigen Treibhäuser, deren hoch gewölbte Glasdächer vergessen machen, daß er [der Besucher] sich nicht unter freien Himmel befindet. Eine südliche Vegetation entfaltet sich hier in üppigster Fülle und glühender Farbenpracht … Ein mit originellen Arabesken geschmückter Gang führt zu einem mit verschwenderischem Prunke ausgestatteten Tanzsaal und zu einer Waffenhalle, von deren Wänden türkische Lanzen und Schilde, schuppige Panzer und krumme Sarazenensäbel hernieder blinken.«[62]

Die Entwicklung der technischen Mittel in den dreißiger Jahren des 19. Jahrhunderts erlaubte es dem reichen Hochadel, private Wintergärten in gigantischem Maßstab zu errichten. Es entstanden Bauten, die eine Tropenlandschaft gleich einem Riesenzelt überspannten und die in ihrer Größenordnung die frühen Bahnhofsbauten jener Zeit manchmal übertrafen. »In England, diesem Reiche der kolossalen Vermögen, für welche es, so zu sagen, gar keine Hindernisse gibt, steht ein Überfluß von Glashäusern großartigster Verhältnisse. Man findet deren dort unter allen Gestalten; mehrere von denen … haben ungeheure Summen gekostet und sind Gegenstände fortwährenden großen Aufwandes für Unterhaltung der aus allen Teilen der Erde gekommenen Pflanzen.«[63]

Mit ihren wachsenden Dimensionen lösten sich die Wintergärten von ihrer Verbindung mit dem Wohnen. Sie wurden zu selbständigen, völlig frei stehenden Bauten, die oft vom Boden bis zur Spitze verglast waren. Der berühmteste Bau jener Art war das große

Palmenhaus in Chatsworth, das J. Paxton von 1836 bis 1840 für den Herzog von Devonshire errichtete (Abb. 527, 528). Mit bewunderndem Respekt berichtet Neumann über die Sammlerleidenschaft des Herzogs: »Beim Eintritt in dieses Conservatory überrascht den Besucher sogleich der Anblick einer unermeßlichen Menge exotischer Pflanzen aus allen Teilen der Erde. Der Gelehrte und der Liebhaber fragen staunend, welches ungeheure Vermögen habe aufgewendet werden müssen, um eine solche Sammlung von Vegetabilien der kühnsten und seltensten Formen hier zu vereinigen. Lediglich die Liebe zu der ebenso anmutigen als nützlichen Wissenschaft des Gartenbaues konnte den Herzog von Devonshire zu Errichtung eines solchen Palastes vermögen. Der würdige Gebrauch, den er von seinem Reichtum macht, enthüllt sich bei jedem Schritt durch seinen unermeßlichen Park, welcher achtzehn Glashäuser enthält, worin die seltensten Pflanzen beider Amerika und aller Gebiete Asiens, nur durch eine dünne Glaswand von den Pflanzen unserer Klimata getrennt, freudig leben.«[64]

Die Gesamtkosten des großen Palmenhauses betrugen 33 000 Pfund. Zum Vergleich sei erwähnt, daß die Baukosten für den Kristallpalast von Paxton 1850/51 150 000 Pfund betrugen. Diese Summe, die die englische Regierung zahlen sollte, wurde für zu hoch befunden, und darum wurde eine Aktiengesellschaft als Finanzierungsträger ins Leben gerufen.[65] Der in unzähligen Facetten eines gefalteten und gleichzeitig gewölbten Daches aufsteigende Glasberg wurde von Zeitgenossen als ›Kathedrale‹ eines neuen Zeitalters begrüßt.[66] Entsprechend dem baulichen Aufwand war die innere Ausstattung. Die bis zum Scheitel des großen Gewächshauses reichenden Pflanzen füllten einen dicken Katalog; hier lebten tropische Vögel, schwammen Gold- und Silberfische in Teichen, umgeben von der Kulisse ausgedehnten Kristall- und Felsgesteins. Als die Königin im Dezember 1843 Chatsworth besuchte, war das Gewächshaus durch 12 000 Lampen beleuchtet. Die königliche Gesellschaft fuhr durch das Gebäude in offenem Wagen. Der Wintergarten lag inmitten eines ausgedehnten Parks, dessen Zentrum ein Wasserbassin nahe dem Schloß bildete. Bei festlichen Anlässen wurde eine von Paxton konstruierte Wasserfontäne in Betrieb gesetzt, die mit Hilfe einer Dampfmaschine die Höhe von 88 m erreichte. Die Fontäne wurde beim Besuch von Zar Nikolaus I. 1844 erstmals in Tätigkeit gesetzt.[67]

Erst vierzig Jahre später wurde der in Chatsworth von Paxton gesetzte Maßstab für freistehende Wintergärten übertroffen. Ab 1876 errichtet A. Balat im Auftrage des belgischen Königs Leopold II. inmitten einer Glaslandschaft in Form von zusammenhängenden Gewächshäusern von 1,6 km Länge und 2 ha Grundfläche einen Wintergarten von 56 m Durchmesser. Er bildete eine 30 m hohe Glasglocke, die bis zum Boden hinabgezogen war und die sich nach innen auf dorische Steinsäulen und Architrave abstützte (Abb. 209-214, 504-506, 509). In diesem Wintergarten, an den sich Theaterräume, Orangerien, Speise- und Empfangsräume sowie eine Kirche – alles aus Glas und Eisen und mit tropischen Pflanzen gefüllt – anschlossen, erhielt das höfische Leben seinen Mittelpunkt. Es verlagerte sich vom Schloß in eine irreale Welt, als könne es hier dem ständigen Konflikt mit dem Parlament ausweichen. Jedoch: Gerade der Bau dieser Idealstadt aus Glas und Eisen war wegen der riesigen Kosten – allein der jährliche Betrieb verschlang 600 000 Francs – ein Hauptanlaß einer Auseinandersetzung zwischen dem König und dem Parlament. Während der von Pflanzensammlung und extravaganten Bauideen geradezu besessene König seine ›Feenwelt‹ rühmte, mußten immer neue Mittel, z. B. das Budget der Kolonien, für die Erhaltung der Tropenpflanzen in Anspruch genommen werden. Als letzter Ausweg angesichts der wachsenden Kritik der Öffentlichkeit war das Versprechen des Königs, in Zukunft seine Lieblingswelt in Form eines ›Palais de la Nation‹ allgemein zugänglich zu machen. Mit den Bauten in Laeken war der Höhe- und Endpunkt in der Entwicklung der großen, privaten Wintergärten erreicht.

In demselben Zeitraum und mit ähnlicher spätromantischer Intention entstanden in München zwei Wintergärten, die auf das Dach der Residenz der Bayernkönige gesetzt waren. Dabei muß besonders der gewölbte Wintergarten Ludwigs II. von A. von Voit (1867-1869) das Staunen und die Bewunderung der Zeitgenossen erregt haben. Der bizarre Einfall des Königs setzte sich über die bisherigen Vorstellungen von Wintergärten souverän hinweg: Er verlagerte die auf dem Boden gegründete Tropenwelt in den Himmel und entzog sie dem Dunstkreis des Alltags. Der Mäzen und Bewunderer Wagners schuf hier ein Theater neuer Art: die Kulissenwelt eines tropischen Urwaldes, kombiniert mit einer Seepartie mit Schwänen, Brücken, Pagoden und einer gemalten Landschaft als Trompe l'œil (Abb. 652-655). Winfried Ranke gibt einen anschaulichen Bericht über diesen Wintergarten, der seinen Bauherrn nicht überlebte und zusammen mit dessen Traumwelt unterging: »Auf dem nordwestlichen Trakt des Festsaalbaus der Residenz ließ sich Ludwig II. von 1867 bis 1869 ebenfalls einen Wintergarten errichten. Die rundgewölbte, verglaste Eisenkonstruktion überdachte eine wesentlich größere Fläche als der am anderen Ende der Residenz weiterhin bestehende Wintergarten Maximilians II. Auch die Ausstattung war üppiger und konsequenter zum exotischen Landschaftsbild geformt: die wieder von Effner geschaffene Szenerie stellte ein Kaschmirtal dar, in dessen Mitte ein kleiner See lag und das sich an der westlichen Stirnwand in einer gemalten Ansicht des Himalaya-Gebirges fortsetzte. Außer von dem in der Residenz befindlichen Vorbild hatte König Ludwig II. vielleicht bei einem Besuch in Schloß Biebrich am Rhein, im Sommer 1864, Anregung erhalten. Dort besaß der Herzog von Nassau einen großen Wintergarten und Gewächshäuser, deren Pflanzenfülle bald nach Ludwigs Besuch an die Frankfurter Palmengarten-Gesellschaft verkauft wurde. Um ähnliches beizubringen, wurde 1869 der königliche Oberhofgärtner Effner nach Muggendorf, Aschaffenburg, Lüttich, Brüssel, Gent und Paris geschickt – zur Auswahl von Pflanzen für den neuen Wintergarten. Im Jahre zuvor war schon Hofbauinspektor Mühlthaler in Gent und Paris gewesen, behufs Besichtigung der Heizungs-Einrichtungen in größeren Gärten und Fabriken. Von den technischen Einrichtungen, die bei so umsichtiger Planung erkundet wurden, ist auf den Fotos etwas zu erkennen: Im Wasser vor der Fischerhütte zeichnen sich einige dicht nebeneinander verlaufende Linien ab; es handelt sich wahrscheinlich um das Gestänge einer Anlage zur Erzeugung von Wellengang auf dem Kunstsee. Der neue Wintergarten war nur durch die Privatgemächer Ludwigs II. zu betreten. Zugang erlangte man demnach auch nur durch persönliche Einladung oder Genehmigung des Königs, die allerdings nicht einmal allen Mitgliedern der königlichen Familie erteilt wurde. Da die Abschirmung gegen öffentliche Neugierde den Reiz des Fremdartigen und Exotischen noch steigerte, soll es vorgekommen sein, daß sich vornehme Herren als Gärtnergehilfen verkleideten, um die ihnen verbotenen Herrlichkeiten des Wintergartens zu schauen …

Schaufert meint, daß Ausgestaltung und Zugänglichkeit der Wintergärten in der Residenz so recht den Kontrast in den Charakteren des Vaters und des Sohnes bekunden. Seine Beschreibung von Ludwigs Fernost-Fiktion lautet: Den Hintergrund des Baues nimmt eine gemalte Landschaft, eine Partie des Himalaya darstellend, ein, welche von überraschender perspektivischer Wirkung ist und selbst ganz in der Nähe nichts von ihrer Wirkung verliert; riesige Palmen und herrliche Tropenpflanzen neigen von allen Seiten ihr zartes Gefieder oder ihre breiten Blätter herab. Ein langer Gittergang, durch welchen der König aus seinen Gemächern unmittelbar in den Garten trat, ist mit prächtigen Schlingpflanzen umzogen und der Anblick desselben wird durch Spiegelung verdoppelt. Der Weg rechts führt an den Lieblingsplatz des Königs, die sogenannte Grotte, welche sich in einem kühnen Felsaufbau erhebt: Das Innere derselben ist in träumerisches Dunkel gehüllt, ein kleiner Wasserfall durchrauscht dieselbe mit seinem melancholischen

Gemurmel. Stundenlang konnte der König hier sitzen und träumen. Wenn dann in den Blumenbeeten und unter Sträuchern und Bäumen die zahllos zerstreuten bunten Lampen erglühten, verborgene Musik hinter den Büschen erklang und ihm im Halbtraum der Schwanenritter im vergoldeten Kahn vorüberzog, dann stiegen wohl in seinem Sinne jene Phantasmen empor, die ihn immer mehr und immer gefährlicher gefangennahmen. Von dieser Grotte weg führt ein schmaler Pfad zum Kiosk, einem ganz einfachen Bau, und von da weiter über ein kleines Steinbrückchen zu einer reizenden, gut nachgeahmten Fischerhütte. Schlingwege leiten nun, den in der Mitte liegenden See umkreisend, durch die Parkanlage und über eine größere Brücke in den ersterwähnten Grottengang zurück.

Zu den wenigen Auserwählten, die den Garten in seiner vollen Pracht erleben konnten, gehörten 1883 die spanische Infantin Maria de la Paz und ihr jungvermählter Ehemann, Prinz Ludwig Ferdinand von Bayern. Das junge Paar war vom König in den Wintergarten zum Abendessen gebeten worden und die Infantin schilderte ihre Eindrücke von dieser Einladung in einem Brief an ihren Bruder, König Alfons XII.: ›Wir gingen auf einer primitiven Holzbrücke über einen beleuchteten See und sahen zwischen Kastanienbäumen vor uns eine indische Stadt ... Wir kamen zu einem blauseidenen, mit Rosen überdeckten Zelt. Darin war ein Stuhl, von zwei geschnitzten Elefanten getragen, und davor lag ein Löwenfell ... In einem anschließenden runden Pavillon hinter einem maurischen Bogen war das Abendessen gerichtet. Der König wies mir den Mittelplatz an und klingelte leise mit einer Tischglocke. Wie aus der Versenkung erschien ein Lakai, sich ganz tief verbeugend. Der Mann war nur beim Auf- und Abtragen der Speisen zu sehen und wenn ihn der König rief. Von meinem Platz aus sah ich durch den Bogen hindurch herrliche Pflanzen im Schein verschiedenfarbiger Lichter, während unsichtbare Chöre leise sangen. Plötzlich war ein Regenbogen zu sehen. Mein Gott, rief ich unwillkürlich aus, das ist doch ein Traum...‹«

Die Funktion, die der Wintergarten in der Welt der Salons des 19. Jahrhunderts besaß, ist dem Bericht über den Wintergarten der Prinzessin Mathilde v Bonaparte in Paris (Abb. 9) zu entnehmen. Aus der Perspektive des bürgerlichen Voyeurs, der nicht ohne weiteres Zutritt zu jenen Räumen erhielt, entstanden Schilderungen über das gesellige Leben in Wintergärten, die Wunschphantasien entsprangen und entsprechend übertrieben waren: Die Boulevardpresse suchte den in den täglichen Konkurrenzkampf verstrickten Bürger durch Idealbilder einer konfliktlosen Welt zu entschädigen. »Es liegt ein wunderbarer Reiz darin, mitten im Winter die Fenster eines Salons öffnen zu können und statt der rauhen Dezember- oder Januarluft einen milden, balsamischen Frühlingshauch zu fühlen. Es regnet vielleicht draußen, oder der Schnee fällt vom schwarzen Himmel in stillen Flocken herab, man öffnet noch die Glastüre und befindet sich in einem irdischen Paradiese, das des Winterschauers spottet. Ein Schritt führt uns von Paris in einen tropischen Garten. Ein ungeheures Gewächshaus, das die Empfangszimmer der Prinzessin Mathilde wie eine äußere Galerie umschließt, verwirklicht dies Wunder. Das leichte Gebäude mit seinen eisernen Säulen und durchsichtigen Wänden rundet sich um den Hauptpavillon ab, der im Halbkreis angelegt ist, und verlängert sich auf beiden Seiten längs der Flügel, wodurch es unmöglich ist, zu gleicher Zeit die beiden Enden zu sehen und die Ausdehnung dieses durchsichtigen Palais noch größer wird. Dieser reizende und leichte Bau hat einen ganz besonderen Charakter: Er ist nicht ein Gewächshaus in der einfachen Bedeutung des Wortes, sondern vielmehr ein Salon oder, wenn man will, ein Wintergarten, in dem sich der Reichtum der Natur in ausgezeichnetem Maße mit dem Glanz des Luxus und der Kunst verbindet. Türkische, persische und kabylische Teppiche bedecken den ganzen Boden, und die zarten Seidenschuhe fühlen niemals auch nur das kleinste Sandkörnchen unter der schmalen Sohle: Man sieht nirgends Boden in diesem

AUG. ANASTASI.

9 Paris, Wintergarten der Prinzessin Mathilde V Bonaparte, um 1869 (abgerissen), Holzstich

Garten, als wo aus marmorumsäumten Beeten Riesenpflanzen zur Krystalldecke empor-
streben und sich so wohl zu fühlen scheinen als in heimischer Erde. Hier öffnen die
Palmen ihre Blätterfächer, hier lassen die Corypheen durch ihre breiten, grünseidenen
Bänder das Licht hereinfallen, dort setzt der Bambus, der Schmuck der japanischen
Landschaft, Ring um Ring an, bis er mit seiner Krone von spitzen Blättern die Wölbung
erreicht, und die baumartigen Farnkräuter breiten ihr zierliches und üppiges Grün nach
allen Seiten aus. Aber wir haben hier keinen botanischen Kurs zu machen und wollen der
reichen Phantasie unserer Leser nicht vorgreifen ...

Zwischen diesen dichten Gebüschen taucht da und dort leise eine Statue auf: hier ein
virgilischer Hirt, die sich einen Dorn aus dem Fuße zieht, dort ein florentinischer Sänger.
Säulen und Piedestale tragen Kandelaber und Lampen, von der Decke hängen lianenum-
wundene Lüster, deren Milchgläser großen Perlen gleichen. Alle möglichen Formen von
Sitzen, die nur irgend der Comfort ersinnen kann, bieten sich zum Ausruhen und Plaudern an: Fauteuils, Bergères, Sofas, Divans, Poufs, Tabourets, Causeuses, Dos-à-Dos und
amerikanische Berceuses von Seide, Sammet, türkischem Leder und Stickerei, von reich-
ster Skulptur und Vergoldung laden zu anmutigen Gruppierungen ein. An den Salontü-
ren, welche in den Wintergarten führen, tragen mit einem M und der kaiserlichen Krone
geschmückte Sockel Kandelaber, auf denen Lampen mit Krystallberlocken glänzen und
ihr Licht in den hohen Spiegeln verdoppeln. Aber dies sind nur schwache Federstriche,
um diese Feerie zu zeichnen. Und dies reizende Gewächshaus birgt nicht bloß einen
Wintergarten: Es ist zugleich Salon, Gallerie, Kuriositätenkabinett. Zwischen den mit
Drachen verzierten Säulen, welche die Lampen tragen, lehnen sich an die mit Möbeln aus
China und Japan besetzten Wände Tische von kostbarem Holz, reich eingelegt und mit
den ausgesuchtesten Kunstwerken besetzt, namentlich den herrlichsten venezianischen
Gläsern, während in einem lauschigen Winkel der Schreibtisch der Prinzessin steht, an
dem sie mit fester Hand jene mit einer goldenen Biene gekrönten Billets schreibt. Scheren,
Nadeln liegen hier neben der Feder und erinnern daran, daß die Herrin dieser Räume
zuweilen die weibliche Arbeit mit der Kunst vertauscht ...

Ist das Gewächshaus schon am Tage ein Juwel, wie viel mehr bei Nacht, wenn die
Lüster angezündet werden, die Astrallampen zwischen dem grünen Blätterwerk hervorleuchten: Dann bietet es einen wahrhaft feenhaften Anblick. Die Fenstertüren des Salons
öffnen sich und auf weichen Teppichen rauschen die Schleppen von Seide, Sammet,
Spitzen und Gaz, und die mit Sternen und Orden übersäten schwarz gekleideten Herren
suchen einen Winkel zur Plauderei. Es bilden sich an den Lieblingsplätzen kleine Kreise,
wo sich die Freunde finden. Maler, Dichter, Schriftsteller, Reisende, zum Mindesten von
Timbuktu und Mesopotanien kommend, plaudern von Kunst, suchen ein Paradoxon zu
behaupten, erzählen von einer Erfindung, oder eine Anekdote, und schildern ein fernes
Land. Andre betrachten Stereoskopen oder betrachten sich aus der Ferne die schönen
Schultern der Damen, denen das Licht den Glanz des Marmors verleiht. Man sollte
glauben, das ›Decamerone‹ sei von Florenz nach Paris versetzt. Plötzlich tritt allgemeine
Stille ein. Die Musik hat das Wort. Man tritt näher, um nichts von dem Konzerte zu
verlieren. Die ersten Künstler schätzen sich glücklich, hier zu singen, zu spielen ...
Bisweilen, wenn die Gesellschaft ihren Höhepunkt erreicht hat, die Blicke und die Diamanten am hellsten blitzen, dringt ein blasser, bläulicher Strahl durch das Krystalldach
des Gewächshauses und streut seine glänzenden Tropfen auf die breiten Blätter der
exotischen Pflanzen – es ist der Mond, der, nicht eingeladen, aber in diesem Walde sich
heimisch fühlend seine Silberstickereien in den Smyrner Teppich webt.«[69] (Abb. 9)

Wir haben diesen, wie auch den vorhergehenden Berichten deshalb so viel Raum
gegeben, weil in ihnen mit dem Auge der Zeitgenossen der Wintergarten als Ort des

größten, für gewöhnliche Sterbliche unerreichbaren Luxus geschildert wird. Er erscheint als ein Refugium einer Klasse, die inmitten einer irrealen Welt von Raritäten und Ritualen noch einmal aufblüht, indem sie ihren Abtritt von der geschichtlichen Szene vorbereitet. Der Wintergarten mit seinem ›Naturschatz‹ wird zum Faustpfand der verlorenen Herrschaft über das Land und dessen Latifundien. Indem der Adel die materielle Aneignung der Natur der Bürgerklasse überlassen muß (die zudem seine Schlösser aufkauft) entwickelt er einen kultivierten Romantizismus, in welchen der Wintergarten zum letzten Fluchtort wird. Mit dem Verlust der politischen Macht des Adels hat das Bürgertum nicht nur die Herrschaft über dessen Land gewonnen, sondern ihm auch das Privileg des Wintergartens streitig gemacht.

Der Wintergarten der Großbourgeoisie

Mit der Ansammlung von Kapital in den Händen des Bürgertums in Form von Maschinen und Fabriken war bereits vor der Mitte des 19. Jahrhunderts die finanzielle Basis für diese Schicht gegeben, in einem aufwendigen Lebensstil mit dem Adel zu wetteifern. An der Spitze standen die Großindustriellen, die durch die Anlage von neuerrichteten, palais-artigen Wohngebäuden mit ausgedehnten Parks und großen Wintergärten die Macht der Geldaristokratie vor Augen führten. Ein bezeichnendes Merkmal war die räumliche Zusammenfassung von Villa, Wintergarten und Fabrik. Sie wurden bis zur Mitte des 19. Jahrhunderts, noch einträchtig nebeneinander liegend, auf ein und demselben Grundstück vereint. Die Großunternehmer jener Zeit fühlten sich als Pioniere der industriellen Entwicklung, deren Fortschritt sie kraft ihrer Persönlichkeit lenken zu können meinten. Aus diesem Grunde war es ihnen selbstverständlich, die Ursache ihres Reichtums, die Fabrik, nicht zu verleugnen, sondern im Gegenteil, sie als ›eigene Schöpfung‹ durch die Fenster ihrer Wohnung zu betrachten. Diese räumliche Nähe gab dem Gewächshaus als Oase der Natur einen besonderen Reiz inmitten der Arbeitswelt. Ein Wintergarten auch großer Dimensionen konnte – und dies war ein neuer Aspekt – im Zusammenhang mit der Fabrik ökonomisch betrieben werden: Dieselbe Dampfenergie, die die Maschinen in der Fabrik in Bewegung setzte, wurde über Röhren in den Wintergarten geführt und ermöglichte das tropische Wachstum der Pflanzen.

Beispiele für solche Gewächshäuser sind die Wintergärten der Industriellenfamilie Borsig in Berlin-Moabit, 1850 erbaut von Architekt Heinrich Strack (Abb. 161, 162), der Wintergarten der Familie Ravenné in Berlin, 1867 von Hermann Ende und Wilhelm Böckmann, und der Wintergarten des Bierbrauers J. Carl Jacobson in Kopenhagen, 1876 von ihm selbst entworfen (Abb. 306).

Die erotische Athmosphäre eines solchen Wintergartens, dessen Schwüle unerwartete Gefühle freisetzen konnte, beschrieb Theodor Fontane 1882 in seinem Roman ›L'Adultera‹. Die Szenerie bildet das Palmenhaus des Kommerzienrates van der Straaten, wobei möglicherweise das Haus der Familie Ravenné als Anregung diente: »Und nun gingen sie zwischen langen und niedrigen Backsteinöfen hin, den bloß mannsbreiten Mittelgang hinauf, bis an die Stelle, wo dieser Mittelgang in das große Palmenhaus einmündete. Wenige Schritte noch, und sie befanden sich wie am Eingang eines Tropenwaldes, und der mächtige Glasbau wölbte sich über ihnen. Hier standen die Prachtexemplare der van der Straatenschen Sammlung: Palmen, Drakäen, Riesenfarren, und eine Wendeltreppe schlängelte sich hinauf, erst bis in die Kuppel und dann um diese selbst herum und in einer der hohen Emporen des Langschiffes weiter. Unterwegs war nicht gesprochen worden ... Wirklich, es war eine phantastisch aus Blattkronen gebildete Laube, fest geschlossen, und überall an den Gurten und Ribben der Wölbung hin rankten sich Orchideen, die die ganze Kuppel mit ihrem Duft erfüllten. Es atmete sich wonnig aber schwer in dieser dichten Laube; dabei war es, als ob hundert Geheimnisse sprächen, und Melanie fühlte, wie dieser berauschende Duft ihre Nerven hinschwinden machte. Sie zählte jenen von äußeren Eindrücken, von Luft und Licht abhängigen Naturen zu, die der Frische bedürfen, um selber frisch zu sein. Über ein Schneefeld hin, bei rasender Fahrt und scharfem Ost – da wär ihr der heitere Sinn, der tapfere Mut ihrer Seele wiedergekommen; aber diese weiche, schlaffe Luft machte sie selber weich und schlaff und die Rüstung ihres Geistes lockerte sich und löste sich und fiel.«[70]

Die Besitzer solcher Gewächshäuser galten als Pflanzenliebhaber und große Sammler. August Borsig rühmte sich, in seinen Glashäusern eine der besten Pflanzenkollektionen Europas zu beherbergen. J. C. Jacobson galt nicht nur als ein Mäzen von Kunstsammlungen, sondern auch von botanischen Gärten. Unter seiner Mitwirkung wurden das große Palmenhaus (1872-1874) und die Ny Carlsberg Glyptotek (1904) in Kopenhagen erbaut, die unter ihrer hohen Kuppel einen Wintergarten beherbergte. In Amerika ließ sich General Paulding 1838 in Lyndhurst einen Wintergarten mittlerer Größe bauen, der 1880 von dem Eisenbahnmagnaten Gould, im Riesenmaßstab erweitert, übernommen wurde. Das Bauwerk besaß einen 30,5 m hohen verglasten Turm und war mit einer Reihe von Gesellschaftsräumen verbunden. Außer diesen ausgedehnten Wintergärten der Großbourgeoisie entstanden zahlreiche Pflanzenhäuser kleinerer Dimensionen, die von der reichen Bürgerschicht inmitten der Städte angelegt wurden. Der Besitz eines eigenen Wintergartens wurde im Laufe des 19. Jahrhunderts so allgemein, daß nahezu jede Villenetage mit einem Fenstergarten oder kleinem Treibhaus versehen war.

In einer Preisaufgabe zum Schinkelfest 1872 wurde ein Entwurf zur Villa »eines reichen Berliner Privatmannes« gefordert, wobei im »Raumprogramm« sogar zwei Wintergärten zu berücksichtigen waren, »ein kleiner Wintergarten, welcher mit den Wohnräumen der Dame in Verbindung stehen und von dorther den Eintritt gestatten soll«. Weiter: »eine gewölbte Gartenhalle 150 Quadratmeter groß, welche sich nach Osten gegen die Terrasse mit einer Bogenstellung öffnen und gegen Westen zum Genuß der Aussicht gegen die Pfaueninsel erhalten soll«.[71]

Das Gemeinsame all dieser privaten Wintergärten, sei es des Adels, sei es der Großbourgeoisie, war nicht nur die Eigentumsform, sondern auch – ihr entsprechend – die private Rezeptionsweise. Die Anschauung der tropischen Pflanzenpracht erfüllte sich in der Versenkung eines einzelnen vor einem Bild. Es war dies ein intimer Austausch eines Mäzens mit dem von ihm geförderten Werk der Natur, zu welchem allenfalls nur der Freundeskreis zugelassen wurde. In der feuchten Schwüle der dampfgeheizten Luft gediehen nicht nur die Palmen, auch die Phantasie erhitzte sich und ließ die Pflanzenbilder sprechen. In dem von der Außenwelt abgeschirmten Raum, inmitten einer Treibhausatmosphäre schien nicht nur der Tagespolitik und ihrem Gewinnstreben, sondern auch der bürgerlichen Moral der Boden entzogen zu sein. Nicht zufällig verlegte Fontane in seinem Roman ›L'Adultera‹ die Genesis eines Ehebruchs in den stillen Wald einer glasüberwölbten Palmensammlung. Im Film Jean Renoirs ›Die Spielregel‹ endet die Intrige, die einen ins Schloß geladenen Freundeskreis in Atem hält, mit dem Tod des Gastgebers in seinem Gewächshaus. In der Aura des privaten Wintergartens ist mit den Pflanzen auch das persönliche Leben des Besitzers eingefangen, dessen Ende er nur selten überdauert. Anstelle der Kontemplation, die im privaten Wintergarten stattfand, trat unter dem Glasschirm der öffentlichen ›Flora‹ das Prinzip der Zerstreuung seiner Herrschaft an.

Der öffentliche Wintergarten – ein Ort der Zerstreuung

>»Der Bau dieses Wintergartens ist ein Triumph der Privatindustrie.«
>Gottfried Semper, Zum Jardin d'Hiver in Paris, 1849

Der Luxus einer immer grünen Vegetation des Südens, wie ihn der Adel und die Großbourgeoisie in ihren privaten Wintergärten gewohnt war, hatte auch auf die breite Schicht
der Stadtbewohner seine große Anziehungskraft. Die frühen Versammlungslokale und
Vergnügungsstätten der Bürger, vor allem die Cafés, Tanzsäle und Restaurationen, waren
die ersten Anlässe für die Entstehung öffentlicher Wintergärten: Sehr bald wurde erkannt, daß durch die Angliederung von glasgedeckten Innengärten die Attraktivität des
Betriebes stieg und sich ein vermehrter Zulauf einstellte. Mit Recht wurden diese Wintergärten vom Bürgertum mit einer Emphase begrüßt, die heute nur noch schwer nachvoll-
ziehbar ist. Es war für das Bürgertum in den Großstädten, ein dringendes Bedürfnis,
einen Ort zu finden, an welchem es sich unverbindlich und zwanglos begegnen konnte.
Ein solcher Ort waren zunächst die Straßen bzw. später die überdeckten Straßen, die
Passagen. Diese waren zwar überdeckte, jedoch ungeheizte Räume, die im nördlichen
Europa im Winter nicht zum Verweilen einluden. Mit den Wintergärten öffneten sich
Räume, die einer Promenade unter freiem Himmel ähnelten. Geschützt gegen die Widrig-
keiten der Jahreszeiten konnte sich das Bürgertum innherhalb einer tropischen Pflanzen-
pracht begegnen. Insofern hat der öffentliche Wintergarten historisch gesehen eine eman-
zipatorische Aufgabe erhalten: Cafés und Restaurants waren ein Schauplatz der Männer-
welt. Frauen allein hatten hier nur selten Zutritt. Im Wintergarten konnten sich Mann
und Frau frei bewegen. Er bildete den Hintergrund für eine Kommunikation, die der
Kontrolle der patriarchalisch organisierten Familie entzogen war. Mit ihm erhielt das
Bürgertum zugleich einen Ort für Amüsement und Zerstreuung.

Loudon, der ganz Europa bereiste, und die berühmtesten Gärten aufsuchte, hat in
seinem Reisebericht von 1840 die Schilderung des öffentlichen Lebens eines Berliner
Wintergartens gegeben: »Die Luft ist durch Öfen erwärmt, die rückwärtig mit Brennma-
terial versorgt werden. Auf dem Fußboden stehen Orangenbäume, Myrtenbäume und in
Kisten, Neu-Holland-Pflanzen. Die Bäume haben Stämme von meist ein bis eineinhalb
Meter Höhe, und um den Stamm ist ein Tisch gebaut, so daß es aussieht, als wüchse der
Baum aus der Mitte des Tisches heraus. Überall stehen außerdem bewegliche Tische und
Stühle in Mengen herum. In vielen dieser Gärten oder Orangerien gibt es auch Musikka-
pellen, manchmal werden auch Gedichte rezitiert, sonntags werden gelegentlich kleine
Stücke aufgeführt. Abends ist das Ganze hell erleuchtet. In einigen Wintergärten gibt es
separate Räume mit Billardtischen für Damen, die dem Tabakqualm entweichen wollen,
auch Räume für Kartenspiel und kleinere Gesellschaften. Wenn man diese Gärten früh-
morgens besucht, findet man dort Herren, die Zeitung lesen, Schokolade trinken und
über Politik reden; nach drei Uhr sieht man Damen und Herren und Leute jeglicher Art
zwischen den Bäumen sitzen, redend, lesend, rauchend, mit Punsch, Grog, Kaffee, Bier
oder Wein vor sich ... Wenn abends das Theater aus ist, erscheinen noch viele gutgeklei-
dete Leute beiderlei Geschlechts, die vor der Rückkehr nach Hause diese Gärten besuchen, um die Schönheit der mit künstlichem Licht herrlich illuminierten Pflanzenwelt
zu genießen und noch ein wenig über das Theaterstück und die Schauspieler zu plaudern ...«[72]

Der erste große öffentliche Wintergarten entstand 1842 bis 1846 in der größten Metropole dieser Zeit, in London, Regent's Park, von der Botanic Society gegründet. Die
Königin selbst wurde deren Schutzherrin. Frauen der begüterten Schichten wurden als

Mitglieder geworben. Das dreischiffige, völlig aus Glas und Eisen bestehende Bauwerk lag inmitten des Regent's Parks. Es diente Abendfesten, großen Blumenschauen, Lesungen und Banketten, wobei es durch Gasbeleuchtung illuminiert war. Zur Ausstattung gehörten mit Blumen gefüllte Eisentische, die entlang der Kieswege aufgestellt waren (Abb. 331-334, 606).

Im Revolutionsjahr 1848 wurde in Paris an den Champs-Elysées ein Wintergarten eröffnet, der einen Wendepunkt in der Entwicklungsreihe solcher Bauten bezeichnet. Das Neue bestand in der gewachsenen Größendimension und in der Vielfalt des Vergnügungsangebotes. Der Jardin d'Hiver bestand aus einer durchgehenden Glashalle von 100 m Länge, 40 m Breite und 20 m Höhe. In der Halle war die Firsthöhe der Prachtbauten der Champs-Elysées aufgenommen, so daß der Boulevard seine Fortsetzung unter dem Glasdach fand (Abb. 417-421, 660-664). Während der Wintergarten im Regent's Park noch einem »erlesenen« Publikum vorbehalten war, öffnete sich der Jardin d'Hiver als ein echtes Vergnügungsetablissement den breiten Massen des Boulevards. Zu Festen fanden hier 7000-8000 Besucher Platz. Diese große Zahl war die Voraussetzung für einen wirtschaftlichen Betrieb eines auf öffentliche Massenvergnügung spezialisierten Unternehmens. Die große Kapitalmenge, die zum Bau und für den Betrieb nötig war, konnte nicht mehr von Einzel-, sondern nur von Aktienkapital finanziert werden. Damit war das Risiko dieses neuen Zweiges der Unterhaltung auf eine Vielzahl von Aktionären verteilt und konnte gewagt werden. Die Größenordnung des Wintergartens, verbunden mit der modernsten Form der Geldanlage und Verwertung, bildete den neuen Typus des Glaspalastes, der sich von da an in den Metropolen Europas verbreitete. Die Anziehungskraft der Vergnügungsetablissements entstammt der Verquickung verschiedener Arten des Amüsements und der Zerstreuung, die unter einem einzigen Dach versammelt wurden: Neben dem tropischen Pflanzengarten waren Hallen – zum Teil unterirdisch – angelegt, die ein Café, eine Bäckerei, Billardsäle, Leseräume, Räume für Musiker, Verkaufsstände und eine Bildergalerie faßten. Der Besucher hatte in diesem Wintergarten Gelegenheit, zu tanzen oder Konzerte anzuhören, Kunstsammlungen zu genießen oder sich in Lektüre zu vertiefen, dies alles unter den Blättern von exotischen Pflanzen. Darin wurde dieser Wintergarten ein frühes Beispiel für den Konzentrationsprozeß des Vergnügungsgewerbes, das zuvor noch in einzelne Unternehmen zersplittert war.

Der Hauptinhalt der künftigen Glaspaläste – sei es der großen Ausstellungsbauten, sei es der ›Floren‹ –, die Schaustellung und das Amüsement, sind hier bereits enthalten. Welcher Wert im Bereich eines solchen Bauwerkes der Pflanzenwelt beigemessen wurde, die die Hauptattraktion bildete, zeigt die Relation der Kosten von Bauwerk und tropischem Inventar: Sie betrug beim Jardin d'Hiver 1 Million zu 300000 Fr. Um die Abkühlung, die durch die großen Glasflächen entstand, zu kompensieren, wurden im Winter pro Tag 24 t Steinkohle verbrannt. Dieser Wintergarten, den J. Paxton im Eröffnungsjahr besuchte, führte erstmals die technische Möglichkeit vor Augen, Glas-Eisenbauten nicht nur als Großkonstruktionen auszuführen, sondern sie auch in den Mittelpunkt des öffentlichen Vergnügens zu stellen.

Die ›Flora‹

Im Jardin d'Hiver in Paris war das Vorbild für eine Reihe großer Wintergärten gegeben, die vornehmlich in Deutschland ab den sechziger Jahren des 19. Jahrhunderts entstanden. Unter dem Namen ›Flora‹ erfreuten sie sich einer großen Beliebtheit. Wie der Jardin d'Hiver waren sie von großer Ausdehnung und durch Aktienkapital gegründet. Im Unterschied zum Pariser Vorbild war das Glasgewölbe der Pflanzenhalle nicht mehr direkt mit den Restaurations- und Gesellschaftsräumen verbunden. Der offene Raumzusammenhang nahm keine Rücksicht auf die unterschiedlichen Voraussetzungen des Raumklimas. Vor allem erwies sich die feuchte tropische Luft für die anschließenden Gesellschaftsräume als störend. Diese wurden daher in einem eigenen Bauteil in Massivbauweise mehrstöckig untergebracht, wobei sie so angeordnet waren, daß sie entweder am Kopf oder auch an den Seiten die Pflanzenhalle umgaben. Über große Bogenöffnungen, die verglast waren, wurde eine Sichtbeziehung zwischen den beiden Bauteilen hergestellt.

Die mehrstöckige Gruppierung von Gesellschaftsräumen um eine große Glashalle findet ihr Pendant im Bahnhofsbau der zweiten Jahrhunderthälfte. Die Anwendung ausgedehnter massiver Bauteile mit historisierenden Formen der Steinarchitektur kam der restaurativen Tendenz jener Zeit entgegen, die nicht mehr Ingenieurkonstruktionen aus Glas und Eisen zum Hauptinhalt des Raumeindruckes machte, sondern diese hinter eine ›Repräsentationsarchitektur‹ verbarg. Damit entfiel ein wesentliches Merkmal der bisherigen Entwicklungsreihe des Wintergartens: Die unmittelbare Verbindung von Park und Innengarten wurde durch massive Mauerteile unterbrochen. Der Besucher trat über monumentale Treppenanlagen in einen Prachtbau mit Säulenstellungen und Balustraden ein und gelangte, der Achse folgend, zu seiner Überraschung in eine gewaltige mit großen Palmen gefüllte Halle aus Glas und Eisen.

Die Floren, die zuerst in Köln, dann in Frankfurt und zuletzt in Berlin errichtet wurden, waren im wahrhaften Sinne Vergnügungslokale der breiten Bevölkerung. Durch die Angliederung von Restaurationsbetrieben wurden sie zum Ausflugsziel der Familien. Die ›Flora‹ bot für jene, die daran interessiert waren, die Möglichkeit, das botanische Wissen zu vertiefen. Der Promenadenweg durch die Pflanzen wurde so zugleich zum ›Lehrpfad‹. Der Tropenwald der ›Flora‹ war sowohl als ›Viridantia‹ (Lustgarten) als auch als ›Hortus‹ (Botanischer Garten) konzipiert und bildete für den Besucher ein Universum der Natur und der Sinneslust, ein künstliches Paradies auf der Grundlage der technischen Mittel des Industriezeitalters, in welchen er in Zerstreuung verweilen durfte. In einer Beschreibung des Frankfurter Palmengartens aus dem Jahre 1969 (Abb. 249–254, 554–556) ist noch der naive Enthusiasmus spürbar, der die Entstehungszeit der ›Floren‹ kennzeichnet: »Unter schützendem Dach bietet der Palmengarten das ganze Jahr über Erlebnisse. Mit allen Sinnen sind in den Gewächshäusern ferne Kontinente zu erleben. Man sieht die Pracht exotischer Gewächse und spürt die schwüle, feuchte Luft des Urwalds, das trockene Klima der Wüste, wo die Kakteen gedeihen, riecht den Duft der Pflanzen und den Moder der Erde, man hört die Gewächse fast atmen, wenn man sich an das stete Plätschern des Wassers gewöhnt hat. Es weht ein unnachahmlicher Hauch durch die Häuser unter den Glasdächern, wo die Schritte auf den sandigen Pfaden und die leisen Gespräche der Besucher sich mit der gewaltigen Stille der Naturwelt zu einem bezwingenden Augenblick verbinden.«[73]

Die Hotel- und Kurhalle

Gleichzeitig mit den ›Floren‹ entstanden ab der Mitte des 19. Jahrhunderts Wintergärten, die zugleich die Zentralhalle von luxuriösen Hotels bildeten. Umgeben von Restaurations- und Empfangssälen waren sie Innengärten, wo das gesellschaftliche Leben – wie Konzerte, Tanzabende, Theateraufführungen – stattfand. Ein besonderes Charakteristikum dieser Wintergärten war, daß sie über Bogenöffnungen mit den ringsum angeordneten Sälen zusammenschaltbar waren, so daß bei besonderen Anlässen eine große Menschenmenge versammelt werden konnte, wobei ein Teil zugleich in Stockwerken darüber logieren konnte. Inmitten der City und meist nahe den großen Bahnhöfen gelegen, bildeten diese Hallen grüne Oasen, die für Reisende eine über die Stadtregion reichende Anziehung hatten. Ein Beispiel dafür war das Berliner Centralhotel, 1880 bis 1881 von Hermann von der Hude und Julius Hennicke erbaut, dessen Wintergarten zusammen mit den umliegenden Sälen 3000 Menschen Platz bot (Abb. 175-180, 494).

Eine Abwandlung dieser Art des Wintergartens bildeten Hallen von Krankenhäusern und Kurhäusern. Im Wintergarten des Allgemeinen Krankenhauses von Leeds, 1868 erbaut, wurde die Pflanzenwelt zu einem von Kranken ständig benutzbaren Park, der zugleich Ort der Genesung wie auch Treffpunkt mit den Besuchern war (Abb. 314-316). Eine Kuriosität stellte das Kurtheater Göggingen bei Augsburg dar, 1887 von Jean Keller errichtet. Das ›Kuretablissement‹ des Orthopäden Friedrich von Hessing hatte ein zweistöckiges ›Gesellschaftshaus‹ mit Bühne und Zuschauerrängen zum Mittelpunkt. Es fungierte zugleich – unglücklicherweise – als Wintergarten, wobei die zum bloßen Dekor degradierten Topfpalmen nur spärliches Licht erhielten.

Die Kunstsammlung, Aviarien und Aquarien

Der Versuch, Naturschönheit und Kunstschönheit zu verbinden, ist von jeher in den großen Gartenanlagen praktiziert worden. In den Wintergärten wurde diese Einheit in konzentrierter Form hergestellt: Die Sammlung und Ausstellung exotischer Pflanzen verband sich mit der von Kunstgegenständen, wobei sich die Wirkung beider gegenseitig steigerte. Der Besucher, der sich in der Kunstbetrachtung verlor und erschöpfte, konnte unter dem Blattwerk wieder Erholung finden. Sammlung und Zersteuung ergänzten sich. Unter den zahlreichen Bauten von Wintergärten, in welchen diese Einheit angestrebt wurde, ragt der ›Kibble Palace‹ in Glasgow, 1872, hervor. Inmitten einer tropischen Flora wurden entlang von Kieswegen Statuen aus weißem Marmor aufgestellt, die der antiken Sagenwelt entstammten. Der mit Gasflammen erleuchtete Kuppelbau diente gleichzeitig auch Konzerten, deren Hintergrund Palmen und Farne bildeten, so daß die Illusion einer Musik im Freien entstand. Die Vorstellung des Erbauers John Kibble war die Schöpfung eines Musenhaines, wo Kunst in der Natur aufgeht (Abb. 255-261, 557-563).

Die konsequente Weiterführung dieses Gedankens war die räumliche Verbindung von Museum und Palmengarten. Die Sammlung von Pflanzen und Kunst zeigt bereits systematischen Aufbau und hat pädagogischen Hintergrund. Die Ny Carlsberg Glyptotek in Kopenhagen, 1904 von Vilhelm Dahlerup erbaut, ist ein spätes Zeugnis dieses Versuchs. Unter einer zentralen Kuppel ist ein Palmengarten mit Springbrunnen, marmornen Ruhebänken und Statuen angelegt, der von Kunstsammlungen umgeben ist. Die Einheit beider Welten ist nicht mehr so unmittelbar, wie im Kibble Palace. Aus Gründen des Raumklimas wurden die Schauräume durch Glaswände abgeschirmt. Dennoch ist der enge Raumzusammenhang von Wintergarten und Galerie durch zweistöckige Bogenstellungen hergestellt. Indem der Besucherstrom in der Achse des Bauwerkes auf den Wintergarten zuläuft, erhält das Kopenhagener Museum zugleich ein großartiges Entree (Abb. 307, 593 bis 594).

Eine weitere, im 19. Jahrhundert beliebte Form des Wintergartens bestand in der Kombination von Pflanzen- und Tierwelt. Bereits in den frühen Wintergärten ergänzten Schmetterlinge, Singvögel und Fische die Naturszenerie. In der Glasmenagerie von Henry Phillips, 1830 bis 1831 in London erbaut, waren Raubtiere und Vögel in Käfigen in eine Tropenwelt integriert (Abb. 328, 329). Im großen Wintergarten von Paxton in

Chatsworth (1836-1840) ergänzten sich tropische Pflanzen- und Tierwelt. Es lag auf der Hand mit der Fauna auch die entsprechende Zoologie zu verbinden, ein Prinzip, das im zoologischen Garten von Anfang an verfolgt wurde. Eine besondere Spielart des Wintergartens entstand in den Aquarien und Aviarien. Nach Erdkreisen geordnet, wurden vor allem Fische, Reptilien und Vögel innerhalb ihres spezifischen Pflanzenreiches vorgeführt, wobei Natur und gemalte Kulisse sich vermischten. Ein mit Sorgfalt 1869 unter der Mitwirkung von Alfred Edmund Brehm geplantes Bauwerk dieser Art war das Berliner Aquarium ›Unter den Linden‹. Dieses war räumlich so organisiert, daß der Besucher über ein Labyrinth vom hellsten Tageslicht der Vogelwelt stufenweise tiefer in den Bauch der Erde schritt, wo er in Grotten Lurchen und Fischen begegnete (Abb. 169-174).

Volkspaläste aus Glas und Eisen

Mit der Entwicklung des Ausstellungsbaues ab 1850 erfuhr der Wintergarten eine Ausdehnung in bisher nicht gekannten Dimensionen. Es ist eine enge Verwandtschaft beider Bautypen aufzeigbar, insofern die Schaustellung, sei es von Pflanzen, sei es von Industriewaren oder Kunst, ihr Inhalt ist. Diese Verwandtschaft drückte sich im Hallencharakter beider Bautypen aus, wobei die Wände und das Dach durch Verglasung möglichst transparent gehalten wurden.

Bereits beim Bau des großen Ausstellungsbaus von 1850/51 im Londoner Hyde Park hatte J. Paxton die Intention, ihn nach der Ausstellung in einen gigantischen öffentlichen Wintergarten zu verwandeln. In seiner Schrift ›What is to become of the Crystal Palace?‹ schlug er vor, das Glas-Eisengerüst zur Überdeckung einer Innenlandschaft zu verwenden, die durch abnehmbare Seitenwände im Sommer sich im Hyde Park fortsetzen sollte. »Hier wird das Klima von Süditalien geschaffen werden, wo die Menge reiten, wandern oder mitten unter Hainen von seltsamen Bäumen ruhen und hier in Muße die Werke von Natur und Kunst beobachten kann, unbehelligt von scharfen Ostwinden oder Schneetreiben ...«[74] In Umrissen entsteht hier der Plan, mit Hilfe der modernen industriellen Mittel ein über das ganze Jahr verfügbares Land mitten in die Großstadt zu versetzen. Die Utopie Fouriers, der in seinen ›phalanstères‹ verglaste Wandelgänge als öffentlichen Mittelpunkt vorschlug, erscheint nun technisch durchführbar.

Bei der Umsetzung des Kristallpalastes nach Sydenham 1852-1854 brachte Paxton seinen Vorschlag zur Verwirklichung. Den Mittelpunkt der Glas-Eisenarchitektur bildete ein Wintergarten, der die Seiten des Hauptschiffes und die Querschiffe einnahm. Pflanzen, Bäume und Vögel aus allen Gegenden der Erde bildeten belebte Vegetationsbilder. Daran schlossen sich eine ethnologische, zoologische und geographische Sammlung an, die sich mit einer Kunstsammlung und einem ständigen Markt für Industriewaren verbanden. Das Ganze wurde von einer Aktiengesellschaft betrieben, die es als ihren Zweck deklarierte, »der Erziehung der großen Massen des Volkes und der Veredelung ihrer Erholungsgenüsse einen Universaltempel zu bauen«.[75] Paxton wurde von der Aktiengesellschaft zum Direktor des Wintergartens, des Parks und der Treibhäuser ernannt. Der Kristallpalast von Sydenham bildete in seinem Riesenmaßstab das erste glasgedeckte ›Forum‹ einer Großstadt, wo im Handel, im Bildungs- und Kunstgenuß zugleich soziale Kontakte geknüpft wurden.

Die wachsende Großstadt machte neue Lösungen für die Kommunikation und den Austausch der Gesellschaft unereinander notwendig. Anstelle der kleinen Märkte und der ›fliegenden Händler‹ traten große, dauerhafte Gebäude, die viele Funktionen in sich vereinten. Napoleon III. forderte eine Art ›Regenschirm aus Eisen‹ unter denen die Großstadtbevölkerung sich versammeln konnte. Im Bau von Sydenham in London, wie in den Markthallen in Paris, entstand ein solcher Schirm, unter welchem sich das öffentliche Leben abspielen konnte. Im Kristallpalast von Sydenham war es allerdings nicht die Macht des Staates, sondern die Aktiengesellschaft, die den Bedarf nach solchen Räumen befriedigte. Ein solches Unternehmen hing ganz und gar vom Massenbesuch ab, wofür die Anlage einer Eisenbahn als Zubringer zeugt.

Der unaufhaltsame Fortschrittsglaube, verbunden mit den gewonnenen technischen Mitteln, führte ab der Jahrhundertmitte zu einer Reihe von heute noch utopisch anmutenden Vorschlägen zu Volkswintergärten wahrlich riesiger Dimension. Bereits 1855 stellte Paxton der Öffentlichkeit sein Projekt zu einem ›Great Victorian Way‹ vor, einem glasgedeckten Boulevard von 16 km Länge, 22 m Breite und 33 m Höhe. Er sollte, Bäume überdeckend, Londons City gleich einem Ring umgeben und zugleich als Promenadenweg und Verkehrsader dienen (Abb. 364). 1861 schlug Paxton einen Kristallpalast für Saint-Cloud in Paris vor, wobei er die Forderungen Napoleons III. aufgriff und in gigantischem Maßstab gesteigert zu verwirklichen vorschlug. Der ca. 600 m lange völlig aus Glas und Eisen bestehende Palast sollte große Wintergärten aufnehmen, die durch Kuppeln überwölbt waren (Abb. 367).

Am konkretesten und von all diesen Projekten war der ›Palace of the People‹ in Muswell Hill bei London, 1859 von Owen Jones entworfen. Auch hier war der Ausstellungsbau Vorbild. Owen Jones, ein Mitarbeiter von Paxton beim Bau des Kristallpalastes von 1850/51, hat in diesem Projekt, sämtliche Möglichkeiten der Funktionen, die Wintergärten im Laufe ihrer Entstehung erfüllten, zusammengefaßt und in einem einzigen Bauwerk unter ein Dach gebracht (Abb. 366, 633, 634). Der ›Palace of the People‹ sollte, wie der Name sagt, dem Volke dienen und ein Zentrum der Unterhaltung und des Vergnügens werden. Das Bauwerk sollte auf der Grundlage von Aktienkapital einer Eisenbahngesellschaft über einem Bahnhof bei London entstehen, so daß es sowohl zum umliegenden Land, wie auch zur Metropole direkt angeschlossen war. Über eine breite Treppenanlage sollten die in Zügen herbeigeschafften Besucher – eine Million pro Jahr – in einen zentral angeordneten Wintergarten gelangen, der durch eine Riesenkuppel abgedeckt war.

An den Wintergarten, der seine tropische Pflanzenpracht als ›hängender Garten‹ präsentierte, schlossen sich ein Konzertsaal für 10000 Personen, Gemäldegalerien, Museen, Vergnügungsstätten, Leseräume usw. an, die in Stockwerkbauten aus Glas und Eisen untergebracht waren. Es entstand eine ›Kathedrale‹ des Volkes, die in der ›Illustrated London News‹ 1859 wie folgt beschrieben wird: »Dem Passagier der Eisenbahn wird all die Unbequemlichkeit und Plage des ansteigenden Geländes erspart bleiben, da er nur 6 m von der Station in den Palast zu überwinden haben wird. Alle Besucher mit Wagen oder zu Fuß werden vor dem Wetter geschützt sein. Der Palast wird sowohl Tag als auch Nacht, im Winter und im Sommer nützlich sein, denn der Konzertsaal ist bequem zugänglich und hell mit Gaslicht erleuchtet und Musik sowie andere Unterhaltungen können hier über das ganze Jahr gegeben werden. Der ausgedehnte Wintergarten unter der Kuppel – mit dem Konzertsaal verbunden – wird überdies einen wunderbaren Ort für Versammlungen der Gesellschaft bilden und zugleich als ein Wartesaal der Eisenbahnstation dienen, welche in unmittelbarer Nähe liegt. Der Palast wird folgende Attraktionen als Erfolg buchen können: die Schönheit und Gesundheit der Lage, den Park und die Gärten, einschließlich Bogenschießen, Cricketfeld und Sportplatz; die Maschinen in Bewegung, welche im Hyde Park 1851 eine so große Attraktion bildeten, die Abteilung für bildende Künste, die Galerie der englischen Geschichte (eine wahrhaft nationale Idee), die Bildergalerie, die Sammlung der Naturgeschichte, Geologie und Mineralogie, systematisch geordnet; die Vorlesungen während des Tages veranschaulicht durch Experimente; die erstklassigen Abendkonzerte und die Promenade im Wintergarten.«[76]

Die Idee des Wintergartens, ursprünglich als ein Lustgarten gedacht, verwandelt sich mit dem Ende der industriellen Revolution des 19. Jahrhunderts in eine soziale Utopie: Die arbeitende Klasse sollte hier ihr Bildungs- und Vergnügungsparadies finden. Ihre sittliche und moralische Ertüchtigung kam schließlich und endlich auch der Arbeit wieder zugute. Der Wintergarten in seiner höchsten Ausformung in Gestalt der Glaspaläste und Floren wurde somit zum Keim jener Vergnügungsindustrie, die im 20. Jahrhundert zu einem eigenen großen Wirtschaftszweig wurde. Der Verfall der großen Wintergärten gegen Ende des 19. Jahrhunderts ist z.T. durch eben jene Mittel verursacht, die ihre Blüte ermöglichten: Dieselbe Mobilität, die die Eisenbahnen herbeiführten und die den Massenbesuch der Wintergärten verursachte, entzog durch das Aufkommen der Touristik den Wintergärten ihre Attraktivität. Die Landschaft des Südens konnte an Ort und Stelle verkauft werden.

Die botanische Sammlung

Die Systematisierung der Natur und ihre Schaustellung

Die Voraussetzung für die Entwicklung der Technik und Wissenschaft im industriellen Zeitalter war die praktische Naturbeherrschung in der Weise, daß die Naturprozesse erkannt und kontrolliert wieder hervorgerufen werden konnten. Die Einstellung der Gesellschaft zur Natur, ist an der Geschichte des Gartens ablesbar. Der Garten war ein Feld, auf dem in zunächst spielerischer, naiver und unmethodischer Weise Naturbeherrschung exerziert werden konnte. Die botanischen Gärten in den Zeiten vor dem 19. Jahrhundert waren Schauplätze einer systematischen Erfassung der pflanzlichen Natur, deren Ergebnisse in die bürgerliche Produktionsordnung eingebracht wurden.

Die Gärten des Adels und die des früheren Bürgertums der vorindustriellen Zeit waren durch eine unterschiedliche Stellung zur Natur gekennzeichnet. Sowohl die großen Gärten des Barock, als auch die sogenannten Englischen Gärten zeigten offenkundig, daß ihre Grundlage nicht die praktische Verwertbarkeit war. Naturbeherrschung war emphatisch aufgefaßt und demonstrierte gleichnishaft die Macht und Verfügung über Boden und menschliche Arbeit. Ein wesentlicher Aspekt war, den unproduktiven Charakter von Natur hervorzukehren, dies um so mehr, je unmittelbarer die Gestalt des Gartens von der Ausbeutung der Natur abhing; dies gilt ebenso für die geschnittenen Hecken des Barock, als auch für die ineinander übergehenden Rasenflächen und Haine des Englischen Gartens. Eine materielle Grundlage für dessen Existenz war der Besitz von Schafherden, die hier ihre Weidefläche fanden und die darüber hinaus der textilen Verwertung dienten.

Mit dem politischen Machtverlust des Adels verstärkte sich die romantische Tendenz, den Garten der Natur zurückzugeben, indem eine scheinbare Unberührtheit und kalkulierte Wildnis vorgetäuscht wurde. Dies ist die Zeit der ›Architecture ensévelie‹, halbversunkener Ruinen, ›schauerlicher‹ Gedenkplätze, schwerzugänglicher Weiher, anmutiger Flußbiegungen und Naturpfade. Die Anfänge der neuen Gartenkunst – des Landschaftsgartens – reichen an den Beginn des 18. Jahrhunderts zurück und sind mit dem Namen von William Kent (1710) verknüpft.

In diesen Manifestationen des adligen und zugleich bürgerlichen Gartenideals waltete eine sorgfältige Regie zur Inszenierung (mise en scène) der Natur als ein Gemälde. Ein wichtiger Aspekt des Englischen Gartens waren Landschaftsbilder der italienischen Malerei bzw. malerisch angelegte chinesische Gärten, wie sie William Chambers in England propagierte. »Soyez peintre!« war die Aufforderung, den Baustoff der Natur, die Pflanzen, nach den Prinzipien der darstellenden Künste einzusetzen und zu genießen. Jedoch diese illusionistische Szenerie, die darauf drängte, den gesamten Kosmos widerzuspiegeln, verbarg in sich Momente des Fortschritts. Die Natur wurde, in ihren inneren Zusammenhang mit der Geschichte gestellt, dadurch erst natürlich.

»Das Land der Illusion ist nicht nur ein phantastischer Mikrokosmos. Es ist auch eine Summe von Erfahrungen und ein Resultat von Forschungen in den verschiedenartigsten Bereichen, die hier wichtig werden. Es ist ein Pflanzengarten und ein zoologischer Garten, ein Feld der Bewässerungstechnik und ein mineralogisches Museum. Die Kenntnis der Welt, Geographie, Volksgebräuche, Handwerke weitet den Horizont ins Unendliche. Ebenso ist es ein Freiluft-Museum der Monumente verschiedener Völker aller Zeiten. Eine Naturgeschichte, eine Geschichte der Zivilisation und eine praktische Technologie nehmen am Aufblühen dieser Gärten teil und entwickeln sich an ihnen wie eine neue Enzyklopädie. Dies impliziert Studien, Forschungen, das Aufstöbern und das Suchen von Dokumenten und seltenen Stücken. Die Botanik und die Archälogie werden auf demselben Plan und im selben Entwurf entwickelt.«[77]

Der Garten des Bürgers, im vornherein meist von kleinerem Zuschnitt, nahm das fortschrittliche Moment des Sammelns, Katalogisierens und Einordnens auf; solche Tätigkeit war sein ureigenes Element.

Ein Charakteristikum war das Herauskehren des praktischen Momentes der Gartenkunst: Er stellte sich die Frage, wie es möglich wäre, die im Garten gewonnenen Erkenntnisse der Natur produktiv zu nutzen. Die führenden Theoretiker der französischen Aufklärung Jean-Jacques Rousseau und Voltaire legten eigene Gärten an, wo sie auch botanisierten. Die Einstellung Voltaires zum Garten belegt sein Brief, den er aus seiner Domaine in Ferney am 7. August 1772 an den Architekten und Theoretiker William Chambers sendete: »Ich habe alles in meinen Gärten, Parterres, kleine Wasserflächen, regelmäßige Promenadenwege, sehr unregelmäßige Büsche, nahe Mulden, Weinstöcke, Küchengärten mit Trennmauern, bedeckt mit Spalierobst, Gekämmtes und Wildes ...«[77] Rousseau ließ sich auf Stichen mit der Botanisierfiebel in der Hand in Ermenonville abbilden. Das »Gekämmte und Wilde« (du peigné et du sauvage) war der Kompromiß, den der bürgerliche Gartenamateur einging, ohne sein Ziel, die Natur praktisch werden zu lassen, aus den Augen zu verlieren.

Der Exkurs zum Garten des 18. Jahrhunderts führt uns zurück zum botanischen Garten, dessen Geschichte eng mit der Nutzbarmachung der Naturkräfte verbunden ist. Das Sammeln der Pflanzen bereits in den frühen botanischen Gärten, ihr Ordnen und Systematisieren erfolgte unter diesem Aspekt. Die ersten botanischen Gärten waren Medizingärten. Die meisten der noch heute bestehenden botanischen Anlagen haben hier oder in Küchengärten ihren Ursprung. Die Geschichte der botanischen Gärten reicht ins Altertum zurück (Theophrastos, 370 v. Chr.), jedoch erst im 14. Jahrhundert erscheinen sie wieder in größerer Zahl (Salerno 1310, Venedig 1333). Im 16. Jahrhundert breiten sie sich im Zusammenhang mit Universitätsgründungen in ganz Europa aus (Padua, 1533; Pisa, 1544; Bologna, 1568; Leyden, 1577; Paris, 1597). In Holland und England wurde die Kultur tropischer Pflanzen aus Ost- und Westindien besonders verfolgt. Die ältesten botanischen Gärten in England sind in Hampton Court, Oxford, Kew (Abb. 10 und 335) und Edinburgh (Abb. 241). Jedoch hier wie dort beschränkte man sich in der Anfangszeit auf bloßes Sammeln, ohne zunächst wissenschaftliche Ziele zu verfolgen.[79] Die Beschreibungen waren unmethodisch, ohne daß Zusammenhänge zwischen den Pflanzen aufgezeigt wurden. Dennoch wurde im Zählen der Pflanzen bereits der Anfang zu einer

naturwissenschaftlichen Forschung der Pflanzen gemacht. Das Bedürfnis, die Erscheinungen klarer zu fassen, führte bereits Ende des 16. Jahrhunderts und im 17. Jahrhundert zu einer systematischen Forschung, die auf intuitivem Wege verwandtschaftliche Gruppen in der Pflanzenwelt aufzeigte (Otto Brunfels, Caspar Bauhin). Damit wurde das mystische Verhältnis zur Natur in diesem Bereiche aufgegeben. In Italien versuchte 1583 Andrea Caesalpinus »durch scharfe Unterscheidung nach vorausbestimmten Merkmalen« a priori die Pflanzen in bestimmte Gruppen einzuteilen, während die deutschen Botaniker von der Ähnlichkeit, nicht vom Unterschied, ausgingen.[80]

Dieser Widerspruch in der Betrachtungsweise der Natur, einerseits die bloß dunkel gefühlte Tatsache einer natürlichen Verwandtschaft, andererseits eines a priori aufgestellten Systems der Einordnung, bestimmte den Gang der botanischen Forschung bis Linné (1736). Carl Linné war der erste, der ein ›natürliches‹ System der Pflanzen anerkannte, welches nicht allein durch a priori aufgestellte Merkmale bestimmt werden könne. Seiner Meinung nach, seien die Regeln dazu noch nicht anzugeben und es sei Aufgabe weiterer Forschung, das Gebäude des natürlichen Systems aufzurichten. Ihm und Bernard de Jussieu (1759) verdanken wir die erste Aufzählung natürlicher Familien, deren Formen ein gemeinsamer Bildungstypus zugrunde gelegt wurde. Jedoch auch von Linné wurden die Merkmale, die zu Gruppierungen führten, nicht klar erkannt. Linné vertrat z. B. die später von Charles Darwin widerlegte Lehre von der Konstanz der Arten.[81] Die botanischen Theoretiker des 18. Jahrhunderts, Antoine Laurent de Jussieu, Auguste Pyrame de Candolle, Stephan Endlicher und John Lindley, die jeder für sich analog zu der Invasion von Systemen in der Philosophie, ein solches für sich im Bereich der Botanik beanspruchten, trennten natürliche Beziehungen der Pflanzen und schufen neue Einteilungen, die jedoch zu eng waren. Ein großer Fortschritt aus diesem Dilemma des Systematisierens waren die Ansätze zur morphologischen Forschung in der Zoologie und Botanik, die in

Frankreich von Etienne Geoffroy Saint-Hilaire und Baron Georges Cuvier (1830), in Deutschland von Johann Wolfgang von Goethe und von Alexander von Humboldt vorangetrieben wurden.

Es besteht ein innerer Zusammenhang zwischen der Errichtung einer bürgerlichen Weltordnung, deren Anspruch es war, über Kapitalverwertung alle Weltteile zu umfassen, und einer Naturbetrachtung, die nunmehr die einzelne Erscheinung vom Ganzen, von der ›Physik der Welt‹ her, beurteilte. Die Theoretiker des 18. Jahrhunderts befanden sich in der Schwierigkeit, die Idee eines übergeordneten Ganzen, sowenig wie die des Staates, konkret fassen zu können, da noch die materiellen Voraussetzungen dazu fehlten: Humboldt dagegen konnte sich bereits auf das Rüstzeug der industriellen Produktion und ihrer Idee eines zusammenwirkenden Weltganzen stützen. In Humboldts Schriften drückt sich die fortschrittliche, moderne Naturbetrachtung des bürgerlichen Zeitalters aus, wobei aus der kosmologischen Betrachtung die Botanik neu erklärt und gefaßt wird. Wesentliche Einflüsse kamen aus der deutschen idealistischen Philosophie und Naturtheorie. »Die systematisch geordneten Verzeichnisse aller organischen Gestaltungen, die wir ehemals mit dem allzu prunkvollen Namen von Natur-Systemen bezeichneten, bieten eine bewundernswürdige Verkettung nach inneren Beziehungen der Formähnlichkeit (Struktur), nach Vorstellungsweisen von allmählicher Entfaltung (Evolution) in Blatt und Kelch, in farbigen Blüten und Früchten, dar, nicht eine Verkettung nach räumlicher Gruppierung, d.i. nach Erdstrichen, nach der Höhe über der Meeresfläche, nach Temperatureinflüssen, die die ganze Oberfläche des Planeten erleidet. Der höchste Zweck der physischen Erdbeschreibung ist aber, wie schon bemerkt worden ist, Erkenntnis der Einheit in der Vielheit, Erforschung des Gemeinsamen und des inneren Zusammenhanges in den tellurischen Erscheinungen. Wo der Einzelheiten erwähnt wird, geschieht es nur, um die Gesetze der organischen Gliederung mit denen der geographischen Verteilung in Einklang zu bringen.«[82]

Eine Revolution in der bisherigen Naturbetrachtung brachte Darwins Werk über die ›Entstehung der Arten‹ 1859. Die These von der Konstanz der Arten wurde wissenschaftlich widerlegt. Er ging jedoch noch einen Schritt weiter, indem er feststellte, daß die Entstehung der Arten in unendlichen Anpassungsformen aus dem ›Kampf ums Dasein‹ hervorgeht. Die Entstehung der Arten von Pflanzen wird als ein geschichtlicher Prozeß interpretierbar. Damit knüpft die Botanik als Wissenschaft an die materialistische Gesellschaftstheorie an.

Das Glashaus als Pflanzenfabrik und Laboratorium

Schauplatz der praktischen Durchführung dieser Theoriebildung waren die botanischen Gärten. Indem sie sich dem Publikum der Städte öffneten, wurden sie zum Ort der Popularisierung jener Theorie. Sie bildeten in Zusammenhang mit den zoologischen, mineralogischen, natur- und kunsthistorischen Instituten eine pädagogische Provinz und zugleich Oasen der Zerstreuung und Erholung. Bereits Anfang des 18. Jahrhunderts waren aus den Keimzellen der frühen medizinischen Gärten oft ausgedehnte Parks hervorgegangen, die nach den Prinzipien des englischen Gartenideals angelegt waren (z.B. 1760 in Kew von William Chambers, 1767-1773 in Syon House von Lancelot Brown) und die eine Freilichtsammlung der verschiedensten Kräuter, Blumen, Büsche und Bäume beherbergten. Die exotischen Pflanzen der warmen Länder wurden unter Glas ausgestellt. Das Ergebnis der Systematisierung der Natur durch die botanische Forschung war ihre Schaustellung in wohlgeordneter Form. Sie folgte sowohl wissenschaftlichen als auch

74

malerischen Prinzipien, was damals kein Widerspruch war, da Begriff und Anschauung, botanische Theorie und Pflanzensammlung, in ihrer Wechselwirkung gesehen wurden.

Diese Wechselwirkung von Theorie und Praxis der Botanik begleitet die Entwicklung der großen Sammlungen vom 17. Jahrhundert bis zur neuen Zeit. Auf diesem Weg assoziierten sich nach und nach den ursprünglichen Medizingärten wissenschaftliche Institutionen der Botanik, Institute für Landwirtschaft und letztlich für die koloniale Forschung. Im Alten Botanischen Garten in Berlin-Schöneberg, um ein Beispiel zu nennen, wurde 1679 der kurfürstliche ›Hopfengarten‹ in einen Garten für Gemüse und ›edles‹ Obst verwandelt, sodann, unter König Friedrich I. in einen ›Hof-Apotheken-Garten‹, der der Aufsicht der Akademie der Wissenschaften unterstellt war. Unter Friedrich II. diente er als ›Kräutergarten‹ der Botanik, Experimentalphysik und Medizin. 1801 wurde der Garten für den Anbau von Pflanzen besonders von ›Farbkräutern‹, die für die Manufakturen und Fabriken wichtig waren, erweitert. 1809 wurde der Garten unter der Leitung von Carl Ludwig Willdenow (Abb. 11) der Universität angegliedert. In der folgenden Zeit wurden im Aufbau des Gartens die Verbindungen zu anderen Instituten und die Ergebnisse von Forschungsreisen der auf Staatskosten entsandten Gelehrten genutzt. 1879 kam eine pflanzen-geographische Sammlung, 1891 eine botanische Zentralstelle für die Kolonien hinzu.[83]

Die botanischen Gärten dehnten sich in dieser Weise zu großen Arealen von vielen Hektar (z. B. Kew Gardens mit 130 ha) aus, wobei der Betrieb eine große Anzahl von Pflanzenspezialisten benötigte. Die hohen Unterhaltungskosten konnten letztlich nur vom Staat getragen werden. Sämtliche großen botanischen Gärten in Europa um 1840 waren in staatlicher Hand. Sie sind das Produkt eines allgemeinen botanischen Interesses, das das frühindustrielle Zeitalter ergriffen hatte. Die zuvor über das ganze Land zerstreuten privaten Studien und Sammlungen wurden an einem Ort zusammengefaßt und einem Massenpublikum präsentiert.

11 Carl Ludwig Willdenow bei der Pflanzenbestimmung im Botanischen Garten Berlin-Schöneberg, Kupferstich von J. F. Leopold, 1810/11

75

Im 17. Jahrhundert entstanden überall kleine Sammlungen, die von Liebhabern der Gartenkunst mit Leidenschaft betrieben wurden. Im ›Cabinet d'amateur‹ war die Anlage einer Sammlung im Zusammenhang mit einem modernen Gartenkonzept Gegenstand sorgfältiger Überlegungen. Das Lesen von Reiseberichten, philosophischen Traktaten und Literatur zur Gartenkunst bildete die Einleitung zu wissenschaftlicher Forschung und zu neuen Experimenten im Bereich der Botanik. Eine umfangreiche Korrespondenz entfaltete sich, Pläne und Samen wurden hin- und hergesandt. Mit der Ausdehnung des botanischen Lehrgebäudes und der Einführung einer Vielzahl tropischer Pflanzen waren jedoch nach 1800 naiver Forschung und Sammlung der wissenschaftliche und materielle Boden entzogen. Ihre Blüte erreichten diese Gärten im Zusammenhang mit der Ausdehnung des Kolonialismus und der damit verbundenen Eroberung neuer Pflanzenwelten im Laufe des 19. Jahrhunderts. In den eigens dafür gebauten großen Gewächshäusern wurden sie der staunenden Öffentlichkeit vorgeführt und zugleich auf ihre Brauchbarkeit für wirtschaftliche Zwecke untersucht. Die Gewächshäuser der botanischen Gärten erhielten demzufolge eine entsprechende Ausbildung: Sie folgten dem Zweck der Schaustellung und zugleich dem systematischer Forschung. Mit einem hohen Palmenhaus (Tropenhaus) als Zentrum, flankiert von ›gemäßigten‹ und ›kalten‹ Häusern sowie von Victoria regia-, Kakteen-, Farn- und Orchideen-Häusern, treppten sich Fronten aus Glas und Eisen bis zu niedrigen Kulturhäusern – Treib- und Mistbeeten – ab, so daß Glaslandschaften mitten im Grün entstanden (vgl. botanischer Garten in Berlin-Dahlem, Abb. 181, 184).

Da in den Gewächshäusern dieser Gärten das Gedeihen der Pflanzen im Mittelpunkt stand, war die Konstruktions- und Raumform stärker nach diesem Zweck ausgebildet als im Wintergarten. Jedoch auch die Demonstration der Natur bildete einen wichtigen Aspekt der Bauten. So wurde mit großer Sorgfalt ein Bewegungssystem für die Besucher erdacht, das die Exponate von den günstigsten Blickpunkten erfassen ließ. Die Ausbildung eines eigenen Netzes der ›Zirkulation‹ in Form von engen Pfaden, verschlungenen Wegen, Korridoren, Brücken usw. war notwendig, dem Besucher, gleich einem, der auf Entdeckungsreise geht, die verschiedenen Pflanzenarten, -familien, -gruppen nach und nach vor Augen zu führen. Dieses System war dem ersten Anschein nach ein Labyrinth, in Wirklichkeit jedoch von sorgsam kalkulierter Linienführung und dies um so mehr, je ausgedehnter die Pflanzenwelt war. Die verschiedenen Pflanzen forderten ihr spezielles Klima und entsprechend ausgebildete Hallenformen, die vom schmalen Haus bis zur weiträumigen Kuppel reichten. Die enge räumliche Verbindung dieser verschiedenen Raumteile bzw. Häuser zu einem visuellen wie auch architektonischen Ganzen, die Herstellung eines botanischen Universums unterschiedlichster Pflanzen brachte eine eigene Raumform hervor, die sich vom ›Kulturhaus‹ und vom Wintergarten unterschied. Die Pflanzen nahmen den Raum ein und die Menschen mußten, wie in einem Wald, in sie eintauchen. Im Wintergarten waren die Pflanzen in umgrenzte Reservate gedrängt und der Raum stand vornehmlich den Menschen zur Verfügung.

Die Form des botanischen Gewächshauses entstand geschichtlich aus der Addition von einzelnen Häusern zu einem einzigen Gebäudekomplex. Waren die früheren Bauten je für einzelne Pflanzenarten und das ihnen entsprechende Klima gebaut, so wurden sie in der Folge zu einer räumlichen Einheit zusammengefaßt, wobei meistens eine symmetrische Anlage entstand. In der Mitte das hohe Palmenhaus, oft als Zentralraum mit Kuppel, rechts und links die kalten und temperierten Häuser mit geradem Dach, Pavillons für niedrigere Pflanzen usw. So entstand im Gewächshausbau der botanischen Gärten die Frühform des entwickelten Ausstellungsbaues, wo nicht mehr eine einzige Halle die gesamte Warenwelt umfaßte, sondern jede Ware nach ihrer Eigenheit behandelt und in entsprechenden Räumen exponiert wurde.

A. von Voit, der Architekt und Konstrukteur des Glaspalastes (1853/54) wie auch des botanischen Gewächshauses in München (1860-1865) hat das Prinzip dieser differenzierten Planung für die Ausstellung von Pflanzen verfolgt und beschrieben (Abb. 403 bis 408, 642-645). »Als die erste Anforderung an die Gewächshäuser wurde in dem aufgestellten Bauprogramme bezeichnet, daß deren Räumlichkeiten, sowohl Grundriß wie Durchschnitt und äußere Ansicht, nach der Aufstellung der Pflanzen zu gestalten seien. Diese Aufstellung geschieht in verschiedener Weise und richtet sich nach der Größe und dem Bau der Pflanzen und kann daher sein:

– eine buschförmige, wobei die Gipfel der Pflanzen eine Kugelform bilden;
– nach einer Seite aufsteigend, wobei die Pflanzengipfel sich in einer geneigten Ebene befinden;
– nach zwei Seiten aufsteigend, wobei die Pflanzengipfel zwei geneigte in einem Grad sich vereinigende Ebenen bilden.

Nach diesen Aufstellungen erhält die Pflanzenhausdachung entweder eine Kuppelform, eine Pult- oder eine Sattelform, denn die Annäherung der Außenwände der Häuser an die Gipfel (Kronen) der Pflanzen wird zum Gedeihen derselben als erforderlich erachtet, ist aber auch zugleich eine Raumersparung, wobei keine überflüssige Luftmenge geheizt und die möglichst kleinste Glaswandfläche unterhalten werden muß.«[84]

Wie wir sehen, hatte sich im Zusammenhang mit der Entwicklung der Botanik auch der Bau der Gewächshäuser zu einer eigenen Wissenschaft ausgebildet. Dabei war nicht nur die geeignetste Form und Konstruktion Gegenstand der Untersuchung; ebenso war auch die Frage der Physik wie Heizung, Lüftung, Belichtung und Beschattung, Befeuchtung usw. ein wissenschaftlich zu lösendes Problem. Der Betrachter der Gewächshäuser in den botanischen Gärten bewundert ihre selbstverständliche, einfache Gestalt, die die Logik eines pflanzlichen Organismus aufzuweisen scheinen. Insgeheim ist jedoch das Gewächshaus eine kompliziert aufgebaute Apparatur. Hier fühlte sich die Technik in die Natur ein. Diese erstaunliche Leistung ist das Ergebnis Hunderter von Experimenten und Versuchen von Gärtnern, Botanikern, Naturforschern und Ingenieuren.

Überall in Europa verstreut, jedoch im Erfahrungsaustausch miteinander eng verbunden, entstanden in den botanischen Gärten große Gewächshäuser, die noch heute ein beredtes Zeugnis von der technischen Phantasie des 19. Jahrhunderts ablegen. Der Staatsaufsicht verdanken wir großteils, daß sie noch heute erhalten sind. Sie erhielten ihre Lebensberechtigung durch den wissenschaftlichen und pädagogischen Wert, den sie, wenn auch eingeschränkt, in die Gegenwart retten konnten.

Die Wintergärten hingegen, die aus einer Naturillusion geboren wurden, fielen den gewandelten gesellschaftlichen Verhältnissen zum Opfer. Europas Landkarte verzeichnet botanische Gärten mit Glaskristallen, die das 19. Jahrhundert uns vererbt hat:

Belfast 1839/40, 1853	Florenz 1874	Lyon 1877-1880
Berlin 1905-1909	Kopenhagen 1872-1874	Paris Jardin des Plantes 1833
Brüssel 1826/27	Leningrad 1880-1900	Sheffield 1836
Dublin 1842-1850, 1869	Kew Gardens 1844-1848;	Wien, Schönbrunn 1880-1882
Edinburgh 1834, 1858	1859-1863	

Man kann die Gewächshäuser der botanischen Gärten mit Recht als Fabriken und zugleich Laboratorien vergleichen, in denen seltene Pflanzen produziert und verschlungene Versuchsketten durchgeführt wurden. Die stillen Pflanzenfabriken und Orte der Gelehrsamkeit auf der einen Seite und die glanzvollen Wintergärten der Großstädte auf der anderen Seite, beide von eben demselben Lichthunger erfüllt, verkörpern einen revolutionären Baugedanken – den des Glashauses.

Das Glashaus – ein Bautypus des 19. Jahrhunderts

Anfänge in Holz, Mauerwerk und Glas

Das ›Pomeranzenhaus‹ und die Orangerie

Eine wichtige Grundlage für die Entwicklung der Gewächshäuser in Mittel- und Nord-
europa waren die Pflege und Kultivierung südlicher, tropischer und subtropischer Pflanzen. Anlaß zu den zahlreichen Plänen und Vorschlägen gab die Vorliebe des Adels und
des reichen Bürgertums für die seltenen und exotischen Gewächse, vor allem der Zitruspflanzen und Palmen, die vom 16. Jahrhundert an auch nördlich der Alpen gehalten
wurden.

Als Bedeckung der ausländischen Gewächse verwendete man im Frühjahr ›abschlagbare Pomeranzenhäuser‹, die von der Mitte des 16. Jahrhunderts ab zuerst in Deutschland
zu ihrer vollen Ausbildung gelangten.[85] Die im Erdreich verpflanzten Bäume – die »im
Grunde stehende Orangerie« – wurden nach ganz nüchternen und praktischen Gesichtspunkten nach Art eines langen Bretterschuppens überdeckt. Ein Beispiel dafür ist das
Pomeranzenhaus im Schloßgarten zu Heidelberg, 1620 von Salomon de Caus, der in
seiner Beschreibung hervorhebt, daß man in diesem Gebäude im Winter spazieren gehen
könne, ohne die Kälte fürchten zu müssen (Abb. 92 a). Hier ist bereits der Grundgedanke
des Wintergartens als eines Raumes, der nicht nur für Pflanzen, sondern auch für gesell-
schaftliches Vergnügen bestimmt ist, enthalten. Man versuchte bald, die Kosten des Ab-
schlagens zu verringern und zu diesem Zweck mit möglichst wenig abschlagbaren Teilen
auszukommen. Die Pflanzen wurden mit drei festen Mauern umgeben und nur noch die
Südwand und das Dach mobil ausgebildet (Abb. 92 c). Dennoch blieb das ›abschlagbare
Pomeranzenhaus‹ als Holzbau technisch unvollkommen. Fugen mußten nachträglich ge-
dichtet werden. Eine günstige Beheizung war nicht möglich, da die Öfen fahrbar sein
mußten.

Das ›feststehende Orangeriegebäude‹ bildet sich aus der Umkehrung der Beziehung
Pflanze-Schutzhülle. Die Bäume werden, in Kübel oder Kästen gepflanzt, zum beweglichen Element des Barockgartens.[86] Die Orangerie wird bewußt als ein repräsentatives
Bauwerk des Gartens gestaltet. Das ›abschlagbare Pomeranzenhaus‹ verschwindet. Von
ihm übernimmt jedoch das Orangeriegebäude die langgestreckte Form mit der zum Teil
bereits in Glas aufgelösten Rasterfront nach Süden. Höhepunkt der Entwicklung dieses,
vor allem an Europas Höfen verbreiteten, Typus ist das erste Drittel des 18. Jahrhunderts
(Abb. 462, 463, 623). In der Konstruktion war man bemüht, Mauern und Dach möglichst
wärmespeichernd auszubilden. Eingebaute eiserne Öfen wurden als Heizung verwendet.

78

Das Glashaus – ein Fenster zum Himmel

Das ›Glashaus‹ tritt um 1700 neben der massiv gemauerten Orangerie als ein eigener Typus hervor und entwickelt sich im Laufe des 18. Jahrhunderts zu teilweise ausgedehnten Bauten. Im Unterschied zur Orangerie ist das ›Glashaus‹ vom Ursprung her nur Zweckbau und unterliegt nicht den Forderungen der »hohen Baukunst«[87]. Sein Tragwerk besteht hauptsächlich aus einem Gerüst aus Holzbohlen. Seine beiden Ausgangsformen sind:

a) Verglaste Mistbeete bzw. kleine Treibhäuser, die in Holland in der Glashausgärtnerei ab 1700 verwendet werden (Abb. 12);

b) Verglasung der ›abschlagbaren Pomeranzenhäuser‹: Die Pomeranzenhäuser wurden zunächst mit Glasfenstern versehen und dann nach und nach alle abschlagbaren Teile – Wand und Dach – in Glas ausgeführt, so daß man sich das Abschlagen letzten Endes ersparen konnte (Abb. 93).

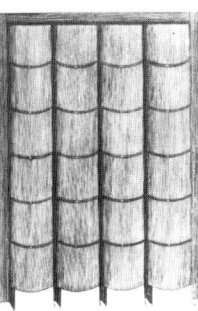

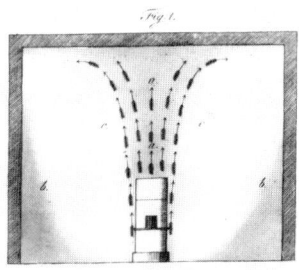

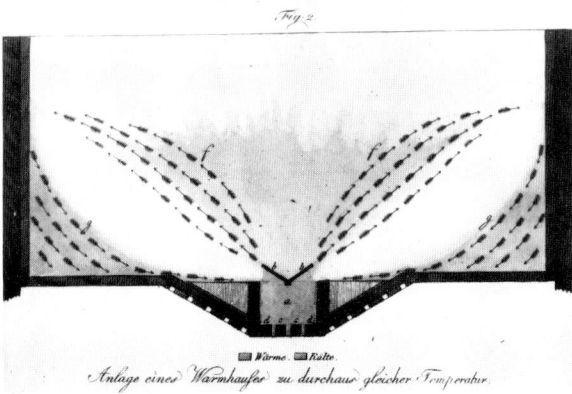

Anlage eines Warmhauses zu durchaus gleicher Temperatur.

12 Frühe Treibhäuser

Entscheidend dafür, daß diese Bauform sich durchsetzte, war der technische Fortschritt sowohl in der Glasherstellung als auch der Heizung. So finden wir zwar Anfänge bereits zu Beginn des 17. Jahrhunderts (z.B. 1590 im Botanischen Garten in Pisa, 1599 in Leiden, 1635 in Altdorf). Es handelte sich noch nicht um Glashäuser im heutigen Sinne: Sie waren nur in wenigen Teilen des Holzgerüstes verglast und dies meist mit Butzenscheiben. Ab 1700 verbessert und verbilligt sich die Herstellung von Glas: Neben dem geblasenen Glas kennt man nun auch schon das Gießverfahren.[88] Der Grundtypus um 1720 hat noch gemauerte Seiten- und Rückwand, während die Südwand und das Pult- oder Satteldach verglast sind.

Die Heizung – in jener Zeit vor allem Kanalheizung über von außen zugängliche Öfen – wurde zum Problem der Weiterentwicklung. Sie schädigte durch undicht sein die Pflanzen, und ihre Bauart verursachte große Wärmeverluste. Erst nach der Lösung der Heizfrage konnte die vollständige Verglasung der Bauwerke durchgeführt werden. Hier war England richtungweisend.

Zu Beginn der zweiten Hälfte des 18. Jahrhunderts, mit der Herstellung der nötigen technischen Grundlage der Verglasung und Heizung, verbreiten sich Glashäuser mit Holzpfosten-Gerüst oder z.T. mit gemauerten Eckpfeilern in ganz Europa. Zugleich nimmt ihre Größendimension beträchtlich zu. Die Ursache sind ökonomische und gesellschaftliche Veränderungen, die sich aus der frühen Industrialisierung und dem Erwerb der Kolonien ableiten. Diese Veränderungen beeinflussen die Ausprägung der Raum- und Konstruktionsform der Glashäuser in der Zeit von 1750 bis 1800. Ab 1750 verändern sich die inhaltlichen Voraussetzungen für die Existenz der Glashäuser: Der barocke Garten wird durch den Englischen Garten abgelöst. Statt der Zitruspflanzen halten nun exotische Pflanzen der Tropen, die Kapgewächse, die westindischen Pflanzen usw. ihren Einzug. Das ›Kalthaus‹ verwandelt sich in ein ›Warmhaus‹.

Mit der Ausdehnung des Weltmarktes als Absatzgebiet frühindustrieller Massenwaren, vor allem durch England, wächst auch der Handel mit den Kolonien. Ein Resultat des Kolonialismus war die entstehende Vorliebe für tropische Exotik, deren Sinnbild im Pflanzenreich vor allem die Palme wurde. »Die Palme war die Pflanze der Südsee, der schon im 18. Jahrhundert die Liebe der europamüden Gesellschaft galt.«[89] Das romantische Interesse des Adels und der obersten Bürgerschicht für tropische Pflanzen wurde ergänzt durch ein gesteigertes botanisches Interesse sowie durch die romantische Wiederentdeckung der Natur überhaupt: Im Bereich der Gartenbaukunst führte sie zur Ablösung des geometrischen französischen Gartens durch den großräumigen Landschaftsgarten.

Im Bereich der Botanik setzte die systematische Erforschung der Tropenflora ein. Expeditionen bringen ganze Schiffsladungen von seltenen Palmen und Farnen. Die frühen ›Palmensammlungen‹ sollen zugleich Ausdruck der Kultur und des Reichtums des Besitzers sein und werden nun auch von Bürgerlichen angelegt. Das Glashaus, z.T. direkt an das Wohnhaus angeschlossen, wird zu einem neuen Zentrum des gesellschaftlichen Verkehrs und Vergnügens. Das bis dahin enge und niedrige Glashaus verwandelt sich nun in ein geräumiges Gewächshaus: Immergrüne und seltene südliche Pflanzen genügen nicht mehr als dessen Inhalt. »Der Wintergarten soll nun auch eine Landschaft, und zwar eine tropische und geheimnisvolle sein. Auch im Pflanzenhaus hält der Schlängelweg seinen Einzug.«[90] Büsche und Bäume werden zu Gruppen zusammengefaßt. Grottenräume, Gewässer, Springbrunnen etc. vervollständigen die Illusion von Natur. Botanik und Ästhetik ergänzen einander. Die Verwandlung des Glashauses in einen Innengarten mit tropischem Klima war begleitet von einer Steigerung der Größendimension des Bauwerkes um 1800: »Gerade die Pflege und Erhaltung tropischer Palmen und Baumfarne, die man in den botanischen Gärten seit Beginn des 19. Jahrhunderts mit Eifer betrieb, erforderten Hallen von großen Spannweiten und von beträchtlicher Höhe, um den Pflanzen ein ungehindertes Wachstum zu ermöglichen.«[91] Die neuen technischen Mittel, die die industrielle Revolution zur Verfügung stellte, ermöglichten den Konstrukteuren die Übertragung der Großräumigkeit und Lichtfülle von Landschaften auf die Gewächshausbauten. Diese Mittel waren: Vervollkommnung und Verbilligung der Glasherstellung, Einführung der Rohrheizung anstelle der Ofenheizung sowie des Eisens als Baustoff anstelle von Holz und Stein.

Materialien für ein grünes Trompe-L'Œil

Der Baustoff Eisen

Eisen bildet das Knochengerüst der Glashäuser des 19. Jahrhunderts. Die historischen Bedingungen seiner industriellen Herstellung werden später ausführlich dargestellt. Die Gründe für die vorwiegende Anwendung dieses Materials im Gewächshausbau sind aus der Bauaufgabe abzuleiten. ›Abschlagbare Pomeranzenhäuser‹ bzw. Treibhäuser mit der Auflösung der Wände und Dächer in ein hölzernes Gerüstsystem, das weitgehend verglast wurde, bildeten die Vorform der größeren Gewächshausbauten aus Holzständerwerk und Mauerpilastern im 18. Jahrhundert. Die Transformation dieses Gerüstaufbaus in ein eisernes Tragwerk schon in der Frühzeit des Eisenbaues war eine logische Folge der Vorteile, die daraus erwuchsen. Eiserne Konstruktionsteile waren dauerhafter: Die tropisch-feuchte Wärme, die in den Gewächshäusern notwendig war, zerstörte das Holz oft schon in kurzer Zeit, z.B. das hölzerne Palmenhaus von Schinkel im Alten Botanischen Garten in Berlin (1821), mußte bereits nach neun Jahren wegen Verfaulung abgerissen werden.[92] Wenn Holzkonstruktionen überhaupt angewendet wurden, dann vor allem in ›Kalthäusern‹ und ›temperierten Häusern‹.

Eiserne Konstruktionsteile konnten filigraner als Holzgerüste ausgeführt werden und dadurch die notwendigen Licht- und Sonnenstrahlen in maximalem Maß ins Gebäudeinnere dringen lassen. Eisen bot die Möglichkeit, auch weitgespannte Konstruktionen dieser Art – ohne in den Raum hineinragende Bauteile – in Form durchgehender und hoher Hallen zu realisieren. Im Unterschied zu Holzkonstruktionen war es mit Hilfe des Eisens möglich, von gebogenen Sprossen getragene Glasgewölbe herzustellen, die eine besonders günstige Ausnutzung des Sonnenlichtes durch die stets senkrechte Einstrahlung besaßen. Mit der Entwicklung der Guß- und Walztechnik und der Verbilligung der Eisenherstellung waren eiserne Konstruktionen gegenüber Holz preiswert bzw. ab den dreißiger Jahren – wenn man die Kosten für die Pflege und Erhaltung mit einbezieht – sogar überlegen.

Diese Vorteile konnten den Nachteil eiserner Konstruktionen, der vor allem in der für Gewächshäuser ungünstigen Kondenswasserbildung bestand, aufwiegen. Diese ist eine Folge der guten Wärmeleitfähigkeit des Eisens. Es wurde jedoch versucht, durch Holzverkleidung der Sprossen, Schwitzwasserrinnen und z.T. durch Doppelverglasung diesem Nachteil zu begegnen. Die Abwägung der Vor- und Nachteile hölzerner bzw. eiserner Sprossen und Träger wurde in der Fachwelt des Gewächshausbaues bis über die Mitte des 19. Jahrhunderts mit Leidenschaft geführt. Auch J. Paxton trat u.a. für Holz ein[93], während J.C. Loudon mit Nachdruck die Vorteile des Eisens hervorhob[94]. Die Vorteile des Eisens erwiesen sich als so bedeutend, daß es zumindest in den Hauptkonstruktionen bald fast ausschließlich verwendet wurde.[95]

Die frühe Anwendung des Eisens im Gewächshausbau begünstigte die Bauaufgabe: Die zu höfischen Zwecken errichtete Orangerie diente zu einem wesentlichen Teil nur als Architekturprospekt. In seiner ›Encyclopedia of Gardening‹ bemerkte Loudon, daß die Orangeriegebäude des 18. Jahrhunderts zuviel Sorgfalt auf die Architektur und zuwenig auf die Pflanzen nehmen. »Ihre Gestalt ist nur dann zu verstehen, wenn man berücksichtige, daß man diese Bauten für Spaziergänge und Festmähler errichtet hat.«[96] Hingegen war es eine absolute Notwendigkeit, daß der Gewächshausbau der Pflanzenkultur entsprach und dadurch einem Zweckbau gleichkam, für den nicht die architektonische Repräsentation, sondern das Funktionieren eines Kunstklimas vordringlich war.

So ist es zu verstehen, daß die Konstrukteure früher Gewächshäuser nicht allein Architekten, sondern Ingenieure und Gärtner waren, die sich von architektonischen Stilvorstellungen befreien konnten. Sie prägten die grundsätzlichen Lösungen konstruktiver und räumlicher Art, die für die Herausbildung des Bautypus des Gewächshauses im Laufe des 19. Jahrhunderts maßgebend waren.

Der Baustoff Glas

> »L'histoire matérielle de l'architecture montre qu'à travers tous les siècles ce fut une lutte inlassable en faveur de la lumière contre l'obstacle imposé par les lois de la pesanteur: l'histoire des fenêtres.«
>
> Le Corbusier

In der Architektur wurde Glas zum erstenmal im größeren Umfang als raumbegrenzendes Material, das der Lichtzuführung in den Räumen diente, in der Gotik verwendet. Obwohl schon die Römer Flachglas in ihre Thermen eingebaut hatten, besaß dessen Verwendung in dieser Zeit eine untergeordnete Rolle und selbst in der Gotik, in der das Glas eine raumbildende Bedeutung bekam, blieb es noch ein seltenes, meist für sakrale Gebäude verwendetes Material. Erst im 15. und 16. Jahrhundert wurde in Holland und England der Kampf zur Vergrößerung des Fensters gegen die Gesetze der Schwerkraft der Mauermassen eröffnet. Dies vor allem zu den profanen Zwecken des reich gewordenen Bürgertums und eines den Komfort suchenden Adels. ›More glass than wall‹, heißt die Forderung, die in Bramhall Hall und Hardwick Hall den Aufbau der Hauswände bestimmt.

Die Entwicklung der Eisenkonstruktionen im 19. Jahrhundert – vornehmlich des Gewächshausbaues – ist mit der industriellen Herstellung des Glases eng verbunden. Das Zusammentreffen dieser beiden Materialien hatte einen neuen Raum hervorgebracht: Eine Architektur, die schwerelos und gleichsam entstofflicht war. Sie machte sich die charakteristischen Eigenschaften von Glas und Eisen in extremem Maß zunutze. Die Aufgabe des Tragens und Stützens wurde von, aus schlanken Einzelelementen gebildeten, Eisenkonstruktionen übernommen. Zwischen ihnen spannte sich ein nur durch dünne Sprossen geteiltes Glasband. Mit dem Gewächshausbau entstand eine Glas-Eisenarchitektur, die sich – zumindest in ihren Anfängen – unbelastet von akademischen und stilistischen Vorstellungen zeigte. Diese Entwicklung führte als Höhepunkt zum Kristallpalast von Loudon. Die Beschreibung von Lothar Bucher, der am 1. Mai 1851 bei der Eröffnung der ›Great Exhibition of the Industry of All Nations‹ teilnahm, gibt den Eindruck der Grazilität der Struktur wieder, die die exemplarische Eigenschaft aller Glas-Eisenarchitektur darstellt. »Wir sehen ein feines Netzwerk symmetrischer Linien, aber ohne irgend einen Anhalt, um ein Urteil über die Entfernung derselben von dem Auge und über die wirkliche Größe seiner Maschen zu gewinnen; die Seitenwände stehen zu weit ab, um sie mit demselben Blick erfassen zu können, und anstatt über eine gegenüberstehende Wand, schweift das Auge an einer unendlichen Perspektive hinauf, deren Enden in einem blauen Dunst verschwimmt. Wir wissen nicht, ob das Gewebe hundert oder tausend Fuß über uns schwebt, ob die Decke flach oder durch eine Menge kleiner paralleler Dächer gegliedert ist; denn es fehlt ganz an dem Schattenwurf, der sonst der Seele den Eindruck des Sehnervs verstehen hilft. Lassen wir den Blick langsamer wieder hinabgleiten, so begegnet er den durchbrochenen, blaugemalten Trägern, anfangs in weiten Zwischenräumen, dann immer näher rückend, dann sich deckend, dann durchbrochen durch einen glänzenden Lichtstreifen, endlich in einem fernen Hintergrund verfließend. Erst an den Seitenwänden orientieren wir uns, indem wir eine einzelne freie Säule heraussuchen, ihre Höhe an einem Vorübergehenden messen und über ihr eine zweite und dritte verfolgen … Säulen, so schlank, als wären sie nicht da, um zu tragen, sondern nur um das Bedürfnis des Auges nach einem Träger zu befriedigen.«[97]

Das Massive und Plastische wurde durch die Glas-Eisenarchitektur aufgelöst. Das durchscheinende Glas, das als Vermittler zwischen dem eingedeckten Raum und dem Himmel auftrat, konnte das Traumbild einer ›architectura celesta‹, der so oft ersehnten körperlosen, ›himmlischen‹ Architektur, verwirklichen. Diese ›reine‹ Architektur propagierte der deutsche Expressionismus unter dem Namen ›Gläserne Kette‹.

Den Zusammenhang zwischen Glas- und Eisenarchitektur hebt Scheerbart wie folgt hervor: »Die Glasarchitektur ist nicht ohne die Gotik zu denken. Damals, als die gotischen Dome und Burgen entstanden, hatte man auch eine Glasarchitektur gewollt. Sie kam nur nicht ganz zur Ausführung, weil man noch nicht das unerläßliche Eisenmaterial zur Verfügung hatte. Dieses erst gestattete, den ganzen Glasraum zu realisieren.«[98]

Der Baustoff Glas als eine ästhetisch überwältigende Erscheinung hatte schon J. C. Loudon bei seinen Gebäuden fasziniert. Er schreibt 1818 bei der Betrachtung seiner Gebäude von der überwältigenden Schönheit sphärischer Körper, die im Sonnenschein schimmern. Es sei wahrlich ein erhabener Anblick, die exakten Formen eines Glasgewölbes zu sehen, das die Strahlen der Sonne zurückwerfe (siehe dazu Anhang S. 230). Um dieses Bild einzulösen, bedurfte es einer bereits hochentwickelten Produktionsmethode: Der Baustoff Glas ist ein synthetisches Material, das in langwierigen Prozessen der Formverwandlung seine gleichsam entstoffliche Gestalt gewinnt. Das Glas war von Anbeginn von der Aura der Alchemie umgeben. Noch im 19. Jahrhundert wurde das Glas in seiner Eigenschaft, das Licht durchzulassen und zu reflektieren, als ein kostbarer Stoff, als Schmuck des Hauses und zugleich Spiegel des gesellschaftlichen Fortschritts angesehen. Die Lichtwohnung, die Prometheus bei Äschylus als eines der großen Geschenke anpreist, durch welches der Wilde zum Menschen werde, schien durch die Herstellung des Glases verwirklichbar. Statt der Lichtwohnung für Menschen entstand jedoch zunächst eine für Pflanzen.

Verfolgen wir den historischen Prozeß der Glasgewinnung, die zu diesem Resultat führte: Die ältesten Methoden zur Herstellung von Glasscheiben waren das Zylinderstreck- und das Mondglasverfahren (Kronglasverfahren). Vor Christi Geburt wurde von den Römern Flachglas nur im primitiven Guß hergestellt. Erst um das Jahr 1000 wurden die zwei Verfahren, die wahrscheinlich syrischen Ursprungs sind, nach Europa eingeführt. Beide wurden bis zur Mitte des 19. Jahrhunderts nebeneinander angewendet. Im 17. Jahrhundert kam eine dritte Herstellungsart – das Spiegelglasverfahren – dazu, das den Bedarf nach großen Glastafeln, vor allem in Form von Spiegeln, abdeckte.

Der komplizierte Prozeß der Glasherstellung erforderte schon früh eine Ausbildung der Arbeitsteilung in Form von Spezialisten, die einzelne Arbeitsgänge in Kooperation durchführten. Das sorgsam gehütete Geheimnis der Glasherstellung bedingte die Ausbildung von Familienbetrieben, die manufakturähnlich organisiert waren. Noch 1803 wurde das Gesetz der Todesstrafe bei nicht Geheimhalten der Glasbläserkunst in England erneuert. Der Familienbetrieb erwies sich zu Beginn des 19. Jahrhunderts als ein Hemmnis in der Verwandlung der Glasproduktion in eine fabrikmäßige Herstellung. Dieser Umstand führte zum Mangel an Facharbeitern und erschwerte die Neugründung von Glashütten. Hohe Steuern und Zölle sowie die bis zur Mitte des 19. Jahrhunderts erhobenen Fenstertaxen verzögerten die Verbreitung des Glases als Baumaterial.[99] Entsprechend der schleppenden Durchsetzung verbesserter Technologien in der Glasherstellung und den hohen Abgaben blieben die Glaspreise noch in der Zeit der Industrialisierung unverhältnismäßig hoch. Im 16. Jahrhundert, wo noch z.T. geöltes Pergament oder Tierhäute als Füllung der Fenster verwendet wurden, bedeutete die Anwendung größerer Flächen von Fenstern einen Luxus, der den Reichen vorbehalten blieb.

Um 1600 war der Arbeitslohn eines Landarbeiters 1 S (shilling) 3 d (dime) pro Tag. Da in dieser Zeit ein Quadratfuß Glas 6 d kostete, hätte er dafür fast einen halben Tag arbeiten müssen. Hundert Jahre später betrug der Wochenlohn eines Landarbeiters 10 S. Der Quadratfuß Glas kam auf 1 S, 1-5 d. Dieselbe Glasscheibe hatte für den Arbeiter noch immer denselben Preis. Trotz technischer Verbesserungen (1832) blieb der Glaspreis in England noch bis 1845 relativ hoch. Er fiel jedoch nach diesem Zeitpunkt von 1 S, 2 d für den Quadratfuß Scheibenglas auf 2 d.[100] Diese entscheidende Preisänderung bedingte die Aufhebung des hohen Importzolles und der Steuern. Die Folge waren die Einführung großer Massen ausländischen Glases, vor allem aus Frankreich, und der Zusammenbruch vieler kleiner Betriebe, deren Existenz vom Schutzzoll abhing. Entscheidend war jedoch, daß nun für die breite Anwendung des Fensterglases der Weg geöffnet war. Die manufakturmäßige Herstellung des Glases konnte durch industrielle Produktionsmethoden abgelöst werden. Damit war eine wichtige materielle Grundlage für die Entstehung der großen Glaspaläste der zweiten Hälfte des 19. Jahrhunderts gegeben.

Zylinderstreckverfahren. Die erste Beschreibung dieses Verfahrens findet sich im Jahre 1000 bei Theophilus Presbyter in seiner ›Schedula diversarium artium‹.[101] Bei diesem Verfahren wurde das Glas in Form eines Zylinders geblasen, sodann aufgeschnitten und zu einer ebenen Fläche gestreckt. Das flüssige Glas wurde mit einer Pfeife dem Kessel entnommen und zu einem kugelförmigen Hohlkörper geblasen und in einer Form in eine längliche Gestalt gebracht. Nach Wiedererhitzung des Glases wurde die Pfeife in einer Grube vor dem Ofen hin und her geschwenkt und dadurch – unter nochmaligem Blasen – der Zylinder weiter gestreckt. Sodann wurde der Zylinder an seinen Enden abgesprengt und durch ein heißes Eisen aufgeschnitten. Im Streckofen wurde er zu einer rechteckigen Tafel flach gebogen. Die Größe der Scheibe hing von der Länge des geblasenen Zylinders ab, deren Grenze wiederum von der Lungenkraft des Bläsers bestimmt wurde.[102] Durch die Anwendung der Preßluft war es im Laufe des 19. Jahrhunderts möglich, große Zylinderlängen und dadurch große Flachglasscheiben herzustellen.

Mondglasverfahren (Kron-Glas). Beim Mondglasverfahren wurde – ähnlich wie bei der vorher beschriebenen Methode – eine Glaskugel geblasen. Sie wurde jedoch sodann durch Rotation in eine kreisförmige Scheibe verwandelt. Durch Absprengen der Pfeife von der Hohlkugel entstand eine Öffnung. Zugleich wurde ein Hefteisen an der Gegenseite befestigt. Die zur Schale geöffnete Kugel wurde durch die Zentrifugalkraft des sich drehenden Hefteisens zu einer Scheibe gestreckt, die dann im erkalteten Zustand zerteilt wurde. Die gewölbte Mitte ergab die sogenannte Butzenscheibe, der restliche Ring wurde zu Fensterglas zerteilt. Der Herstellungsprozeß des Mondglases erforderte die ineinandergreifende Arbeit von zehn Spezialisten, wobei seine Qualität zum Großteil von ihrer Geschicklichkeit abhing.[103] Das so gewonnene Glas zeichnete sich gegenüber dem Zylinderglas durch seine Reinheit und Brillanz der Oberfläche aus. Die Scheiben waren ebener und dünner. Ein Nachteil waren die relativ kleinen Maße der Scheiben. Die Güte dieses Glases bedingte seine Anwendung bis zur Mitte des 19. Jahrhunderts.

Das Spiegelglasverfahren. Das im Mondglasverfahren und Zylinderstreckverfahren hergestellte Glas war zwar durchsichtig und in der Regel farblos, trotzdem hatte es oft unebene Oberflächen, die Verzerrungen beim Durchblicken hervorriefen. Außerdem war die Größe der Scheiben durch die Herstellungsverfahren begrenzt. Die architektonische Vorstellung einer Spiegelwand im Barock konnte wegen der Verzerrung und wegen der kleinen Spiegelformate nur unvollkommen verwirklicht werden. Unebenheiten in der Glasoberfläche, die beim Durchblicken nur geringfügig störten, führten bei einem Spiegel zur völligen Entstellung des Spiegelbildes. Um diesen Mangel abzuschaffen, wurden bei der Glasherstellung verschiedene Qualitätsverbesserungen erprobt, bis man zur Spiegelglasherstellung gelangte. 1688 konnte der französische Glasmacher Louis Lucas de Nehou eine Glasscheibe im Gieß- und Walzverfahren herstellen. In diesem Verfahren wurde das flüssige Glas auf einer ebenen Metallplatte ausgegossen und die Glasmasse mit Hilfe einer Metallwalze zu einer Tafel ausgeweitet. Die Höhe der seitlichen Begrenzung der Metallplatte bestimmte die Dicke der Glasscheibe, über die die Walze rollte. Die so gewonnene Glastafel wurde geschliffen und poliert. Um 1700 wurden in der Fabrik von Lucas de Nehou schon Glasscheiben in der Größe von 120 × 200 cm hergestellt. 1750 wurde das Maß von ca. 150 × 250 cm und um 1850 das Maß von ca. 350 × 500 cm erreicht.[104] Die so hergestellten Glasscheiben waren spiegelglatt und für die Wahrnehmung fast völlig entstofflicht. Obwohl das Spiegelglasverfahren vor der industriellen Revolution erfunden worden war, hat es wegen seiner teuren Herstellung erst spät seinen Weg als Bauglas gefunden. Die Verglasung des Kristallpalastes wurde noch 1851 im Zylinderstreckverfahren hergestellt.[105]

Verglasung der Gewächshäuser. Die Ausdehnung durchgehender Glasflächen von Gewächshäusern zur allseits abschließenden Raumhülle stand in Abhängigkeit zur Glasindustrie. Sicherlich waren die Kosten der Verglasung ein ausschlaggebender Faktor. Größere Glashäuser konnten, wie erwähnt, erst nach der radikalen Senkung des Glaspreises um die Jahrhundertmitte entstehen. Überdies jedoch hatte der Gärtner noch besondere Forderungen an die Qualität und Größe der Glasscheiben. Sie sollten möglichst wenig Blasen und Verwerfungen haben.

In der Anfangszeit der Loudonschen gewölbten Glashäuser wurden kleinformatige Gläser, ca. 3 mm dick, verwendet. Ihre Breite war von der jeweiligen Sprossenentfernung abhängig und betrug in der Regel zwischen 18 bis 25 cm, die Länge betrug ca. 15 cm. Zu einer besseren Wasserführung hatten sie eine abgerundete Unterkante und wurden, schuppenförmig übereinandergelegt, in die Falze der Eisensprossen eingekittet. Wegen ihrer geringen Länge konnten sie sich der Krümmung des Glasgewölbes gut anpassen (Abb. 124-126, 520). Eine weitere Perfektion in der Glasabdeckung bedeuteten die im Gewächshausbau verwendeten gebogenen Glasscheiben. Sowohl der 1839-1840 erstellte Nebentrakt des Palmenhauses in Belfast (Abb. 475), als auch das zwischen 1844 und 1848 von Richard Turner und Decimus Burton erbaute Palmenhaus in Kew (Abb. 613-618), hatten gebogene Glasscheiben. Diese Scheiben waren 95 cm lang und 24 cm breit. Das Glas wurde durch Beimischung von Kupferoxyd grün getönt, wodurch die Hitzeeinwirkung neutralisiert werden sollte. Die Idee stammte nach McIntosh von

R. Hunt aus dem Museum für organische Ökologie. Sie wurde das erste Mal an dem Bau von Kew erprobt. Die Glasplatten wurden dachziegelartig übereinandergelegt und verkittet. Diese Perfektion der Glasabdeckung zeigt den hohen Standard der englischen Glasindustrie, die fähig war, die vorgegebenen Krümmungen und die schrägen Zuschnitte bei den Kuppelabschlüssen exakt einzuhalten.[106]

Der Wunsch, den Lichteinfall durch Verringerung der Anzahl der Fenstersprossen zu erhöhen, führte zur Forderung nach längeren Glasscheiben, als gewöhnlich hergestellt wurden. Da das Glas neben dem Eisen im Gewächshausbau den Hauptbaustoff bildete und Verbesserungen der Glashülle sich im Konzept des Bauwerkes sofort bemerkbar machten, lag der Wunsch des Gärtners nahe, einen direkten Einfluß auf die Glasindustrie zu nehmen, um so seine Forderungen durchzusetzen. Ein Dokument dieser Zusammenarbeit ist das größte Bauwerk des 19. Jahrhunderts, der Kristallpalast von Paxton (Abb. 349, 356). Paxton stand bereits 1836 bis 1840, beim Bau des großen Gewächshauses in Chatsworth (Abb. 527), vor dem Problem, größere Scheibenlängen für sein ›Ridge-and-furrow‹-Dach anwenden zu wollen, als damals am Markt angeboten wurden. Zu diesem Zwecke suchte er den größten Glasproduzenten Englands, Robert Lucas Chance, in Birmingham auf. Er lernte dabei an Ort und Stelle das verbesserte Zylinderstreckverfahren kennen, das durch Chance 1832 in England angewendet wurde. Chance war mit dem berühmten französischen Glashersteller Georges Bontemps assoziiert. Es gelang ihm, den Glaszylinder länger als auf dem Kontinent üblich zu blasen und so größere Scheibenlängen zu erzielen. Anstelle der Eisenscheren verwendete er Diamanten zum Schneiden. Der Zylinder wurde in einem speziell konstruierten Ofen erhitzt und auf einem Bett von poliertem Glas anstelle von mit Sand bestreuten Eisenplatten geglättet.[107] Als Paxton die Fabrik besuchte, stellte R. L. Chance drei Fuß lange und zehn Inches breite Scheiben in Massen her. Paxton beobachtete das Verfahren und formulierte seine Forderung: »Doch ich konnte nicht einsehen, daß er, wie ich beobachtete, so weit fortgeschritten war, drei Fuß lange Scheiben herzustellen und zugleich nicht imstande sein sollte, einen weiteren Fuß hinzuzufügen ...«[108] Chance erfüllte dies, indem er die gewünschte Vier-Fuß-Scheibenlänge durch sorgfältiges Blasen verwirklichte. Diese Länge wurde sodann zum ausschlaggebenden Rastermaß des Kristallpalastes, das ihn nach allen drei Dimensionen bis ins Detail bestimmte. 1851 war Chance in der Lage durch verbesserte industrielle Herstellungsmethoden fast eine Million Quadratfuß Glas (84 000 m²) – das sind fast 300 000 Scheiben – innerhalb kürzester Zeit zu liefern. Diese gigantische Glasmenge repräsentierte damals ein Drittel der gesamten Jahresproduktion der englischen Glasindustrie. 1852 lieferte er noch zusätzlich eine Dreiviertelmillion Quadratfuß Glas für den Bau in Sydenham, das aus dem umgesetzten Kristallpalast entstand.

Glas und Lichteinfall. Die zunächst empirisch vorgenommene und später theoretisch begründete Beobachtung des am besten geeigneten Lichteinfalls im Gewächshausbau war bestimmend für die Dachformen und damit für die Raumformen, die diese Pflanzenhäuser erhielten. Man kann mit Recht sagen, daß die beiden wichtigsten Dachformen, die gewölbten Dächer Loudons und das ›Ridge-and-furrow‹-Dach aus diesen Überlegungen hervorgegangen sind. Letzteres erwies sich im Laufe des 19. Jahrhunderts als die beste Möglichkeit, große Räume mit gleichmäßiger Helle zu versehen, und wurde auf Bahnhofs- und Ausstellungshallen übertragen. Der Weg zur endgültigen Formulierung dieser beiden Dachformen vollzog sich in zahllosen Experimenten, vor allem von Gärtnern, unterstützt von wissenschaftlichen Veröffentlichungen und Diskussionen, die in der ersten Hälfte des 19. Jahrhunderts geführt wurden. Um einen lebendigen Einblick in den Stand der Überlegungen jener Zeit zu geben, die sich bis in die Berücksichtigung auch feinster Details ausdehnten, bringen wir Auszüge aus McIntoshs ›Book of the Garden‹ von 1853[109]:

»Allgemeine Grundsätze zu Treibhäusern ... Die ersten Treibhäuser, die empfindliche, exotische Pflanzen schützen sollten und noch nicht zum Züchten tropischer Früchte gedacht waren, zeichneten sich eigentlich nur darin aus, daß sie größere Räume waren, die an der Stirnwand lediglich etwas zahlreichere und größere Fenster hatten als die Wohnräume. Die erste Entwicklung galt den sogenannten Lean-to-roofs (geneigte Dächer), die noch bis zum Anfang des 19. Jahrhunderts allgemein in Gebrauch waren. Einige Verbesserungen in der Anordnung von Innenräumen, in der Heizmethode etc. wurden von Gartenarchitekten vorgeschlagen und ausgeführt, wobei vor allem Thos. And. Knight eine bedeutende Funktion hatte. Einige Jahre später (1815) schlug Sir George McKenzie eine hemisphärische Form oder Halbkugel vor, von der er glaubte, daß sie die beste Form für ein Dach sei, da sie die größtmögliche Menge an Licht durchließ (Abb. 117). Da es jedoch noch unmöglich erschien, diese Form zu bauen, schlug er das Dach als einen Kreisabschnitt vor. Dieser Vorschlag ist die wohl größte wissenschaftliche Verbesserung, die bis zu dieser Zeit angeregt wurde. Daraus entwickelten sich die verschiedenen Veränderungen, die wir als kurvenlineare Dächer kennen ...

Die jüngste und wichtigste Entwicklung bei den Treibhausdächern ist ganz sicher die der Grat-und-Furcheform (ridge-and-furrow) die zuerst von Mr. Loudon etwa 1816 erwähnt wurde und die dann später von Sir Joseph Paxton im großen Haus von Chatsworth, doch auch an anderen Plätzen, so bei der großen Ausstellung im Hyde Park, so vollkommen ausgeführt wurde, wobei die erstaunlichste Konstruktion aus Eisen, Sparrenwerk und Glas, die bisher errichtet wurde, ein Gelände von 20 Acres bedeckt. Damit wird ganz klar die Möglichkeit demonstriert, eine auf Pfeilern ruhende Hallenkonstruktion über jede Fläche auszudehnen, wie groß sie auch immer sein möge. Wir wissen aus eigener Erfahrung, daß das Grat-und-Furcheprinzip des Daches von Mr. Loudon erdacht wurde, lange bevor es in irgendeiner Weise in England erläutert wurde. Paxton gebührt dagegen der Ruhm, die bedeutendste aller Entwicklungen praktisch angewendet zu haben. Selbst wenn diese Idee auch von anderen erwogen worden sein sollte, ist es fraglich, ob sie den Mut und die Mittel besessen hätten, sie zur Vollendung zu bringen. Mr. Loudon kam der Gedanke, ein Dach nach diesem Prinzip zu entwerfen, nachdem er einen Bericht von Sir George McKenzie gelesen hatte, der 1815 in den ›Transactions of the Horticultural Society of London‹, über die Form berichtete, die Glas in einem Treibhaus haben sollte, damit die größtmögliche Menge an Sonnenlicht einfallen kann (Abb. 141). Ein großer Vorteil des Grat-und-Furchedaches besteht darin, daß eine Fläche beliebiger Größe ohne Stützwände überdacht werden kann, da die Seiten aus Glas bis auf die Erde heruntergezogen werden, und das ganze Dach nur von schmalen, gußeisernen Säulen getragen wird. Bei der Betrachtung des großen Bahnhofes in Derby, bei dem diese Art der Bedeckung über eine Fläche von 100 Acres ausgedehnt werden konnte, erhält man einen guten Eindruck davon ...

In einem Vortrag, den Sir Joseph Paxton erst kürzlich vor der Society of Arts in London gehalten hatte, erklärte er anschaulich: ›Bei der Konstruktion von Glashäusern, die viel Licht durchlassen sollen, gab es für mich einen wichtigen Einwand. Bei den flach geneigten Dächern und den Shed-Dächern, fiel das Morgen- und Abendlicht, das beim Heranziehen von Pflanzen aus mehreren Gründen von größter Bedeutung ist, in einem zu niedrigen Winkel ein, also sehr schräg. Hinzu kam, daß den meisten Lichtstrahlen und der Wärme der Weg durch das Glas wegen der starken Profile versperrt wurde, so daß am Morgen und am Abend ein großer Teil des Lichtes nicht genutzt werden konnte. Daraus folgt, daß die Anordnung des Glases mehr in rechtem Winkel zur Morgen- und Abendsonne diese Schwierigkeit beseitigen würde und dem frühen und späten Tageslicht nicht mehr den Zugang ins Glashaus versperrt.‹ Diese Überlegung brachte ihn zum Grat-und-Furcheprinzip für Glasdächer, wobei das Glas so angeordnet ist, daß das frühe Licht am Morgen und das späte Licht am Abend ohne Behinderung einfallen kann und die Bestrahlung eher senkrecht ist, wenn das Licht schwächer ist, jedoch schräger, wenn es, wie mittags, am stärksten ist ...

Mit den Rippendächern des Ridge-and-furrow-Prinzips wird die Notwendigkeit eines Pultdaches für ein Glashaus aufgehoben. Die Erhebungen und Senkungen des Rippendaches sollten von Seite zu Seite führen. Ausgenommen in kalten oder exponierten Situationen, in denen eine rückwärtige oder Nordwand Schutz gibt, ist es besser für die Pflanzen und auch eleganter, wenn alle Seiten, bis auf 30 cm über dem Boden, aus Glas sind. Sir Joseph Paxton empfiehlt, die Rippen im rechten Winkel zu den vorderen vertikalen Fensterrahmen ansteigen lassen. Wir haben sie überdies mit einer Neigung von etwa 22° angebracht, die Winkel des Daches betragen dabei 25°. Ein eher massiver hölzerner oder gußeiserner Sims sollte den vorderen Wandteil bedecken, er läßt die Höhe abgeschlossen erscheinen und dient gleichzeitig dafür, das Wasser aufzunehmen, das vom Dach kommt. In den meisten Fällen ist es jedoch besser, wenn das Wasser in den gußeisernen Säulen abläuft, die die Frontseite des Hauses tragen. Zu diesem Zweck und aus ökonomischen Gründen sollten die Säulen hohl gegossen werden (Abb. 95, 96) ...

Zur Lichtdurchlässigkeit der Rippendächer bemerkt Mr. Loudon: ›Wenn wir die Grundfläche der Rippen als totale Dachfläche nehmen und dann davon die Fläche abziehen, die die Profile einnehmen, indem sie die Seiten der Rippen, die Kammteile und Rinnen bilden, so scheint dieses Dach nicht die gleiche Menge an Licht aufzunehmen wie ein ebenes Dach, aber praktisch ist das Ergebnis anders. Als Folge davon, daß die Sonnenstrahlen zweimal am Tag senkrecht auf eine Hälfte des Daches fallen, ist der Vorteil für die Pflanzen größer und gleicht den Schatten, der durch die größere Proportion der Rahmenprofile hervorgerufen wird, bei weitem aus. Außerdem ist dieser Schatten, der vor allem mittags und bei starker Hitze auftritt, eher ein Vorteil als ein Nachteil ...‹

Neigungswinkel ... Seit Boerhaave sich zu Beginn des vorigen Jahrhunderts zum erstenmal Gedanken über den Neigungsgrad eines Treibhausdaches machte, gibt es eine Reihe bekannter Autoren, die sich mit diesem Thema befaßten: Linnæus, Faccio, Adanson, Miller, Speechly und Williams aus New York. Mr. T. A. Knight gab Hinweise im ersten Band von ›The Horticultural Society's Transactions‹ und Sir George Mackenzie stellte 1815 fest, daß eine Halbkugelform am günstigsten zur Aufnahme der Sonnenstrahlen ist. Mr. Loudon erhob diese Aussage sofort zum Grundprinzip für die Vollkommenheit der Form: ›Die Theorie der Lichtdurchlässigkeit transparenter Körper wurde aus dem bekannten optischen Gesetz abgeleitet. Die Wirkung der Sonnenstrahlen auf eine Oberfläche, sowohl als Licht als auch als Wärme, steht im direkten Verhältnis zum Stand der Sonnenhöhe oder – anders gesagt – ist direkt, wenn die Strahlen senkrecht auf die Oberfläche fallen. Bei einer transparenten Oberfläche hängt die Menge der durchgehenden Strahlen von dem gleichen Gesetz ab. Wenn die Sonnenstrahlen senkrecht auf eine Oberfläche aus bestem Kronglas (Kristallglas) fallen, werden bis auf ein Viertel (diesen Teil hält die Unreinheit des feinsten Kristalls nach den Angaben von Bouguer zurück) – alle durchgehen. Wenn diese Strahlen jedoch in einem angenommenen Winkel von 75° einfallen, werden ein Drittel davon reflektiert. Der Nutzen aus der Einwirkung der Sonne auf das Dach eines Gewächshauses, entsteht gänzlich aus diesem Prinzip. Boerhaave verwendete es zum Überwintern von Pflanzen in Häusern, in dem er verlangte, daß die Glasoberfläche senkrecht zum Sonneneinfall am kürzesten Tag stünde, wenn die größte Wärme und das meiste Licht gebraucht würden. Miller wandte dieses Prinzip bei Treibhäusern an, indem er zwei Winkel benutzte. Einen am vertikalen Glas, auf das die Wintersonne nahezu im rechten Winkel fiel, und den anderen beim geneigten Glas, auf das das Licht im Winkel von 45° im Sommer fiel und das zudem den günstigsten Lichteinfall im Frühling und Herbst garantierte. Williamson zog einen Winkel von 45° für alle Häuser vor, wie es auch die meisten Gärtner aus Gewohnheit tun ... Mr. Knight dagegen wünschte für Treibhäuser solch eine Neigung des Daches, daß es immer in der Erntezeit im rechten Winkel zum Sonnenlicht stehen sollte. In einem Beispiel (das in ›Horticultural Transactions‹ veröffentlicht wurde) war es sein Ziel, eine große, frühe und wohlschmekkende Frucht zu ziehen. Entsprechend wählte er die Neigung des Daches so, daß die Sonnenstrahlen zu Beginn des Juli, zur Zeit als die Frucht reifen sollte, senkrecht darauf fielen. Die erforderliche Neigung wurde für den 52.Breitengrad in einem Winkel von 34° zum Horizont gefunden. Für ein Pfirsich-Haus wurde das Dach in einem Winkel von 28° zum Horizont ausgerichtet, um damit die Früchte schon im Frühsommer zum Reifen zu bringen. In beiden Häusern – berichtet Knight – reiften die großen Früchte vorzüglich.‹

... Die Berechnung des Neigungswinkels für ein Gewächshausdach wird in England und im übrigen Europa unterschiedlich vorgenommen. Während in England, ausgehend von der Senkrechten des Quadranten (Viertelkreises) berechnet wird, geht man in Europa von der Grundfläche oder der horizontalen Linie aus. In Joseph ›Paxton's Magazine of Botany‹ wird es beschrieben: ›Beide Systeme sind gleich gut, wenn sie richtig verstanden werden; das jedoch ist nötig, da bei uns ein Winkel von 70° ein sehr flaches Dach bedeutet, in Frankreich jedoch ein sehr steiles. Unserem Neigungsgrad von 70° entspricht dort ein Winkel von 20°‹ ... Nachdem all dies über den Neigungswinkel gesagt wurde, ist es überhaupt nicht befremdlich, einen bestimmten Winkel als den wahren anzusehen: Denn der, der sich gut für ein Pfirsichhaus in Torquay eignete, wäre ungeeignet in Thurso, wofür der unterschiedliche Breitengrad verantwortlich ist. Daraus folgt, daß der Neigungswinkel mit dem Breitengrad, auf dem sich das Haus befindet, übereinstimmen und natürlich vor allem dem Zweck, der dem Haus gegeben wurde, entsprechen soll.«

Der Baustoff der Natur

Gewächshäuser sind Bauten, deren Sinn es sein soll, Pflanzen aus fernen Erdteilen, die im kälteren Klima nicht gedeihen können, am Leben zu erhalten, zu kultivieren und auszustellen. Sie sind die notwendige Hülle für einen Prozeß, in dem durch das Eingreifen technischer Hilfsmittel eine künstliche Natur bzw. eine natürliche Künstlichkeit geschaffen wird: Das Gewächshaus ist im Grunde der Ort fabrikmäßigen Wachstums pflanzlicher Natur. Insofern besteht ein enger Zusammenhang zwischen der Existenz des industriellen Zeitalters und dem tropischen Gewächshaus. Erst in dieser Zeit waren die nötigen technischen Mittel – Eisen, Glas, Dampf- oder Warmwasserheizung, Lüftung usw. – in geeigneter Form vorhanden, um den Tropenhimmel zu ersetzen und – ganz den Gesetzen der Natur folgend – eine Kunstwelt zu produzieren. Ein einziger Defekt im System – z.B. der Ausfall der Heizung in einer kalten Winternacht – konnte die gesamte Sammlung eines Gewächshauses vernichten. Aus diesen Prämissen wurde das Gewächshaus – lange vor der Einführung kontinuierlichen Schichtbetriebes und ständig laufender Maschinerie – zu einem über das ganze Jahr durchlaufenden, sorgfältig kontrollierten Betrieb zur Produktion organischer Natur. Dies verschlang, wie bei einer Fabrik, hohe konstante Kapitalsummen. Das war jedoch der Preis, der gezahlt werden mußte, um in unseren Breiten den für das 19. Jahrhundert bezeichnenden Kosmopolitismus auch im Bereich der Pflanzenwelt durchzusetzen und somit auch hierin den Fortschritt in der Naturbeherrschung vor Augen zu führen.

Obwohl die Gewächshäuser des 19. Jahrhunderts im allgemeinen für Kultivierung und Schaustellung der möglichst vollständigen Flora warmer oder tropischer Zonen dienten, so waren es doch die hohen, baumartigen Gewächse – vor allem die Palmen –, die die Raumform und Ausdehnung der Gewächshäuser entscheidend bestimmten.[110] Daher geben wir – als exemplarisches Beispiel für die Einführung und Verpflanzung tropischer Gewächse in Europa – einen kurzen Abriß der Merkmale sowie der Kulturgeschichte dieser Pflanzenart. Teil dieser Kulturgeschichte ist die Entwicklung des Gewächshausbaues, der vom kleinen Treibhaus bis zur bedeutenden Größe von Ausstellungshallen gelangte. Die Palmen standen dabei als Inbegriff tropischer Exotik im Mittelpunkt der Demonstration. Sie wurden in der Botanik des 19. Jahrhunderts, Linné folgend, übereinstimmend als ›Fürsten der Pflanzen‹[111] bezeichnet. Der Grund für diesen poetischen Titel, der die Palmen in der Hierarchie der Pflanzenwelt an die Spitze stellt, sind ihr immer wieder gerühmter ›edler und imposanter Habitus‹, ihre Fruchtbarkeit und Nützlichkeit als Grundnahrungsmittel und Rohstofflieferant sowie ihre botanische Eigenart, die sie in die Familie der Monokotyledonen einreiht. Diese Familie bilden Gewächse, wie Gräser, Lilien, Orchideen, Bananen und Palmen, deren Keim (Embryo) nur einen einzigen Samenlappen (Kotyledon) besitzt, wobei die spitze Knospe einer Spalte entspringt. Von den übrigen Gewächsen unterscheiden sich die Monokotyledone sowohl in ihrem Äußeren als auch in ihrer inneren Struktur. Sie bilden in der Regel keine Hauptwurzel, sondern einfache Fasern aus, haben nur einen einfachen Stamm oder Stengel, der sich oben nicht in Äste teilt, sondern am Gipfel eine Blätterkrone trägt. Der Stamm ist nicht in Rinde, Holzkörper und Mark geschieden, sondern besteht aus Zellgewebe, in dem die geschlossenen Gefäßbündel unregelmäßig zerstreut, nicht in Ringen geordnet sind. Die Blätter sind meist ›scheidig‹, d.h. sie umfassen die Stengel und haben meist einfache, gleichlaufende Nerven. Charakteristisch für diese Pflanzenfamilie ist überdies das Vorherrschen der Dreizahl in den Blüten und Fruchtteilen.[112]

Die Palmen, diesen Hauptmerkmalen folgend, bilden in der Regel statt der Stengel einen baumartigen Stamm von einfachem, zylindrischem Aufbau, der statt der Rinde mit den schuppenförmigen Überresten der Blattstiele, oft auch mit Stacheln und Fasern oder mit ringförmigen Narben bedeckt ist. Die Blätter der Palmen entwickeln sich stets aus einer einzigen Knospe auf der Spitze des Stammes oder Wurzelstockes; sie sind gefiedert oder fächerförmig zusammengesetzt mit breiter, scheidenförmiger Basis des rinnenförmigen steifen Blattstieles; ihre Entwicklung erfolgt nicht spiralförmig, sondern durch Auseinanderfalten, wie bei den Gräsern. Die Blüten sind klein, grünlich, regelmäßig, selten zwittrig, meist polygamisch. Sie bilden fleischige oder trockene oft faserige Steinfrüchte.[113] Der einfache, geradezu idealtypische Aufbau dieser Pflanze, in deren Gestalt die Metamorphose des Blattes in allen Teilen gegenwärtig ist, bewegte Goethe zur Annahme der ›Urpflanze‹. Den entscheidenden Anlaß dazu gab sein Besuch des botanischen Gartens in Padua, wo er einer schöngewachsenen, im Freien stehenden Fächerpalme (bigonia radicans) begegnete.[114] Die Größe der Palmen ist überaus unterschiedlich und reicht von Zwerggewächsen bis zu 30 m hohen Riesenbäumen. Mit ihren schlanken Stämmen überragen sie oft die tropische Vegetation ihrer Umgebung. Ein bekanntes Beispiel dafür ist die Kokospalme: »Den imposantesten Eindruck jedoch gewähren die gerade aufstrebenden hohen Stämme, festgerammten Mastbäumen gleich, auf ihrem Gipfel die majestätische Blätterkrone im Winde wiegend.«[115] Die Wedel erreichen nicht selten bis zu

15 m Länge und 2,40 m Breite. Sämtliche Palmen sind bis auf wenige Ausnahmen als tropische Gewächse zu betrachten.

»Je näher dem Äquator, desto mehr nimmt die Zahl der Arten und Individuen zu und entgegengesetzt gegen Norden und Süden zu ab. Die nördlichste Palmengrenze bildet in Europa der 43°[116], in Asien und Amerika der 34°; die südlichste Grenze in Afrika der 36°. Nördlich vom Wendekreis des Steinbocks kennt man 43 Palmenspecies, südlich von dem des Steinbocks nur 13 ... zwischen dem 10.° nördlicher und südlicher Breite mehr als 300 Arten ... Die größte Menge von Palmen bringen auf der östlichen Halbkugel der Erde die Sunda-Inseln, auf der westlichen die Flußgebiete des Orinoko- und Amazonenstromes in Südamerika hervor. In Anbetracht seiner Ausdehnung ist Amerika der palmenreichste aller Erdteile, denn während die alte Welt – aus Europa, Asien, Afrika und Australien, samt den Inseln, bestehend – 307 verschiedene Arten die ihren nennt, kann sich die neue Welt – d.h. Amerika allein – des Besitzes von 275 derselben rühmen.«[117] Die Orte, an denen Palmen wachsen, sind ebenso verschiedenartig, wie alle anderen mit diesen außergewöhnlichen Gewächsen verknüpften Umstände. »Während einige in den heißesten Ländern der Tropen eng an die Küsten des Ozeans gebunden sind, und kaum den Einfluß des Seewindes entbehren können, gedeihen andere im fernsten Binnenlande bis 14000 Fuß hoch auf den Gipfeln der Gebirge, in der Nachbarschaft ewigen Schnees, während einige die Feuchtigkeit und den dunklen Schatten des Urwaldes suchen, leben andere in dürren Wüsten, der vollen Glut scheitelrechter Sonnenstrahlen preisgegeben, während einige am üppigsten in Sümpfen gedeihen, wachsen andere auf ganz trockenem Boden.«[118]

Die Palmen, von denen um 1872 etwa sechshundert Arten bekannt waren und die heute auf über tausend Arten geschätzt werden, sind ihrer Blattform nach in zwei Hauptgruppen zu teilen: in fiederartig geformte und fächerartig geformte. Diese Teilung entspricht in etwa auch einer geographischen Verbreitung, insofern auf der nördlichen Erdhälfte die fächerartigen und auf der südlichen die fiederartigen Palmenarten ihre Heimat finden. Das Hauptinteresse galt naturgemäß von jeher jenen Palmen, die als Nahrungsmittel oder Rohstofflieferant für die einheimischen Völker und für die Kolonialmächte im Vordergrund standen. Es waren dies vor allem die Dattelpalme (phoenix) des Orients und Nordafrikas, die Sagopalme (metroxylon) Ostindiens und Chinas, die Ölpalme (elaeis) Afrikas, Guineas und Südamerikas und die Kokospalme (cocos nucifera) Indiens und der Südsee.[119] Diese Palmen und andere lieferten durch ihre Früchte, Blattspitzen und Stämme nicht nur frische Nahrungsmittel, sondern auch Grundstoffe wie Mehle, Fette, Wachse, Harze, Öle und Säfte (Sagomehl, Palmöl, Palmbutter, Kokosmilch, Palmwein, Palmzucker, Arrak) sowie Rohstoffe für Bekleidung, Baumaterialien und Beleuchtung (Kerzen). Die Verwertung dieser Produkte war neben dem Sklavenhandel ein wesentlicher Antrieb für die Entwicklung der Kolonisierung und des damit verbundenen Handels. Berühmten Naturforschern wie A. von Humboldt, Charles Darwin und Gustav Wallis war dieser Zusammenhang wohl bewußt. Sie verstanden ihr botanisches Interesse, das sie zu immer neuen Entdeckungen von Naturschätzen führte, mit dem Interesse des Handels, d.h. der Möglichkeit einer praktischen Verwertung, zu verbinden. Dabei ist hervorzuheben, daß sie nicht die bloße Ausbeutung der Natur, sondern auch die qualitative Verbesserung der Lebensumstände der kolonialen Völker, z.B. die Abschaffung der Sklaverei, vor Augen hatten. Als Vertreter des aufgeklärten Bürgertums traten sie konkret für jene Grundrechte ein, deren Respektierung für eine fortgeschrittene Kapitalentwicklung unumgänglich war und die die französische Revolution zuvor noch abstrakt formuliert hatte. Im Reisebericht von Gustav Wallis 1876 über Brasilien wird dies deutlich: »Ganz in Übereinstimmung mit der unter dem Äquator zu ihrem höchsten Ausdruck gelangenden tropischen Vegetationskraft steht der praktische Nutzen, der der Volkswirtschaft und dem Handel durch die verschiedenen Pflanzen erwächst. Keine Provinz des weiten, 150000 geographische Quadrat-Meilen umfassenden Kaiserreichs kann sich solcher Fruchtbarkeit und Ergiebigkeit rühmen, wie die beiden hier besprochenen, die Hylaea einschließenden brasilianischen Provinzen des Amazonenstroms. Es fehlt nur an den nötigen Kräften, den Segen der Natur auszubeuten und zu verwerten. Der bemittelte Eingeborene ermangelt gewöhnlich der Energie zu Unternehmungen, während die niederen, arbeitenden Klassen zu träge sind, und für den Arbeiter aus gemäßigten Zonen bietet die Wärme des Klimas wenig Verlockendes zu Übersiedlung. Dennoch gewinnt die Ausbeute der Pflanzenprodukte einen allmählich und langsam steigenden Aufschwung. In der Betrachtung der einzelnen Naturgewächse wollen und müssen wir zunächst uns wieder Palmen zuwenden, die uns auf Schritt und Tritt als so freundliche Begleiter zur Seite stehen. Auf den ersten Blick leuchtet es freilich dem Fremden nicht ein, daß sie dem Lande einen hervorragenden Nutzen zu gewähren vermöchten. Und dennoch ist der Gewinn ein höchst vielseitiger, indem dieselben bald Wachs, Öl, Butter (Bratfett), bald Getränke und andere Nahrungsmittel, bald wieder Holz, Bast, Fasern etc. liefern.«[120]

Dieselbe Haltung zeigt ein botanischer Bericht über Palmenarten, hier über die Öl-palme, aus demselben Jahrzehnt: »Die technische Verwendung ist jetzt eine außerordent-lich vielseitige, der Bedarf dadurch ein größerer und die Einfuhr eine gesteigerte, so daß sich große Companien, namentlich englische, gebildet haben, welche die Einfuhr und den Handel damit durch wahre Schiffsflotten betreiben. Der pecuniäre Gewinn, der dadurch erzielt wird, ist jedoch nicht der einzige, sondern es ist damit noch ein höherer, ein philantropischer erreicht, indem die Gewinnung von Palmöl die heidnischen Machthaber von Guinea in neuerer Zeit überzeugt hat, daß mit dieser Industrie mehr gewonnen wird, als durch den Handel mit lebendigem Ebenholz, mit Negersklaven, die trotz allen Verbo-ten und Vorkehrungen der civilisierten Völker von jenen Ländern aus bis auf die neueste Zeit als käufliche Waare ausgeführt wurden.«[121]

Der wirtschaftliche Nutzen der verschiedenen Palmenarten für die Kolonialmächte war ein wichtiger Grund, daß sie in den botanischen Sammlungen und Wintergärten des 19. Jahrhunderts nicht fehlen durften. In den Gewächshäusern, wo die Pflanzen zur Belehrung mit Schildern versehen waren, hielt der Besucher sich vor Augen, daß sein Land in der Ferne oft ganze Erdteile voll mit diesen Palmen in Besitz genommen hatte. Die Palmen wurden zum Abbild eines Naturschatzes, der noch zu heben war. Je mehr die Industrialisierung das Naturgefüge im Umkreis der Großstädte zerstörte, um so größer war die Sehnsucht nach einem natürlichen Leben, das nur in fernen Ländern verwirklich-bar schien. Die Reisephantasie des Bürgers im 19. Jahrhundert verbanden sich mit der Palme. In den Interieurs des 19. Jahrhunderts war demnach eine solche Pflanze, und sei es nur in Form einer Zwergpalme (phoenix) ein notwendiges Requisit zur Nährung eines permanent werdenden Fluchtgedankens. Ein weiterer Grund für die Vorliebe zu dieser Pflanze war ihre Verbindung mit der Geschichte des Orients und seinen testamentari-schen Schauplätzen. So war die Palme auch ein Träger symbolischen Inhalts. Die Bedeu-tung der Palme für die Subsistenz der in den heißen Regionen heimischen Bevölkerung blieb nicht ohne Rückwirkung auf die Form ihrer ästhetischen Sinneswahrnehmung, die in den Anfängen religiösen Inhalts war. In ihrer exemplarischen Erscheinung als Baum trat sie dem Menschen als dessen antropomorphe Widerspiegelung entgegen. Der von den Römern geprägte Name Palme zielt auf die Ähnlichkeit derselben mit den Fingern der Hand (palma), ebenso nennen die Azteken die Palme ›Macpalxochitlquahuitl‹, d.h. Handblumenbaum[122]. Ihr dreiteiliger Wuchs wurde mit der des Menschen verglichen.

»Der Palmenbaum gleicht in vieler Hinsicht dem Menschen, durch seine gerade, schlanke, aufrechte Gestalt und Schönheit, durch seine Scheidung in zwei Geschlechter, das männliche und weibliche – schlägt man ihm den Kopf ab, so stirbt er – wenn das Gehirn leidet, so leidet der ganze Baum mit; seine Blätter, wenn man sie abbricht, wachsen sie sowenig wieder, wie die Arme des Menschen; seine Fasern und Netzgewebe bedecken ihn, wie der Haarwuchs den Mann.«[123]

In einer Zeit, in welcher die Architektur zugleich als symbolische Gestalt auftrat, deren Inhalt nicht unmittelbar die Gesellschaft, sondern ihre verklärte Form und Entfremdung – die Gottheit – war, wurden die Säulen nach dem Vorbild von Pflanzen, vor allem der Palme geschaffen. Dabei fand sogar die durch Palmenhaine gebildete Raumform – ansteigende Blattgewölbe mit steilen Korbbogen – ihre architektonische Interpretation, wie sie zuerst in der ägyptischen, später in der maurischen Architektur erscheint. Obwohl der innere Zusammenhang von Palmsymbolen und Architektur im einzelnen nicht nachweisbar ist, ist festzustellen, daß noch das 19. Jahrhundert sich dessen bewußt war. Ein Beleg dafür sind die zu Beginn des 19. Jahrhunderts verwendeten gußeisernen Säulen, die eine Palmenform nachahmten. Im 18. Jahrhundert entstand in Sanssouci unter Friedrich II. ein chinesisches Teehaus, dessen Dach durch Palmensäulen getragen wurde. Bekannt sind die Palmensäulen von Nash, die er im Brighton Pavilion 1815/16 in der Küche und in den Prunkräumen aufstellte. Im Gewächshausbau versuchten zahlreiche Konstrukteure den Inhalt, die Tropenflora mit der Architekturform in Übereinstimmung zu bringen, und mischten gußeiserne Palmen mit den natürlichen Pflanzen (Abb. 70, 71, 73, 567, 615).

Die antropomorphe Gestalt der Palme führte dazu, daß im Bereich ihrer Verbreitung die Menschen nicht bloß eine Ähnlichkeit mit sich, sondern sogar mit ihrem Gott fanden. »Der Palmenkultus datiert aus den Urzeiten der orientalischen Völker, und paart sich mit dem Sonnenkultus. Was war natürlicher, als daß die unkultivierten Menschen, sobald sie überhaupt eine Gottesidee faßten, in zwei Gegenständen das Bild einer Gottheit erblickten, in der Sonne, als der Quelle allen Lichtes und Lebens, und in der Palme, als des Nährers und Erhalters der Menschen. Diese vor allen anderen Gewächsen sich auszeichnende Form der Palme, die edle Haltung, der himmelanstrebende Stamm, die leichtgebaute, in jedem Luftzug sich wiegende Krone, aus deren Säuseln man die Stimme eines unsichtbaren Wesens zu vernehmen glaubte, ihre nährenden Früchte, das Material zu Kleidung und Hütten. Alles wirkt zusammen, um in ihr etwas Höheres, wenn nicht eine Gottheit selbst, so doch die Wohnung derselben zu erblicken. Es wäre deshalb ein Unrecht, die heidnischen Völker ob dieser Abgötterei zu verdammen, im Gegenteile, es zeugt von Denken und Gefühl, daß sie in der Quelle ihres Wohlseins ein höheres Wesen vermuten.«[124]

Besonderer Gegenstand göttlicher Verehrung war die Dattelpalme. Die Verwendung von Palmzweigen dieses Baumes spielte, wie aus der Bibel interpretierbar ist[125], in der Antike des Orients, sowie im christlichen Kultus der nachfolgenden Zeit eine besondere Rolle. Die großen Palmenhaine, die später in Europa angelegt wurden, dienten noch im 19. Jahrhundert vorwiegend religiösen Zwecken und deren Vermarktung. So bemerkt das Deutsche Magazin für Garten- und Blumenkunde 1872 zum Palmenwald in Elche: »Dieser Palmenhain erhält seine Hauptwichtigkeit durch die bedeutende Rente, welche der Verkauf der Blätter, die zur Verwendung bei den religiösen Prozessionen am Palmensonntag verkauft werden, abwirft. Ganze Schiffsladungen künstlich gebleichter Palmenzweige gehen von Alicante nach Frankreich und Italien.«[126]

Ein weiterer Grund für das Entstehen von Palmensammlungen war im Zeitalter der zum System ausgebauten Botanik das wissenschaftliche Interesse: Die Palme stand wegen ihrer mannigfaltigen Formen und Arten, ihrer idealtypischen Ausprägung als Gras und

Baum zugleich, stets im Blickfeld der bedeutendsten Botaniker. Zur Zeit von Linnés Tod, 1778, kannte man nur fünfzehn Arten. In der Folge entdeckten Ruiz und Pavon weitere acht, während bereits Humboldt (1769-1859) und Aimé Bonpland zwanzig neue beschrieben und eine weitere Anzahl feststellten, ohne sie jedoch näher bestimmen zu können. Als eine große Schwierigkeit zur botanischen Feststellung erwies sich die Tatsache, daß die Blüten sich auf hohen Gipfeln befanden und deshalb nur schwer zu beschaffen waren.[127] (Abb. 13)

In der Darstellung der tropischen Pflanzenwelt des Gewächshauses in Kew erinnert der Verfasser der ›Popular History of the Palms‹, 1856, den Besucher an die großen Leistungen jener Botaniker und Naturforscher, die durch ihre Reisen diese Sammlung zusammenbrachten. »Wenn er [der Besucher] etwas aus der Geschichte der Botanik weiß, so werden die Namen von Humboldt, Wallich, Bonpland, J.D. Hooker, Purdie, Wilson, Griffith, Linden, Hartweg und anderer – die, Gefahren, geistige und körperliche Strapazen mißachtend, weglose Wälder erforschten, die Stufen der Berge erklommen, verpestete Sümpfe mit Myriaden von Moskitos durchschritten und trockene Wüsten sowie monotone Steppen überquerten – in seinem Gedächtnis aufblitzen als jene Männer, die diese prachtvolle Sammlung vollendeten.«[128] (Abb. 10)

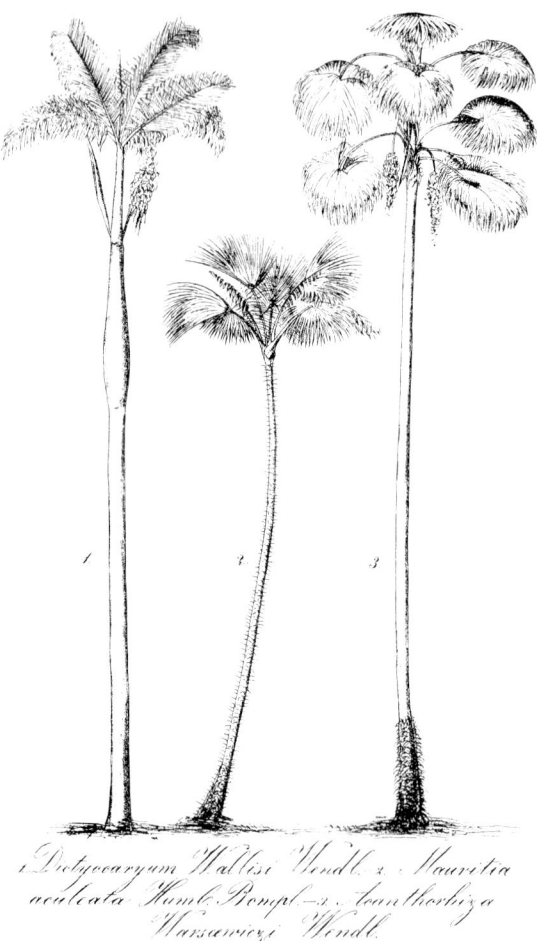

13 Drei Palmenarten, bestimmt durch Gustav Wallis, Alexander von Humboldt und Hermann L. Wendland

Ein besonderer Anlaß zur Sammlung von Palmen ging von den großen botanischen Gärten jener Zeit aus. Erwähnt seien hier nur die fünf großen Sammlungen von Kew, London; Paris, Jardin des Plantes; Wien, Schönbrunn; Hannover, Herrenhausen; Berlin, Kgl. Botanischer Garten. Wie wertvoll ein schönes Palmenexemplar war, zeigt der Weg, den die erste in Europa Blüten treibende Palme (Maria-Theresia-Palme) zurücklegte, ehe sie im Schönbrunner Gewächshaus ihren endgültigen Standort fand: 1684 erhielt Prinz Wilhelm von Oranien den damals dreißig Jahre alten Baum aus Indien. 1703 kam er nach Berlin in den Besitz König Friedrichs I. von Preußen. 1739 schenkte König Friedrich Wilhelm I. ihn Adrian van Steckhoven, der ihn 1753 an den kaiserlichen Hofgarten in Wien weitergab, wo er 1765, zu blühen und Früchte zu tragen begann.[129]

Nach einem Bericht um 1800 fand sich in den Schönbrunner Gewächshäusern »eine große Menge schöner und seltener Gewächse ... aller fünf Weltteile«. Diese Sammlung, in den folgenden Jahren ständig vergrößert, wurde von den Hofgärtnern Nicolaus Joseph Jacquin und Franz Boos in mühsamen Expeditionen zusammengetragen.[130]

In Herrenhausen war es vor allem Hermann Wendland, der sich dem Studium und der Heranschaffung von Palmen widmete. 1854 gab er einen ›Index palmarum‹ heraus. 192 Palmenarten erhielten durch ihn ihre Beschreibung. Er war, wie 1880 Guilmot schrieb, »un spécialiste en fait des palmiers«.[131] Der ›Berggarten‹ in Herrenhausen wurde um 1860 zur reichhaltigsten Palmensammlung des Kontinents. 1844 bestand nach dem Bericht der ›Encyclopädie der Gartenkunst‹ die Sammlung aus 22, 1846 schon aus 116, 1850 aus 214, 1854 aus 224 Arten. Auch Privatleute, vor allem Erwerbsgärtner und Vertreter der Großbourgeoisie, suchten mit den großen fürstlichen und staatlichen Palmensammlungen zu wetteifern. Die ›Encyclopädie‹ nennt als ein Zentrum Berlin, wo die Sammlungen von Hofbuchdrucker Decker (104 Arten), von Gerichtsrat Augustin (232 Arten) und vom Fabrikanten Borsig (69 Arten) entstanden.

Welche Wirkung die Palmensammlungen unter dem künstlichen Himmel der Gewächshäuser auf die Einbildungskraft hatten in einer Zeit, in der Reisen in ferne Länder an sich schon etwas Außerordentliches waren, beschreibt A. von Humboldt, im Kosmos im Kapitel über ›Anregungsmittel zum Naturstudium‹ in anschaulicher Weise: »Die Vervielfältigung der Mittel, welche der Malerei zu Gebote steht, um die Phantasie anzuregen und die großartigsten Erscheinungen von Meer und Land gleichsam auf einen kleinen Raum zu konzentrieren, ist unseren Pflanzungen und Gartenanlagen versagt; aber wo in diesen der Totaleindruck des Landschaftlichen geringer ist, entschädigen sie im einzelnen durch die Herrschaft, welche überall die Wirklichkeit über die Sinne ausübt. Wenn man in dem Palmenhaus von Loddiges (Abb. 263) oder in dem der Pfaueninsel bei Potsdam (Abb. 478) von dem hohen Altane bei heller Mittagssonne auf die Fülle schilf- und baumartiger Palmen herabblickt, so ist man auf Augenblicke über die Örtlichkeit, in der man sich befindet, vollkommen getäuscht. Man glaubt unter dem Tropenklima selbst, von dem Gipfel eines Hügels herab, ein kleines Palmengebüsch zu sehen. Man entbehrt freilich den Anblick der tiefen Himmelsbläue, den Eindruck einer größeren Intensität des Lichtes; dennoch ist die Einbildungskraft hier noch tätiger, die Illusion größer als bei dem vollkommensten Gemälde. Man knüpft an jede Pflanzenform die Wunder einer fernen Welt; man vernimmt das Rauschen der fächerartigen Blätter, man sieht ihre wechselnd schwindende Erleuchtung, wenn, von kleinen Luftströmen sanft bewegt, die Palmengipfel wogend einander berühren. So groß ist der Reiz, den die Wirklichkeit gewähren kann ...«[132] Mit Hilfe der Gewächshäuser war es gelungen, die tropische Landschaft in vollendeter Weise zu kopieren, indem mit dem Naturstoff Pflanze eine Szenerie geschaffen wurde, die dem Original gleichkam und die gleichzeitig den dazu nötigen technischen Apparat vergessen ließ.

Solange die Gewächshäuser kleine Dimensionen besaßen und, wie in den Orangerien des 18. Jahrhunderts, mit massiver Nordwand, Seitenwänden und festem Dach ausgestattet waren, genügten primitive Öfen oder Rauchkanäle zur Erwärmung der Pflanzenhallen. Da in der Regel noch nicht tropische Pflanzen, sondern vor allem Zitrusarten kultiviert wurden, reichte eine maximale Temperatur von 7° zu deren Überwinterung. Die zunehmende Ersetzung massiver Wände durch Glas führte ab 1750 zur Ausbildung ausgedehnter Glasfronten, wobei jedoch noch immer Dach und Nordwand geschlossen ausgeführt wurden. Eine Weiterentwicklung der Gewächshäuser zu freistehenden Glashäusern mit transparentem Dach hing in jener Zeit von der Lösung des Problems der Heizung ab. Denn eine Verglasung schuf enorme Abkühlungsflächen (ihr Wärmeverlust beträgt bei Einfachverglasung etwa das Zehnfache einer Mauerwand) und verringerte drastisch die wärmespeichernden Massen, die die Sonnenwärme auch für die Nacht nutzbar machten.

Die entscheidende Wendung in dem Fortschritt der Heiztechnik und damit des Gewächshausbaues brachte die Anwendung der Warmwasser- und Dampfheizung zu Beginn des 19. Jahrhunderts. Deren Gebrauch erst ermöglichte überhaupt die freistehenden, allseitsverglasten Gewächshäuser und Wintergärten. Nachweisbar sind beide Heizungsarten, die im Laufe des späten 19. Jahrhunderts zur allgemeinen Anwendung auch im Wohnungsbau kamen, erstmals in Gewächshäusern zu finden, wo sie eingebaut und in den nächsten Jahrzehnten weiterentwickelt wurden. Nicht zufällig fällt die Einführung dieser Heizungsarten mit der Verbreitung der Dampfkraft als Antrieb und von Steinkohle und Koks als Feuerung zusammen. So kann man sagen, daß der Dampf in seiner Anwendung für die Gewächshausheizung eine ebenso große Revolution bedeutet hat, wie in seiner Anwendung für die Industrie.

Die folgende Darstellung der Entwicklung der Heizung im Gewächshausbau vom einfachen Ofen oder Rauchkanal bis zur technisch vollendeten Warmwasser- und Dampfheizung bestätigt diese Annahme.

Ofenheizung und Rauchkanalheizung. Die Ofenheizung, vor allem in Form von wärmespeichernden Kachelöfen, war die übliche Heizungsform der frühen Gewächshäuser. Die Verwendung eiserner Öfen wurde sehr bald wegen zu intensiver Wärmestrahlung ausgeschlossen. Nachteile der Ofenheizung waren eine im Raum ungleichmäßig verbreitete Wärme, der Verbrauch großer Mengen von Heizmaterial in Relation zur erwärmten Luftmenge sowie ein großer Arbeitsaufwand.[133]

Die Rauchkanalheizung bot größere Vorteile als die einfache Ofenheizung. Mit ihrer Hilfe war es möglich, die gleichmäßige und andauernde Erwärmung des Pflanzenraumes zu erreichen. Sie bestand aus Ton- oder Schamotterohren, runden oder quadratischen Querschnitts, die ineinandergesteckt waren und z. T. frei, z. T. im Boden, abgedeckt durch einen Gitterrost, verlegt waren. Die Kanäle erhielten eine leichte Steigung (2,5–3 cm/m), da sonst kein Abzug in den Schornstein erfolgte (Abb. 14 a). Obwohl die Rauchkanalheizung gegenüber der Ofenheizung kostensparend war, hatte sie auch große Nachteile: Die meist mangelhafte Konstruktion der Kanäle und schlechtes Brennmaterial (es durfte nur solches eingesetzt werden, das mit langer Flamme brannte) führten zum Eindringen von Rauch in die Pflanzenräume, vor allem bei Wind und Regen. Durch das sich ausbreitende Schwefeldioxyd und durch Ruß wurden die Pflanzen aufs Empfindlichste geschädigt. Steinkohle und Koks waren nur beschränkt als Feuerung brauchbar.[134]

Warmwasserheizung. Die Anwendung von Warmwasser zu Heizzwecken mit Hilfe eines Systems von Röhren, erfolgte, wie bei der Dampfheizung, ebenfalls zuerst in den frühen

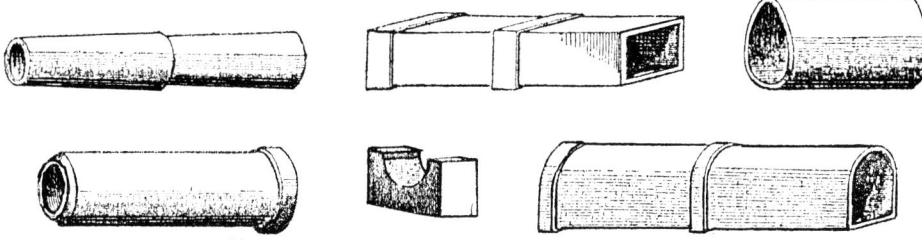

14a Tonrohre früher Rauchkanalheizung

Gewächshäusern.[135] Ein Jahrhundert zuvor war die Zirkulationskraft erwärmten Wassers bereits bekannt: Die erste Nachricht einer Verwendung des Warmwassers zur Gewächshausheizung stammt aus England. Danach, um 1716, hat Martin Triewald in Newcastle-up-on-Tyne ein Schema zur Erwärmung von Gewächshäusern entwickelt: Wasser wurde außerhalb des Hauses zum Kochen gebracht und durch Röhren in eine Kammer unterhalb der Pflanzen geführt. Der Physiker M. Bonnemain machte 1777 die Akademie der Wissenschaften auf »die Grundsätze der Heizung durch Zirkulation des Wassers« aufmerksam. Diese Heizungsart hatte er zuvor in kleinem Umfang bereits in Form eines Röhrensystems mit einer radiatorenähnlichen Anordnung verwendet und mit ihrer Hilfe in der Nähe von Paris Kücken gezüchtet.[136] Das Prinzip der Wasserheizung beruht auf den physikalischen Gesetzen des verschiedenen Gewichtes von kaltem und erwärmtem Wasser und der damit verursachten Bewegung erwärmter Wassermassen sowie auf dem System der kommunizierenden Röhren, nach dem das Wasser in allen Schenkeln gleichhoch steht.

Die praktische Ausnutzung der Zirkulationskraft des erwärmten Wassers steht nicht zufällig im Zusammenhang mit der Entdeckung des menschlichen Blutkreislaufes: Man kann hier eine Übertragung anthropomorpher Vorstellungen aus dem Reich der Medizin auf die Technik erblicken. Dies beweist auch die Beschreibung des Marquis de Chabannes von 1818, der das System von M. Bonnemain kannte und der in England ein Patent auf die vervollkommnete Warmwasserheizung erhielt. Er meinte, daß die perfekteste Beschreibung der Zirkulation, die man von Warmwasser geben könne, der Vergleich des Boilers mit dem menschlichen Herzen sei, dessen Wirkung auf die Flüssigkeit in der Blutzirkulation in unseren Adern versinnbildlicht werde. Zur selben Zeit waren auch William Atkinson und Anthony Bacon in England mit der Verbesserung der Warmwasserheizung beschäftigt, vor allem der Feueröfen. Während zunächst z. B. im System von Atkinson nur eine waagerechte Zirkulation möglich war, brachte die Erfindung des Siphons durch Thomas Fowler auch eine vertikale Zirkulation. 1825 erschien in Paris die Übersetzung des Werkes von Thomas Tredgold ›Grundsätze der Kunst, Gebäude zu heizen und zu lüften‹.[137] Der Autor, ein bekannter englischer Ingenieur im Gußeisenbau, vervollkommnete die Expansionstheorie und machte dazu entsprechende Vorschläge. Unter den vielen Heizsystemen mit Warmwasser, die im Laufe der dreißiger Jahre erschienen, war A. M. Perkins Hochdruck-Warmwasserheizung am bemerkenswertesten. In den bisherigen Erfindungen wurde das Wasser auf nicht mehr als 100° erwärmt. Da hier der natürliche atmosphärische Druck herrschte, wurden sie als Niederdruckheizungen bezeichnet. Im System von Perkin wurde das Wasser auf über 100° erwärmt: Kessel und Röhren mußten hermetisch verschlossen sein und, um ihr Bersten zu verhindern, verstärkt ausgeführt werden. Die Vorteile dieses Systems waren die schnellere Zirkulation

des Wassers und eine höhere Wassertemperatur, so daß es möglich wurde, auch mehrge-
schossige Gebäude zu beheizen. Im selben Jahr veröffentlichten Charles Hood und Ri-
chardson eine praktische Abhandlung über die Heizung von Gebäuden durch Warmwasser. Das Werk des letzteren hieß ›Popular Treatise on the Warming‹. In Frankreich erhielt
die Technik der Warmwasserheizung um die Jahrhundertmitte neue Impulse durch Gri-
son, den Obergärtner von Versailles. In Zusammenarbeit mit den Ofenfabrikanten Léon
und René Duvoir baute er Heizungen, die auch für Wohnungen dienten.[138]

Über die Vorteile der Warmwasserheizung gegenüber anderen Systemen äußert sich
Neumann: »Warmwasserheizungen haben unbestreitbare Vorzüge für die Heizung der
Glashäuser und überhaupt aller Orte, wo es sich darum handelt, auf leichtem Wege eine
milde und sehr regelmäßige Temperatur zu erhalten. Auch acht bis zehn Stunden nach
Aufhören der Heizung sinkt die Temperatur im Glashaus nicht zu gefährlichen Tief-
punkten. Diese Heizungsart ist auch günstig, wo bedeutende Massen warmer Luft produ-
ziert werden müssen.« Neumann erwähnt als Beispiel den Palast des Staatsrates und
Rechnungshofes am Quai d'Orsay: »Der Herd dieser Heizung befindet sich in einem
Keller; dennoch sendet sie durch ihre Röhren das zu Heizung nötige Wasser in alle
Gemächer des ersten und zweiten Stocks (45 Fuß Höhe). Diese Röhren durchlaufen eine
Länge von mehr als 900 Fuß (275 m) und erwärmen dabei alle Säle binnen einer Stunde
auf 20°. Mithin ist jede Schwierigkeit besiegt und kein Mensch kann mehr sagen, daß das
Thermosiphon für größere Lokalitäten nicht anwendbar sei«[139] (Abb. 14b, 15a).

Dampfheizung. Die ersten Anregungen zur Dampfheizung stammen von Sir Hugh Platt,
im Zeitalter von Königin Elisabeth I. Sie wurde jedoch erst 1788 durch Wakefield, in
Liverpool, wiederum als Treibhausheizung eingeführt. Diese frühe Heizung beruhte auf
der Anwendung einer einzigen Röhre, die, von einem Boiler ausgehend, durch das Haus
geführt war und stets zu explodieren oder bersten drohte. Der umfangreichste Bericht des
frühen Gebrauchs von Dampf stammt von Butler, 1792, dem Gärtner des Earls von

14b Englische Boiler für Warmwasserheizung

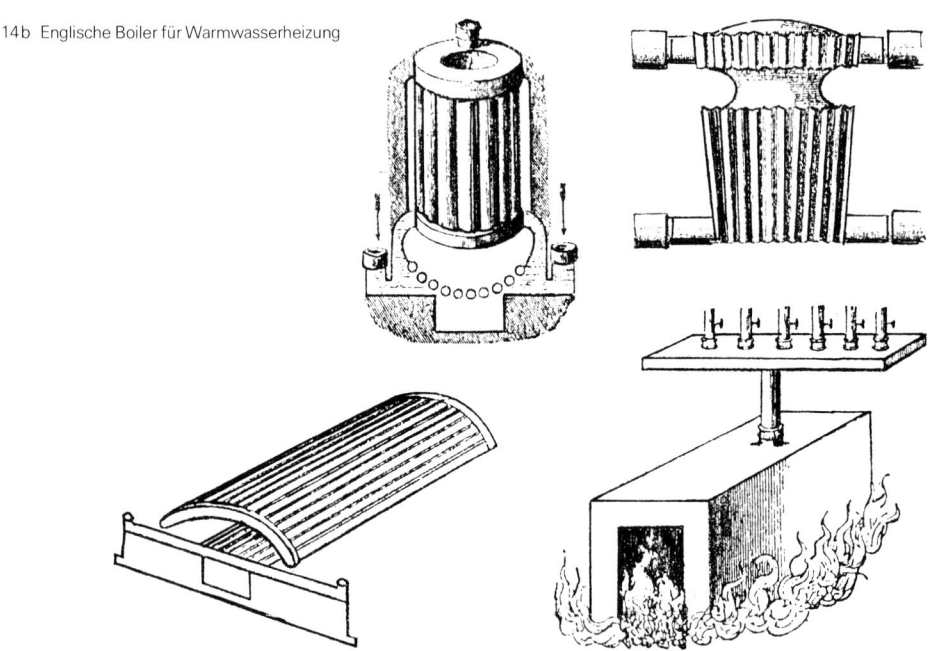

98

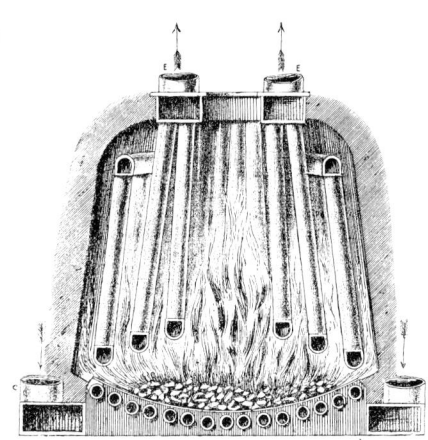

Derby, der dessen Melonen- und Ananashaus nach dieser Methode heizte. Er verwendete perforierte Röhren, in einem dampfdurchlässigen Bett verlegt, in welches Töpfe mit Pflanzen gestellt waren. 1807 erprobte der Gartenarchitekt John Hay in Edinburgh ebenfalls in ihrer ganzen Länge perforierte Röhren, in ein Steinbett von 3 × 4 Fuß Querschnitt geführt. Die Heizung erfolgte durch Aufheizen der Steine auf die Temperatur des Dampfes. Die so erhaltene Wärme wurde in den Steinen gespeichert und reichte aus, ein Tropenhaus 24 Stunden bei kaltem oder zwei bis drei Tage bei mildem Wetter zu wärmen. Um 1816 war die Dampfheizung bereits so weit entwickelt, daß sie in geschlossenen Röhren weitläufige Gewächshausanlagen erwärmen konnte. Bereits in dieser Zeit wurde z.B. in den Gewächshäusern in Loddiges Nursery in Hackney bei Kensington Garden dieses System angewandt (Abb. 262-267). J.C. Loudon, der hier seine frühesten kurvenlinearen eisernen Gewächshäuser baute, verbesserte die Dampfheizung, indem er dafür sorgte, daß in den Röhren nahe den Kesseln niemals 100 °C unterschritten wurden und daß der Dampf auch in einer Entfernung von ca. 650 m noch annähernd dieselbe Temperatur besaß.

Thomas Knight hat 1821, auf dem Beispiel der Conrad Loddiges Nursery fußend, beschrieben, was für ausgezeichnete Vorteile der Dampf in seiner Verwendung für Gewächshäuser besitzt.[140] Eine erfolgreiche Anwendung der Dampfheizung in Gewächshäusern wurde bei Sturge, nahe von Bath, erzielt, wo Dampfröhren von Wasserröhren ummantelt wurden. Das dadurch erhitzte Wasser diente sodann als Heizung. Dieses System verfolgte das Prinzip des Wärmeaustausches von Dampf und Wasser, wodurch die Vorteile der Warmwasser- und Dampfheizung genutzt werden konnten. Das System der Dampfheizung beruht auf der Verwendung von Dampf, der in druckfesten Kesseln erzeugt wird. Dampf besitzt eine Ausdehnung, die 1700 mal größer ist als die der Luft. Dadurch entsteht in einem geschlossenen Gefäß ein Druck, der einerseits auf den Dampf selbst, andererseits auf die Wandungen des Gefäßes wirkt. Je höher die Spannung des Dampfes ist, desto schneller ist seine Strömungsgeschwindigkeit in einem geschlossenen Röhrensystem. Bei einem atmosphärischen Druck von 1 atü strömt der Dampf in einem luftleeren Raum mit einer Geschwindigkeit von ca. 586 m/sec. Wenn Dampf in engen Röhren geführt wird, verringert sich sein Druck minimal, und er behält seine Strömungsgeschwindigkeit. Ebendiese Eigenschaften wurden zu einem wichtigen Aspekt in der Anwendung des Dampfes in Gewächshäusern: Bei großen Gewächshausanlagen, bestehend aus mehreren Gebäuden, war die Abkühlung des heißen Dampfes sehr gering. Durch die Rohrwände wurde eine kontinuierliche Wärme abgegeben. Die überaus hohen

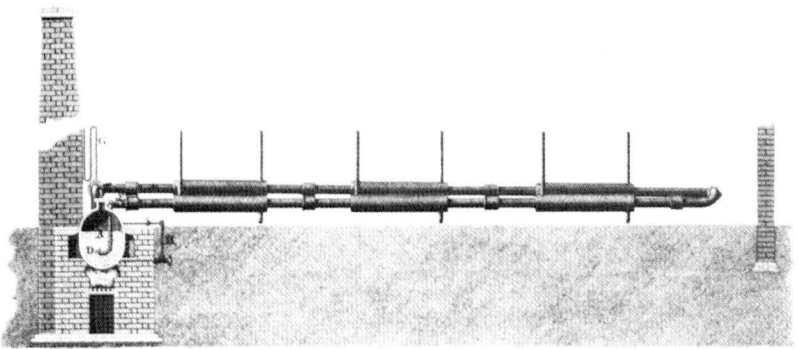

15b Frühe Dampfheizung, Patent Hague, 1819

Temperaturen der Dampfheizung brachten aber gleichzeitig Schwierigkeiten für den Gewächshausbetrieb. Die Luft trocknete schnell aus und die hohe Strahlungshitze schädigte die Pflanzen. Daher mußten verschiedene Vorrichtungen zur Befeuchtung der Luft angebracht werden. Das Ergebnis waren gemischte Systeme von Dampfheizungen, indem zeitweise Dampf direkt in die Pflanzenhallen aus den Röhren eingelassen wurde. Das so erzeugte tropisch-feuchte Klima mit tauartigem Niederschlag war eine perfekte Imitation des natürlichen Tropenklimas (Abb. 15b).

»Mit aller Bestimmtheit, zu welcher die Erfahrung führt, können wir die gute Wirkung des Dampfes bestätigen. Jedermann, der das Etablissement von Tavernier in Paris besuchte, war über die Veränderung erstaunt, die sich daselbst seit der Einführung des Dampfes, besonders in den Orangeriehäusern, bemerkbar macht. Die Vegetation ist viel kräftiger geworden und erreicht außerordentliche Verhältnisse. Das Laubwerk ist größer, von dunklerem und glänzendem Grün; die Blätter des Orangenbaumes, dessen Früchte Paradiesäpfel genannt werden, erreichen eine Breite von 5 1/2 Zoll bei jungen Pflanzen, die vor zwei Jahren gepfropft wurden. Der von dem Dampf erzeugte Tau vertrieb die Blattlaus, welche die jungen Triebe der Orangen angreift. Auch ist zu bemerken, daß die großen Pavillons und Treibhäuser im Jardin des Plantes zu Paris (Abb. 412) mit Dampf beheizt werden.«[141]

Die ökonomischen Vorteile der ersten Dampfheizung in Loddiges Nurserey in Hackney zeigt ein Vergleich zwischen gewöhnlicher Ofenheizung und Dampfheizung. Durch die zahlreichen Gewächshäuser, in welchen Ananas, Kamelien, Palmen und andere tropischen Pflanzen gezogen wurden, wurde eine Dampfheizung von 1609 m Länge gelegt, die für eine beständige Wärme sorgte. Der frühere Ofenbetrieb, bestehend aus 38 Öfen, verbrauchte 220 t Koks. Demgegenüber waren zum Betrieb der Dampfheizung im strengen Winter von 1854/55 nicht mehr als 120 t Koks nötig.[142]

Luftheizung und Ausnutzung der Sonnenwärme. Im Gewächshausbau wurden schon frühzeitig Überlegungen zur maximalen Ausnutzung der natürlichen Wärme der Sonne angestellt. Bereits die Gewächshausbauten und Orangerien des 18. Jahrhunderts suchten durch parabolisch gekrümmte Rückwände die Reflexion der Sonnenstrahlen zur allseitigen Erwärmung und Erhellung des Pflanzenraumes zu nutzen. Die dicken Mauern der Nordwand wurden, in Kombination mit lichtdurchlässigen Südfronten, bewußt als Wärmespeicher herangezogen. Bahnbrechend in der weiteren Ausnutzung der Sonnenstrahlen war der allseits verglaste Halbkuppel- oder Kuppelbau, der zuerst von Thomas Knight (1811) und George Mackenzie (1815) theoretisch formuliert und 1817 von Loudon erstmals praktisch erprobt wurde. Die Ausbildung der meist parabolisch bzw. halbkreisförmig gebogenen Glasflächen beruhte auf der Erkenntnis, daß die jeweils senkrecht zur Fläche einfallenden Sonnenstrahlen nur eine minimale Reflexion erfuhren. Dadurch wurde den Pflanzen, die quasi mit einer Glasglocke überdeckt waren, die größtmögliche Wärme und Lichtfülle zugeführt.

Daß man sich die thermodynamischen Prozesse in Form entsprechender Konstruktionen zunutze machte, beweisen die Experimente von James Anderson und J.C. Loudon zu Beginn des 19. Jahrhunderts. In ihm verkörpern sich bis dahin völlig neue Ideen der Heizung. Anderson schlug 1803 in einer als Patent abgefaßten Abhandlung ein System vor, das die Sonnenwärme tagsüber speicherte und in der Nacht abgab: Zu diesem Zwecke sah er zwei übereinandergestellte Gewächshäuser vor. Ein oberes Glashaus diente zum Auffangen der Tageswärme, die an das untere Haus mit massiven Wänden über Klappen abgegeben wurde. Die Rückführung der Wärme in der Nacht erfolgte auf umgekehrtem Wege, wodurch die Kälte im oberen Glashaus gemildert wurde. 1805 veröffentlichte Loudon unter dem Titel ›Several Improvements recently made in Hot Houses‹ ein System mit ähnlichem Schema, jedoch mit Anwendung einer Luftpumpe statt der Klappen. Diese Vorschläge weisen auf Bestrebungen von heute, die aus Gründen der Energierückgewinnung in der Klimatechnik angewandt werden.

Eine Weiterentwicklung der für Pflanzen ungünstigen Rauchkanalheizung des 18. Jahrhunderts war die Warmluftheizung, bei der statt Rauch warme Luft durch Kanäle geführt wurde. Der Hofgärtner Reichert aus Weimar berichtete von einer Warmluftheizung, die 1825 in den Gewächshäusern des Grafen Magnis zu Straßnitz nach einem System von Paul Traugott Meißner eingerichtet wurde. Meißner, Professor am Polytechnischen Institut in Wien, veröffentlichte 1821 seine Schrift über ›Die Heizung mit erwärmter Luft‹.[143] Drei Öfen heizten Gewächshäuser mit einer Gesamtlänge von 60 m. Das System bewies hier seine Vorteile gegenüber der Rauchkanalheizung. Die erste Luftheizung von Meißner war 1820 in einer Wiener Zuckerraffinerie erprobt worden.[144]

Zusammenfassend läßt sich sagen, daß alle heute für uns relevanten Heizungsarten ihre früheste Entwicklung im Gewächshausbau erfahren haben. Im Zusammenhang mit Beschattungssystemen, Lüftungsvorrichtungen, künstlicher Betauung und Befeuchtung produzierten diese Heizungsarten ein das ganze Jahr über wirksames Kunstklima, das lebensnotwendig für die mannigfaltigen tropischen und subtropischen Gewächse war. Insofern kann man sie als Vorform der heutigen Klimatisierung betrachten. Als technisch raffiniert ausgebildete ›Sonnenfallen‹ sind die Glashäuser des 19. Jahrhunderts zugleich der frühe Schauplatz der Ausnutzung natürlicher Energieressourcen.

Entwicklungsgeschichte des Glashauses mit eisernem Tragwerk

Vorbemerkung

Zum Verständnis der besonderen Raum- und Konstruktionstypen, die sich in der Entwicklung des Glas- und Gewächshausbaues herausgebildet haben, ist sicherlich die Kenntnis jener Bedingungen notwendig, die aus der Rücksichtnahme auf die spezifischen Pflanzenarten und auf die entsprechenden Wärmegrade, Lichteinfälle usw. entstehen. Denn sie haben ihren räumlichen und konstruktiven Niederschlag gefunden. Es ist jedoch wichtig, darauf hinzuweisen, daß die Ausbildung der Gewächshäuser nur in wenigen Ausnahmen (z. B. im Victoria-regia-Haus) lediglich aufgrund ihrer spezifischen Funktion ihre Gestalt gefunden haben. Wie alle architektonischen Gebilde, ist auch der Gewächshausbau vom Widerspruch zwischen Form und Funktion bestimmt, dies nicht nur dann, wenn man die Funktion (hier die Pflanzenkultur) als zu engen Begriff faßt. Der innere Zweck der Architektur ist im erweiterten Sinne die Raumbildung als Ganzes, die Ausdruck eines den bloßen Nutzen übersteigenden Konzeptes ist.

Der Raum als Inhalt der Architektur ist ein Produkt geschichtlicher Natur und insofern gesellschaftlich bestimmt. Deshalb kann er niemals, gleichsam ex ovo, strikt nur aus der jeweiligen Funktion hervorgehen. Räumliche Strukturen wie auch ihnen angemessene konstruktive Lösungen liegen im Entwurfsvorgang gleichsam als geschichtliches Material vor, aus dem geschöpft wird. Gerade im Gewächshausbau ist z. B. nachweisbar, daß die Hallenräume und Kuppelformen einerseits, die Konstruktionstypen andererseits von anderen hallenartigen Bautypen mitgeprägt sind (Kirche, Markthalle, Fabrikräume, später Bahnhofsbauten usw.). Man kann mit Recht behaupten, daß die Geschichte der Sinneswahrnehmung von Architektur auch in der Raumbildung der Gewächshäuser eine nicht zu übersehende Rolle spielte. Die ästhetische Durchbildung, die diese Geschichte zu berücksichtigen hat, wird ebenfalls zu einem bestimmenden Zweck des Baues. In diesem Sinne hat Karl Kraus formuliert, Architektur bestehe darin, das Überflüssige zur Notwendigkeit zu erheben.

Unter Berücksichtigung dieser Aspekte kann man dennoch die Gewächshausbauten als frühzeitige Manifeste des Zweckbaues im 19. Jahrhundert betrachten, insofern sie die für die Pflanze notwendigen Prämisse – der maximalen Transparenz und eines geeigneten Kunstklimas – uneingeschränkt verfolgten, zugleich jedoch mit den Pflanzen auch den Raum und dessen Konstruktion ausstellten. Die Natur konnte hier, mit Hilfe der Technik, ›ihre Augen aufschlagen‹. Zugleich trat die Architektur in einer neuen exemplarischen Weise zu Tage und verkündete in ihrer Gestalt gesellschaftliche Zwecke, deren Einlösung Aufgabe der Zukunft war.

Typologie nach Zwecken

Der Bau der Gewächshäuser richtete sich in Raumform und Konstruktion nach den spezifischen Bedürfnissen der Pflanzen, zugleich jedoch auch nach dem Gesamtzusammenhang, in den sie eingebettet wurden: Neben der bloßen Pflanzenzucht versuchte man auch den Zweck der Schaustellung und darüber hinaus, den des gesellschaftlichen Treffens zu verwirklichen: Die Anordnung der Pflanzen hatte Rücksicht zu nehmen auf die Bewegungen der Menschen, die sich in den Gewächshäusern versammelten. Insofern war auch der ästhetische Anspruch ein höherer. Je nach dem, ob die Zwecke der Pflanze oder die des Menschen mehr im Vordergrund standen, bildeten sich drei Hauptarten von

Gewächshäusern heraus, die nach der Terminologie des 19. Jahrhunderts[145] unterschieden wurden in:

1. Kulturhäuser, in denen Zier- und Nutzpflanzen getrieben und vermehrt werden, wobei auch botanische Experimente gemacht werden (Treibhäuser, Anzuchthäuser, Vermehrungshäuser, Handelsgärtnereien).

2. Konservationshäuser (Conservatories), in denen möglichst vollständige Sammlungen von jenen Pflanzen angelegt werden, die vor dem kalten Klima geschützt werden müssen. Sie dienen botanisch-wissenschaftlichem Interesse sowie auch der Schaustellung. Das erforderte eine besondere Wegführung und die übersichtliche bzw. malerische Anordnung der Pflanzen (Botanische Gärten, private Sammlungen).

3. Wintergärten, sie dienten als überdeckte Innengärten entweder als Erweiterung von Villen und Schlössern für den privaten Gebrauch oder als selbständige Anlagen als öffentliche Versammlungsstätte für Unterhaltung und Feste.

Die Orangerie ist in diesem Sinne als Vorform des Wintergartens zu betrachten. Die sogenannten Floren sind die kommerzialisierten Wintergärten und stehen in Verbindung mit Restaurations-, Tanz-, Konzertbetrieben usw. Ein besonderes Kennzeichen des Wintergartens ist seine architektonische Ostentation, die einerseits in einer sorgfältig durchdachten Konstruktion, andererseits jedoch auch in einer überladenen Stilarchitektur sich ausdrückte. »Diese Prunkhäuser, in denen weder eine schnelle Entwicklung von Pflanzen, noch ein strenges Konservieren zu wissenschaftlichen Zwecken beabsichtigt wird, werden je nach der besonderen Bestimmung in verschiedenartigster und freier Weise angelegt, im Zusammenhange mit umgebenden Räumen und Gebäuden oder getrennt in abgeschlossener Architektur und in malerischer Anordnung. Bald sollen sie dem Auge der Bewohner eine Erholung im Pflanzengrün gewähren; bald besteht die Absicht, eine Reihe von herrschaftlichen Wohn- und Prunkgemächern wechselvoll durch einen Wintergarten zu unterbrechen; in wieder anderen Fällen hat man ein sogenanntes Palmenhaus, zum Genießen des Anblickes großer, schön entwickelter Tropenpflanzen und Palmen zu schaffen; oder man hat Blumenhallen zur Ergötzung erholungsbedürftiger Stadtbewohner auszuführen.«[146]

Die Gruppe der ›Konservationshäuser‹ wird ihrerseits nach drei Hauptgruppen unterschieden:[147]

    a) Warme Häuser (Kalidarien)
    b) Gemäßigte Häuser (Tepidarien)
    c) Kalthäuser (Frigidarien)

Sie sind bestimmt durch die sorgfältige Wahl des Standortes (luftig, keine Bodenfeuchtigkeit, Schutz vor kaltem Wind) und die Ausrichtung nach dem für die Pflanzen notwendigen Sonneneinfall.

    a) Warme Häuser: mindestens 8° bis 12° bzw. 12° bis 18° Celsius – Lage: Süd, Südost; zur Aufnahme von Pflanzen der tropischen Gegenden wie Ost- und Westindien, Brasilien, Afrika und Amerika. Da diese Pflanzen überhaupt nicht – oder nur in Ausnahmen während der wärmsten Sommerzeit vorübergehend – der freien Luft ausgesetzt werden, ist ein nahezu über das ganze Jahr kontinuierliches, künstliches Klima zu ihrer Erhaltung Voraussetzung.
Das trockene Warmhaus erhält gewöhnlich eine südliche Lage mit leichter Abweichung nach Südost, so daß um 11 Uhr die Sonnenstrahlen senkrecht zum Dach einfallen;
Das feuchte Warmhaus erhält eine volle Ausrichtung nach Süden.

b) Gemäßigte Häuser (Temperate House, ›Temperierte Häuser‹): mindestens 4° bis 8°, 3° bis 5°, 2° bis 4° Celsius. Sie dienen der Kultivierung jener Pflanzenarten, die aus den gemäßigten oder subtropischen Ländern, wie Nordafrika, Kapland, Neuholland, China, Japan, Chile, Peru und den atlantischen Inseln stammen.

c) Kalthäuser (Greenhouse): mindestens 1° bis 2° Celsius – Lage: Ost, West, jedoch auch Nord; sie besorgen die Erhaltung von Pflanzen aus den gemäßigten Regionen Südeuropas, einiger Teile Nordafrikas, des südlichen Nordamerikas, des kälteren Teiles Chinas und Japans. Es genügt hier, die Pflanzen im Winter frostfrei zu halten. Die Orangerie, welche oft als Kalthaus dient, hat die Pflanzen während der Wintermonate, der Zeit zurückgenommenen Wachstums, aufzunehmen. Sie verlangt eine Ausrichtung nach Süden.

Je reichhaltiger die Pflanzenwelt, um so mehr kann im Bau der ›Konservationshäuser‹ eine Trennung nach Gewächshausabteilungen verfolgt werden, wobei die Abstufungen nach Größe und Form der Pflanzenhallen sowie nach Wärmegrad und Lichteinfall je spezifisch ihre bauliche Ausbildung erfahren.

Orchideenhäuser	(bis zu drei Abteilungen, Südlage)
Kakteenhäuser	(niedrige und hohe Hallen, Südlage)
Farnhäuser	(mit Nachbildung von wasserberieselten Gesteinsformationen)
Kamelienhäuser	(Ausrichtung wie das Kalthaus)
Victoria-regia-Häuser	(meist ein niedriger Zentralbau mit geheiztem Wasserbecken in der Mitte).

Typologie nach Raum und Konstruktion

Die stufenweise Ausbildung des eisernen Gewächshausbaues in der Zeit von 1800 bis 1900 zu einem eigenen Bautypus erfolgte in Form jeweils charakteristischer Raum- und Konstruktionstypen. Ausschlaggebend für diesen neuen Bautypus war dabei der Entwicklungsstand des Eisenbaues in jenem Zeitraum. Er läßt sich nach vier Perioden unterscheiden:

1800 bis 1830, die Zeit der frühen Industrialisierung, ist zugleich die Zeit der Anfänge des Eisenbaues. Als Material herrscht das Gußeisen vor, das Schmiedeeisen wird im wesentlichen nur in Form von Flachstäben eingesetzt. Das Eisen wird nach den vom Holz- und Steinbau überlieferten konstruktiven Grundsätzen angewandt: Bogenträger, Hängewerk. Wir stehen vor den Anfängen des gußeisernen Traggerüstes.

1830 bis 1850 ist die Zeit der Entfaltung der industriellen Revolution, die mit der Entwicklung des Eisenbahnwesens verknüpft ist. Die Einführung der Walzprofile (Doppel-T- und U-Profil), die Ausbildung früher Fachwerke und die Zunahme der Spannweiten im Hochbau anhand neuer Bauaufgaben (Bahnhofshallen, Markthallen) sind ein Kennzeichen dieses Zeitabschnittes.

1850 bis 1870 ist die Zeit der industriellen Massenherstellung in den meisten Produktionszweigen. Die Massenstahlherstellung ab 1860 führt zur schrittweisen Verdrängung des Gußeisens aus den Spannwerken. Zugleich wird die Vervollkommnung der Fachwerke und deren breite Anwendung im Zusammenhang mit der Entwicklung der Statik ab 1851, die Vollendung des gußeisernen Gerüstes im Ausstellungsbau und die Ausbildung weitgespannter Hallenbauten angestrebt.

1870 bis 1900 ist die Periode der weiteren Ausdehnung der Massenstahlherstellung und Verfeinerung der Fachwerkidee mit der Einführung von Zwei- und Dreigelenkbogen. Bisher nicht erreichte Spannweiten von Hallen und Brücken werden nun verwirklicht. Das Gußeisen verschwindet nun nahezu völlig in seiner Anwendung als Dachtragwerk. Im schärfsten Kontrast zu dem nun exakt nach ökonomischen Gesichtspunkten kalkulierten Tragwerke bricht in den Eisenbau – als eine Gegenbewegung – der historische Eklektizismus ein.

Diese Periodisierung ist auch für den Gewächshausbau von 1800 bis 1900 gültig und wurde der folgenden Darstellung zugrunde gelegt.

1800 bis 1830: frühe Phantasien in Eisen

Der Anfang war bescheiden: Die ersten eisernen Gewächshäuser hatten Räume in einfachen, streng-geometrischen Formen und mit geringen Dimensionen. Immerhin handelte es sich hier um die ersten, ganz in Eisen errichteten Hochbauten. Die Tragfähigkeit des Eisens mußte noch, wie im Brückenbau, auf experimentellem Weg ergründet werden. Es bildeten sich in England zu Beginn des 19. Jahrhunderts drei räumliche Grundformen mit jeweils entsprechenden Tragwerksformen:

A) Gewächshäuser als Langbauten mit Pult- bzw. Satteldächern (›Ridge-and-furrow‹)
Die ebenen Glasflächen von Dach und Fassade erleichtern die Lösung des Problems der Verglasung, vor allem der – im kontinentalen Klima Europas bevorzugten – Doppelverglasung. Ein häufig auftretendes Charakteristikum dieses Typus ist die Anwendung gußeiserner, im ›offenen‹ Raster gesetzter Hohlstützen in Verbindung mit Rinnenbalken und Sheddach. Durch diese Konstruktionsform wird es möglich, die Dachfläche in addierbare Grundelemente zu zerlegen, wobei das anfallende Regenwasser leicht abgeführt werden kann. Die früheste und zugleich einfachste Form dieses Typus ist aus dem hölzernen Glashaus mit Satteldach hervorgegangen (Abb. 93). Er manifestiert sich im ›Eisernen Gewächshaus‹ in Hohenheim bei Stuttgart, 1789 erbaut, dem ersten eisernem Hochbau (Abb. 94, 442). Bereits 1803 wird von Humphry Repton ein dreischiffiger Hallenbau aus Gußeisen mit Sheddach im ›Carlton House‹ für den Prince of Wales vorgeschlagen (Abb. 32). In der Folgezeit entstehen in England unter dem Einfluß von Loudon zahlreiche einfache Gewächshäuser mit ›gefalteten‹ Dächern. Ein bereits entwickelter Typus sind die 1823 und 1825 von der Firma Thomas Clark in ›Wollaton Hall‹ und in ›The Grange‹ erbauten fünfschiffigen Hallen zweier Gewächshäuser (Abb. 8, 73, 467-470, 703 bis 708). Stützenpaare, durch Blechgewölbe und Rinnenbalken verbunden, tragen die dazwischenliegenden Glassheds. Das für die weitere Entwicklung dieses Typus wichtige Ergebnis ist das ›Ridge-and-furrow‹-Dach mit Rinnenbalken und Hohlsäulen als typisierte Grundelemente des gußeisernen Skelettbaues der Folgezeit (Abb. 95-99).

Neben dieser Konstruktionsform finden wir zur Unterstützung der Satteldächer die frühe Anwendung gußeiserner Bogenbinder, deren Obergurte der Dachneigung angepaßt sind (Abb. 32-37) sowie, im Bereich der Stützwerke, die ersten Ansätze zur tragend ausgebildeten Fassade in Form eines gußeisernen Gerüstes.

B) Gewächshäuser mit gewölbten Dächern
Diese Glas-Eisenbauten mit gewölbten Dächern, oft nur von gebogenen, schmiedeeisernen Sprossen getragen, sind eine typisch englische Form, die im kontinentalen Europa nur in Ausnahmen Anwendung fand. Der Typus dieser gewölbten Gewächshäuser geht auf die theoretischen Vorschläge von Thomas A. Knight (1811) und George Mackenzie (1815) zurück. Sie beruhten auf Untersuchungen über die günstige Sonneneinstrahlung bei der Anwendung sphärisch gekrümmter Flächen. Die praktische Verwirklichung erfolgte 1817 durch John Claudius Loudon in den Versuchsbauten in Bayswater, London

und in Hackney, 1820, in Form gewalzter und in Hitze gebogener Sprossen (Abb. 132). Die Spannweiten dieser frühen elastischen Bogenkonstruktionen waren erstaunlich groß (ca. 10 m; Abb. 141, 262-267). Charakteristikum dieses Typus war die Aufhebung der Unterschiede von Dach und Wand, Spannwerk und Stützwerk durch ein bis zum Boden geführtes Glas-Eisengewölbe – in der Bau- und Konstruktionsgeschichte des Eisens eine völlige Neuheit.

C) Gewächshäuser aus massivem Mauerwerk und Dächern nach A und B.
Dieser Grundtypus leitet sich von der Orangerie des 18. Jahrhunderts ab, wobei die massiven Wände wie dort weitgehend durch Fenster in schmale Pfeiler aufgelöst werden, das Dach hingegen völlig verglast wird.

Eine weiterentwickelte Form sind große Gewächshäuser, die in ein Mittelpavillon mit zentralem Kuppelaufbau, Seitenflügeln und Eckpavillons gegliedert sind. Ein früher Entwurf dazu, allerdings noch in Gestalt eines Glasdaches mit Holzsprossen, ist das Gewächshaus von Alessandro Galilei, 1750, veröffentlicht von Richard Bradley.[148]

Eine Variante bildet 1806 das ›Gewächshaus in Sezincote‹ von H. Repton und S.P. Cockerell, das als halbkreisförmig angelegter Seitenflügel an die ›Villa‹ anschließt und in einem turmartigen Eckpavillon endet (Abb. 674).

Einen frühen Höhepunkt dieser Entwicklungsform bildet das ›Gewächshaus in Syon House‹, von 1820 bis 1827 von Ch. Fowler errichtet. Eine hohe Glaskuppel, aus gußeisernen Bogenbindern konstruiert und auf Eisenstützen gestellt, beherrscht die Gesamtanlage, die, aus einem Mittelpavillon, halbkreisförmig angelegten Seitenflügeln und Eckpavillons bestehend, außer durch die Kuppel auch durch Satteldächer abgedeckt ist (Abb. 325, 607-612).

Ein weiteres Beispiel ist das ›Gewächshaus im Botanischen Garten in Brüssel‹, 1826 bis 1827 von Tieleman Franziscus Suys erbaut, das in seiner Massenverteilung an eine barocke Anlage erinnert (Abb. 204-208, 502, 503). Bei diesem Typus wurde die traditionelle Architektur mit ihren Repräsentationsformen weiter angewandt und bereits als Gegengewicht zur funktional ausgebildeten Eisenkonstruktion eingesetzt. Dieser Widerspruch von Stil und Technik wurde in den Bauten des 19. Jahrhunderts bewußt aufgegriffen und diente zur Angleichung der Eisenkonstruktion an gewohnte Sehbilder. Die Ausbildung der Tragwerke, meist filigrane Bogenbinder aus Gußeisen für Pult- und Satteldächer, charakterisiert die seitliche Abstützung durch Mauerwerk: Die flachen Bogen enden in herabgezogenen Stielen. Das Eisen wird im Sinne des steinernen Gewölbebaues eingesetzt. Es kommt nicht wie im Typus A und B zur Ausbildung eigenständiger, aus den Bedingungen des Eisens entwickelter Eisenkonstruktionen (Abb. 33-35).

1830 bis 1850: Zeit der Experimente

Die zweite Generation der eisernen Gewächshäuser zwischen 1830 und 1850 nutzte den Fortschritt der weiterentwickelten Technik im Eisenbau zur Bewältigung größerer Spannweiten und Höhen, die im Gewächshausbau notwendig wurden: Dies bedingten der wachsende Umfang der Palmensammlungen sowie das Bestreben, die Glashallen als ausgedehnte Innengärten anzulegen. Die in den Norden verpflanzte Tropenlandschaft – das Produkt eines künstlichen Klimas – wurde zum Zeugnis der neuen technischen Möglichkeiten des Industriezeitalters. Es entstehen verglaste botanische Gärten und Wintergärten (Jardins d'hiver in Paris), die sich einem breiten Publikum für Vergnügungen öffnen. Die Durchsetzung der Dampf- und Warmwasserheizung und die wesentlich verbesserte Technik der Glasherstellung begünstigen das Entstehen dieser Vorformen der Ausstellungsbauten.

A) Die Weiterentwicklung des hallenartigen Typus mit rektangulärem Grundriß und Faltdach (›Ridge-and-furrow‹-Dach) zwischen 1830 und 1850 bestand in Konstruktionsexperimenten, die auf die Vollendung des Dachtragwerkes, des Stützgerüstes und der Dachhaut, bei Vergrößerung der Dimension insgesamt, abzielten. Das Prinzip des ›Ridge-and-furrow‹-Daches erlaubte im Unterschied zu den gewölbten Dächern eine quasi unbegrenzte Ausdehnung von Hallen nach allen Richtungen des offenen Rasternetzes: »Es läßt sich kaum eine Grenze bezeichnen für die Anwendung dieser Art leichter Dächer. Mehrere Äcker, selbst ein ganzer Landsitz von mäßigem Umfang, können auf diese Weise überdeckt werden, wenn man hohle, von Eisen gegossene Säulen zu Stützen braucht. Sie können zugleich zum Ableiten des Wassers benutzt werden ...«[149] Der Autor, Loudon, beschreibt hier die technischen Möglichkeiten dieses Bautyps. Dessen Ausformung zu einem vorgefertigten, variablen Montagegerüst mit Stockwerkaufbau in universeller Anwendungsbreite ist das Verdienst des Gärtners J. Paxton, der in Chatsworth ab 1832 seine Konstruktionsexperimente mit hallenartigen Glashäusern begann.

Ein wichtiges Bauwerk war dabei die Konstruktion des Victoria-regia-Hauses 1849 in Chatsworth, wo Paxton die Kombination von Dachträgern (Rinnenbalken), ›Ridge-and-furrow‹-Dach sowie Fassade und Stützwerk nach dem Baukastenprinzip ausarbeitet (Abb. 227-231). Damit schuf er, die Ergebnisse des Gewächshausbaues der ersten Jahrhunderthälfte zusammenfassend, die künftigen Grundlagen für die großen eisernen Skelettbauten der zweiten Jahrhunderthälfte: die Ausstellungs- und Kristallpaläste sowie die Wintergärten.

Die zweite Entwicklungslinie des hallenartigen Typus mit Sattel- oder Sheddach charakterisiert häufig der Einsatz gußeiserner Bogenbinder mit im Winkel zusammenstoßenden Obergurten und aussteifenden Ornamenten in den Zwickeln: Die Entwicklung die zu Beginn des 19. Jahrhunderts mit Reptons Glashalle einsetzte (Abb. 32), wird nun in zahllosen Varianten mit immer noch größerer Spannweite der Binder fortgesetzt. Beispiele dafür sind die Hallenbauten von H. Horeau, sein ›Wintergarten‹ in Lyon von 1847 (Abb. 38, 372, 373) und sein Entwurf zum ›Ausstellungspalast‹ von 1850 in London (Abb. 39).

Mit der Einführung der Fachwerke in Form von Parallel- und Bogenfachwerkträgern (Abb. 55, 63, 111) wurde eine wirtschaftlichere und technisch fortgeschrittenere Konstruktionslösung gefunden, wodurch die gußeisernen Bogenbinder keine weitere Entwicklungsmöglichkeit mehr besaßen. Neben den Bogenbindern kamen auch ›Hängewerke‹, z.B. in der ›Wilhelma‹ in Stuttgart, 1842 von L. von Zanth, (Abb. 50, 683), und im ›Eisernen Gewächshaus‹ in Nymphenburg, München, ca. 1845 (Abb. 107, 640), sowie Zeltdachkonstruktionen, z.B. in den Hauptpavillons des ›Gewächshauses‹ im Jardin des Plantes von Charles Rohault, 1833, zur Anwendung (Abb. 412, 414). Dieses Gewächshaus ist das erste ganz in Eisen gebaute, große Glashaus auf dem Kontinent. Von konstruktionsgeschichtlichem Interesse ist dabei die Ausbildung einer mehrgeschossigen, gußeisernen Fassade, die zugleich als Tragelement des Daches diente (Abb. 81, 658).

B) Aus dem weiterentwickelten Bautypus Loudonscher Art mit ›kurvenlinearen‹ Dächern entstehen Zentralbauten und mehrschiffige Glasgewölbe großer Dimension. Dabei werden zur inneren Abstützung Reihen gußeiserner Säulen eingesetzt und ebenso bereits gegossene Bogenträger, die dem kreisförmigen oder parabolischen Verlauf des Gewölbes angepaßt sind.

Der erste große Zentralbau ganz in Eisen, ein hervorragendes Zeugnis der frühen Ingenieurbaukunst, reicht noch in die Pionierzeit vor 1830. Es war dies das ›Palmenhaus‹ in Bretton Hall, 1827 von J. C. Loudon errichtet. Das glockenartige Glashaus bestand aus einer auf einen Ring von Säulen gestellten Kuppel mit einem niedrigeren, bis zum Boden geführten Glasgewölbe als Umgang (Abb. 200-203). Die Staffelung von zwei Glasgewöl-ben mit Hilfe eines inneren, gußeisernen Stützwerkes brachte, auf rechteckige Grundrisse (eventuell mit halbkreisförmigen Endabschlüssen) übertragen, einen basilikaartigen Raumtypus hervor: Gliederung in ein Haupt- und zwei Nebenschiffe mit absidenförmi-gen Abschlüssen. Dieser Raumtypus – nach H. Jordan ein Charakteristikum des Ge-wächshausbaues – entsprach dem Bedürfnis, die tropische Pflanzenwelt gemäß einer Landschaft zu gruppieren, wobei die hohen Palmen die Mittelhalle, niedrigere Bäume, Büsche und Farne die umlaufende Nebenhalle füllten.[150] Dadurch war es möglich, im Abtreppen der Glasgewölbe einen quasi organischen Übergang zum freien Außenraum herzustellen. Diesen Raumtypus entspricht auch ein besonderer Konstruktionstypus: wie im Schiffbau rippenartig angeordnete Bogenträger.

Erstmals taucht dieser Typus im Projekt Loudons zu einem Landhaus mit angebautem Wintergarten, 1823, auf, und zwar zugleich in einer höchst differenzierten Raumform, die sich vom Kirchenbau herleitet: kreuzförmiger Grundriß mit Langhaus und Querhaus, jeweils von Nebenschiffen umgeben, wobei über der ›Vierung‹ eine hohe Glaskuppel gesetzt wird (Abb. 7c). In der Praxis beschränken sich jedoch die Konstrukteure um 1830 zunächst auf das Übereinanderstaffeln von zwei langgestreckten Halbtonnen, die sich nach innen auf eine Reihe von Gußsäulen abstützen, und die nach hinten auf einer Mauer ruhen. Beispiele dieses Typus sind das ›Coliseum in London‹ (Abb. 330), 1830, und, davon angeregt, der Seitenflügel des ›Gewächshauses im Jardin des Plantes in Paris 1833 (Abb. 131).

Erstmals im großen Maßstab und in technisch ausgereifter Form wurde das basilikale Schema des Glashauses mit Haupt- und Nebengewölbe im ›Großen Gewächshaus‹ in Chatsworth von J. Paxton zwischen 1836 und 1840 realisiert, wobei allerdings nur das innere Stützwerk aus Eisen, die Bogenbinder jedoch aus Holz waren (Abb. 224-226, 527-532). Das für jene Zeit gewaltige Bauwerk von 90 m Länge und 40 m Breite, dessen 20 m hohe Mitteltonne 23 m freie Weite besaß, war ein Ingenieurbau, der in seiner Spannweite die größten Bahnhofshallen seiner Zeit übertraf. Technisch interessant war dabei die Transponierung des ›Ridge-and-furrow‹ Daches mit geraden Sprossen auf das Gewölbe. Im ›Gewächshaus in Glasnevin bei Dublin‹ von 1840 bis 1850, hat R. Turner diese Form variiert (Abb. 47). Die Weiterentwicklung und gleichzeitig der Höhepunkt dieses Raum- und Konstruktionstypus war das völlig in Glas und Eisen erbaute ›Palmenhaus in Kew‹, 1848, von Richard Turner und Decimus Burton. Dort wurden gewalzte I-Profile in schmuckloser Bogenform eingesetzt (Abb. 46, 338-343, 613-619). Die Gliederung be-stand in der Anordnung eines nach dem Vorbild von Chatsworth konstruierten Mittelpa-villons mit umlaufendem Nebenschiff, an welchem zwei seitliche Flügel mit Halbkuppel anschlossen. Dieser in Kew klassisch formulierte Typus des gewölbten, großen Gewächs-hauses diente in der Folge als beliebtes Vorbild und wurde in zahllosen Varianten gebaut.

Eine Übergangsform zum Ausstellungsbau ist der kurz vor der Jahrhundertmitte, 1848, vollendete riesige Glaseisenbau des ›Jardin d'Hiver in Paris, Champs-Elysées‹, vom Ingenieur M. Rigolet konstruiert: ein über 100 m langer Bau mit Längs- und Querschiff und umlaufendem Nebenschiff. Die Konstruktion war ein gußeisernes Gerüst mit Gale-rie, das schmiedeeiserne, bis zum Boden geführte Bogenbinder mit Fachwerkverstrebung abstützte (Abb. 62, 417-421, 660-664).

C) Unter den Gewächshäusern mit massiven Mauerwerk und eisernen Dachkonstruk-tionen sind das ›Gewächshaus in Dalkeith Palace‹, 1830 (Abb. 37), die ›Orangerie in Kew‹, 1836 (Abb. 36, 624) und das ›Gewächshaus in Enville Hall‹, 1850 (Abb. 246), zu nennen. Die hier praktizierte Anpassung an die Steinarchitektur verhindert fortschrittli-che Konstruktionslösungen.

Um die Jahrhundertmitte findet die experimentelle Phase des Gewächshausbaues ihren Abschluß: Nunmehr lagen ein fertiges Repertoire für die Raumkonzeption und die entsprechende, konstruktive Lösung vor. Zugleich war anhand dieser Bauaufgabe die nötige Vorarbeit von seiten der Konstrukteure geleistet, um den Anforderungen einer neuen Bauaufgabe, den ab 1850 auftretenden großen Ausstellungsbauten, Wintergärten und ›Floren‹, zu genügen. Der Erfahrungsstand der Gewächshauskonstrukteure spiegelt sich in der Tatsache, daß Paxton 1850 anläßlich einer Sitzung innerhalb weniger Stunden das konstruktive und räumliche Grundkonzept des Kristallpalastes von 1850/51 vorschlagen konnte. Dieser Erfahrungsstand war gesichert durch eine hohe Detailkenntnis im Umgang mit den industriellen Materialien Eisen und Glas und zugleich durch das Vermögen, die industriellen Fertigungsmethoden voll zu nutzen.

Die Übertragung der grundsätzlichen Konstruktions- und Raumlösungen des Gewächshausbaues auf den Ausstellungsbau wurde durch die Ähnlichkeit der Bauaufgabe erleichtert, die bereits vor 1850 zu zahlreichen Übergangsformen führte. Gefordert wurden: große überschaubare Hallen ohne massive Wände oder Deckenteile, jedoch mit umlaufenden Galerien, gute Lichtverhältnisse durch Verglasung der gesamten Außenhaut; zeltartiger, provisorischer Charakter aus Gründen der Variabilität und Flexibilität, was sich konstruktiv in leichter Montier- und Demontierbarkeit vorgefertigter Elemente ausdrückte. Es entstehen nun des öfteren Glaseisenbauten, in welchen die Raum- und Konstruktionsmerkmale der Gewächshäuser mit gewölbten Dächern bzw. mit ›Ridge-and-furrow‹-Dach und gußeisernem Gerüst in einem Gesamttragwerk kombiniert werden. Das wichtigste Resultat der Phase von 1850 bis 1870 ist die Verbreitung des mehrgeschossigen, gußeisernen Skelettbaues und zugleich die Durchsetzung des vorgefertigten Montagehauses, das meist ebenfalls aus Gußeisen bestand, im Gewächshaus und Ausstellungsbau.

Im Bereich der Spannwerke wird das Gußeisen sukzessive durch schmiedeeiserne Fachwerke abgelöst. Eine Ausnahme bildet der gußeiserne Parallelgitterträger als Standardelement des Paxtonschen Skelettbauschemas.

A) Gußeiserne Skelettbauten (Hallenkomplexe)
Dieser Typus tritt bereits im ersten Ausstellungsbau Paxtons, im ›Londoner Kristallpalast‹ von 1850/51, in vollendeter Gestalt auf (Abb. 84, 347-363, 626, 627, 648). In der folgenden Aufzählung sind nur Glas-Eisenbauten enthalten, die räumlich-konstruktiv mit der Entwicklungsgeschichte des Gewächshausbaues in nachweisbarer Verbindung stehen. Der Typus weist häufig die Kombination von gewölbten Dächern und ›Ridge-and-furrow‹-Dach auf und erscheint als gegliederter Hallenkomplex. Unter den zahlreichen Varianten seien hier nur der ›Glaspalast in München‹ von A. von Voit, 1853/54, mit ›Ridge-and-furrow‹-Dach (Abb. 85, 395-399, 646-647) und der ›Wintergarten in Dublin‹, 1865, mit einem Tonnengewölbe im Hauptschiff genannt (Abb. 239, 240).

B) Gewächshäuser mit Pult- oder Satteldächern großer Spannweite
Unter den Bauten mit geraden Dachebenen entstehen ausgedehnte Längshallen, z.T. in Fachwerkkonstruktion. In Konstruktions- und Raumform (Längshallen mit seitlicher Begrenzung in Form von Massivmauerwerk) dienen häufiger bereits Bahnhofshallen als Vorbild. Beispiele dafür sind das ›Temperierte Gewächshaus in Kew‹, 1859 bis 1863, von D. Burton (Abb. 54, 344, 345, 620-622) und der ›Wintergarten von Maximilian II. in der Münchner Residenz, 1854, von A. von Voit (Abb. 401).

C) Gewächshäuser mit gewölbten Dächern mit Anwendung des basilikalen Schemas
Längshallen:

Hier dient das Palmenhaus in Kew von 1846 bis 1848 als Muster. Beispiele dafür sind das ›Palmenhaus in Edinburgh‹ 1858 (Abb. 48, 242–245, 543–548), wo das Glasgewölbe eine hohe, massiv ausgeführte ›Orangerie‹ überdeckt; des weiteren der ›Anbau zum alten Gewächshaustrakt‹, von Ch. Rohault um 1854 durchgeführt im Jardin des Plantes (Abb. 416, 657), sowie als krönender Abschluß das ›Gewächshaus in Schönbrunn‹ Wien, 1882 von Franz von Sengenschmid erbaut, das jedoch der nächsten Periode angehört.

Zentralbauten:

Von Bedeutung wird die Weiterentwicklung des Zentralbaues mit Glas-Eisenkuppeln in basilikaler Querschnittform: Der in Bretton Hall 1827 geschaffene Grundtypus des Kuppelraumes mit niedrigerem Umgang wird in großer Spannweite 1872 im Wintergarten des ›Kibble Palace‹ in Glasgow aufgenommen und in konstruktiver Hinsicht auf die Spitze getrieben. Im Zentrum der auf gußeisernen Säulen abgestützten Rundhalle erhält die flache Glas-Eisenkuppel, welche nur von schmalen schmiedeeisernen Sprossen getragen wird, eine freie Spannweite von fast 20 m (Gesamtdurchmesser: 44,50 m; Abb. 134, 257–261, 557–563).

D) ›Flora‹-Bauten: Längshallen mit gewölbten Dächern, kombiniert mit mehrstöckigem Massivmauerwerk

In diesen einem Massenpublikum als Vergnügungsstätten dienenden Wintergärten nötigt die Unterbringung von Konzert-, Bibliotheks-, Tanz- und Restaurationssälen etc. oft die Ummantelung der Glas-Eisenhallen mit massiv gemauerten Stockwerkbauten. Dadurch kommt es nicht mehr zur Ausbildung von Konstruktionen in Skelettbauweise. In ihrer räumlichen und konstruktiven Form ähneln diese ›Flora‹-Bauten dem Typus des Bahnhofsbaues (Kopfbahnhof). Als Dachtragwerk werden schmiedeeiserne Bogenfachwerkträger eingesetzt, die z.T. auf Mauerwerk, z.T. auf gußeisernen Säulenreihen aufsetzen.

Den ›Flora‹-Typus finden wir bereits 1848 im erwähnten ›Jardin d'Hiver‹ in Paris formuliert: Der Eingangsteil sowie der Transeptteil waren von Massivmauerwerk umschlossen. Hier sowie im Souterrain waren Räume für allgemeine Vergnügung untergebracht. Die schmiedeeiserne Gewölbekonstruktion hatte noch einen unentschiedenen, experimentellen Charakter. Die erste ›Flora‹ Deutschlands in Köln, 1864 von H. Märtens und Georg Eberlein geplant, knüpft konstruktiv und räumlich an das Pariser Bauwerk an, wobei jedoch schmiedeeiserne Bogenfachwerkbinder eingesetzt werden (Abb. 295–299, 585–588). Dieser ›Flora‹ folgen die Bauten der ›Flora‹ in Frankfurt, 1869-1871 von Friedrich Kayser, wo schwer wirkende, genietete Kastenträger den Wintergarten gleich einer Bahnhofshalle bogenförmig überspannen (Abb. 249-254, 554-556) sowie die ›Flora‹ in Berlin, 1871-1873, von Hubert Stier, in welcher Dreigelenkbogen erstmals als Tragwerk eines Wintergartens verwendet werden (Abb. 163-168, 492, 493). Dieses Bauwerk, in welchem Gußeisen als Baumaterial von Schmiedeeisen bzw. Stahl in Form genieteter Fachwerke völlig zurückgedrängt ist, dokumentiert den Beginn einer neuen Ära des Ingenieurbaues in Eisen.

1870 bis 1900: Kostümfest der Eisenarchitektur

Der Beginn dieser Phase ist gekennzeichnet durch den Zusammenbruch des Kaiserreichs in Frankreich und der Inthronisierung eines solchen in Deutschland. Amerika tritt mit seinem modern organisierten industriellen Potential in den Kreis der Großmächte. Der Eisenbahnbau ist im Begriffe, die Erde zu umspannen. Hier, wie auch in der künftig forcierten Kriegsrüstung, findet die Eisenproduktion ihr Absatzfeld. Große Kapitalmengen konzentrieren sich in der Hand weniger Unternehmen, die die Konkurrenz der vorhergehenden Phase überstanden haben: In Deutschland sind es z.B. Borsig, Krupp und Thyssen, die als Industriebarone hervortreten. Ähnlich ist die Entwicklung in den anderen Industriezweigen. Die industrielle Großbourgoisie ist zur unumschränkten Macht gelangt. Die Rationalität, die dieser Klasse zu ihrer gesellschaftlichen Stellung verholfen hat, drückt sich nirgends bezeichnender aus, als in ihren Fabriksbauten: Der Schwung der Pionierzeit, den die Bauten Paxtons in puritanisch-einfacher Gestalt verkörperten, setzt sich in den riesigen Gerüsten der Fabrikkomplexe fort, wo jetzt die Waren massenhaft produziert werden, die im Kristallpalast erstmals ausgestellt waren. Die durchgehenden Sheddächer Paxtons geben nun stampfenden, ins Tageslicht gerückten Maschinen Schutz. Insofern die Modernität der Glas-Eisenarchitektur ihre Entsprechung in der Produktionslogik findet, wird sie im Fabrikbau vorbehaltlos übernommen. Dadurch wird die Glas–Eisenarchitektur in den Augen dieser Klasse für die Zwecke der individuellen und öffentlichen Repräsentation zugleich abgewertet. Während ihre Produktionsanlagen architektonisch kompromißlos gestaltet sind, macht sich im Umfeld der Konservatismus breit.

Die vormals scharf formulierten und klar ablesbaren Eisenkonstruktionen der Ausstellungsbauten, Wintergärten, Passagen und Gewächshäuser wurden nun mit dem geliehenen Gewand und dem falschen Prunk des Historismus überzogen. Zusammen mit seiner führenden Schicht scheint das Bürgertum bereits im Augenblick seiner eigentlichen Machtübernahme die Kraft zu seiner allgemeinen Selbstdarstellung verloren zu haben. Nur in seinem ureigenen Bereich, in den Produktionsstätten, vermochte es sich und seine Zeit auszudrücken. Öffentliche Bauwerke waren nicht mehr Gegenstand seiner Identifikation. Der Widerspruch von realer politischer Macht und der Angst, sie öffentlich auszuüben, kennzeichnet das Jahrhundertende. Dies drücken die nun einander ablösenden Weltausstellungen aus, wo die ›reinen Formen‹ der Maschinen neben überladenem Dekor gleichzeitig erstanden und einander dementierten. Im Fest der Ware, das in diesen Glas-Eisenbauten gefeiert wurde, zog sich der Gastgeber diskret zurück. Er will nicht mehr als ein Verursacher der Verschwendung gelten. Die Bauten für die Öffentlichkeit sind ein Abschiedsgeschenk. In ihrer Rückwendung zu vergangenen Repräsentationsformen beseelt sie kein Fortschrittsglaube mehr. Um so aggressiver wirken die Ornamente, die den Reichtum für jedermann vortäuschen sollen.

Was in den Fabriken sich vollzieht – die Demontage des sinnlichen Menschen –, soll hier in der großartigen Geste eines Augenfestes verdeckt werden. Bertolt Brecht ist der Meinung, daß, wenn einst die verschüttete, bürgerliche Kultur wieder ausgegraben werden würde, nur die Fabrikbauten von der historischen Sendung jener Klasse Zeugnis ablegen würden.

Die meisten in dieser Zeit gebauten Ausstellungsbauten, Gewächshäuser und Wintergärten sind von dem Widerspruch den sie als öffentliche Bauten in sich tragen, gekennzeichnet. Es entstehen keine neue Raumformen mehr. Jedoch die Dimensionen wachsen in dem Maße, wie der Zustrom eines schaulustigen Publikums sich vergrößert. Das technische Mittel sind Eisenkonstruktionen, die nun meist aus Stahl bestehen und die im letzten Jahrzehnt des 19. Jahrhunderts maschinell genietet werden. Der Gitterträger in den verschiedensten Formen, oft als Raumtragwerk ausgebildet, tritt die Vorherrschaft im konstruktiven Aufbau an. Neue Ideen des Ingenieurbaues verwirklichen sich als Zwei- und Dreigelenkbogen, die vom Boden aufsteigende, kielbogenförmige Glashallen schaffen. Außerdem entstehen fachwerkartige vernetzte Kuppeln, die als Raumtragwerke Zentralräume überspannen. Ein besonderes Merkmal der genieteten Träger wird die Möglichkeit, über zusammengesetzte Bleche eine Gestalt anzunehmen, die dem Kraftfluß zu folgen scheint und darin – in Vorwegnahme des Jugendstils – eine vegetabile Form gewinnt.

Da in dieser Phase keine neuen Raumformen entstehen, ersparen wir uns die Darstellung ihrer Varianten und wenden uns den technisch und ästhetisch neuen Aspekten zu, die aus dem Eisenbau erwachsen. Während auf der einen Seite in den Glashäusern genormte Walzprofile nach grober Zimmermannsart zu geraden Dächern und Fassaden zusammengefügt werden, wird auf der anderen Seite das phantasielose Konstruieren aufgebrochen, indem die Möglichkeit der elastischen Eisenkonstruktion aufgenommen wird. So finden wir Pflanzenhäuser, die mit ihren glatten Glasfronten den Fabrikhallen ähneln, die jedoch noch als Gesamtmasse einen architektonischen Anspruch verkünden: Sie sind durch Symmetrie, Proportion und Rhythmus ihrer Bauglieder bestimmt. Dazu gehören die Gewächshäuser von Kopenhagen (1872-1874; Abb. 300-305, 589-592), Herrenhausen (1879; Abb. 275-278, 570, 571), Straßburg (1877-1882; Abb. 436-440), Tübingen (1885/86; Abb. 449-450, 691, 692), Innsbruck (1905; Abb. 282, 576, 577) u.a.

Diesen, von der Sachlichkeit gekennzeichneten, oft rigiden Konstruktionen treten Pflanzenhäuser und Wintergärten gegenüber, in deren Hallen das Eisen wieder poetische Gestalt gewinnt. Es scheint, als hätten die Architekten und Ingenieure versucht, sich noch einmal gegen das Diktat der Serie und ihres Kalküls aufzubäumen. In ihren Konstruktionen nahmen sie zwar das vorliegende Material – die genormten Stahlprofile auf –, deformierten es jedoch in konkaven und konvexen Schwüngen, als wäre Stahl modellierbar geworden. Das frappierende Bild, das daraus entsprang, gründete in der Angleichung der Konstruktion an die organischen Formen der Pflanzenwelt. Der Aufbau und die Biegsamkeit der Pflanzen hatte im Tragwerk sein Widerspiel erhalten. Das Glashaus wurde so noch einmal gegen Ende des 19. Jahrhunderts zu einem idealen Gefäß eines eingebetteten Innengartens.

Unter den Bauten, die dieser Idee folgten, ragen der glockenartige ›Wintergarten in Laeken bei Brüssel‹ (1875/76; Abb. 18, 122, 209-214, 504-509) von Balat und das ›Palmenhaus in Wien – Schönbrunn‹ (1880-1882; Abb. 112, 455-458, 694-697) von Sengenschmid hervor. Hier wie auch im gewölbten Palmenhaus in Leningrad (1880-1890; Abb. 599, 601) ist das Vorbild von Kew noch lebendig. In den Gewächshäusern im Botanischen Garten in Berlin-Dahlem von Alfred Koerner (1905-1909; Abb. 115, 181-187, 483-485, 487-491), die eine ganze Glaslandschaft formieren, entsteht eine Synthese von sachlich gehaltener Konstruktion und einem expressionistischen Glaskristall in Form einer dominierenden Riesenhalle, dem großen Palmenhaus (1905-1907; Abb. 483, 484). Dieses Bauwerk, mit seinem hochaufsteigenden, überhöhten Gewölbe und den schlanken Dreigelenkbogen, das sich nach oben zu verbreitern scheint, verkündet die Utopie des ›Glashauses‹, von der die ›gläserne Kette‹ träumte, die sie jedoch nur literarisch verwirklichen konnte. Paul Scheebart empfing seine Inspiration vor diesem Bauwerk.

1. PERIODE: 1800 bis 1830

A) Gewächshäuser mit Pult- oder Satteldächern (›Ridge-and-furrow‹-Dach)

›Eisernes‹ Gewächshaus	Stuttgart-Hohenheim	unbekannt	1789	G.E.[151]
Gewächshaus des Prince of Wales	London, Carlton House	H. Repton	1803	G.E.
Gewächshaus	Kassel, Wilhelmshöhe	J.C. Bromeis	1822	G.E.
Kamelienhaus	Wollaton Hall (Nottingham)	Th. Clark	1823	G.E.
Wintergarten	The Grange (Hampshire)	Th. Clark	1825	G.E.

B) Gewächshäuser mit gewölbten Dächern (Londonscher Typ)

Versuchsbauten	Bayswater, London	J.C. Loudon	1817	S.E.
Gewächshäuser	Hackney, London	J.C. Loudon	1820	S.E.
Palmenhaus	Budleigh Salterton (Devon)	unbekannt	1843	S.E.
Palmenhaus	Bretton Hall (Yorkshire)	J.C. Loudon	1827	S.E., G.E.

C) Gewächshäuser mit massivem Mauerwerk, Dächer nach A und B

Gewächshaus	Sezincote (Gloucester)	H. Repton und S.P. Cockerell	1806	G.E.
Gewächshaus	London, Syon House	Ch. Fowler	1820-1827	G.E.
Gewächshaus	Brüssel, Botanischer Garten	T.F. Suys	1826/27	G.E.

2. PERIODE: 1830 bis 1850

A) Gewächshäuser mit Pult- oder Satteldächern (›Ridge-and-furrow‹-Dach)

Gewächshaus (Hauptpavillon)	Paris, Jardin des Plantes	Ch. Rohault	1833	G.E., S.E.
Gewächshaus	Capesthorne Hall	J. Paxton	1837	G.E., Holz
›Wilhelma‹	Stuttgart	L. von Zanth	1843	G.E.
›Eisernes Gewächshaus‹	München, Nymphenburg	F.L. von Sckell	(1818) 1845	G.E.
Ausstellungshalle	Biebrich a. Rh.	unbekannt	1846, 1861	G.E.

Wintergarten	Hluboká nad Vltavou	F. Beer	1847	G. E., S. E.
Jardin d'Hiver	Lyon	H. Horeau	1847	G. E., Holz
Victoria regia-Haus	Chatsworth (Derbyshire)	J. Paxton	1849	G. E., Holz, S. E.
Wintergarten, Borsig	Berlin, Moabit	H. Strack	1850	G. E.

B) Gewächshäuser mit gewölbten Dächern und basilikaler Querschnittsform

Antheum	Brighton, Hove	H. Phillips	1832	G. E.
Coliseum	London	unbekannt	ca. 1833	S. E.
Gewächshäuser (Seitenflügel)	Paris, Jardin des Plantes	Ch. Rohault	1833	S. E.
Gr. Gewächshaus	Chatsworth (Derbyshire)	J. Paxton	1836-1840	G. E., Holz
Gewächshaus	Chiswick, London	D. and E. Bailey	1840	G. E.
Wintergarten	London, Regents Park	R. Turner und D. Burton	1842-1846	G. E., S. E.
Gewächshaus	Killikee (Dublin)	R. Turner	1845	G. E., S. E.
Palmenhaus	Belfast, Botanischer Garten	R. Turner und Ch. Lanyon	1839/40 1853	G. E., S. E.
Palmenhaus	London, Kew Gardens	R. Turner und D. Burton	1844-1848	G. E., S. E.
Jardin d'Hiver	Paris, Champs-Elysées	H. Meynadier M. Rigolet, Moehly	1846-1848	G. E., S. E.

C) Gewächshäuser mit massivem Mauerwerk, Dächer nach A und B

Conservatory	Dalkeith Palace bei Edinburgh	W. Burne	ca. 1830	G. E.
Orangerie	London, Kew Gardens	J. Wyatville	1836	G. E.
Conservatory	Enville Hall (Staffordshire)	Fa. Gray & Ormson	ca. 1850	G. E., Holz

3. PERIODE: *1850 bis 1870*

A) Gußeiserne Skelettbauten: Hallenkomplexe

Kristallpalast	London, Hyde Park	J. Paxton	1850/51	G. E., S. E., Holz
Kristallpalast	London, Sydenham	J. Paxton	1852/54	G. E., S. E., Holz
Kristallpalast	New York	G.J.B. Carstensen Ch. Gildemeister	1852	G. E.

Glaspalast	München	A. von Voit	1853/54	G.E., S.E.
Palais de L'Industrie	Paris	C. F. Viel und A. Barrault	1855	G.E., S.E.
Gr. Palmenhaus	Berlin, Botanischer Garten	C.D. Bouché Fa. Herter & Nietz	1857-1859	G.E., S.E.
Palmenhaus	München, Botanischer Garten	A. von Voit	1860-1865	G.E., S.E.
Gewächshaus	Breslau	unbekannt	1861	G.E., S.E.
Wintergarten	Dublin	A. G. Jones R. M. Ordish Le Feuvre	1865	G.E., S.E.
Wintergarten	Buxton, Pavilion Garden	E. Milner	1871	G.E., S.E.
Altes Palmenhaus	Bonn	Neumann	1875	G.E., S.E.

B) Gewächshäuser mit Pult- oder Satteldächern größerer Spannweite

Wintergarten Maximilians II.	München	A. von Voit	1854	S.E.
Temperiertes Gewächshaus	London, Kew Gardens	D. Burton	1859-1863	G.E., S.E.

C) Gewächshäuser mit gewölbten Dächern und basilikaler Querschnittsform

Palmenhaus (Anbau)	Paris, Jardin des Plantes	Ch. Rohault	1854	G.E., S.E.
Floral Hall	London, Covent Garden	E. M. Barry	1857/58	G.E., S.E.
Palmenhaus	Edinburg, Botanischer Garten	R. Matthienson	1858	G.E., S.E.
Wintergarten	Leeds, Krankenhaus	R. M. Ordish und G. Scott	1868	G.E., S.E.
Wintergarten	London, Royal Horticultural Society	J. A. Hughes, Fowke, Fa. A. Hawdyside and Co.	1860/61	G.E., S.E.
Kibble Palace	Glasgow, Botanischer Garten	J. Kibble	1872	S.E. (G.E.)

D) ›Flora‹-Bauten mit mehrstöckigem Massivbaukörper

Flora	Köln	H. Märtens G. Eberlein	1864	G.E., S.E.
Flora	Frankfurt a. M.	F. Kayser	1869-1871	S.E.
Flora	Berlin	H. Stier	1871-1873	S.E.
Alexandra Palace	London, Muswell Hill	J. Johnson	1872-1874	G.E., S.E.

4. PERIODE: *1870 bis 1900*

A) Gewächshäuser mit Pult- oder Satteldächern

Aquarium	Berlin	W. Luer	1869	S. E.
Palmenhaus	Kopenhagen	T. Rothe	1872-1874	S. E. (G. E.)
		J. C. Jacobsen		
Gr. Gewächshaus	Straßburg	H. Eggert	1877-1882	S. E.
Palmenhaus	Herrenhausen	Auhagen	1879	S. E.
Gr. Gewächshaus	Tübingen	A. Koch	1885/86	S. E.
Palmenhaus	Innsbruck	unbekannt	1905	S. E.
Subtropenhaus	Berlin-Dahlem	A. Koerner	1908/09	S. E.

B) Gewächshäuser mit gewölbten Dächern

Wintergarten Ludwigs II.	München	A. von Voit	1867-1869	S. E.
Palmenhaus	Florenz	G. Roster	1874	G. E., S. E.
Wintergarten	Laeken	A. Balat	1875/76	S. E.
		H. Maquet		
Central Hotel	Berlin	H. von der Hude und J. Hennicke	1880	S. E.
Palmenhaus	Wien, Schönbrunn	F. von Sengenschmid	1880-1882	S. E., G. E.
Wintergarten	Glasgow	unbekannt	1880	S. E., G. E.
Palmenhaus	Leningrad	unbekannt	1880-1890	S. E.
Palmenhaus	Liverpool, Sefton Park	Fa. Mackenzie and Moncur	1896	S. E., G. E.
Ny Carlsberg Glyptotek	Kopenhagen	V. Dahlerup	1904-1906	S. E., G. E.
Halle für Gartenbaukunst	Paris	Ch. A. Gautier	1900	S. E.
Palmenhaus	Berlin	A. Koerner	1905-1907	S. E.

16, 17 Raumentwicklung in Querschnitten, 1 : 800

16	Pult und Satteldächer (1–12)		17	Gewölbte Dächer (13–28)	
1	Wollaton Hall	1823	13	Langport	1817
2	Chatsworth	1834	14	Hackney	1820
3	Chatsworth	1849	15	Budleigh Salterton	1843
4	Dalkeith Palace	1841	16, 17	London, Coliseum	1833
5	München, Nymphenburg	1820	18	Bretton Hall	1827
6	Berlin, Pfaueninsel	1829	19	Paris, Jardin des Plantes	1833
7	Paris, Jardin des Plantes	1833	20	Lednice (Eisgrub)	1843
8	Lyon	1847	21	London, Kew	1844
9	Berlin-Schöneberg	1857	22	Dublin, Glasnevin	1850
10	London, Kew	1859	23	Paris, Jardin d'Hiver	1846
11	Herrenhausen	1879	24	Glasgow	1872
12	München, Glaspalast	1853	25	Berlin-Charlottenburg	1871
			26	Wien-Schönbrunn	1880
			27	Berlin-Dahlem	1905
			28	Brüssel, Laeken	1875

Der Zyklop im Glashaus

> »Bald wird des Dampfes Kraft den flüchtigen Wagen
> Die Straße entlang,
> Die träge Barke durch die Welle tragen
> In sicherem Gang.
> Ja, durch des Windes leichtbewegte Schwingen,
> durchs luftige Reich
> Ein neu Gefährt zum fernsten Ziele bringen,
> Dem Adler gleich!«
>
> Erasmus Darwin, 1788

Das Glashaus des 19. Jahrhunderts ist ein Kind der Industrie. Der von ihm eingeschlossene technische Apparat trat in gezähmter und kultivierter Form auf: Eine zarte Eisenkonstruktion, verbunden mit einem lautlosen Betrieb, der aus Kellergewölben seine Energie erhielt, drängten den Aspekt der damit verbundenen Arbeit zurück. Die im Haus versammelten Tropenpflanzen täuschten ein Wachstum wie in der freien Natur vor. Ebenso wie der technische Apparat, der sie bediente, waren auch sie ein gezähmtes Element.

Man kann dieses Bild des Glashauses gleichnishaft auf die Erscheinung der Industrie des frühen 19. Jahrhunderts übertragen. Die Fabriken und Bergwerke, in denen die neue Kraft der dampfgetriebenen Maschinen rastlos tätig war, umgaben sich mit wachsenden Schutthalden und stießen ihren rußigen Rauch in den Himmel. Zugleich waren diese Werkstätten, in denen die industrielle Revolution sich vorbereitete, vom grünen Land umgeben. In zerstreuter Lage allerorts entstanden produzierten sie nach der vorgefundenen Arbeitsteilung ihre Waren in Nachbarschaft zur Agrikultur. In ihrem beschränkten Wirkungskreis hatten sie noch nicht die Kraft, die Gesamtproduktion nach ihrem Wesen zu zersetzen. Um 1800 waren in England noch vier Fünftel der Bevölkerung Landbewohner. In Preußen war, nach Werner Sombart, um 1800 erst jeder Fünfzehnte, um 1900 jeder Sechste gewerblicher Produzent. Die Dampfmaschine, der Agent der Entwicklung des Maschinenwesens, kommt erst in der zweiten Hälfte des 19. Jahrhunderts zu ihrer eigentlichen Entfaltung. Der Stand der ›Dampftechnik‹ war um 1850 in Deutschland noch in den allerersten Anfängen. Berlin z.B. hatte zu dieser Zeit nicht mehr Dampfkraft zur Verfügung, als um 1900 jedes größere Bergwerk: 113 Dampfmaschinen mit 1265 PS.

Wie die Fabriken, so waren auch die Maschinen der Frühzeit ein ›Zwergengeschlecht‹ feingliedriger und z.T. höchst gebrechlicher Apparate. Aus dieser Zwerggestalt entwickelte sich im Laufe der industriellen Revolution in sich verwischenden Übergängen ein industrieller Zyklop, der darauf wartete, seine Kraft weltweit auszubreiten. Diese Stunde war mit dem Ende des Jahrhunderts gekommen, wo in Frieden und Krieg Materialschlachten einsetzten, die die erarbeiteten Werte immer wieder zunichte machten. Darin fand der Zyklop seine Riesengestalt. Er begann sich mit elementarer Gewalt gegen sein eigenes Produkt zu wenden und zerstörte das Glashaus, indem er dessen Lebensbedingungen wieder aufhob.

Elemente der industriellen Revolution

Die industrielle Revolution wird charakterisiert vom Übergang von der Manufaktur zur maschinellen Massenproduktion. In der Produktionsweise der Manufaktur kam es darauf an, die Arbeitskraft des einzelnen Arbeiters durch Zerlegung der Arbeit in einzelne Operationen bei gleichzeitiger Kooperation der räumlich zusammengefaßten Arbeiter zu steigern. War der Ausgangspunkt der Manufaktur die Entwicklung der menschlichen Arbeitskraft, so ist er in der großen Industrie die der Arbeitsmittel: Diese verwandeln sich dabei von Werkzeugen des Menschen in Werkzeuge eines Mechanismus: in Maschinen. »Die Maschine, wovon die industrielle Revolution ausgeht, ersetzt den Arbeiter, der ein einzelnes Werkzeug handhabt, durch einen Mechanismus, der mit einer Masse derselben oder gleichartiger Werkzeuge auf einmal operiert und von einer einzigen Triebkraft, welches immer ihre Form, bewegt wird.«[152] Es ist dies die Werkzeug- oder Arbeitsmaschine.

Zu ihrer Begriffsbestimmung ist es unwesentlich, ob sie, wie es bei der Spinnmaschine in der Anfangszeit der Fall ist, durch den Menschen selbst oder durch Naturkräfte bewegt wird. »Als John Wyatt 1735 seine Spinnmaschine und mit ihr die industrielle Revolution des 18. Jahrhunderts ankündigte, erwähnte er mit keinem Wort, daß statt eines Menschen ein Esel die Maschine treibe, und dennoch fiel diese Rolle dem Esel zu. Eine Maschine um ohne Finger zu spinnen lautete sein Programm.«[153]

Jedoch bedingt die Erweiterung des Umfangs der Arbeitsmaschine eine gesteigerte Antriebskraft, einen Mechanismus, der sie, ihren eigenen Widerstand überwindend, in kontinuierliche – vom Menschen bloß kontrollierte – Bewegung setzt: Die Arbeitsmaschine bedarf einer Bewegungsmaschine, die ihre Kraft selbst erzeugt.

In der Dampfmaschine von James Watt war der Antrieb gefunden, der universell in seiner Anwendung, nach Watts eigenen Worten nun »als allgemeiner Agent der großen Industrie«[154] in Erscheinung tritt. Die Dampfmaschine als solche, die bereits in der Zeit der Manufaktur auftaucht und bis in die achtziger Jahre des 18. Jahrhunderts nur als einfaches Hebewerkzeug eingesetzt wird, rief keine industrielle Revolution hervor. Im Gegenteil: Erst durch die Schöpfung der Arbeitsmaschinen wurde die Dampfmaschine allgemein brauchbar. Damit wurde die Produktion von der Naturkraft unabhängig, ihre Konzentration in Städten möglich und die ländliche Existenzweise aufgehoben. In ihrer von menschlicher Kraft völlig emanzipierten Form kann sie nicht nur eine, sondern – über Transmissionsmechanismen – viele Arbeitsmaschinen zur gleichen Zeit antreiben. Dies geschieht zunächst in Form von Kooperation vieler gleichartiger, später verschiedenartiger, einander ergänzender Maschinen, die in ihrem Zusammenwirken ein Maschinensystem bilden.[155]

Das erstere ist der Fall im Nebeneinander, z.B. von Webstühlen in der Webfabrik, wo durch einen einzigen Antrieb eine technische Einheit hergestellt wird. Ein eigentliches Maschinensystem tritt jedoch erst dann auf den Plan, wenn der Arbeitsgegenstand in seiner Formverwandlung »eine zusammenhängende Reihe verschiedener Stufenprozesse durchläuft, die von einer Kette verschiedenartiger, aber einander ergänzender Werkzeugmaschinen ausgeführt werden«[156]. Wie in der Manufaktur ist hier das Wesensmerkmal die enge räumliche Kooperation bei gleichzeitiger Teilung der Arbeit. Diese ist nicht mehr die Teilung von Arbeitern, sondern von Arbeitsmaschinen. Anstelle der kooperierenden Menschen in der Manufaktur, tritt die Kombination von Maschinen. Die technische Einheit wird nicht mehr nur durch den Antriebsmechanismus, sondern auch durch die Maschinen selbst hergestellt, die wie ein einziger mechanischer Organismus wirken – wie ein Automat.

Die Manufaktur hat zwar zu dieser Entwicklungsstufe, welche den Kern der industriellen Revolution von 1730 bis 1860 ausmacht, die naturwüchsige Grundlage in Form der Teilung und Organisation der Arbeit geliefert. Der wesentliche Unterschied besteht jedoch darin, daß in der Manufaktur, wo jeder Teilprozeß der Produktion mit besonderen Handwerkszeug manuell durchgeführt wird, die Arbeit dem Menschen angepaßt wird. In der Maschinenproduktion hingegen wird das Problem der Teilung und Verbindung des Arbeitsprozesses technisch gelöst. Der Mensch wird der Maschine angepaßt: Statt des subjektiven Prinzips der Gesamtarbeit erscheint das objektive Prinzip, das durch theoretische Erfassung und wissenschaftliche Beobachtung ständig vervollkommnet werden kann. Mit dem Pathos des Entdeckers dieser die Produktionsweise umwälzenden Zusammenhänge schreibt Marx: »An die Stelle der einzelnen Maschine tritt hier ein mechanisches Ungeheuer, dessen Leib ganze Fabriksgebäude füllt und dessen dämonische Kraft erst versteckt durch die fast feierlich gemessene Bewegung seiner Riesenglieder, im fieberhaft tollen Wirbeltanz seiner zahllosen eigentlichen Arbeitsorgane ausbricht.«[157]

Dieses Maschinensystem, das sich zu Beginn des 19. Jahrhunderts zunächst in der Textilindustrie entwickelt, gipfelt in der Ausbildung der Schwerindustrie und letztlich, mit der Durchsetzung der Eisenbahn, in der Produktion von Maschinen durch Maschinen ab 1850. Dadurch schuf sich die Industrie ihre eigene technische Basis und löste sich endgültig von der handwerklichen bzw. manufakturmäßigen Produktionsweise.

Arbeits- und Kraftmaschinen der Schwerindustrie

Auf der historisch vorgefundenen Grundlage der durch die Manufaktur geschaffenen Produktionszweige setzte die frühe Industrialisierung ein. Die ersten Arbeitsmaschinen erscheinen in der englischen Textilindustrie, dem im 18. Jahrhundert vorherrschenden Industriezweig, mit der Erfindung der Spinnmaschine von John Wyatt (1735) und des mechanischen Webstuhls von Edmund Cartwright (1785). Die industrielle Revolution nimmt in der Leichtindustrie ihren Anfang. Der Grund dafür liegt nicht nur darin, daß im Textilsektor die früheste Akkumulation von Kapital stattfand, sondern auch darin, daß die für die entsprechenden Maschinen notwendigen Investitionen hier geringer waren als bei der Schwerindustrie. Zudem konnte das Kapital schneller zirkulieren und Profit bringen.[158] So bestand noch der mechanische Webstuhl in seiner ersten Form hauptsächlich aus Holz und erst der verbesserte aus Eisen. Das Wachstum der schwerindustriellen Produktion ist eine Folge der Entwicklung in der Textilindustrie, nicht jedoch, wie vielfach irrtümlich angenommen wird, deren auslösende Ursache. Hier wirkt das Gesetz, daß die Umwälzung der Produktionsweise in einer Sphäre der Industrie die der anderen bedingt und letztlich zur Umwälzung der gesamten gesellschaftlichen Produktion führt: Die Maschinenspinnerei führt zu einem Überschuß an Spinnwaren und macht so die Maschinenweberei nötig. Beide zusammen bewirken die mechanisch-chemische Revolution der Färberei, Bleicherei und Druckerei. Die zur Massenherstellung übergehende Industrie verursachte eine Veränderung der Agrikultur und der städtischen Arbeit, gleichzeitig aber auch eine Umwandlung der allgemeinen Produktionsbedingungen. Die unzureichenden Transportmittel erwiesen sich als ein Hemmschuh für die große Industrie und den eröffneten Weltmarkt.

Der einmal erprobte Vorteil der Nutzung mechanischer Kraft, der Bedarf an Maschinen, Brenn- und Verarbeitungsmaterial setzte Arbeit und Gewerbe auf immer steigender Stufenleiter in Bewegung. Erst jetzt entstand Werkzeug- und Maschinenproduktion im größeren Umfang und mit ihr ein vermehrter Bedarf an Eisen. Die Eisenindustrie mußte ihre Arbeitsweise zunehmend der großen Industrie anpassen und zur Gewinnung der nötigen Rohstoffe, Eisenerz und Brennstoff, die mechanische und metallurgische Revolution in diesen Arbeitsprozessen einleiten. Das Stagnieren der auf Holzkohlenfeuerung basierenden Eisenerzeugung infolge des Raubbaues von Holz und der zunehmenden Entwaldung Englands konnte nur durch Veränderung des Verhüttungsverfahrens in Form der Anwendung von Steinkohle bzw. Koks aufgehoben werden. Mit der Erfindung von Abraham II Darbys Hochofen mit Steinkohlefeuerung (1735) konnte zwar noch kein brauchbares Schmiedeeisen, jedoch Gußeisen in größerer Menge ökonomisch günstig gewonnen werden. Zum Frischungsprozeß des Schmiedeeisens war nach wie vor Holzkohle nötig. An die Seite dieser, die Metallurgie betreffenden Erfindungen trat die Entdeckung des Tiegelgußstahles durch Benjamin Huntsman (1740). Sie leitete die Massenherstellung von dauerhaften Werkzeugen ein. Mit der Anwendung der Gebläsemaschinen durch die Erfindung von John Smeaton (1768) verwandelte sich die Technik der Hochöfen, deren mechanisch-chemische Prozesse kontrollierbar wurden. Die Konstruktion der ersten industriell praktikablen Dampfmaschine durch J. Watt (1776), zunächst in den Bergwerken als bloßes Hebewerkzeug für Wasser und Salzsohle verwandt, steigerte, als reine Arbeitsmaschine eingesetzt, die Textilproduktion ebenso wie die Kohleproduktion und Eisenerzeugung. Die Erfindung des Puddelverfahrens durch Henry Cort (1784), ein Verfahren, durch das Schmiedeeisen mit Hilfe von Koks massenhaft herstellbar wurde, machte die Steinkohle zur beherrschenden Grundlage der Schwerindustrie. Durch den Betrieb der Dampfmaschine und der Gebläsemaschine wurden die Hochöfen unabhängig vom Wasser und konnten in die Nähe der Erz- und Kohlenreviere oder der unmittelbaren Verbraucher – in die Städte – abwandern. Das durch die Eisenproduktion sich steigernde Bedürfnis nach adäquaten Transportmitteln führte zum beschleunigten Ausbau von Kanälen und ihrem Schleusensystem bzw. von eisernen Schienenwegen in den Kohlengruben und auf dem Werkgelände. Dadurch konnte der für diesen Industriezweig gefährliche Engpass im Austausch von Rohstoffen und Eisenwaren zeitweilig aufgehoben werden. Der somit durch die Existenz der Eisenindustrie erweiterte Bedarf an Eisen in Form von Rosten, Hochofengerüsten und Verkleidungen, Schienen, Rädern, Schwellen, Brücken und Schleusen sowie Maschinen, Zylindern, Hebeln, Schwungrädern als auch Schiffen und Wagen wirkte induktiv auf diesen Produktionssektor wieder zurück. »Wie jedoch die einzelne Maschine noch zwergmäßig blieb und das Maschinensystem sich nicht frei entwickeln konnte, bevor an die Stelle der vorgefundenen Triebkräfte die Dampfmaschine trat, ebenso war die große Industrie in ihrer ganzen Entwicklung gelähmt, solange das Eindringen der Maschinerie in neue Produktionszweige bedingt war durch das Wachstum einer Arbeiterkategorie, deren technisches Geschick nur allmählich, nicht sprunghaft vermehrt werden konnte.«[160] Die handwerkliche und manufakturmäßige Basis der großen Industrie bewirkt, daß diese, wie z.B. im Bereich der Herstellung von Dampfzylindern, überall auf Schranken der Herstellung trifft.

Erst mit der Entwicklung des Eisenbahnsystems durch die Erfindung der sich selbst bewegenden Maschine, der Lokomotive, durch Georg Stephenson (1814) und der Anwendung von Walzwerken zur Produktion von Schienen (1820) entsteht für die große Industrie ein innerer Zwang, seine wichtigste technische Basis, den Maschinenbau, ebenfalls industriell zu organisieren[161]. Mit der Revolution im Transportsektor, beginnend in den dreißiger Jahren des 19. Jahrhunderts, wird es möglich, die Geschwindigkeit der Produktion zu steigern. Kapital und Arbeitermassen werden aus einem Produktionszweig in den anderen geworfen und durch die Industrie der wirkliche Weltmarkt, der Weltmarkt für Massenwaren, begründet. »Die furchtbaren Eisenmassen aber, die jetzt zu schmieden, zu schweißen, zu bohren und zu formen waren, erforderten ihrerseits zyklopische Maschinen, deren Schöpfung der manufakturmäßigen Maschinenbau versagte.«[162] Eisen wurde der wichtigste Rohstoff. Ohne ihn ist die Entwicklung des Maschinensystems und damit die Vollendung der industriellen Revolution nicht denkbar. Die Produktionskurven der Eisenerzeugung werden zum Gradmesser des industriellen Potentials. Dabei nimmt das Gußeisen, in der Frühzeit seiner Anwendung für Maschinen und Transportmittel einerseits und für das Bauwesen andererseits, in der Zeit der technischen Umwälzung von 1750 bis 1870 einen hervorragenden Platz ein. Ab 1830 nimmt mit dem Ausbau des Eisenbahnwesens die Bedeutung des Schmiedeeisens ständig zu. Die industrielle Revolution des Bauens, die im Grunde in der Verlagerung des Bauprozesses vom Bauplatz in die Fabrik sich ausdrückt, geht von den Eisengießereien und den Walzwerken aus.

Ausbildung der Maschinerie und des Transportwesens

Frühe Dampf- und Gebläsemaschinen[163]

1698   Erste betriebsfertige Dampfmaschine von Thomas Savery, die als Hebewerkzeug für Wasser dient. Energieerzeugung und Arbeitsmaschine sind in Form einer Dampf-Wasser-Pumpe noch verbunden.

1706   Anwendung dieser Maschine im Kohlenbergwerk bei Broadwaters.

1712   Verbesserung der Energieausnutzung durch die atmosphärische Dampfmaschine von Thomas Newcomen. Versuche zur Umwandlung der ›Feuermaschinen‹ in einen selbständigen Motor scheitern.

1767   Aufstellung von 67 ›Feuermaschinen‹ in Newcastle-upon-Tyne mit insgesamt 1200 PS.

1769   Entwicklung der Dampfmaschine mit universellen technologischen Anwendungsbereich durch James Watt und Matthew Boulton. Umsetzung der linearen Bewegung des Kolbens in eine Drehbewegung in der sogenannten doppelt wirkenden Dampfmaschine.

1770   Erstes dampfgetriebenes Zylindergebläse aus Gußeisen von John Smeaton, wodurch eine kontinuierlich arbeitende und kontrollierbare Windzufuhr ermöglicht wird.

Mechanische Bearbeitung des Eisens
Walzwerke[164]

Vor 1700   Frühe Schneide- und Streckwerke zur Formung von Flachstäben aus Schmiedeeisen.

1728   Patent von John Payne für kalibrierte Walzen.

1766   Patent von John Purnell für das Walzen von Rundeisen.

1783   Kalibrierte Walzen zur Herstellung komplizierterer Eisenformen und zum Härten.

1783/84   Cortsches Verfahren: Anwendung von Walzen zur Formgebung und zugleich zum Auspressen der angefallenen Schlacke des im Puddel-Prozeß gewonnenen Schmiedeeisens.

1820   Anwendung von Walzen zur Herstellung von Profileisen in Form von Eisenbahnschienen durch John Berkinshaw.

Werkzeugmaschinen[165]

1774   Konstruktion der ersten Metallbohrmaschine durch John Wilkinson. Maßgenauigkeit von $\frac{1}{4}$ Zoll.

um 1800	Erfindung der Eisenhobelmaschine durch J. Element und der hydraulischen Presse von Joseph Bramah. Erfindung des Drehbankschlittens durch Henry Maudslay.
ab 1784	Einführung des Dampfhammers, der in der ersten Jahrhunderthälfte von James Nasmyth verbessert wurde.
um 1850	Dampfgetriebene Werkzeugmaschinen in Form von Bohrmaschinen, hydraulischen Pressen, mechanischen Drechselbänken, Hobel-, Eisenloch- und Scheermaschinen sowie Dampfhämmer finden, oft in einer Fabrik konzentriert, ihre zusammenwirkende Anwendung.

Eisenbahnen[166]

1740	Erste Versuche mit gußeisernen Schienen für Werkbahnen in Coalbrookdale von J. Wilkinson.
1767	befahrbarer, gußeiserner Schienenweg von Richard Reynolds, mit Spurrand 1776 von B. Curt
1786	Stegschiene von William Jessop, danach bis 1816 Anwendung der sogenannten ›Fischbauchschiene‹.
1770	Dampfwagen von N. J. Cugnot
1804–1808	Versuche von Richard Trevithick zur Dampflokomotive für den Bahntransport von Roheisen
1814	Konstruktion der ersten allgemein verwendbaren Dampflokomotive durch George Stephenson
1825	Inbetriebnahme der ersten öffentlichen Eisenbahnlinie Stockton-Darlington.
um 1860	Durchsetzung des Eisenbahnverkehrs als primäres Massentransportmittel des Binnenlandes in allen Teilen des Weltmarktes.

Eisenbahnen

> »Keine Erfindung ist auf den Eisenverbrauch von so großem Einfluß gewesen, als die der Eisenbahnen.«[167]

Die aus der Revolutionierung des Transportwesens erwachsenden Folgen für die Entwicklung der Eisenerzeugung insgesamt sowie für die Anwendungsformen von Eisen im Bauwesen begründen eine ausführlichere Darstellung: Nachdem die Dampfmaschine vom Bergbau ausgehend nach und nach in sämtliche Hauptproduktionszweige Englands eingedrungen war und um 1800 in Zusammenhang mit dem Aufschwung der Kohlen- und Eisenindustrie sich zum Agenten des industriellen Fortschrittes entwickelt hatte, eroberte sie letzlich auch den Sektor der allgemeinen Produktionsbedingungen der Industrie, die Transportmittel. Diese waren im Laufe des 18. Jahrhunderts in zunehmendem Maße in technischen Widerspruch zur industriellen Produktionsweise getreten, wodurch eine Krise der Gesamtproduktion drohte. Der Ausbau des Straßennetzes erwies sich durch die Schranken des Bodeneigentums (Zollabgabe) sowie durch die Schwerfälligkeit des Fuhrbetriebes für den Massentransport der Schwerindustrie als unzulänglich.[168]

England besaß einen natürlichen Reichtum an guten Wasserwegen, welche Erz und Kohlenlager erschlossen. Um 1790 begann mit dem steigenden Bedürfnis des Austausches von Waren auf Initiative der Fabrikanten und Grubenbesitzer ein fieberhafter Ausbau derselben in Form von Kanälen und Schleusensystemen. Der Transportstau war damit für eine Zeit aufgehoben. Jedoch bereits in den ersten Jahrzehnten des 19. Jahrhunderts erwies sich auch dieses Verkehrsmittel als unzulänglich. Die heillose Verstopfung der

Wasserwege um 1820, verschärft durch die Monopolpolitik der Kanalgesellschaften war zu einer ernsten Bedrohung für die englische Gesamtindustrie geworden. Die Eisenbahn mußte erfunden und damit der Sektor des Verkehrs der industriellen Produktionsweise angepaßt werden. Der Weg dazu führte über die Verwandlung der dampfgetriebenen Kraftmaschine in eine sich selbst bewegende Maschine. Einen der ersten Versuche dieser den Transport revolutionierenden Transformation finden wir in dem von Cugnot 1770 gebauten Dampfwagen. Hier, wie bei Versuchen zu einer Fortbewegung über eine Maschine, »die in der Tat zwei Füße hatte, welche sie abwechselnd wie ein Pferd aufhob«[170], zeigt es sich, daß man dieses mechanische Prinzip, welches die industrielle Form des Weges, die Schiene, voraussetzte, noch nicht begriffen hatte. Lokomotive und Schiene gehörten zusammen ›wie Mann und Weib‹.[171] Statt dessen gelang es zunächst im Schifftransport, die Dampfenergie in Gestalt des Dampfbootes, 1807 von Robert Fulton erfunden, zu nutzen. 1819 fuhr das erste dampfgetriebene Schiff über den Atlantik.[172]

Die Schienenführung von Fahrzeugen war in Kohlengruben bereits in der Manufakturperiode in Gestalt von Holzbahnen zur Beförderung der Loren üblich. Die Substitution des Holzes durch Eisen erfolgte erstmals in Coalbrookdale, wo die Gießerei Darbys 1767 für den eigenen Werkverkehr gußeiserne von R. Reynolds entwickelte Schienen mit muldenförmigem Querschnitt anwendete. War hier der äußere Anlaß die ungünstige Konjunktur der Gußwaren, so wurde die Produktion gußeiserner Schienen bald zu einem bedeutenden Erwerbszweig der englischen Gießereien.[173] Eine entscheidende Verbesserung in der Entwicklung der Schiene brachte die gußeiserne Stegschiene durch Jessop, 1889, wobei die Räder ein Führungsprofil bekamen.[174] Die Schiene erhielt in ihrer weiteren Formentwicklung einen T-Querschnitt und wurde damit zum Prototyp der Eisenbahnschiene, die als selbständiger eiserner Verkehrsweg mit der Einführung gewalzter schmiedeeiserner Profilschienen um 1820 durch John Berkinshaw sich durchsetzte. Damit wurde die bisher nahezu überall verwendete stoßempfindliche, gußeiserne Schiene vom Markt verdrängt. Aufbauend auf den Versuchen von R. Trevithick (1804-1808), der die erste Dampflokomotive für den Bahntransport von Roheisen konstruierte, entwickelte G. Stephenson, von der Notwendigkeit des billigen Kohlentransportes angeregt, ab 1814 die auf Schienen sich bewegende Lokomotive.«[175]

Mit der Stockton-Darlington-Linie, ebenfalls für die Zwecke des Kohletransportes – 1822 mit erstmals verwendeten schmiedeeisernen Fischbauch-Schienen und dem Einsatz einer verbesserten Lokomotive – gebaut, konnte 1825 gegen den Widerstand der Grundbesitzer die erste öffentliche Eisenbahn der Welt in Betrieb genommen werden. Damit wurde der industrielle Transport auf dem Landwege verwirklicht, der ab 1830 in atemberaubendem Tempo sein Netz zunächst in England, dann in allen Industrieländern und deren Absatzgebieten ausdehnte.[176] Aus dem Bedürfnis der Schwerindustrie heraus entstanden, wurde der Eisenbahnbau über Maschinen- und Waggonbau, Schienenfabrikation, Brücken und Bahnhöfe zum primären Konsumenten gigantischer Eisenmengen. »Die Erfindung der Eisenbahn hat nicht nur die Eisenhütten gefördert, sondern auch den Eisenhütten ein neues, größeres Absatzgebiet erschlossen.«[177] Zwangsläufig ging die Gründung konkurrierender Eisenbahngesellschaften von der Schwerindustrie aus, die die erste Form des Anlagekapitals lieferte. Die enormen Geldsummen, die jedoch für den Ausbau der Schienenwege erforderlich wurden, machten erstmals die entwickelte, moderne Form des Kapitals, das Aktienkapital, notwendig.[178] So betrug Ende 1856 das Anlagekapital der Gesellschaft der Great-Western-Eisenbahn, die den Betrieb nach Cornwall, Bristol, Wales und Birmingham innehatte und dabei viele Brücken, z.B. die Britanniabrücke über die Meerenge von Menai bei Bangor errichten mußte, 23 019 000 Pfund. Der Bau des Paddington-Bahnhofes in London verschlang allein 620 000 Pfund.[179]

Um 1860 hatte die Eisenbahn durch das bereits über ganze Kontinente sich ausdehnende Verkehrsnetz den Weltmarkt im strengen Sinne endgültig hergestellt und über ihren Massentransport von Menschen und Gütern die Teilung der Arbeit nach Stadt und Land, Agrikultur und Industrie weiter ausgebaut. Die Eisenbahn erst hat das Kapital wahrhaft kosmopolitisch gemacht und als bestimmende gesellschaftliche Produktionsweise endgültig durchgesetzt. War die für die industrielle Arbeit eingesetzte Dampfmaschine die ›Mutter der Großstädte‹, so die Eisenbahn deren eigenes ›Ader- und Nervensystem‹. Das sprunghafte Anwachsen der Städte, die steigende Agglomeration von Menschen und Kapital in den Metropolen stehen mit der Entwicklung des Eisenbahnsystems in direktem Zusammenhang. Die Ausbildung und Verbreitung von Eisenkonstruktionen im Bauwesen findet ebenfalls hier ihren Parameter. Im Brückenbau ist dies unmittelbar ablesbar. »Aller Brückenbau vor 1828/29 war ein Präludium und erst die Eisenbahn trieb die Entwicklung mit Macht voran.«[180] Wie hier war auch die Anwendung von Eisenkonstruktionen des Hochbaues in Gestalt von Fabriken, Bahnhöfen, Markthallen, Kaufhäusern und Ausstellungsbauten von der Eisenbahn maßgeblich initiiert. Die von der Eisenbahn bewirkte Konzentration im Großen hatte ihr Spiegelbild in der Konzentration des Austausches durch Handel und Verkehr in Gestalt von einzelnen Riesenbauten. Die Existenz des Londoner Kristallpalastes, erbaut für die Weltausstellung 1851, sowie des Münchner Glaspalastes 1853/54 setzte die entwickelte Eisenbahn voraus.

Indirekt, durch die rasch sich verbreitende massenweise Anwendung des Schmiedeeisens für die Zwecke des Eisenbahnwesens und durch die daraus folgende Verknappung und Verteuerung dieses Materials erhielten die Eisenfabrikanten die Chance, das preisgünstige Gußeisen im vermehrten Maße für Hochbaukonstruktionen einzusetzen und seine Eigenschaften für die industrielle Herstellung und leichte Formgebung bis 1870 voll zu nutzen.[181]

Das ›eiserne Zeitalter‹

> »Die Dampfkraft hatte auf den wichtigsten Gebieten des Handels und der Gewerbe neues Leben entfacht, und es hatte das Eisen auf dem Felde der Maschinen und Baukonstruktionen eine unumschränkte Herrschaft sich errungen, welche es vornehmlich dem Wirken seiner mächtigen Bundesgenossen – dem Dampf und der Kohle – verdankte.«[182]

Die Darstellung zu diesem Thema in der vorhandenen Literatur ist umfangreich und z. T. sehr detailliert. Erwähnt seien hier das Standardwerk von Ludwig Beck und Otto Johannsen zur Geschichte des Eisens. Hingegen sind zusammenfassende Arbeiten zur Entwicklung des Eisengußes selten und durch die Verquickung mit dem allgemeinen Gang der Geschichte des Eisens unübersichtlich und oft unsystematisch. Daher wurde die das Gußeisen betreffende Erörterung in Einklang mit der folgenden chronologischen Gliederung angeführt.

Um 1700

Der Stand der Technologie der Eisengewinnung um 1700 war, vergleicht man die Entwicklungsstufe des Kontinents und Englands, höchst unterschiedlich. Neben den tradierten Formen technisch zurückgebliebener Eisengewinnung in Form von Schmelzherden und einfachen Schachtöfen, existierten in England bereits Hochöfen und Frischfeuerbetrieb. Gemeinsam war allen diesen Verfahren die Holzkohlenfeuerung, eine Naturbasis, die sich erst im Laufe des 18. Jahrhunderts als Schranke der Fortentwicklung der gesamten Eisenindustrie erweisen sollte. Diese – um 1700 nebeneinander vorzufinden Technologien – sind zugleich der Ausdruck des schwerfälligen Entwicklungsganges der Eisenindustrie im Zeitalter der Manufaktur. Der zentrale Schauplatz der technologischen Veränderungen des Hüttenwesens war England, dessen gesellschaftlich-ökonomische Struktur und die darauf aufbauende koloniale Vorherrschaft auf dem Weltmarkt den technischen Vorsprung seiner Eisenindustrie vor dem Kontinent sichern und bis 1800 weiter ausbauen half. Frühe Formen des Konzentrationsprozesses in diesem Produktionszweig, die sich zunächst in einer Standortverlagerung der Verhüttung ausdrückten, waren das Zeichen einer sich verändernden Produktionsweise.

Die zur Gewinnung von Roheisen nötigen hohen Temperaturen setzten eine starke, kontinuierlich arbeitende Windzufuhr voraus, die mechanisch erzeugt, den Betrieb des Hochofens nicht nur von der Nähe des Erz- und Holzvorrates, sondern auch von der Wasserenergie abhängig machte. Damit verschoben sich die Standorte der Eisenverhüttung und – über Hammer- und Pochwerke sowie Gießereien – der Eisenverarbeitung aus einer über das ganze Land verteilten Lage an die Flußläufe. Dies verstärkte die weitere Ausbildung der Arbeitsteilung und Spezialisierung der mannigfaltigen Prozesse der Formverwandlung des Eisens. Die räumliche Zusammenfassung von mechanisch betriebenen Arbeitsmitteln wie auch von Arbeitern führte in diesem Produktionszweig zu einer frühen Form der Kapitalakkumulation und damit zur Heraushebung des Hüttenwesens aus der Sphäre des Kleinbetriebes und den Schranken der Zunft.

Gußeisen war zunächst rein zufällig bei der Anwendung höherer Temperaturen für den Schmelzprozeß in Form flüssigen Roheisens gewonnen, sodann – mit der Erkenntnis seiner Qualität – für den Formguß im 15. Jahrhundert systematisch erzeugt worden. Grundlage dafür wird das sogenannte Umschmelzverfahren in Flözöfen von Roheisen (Kanonenguß). Gußeiserne Handelsware (Ofenplatten, Gitter usw.) wurden hingegen mit Vorliebe im direkten Guß in den Eisenhütten hergestellt.[183]

1700 bis 1800

Der Fortschritt im Eisenhüttenwesen des 18. Jahrhunderts war gegenüber der vorhergehenden, noch von der Manufaktur beherrschten Zeit sehr bedeutend: Er besteht im wesentlichen in der Anwendung der Steinkohletechnik und des Puddelverfahrens (einem mechanisierbaren Frischungsprozeß), wodurch die Grundlage der modernen Eisenindustrie geschaffen wurde. Die Entwicklung des Eisengußes im 18. Jahrhundert, zunächst im Schatten der Roheisengewinnung stehend, erhielt ihre für die Zukunft entscheidenden Impulse durch den ab 1750 einsetzenden Industrealisierungsprozeß, für dessen Maschinen und Massen-Erzeugnisse Gußeisen ein unentbehrlicher Grundstoff wurde. Dabei kam die Eigenschaft dieses Materials, mit großer Leichtigkeit jede Gestalt anzunehmen und oft reproduzierbar zu sein, dem Bedürfnis der Massenproduktion typisierter Waren entgegen. Dies sowie die für die Durchsetzung des Materials entscheidenden niedrigen Herstellungskosten ermöglichten dem Gußeisen gegen Ende des Jahrhunderts das Eingreifen in einen – bisher mit Holz und Stein durchgeführten – Bauprozeß, in dem es erstmals und zugleich auf hoher technischer Stufe als fabrikmäßig vorgefertigtes Bauteil in Erscheinung trat und leitete in vollendeter Warengestalt die Revolutionierung des Bauwesens ein. Das Schmiedeeisen hat erst mit der Einführung des gewalzten Profileisens ab 1820 seine zunehmende Bedeutung für das Bauwesen erhalten.

Wichtig für die Entwicklung der Gußeisentechnik war Coalbrookdale, wo Abraham II Darby 1735 die Schmelzung von Eisenerz mit Hilfe von Steinkohle bzw. Koks entdeckte.

Da das gewonnene Schmiedeeisen dabei spröde blieb, begünstigte dies in der Folge die Herstellung von Gußeisen. Bereits 1708 hatte Abraham I Darby den Kastenguß in nassen Sand durchgeführt, was zur Entwicklung der Eisengießerei bedeutend wurde. Sie tritt nun mit einer gewissen Vollkommenheit in die Praxis der Massenproduktion von Gebrauchsgütern ein.

In dieser Hinsicht bedeutend waren auch die Erfindungen von René-Antoine de Réaumur in den zwanziger Jahren des 18. Jahrhunderts, die aus seinen theoretischen und experimentellen Untersuchungen zum schmiedbaren Guß hervorgingen. Réaumur hat als erster die Eisengießerei vom wissenschaftlichen Standpunkt betrachtet und entwickelte kleine, fahrbare und kippbare Schmelzöfen. Ein weiterer Entwicklungsschritt in der Gießereitechnik war Isaak Wilkinsons Patent von 1758 zur Formung röhrenförmiger Gußteile, die Einführung von ›Flammöfen‹ für große Gußmengen, und die Erfindung des Cupol-Ofens durch John Wilkinson 1794. Mit dem Einsatz des Cupol-Ofens, der billig in Anlage und Betrieb war, wurde die Gießerei vom Hochofen unabhängig. Eisengießereien entstanden nun in den englischen Städten unmittelbar am Ort des Verbrauchs.[184]

1800 bis 1870

Mit dem Ende des 18. Jahrhunderts beginnt ein neues Zeitalter der Eisenherstellung: die industrielle Produktion von Schmiedeeisen durch das 1784 eingeführte Puddelverfahren. Die zur Bearbeitung des Eisens nötige große Energie lieferte die Wattsche Dampfmaschine. Sie diente in der Folge zum Antrieb für den Walzprozeß, der von Anfang an einen integralen Teil des Cortschen Verfahrens bildete. Mit der Revolutionierung der Eisenherstellung und Bearbeitung wurde England bereits um 1800 zum größten Eisenproduzenten und damit zur führenden Industrienation der Welt. Der natürliche Reichtum an Erzen und Steinkohle konnte nun systematisch ausgebeutet werden. In der Zeit von 1800 bis 1870 war Englands Roheisenerzeugung um das dreißigfache gestiegen. Noch um 1870 produzierte es die Hälfte der Welterzeugung.

Die großen Eisenmengen, die vor allem für den Ausbau der Eisenbahn, jedoch auch für den Schiffsbau, Fabrik- und Maschinenbau zu schmieden waren, konnten jedoch auf die Dauer nicht mehr nach den bewährten Produktionsmethoden von Englands Industrie geliefert werden. Das Zeitalter des Puddelverfahrens, gegenüber den vorhergehenden Frischverfahren ein großer Fortschritt, mußte in den sechziger Jahren des 19. Jahrhunderts dem Zeitalter des Flußeisens, der Herstellung des Massenstahls weichen. Die wachsenden Anforderungen der Industrie, vor allem des Maschinenbaues, führten zu ständig neuen Verbesserungen auch im Gußverfahren. Dies wiederum wirkte belebend auf den Fortschritt im Guß von Bauteilen für Brücken und Hochbauten. In Deutschland entstanden zahlreiche, auf den Kunstguß spezialisierte Betriebe.

Theoretische und empirische Beobachtungen ergänzten sich und wirkten auf die Verbesserung der Schmelzprozesse in den Hochöfen und Gießereien. Die Theorie der Schlackenbildung (Jöns Jakob Berzelius) und die Erfindung der Winderhitzung (James B. Neilson) gaben die Grundlage zu einem rationellen Hochofenbetrieb. Die wichtigste Verbesserung in der Gußtechnik war die Einführung von Formmaschinen zur Herstellung von Gußformen (Röhren, Zahnräder usw.), die häufig gebraucht wurden. Dadurch wurde Handarbeit durch Maschinenarbeit ersetzt (1827: Einführung der Modellplatte; 1845: Formen von Röhren ohne Modell durch Bohren in der Sandmasse; 1851: Verwendung doppelseitiger Modellplatten; 1855: erste Abhebeformmaschine auf der Pariser Weltausstellung; 1875: Erfindung der Wendeplattenformmaschine; 1885: Einführung der Durchziehmaschinen; 1890: erstes Fließband im Gießereibetrieb bei Westinghouse und Co.).[185]

Ab 1856 steigen die Bemühungen, das mechanisierte Puddeln durchzusetzen. In diesem Jahr meldete Sir Henry Bessemer ein Patent an, das den Prozeß der Eisenerzeugung künftig ebenso revolutionieren sollte wie der Puddelprozeß. Es bestand in einer neuen Methode der Stahlbereitung, indem geschmolzenes Roheisen durch das Durchblasen atmosphärischer Luft in flüssigen Stahl bzw. Schmiedeeisen verwandelt wird (Bessemer-Birne). 1865 ergänzte das aus Frankreich stammende Siemens-Martin-Verfahren die Flußeisenproduktion. Über diese Verfahren wird die Eisenerzeugung in den Öfen zu einem auf wissenschaftlicher Grundlage kontrollierbaren, chemisch und mechanischen Formverwandlungsprozeß. Die bisher vom Geschick der Arbeiter abhängige Produktion verwandelt sich in eine weitgehend industrealisierte und ökonomische Herstellung von schmiedbaren Eisen von bisher unerreichter Qualität. Damit ist auch auf dem Gebiet der Eisenerzeugung die industrielle Revolution vollendet, die im gleichen Zeitraum durch die Produktion von Maschinen durch Maschinen sich ausdrückt. Diese umwälzenden technologischen und metallurgischen Neuerungen begünstigen die Anwendung von Schmiedeeisen und Stahl im Bauwesen und leiten zugleich das Ende der ›Ära des Gußeisens‹ ein.[186]

Statistik der Roheisenerzeugung

Roheisenerzeugung von 1800 bis 1870 (in Mill. t)[187, 188]

	England	Frankreich	Deutschland	Welt
1800	0,190	0,060	0,040	—
1810	0,250	0,045	0,055	—
1820	0,370	0,140	0,090	—
1830	0,680	0,225	0,120	1,590
1840	1,400	0,405	0,190	2,770
1850	2,250	0,405	0,210	4,280
1860	3,890	0,900	0,550	7,360
1870	4,896	1,290	0,975	9,481

Der Ingenieurbau – Erforschung der Naturgesetze im Dienste der Baustatik

Die Reihe von Nutzbauten, die in Form von Brückenbauwerken, Speichern, Fabriken, Bahnhöfen, Markthallen, Ausstellungsbauten usw. als allgemeine Bedingung der industriellen Produktion im Laufe des 19. Jahrhunderts notwendig wurden, charakterisierte die Ausbildung ihrer Tragwerke auf das konstruktiv Zweckmäßige. Dieser Sachverhalt war zugleich Ausdruck der allgemein gewordenen Rationalität des Kapitals, welches nach den Gesetzen der Verwertung, der kalkulierten Relation von Kosten und Nutzen, zu handeln gebot. Durch die Anwendung des neuen, voll industrialisierten Baustoffes Eisen, der sukzessiv die traditionellen Baustoffe Stein und Holz ersetzte, wurde diese rationelle Tendenz verstärkt.

Der Grund dafür lag darin, daß der Baustoff Eisen bis zur Verbreitung des gewalzten Massenstahls in der zweiten Hälfte des 19. Jahrhunderts ein überaus kostbares Material war, das im vornherein eine ökonomische Anwendung erforderlich machte. Hinzu kam, daß die mit der Industrialisierung wachsende räumliche Konzentration von Arbeits- und

Austauschprozessen eine neue Größenordnung von Brücken- bzw. Hallenbauten hervorrief, deren weitgespannte Konstruktionen den Einsatz eiserner Tragwerke begünstigten, zugleich jedoch ein höheres Maß an Kontrolle ihrer Stand- und Tragfähigkeit nahelegten. Das Bauen auf der Grundlage empirischer Erfahrung, welche bis Ende des 18. Jahrhunderts nahezu allen zum Teil noch manufaktur- bzw. handwerksmäßig betriebenen Bauprozessen zugrunde lag, konnte einem neuen Material gegenüber, für dessen Einsatz im Bauwesen es in der Vorgeschichte keine systematisierbaren Beispiele gab, nicht mehr in der alten Form weitergeführt werden. Aus Gründen der gezielt zu verfolgenden Ökonomie der Konstruktion, im Rahmen von Bauaufgaben ganz neuer Größenordnung und bei der mangelnden praktischen Erfahrung im Bauwesen, mußte der Baustoff Eisen bei seinem Einsatz besonders kontrolliert werden. »Die Methoden dieser Kontrolle, die wissenschaftlichen sowohl wie die praktischen, haben sich mit und an den Eisenbauten selbst entwickelt, gehören also gleichsam zu ihren Lebensbedingungen.«[189]

»Sie führten zur Ergänzung der Praxis und Empirie durch Theorie, Zusammenfassung vereinzelter Kenntnisse zu einem System, Ausbildung des Wissens zu einer Wissenschaft in Form einer statischen Theorie bzw. Konstruktionslehre. Ohnehin waren Eisenkonstruktionen in ihrem Gliederwerk eine besonders sinnfällige Verkörperung der im Bau wirksamen statischen Kräfte und provozierten somit jenen synthetischen Weg, in welchen Probleme der Mechanik aus dem Bereich arithmetischer Operationen und algebraischer Formeln auf das Bauwesen übertragen und gelöst werden.«[190]

Zu Anfang des 19. Jahrhunderts traten theoretische Erkenntnisse der Baustatik und experimentellen Baupraxis in eine befruchtende Wechselwirkung. Dieses glückliche Zusammentreffen führte in der Konstruktionsentwicklung zu erstaunlichen Ergebnissen. Dies wurde die Grundlage der pionierhaften Vorschläge für Eisen- und Glaskonstruktionen von Loudon und Paxton und deren Nachfolgern. Der kühne Vorstoß Loudons, die bis dahin gänzlich neue Konstruktionsform der ›Schale‹, die er in seinen Bauten in London ›Bayswater House‹ 1817/18 und Bretton Hall 1827 ausführte, beruhte einerseits auf einem wissenschaftlichen Denken, indem er ein detailliertes Bauprogramm aus der Funktion seiner Gebäude ableitete, und andererseits auf einer experimentellen Erfahrung, die er mit seinem Partner, der Eisenbaufirma W. and D. Bailey, gemeinsam erworben hat.

Verfolgen wir im historischen Abriß den Weg der Naturerkenntnis, die in Wechselwirkung von Theorie und Experiment in den Glashausbauten des 19. Jahrhunderts physische Gestalt annimmt: Das Grundprinzip der Statik als Lehre vom Gleichgewicht der Kräfte war bereits zur Zeit Galileo Galileis bekannt, der das Tragverhalten von Kragbalken untersuchte und damit Ansätze zur Berechnung von auf Biegung beanspruchten Trägern lieferte. Diese Kenntnisse ergänzten die Axiome Isaak Newtons und die Aufstellung des Kräfteparallelogramms von Simon Stevin. Wichtige Grundlagen zur Elastizitätslehre lieferten Robert Hooke, Edme Mariotte und Gottfried Wilhelm Leibniz, die das Verhältnis von Dehnung und Spannung sowie die Knickfestigkeit untersuchten und zum Teil in Gesetze faßten. François Viéta führte das Rechnen mit abstrakten Größen – die Algebra – ein, ergänzt durch graphische Darstellungsverfahren von Philippe de la Hire. Auf Arbeiten von Johann Bernoulli und Leonhard Euler aufbauend, entwickelte Charles Augustin de Coulomb seine Theorie von den ›inneren Kräften‹ mit der Bestimmung der Lage der Gleichgewichtsachse (neutrale Linie) des auf Biegung beanspruchten Balkens, wonach in dessen Querschnitt mit dem Abstand von der Nullinie die Spannungen zunehmen. Alle drei lieferten einen wesentlichen Beitrag zur Biegetheorie.[191]

Gegen Ende des 18. Jahrhunderts entstanden vereinzelt theoretische Baulehren, vor allem für den Brückenbau. »Dennoch blieb bis Ende des 18. Jahrhunderts in den Kreisen der Architekten und Bauingenieure noch immer die praktische Erfahrung die einzige als zuverlässig anerkannte Macht.«[192]

Die entscheidende Wendung zur Ausbildung und Praxis der statischen Theorie ging von Frankreich aus. Dies ist um so erstaunlicher, als England um 1800 in der Eisenindustrie seit der Erfindung des Puddelprozesses und der Einführung der Dampfmaschine bereits unbedingt überlegen war und sämtliche eingreifenden Erfindungen im Bereich der Mechanik und Eisenbereitung dort ihren Ursprung hatten. Die Erklärung für den Vorsprung Frankreichs in der Theoriebildung ist der bereits in der Manufakturperiode ausgebildete staatliche Zentralismus und das diesem unterstellte und von ihm kontrollierte Kriegswesen. Zur Fortentwicklung der militärischen Infrastruktur, welche zunehmend – zum Beispiel im Straßenbau – auch produktionsrelevant war, war die systematische Ausbildung der Konstrukteure in den naturwissenschaftlichen Fächern, vor allem in der Mechanik, nötig.

Bereits 1747 wurde die höhere technische Lehranstalt ›Ecole nationale des ponts et chaussées‹ gegründet. Der Staat hatte auch die Absicht, zur Hebung des Eisenhüttenwesens eine Bergakademie zu gründen. Mit der Einrichtung der ›Ecole polytechnique‹ 1794 und der ›Ecole nationale supérieure des mines‹ 1747 wurden neben Vorlesungen über die mechanischen Wissenschaften auch solche über Mineralogie, Bergbau, Probierkunde und Hüttenkunde gehalten.[193]

In England hingegen kümmerte sich der Staat so gut wie gar nicht um das Schulwesen. Der technische Unterricht wurde stark vernachlässigt. Gegen Ende des Jahrhunderts, 1789 in Birmingham und 1799 in Glasgow, entstanden die Mechanic Institutions, welche jedoch nur eine Art Fortbildungsunterricht nach dem Prinzip von Abendschulen erteilten.[194]

Gegen Ende des 18. Jahrhunderts manifestierte sich in der gesonderten Ausbildung die Abspaltung von Architekten und Ingenieuren. Letztere betrachteten die Baukunst fortan »als natürliche Tochter der Mathematischen Wissenschaften«, während die Architekten sie zunehmend als ein ästhetisches Problem begriffen, und die Mathematik lediglich in ihren Proportionslehren anwendeten.[195] Bereits die erste große, 1811 entstandene Glas-Eisenkonstruktion des Hochbaus, die gußeiserne Kuppel von François-Joseph Bélanger über der Halle aux Blés in Paris, ist der Versuch einer von dem Ingenieur Brunet auf rechnerischem Weg durchgeführten Bestimmung der Konstruktion.[196] Der Soufflotschüler Jean-Baptiste Rondelet veröffentlichte in der Folge seinen ›Traité théorique et pratique de l'art de bâtir‹, in welchem er einen breiten Raum den Eisenkonstruktionen und einer Gewölbetheorie einräumte.[197] Unter Louis Navier wird die statische Berechnung zum erstenmal zum wesentlichen Teil der Konstruktionslehre. In seinem Hauptwerk ›L'application de la mécanique à l'établissement des constructions et des machines‹ von 1824 versucht er nach Prüfung aller bekannten statischen und dynamischen Theorien durch die Mathematik die Errichtung eines wissenschaftlichen Lehrgebäudes mit dem Zweck, es der herrschenden Praxis an die Seite zu stellen. In seinen zu den ›Résumées‹ (1826) zusammengefaßten Vorlesungen an der ›Ecole des ponts et chaussées‹ verfolgt er das Ziel ›d'exposer les conditions de l'établissement des constructions, que les ingénieurs dirigent et de mettre à même de vérifier le degré de résistance de chacune de leurs parties.«[198] Obwohl seine Theorie in der Praxis nur hölzerne und eiserne Stabwerke, fast ausschließlich Sprengwerke, zum Gegenstand hat, gilt Navier heute als Begründer jenes Teiles der Mechanik, der als Baustatik fortan einen eigenen Wissenschaftsbereich bezeichnet.[199]

Eine unentbehrliche Voraussetzung zur Ausbildung der Baustatik war die Kenntnis der Materialeigenschaften des Eisens. Qualitative Verbesserungen im Verhüttungs- und Ver-

arbeitungsprozeß wurden danach ausgerichtet. Durch Bestimmung der extremsten Ausnutzung der Tragfähigkeit gelangte man dadurch letztlich zu ökonomischeren und zugleich bruchsicheren Konstruktionen. Noch 1800, beim Vorschlag Thomas Telfords zu
einer gußeisernen Brücke über die Themse, fand sich kein Gutachter, der die Bruchfestigkeit von Gußeisen hätte bestimmen können.[200]

Ab 1820, mit dem Beginn des Walzens von Schienen, löste sich der Eisenbahnbau »als
eigener Zweig des Ingenieurwesens vom Bauwesen ab«.[201] Mit der Entwicklung des
Eisenbahnwesens war – besonders auf dem Gebiet der Brücken und Schienen – die
Festigkeit des Eisens zu einer der wichtigsten Fragen der Praxis geworden. »Welche
Anforderungen waren an die Tragkraft des Eisens zu stellen? War gußeisernen oder
schmiedeeisernen Brücken der Vorzug zu geben?«[202] In der sukzessiven Beantwortung
dieser Fragen, wobei auch die praktische Erfahrung bestätigend zu Hilfe genommen
wurde, entschied sich die künftige Anwendung des Gußeisens und Schmiedeeisens im
Hochbau. Ein wichtiger Schritt in der nun zu führenden Beweiskette waren die zwischen
1815 und 1830 angestellten Festigkeitsversuche. Auf den Untersuchungen des 18. Jahrhunderts über die Materialstruktur von Gußeisen von René-Antoine Réaumur und Ema-
nuel Svedenborg aufbauend, lieferten Arbeiten von J. B. Rondelet (1814-1817), der die
Experimente von Jacques-Germain Soufflot veröffentlichte, A. Eytelweins (1803) und
Thomas Youngs (1807), der die Einführung eines Elastizitätsmoduls vorschlug, erste
Erkenntnisse. Sie bestanden in der Unterscheidung von absoluter, relativer und respekti-
ver Festigkeit (Widerstand gegen Zerreißen, Zerbrechen und Zerdrücken). Der Aufhebung der Kohäsion des belasteten Eisens durch Bruch geht eine Formveränderung des
Materials voraus, die, übersteigt die Belastung nicht ein gewisses Maß, sich wieder auf-
hebt. Für die Praxis war die Ermittlung der Elastizitätsgrenze fast noch wichtiger als die
der absoluten Festigkeit und Kraft, da sie zur Bestimmung der Sicherheit von Tragwerken
unerläßlich war.[203]

Neben Experimenten der Maschinenfabrikanten Bramah und Banks und der Brücken-
bauer John Rennie und Thomas Telford wurden in den zwanziger Jahren des 19. Jahrhunderts in systematisch wissenschaftlicher Weise Untersuchungen zur Festigkeit des
Schmiedeeisens von Duleau (1820) und des Gußeisens von Thomas Tredgold (1823) und
Richard Reynolds geführt. Diese Festigkeitsversuche zeigten wegen der Unterschiedlich-
keit der verwandten Eisensorten und Methoden große Abweichungen. Am häufigsten
wurde die absolute Festigkeit des Roheisens überprüft, deren Grenze jedoch wegen der
ungleichmäßigen Struktur dieses Materials unsicher war.

Ergebnis dieser Reihe systematisch durchgeführter Versuche war die Erkenntnis, daß
die mittlere absolute Festigkeit des Gußeisens, die Beanspruchung auf Zug, beträchtlich
geringer als die des Schmiedeeisens war. Hingegen zeigte es sich, daß die relative Festigkeit, Widerstand gegen Druck, bei Gußeisen günstig war. Dadurch wurde das bereits in
den frühen Brückenbauwerken und ersten Hochbauten intuitiv und empirisch vorhandene Wissen der Konstrukteure über den Vorzug des Gußeisens bei Unterstützung von
Lasten und über dessen Nachteil gegenüber Schmiedeeisen – die geringe Zugfestigkeit –
durch wissenschaftliche Erkenntnisse ergänzt.[204] Danach richtete sich die Praxis der Konstruktion der Tragwerke aus. Eaton Hodgkinson und sein Mitarbeiter Leeds (1824) un-
ternahmen Versuche zur Einführung neuer Trägerformen, wobei das Interesse dem Verhältnis von Steg und Flanschhöhe galt.[205] Sir William Fairbairn, der sich dem Problem des
unterspannten gußeisernen Balkens zuwandte, bewies, daß der schmiedeeiserne T-Träger jenem überlegen ist (1859). Hodgkinson gelangte über eine Reihe von Versuchen mit
massiven und hohlen Rundstützen zu einer durch Empirie gesicherten Berechnungsfor-
mel zur Bestimmung des Querschnittes.[206]

Die weitere Entwicklung der statischen Theoriebildung ging von der Berechnung des gegliederten Trägers aus, des für den Eisenbau in Zukunft wichtigsten Faktors. Bezeichnenderweise schloß diese Theorie nicht an den gußeisernen, gegliederten Träger an, der im Brückenbau bzw. Dach- und Deckentragwerken bereits vielfach Anwendung fand. Der Anlaß waren vielmehr schmiedeeiserne Stabwerkkonstruktionen in Form der ›king post roofs‹ bzw. hölzerne Fachwerkträger im Brückenbau. Es handelte sich dabei also um Konstruktionen, die nicht – wie bei Guß im ganzen – starr geformt, sondern aus genormten, in ihren Anschlüssen beweglichen Einzelteilen zusammengefügt waren.

Nach vorhergehenden Veröffentlichungen zum Prinzip konstruktiv richtig gelöster Dreiecksfachwerke durch Camille Polonceau und R. Wiegmann 1845, trat Karl Culman 1851, im Zusammenhang mit seinem Bericht über hölzerne Fachwerkträger in Nordamerika, mit einer entwickelten Theorie der Fachwerkträger hervor. Diese Theorie wurde zur gleichen Zeit von Johann Wilhelm Schwedler ergänzt. Culmann hatte sie an Brücken gewonnen, die ohne Kenntnis ihres inneren Aufbaus nach dem System von J. Stefan Long und J. L. Howe errichtet worden waren.

Mit der Theorie des Fachwerkträgers, ergänzt durch graphische Darstellungsmethoden von Karl Culmann und Luigi Cremona, wird die Baustatik als selbständige Wissenschaft in ihren wesentlichen Umrissen um die Jahrhundertmitte vollendet.[207] Ihre Auswirkung auf die Praxis der Eisenkonstruktionen ist im Verein mit der allseits beginnenden Anwendung von Walzprofilen (vor allem des Doppel-T-Eisens) eine Verstärkung der Tendenz der ökonomischen Bestimmung der Tragwerke. Gußeiserne Dachtragwerke, die vor allem in Form von Bogenträgern oder Gitterträgern bis in die sechziger Jahre neben den ersten schmiedeeisernen Fachwerken vielfach eingesetzt wurden, werden nun von vielen Konstrukteuren als zu schwerfällig und für eine weitere konstruktive Verfeinerung im Sinne einer Auflösung in leichtes Stabwerk als zu spröde erachtet.

»Tatsächlich hat sich der Fachwerkgedanke erst im Zusammenhang mit den schmiedeeisernen Konstruktionen durchsetzen können.«[208] Solche Tragwerke konnten in ihren Formen den Anforderungen der theoretischen Statik weit eher entsprechen als gußeiserne, ohne übermäßig hohen Anspruch an das Ideal der rationellen Konstruktion. Die Theorien des Brückenbaues der fünfziger und sechziger Jahre waren von großem Einfluß auf die künftige Materialwahl: Zahlreiche Einstürze gußeiserner Brücken, welche die Stoßempfindlichkeit und die Grenzen der Belastbarkeit von Gußeisen auf Biegung bzw. Zug unter Beweis zu stellen schienen, führten auch im Hochbau zu einer weiteren Reduktion gußeiserner zugunsten schmiedeeiserner Konstruktionen.[209] Gußeiserne Tragwerke, welche das Bauen in Eisen in der ersten Jahrhunderthälfte bestimmten, wurden im wesentlichen noch nach empirischen Erfahrungswerten errichtet. Dies gilt auch für schmiedeeiserne Tragwerke: Noch 1845 wurde z. B. von William Fairbairn, Eaton Hodgkinson und Richard Stephenson der günstigste Trägerquerschnitt der Britanniabrücke (1846-1850) empirisch ermittelt.[211] Um so erstaunlicher ist die am Gewächshaus vor 1850 abzulesende Entwicklung filigraner Eisenkonstruktionen, in denen die Tragfähigkeit des Gußeisens ohne detaillierte Berechnung bis zur Grenze ausgenutzt wurde. Verfolgten so die Ingenieure, ähnlich wie bei den Konstruktionen in Schmiedeeisen, die Prinzipien der Ökonomie und Wirtschaftlichkeit, so war doch ein wesentlicher Aspekt ihrer Rationalität auch die Eleganz der Linienführung – die ästhetische Zweckmäßigkeit.

Filigrane Eisenkonstruktionen sind – in noch heute unübertroffener Weise – ein Charakteristikum der gewölbten Dächer von Wintergärten und Gewächshäusern, deren Konstruktionsform sich von dem Pionier des Eisenbaues, J. C. Loudon, herleitet. Das Tragwerk dieser wie eine durchsichtige Seifenblase wirkenden Bauten besteht aus gebogenen, schmalen Sprossen und erhält seine Stabilität erst durch die eingekitteten Glasscheiben.

Damit entstehen zum erstenmal in der Baugeschichte schalenartige Konstruktionen, die, gemessen an ihrer Spannweite, die Dicke einer Ei-Schale haben. Auch auf diesem Feld eilte die Praxis der Theorie voraus. Loudon gewann seine Erkenntnisse noch durch Experimente. Die ersten Versuche einer statischen Berechnung von Schalen in Form von kreisrunden Dächern für Lokomotivschuppen und Gasometer wurden von J. W. Schwedler, 1863, durchgeführt. Im selben Zeitraum, 1868, hat E. Winkler den Zweigelenkbogen und den Dreigelenkbogen theoretisch bestimmt. Damit waren erst um 1870 sämtliche Konstruktionsformen des Glas-Eisenbaues, die uns in der Folge beschäftigen werden, statisch erfaßbar.

Mit der Durchsetzung der Prinzipien der modernen statischen Theorie war die Möglichkeit gegeben, »durch das Rechnen die Konstruktion in ihrer Gliederung klarer und zierlicher zu machen, Gegensätze auszugleichen, wesentliche Tragteile schärfer hervorzugeben und Nebensächliches als solches zu kennzeichnen«.[211] Von dieser Möglichkeit wurde jedoch mit zunehmender Theoretisierung der konstruktiven Ausbildung im Laufe des 19. Jahrhunderts immer seltener Gebrauch gemacht.[212] Eine Ausnahme bilden die allseits sichtbaren Glas-Eisenbauten der Gewächshäuser in der Zeit von 1800 bis 1870. Dieser Bautypus wurde zu einem wichtigen Experimentierfeld der Konstrukteure für die Entwicklung eiserner Tragwerke. Die Gründe dafür liegen, wie in den folgenden Abschnitten dargestellt wird, in der besonderen Bauaufgabe eines allseits verglasten Hallenbaues. Die hier auf empirischem Weg gewonnenen Erfahrungen waren grundsätzlicher Art und konnten daher auch auf andere Bauaufgaben übertragen werden. Das weitgespannte Betätigungsfeld der Konstrukteure von Gewächshausbauten zeigt die enge Verquickung der Bauaufgabe des eisernen Gewächshausbaues mit den großen Ingenieurbauten in Eisen, vor allem den Hallenbauten von Bahnhöfen, Märkten, Passagen, Wintergärten und Ausstellungsbauten: Dabei wird nicht nur die Aufhebung der später streng befolgten Aufgabentrennung in der Praxis von Architekt und Ingenieur deutlich. Auch Baudilettanten erhielten hier die Chance, als Eisenkonstrukteure aufzutreten und in zahlreichen Experimenten wichtige Beiträge für den Fortschritt des eisernen Hochbaus zu liefern.

Werke bedeutender Konstrukteure von Glashausbauten

   1. John Claudius Loudon (1783-1843)
     Gärtner und Theoretiker der Gartenkunst
     Ab 1817 zahlreiche Versuchsbauten in Form kurvenlinearer Gewächshäuser
       Großes Palmenhaus in Form einer Glaskuppel 1827 in Bretton Hall
       Entwürfe zu großen, z. T. mehrstöckigen Wintergärten und
       Vorschläge zur Anwendung ihrer Konstruktionsart für Schulen, Kirchen etc.
   2. Henry Phillips (1779-1840)
     Gärtner, Konstrukteur von Kuppelbauten aus Glas-Eisen.
       Aviarium, London, 1831 (diente gleichzeitig als Gewächshaus)
       Antheum, Hove bei Brighton 1832, Wintergarten (eingestürzt)
   3. Sir Joseph Paxton (1801-1865)
     Seit 1833 Gärtner im Dienste des Herzogs von Devonshire in Chatsworth. Als Landschaftsarchitekt, Architekt und Ingenieur tätig
       Zahlreiche Versuchsbauten zu kleinen Gewächshäusern ab 1833
       Großes Gewächshaus in Chatsworth, 1836-1840
       Victoria regia-Haus in Chatsworth, 1849

Kristallpalast im Hyde Park, London, 1850/51
Kristallpalast in Sydenham, London, 1852-1854
Entwürfe zu großen Ausstellungsbauten und Wintergärten
Entwurf zum ›Great Victorian Way‹, 1855

4. Richard Turner (?)
Eisenkonstrukteur; seit 1818 zusammen mit seinem Bruder Thomas Turner; Firmeninhaber der Hammersmith-Werke in Dublin.
Seitenflügel des Palmenhauses in Belfast 1839/40: erstes bekanntes Werk
Gewächshäuser in Dublin, 1842-1850 und Killikee bei Dublin, 1845-1850
Weintreibhaus in Phoenix Park bei Dublin, 1845-1850
Wintergarten im Regent's Park, London 1842-1846
Palmenhaus in Kew Gardens, London, 1844-1848 mit Decimus Burton
Dach der Broadston Station, Dublin, 1847
Dach der Lime Street Station in Liverpool, 1850
Entwurf zum Ausstellungsgebäude im Hyde Park, London, 1850

5. Hector Horeau (1801-1872)
Architekt der Ecole des Beaux-Arts
Entwurf für die Pariser Halles Centrales, 1845 (Vorbild für den Bau Victor Baltards von 1854)
Jardin d'Hiver in Lyon, 1847
Entwurf zum Château des Fleurs, 1847, und Jardin d'Hiver, Paris, 1846-1848
Entwurf zum Ausstellungsgebäude im Hyde Park, London, 1850

6. Charles Rohault de Fleury (1801-1875)
Schüler der Ecole polytechnique in Paris (1820)
Passage du Saumon, Paris, 1825 (zusammen mit seinem Vater Hubert)
Gewächshäuser im Jardin des Plantes, Paris, 1833
Anbau zu den Gewächshäusern im Jardin des Plantes, 1854

7. Charles Fowler (1791-1867)
Architekt und Ingenieur
Gewächshaus Syon House, London, 1820-1827
New Market, Gravensend (Kent), 1818-1822
Hungerford Market, London, 1831-1833
Covent Garden Market, London, 1828-1830

8. August von Voit (1801-1870)
Architekt und Hofbaumeister des bayerischen Königshauses
Glaspalast München, 1853/54
Wintergarten Maximilians II., Residenz in München, 1854
Großes Palmenhaus, München, 1860-1865
Wintergarten Ludwigs II., Residenz in München, 1867-1869

9. Rowland Mawson Ordish (1824-1886)
Ingenieur von Hallenbauten und Brücken
Wintergarten (Winter Palace) in Dublin, 1865
Wintergarten in Leeds, 1868
Royal Albert Bridge, Chelsea, 1872

Nous soussignés déclarons que la photographie ci-dessus sort de nos ateliers, qu'elle a été faite entièrement chez nous et en faisons le dépôt légal.

Bruxelles le 30 décembre Mil huit cent soixante quinze

18 Alphonse Balat und Henri Maquet, Laeken bei Brüssel, Jardin d'Hiver im Bauzustand, Foto, Dezember 1875

Der Schattenriß im Hellraum: eiserne Traggerüste für Glashäuser – eine Archäologie der Filigrankonstruktion

Der Schattenriß wie auch der Scherenschnitt gibt von seinem lebenden Abbild nur die Konturen. Ausdruck, Gefühlsstimmung, Farbe und Detail äußern sich in ihm nur am Umriß. Dennoch bleibt der bestimmende Gesamtcharakter erhalten. Das beginnende 19. Jahrhundert liebte es, Scherenschnitte von Personen anzufertigen, ihre Charaktere und Typen zu rekonstruieren und diese dann zu sammeln. Der schwarze Schattenriß en face erfüllte die Funktion der Fotografie von heute. Goethe lernte Charlotte von Stein zunächst nur im Scherenschnitt kennen. Johann Kasper Lavater in Zürich sammelte solche Bilder für sein physiognomisches Werk, das von den Zeitgenossen hoch geschätzt wurde, da sich in ihm die Menschen nach Typen und Temperamenten einteilen ließen. Dies war auch die Zeit der morphologischen Betrachtungsweise in der Naturwissenschaft: Baron George Cuvier, aber auch Goethe und Humboldt deuteten lebende und ausgestorbene Tierarten nach ihrem Knochengerüst, und es gelang ihnen dabei sogar, die animalischen Triebe zu rekonstruieren, ohne der beschriebenen Spezies in natura begegnet zu sein.

Unsere Methode ähnelt, von der Sache her begründet, diesem Rekonstruktionsverfahren. Um die geschichtliche Bedeutung des Glashauses als Bautypus in Zusammenhang mit dem Leben und dem Gefühl, das diese Häuser beherbergt haben, verstehen zu wollen, genügt es nicht, Archive zu durchstöbern oder noch bestehende Gebäude oder deren Ruinen aus der Dunkelkammer wieder erstehen zu lassen. Solche Dokumente entstehen oft aus willkürlichem Anlaß. Aus ihnen läßt sich schwer ein allgemeines Bild ableiten. Daher erscheint es uns notwendig, in einem gleichsam archäologischen Vorgehen von dem Knochengerüst der Glas-Eisenbauten, dem eisernen Tragwerk, auszugehen. Im schrittweisen Zusammensetzen der zergliederten Teile und ihrer Bestimmung innerhalb ihrer Entstehungsgeschichte fügt sich ein Bild zusammen, das längst vergangene oder nicht präsente Inhalte wieder erzeugt und anschaulich macht.

In der Konstruktion der Glashäuser sind die Triebkräfte der Zeit konserviert. Auf der einen Seite läßt sich an ihnen der Stand der Produktivkräfte, die auf das Bauen, wie auch auf das gesellschaftliche Leben im allgemeinen einwirken, ablesen. Auf der anderen Seite ist entschlüsselbar, in welcher Weise und auf welcher Stufe – Fortschritt oder Reaktion – der Bauherr und sein Konstrukteur als Individuum den vorhandenen Spielraum nutzen konnten. Shakespeares Ausspruch »der Mensch ist ein Abdruck im Schlamm der Geschichte« ist auf unseren Versuch übertragbar, den erloschenen Bautypus des pflanzengefüllten Glashauses mit den Ideen, die sich mit ihm verbanden, ans Licht zu holen. In einer detaillierten Aufzeichnung typischer eiserner Tragwerksformen versuchen wir die Entstehungsgeschichte der Glashäuser in ihren Verästelungen und Bezügen zu anderen Bauwerken, aber ebenso zur Industrie nachzuzeichnen. Der umfangreiche und vielleicht auch schwierige Text, der auch scheinbar nebensächliche Details streift, mag dem Leser einige Mühe bereiten. Er wird jedoch vielleicht belohnt durch die Einsicht, daß diese bisher kaum beachteten Bauten wirkliche unverwechselbare Charaktere innerhalb der Geschichte des Eisenbaues sind; daß sie in ihrer Konstruktionslogik eine innere Wahrheit und Schönheit zeigen und die Frucht eines Baugedankens sind, der – mit den Pflanzen – auch den Menschen noch mit einbezieht. Dies müßte uns, die wir Zeitgenossen einer bürokratischen Planung sind, nachdenklich machen. Wir werden veranlaßt, die Leistungen des vorangegangenen Jahrhunderts mit anderen Augen zu betrachten.

Wie sehr die durchgrünten Glashäuser ein tragender Gedanke des 19. Jahrhunderts waren, zeigt, daß sie zur Keimzelle der riesigen Ausstellungsbauten und Kristallpaläste des 19. Jahrhunderts werden konnten. Sie waren die Lieblingsidee eines fortschrittsgläubigen Bürgertums, das noch an die weltvereinigende Kraft der Ware glaubte, die unter einem transparenten Glasdach versammelt war.

In der folgenden Untersuchung werden gußeiserne und schmiedeeiserne Tragwerke im Interesse eines besseren Überblicks getrennt behandelt. Dies entspricht sowohl dem chronologischen Ablauf der Geschichte des Eisenbaues als auch der Tatsache, daß beide Materialien ihre eigenen typischen Konstruktionsformen gefunden haben.

Gußeiserne Tragwerke

Gußeisen im Hochbau

Gußeiserne Tragkonstruktionen bestimmen die Frühzeit des Eisenbaues in der ersten Hälfte des 19. Jahrhunderts. Dafür waren vor allem fertigungs- und konstruktionstechnische, letztlich jedoch auch ökonomische und ästhetische Gründe maßgebend.

A) Der gegenüber dem Schmiedeeisen einfache Herstellungsprozeß, die leichte Formung der Gußeisenelemente, führte bereits früh zur Bevorzugung des Materials Gußeisen; es entfällt der Arbeitsprozeß des Frischens und Schmiedens. Die Technologie der Bearbeitung von Schmiedeeisen hing wesentlich vom Entwicklungsstand der Arbeitsmaschinen, der Schmieden und Walzen, ab. Die ökonomische, materialsparende Ausbildung des Schmiedeeisens für Tragkonstruktionen war mit einer Profilierung des Querschnitts verbunden. Schmiedeeisen war zu Beginn des 19. Jahrhunderts günstig nur als Zugglied in Tragkonstruktionen zu verwenden. Gußeiserne Konstruktionsglieder konnten, in Ausnutzung der amorphen Gestalt des flüssigen Eisens, nicht nur jede Profilform in äußerster Exaktheit annehmen, sondern auch gemäß den Kräfteverhältnissen geformt werden. Durch Differenzierung der Einzelteile nach dem Kraftfluß bildeten sie bereits die frühe Form zusammengesetzter Tragwerke, wobei der innere Zusammenhang nicht, wie bei Schmiedeeisen, durch Schrauben und Bolzen, sondern durch die homogene Eisenmasse in einem einzigen Guß hergestellt werden konnte. Der Größe der in einem Stück gegossenen Teile waren jedoch durch den technologischen Vorgang des Gusses Grenzen gesetzt; sie überschritt in der Regel nur selten 5 m.[213]

B) Die Gußeisentechnik, welche die Reproduktion ein und desselben Gußelementes auf der Grundlage der Urform ermöglichte, führte im vornherein zur Elementierung und Standardisierung von Konstruktionsteilen. Dadurch konnte früher als in Schmiedeeisen eine wirtschaftliche Massenproduktion durchgeführt werden. Diese aus der Gußeisentechnik hervorgehenden Eigenschaften ermöglichten es den Konstrukteuren, die Entwicklung mit dem Fortschritt der industriellen Produktivkräfte über ein halbes Jahrhundert hinweg in Einklang zu bringen. Deshalb verkörpern gußeiserne Konstruktionen in diesem Zeitraum den Begriff des modernen Bauens. Den Höhepunkt dieser Entwicklung demonstriert der Kristallpalast von 1851, welcher durch die Anwendung von Gußeisen die Forderungen kurzer Bauzeit und Wirtschaftlichkeit erfüllen konnte. Erst die endgültige Durchsetzung gewalzter Eisenprofile in den fünfziger Jahren des 19. Jahrhunderts (Doppel-T-Eisen) verdrängte Gußeisen als fortschrittliches Baumaterial und gab ihm in der Folge, im Historismus, seinen archaischen Charakter. Zur Herstellung eines Profileisens waren bis in die zwanziger Jahre des 19. Jahrhunderts mehrere Arbeitsgänge des Schmiedens und Walzens notwendig. Erst mit der Entwicklung der Eisenbahn und der damit verbundenen Schienenproduktion wurden für die Schwerindustrie Investitionen im Bereich entwickelter, kapitalintensiver Arbeitsmaschinen wie Walzen lohnend. In der Folge – ab 1850 – konnten Profileisen in großer Auswahl und guter Qualität hergestellt werden, und durch weniger hohe Preise mit Gußeisen konkurrieren. »Bis zur ersten Hälfte des 19. Jahrhunderts war die Herstellung des Schmiedeeisens noch so kostspielig, daß bei Baukonstruktionen fast nur Gußeisen in Frage kommen konnte.«[214] Noch 1858, bei der Markthalle in Lyon von Desjardins (Abb. 31), die aus gußeisernen Einzelteilen zusammengeschraubt wurde, war diese Herstellungsart billiger als eine schmiedeeiserne Konstruktion.[215]

C) Außer diesen Gründen, die letzten Endes in Fragen der Rentabilität wurzelten, war für die Bevorzugung gußeiserner Tragkonstruktionen in der Frühzeit des Eisenbaues das empirische Vorgehen der Konstrukteure und Architekten in der Baupraxis maßgebend: Das Tragverhalten des Eisens war in der Frühzeit der Eisenkonstruktionen noch nicht wissenschaftlich bestimmbar. Die Ausbildung der Tragglieder in Gußeisen beruhte vorwiegend auf Erfahrungswerten. Noch Paxton war beim Bau des Kristallpalastes gezwungen, die Bruchfestigkeit seiner gußeisernen Gitterträger durch Belastungsproben, welche marschierende Soldaten durchführten, zu prüfen.[216]

Die wissenschaftliche Erkenntnis über das Tragverhalten von Eisen beginnt mit der breiteren Verwendung schmiedeeiserner Konstruktionen in Form von Profilen, die als Stäbe der Fachwerke eingesetzt wurden. Hier waren im Unterschied zu den steifen Rahmen gußeiserner Tragwerke die elastischen Eigenschaften des Schmiedeeisens in einer Kette von Versuchen erfaßbar, was die Elastizitätstheorie begründete und damit die Basis für die statische Theorie herstellte. Darauf weisen bereits die von C. F. Zorés an Walzprofilen 1849 durchgeführten Belastungsproben hin, welche die Querschnittsausbildung von Balken bestimmten. »Das bis dahin übliche Verfahren zur Bestimmung der Stärke der Konstruktionsteile nach der Bruchfestigkeit ihres Materials wurde aufgegeben und dafür dessen Elastizitätsgrenze als Norm angenommen.«[217]

Die Folge der Unkenntnis des Tragverhaltens des Materials Eisen war die Überdimensionierung der meisten Gußeisenkonstruktionen, vor allem im Druckbereich. Intuitiv die geringe Zugfestigkeit des Gußeisens erkennend, gaben die frühen Konstrukteure in ihren Dachtragwerken der Bogenform den Vorzug, welche vorwiegend Druckspannungen aufweist. Im selben Zusammenhang steht die große Höhe, welche Binder in Dreiecksform, Satteldächer tragend, erhielten. Solange Gußeisen wesentlich billiger als Schmiedeeisen war, spielte das größere Gewicht von Gußträgern und Stützen infolge der technisch notwendigen Wandstärken (Minimum 1,5 cm) nur eine untergeordnete Rolle. Als besonders vorteilhaft erwies sich der Gebrauch von Gußeisen dort, wo seine Druckfestigkeit voll genutzt werden konnte: in den Stützwerken. Ein wichtiger Aspekt der Anwendung dieses Materials, waren jedoch auch die metallurgischen Eigenschaften: gute Korrosionsbeständigkeit und gute Resistenz gegen Wärmeeinwirkung. Die meisten Konstrukteure des 19. Jahrhunderts hielten Gußeisen widerstandsfähiger gegen Feuer als Schmiedeeisen.[218] Dies hat nach Wittek u. a. der Brand des Münchner Glaspalastes bewiesen.[219]

D) Vor die schwierige Aufgabe gestellt, in sich steife, jedoch vielfach gegliederte Tragkonstruktionen ohne statische Theorie herzustellen, nahmen die Konstrukteure gerne zu Formen Zuflucht, welche zugleich als Ornament Gültigkeit hatten. Die Gießtechnik gewährte hinreichend Freiheiten. In diesem Zusammenhang erhielten gußeiserne Konstruktionen eine Formgestalt, welche an die traditionelle Architektur anknüpfte. Der Baustoff Gußeisen erleichterte »die Anpassung an antike Vorbilder, und er galt zunächst lange Zeit als Surrogat für echte Konstruktionen oder mußte sich klassischen Vorbildern fügen, die aus der Technik des Holzes und Steines entwickelt waren«.[220]

Dies bezeugen die zahlreichen Formenlehren des 19. Jahrhunderts, die zwischen zweckmäßiger Konstruktion und ›Kunstform‹ in der Ausbildung gußeiserner Tragwerke zu vermitteln suchen. Wie bereits für J. B. Rondelet, so leitet sich z. B. auch für Reinhard Baumeister die ›ästhetische Ökonomie‹ von Gußeisen im besonderen vom Steinmaterial ab. Er begründet dies damit, daß beide Materialien hauptsächlich die Druckfestigkeit als einzig benutzbare Eigenschaft besitzen. Zudem seien beide empfindlich gegen Erschütterung, namentlich gegen Biegung, und aus feurig-flüssigem Zustand in großen Massen erstarrt, so daß die Formung aus plastischem Ton im Grunde dasselbe Verfahren sei, wie das Eingießen des Metalls in Sandformen. »Die ältesten gußeisernen Bogenbrücken … besitzen hohe Bögen aus vielen Gewölbstücken, welche … in statischer Beziehung geradezu den Platz von Gewölbsteinen einnehmen.«[221] Ebenso seien gußeiserne Säulen, Gesimse und Konsolen Beispiele dafür, daß dieses Material Surrogat für Stein sein könne. »Es liegt nun offenbar nahe, auch die freien, stilistischen Formen denjenigen des Steins nachzubilden. In der Tat wird diese Anlehnung der beste Weg für die Kunst sein … Völlig neue Formen können vom Gußeisen nicht verlangt werden.«[222] Der Vorzug der Verwendung von Gußeisen im frühen 19. Jahrhundert war somit auch ästhetisch bestimmt, insofern die Konstrukteure die gewohnte Massivität und Solidität der Tragglieder sowie Ornamentik und Gewölbe in diesem neuen Material wiederaufnehmen konnten. Die beharrliche Verbindung mit der ästhetischen Tradition zeigt neben den Bogenbindern vor allem die Entwicklung der gußeisernen Säulen, die, noch in der Ära der wissenschaftlich bestimmten Fachwerke, mit Kapitell und Basis antiker Prägung ausgestattet wurden.

Die neuen technischen Möglichkeiten des gußeisernen Hochbaues gegenüber dem konventionellen Bauen zeigte sich erstmals in umfassender Weise in der Anwendung von Spannwerken zur Überdeckung weiter und hoher Hallen. Deutlicher als in den ebenfalls bereits früh verwendeten Stützwerken traten in den Spannwerken die Grenzen hervor, innerhalb welcher Gußeisen in seiner Tragfähigkeit voll genutzt werden konnte. Die Entwicklung gußeiserner Spannwerke ging vom Brückenbau, die der Stützwerke vom Fabrikbau aus. Ein wichtiger Schauplatz für die weitere Fortentwicklung gußeiserner Spann- und Stützwerke zu einem integrierten, in sich selbst standfesten Eisengerüst war der Gewächshausbau von 1820 bis 1870. Die Notwendigkeit der für das Pflanzenwachstum erforderlichen Glas-Eisenhallen von großer Spannweite, beträchtlicher Höhe und vor allem mit maximalem Lichteinfall »gaben den Anstoß zu baulichen und technischen Maßnahmen, die in der Folge zu bahnbrechenden Erfindungen führten, wie sie der Hochbau kaum auf einem anderen Teilgebiet aufweisen konnte«.[223]

Der Balken

Bereits die ersten gußeisernen Balken, die um 1800 im Hochbau Anwendung fanden, wiesen in ihrem Querschnitt eine Profilierung bzw. eine in der Balkenmitte vergrößerte Höhe auf. Dies zeigt, daß die Konstrukteure in der Frühzeit des Eisenbaues bereits ingenieurmäßige Prinzipien der Materialökonomie verfolgten.

Bei einem gleichmäßig belasteten, nicht eingespannten Balken treten im Mittelfeld erhöhte Spannungen auf. Bei einem durchlaufend gleichen Querschnitt ist daher der Balken nur in der Mitte voll ausgenutzt. Dieser Sachverhalt führte zum Gedanken, dem Balken in der Mitte eine größere Höhe zu geben. Ein weiterer Schritt bestand in Versuchen, Träger in ihrer Gesamtform als »Balken gleichen Widerstandes« auszubilden. Mit der Konstruktion des zusammengesetzten Balkens z.B. durch Unterspannung erscheinen die Vorläufer der Fachwerke. Die Anpassung der Balkenform an den Kräfteverlauf wirkte auch auf die Querschnittsausbildung: Die im Balken wirkenden Kräfte ordnen sich um die neutrale Achse in Form von Zug- und Druckkräften. Der Gleichgewichtszustand des Balkens erfordert, daß die Summe aller im Querschnitt auftretenden Kräfte gleich Null sein muß. Diese Kräfte wachsen im linearen Verhältnis zum Abstand von der neutralen Achse, d.h. sie sind nicht gleichmäßig über die Querschnittsfläche verteilt. Diese Erkenntnis führte im Eisenbau, wo die ökonomische Notwendigkeit zur Gewichtsersparnis sich mit der technischen Möglichkeit einer Differenzierung des Querschnittes verbinden ließ, zu einer Profilierung des Balkens nach Steg und Flanschen.[224]

Bei schmiedeeisernen Balken stieß dies auf Schwierigkeiten: Solange sich das Walzen von Profileisen (1820, Patent von J. Berkinshaw) noch nicht durchgesetzt hatte, verwendete man im Hochbau häufig gewalzte Flachstäbe, die sich jedoch wegen ihrer mangelhaften Seitensteifigkeit nur begrenzt einsetzen ließen. Solche Flachstäbe bildeten die Ausfachung der ›Pariser Roste‹ um die Jahrhundertwende.[225] Hingegen konnten gußeiserne Balken, als Dach- und Deckenträger eingesetzt, leicht in jeder beliebigen Form profiliert werden. Ein Hindernis ihrer zweckmäßigen Anwendung war jedoch die noch fehlende wissenschaftliche Erkenntnis des Tragverhaltens von Gußeisen. Die Formgebung nach Steg und Flanschen erfolgt intuitiv oder nach schwankenden Erfahrungsgrundsätzen. Die Materialeigenschaften des Gußeisens ergeben, daß seine Aufnahmefähigkeit von Zug- und Druckkräften im Unterschied zu Schmiedeeisen stark differiert: Sie entspricht etwa dem Verhältnis von 1:3, während sie bei Schmiedeeisen fast gleich ist.

Bei gegossenen Balken wurde diese Tatsache von den Konstrukteuren nicht gleich erkannt. Sie wurden zunächst oft als symmetrische Querschnitte ausgebildet. Noch 1825 empfahl Th. Tredgold aufgrund von Versuchen gleich große obere und untere Flansche. Das Unrichtige dieser These wurde erst um 1840 von W. Fairbairn erkannt.[226] Fairbairn und James Lillie favorisierten in den zwanziger Jahren Träger ohne oberen, jedoch mit verbreitertem unteren Flansch; Hodgkinson hingegen bewies 1824 die Überlegenheit von Trägern mit schmalem Flansch oben und breitem Flansch unten.[227] Das günstigste Verhältnis der Flanschgrößen war nach Fairbairn 1:4 - 1:5$^{1}/_{2}$, wobei die erzielbare maximale Spannweite im Hochbau 8 m, im Brückenbau 12 m betrug. Der erste im Bauwesen eingesetzte und vielfach verwendete gußeiserne Balken auf zwei Stützen war die Gruben- bzw. Eisenbahnschiene. Die auf Bohlen aufgenagelte Flachschiene R. Reynolds (1767) entwickelte sich zur Schiene mit Spurrand von B. Curt (1776) und zur Stegschiene mit kopfartiger Verdickung am oberen Stegende von W. Jessop (1786). Dieser in der Folge in Form der Fischbauchschiene verbesserte Träger wurde bis 1816 produziert. In seiner Querschnittsform ein Vorläufer der gewalzten Pilzschiene, entsprach er nicht den Materialeigenschaften des Gußeisens. Der häufige Bruch solcher Schienen führte zur Erfindung gewalzter Profile, die 1836 mit der Einführung der Vignol-Schiene ihre noch heute gebräuchliche Form fanden (Abb. 19).[228] Bei der frühen Anwendung im Hochbau – 1801, beim Bau einer Spinnerei in Manchester von M. Boulton und J. Watt – wurden gußeiserne Träger hergestellt, deren Profil entsprechend dem Verhältnis der Zug- und Druckkräfte geformt war. Es entstand damit bereits der klassische Querschnitt in Form der Ausbildung eines großen Flansches unten und eines kleinen (oder überhaupt fehlenden) im oberen Bereich. Der sogenannte Wattsche Träger von 1801 hatte 4 m Spannweite, war über Ösen in den gußeisernen Säulen zu einem Gerüstsystem verbunden und diente als Prototyp für die Reihe der 14 Fußträger der nun in den nächsten Jahrzehnten folgenden Fabrikbauten (Abb. 20).[229]

Im Gewächshausbau ist die Anwendung gußeiserner Balken mit der konstruktiv konsequenten Wattschen Profilausbildung selten anzutreffen. Der Grund dafür liegt nicht nur in der ästhetischen Forderung, die allseits sichtbare Glas-Eisenkonstruktion optisch wirksam vor Augen zu führen, sondern auch in der funktionellen Notwendigkeit, Balken wegen des optimalen Lichteinfalles so filigran als möglich auszubilden. Sie waren als Teile des Dachtragwerkes oder der Fassade eingesetzt und nahmen über Flansche meist unmittelbar die Verglasung auf; für ihre Profilierung war nicht nur das Tragverhalten maßgebend, sondern ebenso sehr waren es die Dichtigkeit der Anschlüsse, die gute Ableitung von Regen- und Kondenswasser sowie der geringe Schattenwurf in das Innere der Bauwerke. Aus der Notwendigkeit einer durchgehenden Verglasungsebene folgte das Bestreben, die Anschlüsse der Balken untereinander ebenfalls in diese Ebene zu verlegen, die Querschnitte durch die Herstellung eines engmaschigen Rasters aufs äußerste zu reduzieren. Die Ausbildung dieses Sprossenwerkes – Balken en miniature – begünstigte die Entwicklung eines hierarchisch aufgebauten, in seinen Teilen der jeweiligen Tragfunktion logisch entsprechenden Traggerüstes, bestehend aus Sprossen und Rippen mit durch Querbalken verstärktem Aufbau. Die Balkenformen der Sprossen sind wegen ihrer spezifischen Funktion als Element der Verglasung gesondert zu betrachten. Erwähnt sei hier nur, daß diese, in die Verglasung integrierten Gußeisenteile oft reich profiliert waren und in ihrem Querschnitt statt ausgesprochener Flansche Falze aufwiesen (Abb. 21 a). Das den Gewächshausbau bestimmende Prinzip des größtmöglichen Lichteinfalls bei gleichzeitiger Dichtigkeit der Dächer gegen Regenwasser sowie die Vermeidung von Tropfenbildung durch Kondenswasser führten zu einer Profilform der Sprossen, die nicht allein aus dem Tragverhalten abzuleiten ist. Die Profilierung gußeiserner Sprossen folgte meist der Keilform, die sich nach innen verjüngte. Das Vorbild waren dabei Holzsprossen, die im Laufe des 19. Jahrhunderts durch Eisen substituiert wurden, teilweise jedoch, wie die Bauten J. Paxtons zeigen, auch in technisch hochentwickelten Gewächshausbauten weiter verwendet wurden. Schmiedeeiserne Sprossen, wie sie z.B. J. C. Loudon in seinen kurvenlinearen Dächern gebrauchte, fanden erst mit der Durchsetzung gewalzter ›Fensterprofile‹ ab 1820 breitere Anwendung. Gußeiserne Sprossen konnten sich gegen die Konkurrenz gewalzter Eisen unter bestimmten Formen durchaus behaupten: Innerhalb von großflächigen Fensterelementen bzw. verglasten Rahmen eingesetzt, finden wir sie noch in den Glas-Eisenbauten des letzten Viertels des 19. Jahrhunderts.

Zwar waren gußeiserne im Vergleich zu den schmiedeeisernen Sprossen leicht zerbrechlich und widerstanden Stößen bzw. starken Erschütterungen schlecht. Ein Vorteil war jedoch die Möglichkeit einer größeren Freiheit der Formenbildung bei gleichzeitiger Serienfertigung, welche es erlaubte, noch um 1880 gußeiserne Fenster wesentlich billiger als schmiedeeiserne auf dem Markt anzubieten. Hinzu kam ein größerer Widerstand gegen Rost und Feuer.[230] Die Vielzahl der hergestellten Modelle beweist der Katalog der

Tangerhütte, welcher 1883 über 3000 Fensterarten aufwies. Die äußerste Größe eines in einem Stück gegossenen Fensters war in diesem Katalog mit 9 m² (4,50 m Höhe und 2 m Breite) angegeben.[231] Eines der frühesten, noch erhaltenen Beispiele gußeiserner Fenster im Gewächshausbau sind in orientalischem Stile verzierte Rahmenwerke der ›Indian Villa‹ in Sezincote in England aus dem Jahre 1806 (Abb. 674).

McIntosh erwähnt in seinem Buch ›The Book of the Garden‹ tragende Gußsprossen der Gewächshäuser in Dalkeith von 1830 (Schottland) und in Woburn Abbey von 1840.[232] Sie waren im stehenden Kastenguß hergestellt. Die Sprossen des Baues in Woburn Abbey, von der Firma Messrs. Jones in Birmingham hergestellt, dienten als Auflager für verglaste Holzrahmen und hatten in den Falzen Abflußrinnen für das Kondenswasser.

Bei der Formgebung der Sprossen und Rahmen kam es darauf an, möglichst gleichmäßige Eisenstärken zu erzielen, um ungleichmäßige Spannungen beim Erkalten des Eisens zu vermeiden. Aus diesem Grunde wurden größere Fenster gerne aus zwei bis drei Teilen zusammengesetzt, um ein Zerbrechen der Sprossen, besonders an den Anschlußstellen, zu vermeiden. Das Gießen der Fenster und Rahmen erfolgte oft in offenen Formen, durch den sogenannten Herdguß. Die Profile erhielten dabei eine schlackenartige und poröse Oberfläche und konnten nur in den einfachsten Formen ausgeführt werden. Beim Kastenguß, bei welchem der Mantel des Modells aus zwei Hälften bestand und senkrecht stehend gefüllt wurde, konnten dagegen eine gleichmäßige Oberfläche und eine reichere Profilierung erzielt werden. Gußeiserne Rahmenträger wurden im Gewächshausbau, vor allem in den vertikal verglasten Flächen, oft in Form aneinandergereihter Fensterelemente angewendet. Ebenso bildete man mit Vorliebe die Zwerggalerien der Dachkonstruktion in Form eines gußeisernen Ständer- und Fensterwerkes aus. Das vollendetste Beispiel einer in reicher Ornamentik durchgebildeten Fensterfläche ist die vertikale Glasfassade der ›Wilhelma‹ von L. von Zanth (1842-1846) in Stuttgart, welche ohne Rostschäden in bestem Zustand noch heute erhalten ist (Abb. 681).

Ein gänzlich aus dem Gewächshaus entwickelter Typus des Balkens war der Rinnenbalken, welcher durchlaufende Glassheds oder Glasgewölbe zu tragen hatte und zugleich das anfallende Regenwasser sammelte und ableitete. Bekannt geworden ist seine Anwendung in Zusammenhang mit den ›Ridge-and-furrow‹-Dächern der Gewächshaus- und Ausstellungsbauten von J. Paxton in Form unterspannter, ausgekehlter Holzträger beträchtlicher Spannweite (Abb. 22 b, 25). In schmiedeeiserne, bzw. gußeiserne Kastenträger in U-Form verwandelt, finden sie in den fünfziger Jahren des 19. Jahrhunderts ihre Funktion als Auflager für die Glassheds zahlreicher Gewächshaus-, Ausstellungs- und Bahnhofsbauten (Abb. 23). 1803 plante H. Repton beim Bau des ›Carlton House‹ die Anwendung hohler Kastenträger für das Sheddach (Abb. 32). Fünfzehn Jahre vor der Anwendung des Paxtonschen Rinnenbalkens in Chatsworth, 1823, finden wir bereits in den gußeisernen U-Trägern des ›Kamelienhauses‹ in Wollaton Hall, die gültige Form dieses Typus. Die von der Gewächshausfirma Th. Clark, Birmingham, gegossenen hohlen Balken ahmten, in ihrer äußeren Profilierung an die Steinarchitektur anknüpfend, einen von Säulen getragenen Architrav nach. Seine Funktion bestand darin, die Dachlast über eine Reihe gußeiserner Hohlsäulen abzutragen und das Regenwasser in sie einzuleiten. Das U-Profil des Balkens entsprach weitgehend den Materialeigenschaften des Gußeisens, insofern der Zugbereich in Gestalt des Rinnenbodens verstärkt ausgebildet wurde (Abb. 22 a). Dieser Rinnenbalken bildete ein wichtiges Grundelement im Tragwerkaufbau der bereits vollständig vorgefertigten Clarkschen Gewächshäuser (Abb. 467-470, 703-708). Der bekannte Konstrukteur von eisernen Gewächshäusern und Wintergärten R. Turner hat ebenfalls gußeiserne Rinnenbalken als umlaufende Dachtraufe seiner Bauten eingesetzt (Abb. 47).

Eine Weiterentwicklung des einfachen Balkens bedeutet der bereits aus dem Holzbau bekannte unterspannte Balken. Gußeiserne Balken wurden durch schmiedeeiserne Zugstangen verstärkt bzw. unterspannt.[233] Sie wurden in der ersten Hälfte des 19. Jahrhunderts vor allem in England (W. Fairbairn) und Frankreich (Ch. F. Zorés) angewendet. Das Bemerkenswerte dieser ›Mischkonstruktion‹ bestand in der Kombination zweier Eisenmaterialien von verschiedenem Elastizitätsmodul (Abb. 24). Der abgespannte hölzerne Rinnenbalken von Paxton (Abb. 24) wurde, nach 1850 gänzlich in Eisen ausgeführt, bei Hallenbauten öfter verwendet.[234]

Die Erkenntnis, daß durch Anpassung der Steghöhe gemäß dem Kräfteverlauf das Tragverhalten gußeiserner Balken verbessert werden kann, führte zur Vergrößerung der Balkenhöhe im Feld der größeren Belastung. Die gußeiserne Fischbauchschiene war dafür ein Beispiel. Bei den größeren Spannweiten der im Brückenbau und in den Dachtragwerken eingesetzten Träger nützte man dabei früh die schon im Hochbau bekannte Möglichkeit, den Steg auf ein Gerüstsystem zu reduzieren, das einen gesonderten, nicht mehr unbedingt parallel zu führenden Ober- bzw. Untergurt in Distanz hielt. Bekannt sind die Versuche Georg Ludwig Friedrich Laves, durch Ausspreizung von Holzbalken zu Fischbauchträgern (Lavesscher Balken) eine erhöhte Tragwirkung zu erreichen (Abb. 105, 274). Laves hat solche Balken in Schmiedeeisen übersetzt und im Brückenbau verwendet.[235]

Während jedoch bei solchen Konstruktionen Stege und Gurte als echtes Stabwerk ausgebildet werden konnten und einen tatsächlich zusammengesetzten Balken herstellten, wurde bei der Ausführung in Gußeisen (sieht man von den Mischkonstruktionen ab) der Balken in großen, massiven Teilen gegossen, wobei der Steg durchlöchert bzw. in Ringe oder sonstige ornamental gehaltene Durchbrüche aufgelöst wurde. Diese gegliederten Balken hatten den Nachteil, daß ihre einzelnen Konstruktionsteile weder experimentell noch rechnerisch in ihrer spezifischen Tragwirkung bestimmbar waren, weshalb sie in der Frühzeit (bis zu den Versuchen Loudons 1817) überdimensioniert und schwerfällig erschienen. Der Vorteil waren jedoch eine entscheidende Gewichtsersparnis und zugleich die Möglichkeit, im Gegensatz zu den schmiedeeisernen Stabwerken, zu einer ästhetisch befriedigenden Formgebung zu gelangen. Wie wichtig die Frage der Ästhetik gerade im Gewächshausbau war, ersieht man aus der Gestaltung der gußeisernen Querbalken des ›Temperierten Gewächshauses‹ in Kew (1859-1863) von D. Burton (Abb. 54, 344-345, 620-622). Während die Hauptbinder des weitgespannten Glasdaches bereits eine komplizierte Fachwerkkonstruktion darstellen, wird in den Balken mit eingeschriebenen Ringen auf gußeiserne Ornamentik zurückgegriffen (Abb. 26 a). Reich gegliederte, mit Verglasung versehene, gußeiserne Balken finden wir als Aussteifungselemente im obersten Fassadenbereich des 1852/53 erbauten Gewächshauses der ›Wilhelma‹ in Stuttgart (Abb. 26 b, 687-688). Im Inneren kamen Bogenträger mit geradem Obergurt zur Anwendung, deren Zwickel durch Ringe gefüllt waren. Zwischen gußeisernen Stützreihen eingesetzt, trugen sie in der Längsrichtung der Halle die Glassheds, in der Querrichtung dienten sie zur Aussteifung.

Die Auflösung der einfachen, gußeisernen Balken in den ›zusammengesetzten‹, gegliederten Balken führte mit wachsender Spannweite in einer Reihe von Versuchen, aus welchen vor allem der Einfluß des Brückenbaues abzulesen ist, zu eigenen Konstruktionstypen, welche den Gewächshausbau von 1820 bis 1870 bestimmen und von hier auf die großen Ausstellungsbauten der sechziger und siebziger Jahre einwirken. Es sind dies die gußeisernen Fachwerkträger und Bogenbinder.

Als ein Vorgänger dieser für gußeiserne Dachtragwerke typischen Konstruktionsform ist die erste gußeiserne Brücke über die Severn in Coalbrookdale (1775-1779) zu betrachten. Unter der Leitung der im Eisenverhüttungswesen Englands führenden Gußspezialisten Abraham III Darby und John Wilkinson entworfen und gebaut, stellte die Brücke mit ihren auf 30,62 m gespannten Bogenträgern eine erstaunliche technische Leistung dar.[236] Das statische Grundverhalten des Gußeisens war in diesem ersten, ganz aus Eisen bestehenden Bauwerk voll erkannt worden. Dies drückt sich in der materialsparenden Konstruktion des leicht und durchsichtig wirkenden, mit Stielen und Ringen ausgesteiften Eisengewölbes aus, das die aufsteigende Fahrbahn trägt (Abb. 27).

Im Aufbau verwandt ist die 1794 erbaute, im flachen Bogen gespannte Brücke über das Striegauer Wasser bei Lazang (Polen). Die 72 m weite Brücke über die Wear bei Sunderland von Thomas Payne, Rowland Burdon und Wilson (1793-1796) benutzt Bogen, welche von gußeisernen Segmenten und durchbrochenen Platten im Sinne des Gewölbesteins zusammengesetzt sind.[237] Infolge der großen Lasten und Spannweiten stellen diese Brücken bereits kompliziert aufgebaute, aus vielen Einzelteilen bestehende Tragwerke dar. In den frühen, gußeisernen Dachstühlen, welche zunächst meist geringe Spannweiten hatten, versuchte man einfache Formen von Bogenbindern zu entwickeln, die in wenigen Teilen, wenn nicht sogar in einem einzigen Stück, zu gießen waren.

Das Gemeinsame dieser, dem Sattel- bzw. Sheddach folgenden Binder sind gerade, im Winkel zusammenstoßende Obergurte mit dem eingeschriebenen Bogen des Untergurtes und mit aussteifenden Ringen und Stäben. Um die auftretenden Schubkräfte abzuleiten, bevorzugte man auch Trägerformen, bei denen der Obergurt im Bereich des Auflagers in die Vertikale abgewinkelt wurde. Dadurch erhielt der Binder nicht nur eine größere Steifigkeit, sondern konnte seitlich durch Mauerwerk abgestützt, bzw. zwischen gußeisernen Säulen eingespannt werden. Die frühesten Beispiele einfacher Bogenbinder finden wir im englischen Fabrik- und Gewächshausbau.

Der Dachstuhl der ›Spinnerei‹ in Manchester, 1801 von Boulton und Watt erbaut, wird von ca. 8 m langen Bogenbindern gebildet, die ein Ziegeldach tragen und sich seitlich an Massivmauerwerk abstützen.[238] Trotz der kreisförmigen Durchbrüche im Firstzwickel haben diese Binder noch eine an den Steinbau erinnernde Massivität (Abb. 28). In der Anwendung von Bogenbindern als Tragwerk für die Glasdächer von Gewächshausbauten kam es jedoch darauf an, diese allseits sichtbare Konstruktion so weit als möglich transparent zu halten. Für das ›Carlton House‹ des Prince of Wales entwarf der bekannte Architekt H. Repton 1803 eine – für einen Wintergarten bestimmte – Glas-Eisenhalle.[239] Die auf hohen, gußeisernen Säulen ruhenden Bogenbinder waren äußerst filigran ausgebildet und trugen ein Sheddach. War beim Träger von Boulton und Watt die Auflösung des ›Dreieckfeldes‹ noch negativ, in Form von kreisrunden Durchbrüchen erfolgt, so versuchte hier der Konstrukteur diese positiv, durch Einschaltung dünner, aneinandergereihter Ringe zu verwirklichen. Diese Gegenüberstellung jener zwei frühen Bogenbinderformen zeigt, daß aus der Bauaufgabe des Gewächshausbaues die Forderung nach größtmöglicher Materialökonomie zwangsläufig gestellt und gelöst wurde (Abb. 32).

Ähnlich konsequent in der Verfeinerung gußeiserner Konstruktionen für die Zwecke des Gewächshausbaues war Ch. Fowler, der im 1820 bis 1827 erbauten ›Syon House‹ drei Formen filigraner Bogenbinder für die gläsernen Satteldächer anwendete (Abb. 610, 612). Im Gegensatz zu späteren Entwicklungsstufen weisen die Binder keine überflüssige ornamentale Verzierung auf. Die einfache Ausführung der schmalen Gurte, Ringe und Stäbe zeigt, daß der Konstrukteur mit Enthusiasmus das neue Material aufgriff und in seiner reinen, funktionalen Form schön fand. Die ca. 7 m langen Bogenbinder in den Eckpavillons stützen sich seitlich am Massivmauerwerk ab und tragen ein flach geneigtes Satteldach. Die gußeiserne Firstpfette ist mit den Bindern durch Schrauben verbunden. Bemerkenswert ist die Ausbildung eines Absatzes im Obergurt, um die seitliche Querpfette aufzunehmen (Abb. 33). Die Bogenbinder im Halbzirkel der Seitenflügel sind kleiner und haben die Form eines flachen Dreiecks mit sanft gebogenem Untergurt. Konstruktiv nicht einleuchtend ist die Unterstützung einiger Binder durch in die Mitte gestellte Säulen (Abb. 34). Die größten Bogenbinder – sie haben ca. 9 m Spannweite und sind in einem Stück gegossen – finden in den Seitenhallen des kuppelgekrönten Mittelbaues Anwendung. In dichter Folge gesetzt, erwecken sie in der Perspektive der Halle den Eindruck eines eisernen Gewölbes, welches sich harmonisch mit der Renaissancearchitektur des Massivmauerwerkes verbindet (Abb. 35). Die Dicke der Gurte und Stege in den Eckpavillons und in den Seitenflügeln beträgt 1,5 cm, das in der Gußtechnik bei dieser Größe mögliche Minimalmaß.

Das ›Architectural Conservatory‹, ein Gewächshaus in Tempelform, 1830 von Sir J. Wyatville im Buckingham Palace errichtet und 1836 nach Kew versetzt (Abb. 624), hat als Dachtragwerk gußeiserne, 12,5 m lange Binder, deren mit einem Flansch versehene Oberkante dem flachgeneigten gläsernen Pultdach folgt und deren Unterkante durch einen druchgehenden, gedrückten Bogen gebildet wird. Die Binder lagern auf dem Massivmauerwerk der Seitenwände auf und werden zusätzlich im letzten Viertel durch äußerst schlanke, gußeiserne Säulen unterstützt. Dadurch wurde es möglich, die Steghöhe des im Mittelfeld durchlochten Binders niedrig zu halten und die für den Gewächshausbau nötige Filigranität der Konstruktion zu erreichen (Abb. 36).[240]

Weniger glücklich ist die Ausbildung der gußeisernen Binder im kreisrunden Gewächshaus im Dalkeith Palace, um 1830 von William Burne erbaut. Ein im Zentrum hochgemauerter hohler Rundpfeiler, gleichzeitig als Kamin für die Feuerung dienend, fungiert als inneres Auflager der radial gesetzten, ca. 6 m langen Träger des kegelförmigen Glasdaches. Im Bestreben, dem inneren Bogen – wie dem Steinbau – eine beidseitig gleiche Auflagehöhe zu geben, gewinnt der Träger zur Dachspitze hin eine allzu große Höhe. Durch Ring- und Stabwerk ausgesteift, erhält er, bedenkt man die Spannweite, eine plump wirkende Gestalt. Die im Gewächshausbau sonst beachtete Materialökonomie wird zugunsten eines architektonischen Stilkonzeptes zurückgestellt. Dazu bemerkt McIntosh: »Das Dach mit den im Winkel zusammenlaufenden Sprossen wird durch unnötig schwere Träger gestützt, die dem Inneren ein schwerfälliges und verwirrendes Erscheinungsbild geben«[241] (Abb. 37).

Konstruktiv bemerkenswert in dieser Entwicklungsreihe gußeiserner Bogenbinder ist das Dachtragwerk der von 1824 bis 1830 von Carl Ludwig Althans erbauten Sayner Gießhalle (Abb. 29). Mit ihrem basilikalen Aufbau und ihren gotisierenden Formen erinnert sie an einen Kirchenbau. Ein über 21,55 m gespannter, durch Stabwerk ausgefachter Korbbogen, dessen Form offensichtlich vom Brückenbau (Coalbrookdale-Brücke) inspiriert ist, trägt mit Hilfe eingestellter, gußeiserner Hohlstützen das Dach mit Laterne und Kranbahn der Gießhalle. Der Laternenaufsatz bildet zusammen mit den Säulenreihen ein Mittelschiff, dessen Satteldach von filigranen Spitzbogen aus Gußeisen getragen wird. Der große, das Mittelschiff überbrückende Korbbogen ist von den Kapitellen der Säulen in einer Linie bis zum Erdboden hinabgezogen und stützt die Pultdächer der 6,85 m breiten Nebenschiffe. Wie durch Strebebögen wird dadurch das Bauwerk seitlich abgestützt und eine in sich standfeste Eisenkonstruktion hergestellt.[242] Der Binder wurde mit einer Stegdicke von 1,6 cm und einer maximalen Gießlänge von 7,85 m ohne Verwerfungen im Kastenguß hergestellt.[243] Mit seinem T-förmig ausgebildeten Ober- und Untergurt und mit seinen radial gestellten Stäben wirkt er wie ein Bogengitterträger, dessen Aufbau durch das an die Pultdächer anschließende Stabwerk unklar wird. In der Tat verrät er die Unentschlossenheit des Konstrukteurs in der Wahl der Tragwerksform: zum einen schließt er an den Typus des Bogenbinders mit geradem Obergurt an – wie bei Satteldächern üblich. Zum anderen ist die Tendenz zu einer Gewölbekonstruktion, die wie bei den Gewächshäusern bis zum Boden hinabgezogen ist, unverkennbar. Die Querschnittsform des Tragwerkes erinnert an die späteren großen Gewächshäuser in Chatsworth (1836-40) und Kew (1844-1848) mit ihrem basilikalen, tonnengewölbten Aufbau.[244] Zeigt die Konstruktion der Sayner Gießhalle noch die Vermischung dieser beiden Typen von Bogenbindern, so finden wir im Gewächshausbau ab 1830 eine Entwicklung weitgespannter Binderformen, in welcher die Ausbildung dieser beiden Typen getrennt erfolgt und sich in Form großer Hallenbauten mit einerseits geraden, andererseits gewölbten Dächern vollendet.

Beispiele für die Konstruktion weitgespannter Bogenbinder mit geradem Obergurt sind die Ingenieurbauten von H. Horeau, z.B. der ›Jardin d'Hiver‹ in Lyon (1847; Abb. 38, 372, 373) und der Entwurf zum ›Londoner Ausstellungspalast‹ (1850; Abb. 39). Die zentrale Halle des achteckigen Wintergartens wurde von vier Bogenbindern getragen, die sich im Laternenkranz durchdrangen und deren fast bis zum Boden herabgezogener Untergurt sich an die Dachschräge und an die gußeisernen Säulen anschmiegte. Die in den Zwickeln mit Gußeisenornamentik ausgesteiften Binder waren mit ihrem Vertikalpfosten an die Säulen angeschraubt und in sie eingespannt. Ein niedriger Umgang mit demselben Konstruktionsprinzip verstärkte die Standfestigkeit des Wintergartens.[245]

Im Entwurf für den Londoner Ausstellungspalast im Hyde Park schlug Horeau eine ähnliche Tragwerksstruktur vor, wobei er deren Aufbau der geänderten Aufgabenstellung anpaßte: Der fünfschiffige Ausstellungsbau gipfelte in einer weitgespannten und hohen Mittelhalle mit Satteldach, die als durchgehendes Langhaus mit einem Quertrakt gleicher Höhe und Form verschnitten war. Die Seitenschiffe waren mit Pultdächern abgedeckt, die in gestaffelter Form fast zum Boden reichten. Wie beim ›Jardin d'Hiver‹ in Lyon waren die Bogenbinder im Auflagerbereich an gußeiserne Säulen seitlich angeschlossen. Die Aussteifung in der Querrichtung übernahmen ebenfalls Bogenbinder bzw. Pfetten kleinerer Spannweite, entsprechend dem Längsraster der Stützenreihen.[246]

Einen Höhepunkt in dieser Entwicklungsreihe gußeiserner Bogenbinder bildet das Spannwerk der großen, hohen Mittelhalle des New Yorker ›Glaspalastes‹, 1852 von G.J.B. Carstensen und Charles Gildemeister erbaut. Auf einem nach dem Paxtonschen Prinzip des Skelettbaues errichteten Stützwerk mit Stockwerkaufbau aufruhend, bestand es aus einem flachgeneigten Obergurt und einem Untergurt, der im Halbkreisbogen als Gitterträger geformt war. Erstaunlich war die im Verhältnis zur großen Spannweite erreichte Filigranität, die alle Gußteile, einschließlich der aussteifenden Ornamente, charakterisierte (Abb. 40, 68).

Beispiele einer Anwendung solch weitgespannter Bogenbinder für Satteldächer finden wir, außer im Gewächshaus- und Ausstellungsbau, in den langgestreckten Hallen des ›Dianabades‹ in Wien von Karl von Etzel (1842), in der ›Bibliothek Sainte-Geneviève‹ in Paris von Henri Labrouste (1844) und der ›Markthalle‹ in Lyon von Desjardins (1858; Abb. 30a, 30b, 31). Die aus mehreren Montageeinheiten zusammengesetzten, halbkreisförmigen Bogen in den beiden letzteren Bauten zeigen die Verwandlung des Tragwerkes in einen Binder mit gleichlaufender Krümmung von Ober- und Untergurt, wobei die Übertragung der Dachlast getrennt über vertikal geordnete Pfosten erfolgt.[247]

Gußeiserne Bogenbinder in ihrer reinsten und am weitesten entwickelten Form bildeten Träger, welche in ihrer Krümmung und Profilausbildung dem Verlauf der Druckkräfte weitgehend angepaßt waren und von Auflager zu Auflager einen freigespannten Bogen, z. T. mit horizontalen Zuggliedern, bildeten. Es waren dies kreisförmig oder – im Idealfall – parabolisch gekrümmte Binder. Ihre früheste Anwendung finden wir im Gewächshausbau, wo das Bestreben der Konstrukteure, einen maximalen Lichteinfall zu erzielen, die Anwendung sphärisch gekrümmter Glasflächen – Tonnen- bzw. Spitzbogen- oder Kuppelgewölbe etc. – von vornherein begünstigte. Der Vorteil dieser nach dem Lichteinfall orientierten Konstruktionsart von Dächern gegenüber dem Pultdach bestand nicht nur in der geringeren Reflexion des Sonnenlichtes, sondern auch in der Möglichkeit, den Bogenbinder in seinem Gesamtverlauf dem Glasgewölbe anzuschmiegen. Dabei entfielen die im Pultdach entstehenden, den Raumzusammenhang störenden Zwickel zwischen Ober- und Untergurt. Indem der Bogenbinder vorwiegend Druckkräfte aufzunehmen hatte, konnte das Material Gußeisen auf diese günstige Belastungsform hin dimensioniert werden. Als besonders günstig erwies sich der steil parabolisch gekrümmte Bogenbinder, während beim halbkreisförmig gekrümmten Träger auch bedeutende Schubkräfte auftraten. Es lag nahe, den Horizontal-Schub, wie im Gewölbebau, durch schmiedeeiserne Zugbänder aufzunehmen, was man jedoch im Gewächshausbau zu vermeiden trachtete. Die konstruktive Ökonomie führte zur Ausbildung von gußeisernen Filigranträgern im Gewächshausbau, die die erwünschte Transparenz somit auch von der Seite des Tragwerks herstellten und die Lichtausbeute erhöhten. Wesentliche Aspekte der von Auflager zu Auflager in einem einzigen Bogen führenden Glasflächen und Träger war die Aufhebung der Unterscheidung von vertikaler Fassade und Dach und deren Verwandlung in ein durchgehendes Gewölbe. Mit entsprechenden Querträgern zur seitlichen Aussteifung und Unterstützung der Sprossen versehen, bildete es (wo es ging ohne in den Raum ragende Konstruktionsteile bzw. Zugglieder) ein in sich standfestes, eisernes Gerüst.

Im Hinblick auf ihre ästhetische Wirkung waren diese – im Idealfall von Scheitel bis zum Boden herabgeführten – Glasgewölbe in der Baugeschichte ein Novum. Mit Hilfe gußeiserner Stützen als Auflager dieser Bogenbinder war es möglich, auch Gewölbe mit Nebenschiffen in übereinandergestaffelter Form zu einem Glas-Eisenbau großer Dimension zu kombinieren.

Frühe Vorformen von Bogenbindern für gewölbte Dächer sind die aus Holzbohlen gebildeten Konstruktionen von Philibert Delorme, die in abgewandelter Form in Deutschland von David Gilly und Karl Friedrich Schinkel bei Reithallen bzw. Kirchen verwendet wurden.

Eine wichtige Anregung zu ihrer Anwendung im Hochbau ging wie bereits erwähnt, vom Bau der gußeisernen Brücken zwischen 1776 und 1830 aus, wo es darauf ankam, in den großen Spannweiten der Bögen die günstige Druckbelastbarkeit des Gußeisens weitgehend zu nutzen. In den oft flachen Bögen trat Horizontal-Schub auf, der durch starke Widerlager aufgefangen werden mußte. Für die Anwendung von gußeisernen Bogenbindern im Hochbau waren neben dem Brückenbau die Konstruktionsexperimente von J. C. Loudon (im Gewächshausbau durchgeführt) richtungweisend. Dem Prinzip des maximalen Lichteinfalls folgend, hatte bereits Sir George Mackenzie 1815 sphärisch gekrümmte Glasflächen konzipiert, welche gleich einem Observatorium die Sonnenstrahlen auffangen und ins Innere der Pflanzenwelt leiten sollten. J. C. Loudon nahm diesen Gedanken auf und setzte ihn in Konstruktion um. Als tragendes Grundelement seiner ›kurvenlinearen‹ Dächer verwendete er ab 1817 schmale, schmiedeeiserne, in Hitze gebogene Sprossen mit gewalzten Profilen. Diese im engen Abstand von 17 bis 20 cm gesetzten Tragelemente folgten in ihrer Krümmung weitgehend dem Kraftverlauf, so daß nahezu keine Biegekräfte, sondern nur Druckkräfte aufzunehmen waren (Abb. 124-129, 141, 200-203). In

Ausnutzung der eingekitteten Glasscheiben als Flächenaussteifung des Gewölbes entstanden die ersten Glas-Eisenkonstruktionen schalenartiger Ausbildung – Vorläufer späterer Schalenkonstruktionen z.B. die Seitenflügel des Gewächshauses im ›Jardin des Plantes‹, 1833, von Ch. Rohault (Abb.131, 656). Der Nachteil für die allgemeine Anwendung dieser Konstruktion im Gewächshausbau bestand darin, daß ihre Spannweite durch das konstruktive Prinzip selbst begrenzt war. Die eisernen Tragteile, der vertikalen Ebene folgend, bildeten – als Bogenbinder im kleinen – eine Primärstruktur. Solange auf eiserne Querträger, sei es nur in Form von Sprossen, verzichtet wurde, bildete sich keine Hierarchisierung des Tragwerkes nach unterschiedlich dimensionierten Traggliedern aus. Gerade dies war jedoch bei größeren Spannweiten bzw. bei Öffnungen in der Dachhaut in Form von Lüftungsfenstern, nötig. Deshalb beschäftigte sich Loudon neben seinen Experimenten und Bauten in Form kontinuierlich wirkender Schalenkonstruktionen auch mit Entwürfen zu kurvenlinearen Dächern, deren Primärstruktur aus schmiedeeisernen Sprossen durch in größerem Abstand gesetzte gußeiserne, durch Querriegel ausgesteifte Bogenbinder getragen wurde. Skizzen zu solchen Bogenbindern mit fachwerkartiger Aussteifung finden wir in Loudons ›Remarks on the Construction of Hothouses‹ von 1817 (Abb.41).[248] In ihre Formgebung – sie folgen dem parabolischen Verlauf des Glasgewölbes – ist die Erfahrung mit den schmiedeeisernen Schalenkonstruktionen eingeflossen. Bemerkenswert ist nicht nur, daß Loudon hier bereits das Wesen des Fachwerkgedankens – Herstellung eines Tragwerks durch Kombination von in sich unverschiebbaren Dreiecken, gebildet durch Stabwerk und Gurte – intuitiv erkennt, sondern auch dem Unterschied der Lastbeanspruchung des Trägers durch kontinuierliche Verjüngung desselben nach oben hin Ausdruck gibt. Denkt man sich diese Binder symmetrisch ergänzt, oben und unten gelenkig gelagert, so haben wir in ihnen die Vorform des Dreigelenkbinders vor uns.

Loudon selbst hat in seinen Gewächshäusern mit diesen gußeisernen Bogenbindern wahrscheinlich experimentiert, es ist jedoch kein solcher Bau erhalten bzw. dokumentiert. Hingegen sind Bauten in den dreißiger und vierziger Jahren des 19.Jahrhunderts bekannt, die in ihrer Gewölbeform Loudonsche Prinzipien der kurvenlinearen Dächer aufnehmen, jedoch dabei auch gußeiserne Bogenbinder als Haupttragwerk einsetzen. Das ›Antheum‹ in Hove bei Brighton von H. Phillips, ein riesiger, 1832 errichteter Zentralbau, sowie der Mittelpavillon des ›Gewächshauses‹ in Dublin von 1850, sind dafür ein Beispiel. Diese Bauten sind Kuppelkonstruktionen und müssen unter diesem Aspekt genauer untersucht werden. Eine direkte Verbindung zu Loudon stellt das gußeiserne Tragwerk des 1840 erbauten ›Gewächshauses‹ in Chiswick bei London her (Abb.233, 234). Das Bauwerk wurde von der Gewächshausfirma D. und E. Bailey errichtet, ebenjener Firma, welche ab 1817 in enger Zusammenarbeit mit Loudon eine Reihe von ›kurvenlinearen‹ Gewächshäusern konstruiert hat. Ca. 12 m weit gespannte und ca. 18 m hohe, parabolisch gekrümmte Binder mit leichten Spitzbogen trugen über aussteifende Querbalken ein durch schmiedeeiserne Sprossen gegliedertes Glasgewölbe. Die filigranen, gußeisernen Binder, aus Ober- und Untergurt bestehend und in kürzeren Abständen durch radial angeordnete Stäbe ausgesteift, verjüngten sich gegen den First und lagerten unten auf einem niedrigen Sockelmauerwerk auf (Abb.42). In ihrer elegant wirkenden Linienführung sind sie eine verfeinerte, die statische Ökonomie weiter treibende Fassung der Loudonschen Bogengitterträger. In diesem Gewächshaus wird das erste Mal eine durch Gußeisen in sich standfeste Ingenieurkonstruktion in Form einer tonnengewölbten Halle verwirklicht. Die Transparenz der Konstruktion hat die Bewunderung der Zeitgenossen hervorgerufen.[249] Zwei Jahre vorher, also 1838, bei der Konstruktion des 15 m breiten gußeisernen Dachstuhles der Kathedrale in Chartres von Emile Martin – der gotische Dachstuhl aus Kastanienholz war abgebrannt – kam ebenfalls ein ähnlicher Bogengitterträger, allerdings in der dezidierten Form des breiten Spitzbogens zur Anwendung. Dieser stand jedoch noch in konstruktivem Zusammenhang mit den radial angeordneten Streben, welche die Pfetten des steilen Satteldaches abstützten (Abb. 43).[250] 1844 verwendete H. Labrouste im Dachtragwerk der Bibliothek Sainte-Geneviève, Paris, gußeiserne Bogenträger, welche aus drei Montageeinheiten im Halbzirkel zusammengesetzt, einen parallel gekrümmten Ober- und Untergurt hatten, der durch Ringe ausgesteift war. Der Anschluß an die schlanken, gußeisernen Säulen erfolgte über ein Kämpferstück oberhalb der Kapitelle (Abb. 30b).[251]

Ein richtungweisendes Bauwerk für die weitere Anwendung von sowohl gußeisernen wie auch schmiedeeisernen halbkreisförmigen Bogenbindern – sei es in Form von gebogenen Profilen, sei es in Form von Fachwerken – sind die Holzbinder des ›Großen Gewächshauses‹ von Paxton in Chatsworth (1836-1840). Interessant dabei ist, daß vor allem die räumliche Lösung beispielgebend wirkte und in variierenden Formen eiserner Bogenbinder konstruktiv weiterentwickelt wurde. Das freistehende, in sich standfeste Gebäude von 37,50 m Breite und 20,50 m Höhe erhielt durch die Konstruktion von zwei im ›Ridge-and-furrow‹-System ausgebildeten Glasgewölben, welche sich bis zum Erdboden abtreppten, einen basilikalen Querschnitt: Reihen gußeiserner Stützen, durch gußeiserne Rahmen verbunden, trugen die als Rinnenbalken ausgebildeten halbkreisförmigen Holzbogenbinder des hohen Mittelschiffes von 21,40 m Spannweite. Daran schloß sich, zu beiden Seiten in einer Höhe von 12,20 m auf das eiserne Ständerwerk auflagernd, das bis zum niedrigen Sockelmauerwerk reichende Glasgewölbe der niedrigeren Nebenschiffe an. Es hatte die gleichen – jedoch viertelkreisförmigen – Bogenbinder. Die Binder des umlaufenden Nebenschiffes erhielten die Funktion von Strebebögen zur seitlichen Abstützung des Gewölbeschubes der Hauptbinder im Mittelschiff: Die gewählte Halbkreis- bzw. Viertelkreisform der Bogenbinder entsprach nicht in dem Maße dem Druckverlauf der Kräfte, wie dies bei parabolischer Linienführung der Fall ist. Zur Herstellung der nötigen Steifigkeit waren die gebogenen Rinnenbalken durch eiserne Zugstäbe unterspannt und die gußeisernen Säulen über eiserne Spreizen fest im Fundament verankert. Mit der lichten Spannweite von 21,40 m des Mittelschiffes übertraf Paxton die in den größten Bahnhofshallen seiner Zeit erreichten Dimensionen (Abb. 44, 224-226, 527, 528, 530, 531).[252]

An das basilikale Schema des ›Großen Gewächshauses‹ von Paxton anknüpfend, entstanden in der Folge eine Reihe von gewölbten Gewächshausbauten, deren Haupttragwerk, Bogenbinder, Stützen und eventuell Queraussteifung aus Eisen bestanden. Von besonderer Bedeutung waren dabei die Ingenieurkonstruktionen R. Turners in Dublin sowie ab 1850 die von Paxton, der mit dem Bau des durch ein Transeptgewölbe gekrönten Kristallpalastes seine eigenen Erfahrungen fortentwickelte (Abb. 45).

1842 entwarf Turner für das ›Gewächshaus‹ in Dublin ein gußeisernes Haupttragwerk, wobei er durch die Einschaltung von vertikalen verglasten Rahmen die Gewölbe des Mittelschiffes und der Nebenschiffe aufstelzte und dadurch das basilikale Schema Paxtons modifizierte. Die flach gewölbten Bogenbinder des Mittelschiffes sowie die parabolisch geformten Träger der Nebenschiffe bilden äußerst filigran gehaltene profilierte Spanten aus Gußeisen, die in ihrem Erscheinungsbild gebogene Walzprofile vorwegnehmen. Zur Herstellung der nötigen Seitensteifigkeit, die durch den Einschub vertikaler Rahmen und durch die im Verhältnis zur Breite relativ große Höhe des Bauwerkes problematisch wurde, setzte Turner ornamental gehaltene Konsolen ein, die in den Auflagerpunkten der Gewölbe am oberen Säulenende und im Sockelbereich als Versteifung eingeschaltet wurden (Abb. 47).[253] In der späteren Ausführung, in der Turner das Dach in Schmiedeeisen

konstruierte und dabei horizontale Zugbänder einsetzte, konnten diese Versteifungsele-
mente entfallen.

Einen Höhepunkt der im Gewächshausbau verfolgten konstruktiven Logik in der
Ausbildung von filigranen eisernen Bogentragwerken bildet das zwischen 1844 und 1848
von R. Turner und D. Burton erbaute ›Palmenhaus‹ in Kew Gardens bei London
(Abb. 338-343, 613-619). Die Querschnittsform des großen Gewächshauses in Chatsworth aufnehmend, wurden das Mittelschiff sowie die anschließenden Nebenschiffe von
Bogenbindern mit 12,80 m bzw. 6,40 m Spannweite überdeckt. Eine Modifikation des
Paxtonschen Schemas besteht in der leichten Überhöhung der Träger, die im Mittelschiff
im Auflagerbereich in die Vertikale übergehen (Abb. 46). Den Querschnitt der Bogenbinder im Mittel- und Nebenschiff bilden doppel-T-förmige Profile von 12 inches (30,50 cm)
bzw. 9 inches (22,86 cm) Höhe und 5½ inches (13,97 cm) größter Breite im oberen
Flansch. Die so profilierten Binder bestehen aus 3,60 m langen gekrümmten Einzelteilen
aus gewalztem Schmiedeeisen, die zum Halb- oder Viertelbogen zusammengesetzt wurden (Abb. 21 b).

Nach McIntosh war ursprünglich vom Konstrukteur R. Turner geplant gewesen, die
Tragrippen in ebendiesem Profil in Gußeisen zu formen.[254] Dies bestätigt nicht nur die
Aufteilung in Montageeinheiten und der komplizierte Aufbau des Profils, sondern auch
die Gesamterscheinung der Tragkonstruktion mit den gewaltigen Gußkonsolen und
durchgeformten Säulen (Abb. 76).

Der Fortschritt in der Walztechnik und die Anwendung gekrümmter Profileisen im
Schiffsbau Ende der vierziger Jahre des 19. Jahrhunderts ermöglichten jedoch hier erstmals die Substituierung gußeiserner Profilträger durch Walzprofile. Allgemein wird angenommen, daß die ersten gewalzten Doppel-T-Profile 1849 von Ch. F. Zorés in das Bauwesen eingeführt wurden.[255] Die Existenz der Profilbogen in Kew Gardens, spätestens
1848 gewalzt, widerlegt diese These.

1858, bei der Konstruktion des Glasgewölbes des ›Gewächshauses‹ in Edinburgh
(Abb. 241-245, 543-548), in seiner äußeren Erscheinung nahezu eine Kopie von Turners
Palmenhaus in Kew Gardens, besteht das innere Tragwerk der Säulen, Querbogenträger
und Konsolen aus Gußeisen, die Bogenrippen jedoch wahrscheinlich bereits aus Walzeisen. Auffallend bei dieser Mischkonstruktion ist die nahezu völlig gleiche Profilausbildung der gußeisernen Querbogenträger im Untergurt und der gewalzten Rippen. Die von
einem Zwischenstück oberhalb der Säulenkapitelle ausgreifenden Gußkonsolen sind an
die Rippen angeschmiegt und über schmiedeeiserne Laschen mit diesen fest verschraubt
(Abb. 48).

1850 verwendete R. Turner zur Überspannung der ›Lime Street Station‹ in Liverpool
über 40 m weit gespannte Bogen aus gewalzten Vignole-Schienen als Obergurt seiner
Sichelbinder, die auf gewaltigen gußeisernen Säulen auflagerten (I-Profil, 9 Inches).[256] Die
im großen ›Palmenhaus‹ von Turner angewandte Konstruktion der Bogenbinder aus
Walzeisen ist Ausdruck der beginnenden Umwälzung der Bautechnik durch den Einsatz
von Walzeisen in Doppel-T-Form und wirkte als Pioniertat beispielgebend für die Zukunft. Zugleich bedeutete dies einen Markstein in der nun folgenden allmählichen Zu-
rückdrängung des Gußeisens in seiner Anwendung für weitgespannte Konstruktionen.
Es wird von nun an – bis auf wenige Ausnahmen – in Form von Mischkonstruktionen
eingesetzt. Die Entwicklung der Bogenträger zu weitgespannten Bogenfachwerken bestätigt dies. Bei der Anwendung von Bogenträgern wurde in der Folge Gußeisen als Haupt-
material nur dann eingesetzt, wenn, wie bei der ›Markthalle‹ in Lyon von 1858, die
niedrigeren Preise desselben ihm gegenüber Schmiedeeisen den Vorzug gaben[257] oder, wie
im ›Wintergarten‹ in Leeds von 1868 bzw. im ›Temperierten Gewächshaus‹ in Kew

Gardens von 1859 bis 1863 die neue Tendenz zu historisierenden Schmuckformen und Ornamenten eine Renaissance des Gußeisens noch einmal ermöglichte. Im ca. 20 m breiten und ca. 18 m hohen ›Wintergarten des Allgemeinen Krankenhauses‹ in Leeds, 1868 von R. M. Ordish erbaut (dem Konstrukteur des großen ›Wintergartens‹ in Dublin von 1865), entstand eine Hallenkonstruktion, in der das Gußeisen nicht mehr, wie bei seinen Vorgängern, in seiner reinen Konstruktionsform, sondern vor allem auch als Schmuckform in extensiver Weise Verwendung fand (Abb. 49, 314-316).[258]

Das ›Sparrendach mit Zugband‹

Das eiserne ›Sparrendach mit Zugband‹, dessen Vorform der unterspannte Balken war, ist ein weiterer Schritt in der Auflösung des Balkens in eine Struktur aneinandergereihter Dreiecksverbände, wobei die Last in den Knotenpunkten angreift und die auftretenden Biegespannungen in Form von Druck und Zug auf eigens danach dimensionierte Glieder verteilt wird. Bereits in der Konstruktion der hölzernen Sprengwerke trachtete man danach, den auftretenden Horizontalkräften durch Balken und Zugstangen zu begegnen. Die zahlreichen ›King and Queen post roofs‹, die von den zwanziger Jahren des 19. Jahrhunderts an in England errichtet wurden, waren eine frühe Verwirklichung eiserner ›Sparrendächer‹. Zwar handelte es sich bei ihnen noch nicht um ein bewußtes Erfassen des Fachwerkprinzips, dennoch stellen sie einen konstruktiven Fortschritt seiner Weiterentwicklung dar.

Einfache Dachstühle dieser Art wurden erstmals um 1820 in eisernen Flachstäben ausgeführt. Schinkel hielt 1826, anläßlich seiner Reise durch England, in seinem Skizzenbuch eiserne, abgespannte ›Sparrendächer‹ der ›Markthalle‹ in Liverpool und der ›Gasanstalt‹ in Edinburgh fest. Als Prototyp dieser Konstruktionen erscheint das Dach des abgerissenen ›Marché de la Madeleine‹ in Paris, wahrscheinlich 1824 von M. G. Veugny geplant und von 1835 bis 1838 mit 12 m Spannweite erbaut. Die Leichtigkeit und Grazilität seiner schmiedeeisernen Tragglieder wurde von den Zeitgenossen gerühmt (Abb. 106). Gußeiserne ›Sparrendach-Konstruktionen‹ waren selten. Ohne Schmiedeeisen für die Zugstäbe waren sie nicht denkbar. 1836 hatte Ludwig Ferdinand Hesse anschließend an eine Studienreise nach England den 17 m langen Dachbinder der ›Schicklerschen Zuckergießerei‹ in Berlin errichtet und dabei gußeiserne Segmente zur Versteifung eingesetzt.[259] Eine einfache Konstruktionslösung wurde 1863, beim Bau der 14 m weiten ›Markthalle‹ der Insel Réunion im Indischen Ozean verwirklicht. Die gußeisernen Balken waren aus Teilen zusammengeschraubt und ihre Anschlußpunkte für das Zugeisen im Auflagerbereich sorgfältig detailliert.[260]

Bei den komplizierteren, unterspannten Dachstühlen, charakterisiert durch eine vergrößerte Anzahl von Pfosten, kam Gußeisen meist nur in Form von Druckstreben zur Anwendung. Im Gewächshausbau mit Satteldächern wurden des öfteren eiserne Zugbänder eingesetzt. Sie zeichneten sich durch eine filigrane Konstruktion aus, was den Nachteil des den Innenraum durchquerenden Zugbandes aufwog.

Einen mit konstruktiver Konsequenz ausgebildeten Dachstuhl in Form eines klassischen einfachen ›Sparrendaches‹ schuf 1846 L. von Zanth im gußeisernen Gewächshaus der ›Wilhelma‹ in Stuttgart (Abb. 444-448, 680-686). Es ist eines der wenigen noch erhaltenen gußeisernen Spannwerke dieser Art in Deutschland. Das gläserne Satteldach der Seitenflügel wird durch Dreiecksbinder von 6,60 m Länge getragen. Die Druckstäbe bilden reichprofilierte gußeiserne Balken, die als Querschnitt eine sich nach unten verjüngende Keilform haben und über Falze die Verglasung aufnehmen (Abb. 21a). An ihrem Auflager durch einen kurzen Vertikalpfosten leicht aufgestelzt und auf einer ornamentierten Gußkonsole aufruhend, werden sie durch einen schmiedeeisernen Rundstahl zusammengehalten. Eine kleine vertikale Zugstange im Firstbereich dient der zusätzlichen Versteifung. Durch die enge Folge der Binder in der langgestreckten Glas-Eisenhalle entsteht ein formstrenger Raumeindruck, der an ein hellenistisches Tempeldach erinnert (Abb. 50).

Das von Paxtons Assistent E. Milner 1871 erbaute Gewächshaus im Pavilion Gardens in Buxton (Abb. 220) hatte als Tragwerk für die Satteldächer der Seitenflügel reich verzierte, gußeiserne Bogenbinder, die durch ein zusätzliches Zugband aus Schmiedeeisen zusammengehalten wurden (Abb. 53).

Der Fachwerkbinder

Die durch gußeiserne Konstruktionen eingeleitete industrielle Revolution des Bauwesens erhielt mit der Anwendung der statisch berechenbaren Fachwerke einen neuen, mächtigen Impuls, der in der zweiten Hälfte des 19. Jahrhunderts zu eingreifenden Veränderungen in der Technik des Eisenbaues führte. Ausschlaggebend dafür waren die verbesserten Methoden der Eisenverhüttung und Verarbeitung (Massenherstellung von Stahl, Einführung der gewalzten Eisenprofile) sowie die Ausbildung der Theorie des Fachwerks durch Culmann 1851. Ausdruck der durch die schmiedeeisernen Fachwerke veranlaßten Umwälzung war die schrittweise Substitution gußeiserner Spannwerke, die um 1870 zu einer nahezu vollständigen Verdrängung des Gußeisens aus diesem für den Ingenieurbau wesentlichen Gebiet führte. In der Zeit des Wendepunktes, um 1850/60, kamen jedoch noch gußeiserne Fachwerkträger zur Anwendung, die zur Vollendung des gußeisernen Montage- und Skelettbaues beitrugen und darin durchaus den höchsten Stand der Bautechnik dieser Zeit repräsentierten.

Das unterspannte, mehrpfostige ›Sparrendach‹, fälschlich auch ›Hängewerk‹ genannt, das sich aus dem englischen Dachbinder für Hallenbauten mit Satteldach entwickelte, kannte noch nicht die statisch zweckmäßigste und konstruktiv rationellste Stabverteilung. »Bei den erweiterten Hängewerken greifen die Pfetten wahllos außerhalb der Knotenpunkte an und beanspruchen die Obergurte auf Biegung.«[261] Durch die geradlinige Führung des Zuggurtes entstand nicht nur eine Einschränkung der Raumnutzung, sondern sie führte auch zu überlangen Druckstäben, welche entsprechend starke Querschnitte erforderten. Diese Nachteile ließen sich beheben, wenn die Druckstäbe lotrecht zu den Sparren angeordnet waren, die Pfetten den Obergurt nur in den Knotenpunkten belasteten und der Zuggurt über das Auflager angehoben werden konnte. Dieses Prinzip liegt dem Binder zugrunde, den C. Polonceau, Emy und R. Wiegmann fast gleichzeitig gegen Ende der dreißiger Jahre des 19. Jahrhunderts entwickelten. Der Konstruktionstypus, im Brücken- und Bahnhofsbau gewonnen, gründete auf der Erkenntnis, daß durch das Abschließen von Dreiecken durch das Stabwerk eine Ebene hergestellt wird, die sich nicht in sich verschieben läßt. Diese Binderform, aus dem unterspannten Balken entwickelt, charakterisiert bereits eine Fachwerkausbildung mit vollendeter Anordnung des Stabwerkes: Die einzelnen Stäbe haben nur der Normalspannung von Zug und Druck zu widerstehen. Es treten keine Schubkräfte auf. Indem die Stäbe nur die über den ganzen Querschnitt gleichmäßig verteilten Zug und Druck aufzunehmen haben, können sie entsprechend ihrer Funktion und ihres Materials optimal bemessen und profiliert werden. Mit geringem Materialeinsatz wurde es möglich, eine relativ große Spannweite herzustellen. Diese Fachwerke waren demnach für den Eisenbau prädestiniert, in welchem die Forderungen der Materialökonomie zu einer Hauptfrage der Konstruktion geworden war (Abb. 51).[262] In diesen Fachwerken, in der Mehrzahl sogenannte Polonceau-Binder, welche nicht nur in Schmiedeeisen (Walzeisen), sondern auch in Mischkonstruktion entstanden, kam Gußeisen, ähnlich wie bei den erweiterten ›Sparrendächern‹, als Druckstreben oder als künstlerisch geformte Gelenke und ›Schuhe‹ in Anwendung.

Im Gewächshausbau der vierziger bis sechziger Jahre sind Beispiele für das Bemühen der Konstrukteure zu finden, das Schema des Fachwerkbinders in Dreieckform gänzlich in Gußeisen zu übersetzen. Das Resultat solcher zur Unterstützung von gläsernen Satteldächern verwendeten Binder war eine äußerst schwerfällige Ausbildung, die eine freie Raumwirkung fast gänzlich zunichte machte. Da man, ganz im Gegensatz zu den schmiedeeisernen Konstruktionen, nur auf Zug beanspruchte Teile auszubilden vermied, nahm man entweder starke, durch Gußornamente versteifte Pfosten und Diagonalen oder suchte durch Einführung eines gebogenen Untergurtes das Tragverhalten solcher Dreiecksbinder zu verbessern.

1861 wurde als Teil der ›Gewächshausanlage des Herzogs von Nassau‹ in Biebrich (Abb. 188, 189, 495, 496) eine auf gußeisernen Stützen stehende Ausstellungshalle gebaut, deren Satteldach von Fachwerkbindern in Dreiecksform, ebenfalls aus demselben Material, getragen wurde. Der fünfpfostige Binder war in den Zwickeln durch gußeiserne Ornamente gefüllt. Die zwei Vertikalstreben links und rechts der Mittelstrebe waren in Form einer Hängesäule unter den Untergurt hinausgeführt und durch gußeiserne Bögen mit diesem verbunden. Die Bögen schlossen seitlich an die Stützen an und versteiften die Hallenkonstruktion (Abb. 52).[264]

Ein ähnlich unklar gegliederter und schwerfällig wirkender Dreiecksbinder, jedoch mit einem in Bogenform hochgezogenen Untergurt, bildet das Tragwerk der weitgespannten Mittelhalle des ›Temperierten Gewächshauses‹ in Kew Gardens, 1859 bis 1863 erbaut (Abb. 54, 344, 345, 620-622). Die an den seitlich abschließenden vertikalen Stielen und am Firstbereich entstehenden Zwickel werden durch Fachwerk in verschiedener Größe und Form der Felder ausgesteift. In den seitlichen Zwickeln nimmt das Fachwerk die Form gußeiserner Halbringe an, welche an den Gurtrahmen angeschraubt sind. Daran schließen gußeiserne – wie gestanztes Blech wirkende – Platten an, die – wie die Halbringe – doppelt angeordnet sind und im Bereich der engsten Annäherung von Ober- und Untergurt den Binder verstärken. Zur Mitte hin füllt den Zwischenraum der Gurte ein aus verschieden geneigten Stäben bestehendes Fachwerk, dessen Felder Andreaskreuze bilden. Der profilierte Bogen des Untergurtes ist aus mehreren Einzelteilen zusammengesetzt und besteht, wie das gesamte Füllwerk, aus Gußeisen, während der gerade Obergurt aus Walzeisen gebildet wird. Blickt man in die Tiefe der durch die relativ eng gestellten Binder gegliederten Halle, so erscheinen die Bogen in der Perspektive wie ein durchgehendes Eisengittergewölbe, dessen Pfostenwald eher an einen Bahnhof denn an ein Gewächshaus erinnert. Es ist anzunehmen, daß in der Ausbildung dieser im Detail, wie auch im Ganzen, unklaren Konstruktion weniger Gesichtspunkte der statischen Logik als ästhetische Rücksicht auf die Wirkung einer vom Fachwerk inspirierten Gußeisenornamentik bestimmend waren.[265]

Die konstruktiven Ansätze zu gußeisernen Fachwerken größerer Spannweite blieben, wie die angeführten Beispiele beweisen, unbefriedigend und zur Weiterentwicklung untauglich. Hingegen stellt der im Londoner Kristallpalast angewendete Parallelgitterträger aus Gußeisen einen bedeutenden Fortschritt in der Geschichte der Eisenkonstruktionen dar.

Der Parallelfachwerkbinder. Im Parallelfachwerkbinder entsteht ein Konstruktionstypus, der nicht mehr primär in der Entwicklungsreihe eiserner Dachstühle, sondern direkt im Brückenbau seinen Ursprung hat. Zunächst in Holz (System Long und Howe) in Form von Fachwerkträgern mit Diagonalstreben und eisernen Spannstangen verwirklicht[266], fand er seine frühe Anwendung als engmaschiges, eisernes Stabwerk im Brückenbau – eine Anordnung, die noch aus der Unkenntnis über das Wesen des Fachwerks resultierte (Abb. 55). Die erste Gitterbrücke dieser Art wurde 1845 über den Royal Canal in Dublin gebaut. Das Prinzip des Parallelfachwerkträgers verfolgt die Auflösung des Balkens in gerade, im gleichen Abstand laufende Gurtung und in ein Netzwerk von vertikalen und diagonalen Stäben, mit dem Ziel, dieses steife Tragwerk in seiner Trägerhöhe der Spannweite so anzupassen, daß bei ökonomisch ausgebildetem Stabwerk ein optimales Tragvermögen erreicht wird. Solche Träger wurden zunächst in Form zusammengesetzter Flachstäbe, später in Form von Walzprofilen konstruiert.

Die frühesten Vorschläge für gußeiserne Parallelfachwerkträger entstammen den Projekten zu Gewächshäusern von J.C. Loudon, veröffentlicht im Jahre 1817 in seinen ›Remarks‹. Er schreibt darin: »Da das Gewicht gußeiserner Träger, bisher in Gewächshäusern verwendet, ein Grund ihrer Ablehnung war, gebe ich hier einige Formen wieder, wodurch dieselben nahezu oder gänzlich so leicht wirken wie Holz.«[267] Die von ihm in mehreren Zeichnungen veranschaulichten, äußerst feinen und filigranen Träger waren 20 Fuß (6,10 m) lang und ca. 1 Fuß hoch. Die parallelen Ober- und Untergurte waren durch acht Fachwerkfelder, gebildet durch Diagonalen und Vertikalen, ausgesteift. Der Träger sollte in zwei oder vier Teilen gegossen und zusammengeschraubt werden. Zusätzliche Vertikalstäbe, mit kleinen drehbaren Metallzylindern umgeben, sollten gesondert gegossen und nachträglich eingeschraubt werden. Diese Maßnahme bedingte die doppelte Funktion des Trägers, nämlich einerseits die Dachlast zu tragen, zugleich jedoch auch als Rollager für große Schiebefenster zu dienen.[268] Die von Loudon auf empirischem Weg entwickelten Träger, welche mit einer Neigung von 30° als Dachbinder eingesetzt wurden, waren dem Prinzip nach die erste Darstellung eines statisch richtig konzipierten Fachwerks. Loudon berechnete außerdem auch das Gewicht der Träger und gab ihre Kosten einschließlich der Montage an. Wie überaus schwierig es in dieser Zeit noch war, über die Tragfähigkeit solcher Träger genaue Aussagen zu treffen, zeigt die Anmerkung Loudons: »Was die Stärke eines solchen Binders betrifft, so wurde bis jetzt noch nicht eine genügende Anzahl von Experimenten in Gußeisen gemacht, um zu einer korrekten Schätzung zu gelangen.« Weiter meinte er allerdings, es könne jedoch kein Zweifel sein, daß er das Hundertfache seines Gewichtes oder das doppelte Gewicht des Glasdaches zu tragen imstande wäre (Abb. 56).[269]

Der gußeiserne Parallelfachwerkträger fand seine vollendete Gestalt im Bau des ›Kristallpalastes‹ in London, von J. Paxton 1850/51 (Abb. 347-363, 626, 627, 648) entworfen und von der Konstruktionsfirma Fox und Henderson im Detail entwickelt. In seiner Funktion diente er nicht nur als Dachtragwerk, sondern auch innerhalb des nach Stockwerken aufgebauten, gußeisernen Skelettbaus als Galerieträger und Aussteifungselement. Im Zusammenhang mit eigens entwickelten Anschlußteilen (Anschluß nach allen vier Richtungen) und vertikal addierbaren Hohlstützen bildete er ein integriertes Tragelement des vorgefertigten Skelettbaues, der, nach dem Montageprinzip aufgebaut, von universeller Anwendungsmöglichkeit war. Bereits 1837 hatte der als Gärtner in Chatsworth tätige Joseph Paxton gußeiserne Gitterträger im Aufbau des ›Gewächshauses‹ in Capesthorne Hall (Cheshire) verwendet, wo sie zur seitlichen Aussteifung der geleimten Holzbogenbinder des hohen Mittelschiffes dienten (Abb. 221). Sie lagerten auf Gußkonsolen auf und waren mit den Bindern durch Schrauben verbunden. Die durch Gurte und seitlich abschließende Pfosten gebildeten Felder des Trägers wurden nur durch Diagonalen – ohne vertikale Zwischenstreben – ausgefacht. Dieser Träger bildete eine Vorstufe des von Joseph Paxton in vier Varianten im Londoner ›Kristallpalast‹ angewendeten Parallelfachwerkträgers (Abb. 57).[270]

1. Der gußeiserne 24-Fuß-Träger (Fig. 58a)

Der in seiner Höhe (91,5 cm), Länge (7,32 m) und in den Anschlüssen genormte Träger war in drei Rechteckfelder geteilt, welche flachgedrückte Andreaskreuze und Vertikalstreben ausfachten. Die Dimensionierung seines Querschnittes richtete sich nach der maximalen Belastung, welche – je nachdem, ob er Dach oder Decke der Galerie zu tragen hatte – 9 bzw. 15 t betrug. Dementsprechend schwankte auch sein Eigengewicht zwischen 490 und 610 kg. Insgesamt kamen 2400 solcher Träger zur Anwendung. Hinzu kamen 450 Träger im Stockwerk über der Galerie, die nur zur Aussteifung dienten. »Biegespannungen aus örtlicher Belastung traten nicht auf, da die Belastung aus dem Dach nur in den Drittelpunkten, also in den Knotenpunkten des Fachwerks, erfolgt.«[271] Die Möglichkeiten des Gußverfahrens nutzend, konstruierte man den Träger so, daß er bei parallelen Gurten dennoch dem Kraftfluß optimal folgen konnte: Er verbreitete sich in seinen Gurten in Feldmitte und verjüngte sich im Endfeld. Der Träger konnte mit Zapfen und Nasen kraftschlüssig an den Anschlußteil der Säule angeschraubt und durch kleine Eisenkeile zusätzlich fixiert werden (Abb. 77, 84).

2. Der 48-Fuß-Träger in Mischkonstruktion (Abb. 58b)

Dieser aus einer geschraubten Mischkonstruktion von Holz, Schmiede- und Gußeisen bestehende Träger diente zur Überbrückung der 14,64 m weiten Hallen der niedrigen Seitenschiffe. In der Normhöhe von 3 Fuß ausgeführt, hatte er hölzerne Druckstäbe, schmiedeeiserne Zugstäbe (Flacheisen) und gußeiserne Vertikalpfosten mit kreuzförmigem Querschnitt.[272] Wie beim gußeisernen 24-Fuß-Träger waren die Knotenpunkte im Abstand von 8 Fuß (2,44 m) angeordnet. Den Ober- und Untergurt bildeten je zwei Winkel- und Flachstäbe, welche gestoßen waren. Eine zusätzliche Aussteifung des Obergurtes lieferte die mit ihm fest verbundene hölzerne Hauptregenrinne sowie die quer dazu aufgelegten Paxtonschen Rinnenbalken.[273]

3. Der 72-Fuß-Träger (Abb. 58b)

Der 21,96 m lange Träger bestand ebenfalls aus einer solchen Mischkonstruktion. Stärker ausgebildet, diente er zur Überbrückung der hohen Mittelhalle des Langbaues. Beide Trägerformen hatten, wie aus einer Berechnung von Ernst Werner hervorgeht, relativ hohe Zug- und Druckspannungen. »Beim 72-Fuß-Träger überschreiten sie die heute zulässigen Spannungen für den meist gebrauchten Stahl Güte St. 37.«[274]

4. Der 72-Fuß-Träger (Abb. 58c)

An der Schnittlinie des Längsschiffes mit der tonnengewölbten Halle des Querschiffes (Transeptes) – wo die große Last der hölzernen Bogenbinder auflagerte – befanden sich 72 Fuß lange und 6 Fuß (1,83 m) hohe Parallelfachwerke, die gleich Brückenträger aus engmaschigen Diagonalen aus Schmiedeeisen und aus gußeisernen Endpfosten bestanden. Dieser Träger wurde zweiwandig, in Form doppelter Zugstreben und drucksteifer Diagonalen konstruiert und war an den Kreuzpunkten vernietet.[275]

Die vier im Kristallpalast verwendeten Trägerformen dokumentieren bereits den Einfluß theoretischer Kenntnisse in der Ausbildung von Fachwerken. Zugleich werden hier die Grenzen des Einsatzes gußeiserner Fachwerke sichtbar, die sich als genormte Elemente des Montagebaues bei der Überbrückung geringerer Spannweiten bewähren, bei weitgespannten Konstruktionen jedoch durch Schmiedeeisen und Holz substituiert werden.

Der ›Glaspalast‹ in München wurde 1853/54 von A. von Voit weitgehend nach dem Vorbild des Londoner Kristallpalastes erbaut (Abb. 394-399, 646, 647, 649-651). Voit verwendete als Element seines Gerüstsystems ebenfalls Parallelfachwerkträger. Im Unterschied zu London kam in München Gußeisen in noch stärkerem Maß zur Verwendung (Zwischenträger des Daches). Der gußeiserne Dach- und Galerieträger, der bei einer Spannweite von 6 m eine Höhe von 1,20 m hatte, war – wie sein Londoner Vorbild – durch Rechteckfelder mit Andreaskreuzen und Vertikalen gegliedert (Abb. 59a). Die Hauptbinder, die die 24 m breite Halle des Längs- und Querschiffes zu überbrücken hatten, bestanden aus einer Mischkonstruktion von Holz, Guß- und Schmiedeeisen. Karl Wittek, der die Konstruktionsteile dieser Binder im einzelnen untersucht hat, gibt dazu nähere Angaben: Der Ober- und Untergurt bestanden aus Schmiedeeisen und waren verschieden ausgebildet. Der Obergurt setzte sich aus vier Winkeleisen zusammen, die über ein horizontales Futterblech aneinandergenietet waren. Zwischen den Winkeln entstand ein Zwischenraum von 35 mm, in welche die Füllglieder eingepaßt waren. Den Untergurt formten Flacheisen, die später verstärkt werden mußten. »Ober- und Untergurt waren der Länge nach aus drei Stücken zusammengesetzt. Die siebzehn senkrechten Verbindungsteile waren aus Gußeisen. In den sechzehn Rechteckfeldern waren Kreuze angeordnet, deren Hauptstreben aus Eichenholz, deren Gegenstreben aus Schmiedeeisen bestanden und in der Mitte durch Bolzen verbunden waren.«[276] (Abb. 59b)

Den Anschlußteil beider Trägerformen an die gußeisernen Stützen bildete ein innen hohles Kastenprofil, welches, mit kleinen Nasen versehen, als Zwischenstück fungierte (Abb. 85). Die Winkel der Streben beider Trägerformen waren steiler (45°) als beim Kristallpalast (30°) und die Rechtecksfelder kürzer. Die Sprossen und Rinnenbalken der ›ridge-and-furrow‹-Dächer bestanden aus schmiedeeisernen Profilen.

Die äußerst filigran ausgebildeten Parallelfachwerkträger, die in diesen von J. Paxton ausgehenden Ausstellungsbauten in Skelettbauweise Anwendung fanden, erwiesen sich auch für Gewächshausbauten als geeignet.

1857 bis 1859, beim Bau des gußeisernen ›Palmenhauses im Alten Botanischen Garten‹ in Berlin von Carl David Bouché, Gustav Herter und Nietz (Abb. 154-156, 159, 480, 481), kamen kleine, standardisierte, gußeiserne Gitterträger zur Anwendung. Mit der Normhöhe von 78 cm wurden sie in den Längen von 1,07 m, 2,58 m, ca. 3,54 m und 6,24 m gegossen. Sie verbanden die zu Stockwerken zusammengestellten, gußeisernen Doppelstützen längs der Fassade im Dachbereich und versteiften die in Querrichtung gelegten, schmiedeeisernen 13,10 m langen Hauptträger. Die Rahmen der gußeisernen Träger wurden durch Andreaskreuze (ohne vertikale Zwischenpfosten) ausgefüllt, wobei deren Schnittpunkte durch eine kreisförmige Scheibe ornamental hervorgehoben wurde. Auffallend ist der Umstand, daß die Streben der Andreaskreuze nicht in die Ecken der Gurtung laufen. Der Grund dafür liegt vielleicht darin, daß die Träger auf einer relativ weit vorspringenden Konsole auflagerten, die vom achteckigen Zwischenstück der Stützen ausging (Abb. 60). Die schmiedeeisernen Gitterträger, ebenfalls in Normhöhe ausgeführt, bestanden aus engmaschigen Diagonalstäben (Flacheisen) und aus Gurten, die aus je zwei Winkeleisen zusammengesetzt waren. Entlang des Obergurtes waren gußeiserne Rinnenbalken angeschraubt, die das aus demselben Material bestehende Tragwerk des gläsernen ›Ridge-and-furrow‹-Daches stützten (Abb. 23). Nur die Sprossenrahmen der Verglasung bestanden aus Holz.[277]

In der Zeit von 1850 bis 1870 kam es im Rahmen der großen gußeisernen Skelettbauten zu einer allseitigen Anwendung der gegossenen Parallelfachwerke. Erwähnt seien nur die Träger des ›Palais de l'Industrie‹ von 1855 (Abb. 61), des ›New Yorker Kristallpalastes‹ von 1852 (Abb. 40) und des ›Wintergartens‹ in Dublin 1865, hier jedoch ohne Diagonalen ausgebildet (Abb. 64, 239, 240). Eine nähere Darstellung ihrer Funktion in den stockwerkhohen Montagegerüsten erfolgt im Abschnitt über den gußeisernen Skelettbau.

Der Bogenfachwerkbinder. Bogenfachwerke ganz aus Gußeisen, wie sie Loudon bereits 1817 neben Parallelgitterträgern vorschlug, sind im Gewächshausbau des 19. Jahrhunderts selten. Ansätze dazu konnten wir in der Entwicklungsreihe der Bogenbinder für Pult- und Satteldächer bzw. für gewölbte Dächer in Form der steifen Rahmen von Gitterträgern verfolgen. Das Füllwerk von gußeisernen Ringen und Stäben ersetzte das Fachwerk. Wie erwähnt, wurde noch 1863, im ›Temperierten Gewächshaus‹ in Kew Gardens von D. Burton, der Versuch gemacht, das Satteldach der Mittelhalle durch 19 m lange Bogenbinder zu tragen, deren gußeisernes Fachwerk einen schwerfälligen und konstruktiv unbefriedigenden Eindruck bewirkte (Abb. 54). Die statisch logische Umwandlung des gußeisernen Bogengitterträgers in ein aus Dreiecksverbänden bestehendes Fachwerk konnte, wie bei den Parallelgitterträgern, nicht direkt aus den gußeisernen Konstruktionen entwickelt werden. Vielmehr waren auch hier die Einflüsse aus der Technik des Brückenbaues und die darin gewonnenen Erfahrungen mit schmiedeeisernen Fachwerken maßgebend. Bereits in den vierziger Jahren fanden sich in den von Long und Howe erbauten amerikanischen Eisenbahnbrücken die Vorläufer solcher Fachwerke. In schmiedeeiserne Konstruktionen umgesetzt und etwa ab 1850 für Bahnhofshallen, Ausstellungsgebäude und Gewächshäuser angewendet, konnten sie bis zur Erscheinungszeit der ersten Zwei- und Dreigelenkbogen in den sechziger Jahren nicht berechnet werden (J. W. Schwedler).[278] Die noch bis dahin auf empirischem Weg konzipierten Bogenfachwerke verwendeten mit Vorliebe die statisch ungünstigere Halbkreisform, die etwa ein Viertel der auftretenden Lasten als Seitenschub umsetzte. Um den Raum störende, horizontal gespannte Zugbänder zu vermeiden, versuchte man durch entsprechend starke Ausbildung der Binder und Widerlager die nötige Standfestigkeit solcher meist weitgespannter Konstruktionen zu garantieren. Während das Stützwerk der oft mehrgeschossigen Bauten nach wie vor aus Gußeisen bestand, fand im Bereich des Dachtragwerkes dieses Material als Auflager (vorspringende Konsolen bzw. Kämpfer) oder Druckstab seine noch verbleibende Anwendung. Ein noch unbeholfen wirkender Versuch, die Erfahrungen in der Fachwerkkonstruktion von Brückenbauten im Dachtragwerk umzusetzen, zeigt sich im Querschnittsaufbau des 1846-1848 vom Ingenieur M. Rigolet errichteten ›Jardin d'Hiver‹ an den Champs-Elysées in Paris (Abb. 417-421, 660-664). J. Paxton hat diesen ersten großen Wintergarten im Eröffnungsjahr besucht, und es ist anzunehmen, daß sein Eindruck nicht ohne Folgen für seine Konzeption des Kristallpalastes von 1850/51 blieb.[279] Das über 40 m gespannte und 20 m hohe Gewölbe des Glasdaches wird von einem durchgehenden schmiedeeisernen Bogen getragen, der durch Reihen gußeiserner Säulen unterstützt wird. Diese formieren im Inneren der Riesenhalle einen Raum, der durch ein bis an den First reichendes Mittelschiff und niedrigere Nebenschiffe gegliedert ist. Die Unterstützung des Glasgewölbes vermitteln über den Säulen der Schiffe aufgesetzte Bogen, wobei die Zwickel zum Dach hin durch schmiedeeiserne Stäbe mit nicht klar ablesbarer statischer Funktion ausgefacht werden. Dieser in seiner Form merkwürdige, in späteren Bauten nicht wieder angewendete Bogenbinder bildet im Grunde ein bis zum Erdboden geführtes Fachwerk, dessen Prinzip noch nicht entsprechend erkannt wurde. Das gußeiserne Stützwerk, das in der Mittelhalle aus gekoppelten Säulenpaaren besteht, ist in der Längsrichtung der Halle im 6-m-Abstand durch gußeiserne Korbbögen verbunden, die eine Galerie aus dem gleichen Material tragen. Es wird in der Folge nochmals gesondert Erwähnung finden (Abb. 62).[280]

Einen wichtigen Beitrag zur Entwicklung von Bogenfachwerken in Form von ›Circular-Roofs‹ bilden die von J. Paxton im ›Kristallpalast‹ in Sydenham (1852/54) zur Überbrückung der Haupthallen eingesetzten Binder von 21,94 m Spannweite (Abb. 628-630). Sie sind eine Umsetzung des großen, engmaschigen Parallelgitterträgers des Baues von

1850/51 in Halbkreisbogenform. Die im gleichen Abstand laufenden, gekrümmten Gurte sind durch radiale Pfosten und Andreaskreuze ausgefacht. Jeder zweite radiale Pfosten knüpft an die horizontalen Querpfetten des tonnengewölbten ›Ridge-and-furrow‹-Daches an und besteht aus Gußeisen. Aus demselben Material bestehen die Auflager der 2,43 m hohen Binder: Es sind dies senkrecht gestellte, quadratische Rahmen mit eingeschriebenem Ring, die auf Doppelstützen aufsetzen (Abb. 63).[281]

Eine interessante Mischkonstruktion bildet den Aufbau des über 15,40 m gespannten Bogenfachwerks des ›Wintergartens‹ (Winter Palace) in Dublin, 1865 u.a. von R.M. Ordish, einem Fachmann in gußeisernen Ingenieurbauten, konzipiert (Abb. 239, 240). Der schmiedeeiserne Fachwerkbinder ruhte auf einem, von den gußeisernen Säulen auskragenden, durchbrochenen Kämpfer, der die Bogenform aufnahm. Eine fächerartig ausgebildete Strebe übertrug den Seitenschub des Glasgewölbes auf den doppelstöckigen gußeisernen Umgang, der nach dem Vorbild des Kristallpalastes einen vorgefertigten Skelettbau bildete (Abb. 64).[282]

Die 1864 von H. Märtens und G. Eberlein errichtete ›Flora‹ in Köln (Abb. 295-299, 585-588) hatte als Tragwerk der ca. 12 m breiten, tonnengewölbten Haupthalle ebenfalls schmiedeeiserne Bogenfachwerke, die, auf vorkragenden Gußkonsolen aufruhend, ihre Last auf Doppelstützen (an der Vierung und an den Abschlußfronten) abtrugen. Die Seitensteifigkeit wurde durch Arkaden eines doppelstöckigen Massivmauerwerkes hergestellt.[283]

Die Kuppel

Die freie Überwölbung von kreisförmigen oder polygonalen Räumen in Form von Kuppeln, wie sie die Steinarchitektur kannte, wurde auch früh zum Aufgabengebiet der Eisenkonstrukteure. Kuppelüberdeckte Räume aus Glas und Eisen signalisierten das Zentrum eines Gebäudekomplexes. Hier wurden die Bewegungsströme der Menschen zusammengefaßt und der besondere Zweck des Bauwerkes – Ausstellung oder Versammlung – ins Licht gerückt. Bei Gewächshausbauten, wo beide Zwecke zusammenfielen, wurden eiserne Kuppelkonstruktionen früher als an anderen Bautypen durchgeführt. Für die Anpflanzung und Kultivierung der oft über 15 m hohen Palmen waren Glaskuppeln eine günstige Voraussetzung, da sie als eine Art künstliches Firmament genügend Raum und Sonne boten.

Im Unterschied zu den sonstigen Dachstühlen aus Eisen kam es hier darauf an, das hohe, dem Wind ausgesetzte Gewölbe als ein möglichst in sich steifes, räumliches Tragwerk (natürlich, wenn möglich, ohne horizontale Zugglieder) auszubilden. Das Eisengerüst der Kuppel bildeten aufstrebende Bögen, die in ihrem Verlauf (im optimalen Fall parabolisch gekrümmt) die Druckkräfte aufnahmen. Für die auftretenden Zugkräfte wurden horizontale Ringe eingesetzt. Die Querschnitte der Hauptträger entsprachen meist jenen, die wir bereits als charakteristische Form gußeiserner Balken erwähnt haben und die zugleich die Verglasung aufzunehmen hatten.

Die erste gußeiserne Kuppel wurde 1811 beim Bau der ›Halle aux Blés‹ in Paris von F.-J. Bélanger und Brunet ausgeführt. Die Ringe und Sparren wurden aus gußeisernen Teilstücken zusammengeschraubt. Als sogenannte Mantelkonstruktion ausgeführt, war der Innenraum der über 40 m weit gespannten Kuppel frei von Konstruktionsgliedern (Abb. 65).[284]

Bahnbrechend in der Konstruktion früher eiserner Halb- und Vollkuppeln war J.C. Loudon. Mit den von ihm 1817 entwickelten, nur aus schmiedeeisernen Sprossen bestehenden, schalenartig wirkenden Dachtragwerken, errichtete er über einem inneren Gerüst gußeiserner Säulen hohe, z.T. übereinandergetreppte Glasdome, die als Gewächshäuser dienten und bis zur Erde hinabreichten. Am bekanntesten sind die 30 m hohe Glasglocke, die er mit 20 m Spannweite 1827 in Bretton Hall (Yorkshire) erbaute, sowie sein Entwurf zu einem mehrstöckigen kreisrunden ›Wintergarten‹ für den botanischen Garten in Birmingham von 1831 (Abb. 129).[285] Die nähere Beschreibung dieser Pflanzenhäuser erfolgt im Kapitel über die schmiedeeisernen Tragwerke.

Das Bedürfnis noch größerer Stabilität der eisernen Kuppeln, welche im Gewächshausbau meist auf einem Tambour aus Gußeisen aufsetzten, sowie die ästhetisch und technisch begründete Notwendigkeit, die Gliederung des Tambours in den aufsteigenden Spanten des Gewölbes fortzusetzen, führten neben der Anwendung des schmiedeeisernen Konstruktionstypus von Loudon zur Ausbildung eines hierarchisierten Tragwerkaufbaues der Kuppel: gußeiserne Bogenbinder als Hauptträger und dazwischengeschaltete, schmiedeeiserne Sprossen, welche horizontale Ringe unterstützten. Die charakteristische Ausbildung solcher Kuppeln von Gewächshäusern finden wir in den Bauten von Ch. Fowler und R. Turner, wobei das in seiner Filigranität unübertreffbare Vorbild Loudonscher Glasgewölbe evident bleibt. In diesem Zusammenhang ist anzumerken, daß der Gewächshausbau bis zur Mitte des 19. Jahrhunderts in der Hauptsache der einzige Bautypus ist, der Glas-Eisenkuppeln hervorbringt (Abb. 66, 67, 294).

Eine der ersten von außen und innen frei sichtbaren Glas-Kuppeln größerer Dimension formt das gußeiserne Gewölbe, das Ch. Fowler 1820 bis 1827 über dem Mittelpavillon des Gewächshauses von ›Syon House‹ errichtete (Abb. 325, 326, 607–612). Der Kuppelraum diente der Ausstellung einer Palmensammlung. Ein Kreis aus zwölf gußeisernen Säulen trägt über einem durch Bögen unterstützten Ringbalken ein parabolisch geformtes Glasgewölbe, das, auf einen gußeisernen Tambour aufgestelzt, 10 m Durchmesser und 18 m Höhe hat. Vierundzwanzig gußeiserne Spanten von kleinem Querschnitt, in der Horizontalen von vier Ringen ausgesteift, schließen sich in der Spitze in einem Deckzapfen zusammen. Die kurvilinearen Glasflächen sorgten für eine optimale Besonnung der Palmen. Diese für die Geschichte des Glas-Eisenbaues bedeutende Kuppelkonstruktion ist in den bisherigen Darstellungen kaum erwähnt worden. Dies ist um so erstaunlicher, als bereits Zeitgenossen die Eleganz und den Geschmack der Konstruktion rühmten.[286]

Ebenfalls eine frühe Kuppelkonstruktion aus Gußeisen krönte den kreisrunden Mittelpavillon des ›Großen Gewächshauses‹ in Kassel, Wilhelmshöhe, 1822 von Hofbaumeister J. C. Bromeis erbaut (Abb. 291, 292 a). Das in seiner Umrißform leicht gedrückt erscheinende Glasgewölbe wurde durch Spanten und Zugringe getragen. Leider sind, außer einem schematischen Grundriß und Aufriß, keine Pläne zur Konstruktion erhalten.

Ein gigantischer Kuppelbau aus Gußeisen mit 51,80 m Durchmesser und 18,30 m Höhe wurde 1832 von H. Phillips in Hove bei Brighton in Angriff genommen. Der Glaspalast, ›Antheum‹ genannt, sollte einen Wintergarten zum Zentrum haben. Zwanzig gußeiserne, elliptisch gekrümmte Bogenbinder (91,5 cm und 61 cm Höhe im Auflager bzw. an der Spitze) wurden in einem Druckring aufgefangen. Die Rippen bestanden aus sechs Montageteilen. Kurz vor der Fertigstellung des Bauwunders brach die Kuppel infolge des Fehlens einer Diagonalverspannung ein und mußte abgetragen werden.[287]

In den vierziger Jahren des 19. Jahrhunderts veröffentlichte R. Turner – von McIntosh als technisch fortschrittlicher Konstrukteur eiserner Gewächshäuser bezeichnet – eine Reihe von Projekten zu ›First Class Residence‹-Gewächshäusern. Die jeweils unterschiedlichen Grundrißschemata dieser Entwürfe hatten gemeinsam, daß sie die Anwendung gewölbter Glasflächen in Form von spitzbogigen, langgestreckten Räumen vorsahen, welche durch Halbkuppeln absidenförmig abgeschlossen waren, oder in Form erhöhter Vollkuppeln, die auf einem gußeisernen Stützwerk aufruhten. In der Konstruktion der Gewölbe wurden gußeiserne Hauptspanten mit schmiedeeisernen Sprossen kombiniert angewendet und dadurch die Standfestigkeit der bis zum Boden verglasten Bauten verstärkt. Von besonderer Schönheit war der Entwurf zu einem kreisrunden Gewächshaus mit einer zentralen Kuppel und einem niedrigeren gewölbten Umgang, der auf Gußeisenpilastern ruhte (Abb. 66, 67). Das ›Gewächshausprojekt für Colonel White‹ in Killikee bei Dublin (Abb. 294), mit seinem aus der Längsachse gerückten Kuppelturm wurde um 1850 von R. Turner verwirklicht.[288]

1853, bei der Erweiterung der von R. Turner gebauten Flügel des ›Gewächshauses‹ in Belfast (Abb. 142-147, 471-477), errichtete Ch. Lanyon ein von Turner inspiriertes Kuppelgewölbe, das den Mittelteil des Gesamtbaues einnimmt. Die 14 m hohe Kuppel wird durch ein zum Spitzbogen überhöhtes Gewölbe gebildet, dessen Grundriß zwei Halbkreise mit kurzen, eingeschobenen Geraden sind. Ein niedriger, ebenfalls gewölbter Umgang, wie das Hauptgewölbe innen auf gußeisernen Stützen auflagernd, vermittelt den Anschluß an die beiden kurvenlinearen Seitenflügel. Haupt- und Nebengewölbe sind auf einem umlaufenden Rahmenwerk aufgeständert, wobei die Hauptrippen der Gewölbe deren Gliederung fortsetzen. Dadurch entsteht ein vom First bis zum Sockel herabreichender Linienfluß, der die konstruktive Eleganz des Bauwerkes unterstreicht.[289]

J. Paxton hat in seinen, dem Bau des Kristallpalastes (1850/51) folgenden Entwürfen für Wintergärten und Ausstellungsbauten große eiserne Kuppelkonstruktionen vorgeschlagen, die auf skelettbauartigem Stützwerk aus Gußeisen aufruhten. Ein Beispiel dafür sind die drei gewaltigen Glasdome seines Entwurfes zum ›Ausstellungspalast‹ in Paris, Saint-Cloud, von 1861 (Abb. 367).[290]

Der nach dem Vorbild der Paxtonschen Skelettbaukonstruktion 1852 erbaute ›Kristallpalast‹ in New York erhielt als Zentrum eine weitgespannte halbkreisförmige Kuppel mit gußeisernem Tragwerk in Form von Bogenbindern, die durch Gußornamente seitlich ausgesteift waren. Das Auflager bildete ein umlaufender Kranz von Parallelfachwerkträgern, der durch die Bogenbinder der sich kreuzenden Hauptschiffe unterstützt wurde (Abb. 40, 68).[291] In diesem letzten, großartigen Versuch, mit Hilfe eines feinen Netzwerkes aus gegossenem Eisen einen weitgespannten Raum gleichsam schwerelos zu konstruieren, wurde noch einmal zusammengefaßt, was an Erfahrung im Gewächshausbau gewonnen worden war.

Stützwerke

Ohne Zweifel waren es die eisernen Spannwerke, die primär die technische Umwälzung der Baukonstruktionen einleiteten, denn gerade in diesem Bereich zeigten sich deutlich die Grenzen der Materialien Stein und Holz. Durch gußeiserne, später schmiedeeiserne Spannwerke eröffneten sich völlig neue Möglichkeiten, den Wirkungsgrad und die Ökonomie der Konstruktion zu erhöhen und dem Bedürfnis nach großen Spannweiten zu entsprechen. Parallel zur Entwicklung der Spannwerke erfolgte auch die Ersetzung der herkömmlichen Materialien durch Eisen im Bereich der Stützwerke. Vollzog sich deren Anwendung zunächst nebenher und teilweise unabhängig von den eisernen Spannwerken, so erkannte man doch schnell, daß nur in der Kombination von beiden eine dem Wesen des neuen Materials entsprechende und seine Vorteile voll ausschöpfende Konstruktion verwirklichbar war. Entscheidend für diesen Schritt war die Bauaufgabe des Gewächshausbaues, die zur völligen Auflösung der räumlichen Grenzen in Glas und Eisen drängte. In den Gewächshäusern entstanden dementsprechend die ersten ganz in Eisen konstruierten Hochbauten. Aus der Kombination von Spann- und Stützwerken entstand eine neue Qualität eiserner Tragewerke, die sich in einer weitgehenden Integration beider Teile ausdrückte, dies in einem Maße, daß es bei manchen Gewächshausbauten schwerfällt, eine funktionale Unterscheidung zu treffen. Das in der Geschichte des Eisenbaues wichtige Ergebnis dieser Transformation und wechselseitigen Bestimmung von Spann- und Stützwerken war das Entstehen eines typisierten und aus Einzelelementen zusammengesetzten elementierten Gerüstes, das zu einer unmittelbaren Vorstufe des vorgefertigten Montagebaues und der Skelettkonstruktion mit Stockwerksaufbau wurde. Die Anwendung des Materials Gußeisen spielte dabei eine entscheidende Rolle.

Die Stütze

Die frühesten eisernen Stützen wurden aus Gußeisen hergestellt, das sich zur Aufnahme selbst großer Druckkräfte ausgezeichnet eignet. Vor allem gußeiserne Hohlstützen mit ihrem günstigen Tragverhalten, mit der Möglichkeit der Serienfertigung und leichten Montage sowie – nicht zuletzt – mit ihren niedrigen Herstellungskosten bestimmen im Laufe der industriellen Revolution in zunehmendem Maße die Stützwerke im Hochbau. Während gußeiserne Spannwerke um die Jahrhundertwende zugunsten der Konstruktionen aus Walzeisen zurücktreten, ist es berechtigt, vom ›Siegeslauf‹[292] der gußeisernen Stütze im 19. Jahrhundert zu sprechen, die sich selbst in der Zeit der technisch voll entwickelten Schmiedeeisenkonstruktionen als durchaus konkurrenzfähig erwies. Noch in den neunziger Jahren hat Johann Bauschinger ihre allgemeine Brauchbarkeit, ja sogar ihre Überlegenheit gegenüber schmiedeeisernen Stützen im Brandfall festgestellt.[293] In ihrer massenhaften Anwendung diente sie, wie z. B. in den überall entstehenden Fabrik- und Eisenbahnbauten, unmittelbar dem Fortschritt der industriellen Produktion.

Das erste Auftreten der gußeisernen Säule ist bereits vor 1800 nachweisbar.[294] Das Bedürfnis, übersichtliche, nicht durch massive Konstruktionsteile verstellte Hallen zu schaffen, führte zu ihrer frühen Anwendung im englischen Fabrikbau (cotton mills). Ein Beispiel dafür ist der Bau von Boulton und Watt in Manchester von 1801. Dort wurde sie bereits als runde Hohlstütze eingesetzt, die statisch günstig ist: Aus den Tabellen von Barré (1870) über die Festigkeit gußeiserner Säulen geht hervor, daß die höhere Tragfähigkeit von Vollstützen mit einer geringeren Ausnutzung des Materials erkauft werden muß. Die Hohlsäulen wurden in der Regel im Kastenguß stehend gegossen, wobei der Kern aus ›Masse‹ bestand. Eine Vorform dieses Verfahrens finden wir bereits, wie erwähnt wurde, im Röhrenguß um 1700 (Abb. 69). Aus fertigungs- und montagetechnischen Gründen ging man dazu über, nach Fuß, Schaft und Kopfstück die Säule getrennt zu gießen, wobei die Auflagerflächen zur besseren Druckverteilung abgedreht wurden.

Die Materialeigenschaft des Gußeisens, jede Form mit äußerster Prägnanz aufzunehmen, bot den Konstrukteuren die Möglichkeit, in Ersatz zu den konstruktiv bestimmten Spannwerken die Säule desto eher in der klassischen Form – Basis, Schaft, Kapitell – nachzubilden. Dahinter stand das Bedürfnis, das neue Material der Stilarchitektur dienlich zu machen. Dieser Umstand erschwerte zugleich eine dem Eisen entsprechende Formgebung. Die gußeisernen Säulen erhielten, in historisierender Angleichung an die Steinsäulen nicht nur deren Ornamentik, sondern man versuchte auch, indem man, entgegen dem Prinzip des statisch Notwendigen, ihr Volumen vergrößerte, den Eindruck gewohnter Solidität und Masse hervorzurufen. A. G. Meyer hat diesen Widerspruch am Bau des ›Neuen Museums‹ von Friedrich August Stüler in Berlin (1841-1845) kritisch kommentiert: »Der Wunsch, größere Räume mit möglichster Übersichtlichkeit zu schaffen, ließ den Künstler zu gußeisernen Säulen greifen … Entgegen dem vorgenannten Zweck ist der tragende Kern mit einem Gußmantel von bedeutend größerem Umfang umgeben und dieser ist von der attischen Basis bis zum korinthischen Kapital mit seinem kannelierten Schaft in seiner Form völlig der Steinsäule entlehnt. Freilich wird für den

Menschen jener Zeit das Verstärken der natürlichen Schlankheit des Eisens gewiß eine ästhetische Beruhigung gewesen sein, uns aber ... bleibt ein Unbehagen nicht erspart, weil die gefälschte Stärke der Stützen den Gedanken an Eisen und seine Tragfähigkeit nicht recht aufkommen lassen will.«[295]

Im Gewächshausbau, wo die Konstrukteure von den Auflagen der Repräsentation in Form von ›Stilarchitektur‹ entbunden waren, konnte bereits von Anbeginn die gußeiserne Säule ihrer Tragfunktion entsprechend ausgebildet werden. Konzessionen, die manchmal dennoch gemacht wurden, erscheinen nur in Andeutungen und fallen nicht ins Gewicht. Das stets begehrte Ziel einer weitgehenden Verringerung der Konstruktionsmasse im Interesse einer maximalen Transparenz der Glashallen führte zu einer Ausbildung gußeiserner Säulen, die sich durch außerordentliche Schlankheit auszeichnen. Darin von antiken Formen völlig befreit, konnten sie in ihrer Form die statischen Möglichkeiten des neuen Materials aufzeigen.

Wir finden in den Stützwerken der Gewächshäuser dieselbe Tendenz zu ingenieursmäßiger Ökonomie wie bei den Spannwerken. Man vergleiche die handelsüblichen Gußsäulen, die um 1875 per Katalog angeboten wurden, mit jenen der Gewächshäuser (Abb. 74). Eine Besonderheit in der Entwicklung gußeiserner Hohlsäulen im Gewächshausbau ist ihre funktionale Integration in das Dachtragwerk, indem sie zugleich als Abflußröhren für das über Rinnenbalken gesammelte Regenwasser dienen. Ein weiteres Charakteristikum ihrer Formgebung ist der häufige Versuch, dem spezifischen Zweck des Gebäudes, der Pflanzenkultivierung, durch Anwendung pflanzlicher Symbolik – z.B. in Form von Blattkapitellen, Bambus- und Palmenschäften, Rankenwerk und blütenartiger Konsolen – Ausdruck zu verleihen. Es entstanden so Filigranstützen, die mit den Formen der Pflanzenwelt wetteiferten. Jedoch war die Annahme vegetativer Formen nicht bloß Ornamentik, sondern oft zugleich ein Vorwand, um die Umwandlung der Stütze in ein dem Spannwerk integriertes Konstruktionselement durchzuführen. Die von den Stützen gleich Ästen oder Blüten abzweigenden Eisenkonsolen in den Gewächshäusern R. Turners in Belfast, Dublin und Kew Gardens (Abb. 71 c, 476, 539, 615) sind dafür ein Beispiel.

Die ersten gußeisernen Hohlsäulen im Gewächshausbau waren für das ›Carlton House‹ von H. Repton (1803) geplant, wo sie über Rinnenbalken ein Sheddach tragen sollten. In ihrer frappierenden Schlankheit sollte das Wesen des neuen Materials seinen bezeichnenden Ausdruck finden (Abb. 32). Ähnlich bewußt zur Schau gestellte Säulen verwendete John Nash im ›Royal Pavilion‹ in Brighton (1815/16), wo im Zusammenhang mit einer orientalisierenden Architektur die Kapitelle die Form breit ausladender Palmenblätter erhielten (Abb. 70).[296]

Ab 1817 setzte J.C. Loudon zur Unterstützung seiner schmiedeeisernen, gewölbten Dächer gußeiserne, völlig schmucklose Filigransäulen ein. Das ›Kamelienhaus‹ in Hackney bei London (1820) ist dafür ein Beispiel (Abb. 265). 1827, beim Bau der 18,30 m hohen Glasglocke in Bretton Hall verwendete er sechzehn schlanke Gußsäulen in ringförmiger Anordnung als inneres Stützwerk der Kuppel (Abb. 201).

Die großen Gußsäulen des Gewächshauses von ›Syon House‹ von Ch. Fowler in London (1820-1827), die die hohe Glaskuppel über gußeiserne Bögen zu tragen haben, führen ebenfalls die Abkehr von den traditionellen Säulenformen vor Augen. Ohne Verjüngung, in glatter Rundform ausgebildet, enden sie oben und unten in lotuskelchartigen Auflagern. Am Schaft befestigte Blechteller dienen als Verspannungselemente für vertikal durchlaufende Drähte, an welchen Pflanzen emporranken (Abb. 608).

Einzigartig in ihrer Schlankheit und Durchbildung sind die ca. 7 m hohen Stützen des ›Wintergartens‹ in Lednice (Eisgrub) 1843 von dem Engländer Devien erbaut (Abb. 312,

596, 597). Durch Knoten und Unregelmäßigkeiten des Schaftes werden Bambusrohre täuschend nachgebildet, so daß die Stützen völlig in die Einheit der Pflanzenwelt zurücktreten (Abb. 71a). In diesen Versuchen der Konstrukteure, den in den Gewächshäusern eingesetzten Stützen eine optimale Schlankheit zu geben, kam es zur Ausbildung von Säulen, welche ohne irgendeine symbolische Interpretation nur aus der Funktion heraus ihre Gestalt fanden. Beispiele dafür sind die Mittelstützen der Gewächshäuser im ›Jardin des Plantes‹ (1833) von Ch. Rohault (Abb. 412, 414, 658) mit kreuzförmiger Ausbildung des Querschnittes (Abb. 72), ferner die überaus schlanken, gekoppelten Doppelstützen im ›Jardin d'Hiver‹ in Paris (1848) von M. Rigolet (Abb. 418, 660, 662-664) welche keine Gliederung im klassischen Sinne mehr aufweisen. Sie sind vielmehr durchgehend glatte Rohre, die sich am oberen Ende minimal verbreitern.

Der wichtigste Beitrag des gußeisernen Gewächshausbaues in der Zeit von 1820 bis 1860 zur Entwicklung eiserner Stützwerke war die Anwendung von Serien genormter Gußsäulen, die in ihren Anschlüssen an Querriegel und Dachtragwerke bereits die volle Integration innerhalb eines eisernen Montagehauses dokumentierten.

Einen frühen Ansatz zu solchen Normstützen finden wir in den Gewächshäusern der Firma T. Clark in Wollaton Hall (Nottinghampshire, 1823) und in ›The Grange‹ Hampshire, 1825), wo sie im Zusammenhang mit Rinnenbalken und ›Ridge-and-furrow‹-Dach ein im Grundriß frei variierbares Gerüstsystem bilden (Abb. 467-470, 705, 708). Die zierlichen, 3,59 m hohen Hohlsäulen sind, ähnlich wie die Stützen des Gewächshauses von ›Syon House‹ mit kelchartigen Abschlüssen am oberen und unteren Ende versehen, von welchen eine Drahtverspannung für Kletterpflanzen ausgeht. Sie sammelten das Regenwasser der Rinnenbalken und führten es über ein in das Fundament eingelassenes Knie in eine große, unterirdische Zisterne, von wo es durch Pumpen für den Gebrauch des Hauses wieder zurückgeleitet wurde. McIntosh, der die Konstruktion im einzelnen beschreibt[297], machte den Vorschlag, nach diesem System die Hohlstützen auch für die Zirkulation des Heizwassers auszunützen; nur jede zweite Stütze sollte für das Auffangen von Regenwasser dienen (Abb. 8, 73). Der Anschluß der Säule an den gußeisernen Rinnenbalken erfolgt über einen hohlen Stutzen.

Zur weiteren Entwicklung eines gußeisernen Gerüstsystems allseitiger Anwendbarkeit für den Monatgebau auch in Stockwerken (gußeiserner Skelettbau) war die gesonderte Ausbildung eines Zwischenstückes für die Anschlüsse nach allen Richtungen notwendig. Die Vorstufe zur Realisierung solcher Knotenpunkte, die im Londoner Kristallpalast von 1850/51 das Kernstück der gesamten Konstruktionsidee ausmachten, können wir in der stufenweisen Ausbildung der ›zusammengesetzten‹ Stütze im Gewächshausbau verfolgen. Als Vorstufe zur Ausbildung der zusammengesetzten Stütze kann man jene Säulen begreifen, die durch gesondert gegossene Konsolen mit den Bindern verschraubt wurden, oder solche, die über aufgesetzte Stiele unterschiedliche Anschlüsse von gußeisernen Bogenträgern erlaubten. Im letzteren Fall bildete sich über die Einführung umlaufender kleiner Galerien, die durch diese Konsolen oder Bogenträger gehalten wurden, der erste Ansatz zu einem Stockwerkaufbau aus. Als ein typisches Beispiel der Ausbildung eines gesonderten Stieles zum Anschluß von Gußbogen seien die gußeisernen Konsolkonstruktionen der ›Wilhelma‹, Stuttgart (1842-1846; Abb. 682), und das ›Palmenhaus‹ in Belfast (Kuppel, 1853; Abb. 146, 474) genannt. Im Gewächshaus von ›Syon House‹ (1820-1827; Abb. 608) hat der Stiel als Montageteil noch die Form eines trapezförmigen Zwickels. Bei all diesen Fällen erfolgte die Anbindung an die querausteifenden Bogen nur nach einer Ebene, und es kam auch zu keiner Galerieausbildung.

Anschlüsse nach drei Ebenen (bzw. sechs Richtungen) mit Galerie finden wir erstmals im größten Gewächshaus J. Paxtons, im basilikaartigen ›Palmenhaus‹ in Chatsworth

(Devonshire) erbaut 1836 bis 1840 (Abb. 226, 530). In der Addition der Glasgewölbe von Haupt- und Nebenschiff deutet sich bereits ein mehrstöckiger Aufbau des Traggerüstes an. Die glatte, völlig schmucklose Hohlsäule ist nach oben verjüngt ausgebildet (unterer Durchmesser 25 cm, oberer Durchmesser 20 cm); sie endet in kelchartigen Verdickungen. Auf einem Fundamentsockel aufruhend, ist sie knapp über der Erde durch angegossene Laschen mit diagonal gestellten Streben verschraubt, die sie fest in das Fundament einspannen. Nach dem Vorbild der älteren Gewächshäuser (z.B. System von Thomas Clark) dient die Säule zugleich als Abflußrohr für das Regenwasser. Über der Rundsäule ist ein (möglicherweise noch mitgegossener) Stiel von quadratischem Hohlquerschnitt aufgesetzt, der als Zwischenstück für den Anschluß der hölzernen Bogen und Balken und der gußeisernen, queraussteifenden Bogen sowie der Konsolen der Galerie ausgebildet ist. Während die Gußteile über Laschen angeschraubt sind bzw. auf dem Kapitell ruhen, werden die Holzteile über die mitgegossenen Schuhe gehalten und verschraubt. Der gußeiserne Rinnenbalken mußte wegen der zentralen Auflagerung der Bogenbinder und ihres ›Ridge-and-furrow‹-Daches aus der Stützenachse verschoben werden (Abb. 75).[298]

Eine technisch elegante und ästhetisch schöne Lösung des Problems von Anschluß Stütze-Spannwerk wurde von R. Turner und D. Burton im großen ›Palmenhaus‹ in Kew Gardens (1848), verwirklicht (Abb. 339, 341, 615). Bei gleichem Querschnittsaufbau der Haupthalle wie in Chatsworth wurde das Bogenspannwerk in Eisen ausgebildet. Damit vereinfachte sich auch die konstruktive Durchgestaltung des Stützwerks: Die ähnlich wie in Chatsworth geformte, ca. 8 m hohe Rundsäule endet in einem ebenfalls runden Zwischenstück, das Anschlüsse nach den drei Hauptebenen erlaubt. Dies wird durch kräftige, gebogene Gußkonsolen bewirkt, die über Laschen mit dem Stiel verschraubt, die Verbindung zu den Tragrippen sowie zum auflagernden Querbalken herstellen. In ihrer weitausladenden geschwungenen Form, mit Rosetten als Abdeckplatten der Schraubverbindungen erhalten sie die Gestalt einer geöffneten Blüte. Zur Halle hin vermittelt ein Konsolenbogen zur umlaufenden Galerie. Obwohl die Kraftübertragung nicht gänzlich über die Konsolen erfolgt, kann man diese Verbindung als eine frühe Vorstufe zum räumlichen Knoten späterer Eisenkonstruktionen begreifen (Abb. 76).[299]

In der Ausbildung eines mehrgeschossigen, leicht montier- und demontierbaren Eisengerüstes, das in der Vertikalen über das Zwischenstück hinaus addierbar sein mußte und zugleich in der Horizontalen die komplizierten Anschlüsse an Binder und Diagonalen herzustellen hatte, bedurfte es einer Zusammenfassung aller bisher, vor allem im Gewächshausbau, gemachten Erfahrungen, um dieses konstruktiv schwierige Problem zu lösen. Diese in der Geschichte des Eisenbaues bedeutende Ingenieurleistung ist dem Landschaftsgärtner J. Paxton im Bau des Kristallpalastes gelungen. Damit vollendete sich die Umwandlung der einfachen gußeisernen Hohlstütze in eine vielteilig zusammengesetzte Stütze, die über gesonderte Zwischenstücke im Stockwerkaufbau zusammenschraubbar war und gleichzeitig die horizontalen Träger bzw. Bogenbinder miteinander verband. Das gußeiserne Stützwerk, in dieser Form ein Grundelement des eisernen Skelettbaues, wird in der Folge gesondert behandelt.

Die ›tragende Fassade‹

Eine gesonderte Entwicklungslinie der zusammengesetzten Stütze ist die ›Rahmenstütze‹, die im Gewächshausbau bis 1870 als Tragelement innerhalb der verglasten Fassadenflächen erscheint. ›Rahmenstützen‹ sind wahrscheinlich außer im Gewächshausbau bereits auch früh als Tragwerke für die Öffnungen von Schaufenstern eingesetzt worden, wo es darauf ankam, die massive Erscheinung stark belasteter Stützen in Form durchbrochener Gußrahmen aufzulösen. E. Brandt bezeichnet sie als »durchbrochene gußeiserne Wand«

mit breiten Kopf- und Fußplatten in ihrer Anwendung auch für den Etagenbau um 1870.[300] Desgleichen beschreibt sie noch 1895 C. Scharowsky in seinem ›Musterbuch‹ als gußeiserne quadratische Hohlsäulen, die über einen durchlochten Steg miteinander verbunden sind. In all diesen Fällen handelt es sich nur um schwere Deckenträger (Abb. 78 a, b).[301]

Im Gewächshausbau treten sie hingegen von Anbeginn an in filigraner Gestalt auf. Als verglaste Rahmen stützen sie leichte Dachtragwerke: Bei den frühen Glashäusern geringer Spannweite wurden im ersten Viertel des 19. Jahrhunderts oft nur Fenstersprossen als Tragelement für Fassade und Dach herangezogen. Beispiele dafür sind die zahlreichen kleinen Treibhäuser mit Pultdach sowie die ›kurvenlinearen‹ Glasgewölbe Loudons (ab 1817). Mit dem Wachsen der Spannweiten und der Notwendigkeit, das Glasdach auf unterstützende Binder aufzulegen, wurden zunächst in gewissen Abständen die Sprossen mit verstärktem Profil ausgebildet. Dabei war es naheliegend, den durchlaufenden Raster der Sprossen beizubehalten und je zwei zu einem steifen Rahmen zusammenzufassen, um dadurch in den vertikalen Glasflächen ihre Tragwirkung zu erhöhen. Dies führte zur Ausbildung der filigranen ›Rahmenstütze‹, deren Zwischenräume verglast werden konnten und die dem Bauwerk eine oft erwünschte, rhythmische Gliederung gab.

Das Verdienst des Eisenkonstrukteurs R. Turner ist es, die gußeiserne ›Rahmenstütze‹ als Fassadenteil konsequent ausgebildet zu haben. Sie wurde in seinen zahlreichen Bauten zum charakteristischen Konstruktionsteil, der bedeutend zur Standfestigkeit des Hauses beitrug: 1842 verwendete er als Tragelement für das Dachgewölbe der ›Palmenhalle‹ in Glasnevin bei Dublin (Abb. 538) gußeiserne verglaste Rahmen, die er auch in den Ecken einsetzte. In der Traufhöhe stützten sie den umlaufenden gußeisernen Rinnenbalken (Abb. 79). Ein ähnliches Element setzte Turner beim Bau des ›Wintergartens‹ im Regent's Park 1842 in London ein (Abb. 334). Es erscheint ebenfalls im Projekt für das kreisrunde Gewächshaus 1845-1850 (Abb. 67). In all diesen Bauten waren die Rahmenstützen aus zwei filigranen Gußstielen und Ornamenten gebildet. Mit rotem und blauem Glas gefüllt, gliederten sie die Fassade, die sich sonst nur aus Sprossen zusammensetzte.[302] 1842 hat L. von Zanth in der gußeisernen Fassade der ›Wilhelma‹ ein ähnliches Element in maurischen Formen verwendet (Abb. 680, 681).

Eine Ausdehnung erfuhr das Prinzip der in die Fassade eingestellten Rahmenstütze im gußeisernen Rahmenständerwerk. Dieser zuerst im Gewächshausbau auftretende Konstruktionstypus bildet die frühe Form vorgefertigter tragender Fassadenelemente in Eisen. Gußeiserne Rahmenständerwerke sind bereits in den zwanziger Jahren des 19. Jahrhunderts ein häufig angewendetes Stützwerk in den vertikalen Glasflächen der Kuppeltamboure und aufgestelzter Gewölbe bzw. der niedrigen Fronten über dem Sockelbereich. Die Rahmen in Form liegender oder stehender Rechtecke waren durch eine Anzahl vertikaler Pfosten ausgesteift und z. T. in beträchtlicher Größe (Geschoßhöhe) ausgeführt, oft in einem Stück gegossen.

Beispiele dafür sind Konstruktionen mit kurvenlinearen Dächern wie der Kuppeltambour des ›Syon House‹ bei London von 1820 bis 1827 (Abb. 326, 607), das ›Palmenhaus‹ in Belfast von 1839/40, 1853 (Abb. 80, 475) und Bicton Gardens in Budleigh Salterton von 1843 (Abb. 217, 218, 525).

Ein gußtechnisches Meisterwerk in der Serie standardisierter tragender Fassadenelemente ist das Rahmenständerwerk der ›Wilhelma‹, das L. von Zanth 1842 in den Seitenflügeln anwendete. In Abständen von ca. 2 m gesetzte Gußpilaster werden im oberen Bereich durch Bogen und Balken mit feinster, orientalisierender Ornamentik verbunden und bilden so ein etwa 6 m hohes Stützwerk für die gußeisernen Spannwerke der Glashalle (Abb. 680).

Konstruktionsgeschichtlich von größtem Interesse ist das gußeiserne Rahmenständerwerk aus normierten Montageteilen für den Stockwerkaufbau. Es handelt sich hier ebenfalls um die Transformation der zusammengesetzten Stütze in ein integriertes Element des eisernen Skelettbaues, jedoch nicht als Innenstütze, sondern, in Analogie dazu, als Element der tragenden Fassade. Bekannt sind die tragend ausgebildeten, gußeisernen Fassaden der Fabrik- und Geschäftshäuser, die gegen Ende der vierziger Jahre vor allem in Amerika (New York, Boston, St. Louis) in Erscheinung treten und oft ganze Straßenzüge bestimmen. Als Prototyp dieser gußeisernen Montagebauten im Stockwerkaufbau gilt die Fabrik von James Bogardus, 1848/49 in New York, Manhattan, errichtet (Abb. 82).[303]

Es blieb jedoch bisher völlig unbeachtet, daß bereits fünfzehn Jahre zuvor im gußeisernen Gewächshausbau dieses Konstruktionsprinzip erstmals – und dies zugleich mit hoher technischer Qualität – verwirklicht wurde. Es handelt sich um die beiden 15 m hohen Glaspavillons mit Satteldach, die Ch. Rohault 1833 im ›Jardin des Plantes‹ in Paris (Abb. 410, 412, 658) gebaut hat.[304] Das in die verglaste Fassade eingestellte ca. 12 m hohe Rahmenständerwerk bestand aus Montagestücken in Form von Pilastern und Querbalken in hohler, nach innen offener Ausführung. Das doppelgeschossig ausgebildete Stützwerk (in der halben Höhe befand sich eine umlaufende Galerie) war in der Vertikalen aus insgesamt sechs Einzelteilen zusammengeschraubt, wobei Zwischenstücke den seitlichen Anschluß zu den Balken und zum Gesims bildeten. Es entstand so nach den drei Hauptseiten des Gewächshauses ein in der Fassadenebene unverschiebbares Eisenskelett, dessen Zwischenräume verglast wurden und das die schmiedeeiserne Zeltdachkonstruktion mittrug. Zwei Reihen ebenfalls zusammengeschraubter Gußstützen mit kreuzförmigem Querschnitt, die im mittleren Drittel der Halle aufgestellt waren, vervollständigten das eiserne Stützwerk. Da die Verbindung der Montageteile des Rahmenständerwerks nur in der Fassadenebene erfolgte, kam es hier noch nicht zur Ausbildung eines räumlichen Knotens bzw. Zwischenstückes, wie wir es später im Kristallpalast finden. J. Paxton hat dieses Gewächshaus besucht und hat dabei Anregungen empfangen, die er im Bau des Kristallpalastes verwerten konnte (Abb. 81).[305]

Der gußeiserne Skelettbau

Der gußeiserne Skelettbau verfolgt als Konstruktionsprinzip die Herstellung eines stabilen Tragsystems von Stützen und Riegeln, die in ihren Anschlüssen so ausgebildet werden, daß es nicht horizontal, sondern auch vertikal addierbar wird, also nach Stockwerken aufbaubar. Dies wurde im großen Maßstab und zugleich in technischer Vollendung erstmals im Bau des Kristallpalastes 1850/51 von J. Paxton verwirklicht. Dabei kamen – über die Verwendung von Gußeisen – die Kriterien vollindustriellen Bauens bereits in weitestgehendem Umfang zur Geltung: Vorfertigung aller nach ihrer spezifischen Funktion typisierten Bauteile; deren Normierung und Zusammensetzung auf der Grundlage eines räumlich ausgebildeten Rasters zu einem Eisenskelett, das, nach dem Baukastenprinzip montiert, in verlustloser Demontage wieder umgesetzt werden konnte. Grundlage dieser Baumethode, die sich in der Verlagerung der Herstellung von der Baustelle in die Fabrik ausdrückte, war die Planung einer Tragkonstruktion, in der alle Bauteile nach ihrer Aufgabe exakt definiert und, mit maschinenmäßiger Präzision durchgebildet, jeweils integrale Teile des Ganzen waren.

Wie bisher dargestellt, wurden diese Grundlagen im gußeisernen Gewächshausbau der ersten Jahrhunderthälfte bereits geschaffen. Im Bereich der Spannwerke erwies sich der universell brauchbare Parallelgitterträger mit genormter Länge und Höhe als ideales Tragelement im nach Stockwerken errichteten Montagebau. Im Bereich der Stützwerke wurde eine Entwicklung aufgezeigt, die über die Notwendigkeit ihrer Integration mit Bindersystemen zur ›zusammengesetzten Stütze‹ mit eingeschaltetem Zwischenstück führte. Trotz bereits beachtlich fortschrittlicher Konstruktionslösungen, kam es bis 1850 noch nicht zur Ausbildung eines Zwischenstückes für den Stockwerkaufbau, das Anschlüsse von Montageteilen nach den vom Rechteckraster vorgegebenen sechs Richtungen (drei Ebenen) ermöglichen konnte. Der Grund lag z. T. in der Bauaufgabe selbst, da im Gewächshausbau eine Stockwerkteilung mit horizontal gestaffelten Binderebenen sich meist nur in schmalen, umlaufenden Galerien ankündigte. Die entsprechende Bauaufgabe stellte sich im Montagebau der großen Ausstellungsbauten, die an den gußeisernen Gewächshausbau vor 1850 anknüpften und die in der Folge neue Impulse gaben.[306]

Wie bereits angedeutet wurde, kündigte sich der eiserne Skelettbau bereits um die Wende vom 18. zum 19. Jahrhundert im Fabrikbau der ›cotton mills‹ an. Der Grundtypus bestand aus einem mehrgeschossigen Eisengerüst, aus übereinandergestellten Stützen und Riegeln mit innen ungeteilten Räumen und massiven Umfassungswänden. Den damals gebräuchlichen Spannweiten gußeiserner Balken folgend, waren die Stützenreihen im 14-Fuß-Abstand (4,27 m) gesetzt.[307] Der erste Bau dieser Art, das ›Lagerhaus‹ in Milford von William Strutt (1792/93) mit zwei inneren Stützenreihen aus Gußeisen in vier Stockwerken übereinander, hatte als Riegel noch Holzbalken, die Ziegelgewölbe trugen. Die Geburt des eisernen Skelettbaues vollzieht sich in der ›Flachsspinnerei‹ in Shrewsbury (1796/97) durch Charles Bage, der als Verbindung der drei Säulenreihen eiserne Balken anwendete. Die für die nächsten fünfzig Jahre gültige Prägung eines Typus des englischen Fabrikbaues manifestiert sich letztlich in der ›Baumwollspinnerei‹ in Manchester-Salford von M. Boulton und J. Watt von 1799 bis 1801 (Abb. 83).[308] Sieben Stockwerke bildend, stehen gußeiserne Säulen, durch Ösen der Träger geführt, unmittelbar übereinander. Die gußeisernen Träger sind durch Ziegelgewölbe eingedeckt. Die Entwicklung eines eisernen Gerüstes zusammengesetzter Säulen gibt hier zugleich den Anstoß zur Ausbildung von Gußbalken, die – wie erwähnt – für die spätere Entwicklung beispielhaft nach dem Tragverhalten des Materials profiliert sind. In der gesamten Entwicklungsreihe der englischen ›cotton mills‹ kam es nicht zu einer Ausbildung gesonderter Anschlußknoten als Verbindungselement von Säulen und Balken. Das Tragsystem erhielt seine Stabilität nicht durch seine Eisenglieder, sondern nur durch massive Decken und Umfassungswände. Eine Weiterführung des eisernen Skelettbaues sind jene amerikanischen Fabrik- und Bürobauten, die zwischen 1850 und 1880 mit ihren tragenden, gußeisernen Fassaden das Skelett vervollkommneten. Im ›Gewächshaus‹ im ›Jardin des Plantes‹ in Paris (1833) war das Prinzip einer Fassade, die nicht mehr Fläche mit eingeschnittenen Öffnungen, sondern Tragskelett mit Verglasung war, erstmals gültig formuliert worden.

Jedoch bei den englischen wie bei den amerikanischen Bauten mit gußeisernem Skelett und Fassade, die zwischen 1850 und 1880 entstanden, in einer Zeit, die man als ›gußeisernes Zeitalter‹ zu bezeichnen pflegt[309], kam es an den Kreuzungspunkten von Stützen und Balken zwar zur Ausbildung gußeiserner Sattelstücke oberhalb der Säulenkapitelle, nicht aber zu Konstruktionen, in welchen ein Zwischenstück die eisernen Träger einspannte und dadurch wesentlich zur Standfestigkeit des Gesamttragwerkes beitrug. Das ›Singer Building‹ in New York um 1855 von G. H. Johnson zum Beispiel hatte Kappengewölbe zur Aussteifung der Stockwerke.[310]

Im Gewächshaus- und Ausstellungsbau, wo die Sichtbarkeit des konstruktiv wichtigen Anschlußpunktes von vornherein einkalkuliert werden mußte und nur fragmentarisch massive Bauteile, niemals jedoch massive Decken eingeschoben werden konnten, waren die Ingenieure gezwungen, einfache Lösungen für kraftschlüssige Verbindungen im Eisenskelettbau zu erfinden.

Im zweiten Entwurf zum Projekt einer Glas-Eisenkuppel großer Dimension für den ›Botanischen Garten‹ (Abb. 191 c, d; 497) in Birmingham von 1831 plante J. C. Loudon als inneres Tragwerk seiner schmiedeeisernen Schalenkonstruktion ein gußeisernes Skelett in drei Stockwerken. Im Inneren der Kuppel von 61 m Durchmesser und ca. 30 m Höhe befanden sich drei Ringe gußeiserner Doppelstützen. Die im Abstand von ca. 1,8 m gesetzten Stützenpaare waren in der Radialen untereinander durch eiserne Bogenträger sowie in der Distanz von Ring zu Ring durch engmaschige Gitterträger verbunden, die zur seitlichen Aussteifung beitrugen. Das Stützwerk war der aufsteigenden Kuppelwölbung angepaßt und erreichte unter der konischen Glasspitze die dritte Stockwerkebene mit einer durchgehenden Höhe von ca. 24 m. Im Zentrum des Kuppelraumes blieb ein kreisrunder Raum von etwa 12 m Durchmesser, gebildet aus einem Ring enggestellter Gußsäulen, die durch einen spiralförmig emporsteigenden Steg mit einem ähnlichen Gitterträger als Brüstung einen hohen, steifen Eisenzylinder formten. Von der Spirale des Steges gelangte man in die radialen Galerien der drei Stockwerke und in deren ringförmige Umgänge. Dies filigran wirkende Stütz- und Spannwerkssystem trug das bis zum Erdboden herabgezogene Sprossenwerk des Glasgewölbes, das – gemäß der inneren Stockwerkteilung – in übereinander folgende Schalenringe geteilt war. Das vertikale Gerüst bildeten ›zusammengesetzte Stützen‹ in Form der schlanken, mit Kapitell versehenen Gußsäulen. Aus der vorhandenen Skizze Loudons zum in Schnitt und Ansicht dargestellten Gewächshaus ist ersichtlich, daß es sich hier um den frühesten Versuch handelte, einen nur in der Standfestigkeit des Eisens gegründeten Skelettbau der Konstruktion nach zu durchdenken (Abb. 129). Die Hauptelemente des Paxtonschen Skelettbaues, die vertikal addierbare Hohlsäule, der gegossene Gitterträger (Parallelfachwerkträger) und das ›Ridge-and-furrow‹-Dach wurden von Loudon bereits zwei bis drei Jahrzehnte vor dem Kristallpalast für den Gewächshausbau propagiert.[311]

Mit der Bauaufgabe des riesigen Glas-Eisenbaues für die Weltausstellung von 1851 war die Forderung verknüpft, einen möglichst ungeteilten, durchgehenden Hallenbau von 700000 Quadratfuß (64750 m²) in äußerst kurzer Bauzeit (die Ausschreibung des internationalen Wettbewerbs erfolgte am 21. Februar 1850; am 1. Mai 1851 sollte die Ausstellung eröffnet werden) und mit niedrigen Kosten unter Berücksichtigung einer verlustlosen Demontage und Wiederverwendbarkeit zu errichten. In der Prüfung der eingegangenen Wettbewerbsentwürfe durch die Baukommission sowie in deren eigenem Entwurf vom 22. Juni 1850 erwies es sich, daß eine Lösung der mit diesen Voraussetzungen durchzuführenden Aufgabe nur im radikalen Gebrauch der industriellen Möglichkeiten des Bauens liegen konnte. In dieser Situation erschien das Konzept J. Paxtons zu einem gußeisernen, in allen Einzelteilen genormten Montage-Skelettbau geradezu als Retter des Ausstellungsprojektes.[312] Die Verwirklichung dieses für den Eisenbau in der Folgezeit beispielgebenden Konzeptes bewies, daß mit dem Material Gußeisen in jener Zeit dem industriellen Stand der Produktivkräfte am ehesten entsprochen werden konnte, wenn es darum ging, die ökonomischen und technischen Kriterien der gestellten Bauaufgabe optimal zu erfüllen. Erschien bis 1850 das Prinzip der Vorfertigung und Normierung der zu Traggerüsten montierten Gußteile noch als eine äußere Bestimmung, so erwies es sich im Bau des Kristallpalastes zum erstenmal als immanentes Wesen der Konstruktion. Dies beweist nicht nur die Ausbildung jedes Detailpunktes des Tragwerks, sondern ebensosehr die Anpassung der Verfahrenstechnik und Arbeitsorganisation an das fabrikmäßige Bauen. Man vergleiche dazu den Bericht von Charles Dickens von 1850 in der ›Household Words‹.[313]

Der Kristallpalast von J. Paxton (Abb. 347-363, 626, 627, 648) entspricht der klassischen Formulierung des Skelettbaues in Eisen[314] zugleich auch der des reinen Montagebaues. Dies läßt sich im Aufbau des Stützwerkes und in seiner Integration mit dem Spannwerk nachvollziehen. Den Kern des Tragwerksystems bildeten ca. 1000 ›zusammengesetzte‹ Stützen, bestehend aus 3300 runden Hohlsäulen und ca. ebensovielen Zwischenstücken für den Anschluß von Parallelfachwerkträgern für Dächer und Galerien. Sämtliche Hohlsäulen hatten genormte Längen (5,70 m im Erdgeschoß, 5,07 m im ersten und zweiten Obergeschoß) und Außendurchmesser (20 cm). Das mit der Vorfertigung normierter Bauteile verbundene Problem der Überdimensionierung konnte durch die Anpassung der Wandstärken (2,8 cm bis 1,2 cm) an die jeweils unterschiedliche Belastung, ähnlich wie beim Guß der Fachwerke, gelöst werden. Im Verfahren des stehenden Kastengusses, das der Fertigung der Hohlsäulen zugrunde lag, war es möglich, nur durch Austausch des Lehmkernes und ohne Unterbrechung des fabrikmäßigen Arbeitstaktes, die Veränderung der Wandstärken leicht durchzuführen. Kopf- und Fußenden der Säule waren mit Flanschen versehen, die mitgegossen wurden und die über vier kräftige Schrauben mit den Zwischenstücken bzw. Fußstücken bequem verbunden werden konnten. Diese Schraubverbindungen wurden nach der Montage des Traggerüstes durch den Gußmantel kleiner Kapitelle und Basen abgedeckt.

Die Säulen des Erdgeschosses waren mit unterschiedlich hohen Fußstücken verschraubt, die über eine breite Auflagerplatte auf den Fundamentblöcken aus Konkret (Beton) ruhten. Ihre differenzierte Höhe erlaubte die Anpassung des Gesamtbaues an das leichte Bodengefälle im Hyde Park. Mitgegossene Rohrstutzen führten das durch die Hohlsäule anfallende Regenwasser in ein Kanalsystem weiter (Abb. 84).

Das technisch Revolutionäre der Skelettbaukonstruktion verkörperte sich im Zwischenstück, ein räumlicher ›Knoten‹ für die Verbindung der übereinandergestellten Säulen und für die Anschlüsse der Norm-Fachwerkträger nach allen vier Seiten (Abb. 77). 103 cm hoch, hatte es nach den vier Richtungen zangenartige Auskragungen, in welche die Fachwerkträger eingeklinkt wurden. Nasenartige Ansätze des Zwischenstückes entsprachen den Einkerbungen der Träger. Die endgültige Fixierung erfolgte über Eisenkeile (in der Vertikalen) und über Kupferkeile (in der Horizontalen). Die 24 Fuß-Träger wurden noch zusätzlich durch zwei Schrauben mit der Stütze verbunden. Diese der leichten Montage und Demontage entsprechenden Anschlüsse im Zwischenstück bewirkten nicht nur eine zur Aussteifung des Gesamttragwerkes wesentliche Fixierung, sondern – durch weitgehende Annäherung der Träger an die Stützachse – auch eine biegungsfreie Lastübertragung.[315] Die Schraubverbindungen mit den Säulen waren zugleich Befestigungsmittel und Ansatzpunkte für die diagonalen Spannseile.

Mit Hilfe dieser in maschinenmäßiger Präzision gefertigten Bauelemente setzte sich das gußeiserne Stützwerk des Kristallpalastes wie folgt zusammen: Fußstück, Erdgeschoßstütze, Zwischenstück, Stütze im ersten Obergeschoß, Zwischenstück, Stütze im zweiten Obergeschoß und Zwischenstück. Diese insgesamt sieben Teile ergaben eine Höhe von 19,50 m (im Bereich der Mittelhalle). Die Elementierung erfolgte nach einem räumlichen Raster, dessen Grundeinheit das um 1850 maximale Maß der Glasscheiben lieferte (4 Fuß Länge = 1,2 m; der Grundmodul betrug 7,20 m).

Der in diesem Skelettbau erreichte Standard der Bautechnik besaß auch in der Folgezeit weiter seine Gültigkeit und diente als Muster für zahlreiche ähnliche Konstruktionen. Neue Lösungen im Skelettbau konnten nur im Zusammenhang mit schmiedeeisernen Konstruktionen entwickelt werden. Insgesamt wurden im Bau des Kristallpalastes 3500 t Gußeisen und 550 t Schmiedeeisen, sowie 500 t Glas verwendet. Die ausführende Firma war Fox und Henderson (Abb. 352, 353).

Der filigran wirkende Skelettbau des Kristallpalastes war, wie bereits erwähnt, in seiner wesentlichen Struktur aus dem gußeisernen Gewächshausbau vor 1850 hervorgegangen.[316] Die Idee des Gewächshauses war jedoch nicht nur Ursprung, sondern zugleich auch von Anbeginn Inhalt des Paxtonschen Entwurfes: Zum einen überdeckte er in seinem Transept die riesigen Bäume im Hyde Park; zum anderen wollte Paxton den Kristallpalast nach dem Ende der Weltausstellung als ein gigantisches Gewächshaus weiterverwenden.[317] In der folgenden Umsetzung des Kristallpalastes und in dessen weiterem Ausbau im ›Kristallpalast‹ in Sydenham (1852/54; Abb. 628-630) sowie im Projekt zum Londoner ›Great Victorian Way‹ (1855; Abb. 364) plante Paxton die Überdeckung ausgedehnter Parklandschaften.[318]

Dementsprechend finden wir in den gußeisernen Skelettbauten der nächsten zwei Jahrzehnte, in welchen das Paxtonsche Schema mit Enthusiasmus aufgegriffen und weiterentwickelt wird, zugleich auch eine Fortsetzung der für den Gewächshausbau typischen Konstruktionsprinzipien. Dies beweisen die folgenden Beispiele von Skelettbauten.

Im ›Münchener Glaspalast‹ von A. von Voit 1853/54 erbaut (Abb. 394-399, 646-651), wurde das Konstruktionsprinzip Paxtons in modifizierter Form angewendet. Auf einem Grundraster von 6 × 6 m erhoben sich gußeiserne, aus Zwischenstücken zusammengesetzte Stützen, an die in drei Stockwerken die bereits erwähnten Parallelfachwerke aus Gußeisen oder Mischkonstruktion anschlossen. Die Säulen hatten einen achteckigen Hohlquerschnitt mit vier halbrunden Lisenen. Sie ruhten auf Ziegelgrundmauern und dienten der Abführung des Regenwassers vom Dach. Zur Herstellung einer optimalen Lastübertragung konstruiert die ausführende Firma Cramer-Klett (später MAN) eine besondere Vorrichtung zum Abdrehen der Säulen.[319] Der äußere Umriß der Säule deckte sich mit dem Kastenprofil des aufgesetzten Zwischenstückes. Als Auflager für die gußeisernen Fachwerke dienten kleine Nasen in der Höhe des Untergurtes. Der vertikale Endpfosten des Binders hatte zwei Flanschen, über die er oben und unten an das Zwischenstück horizontal verschraubt wurde (Abb. 85). Die Säulen wurden nachträglich mit gußeisernem Kapitell und Fußstück ummantelt. Der Versuch der Umwandlung des Ausstellungsbaues in ein Gewächshaus scheiterte an der dafür zu großen Dimension der Glashalle.[320]

Zwischen 1860 bis 1865 konstruierte statt dessen A. von Voit ein gußeisernes ›Palmenhaus‹, in unmittelbarer Nachbarschaft zum Glaspalast, im ›Alten Botanischen Garten‹ in München (Abb. 403-408, 642-645). Dabei wurde das Skelettbauprinzip im Aufbau der kuppelgekrönten Palmenhalle (Mittelteil) entsprechend modifiziert: Es entstand eine nach vier Stockwerken aufgeteilte, ca. 14 m hohe Fassade aus Rundsäulen und Querriegeln, die tragend ausgebildet war und vor der vertikal durchlaufenden Verglasung stand. Zusammengesetzte Gußsäulen im Inneren der Halle ergänzten das Stützwerk. Ein schmiedeeisernes Bogenfachwerk trug die Glaskuppel. Das Auflager bildete eine stockwerkhohe Gußkonsole, die mit dem Ständerwerk der Fassade verschraubt war. Im First und über dem Hauptportal war sie mit im Kunstguß hergestellten Ornamenten und Figurengruppen verziert. Diese aus vielen Montageteilen zusammengesetzte Skelettfassade ist in ihrer feingliedrigen Durchformung ein Zeugnis des hohen Standes der Gußtechnik und der Konstruktionserfahrung im Montagebau (Abb. 86).[321]

Eine direkte Übernahme des Paxtonschen Skelettbauprinzipes finden wir in der gußeisernen Konstruktion des ›Großen Palmenhauses‹ von C.D. Bouché, G. Herter und Nietz, 1857 bis 1859 im ›Alten Botanischen Garten‹ in Berlin erbaut (Abb. 154-156, 159, 480, 481). Das gußeiserne Stützwerk des 17,40 m hohen Glasbaues bildeten 108 Röhrenpfeiler, die – mit Ausnahme von acht Innenstützen – längs der Fassade in jeweils doppelter Anordnung über die erwähnten Parallelfachwerkträger Galerien und das Sheddach (›Ridge-and-furrow‹-Dach) trugen. Die Pfeiler des höheren Mittelteiles der Palmenhalle waren aus vier Säulen in Normlänge (ca. 4 m; 2 m), die ineinander gesteckt waren, und darüber geschobenen achteckigen Zwischenstücken zusammengesetzt. Die Zwischenstücke hatten mitgegossene Konsolen, die als Auflager für die Fachwerke dienten. Die Verbindung zwischen beiden erfolgte über Schrauben. Über die Methode aufgeschobener Zwischenstücke war es möglich, in allen Höhen beliebig Anschlüsse für die Binder zu schaffen. Die Säulen in der Fassadenebene hatten angegossene Flanschen zum Anschluß an die Verglasungsrahmen. Sie setzten auf einer gußeisernen Sockelbank auf, die über einen Topf mit den Säulen fest verbunden, über einen Anker mit dem Sockelmauerwerk verschraubt war (Abb. 87, 88). Eine ähnliche Verbindung wurde bereits 1853 bei den freistehenden Säulen der Borsigwerke angewandt.[322] Der spezifisch für die Zwecke dieses Gewächshausbaues entwickelte Ingenieurbau ist zwar in erstaunlichem Maße in einer Vielzahl variierender Konstruktionsteile durchgegliedert, hat jedoch aus ebendiesem Grund nicht mehr die klassische Einfachheit des Gerüstaufbaues, die sein Vorbild, den Kristallpalast, auszeichnete. Dennoch ist dieser Bau, neben dem Glaspalast in München, ein wichtiges, bisher völlig unbeachtet gebliebenes Zeugnis des frühen eisernen Skelettbaues in Deutschland.[323]

Eine Variation des Paxtonschen Skelettbauprinzipes sind das ›Gewächshaus‹ in Breslau, ›Botanischer Garten‹ (1861), das ›Glashaus‹ in Buxton, Pavilion Garden (1871), und das ›Alte Palmenhaus‹ in Bonn (um 1875). In all diesen Beispielen drückt sich der skelettartige Stockwerkaufbau im Fassadenstützwerk aus.

Im klassizistisch ausgebildeten Gewächshaus in Breslau (Abb. 197-199, 499-501) treten an die Stelle der Rundsäulen Pilaster mit quadratischem Querschnitt und Zwischenstücken für den Anschluß der Träger des ›Ridge-and-furrow‹-Daches (Abb. 89). Das Haus im Buxton Pavilion Garden wurde von E. Milner, einem Mitarbeiter Paxtons, gebaut (Abb. 219, 220, 526). Das Ständerwerk der Fassade ist ein Zitat des Kristallpalastes. Die in zwei Stockwerken übereinandergesetzten Stützen werden durch Glasfenster mit Rundbogen ausgefacht und tragen eine Zeltdachkonstruktion aus Schmiedeeisen.[324] Das 18,50 m hohe ›Alte Palmenhaus‹ in Bonn, in einen erhöhten Mittelteil und in zwei niedrigere Seitenflügel gegliedert, benützte in seinem zwei bis drei geschossigen Ständerwerk dasselbe Schema, wobei an den Ecken Doppelstützen zur Anwendung kamen. Dieses große Gewächshaus, mit seiner bereits vom Historismus geprägten Eisenarchitektur ist eines der spätesten Zeugnisse des gußeisernen Skelettbaues (Abb. 90).

In England führte das Beispiel des Kristallpalastes im Hyde Park und in Sydenham zu einer geradezu euphorischen Übernahme der charakteristischen Konstruktionselemente durch die folgende Generation der Ingenieure und Architekten. Ein Anlaß für die Kette von Glas-Eisenbauten und Projekten war auch das Sinken der Glaspreise in den sechziger Jahren.

Von 1857 bis 1859 errichtete der klassizistisch geschulte Architekt Edward M. Barry die ›Floral Hall‹ in London (Abb. 365, 632), deren gußeiserne Fassade durch pilasterartige Rahmen mit dazwischen gespannten Rundbogenfenster und reichverziertem Architrav gegliedert war. Die tragenden Rahmen waren, nach dem Vorbild der Bauten von R. Turner, mit farbigem Glas gefüllt. Über diesem Ständerwerk erhob sich ein von schmiedeeisernen Fachwerkbogen getragenes Tonnengewölbe, das eine getreue Kopie des Transeptes von Paxton (1850/51) war und das wie dieses mit einer großen halbkreisförmigen Rosette aus Gußeisen abschloß. Die von Gußsäulen im Inneren abgestützte Langhalle hatte keine Stockwerkteilung.[325]

1859 entwarf der Architekt Owen Jones, der Paxton in der Dekoration des Kristallpalastes beraten hatte, das Projekt zum ›Palace of the People‹ in Muswell Hill (Abb. 633, 634), London. Der Glaspalast sollte über einem Bahnhof aufgerichtet werden und eine riesige kuppelgewölbte Palmenhalle als Zentrum haben. Das räumliche Konzept ging von einer jährlichen Besucherzahl von einer Million aus. Das Stützwerk bestand aus gußeisernen Säulen und Riegeln, wobei nach dem Baukastenprinzip eine Vielzahl von Möglichkeiten demonstriert wurde, die Paxtonschen Grundelemente zu neuen Formen zusammenzustellen. Das mit gläsernem Satteldach gedeckte Längsschiff im dreistöckigen Aufbau wurde von acht quadratischen Glastürmen von fünf Stockwerken flankiert. Apsidenartige Anbauten mit glasgedeckten Säulenstellungen ergänzten den z.T. im ›Ridge-and-furrow‹-System gedeckten Skelettbau (Abb. 91).[326]

Der zur Internationalen Ausstellung von 1865 in Dublin erbaute ›Wintergarten‹ (Winter Palace) war ein dreistöckiger gußeiserner Skelettbau von 108 m Länge und 25,60 m Höhe (Abb. 239, 240). Ein um ein tonnengewölbtes Hauptschiff (dessen Fachwerkbogenträger bereits erwähnt wurden) herumgeführter Galerieaufbau bildete über Säulen, Gitter- und Bogenträger aus Gußeisen einen steifen Rahmen für das Auflager des weitgespannten Dachtragwerkes. Die in diesem Ständerwerk verwendeten Zwischenstücke mit Anschlüssen an die Binder nach drei Richtungen, waren im ersten Obergeschoß mit kleinen Konsolen verschraubt, die als Auflager für die Galerieträger dienten. In der Ausbildung eines Bogenbinders für das Satteldach der Galerie ist ablesbar, daß die Konstrukteure jener Zeit bereits wieder eine Anpassung an die traditionelle Architektursprache suchten. Der Bogenbinder war direkt an die Zwischenstücke im zweiten Obergeschoß verschraubt und diente als Widerlager für gußeiserne ›Strebepfeiler‹ der Dachkonstruktion. Bis zum Ansatz der schmiedeeisernen Hauptträger hochgeführte Stützen vermittelten dessen Auflager über eine nach innen vorkragende Konsole und leiteten den Seitenschub an die Strebebogen weiter. In der Längsrichtung der Halle waren diese Stützen durch Bogenträger ausgesteift und bildeten so verglaste Lichtgaden des dritten Obergeschosses. Die gesamte Skelettkonstruktion war ohne Hilfe von Zugdiagonalen errichtet, die im Kristallpalast sich als störend erwiesen. Der ausführende Ingenieur des Baues war R.M. Ordish, der als Fachmann im gußeisernen Montagebau des bereits erwähnten ›Wintergartens‹ in Leeds (1868) und der ›Royal Albert Bridge‹ über die Themse (1872) tätig war (Abb. 64).[327]

Weitere Großbauten mit Anwendung des Paxtonschen Systems waren der ›Kristallpalast‹ in New York von 1852 (Abb. 40) sowie das Pariser ›Palais de L'Industrie‹ von 1855 (Abb. 422).[328]

Nach der Blütezeit jener aus der Konstruktion selbst entwickelten, nahezu schmucklosen Skelettbauten in den zwei Jahrzehnten nach den Pionierbauten Paxtons verstärkt sich die Tendenz, das gußeiserne Traggerüst hinter Ornamentik und Massivmauerwerk zu verstecken. Der Bau des ›Alexandra Palace‹ in Muswell Hill mit seinen von gemauerten Arkaden umgebenen Wintergärten (1872-1874; Abb. 368) ist dafür ebenso ein Beleg wie die Konstruktion der großen ›Flora-Bauten‹ in den folgenden Jahren, z.B. in Köln 1864; Abb. 295-299) und Leipzig (1882; Abb. 317).

Das vorgefertigte Montagehaus

Das vorgefertigte Montagehaus aus Gußeisen, welches im breiteren Umfang um 1850 in England und Amerika in Erscheinung tritt, ist Produkt einer bereits fortgeschrittenen industriellen Produktion und der damit verbundenen Kapitalkonzentration in Form von Großbetrieben. Die Hersteller solcher Häuser begnügten sich nicht mit der Erzeugung und dem Verkauf von Einzelbauteilen, sondern boten das gesamte Haus, z.T. mit Einrichtung, am Markte an. Konkurrenzfähig war ein solches Haus nur dann, wenn es in großer Stückzahl hergestellt wurde. Dies bedingte, daß jedes Einzelteil des Baues von der serienmäßigen Herstellung erfaßt wurde und daher weitgehend standardisiert und normiert werden mußte. Die Häuser konnten auf Vorrat gefertigt und über Katalog in

Varianten angeboten werden. Das früheste Experimentierfeld für solche Versuche war der Gewächshausbau. Das Bedürfnis, den Pflanzen im Sommer und Winter ein konstantes Klima zu schaffen, führte bereits vor der Ära der Glas-Eisenbauten zur Ausbildung von Gewächshäusern, welche nach wenigen Elementen aufgebaut, schnell und bequem zu montieren und demontieren waren. Sie stellen die früheste Form der mobilen Architektur dar (Abb. 93). 1620 beschrieb Salomon de Caus seinen Entwurf zu einer mobilen 85 m langen ›Orangerie‹ zum ›Elector Palatine‹ in Heidelberg: »Sie bedeckt 30 kleine und 400 mittelgroße Bäume und ist aus Holz gemacht, welches jedes Jahr um St. Michael aufgebaut wird. Die Orangenbäume werden mit Hilfe von vier Öfen den ganzen Winter gewärmt, so daß man in der Zeit des starken Frostes in dieser Orangerie spazieren kann, ohne Kälte zu verspüren ... Zu Ostern wird das Pfostenwerk entfernt, um die Bäume den ganzen Sommer über unbedeckt zu lassen« (Abb. 92 a).[329]

Der Stich aus dem Jahre 1731 von der ›abschlagbaren Orangerie‹ in Wien, Belvedere, zeigt die Weiterentwicklung der mobilen Gewächshäuser (Abb. 92 b). In der um 1800 erbauten ›Orangerie‹ im herzoglichen Park zu Meiningen (Abb. 382, 383) kamen großflächige Bauteile aus Holz und Glas zur Anwendung, welche im Winter Dach und Südfront einer im Sommer offenen Grotte aus Massivmauerwerk bildeten. Die leicht zurückgeneigte, 16 m lange Glasfassade mit Holzrahmen sowie im Inneren aufgestellte Stützenreihen trugen verglaste Sheddächer, welche sich in die Tiefe des Raumes zurückstaffelten (Abb. 92 c).[330]

Mit der technischen Möglichkeit, Holz durch Eisen zu ersetzen, war zugleich mit der steigenden Nachfrage nach Pflanzenhäusern die historische Chance gegeben, im Gewächshausbau das bisher verfolgte Prinzip der Montage und Demontage mobiler Bauten mit industrieller Vorfertigung zu verbinden. So bestand der nächste Schritt darin, Häuser zu konzipieren, welche – vom jeweiligen Ort ihrer Aufstellung unabhängig – in Form genormter Bauelemente in Serie produziert werden konnten. Das erste bekannte Haus aus Eisen ist das ›Eiserne Gewächshaus‹ in Hohenheim bei Stuttgart (Abb. 441, 442), um 1789 im Zusammenhang mit romantischer Ruinenarchitektur erbaut. Gleich der ungefähr zur selben Zeit erbauten gußeisernen Brücke über den Fluß Severn, stellt es in der Baugeschichte einen Wendepunkt dar. Das Material Eisen wurde erstmals ausschließlich als tragende Konstruktion angewendet und damit wurde der industriellen Vorfertigung der Weg eröffnet (Abb. 94).[331]

Spätere Versuche der folgenden vierzig Jahre, Bauten ganz aus Eisen zu erstellen, sind – sieht man von Gewächshäusern ab – Ausnahmen geblieben. Meist auf der Suche nach einfachem Ersatz für Holz und Stein durch Gußeisen, in welcher die eigentlichen ökonomischen und technischen Vorteile des neuen Materials ungenutzt bleiben, erscheinen sie eher als ein historisches Kuriosum denn als ein Fortschritt der Bautechnik.

Das 1818 von Schinkel erbaute gotisierende ›Kreuzberg-Denkmal‹ ist ein in Gußeisen übersetzter Steinbau. Noch dieselbe Intention verfolgt der Architekt des ›Wintergartens‹ und ›Schlosses‹ des Grafen Schwarzenberg in Hluboká nad Vltavou (1840-1847) in der Nachbildung gotischer Steinarchitektur durch Fassadenelemente in Gußeisen (Abb. 279-281, 572-575). Der Wunsch, die der überlieferten Vorstellung vertraute plastische Erscheinung zu erhalten, ist die Ursache für die Anwendung solcher Mantelkonstruktionen, die oft innerer Hilfsgerüste bedurften, um Standsicherheit zu erhalten.

Ein für die Eisenkonstruktion ebensowenig entwicklungsfähiges Prinzip stellen die verschiedenen Versuche dar, Mauersteine in Gußeisen zu produzieren. 1832 veröffentlichte der Architekt François Thiollet ein englisches System, welches hohle, mit Beton gefüllte und durch Schwalbenschwanzverbindung zusammenfügbare, gußeiserne Kästen als Mauersteine vorschlug.[332]

Der weitere Fortschritt in der Entwicklung des eisernen Montagehauses im Zeitraum von 1820 bis 1840 vollzieht sich im englischen Gewächshausbau. Eine Vorstufe dazu bilden die Glashäuser aus Schmiedeeisen mit kurvenlinearen Dächern. Nach den vorausgehenden Experimenten von Thomas Knight – ab 1811 Präsident der ›London Horticultural Society‹ – zur Ermittlung des günstigsten Lichteinfalls und des günstigsten künstlichen Klimas (1808) und von G. Mackenzie (1815) zur Konstruktion sphärisch gewölbter Glas-Eisenhäuser, welche gleich einem Observatorium nach dem Lauf der Sonne ausgerichtet werden sollten[333], machte der Gartenspezialist J. C. Loudon 1817 in seinen ›Remarks on Hothouses‹ Vorschläge zu kurvenlinearen Glashäusern, in deren Konstruktion er die Vorschläge seiner Vorgänger aufnahm und weiterführte. Mit Enthusiasmus das Eisen als das für seine Zwecke brauchbarste Material propagierend, erfand er bereits 1816 eine schmiedeeiserne Sprosse, welche als einziges Trageelement der Glasschale dienen sollte und, erhitzt durch eine Profil-Form gezogen, in der gewünschten Kurve gebogen werden konnte. Es ist das historische Verdienst Loudons, daß er als erster die ›Utopie‹ eines nur aus Glas und Eisen bestehenden Bauwerkes in Form einer allgemein brauchbaren Schalenkonstruktion gelöst hat. Bereits in seiner Schrift von 1817 sah er die Kosten von Holz und Eisentragwerken vergleichend, das kommerzielle Potential seiner Erfindung und kündigte in der Art eines Kataloges eine Reihe von Grundtypen an, welche mit Hilfe der Firma W. und D. Bailey realisiert werden sollten. Loudon baute seinen Prototyp in Bayswater (Abb. 141) auf seinem eigenen Wohnsitz, um die konkrete Anwendungsmöglichkeit seiner Konstruktion für gedeckte Märkte, Schulen, Theater und sogar Kirchen unter Beweis zu stellen.[334] Die Allianz von Loudon mit dem Fabrikanten Bailey führte zum Bau einer Reihe z.T. ausgedehnter eiserner Häuser: 1817 das ›Ananas- und Weinhaus‹ in Langport, Sommerset (Abb. 308-310); 1818 ›Loddiges Nursery‹ in Hackney (Abb. 262-267); 1827 das ›Gewächshaus‹ in Bretton Hall, Yorkshire (Abb. 200-203) usw., welche in der Eleganz und Leichtigkeit ihrer Konstruktion auch später unübertroffen waren.

Zwar waren die Bauten Loudons die ersten technisch ausgereiften und kommerziell verwertbaren Eisenhäuser, jedoch der ihnen zugrundeliegende Konstruktionstypus in Form gebogener, schmiedeeiserner Sprossen setzte ihrer Größe und Variabilität, unterschiedlichen Zwecken entsprechend, Grenzen. Damit war ihr Anwendungsbereich von vornherein beschränkt. Dies wurde zum Hindernis einer serienmäßigen Produktion, die letztlich in die Herstellung genormter und typisierter Bauteile einmündete. Eiserne Konstruktionen – additiv aus Stützen und Balken bestehend, mit einfachen Anschlüssen leicht montier- und demontierbar und auf der Grundlage des Konstruktionsrasters in der Raumform variabel – waren besser für serienmäßige Herstellung geeignet. In dieser Form wurde das Material Gußeisen infolge seiner ihm technisch immanenten Reproduktionsfähigkeit und wegen der niedrigen Herstellungskosten gegenüber schmiedeeisernen Konstruktionen bis über die Mitte des 19. Jahrhunderts bevorzugt.

Dies erklärt die Tatsache, daß das eiserne Haus – zum erstenmal aus vorgefertigten, typisierten Bauteilen kombinierbar – in Gußeisen seine Gestalt findet. Das ›Kamelienhaus‹ in Wollaton Hall (Nottingham) von 1823 sowie der ›Wintergarten‹ in ›The Grange‹ (Hampshire) von 1825 – beide von der Gewächshausfirma Thomas Clark aus Birmingham errichtet – sind die frühesten nach diesen Prinzipien hergestellten Bauten (Abb. 467-470, 703-708). Die Grundidee dieses Konstruktionstyps ist die Aufstellung von Säulenreihen entlang von schmalen Straßen, welche den Innenraum in Felder teilen. Die Säulenreihen tragen gußeiserne Rinnenbalken und sind über den Straßen mit einer Blechtonne eingewölbt. Diese Konstruktionsteile bilden, zusammengefügt, einen Rahmen, in welchem über den Feldern der Pflanzenbeete die Glasdachkonstruktion eingesetzt wird. Die innen hohlen gußeisernen Säulen leiten das Regenwasser, das sich im auflagernden Rinnenbalken sammelt, in unterirdische Zisternen ab, ein Prinzip, das später von Paxton in seinem zum Patent angemeldeten, vorgefertigten Gewächshaustyp aufgegriffen wurde (Abb. 22 a, 73). Ebenso ist die Konstruktion der Glasdecke in Form eines Satteldaches ein Vorläufer des von Paxton zur Reife entwickelten ›Ridge-and-furrow‹-Systems. Das Gewächshaus in Wollaton Hall erhielt eine im Stil der italienischen Renaissance entworfene gußeiserne Fassade, die der Tragkonstruktion vorgestellt wurde, bestehend aus Rundpilastern, Architrav und dazwischengespannten, großen Fensterflächen (Abb. 703, 704). Die Gewächshausfirma Th. Clark, welche diese beiden Häuser errichtet hatte, hatte ihr Geschäft im Herbst 1818 in der Lional Street in Birmingham gegründet. Der Firmenname war ursprünglich ›Jones and Clark‹. »Der Firma erstes Bestellbuch von 1818 zeigt auf der ersten Seite zwei durch Stützen verstärkte Häuser, eines davon für den Duke of Newcastle, Clumber Park, Nottinghamshire. Die späteren Bestellbücher sind gefüllt mit Verkäufen an den Adel, einschließlich mit der Bestellung 1844 von Glasschiebefenstern für Queen Victorias Frogmore, den Glashausbau bei Windsor. Der erste ausländische Auftrag von 1839 betraf zwei Gewächshäuser mit Warmwasserheizung für ein Pine-House seiner Majestät des Königs von Württemberg, das in Stuttgart entstehen sollte. Vor der Publikation ihres Kataloges ›Book of Designs of Horticulture Buildings‹ (1875) wurde ein durchgeplantes Gewächshaus hergestellt und nach Buenos Aires verschifft. Dieser Auftrag markiert den Beginn ihres Exportgeschäftes, welches sich zu vorfabrizierten Gebäuden und Fenstern für Japan, Neuseeland, Australien, Afrika, Holland und Amerika ausdehnte. In dieser Zeit war der Firmenname ›Henry Hope‹ mit dem Briefkopf ›früher Clark and Hope, formell Clark‹. Hopes Eisenfenster sind noch immer in der ganzen Welt bekannt.«[335]

Die Weiterentwicklung des Montagehauses vollzog sich in Chatsworth (Abb. 222-232, 527-535):

Ein Jahrzehnt nach dem Bau des Kamelienhauses Wollaton Hall, 1834, veröffentlichte der Gärtner J. Paxton im ›Magazine of Botany‹ ein aus vorgefertigten Elementen bestehendes Glashaus mit ›Ridge-and-furrow‹-Dach (Abb. 95, 96): »Es war dies ein Gewächshaus 97 Fuß, 6 Inches lang und 26 Fuß von der Rückwand zur Vorderfront breit; die Höhe der Hinterseite betrug 13 Fuß, 6 Inches zum Tal und 15 Fuß zum Grat, an der Vorderfront 8 Fuß, 6 Inches zum Tal bzw. 10 Fuß zum Grat des Daches. Das geneigte Dach war konstruiert nach dem ›Ridge-and-furrow‹-Prinzip, ohne Sparren, mit extrem dünnen Fenstersprossen aus Holz, unterstützt durch Gußeisensäulen, 3 Inches im Durchmesser, 6 Fuß, 6 Inches im Abstand längs der Front des Hauses und eine innere Reihe längs der Mittelachse. Die Frontsäulen waren hohl und leiteten das Regenwasser vom Dach zu einem außenliegenden Graben, so daß weder äußerliche Regenrinnen noch Abflußröhren nötig waren. Hier gab es keine Türen, die vertikalen Fenster, die die Seiten bildeten, waren in Nuten verschiebbar, so daß der Zugang an jedem gewünschten Punkt möglich war.«[336]

Die Zeichnungen, welche Paxton in diesem Zusammenhang publizierte, sind in ihrer Darstellung ungewöhnlich. Gemäß dem Wesen der Aufgabe stellt Paxton die elementierten Bauelemente einzeln vor: ein gußeisernes Stützenpaar als Rahmen mit Einzelfundamenten und Holzfußboden, ein Standard-Fassadenelement, dieses Stützenpaar ausfüllend, und eine Aufsicht des gefalteten Dachelementes mit Rinnenbalken, welches zu dieser Grundeinheit des Stützenpaares gehörte. Diese Darstellungsweise, dem Inhalt adäquat, ist in der Bauplanung ein Novum. Es kündigt sich hier eine nicht mehr objektbezogene Planung an, welche katalogartig nunmehr addierbare Einzelelemente zeigt, die zu verschiedenen Gebäudeformen zusammengestellt werden können. Es tritt der Ingenieur auf den Plan, welcher Hand in Hand mit der Industrie arbeitet und ihrem Zweck gemäß die Serienproduktion von Montagehäusern vorantreibt. Zwar sind wesentliche Teile des Traggerüstes, die Rinnenbalken und Sprossen des Daches noch aus Holz gefertigt, jedoch die von Paxton hier angewandte Methode der Differenzierung der Hauptbauteile wie Stützen, Träger, Dachhaut nach ihrer Funktion öffnet den Weg zu deren Normierung und somit deren Anwendbarkeit als Massenprodukt. Ein Beispiel der Anwendung des Paxtonschen Konstruktionsprinzipes ist der um 1840 erbaute ›Wintergarten‹ des Schlosses Deepdene (Abb. 97) im Swinton Park (Yorkshire).[337]

Mit dem Glashaus von 1834 gelang es Paxton jene drei Hauptprobleme zu lösen und somit die Voraussetzung zur industriellen Fertigung von Montagehäusern aus Eisen zu schaffen, die in vielen Varianten aufgestellt werden können und ohne Verlust an andere Orte umsetzbar sein müssen. Das erste Problem war zunächst für Paxton die Entwicklung einer optimal sonnendurchlässigen Glasdecke größter Stabilität und Dauerhaftigkeit, verbunden mit Wirtschaftlichkeit. Die Lösung fand Paxton bereits 1831/32 beim Umbau der alten ›Orangerie‹ in Chatsworth in der Form des ›Ridge-and-furrow‹-Faltdaches. Das zweite Problem war die Entwicklung eines Trägers von größter Spannweite bei kleinstem Querschnitt, ein Träger, welcher nach außen freilag und das Regenwasser zugleich abführte. Dieser Träger, in Form des bekannten Paxtonschen ›Rinnenbalkens‹ ausgebildet, wurde erstmals 1834 vorgestellt. Er lagerte, schräg geneigt, unmittelbar auf den eisernen Stützen auf. In der folgenden Entwicklung, mit dem wachsenden Bedürfnis nach größeren Spannweiten, wurden die Dachkonstruktion und die Haupttragkonstruktion getrennt und in zwei verschiedenen Ebenen angeordnet. 1849 beim Bau des ›Victoria regia-Hauses‹ in Chatsworth (Abb. 99) verwendete Paxton abgespannte Rinnenbalken als Nebenträger, welche infolge ihrer leichten Überhöhung das Regenwasser in Hauptträger überleiteten, die ebenfalls eine Rinne hatten.[338] Dieses Konstruktionsprinzip hierarchisch gegliederter Tragelemente, das eine industrielle Vorfertigung erleichterte, machte er sich 1851 im großen Maßstab beim Bau des Kristallpalastes zunutze, nachdem es bereits 1850 in einer Patentschrift vorgestellt worden war (Abb. 98). Das dritte Problem war die Entwicklung einer gußeisernen Hohlstütze von geringem Querschnitt und hohem Druckvermögen, mit leichten Anschlußmöglichkeiten der Träger nach allen Richtungen. Diese Forderungen hat Paxton, in Fortführung des bereits 1834 entwickelten Prinzips im Kristallpalast in technisch souveräner Weise, mit Hilfe der Einschaltung eines Zwischenstückes, gelöst (Abb. 77). Wie dargestellt wurde, hat die Ausbildung des eisernen Montagehauses im Gewächshausbau seit dem Jahr 1823 seine eigene frühzeitige Entwicklung.

Im Vergleich dazu wurde später die bekanntere Form des Montagehauses – vor allem für Wohnungen und Fabriken konzipiert – in England auf den Markt gebracht. Die ökonomische Grundlage bildete dafür die Kolonisierung und Auswanderung im Zeichen der Weltmachtstellung Englands. Von 1839 bis 1841 wurde ein vorgefertigtes Gebäude aus Gußeisen von W. Fairbairn – eine dreigeschossige Dampfmühle in Skelettbauweise – in Konstantinopel aufgestellt.[339] Bereits in den vierziger Jahren entstand eine Fertighausindustrie. Nach einem Bericht der ›Allgemeinen Bauzeitung‹ lieferte 1850 die Firma E. T. Bellhouse and Co. (Manchester) Hunderte von eisernen Fertighäusern – teilweise voll möbliert – nach Amerika.[340] 1851 wurden in zahlreichen englischen Orten eiserne ›Ballhäuser‹ aufgestellt (Abb. 101), in Deutschland ein demontierbares Festzelt.[341] In Amerika wurde 1848/49 in New York das erwähnte viergeschossige Fabrikgebäude aus Gußeisen von J. Bogardus errichtet (Abb. 82). Dies, sowie frühe Versuche von Daniel Badger sind der Auftakt für eine Reihe von eisernen Fabrikgebäuden mit Front und Tragskelett aus Gußeisen. Im folgenden Jahrzehnt entstanden in New York, in Lower Manhattan, ganze Straßenzüge dieser eisernen mehrgeschossigen Fertighäuser.

Parallel zu dieser Entwicklung wurden in England ab 1850 eiserne Gewächshäuser als vorgefertigter Montagebau per Katalog in den unterschiedlichsten Formen und Größen angeboten. Dies wurde durch das Anwachsen einer reichen Bürgerschicht in der Viktorianischen Zeit begünstigt. Der Besitz eines Gewächshauses wurde für diese Schicht zu einer selbstverständlichen Repräsentation.

In der Zeit, in der in zunehmendem Maße gußeiserne Spannwerke im Brücken- und Hochbau durch gewalztes Schmiedeeisen substituiert wurden, fanden die Gießereien in der Herstellung von vorgefertigten Pavillons, ›Conservatories‹, Palmenhäusern, Gartenhäusern und Arkaden ein erweitertes Produktionsfeld, dessen Absatzmarkt sich bis in die Kolonien ausdehnte. »Es war dies eine neue bemerkenswerte Entwicklung im architektonischen Gebrauch dieses Materials.«[342] Ein Beispiel unter vielen ist das im ›Gardeners' Chronicle‹ 1860 in Form einer Annonce angebotene Gewächshaus (Abb. 102). Ein weiteres für diese Periode typisches Gewächshaus wurde 1868 in der Nähe von London für Sir Henry Bessemer, den Erfinder des nach ihm benannten Verfahrens zur Stahlherstellung, von der Firma Messrs. Banks and Barry errichtet. Es hatte einen kreisförmigen Grundriß und eine zentrale Kuppel von 6,4 m Durchmesser und war mit Ausnahme der Sprossen und der Rippen der Kuppel gänzlich aus Gußeisen.[343]

Den wirtschaftlichen Erfolg von Fertighäusern dieser Art aus Glas und Gußeisen zeigt das große Angebot der Industrie anläßlich der großen Pariser Industrieausstellung 1855, im Rahmen einer Gartenbauausstellung. Es wurden eine Reihe von vorgefertigten Glashaustypen, einfache und dreiteilige Gewächshäuser, mit Aquarien kombinierte Häuser und ein ausgedehntes ›Warmhaus‹ aufgestellt. Sie waren aus einfachen geometrischen Grundfiguren aufgebaut, wobei die Enden stets als halbkreisförmige Apsis ausgebildet waren.

In der Weltausstellung in Wien von 1873 wurde ein Fertighaus als ›Palmenhaus‹ aus Glas und Gußeisen vorgestellt, das von beträchtlicher Höhe (ca. 15 m) und Ausdehnung war. In einen Mittelpavillon mit quadratischem Grundriß und seitliche halbkreisförmige Apsiden gegliedert, hatte es gewölbte Glasdächer mit schmiedeeisernen Sprossen, die auf dem Ständerwerk der gußeisernen Fassade ruhten. Mit der Ausbildung einer tragenden Fassade konnte der Innenraum stützenfrei ausgebildet werden (Abb. 104).

Die späte Anwendung von Gußeisen für das vorgefertigte Montageglashaus wurde nunmehr vom Historismus bestimmt, der darauf drängte, daß auch Zweckbauten verziert werden sollten. »Die Einfachheit des Werkes von Paxton und Burton war unglücklicherweise vergessen. Die Architekten und Ingenieure lieferten Entwürfe, die mehr für gemeißelten Marmor oder Terracotta, als für Gußeisen gedacht waren.«[344]

1880 veröffentlichte die Firma Messrs. Messenger and Co. (Loughborough) einen Katalog von ›Artistic Conservatories‹, welche nach einem patentierten System errichtete Glashäuser im neogotischen Stil anbot. Der Katalog umfaßte eine Reihe von Typen, kleine und große Conservatories, angebaut an Massivmauern oder freistehend, doppelstöckige Conservatories, Wintergärten, verglaste Veranden und letztlich Gewächshäuser, verbunden mit Aviarien oder Aquarien. Im Text wurde weniger auf die Konstruktionsals auf die Stilfrage Wert gelegt. Die bisher schmucklosen Glashäuser sollten, ähnlich den Wohnhäusern, unter Vermeidung der Auswüchse des gotischen Stils künstlerisch im Geschmack ›Queen Anne‹ durchgestaltet werden. »Wir versuchen, den Stil zu unserem Diener zu machen und ihn, wo immer wir können, anzuwenden. Unsere besten Wohnhäuser sind nun nicht nur besser geplant, sondern auch mit Geschmack durchgestaltet bis ins kleinste Detail, wie Türgriffe, Möbel, Tapeten, Vorhänge etc. Wir meinen zu sehen, daß die Zeit sich gewandelt hat und daß die Kunst aus ihrem Gefängnis innerhalb der vier Wände befreit zu werden scheint, um ihren Einfluß und Charme in unseren Gärten geltend zu machen. Es ist ein bemerkenswerter Sachverhalt, daß unsere Gewächshäuser, Hüllen, in welchen wir die größten Kunstgebilde – Naturkunst, unsere Blumen – aufbewahren, so lange unkünstlerisch geblieben sind ...«[345] Das Konstruktionssystem bestand aus gußeisernen Stützen- und Fassadenelementen, welche fest mit den Fundamenten verbunden waren und die Auflager für ein leichtes Glasdach bildeten (Abb. 103).

Ein technisch mit Sorgfalt durchgebildeter Typus eines vorgefertigten Montagehauses und zugleich ein Höhepunkt der erwähnten Entwicklung der über Katalog angebotenen Gewächshäuser ist das 1874 in Florenz montierte ›Palmenhaus‹ (Abb. 247, 248, 549-553). Das vorwiegend aus Gußeisen bestehende, variierbare Tragsystem im ›gotischen Stil‹ wurde bereits 1860, im Garten der ›Londoner Royal Horticultural Society‹, der Öffentlichkeit als Muster vorgestellt (Abb. 369, 370). Damit im Zusammenhang wurde ein ebenfalls vollkommen vorgefertigter, offener Pavillon zur Schau gestellt, der als Prototyp für Indien bestimmt war (Abb. 371). Ornamente und Zierat aus dem Arsenal des Historismus treten bei diesen Eisenbauten als ungebrochene Konzession an den Zeitgeschmack auf und täuschen das Auge des Betrachters, der ein ›wie aus einem Guß‹ entstandenes Architektur-Capriccio wahrzunehmen meint. Indes verbirgt sich in der Konstruktion das technisch fortschrittliche Element: das Prinzip des Montagebaues, das bereits zum gültigen Repertoire einer neuen Generation von Ingenieuren geworden ist.

Zusammenfassung: Geburt des vorgefertigten Montagehauses und des Skelettbaues in Eisen

Betrachten wir dieses Kapitel nochmals im Zusammenhang. Das Gußeisen bestimmt die Frühzeit des Eisenbaues. Als inneres Knochengerüst der Bauten – als Stützwerk – vermochte dieses Material seine Stellung bis in die siebziger Jahre des 19. Jahrhunderts gegen die Konkurrenz des Schmiedeeisens zu verteidigen. Auch nach seinem Verschwinden aus dem Gliederwerk des eisernen Hochbaus konnte es seine Hauptprinzipien, die aus dem Fertigungsprozeß abzuleiten waren, der Gegenwart weiter vererben. Das wichtigste Prinzip war das der industriellen Vorfertigung (der Normierung, Elementierung und Typisierung) von Bauteilen – dies so weit gehend, daß der Bauprozeß von der Baustelle in die Fabrik verlagert werden konnte. Außer dieser allgemeinen Grundlage – die eine Revolution im Bauen beinhaltet – hat das Gußeisen typische Tragwerksformen hervorgebracht, ohne die der moderne Hochbau nicht vorstellbar ist.

All diese allgemeinen und besonderen Formen des industriellen Bauens wurden in den gußeisernen Gewächshäusern vorbereitet und vollendet, so daß sie wie auf einen Schlag – als sie gebraucht wurden – vorhanden waren. Die erste Weltausstellung hätte ohne diese Vorbereitung nicht zur geplanten Stunde stattfinden können. Das Repertoire für ein modernes Bauen, das die Produktivkräfte nicht nur ausgeschöpft, sondern auch beflügelt hat, wurde ab 1800 Schritt für Schritt entwickelt.

Es bestand aus vier Hauptelementen, die auf empirischem Wege zunächst getrennt ausgearbeitet und verfeinert wurden. Sodann fanden sie zu einer konstruktiven Einheit zusammen, die in einem Bauwerk völlig neuer Art und wie aus einem Guß, entstand.

Diese vier Hauptelemente waren:
1. *Hohlstützen*, die in offenes Raster gesetzt, übereinander gestellt werden konnten;
2. diesen entsprechend, das ebenfalls offene System eines *Faltdaches*, welches quasi ins Endlose in jeder Richtung erweiterbar war und so mit einem Lichtdach riesige Hallen eindecken konnte;

3. eine tragend ausgebildete *Fassade aus Gußeisen,* die mit wenigen Schrauben montierbar war und kurioserweise in der Anfangszeit den Abdruck von Steinarchitektur trug;

4. das *Montagehaus,* mit fertigem Dach und Wänden, das zunächst im winzigen Maßstab schon die Idee der Vereinigung der vorgefertigten Elemente Stütze-Dach-Fassade und damit die Idee des Skelettbaues in sich trug.

Die Zusammenfassung dieser vier Hauptelemente vollzog sich in folgenden Etappen, die nicht als zeitlich streng getrennt aufzufassen sind:

Der erste Schritt bestand in der Formulierung der wichtigsten Aufbauelemente gußeiserner Hallen – der Stützwerke, Spannwerke und der Dachhaut – in ihrer für Vorfertigung und Montage typischen Ausprägung (1800-1830).

Der zweite bestand in der Kombination dieser Elemente zu Tragwerksystemen, die diese drei Grundelemente zu einer konstruktiven Einheit verschmolzen. Entsprechend den Raumtypen entwickelten sich Tragwerktypen allseitiger Anwendbarkeit (1830-1850).

Der dritte bestand in der Übertragung der technischen und konstruktiv perfektionierten Konstruktionsformen auf die großen Hallenbauten ab 1850 und der nunmehr auf den Gewächshausbau rückwirkenden Bestimmung in der Entwicklung der Tragwerke (1850 bis 1870).

Die im gußeisernen Gewächshausbau auf empirischem Weg gewonnenen Erfahrungen waren grundsätzlicher Art. Sie konnten daher von den Konstrukteuren auch auf andere Bauaufgaben des Hochbaues übertragen werden. Es waren dies vor allem die Hallenbauten der Bahnhöfe, Märkte, Passagen, Floren und Ausstellungsbauten. Die enge Verbindung der Bauaufgabe des Gewächshausbaues mit den großen Hallenbauten zeigte das Wirken einer Reihe höchst bedeutender Konstrukteure, u.a. von J.C. Loudon und J. Paxton, H. Phillips, R. Turner, Ch. Fowler, H. Horeau, Ch. Rohault de Fleury, A. von Voit, R.M. Ordish.

Ein besonderer Zusammenhang des Erfahrungsaustausches ergab sich aus der Bauaufgabe des Ausstellungsbaues, der eine dem Gewächshausbau ähnliche Funktion – nämlich Hellräume für Ausstellungen zu schaffen – zu erfüllen hatte. Dieser Zusammenhang, der im Werk J. Paxtons am klarsten ausgeprägt ist, wurde in der Darstellung der Entwicklung typischer Tragwerkformen ausführlich belegt. Der Skelettbau, der die Räume in idealer Weise öffnet, ohne eine Nutzung festzulegen, ist ein Geschenk des 19. Jahrhunderts. Dieses Prinzip hat die Möglichkeit eines modernen Bauens aufgezeigt, die jedoch nicht als Chance in der Folge ergriffen wurde. Der offene und doch umrissene Raum, den der Skelettbau schaffen sollte, wurde durch die Verwertungspraxis des 20. Jahrhunderts seiner räumlichen Qualität beraubt und zur Schachtel-Architektur pervertiert. Das Einfache zu machen erwies sich als zu schwierig.

Im Bereich der *Stützwerke* finden wir die Anwendung gußeiserner Hohlstützen, die wegen geringerer Lasten und der notwendigen Transparenz der Hallen äußerst filigran ausgebildet werden. Ein Charakteristikum ist häufig ihre den Pflanzenformen angeglichene Ornamentik; dabei wird jedoch ihre statisch-funktionelle Ausbildung stets verfolgt. Eine wichtige Funktion, die sie zusätzlich zu übernehmen haben, ist die Entwässerung des Daches. Analog zu den Spannwerken wird in den Stützwerken ebenfalls das Montageprinzip verfolgt. Versuche zum mehrstöckigen Skelettbau werden begonnen, wobei zahlreiche Übergangsformen zur Ausbildung eines Zwischenstücks als Anschluß an das Bindersystem zu beobachten sind. Der Weg dazu führt über die Ausbildung der ›zusammengesetzten Stütze‹, die bei den großen Bauten mit gewölbten Dächern am besten zu beobachten ist.

Das wichtigste Resultat in der Tragwerkentwicklung dieser Grundform ist die Ausbildung des ›Ridge-and-furrow‹-Daches und des ihm entsprechenden Gerüstaufbaues: ins offene Raster gesetzte gußeiserne Hohlstützen mit Rinnenbalken und ›gefaltetem Dach‹. Die Dachfläche wurde in kleine Abschnitte mit Furche und Grat zerlegt, so daß das anfallende Regenwasser leicht abgeführt werden konnte. McIntosh schreibt dazu: »Die jüngste und wichtigste Entwicklung bei Treibhausdächern ist ganz sicher das ›Ridge-and-furrow‹-Dach, das zuerst 1816 von Mr. Loudon erwähnt wurde und dann von Sir J. Paxton im großen Haus in Chatsworth ausgeführt wurde ... Damit wurde ganz klar die Möglichkeit demonstriert, eine auf Pfeilern ruhende Hallenkonstruktion über jede Fläche auszudehnen, wie groß sie auch immer sein möge.«[346]

Im Zusammenhang mit dem ›Ridge-and-furrow‹-Dach entsteht eine für die weitere Entwicklung wichtige Grundlage für den Skelettbau in Gußeisen und für den Montagebau vorgefertigter Häuser. Beide Momente sind in der Gußeisenkonstruktion von Wollaton Hall (1823) und ›The Grange‹ (1825) enthalten, die bereits als Konstruktionstypus einer Gewächshausfirma entstanden. Hier kommen gerade Balken in Form von Rinnenbalken zur Anwendung. Diese sind eine typische Tragwerkform des Gewächshausbaues. Sie dienen gleichzeitig der Entwässerung in Hohlstützen. Gußeiserne Vollträger mit der Wattschen Profilausbildung, die ab 1801 im Fabrikbau angewendet werden, scheiden wegen ihrer Plumpheit aus. Das erste Tragwerksystem mit Rinnenbalken, unterstützt von Hohlsäulen, finden wir in dem Projekt zur ›Glashalle des Carlton House‹, wobei die Balken im Zusammenwirken mit den Bogenbindern als Träger des Satteldaches dienen.

Das Gerüstsystem mit ›Ridge-and-furrow‹-Dach wird in zahlreichen Konstruktionsexperimenten, die der Gärtner J. Paxton in Chatsworth ab 1834 durchführte, gegen Ende der Jahrhundertmitte so weit ausgebildet, daß die Grundelemente für den gußeisernen Skelettbau in Montagebauweise fertig vorliegen. Als Dachtragwerk verwendete Paxton abgespannte Holzrinnenbalken (›Paxton's Gutter‹), die auf gußeisernen Hohlstützen auflagerten. Durch die Abspannung erhielten die Balken eine für die Entwässerung günstige Überhöhung und konnten auch in größeren Spannweiten verwendet werden. In der Konstruktion seines Patent-Gewächshauses (1834) ruhten die Rinnenbalken, die die Faltdächer trugen, direkt auf den Stützen in der Fassadenebene. Im ›Victoria regia-Haus‹ verbesserte Paxton das Dachtragwerk durch die Einführung von Rinnenbalken als Querträger, die auf Rinnenbalken, welche als Hauptträger fungierten, ruhten.

Durch diese Hierarchisierung des Dachtragwerkes war nicht nur eine wirtschaftlichere Ausbildung der Konstruktionselemente gemäß ihrer statischen Funktion ermöglicht, sondern es gelang auch, den Stützenabstand zu vergrößern und vom kleinen Abstand der Dachfurchen unabhängig zu machen. In dieser Form konnte Paxton das Dachtragwerk des Victoria regia-Hauses auf den Bau des Kristallpalastes 1850/51 übertragen. Die Umwandlung der leichten ›Paxton's Gutter‹ aus Holz in Eisen erfolgte nach der Jahrhundertmitte in den zahlreichen Bahnhofsbauten mit ›Ridge-and-furrow‹-Dach. Im Gewächshausbau sind hierfür Projekte von McIntosh (um 1841) und das ›Palmenhaus‹ in Berlin (1859) ein Beispiel.

Ein charakteristisches Konstruktionselement des Gewächshausbaues ist die Ausbildung gußeiserner *tragender Fassaden*. Zudem kommt es zum erstenmal zur Ausbildung dieser Fassaden in Form von Rahmenständerwerken, z.B. in London (›Syon House‹) und in Wollaton Hall. In Form der verglasten ›Rahmenstütze‹, die R. Turner in fast all seinen Bauten ab 1842 (Regent's Park) verwendete, wird die Dachlast direkt in der Verglasungsebene abgetragen. Ähnliches gilt für das gußeiserne Rahmenständerwerk zahlreicher Gewächshäuser jener Periode. Den höchsten Entwicklungsstand erreicht darin das zweigeschossige Rahmenständerwerk von Ch. Rohault de Fleury, das er 1833 in den Pavillons der Gewächshäuser im Jardin des Plantes, Paris, einsetzte. Wir finden hier die erste gußeiserne, aus zahlreichen Montageteilen gefertigte Fassade mit Stockwerkaufbau und tragender Funktion. Die Ära der gußeisernen Fassade im Fabrikbau beginnt im Vergleich dazu erst 1848/49 mit den Bauten von J. Bogardus in New York.

Ein weiteres Ergebnis der Entwicklung gußeiserner Tragwerke im Gewächshausbau war *das vorgefertigte Montagehaus* in Gestalt serienmäßig hergestellter Glas-Eisenbauten, die – unabhängig vom jeweiligen Standort – als Montagebausystem konzipiert und von Firmen frei auf dem Markt angeboten wurden. Bezeichnenderweise tritt das vorgefertigte Haus historisch erstmals im englischen Gewächshausbau auf. Der Grund dafür liegt einerseits in der frühen, typenhaften Ausbildung der Raum- und Konstruktionsform des Gewächshausbaues. Die Vorteile industriellen Bauens konnten so entsprechend genutzt werden. Begünstigt wurde diese Entwicklung durch die Beschränkung auf die beiden industriellen Baustoffe Glas und Eisen und auf die einfachen Grundformen der Pflanzenhäuser. Andererseits war der Markt entscheidend, der sich schon früh für diese Fertighäuser öffnete. Der Besitz eines eigenen Gewächshauses oder kleinen Wintergartens wurde noch vor der Jahrhundertmitte zum Zeichen einer gesellschaftlich bevorzugten Stellung reicher Privatleute.

Die Entwicklung von Fertighäusern beginnt mit dem Typus des Gewächshauses mit gußeisernen Hohlstützen und ›Ridge-and-furrow‹-Dach und verläuft somit im Zusammenhang mit der Ausbildung jener Tragwerke, die gleichzeitig in der Hauptsache auch die Grundelemente des gußeisernen Skelettbaues lieferten. Die frühesten Vorschläge dazu finden wir in den Schriften Loudons ab 1817, wobei neben dem gußeisernen Typus auch serienmäßig produzierte kurvenlineare Glashäuser für den Markt projektiert werden. Ein praktisches Modell liefert 1823 und 1825 die Firma Clark aus Birmingham. Sodann ist die Versuchsreihe von Paxton entscheidend, die an relativ bescheidenen Gewächshäusern wie dem ›Patenthaus‹ in Chatsworth von 1834 beginnt und über das ›Victoria regia-Haus‹ ebenfalls in Chatsworth von 1849 zu dem Dachsystem von 1850 und zum Projekt eines mobilen ›Patenthaus‹ von 1858 führt. Bereits ab 1823 erscheinen in England vorgefertigte Pflanzenhäuser aus Gußeisen und Glas, ab 1834 (z.B. Schloß Deepdene im Swinton Park) nach dem Paxtonschen System, einige Jahre vor dem Auftauchen vorgefertigter Häuser für andere Bauaufgaben.

Ab 1850 wächst der Umfang der serienmäßigen Herstellung: Die vorgefertigten Gewächshäuser werden, wie an Beispielen gezeigt, in Varianten von Firmen per Katalog angeboten, wobei in den siebziger Jahren Konzessionen an das Bedürfnis nach ›Stilformen‹ auf Kosten einer logischen Konstruktionsform gemacht werden: Da sich dafür Gußeisen besser als Schmiedeeisen eignete, bestimmte ersteres auch um 1870 quantitativ den Fertigbau. Waren bis 1850 diese Häuser in ihrem Umfang beschränkt, so finden wir gegen Ende der Periode von 1850 bis 1870 auch größere Hallenbauten als Bausysteme zu Glashallen angeboten. Ein Beispiel dafür war das Gewächshaussystem, das die ›Horticultural Society‹ 1860 in South Kensington, London, vorstellte und das in fast identischer Form im Botanischen Garten 1874 in Florenz montiert wurde.

Der Typus des gußeisernen *Skelettbaues* tritt im Londoner Kristallpalast im Hyde Park (1850/51) von J. Paxton in vollendeter Gestalt auf. Insgesamt wurden elf Bauten dieses Typus in der Zeit von 1850 bis 1870 untersucht und ihre Verbindung mit der Entwicklungsgeschichte des gußeisernen Gewächshausbaues aufgezeigt. Die ersten Ansätze zum gußeisernen Etagenbau finden wir im englischen Fabrikbau (Lagerhaus in Milford von

1792). Ein wesentlicher Teil der Standfestigkeit dieser Konstruktionen, die nach diesem Vorbild im Laufe des 19. Jahrhunderts gebaut werden, resultierte aus der Hinzuziehung massiver Wände und Decken. Es kam daher nicht zur Entwicklung eines eigenständigen Gußeisenskeletts, dessen Hauptmerkmal die Ausbildung eines Verbindungsstückes für Anschlußmöglichkeiten von Stützen und Binder nach drei Ebenen ist. Die Lösungsansätze für dieses Konstruktionsproblem lieferte hingegen der Gewächshausbau, wo das Montageprinzip der Filigranbauweise ohne Zuhilfenahme massiver Wände und Decken durchgeführt werden mußte. Die Ausbildung von Galeriesystemen in den großen Pflanzenhallen führte stufenweise zur Entwicklung zusammengesetzter Stützwerke im Stockwerkaufbau mit einfachen Anschlußmöglichkeiten an Zwischenriegel und Dachtragwerke. Der Weg dazu ist nach frühen Versuchen zu offenen Gerüstsystemen in Wollaton Hall (1823) und ›The Grange‹ (1825) an dem Projekt Loudons zum großen Wintergarten in Birmingham (1831), dem Gewächshaus im Jardin des Plantes (1833), den Palmenhäusern in Chatsworth (1836-1840) und Kew (1841-1848) und im Jardin d'Hiver (1848) zu verfolgen. Dennoch bleiben diese aus der Bauaufgabe des Gewächshauses entstehenden Tragwerke im Skelettbau im Bereich des Prinzipiellen: Ausbildung der Grundelemente in Form des ›Ridge-and-furrow‹-Dachs, der Stützwerke – gußeiserne Hohlsäulen mit Anschlußteil für die Galerie- und der Dachbinder, welche bei Paxton als abgespannte Rinnenbalken ausgebildet wurden. Große Spannweiten konnten allerdings nur in Form von Gewölbekonstruktionen überbrückt werden.

Im Ausstellungsbau, wo weitgespannte und hohe Hallen im Stockwerkaufbau mit umlaufenden breiten und schwerer belastbaren Galerien ausgebildet werden mußten, war zur Herstellung des in sich standfesten gußeisernen Traggerüstes jedoch ein weiteres Grundelement nötig: die Ausbildung eines allseits anwendbaren Bindersystems als Träger des Faltdaches und der Galerie sowie als Aussteifungselement in den Stockwerksebenen. Die für den gußeisernen Skelettbau nach 1850 typische Ausbildung eines solchen Bindersystems gelangte erstmals im ›Kristallpalast‹ von Paxton in Gestalt von Parallelfachwerkträgern zur Anwendung. Dabei wurden Ergebnisse des Brückenbaues (System Long und Howe) in der Anwendung von Fachwerken auf den Hochbau übertragen. Ansätze zur Ausbildung von gußeisernen Parallelfachwerkträgern finden wir bereits in den frühen Projekten Loudons (1817 und 1831, im Projekt zum ›Wintergarten‹ in Birmingham) sowie im frühen Werk Paxtons (1837). Im Londoner ›Kristallpalast‹ 1850/51 setzt sich das Prinzip der Fachwerkträger in einer qualitativ veränderten Weise durch: gußeiserne Binder als Standardelement des Gerüstaufbaus und Binder mit großen Spannweiten zur Überdeckung des Hauptschiffes bzw. zur Unterstützung des gewölbten Transeptes in Mischkonstruktion von Holz, Guß- und Schmiedeeisen. Mittelpunkt der Konstruktionsidee war die Ausbildung eines genormten Zwischenstückes als Verbindung der Spann- und Stützwerke. Damit wurde das Montageprinzip typisierter Standardelemente, das im Gewächshausbau bis 1850 verfolgt wurde, zur Vollendung gebracht.

Im gußeisernen Skelettbau des ›Kristallpalastes‹ repräsentiert sich der höchste Stand industriellen Bauens jener Zeit. Die folgenden gußeisernen Skelettbauten im Ausstellungs- und Gewächshausbau, die keine grundsätzlich neuen Lösungen im Tragwerkaufbau brachten, beweisen dies. Das Material Gußeisen bestimmt qualitativ und auch quantitativ den Skelettbau bis 1870.

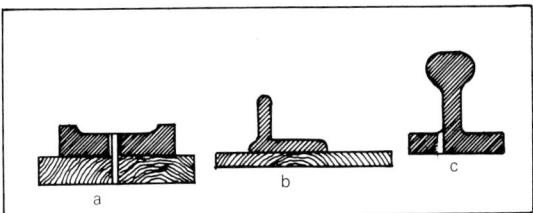

19 Gußeiserne Eisenbahnschienen

a Flachschiene, 1767
b Schiene mit Spurrand, 1776
c Stegschiene, 1786

20 Matthew Boulton und James Watt, Manchester, Spinnerei, 1801, Skelettbau in Gußeisen und gußeiserne Profilträger (Watt-Träger)

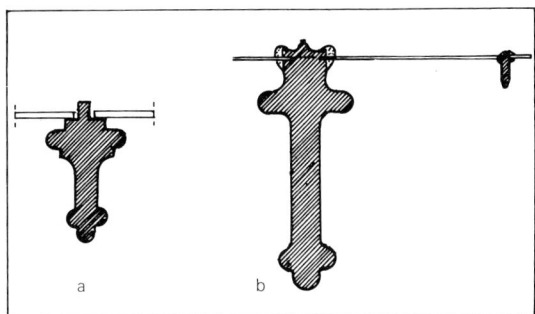

21 Gußeiserne Balkenformen

a Ludwig von Zanth, Stuttgart, Wilhelma, 1842-1846
b Richard Turner und Decimus Burton, London, Kew Gardens, Palmenhaus, 1846-1848 (Balken in Schmiedeeisen)

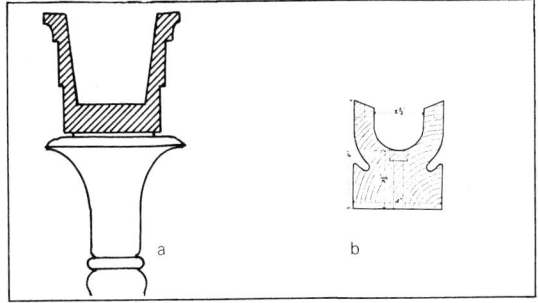

22 Rinnenbalken

a Thomas Clark, Wollaton Hall, Kamelienhaus, 1823, gußeiserne Rinnenbalken
b Joseph Paxton, Rinnenbalken aus Holz, Patent von 1850

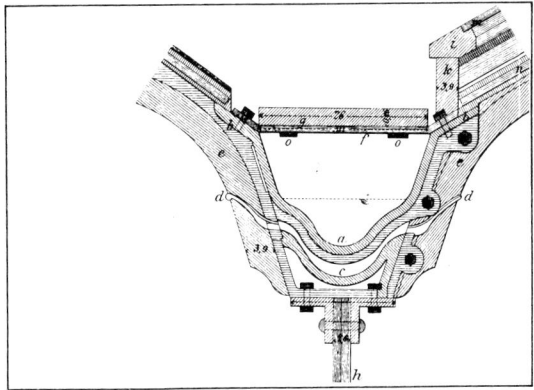

23 Carl David Bouché, Gustav Herter und Nietz, Berlin, Großes Palmenhaus, 1857-1859 (abgerissen), gußeiserner Rinnenbalken

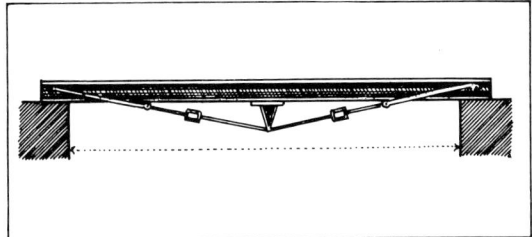

24 Unterspannter Balken aus Gußeisen

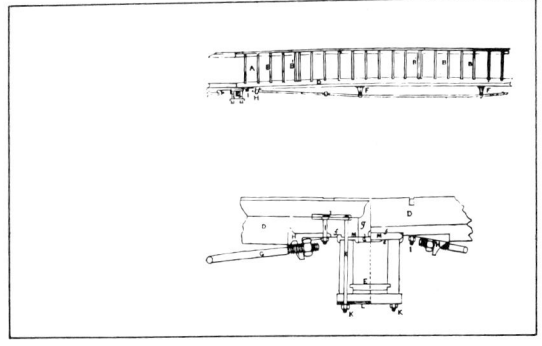

25 Joseph Paxton, unterspannte Rinnenbalken, Patent von 1850

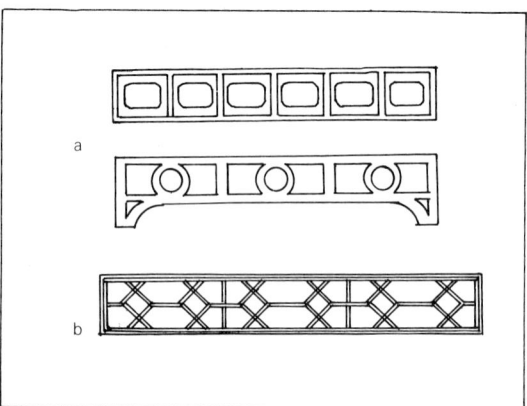

26 Gußeiserne, gegliederte Balken

a Decimus Burton, London, Kew Gardens, Temperiertes
   Gewächshaus, 1859-1863
b Ludwig von Zanth, Stuttgart, Wilhelma, Gewächshaus, 1853/54

27 Abraham III Darby und John Wilkinson, Coalbrookdale, Brücke über
die Severn, 1775-1779

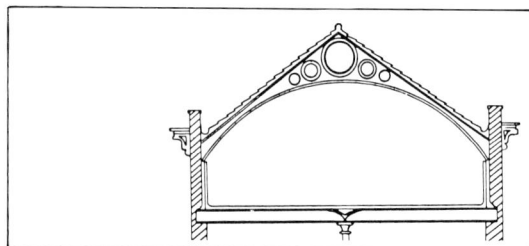

28 Matthew Boulton und James Watt, Manchester, Spinnerei, 1801,
Schnitt

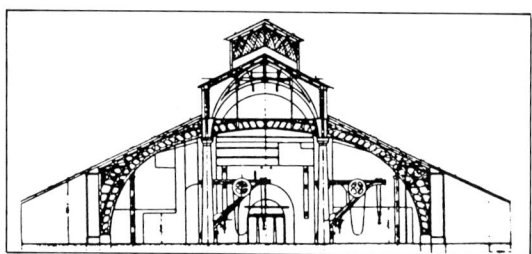

29 Carl Ludwig Althans, Sayn, Gießhalle, 1824-1830, Schnitt

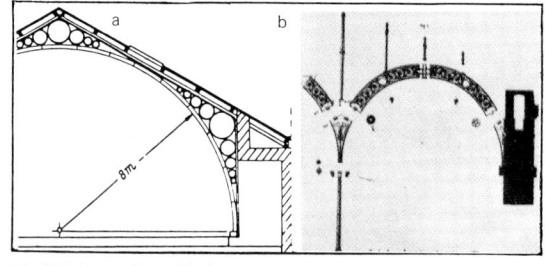

30 Gußeiserne Bogenbinder

a Karl von Etzel, Wien, Dianabad, 1842 (abgerissen)
b Henri Labrouste, Paris, Bibliothèque Sainte-Geneviève, 1844

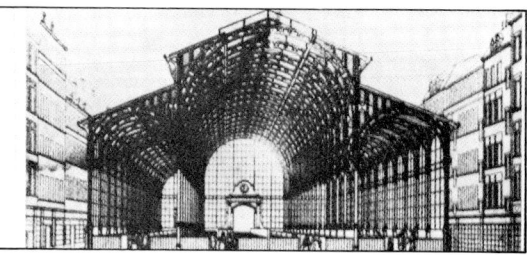

31 Desjardins, Lyon, Markthalle, 1858, Innenansicht

32 Humphry Repton, Carlton House, Projekt für ein Gewächshaus des
Prince of Wales, 1803

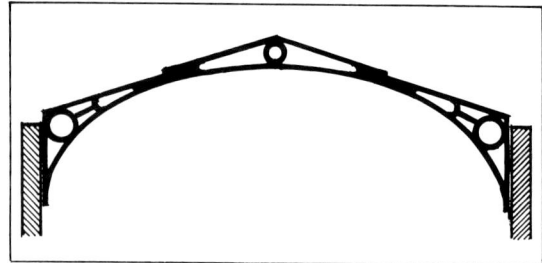

33 Charles Fowler, London, Syon House, 1820-1827, gußeiserne
Bogenbinder, Eckpavillon

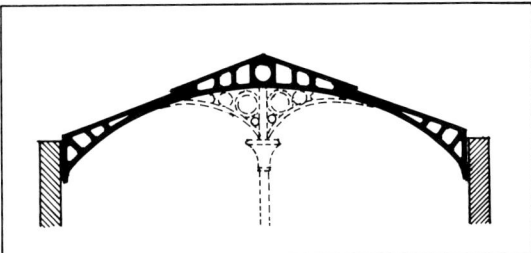

34 Charles Fowler, London, Syon House, Seitenflügel

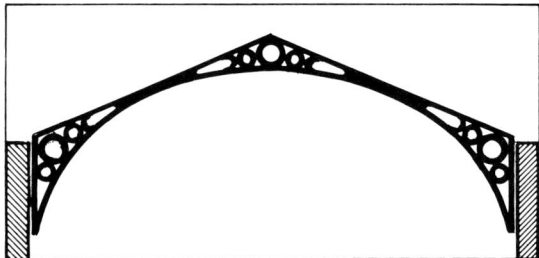

35 Charles Fowler, London, Syon House,

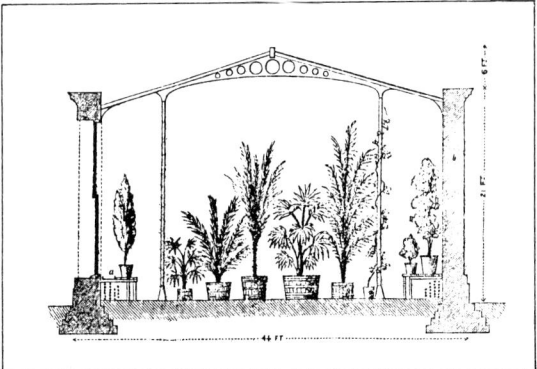

36 Jeffry Wyatville, London, Kew Gardens, Architectural Conservatory, 1836, Schnitt

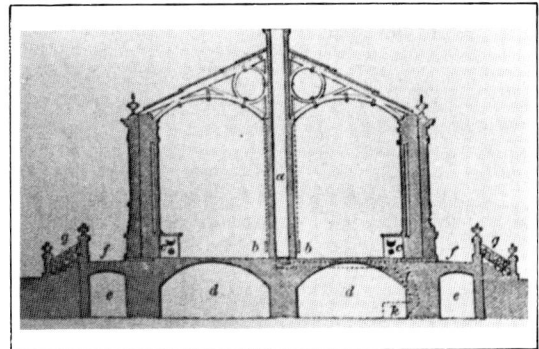

37 William Burne, Dalkeith Park, Architectural Conservatory, ca. 1830 (abgerissen), Schnitt

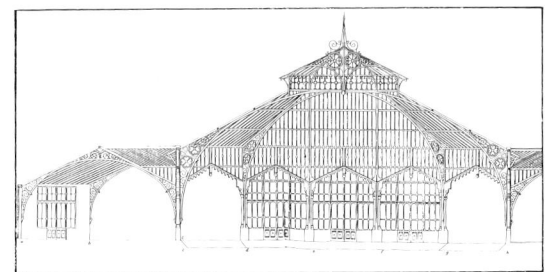

38 Hector Horeau, Lyon, Jardin d'Hiver, 1847 (abgerissen), Schnitt

39 Hector Horeau, London, Hyde Park, Projekt zur Weltausstellung, 1850

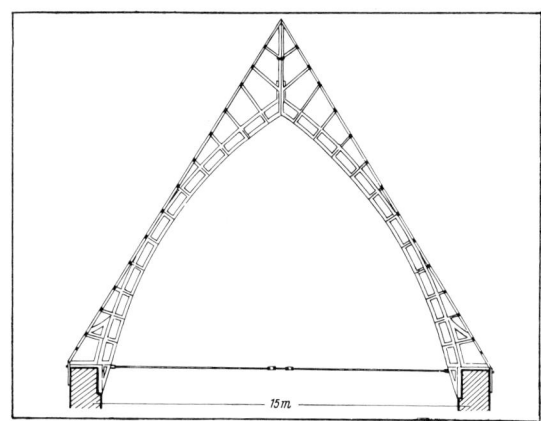

40 G.B. Carstensen und Charles Gildemeister, New York, Kristallpalast, 1852 (abgebrannt), Blick in den Kuppelraum, Stich

43 Emile Martin, Chartres, Kathedrale, gußeiserner Dachstuhl, 1838, Schnitt

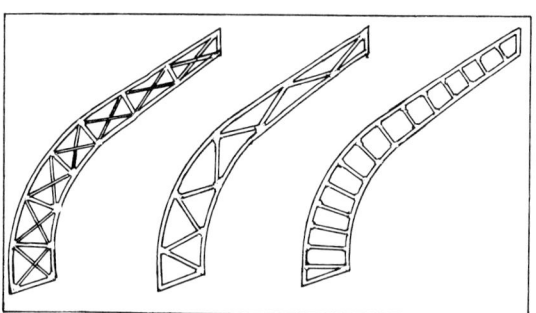

41 John Claudius Loudon, gußeiserne Bogenbinder in Fachwerkform, 1817

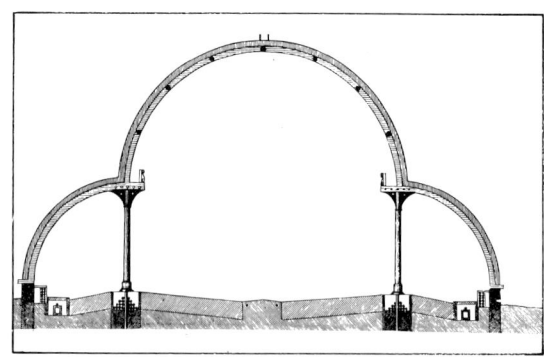

44 Joseph Paxton, Chatsworth, Großes Gewächshaus 1836-1840 (abgerissen), Schnitt

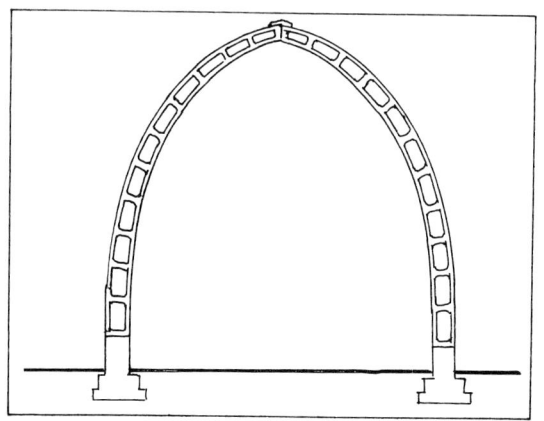

42 D. and E. Bailey, London, Chiswick, Gewächshaus, 1840 (abgerissen), gußeiserne Bogenbinder

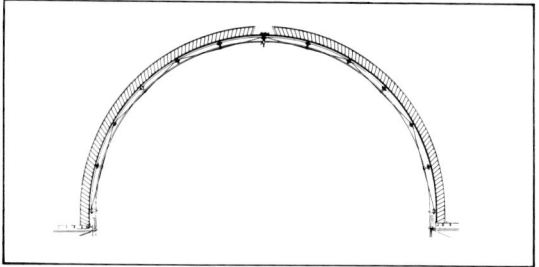

45 Joseph Paxton, London, Hyde Park, Kristallpalast, 1850/51 (demontiert), Bogenbinder über dem Transept

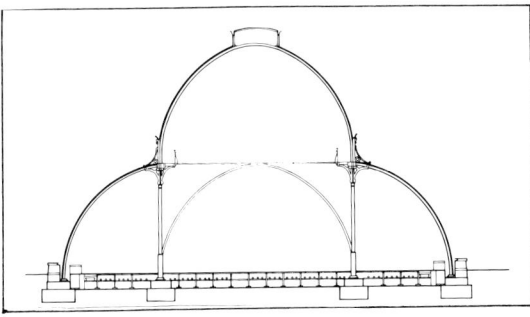

46 Richard Turner und Decimus Burton, London, Kew Gardens,
Palmenhaus, 1844-1848, Schnitt

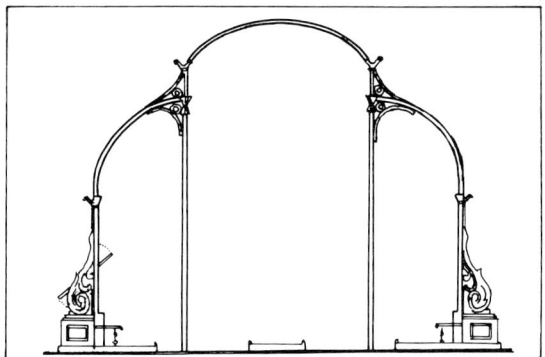

47 Richard Turner, Glasnevin bei Dublin, Gewächshaus, 1842-1850,
Mittelpavillon, Entwurf, 1842

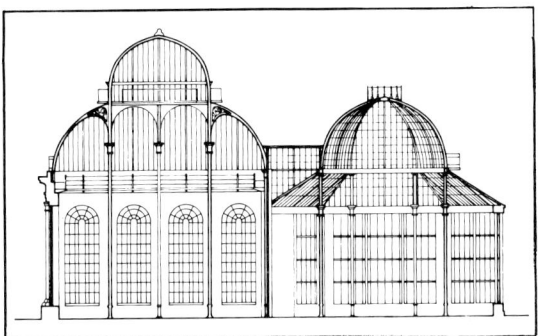

48 R. Matthienson, Edinburgh, Palmenhaus, 1858, Schnitt

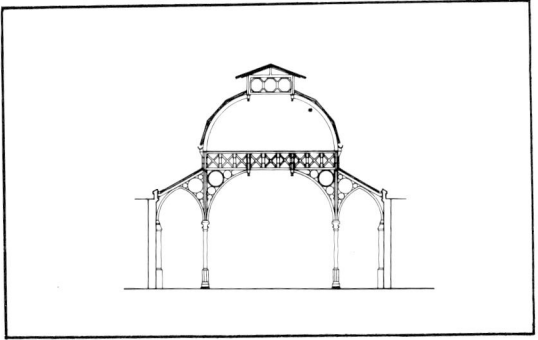

49 Rowland Mawson Ordish und George Gilbert Scott, Leeds, Wintergarten des Allgemeinen Krankenhauses, 1868 (abgerissen), Schnitt

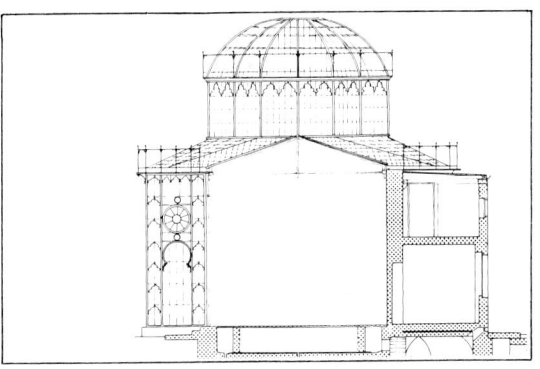

50 Ludwig von Zanth, Stuttgart, Wilhelma, Gewächshaus, 1842-1846,
Schnitt durch einen Seitenflügel

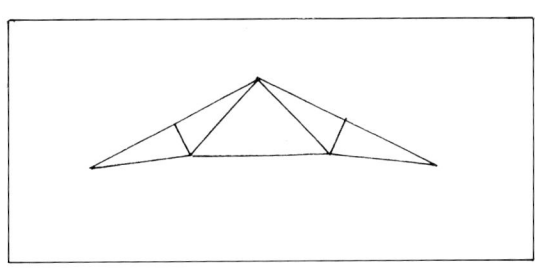

51 Schema eines Polonceau-Binders

187

52 Biebrich, Ausstellungshalle, 1861 (abgerissen),
Lithographie

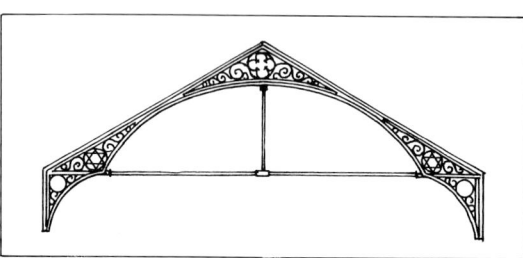

53 Edward Milner, Buxton, Pavilion Gardens,
Gewächshaus, 1871, Binder im Seitenflügel

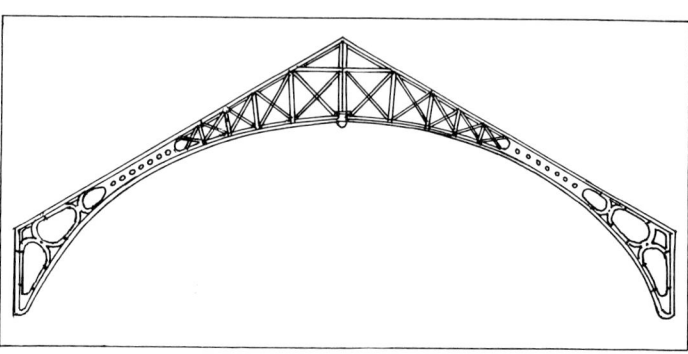

54 Decimus Burton, London, Kew Gardens, Temperiertes Gewächshaus, 1859-1853, Binder im Hauptschiff

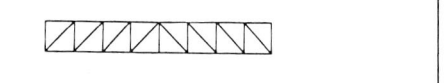

55 Schema eines Parallelfachwerkbinders, System
Long und Howe

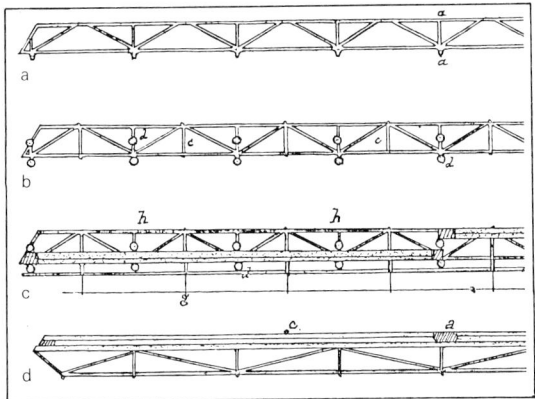

56 John Claudius Loudon, gußeiserne Parallelfachwerkbinder, 1817

a Grundform
b mit zusätzlichen Vertikalstäben und Rollen
c mit Holz-Schiebefenster
d Variante der Grundform mit größerer Feldweite,
  Holz-Schiebefenster

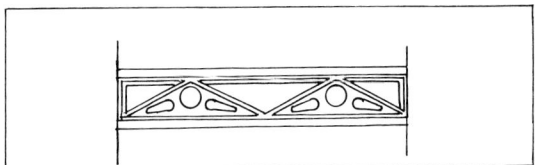

57 Joseph Paxton, Capesthorne Hall, Gewächshaus Davenport,
ca. 1837 (abgerissen), gußeiserne Parallelfachwerkbinder

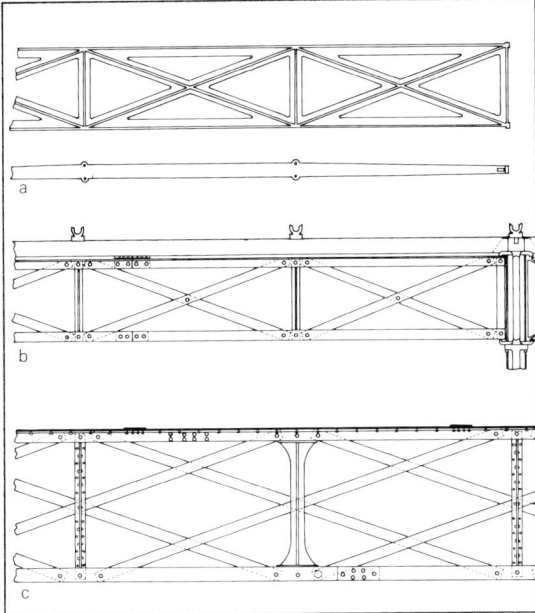

58 Joseph Paxton, London, Hyde Park, Kristallpalast, 1850/51 (demontiert), Parallelfachwerkbinder

a 24-Fuß-Träger (Gußeisen)
b 48-Fuß-Träger (Mischkonstruktion)
  72-Fuß-Träger (Mischkonstruktion)
c 72-Fuß-Träger
  (Mischkonstruktion)

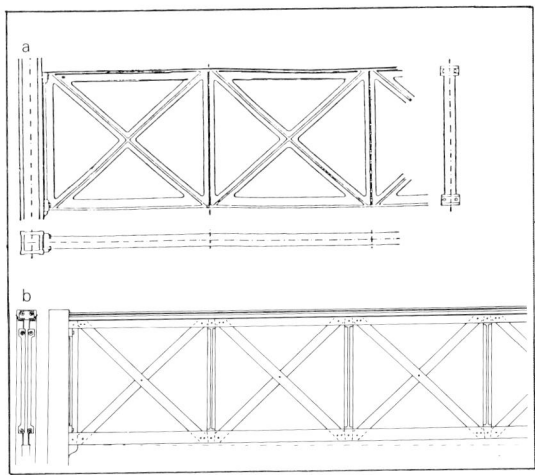

59 August von Voit, München, Glaspalast, 1853/54 (abgebrannt), Parallelfachwerkbinder

a 6-m-Träger mit Zwischenstück (Gußeisen)
b 24-m-Träger (Mischkonstruktion)

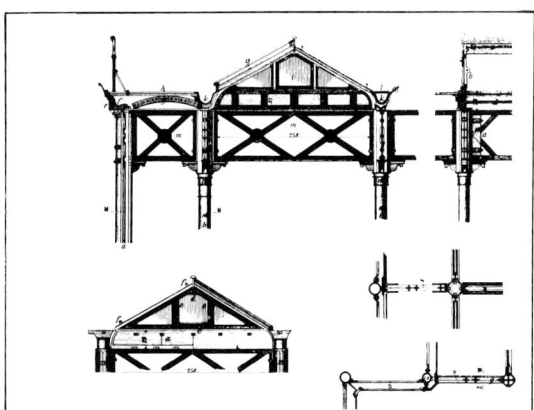

60 Carl David Bouché, Gustav Herter und Nietz, Berlin-Schöneberg,
Alter Botanischer Garten, Palmenhaus, 1857-1859 (abgerissen), Parallelfachwerkbinder

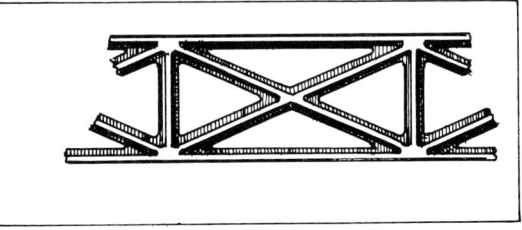

61 C.F. Viel, Alexis Barrault und Bridel, Paris, Weltausstellung, Palais de
l'Industrie, 1855 (abgerissen), Parallelfachwerkbinder

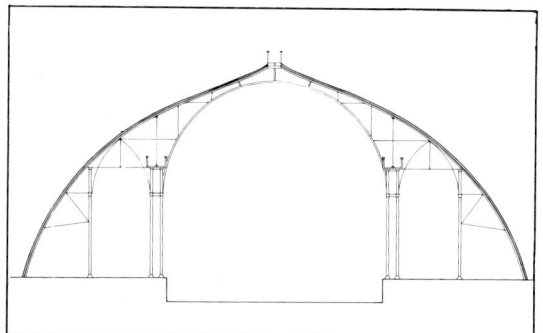

62 H. Meynadier de Flamalens, Charpentier, M. Rigolet und Moehly, Paris, Champs-Elysées, Jardin d'Hiver, 1846-1848 (abgerissen), Schnitt

63 Joseph Paxton, London, Sydenham, Kristallpalast, 1852/54 (abgebrannt), Bogenfachwerkbinder über dem Hauptschiff

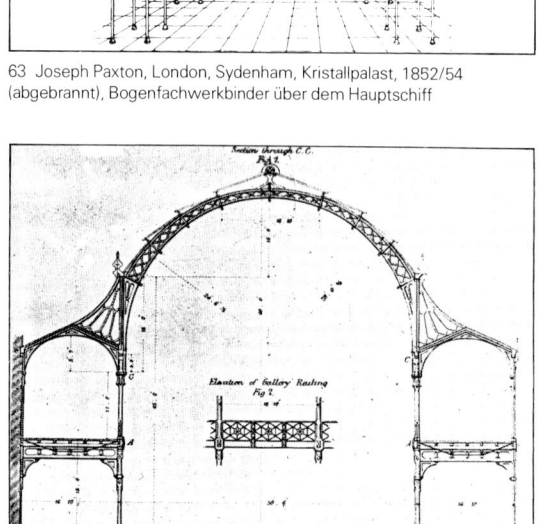

64 Alfred G. Jones, Rowland Mawson Ordish und Le Feuvre, Dublin, Wintergarten, 1865 (abgerissen), Bogenfachwerkbinder

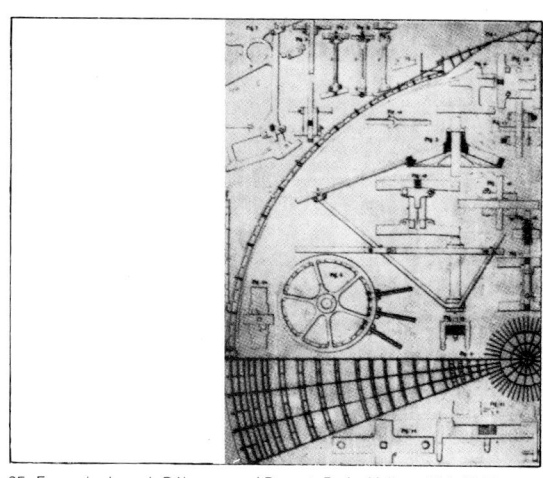

65 François-Joseph Bélanger und Brunet, Paris, Halle au blé, 1811, Schnitt durch die Kuppel

66 Richard Turner, ›First Class Residence‹-Gewächshaus, Projekt, um 1845-1850

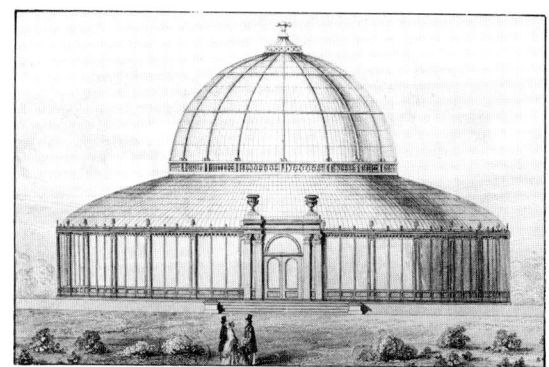

67 Richard Turner, ›First Class Residence‹-Gewächshaus, Projekt, um 1845-1850

68 G. J. B. Carstensen und Charles Gildemeister, New York, Kristall-palast, 1852 (abgebrannt), Stich

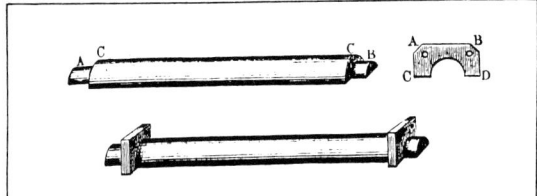

69 Deparcieux-Modellformen, Versailles und Marly, gußeiserne Flan-schenrohre, Ende 17. Jahrhundert

70 John Nash, Brighton, Royal Pavilion, 1815/16, Säule in Palmenform

73 Thomas Clark, Wollaton Hall, Kamelienhaus, 1823, gußeiserne Hohlsäule mit Rinnenbalken und Regenentwässerung

71 Stützen mit vegetativen Formen

a Devien, Lednice (Eisgrub), Schloß Liechtenstein Wintergarten, 1843
b Grimston Park (Yorkshire), Wintergarten, 1830-1840
c Richard Turner, Belfast, Botanic Garden, Palmenhaus, Seitenflügel, 1839/40

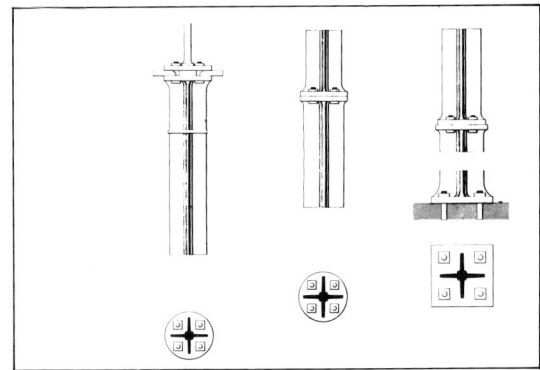

72 Charles Rohault, Paris, Jardin des Plantes, Gewächshaus, 1833, Stütze mit kreuzförmigem Querschnitt

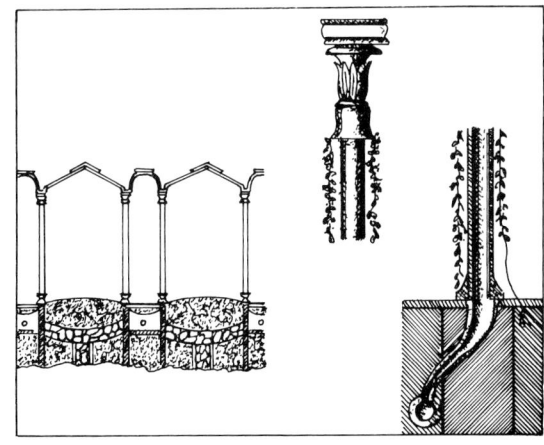

74 Gußeiserne Hohlsäule

a aus dem Katalog der Coalbrookdale Company, 1875
b Budleigh Salteron, Säule im Gewächshaus Bicton Gardens,
ca. 1843

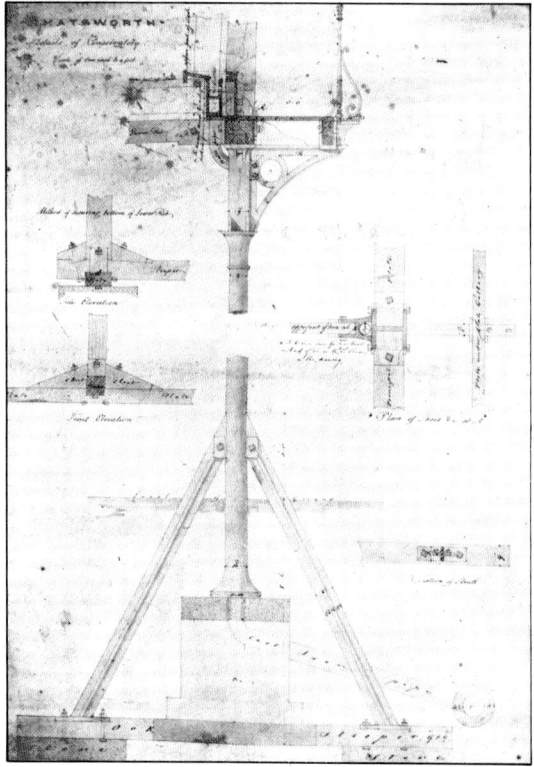

75 Joseph Paxton, Chatsworth, Großes Gewächshaus, 1836-1840
(abgerissen), Detail der Stütze mit Konsole und Anschlußteilen

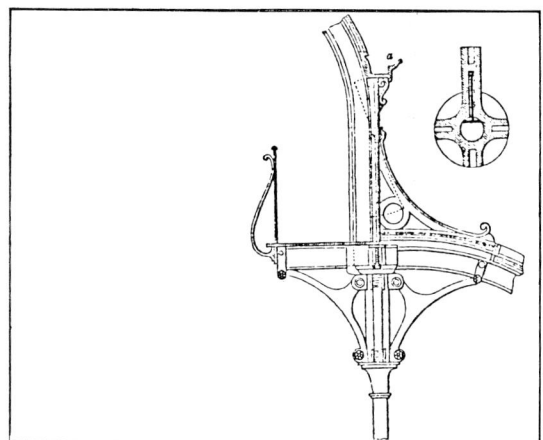

76 Richard Turner und Decimus Burton, London, Kew Gardens,
Palmenhaus, 1844-1848, Detail der Stütze mit Zwischenstück und
Konsolen

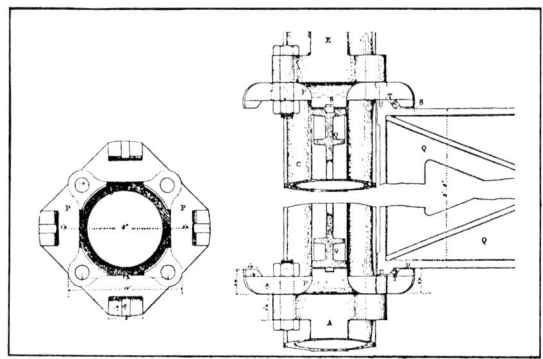

77 Joseph Paxton, London, Hyde Park, Kristallpalast, 1850/51 (demontiert), Detail des Zwischenstückes mit Anschlüssen

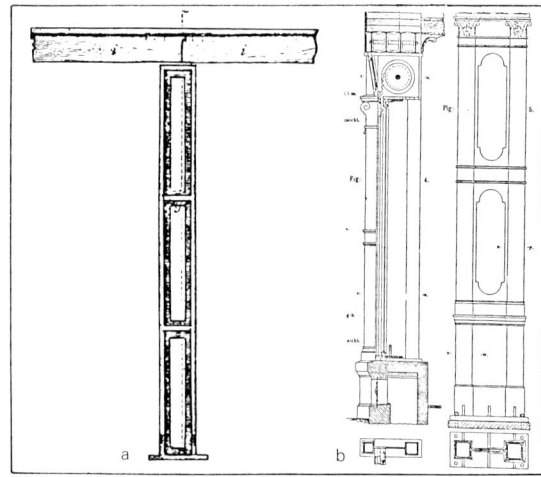

78 Rahmenstützen aus Gußeisen

a nach E. Brandt, 1870
b nach C. Scharowsky, 1895

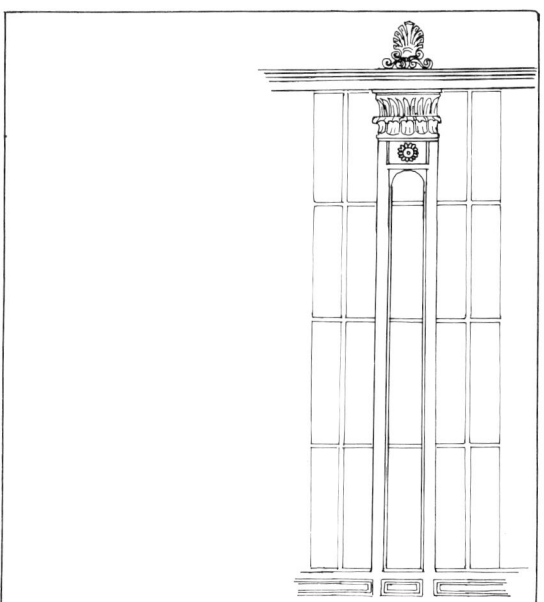

79 Richard Turner, Glasnevin bei Dublin, Gewächshaus, Mittelpavillon, 1842-1850, Rahmenstütze aus Gußeisen

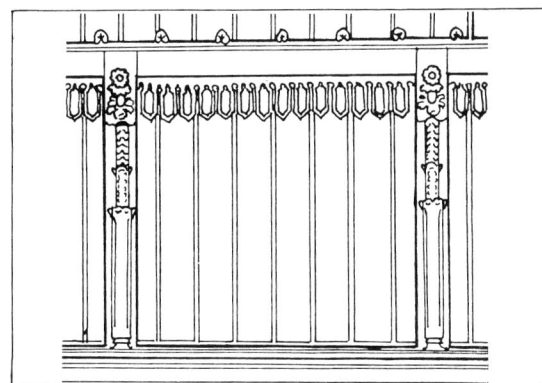

80 Richard Turner, Belfast, Botanic Garden, Palmenhaus, Seitenflügel, 1839/40, Rahmenständerwerk aus Gußeisen

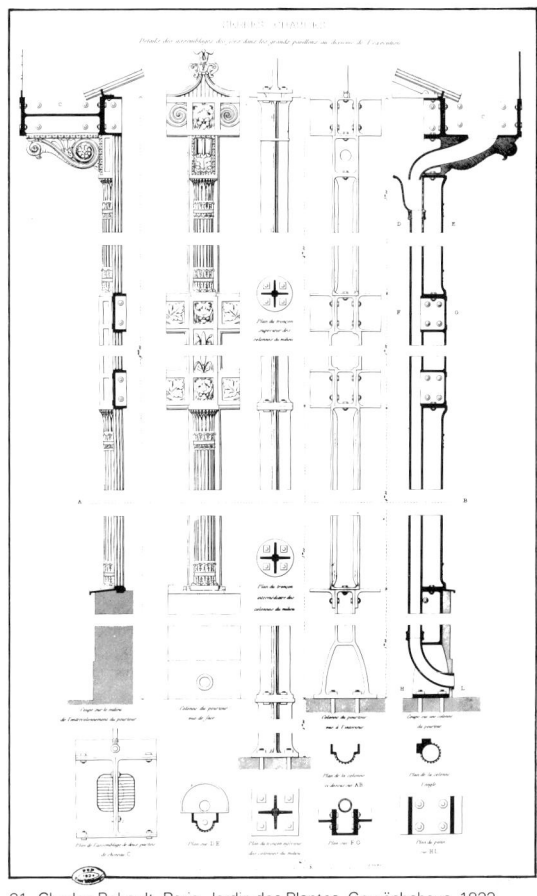

81 Charles Rohault, Paris, Jardin des Plantes, Gewächshaus, 1833, gußeisernes Rahmenständerwerk und Stütze aus Montageteilen

82 James Bogardus, New York, Bogardus Factory, 1848/49 (abgerissen), gußeiserner Montagebau, Stich

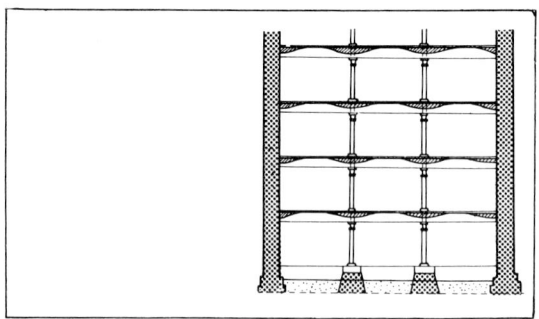

83 Matthew Boulton und James Watt, Manchester, Spinnerei, 1801, gußeiserner Skelettbau

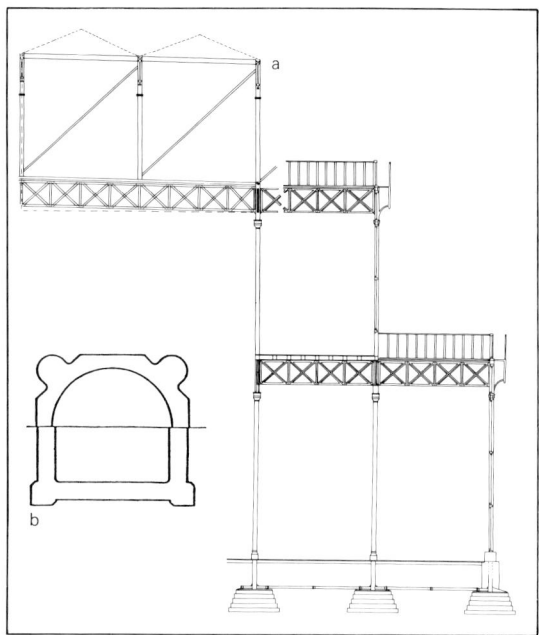

85 August von Voit, München, Glaspalast, 1853/54 (abgebrannt), gußeiserner Skelettbau, Schnitt durch Längsschiff und Querschnitt durch Stütze bzw. Zwischenstück (a, b)

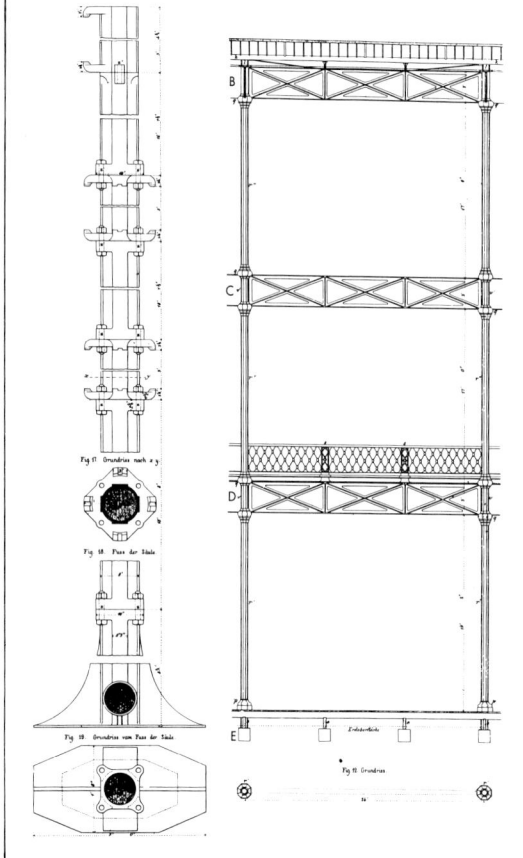

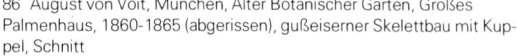

84 Joseph Paxton, London, Hyde Park, Kristallpalast 1850/51 (demontiert), gußeiserner Skelettbau und Detail des Stützwerkes

86 August von Voit, München, Alter Botanischer Garten, Großes Palmenhaus, 1860-1865 (abgerissen), gußeiserner Skelettbau mit Kuppel, Schnitt

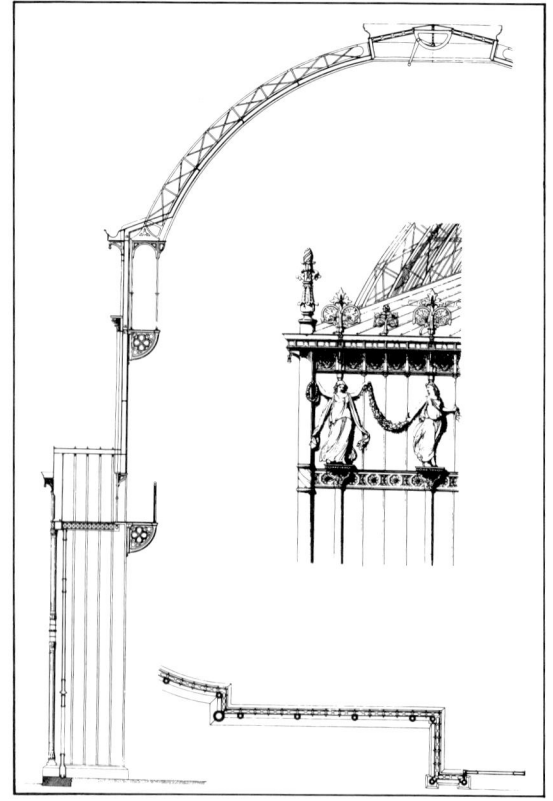

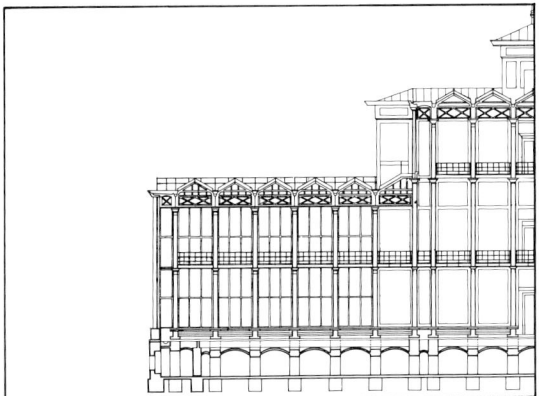

87, 88 Carl David Bouché, Gustav Herter und Nietz, Berlin-Schöneberg,
Alter Botanischer Garten, Großes Palmenhaus, 1857-1859 (abgerissen)
Gußeiserner Skelettbau, Längsschnitt (oben), Details des Stützwerks
(unten)

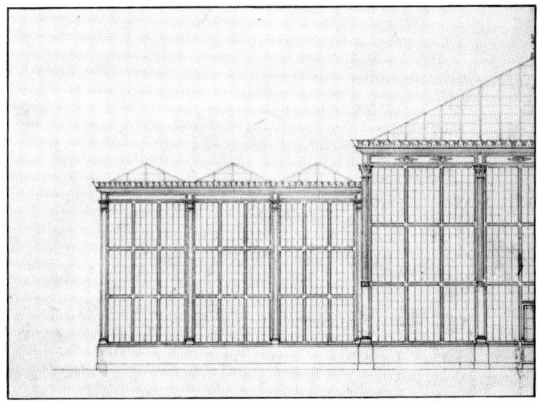

89 Breslau, Botanischer Garten, Fassade des Gewächshauses, 1861,
gußeiserner Skelettbau

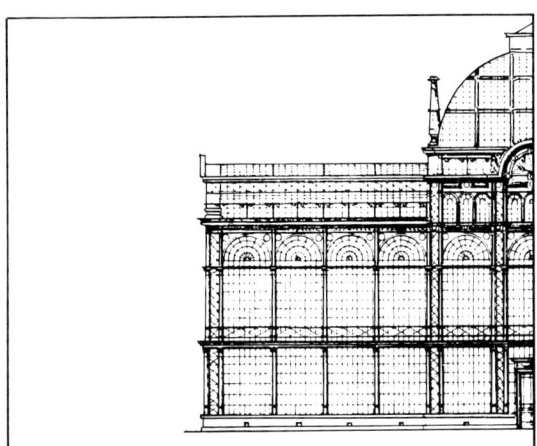

90 Neumann, Bonn, Fassade des Alten Palmenhauses, ca. 1880
(abgerissen), gußeiserner Skelettbau

88

195

91 Owen Jones, London, Muswell Hill, People's Palace, Projekt von 1859, gußeiserner Skelettbau, Holzstich

c Meiningen, Herzoglicher Park zu Meiningen, Orangerie, Stich um 1800

92 a-c Abschlagbare Gewächshäuser aus Glas und Holz (alle abgerissen)

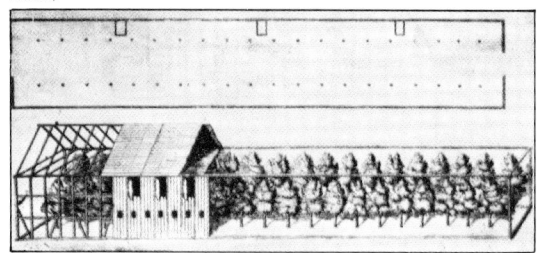

a Heidelberg ›Elector Palatin‹, Pomeranzengarten, Orangerie, 1620, Stich nach Salomon de Caus

93 Frühes Glashaus, Schwöbber, um 1714 (abgerissen), Kupferstich

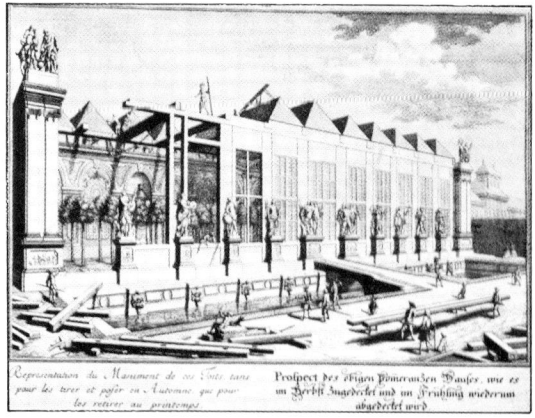

b Wien, Unteres Belvedere, ›Pomeranzenhaus‹, Stich um 1730

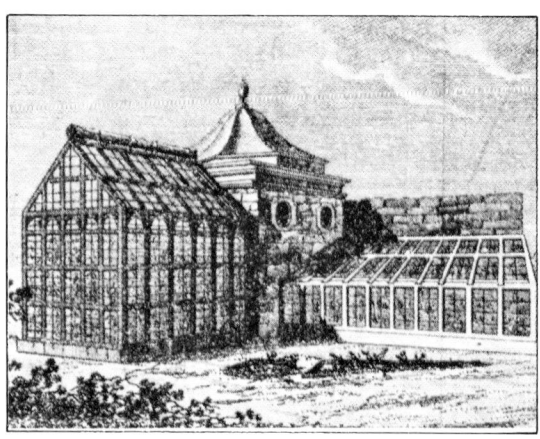

94 Stuttgart-Hohenheim, Eisernes Gewächshaus, 1789 (abgerissen), erstes eisernes Haus, Kupferstich

95, 96 Joseph Paxton, Chatsworth, Gewächshaus, 1834, vorgefertigtes
Montagehaus-System, Ansicht (oben). Details der Grundelemente:
Stütze, Fassade und Dach (unten)

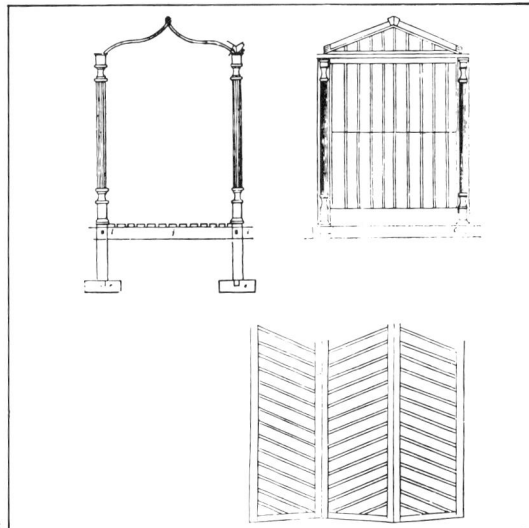

96

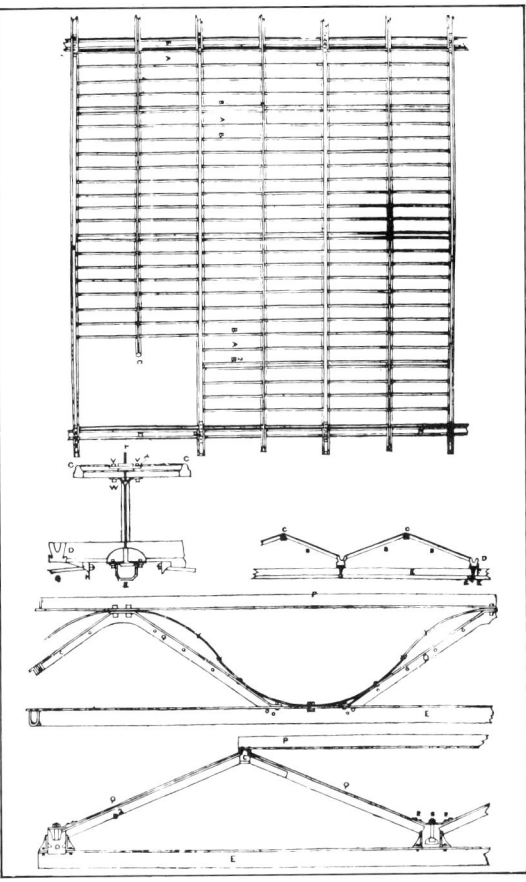

98 Joseph Paxton, Grundriß und Schnitte des ›Ridge-and-furrow‹-
Daches sowie Details (Paxton's Gutter), Patentdachsystem, 1850

97 Deepdene, Wintergarten des Schlosses, ca. 1840, vorgefertigtes
Montagehaus (nach dem System von Joseph Paxton, 1834)

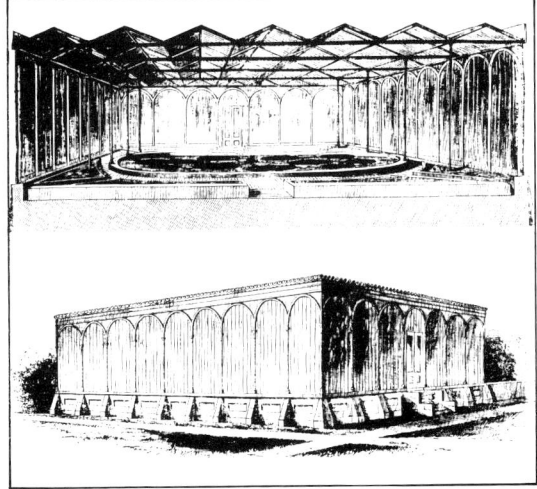

99 Joseph Paxton, Chatsworth, Victoria regia-Haus, 1849 (abgerissen),
vorgefertigtes Gewächshaus-System mit ›Ridge-and-furrow‹-Dach,
Paxton's Gutter und gußeisernen Fassadenelementen

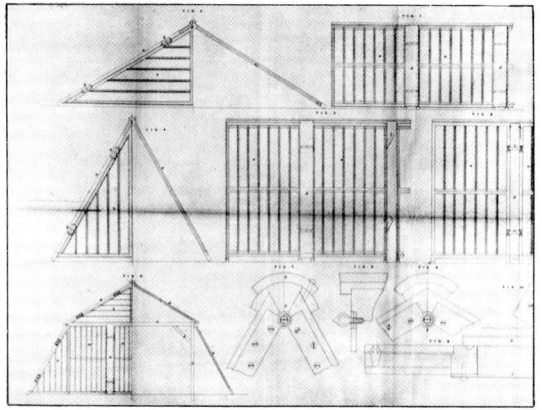

100 Joseph Paxton, mobiles Patentgewächshaus, 1858

103 Messenger and Co., Patentsystem, vorgefertigtes, gußeisernes Gewächshaus, 1880, Blick in den Kuppelraum

101 E.T. Bellhouse and Co., Balmoral Castle, 1851, vorgefertigtes, eisernes Ballhaus

ELEVATION OF CONSERVATORY
NOW BEING CONSTRUCTED FOR A NOBLEMAN,

BY

JOHN WEEKS & COMPANY,

HORTICULTURAL BUILDERS AND HOT-WATER APPARATUS MANUFACTURERS, ENGINEERS, AND
IRON FOUNDERS,

KING'S ROAD, CHELSEA, S.W.

102 John Weeks and Co., vorgefertigtes, gußeisernes Gewächshaus, 1868, Reklame

104 Wien, Weltausstellung, 1873, vorgefertigtes, gußeisernes Palmenhaus

Schmiedeeiserne Tragwerke

Der Balken

Schmiedeeiserne Konstruktionen wurden erst Ende der 1840er Jahre – als es möglich wurde, sie in Form von Walzprofilen industriell zu fertigen – in größerem Umfang hergestellt. Den Anstoß dazu gaben der Ausbau des Eisenbahnnetzes und die damit verbundene Schienenproduktion. Noch 1858, beim Bau der Markthalle in Lyon, war eine Konstruktion aus Gußeisen billiger als aus Schmiedeeisen. Beim größten Bauwerk um die Mitte des 19. Jahrhunderts, beim Londoner Kristallpalast, betrug das Verhältnis von angewendetem Gußeisen und Schmiedeeisen 6,5 : 1 (rund 3500 t : 550 t).[347]

Daß sich das Schmiedeeisen als Baumaterial durchsetzen konnte, war bedingt durch sein elastisches Verhalten im Vergleich zu Gußeisen und durch seine Eigenschaften, neben Druckkräften auch Zugkräfte wirksam aufzunehmen. In der Mitte des 19. Jahrhunderts waren mehrere Brücken aus Gußeisen ohne vorausgehende Anzeichen zusammengebrochen: Brücke über den Dee in Chester von 1847, Joiner Street Bridge in London von 1850 usw. Ein weiterer Vorteil des Schmiedeeisens war es, daß die Trägerlängen nicht wie bei Gußeisen durch innere Spannungen begrenzt waren. Mit der Entwicklung der Nietverbindung konnten schmiedeeiserne Teile fest verbunden werden, während Gußeisen nur über Schraubverbindungen und Verkeilung zusammengefügt werden konnte. Die günstige Ausnutzung der Zugkräfte führte dazu, daß ein schmiedeeiserner Träger ein Drittel des Gewichtes eines gußeisernen Trägers gleicher Tragfähigkeit hatte.[348]

Mit dem Bedarf nach großen Spannweiten im Eisenbahnbau, bei dem Holzkonstruktionen nicht günstig waren, kamen schmiedeeiserne Konstruktionen ab 1840 erstmals im großen Umfang zur Anwendung. Indem zusammengesetzte Träger, gewalzte Profilstäbe und Zugstangen verwendet wurden, konnten Spannweiten überbrückt werden, die mit Gußeisen nicht durchzuführen gewesen wären.

Gewalzte Profile

Die ersten bekannten schmiedeeisernen Häuser in der Geschichte des Eisenbaues sind die von J. C. Loudon ab 1818 konstruierten Gewächshäuser. Sie bestanden aus kurvilinearen Fenstersprossen aus gewalztem Schmiedeeisen. Die Profileisen der Sprossen sind die frühesten bekannten Zeugnisse für Walzeisen im Hochbau.

Mit dem Ende des 18. Jahrhunderts war es möglich geworden, Rund- und Flachstäbe zu walzen. Ihrer geringen Steifigkeit wegen waren solche Profile jedoch im Hochbau nur begrenzt zu verwenden, vor allem nur als Zugstäbe. Um 1817 gelang es der Eisenschmiedefirma W. und D. Bailey in Holborn, bei London, in Zusammenarbeit mit Loudon, Fenster und gefalzte Sprossen zu walzen.

L. Beck ermittelt die Jahreszahl der Herstellung von Fassoneisen mit Hilfe eines Reiseberichtes »über eine im Jahre 1823 ausgeführte wissenschaftliche und metallurgische Reise nach England, welche von den Bauingenieuren Dofrénoy und Elie de Beaumont im Auftrag des Ministeriums unternommen worden war, der 1827 gesammelt erschien, unter dem Titel ›Voyage métallurgique en Angleterre‹ mit siebzehn Tafel-Zeichnungen«.[349] Aus dem Reisebericht geht hervor: »Fassonwalzen waren noch wenig im Gebrauch. Defrénoy und Elie de Beaumont erwähnen nur ganz vorübergehend Walzen für Winkeleisen, welche sie auf ihrer Reise gesehen hatten, und teilen eine mangelhafte Zeichnung mit.«[350] Dieser Bericht bezieht sich auf das Jahr 1823, in dem zum erstenmal das Walzen von Winkeleisen erwähnt wurde. Im Zusammenhang mit der Untersuchung der Schalenkonstruktion Loudonscher Art ist zu belegen, daß schon viel früher komplizierte für den Hochbau anwendbare Eisenprofile gewalzt wurden.

Loudon schreibt in seinen 1818 veröffentlichten ›Sketches of Curvenlinear Hothouses‹, daß er bereits 1817 gewalzte eiserne Sprossen erfunden und publiziert hat. Von nun an war es möglich, solche Sprossen als Handelsartikel herzustellen. Zunächst für kurvenlineare Gewächshäuser bestimmt, konnten sie nach jedem gewünschten Radius gebogen werden. Loudon schreibt, daß sie »in jeder erforderlichen Größe gemacht werden – und zwar ohne Sparren zu gebrauchen, allein durch die Position und Kurve des Profils oder manchmal durch Verstärkung ihrer Dimension tragend«.[351] Die Sprossen hatten einen kreuzförmigen Querschnitt mit einem Falz zur Auflagerung der Glasscheiben. Das Profil konnte als Voll- und Halbprofil hergestellt werden (Abb. 132a).[352] Um das Walzen zu erleichtern, wurde die Sprosse wahrscheinlich aus drei Flacheisen zusammengefügt und dann durch den Walzvorgang aneinander geschweißt.

In den zwanziger Jahren hat sich in England das Form- und Fassoneisen kleiner Dimension – geeignet vor allem für Fenstersprossen – durchgesetzt. Als erstes erschien auf dem englischen Markt das Winkeleisen, später, um 1830, das T-Eisen. Winkel- und T-Eisen wurden in Deutschland ab 1831 bzw. 1839 gewalzt. Diese Profile blieben über fast zwei Jahrzehnte die einzigen Profilstäbe für Dach- und Brückenbauten.[353]

Schmiedeeiserne Profile, die am Ende des 18. Jahrhunderts aus gewalzten Flachstäben hergestellt wurden, eigneten sich wegen ihrer geringen Steifigkeit schlecht als Tragbalken. Erst mit der Profilierung schmiedeeiserner Träger konnte ein Ersatz für Träger aus Gußeisen gefunden werden. Frühe Ansätze sind Versuche, Grubenschienen mit Profil auszubilden. Frühe Formen von Walzeisen wurden 1783 durch Henry Cort und 1787 durch J. Purnell entwickelt.[354] Große gewalzte Profile wurden erst durch den wachsenden Bedarf an Eisenbahnschienen wirtschaftlich herstellbar. J. Berkinshaw erhielt 1820 ein Patent für das Walzen von Eisenbahnschienen.[355] Die Entwicklung führte in der Folge von der Keilform zur Pilzform. 1830 fügte der Amerikaner L. Stevens einen Fuß-Unterflansch hinzu. In dieser Form wurde die Eisenbahnschiene von den Eisenbahngesellschaften zu günstigen Preisen abgestoßen und auch für den Hochbau verwendet. G. L. Fr. Laves z.B. schlug 1850 in seinem Wettbewerbsprojekt zur Londoner Weltausstellung Schienen als Hauptträger vor.

Das Doppel-T-Profil. Das seit 1830 als Walzprofil in England herstellbare T-Eisen, hauptsächlich für Dächer verwendet, gab dem schmiedeeisernen Balken noch nicht den optimalen Querschnitt. Diese Form wurde anhand statischer Versuche und Theorien im Doppel-T-Profil gefunden. Die Zug- und Druckkräfte in den Randzonen des Trägers konnten durch Ausbildung von gleichgroßen Flanschen, die durch einen Steg miteinander verbunden waren, günstig aufgenommen werden. »Die Einführung des Doppel-T-Eisens bildet eine wichtige Epoche in der Geschichte des Bauwesens, da mit ihr ganz neue Konstruktionen hervorgerufen wurden und überhaupt die Prinzipien der Bauwissenschaft vielfach eine andere Richtung angenommen haben. Mit ihr begann recht eigentlich erst das eiserne Zeitalter des Bauwesens.«[356]

Bereits zu Beginn des Jahrhunderts hatte L.M.H. Navier Doppel-T-Träger als Profile geringsten Querschnitts und größten Widerstandsmomentes empfohlen. 1847 verwendete M. Deleuze am Schlachthaus in Paris einen kreuzförmigen Träger, dessen Tragverhalten jedoch unbefriedigend war. In Zusammenarbeit mit Ch. F. Zorés entwickelte er ein umgekehrtes T-Profil, zu dessen Herstellung kein Walzwerk auffindbar war. Sie fertigten daher das Profil von 16 cm Höhe und 6 cm Breite aus Flachstäben und Winkeleisen an. 1848 prüfte Zorés einen von M. Chibon konstruierten Träger dieser Art; er zeigte Verwerfungen am oberen Rand. Zorés schlug daher vor, den oberen Flansch zu verstärken. 1849 gelang es ihm erstmals, einen solchen Träger zu walzen.[357] Er war 14 cm hoch und diente mit 5,40 m Spannweite als Deckenträger.[358]

Entgegen dieser Darstellung von Eduard Mäurer scheint das Doppel-T-Profil schon früher in England Anwendung gefunden zu haben. W. Fairbairn berichtet von einem 1845 durchgeführten Versuch mit diesem Profil.[359] 1845 wurde ein Doppel-T-Träger auf Wunsch von Eugène Flachat gewalzt. Deshalb ist die Mitte der vierziger Jahre als Entstehungszeit dieses Trägers anzusehen. Dies untermauert die Anwendung eines gekrümmten Doppel-T-Profils 1848 von R. Turner beim Bau des ›Gewächshauses‹ in Kew (Abb. 21 b) und 1851 beim Bau der Lime Street Station in Liverpool. 1850/51 führte Zorés seine Versuche weiter, wobei er den oberen Flanch etwas stärker als den unteren ausbildete.[360] 1852 gelang ihm das Walzen von U-Eisen. Er veröffentlichte die erste Profilsammlung, die als Vorstufe der Normalprofile anzusehen ist. 1862 gelang es, 90 cm hohe Träger, allerdings noch aus Einzelteilen zusammengesetzt, zu fertigen. 1867 wurde in der Weltausstellung in Paris ein 1 m hoher und 10 m langer homogener Träger aus gewalztem Schmiedeeisen vorgestellt. In Deutschland wurde der Doppel-T-Träger erstmals 1857 gewalzt. Mit Hilfe von Winkeleisen und Blechen zusammengenietet war es möglich, ihm große Trägerhöhen zu geben. Das bekannteste Beispiel für solche Blechträger ist die 1847/48 von Robert Stephenson erbaute ›Britannia Bridge‹ über die Menai Strait.

Das ›Sparrendach mit Zugband‹

Das eiserne unterspannte Sparrendach ist eine Umsetzung der bereits im Altertum verwendeten hölzernen Konstruktion. Sein konstruktives Prinzip besteht in der Trennung der Zugkräfte und Druckkräfte: Auflösung des Balkens in ein System unverrückbarer Dreiecke, Umwandlung der Biegespannungen in Zug und Druck, deren Verteilung auf einzelne Konstruktionsglieder für die das geeignetste Material und damit der optimale Querschnitt gewählt werden konnte. Dieses Dachtragwerk stellt daher einen bedeutsamen Fortschritt in der Entwicklung der Spannwerke dar.

Anders als bei Gußeisen, bei welchem noch bei der größten Beanspruchung im Mittelfeld durch Verdichtung oder Erhöhung des Balkens begegnet werden konnte (vgl. dazu noch die Ausbildung der gußeisernen Träger bei Paxtons ›Kristallpalast‹ von 1851), nutzte man bei schmiedeeisernen Tragkonstruktionen die Möglichkeit des ›zusammengesetzten Balkens‹, um einen Träger ›gleichen Widerstandes‹ zu erzeugen. Als einfachste Form gab es, vom Holzbau ausgehend, die Unterspannung des Balkens. Eine Form des unterspannten Balkens, noch in Holz ausgeführt, ist der von G. L. Fr. Laves 1839 entwickelte ›Lavessche Balken‹, der im Gewächshaus Herrenhausen (Abb. 271–274, 568, 569) angewendet wurde. Der Balken war in der Mitte aufgeschlitzt, die beiden Balkenteile waren durch Spreizen getrennt. Sein Trägheitsmoment wurde dadurch erheblich vergrößert (Abb. 105). Auch Paxton hat beim Bau des ›Kristallpalastes‹ unterspannte Rinnenbalken verwendet. Selten sind unterspannte Träger, die ganz aus Schmiedeeisen hergestellt sind, da den nächsten naheliegenden Schritt das Fachwerk darstellte. Die Wegbereiter der Fachwerkkonstruktionen, K. Culmann und R. Wiegmann, sind vom Konstruktionsgedanken des unterspannten Balkens ausgegangen.[361] Frühe Formen des ›unterspannten Sparrendaches aus Schmiedeeisen, die als Vorläufer von Fachwerkkonstruktionen zu betrachten sind, finden wir bereits in den zwanziger Jahren in England und Frankreich (Paris, Marché de la Madeleine, 1824; Abb. 106). Das Prinzip der Fachwerke ist die Aneinanderreihung von Dreiecken, wobei die Kraft in den Knotenpunkten angreift. Eine breite Verwirklichung fanden solche Konstruktionen in den ›king and queen post roofs‹ englischer Bahnhöfe. Ein einfaches Sparrendach aus Schmiedeeisen kam um 1840 im ›Eisernen Gewächshaus‹ in Nymphenburg, München, zur Anwendung (Abb. 107). Ein erweitertes vierpfostiges Dachtragwerk wurde 1845 vom Architekten Christian Leins zur Überdeckung des Haupttreppenhauses der ›Villa Berg‹ in Stuttgart, eines Gewächshauses mit Wohntrakt, konstruiert. Es handelt sich hier zugleich um eines der seltenen Zeltdächer mit Unterspannung. Das Dach über dem quadratischen Grundriß hat diagonale Hauptbinder. Zwei in den Raum eingestellte Mauern tragen den mittleren Pfettenkranz, der als kleiner Parallelfachwerkträger ausgebildet ist. Die vier Gratsparren aus T-Profilen vereinigen sich in der Dachspitze und sind unten durch Zugbänder gehalten. Auf den oberen Pfettenkranz ist die Laterne mit senkrechten Glaswänden gestellt (Abb. 108).[362] Noch früher datiert das 1833 von Ch. Rohault gebaute Spannwerk des Zeltdaches am ›Gewächshaus‹ im Jardin des Plantes (Abb. 412, 414), in dieser Form eines der frühen räumlichen Tragwerke aus Schmiedeeisen. Das Konstruktionsprinzip bestand, wie bei der ›Villa Berg‹, in der Kombination von Zugbändern und Fachwerkträgern, die der Länge der Halle nach durchlaufende Pfetten zur Auflagerung der Dachlaterne bildeten.

Das Hängedach

Um die Tragfähigkeit von Balken großer Spannweite zu erhöhen, wurden im Brückenbau sehr früh abgehängte Konstruktionen eingesetzt. Die Erkenntnis, daß Schmiedeeisen dann am wirtschaftlichsten ist, wenn ihm Zugkräfte übertragen werden, nahm hier konstruktive Gestalt an (die erste große eiserne Hängebrücke von 1832 bis 1834 über das Saanetal in Freiburg in der Schweiz von J. Chaley mit 273 m Spannweite). Die früheste bekannte Anwendung eines hängenden Daches erscheint 1825 im Entwurf von Heinrich Hübsch zu einem Theater mit eiserner Dachrüstung.[363] Eine weitere bedeutende Hängekonstruktion war das Dach über dem ›Panorama‹ auf den Champs-Elysées in Paris, das von Jakob Ignaz Hittorf 1838/39 erbaut wurde.

Im Gewächshausbau wurde die Anwendung des hängenden Daches erstmals von C. McIntosh 1841 projektiert und 1853 in seinem ›Book of the Garden‹ veröffentlicht. McIntosh beruft sich in seinem Entwurf auf das Vorbild der Hängebrücken. Die in die Fassadenfront gestellten Stützen aus Gußeisen wurden pylonenartig über den Dachfirst geführt. Der zwischen ihnen in die Tiefe des Raumes aufgelegte 30,5 m lange Rinnenbalken aus Schmiedeeisen, Blechen und Winkeln wurde durch zwei Seile von der Stütze ausgehend abgehängt. Der Rinnenbalken trug das aufgelegte ›Ridge-and-furrow‹-Dach. Durch den Anschluß der Seile im Kasten des Rinnenbalkens erreichte McIntosh, daß die Dachhaut nicht von den Spanngliedern durchdrungen wurde. Alle Konstruktionsteile waren konsequent außerhalb der abschließenden Glaswände und Dächer gelegt. Dadurch erreichte er einen stützenfreien Raum großer Spannweite und variabler seitlicher Ausdehnung. Die konstruktive Qualität des vorgeschlagenen Prinzips ist in dieser Form – schlanke Stützen ohne Widerlager auf Zug beansprucht – anzuzweifeln.[364] Wahrscheinlich aus diesem Grunde hat McIntosh in einer Variante Kastenstützen von 20 cm Durchmesser vorgeschlagen, die in flachem Winkel abgespannte Seile tragen, die am Rinnenbalken angeschlossen sind. Im Unterschied zum vorhergehenden Vorschlag stehen die Stützen nicht mehr in der Linie der Rinnenbalken, sondern der Dachfirste, so daß die Verspannung diagonal über das Dach geführt ist (Abb. 109, 110).[365]

Der Fachwerkbinder

Der Fachwerkbinder entstand aus der Weiterentwicklung des ›unterspannten Sparrendaches‹ sowie älterer Holzkonstruktionen und durch die Anwendung wissenschaftlich durchgeführter Versuche zum Tragverhalten von Dreiecksverbänden. Erst ab 1851 wurde von K. Culmann das Tragverhalten exakt berechenbar.[366] Parallel zu den Arbeiten von Wiegmann, Emy und Polonceau Ende der dreißiger Jahre, entwickelte Stefan Long 1830 ein Parallelfachwerk mit Druckstreben, allerdings noch aus Holz. Ab 1839 baute er zusammen mit J. L. Howe auch Bogenfachwerkbinder für Eisenbahnbrücken und -hallen ebenfalls aus Holz. Im Hochbau wurde bis um die Jahrhundertwende der Fachwerkbinder meistens in Mischkonstruktionen von Guß und Schmiedeeisen, manchmal auch Holz, angewendet. Beispiele dafür sind die bereits erwähnten Hauptträger der Mittelhalle – Parallelgitterträger – in den Ausstellungspalästen von London (1851) und München (1853/54). Der Fachwerkbinder ganz aus Schmiedeeisen hat sich erst nach 1850 mit der technischen Perfektionierung der Walzprofile durchsetzen können.

Der Bogenbinder

Während gußeiserne Bogenbinder sich vorwiegend in Analogie zum Steinbau und dessen Gewölbetechnik entwickelten, nahmen die Bogenbinder aus Schmiedeeisen frühe Holzkonstruktionen als Vorbild. Bereits im 16. Jahrhundert hatte – wie erwähnt – der Architekt Ph. Delorme gekrümmte Bohlen als Dachsparren vorgeschlagen. Auch hier war der weitere Fortschritt schmiedeeiserner Konstruktionen an die Entwicklung der Walzprofile gebunden. Gekrümmte Sparren aus Eisen waren vorzugsweise bei Hallenbauten anwendbar; sie erforderten, wie Bahnhöfe, Markthallen, Ausstellungsgebäude und Gewächshäuser, durchgehende freie Innenräume. Außer ihrer ästhetischen Schönheit – die sich in der Ausbildung von Tonnengewölben zeigte – hatten sie den Vorteil, daß ihre Anwendung ein günstiges statisches Verhalten bewirkte, da die Bogenbinder, dem Kraftfluß folgend, vorwiegend nur auf Druck beansprucht wurden.

R. Turner, dem Konstrukteur des ›Gewächshauses‹ in Kew Gardens von 1844 bis 1848 (Abb. 339-343, 613-619), kommt das Verdienst zu, als einer der ersten Walzeisen als Doppel-T-Profil in gekrümmter Form als Binder eingesetzt zu haben. Die Erfahrungen, die im Gewächshausbau gewonnen wurden, machten es Turner möglich, beim Bau der ›Lime Street Station‹ in Liverpool 1851 (Länge: 113,94 m, Breite: 46,78 m, Höhe: 17,45 m) gewalzte Vignoleschienen – ein Doppel-T – als Obergurt eines über 46,78 m weitgespannten Sichelträgers anzuwenden. Das Doppel-T-Profil hatte eine Höhe von 22,5 cm und bestand aus zwei stumpf zusammenstoßenden Stücken, die durch doppelte Laschen gehalten wurden. Von diesem Obergurt gingen sechs Streben ähnlichen Profils aus, die sich, durch 3,4 cm dicke Diagonalstangen miteinander verbunden, an ihren unteren Enden dem durchlaufenden Zuggurt anschlossen. Diese Hauptbinder standen in einem Abstand von 8,08 m und ruhten auf einem gußeisernen Längsbalken, der von gußeisernen Säulen (5,18 m hoch und mit einem Durchmesser von 0,61 m) getragen wurde.[366]

Beim Bau des großen ›Palmenhauses‹ in Edinburgh von 1855-1858 (Abb. 241-245, 543-548), das 30 m lang und 17 m breit ist, wurde nach dem Vorbild des ›Palmenhauses‹ in Kew Gardens ein elegant geschwungenes Glasgewölbe konstruiert, dessen Binder gebogene Spanten aus T-Walzeisen über dem Mittelteil von 8,5 m Spannweite bildeten. In 2 m Abstand gesetzt, ruhten sie innen auf gußeisernen Querträgern, die von Säulen getragen waren, außen dagegen lagerten sie auf Massivmauerwerk auf (Abb. 48).

Der Bogenfachwerkbinder

Das Bedürfnis nach größeren Spannweiten großer und hoher Hallen führte Ende der vierziger Jahre des 19. Jahrhunderts zu Versuchen, den z. T. abgespannten, einfachen Bogenbinder durch Fachwerkbogenbinder zu ersetzen. Bogenbinder aus Gußeisen, die durch ihre aussteifenden Ringe eine archaische Frühform des eisernen Fachwerks darstellen, waren in ihrer Spannweite begrenzt und konnten den Anforderungen der freien Überspannung der größer dimensionierten Hallen der Folgezeit nicht genügen. Die Erfahrung, die die Konstrukteure bei der Ausbildung der Dachtragwerke mit Polonceaubindern, englischen ›king and queen post roofs‹ und Parallelgitterträgern machen konnten, ermutigte sie, dieselben Bogenbinder in schmiedeeiserne Fachwerke zu transformieren. Der gekrümmte Ober- und Untergurt der Binder aus Walzprofilen wurde mit einem System von Dreiecken, die aus Druckstreben und Diagonalen gebildet waren, ausgesteift. Damit war ein starrer Rahmen von Auflager zu Auflager geschaffen, der ohne störende horizontale Zugbänder durchgehende, hohe Hallenräume ermöglichte. Eine frühe Form solcher Bogenfachwerke – allerdings in Holz – wurde erstmals im amerikanischen Brükkenbau 1839 bis 1848 von Long und Howe angewendet (›Cascadenbrücke‹ für die Erieeisenbahn, 1848).

Blieben die schmiedeeisernen Bogenfachwerkbinder in den vierziger Jahren noch eine große Ausnahme, so treten sie in den fünfziger Jahren in den Bahnhofshallen, Ausstellungsgebäuden und Wintergärten bereits als häufig angewendeter Konstruktionstypus auf. »Freilich sind die bedeutenden Bogenkonstruktionen im Hochbau erst nach Einführung des Dreigelenkbogens in den sechziger Jahren entstanden.«[367]

Der Weg dahin führte über eine Reihe von Tragwerksformen, die Schritt für Schritt in einer Vielzahl von Experimenten, die im eisernen Fachwerkbau gesicherten Erkenntnisse auf die Konstruktion der Bogenbinder übertrugen. Eine bemerkenswerte frühe Konstruktion dieser Art sind die schmiedeeisernen Bogenfachwerkbinder, die 1848 der Konstrukteur M. Rigolet beim Bau des Jardin d'Hiver in Paris einsetzte (Abb. 417-421, 660-664). Prinzipien gußeiserner Konstruktionen wie auch von schmiedeeisernen Fachwerken aufnehmend, fand Rigolet zu einer Binderform, in der sich Ober- und Untergurt im Scheitel nahezu berühren (konvergieren) und weit voneinander getrennte und in der Höhe verschiedene Auflager finden. Während der glockenförmig geschwungene Obergurt vom Scheitel zum Bodenfundament in einem einzigen die Last des Glasdaches aufnehmenden Bogen von 20 m Höhe und ca. 40 m Breite geführt ist, lagert der halbkreisförmige Untergurt mit 20 m Spannweite auf einer eingestellten Reihe gußeiserner, ca. 10 m hoher Doppelsäulen auf, die durch eiserne Gitterbogen verbunden sind. Der Zwischenraum von Ober- und Untergurt wurde, bis auf die Aussparung zweier Nebenschiffe, durch Druckstreben und Diagonalen ausgefacht. In den Knotenpunkten lagern die Querpfetten auf, die die im Abstand von ca. 6 m gesetzten Binder untereinander versteifen. Diagonale Binder an den Schnittlinien von Quer- und Längsschiff durchdringen sich an der Spitze und lagern im Rauminneren auf je vier gußeisernen Säulen auf. Im Grunde kann man die Konstruktion der Binder als ein einziges bis zum Boden herabführendes Fachwerk begreifen, in das die Innenstützen als Druckstreben voll integriert sind und dessen innerer Bogen den Untergurt bildet. Diese Konstruktionsform, intuitiv gewonnen und den Kompromiß ausdrückend, der aus der Übernahme und Verschmelzung unterschiedlicher Tragwerksysteme entstanden war, ist von Zeitgenossen wegen ihrer Leichtigkeit und Eleganz bewundert worden, blieb jedoch in der Folge ein Einzelbeispiel (Abb. 62).[368]

Der weitere Weg in der Ausbildung des Bogenfachwerkbinders im Hochbau führt im Rückbezug auf die Brückenträger von Long und Howe zur Konstruktion von ›circular roofs‹. Die halbkreisförmigen Binder mit durchgehender gleicher Steghöhe sind eine Umwandlung des Parallelgitterträgers in Bogenform. Sie sind als die frühesten allgemein brauchbaren Bogenfachwerke zu bezeichnen. Sie kommen erstmals beim Wiederaufbau des Londoner ›Kristallpalastes‹ von Paxton in Sydenham 1852-54 (Abb. 63) bei der Überdeckung des Transeptes zur Anwendung. Im großen ›Palmenhaus‹ von Chatsworth 1836-1840 hatte Paxton Bogenbinder aus geleimten Bohlen als Träger für das Glasgewölbe von Haupt- und Nebenschiff eingesetzt (Abb. 44). 1851, beim Bau des ›Kristallpalastes‹, nahm Paxton diese Konstruktionsform zur Überdeckung des Querschiffes auf, wobei zur Ausfachung diagonale, schmiedeeiserne Zugstangen dienten (Abb. 45). In Sydenham ersetzte Paxton 1852/54 die Binder aus Holzbohlen durch eiserne Dachbinder, mit je zwei kreissegmentförmigen, konzentrischen Gurten, die durch eingeschaltete Vertikalstäbe und

Diagonalen versteift wurden. Der Tragbogen hatte eine Höhe von 2,43 m und besaß an seiner höchsten Stelle 36,56 m Abstand zum Boden. Die Spannweite betrug 21,94 m. Die Binder ruhten auf einer Reihe gußeiserner doppelter Säulen im Abstand von 7,31 m bzw. in der Vierung von 21,94 m (Abb. 63). Ein ähnlicher Binder wurde für das Gebäude der Pariser Ausstellung von 1855 (Abb. 422) konstruiert. Das Glasdach der 48 m breiten und 35 m hohen Mittelhalle wurde durch 2 m hohe, im Abstand von 8 m auflagernde Binder mit Gurten und Winkeleisen getragen.[369]

Eine Weiterentwicklung dieser kreissegmentförmigen Bogenfachwerkbinder hat A. von Voit 1867 bis 1869 beim Bau des Wintergartens in der Münchner Residenz durchgeführt (Abb. 402, 652-655). Die in die Geschoßdecke eingespannten Sparren wurden, ihrer wachsenden Beanspruchung folgend, im First schmaler als an den Kämpfern ausgebildet. Die Verglasung war an der Innenfläche des Untergurtes befestigt, so daß die Tragkonstruktion von innen nur durchscheinend sichtbar wurde. Ober- und Untergurt des Binders wurden durch zusammengenietete U-Profile formiert (Abb. 111). Ein ebenfalls sich im Scheitel verjüngender, filigran gehaltener Bogenfachwerkbinder diente dem Glasdach des Mittelpavillons des ›Palmenhauses im Botanischen Garten‹ in München (Abb. 403-408, 642-645) – 1865 von A. von Voit erbaut – als Träger. Auf einem gußeisernen Gestühl aufsetzend und von Doppelstützen gehalten, bildete der im Auflager bewegliche Bogenfachwerkbinder eine frühe Form des schmiedeeisernen Zweigelenkbogens (Abb. 86).

Beim Bau der ›Flora‹ in Köln 1864 (Abb. 295-299, 585-588) wurden von den Architekten H. Märtens und G. Eberlein Längs- und Querschiff des Wintergartens mit Glastonnen von 29 m Spannweite überdeckt. Sie wurden von Bogenfachwerkbindern getragen, die sich, wie die zuvor erwähnten Konstruktionen von Voit, im First verjüngten. Auf gußeisernen Konsolen auflagernd, von Doppelsäulen unterstützt, waren sie als Zweigelenkbogen ausgebildet. Wie im Jardin d'Hiver, wurde auch hier die im Verschnitt von Quer- und Längstonne entstehende Vierung durch diagonal gespannte, sich durchdringende Fachwerkbinder überdeckt.[370]

Eine bemerkenswerte Mischkonstruktion von Gußeisen und Schmiedeeisen wurde im 1865 erbauten ›Wintergarten‹ in Dublin angewendet (Abb. 239, 240). Die große Mittelhalle wurde durch ein Bogenfachwerk mit einer dem Kraftfluß angepaßten Binderhöhe überbrückt: Spannweite 12,52 m, Binderhöhe im Scheitel 0,46 m und 0,84 m am Auflagerpunkt. Dieser wurde durch einen etwas auskragenden und hochgestelzten Kämpfer aus Gußeisen gebildet. Dadurch wurde es möglich, die Druckkraft des Binders – Seitenschub und Normalkräfte – auf den gußeisernen Stockwerkaufbau des Nebenschiffes zu übertragen. Die Gurte der schmiedeeisernen Binder bestehen aus 8,9 × 6,35 × 0,95 cm starken Winkeleisen, die durch gekreuzte Diagonalen über Nieten verbunden sind. Die Bogenrippen tragen neun gewalzte Pfetten, die wiederum ein staffelförmig gelegtes Glasdach tragen.[371]

Die schmiedeeiserne Konstruktion des von F. von Sengenschmid gebauten großen ›Palmenhauses‹ in Schönbrunn in Wien von 1880 bis 1882 (Abb. 455-458, 694-697) besteht aus gebogenen Fachwerkträgern, die in den Pavillons auf Kastenträgern – durch gußeiserne Säulen getragen – ruhen. Den unteren Abschluß bilden ebenfalls solche Gitterträger, die über einen eigens ausgebildeten Fuß mit den Fundamenten fest verankert sind. Die Last der doppelten Glasdecke wurde vom Untergurt der Binder aufgenommen. Die gesamte Fachwerkkonstruktion war nach außen sichtbar und bildete, zusammen mit den in den Diagonalen aufsteigenden Bindern ein Eisengerippe, das dem Schiffbau ähnliche organisch fließende Linien aufweist. Sieben Jahre vor dem Bau des Eiffelturms – eines bewußt als Denkmal der Eiseningenieurkunst erstellten Bauwerkes – wurde bereits am

Gewächshaus in Schönbrunn das Eisen auch nach außen als ein ästhetisches Moment demonstrativ gezeigt (Abb. 112).[372]

Ein typisches Beispiel für die Ausbildung von Bogenfachwerkträgern um die Jahrhundertwende ist die 1900 von C. A. Gautier erbaute ›Ausstellungshalle für Gartenkunst‹ in Paris (Abb. 423-426, 667-668). Die 18 m breite Mittelhalle wurde mit Gitterträgern aus Walzstahl überspannt, die, auch in der Vertikalen als Fachwerk ausgebildet, bis zum Boden herabgeführt waren. Das Fachwerk wurde nicht sichtbar hinter aufgeschraubten Ornamenten versteckt, das bedeutete eine Kehrtwendung gegenüber der Konzeption des Fachwerkes von Schönbrunn und den Konstruktionen der großen Pariser Weltausstellung von 1889 (Abb. 113).[373]

Der Dreigelenkbogen

Der erste Dreigelenkbogen im Hochbau wurde 1865 von J. W. Schwedler am Schuppen für den Bochumer Dampfhammer verwendet. Das Fachwerk hatte zwar noch nicht die Form eines Bogens, war jedoch im Prinzip so aufgebaut. Als Vorbild diente die im gleichen Jahr erbaute ›Unterspreebrücke‹ in Berlin. 1866 folgte die nach diesem Prinzip ebenfalls von Schwedler konstruierte Halle des ›Ostbahnhofes‹ in Berlin. Die exakte Berechnung des Dreigelenkbogens gelang zuerst 1868 E. Winkler in Zusammenhang mit der Berechnung des Zweigelenkbogens und des eingespannten Bogens.[374]

Die technische Neuheit aufgreifend, bauten der Architekt H. Stier und der Ingenieur O. Greiner für die ›Flora‹ in Berlin-Charlottenburg von 1871 bis 1873 (Abb. 163-168, 492, 493) ein Glas-Eisengewölbe mit 27,6 m Spannweite und 18,6 m Höhe. Der Bogen wurde nach den statischen Erkenntnissen nach der Stützlinie konstruiert und erhielt eine parabolische Form, wobei sich der Fachwerkträger zur Spitze hin verjüngte. Das Scheitelgelenk wurde durch ein Scharnierband, das Fußgelenk durch einen gelenkigen Schuh gebildet (Abb. 114).[375] Die Halle des Berliner Ostbahnhofes kann als ein Vorläufer dieser Konstruktion angesehen werden. In den folgenden Jahrzehnten, vor allem in der Zeit von 1875 bis 1900, wurden die großen Bahnhöfe der europäischen Metropolen häufig als Fachwerke in Form des Dreigelenkbogens ausgeführt. Ein gut konstruiertes späteres Beispiel ist das von 1905 bis 1907 vom Architekten A. Körner erbaute ›Palmenhaus‹ in Berlin-Dahlem (Abb. 181-185, 482-487), das mit seinem nach außen allseits sichtbaren Tragwerk zugleich ein ästhetisches Manifest des Stahlbaues darstellt. Die hochstrebenden Gitterträger laufen nach unten in einem sich verjüngenden Stahlschaft zusammen, der dem Gelenk aufgelagert ist. Diese Ausbildung, die der Logik statischer Gesetze folgt, bedeutet eine Umkehrung des Begriffes der konventionellen Stütze, die sich zur Basis hin verbreiterte. Um diese Tatsache ins Licht zu rücken, hat der Architekt, ebenso wie es später (1909) Peter Behrens in der ›Turbinenhalle‹ in Berlin-Moabit tat, den Gelenkpunkt – als Demonstrationsobjekt einer modernen Ingenieurbaukunst – auf einen Sockel in Augenhöhe emporgehoben. Das große ›Palmenhaus‹ in Berlin ist eines der letzten Großkonstruktionen in Filigranbauweise, das sowohl ästhetische wie auch funktionale Forderungen zu erfüllen suchte (Abb. 115).[376] In der Folgezeit – mit der Senkung der Kosten des Materials Eisen bei gleichzeitiger Steigerung der Lohnkosten zur Herstellung der Eisenkonstruktion – wurde das Niet- vom Schweißverfahren abgelöst, und lohnintensive Filigranträger wurden durch grobprofilierte Kastenträger oder handelsübliche Profile ersetzt.

Das räumliche Fachwerk

Eine Weiterführung des Fachwerkprinzips bestand darin, nicht nur ebene Träger, sondern auch räumliche Strukturen zu einem in sich standfesten Großtragwerk zu verbinden. Die ersten Konstruktionen dieser Art tauchten zuerst an Brückenpfeilern auf. Es waren räumliche Fachwerke, zu deren Verbreitung die Verbesserung der Nietverbindungen wesentlich beitrug. Die erste bedeutende Brücke, die ›Dourobrücke‹ bei Porto von Gustave Eiffel 1877/78 in Portugal erbaut, wurde als räumliches Fachwerk ausgebildet. Überhaupt ist Eiffel als Protagonist solcher Tragwerke anzusehen, wobei der Pariser Eiffelturm 1889 zu einem Höhepunkt dieser Entwicklung wurde. Im Hochbau kamen räumliche Fachwerkträger wegen der Probleme der Ausfachung selten im Wohn- und Geschäftshausbau, häufiger jedoch im Fabrikbau, nach 1880 zur Anwendung. Im Gewächshausbau wurde diese neue Konstruktion frühzeitig, 1873 in den Dreigelenkfachwerkbogen der Berliner ›Flora‹ aufgenommen. Diese bestanden aus zwei in der Horizontalen gekoppelten Fachwerkträgern (Abb. 114). Es ist das Verdienst des Architekten Auhagen, 1879 über gekoppelte Fachwerkbinder Querriegel und Sparren, ebenfalls aus Fachwerk zusammengenietet, eine in sich standfeste Großkonstruktion in Form eines ›Palmenhauses‹ in Herrenhausen (Abb. 275-278, 570, 571) errichtet zu haben, das als ein Vorläufer späterer Fabrikbauten dieser Konstruktionsart gelten kann. Der 30,6 m lange, 28,3 m breite und 30,2 m hohe kubische Glaseisenbau wird von Fachwerkstützen getragen, die entlang der Fassade und im Inneren aufgestellt sind und durch in drei Ebenen angebrachte Querriegel versteift wurden. Die doppelte Glasfassade ist daran befestigt, wobei sie die Tiefe des äußeren Gurtes ausnutzt. Man kann dieses Hallenbauwerk als eine frühe Manifestation des Stahlskelettbaues ansehen (Abb. 116).[377]

Die Kuppel

Unter einer Kuppelkonstruktion sind gewölbte Dächer zu verstehen, die über einem kreisförmigen oder polygonalen, sich der Kreisform annähernden Grundriß errichtet werden. Unter den Bauaufgaben des 19. Jahrhunderts, die sich großer Kuppelkonstruktionen bedienten, finden sich vor allem Gebäudearten, die von ihrer Funktion her einen zentralen Raum als Sammel- oder Kreuzungspunkt der Bewegung vieler Menschen gestalten wollten. Desgleichen finden sich Kuppelkonstruktionen dort, wo man den in den Mittelpunkt gerückten Ausstellungsgegenstand attraktiv machen wollte. Diese beiden Gesichtspunkte wurden beim Bau von Passagen, Ausstellungsbauten, Wintergärten und Gewächshäusern häufig verwirklicht. Im Industriebau fanden Kuppelkonstruktionen vornehmlich bei Lokomotivschuppen und Gasometern Anwendung.

Die frühesten schmiedeeisernen Kuppelkonstruktionen finden sich in den Entwürfen von J. C. Loudon und G. Mackenzie zwischen 1817 und 1820 in Form von Halb- und Vollkuppeln (Abb. 117, 124, 126). Die erste größere Konstruktion aus Schmiedeeisen ist die mit 14 m Durchmesser 1828 von Georg Moller gebaute Mantelkuppel des ›Ostchors des Mainzer Domes‹. Sie bestand aus schmiedeeisernen Flachprofilen. Jeder dritte Ring war durch in das Innere ragende Aussteifungen im Dreiecksverband verstärkt (Abb. 118). 1839 wurde die Kuppel über dem ›Speisesaal des Wiesbadener Schlosses‹ durch eine Art von Sichelbindern mit Zugstangen, ebenfalls mit 14 m Spannweite, gehalten (Abb. 119). Mit diesen beiden Bauten entstehen die beiden Grundtypen der Kuppelkonstruktionen: die Mantelkuppel, bei der die durch Biegung entstehenden Kräfte durch horizontale Zugglieder in Form von Ringen aufgenommen werden und wo in der Verbindung von Spanten und Ringen ein zusammenwirkendes Raumfachwerk entsteht. In der anderen Lösung werden die Zugglieder durch den Innenraum der Kuppel geführt. Bei Gewächshäusern und Wintergärten entstand ein eigener Typus der Kuppel: Das oft bis zum Boden herabreichende Glasgewölbe wurde durch eine Viertelkugel absidenförmig abgeschlossen. Ein frühes technisch ausgereiftes Beispiel dafür ist das ›Palmenhaus‹ in Kew Gardens, 1844 bis 1848 von R. Turner und D. Burton errichtet (Abb. 338-343, 613-619). Seine Seitenflügel wurden durch Viertelkuppeln begrenzt, die von sechs schmiedeeisernen Rippen – Profileisen – getragen wurden. Interessant an dieser Konstruktion waren die zwischen den Rippen eingelegten Abstandhalter in Röhrenform. In ihrem Inneren befanden sich Spanneisen mit einem Durchmesser von 3,8 cm. Dadurch wurde es möglich, sowohl Druck als auch Zug in diesen Horizontalgliedern aufzunehmen (Abb. 46).[378] Ein frühes Beispiel einer Kuppelkonstruktion aus Bogenfachwerkbindern sind die absidenförmigen Abschlüsse vom Quer- und Längsschiff des ›Pariser Wintergartens‹ von 1846 bis 1848 (Abb. 417-421, 660-664). Die auf Massivmauerwerk aufruhenden Binder bildeten Halbkuppeln mit einem Durchmesser von ca. 30 m (Abb. 62). Eine besonders filigrane Kuppelkonstruktion entstand 1853 beim Bau des Mittelpavillons des ›Palmenhauses‹ in Belfast (Abb. 142-147, 471-474, 477). Über dem Grundriß eines durch Einschaltung von Geraden gestreckten Kreises wurde ein helmartiges Glasgewölbe errichtet, das von schmalen Spanten, durch horizontale Ringe zusammengehalten, getragen wurde. Trotz dieser Ringe wurde es wegen der eingeschalteten Geraden notwendig, Zugstangen quer durch den Raum zu führen.

1859 entstand ein Projekt für einen ›Palace of the People‹ von O. Jones (Abb. 366, 633, 634), in dem eine bis zum Boden reichende Riesenkuppel von 61 m Durchmesser einen Wintergarten überdeckte.[379] Die Binder waren Bogenfachwerkträger, die durch Querpfetten in Form von Fachwerk verbunden waren. Dieses eiserne Gewölbe wurde, ähnlich wie später bei den Schwedlerschen Konstruktionen (ab 1863) durch Diagonalen in der Ebene des Tragwerks ausgesteift. Es ist ein frühes Konzept zu einem Raumfachwerk (Abb. 120).

Seit den sechziger Jahren des 19. Jahrhunderts entstanden zahlreiche Victoria regia-Häuser, die, mit einem kreisrunden oder polygonalen Grundriß versehen und von einer flachen Kuppel überwölbt, einen eigenen Bautypus bildeten. Ein Beispiel dafür ist das ›Victoria regia-Haus‹ von 1882 im alten Botanischen Garten in Berlin-Schöneberg (Abb. 157, 158, 160). Um ein zentrales Wasserbassin im Inneren sich schließender gemauerter niedriger Sockel diente als Auflager für eine gedrückte Glas-Eisenkuppel, die in einer Lüftungslaterne endete. Die gebogenen Hauptrippen wurden von gewalzten, 15 cm hohen Profilen gebildet, die an der Spitze im Laternenring mündeten. Der Durchmesser des Tragwerkes betrug 15,5 m, die Höhe 5,25 m (Abb. 121).

Eine der größten Kuppelkonstruktionen überhaupt ist die Tragstruktur des 1875-1876 von A. Balat erbauten ›Wintergartens‹ in Laeken bei Brüssel (Abb. 209-214, 504-509). Die Konstruktion besteht aus 36 Bogenfachwerkträgern, die sich, von einem niedrigen Steinsockel aufsteigend, im Inneren auf 36 Steinsäulen mit ringförmigem Architrav stützen. Der äußere Durchmesser beträgt 56 m, der Durchmesser des inneren Stützenringes 36 m. Die Tragrippen sind in architektonisch eindrucksvoller Weise so geführt, daß sie im oberen Kuppelteil innen und im unteren außen liegen, wodurch ein lebendiger Gegensatz von geschlossenen Glasflächen und stark gegliederten Fachwerkbogen entsteht. Die nach außen sichtbare Darstellung der Tragkonstruktion ist ein frühes Beispiel für eine Architektur, deren ästhetische Qualität in der Betonung der Funktion des Tragwerkes liegt. Dies wird noch durch reiche schmiedeeiserne Ornamentik des Säulenfußes, der Bogenübergänge über den Steinstützen und der großen, kronenartigen Laterne unterstützt. Die Bogenträger der glockenförmig aufgebauten Kuppel bestehen aus einem sich nach oben verjüngenden Fachwerk, das sich an seinem unteren Auflager zu einem Fuß erweitert.

Der Bogenträger wird über dem Ringarchitrav durch ein eisernes Ständerwerk unterstützt, wobei der Übergang durch ornamental gehaltene, kleinere Bögen und Füllungen vermittelt wird. Mit dieser Anordnung werden zugleich ein zentraler Kuppelraum und ein ihn umschließender, niedriger Umgang geschaffen, womit das Bauwerk im Inneren räumlich differenziert wird. Die Bogenträger stoßen an der Kuppelspitze über einen vorgeschalteten Kranz von eisernen Ringen, die in der Tragebene liegen, an den Druckring der Laterne, die eine kleine Kuppel bildet. In der Horizontalen werden die Träger mit Fachwerkträgern ausgesteift (Abb. 122).[380]

Ein spätes Beispiel einer filigranen Kuppelkonstruktion – wie in Laeken in Hauptgewölbe und gewölbten Umgang gegliedert – ist das ›Palmenhaus‹ im Senfton Park in Liverpool (Abb. 321-323, 605), das 1896 erbaut wurde. Über einem achteckigen Grundriß von 32 m Durchmesser wurde ein 22,5 m hohes Glasgewölbe errichtet. Die gebogenen, leicht aufgestelzten Fachwerkträger des Umganges und der Kuppel stützten sich im Inneren auf gußeiserne Säulen, die über Konsolen an einen Querträger, ebenfalls aus Fachwerk, anschlossen (Abb. 324).[381]

Die meisten Kuppeln, die hier beschrieben sind, bestimmte ein hierarchisch geordneter additiver Aufbau von gebogenen Hauptbindern aus Fachwerken und Querpfetten in Form umlaufender Zugringe. Diesem Aufbau entsprechend war das statische Berechnungsverfahren der Ingenieure. Da das räumliche Zusammenwirken der Tragglieder innerhalb der Kuppel nicht als solches erfaßt werden konnte, tat man so, als handelte es sich um eine Pfosten-Riegel-Konstruktion konventioneller Art. Eine Überdimensionierung der eisernen Kuppel bei gleichzeitiger Vernachlässigung der spezifischen Tragfunktionen ihrer Teile war die Folge. In den sechziger Jahren trat ein Wendepunkt in der Berechnung der räumlichen Tragwerke durch den Beitrag von J. W. Schwedler ein. »Man wird auf die richtige Anschauung der Kuppel kommen, wenn man, anstatt von der Betrachtung eines elastischen Stabes auszugehen, die Betrachtung einer elastischen, dünnen Platte doppelter Krümmung zugrunde legt. Zwischen dem homogenen und dem gegliederten Konstruktionssystem findet offenbar ein Zusammenhang statt, und zwar derart, daß bei dem gegliederten System die einzelnen Konstruktionsteile im wesentlichen diejenige Richtung aufnehmen müssen, welche bei den homogenen Systemen die elastischen Hauptkräfte verfolgen.« Zu den Gleichgewichtsbestimmungen stellt Schwedler fest: »Das Gleichgewicht dieser Fläche (Rotationsfläche) wird mit dem Gleichgewicht einer Schale von geringer Dicke und derselben Form (Kuppel) übereinstimmen, sobald man annehmen kann, daß nach der Dicke die elastischen Kräfte gleichmäßig verteilt sind, oder auch, wenn die durch die Formveränderung erzeugten Biegemomente irgendeines Schalenstreifens der Kuppel als klein gegen die Hauptkräfte außer Betracht gelassen werden können.«[382] In der Beschreibung der Kuppelkonstruktionen über dem Gasbehälter der ›Imperial Continental Gas AG‹ in Berlin (1861) mit einer Spannweite von 29,80 m (Abb. 123) bemerkte er: »Durch die Pfetten und die übergenagelte, 1 Zoll starke Bretterschalung gewinnt die ganze Konstruktion eine große Steifigkeit gegen Verschieben und es sind deshalb die Diagonalen von Wert, solange die Konstruktion noch nicht eingedeckt ist.«[383]

Obwohl in dieser Zeit wegen Mangels an geeigneten Baustoffen homogene Schalen nicht herstellbar waren, hat Schwedler eine Theorie zu ihrer Berechnung aufgestellt. Durch die hölzerne Einschalung der Kuppel wurde die Unverschiebbarkeit des Systems vorausgesetzt und das System als eine kontinuierliche Schale berechnet. Hecker bekräftigt diese Annahme in seinem Artikel über ›Fachwerke im Raum‹: »In der Wirkung gegen Verschiebung der Konstruktion wird der innere Ring noch durch die ebenfalls vernieteten Knotenpunkte der anderen Ringe unterstützt, besonders aber, und dies ist von Schwedler seinerzeit auch schon angeführt, durch die hölzerne Dachschalung. Es wäre für weitere Untersuchungen eine dankbare Aufgabe, festzustellen, wie weit die kuppelförmige Schalung an und für sich geeignet ist, Lasten zu tragen ... man wird bewundern müssen, mit welchem kühnen und, wie die Erfahrung beweist, doch praktischen Blick Herr Schwedler bei dem damaligen Mangel ausreichender Berechnungstheorien die richtige getroffen hat.«[384]

Bis zur Einführung des Stahlbetons konnten Schalen nur aus aufgelöstem Stabwerk konstruiert werden. Im Bauzustand bildeten sie keine kontinuierliche Oberfläche. In ihrem Endzustand entstand jedoch nach Befestigung einer Holzschalung eine Haut, die als eine kontinuierliche Fläche zu bezeichnen ist. Zu der weiteren Entwicklung gehören die Schalenkonstruktionen, die als einlagige Kuppel hergestellt wurden, wie z.B. Konstruktionen von Richard Buckminster Fuller oder die in Stabwerk aufgelösten Flächentragwerke aus Lattenrost, die Frei Otto für die Mannheimer Gartenschau entwickelte.

Die erste Stahlbetonkuppel in Jena, das ›Zeiss-Planetarium‹ von 1923 mit einer Spannweite von 40 m und mit 6 cm Wanddicke ist im Bauzustand noch eine Stabwerkschale. Der Beton wurde sozusagen als Stabilisierung des Stahlgeflechtes eingebracht. Nach der Fertigstellung erst entstand dann seine homogene Struktur. Die von dieser Zeit an erstellten Rotationsflächen aus Stahlbeton können wir nun als die ersten wirklich homogenen Schalenkonstruktionen betrachten.

Exkurs: Die Schale

Der folgende Exkurs bringt eine breitere Darstellung dieser Tragwerksform. Dies ist deshalb notwendig, weil sich im eisernen Gewächshausbau – von der Fachwelt unbeachtet – hier eine technische Innovation vollzogen hat. Der nicht bewanderte Leser möge die Fachausdrücke, die zur Darstellung notwendig sind, mit Nachsicht aufnehmen.

In dem Bestreben, leichte und damit wirtschaftliche Eisenkonstruktionen zu erlangen, erhalten schalenähnliche Dächer in der Entwicklungsgeschichte der Tragwerke eine eminente Bedeutung. Das statische Prinzip der Schale besteht darin, die auftretenden Kräfte im Gegensatz zu Balken, Bogen oder Scheiben nicht in der Ebene der einzelnen Tragglieder, sondern im gesamten räumlichen Zusammenhang der gewölbten Fläche wirksam werden zu lassen. Die aus Bindern, Pfetten und Diagonalen in üblicher Weise additiv zusammengesetzten Tragwerke werden auf Biegung beansprucht, auch wenn sie ein gewölbtes Dach bilden. Diese Art der Lastabtragung ist verformungsintensiv und erfordert einen beträchtlichen Materialaufwand. Dagegen treten in Schalen in günstigen Fällen nur Zug, Druck und Schubkräfte auf, womit ein Höchstmaß der ökonomischen Verwendung des Materials Eisen erreicht wird. Von der geschichtlichen Darstellung der Entwicklung eiserner Tragwerke unbeachtet, wurden bereits im frühen Gewächshausbau – ab 1817 – von J.C. Loudon und dessen Nachfolgern in England Konstruktionen aus gleichartigem, gekrümmtem Stabwerk verwendet, die nach heutiger Sicht als früheste Form schalenartiger Dächer zu bezeichnen sind. Obwohl sie noch nicht auf der Grundlage einer statischen Theorie entstanden sind, verdanken sie ihre Existenz einer Kette von Versuchen, in denen ihre statisch günstigsten Formen gefunden werden sollten. Daß diese schalenartigen Dächer gerade im Gewächshausbau erstmals verwirklicht wurden, ist kein Zufall, da bei diesen Bauten das Bedürfnis nach extremer Transparenz die Entstehung des Glas-Eisengewölbes förderte und ihre Weiterentwicklung anregte. Eine vergleichende Aufstellung die von Kuppeln aus Massivmauerwerk ausgeht, zeigt die Entwicklung der Spannweiten im Verhältnis zu den Wanddicken, die schalenartige Konstruktionen mit Hilfe von Eisen und Glas, später von Eisen und Beton genommen haben:

	Jahr	Spannweite	Dicke	d/e
1. Peterskirche in Rom	1590	40 m	3 m	1:13
2. Frauenkirche in Dresden	1722	24 m	1,25 m	1:19
3. Halle au blé in Paris	1811	38,86 m	0,70 m	1:55
4. Palmenhaus in Budleigh Salterton	1843	9,60 m	0,05 m	1:192
5. Kibble Palace in Glasgow	1872	19 m	0,07 m	1:270
6. Gasometerdach in der Fichtestraße in Berlin	1876	55 m	0,15 m	1:360
7. Zeiss Planetarium in Jena	1923	40 m	0,06 m	1:666
8. Markthalle in Basel	1925	60 m	0,085 m	1:700
9. Ausstellungshalle in Paris	1956	205 m	0,13 m	1:1570[385]

Aus dieser Zusammenstellung wird ersichtlich, daß die kurvenlinearen Dächer Loudons durch günstige Ausnutzung des Tragwerkes ein wichtiges Glied innerhalb der Entwicklungsreihe schalenartiger Konstruktionen darstellen. Um die technische Leistung dieser frühen Ingenieurbauweise zu beleuchten, sei erwähnt, daß ein Hühnerei ein Verhältnis von Durchmesser zur Schalendicke von 1:100 aufweist. Franz Dischinger hatte in seiner Veröffentlichung von 1928 ›Schalen und Rippenkuppeln‹[386] eine Definition der Schalen gegeben: Unter Schalen versteht man Gebilde, die nach einfach- oder doppelt-gekrümmten Flächen geformt sind und deren Wanddicke im Verhältnis zur Flächenausbildung gering ist.

In diesen Konstruktionen treten nur Zug-, Druck- oder Schubkräfte auf, die tangential der Krümmung der Schale folgend, als Flächentragwerk wirken und einen Membranspannungszustand hervorrufen. Danach müssen Schalenkonstruktionen in der Regel aus Materialien bestehen, die Zug- und Druckspannungen aufnehmen können. Schon aus dieser Sicht können dickwandige Konstruktionen aus Mauerwerk nicht zu den Schalenkonstruktionen zählen. Die aus Steinen gemauerten Gewölbe konnten keine Zugspannungen aufnehmen; infolge der in ihnen wirkenden Zugkräfte entstanden Risse, die das einheitliche Tragwerk in Abschnitte teilten und ein Tragverhalten erzeugten, bei dem jeder Abschnitt für sich als ein gekrümmter Balken wirkte. Es gibt aber Sonderfälle bei den Flächentragwerken, in denen nur Druckspannungen auftreten. Für diese Schalenformen ist ein Material, das gleichermaßen Druck- und Zugspannungen aufnehmen kann, nicht mehr erforderlich. So können wir zwischen einer kontinuierlichen, aus homogenem Material erstellten Schale und einer diskontinuierlichen aus verschiedenen Materialien zusammengesetzten Schale differenzieren.

Die von uns in der Folge zu behandelnde kurvenlinearen Gewächshäuser sind diskontinuierliche schalenartige Konstruktionen aus Schmiedeeisen und Glas, bei denen die aus Eisen gebildeten Sprossen bogenartig angeordnet sind (Primärtragkonstruktion) und ihre seitliche Stabilisierung durch die Verglasung (Sekundärkonstruktion) gewährleistet ist.

Die gewölbten Loudonschen Konstruktionen bilden Rotationsschalen. Wenn wir aus einer Halbkugel, die aus vielen gedachten Segmenten besteht, ein schmales Segment herausschneiden, dann neigt – wie wir bemerken – die obere Spitze dazu, einzusinken, während der untere Teil auszuweichen versucht. Die heruntersinkenden Spitzen verkeilen sich ineinander, der untere Teil müßte durch Ausbeulen zerreißen: Das räumliche Tragverhalten der Schale tritt drastisch in Erscheinung. In dem oberen Teil der Kugelkalotte entstehen Druck-, im unteren Teil Zugkräfte; die Druckkräfte wirken tangential zur Meridiane, die Zugkräfte wirken in horizontalen Ringen. Der Kraftwechsel erfolgt in der sogenannten Bruchfuge, die bei einer Halbkugel bei 51,8° liegt, d.h. ungefähr im oberen Drittel der Wölbung. Der Membranspannungszustand ist nur ungestört, solange die gleichmäßige Auflage der Kuppel gewährleistet ist. Bei punktförmiger Auflage – z. B. bei Stützen – treten meistens Biegebeanspruchungen auf, die als ›Störung‹ auf das Kräfteverhalten der Kuppel wirken.

In einer flachen Kalotte, die oberhalb der ›Bruchfuge‹ liegt oder bei einer nach den Stützlinien geformten Kuppel, treten sowohl Meridiankräfte als auch Ringkräfte als reine Druckkräfte auf. Schwierigkeiten entstehen in der Randzone, in der die Kräfte in die Vertikale umgeleitet werden müssen. Die auf einmal auftretenden Druck- und Ringzugkräfte können zu Verformungen des Schalenrandes führen. Um dies zu vermeiden, hatte Dischinger einen steilen Übergangsbogen zur Kalotte vorgeschlagen. Bei dieser Anordnung liegt die ›Bruchfuge‹ auch bei einer flachen Kalotte innerhalb der Schale. Die Ringkräfte wechseln in dem schmalen Randbereich von Druck auf Zug. Wie wir später sehen werden, wurde dieser Dachverlauf in den Kuppelbauten aus Glas und Eisen schon 1867, in der ersten Fassung des Kibble Palastes, verwendet (Abb. 559).

Wie wird eine typische Kuppel Loudonscher Bauart gebildet? Wie bereits erwähnt, gehören die kurvenlinearen Dächer der Loudonschen Gewächshausbauten zu den frühesten schmiedeeisernen Dachkonstruktionen überhaupt. Hier finden wir die ersten bekannten Beispiele der Anwendung von gewalzten Profilen als Tragwerk. Das Grundelement der Glas-Eisendächer sind gebogene (kurvenlineare) Fenstersprossen von ca. 5 cm Höhe – meist in Kreuzform gewalzt, um zugleich in Falzen das Glas aufnehmen zu können (Abb. 132, 133). Im engen Abstand von ca. 20 cm gesetzt, bildeten sie zusammen mit den Glastafeln ein Gewölbe, das meistens tragfähig war, ohne horizontale Tragglieder zu Hilfe zu nehmen. Loudon hat 1818 in seinem ›Entwurf zu kurvenlinearen Gewächshäusern‹ eine solche Konstruktion beschrieben: »Das Dach ist 50 Fuß hoch und 50 Fuß breit [16,67 m], es kann entweder verglast und als Conservatory benutzt oder, mit dünnen Eisenplatten bedeckt, als Kirche, Schule, Theater, Versammlungs- oder Übungsraum, Markt etc. gebraucht werden. Das Dach ist allein durch das Profil geformt, wenn es nicht gerade ist, sondern eine gebogene Linie hat …; wenn es verglast ist und durch horizontale Profile, die in die Winkel der gebogenen Linie eingefügt werden, verstärkt wird, wird dieses Dach ebenso fähig sein, sein eigenes Gewicht zu tragen wie ein massives eisernes Gewölbe…«[387]

Die den Texten Loudons beigefügten Entwürfe sowie später folgende Realisationen im Loudonschen Sinne zeigen Dachformen, in denen intuitiv und über Experimente ein Krümmungsverlauf des Daches gefunden wurde, der eine minimale Biegebeanspruchung aufwies. Es war daher in vielen Fällen nicht notwendig, horizontale Zugglieder anzubringen. Zur Stabilisierung des Daches in der Horizontalen setzte Loudon in einer heute fast unbegreiflichen Kühnheit das Glas ein, das hier zu einem Konstruktionsglied wurde.

1817 veröffentlichte Loudon in seinen ›Remarks on the Construction of Hothouses‹ ein kreisrundes Gewächshaus, das sich einer Parabelform annähert und nur aus vertikalen Sprossen besteht. Zugleich zeigte er ein glockenförmig geschwungenes, 15 m hohes Glashaus mit vertikalen Trägern und Sprossen und horizontalen Ringen (Abb. 124-126).

Bereits zwei Jahre früher hatte G. Mackenzie in einem Schreiben an die ›London Horticultural Society‹ ein Glashaus mit einem Kugelsegment von 9,15 m Durchmesser als Dach vorgestellt. Es war nicht freistehend, sondern an eine Massivwand angebaut (Abb. 117). Loudon entwarf um 1820 im Rahmen einer größeren Gesamtanlage ein temperiertes ›Gewächshaus‹ in Hackney für Loddiges Nursery (Abb. 262-267). An eine Massivmauer angelehnt, hatte es ein flaches, halbes Tonnengewölbe, das an den beiden Enden mit Segmentkuppeln abschloß. 1827 baute Loudon für Beaumont in Bretton Hall (Yorkshire) eine Glas-Eisenstruktur von 30,5 m Durchmesser und 18,3 m Höhe (Abb. 200-203). Ein innerer Ring von sechzehn gußeisernen Säulen mit 17 m Durchmesser trug ein glok-

kenförmig geschwungenes Hauptgewölbe mit Lüftungsöffnung. Daran schloß eine ringförmige Zylinderschale an, die, von den Säulenkapitellen ausgehend, bis zum Boden
herabreichte. Loudon gibt eine ausführliche Beschreibung von Bretton Hall in der ›Encyclopaedia of Cottage, Farm and Villa Architecture‹ von 1833: »... da waren keine Träger
oder Hauptrippen zur Verstärkung des Daches, sieht man von den gußeisernen Schiebe-
fensterrahmen ab. Es verursachte einige Angst, daß, als das Eisengerüst aufgestellt war
und ehe es verglast wurde, der leichteste Wind das Gewölbe vom Boden bis zur Spitze in
Bewegung setzte... Sobald das Glas eingesetzt war, stand es, wie auch immer, völlig fest
und stark gegründet; auch gab es nicht den kleinsten Unfall aus irgendeinem Grund seit
der Zeit seiner Errichtung 1827, bis beim Tode von Mr. Beaumont, 1832, das Bauwerk
durch Auktion gekauft und abgebrochen wurde.«[388] Hier ist durch die Beschreibung
Loudons selbst authentisch belegt, daß das schmiedeeiserne Traggerüst der Sprossen ohne
Mitwirkung des Glases noch kein stabiles Traggerüst bildete. Erst nachdem das sorgfältig
zugeschnittene und eingekittete, leicht gewölbte Glas eingesetzt war, entstand die schalenartige Wirkung. Das Glas übernahm die Aufgabe, in der Krümmungsebene – in der
Ringrichtung – die Druckkräfte weiterzuleiten und umzulenken.

1831 führte Loudon die Serie der Entwürfe für große kurvenlineare Gewächshäuser
weiter. Er konzipierte für die ›Birmingham Horticultural Society‹ im Botanical Garden
auf einem Gelände bei Edgbaston (Abb. 190, 497) zwei für diese Zeit gigantische Gewächshäuser, deren Dimensionen und technisch fortschrittliche Lösung die allseits bewunderten Gewächshäuser in Chatsworth von Paxton (1836) und in Kew von R. Turner
und D. Burton (1844-1848) vorwegnahmen. Im ersten Entwurf schlug Loudon ein kreisförmiges Glasgewölbe vor, das in der Mitte von einem zentralen Turm überragt wurde,
der als Heizungszentrale diente. Das Glashaus hatte einen schmalen inneren und äußeren
Ring glasgedeckter Beete für kleine Pflanzen. Unter dem darüber liegenden, hohen Glasgewölbe sollten Bäume wachsen, die direkt in den Boden eingepflanzt wurden. Die
Tragkonstruktion bestand aus einer Reihe gußeiserner Doppelsäulen, die den ringförmigen Fußweg begrenzten. Oben durch eiserne Bogen verbunden, bildeten sie einen stabilen eisernen Rahmen, der, ringförmig geschlossen, den Tragkern des Bauwerkes darstellte. Auf diesen Rahmen stützten sich die inneren und äußeren Halbtonnen des großen
Glasgewölbes (Abb. 128). An der Basis ruhten sie auf dem gußeisernen Ständerwerk der
vertikalen Schiebefenster. Die Konzeption eines steifen Rahmens aus Stützenpaaren entlang eines Innenganges – dazu bestimmt, das Auflager für das Glasdach zu bilden – finden
wir bereits 1823 im Gewächshaus in Wollaton Hall sowie später 1843 in Lednice (Eisgrub) in der Tschechoslowakei verwirklicht (Abb. 311-313, 595-598). Das Gewächshaus
hatte einen Außendurchmesser von ca. 90 m. Der Glasring war ca. 22 m breit und ca. 12 m
hoch. Das nur aus schmiedeeisernen Sprossen und Glas bestehende Dachgewölbe des
Gewächshauses bildet als doppelt gekrümmte Fläche Rotationsschalen, deren Spannweite
je 9 m betrug.[389]

Im zweiten Entwurf plante Loudon (»if expense were not an object«) eine Riesenkuppel mit 61 m Durchmesser und 30,5 m Höhe. Die äußere Form des Glasgewölbes bildete
eine konisch in eine Spitze auslaufende Kuppel. Das innere Traggerüst bestand aus einem
gußeisernen Skelettbau von drei Stockwerken. Dieser setzte sich aus drei Ringen von
Doppelstützen zusammen, die der steigenden Höhe der Kuppel angepaßt und in drei
Stockwerken übereinandergestellt durch Querträger verbunden waren, die der horizontalen bzw. vertikalen Ebene folgten. In der Mitte wurde ein zylindrischer Raum von ca.
10 m Durchmesser ausgespart, der sich frei bis zur Kuppelspitze erstreckte. Eine spiral-
förmige Rampe erschloß die drei Etagen. Das Glasgewölbe teilte sich dem inneren Stockwerkaufbau entsprechend in vier horizontale Ringe und ruhte auf dem gußeisernen

Tragskelett so, daß jeweils ein außenliegender Umgang frei blieb, der sich in der Silhouette der Kuppel als Einschnitt abzeichnete. Die vier Gewölberinge stützten sich, wie beim ersten Entwurf, unten und oben auf ein vertikales gußeisernes Ständerwerk der Lüftungsfenster, ringförmige Querträger, die ihre Last auf die Doppelstützenreihen übertrugen. Schmiedeeiserne, gebogene Sprossen trugen das Glasdach, wobei die freie Spannweite etwa 6 m betrug. Das Zentrum wurde durch eine Flachkuppel von ca. 10 m Durchmesser überdeckt (Abb. 129).

Durch die geschickte Kombination von gußeisernem, innerem Traggerüst und horizontal geteilten Dachsegmenten gelang es Loudon, einen riesigen Raum durch eine Filigrankonstruktion kleiner Spannweite abzudecken. Dieser Entwurf, wie auch der vorhergehende, stellt unter Beweis, daß Loudon mit seinen nach dem Schalenprinzip konstruierten Dächern sich dazu imstande sah, nicht nur Gewächshausbauten kleiner Dimensionen, sondern auch gemäß seinem Anspruch, Gebäude öffentlicher Nutzung damit zu errichten.[390] Zur selben Zeit – 1830/31 – wurde im Sinne Loudons von Henry Phillips im ›Surrey Zoological Gardens‹ bei London für Edward Cross über einem kreisförmigen Grundriß eine flachgewölbte Glaskuppel großen Durchmessers erbaut (Abb. 328, 329). Sie bedeckte eine Menagerie und ein Aviarium sowie eine tropische Pflanzenwelt. Sie wurde im Inneren von einem Ring gußeiserner Säulen getragen, an der Peripherie stützte sie sich auf den umlaufenden niedrigen Mauersockel auf. Aus den vorhandenen Zeichnungen von Grundriß und Ansicht ist der konstruktive Aufbau des Glas-Eisendaches nicht näher bestimmbar. Es ist jedoch anzunehmen, daß das Dach bis auf den ringförmigen Querträger im Inneren ohne Pfetten und Sparren, nur aus gebogenen Sprossen gebildet wurde. Das Bauwerk galt zu seiner Zeit als das größte Conservatory Englands neben der ihm ähnlichen Konstruktion in Bretton Hall (1827) von Loudon. Die Kuppel wurde 1856 abgerissen (Abb. 130).[391]

Loudon hat seine kurvenlinearen Konstruktionen in Zusammenarbeit mit der Londoner Firma W. and D. Bailey entwickelt und teilweise ausgeführt. Bereits in seinen ›Sketches of Curvilinear Hothouses‹ aus dem Jahre 1818 verweist er bei Bestellungswünschen auf diese Firma. Die Firma wurde 1840 von ihren Nachfolgern D. and E. Bailey weitergeführt, wobei sie sich wie ihre Vorgänger vor allem auf Gewächshausbauten spezialisierte. Loudon realisierte 1817 ein kurvenlineares Gewächshaus und 1827 das ›Conservatory‹ in Bretton Hall (Abb. 200-203) mit W. and E. Bailey. Das ›Kameliahaus‹ für Loddiges Nursery (1820) in Hackney (Abb. 262-267) wurde ebenfalls mit ihrer Hilfe konstruiert. Diese Firma baute auch ohne Mitwirkung Loudons zahlreiche kurvenlineare Gewächshäuser, bei denen sie die Prinzipien Loudons jedoch übernahm. Ein frühes Beispiel dafür ist der ›Pantheon Bazaar‹ von 1834, ein Gewächshaus, kombiniert mit einem Aviarium, in der Oxford Street in London (Abb. 327), von Sydney Smirke entworfen. Das langgestreckte Gebäude wird durch ein Tonnengewölbe aus Glas und Eisen mit leichtem Spitzbogen überdeckt. Es lagert ohne Zwischenstützen, allein von Sprossen und Glas getragen, auf dem gußeisernen Ständerwerk der vertikalen Lüftungsfenster. Das Bauwerk war ca. 10 m breit und 7 m hoch. Die Glastonne war in der Mitte mit einer kurzen Quertonne verschnitten, die zwei seitliche Eingänge überwölbte.[392]

1840 bauten D. und E. Bailey den Flügel eines im großen Maßstab entworfenen ›Gewächshauses‹ für die ›Royal Horticultural Society‹ in Chiswick (Abb. 233, 234), wobei sie allerdings, abweichend von Loudonschen Vorschlägen, gußeiserne Bogenträger als Hauptbinder des gewölbten Daches einsetzten (Abb. 42).

Ein vollendetes, noch erhaltenes Beispiel Loudonscher Tragwerkkonstruktion ist das ›Palmenhaus‹ im Bicton Gardens in Budleigh Salterton in Devon (Abb. 215-218, 519-525). Wie schon beschrieben wurde, sind sowohl Entstehungsdatum als auch der Konstrukteur ungewiß. Das Baujahr fällt jedoch mit Wahrscheinlichkeit in den Zeitraum um 1843. Nach Hix wurde der Bau von D. und E. Bailey errichtet, eine These, die seiner Meinung nach von der Ausbildung der Ventilation, die dem Gewächshaus in Chiswick (1840) ähnelt, gestützt wird. Das 8,3 m hohe Hauptgewölbe des Palmenhauses ist über einem Rechteck von 9 × 4,5 m mit vorgelagertem Halbkreis mit einem Radius von 4,5 m errichtet. Daran schließen rechts und links zwei über einem Viertelkreis errichtete Nebengewölbe an. Das Bauwerk ist nach hinten an eine Massivmauer angelehnt. Die Tragstruktur bildet ein an der Peripherie des Grundrisses umlaufendes Ständerwerk aus Gußeisen von 2,53 m Höhe, auf das die schmiedeeisernen, gebogenen Sprossen der Gewölbe aufsetzen. Diese haben annähernd die Form eines kubischen Parabelbogens, d.h. sie sind gegenüber der Kreisform überhöht und wirken leicht aufgestelzt. Die mit dem Glas ausgesteiften Sprossen von kreuzförmigem Querschnitt 50 × 25 × 10 mm im Abstand von 18 cm an der Basis sind das einzige Tragwerk der Hauptkuppel mit Ausnahme eines schmiedeeisernen Gurtes aus 9 × 2,5 cm gebogenen Stabeisen in der Ebene des äußersten Schnittpunktes der Haupt- und Nebenkuppeln. Die kleinen Viertelkuppeln werden, da sie zur Hauptkuppel offenstehen, zusätzlich durch einen kleinen Querträger mit demselben Querschnitt und durch dünne gußeiserne Stützen mitgetragen. Die geringen Ringkräfte werden durch die Biegesteifigkeit der Sprossen aufgenommen. So ist es möglich, daß in der Kuppel keine relevanten Zugkräfte auftreten, wodurch der Konstrukteur völlig auf horizontale Ringe verzichten konnte. Der First des Hauptgewölbes ist durch einen steifen Balken in Form eines eisernen Lüftungskastens an die rückwärtige Massivmauer angeschlossen.

Bedenkt man die exponierte Lage des Gewächshauses, das zwar im Norden durch eine Mauer gestützt ist, jedoch an einem Hügel in unmittelbarer Nähe zur Südküste liegt, so beweist seine 140jährige Existenz die Standfestigkeit dieser Filigrankonstruktion.

Eine elegante Konstruktion einer Schale aus Sprossen und Glas ist das Gewölbe der 1836 in Sheffield erbauten Pavillons des ›Gewächshauses‹ im botanischen Garten von B. B. Taylor (Abb. 434, 435, 675-679). Auf gußeisernen Säulen mit umlaufendem Eisenarchitrav aufsetzend, überspannt es in einer an den Seiten abgewalmten Spitztonne von 10 m Spannweite den mit verkleidenden Massivmauerwerk umgebenen Innenraum. In der Achse der Stützen sind geringfügig verstärkte Sprossen eingesetzt. Sie nehmen äußerst dünne, horizontal in der Gewölbeebene laufende Zugbänder auf, die in fünf übereinanderliegenden Ebenen rings um das Gewölbe laufen. Außerdem sollen Zugeisen, die quer durch den Raum gezogen wurden, in der Stützenachse den Zusammenhalt des Gewölbes herstellen. Indem der Konstrukteur Taylor über die von Loudon eingesetzte maximale Spannweite von ca. 9 m hinausging und das Dach seitlich oder an der Rückwand nicht mit Massivmauerwerk aussteifte, war er gezwungen, aus Sicherheitsgründen Zugbänder einzusetzen.

Auf dem Kontinent gibt es zwei erwähnenswerte Dächer in Loudonscher Bauweise: den 1833 von Ch. Rohault erbauten Seitenflügel des ›Gewächshauses‹ im Jardin des Plantes in Paris und den Wintergarten des Schlosses Lichtenstein in Lednice (Eisgrub), der 1843 von Devien errichtet wurde. Die Seitenflügel des ›Pariser Gewächshauses‹ (Abb. 409-415, 656-658) bestehen aus zwei gestaffelten Reihen halbtonnenförmig gewölbter Dächer von 4 m Spannweite. Sie erreichen ihre Wirkung, die bereits von Zeitgenossen gerühmt wurde, durch ihre Addition und ihre große Längsausdehnung. Der ›Wintergarten‹ in Lednice (Abb. 311-313, 595-598) erinnert in seinem Aufbau an die Entwürfe von Loudon mit Stützenpaaren als Tragrahmen für Birmingham. Der Abstand der gußeisernen Säulen beträgt in der Längsrichtung 3,7 m, in der Querrichtung 4,2 m. Das halbtonnenförmige Glasgewölbe ruht auf einem Steinsockel und stützt sich oben mit je 4,65 m

Spannweite am eisernen Tragrahmen ab. Der Architekt Devien, ein Engländer, hat ohne Zweifel die Loudonschen Bauten gekannt und hier nachgeahmt. Der 92 m lange, 13,5 m breite und 10 m hohe Bau schließt an seinem Ende mit einer Halbkuppel ab. Am ganzen Gebäude wurde auf Querstreben verzichtet, es stützt sich nur an einer Stirnseite auf das Mauerwerk des Schlosses. Die Queraussteifung über die riesige Länge des Baues wird von kurzen, geraden Glasscheiben aufgenommen.

Der in der Geschichte des englischen Eisenbaues als Pionier geltende Konstrukteur R. Turner hat in den vierziger Jahren bis um die Jahrhundertwende mehrere Gewächshäuser und Wintergärten in Fortführung des Schalenprinzips von Loudon verwirklicht. Der erste bekannte Bau dieser Art sind die Seitenflügel des ›Palmenhauses‹ in Belfast von 1839 bis 1841 (Abb. 142-147, 475). Auf einem vertikalen gußeisernen Ständerwerk wurde ein gebogenes, nach oben in eine geneigte Gerade übergehendes Sprossendach errichtet. Es lagert hinten auf einer massiven Mauer auf. Im Inneren werden in der Mitte des 7 m weiten Gewölbes die Sprossen durch eine Stützenreihe mit einem gußeisernen Querträger nochmals ausgesteift, ein Verfahren, das gegenüber Loudon einen Rückschritt darstellt und notwendig wurde, da die Sprossen eine lange Gerade aufweisen und daher auf Biegung stark beansprucht werden.

Ein ähnliches Verfahren verfolgte Turner in der Konstruktion der Seitenflügel des ›Gewächshauses‹ in Dublin von 1842 bis 1850 (Abb. 235-238, 539, 540), in denen die Spitztonne aus Glas und Eisen mit 10 m Spannweite durch zwei innere Stützenreihen gehalten wurde. Bemerkenswert war die Konstruktion des zwischen 1842 und 1846 von Turner erbauten ›Wintergartens‹ im Regent's Park in London (Abb. 331-334, 606). Die Halle des Bauwerkes setzte sich aus vier Reihen von gewölbten Glasdächern zusammen, die in der Mitte und später auch an den Seiten durch gläserne Quertonnen angeschnitten wurden. Die Sheds wurden von gußeisernen Stützenreihen mit Balken getragen. Trotz der am Firstbereich eingelassenen Schiebefenster wird das 8 m weitgespannte Dach von homogenen Sprossen gleichen Querschnitts getragen. Von der erstaunlichen Leichtigkeit des Daches zeugt das noch vorhandene Archivfoto des 1932 abgerissenen Glaspalastes. Das Bauwerk erreichte immerhin eine Lebensdauer von neunzig Jahren.

Eine späte Realisierung der Schalenkonstruktion aus Glas und Eisen und zugleich ein Höhepunkt des Eisenbaues im 19. Jahrhundert ist der heute noch gut erhaltene ›Kibble Palace‹ im botanischen Garten in Glasgow, erbaut 1872 (Abb. 255-261, 557-563). Sein Grundgerüst entstand bereits 1867 auf dem Landsitz von John Kibble. Es wurde 1872 demontiert, auf Schiffe verladen und in Glasgow in erweiterter Form wieder aufgestellt. Der Zentralraum, von einer flachen Riesenkuppel mit 44,5 m Durchmesser überdeckt, hat zwei innere Reihen ringförmig angeordneter Gußeisenstützen von 12 cm Durchmesser, die über 40 cm hohe Ringbalken im Doppel-T-Querschnitt das nur aus Sprossen und Glas bestehende Dach tragen. Die Sprossen bestehen aus 7 cm hohen und 4 mm breiten Flachstäben, an die Winkelprofile angeschraubt sind. Der Abstand der in die Winkelprofile eingelegten Glastafeln von der Unterkante der Sprosse beträgt 4,5 cm, der Abstand der Sprossen untereinander 33,5 cm am untersten Auflager (Abb. 134b). Die Sprossen, die vom gußeisernen Ständerwerk an der Peripherie ausgehen, finden, von der Kurve in die Gerade eines Kegelmantels übergehend, mit 6 m und 8 m Spannweite ihr inneres Auflager an den beiden Stützenringen. Der noch zu überdeckende Mittelteil mißt 16,5 m. Eine vertikale, aus Fensterrahmen gebildete Ständerwand formt einen niedrigen Tambour als Auflager für eine flache Kuppel, die mit nur 2,5 m Stichhöhe in ihrer Kurve annähernd der Stützlinie folgt. Die Sprossen werden in der Kuppelspitze durch einen kleinen Laternenring aufgefangen und zusammengehalten. Indem sie der Stützlinie folgen, sind sie nicht auf Biegung beansprucht und brauchen keine horizontalen Zugglieder, um die

Ringkräfte aufzunehmen. In der äußerst transparent wirkenden Kuppel ist heute eine Rotationsverformung der Sprossen feststellbar: Unter der Belastung des Daches haben sie die radiale Ausrichtung zum Zentrum der Kuppel verlassen. Sie zeigen eine Ausweichung in der Meridianebene auf. Die Verformung erfolgte aber nur soweit, bis die Kanten der Glasscheiben an die Profile angepreßt waren. Durch diese elastische Verformung wurde ein Gleichgewichtszustand hergestellt (Abb. 560). Die Zugspannungen im Knickpunkt der Sprossen an der äußersten Peripherie der Halle wurden durch Zugbänder in Gestalt von Rundeisen mit 1 cm Durchmesser aufgenommen.

Abschließend ist zu sagen, daß das statische Wissen der Ingenieure – das noch nicht mathematisch abgesichert war, sondern intuitiv und auf Experimente aufbauend – eingesetzt wurde und im Laufe des 19. Jahrhunderts Schalenkonstruktionen verwirklicht hat, die in ihrer Ausbildung zum größten Teil biegefrei waren und daher ein Maximum an Konstruktionsökonomie erreichten. Darauf gründet ihre bis heute nicht wieder erreichte Filigranität, die bei der Betrachtung dieser Bauwerke unser Erstaunen hervorruft.

Die Sprosse

Schmiedeeiserne Sprossen konnten sich gegenüber Holz und Gußeisen erst mit der technischen Entwicklung des Walzens von Profilen durchsetzen. Wie bereits erwähnt, ist Loudon ein Pionier in der Entwicklung und Anwendung gewalzter Sprossen, die er so ausbildete, daß sie auch als Tragwerk in Form von Schalen für kurvenlineare Dächer eingesetzt werden konnten. Das Profil dieser gebogenen Sprossen hatte einen kreuzförmigen Querschnitt, wodurch einerseits ein Auflager für die Glasplatten, andererseits die nötige Seitensteifigkeit hergestellt wurden.

Die Entwicklung schildert Loudon 1817 in seinen ›Remarks on the Construction of Hothouses‹. Ein Ausgangspunkt waren schmiedeeiserne Flacheisen, auf die verschiedene verzinkte Bleche zur Aufnahme der Glastafeln und zur Abführung des Kondenswassers aufgeschoben und verschraubt wurden. Der nächste Schritt bestand darin, die durch Blech erreichte Profilform durch Walzen herzustellen. Die erste Profilform, die Loudon im Mai 1816 der ›Horticultural Society‹ vorstellte, waren ein Voll- und Halbprofil mit Falz (Abb. 132 a).[393] Mit diesem Profil großer Steghöhe erzielte er nicht nur eine vermehrte Tragfähigkeit der Sprosse, sondern auch eine Verminderung des Materials und damit auch der Lichteinbuße im Inneren der Gewächshäuser im Vergleich zu den Sprossenformen mit breiten Falzen. Diese Sprossen konnten im erwärmten oder kalten Zustand zur gewünschten Kurve gebogen werden und wurden, gleich nachdem die Verformung erfolgt war, mit Antikorrosionsanstrich versehen oder verzinkt.[394]

Bei flachgeneigten Dächern, z.B. beim ›Ridge-and-furrow‹-Dach, schlug Loudon eine Kombination einer gewalzten Sprosse mit einer am unteren Ende befestigten verzinkten Blechrinne zur Ableitung des Kondenswassers vor. Die weitere Entwicklung, die Loudon einleitete, bestand darin, in der Verglasung auftretende Undichtigkeit durch eine Profilierung gewalzter Sprossen in Form von Wasserrinnen im Falz oder am unteren Stegende zu verhindern (Abb. 139, Fig. 28). Spätere Beispiele dafür finden sich im ›Handbuch der Architektur‹[395] von 1894. Neben den aus einem Stück bestehenden Sprossen, wurden auch Sprossen aus L-Profilen und Flachstäben hergestellt. Ein Beispiel dafür ist die im Kibble Palast in Glasgow verwendete gebogene Sprosse. Ein 70 × 4 mm Flachstahl wurde mit Winkelprofilen als Falz versehen (Abb. 134 b).

Sprossen bzw. Fenstereisen (window-iron) sind von allen Walzeisen die ältesten und noch vor den Schienen in England angefertigt worden.[396] Ihre Verbreitung in Form von Winkel- und L-Eisen fanden sie bereits in den zwanziger und dreißiger Jahren in England und Frankreich.

In der Fabrikation gewalzter Sprosseneisen lassen sich drei Haupttypen unterscheiden:

a) *L-förmige Sprossen*

Die Glastafeln werden auf den waagerechten Schenkeln der Profile gelagert. Als kleinstes Maß für die Auflagerung gilt die Breite von 6 mm. Zusammen mit dem nötigen Spielraum ist die nötige Tiefe des Schenkels demnach 10 mm. Die Steghöhe richtet sich nach der Glasdicke. Da sich die Glastafeln an der Querfuge überdecken, muß die Steghöhe mindestens gleich der doppelten Glasstärke zuzüglich des Kittbettes sein. Die geringste Höhe ergibt sich demnach bei 3 mm starkem Glas mit etwa 28 mm. Das kleinste verwendbare Glasprofil ist 2,5 × 2,5 cm. Bei langen Dächern werden in Rücksicht auf die Temperaturdehnung bewegliche Längsfugen gerne angewendet: Man bedient sich in diesem Fall zweier nebeneinanderliegender L-Eisen, wobei die Dichtung und der Zusammenhalt durch eine Blechkappe hergestellt wird.[397]

b) *Kreuzförmige Sprossen*

Sie sind eine Fortentwicklung der Loudonschen Form und besitzen bei gleichem Materialverbrauch eine größere Tragfähigkeit als die L-Sprossen. Sie sind der Grundtypus der in Gewächshäusern verwendeten Sprossen. Bei Verwendung von unterstützenden Querpfetten ist gegenüber L-Eisen eine technisch schwierigere Verbindung nötig (Abb. 132, 133).

c) *Rinnensprossen*

Die Schwierigkeit bei bloßer Verkittung eine völlig dichte Längsfuge zu erreichen hat dazu geführt, das durchdringende Wasser in besonderen Rinnen im Falz abzuleiten. Auftretendes Kondenswasser wurde durch zusätzliche Rinnen am unteren Stegende aufgefangen, Maßnahmen, wodurch nicht nur der kontrollierte Abfluß des Wassers, sondern auch eine Verstärkung der Tragfähigkeit der Sprosse bei gleichzeitiger Materialersparnis erzielt wurde. Beim Bau von Gewächshäusern nach einer Reihe von Experimenten entwickelt und historisch erstmals angewendet, sind diese Rinnensprossen als Vorläufer der Fensterpfosten an den Vorhangfassaden des 20. Jahrhunderts zu finden.

Allgemein sind eiserne Fenstersprossen, infolge ihrer hohen thermischen Leitfähigkeit, anfällig für die Bildung von Kondenswasser. Bei Gewächshäusern tritt wegen der hohen Luftfeuchtigkeit, die zur Kultivierung der Pflanzen nötig ist, vermehrte Kondenswasserbildung auf. Da das herabtropfende, kalte Kondenswasser den Pflanzen schädlich ist, hat man im letzten Viertel des 19. Jahrhunderts bei großen Dachflächen anstelle von Rinnensprossen, die nur wirksam sind, wenn sie ungehindert von Querverbindungen ihr Wasser abführen können, mit Holz verkleidete Eisenprofile verwendet. Ein Beispiel dafür sind die Gewächshäuser in Kopenhagen (1872-1874) und in Berlin-Dahlem (1905-1907).

Für diese Untersuchung haben jedoch die für die Schalenkonstruktionen verwendeten kreuzförmigen Eisensprossen große Bedeutung. Wir besitzen eine Zeichnung im Maßstab 1:1 von Eisensprossen, die Loudon 1816 der ›Horticultural Society‹ vorstellte (Abb. 132a).[398] Diese Sprossen wurden bei der ersten Schalenkonstruktion von Loudon in Bayswater verwendet.

Im Jahre 1833 hatte Ch. Rohault, der Erbauer der ›Gewächshäuser‹ im Jardin des Plantes, eine Studienfahrt nach England unternommen. Sein ausführlicher und mit Zeichnungen illustrierter Bericht wurde 1837 in der ›Allgemeinen Bauzeitung‹ veröffentlicht.

Ch. Rohault gibt genaue Angaben in Form von Beschreibung und Zeichnungen im Maßstab 1:1 über die verwendeten Sprossen der Schalenkonstruktionen. Die von ihm beschriebenen Anlagen waren die in Hackney und ein Glashaus mit ›gekrümmter Glaswand‹, dessen ausführende Firma W. and D. Bailey war, der Partner von Loudon. Mit diesem Bericht erhalten wir genaue Angaben über die von Loudon verwendeten Sprossen und die damals üblichen Profile. Die ›gekrümmten Falzträger‹ wurden gewalzt hergestellt. Die Eisenbogen standen 17 cm voneinander entfernt; sie ruhten unten auf einer gußeisernen Platte und oben an der Mauer ohne eine weitere Unterstützung auf. Rohault schreibt: »Hier fällt besonders die geringe Größe der Falze ins Auge. Solche verursachen zwar einige Schwierigkeiten bei der Festlegung der Scheiben, allein sie gewähren den Vorteil, daß die größeren Falzträger nicht unnötigerweise breite Schatten werfen. Alle diese eisernen Bestandstücke sind sehr weich; sie werden kalt bearbeitet und mit Hammerschlägen gekrümmt, worin die Arbeiter eine besondere Fertigkeit besitzen. Das Gewicht eines Menschen – wenn er es auf diese Träger einwirken läßt – wäre nicht imstande, sie zu biegen. Wo man sie mit dem nächsten Träger vereinigen will, feilt man den kornißförmigen Teil aus, legt oben die Querstange ein und erhält sie mittels zweier Keile in ihrer Lage (Abb. 133 a, b, c).[399]

McIntosh gibt zwei gewalzte schmiedeeiserne Sprossen im Maßstab 1:1 wieder (Abb. 132 b, c). Er beschreibt, daß diese Profile öfter angewendet wurden und, von Maschinen hergestellt (gewalzt), billiger und stärker im Verhältnis zu ihrer Größe als gußeiserne Sprossen sind. Sie sind aber rostanfälliger; dem zu begegnen, sollten sie nach der Fertigstellung gleich angestrichen werden.[400] An einer anderen Stelle schildert McIntosh die Sprossen, die Loudon bei Bretton Hall verwendet hat: »Das Tragwerk des Glasgewölbes der 51 mm hohen Sprossen maß an seiner dicksten Stelle 12,5 mm und wog nur ca. 1 Pfund pro Fuß.«[401]

Anhand dieses Materials können wir eine ungefähre Berechnung über den Materialaufwand der Schalenkonstruktionen aus Glas und Eisen anstellen. Bei den Loudonschen Konstruktionen kleinerer Dimensionen bis ca. 6 bis 9 m Spannweite hatte der laufende Meter der verwendeten Sprossen, auf der Grundlage der Abb. 132 a berechnet, ein Gewicht von 1,10 kg. Bei einem Sprossenabstand von 17 cm wog die Dachkonstruktion ohne Glas ca. 6,5 kg pro m². Nach den Angaben, die McIntosh zu Bretton-Hall machte, wog ein laufender Meter Sprossen 1,66 kg. Das ergibt bei 17 cm Sprossenabstand ein Konstruktionsgewicht von 9,8 kg pro m², bei einer freien Spannweite von 17 m. Diese Zahlen belegen den ökonomischen Einsatz des Eisenmaterials und erklären die Leichtigkeit und Eleganz der frühen Schalenkonstruktionen.

Zusammenfassung: schmiedeeiserne Schalenkonstruktionen des Gewächshausbaues als neue Tragwerksform

In den Anfängen der Verwendung des Eisens für den Hochbau, war es der Gartenarchitekt Loudon, der als begeisterter und engagierter Verfechter des neuen Materials versuchte, für den Gewächshausbau Eisen zu verwenden. Seine theoretischen Untersuchungen für eine optimale Überdachung der Gewächshäuser gehen von einer maximalen Ausnutzung der Sonnenstrahlen im Winter aus. Er betrachtet den Sonneneinfall auf die Glasscheiben und dessen Reflexion bei unterschiedlichem Winkeleinfall. Das Ergebnis seiner Arbeit hat er 1817 in der Publikation ›Remarks on the Construction of Hothouses‹ veröffentlicht. Er fand, daß die Idealform für eine Gewächshaushaut eine kuppelförmige Abdeckung oder ein Dach mit gefalteten Flächen sei. Bei diesen Dachausbildungen fällt der Tagessonnenanteil verhältnismäßig lange Zeit senkrecht auf die Glasscheiben; dadurch ist die Reflexion der Sonnenstrahlen minimal. In der gleichen Zeit ist G. Mackenzie auf ähnliche Ergebnisse gekommen. »Der Baronette Mackenzie glaubt bei Bestimmung der besten Form für Glasflächen von Treibhäusern von dem Satz ausgehen zu können, daß diejenigen vor allem den Vorzug verdienen, bei denen, solange als die Sonne scheint, die Strahlen derselben täglich das ganze Jahr hindurch auf irgendeine Stelle des Daches senkrecht auffallen. Er findet dann, daß dies bloß dadurch realisiert werden kann, wenn man dem Glasdach die Gestalt der Oberfläche des vierten Teiles einer Kugel gibt und dasselbe so gegen die Sonne richtet, daß es dem größten Abschnitt des Kreises entspricht, welchen die Sonne bei ihrem Lauf beschreibt. Da es indessen kaum ausführbar ist, jeder Glasscheibe die Gestalt eines kleinen Kugelabschnittes zu geben, so werden wir uns mit einer polyedrischen Glasfläche begnügen müssen, als der Form, welche der Kugelgestalt am nächsten kommt.«[402]

Rohault, der Erbauer der Gewächshauser im Pariser ›Jardin des Plantes‹ schreibt: »Die Hauptvorteile bei der Verwendung gekrümmter eiserner Falzträger für Glashäuser (u. a.) sind folgende: eine große Gleichmäßigkeit beim Einfall der Sonnenstrahlen.«[403]

Eine weitere Konsequenz der Loudonschen Untersuchungen ergab, daß möglichst keine Konstruktionsteile bei der Dachausbildung in den abgedeckten Raum hineinragen sollen. Außerdem sollten die Konstruktion und das Sprossenwerk einen minimalen Querschnitt erhalten, da die Breite des Tragwerkes auf jeden Fall Glasfläche wegnimmt und so die für die Pflanzen lebensnotwendigen Sonnenstrahlen abhält. Aus diesen Funktionen, die sich aus der Pflanzenzucht ergaben, wurden Randbedingungen abgeleitet und eine ideale Gewächshausausbildung definiert: ein Rotationskörper, dessen Traggerüst sich in der Ebene der Glashaut befindet. Die optimale Dachform war demnach eine Schalenkonstruktion mit maximalem Glasanteil als Abdeckung. Gleichzeitig wurde erkannt, daß mit Hilfe des neuen Baumaterials Eisen die aufgestellten Forderungen erfüllt werden können, und es dadurch möglich ist, sie in die Realität umzusetzen. Das ist der Grund, warum Loudon mit einer wahren Begeisterung für das neue Material Eisen eintrat und dessen Eigenschaften mit Leidenschaft beschrieb (siehe die Übersetzung von Loudons ›Sketches of Curvilinear Hothouses‹ von 1818, S. 230 ff).

Dieser Sachverhalt erklärt, warum in einem ganz frühen Stadium der Eisenverwendung im Hochbau – als nur primitive Konstruktionen aus Eisen ausgeführt wurden – ein kompliziertes Tragwerksystem, wie schalenartige Bauten aus Stabwerk, realisiert wurde. Sie tauchen erstmals bei Gewächshausbauten auf; auch in der späteren Zeit wurden sie vornehmlich zu diesem Zweck gebaut. Der Theorie folgte die Praxis, und von 1817 an hatte Loudon in verschiedenen experimentellen Gewächshausbauten Schalenabdeckungen auf seinem eigenen Landsitz Bayswater bei London erprobt. Die Versuche wurden mit Hilfe der Eisenbaufirma W. and D. Bailey – seines späteren Partners – durchgeführt. Aus diesen Versuchen sind wesentliche Impulse für die Verwendung von Eisen im Hochbau ausgegangen.

Als erstes brachte das Loudonsche Prinzip ›kurvenlineare‹ Dächer hervor, eine ganz neue Tragwerkform. Es wurde erstmals in der Baugeschichte eine aus Stabwerk und Glas bestehende diskontinuierliche Schalenkonstruktion hergestellt. Sie bewirkte in ihrer Entwicklung von 1817 bis 1872 einen eigenen Bautypus. Die einzelnen Objekte dieser Reihe wurden im Katalogteil aufgenommen und behandelt. Diese Häuser bilden Konstruktionstypen die in ihrer konsequenten Durchbildung später nie wieder aufgetaucht sind: Maximale Transparenz und Leichtigkeit, verbunden mit sphärischen Flächen, die im Sonnenschein glänzen, repräsentieren die Architektur in einer immateriellen Raumbildung. Innen- und Außenraum werden durch die Schwerelosigkeit der raumbegrenzenden Hülle aufgehoben. Die Trennung ist eine dünne Membrane geworden, die die Außenwelt in den Raum einbezieht. Es entsteht ein neues, bisher unbekanntes Raumempfinden.

Wie richtig es ist, die aus Sprossen und Glas erstellten Schalen als diskontinuierlich zu betrachten, zeigt das Beispiel des 1872 erbauten ›Kibble Palace‹ in Glasgow. Die zentrale Kuppel, auf zwölf Stützen ruhend, mit einer freien Spannweite von 19 m wird von den den Meridianlinien folgenden Sprossen gebildet. Die Sprossen laufen in einem in der

Mitte der Kuppel angeordneten gußeisernen Ring zusammen (Abb. 560). Auf der Abbildung ist deutlich zu erkennen, daß die Konstruktion sich um die vertikale Achse gedreht hat, soweit, bis sich die nicht genau eingepaßten Glasscheiben verkanteten und die nötige Stabilität gegen Verschieben wieder herstellten. Die aus der Drehung entstandene S-förmige Deformation der Sprossen ist deutlich zu erkennen. In dieser Konstruktion hat die Verglasung eine statische Aufgabe erhalten; sie übernahm die Rolle, die entstandenen Schubkräfte weiterzuleiten. Ein anderes Beispiel für die Ausbildung einer diskontinuierlichen Schale beschreibt Loudon selbst: »Als das Eisengerüst aufgestellt war, ehe es verglast wurde, konnte der leichteste Wind das Gewölbe vom Boden bis zur Spitze in Bewegung setzen ... sobald das Glas eingesetzt war, stand es, wie auch immer, völlig fest und stark gegründet.«[404]

Die Verglasung bestand meistens aus nur 3 mm dicken Glasscheiben, die relativ klein waren, damit sie mühelos die gebogenen Flächen nachbilden konnten. Sie hatten den Sprossen entsprechend in der Regel 14 bis 24 cm Breite und 10 bis 15 cm Höhe und wurden kreisbogenförmig zugeschnitten, um die Wassertropfen in der Mitte der Fuge zu führen. Es ist wahrlich eine bewunderungswürdige Kühnheit, eine Konstruktion zu erstellen, in der das Material Glas eine wesentliche statische Funktion übernimmt. Diese Verwendung des Glases ist in der Architekturgeschichte ein einmaliges Novum und wurde nur in den Schalenkonstruktionen Loudonscher Art für Gewächshausbauten praktiziert. Ihr praktisches Ergebnis war eine bis dahin unerreichte Transparenz.

Das zweite Gebiet, in welchem eine Pionierleistung bei den Loudonschen Experimenten hervorgebracht wurde, ist der Anteil an der Entwicklung der Walzprofile. Von Anfang an wurden von Loudon gewalzte Sprossen für die Errichtung von Schalenkonstruktionen verwendet: »Jedes Fensterrahmenprofil und jeder Stil können nach einer einfachen Veränderung der Maschinen in Hälften hergestellt werden; damit würde es über zwanzig Arten geben. Gebogen, oder in Form gebracht, indem sie verarbeitet werden, können sie verzinkt werden, so daß dem Rost sogar unabhängig vom Gebrauch von Farbe für viele Jahre vorgebeugt ist.«[405] Vor dieser Zeit wurden Walzprofile für den Hochbau noch nicht eingesetzt. Durch ihre Verwendung bei den Experimenten in Bayswater House wurde erstmals die Möglichkeit des industriellen Baues aufgezeigt.

Drittens wurde auf Dauerhaftigkeit und Ökonomie des Eisens hingewiesen. »Sie [die Eisensprossen] haben eine größere Lebensdauer, und weniger Glas bricht darin ... unsere Profile sind fest und deswegen nicht dem gleichen Verfallprozeß [wie Holz] unterworfen.«[406] Diese Aussage hat die Zeit bestätigt, der ›Kibble Palast‹ von 1872 in Glasgow – vor über 100 Jahren errichtet – ist in einem ausgezeichneten Zustand. Ebenso gibt es ein Beispiel aus Mitteleuropa: das Gewächshaus von Hluboká nad Vltavou, das sogar 133 Jahre alt wurde und noch voll in Betrieb ist.

Die ökonomische Behandlung der Tragstäbe als Glassprossen in den erstellten Schalenkonstruktionen brachte eine bisher unerreichte Leichtigkeit mit sich. Die leichtesten Eisendachstühle für Eisenbahnhallen wogen um 50 kg pro m². Der Lokomotivschuppen von St. Johann in Saarbrücken mit einer Spannweite von 24 m von Schwedler hatte ein Dachstuhlgewicht von 23,65 kg pro m².[407] Dies war schon eine erstaunliche Reduktion des Eisenbedarfs. Trotzdem wurde dieses Gewicht bei schalenartigen Konstruktionen für Gewächshausbauten noch radikal unterboten. Beispielsweise hatte das Sprossenwerk des Wintergartens von Mr. Beaumont in Bretton Hall mit einer freien Spannweite von 17 m ein Gewicht von 9,8 kg pro m².

Viertens hat Loudon für seine Glas-Eisenarchitektur eine neue ästhetische Betrachtung beansprucht. Mit seinem selbstbewußten Auftreten in Publikationen und durch gebaute Beispiele wurde die Tauglichkeit der Schalenkonstruktionen – in dem neuen Baumaterial ausgeführt – unter Beweis gestellt. Sie nehmen einen wesentlichen Platz in der Konstruktions- und Baugeschichte des Eisens im 19. Jahrhundert ein.

Am Schluß soll ein Zitat Loudons stehen, der sich ›philosophischer Gartenkünstler‹ nannte und der – obwohl er weder Architekt noch Ingenieur war – wesentliche Impulse in der Konstruktionsentwicklung der eisernen Tragwerke gab: »Anstelle der gewöhnlichen Conservatories, die mit den Wohnhäusern verbunden sind, stellen Sie sich ein erhabenes gewölbtes Dach, ganz und gar transparent, vor – und verbunden mit ihm – in Übereinstimmung mit der Größe und dem Stil des Herrenhauses – kugelförmige Vorsprünge, hohe runde Türme, überragt von orientalischen Glaskuppeln oder anderen schönen oder charakteristischen Formen, alle transparent und von anhaltender Dauer. Ist das nicht ein Fortschritt, etwas durch neue Formen und fast vollkommene Transparenz zu ersetzen, was gleichermaßen für den Mann mit Geschmack und den Gartenkünstler erfreulich ist? – Die in diesem Aufsatz behandelte Erfindung, die die größte Schönheit und Mannigfaltigkeit von Formen bei höchstmöglicher Lichtdurchlässigkeit zuläßt und einen Grad der Haltbarkeit gewährleistet, der allein durch die Stärke der britischen Metalle begrenzt ist, diese Erfindung soll wirksam dazu beitragen, dieses wünschenswerte Ziel zu erreichen.«[408]

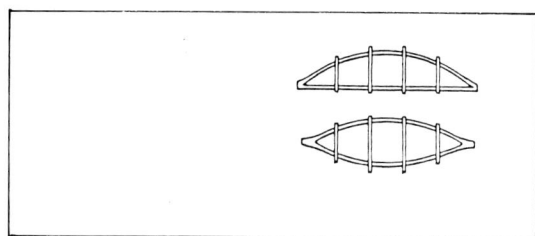

105 Georg Ludwig Friedrich Laves, Herrenhausen, 1839, Balken

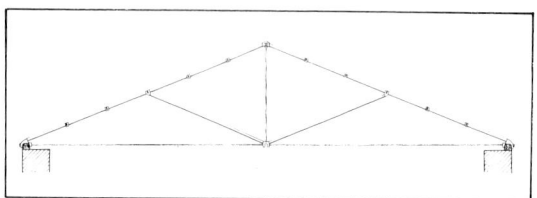

106 M. G. Veugny, Paris, Marché de la Madeleine, entworfen 1824, gebaut 1835-1838 (abgerissen), schmiedeeiserner Dachstuhl

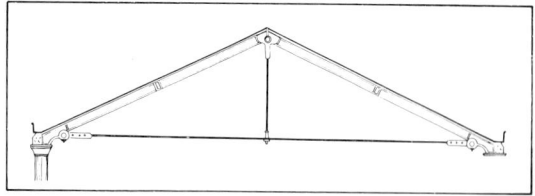

107 Friedrich Ludwig von Sckell, München, Nymphenburg, Eisernes Gewächshaus, 1807 (Umbau 1867), schmiedeeiserner Dachstuhl

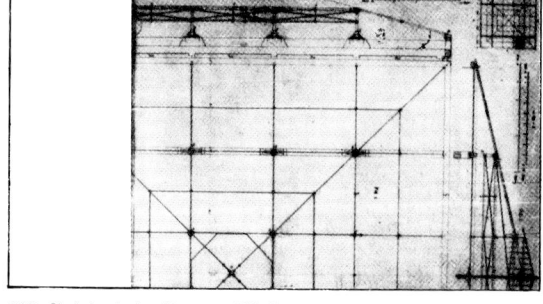

108 Christian Leins, Stuttgart, Villa Berg, 1842, schmiedeeisernes Zeltdach

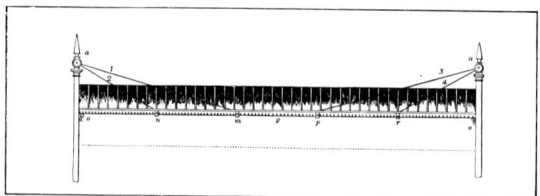

109 Charles McIntosh, Seitenansicht eines Hängedachs, Projekt, um 1841

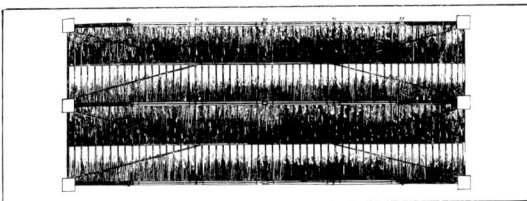

110 Charles McIntosh, Aufsicht eines Hängedachs, Projekt, um 1841

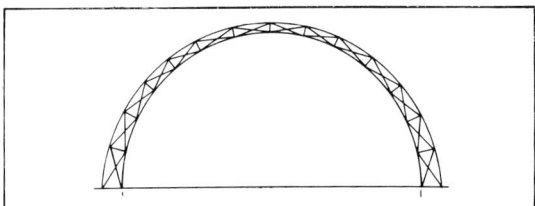

111 August von Voit, München, Residenz, Wintergarten Ludwigs II., 1869/70 (abgerissen), schmiedeeiserner Bogenfachwerkbinder

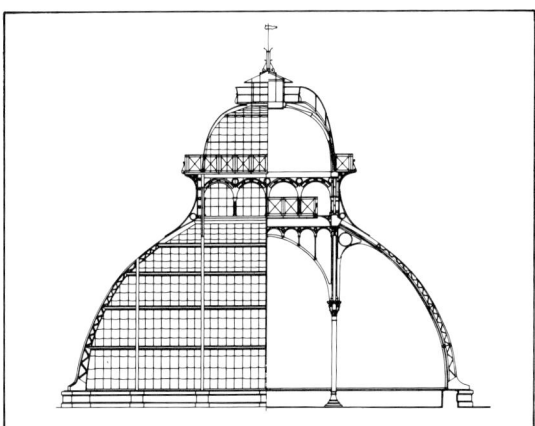

112 Franz von Sengenschmid, Wien, Schönbrunn, Palmenhaus, 1882, schmiedeeiserner Bogenfachwerkbinder

113 Charles Albert Gautier, Paris, Weltausstellung, Halle für Gartenkunst, 1900 (abgerissen), schmiedeeiserner Zweigelenkbogen-Fachwerkbinder

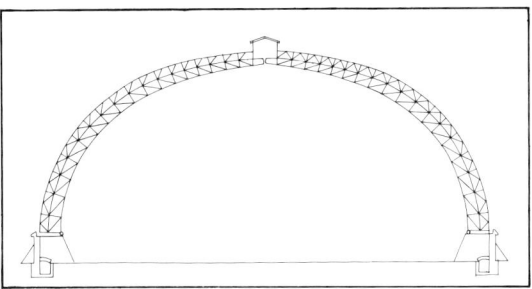

114 Hubert Stier, Johannes Otzen, H. und O. Greiner, Berlin, Flora, Wintergarten, 1873 (abgerissen), schmiedeeiserner Dreigelenkbogen-Fachwerkbinder

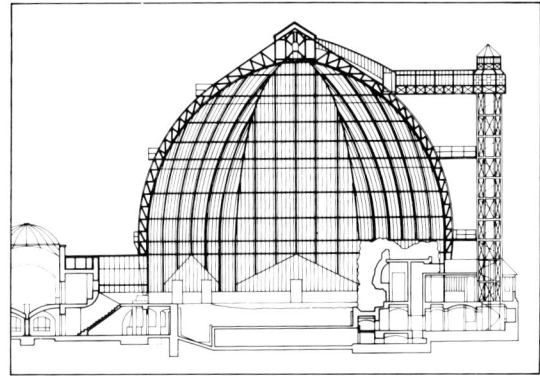

115 Alfred Koerner, Berlin-Dahlem, Botanischer Garten, Großes Palmenhaus, 1905-1907, schmiedeeiserner Dreigelenkbogen-Fachwerkbinder

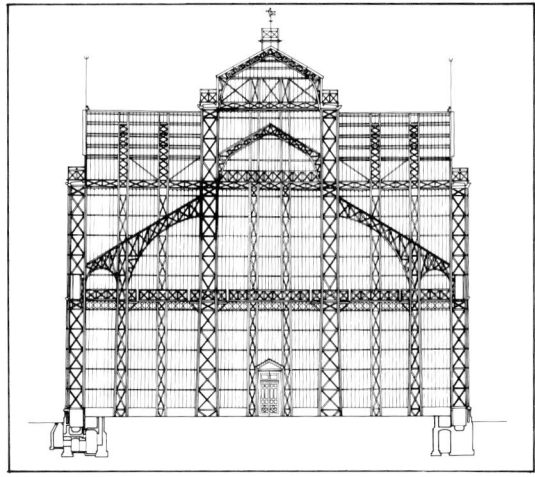

116 Aughagen, Herrenhausen, Palmenhaus, 1879 (abgerissen), räumliches Fachwerk, Schnitt

223

117 George Mackenzie, Kuppel eines Gewächshauses, Entwurf, 1815

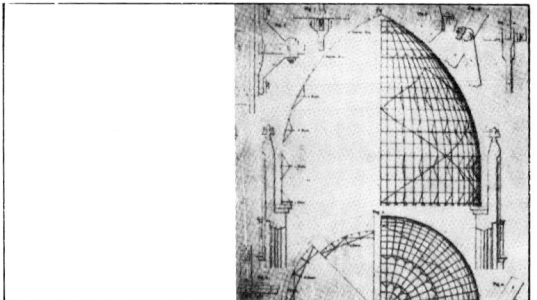

118 Georg Moller, Kuppel des Mainzer Doms, 1828

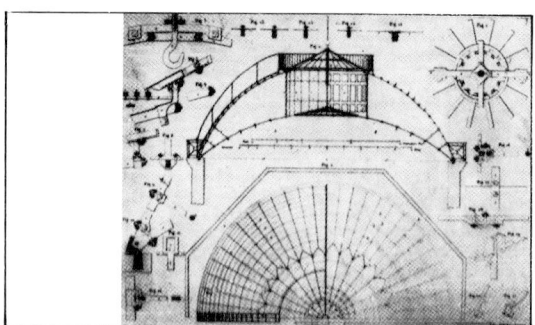

119 Görz, ›Mantelkuppel‹ des Wiesbadener Schlosses, 1839

120 Owen Jones, London, Muswell Hill, People's Palace, Wintergarten, Kuppel mit Bogenfachwerkbindern, Projekt, 1859

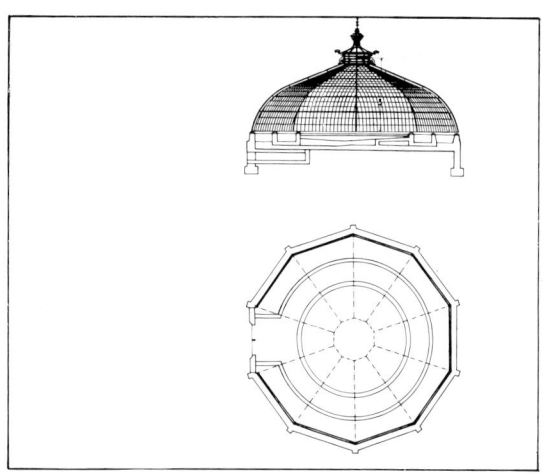

121 Schulze, Berlin-Schöneberg, Alter Botanischer Garten, Kuppel des Victoria regia-Hauses, 1882 (abgerissen)

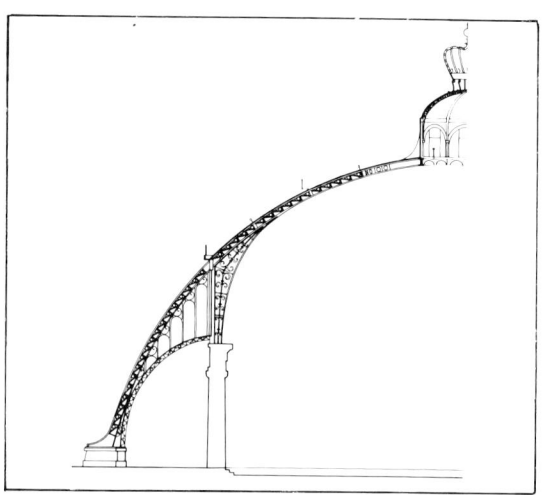

122 Alphonse Balat und Henri Maquet, Laeken bei Brüssel, Wintergarten, 1875/76, Bogenfachwerkbinder

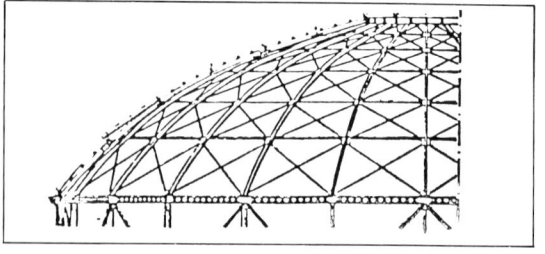

123 Johann Wilhelm Schwedler, St. Johann, Lokomotivschuppen, 1863, Kuppel als räumliches Fachwerk

127 John Claudius Loudon, Sezincote, Indian Villa, Gewächshaus als Erweiterungsbau, Entwurf, 1817

124 John Claudius Loudon, Kuppel eines Gewächshauses in Halbkugelform, Entwurf, 1817, Aufriß

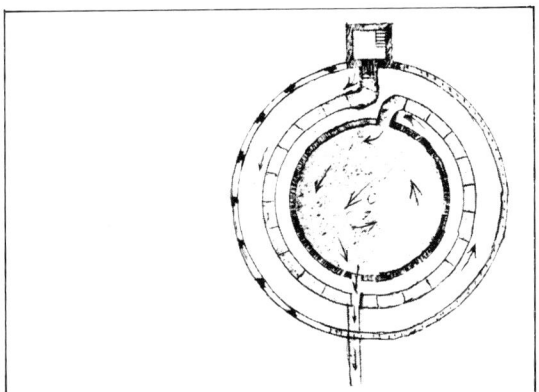

125 John Claudius Loudon, Kuppel eines Gewächshauses in Halbkugelform, Entwurf, 1817, Grundriß

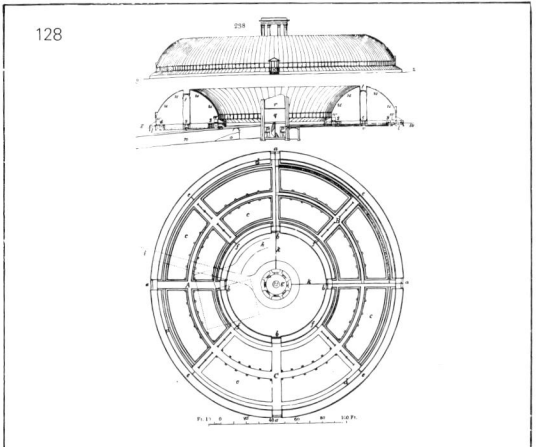

128

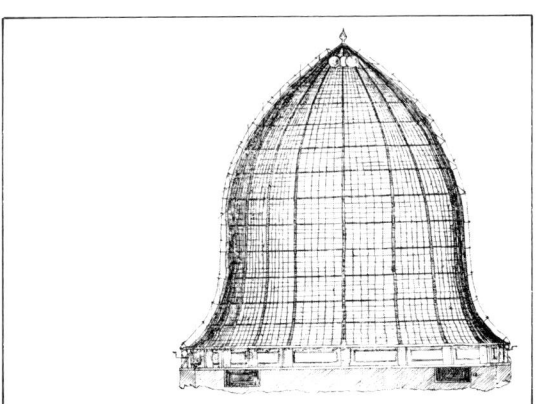

126 John Claudius Loudon, Kuppel eines glockenförmigen Gewächshauses, Entwurf, 1817, Aufriß

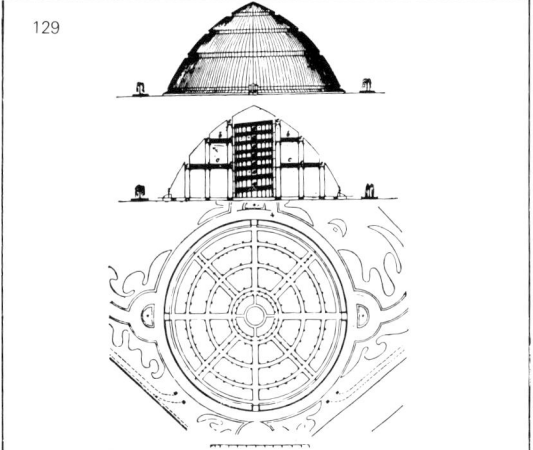

129

128, 129 John Claudius Loudon, Birmingham, Botanical and Horticultural Garden, Wintergärten
Ringförmiges Gewächshaus, Entwurf, 1831 (oben)
Kuppelförmiges Gewächshaus mit innerem, gußeisernen Tragskelett, Entwurf, 1831 (unten)

130 Henry Phillips, London, Surrey Zoological Garden, Glasmenagerie, 1831 (abgerissen), Kuppel

132-134 Entwicklung der schmiedeeisernen Sprossen nach zeitgenössischen Angaben

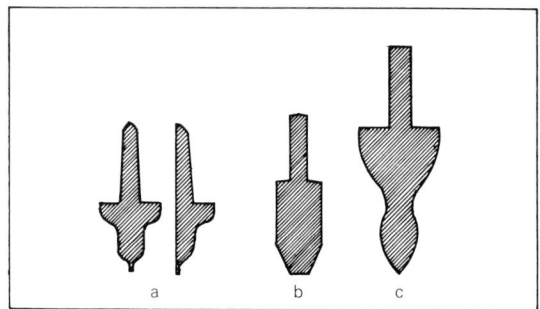

132 a John Claudius Loudon, 1817,
b und c Charles McIntosh, 1853

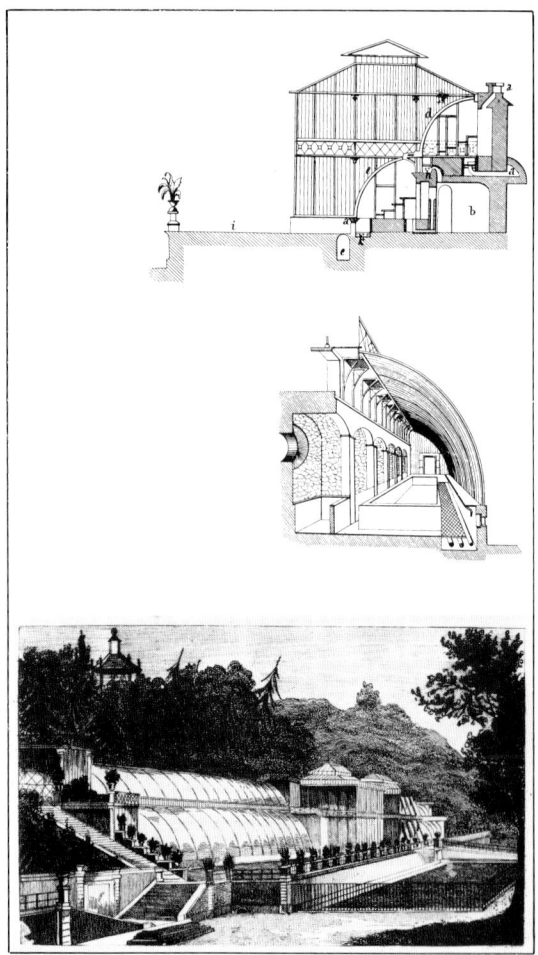

131 Charles Rohault, Paris, Jardin des Plantes, Gewächshaus, Seitenflügel, 1833, Zylinderschale

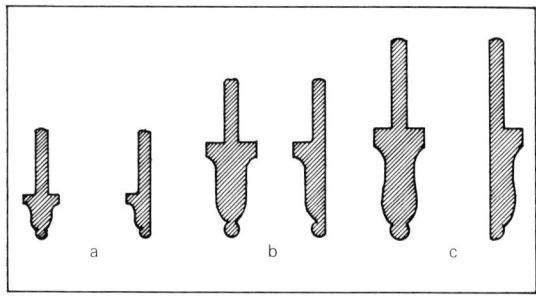

133 a, b und c Charles Rohault, 1837

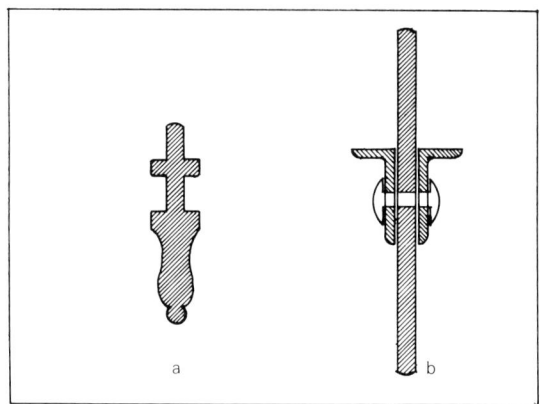

134 a Ludwig Persius, 1838, b John Kibble, 1865, 1872

John Claudius Loudon, ein Pionier und Theoretiker des frühen Gewächshausbaues in England

J.C. Loudon, wurde am 8. April 1783 in Campuslang (Lanarkshire) in Schottland geboren. Er wuchs in Edinburgh auf, beschäftigte sich schon sehr früh mit Pflanzen und Gärtnerei und ging 1803 nach London, wo er sofort Aufträge als Landschaftsgärtner aufgrund seiner ausgezeichneten Ausbildung in Botanik, Chemie und Agrikultur erhielt. Im gleichen Jahr (1803) veröffentlichte er seinen Artikel ›Beobachtungen zur Anlage öffentlicher Plätze in London‹ in ›The Literary Journal‹. Darin griff er die damalige Planung an und schlug vor, statt der düster wirkenden Eiben und Fichten, die auf den Plätzen Londons standen, Sykomore-Bäume – die amerikanischen Platanen – und Mandelbäume zu pflanzen, die mit ihren großzügigen Kronen nicht nur ein schöner Anblick wären, sondern auch den Staub der Stadt mindern würden. Übrigens wurde der Vorschlag angenommen, und noch heute finden wir auf allen Plätzen Londons diese Laubbäume.

1804 schrieb J.C. Loudon sein erstes Buch, das während der Planung für die Palace Gardens des Earls of Mansfield entstand: ›Beobachtungen zur Gestaltung und Verwaltung von Nutz- und Zieranpflanzungen – zur Theorie und Praxis der Landschaftsgestaltung und zum Gewinnen und Eindämmen von Land aus Flüssen oder dem Meer‹. Er regt darin Bepflanzungen an, indem er ausführlich über die Schönheit und die Notwendigkeit der Wälder schreibt. ›Eine kurze Abhandlung über neuere Verbesserungen bei Gewächshäusern‹ erschien 1805. 1806 wurde sein umfangreiches Buch ›Abhandlung über das Gestalten, Veredeln und Verwalten von Landsitzen‹, mit eigenen Kupferstichen von Landschaftsszenen bebildert, veröffentlicht. Zwei Pamphleten, die er 1807 und 1809 zu landwirtschaftlicher Praxis schrieb, folgten 1812 die Veröffentlichung ›Hinweise für die Anlage von Gärten und Erholungsparks mit Entwürfen zur Konstruktion von Gewächs- und Treibhäusern‹ und ›Beobachtungen zur Anlage von Farmen im schottischen Stil, die England angepaßt werden‹.

J.C. Loudon unternahm 1813 eine Reise durch Schweden, Deutschland, Polen, Rußland und Österreich, wobei er alle großen Schlösser, Landsitze und wichtigen Gärten und Parks besichtigte.

Nachdem er sich intensiv mit der Verglasung von Treibhäusern beschäftigt hatte, erschienen 1817 ›Remarks on the Construction of Hothouses‹ und kurz darauf 1818 ›Sketches of Curvilinear Hothouses‹, in denen das von ihm erfundene Rahmenprofil vorgestellt wurde. Im gleichen Jahr veröffentlichte er: ›Ein vergleichender Überblick über das gewöhnliche und das kurvenlineare Verfahren der Überdachung von Gewächshäusern.‹ 1819 unternahm er eine weitere Reise durch Europa, die ihn diesmal zuerst durch Frankreich, Italien, Belgien und wieder durch Frankreich führte. Gleich nach seiner Rückkehr begann er mit einer Arbeit an der ›Encyclopaedia of Gardening‹, deren erste Ausgabe 1822 erschien. Im nächsten Jahr schrieb er über die unterschiedlichen Arten der Kultivierung von Ananas, von ihrer Einführung in Europa bis zu den Veredlungen von T.A. Knight (1822). Zur gleichen Zeit wurde anonym ›The Greenhouse Companion‹ veröffentlicht – ein Buch, das ganz oder zumindest teilweise von J.C. Loudon verfaßt war.

1825 erschien die ›Enzyklopädie der Landwirtschaft‹ – ein umfassendes Werk. Die Zeitschrift ›The Gardener's Magazine‹, die als erste ganz dem Gartenbau gewidmet war und die er bis zu seinem Tod herausgab, gründete er 1826. 1828 gab J.C. Loudon ›The Magazine of Natural History‹ heraus, das zwar nicht so erfolgreich war wie ›The Gardener's Magazine‹, dafür aber sehr populär und das oft imitiert wurde. 1829 schlug er in einem Artikel dieser Zeitschrift vor, unbebaute Flächen, sogenannte Atemzonen zu schaffen, die sich, eineinhalb Meilen breit, in Abständen um London erstrecken sollten. Im nächsten Artikel vertrat er die Idee, die Abfälle, die ungenützt in die Kanalisation flossen, zum Düngen zu verwenden. Im gleichen Jahr erschienen eine ›Enzyklopädie der Pflanzen‹ und eine ›Abhandlung über Elterninstitutionen mit einem Plan für nationale Erziehungseinrichtungen für Schüler aller Schichten von der Kindheit bis zur Pubertät‹. Die aufwendigen ›Illustrations of Landscape-Gardening and Garden Architecture‹ gab er 1830 heraus. Der Erfolg, den er mit der ›Encyclopaedia of Cottage, Farm and Villa Architecture‹ hatte, bestärkte ihn darin, das ›Arboretum Britannicum‹ in einer monatlichen Folge zu veröffentlichen. Trotz des großen Arbeitsaufwands gab er von 1834 bis 1838 ›The Architecture Magazine‹, das erste Periodikum, das sich ausschließlich der Architektur widmete, heraus, 1838 auch das ›Magazin der Naturgeschichte‹.

1836 hatte er mit einem weiteren Journal, dem ›Suburban Gardener‹, begonnen, so daß er gleichzeitig fünf verschiedene Monatszeitschriften edierte. 1839 folgte der zweite zusätzliche Anhang zum ›Hortus Britannicus‹; 1840 der Anhang zur ›Enzyklopädie der Pflanzen‹ und ›The Derby Arboretum‹; im Dezember 1841 die erste von zehn monatlichen Folgen einer ›Enzyklopädie der Bäume und Sträucher‹, einen Auszug aus dem ›Hortus Lignosus Londinensis‹; 1842 der erste zusätzliche Anhang zur ›Enzyklopädie der Cottage-, Farm- und Villenarchitektur‹ sowie der ›Vorstadtgartenkünstler‹.

Seine letzten beiden Veröffentlichungen schrieb er während einer Lungenkrankheit, seine Schwäche immer wieder überwindend. 1843 erschienen ›Über die Anlage, das Bepflanzen und Verwalten von Friedhöfen‹ und 1845 sein letztes Werk ›Anweisung für junge Gärtner, Förster, Verwalter und Farmer‹, das er durch Krankheit und finanzielle Schwierigkeiten nicht mehr beenden konnte, das aber seine Frau mit Hilfe von Sir Joseph Paxton, Dr. Jamieson und seinem Sekretär Wooster zu Ende führte.

Bisher wurde J. C. Loudon durch seine umfassende Tätigkeit als Publizist und Gartenarchitekt sowie wegen seines Einflusses auf die konventionelle Architektur und Möbelkunst, der auf seine bedeutende Arbeit ›Encyclopaedia of Cottage, Farm and Villa Architecture‹ von 1833 zurückgeht, bekannt, jedoch fanden seine weit wichtigeren Anregungen zur Architektur mit Glas-Eisenkonstruktionen noch keine angemessene Würdigung.

Der 1843 in ›The Builder‹ erschienene Nekrolog vermerkt: »Er hatte eine tiefe Wirkung auf den Geschmack der Zeit und half, dessen Ausdruck in England während des vergangenen Drittels des 19. Jahrhunderts zu verändern. Sein großes Werk (die Enzyklopädie), das 1138 Seiten umfaßt, wurde ein geschätztes Buch für Architekten und Möbelhersteller.«[409]

Seitdem die Bedeutung der Eisenkonstruktionen des 19. Jahrhunderts erkannt wurde, erscheint der Einfluß, der von Loudon ausgeht, in einem ganz anderen Licht. Mit seiner Arbeit wird er in unseren Augen zu einem der wichtigsten Impulsgeber für die frühe Stahlbauentwicklung. In seiner wichtigen Funktion als Theoretiker und Experimentator des neuen Materials Eisen ist er mit J. Paxton gleichzusetzen. Loudon legt mit seinen Versuchen den Grundstein für die großartige Entwicklung der Paxtonschen Architektur.

Jetzt läßt sich beweisen, daß die Konstruktionselemente des ›Kristallpalastes‹, zwar noch nicht klar formuliert, aber doch, wenn auch in kleinerem Maßstab, zuerst in Bayswater auftauchen: die sphärische Abdeckung eines Eisengewölbes, das vorher noch nicht konstruiert worden war und eine Art Faltdach aus Glas und Eisen, das sogar schon konsequent auch für die Seitenwände verwendet wurde. Wir können diese Ausbildung eines Daches als den Vorläufer des ›Ridge-and-furrow‹-Daches betrachten. Paxton nahm in seiner weitsichtigen und praktisch orientierten Begabung diese beiden Elemente auf und entwickelte sie zu jener konstruktiven Reife, die den Kristallpalast in London so einzigartig machte.

135 John Claudius Loudon (1783-1843)

136 Sir Joseph Paxton (1803-1865)

229

Sketches of Curvilinear Hothouses. London 1818
Abb. 137-140, Fig. 1-42

Vorschläge für krummflächige Gewächshäuser mit Beschreibung der verschiedenen Nutzungsmöglichkeiten in der Garten- und allgemeinen Architektur unter Verwendung der vor kurzem erfundenen massiven Walzeisen-sprossen.

J. C. Loudon

Die mangelhafte Konstruktion von Gewächshäusern, sowohl hinsichtlich der Schönheit ihrer Form als auch ihrer Lichtdurchlässigkeit, wurde schon vor langer Zeit erkannt: ersteres von Männern mit Geschmack, letzteres durch aufgeklärte Gartenarchitekten. Kann ein Gebäude abstoßender für das Auge sein als jene freitragenden Glas-Sägedächer, die – obwohl sie überdecken, was man mit Recht als Schauplätze des größten Luxus bezeichnen kann – durch ihre äußere Verunstaltung nach übereinstimmender Ansicht nur als geeignet erachtet wurden, im Küchengarten versteckt zu werden? Müßten nicht viel-mehr solche Plätze, die die verschiedenen tropischen Früchte und Blumen zur Schau stellen und die Fröhlichkeit und Schönheit des Frühlings und Sommers inmitten der fröstelnden Kulisse des Winters bekräftigen, unmittelbar an das Herrenhaus angrenzen oder zumindest dem eleganteren Teil des Wohnsitzes zugeordnet sein? Es ist wahr, daß zahlreiche Versuche unternommen wurden, um dies zu verwirklichen in jenen Winter-gärten, die häufig an die Herrenhäuser angrenzen. Damit sie für diesen Zweck geduldet wurden, verdeckte man ihr Shed-artiges Aussehen mit Steinpfeilern und Brüstungen. Aber die Konstruktion solcher Gebäude ist absolut falsch: in dem Maße, wie sie durch architektonische Formgebung ausgezeichnet sind, leiden die Pflanzen, die behütet wer-den sollen, unter dem Verlangen nach Licht, das durch das Mauerwerk ausgeschlossen ist. Der Zustand der Pflanzen, die den Winter in solchen Wintergärten verbracht haben, beweist das. Kann denn ein Gebäude von einwandfreiem architektonischen Geschmack sein, dessen Architektur im Widerspruch zu seiner Nutzung steht, das, indem es schöner geworden ist, weniger brauchbar wurde?

Wir können davon ausgehen, daß unser Zeitalter zu aufgeklärt und liberal ist zu leug-nen, daß die Form von Gebäuden schön sein kann, ohne jedwede Ordnungsprinzipien der griechischen oder gotischen Architektur aufzuweisen. »Die Erhabenheit oder Schön-heit von Formen«, bemerkte Herr Alison, »entsteht insgesamt aus der Assoziation, die wir mit ihnen verbinden oder den Qualitäten, durch die sie sich uns darstellen.« Können demzufolge Glasdächer nicht besser Ideen von höherer und geeigneter Natur wiederge-ben, als sie durch reine Sheds oder verglaste Arkaden hervorgerufen werden? Stellen Sie sich anstelle einer Reihe verglaster Sheds eine Reihe von einzelnen sphärischen Körpern vor (Abb. 138, *Fig. 18 und 19*) von beinahe vollkommener Transparenz – innen freund-liches Klima und Früchte von mannigfaltiger Farbigkeit, die während des ganzen Tages den ungehinderten Einfluß der Sonnenstrahlen erlangen – und die Konstruktion des Gebäudes, die größte Strenge mit Dauerhaftigkeit verbindet – wie wird Ihr Eindruck sein? Anstelle der üblichen Wintergärten, die den Herrenhäusern direkt angegliedert sind, mögen Sie sich ein leicht gewölbtes, völlig transparentes Dach vorstellen (Abb. 135, *Fig. 10*) und damit verbunden, gemäß dem Stil und der Größe des Herrenhauses, kugelar-tige Vorsprünge, hohe runde Türme, die von orientalischen Glaskuppeln oder anderen schönen und charakteristischen Formen bekrönt werden – alle transparent und von blei-bender Dauer. Wird diese Ablösung durch neue Formen und fast völlige Transparenz nicht eine Verbesserung sein, die gleichermaßen einen Mann mit Geschmack wie auch den Gartenbauarchitekten zufriedenstellen kann? – Die Erfindung, die in diesem Aufsatz behandelt werden soll – sie gibt Spielraum für eine größtmögliche Schönheit und Vielfalt der Form bei einem hohen Maß an Lichtdurchlässigkeit, verbunden mit einer bestimmten

Haltbarkeit, die nur noch von den härtesten britischen Metallen übertroffen werden kann – wird wirksam zu dem erstrebten Ziel beitragen.

Hinsichtlich der allgemeinen Gruppe von Gewächshäusern mag es erwähnenswert sein, daß seit ihrer Einführung in dieses Land vor ungefähr 120 Jahren keinerlei Verbesserung bezüglich ihrer äußeren Form gemacht worden ist. »Obwohl für den gleichen Zweck geplant, sind innen«, wie Herr Knight bemerkt, »kaum jemals zwei in derselben Art konstruiert.« Dies zeigt erstens, daß die Nutzbarkeit mehr geprüft wurde als die Schönheit und zweitens, daß nicht einmal in Hinblick auf die Nutzbarkeit ein großer Fortschritt erzielt wurde, denn wo das der Fall ist, ergibt sich ein gewisser Grad an Einmütigkeit. »Diese Form«, fährt Herr Knight fort, »die die größte Lichtmenge durch das schmalste Glas hindurchläßt und die meiste gleichmäßige Wärme bei einem Mindestverbrauch an Brennmaterial ergibt, muß ganz allgemein die beste sein. Wenn wir eingestehen, daß diese Behauptung zutrifft, wird es sehr leicht sein zu beweisen, daß gegenwärtig wenige unserer Treibhäuser nicht einmal durchschnittlich gut konstruiert sind.«

Eine aufmerksame Prüfung der Verbesserungen, die dieser philosophische Gartenbaukünstler vorgenommen hat, sowie der Schriften von Sir Joseph Banks, Herrn Williams, Sir George Mackenzie und anderer zu diesem Thema; weiterhin die Erfahrung, die aus der fünfzehnjährigen Praxis als Gartenarchitekt stammen sowie die Besichtigung aller wichtigen Gewächshäuser in Großbritannien und auf dem europäischen Kontinent in jener Zeit haben den Autor dieser »Hinweise« in die Lage versetzt, solche Verbesserungen für Gewächshäuser vorzuschlagen, die jeder Idee von Schönheit, Vielfältigkeit oder Eleganz der Form entsprechen und die blühendsten Erwartungen hinsichtlich der Dauerhaftigkeit und Lichtdurchlässigkeit befriedigen. Die wesentliche Quelle für diese Verbesserungen sind massive Walzeisensprossen von großer Festigkeit und Eleganz, die in alle Richtungen gekrümmt werden können, wobei die Festigkeit nicht vermindert wird sondern viel eher zunimmt. Diese Sprossen wurden für die Allgemeinheit zum erstenmal in den »Remarks on the Construction of Hothouses, c« – »Bemerkungen über die Konstruktion von Gewächshäusern« – 1817 beschrieben, kurz nachdem sie erfunden worden waren. Beabsichtigt ist hier, die verschiedenen Anwendungsmöglichkeiten dieser Sprossen hervorzuheben und sie der Allgemeinheit geläufiger und zugänglicher zu machen. In der oben erwähnten Abhandlung, die einen allgemeinen Überblick über den Stand von Gewächshäusern in Britannien und auf dem Kontinent aufgrund einer persönlichen Besichtigung gegeben ist, steht: »In London wird in Kürze eine Vereinbarung getroffen werden, wonach jede Verbesserung, auf die in dieser Arbeit hingewiesen wurde und alle künftigen – soweit sie bekannt werden – ständig beobachtet werden sollen. Ist es eine Verbesserung von angemessenem Wert, so soll sie der Allgemeinheit als Handelsartikel zur Verfügung gestellt werden.«

Dieses geplante Übereinkommen ist jetzt zustande gekommen: was das Aufstellen von Plänen und ihre Ausführung im Land betrifft, das ist unter der Leitung des Autors dieser »Vorschläge«; die Herstellung der vor kurzem erfundenen Sprossen wird die Firma W. und D. Bailey, 272, High Holborn übernehmen.

Die wesentlichen Vorteile, die ein massives schmiedeeisernes Profil oder Rundstab nicht nur gegenüber hölzernen, sondern im Vergleich zu allen Profilen, die bisher benutzt wurden, sei es für Fenster, Oberlichter oder Treibhäuser hat, sind folgende:

1. Sie können in jede Richtung gebogen werden, ohne daß ihre Festigkeit dadurch vermindert wird. So ermöglichen sie bei Frühbeeten oder Treibhäusern jede nur erdenkliche Vielfalt und Schönheit der Form (siehe die verschiedenen Entwürfe, besonders Abb. 140, *Fig. 37*, in Bayswater ausgeführt, als ein Beispiel für das, was hier geltend gemacht wird).

2. Sie können in jeder beliebigen Größe hergestellt werden, und zwar ohne Sparren, nur abhängig von der Lage der Krümmung oder in einigen Fällen durch Vergrößerung der Abmessungen (siehe Abb. 137, *Fig. 10*, und Abb. 139, *Fig. 20*).

3. Sie ermöglichen eine größere Lichtdurchlässigkeit. Die besten in Holz konstruierten Treibhäuserdächer, wie sie von Herrn Aiton kürzlich im königlichen Küchengarten von Kensington errichtet wurden, lassen ein Drittel des Daches lichtundurchlässig; die besten Metallrahmen und Eisensparren ein Viertel bis ein Sechstel; aber diese hier nicht mehr als ein Zehntel, wobei in allen drei Fällen die Glasscheiben das gleiche Format haben (siehe »Remarks« – Bemerkungen – Taf. VIII).

4. Sie haben eine längere Beständigkeit und verursachen weniger Glasbruch. Aus zwei Teilen zusammengesetzte Eisenprofile als mit Wulsten versehene – oder Rundquerschnitte neigen dazu, wenn sie getrennt sind, durch die Feuchtigkeit zu korrodieren und brechen das Glas. Kupfer, Zinn, Eisen und alle Verbundprofile zerfallen somit in ihre Einzelteile infolge von Oxidierung in den Verbindungsfugen. Diese neuen Profile aber sind massiv und unterliegen daher nicht dem gleichen Zerstörungsprozeß. Sie können nur an der Oberfläche rosten, wenn die Verzinkung oder der Anstrich verwittern.

5. Mit all diesen Vorteilen sind sie billiger als Kupfer – oder jenes andere Eisen- oder Metallprofil. In einigen Fällen sind sie sogar billiger als Holz, und im allgemeinen überschreiten sie nicht den Preis für ein Gewächshausdach aus Sparren und Sprossen dieses Materials.

Unabhängig von den krummflächigen Entwürfen, die hier vorgestellt sind und in denen die oben ausgeführten Vorteile nur in vollem Umfang erzielt werden sollen, sind diese Profile, die vorteilhafter sind als alle anderen, für jegliche Art eines gewöhnlichen Gewächshaus- oder Treibbeet-Sprossenrahmens zu verwenden. Sie können entweder so konstruiert werden wie in Abb. 139, *Fig. 21*, dieses Artikels, oder sie werden in Holzrahmen gespannt, was billiger ist als jedes andere Material von ähnlicher Haltbarkeit. – Sie eignen sich für die verschiedensten Glasglocken oder transportablen Glashäuser; für Oberlichter, für die sie die erforderlich notwendige Festigkeit besitzen. Natürlich können sie auch gekrümmt hergestellt werden, weniger gewölbt und mit kleinerer Oberfläche als bisher für Schaufenster, Fenster für Warenhäuser, Depots, Baracken, Krankenhäuser, Kirchen, Theater, Armenhäuser und gewöhnliche Wohnhäuser; für Schlafzimmer, Dienstbotenkammern und alle Fenster in landwirtschaftlichen und privaten Gebäuden der Herrenhäuser; ganz allgemein für jedes Gebäude, bei dem Festigkeit (d. h. ein hohes Maß an Beharrung und Härte, nicht bloß brüchige Härte und geringe Widerstandsfähigkeit wie bei der Verwendung von Gußeisen und Stein), Leichtigkeit im Aussehen, Dauerhaftigkeit, Sicherheit gegen Feuer und Einbrüche wünschenswert sind. Sie sind hingegen nicht empfehlenswert für Wohnräume eleganter Villen, wo man eine große Kompliziertheit der Formen (vor allem Schnörkel, Fries und Gesims) für Eleganz hält. Da solche Formen nicht mit den einfachen Maschinen hergestellt werden können, wie wir sie zur Herstellung unserer wirtschaftlichen Profile benutzen, sind Mahagoni oder Eldorado-Metall, Holzverkleidung, getriebenes Kupfer, Messing für diese Zwecke weitaus geeigneter.

Es gibt noch zwei weitere spezielle Anwendungsbereiche: einmal als Sparren für Eisenbleche- oder Kupferdächer bei Häusern, sehr großen Gebäuden oder Veranden. Eine Profilart (siehe Abb. 139, *Fig. 25*) kann, wenn sie in Längshälften hergestellt wird, vorteilhaft angewendet werden für bestimmte Typen und Rahmen von Türen und Fensterläden, wobei die Paneele mit Eisenblech ausgefüllt und in Nute eingefügt werden. Dadurch ist eine wirtschaftliche Möglichkeit geschaffen, Räume oder ganze Gebäude feuerabstoßend zu machen, zugleich aber auch sicher gegen Einbrecher und von großer Dauerhaftigkeit.

Weitere Einzelheiten hinsichtlich der Vorteile von Walzeisensprossen für Gewächshäuser finden Sie bei Herrn Knight und Sir G. Mackenzie in »Horticultural Transactions for 1817 and 1818« – »Gartenbauliche Unternehmungen in den Jahren 1817 und 1818« – und in dem Artikel »Horticulture« – »Gartenbaukunst« –, der 1817 in der Edinburgher Enzyklopädie veröffentlicht wurde.

Wir haben zehn verschiedene Arten von Profilen aufgezeichnet, von denen fünf in den Abb. 139, *Fig. 23 bis 27*, wiedergegeben sind. Die anderen unterscheiden sich von diesen hauptsächlich in der Größe und Formgebung. Jede Sprosse und der Stil (Abb. 139, *Fig. 35*) können durch eine kleine Umstellung in der Maschine in zwei Hälften hergestellt werden, wodurch insgesamt über 20 verschiedene Arten entstehen. Gebogen oder in die Form gebracht, in der sie verwendet werden sollen, können sie verzinkt werden, so daß sie viele Jahre lang frei bleiben von Rost, sogar unabhängig von der Art des Anstriches.

Beschreibung der Skizzen

Abb. 137, *Fig. 1, 2 und 3*

Spitz-Halbkugel – geplant für ein kleines freistehendes Treibhaus in einem Blumengarten. Bedeckt man das Innere des Daches mit Weinreben, so kann es dem gemeinsamen Zweck einer Laube und eines Weingartens dienen; nahe oder in Verbindung mit einem Salon kann es als Wintergarten für blühende Pflanzen oder jede beliebige besondere Art von Pflanzen genutzt werden, wie z.B. wohlriechende exotische Pflanzen, deren Düfte sich zum Ergötzen mit jenen Wohlgerüchen aus den angrenzenden Salons vermischen mögen.

Abb. 137, *Fig. 4, 5 und 6*

Ovales Haus, das innen für alle erdenklichen speziellen Zwecke ausgerichtet werden kann. Das Dach des rückwärtigen Shed ist aus Eisen. Die Türen werden auf der Zeichnung mit a,a gekennzeichnet.

Abb. 137, *Fig. 7, 8 und 9*

Kugelähnliche Form, innen als ein Treibhaus für Ananas eingerichtet, die im Vergleich zur Dachweite eine größere Beetfläche bietet als allgemein üblich. a = eine der beiden Säulen, die ein verankertes Gewölbe stützen, um den oberen Teil der Rückwand zu tragen.

Abb. 137, *Fig. 10 und 11*

Dom-Conservatory, in dem weder Sparren, Balken noch Zugbänder verwendet werden. Sind die Seitenflügel nicht erwünscht, so kann die Säulenreihe (a,a) durch eine Reihe verglaster Sprossen ersetzt werden. Einige geschmückte Eisenstäbe werden dann als Strebepfeiler den Platz der Seitenflügel einnehmen und das zentrale Dach tragen. b = Rosetten- oder marygold-Fenster, die an Zapfen befestigt der Luftzufuhr dienen.

Abb. 138, *Fig. 12, 13, 14 und 15*

Pfirsich- oder Kirschhaus, bei dem Sprossen auf Eisensparren aufliegen und in ihrem oberen Winkel um ein Gelenk drehbar sind. Jede Reihe von der Vorder- bis zur Rückwand ist durch ein abgestuftes Seil oder einer Kette miteinander verbunden, so daß gleichzeitig alle zusammen hochgehoben werden können bis zu jedem beliebigen Winkel außer dem, der auf dem Niveau der oberen Sprosse liegt und nicht über die Senkrechte hinausgeht, um sich so dem jeweiligen Sonnenstand des Tages oder der Jahreszeit anpassen zu können oder auch einem Regenschauer Zutritt zu gewähren etc. (siehe »Remarks«, S. 32 ff.). – a,a = Dampfrohre; b,b = Querwände, die die abgeschrägte Rückwand stützen. Über ihre Vorteile in Gewächshäusern siehe Facio in »Fruit Walls Improved« – »verbesserte Wände für Früchte« – oder »Remarks«.

Abb. 138, *Fig. 16 und 17*
Treibhaus für Wein – mit einem am First befestigten Dach und Säge- oder Doppel-Meridian-Prinzip. Der Grundriß zeigt den Zugang und die Aneinanderreihung von einzelnen Häusern, die gegen die Wand, die mit den rückwärtigen Sheds die Lobbies bilden, gestellt sind. Das ist im Winter sehr nützlich, um ein plötzliches Eindringen kalter Luft zu verhindern und im Sommer die Ventilation zu unterstützen.

Abb. 138, *Fig. 18 und 19*
Gesamteindruck von krummflächigen Gewächshäusern, die an Gartenmauern aufgestellt sind. a,a = Türen der Vorhallen; b = Treibhaus; c = Ananas-Haus; d = Haus der Pfirsiche oder Kirschen nach dem Prinzip von Abb. 138, *Fig. 12.* Dies ist bisher das einzige Haus, das entworfen wurde, in dem Bäume oder Pflanzen die Vorteile der frischen Luft mit denen eines Treibhauses verbinden können. Kein anderes Haus kann einen Regenschauer oder die direkten Sonnenstrahlen an jedem Punkt aufnehmen. e = Doppel-Meridian-Dächer wie in Abb. 138, *Fig. 17;* f = Schnitte von fast sphärischen Körpern.

In all diesen Fällen wird die Ventilation bewirkt durch Öffnungen nahe dem Boden in den Vorder- und Abschlußwänden und nahe dem Scheitel der Rückwand oder durch bewegliche Scheiben (nach dem Prinzip von Abb. 140, *Fig. 39 und 40*) in den unteren und oberen Teilen der Glasdächer. Für die Beheizung sollen entweder Dampf- oder Rauch-Heizrohre verwendet werden, in jedem Fall mit Trichterfeuerung. Aber Dampf ist weitaus am besten. Empfehlenswert ist Herr Kewley's »Künstlicher Gärtner«, der die Temperatur anzeigt (durch Klingeln) und sie reguliert (durch Öffnen der Ventilatoren, Schüren des Feuers usw.). Diese raffinierte Maschine gewährt eine absolute Sicherheit gegen Extremfälle und ist insgesamt völlig unabhängig von der Aufmerksamkeit des Gärtners. Draht-Spaliere, Wasserrohre und all die anderen zweitrangigen Inneneinrichtungen von Gewächshäusern müssen hier nicht gesondert aufgeführt werden. Aber es ist angebracht, auf eine sehr große und deutliche Verbesserung hinzuweisen, die darin besteht, daß anstelle von Front- und Endwänden aus Ziegeln oder Stein, gestützt von gemauerten Pfeilern, die Dächer auf gußeisernen Streben aufliegen (Abb. 139, *Fig. 29*). Diese tragen gleichzeitig innen mittels Vorsprüngen das Heiz- oder Dampfrohr und außen einen Kasten mit einem Leinwand-Vorhang. Eine innere Traufe für das Kondenswasser und eine äußere für Regenwasser verlaufen unter dem Horizontalstab, der die Streben verbindet und trägt das Dach oder den verglasten Teil. Der Vorteil eines sehr leichten Außenvorhangs kann hergeleitet werden aus den Erfahrungen, die Dr. Wells in seinem »Essay on Dew«, Kap. VI und Herr Lesslie in »Experiments on Concentric Cases« – »Versuche mit konzentrischen Feldern« beschreiben.

Abb. 139, *Fig. 20*
Ein Dach – 50 Fuß hoch und 50 Fuß breit kann entweder mit Glaseindeckung für Wintergärten benutzt werden oder mit dünnem Eisenblech abgedeckt für Kirchen, Schulen, Theater, Versammlungs- und Übungsräume, Markt usw. Es wird nur mit einem Profil gebildet (Abb. 139, *Fig. 23*), und zwar nicht auf eine Gerade wie in a Abb. 139, *Fig. 20,* sondern auf eine gekrümmte Linie wie b, so daß dieses Dach, wenn es verglast ist und durch horizontale Profile verstärkt, die in den Winkeln der gekrümmten Linie eingeführt werden wie in d,d (Abb. 139, *Fig. 21*) mit dem Abstand wie in a,a (Abb. 139, *Fig. 20*) fast genau so gut sein Eigengewicht tragen kann wie ein massiver Eisenbogen, dessen Dicke so sein muß, daß er den Raum mit der gekrümmten Linie überbrückt. Das

Glas, das dadurch eine schräge Oberfläche in jeder Richtung darstellt, wäre, unabhängig von den Lichtvorteilen, viel weniger bruchanfällig, wenn es von einem Hagelsturm heimgesucht würde als bei Glasdächern in einer Fläche (das Kraftmoment ist hierbei der Sinus des Neigungswinkels).

Ist eine noch größere Festigkeit erforderlich, so muß nur der Neigungswinkel von 30° wie in b,b auf irgendeinen Grad unter 45° (das ist das Äußerste des Prinzips) wie in c,c erhöht werden. Wird ein Dach oder Haus von mittleren Abmessungen gewünscht, etwa 20 × 20 Fuß, so müssen die Profile in einer Ebene angeordnet werden wie in a,a (Abb. 139, *Fig. 21*), verstärkt durch dreieckige Querstäbe wie in g,g *(Fig. 21)*, die durch eine Schwalbenschwanzverbindung mit dem Reif oder Wulst des Profils außen am Dach verbunden sind, während der runde Stab f durch das Gesims an der Innenseite verläuft. Keiner von ihnen wird außen den Regen oder Kondenswasser im Innern verhindern. Bei einer Dacheindeckung mit Eisenblech sollten die Blechkanten soweit eingebördelt werden wie die Falzen und eine Haube über das Ganze gestülpt und vernietet werden wie in d,d. Dächer oder vielmehr Gebäude dieser Art, gut abgedeckt mit Le Souf's nicht korrodierender Farbe und an ihren Basen vor galvanischen Effekten geschützt, würden Jahrhunderte überdauern. Die Eisen- und Kupferdächer von Moskau sowie die eisernen und eisenverzinkten Bleche von Warschau, die nach verhältnismäßig unwissenschaftlichen Prinzipien konstruiert wurden, sind dafür, aber auch für ihre elegante Wirkung, ein lebendiger Beweis. Mit Blechen verkleidete Türen für solche Häuser können nach den vorangegangenen Beschreibungen hergestellt werden.

Abb. 139, *Fig. 31, 32 und 33*
Zeigen durch Doppelmeridiane abgegrenzte verglaste Elemente zur Abdeckung von Mistbeeten für besondere Zwecke. Das Profil *(Fig. 28)*, das in *Fig. 31* benutzt ist, wird von praktischen Gärtnern für ausgezeichnet gehalten, um Frühgurken zu züchten, da das Kondenswasser nicht auf die Pflanzen tropfen kann – wie flach auch immer das Fenster aufliegt –, sondern durch die Rille des Profils abgeleitet wird (a,a,a).

Abb. 139, *Fig. 30*
Ein versetzbares Haus oder Glaszelt, in dem im Winter Orangenbäume Schutz finden und das im Sommer als allgemeiner Wärmeschutz verwendet wird. a,b,c,d sind die Enden der Parallelogramm-Fenster-Kippflügel. Darunter befinden sich dreieckige Kippflügel, die Abgrenzungen und Unterteilungen bilden, wenn das Ganze gegen eine Wand gestellt wird. In jedem der dreieckigen Kippflügel ist eine kleine Tür, e,f,g,h. Die Kippflügel werden nach dem Profil in *Fig. 24* ausgebildet, die Rundstäbe gemäß *Fig. 23*.

Abb. 139, *Fig. 31, 35 und 36*
Glasglocken und andere transportable Glashüllen für Pflanzen und Sträucher.
Musterbau, in Bayswater errichtet, als Beweis für das, was dargestellt wurde.

Abb. 140, *Fig. 37 und 38*
Perspektivische Ansicht einer Gruppe von Gewächshäusern, die die Mannigfaltigkeit von Dächern nach den obigen Entwürfen darstellen oder für die das Profil verwendet werden soll, einschließlich eines Gewächshauses mit Mustern aller Arten von Holz-, Metall- und Patentprofilen sowie den unterschiedlichen Arten von Verglasung, die bisher von den verschiedenen Erbauern der Glashäuser in Britannien verwendet wurden.

a) Zusammenstellung der bisher verwendeten Fensterrahmen, die 13 verschiedene Sorten und 7 verschiedene Arten der Verglasung umfaßt.

b) Das Profil (Abb. 139, *Fig. 23*) in seiner einfachsten Form mit gläsernen Traufen, das genau ein Elftel des Daches lichtundurchlässig läßt.

c) Hohes pyramidenförmiges Haus mit konvexen Seiten, hauptsächlich für Wintergärten und Treibhäuser geeignet.

d) Anwendung des Profils für senkrechte Aufteilung oder Begrenzungen.

e) Krummflächiges Dach mit gleichzeitig sich bewegenden Fensterrahmen wie in Abb. 138, *Fig. 12.*

f) Sägedach wie in Abb. 138, *Fig. 17 und 20.*

g) Krummflächiges Dach, das nur in Richtung des Profils eine Neigung aufweist wie in Abb. 137, *Fig. 10.*

h) Zweifache Neigung: eine gekrümmte Neigung in Richtung des Profils und eine gradlinige jenseits der Profile. Dieser Teil von Dächern beweist, daß man mit diesem Profil Gewächshäuser sowohl auf einem Baugrund errichten kann, der in Längsrichtung abfällt als auch auf einer ebenen Fläche. Das ist eine Sache, die man bisher nicht für machbar hielt, die aber gelegentlich zu äußerst wichtigen Ergebnissen führen kann, und zwar dort, wo Gärten sehr steil nach Osten oder Westen abfallen oder wo ein Herrenhaus durch einen überglasten Bereich mit einem Gehöft, einem Garten oder anderen zugehörigen Teilen, die weit oberhalb oder unterhalb seines eigenen Niveaus liegen, verbunden werden soll.

i) Abgeflachte Viertel-Kuppel oder Viertel-Kugel wie in Abb. 137, *Fig. 5.*

k) Kasten mit einem Außenvorhang für einen Teil des Daches, 5 ft. breit, der über dem Dachfirst von einer Basis zur anderen reicht.

l) Grundriß einer Zickzackmauer, für die man weniger Ziegel benötigt als für eine 9-inch Mauer, die jedoch die Stärke einer Mauer von 14 Inch aufweist. Die Abdeckung der Mauerzinnen sind z. T. aus Gußeisen nach einem übersichtlichen und eleganten Entwurf.

m) Eisendach und eisenverkleidete Türe zum Dampfkessel und Zylinder von Herrn Kewley's Apparat zum Heizen, Regulieren und Ventilieren der ganzen Gruppe, ausgenommen a).

n) Vorraum-Heizung, die a beheizt. Die Lüftung verläuft dort so wie in Abbildung gezeigt.

o) Ein kleines, billiges, ausreichendes und haltbares Dach aus präpariertem Papier, das auf dünne Bretter genagelt und mit einer Mörtel-Beton-Mischung bedeckt wird. Dieses Dach, mit dem man schon eine mehr als fünfzigjährige Erfahrung in Britannien und Frankreich hat, ist für Kirchen, landwirtschaftliche Gebäude und bestimmte Fabriken geeignet.

p) Pfade, die sich in diesem niedrigen Bereich des Daches befinden, liegen 2 ft. unterhalb des Erdniveaus.

q) Ananas- oder Pflanzenbeet, von einer darunter liegenden Dampfkammer beheizt.

r) Zugänge

s) Nahe dabei ist ein Gurkenbeet, das mit Kippflügel-Fenstern abgedeckt wird (Abb. 139, *Fig. 31, 32, 33*) mit einem vierten Rahmen, der auf einen Blick die 7 Arten der Verglasung aufweist. Siehe »Remarks«, Taf. IX. Vier abnehmbare Abdeckungen, aus Profilen gebildet wie in Abb. 139, *Fig. 27,* liegen an allen Enden des Beetes auf.

t) Der Bach von Bayswater.

Abb. 140, *Fig. 39 und 40*
Zinnverglaste Ventilatoren für den Scheitel oder die nahezu flachen Bereiche von Glasdächern wie in x, Abb. 140, *Fig. 37 und 38.*

Abb. 140, *Fig. 41*
Das gleiche für senkrecht stehende Fenster von b oder für steile Neigungen.

Abb. 140, *Fig. 42*

zeigt die Art, wie man eine unbestimmte Anzahl der verschiedensten Ventilatoren verbinden und sie auch gleichzeitig öffnen kann entweder mit der Hand oder indem man das Ende der Schnur an Herrn Kewley's Apparat anschließt. Aus dieser Art der Belüftung resultieren gewisse Vorteile; aber sie und andere Einzelheiten müssen hier weggelassen werden.

Zusatz: Das Profil, ganz gleich in welcher Form es hergestellt wird, nimmt nicht halb soviel Platz ein wie Holzwerk und eignet sich dadurch besser für entfernte Wasserzufuhr als jenes Material.

Alle Briefe, Aufträge etc. bezüglich Gewächshäuser oder Gartenbauangelegenheiten sind an den Unterzeichneten zu schicken. Alle Bestellungen für Oberlichter, Fenster, Eisendächer- oder -türen, feuersichere Gebäude etc. sollen entweder an ihn oder an die Fa. W. u. D. Bailey, Furnishing Ironmongers (Eisenwarenhandlung), 272, High Holborn, London, adressiert werden.

Im allgemeinen wird keine Gebühr verlangt für Entwürfe, Stellungnahmen oder Besichtigungen von Baugrund, wenn sich daraus ein Auftrag ergibt. Die Reisekosten werden jedoch in jedem Falle berechnet. Wenn keine andere Vereinbarung vorliegt, soll die übliche Architekturgebühr von 5 Guineas pro Tag nicht überschritten werden. Herr M. Liesh, Landarchitekt in Dublin und ehemaliger Schüler von Herrn Loudon, wird Pläne und Kostenvoranschläge erstellen und die Bauleitung für Irland, auf Wunsch auch für die angrenzenden Bereiche von Schottland und Wales übernehmen.

London, Bayswater-Haus, 1. März 1818   J. C. Loudon

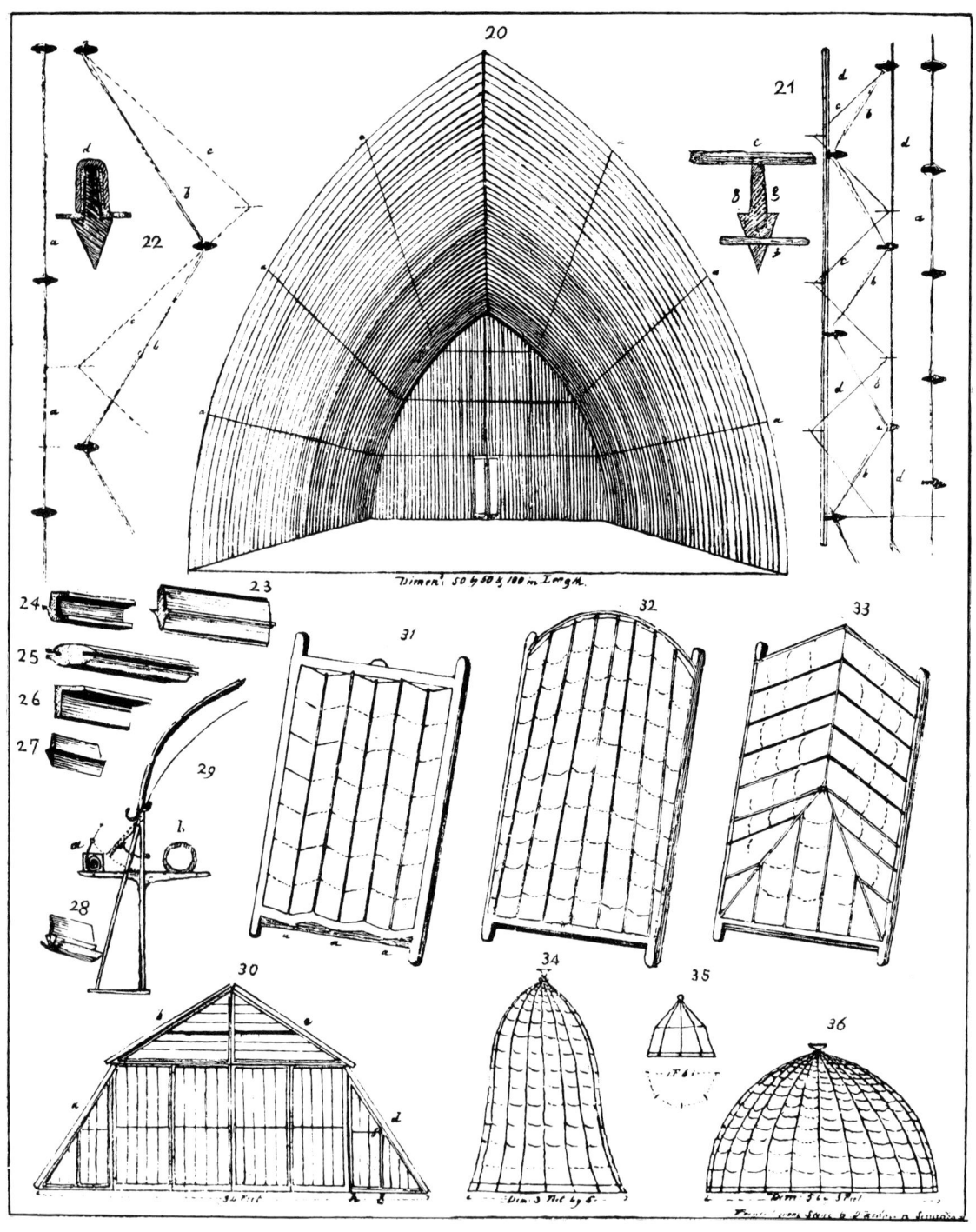

139 *(Fig. 20-36)*, Details von Konstruktion und Dachformen für Gewächshäuser

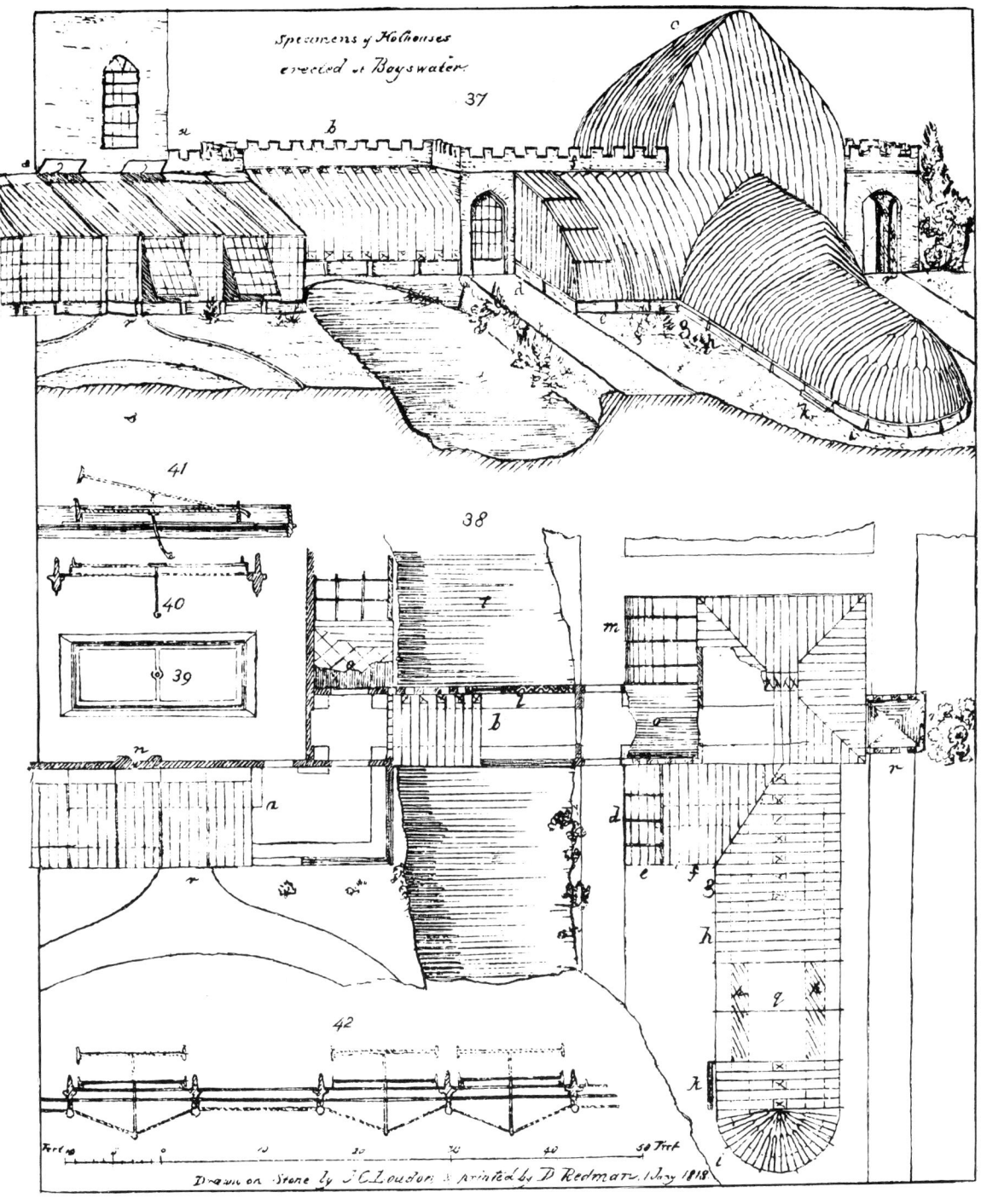

Specimens of Hothouses
erected at Bayswater

37

38

41

40

39

42

Drawn on Stone by J. C. Loudon & printed by D. Redman 1 July 1818

140 *(Fig. 37-42)*, Bayswater, Bayswater House, Experimentelle Glashäuser, 1817/18 (abgerissen)

Klassifizierung und Begriffsbestimmung des Baumaterials Eisen und seiner Tragwerksformen

Das *Eisen* wird nach dem Ende des 19. Jahrhunderts geprägten Klassifizierung in Roheisen (Gußeisen) und schmiedbares Eisen (Schmiedeeisen, Stahl) unterschieden. »Den bezeichnenden Unterschied zwischen beiden Eisengattungen deutet schon die Benennung an: Das schmiedbare Eisen ist besonders in der Wärme … geschmeidig und dehnbar, so daß es … durch mechanische Hilfsmittel leicht in allerlei Formen gebracht werden kann; das Roheisen ist ein Roherzeugnis, welches bei seiner Darstellung aus den Erzen größere Bestandteile aufgenommen und dadurch seine Geschmeidigkeit in solchem Maße eingebüßt hat, daß es sich nur noch in geschmolzenem Zustand formen läßt.«[410]

Die unterschiedlichen Formeigenschaften der beiden Eisengattungen gründen vor allem im wechselnden Gehalt an Kohlenstoff, der als Graphit oder chemisch gebunden, die innere Struktur des Materials bestimmt. Insofern bildet der Anteil der Kohlenstoffmenge im Eisen das eigentliche Unterscheidungskriterium der beiden Eisengattungen und der ihr entstammenden Eisenarten:

1. Das *Roheisen*, in der heutigen Praxis Grundstoff sowohl für Gußeisen als auch Stahl, enthält mehr als 1,7% Kohlenstoff, ist spröde und kann mechanisch nicht verformt werden.

Unter *Gußeisen* ist die technische Verwertung des kohlenstoffhaltigen Roheisens durch den Formguß zu verstehen, sei es im ›direkten Guß‹ aus dem Hochofen, sei es durch den ›indirekten Guß‹, der Herstellung von Roheisen auf Vorrat für eine spätere zweite Schmelzung und den folgenden Guß. »Der Schmelzpunkt des Roheisens liegt mit 1050 bis 1200°C tiefer als der des schmiedbaren Eisens, das sich bei 2000 bis 2250°C verflüssigt.«[411]

2. Der *Stahl* enthält weniger als 1,8% Kohlenstoff und läßt sich durch Walzen, Pressen und Schmieden in Wärme, aber auch kalt verformen. Stahl ist zudem ein Eisen, das durch plötzliche Abkühlung härtbar wird. Nach Art der Gewinnung unterscheidet man *Schweiß-* und *Flußstahl*. Während bei ersterem der Schmelzpunkt nicht überschritten wird und der Stahl aus teigigem Zustand gewonnen wird, wird letzterer in flüssigem Zustand erzeugt (Bessemer-, Thomas-, Siemens-Martin-Verfahren).

3. Nach der im 19. Jahrhundert gebräuchlichen Bezeichnung versteht man unter *Schmiedeeisen* alles durch Entkohlen des Roheisens gewonnene, mechanisch verformbare Material, das entweder im Rennverfahren oder Puddelverfahren im teigigen Zustand (Schweißeisen) oder nach dem Bessemer-, Thomas-, Siemens-Martin-Verfahren (Flußeisen) erzeugt wurde. Das so hergestellte Eisen hat geringeren Kohlenstoffgehalt als Stahl (0,1-0,7%) und ist daher weicher und leichter formbar.

Die spezifischen Eigenschaften des *Gußeisens*, seine Anwendungsformen (graues und weißes Gußeisen) und Legierungen sind in der vorhandenen Literatur ausführlich dargestellt. Deren Kenntnis wird daher vorausgesetzt.[412] Erinnert sei hier nur an die hervorragende Gießfähigkeit, das gute Formfüllvermögen, die gute Korrosionsbeständigkeit, vor allem jedoch an die Festigkeitseigenschaften: Gußeisen zeichnet sich durch eine hohe Druckfestigkeit aus, in der es mit dem Schmiedeeisen konkurrieren kann. Ein besonderes Charakteristikum und bestimmend für seine Anwendungsform im Bauwesen ist jedoch seine relativ geringe Zugfestigkeit: Stehen Druck- und Zugfestigkeit bei Schmiedeeisen im Verhältnis 1:1, so bei gewöhnlichen Gußeisen in einem Verhältnis von ca. 3:1.

Beim Versuch der Anwendung einer eindeutigen Terminologie für die typischen *Tragwerksformen* des Gewächshausbaues im 19. Jahrhundert mußten wir feststellen, daß in der zeitgenössischen und neueren Fachliteratur Begriffe geprägt werden, die häufig unklar sind und die, obwohl sie die gleiche Sache zum Gegenstand haben, voneinander abweichen. Als Beispiel sei hier nur der Begriff des ›Hängewerks‹ genannt, der vom Brückenbau übernommen und auf Dachtragwerke übertragen, sich oft als nicht zutreffend erwies.

Für einige Tragwerksformen wurden daher von uns folgende, z. T. alte Benennungen gewählt:

Spannwerke
– als Bezeichnung für Tragwerke, die Stützweiten überspannen.

Unterspannte Sparrendächer
– bedeuten einerseits einfache Balken mit unterem Zugband und Druckspreize, andererseits Binder in Dreiecksform für Satteldächer, die in Kämpferhöhe durch ein horizontales Zugband, im Firstbereich oft durch ein vertikales Zugband zusammengehalten werden. Diese Tragwerksform wird in der älteren Literatur oft als ›Hängewerk‹ bezeichnet, ein Begriff, den wir – unter Vorbehalt – von Fall zu Fall übernommen haben.

Stützwerke
– sind senkrecht oder schräg stehende Konstruktionsglieder, die hauptsächlich Druckkräfte aufnehmen.

Rahmenstütze bzw. Rahmenständerwerk
– ist ein vertikaler Rahmen, der oft anstelle einer einfachen Stütze tritt, wenn diese wegen eines frei zu haltenden Lichtraumprofils nicht einsetzbar ist.

Katalog

Einzeldarstellungen eiserner Glas- und Gewächshäuser des 19. Jahrhunderts

Vorbemerkung zum Katalog

Das ›Glashaus‹ des 19. Jahrhunderts, ein eigener Bautypus jener Zeit, der in der Entwicklungsgeschichte der Glas-Eisenkonstruktionen eine besondere Stellung einnimmt, wurden bisher nicht systematisch erfaßt und dokumentiert. Der Grund dafür liegt darin, daß die ›Glashäuser‹ – sei es als Gewächshäuser, sei es als Ausstellungshallen – meist als bloße Nutzbauten konzipiert wurden, die außerhalb des Aufgabenbereichs der traditionellen Stilarchitektur gestellt waren. Meist in Zusammenhang mit großen Gärten entstanden, abseits von den Verkehrszentren der Großstädte, im Freiraum einer Naturidylle, in der es zu keiner Konfrontation mit der Stilarchitektur kam, konnten sich die Glashäuser um so mehr nach ihren Zwecken ausrichten und in Verfolgung der reinen Konstruktion eine neue Art von Ästhetik hervorbringen. Das von ihnen genutzte Exil außerhalb der Großstädte förderte zugleich die Experimentierfreudigkeit der Ingenieure oder Gärtner, die als Baudilettanten auftraten und auf unkonventionelle Art die technischen Möglichkeiten ihrer Zeit aufgreifen konnten. Während die Stilarchitektur in ihren Entwürfen die Stilgeschichte rekapitulierte, hatten die Konstrukteure der Glashäuser die Chance, einen Gedanken zu bauen, dessen Inhalt – Pflanze oder Bazar – das Ephemere war: Den Pflanzenhäusern und Ausstellungsbauten wohnte die Tendenz zum Provisorium inne. Dies drückte sich auch in der gewählten Konstruktion aus, deren Verfeinerung bis zur äußersten Filigranität dem – für Pflanzen lebensnotwendigen – Zweck entsprach, lichtdurchflutete, nur durch Glas begrenzte Räume zu schaffen. Solche Konstruktionen blieben meist nur erhalten, solange die von ihnen eingefangene Pflanzenwelt als ein Exotikum gepflegt und anerkannt wurde. Um die Pflanzenkultur unter den Glashüllen zu erhalten, mußte ein über das ganze Jahr fortdauerndes künstliches Klima geschaffen werden, dessen Erzeugung fabrikmäßige Grundlagen hatte und hohe konstante Kosten verursachte. Die gläsernen Behältnisse, die abseits vom traditionellen Bauen in fragiler Gestalt in exterritorialem Gelände entstanden, wurden zugleich Opfer ihrer Ausnahmestellung. Nicht produktionsrelevant, nur der Schaustellung oder dem Vergnügen dienend, überdauerten manche kaum ein Jahrzehnt. Als gleichsam anonyme Architektur verfielen sie in dem Maße, wie die Freude am Schauen sich im industriell produzierten Amüsement verlor.

Von den in diesem Katalog aufgenommenen Bauten ist heute weniger als die Hälfte noch vorhanden. Viele der noch bestehenden Glasbauten sind vom Abbruch bedroht. Insofern ist der Katalog, der, da er sich vor allem an historisch bedeutsamen Glashausbauten orientiert, keineswegs vollständig sein kann, nicht nur eine Bestandsaufnahme, sondern zugleich eine Chronik oft sinnloser Zerstörung. Nicht zuletzt ist es seine Intention, durch vergleichende Darstellung der Glashausbauten, deren architektonische Qualität ins Blickfeld zu rücken und damit ein Bewußtsein zu schaffen, das zu ihrer Erhaltung als Baudenkmäler beitragen soll.

Im Mittelpunkt der im Katalog verfolgten Darstellung stehen Pflanzenhäuser, die die Entwicklung der Glashausbauten wesentlich beeinflußten und die in ihren konsequentesten Beispielen sich erstmals als Häuser verwirklichten, die vom Scheitel bis zur Sohle aus Glas und Eisen bestanden. Die Wintergärten und Floren des 19. Jahrhunderts sind erweiterte glasgedeckte Tropenlandschaften, welche Vergnügungsstätten in Form von Restaurants, Cafés, Konzerthallen, Leseräumen, Tanzflächen etc. mit einschlossen. Einige Wintergärten sind Versammlungsorte innerhalb natur- und kunsthistorischer Museen, Kur- und Krankenhäusern, Hotels usw. Übergangsformen, die vom einfachen Treibhaus bis zu

Ausstellungshallen reichen, wurden in diesen Katalog aufgenommen. All diese Bauten repräsentieren einen eigenen Bautypus, der sich im Laufe des 19. Jahrhunderts herausgebildet hat. Er kulminiert in Ausstellungsbauten.

Der Maßstab für die Auswahl bestimmter Ausstellungsbauten war ihr direkter Zusammenhang mit dem Typus des Pflanzenhauses, sei es, daß Ausstellungsbauten auch als Wintergärten benutzt wurden, sei es, daß sie konstruktionsgeschichtlich nachweisbar in enger Beziehung zueinander standen. Die im Katalog erwähnten Beispiele können daher als in riesige Dimension übersetzte Pflanzenhäuser betrachtet werden. Ihr Ausstellungsgegenstand war die tropische Welt, ein Unterpfand kolonialen Reichtums, der letzten Endes den großen Weltausstellungen die Grundlage gab.

Die im Katalog angeführten Glashausbauten sind nach den Namen der Städte und Parks, in welchen sie sich befinden, geordnet. Lagepläne, welche – mit Ausnahme einiger Stiche – sämtlich umgezeichnet und auf den Maßstab 1:5000 bzw. 1:10000 gebracht wurden, geben einen Begriff von der lokalen Situation. Die Glashäuser selbst sind durch schraffierte Umrisse kenntlich gemacht. Die bedeutenden Glashäuser wurden – soweit die Unterlagen beschaffbar waren – in Grundriß, Aufriß und Schnitt dargestellt. Dabei wurden vohandene Pläne mit einheitlicher Strichstärke umgezeichnet und im Maßstab 1:400 wiedergegeben. Eine Ausnahme bilden die großen Ausstellungsbauten, die aufgrund ihrer Dimension im Maßstab 1:1000 abgebildet wurden. Die Umzeichnung war notwendig, da die Plan-Unterlagen z. T. schwer dechiffrierbar und in verschiedenen Maßstäben und Darstellungsformen hergestellt waren. Die einheitliche Wiedergabe macht die Bauten in ihrer Größenordnung und ihrem räumlich konstruktiven Aufbau untereinander vergleichbar. Einige Glashäuser, vor allem anonyme Ingenieurkonstruktionen, mußten, in Ermangelung von Unterlagen, durch eigene Bauaufnahmen vermessen und gezeichnet werden. Eine Maßgenauigkeit der abgebildeten Pläne wurde angestrebt, jedoch sind aufgrund des fotografischen Verfahrens und der Umrechnung alter Maßstäbe geringe Abweichungen möglich. Pläne und Entwürfe, welche die architektonische Intention mit besonderer Deutlichkeit ausdrücken, wurden als Originalzeichnungen, z. T. als Ergänzung zu den schematisierenden Umzeichnungen, abgebildet. Eingeschobene Stiche und Lithographien geben außer der architektonischen Gestalt der Bauten auch wieder, in welcher Weise diese von den Zeitgenossen wahrgenommen wurden. Die Herkunft der Vorlagen für die Umzeichnungen sowie der abgebildeten Originale und Archivmaterialien ist im Anmerkungsteil nachgewiesen. Die Fotografien, ergänzt durch Stiche und zeitgenössische Pläne, wurden in einem eigenen Abschnitt des Buches zusammengefaßt. Sie stellen eine Auswahl innerhalb einer umfangreichen Sammlung dar und sollen die Entwicklungsformen des Bautypus Gewächshaus verdeutlichen.

Liste der nach Orten alphabetisch aufgeführten Glas-Eisenbauten

Stadt	Bauzeit	Schicksal	Stadt	Bauzeit	Schicksal
Bayswater bei London, Experimentelle Glashäuser in Bayswater House	1817/18	abgerissen	Brüssel, Jardin Botanique, Victoria regia-Haus	1859	vorhanden
Belfast, Palmenhaus, Botanic Garden	1839/40/53	baufällig	Brüssel, Laeken, Kgl. Park, Jardin d'Hiver	1875/76	vorhanden
Berlin, Palmenhaus, Pfaueninsel	1829-31	abgebrannt	Brüssel, Laeken, Kgl. Park, Serre Chapelle	1886	vorhanden
Berlin-Glienicke, Orangerie und Treibhaus	1838	im Aufbau	Brüssel, Laeken, Kgl. Park, Serre du Congo	1886	vorhanden
Berlin, Wintergarten, Palais Prinz Albrecht	1832	abgerissen	Brüssel, Laeken, Kgl. Park, Serre aux Palmiers	1885	vorhanden
Berlin-Schöneberg, Kgl. Botanischer Garten, Palmenhaus von Schinkel	1821	abgerissen	Budleigh Salterton (Devon), Palmenhaus, Bicton Gardens	um 1843	vorhanden
Berlin-Schöneberg, Kgl. Botanischer Garten, Großes Palmenhaus	1857-59	abgerissen	Buxton, Gewächshaus, Pavilion Gardens	1871	vorhanden
Berlin-Schöneberg, Kgl. Botanischer Garten, Victoria regia-Haus	1882	abgerissen	Capesthorne Hall (Cheshire), Gewächshaus, Davies Davenport	1837	abgerissen
Berlin-Moabit, Wintergarten und Treibhäuser, Villa Borsig	1850	abgerissen	Chatsworth (Derbyshire), Park des Herzogs von Devonshire, Großes Gewächshaus	1836-40	abgerissen
Berlin-Charlottenburg, Flora	1871-73	abgerissen	Chatsworth (Derbyshire), Park des Herzogs von Devonshire, Victoria regia-Haus	1849	abgerissen
Berlin, Aquarium, Unter den Linden	1869	abgerissen	Chiswick bei London, Gewächshaus, Chiswick Garden	1840	abgerissen
Berlin, Centralhotel, Wintergarten	1880/81	abgerissen	Dresden, Palmenhaus	1856	vorhanden
Berlin-Dahlem, Botanischer Garten, Großes Palmenhaus	1905-07	vorhanden	Dublin, Glasnevin, National Botanic Gardens, Gewächshaus	1842-50/69,	vorhanden
Berlin-Dahlem, Botanischer Garten, Victoria regia-Haus	1905-07	vorhanden	Dublin, Glasnevin, National Botanic Gardens, Neues Palmenhaus	1884	vorhanden
Berlin-Dahlem, Botanischer Garten, Subtropenhaus	1908/09	vorhanden	Dublin, Winter Palace, Ausstellung 1865	1865	abgerissen
Biebrich bei Wiesbaden, Gewächshäuser des Herzogs Adolf von Nassau, Schloßgarten Biebrich	1846-61	abgerissen	Edinburgh, Palmenhaus, Royal Botanic Garden	1834/58	vorhanden
Birmingham, Gewächshäuser, Botanical Gardens	1831/50/69	vorhanden	Enville Hall (Staffordshire), Gewächshaus	1850	abgerissen
Bonn, Altes Palmenhaus	1875	abgerissen	Florenz, Palmenhaus, Orto Botanico	1874	vorhanden
Bournemouth, Wintergarten	1875/76	abgerissen	Frankfurt a. M., Palmengarten, Flora	1869-71	vorhanden
Breslau, Gewächshaus, Botanischer Garten	1861	vorhanden	Frankfurt a. M., Palmengarten, Neues Schauhaus	1906	vorhanden
Bretton Hall (Yorkshire), Palmenhaus	1827	abgerissen	Glasgow, Kibble Palace (Crystal Palace), Botanic Gardens	1872	vorhanden
Brighton, Hove, Antheum, Wintergarten	1832	abgerissen	Glasgow, Wintergarten, People's Palace, Glasgow Green	1880	vorhanden
Brüssel, Jardin Botanique, Großes Gewächshaus	1826/27	vorhanden	Göttingen, Kleines Gewächshaus, Botanischer Garten, Universität	1850	vorhanden

248

Stadt	Bauzeit	Schicksal	Stadt	Bauzeit	Schicksal
Grimston Park (Yorkshire), Wintergarten	1830-40	vorhanden	London, Wintergarten, Regent's Park, Royal Botanic Society	1842-46	abgerissen
Hackney bei London, Loddiges Nursery	1820	abgerissen	London, Kew, Royal Botanic Gardens, Architectural Conservatory	1836	vorhanden
Hackney bei London, Glashaus mit Halbkuppel	1820	abgerissen	London, Kew, Royal Botanic Gardens, Palmenhaus	1844-48	vorhanden
Herrenhausen bei Hannover, Park Herrenhausen, Palmenhaus	1846-49	abgerissen	London, Kew, Royal Botanic Gardens, Temperiertes Gewächshaus	1859-63	vorhanden
Herrenhausen bei Hannover, Park Herrenhausen, Palmenhaus	1879	abgerissen	London, Kew, Royal Botanic Gardens, Victoria regia-Haus	1852	vorhanden
Hluboká nad Vltavou (Frauenberg), Wintergarten, Schloß Schwarzenberg	1840-47	vorhanden	London, Kristallpalast, Weltausstellung 1851, Hyde Park	1850/51	demontiert
Innsbruck, Palmenhaus, Botanischer Garten	1905	vorhanden	London, Kristallpalast, Sydenham	1852-54	abgebrannt
Karlsruhe, Gewächshäuser der Residenz	1853-57	vorhanden	London, Great Victorian Way, Projekt	1855	–
Kassel, Großes Gewächshaus, Wilhelmshöhe	1822/87	vorhanden	London, Floral Hall, Covent Garden	1857/58	vorhanden
Killikee bei Dublin, Gewächshaus des Colonel White	1845-50	abgerissen	London, Muswell Hill, ›Palace-of-the-People‹-Projekt	1859	–
Köln, Flora, Botanischer Garten Köln-Riehl	1864	abgerissen	London, Muswell Hill, Alexandra Palace, Wintergärten	1872-74	abgebrannt
Kopenhagen, Palmenhaus, Botanischer Garten	1872-74	vorhanden	London, Wintergarten der Royal Horticultural Society, Brompton	1860/61	abgerissen
Kopenhagen, Wintergarten der Villa Jacobsen, Carlsberg Brauerei	1876	vorhanden	Lyndhurst, New York, Gewächshaus	1838/80	vorhanden
Kopenhagen, Wintergarten, Ny Carlsberg Glyptotek	1904-06	vorhanden	Lyon, Jardin d'Hiver	1847	abgerissen
Krakau, Palmenhaus	1872	abgerissen	Lyon, Großes Gewächshaus, Parc de la Tête d'Or	1877-80	umgebaut
Langport (Somerset), Treibhaus	1817	abgerissen	Madrid, Palacio de Cristal Parque del Retiro	1887	gut erhalten
Lednice (Eisgrub), Wintergarten, Schloß Liechtenstein	1843	vorhanden	Magdeburg, Palmenhaus, Friedrich-Wilhelms-Garten	1895/96	abgerissen
Leeds, Wintergarten, Allgemeines Krankenhaus	1868	abgerissen	Malmaison, Paris, Gewächshaus, Park de la Malmaison	vor 1808	abgerissen
Leipzig, Kristallpalast	1882	abgerissen	Meiningen, Orangerie, Herzoglicher Park von Meiningen	1800	abgerissen
Leningrad, Palmenhäuser	1880-1900	vorhanden	München, Kgl. Hofgarten in Nymphenburg, drei Gewächshäuser	1807-20	vorhanden
Lille, Palais Rameau	1878	vorhanden	München, Gewächshaus im Alten Botanischen Garten	1818	abgerissen
Lissabon, Belém, Gewächshaus, Palais Burnay	1910	vorhanden	München, Glaspalast, Alter Botanischer Garten	1853/54	abgebrannt
Liverpool, Palmenhaus im Sefton Park	1896	vorhanden	München, Wintergarten Maximilians II.	1854	abgerissen
London, Syon House, Großes Gewächshaus	1820-27	vorhanden			
London, Pantheon Bazaar	1834	abgerissen			
London, Glasmenagerie, Surrey Zoological Garden	1830/31	abgerissen			
London, Coliseum, Gewächshäuser, Regent's Park	vor 1833	abgerissen			

Stadt	Bauzeit	Schicksal	Stadt	Bauzeit	Schicksal
München, Wintergarten Ludwigs II.	1867-69	abgerissen	Stuttgart-Berg, Villa Berg mit Gewächshaus	1845	abgerissen
München, Großes Palmenhaus, Alter Botanischer Garten	1860-65	abgerissen	Stuttgart, Wilhelma	1842-46	vorhanden
Paris, Gewächshäuser, Jardin des Plantes	1833	umgebaut	Stuttgart, Gewächshäuser	1852/53	vorhanden
	1854	abgerissen	Toronto, Gewächshaus, Allan Gardens	1900	vorhanden
Paris, Jardin d'Hiver, Champs-Elysées	1846-48	abgerissen	Tübingen, Großes Gewächshaus, Alter Botanischer Garten	1885/86	abgerissen
Paris, Halle der Weltausstellung 1855	1855	abgerissen	Warschau, Orangerie, Łazienki-Park	1840	vorhanden
Paris, Halle für Gartenbaukunst, Weltausstellung 1900	1900	abgerissen	Warschau, Palmenhaus	1890	abgerissen
Pau, Wintergarten, Jardin Public	1898	abgerissen	Wien-Hietzing, Gewächshaus, Garten des Herzogs von Braunschweig	um 1850	abgerissen
Pavia, Gewächshaus, Orto Botanico	1776-80	vorhanden	Wien-Penzing, Treibhäuser im Mayerschen Garten	1830-38	abgerissen
Philadelphia, Gartenbauhalle, Weltausstellung 1876	1876	abgerissen	Wien-Schönbrunn, Park, Großes Palmenhaus	1880-82	vorhanden
San Francisco, Gewächshaus	1890	vorhanden	Wien-Schönbrunn, Park, Sonnenuhrhaus	1885	vorhanden
Sezincote (Gloucestershire), Gewächshaus der Indian Villa	1806	vorhanden	Wien, Burggarten, Alter Wintergarten	1823-26	abgerissen
Sheffield, Glass Pavilions, Botanical Gardens	1836	vorhanden	Wien, Burggarten, Neuer Wintergarten	1902	vorhanden
Straßburg, Großes Gewächshaus, Neuer Botanischer Garten	1877-82	abgerissen	Wollaton Hall (Nottingham), Kamelienhaus	1823	vorhanden
Stuttgart-Hohenheim, Eisernes Gewächshaus, Park Hohenheim	1789 (?)	abgerissen			

In seinen Skizzen von 1818 verwendete Loudon bereits die Erfahrung, die er in seinen Experimenten in Bayswater gesammelt hatte. Das Ensemble der mit seinem Wohnhaus verbundenen Glashäuser waren die ersten gebauten kurvenlinearen Eisenkonstruktionen. Als Vorläufer aller späteren Glas-Eisenbauten nach dem Loudonschen Prinzip hatte das Tragwerk dieser Versuchsbauten trotz seiner beachtlichen Größe bereits alle

BAYSWATER bei London, Bayswater House, Experimentelle Glashäuser

Architekt:	John Claudius. Loudon
Baujahr:	ca. 1817/18
Zustand:	abgerissen

141 John Claudius Loudon, Bayswater bei London, Bayswater House, Experimentelle Gewächshäuser, 1817/18 (abgerissen)

Auf seinem Landsitz ›Bayswater House‹ baute der Pionier des eisernen Gewächshauses, J.C. Loudon, 1817/18 experimentelle Glashäuser, um dadurch seine Theorie zu ›kurvenlinearen‹ Konstruktionen in der Praxis zu erproben. Angeregt von George Mackenzies programmatischem Vorschlag von 1815 für ein halbkuppelförmiges Gewächshaus aus Glas und Gußeisen, hatte Loudon 1817 in seinen ›Remarks on the Construction of Hothouses‹ und 1818 in seinen ›Sketches of Curvilinear Hothouses‹ schmiedeeiserne gebogene Sprossen als Filigrantragwerk der Öffentlichkeit vorgestellt.

Loudons theoretischer Ausgangspunkt war einerseits sein Bestreben, eine Ökonomie der Konstruktion zu erreichen – die in den hohen Preisen des Eisens begründet war –, zugleich wollte er einen maximalen Lichteinfall durch schmale Konstruktionsglieder erreichen. Die Form des sphärisch oder tonnenförmig gebogenen Daches bewirkte, daß die Lichtstrahlen gemäß dem Sonnenlauf senkrecht auf die Glasfläche trafen und nur geringfügig reflektiert wurden. Der Lichtdurchflutung diente ebenfalls der Gedanke, die Konstruktion in die Ebene der Glasflächen zu legen und somit einen Schattenwurf der ins Innere ragenden Teile zu vermeiden. Als Ergebnis dieser beiden Erwägungen – größtmögliche Ökonomie und Dauerhaftigkeit des Materials, verbunden mit einer maximalen Ausnutzung des Sonnenlichtes – entstand ein Tragwerkprinzip, das in der Geschichte der Eisenkonstruktionen zukunftsweisend werden sollte.

Merkmale schalenartiger Konstruktionen: Die Dachlast wurde über völlig gleichartig ausgebildete Konstruktionsglieder – schmiedeeiserne Sprossen – unter Einbezug der Tragwirkung des Glases biegungsfrei abgeleitet (Abb. 132a, 137-140).

Loudon hatte sich bereits 1815 in Bayswater, einem ehemals kleinen Dörfchen der Gemeinde Paddington (Middlesex) eine Meile westlich von London, angesiedelt. Entlang einer mit dem Wohnhaus verbundenen, mit Zinnen bekrönten Mauer baute Loudon Gewächshäuser verschiedener Größe und Form, die untereinander verbunden auch über eine Steinbrücke führten. Aus der vorhandenen Abbildung geht Loudons Absicht hervor, eine Vielzahl von Lösungsmöglichkeiten für Gewächshäuser zu erproben und dabei die konstruktiv schwierigsten Detailpunkte – wie Verschneidung von zwei gekrümmten Flächen oder Abknicken der Firstlinie von Gewölben – aufzusuchen. Loudon verwendete dreizehn verschiedene Trägerarten und deckte sie mit sieben Varianten von Verglasung ein. Zugleich erprobte er die Möglichkeiten der Lüftung über Schiebe- und Klappfenster, sowie Probleme im Zusammenhang mit der Dichtung und Beschattung der Glasflächen.

Es ist anzunehmen, daß Loudon seine Glashäuser in Bayswater bereits mit seinem späteren Partner, der Eisenfirma W. and D. Bailey aus Holborn, London, errichtet hat. Da er auch die kommerzielle Verwertung seiner Erfindung sogar für gedeckte Märkte, Schulen, Theater und Kirchen zusammen mit der Firma Bailey verfolgt hat, kann man die Glashäuser in Bayswater als Prototyp einer schon auf Vorfertigung abzielenden Entwicklung betrachten. Mit diesem Bauwerk bewies Loudon auch auf dem Gebiet der Architekturästhetik seine fortschrittliche Haltung. Wie aus den Skizzen zu Bayswater und später zu Sezincote hervorgeht, stellte er bewußt seine schmucklosen, in einfachen geometrischen Formen gehaltenen Ingenieurkonstruktionen der Stilarchitektur seiner Zeit gegenüber und behauptete, daß die Einheit beider ein Merkmal modernen Bauens, bzw., wie er sich ausdrückte, ein Zeichen von ›objects of culture‹ seien (Abb. 141).

Literatur: Gloag 1970, S. 45, 46; Loudon 1817; ders. 1818

BELFAST, Palmenhaus, Botanic Garden
Abb. 471-477

Länge:	53 m	Architekt:	Charles Lanyon,
Breite:	20,20 m (Kuppel)		Richard Turner
Höhe:	14 m	Konstruktionsfirma:	Hammersmith, Dublin; Richard Turner (Seitenflügel) Thomas Young aus Edinburgh (Kuppel)
		Baujahr:	1839/40, 1853 (Mittelteil)
		Zustand:	sehr baufällig

142 Lageplan, um 1851

Obwohl es in verschiedenen Zeitabschnitten und nach mehrmaliger Umplanung entstanden ist, wirkt das ›Palmenhaus‹ in Belfast wie aus einem Guß. Unter Mitwirkung des berühmten Eisenkonstrukteurs Richard Turner aus Dublin, wurde, auf Loudonschen Konstruktionsprinzipien aufbauend, ein Glasgewölbe errichtet, das in seiner räumlichen und konstruktiven Ausbildung einen Bautypus vollendet, der ganz aus den Bedingungen von Glas und Eisen entwickelt wurde. In der organisch als Einheit wirkenden Verbindung von helmartig ausgeführtem Zentraldom und kurvenlinearen Seitenflügeln entstand ein Bauwerk, das den zu jener Zeit propagierten

Idealentwürfen repräsentativer moderner Gewächshäuser (McIntosh, Turner) in vollendeter Weise nahekam.[1]

Die fließenden Übergänge von geraden und gewölbten Glasflächen in Verbindung mit einem Grundriß in Form eines flachen Ovals schaffen einen Kuppelraum, der in seiner räumlichen Gestalt in jener Zeit ohne Beispiel ist. Die Wirkung des Kuppelraumes wird durch die räumliche Einbeziehung eines Umganges erhöht. Dieser ist mit ähnlichen konstruktiven Elementen halbkreisförmig um die aufgestelzte Kuppel geführt. Der ganze Umriß des Gebäudes ist durch die einfache Rhythmik dieser Elemente bestimmt. Die konstruktiv schwierig zu lösende Durchdringung des Kuppelraumes mit seinen seitlichen Annexen ist mit verblüffender Selbstverständlichkeit durchgeführt worden. Es scheint, als hätten die Konstrukteure in Begeisterung über die im Eisenbau enthaltenen Möglichkeiten bewußt solche schwierigen Lösungen aufgegriffen und dargestellt. Die Form des Ganzen, in der durch fließende Übergänge der Flächen das pflanzliche Element hervorgehoben ist, wird durch die Detailausbildung der Trägerelemente und durch die Ornamentik unterstützt. Kapitelle und Balken haben keine klassischen Vorbilder, sondern sind in freier Form als Rankenwerk aus Schmiedeeisen ausgebildet. Es ist wahrscheinlich, daß der Kuppelraum unter dem Eindruck des von Turner konstruierten Palmenhauses in Kew Gardens geplant und errichtet wurde, obwohl Turner an diesem Unternehmen nicht mehr direkt beteiligt war.

Situation

Die Gründung des Botanischen Gartens in Belfast erfolgte 1827 durch die ›Belfast Botanic and Horticultural Society‹ unter dem Präsidenten Marquis of Donegall. Der Garten bedeckte ursprünglich 56 660 qm. Nach neuen Ankäufen zwischen 1830 und 1887 umfaßte das Gebiet des Botanischen Gartens über 68 000 qm. Wie bei vielen botanischen Gärten Englands war auch hier der Initiator eine Aktiengesellschaft. Um den Botanischen Garten zu finanzieren, bildete sich die ›Horticultural Society‹ und gab 500 Aktien zu sieben Guineas pro Stück heraus, von denen drei Viertel abgesetzt wurden. 1840 erhielt die Gesellschaft den Titel ›The Royal Belfast Botanical and Horticultural Company‹, die ein Komitee von 22 Aktienbesitzern führte. Aus ihnen wurde, ein aus

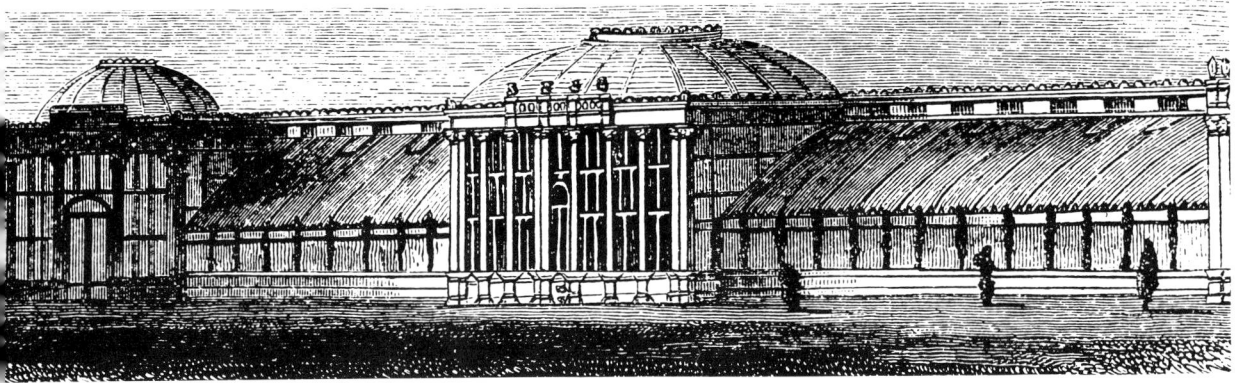

143 Entwurf, 1843, Holzstich

acht Mitgliedern bestehendes Gartenkomitee gebildet. Zunächst hatten nur Besitzer von vier oder mehr Aktien freien Eintritt. Besucher bezahlten einen Shilling für Erwachsene und 6 Dimes für Kinder; oder 6 Dimes und 3 Dimes, wenn sie aus einer Entfernung von mehr als sechs Meilen kamen.

In der ersten Hälfte des 19. Jahrhunderts besuchten nur sehr wenige Arbeiter den Garten. Um sie zum Besuch des Gartens anzuregen, wurde 1865 eine öffentliche Stiftung eingerichtet, die freien Eintritt für Arbeiter ermöglichen sollte. In der Folge hatte die arbeitende Bevölkerung Samstag nachmittag freien Eintritt. Ein Orchester spielte zu ihrer Unterhaltung, jedoch war es verboten, Picknickkörbe mitzubringen. Das Resultat war ein Zustrom von 10 000 Besuchern an jedem Sonnabend nachmittag. Nachdem der Reiz des Neuen verblaßt war, sank die durchschnittliche Besucherzahl an Sonnabenden auf 7000. Feste, Blumenausstellungen, Konzerte und der Verkauf von Pflanzen sollten die finanzielle Lage der Gesellschaft bessern. Der Garten wurde für öffentliche und halböffentliche Treffen, für Feuerwerke, Hundeausstellungen, Tanzvergnügen und Ballonsteigen (1864) vermietet. 1862 diente der Garten für die großen Protestantentreffen. Der Botanische Garten erhielt von dieser Zeit an den Charakter eines Vergnügungsparkes. 1893 meldete die Gartengesellschaft den Konkurs an. 1894 ging der Botanische Garten an die ›Belfast Corporation‹ über. Er wurde ›Belfast Botanic Garden Park‹ genannt und von 1895 an ein öffentlicher Garten bei freiem Eintritt.

Palmenhaus

Obwohl der Botanische Garten stets mit finanziellen Schwierigkeiten zu kämpfen hatte, wurde dort eines der bauhistorisch bedeutendsten Glashäuser gebaut. Der Grundstein des Palmenhauses wurde im Juni 1839 vom Marquis of Donegall gelegt. Im folgenden Jahr wurden die beiden Seitenflügel, jeder 20 m lang, 6 m hoch und 6 m breit, zu einem Preis von 1400 Pfund vollendet. Die gußeisernen Teile und die Konstruktion wurden von R. Turner in seinen Hammersmith-Werken in Dublin ausgeführt. Der ursprüngliche Entwurf 1843 vorgeschlagen von Charles Lanyon, dem späteren Direktor der Gesellschaft, sah eine niedrige zentrale Kuppel auf quadratischem Grundriß mit vertikaler Front und zwei abschließenden Kuppeln an den beiden Flügeln vor (Abb. 143). Lanyons endgültiger Entwurf für das Palmenhaus von 1853 unterschied sich wesentlich von seiner ursprünglichen Konzeption. An die Stelle des niedrigen quadratischen Raumes mit der flachen Front, der sich nur wenig über die Flügel erhob, setzte er eine 14 m hohe elliptische Kuppel mit einer kurzen Achse von 14 m und mit einer langen Achse von 20,2 m, die den Raum zwischen den beiden Flügeln überspannte, und deren Front nun weit über die Fluchtlinie der Flügel hinausreichte (Abb. 144).

Obwohl sich die Kuppel von der des großen ›Palmenhauses‹ in Kew Gardens, das Turner 1848 vollendete, unterscheidet, ist sie doch der Kuppel von Kew Gardens ähnlicher als dem ursprünglichen Entwurf Lanyons. Es ist wahrscheinlich, daß Lanyon von Palmenhäusern, die von Turner konstruiert waren, beeinflußt war. Die Kuppel des ›Palmenhauses‹ in Belfast wurde nicht von Turners Firma, sondern von Thomas Young aus Edinburgh ausgeführt. Ursprünglich wurde das Gewächshaus über zwei gemauerte Kanäle beheizt. 1862 wurden Heißwasserleitungen und ›Cockey's Patent Boiler‹ installiert. Neue Kessel wurden 1871 und 1881 eingebaut. Bevor die zentrale Kuppel errichtet wurde, diente der Westflügel als temperiertes Haus, der Ostflügel als Warmhaus. Mit dem Kuppelbau konnten auch hochstämmige Palmen dem Publikum vorgestellt werden.

Raum- und Konstruktionsform

Das ›Palmenhaus‹ wurde in zwei Bauabschnitten errichtet. Die zuerst erstellten 20 m langen Seitenflügel sind

144 Gesamtansicht, um 1853, Holzstich

langgestreckte Glaskorridore mit einer in herkömmlicher Art nach Norden abschließenden Massivmauer. Nach Süden bilden elementierte Rahmen aus Gußeisen eine niedrige vertikale Fensterwand, die auf einem umlaufenden Sandsteinsockel aufruht. Daran schließen nach oben die gebogenen Sprossen an, die in eine Gerade übergehen und an der Mauer aufliegen. Dieses Sprossenwerk ist, obwohl von kleiner Spannweite (6 m), in der Mitte noch einmal durch einen Längsbinder unterstützt, der von filigranen Säulen von ca. 50 mm Durchmesser getragen wird (Abb. 476). Die Konstruktion, die von Loudon beeinflußt ist, hat jedoch nicht die Reife seiner Bauten. Es bildet sich in den Sprossen eine Hierarchie unterschiedlicher Querschnitte aus. Die Konstruktion ist noch auf einer handwerklichen Stufe, die sich nicht zuletzt in einer Schmiedekunst-Ornamentik äußert.

An diese bereits bestehenden Seitenflügel wurde später der Mittelbau nahtlos angeschlossen. Mit seiner überragenden Kuppel und weit vor die Front vorgezogen, bildet er die bestimmende Dominante des Bauwerkes (Abb. 145-147). Der Kuppelraum hat als Grundriß zwei Halbkreise, die entsprechend der Breite der Seitenflügel durch Gerade gestreckt sind. Die Seitenflügel werden um den Kuppelraum herumgeführt und bilden einen niedrigeren Umgang. In architektonisch geschickter Weise werden die aus einzelnen Elementen zusammengesetzten Rahmen als vertikale Wand weiterverwendet. Daran schließen die gebogenen Sprossen an, die auf einen inneren eisernen Horizontalring zulaufen, der von vierzehn Stützen getragen wird. Über diesem Ring aus Gußeisen er-

hebt sich ein ähnlich dem unteren Rahmenwerk ausgebildeter Tambour, der die abschließende Kuppel trägt. Diese formt ein spitzbogig überhöhtes Tonnengewölbe, das mit zwei Viertelkalotten abgeschlossen wird. Das ganze Gewölbe ist über Zugstangen in einem Laternenring zusammengehalten. Ebenso wie in den Seitenflügeln, jedoch ausgeprägter, werden auch hier die Sprossen in ihrer Tragfunktion hierarchisch angeordnet. Im Umgang ist jede achte, in der Kuppel jede sechste Sprosse verstärkt (Abb. 471-474).

Diese Konstruktionsweise mit den sich radial verjüngenden Glasfeldern verleiht dem Kuppelgewölbe nach außen hin jene Eleganz der zusammenfließenden pflanzlichen Formen. Die Sprossenführung ermöglicht die Ausbildung einer Rosette, die die Spitze der Viertelkuppel markiert und sie als architektonischen Blickpunkt herausstellt. Das konstruktive Prinzip wirkt hier wie bei allen bedeutenden Architekturwerken zugleich als ornamentales Prinzip. Das Netzwerk der Sprossen bildet ein Gewebe, das in seiner graphischen Wirkung den Raum begrenzt und als künstliches Firmament darstellt (Abb. 471).

Das Glas-Eisengewölbe des ›Palmenhauses‹ ist ein auf der handwerklichen Basis der Schmiedearbeit errichtetes Bauwerk früher Eisenkonstruktion. Vor der Serie der großen Ausstellungsbauten errichtet, bildet dieses Bauwerk ein Zwischenglied von Loudonschem Flächentragwerk und hierarchisierter Tragwerkkonstruktion, wie sie Paxton verwendete. Es repräsentiert in seinen Flügeln das früheste, uns bekannte Werk von R. Turner. Zu-

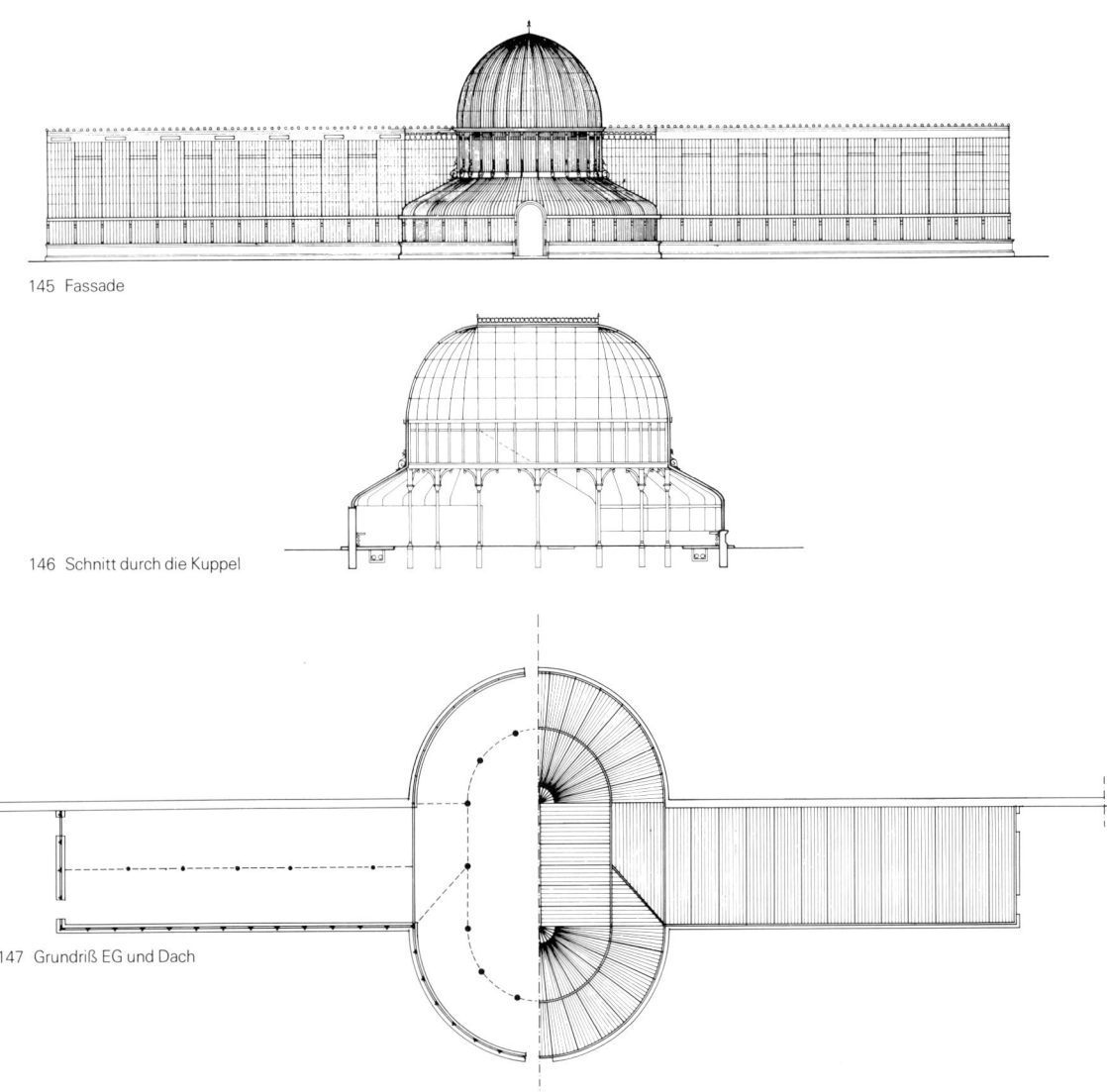

145 Fassade

146 Schnitt durch die Kuppel

147 Grundriß EG und Dach

gleich weist dieser Bau auf die großen Eisenkonstruktionen der späteren Jahrzehnte, in denen die fließende Formsprache der Konstruktion aus dem statischen Kraftverhältnis abgeleitet ist und zugleich als ästhetisches Prinzip auftritt. Indem sie jene Ästhetik des Glas-Eisenbaues vorwegnimmt, ist diese Konstruktion ein einmaliges Dokument. Um so bedauerlicher sind der schlechte Erhaltungszustand und die Bestrebungen, es abzureißen. Der historische Wert dieses Bauwerkes fordert, daß es – wenn nicht anders möglich – durch internationale Bemühungen erhalten und wieder instand gesetzt wird.

Quellen: Belfast, Botanic Garden, Library

Literatur: McCracken 1971; McIntosh 1853; The Gardeners' Chronicle, August 1874; Juni 1875; Januar 1898; Dezember 1904

BERLIN, Palmenhaus, Pfaueninsel
Abb. 478, 479

		Architekt:	Albert Dietrich
Länge:	33 m		Schadow (unter
Breite:	14 m		Mitwirkung Karl
Höhe:	14 m		Friedrich Schinkels)
		Baujahr:	1829-1831
		Zustand:	1880 abgebrannt

Das ›Palmenhaus‹ auf der Pfaueninsel, das 1880 durch ein Kaminfeuer abbrannte, war ein Holz-Eisenbau und eines der ersten großen Gewächshäuser in Deutschland. Es verkörpert einen aus der Orangerie hervorgegangenen Bautypus im Stil des Klassizismus, dem große, einfache

255

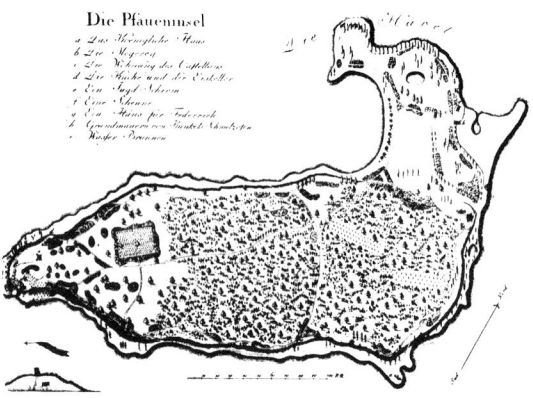

148 Lageplan, Kupferstich von L. Humbert, 1810

Formen und Flächen entsprachen. In dieses architektonische Konzept fügten sich die feingerasterten Glasfronten, die in Umformung der antiken Ordnungen, durch ein lineares Gerüst schlanker Stützen gegliedert waren. Der Gartenkünstler Friedrich Ludwig von Sckell hatte sich bereits 1820 beim Bau des ›Gewächshauses‹ im Alten Botanischen Garten in München dieser architektonischen Formsprache bedient. Auch das ›Palmenhaus‹ von Johann Conrad Bromeis in Kassel (1822) steht in dieser Tradition. Schinkel, der am Bau des ›Palmenhauses‹ maßgeblich beteiligt war, hat in seinen Bauten und Projekten mit Vorliebe große, nur durch den Raster der Sprossen und Stützen gegliederte Glasflächen verwendet. Sein Projekt zu einem Kaufhaus Unter den Linden und sein Theaterbau am Gendarmenmarkt sind dafür ein Beispiel. Der strengen Sachlichkeit des Gebäudes auf der Pfaueninsel wurden orientalische Formen entgegengesetzt: Ein Turmaufbau mit Zwiebelkuppel und eine innen eingestellte Pagode waren Zitate einer exotischen Welt, welcher die orientalischen Ornamente und letztlich die Palmenflora entsprachen. Die Kapitelle und Basen der Säulen wurden der Pflanzenwelt angepaßt. Die Anwendung orientalischer Formen im Gewächshausbau ist englischen Ursprungs, wie bereits um die Jahrhundertwende die Bauten von John Nash und Humphry Repton zeigen. Das ›Palmenhaus‹ auf der Pfaueninsel wirkte in dieser Form als Vorbild für künftige Gewächshausbauten in Deutschland. Georg Ludwig Friedrich Laves hat in seinem Palmenhaus in Herrenhausen (1846-1849) sowohl die Raumkonstruktion als auch die Struktur der Fassade übernommen. Die gerasterten Fronten des großen, kubischen Glas-Eisenbaus im Alten Botanischen Garten in Berlin von 1859 (Abb. 480) knüpften noch an diese Tadition an.

Die Pfaueninsel liegt an der Havel am südlichen Ende des Wannsees. 1793 wählte Friedrich Wilhelm II. diesen Ort, um dort Parkanlagen nach englischem Vorbild anzulegen. 1822 ließ er nach Beratung durch den Zoologen Professor Martin Hinrich Carl Lichtenstein mit Hilfe von Arbeitskommandos einen Tierpark ausbauen. Die Menagerie, die nach und nach durch Tierhäuser und Käfige geschaffen wurde – es gab eine eigene Bären- und Biberbucht, ein ansehnliches Hirschgehege, ein Lamahaus etc. –, wurde durch Peter Joseph Lenné in den zwanziger Jahren in einen romantischen Landschaftsgarten eingebettet (Abb. 148). Im Bestreben, einen landschaftlichen Prospekt zu schaffen, wurden in sorgsamer Abstimmung mit dem Landschaftsbau kulissenartig wirkende, romantische Gebäude gebaut: ein Schloß als Ruine, ein Mausoleum, eine Meierei, ein Kavaliershaus etc., welche z. T. nach Skizzen von Schinkel gebaut wurden. Anlagen dieser Art, die nach der französischen Revolution überall in Europa entstanden, waren eine Art Refugium des Hochadels vor der politischen Wirklichkeit. Mit dem Bau des ›Palmenhauses‹ von 1829 bis 1831 bot sich die Gelegenheit, die Exotik des königlichen Privatparks durch eine botanische Sammlung, vor allem durch Palmen, zu erhöhen. Der Pflanzenliebhaber Foulchiron sah sich damals gezwungen, seine große Palmensammlung zu verkaufen, die als die beste Sammlung in Europa galt. Der Direktor des botanischen Gartens in Berlin wies den König auf die einmalige Gelegenheit zum Erwerb hin. Die riesigen Bäume wurden angekauft, und mit dem Bau des ›Palmenhauses‹ wurde sofort begonnen. Nach dem Vorschlag des Kronprinzen sollte dabei eine asiatische Bautrophäe, eine Pagode aus Marmor, Verwendung finden, die ein englischer General aus Bengalen mitgebracht hatte. Unter Beratung Schinkels wurde die Planung und Durchführung des Projektes Albert Dietrich Schadow übertragen. Ursprünglich bestand die Absicht, die Pagode frei im Park aufzustellen. Sie wurde jedoch im späteren Entwurf in den Bau integriert: Am ausgeführten Bau sieht man noch deutlich die Verquikkung zweier Bauideen, nämlich die Pagode als Dekoration für den Park mit seitlichen Laubengängen und das Glashaus für die Palmen (Abb. 149, 150). Es gelang dem Architekten, die zur Aufnahme der Baumgiganten notwendigen Hallen architektonisch so zu gruppieren, daß die ausgestellten botanischen Exoten nicht allein Platz fanden, sondern auch optisch voll zur Geltung kamen. In der Mitte des Glaspalastes stand eine Fächerpalme, um sie sammelten sich ostindische Schattenpalmen und neuholländische Fächerpalmen. »Kein europäischer Garten der damaligen Zeit hatte gleich große Exemplare vorzuweisen, wie überhaupt die Bedeutung dieser Sammlung weniger in der Zahl der Arten als vielmehr in der Größe der zur Schau gestellten Exemplare lag.«[2] Alexander von Humboldt äußerte, daß er sich in dem ›Palmenhaus‹ auf der Pfaueninsel in die Urwälder des Orinoko zurückversetzt fühlte. Das Gemälde von Karl Blechen (1834) zeigt die großartige Wirkung, die aus der Einheit von architektonischen und pflanzlichen Formen hervorging. Es zeigt

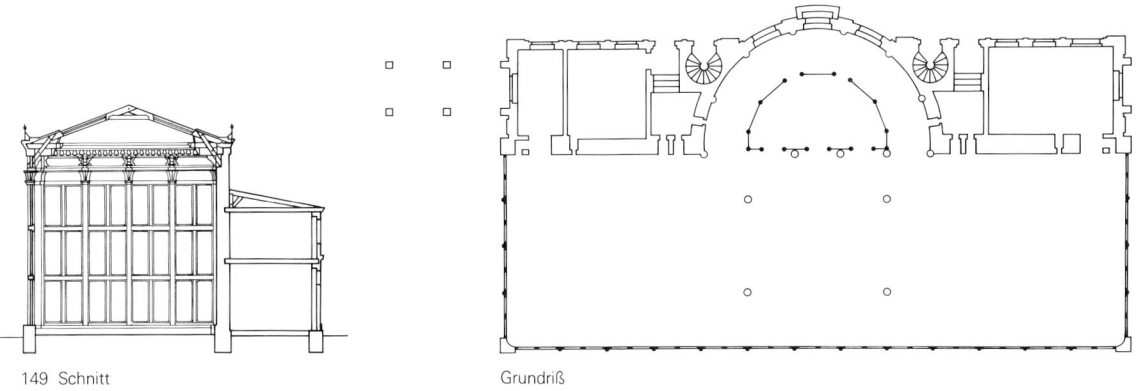

149 Schnitt   Grundriß

150 Hauptfront, Zeichnung nach Foto von Hans Junecke

auch das Palmenhaus als idealen Ort für Reisephantasien (Abb. 478). Der Exotismus der Pflanzenwelt korrespondierte mit der Wahl des orientalischen Stils im Inneren. Die Funktion des Parkes und mit ihm des Palmenhauses war zunächst, den gesellschaftlichen Bedürfnissen des Hofes zu genügen. An drei Tagen in der Woche war es jedoch ab 1821, nach dem Vorbild des ›Jardin de Plantes‹ in Paris, den Berlinern erlaubt, die Pfaueninsel zu besuchen. Die Kombination zoologischer und botanischer Raritäten sowie der Landschaftspark zog viele Besucher an.

Raum- und Konstruktionsform

Das ›Pflanzenhaus‹ war ein rechteckiger Kubus und mit einem flachen geneigten Pultdach abgeschlossen (Abb. 149, Schnitt). Drei Seiten wurden von großen durchgehenden Glasflächen gebildet; die Rückseite war Mauerwerk, das in Form einer halbkreisförmigen Nische mit zwei niedrigeren Seitenteilen im Norden den Hauptbau abschloß. Wie auf der nach einer Fotografie gezeichneten Ansicht zu sehen ist, wurde später auf den Hauptbau zentral ein turmartiger verglaster Aufbau mit Zwiebelabschluß aufgesetzt (Abb. 150). Die große halbkreisförmige Nische nahm die asiatische Pagode auf und bildete eine Art Umgang. Sie gab durch eine Zwischendecke einer Galerie Raum, welche sich ebenfalls optisch mit dem Hauptraum verband. Das Bauwerk war 33 m lang, 14 m breit und bis zur unteren Firstkante 10,50 m hoch. Die Fläche des gläsernen Hauptbaues betrug 390 m², der Rauminhalt 3900 m³. Das Mauerwerk im Norden und die Eckpfeiler stabilisierten das Gerüstsystem der Fassade, welches von bis zur Firsthöhe des Daches gehenden Holzsäulen gebildet wurde. Sie waren durch Zwischenrippen ausgesteift. Die gemauerten Wände und die Holzsäulen trugen den hölzernen Dachstuhl, dessen Mittelteil durch vier gußeiserne Stützen und horizontale Gitterträger unterstützt wurde. Der Dachstuhl war in den beiden Seitenteilen des Hauptraumes nach innen offen und zwischen den Sparren mit großflächigen Fensteröffnungen versehen. Auch die Stützen, die die Apside abschlossen, waren aus Gußeisen. Sie trugen die Zwischen- und Oberdecke mittels ornamental durchbrochener Eisenbögen. Die Säulen und Mauerpfeiler waren innen und außen mit Kapitellen geschmückt. Über dem Dachsims befand sich ein reich verziertes gußeisernes Gitter, welches das Gebäude umgab und sich gegen den Horizont abzeichnete. Mit dem Brand von 1880 verlor Berlin einen seiner poetischsten Orte jener Zeit.

Quellen: Berlin, Staatliche Schlösser und Gärten, Verwaltung, Schloß Charlottenburg

Literatur: Poensgen 1950; Pett 1966; Breuer 1923; Hinz 1937, S. 44–46

BERLIN-GLIENICKE, Orangerie und Treibhaus

Architekt:	Ludwig Persius (Mitarbeit von Karl Friedrich Schinkel)	Zustand:	1940 Zerstörung der Treibhausanlage, derzeit in Wiederaufbau
Baujahr:	1839		

Nahm man den Weg durch den Park vom Schloß zum versteckt liegenden Kasino, so konnte man bis vor kurzem, hinter Buschwerk und fast schon zugewachsen, eine Ruine entdecken, deren stark verrottetes Eisentragwerk auf ein ehemaliges Gewächshaus deutete: Es handelt sich um die Reste eines mit einer ›Orangerie‹ verbundenen ›Treibhauses‹ mit gewölbtem Glas-Eisendach. Dieser Bau war ein wichtiger Teil des Glienicker Parkes, eines gärtnerisch und architektonisch sorgsam komponierten Gesamtkunstwerkes, das aus dem vereinigten Wirken von Peter Joseph Lenné, Hermann Fürst Pückler-Muskau, Friedrich Wilhelm IV., Schinkel und dessen Schüler in der ersten Hälfte des 19. Jahrhunderts hervorgegangen war. Am Rande eines ›pleasure-grounds‹ angelegt, diente die Treibhausanlage nicht nur den prosaischen Zwecken der Pflanzenpflege, sondern auch als geschickt plaziertes Architekturprospekt. Die Glasgewölbe spannten sich in langer Front vom klassizistischen Schloßtrakt zum ›Klosterhof‹ in byzantinischem Stil, wodurch der Spaziergänger einer neuerlichen Überraschung, dem ›Kasino‹ und dem zur Havel unerwartet sich öffnenden Panorama zugeführt wurde. Wie die meisten der im Park verstreuten Bauten – ›Klosterhof‹, ›Kasino‹, ›Teufelsbrücke‹, ›Stipadium‹, ›Große Neugierde‹ mit dem ›Monument des Lysikrates‹ usw. – war auch das 1839 erbaute ›Treibhaus‹ ein architektonisches Zitat. Jedoch im Unterschied zu jenen meist romantischen Bauten ein in jener Zeit höchst modernes. In Gestalt und Konstruktion knüpfte es an die damals neueste und technisch avancierte Errungenschaft des englischen Gewächshausbaues an: den Loudonschen Typus des gewölbten Glashauses.

Das ›Treibhaus‹ und die ›Orangerie‹ wurden relativ spät in das Ensemble des ›pleasure-grounds‹, dem Kernstück des Glienicker Landschaftsparks, eingefügt. Teil dessen Vorgeschichte ist der Erwerb des Landgutes Klein-Glienicke durch Karl August Fürst Hardenberg 1814, der zwei Jahre später dem Garteningenieur Lenné den Auftrag gab, es im Bereich des Schlosses parkartig zu fassen. Mit dem Kauf des Landgutes durch Prinz Carl von Preußen 1824 wurde Schinkel die bauliche Umgestaltung und Lenné in Fortführung seiner ersten Arbeit die Verwandlung des gesamten Landgutes in einen durchgehenden Landschaftspark übertragen. Fürst Pückler brachte als ›hospitierender Gärtner‹ seine Vorschläge in die Planung Lennés ein, während der Bruder

Carls, Friedrich Wilhelm IV., Schinkels Arbeit durch eigene Entwürfe ergänzte. Eine Serie von Entwurfsskizzen Friedrich Wilhelms des IV. und Schinkels befaßte sich mit dem Plan einer ›Orangerie‹, deren Architektur mit der Hauptseite des Schlosses abgestimmt werden sollte. An diese Skizzen sich anlehnend, plante schließlich der Schinkelschüler Ludwig Persius die 1839 erbaute ›Orangerie‹ in Form eines langgestreckten, mit einem überkragenden Satteldach versehenen Massivbaues, dessen südöstliche Seitenwand durch eine fünffache, verglaste Bogenstellung durchbrochen war. Die Arkaden korrespondierten mit dem sich an das Schloß anfügenden ›Remisenhof‹. Quer zur ›Orangerie‹ – an deren südwestlichen Kopfende – war ein niedriges Treibhaus mit kurvenlinearem Glas-Eisendach angeordnet, das an seinen Enden durch kleine Türme, an seiner Rückseite durch eine massive Wand abgeschlossen war. Das schmiedeeiserne Tragwerk des ›Treibhauses‹ – schmale, in engem Abstand gesetzte, gebogene Sprossen – waren ähnlich den Loudonschen Profilen geformt (Abb. 132a), wobei jedoch – im ursprünglichen Entwurf – im Unterschied zu diesen, ein doppelter Falz vorhanden war, um eine zweifache Verglasung einsetzen zu können (Abb. 134a). Der Querschnitt des Treibhauses zeigte ein Glasgewölbe, das – um ein Maximum an Licht eintreten zu lassen – dem Verlauf einer gedrückten Parabel folgte, wobei das Auflager der Sprossen nach vorne ein gemauertes Bankett, nach hinten aus dem Mauerwerk vorkragende Gußkonsolen bildeten. ›Treibhaus‹ und ›Orangerie‹ wurden zu Beginn des Ersten Weltkrieges zerstört. Im Rahmen einer umfassenden Wiederherstellung des Glienicker Parkes zum Anlaß des

›Schinkeljahres‹ 1981 wurden mittlerweile auch die Arbeiten zur originalgetreuen Rekonstruktion des ›Treibhauses‹ und der ›Orangerie‹ begonnen. Damit ersteht wieder in authentischer Gestalt das einzige in Deutschland existierende Gewächshaus des Loudonschen Bautypus.

Literatur: Sievers 1955, Bd. III; Zehlendorfer Chronik, 1977, Jg. 2, 2. erweiterte Auflage, 1979

BERLIN, Wintergarten des Palais Prinz Albrecht, Wilhelmstraße

Länge:	35 m	Architekt:	Karl Friedrich
Breite:	5,50 m		Schinkel
		Baujahr:	1832
		Zustand:	1873 abgebrochen

Der auch ›Orangerie‹ genannte, langgestreckte, jedoch nur 5,5 m breite ›Wintergarten‹ – von Karl Friedrich Schinkel entworfen – war an die südliche Erdgeschoßfront des Palais des Prinzen Albrecht angebaut (Abb. 151). Auf eine vorgelagerte Terrasse gestellt, öffnete er sich nach innen über direkte Treppen zu den 1 m höher liegenden Privatgemächern des Prinzenpaares. Vom Wohn- und Arbeitszimmer sowie vom gemeinsamen Schlaf- und Ankleidezimmer aus erblickte man das Grün eines Orangenwaldes, dessen Blattwerk die Südsonne abschirmte und die Illusion eines südlichen Haines unter freiem Himmel hervorrief. Zwei Reihen schlanker Stützen trugen über längsgelegte Architrave aus Holz ein

151 Karl Friedrich Schinkel, Berlin, Wintergarten des Palais Prinz Albrecht, 1832 (abgerissen), Innenansicht, Stich

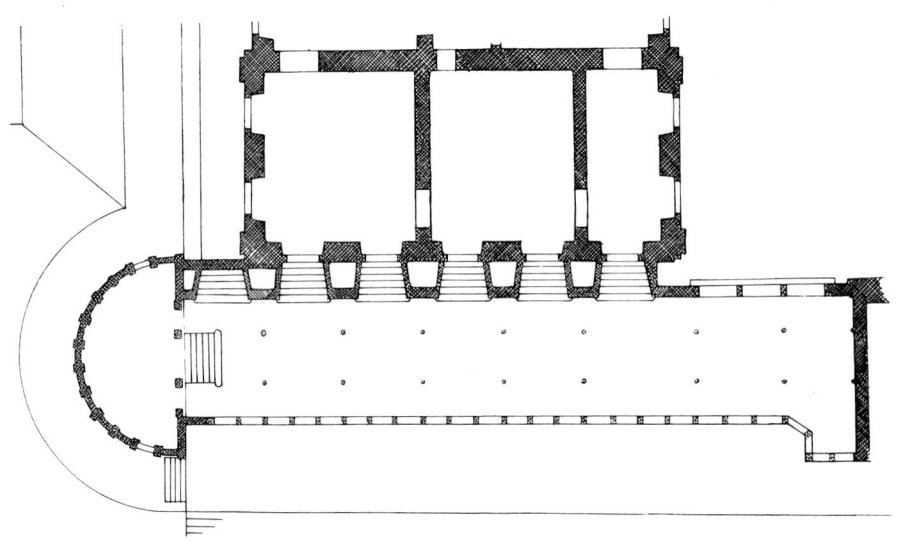

gläsernes Pultdach, das sich zur Terrasse hin auf dem Pfostenwerk einer durchlaufenden Fensterfront abstützte. Der ›Wintergarten‹ endete im Westen mit dem Halbzirkel einer verglasten Apsis, die, höhergelegt, eine über Treppen zugängliche Terrasse bildete, welche vom Garten her direkt zugänglich war. Die Apsis formte einen architektonisch wirkungsvollen Abschluß des durchgrünten Korridors. Sie war der Schauplatz geselliger Frühstücksrunden und der Konversation des Prinzenpaares. Von ihr aus öffnete sich perspektivisch der Blick in die Tiefe des dreischiffigen Wintergartens, der auf dem Bild des Kamenzer Albums festgehalten ist. Der reiche Dekor wurde von Schinkel mit großer Sorgfalt entworfen.

Literatur: Sievers 1954, Bd. II., S. 167-171

BERLIN-SCHÖNEBERG, Gewächshäuser, Kgl. Botanischer Garten, Potsdamer Straße
Abb. 480, 481

Der Bau des Londoner ›Kristallpalastes‹ von Joseph Paxton 1851, dessen Struktur sich im wesentlichen aus der Tradition des englischen Gewächshausbaues entwickelte, hatte in der Folge seinerseits einen bedeutenden Einfluß auf die Glas-Eisenarchitektur und im besonderen auch auf die Ausbildung von Gewächshausbauten. Bemerkenswert ist die Rezeption dieses epochemachenden Bauwerkes in Deutschland. Während in England nach der Londoner Weltausstellung vorwiegend gewölbte Konstruktionen bei Glas-Eisenbauten zur Verwendung kamen und darin auf die Vorbilder der ersten Jahrhunderthälfte zurückgegriffen wurde, übernahm man in Deutschland mit Vorliebe das Paxtonsche Konstruktionsprinzip. August von Voit hat im Münchner ›Glas-

palast‹ 1854 dieses Prinzip fast vollständig aufgenommen. Das eiserne ›Große Palmenhaus‹ im Berliner Alten Botanischen Garten – 1857 bis 1859 – hat ebenfalls konstruktive Elemente des Londoner ›Kristallpalastes‹ zu seiner Grundlage: Skelettbau mit gußeisernen Gitterträgern, hohle, zusammensteckbare Säulen und ›Ridge-and-furrow‹-Dach. Auf dieser Basis entstand ein Bauwerk, das sich in seiner Zeit durch radikale Einfachheit und Sachlichkeit auszeichnete. Die Analogie zum Londoner Kristallpalast ergänzt die Tatsache, daß auch hier ein Gärtner zum Urheber des völlig vorgefertigten Glashauses wurde. Die architektonische Schönheit des Baues entstand aus der Kombination wohlproportionierter kubischer Formen, deren Rasterfassaden nur durch die Reflexe von Glas und Eisen belebt waren. Er wurde damit zum Vorboten der Zweckbauten im Zeitalter der Industrialisierung Deutschlands. Das in diesem Palmenhaus sich offenbarende architektonische Erscheinungsbild

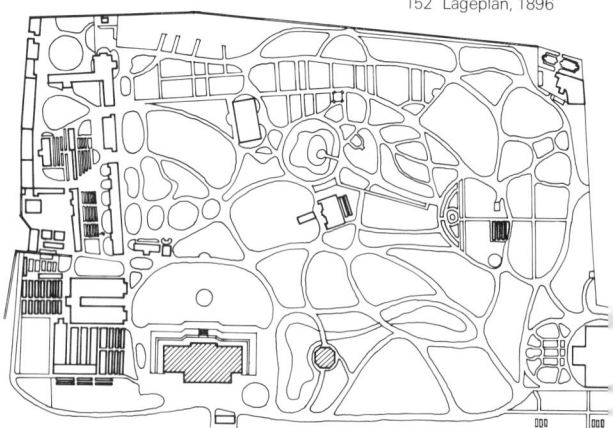

knüpft auch an eine spezifisch preußische Tradition an: an den von Schinkel geprägten Klassizismus, der als Ordnungssystem den Raster einsetzte und eine flächige Ausbildung der Baukörper bevorzugte. Ein im selben Garten wie das eiserne Haus gebautes ›Palmenhaus‹ aus Holz, 1821 von Schinkel geplant, stellte dies unter Beweis.

Geschichte des Gartens

Der Kgl. Botanische Garten in der Potsdamer Straße wurde vom Großen Kurfürsten im Jahre 1679 anstelle des ehemaligen Kurfürstlichen Hopfengartens zur Kultivierung von Gemüse und edlen Obstsorten angelegt. Die erste Einrichtung stammte von dem aus Holstein gebürtigen Küchengärtner Michelmann und dessen Nachfolgern. König Friedrich I. verwandelte die Anlage in einen Lustgarten mit Treibhäusern und einer Orangerie, König Friedrich Wilhelm I. in einen ›Hof-Apothekengarten‹ und unterstellte sie der Aufsicht der Sozietät der Wissenschaften mit der Verpflichtung, die Unterhaltungskosten zu decken. Unter Friedrich II. diente der ›Kräutergarten‹ zum gemeinsamen Nutzen der Botanik, Experimentalphysik und Medizin, verfiel jedoch später, während des Siebenjährigen Krieges, infolge finanzieller Schwierigkeiten. Zwar wurde er später erweitert und neu eingerichtet, geriet aber durch Mißwirtschaft der Akademie in Verfall. Durch eine Kabinettsorder von 1801 wurde ein Reorganisationsplan genehmigt, in welchem die Erweiterung des Gartens zur Kultur der für Fabriken und Manufakturen brauchbaren Gewächse, besonders der Farbkräuter, vorgesehen wurde. Den Plan führte der Professor der Naturwissenschaften beim ›Collegium medico-chirurgicum zu Berlin‹, Carl Ludwig Willdenow, aus. Er verstand es, auch während des Krieges gegen Napoleon den Garten zu fördern und in Ordnung zu halten. Mit Willdenow war ein Wendepunkt für die weitere Entwicklung erreicht. Er verstand es, die vorgefundenen Pflanzenarten von 1200 auf 7700 zu erhöhen – also mehr als zu versechsfachen –, und legte die Grundlage für die wissenschaftliche Bedeutung, die der Botanische Garten künftig erhalten sollte. 1809 wurde die Verwaltung des Gartens der Akademie der Wissenschaften abgenommen, mit der neugegründeten Universität Berlin verbunden und dem Ministerium unterstellt. Seitdem entwickelte sich der Garten beständig, besonders durch die Verbindungen mit andern verwandten Instituten und durch Nutzbarmachung der Ergebnisse von Forschungsreisen, welche von Gelehrten auf Staatskosten unternommen wurden. Im Jahre 1855 wurde das Gartenterrain nach Westen bedeutend erweitert, um hier ein großes Palmenhaus und unter Mitwirkung einer Kommission des landwirtschaftlichen Ministeriums auch ein umfangreiches Arboretum einzurichten. Seit 1879 kam eine pflanzengeographische Anlage hinzu. 1891 wurde aus Reichsmitteln mit dem

Garten eine botanische Zentralstelle für die Kolonien verbunden.[3] 1897 wurde der Garten, der mittlerweile von Mietskasernen umringt, zu klein geworden war, nach dem Terrain der Domäne Dahlem am Südwestabhang des Fichtenberges bei Steglitz verlegt. Der Kgl. Botanische Garten, von der Potsdamer, Elsholz-, Grunewald- und Pallasstraße begrenzt, hatte 1896 eine Größe von 1137a. Darin befanden sich zahlreiche Gewächshäuser mit einem Flächenraum von 4300 qm, in denen Pflanzen in 10000 verschiedenen Arten und 40000 Exemplaren kultiviert wurden. Mit insgesamt 19000 Pflanzenarten wurde der Berliner Botanische Garten nur noch von den Gärten in St. Petersburg mit 25000 und in Kew mit 20000 Arten übertroffen. Die Gewächshäuser waren mit dem steigenden Bedürfnis nach und nach angelegt worden und stammten z.T. noch aus dem Anfang des 19. Jahrhunderts (Abb. 152). Erwähnenswert sind das nach Schinkels Plan erbaute ›Palmenhaus‹ (1821), das ›Orchideenhaus‹ (1863), das ›Farrenhaus‹ (1874), besonders jedoch das ›Große Palmenhaus‹ (1857-1859) und das ›Victoria regia-Haus‹ (1882).[4]

Die Bautätigkeit im Botanischen Garten wurde über 30 Jahre, 1843 bis 1873 von Carl David Bouché geplant und geleitet. Dieser stammte aus einer Hugenottenfamilie, die traditionell in Berlin vor allem gärtnerisch tätig war. Bereits vor seiner Berufung zum Inspektor des Botanischen Gartens 1843 war Bouché als Gehilfe im Botanischen Garten und sodann als Obergärtner auf der Pfaueninsel tätig gewesen. Hier konnte er an dem 1831 von Karl Friedrich Schinkel und Albert Dietrich Schadow erbauten Palmenhaus erste grundlegende Erfahrungen für die Aufzucht und Pflege tropischer und subtropischer Pflanzen und deren Abhängigkeit von zweckmäßiger Konstruktion, Belichtung, Heizung und Lüftung gewinnen. Als Inspektor des Botanischen Gartens fand er hier, ähnlich wie sein größtes Vorbild Joseph Paxton in Chatsworth, ein Betätigungsfeld für die Entwicklung von Gewächshäusern. In einer Reihe von Experimenten, in denen er die Ergebnisse des englischen Gewächshausbaues berücksichtigte, versuchte er Idealtypen für die Konstruktion und Raumform eiserner Glashäuser zu finden. Sein besonderes Interesse galt neben schmiedeeisernen Fachwerkträgern dem Gußeisen und seiner Möglichkeit, völlig vorgefertigte Bauten zu errichten. Seine in der gärtnerischen Praxis gewonnenen Erkenntnisse faßte er in einem grundlegenden theoretischen Werk »Bau und Einrichtung der Gewächshäuser« zusammen, in dem er neben Plänen und Detailzeichnungen des ›Großen Palmenhauses‹ (1857 bis 1859) und des ersten ›Victoria regia-Hauses‹ (1863) auch zahlreiche Projekte und ›Musterentwürfe‹ vorstellte. Sein Buch, das posthum 1886 von seinem Sohn Julius Bouché, Garteninspektor des botanischen Gartens der Universität Bonn, herausgegeben wurde, war neben den ›Glashäusern‹ von M. Neumann von 1842, eines der wichtigsten Standardwerke für die Probleme des Gewächshausbaues des 19. Jahrhunderts.

Quellen: Berlin, Bibliothek Botanischer Garten, Berlin-Dahlem

Literatur: Zentralblatt der Bauverwaltung, 1882, Jg. 2, S. 133; Architekten-Verein zu Berlin, 1877, S. 165 ff.; 1896, Bd. II, S. 252 ff.; Ring 1884, Bd. II; Bouché 1886, S. 15, 120, Taf. XXII-XXIV; Jahrbuch des Kgl. Botanischen Gartens Berlin 1895, Jg. 1, S. 34 ff.; Timler und Zepernick 1978, S. 3-41

BERLIN-SCHÖNEBERG, Kgl. Botanischer Garten, Potsdamer Straße, Palmenhaus von Karl Friedrich Schinkel, 1821

Schinkel baute das erste ›Palmenhaus‹ des Botanischen Gartens in Form eines Kegelstumpfes, dessen Spitze ein flach geneigtes Glasdach bildete. Das tragende Gerüst waren Holzbohlen, welche zusammen mit der tiefer liegenden Glasfläche den Kegelmantel formten. Querhölzer versteiften das Traggerüst. Die beiden Eingänge und die beiden Schornsteine der Heizung waren symmetrisch längs der Achse angeordnet. Der Kegelstumpf stand auf einem niedrigen kreisförmigen Mauersockel. Die Gesamthöhe des ›Palmenhauses‹, das auch repräsentativen Zwecken dienen sollte, betrug 10 m, der Durchmesser

13 m (Abb. 153). Das Bauwerk war in seiner einfachen geometrischen Form ein Nachklang der französischen Revolutionsarchitektur, die in den Kenotaphen und Denkmalsentwürfen von Etienne-Louis Boullée, Claude Nicolas Ledoux und Jean-Jacques Lequeu ähnlich radikal vereinfachte Baukörper propagierte. Das Bauwerk war zugleich seinem Zweck entsprechend angelegt: Die Kegelform garantierte den Pflanzen ein von allen Seiten gleichmäßiges Licht; zudem stand die Glasoberfläche des Rundbaus in einem günstigeren Verhältnis zum Rauminhalt als bei rechteckigen Bauten. Durch die konisch gehaltenen Glasflächen wurde zusätzliches Sonnenlicht eingefangen.

Loudon hat zehn Jahre später, für den Botanischen Garten in Birmingham, Gewächshäuser konzipiert, welche unter Verwendung von Glas-Eisenkonstruktionen in ihrem stereometrischen Aufbau dem Berliner Palmenhaus von Schinkel gleichen. Das rasterförmig ausgebildete Gerüstsystem war in seinem Aufbau trotz seiner Anwendung als Rundbau eine Vorwegnahme der Fassadenstruktur des später erbauten Palmenhauses auf der Pfaueninsel (Abb. 150). Das ›Palmenhaus‹ wurde bereits neun Jahre nach seiner Fertigstellung infolge der Feuchtigkeit in seinen Holzteilen so zerstört, daß es 1831 durch ein anderes, größeres Palmenhaus ersetzt werden mußte.[5]

153 Karl Friedrich Schinkel, Palmenhaus, 1821 (abgerissen), Holzstich

BERLIN-SCHÖNEBERG, Kgl. Botanischer Garten, Potsdamer Straße, Großes Palmenhaus

Länge:	53,80 m	Architekt:	Carl David Bouché
Breite:	17,20 m	Konstruktion:	Gustav Herter
Höhe:	17,40 m		und Nietz
Rauminhalt:	14 000 m³	Baujahr:	1857-1859
		Zustand:	1907 abgerissen

Raum- und Konstruktionsform

Das ›Große Palmenhaus‹ bestand aus einem zur Aufnahme der Pflanzen bestimmten Hauptbau aus Glas und Eisen und einem im Rücken desselben liegenden Anbau aus Mauerwerk, welcher die Treppenanlage, einen Arbeitssaal und mehrere Dienstwohnungen enthielt. Die Hauptfront war nach Osten orientiert. Die Grundrißform des Hauptbaues bildete ein langgestrecktes Rechteck mit einem nach Osten vorspringenden Mittelteil. Die Raumform wurde von rein kubischen Formen bestimmt:

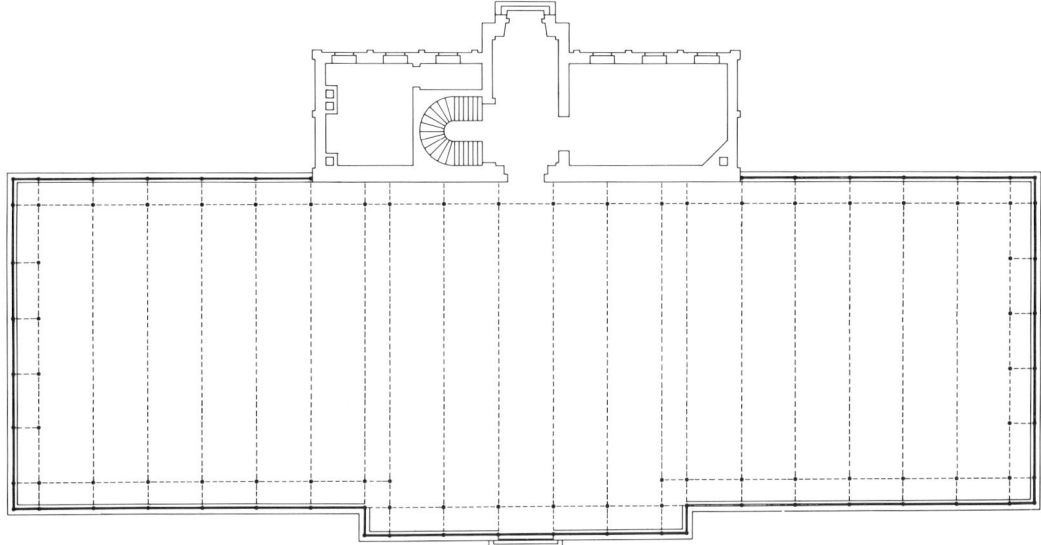

154 Grundriß

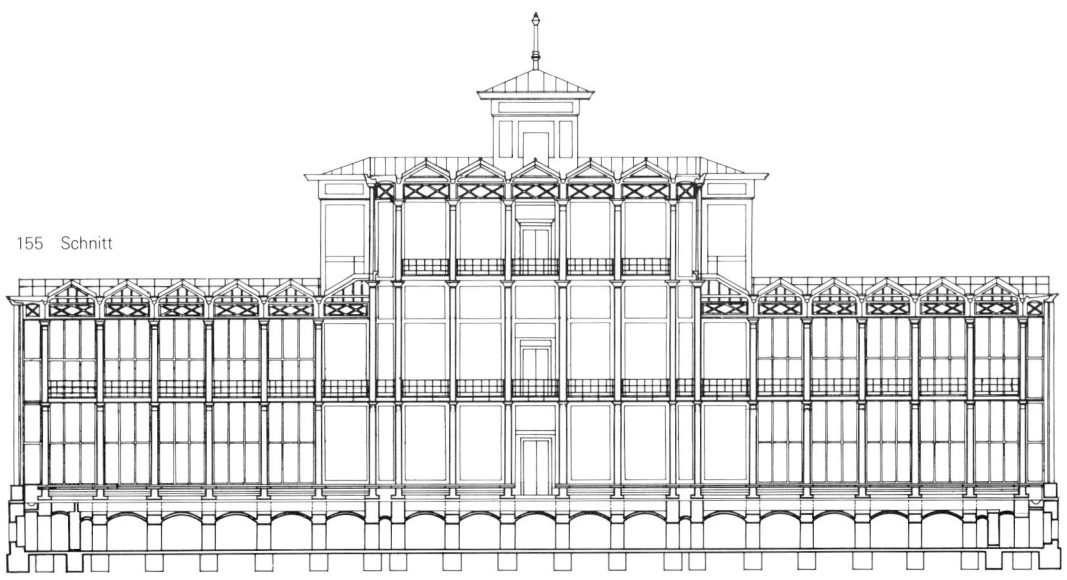

155 Schnitt

263

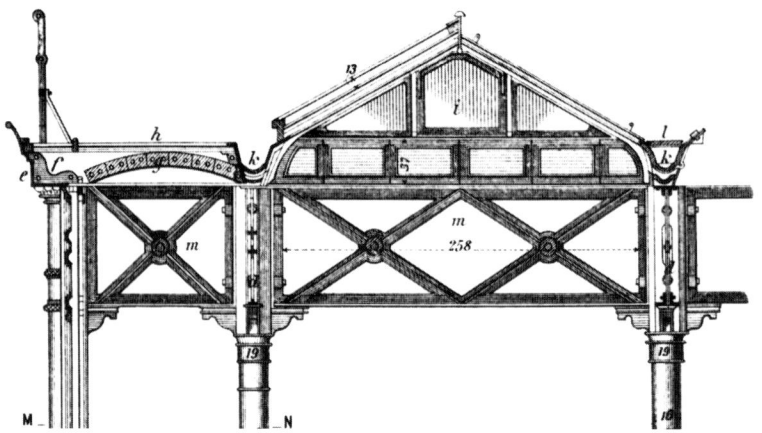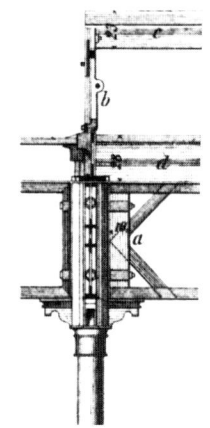

156 Konstruktionsdetail des Daches

Einem würfelförmigen Mittelteil schlossen sich quaderförmige, bedeutend niedrigere Seitenflügel an. Da die äußere Hülle des Baukörpers – die senkrechten Glasflächen und das einfache Glas-Sheddach – völlig ohne Verzierungen ausgebildet waren, kamen die reinen kubischen Bauformen klar zu Geltung. In der einfachen Kombination der Glasquader war dieses ›Palmenhaus‹ ohne Zweifel ein bemerkenswertes Beispiel der frühen Sachlichkeit des 19. Jahrhunderts. Das architektonische Gesamtbild wurde bewußt durch Formen der Repräsentation unterstrichen: Das ›Palmenhaus‹ stand auf einer terrassenförmigen Erdaufschüttung, die es von seiner Umgebung abhob. Eine axial angeordnete breite Freitreppe führte auf den Haupteingang zu (Abb. 159).

Das ›Palmenhaus‹ setzte sich aus einem 17,40 m hohen Mittelbau, dessen Grundfläche ein Quadrat von 17,20 m bildete, und zwei 11 m hohen Seitenflügeln von 18,30 m Länge und 17,30 m Tiefe zusammen. Die vom Glashaus überdeckte Fläche betrug 926 m², der von ihm eingeschlossene Rauminhalt 14000 m³. Den Kern des konstruktiven Gerüstes bildete eine längs der Außenwände aufgestellte Doppelreihe gußeiserner Röhrenpfeiler von 15,70 cm Durchmesser und 1,30 m Achsenabstand, die durch Galerien, welche den gesamten Innenraum umzogen und teilten, versteift wurden. Über gußeiserne und schmiedeeiserne Gitterträger von 0,785 m Höhe trugen sie das in einzelne Satteldächer zerlegte, gleichfalls von einem Umgang umzogene Dach (Abb. 154, 155). Die schmiedeeisernen Gitterträger, im Mittelbau 14,60 m, in den Seitenflügeln 13,10 m lang, überbrückten die Breite der Glashalle, wobei die gegossenen Fachwerkträger von 2,58 m Länge den Querverband herstellten. Die Röhrenpfeiler standen auf einem niedrigen Mauersockel, der den gesamten Glas-Eisenbau umzog. Sie waren mit diesem über Schrauben verankert. Die äußere Pfeilerreihe war doppelt verglast – nach außen durch feste Fenster mit

Lüftungsscheiben in Eisenrahmen, nach innen durch Fenster in Holzrahmen. Die festen Dachscheiben bestanden aus 1,30 cm starken Rohglastafeln, z.T. mit Drahteinlage. Das von den Dachflächen ablaufende Regenwasser wurde in doppelten Gußrinnen, die auf den langen Gitterträgern lagen, aufgefangen und durch die inneren hohlen Pfeiler zunächst in Rinnen am Fußboden und von da in Behälter im Keller geleitet. Hier wurde das zum Bespritzen der Pflanzen erforderliche Wasser durch Pumpen entnommen. Der mit Backsteinmauerwerk überwölbte Keller, von einer breiten Terrassenanschüttung umgeben, nahm die Warmwasser- und Dampfheizung auf. Die gußeisernen Teile des Tragwerkes waren nach dem Vorbild des Glaspalastes von Joseph Paxton standardisiert. Die Stützen wurden aus Einzelsäulen und Zwischenstücken für die Anschlüsse der Gitterträger zusammengesetzt und verschraubt. Angeschraubte Konsolen aus Gußeisen dienten als Auflager für Galerien und Träger; die Hauptträger, welche die Glassheds trugen, waren aus Profilen und aus Flachstäben von gewalztem Stahl zusammengenietet. Die Träger längs der Außenseite waren aus Gußeisen (Abb. 156).

Das ›Große Palmenhaus‹ wurde 1907 im Zuge der Auflösung des Alten Botanischen Gartens abgerissen. Einige Konstruktionsteile – gußeiserne Säulen – wurden in Form einer Pergola im Wirtschaftshof des Neuen Botanischen Gartens in Dahlem wiederverwendet und sind noch heute dort vorzufinden. Die beiden Archivfotos, die das ›Glashaus‹ kurz vor dem Abriß noch einmal für die Nachwelt festhalten, vergegenwärtigen den Bau als Zeugnis früher Ingenieurskunst (Abb. 480, 481).

Heizung

Wie die Tragkonstruktion war auch die Heizung das Ergebnis langjähriger Untersuchungen und Experimente von C. J. Bouché. Sie bildete eine doppelte Anlage: Ei

264

nerseits wurde das ›Palmenhaus‹ direkt durch eine Warmwasserheizung über zwei Kessel erwärmt; die achtzehn Kupferröhren dieses Systems, von je 10 cm Durchmesser, befanden sich am Fußboden des Glashauses und hinter der Sockelmauer des Gebäudes, durch welche mittels verschließbarer Kanäle frische, an der Wasserheizung sich erwärmende Luft eingeführt werden konnte. Andererseits war noch eine Dampfheizung mit zwei Kesseln von fünf Atmosphären Betriebsdruck, untergebracht, durch deren Röhren der Keller stark erwärmt werden konnte. Auf diese Weise wurde der mit einer 0,63 m starken Erdschicht beschüttete Fußboden des ›Palmenhauses‹ geheizt. Durch Öffnen der im Scheitel der Kellergewölbe angeordneten Klappen war es überdies möglich, einen Teil der im Keller aufgespeicherten Wärme direkt an das Palmenhaus abzugeben und dasselbe während des Winters täglich einmal mit warmen Dämpfen anzufüllen, welche den Pflanzen die warmen Nebel der Tropen ersetzten. Morgens wurde die Temperatur des Hauses durch die Wasserheizung auf 12° und durch Einlassen des Dampfes auf 15-17° R gebracht. Dieses Maximum der Temperatur hielt sich bis drei Uhr nachmittags, sank aber bei strenger Kälte bis sieben Uhr abends auf 12°. Bei Eintritt des Minimums von 10° wurde die Wasserheizung, welche im Durchschnitt täglich nur acht Stunden im Gange war, wieder in Tätigkeit gesetzt.

»Erschien es auch anfänglich als ein sehr gewagtes Unternehmen, unter einem so nördlichen Breitengrade wie dem von Berlin ein derartig großes Haus aus Eisen und Glas zu erbauen, so haben sich doch die Einrichtungen so vorteilhaft bewährt, daß es selbst bei strengster Kälte keine Schwierigkeiten macht, die erforderliche Wärme zur Tages- und Nachtzeit zu unterhalten, und zwar ohne einen übermäßigen Gebrauch von Brennmaterialien – ein Beweis, daß also selbst für nördliche Klimate die Eisen-Konstruktion für Gewächshausbauten mit Vorteil anzuwenden ist.«[6] Das ›Große Palmenhaus‹ wurde zwischen 1857 und 1859 nach den Plänen des Garteninspektors Carl David Bouché durch Regierungs- und Baurat Nietz und Bauinspektor Gustav Herter erbaut. Die Gesamtkosten betrugen 405 000 Mark.

BERLIN-SCHÖNEBERG, Kgl. Botanischer Garten, Potsdamer Straße, Victoria regia-Haus 1882

| Durchmesser: | 16,25 m (außen) | Architekt: | Schulze |
| Höhe: | 5,25 m | Zustand: | 1907 abgerissen |

Das erste ›Victoria regia-Haus‹ entstand 1852 unter Mitwirkung von C.D. Bouché. Auf quadratischem Unterbau aus Ziegeln errichtet, stützte sich das aus einer Glas-Holzkonstruktion gebildete Satteldach auf einem axial angeordneten gußeisernen Trägerwerk. Das 1882 von

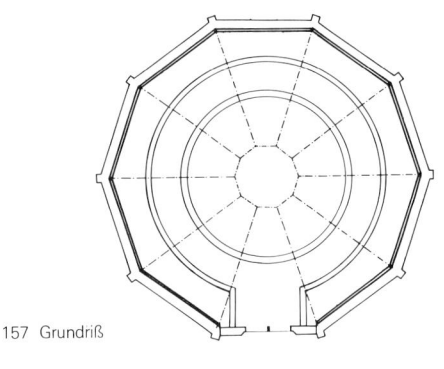

157 Grundriß

158 Schnitt

Bauinspektor Schulze gebaute ›Viktoria regia-Haus‹ ersetzte das 1852 erbaute baufällig gewordene alte ›Victoria regia-Haus‹. Als Bauplatz wurde das südlich vom ›Palmenhaus‹ gelegene, etwas erhöhte und z.T. von Wasser umgebene Gartenland gewählt. Seiner Raumform nach nimmt es den in Europa sich durchsetzenden Bautypus des Victoria regia-Hauses auf: Zentralbau in Form einer flachen Kuppel, im Zentrum das kreisrunde Pflanzenbecken (Abb. 157, 158, 160). Als Grundform wurde hier ein regelmäßiges Zehneck gewählt, welches durch einen kuppelförmigen Glas-Eisenaufbau eingedeckt wurde. Dieser gründete auf einem 1 m hohen massiven Unterbau. Zur Aufhebung des durch die Konstruktion erzeugten Seitenschubes diente ein eiserner Fußring. Die Binder der Kuppel waren aus Walzeisen in Form 15 cm hoher I-Profile und bildeten in ihrem Verlauf eine Parabel, die in eine Gerade überging. Sie wurden oben durch einen zehneckigen Ring aus U-Profilen zusammengehalten. Darüber baute sich die Laterne auf. Die Binder wurden durch ein System von horizontalen Querstreben aus 10 cm breitem Flacheisen ausgesteift. Über diese tragende Konstruktion wurde das Gerüst der gebogenen, parallel laufenden Eisensprossen gelegt, welche die dachziegelartig einander um 1 cm überlappenden Glasteile erfaßten. Diese bestanden aus rheinischem ›Doppelglas‹. Die Tafeln waren 30 cm breit und meist 40 bis 50 cm lang. Das Bauwerk enthielt in seiner Mitte ein vertieftes Wasserbecken für die Victoria regia, am Rande ein ringförmiges Becken für kleinere tropische Wasserpflanzen. Zur Er-

159 Großes Palmenhaus, 1857-1859 (abgerissen), Ansicht

160 Victoria regia-Haus, 1882 (abgerissen), Innenansicht, um 1883, Stich

wärmung des Wassers wurde eine Warmwasserheizung mit kupfernen Zirkulationsröhren an den Wandungen der Becken angebracht. Zur Lüftung dienten jalousieartige Lüftungsklappen in der Laterne und zehn unmittelbar über dem Sockel liegende Lüftungsöffnungen. Über die Raumwirkung dieses durch Tausende von Glasschuppen gebildeten Zentralbaues gibt das von Max Ring veröffentlichte Bild Aufschluß. Die Kosten betrugen 18 200 Mark, davon die Eisenkonstruktion 4200 Mark. Diese wurde von der Fa. Schlieder und Schmidt, Leipzig, ausgeführt.

BERLIN-MOABIT, Wintergarten und Treibhäuser, Villa Borsig

Länge:	35 m	Architekt:	Heinrich Strack
Breite:	10 m	Baujahr:	1850
		Zustand:	1911 abgerissen

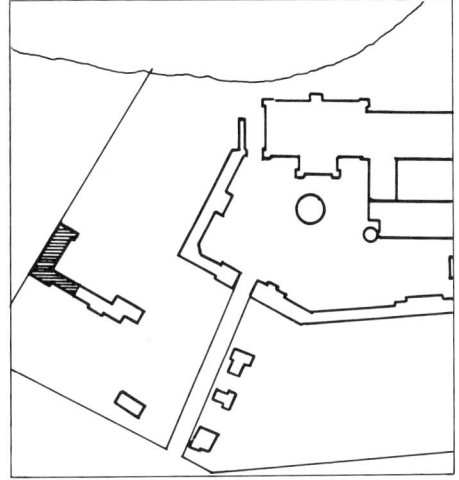

161 Maschinenfabrik Borsig, Lageplan, um 1896

Der ›Wintergarten‹ von August Borsig, in engem räumlichen Zusammenhang von Wohnhaus und Fabrik stehend, ist Ausdruck jenes gesellschaftlichen Anspruchs, mit welchem das industrielle Großkapital der Öffentlichkeit im 19. Jahrhundert gegenübertrat. Es ist derselbe, der die Treib- und Gewächshausanlagen der großindustriellen Familien wie Krupp (Essen) und Carlsberg (Kopenhagen) in der Mitte des 19. Jahrhunderts entstehen ließ. Es war auf Grundlage des durch die Industrie erworbenen Reichtums für jene Familien zu einer Selbstverständlichkeit geworden, sich eine Lebensform zu geben, die bisher nur vom Hochadel praktiziert werden konnte. Der Salon und der daran anschließende ›Wintergarten‹ waren der Mittelpunkt gesellschaftlichen Lebens. Hier wurden jene Treffen vermittelt, die für die herrschende wie aufsteigende Schicht Existenzgrundlage waren, insofern es galt, sich in die bestehende Hierarchie einzuordnen. Indem das Großbürgertum seinen Palästen solche Wintergärten anfügte, tat es dies in der Absicht, die Tradition fortzusetzen. Zugleich war es ihm ein Bedürfnis, den Luxus des Adels wennmöglich zu übertreffen und dadurch seine neu erworbene gesellschaftliche Stellung zu festigen. Ein Wintergarten, wie der von Borsig, verschlang jährlich für seinen Betrieb beträchtliche Summen. Die aufgewendeten Mittel spiegelten sich in der exotischen Landschaft wider. Den Stellenwert einer solchen Pflanzensammlung zeigt die Tatsache, daß die Victoria regia im Wintergarten zum erstenmal in Preußen Blüten trieb und dadurch König Friedrich Wilhelm IV. veranlaßte, sie zu besuchen. Der ›Wintergarten‹, mit der Villa und den Fabrikgebäuden in engem Zusammenhang stehend, zeugt von dem Selbstbewußtsein der frühen Bourgeoisie, welche sich als Pionier der industriellen Revolution verstand und die Quelle ihres Reichtums noch nicht ableugnete, sondern im Gegenteil Fabriksphäre und Privatleben als Einheit hervorkehrte.

Der Bauherr des ›Wintergartens‹, August Borsig – einer der bedeutendsten frühen Industriellen Deutschlands und Gründer der Lokomotivproduktion auf dem Kontinent – ließ sich in Alt-Moabit 1849 den ersten Fabrikantenpalast in Berlin erbauen. »August Borsig, geb. 1804 in Breslau, erlernte dort 1820 bis 1823 die ›Zimmerprofession‹, ging dann nach Berlin und besuchte 1823 bis 1825 das von Beuth gegründete Kgl. Gewerbeinstitut. Danach trat er zur praktischen Ausbildung im Maschinenbau, dem der junge Zimmermann sein ganzes Interesse zugewandt hatte, in die Egelsche Eisengießerei am Oranienburger Tor ein. Dort wurde er gefördert und bereits 1827 mit einer festen Stellung als ›Faktor‹ betraut. 1837 eröffnete er, ebenfalls am Oranienburger Tor, eine Maschinenbauanstalt mit fünfzig Arbeitern: Dort begann er den sich sehr rasch entwickelnden Bau von Lokomotiven. 1847 gründete er als zweite Unternehmung das eigene Eisenwerk in Moabit, das 1848 eröffnet wurde.«[7]

Als Grundstück diente das Gelände der ehemaligen Pulvermühle am Spreeufer, wo Borsig die neue Fabrik für nunmehr 300 Arbeiter und eine großzügige Villenanlage von dem Architekten Heinrich Strack (1805-1880) erbauen ließ. Ein von Peter Joseph Lenné angelegter Park trennte die eng benachbarten Fabrikbauten vom Wohnhaus. Das Wohnhaus entsprach in seinem Grundtypus einer in den Klassizismus der Renaissance übersetzten palladianischen Villa mit Mittelbau zwischen Eckpylonen. Eine Freitreppe mit offener Bogenhalle in der Mitte der Villa erschloß über ein Vestibül die Wohn- und Repräsentationsräume im Erdgeschoß. Im Obergeschoß befanden sich die Schlafräume, im Sockelgeschoß die Wirtschaftsräume. Der rechte Eckbau beinhaltete einen großen Festsaal, an welchen sich eine Gartenterrasse anschloß. Der linke Eckbau faßte Salon und Wohn-

162 Maschinenfabrik Borsig mit Villa, Wintergarten und Treibhäusern, 1850 (abgerissen), Stich, um 1883

zimmer. Daran schloß, direkt über eine Treppe zugänglich, der als Rundbogenhalle aus Gußeisen und Glas gebildete Wintergarten, welcher seinerseits mit einer im rechten Winkel anschließenden gußeisernen Treibhausanlage in Verbindung stand (Abb. 161). In den sechziger und siebziger Jahren wurde diese Anlage von Strack in erheblichem Umfange umgebaut. Zu Beginn des 20. Jahrhunderts erwies sich der Standort der Maschinenbaufabrik mitten in der inzwischen ringsum ausgebreiteten Stadt als unhaltbar. Mit Verlegung der Fabrik nach den Außenbezirken Berlins wurde auch die Wohnhausanlage aufgegeben und 1911 abgebrochen.[8]

Wintergarten und Treibhäuser

Die in der damaligen Zeit viel beachteten Gewächshausanlagen der ›Villa Borsig‹ wurden vom Architekten Strack in Gußeisen ausgeführt. Die gußeisernen Teile wurden in der Fabrik Borsig selbst hergestellt. Während der ›Wintergarten‹ als gemauerte Rundbogenhalle mit Oberlicht und großen Fensteröffnungen in Anlehnung an den Renaissancestil des Wohnhauses durchgebildet war, wurden das daran anschließende ›Treibhaus‹ sowie das später errichtete ›Große Palmenhaus‹ in Eisen und Glas ausgeführt. Das Treibhaus öffnete seine langgestreckte Glasfront zum Garten. Diese Front war durch den regelmäßigen Abstand schlanker Gußeisensäulen und durch ein reichverziertes gußeisernes Fries mit figürlichen Reliefs in Form von Genien gegliedert. Das Dach bildeten Glasflächen, welche nach dem englischen Prinzip des ›Ridge-and-furrow‹-Daches als Sheds ausgebildet waren (Abb. 162). Das im Park isoliert vom Wohnhaus angelegte ›Palmenhaus‹ erinnert in seiner hohen, kubischen Form mit den Glassheds als Abschluß an das ›Große Palmenhaus‹ im Alten Botanischen Garten in Berlin (1857-1859). Die gesamte Anlage wurde mit dem heißen Kondenswasser der Fabrikanlage gespeist, wodurch die vorhandene Energie aufs beste Anwendung fand. »Das entweichende warme Kondenswasser speiste zwei Weiher im Garten und machte es durch diese Herrichtung möglich, daß die herrlichen tropischen Wasserpflanzen wie Nelumbium (Lotus), Nymphaeen, Limnocharis, Papyrus etc. im freien Grund dieser kleinen Gewässer ausgepflanzt werden konnten und in einer unbeschreiblichen Weise gediehen, wie sie es nicht üppiger in ihren Heimatländern vermögen. Das waren Bilder, die vorher kein Garten in Europa aufzuweisen hatte.«[9] Zur Aus-

268

schmückung des Palmengartens wurde Material aus den verschiedensten Gärten Europas beschafft. Eine Expedition des Professor H. Harsten nach Kolumbien bot Gelegenheit, seltene Baumfarnstämme zu erwerben. 1852 wurde ein eigenes Glashaus erbaut, um die Victoria regia aufzunehmen, welche im Juli 1852 zur allgemeinen Bewunderung die erste Blüte trieb.

Text

»Die botanischen Interessen und die Liebhabereien des Fabrikanten und seine reichhaltige Sammlung exotischer Fauna wurden von der Berliner Öffentlichkeit mit Anerkennung bemerkt. Der Traum vom Land wird für den Besitzer solch einer Anlage greifbar, öffentliche Anerkennung und damit indirekt betriebene Werbung für den Namen Borsig auch außerhalb der Industrieproduktion bestätigen seinen Status. Der Fabrikant erscheint als Herr und Hüter der Natur zugleich: als Hüter, indem er sich ihrer in Pflege annimmt, als Herr über die Natur, auf dem Hintergrund der Produktionsweise, die dies alles erst möglich machte, indem diese bestimmte entwickelte Macht es erst ermöglicht, über die Natur zu verfügen und bisher nichtgekannte tropische und exotische Vegetation aus der fernen Welt in die eigene versetzen. Daß dieses ›Hobby‹ von Borsig mehr war als ein solches, beweist auch die Tatsache, daß seine Gewächshäuser zu bestimmten Zeiten der Öffentlichkeit zugänglich waren. Die ›Gärtnerei‹ ist Bestandteil eines Vorganges, der heute mit dem Ausdruck ›public relations‹ bezeichnet wird.«[10]

Literatur: Neumeyer 1973, S. 15-19; Martius 1965, S. 262 ff.; Die Gartenflora, 1894, Jg. 43, S. 4-12

BERLIN-CHARLOTTENBURG, Flora
Abb. 492, 493

Gesamtlänge:	120 m	Architekt:	Hubert Stier
Gesamtbreite:	82 m		(Johannes Otzen)
		Baujahr:	1871-1873
		Ingenieur:	H. und O. Greiner
		Zustand:	1902 abgerissen

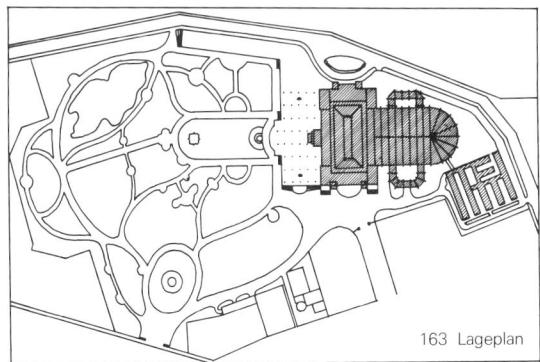

163 Lageplan

Die 1871 bis 1873 von Hubert Stier erbaute Berliner ›Flora‹ in Charlottenburg, ein mit einem Palmenhaus kombiniertes Massenvergnügungslokal, war nach der Flora in Köln (1864) und der in Frankfurt (1869) das dritte Etablissement dieser Art, welches in Deutschland entstand. Die Berliner ›Flora‹ war in ihrer Ausstattung nicht nur das reichste und kostspieligste Projekt, sondern auch in ihrer Raumausdehnung das größte. Hier entstanden Versammlungsräume, die nicht nur in Berlin, sondern in ganz Deutschland ihresgleichen suchten. Von einer Aktiengesellschaft ins Leben gerufen, war sie ein typisches Produkt der Gründerjahre, die in Berlin mit dem Ende des deutsch-französischen Krieges 1871 einsetzten. Das zum Großteil durch spekulative Investitionen bewirkte Wachstum der industriellen Produktivkräfte fand in dieser Zeit in Berlin, der frisch gegründeten Reichshauptstadt, ihren Brennpunkt. Berlin konnte seine seit 1800 führende Rolle als Industrie- und Handelszentrum Deutschlands weiter ausbauen. Das Resultat war eine beispiellose Kapitalakkumulation, die sich auf der einen Seite im sprunghaften Wachstum der Industrie und des Handels, auf der anderen Seite in einer verstärkten Bevölkerungsagglomeration äußerte. Auf dem Bausektor war ihr deutliches Indiz die Produktion von Luxusbauten einer neuen Größenordnung. Wie zahlreiche Projekte Berliner Architekten zu Wintergärten unter Beweis stellen, wurde schon vorher versucht, das Bedürfnis der Massen, sich nicht nur zur Arbeit, sondern auch zum Vergnügen zu versammeln, räumlich zu formulieren. Jedoch erst mit der Ausdehnung von Kapital und Arbeit im Berlin der Gründerjahre war die gesellschaftliche Grundlage für solche Bauten wie die ›Flora‹ gegeben. Erst in den Gründerjahren wurde in Großräumen zentriertes massenhaftes Vergnügen zum lohnenden Geschäft und insofern zum Objekt des Kapitals. Palmenhäuser wurden Gegenstand für Aktiengesellschaften und die Vergnügungsindustrie versprach sich hier eine tragbare Rendite.

Situation

Als Bauterrain mit einer Fläche von 5,8 ha stand der ehemals Eckhardtsteinische Park in der Nähe des Charlottenburger Schloßgartens zur Verfügung. Mit seiner Längsseite an der Spree liegend, von villenartig bebauten Nachbargrundstücken eingegrenzt, wurde es im Süden von der Wilmersdorfer- und Berliner Straße (heute Otto-Suhr-Allee), längs der Spree von der Uferstraße erschlossen (Abb. 163). Die ›Flora‹ entstand an der östlichen Ecke des Bauplatzes, da hier eine Bodenerhebung »für eine imponierende Lage des Gebäudes mitbenutzt werden konnte und Veranlassung zur Herstellung von Terrassen gab«.[11] Zudem fand sich hier ein guter Baugrund in geringer Tiefe. Die Hauptfront des Baues wurde nach Osten gelegt, so daß er als architektonischer Abschluß zum Park und zum Charlottenburger Schloß hin zur Geltung kam. Wie in der Flora in Köln und Frankfurt, war auch hier der Versuch gemacht worden, im Zusammenhang mit einem ausgedehnten Promenaden- und Konzertgarten ein Bauwerk zu erstellen, in welchem Festsäle mit einem Palmenhaus kombiniert wurden. Während jedoch in der Kölner ›Flora‹ das Palmenhaus zugleich als Festsaal diente, wurden hier – dem Beispiel der Frankfurter ›Flora‹ folgend – Festsaal und Palmenhaus »als zwei gesonderte, nur durch Türen und durchsichtige Glaswände verbundene Bauteile, jedes nach den ihm zukommenden praktischen und technischen Rücksichten behandelt«.[12] Die Trennung der beiden Bauteile war durch die Querstellung ihrer Längsachsen zueinander schärfer als am Kölner Beispiel durchgeführt.

Festsaal

Breite:	22,75 m
	(29,80 m mit Umgang)
Länge:	45,18 m
	(52,70 m mit Umgang)
Fläche:	1028 m²

Den Kern und Mittelpunkt des ›Festsaalbaues‹ bildete ein großer Saal, zu Konzertaufführungen bestimmt, aber auch zu festlichen Zusammenkünften jeder Art geeignet. Der innere freie Raum war einer der größten, nicht nur in Berlin, sondern überhaupt existierenden Räume dieser Art in jener Zeit. Als für die Kommunikation nutzbarer Raum bestimmt, traten zu dem eigentlichen Saal noch an drei Seiten umlaufende Korridore von 2,80 m Breite hinzu. Sie waren durch Bogenstellungen nach dem Saal hin geöffnet, dessen Dimensionen sich dadurch zwischen den eigentlichen Außenwänden auf 29,80 m Breite und 52,70 m Länge steigerten (Abb. 164, 165). Maßgebend für die architektonische Ausbildung des Saales war in erster Linie die Beziehung, in welche dieser zu dem ›Palmenhaus‹ zu setzen war. Dies führte zu der Idee, die Saalwand nach dem ›Palmenhaus‹ durch eine nur mit Glas geschlossene Mittelöffnung zu durchbrechen und dieser die größtmöglichen Dimensionen zu geben. Sie erhielt eine Breite von 7,50 m und eine Höhe von 14 m. Außerdem wurde der Saalfußboden möglichst über den des ›Palmenhauses‹ erhoben, so daß sich vor dem Saal eine Terrasse von 2,50 m Höhe bildete, von welcher zu beiden Seiten breite Treppenanlagen zum ›Palmenhaus‹ herabführten. Die Anlage der großen Öffnung gab für die Saalarchitektur das Motiv einer Arkadenstellung von drei gleich großen Bogenöffnungen. Diese Anordnung erleichterte die Anlagen von Logen, welche in einem zweiten Geschoß oberhalb der Umgänge angebracht wurden. Zwischen den großen Bogenöffnungen bildeten sich weite freie Sitzplätze, während innerhalb der Pfeiler einzelne Kabinette mit besonders vorgelegten Balkons entstan-

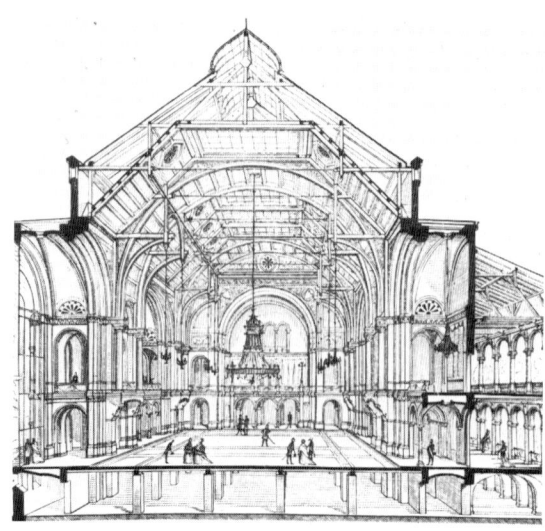

164 Perspektivischer Schnitt durch den ›Festsaal‹

den. Auch an den beiden kurzen Seiten des Saales waren zwei große Bogenöffnungen angeordnet, von denen die eine, etwas in den Saal vorgebaute, die Musiktribüne enthielt, während an der gegenüberliegenden Seite sich eine Loge für den kaiserlichen Hof befand. An der Längswand zum Park hin lag eine offene Halle von 41 m Länge und 5,60 m Breite. Außer dem Licht, welches der Saal vom Palmenhaus und den Durchsichten nach dem Garten erhielt, war er noch mit Oberlicht versehen. Dieses Oberlicht über dem großen Saal war als sichtbare, den ganzen Bau abschließende Laterne ausgebildet (Abb. 493).

Zur ästhetischen Gestaltung bemerkte der Architekt »Für die ästhetische Gestaltung des Gebäudes ist in erster Linie jene Richtung maßgebend gewesen, welche ich bereits bei anderen Gelegenheiten, namentlich in meinem Entwurfe zum deutschen Parlamentsgebäude, darzulegen bestrebt war – moderne Architektur nämlich zu bilden auf Grundlage nicht eines einzelnen, beliebig aus der Reihe der historischen Entwicklung der Kunst herausgenommenen Stiles, sondern auf der Grundlage dieser gesamten Entwicklung als einer Einheit, auf Grundlage vor allen Dingen jener beiden Stilrichtungen, die jede für sich und jede in ihrer Art in der bisherigen Geschichte der Baukunst zu der eigenartigsten und höchsten Entwicklung gelangt sind, der Gotik wie der Renaissance. Auch in dieser Arbeit ist eine Verbindung versucht worden zwischen dem auf konstruktiver Grundlage erwachsenen Formenbildungsprinzip der Gotik mit den Verhältnissen und der Dekoration der Renaissance. In der Entstehung dieses Entwurfs fördert die Kollaboration eines so talentvollen Vertreters der hannoverschen gotischen Schule, wie Herr Otzen es ist, diese Bestrebungen. Andererseits gestehe ich gern ein, meine ästhetische Ausbildung vornehmlich der Berliner Schule und ihrer Renaissance zu verdanken. Die Verbindung zwischen Gotik und Renaissance dürfte auch in der Grundanordnung dieses Saales erkennbar sein, der eine Decke im Sinne gotischer Rathaushallen mit einer Mauerkonstruktion nach Art rheinischer Thermalanlagen verbindet; der Neubau steht wenigstens in den Maßen den genannten Vorbildern nicht allzuweit nach … In konsequenter Anwendung des mittelalterlichen Prinzips ist das Äußere des Gebäudes als monumentaler Ziegelbau gestaltet, … der in seiner Detailausbildung möglichst ungezwungen der Natur des verwendeten Materials folgt, d. h. unter Vermeidung der nur durch Sandsteintechnik nachgebildeten großen Formstücke. Bei einem Bauwerk, wie dem hier geschilderten gestattete der Charakter desselben nicht bloß eine entschieden lebhaftere Verwendung farbiger Muster in Ziegeln, sondern auch direkt polychrome Bemalung einzelner hierzu geeigneter Teile. Ein hellgelber Ziegel gibt den Grundton für das Mauerwerk ab, die farbigen Musterungen sind in stumpfem Rot gehalten.«[13]

Palmenhaus

Länge:	69,50 m	Höhe:	18,60 m
Breite:	27,60 m zwischen den	Fläche:	2781 m²
	Auflagern; 41 m von Seiten-	Rauminhalt:	19 158 m³
	wand zu Seitenwand	Glasfläche:	4038,50 m²

Raum- und Konstruktionsform

Der Architekt Hubert Stier beschrieb sie folgendermaßen (Abb. 165, 166, 168, 492): »Das Palmenhaus ist eine Anlage, welche in erster Linie genügend Raum bieten soll zur Entfaltung eines tropischen Pflanzen- und Landschaftsbildes, eine Bestimmung, durch welche die Form und Konstruktion des Baues von vornherein in ihren wesentlichen Teilen bedingt werden. Es mußte ein ausgedehnter freier Raum geschaffen werden ohne Unterbrechung durch Stützen oder Anker irgendwelcher Art, und in seinen Umfassungswänden so konstruiert, daß Licht und Sonne von allen Seiten möglichst ungehindert eintreten können. Eine Konstruktion des Hauses aus Eisen und Glas ergab sich unter diesen Bedingungen als die einfachste und natürlichste. Als freie Weite des Raumes zwischen den Stützpunkten wurden 37,6 m als ein noch ohne besondere technische Schwierigkeiten zu überbrückendes Maß angenommen. Die Länge des Baues richtet sich z. T. nach Terrain, sodann nach der gewählten Entfernung der Stützpunkte und Binder voneinander. Letztere wurde auf 5,64 m bestimmt, neun Binderfelder sind in einer Gesamtlänge von 50,7 m angeordnet, an der Ostseite schließt sich eine Halbkuppel an, so daß die Gesamtlänge des Gebäudes 69,5 m beträgt. Die Bestimmung des Baues forderte bei Wahl und Detaillierung der Eisenkonstruktion zu dem Versuch einer ästheti-

schen Ausbildung auf. Die Dimensionen des Baues und der daraus erwachsende Kostenaufwand ließen eine reiche dekorative Ausschmückung nicht zu; ob eine solche überhaupt erfolgreich durchzuführen wäre, bleibt schon deswegen zweifelhaft, weil eine derartige Dekoration mit dem Pflanzenschmuck in keiner Weise konkurrieren könnte und letzterem gegenüber stets ärmlich, ja störend erscheinen müßte. Die ästhetische Ausbildung konnte sich sonach nur auf eine einfache und übersichtliche Anordnung der Konstruktion selbst und auf eine günstige Gestaltung des durch dieselbe entstehenden Raumes beschränken. Die Ingenieure W. und O. Greiner, von welchen Entwurf, Detaillierung und Berechnung der Konstruktion stammen, haben diesen Anforderungen Rechnung getragen …

Als Unterlage für die Gewichtsannahmen der Querträger und Hauptbinder dienten den Konstrukteuren die ihnen zugänglichen Ablieferungsnotizen vom Lehrter Bahnhofsdach in Berlin, welches einige Zeit vor Beginn dieser Arbeit vollendet war und nur wenig geringere Dimensionen besitzt. Die Bedingung, daß der freie Raum durch keinerlei Anker beeinträchtigt werden sollte, führte zu der Anwendung des Scharnierdaches, dessen Enden auf festen Mauerwerkspfeilern ihr Auflager finden. Die Binder sind nach einer Linie gebogen, für welche ästhetische Rücksichten in erster Linie maßgebend waren. Mit einem Parabelbogen beginnend, geht sie am oberen Ende in einen geraden Teil über. Alle Längenverbindungen der Konstruktion wurden oberhalb der Hauptbinder angeordnet, so daß die Form der letzteren völlig frei und unbeeinträchtigt hervortreten konnte; dieselben wurden außerdem zur Anbringung der doppelten Glasdecke in der Art benutzt, daß die äußere Glasschicht auf der oberen Gurtung der Querträger ruht, während die innere an der unteren Gurtung aufgehängt ist. Diagonal-Verbindungen wurden durchweg vermieden, so daß der Innenraum sich im wesentlichen als ein großes Tonnengewölbe, nur durch die gleichmäßig wiederkehrenden Hauptbinder getragen, darstellt. Ästhetische Gründe waren es auch vornehmlich, die den Abschluß des Palmenhauses durch eine Halbkuppel veranlaßten, obgleich aus der Konstruktion der letzteren erhebliche Schwierigkeiten und Mehrkosten erwachsen mußten. Die Eisenkonstruktion steht nicht unmittelbar auf dem Boden auf. Die Binderauflager ruhen auf Pfeilern von 2,5 m Höhe, zwischen denen eine massive Mauer von gleicher Höhe das ganze Haus umgibt. Die Innenkante derselben schließt mit der äußeren Glasdecke ab, so daß die Weite des Raumes zwischen diesen Mauern sich auf 41 m steigert. Durch diese Wand erhielt das Haus in seinem unteren Teil eine bestimmte ruhige Umgrenzung, die besonders als fester Hintergrund für die Pflanzendekoration wünschenswert war. Auf ein Drittel der Höhe läuft eine vorgekragte Galerie um den ganzen Innenraum, zwei Laufgänge sind

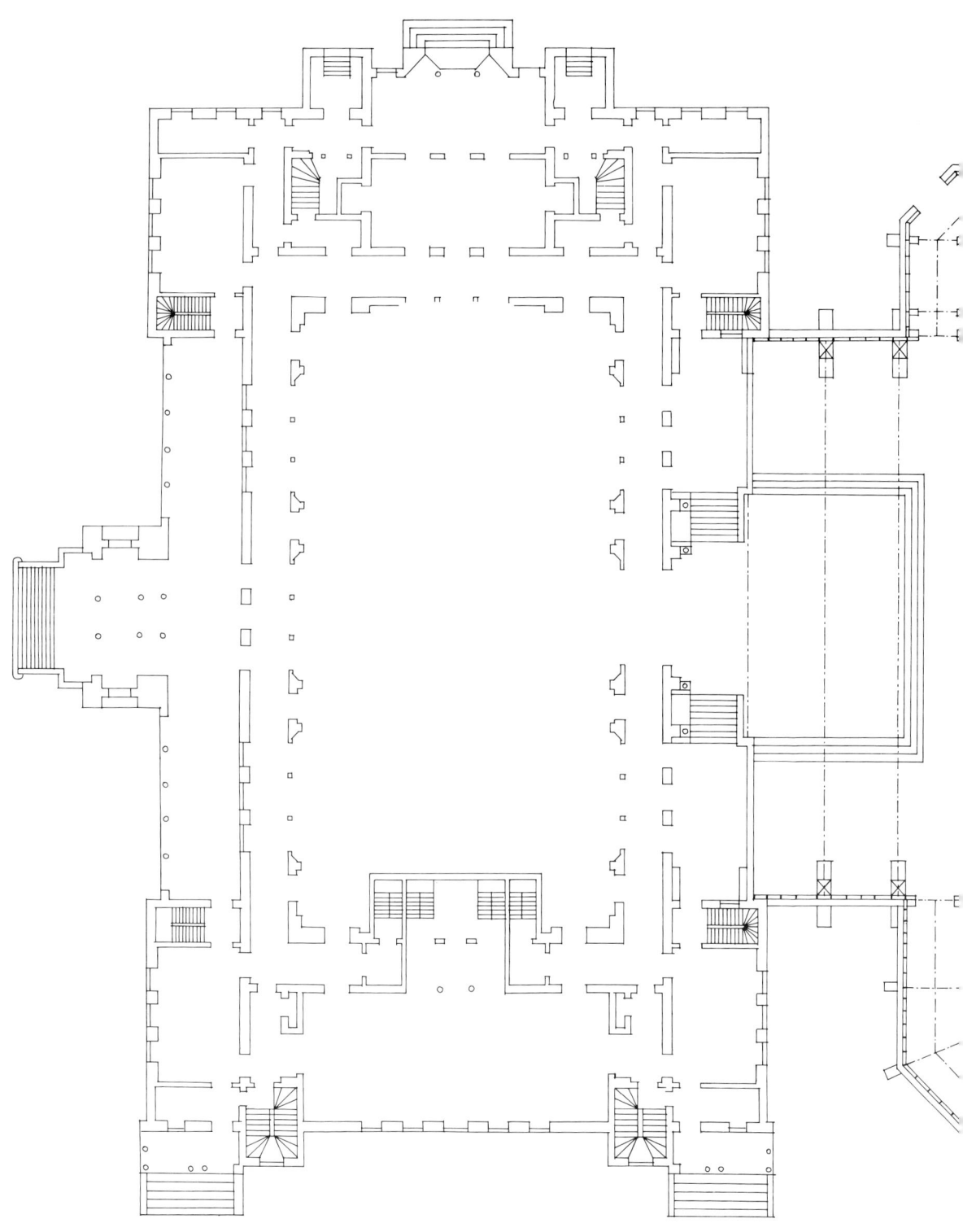

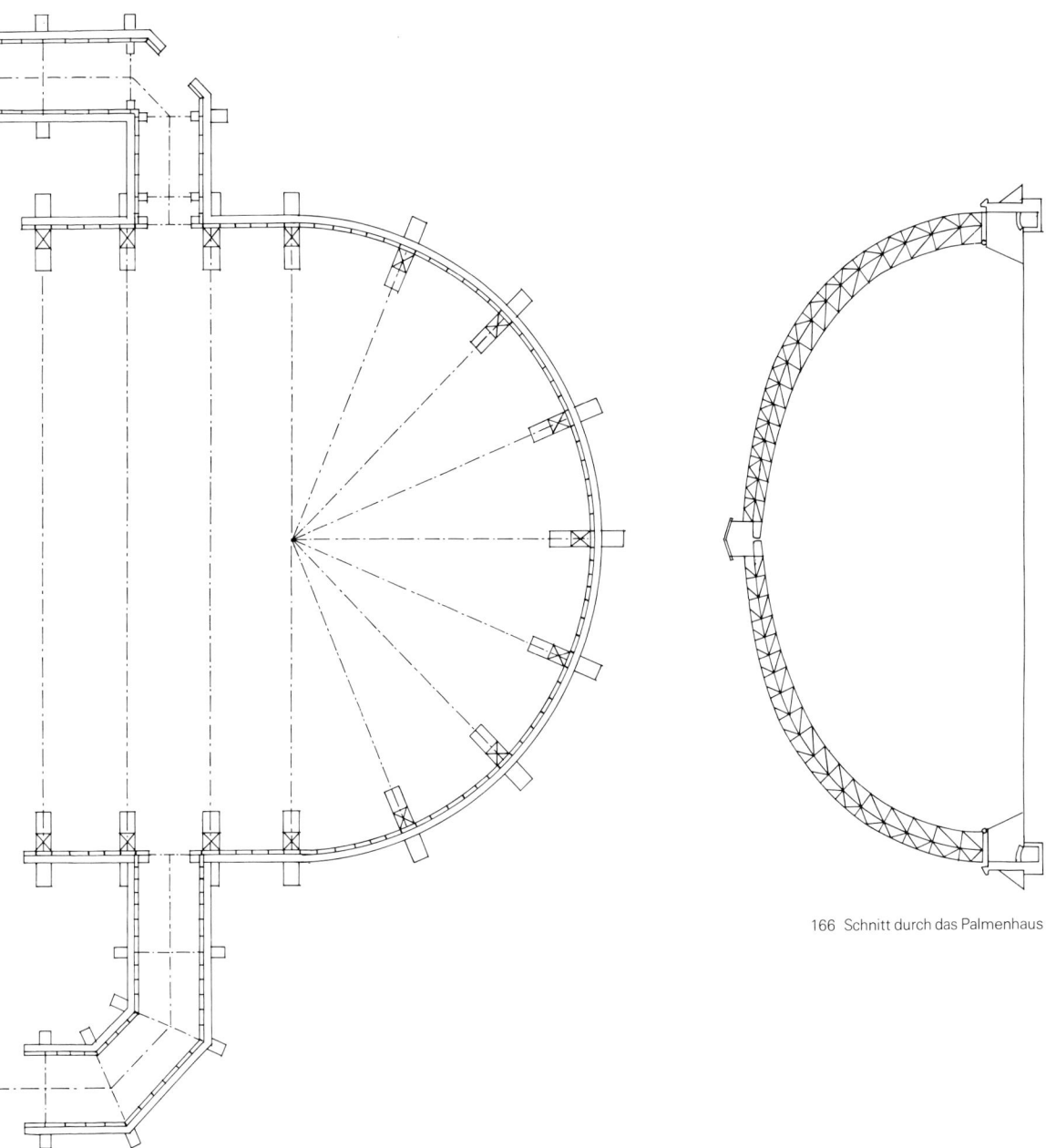

166 Schnitt durch das Palmenhaus

165 Hubert Stier, Johannes Otzen, Berlin-Charlottenburg, Flora, 1871-1873 (abgerissen), Grundriß

167 Johannes Otzen, Berlin-Charlottenburg, Flora, Innenansicht des Palmenhauses nach dem Entwurf von 1871, Holzstich

am Äußeren angebracht, auf die Spitze des Daches ist eine Laterne zur Ventilation aufgesetzt.«[14]

»Die Verbindung der beiden Binderhälften durch zwei sich durchdringende, kreuzweise an den Binderköpfen befestigte Flachschienen verhindert eine Verschiebung und gestattet nur ein Rollen der rundlichen Stoßdämpfer gegeneinander. Das Zapfenauflager vermeidet ebenfalls die gleitende Reibung. Die erforderliche Steifigkeit des Bauwerks nach der Längenrichtung wurde durch eine feste Konstruktion der aus neun halben Bindern bestehenden Kuppel erreicht. Nur die Hauptbinder sind scharnierartig miteinander verbunden, während die übrigen durch Gitterträger in feste Verbindung gebracht sind.«[15] (Abb. 168)

Montage

»Die Aufstellung der Eisenkonstruktion, die von der Aktiengesellschaft Vulkan angefertigt worden ist, geschah in folgender Weise: Jede Binderhälfte wurde von der Fabrik in zwei fertig zusammengesetzten Teilen geliefert, die auf dem Bauplatz verbunden wurden. Von einem Fahrgerüst aus wurde alsdann vermittels Flaschen-zuges die Binderhälfte aufgekantet. Dann wurde zunächst das untere Ende auf den Mauerpfeiler in das Scharnierlager gehoben, dann oben am Gerüst befestigt, bis auch die andere Binderhälfte in gleicher Weise hochgehoben und beide durch die Bänder des Scheitelscharniers verbunden werden konnten. Die Anbringung der Querträger sowie späterhin die Verglasung geschah von kleinen fliegenden Gerüsten aus, die von Binder zu Binder angebracht wurden.«[16]

Verglasung

Die Verglasung war doppelt. Die beiden Glasflächen waren durch einen Zwischenraum von 0,40 m getrennt. Die Scheiben waren 0,62 m breit, 0,50 bis 0,78 m lang und richteten sich in ihrer Länge nach der Entfernung der Knicke in dem gebogenen Teil des Binders. Auf jedem Knick war ein horizontales Winkeleisen angebracht. Die gerade Fläche von einem Winkeleisen zum anderen wurde durch zwei Scheiben gedeckt, von denen die untere mittels zweier aus gebogenen Messingstreifen hergestellter Haken an dem Winkeleisen hing, während die zweite, die obere Scheibe mit gleichen Haken auf der unteren

274

Scheibe ruhte. Die Scheiben der äußeren Dachfläche waren außer durch die Verkittung noch durch Zinkklappen gegen ein Abheben und Losewerden geschützt. An der inneren Glasfläche war zum Zwecke der schnelleren Abführung des Schwitzwassers ein zusammenhängendes System von Abflußrinnen angeordnet.

Heizung

Eine besondere Aufmerksamkeit mußte der Heizung des Hauses zugewendet werden. Über eine Warmwasser-Niederdruckheizung konnte jene gleichmäßige feuchte, warme Temperatur erzeugt werden, die eine notwendige Bedingung für das Gedeihen der Vegetation war. Die Heizung wurde für eine mittlere Wärme im Hause von etwa +17° unter Annahme einer Kälte von −20° im Äußeren, also für eine Temperaturdifferenz von etwa 40°, ausgelegt, wobei die Heizeinrichtungen im großen ›Palmenhaus‹ in Kew Gardens bei London als Vorbild dienten. Diese stammten von dem Fabrikanten Ormson, einem Spezialisten für Heizungsanlagen in Pflanzenhäusern, der eine eigene Art von Heizkesseln, von ihm patentiert, herstellte. Ormson hat auch für die ›Flora‹ die Heizkessel geliefert.[17]

Baugeschichte

Nach der Gründung der Aktiengesellschaft ›Flora‹, 1871, wurde zunächst Architekt J. Otzen mit der Planung beauftragt. Zu Beginn der Bauausführung im April 1872, noch während der Planungsarbeit, übernahm Stier die technische und künstlerische Leitung, nachdem Otzen von seinem Unternehmen zurückgetreten war. Einer an Gerüchten sich entzündenden Polemik entgegentretend, charakterisiert Stier seine eigene Leistung: »Die Skizzen des Herrn Otzen enthielten bereits alle wesentlichen Grundzüge der allgemeinen Disposition … Sie enthielten ferner bereits detaillierte Angaben über die Gruppierung der Grundrisse und des äußeren Massenaufbaues des Saalgebäudes, die gleichfalls in vielen Punkten beibehalten worden sind. Die gesamte Innenarchitektur indessen, die gesamte Konstruktion, wie die ästhetische Detaillierung bleibt mein ausschließliches Eigentum. Selbst die von den ersten Skizzen, weil für richtig erkannt, übernommenen Motive sind von mir vollständig durchgearbeitet worden.«[18] Ein Vergleich des von Otzen konzipierten Innenraumes des Palmengartens (Abb. 167) mit dem von Stier verwirklichten zeigt in der Tat nicht nur eine veränderte räumliche, sondern auch konstruktive Auffassung. Die am 22. Mai eröffnete ›Flora‹ bot 10000 bis 12000 Personen Platz, welche allabendlich das Restaurant oder Konzert- und Theateraufführungen besuchen konnten. Eine wichtige Bedingung für die Existenz des Massenvergnügungslokales war die Pferdeeisenbahn, welche die ›Flora‹ mit Berlin verband. Gegen Ende des 19. Jahrhunderts wurde die gartenstadtartige Gegend um

die ›Flora‹ ein begehrtes Bauland für Mietshausbebauung. 1902, 27 Jahre nach ihrer Gründung, fiel sie der Bodenspekulation zum Opfer. Die ›Flora-Terrain-Gesellschaft‹, ein von Johann Wilhelm Carstenn organisiertes Unternehmen, teilte das Grundstück nach Parzellen auf und riß die ›Flora‹ ab.

Text

Mit der ›Flora‹ soll »ein mit allen Reizen der Kunst und Natur ausgestatteter Wintergarten mit großartigen Palmenhäusern in der Nähe der Residenz hergestellt werden, wohin man an schönen Wintertagen einen Ausflug unternehmen und sich, während die Dezemberstürme wehen, unter Palmen und Bananen ergehen kann. Da das Floragebäude in einem allen Berlinern längst wegen der Pracht seiner alten Bäume bekannten großen Park erbaut wird (dem freiherrlich von Eckardtsteinschen zu Charlottenburg) und man willens ist, den letzteren von der Hand eines bekannten Meisters zu einer, alle Systeme der Landschaftsgärtnerei dem Beschauer vorführenden Musteranlage umzugestalten und große Konzerte im Freien zu arrangieren, so wird die Flora auch im Sommer eine bedeutende Anziehungskraft üben, denn bei eintretendem schlechten Wetter wird man in den von Blättern und Blüten erfüllten Hallen Schutz vor Sturm und Regen finden. Man vertauscht im allgemeinen nicht ungern den Aufenthalt in einem mitteleuropäischen Park mit einigen, in aller Formen- und Farbenpracht der Tropenwelt zu verlebenden Stunden, besonders wenn es draußen regnet. Eine besonders starke Anziehungskraft verspricht man sich von den Blumenausstellungen, für welche es in Berlin bisher durchaus an passenden Lokalen fehlte. Denn während es in kleineren Sälen nur möglich war, die Schönheit der einzelnen Exemplare zu bewundern, so wird sich hier ein Garten im Urwalde den überraschten Blicken darbieten und den Sinn für künstlerisch geordnete Vegetationsbilder nicht weniger befriedigt finden, als die Wißbegier des Botanikers und Gärtners.

Die Gesellschaft Flora hat Großes und Dankenswertes ins Auge gefaßt. Soll es zu einer befriedigenden Ausführung gelangen, so wird es zunächst großer Mittel, dann aber auch einer zuverlässigen und geschickten Leitung bedürfen. Die Mittel sind, wie wir hören, beschafft, und daß es an der letzteren nicht fehlen wird, dafür bürgen Persönlichkeiten, welche an der Spitze des Unternehmens stehen und unter denen sich der Fürst von Puttbus und der Polizeipräsident von Berlin, Herr von Wurmb, befinden. Schon erwachsen unter der Leitung des durch seine Hamburger Bauten bekannt gewordenen Baumeisters Otzen die Fundamente des Pflanzenpalastes, und man hofft das ganze Etablissement in spätestens fünfzehn Monaten vollendet zu haben. So steht denn zu erwarten, daß die Berliner Flora neben dem Palaste der Londoner Horticultural Society und den Kölner und

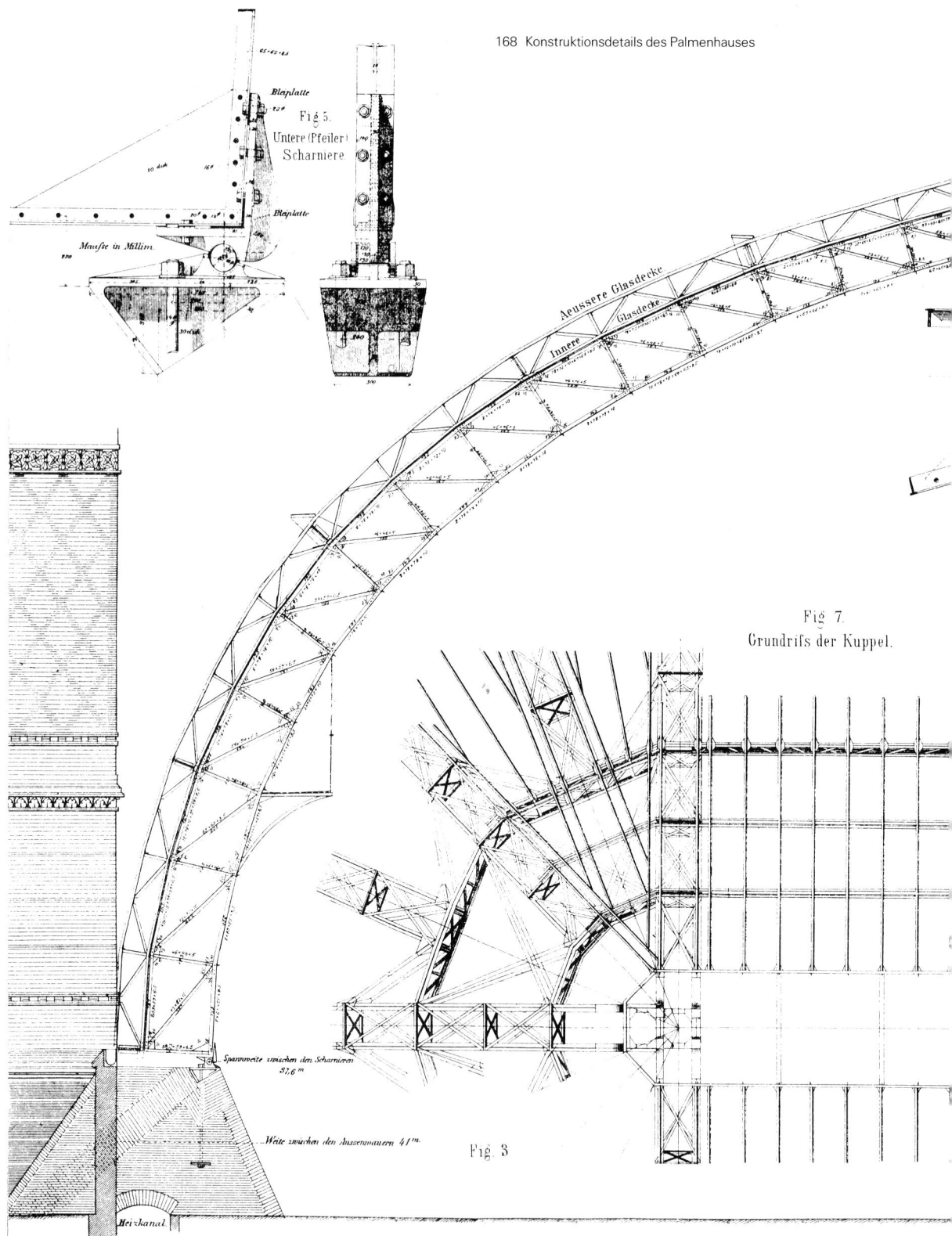

Fig 5.
Untere (Pfeiler)
Scharniere.

Blechplatte

Maasse in Millim.

Aeussere Glasdecke

Innere Glasdecke

Fig 7.
Grundrifs der Kuppel.

Spannweite zwischen den Scharnieren
37,6 m

Weite zwischen den Aussenmauern 41 m

Fig. 3

Heizkanal.

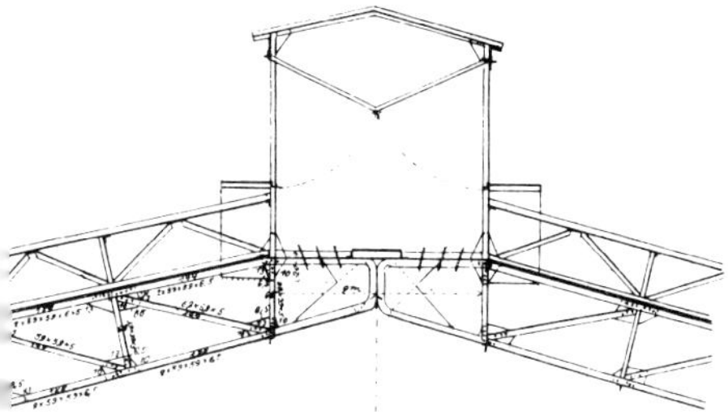

Fig. 4
Scheitelscharnier.

Scharnierband.

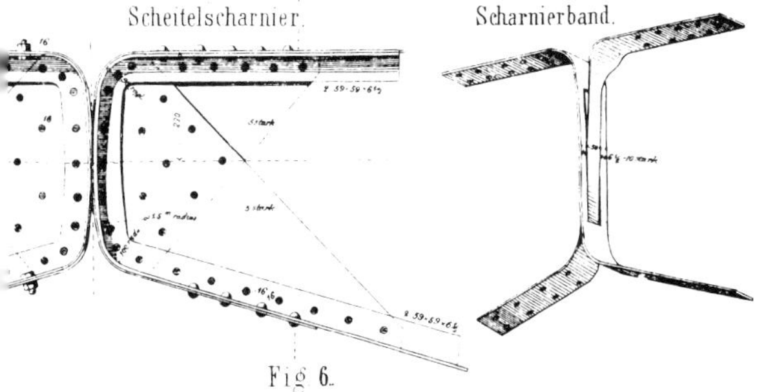

Fig 6.
Längendurchschnitt

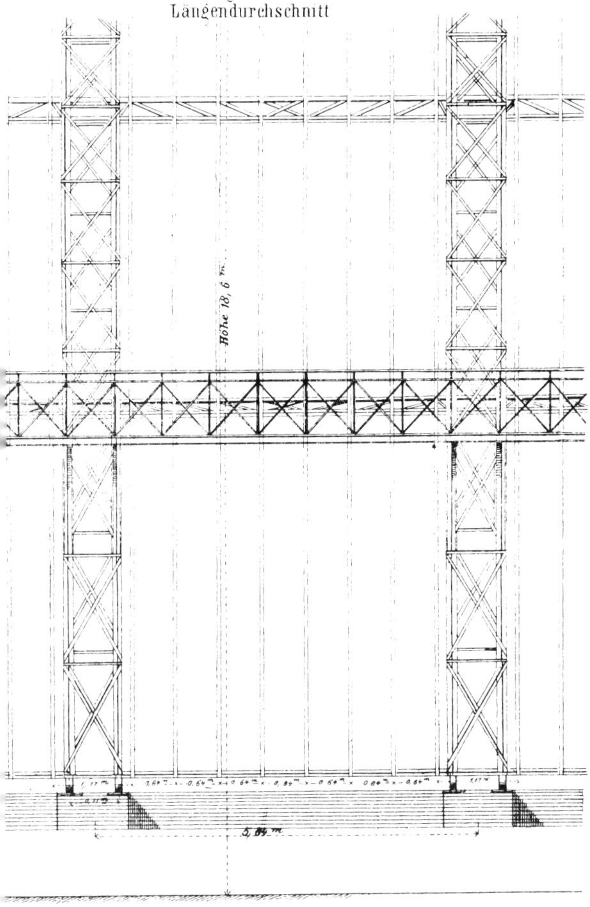

Frankfurter Flora-Palmenhäusern das Großartigste darstellen wird, was auf diesem Gebiete vorhanden ist. Die
Besucher der in der Flora zu veranstaltenden Feste werden sich leicht der Illusion hingeben können, in jenen
gefeierten Gärten des alten Orients und der Siebenhügel-
stadt zu wandeln, die, so groß und prachtvoll sie auch
gewesen sein mögen, an Vollständigkeit der Arten und
geschmackvoller Gruppierung dennoch weit hinter einem mit allen Hilfsmitteln unserer Zeit hergestellten
Hortikulturmuseum zurückgestanden haben müssen.
Neben den schnellen Transportmitteln, dem Sinn für
landschaftliche Schönheit und Höhe der botanischen
Kenntnisse unserer Zeit sind es Eisen und Glas, die uns
gestatten, in unseren dem vegetativen Leben des Südens
feindlichen Breiten auf diesem Gebiet Größeres als die
Kulturvölker des Altertums zu leisten.«[19]

Quellen: Berlin, Staatliche Schlösser und Gärten, Verwaltung, Schloß
Charlottenburg

Literatur: DBZ 1873, Nr. 32, S. 121, 122; Nr. 40, S. 149-151, 164-
166; Nr. 44, S. 163-166; Nr. 46, S. 171, 172; Nr. 68, S. 258, 259, 269,
270; Architekten-Verein zu Berlin 1877, S. 167-169, 344, 345; Über
Land und Meer, 1871, Jg. 13 Bd. XXVI, Nr. 48, S. 8, 14; Rave 1961,
S. 561, 562

BERLIN, Aquarium (Eingang Unter den Lin-
den, Ausgang Schadowstraße)

Länge:	78 m	Architekt:	W. Luer
Breite:	34 m	Baujahr:	1869
Höhe:	18 m	Zustand:	abgerissen
Länge des Gehsystems:	300 m		

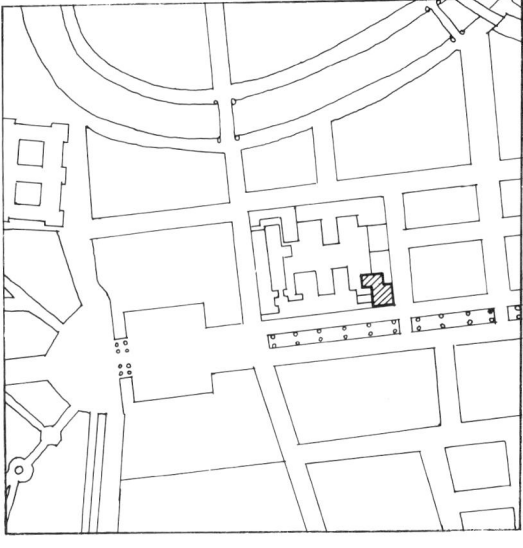

169 Lageplan

170 Voliere, Stich

Aquarien, welche im Laufe des 19. Jahrhunderts in den Großstädten allerorts entstehen, können als Übergangsform des Bautypus ›Glashaus‹ begriffen werden. Dazu berechtigt nicht nur die Tatsache, daß wir bei Gewächshausanlagen größeren Umfanges Aquarien als immanenten Bestandteil derselben häufig antreffen können. Auch solche Aquarien, die als selbständige Bauten errichtet werden, machen unter bestimmten Bedingungen einen Bautypus erforderlich, der nach Raum- und Konstruktionslösung eine Analogie zum Gewächshaus darstellt. Eine solche Bedingung kann die Aufgabenstellung sein, die im Aquarium versammelte Tierwelt mit Hilfe von Wasser, Erde, Gestein und Pflanzen zu einem Ensemble zu vereinen, in welches sich der Besucher als in eine ›zweite Natur‹ versenken kann. Wie beim Gewächshaus kommt es dabei darauf an, mit Hilfe von Glas und Eisen eine Landschaft einzudecken, welche durch eine architektonisch durchgeformte Wegführung Bild für Bild vom Betrachter erobert werden soll.

Der Architekt W. Luer aus Hannover, welcher 1869 das ›Aquarium‹ Unter den Linden (Abb. 169) erbaut hat,

stellte sich dieser Aufgabe. Nicht zufällig entstand es im Zentrum des ›steinernen Berlin‹. Die Konditionierung des Menschen zur Betriebsamkeit der Großstadt hatte im 19. Jahrhundert ihr Pendant in der Schaffung von Oasen, in welchen Naturanschauung offeriert wurde. Im ›Aquarium‹ Unter den Linden bot sich dem Flaneur die Chance, der Straße und dem Warenmarkt den Rücken zu kehren, in eine gleichsam außergesellschaftliche Welt von Moosen und Farnen einzutauchen und sich darin zu zerstreuen. Doch auch in dieser Zerstreuung setzte sich die Forderung des Alltags durch. Sie bestand auf starke Kontraste, auf den Schock wechselnder Bilder. Die Wirkung des Halbdunkels troglodytischer Grotten und Tropfsteinsäulen entstand im Zusammenhang mit der Wirkung des Lichtes, das durch das Glasdach mit seinen eisernen Säulen und Bögen hindurchbrach (Abb. 170-174). Dies zu vermitteln, war Aufgabe des Zirkulationssystems, auf dessen räumliche Durchformulierung der Architekt sein Hauptaugenmerk gelegt hatte. Die Planung erfolgte unter der Mitwirkung des berühmten Dr. Alfred Edmund Brehm.

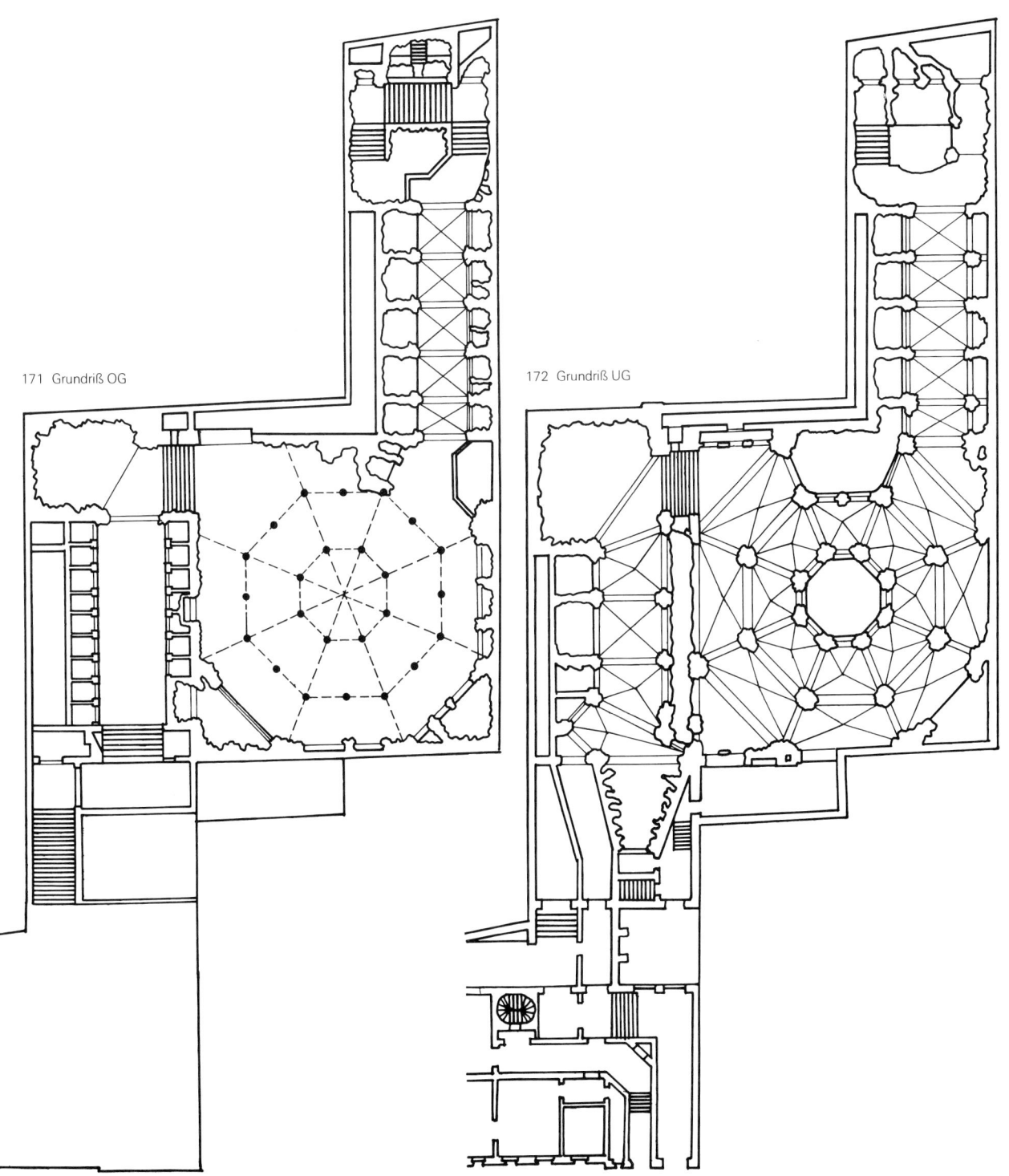

171 Grundriß OG

172 Grundriß UG

279

»Das zur Disposition gestellte Grundstück in der Schadowstraße bot als Hauptschwierigkeit die dar, daß kein Seitenlicht zu erlangen war, selbst nicht durch Anordnung eines steilen Glasdaches. Es wurde daher nur Oberlicht erlaubt. Die Anlage ist in zwei Geschossen ausgeführt, für welche bei den angegebenen Verhältnissen die Beschaffung des nötigen Lichtes große Schwierigkeiten bereitete. Das obere Geschoß enthält ein Terrarium, Tiere, welche oberhalb der Erdoberfläche leben, während das untere Geschoß, das Aquarium, die Wassertiere aufnehmen wird. Man gelangt zu dem Lokal von Den Linden aus, steigt auf einer breiten Treppe an der Kasse vorbei bis zum oberen Geschoß des Terrariums hinauf; hier geht man zunächst durch einen Raum, welcher rechts und links vom Beschauer die Behälter für die Reptilien, Amphibien etc. aus den tropischen Gegenden enthält. Am Ende dieses Raumes kommt man zu einer Grotte, welche durch beide Geschosse durchgeht und an ihren Wänden die geognostische Schichtung der Erde bis zum Alluvium hinauf in einem Durchschnitt durch die Erdrinde darstellt; im oberen Geschoß zeigt sie Bäume und Sträucher, mit Vögeln bevölkert, während im unteren Geschoß der Grund von einem Bassin eingenommen wird, welches durch einen Wasserfall seine Speisung erhält und mit Salamandern und den vorsintflutlichen Tieren möglichst ähnlich sehenden Geschöpfen besetzt wird. Man wandert von hier aus rings um einen größeren achteckigen Raum, welcher Vögel enthält und durch eine starke Glasdecke von dem darunter liegenden Bassin abgesondert ist. Der ganze Raum wird im Kleinen eine Darstellung der Terrainbildung zeigen, vom Gebirge bis zur Wiese und zum Sumpf herab. Die Verteilung der Tiere erfolgt nach geographischer Ordnung, Tropengegenden, nördliche Teile Asiens, Afrika, Australien, Europa. Von hier aus gelangt man in einen gewölbten Raum, welcher die Flußtiere zeigt, von den felsgestalteten Wänden tropft Wasser herab, Pflanzen dekorieren sie

173 Schnitt

und Vögel, welche gern am Wasser leben, bilden den lebenden Inhalt. Auf dieser Wanderung hat man sich mehr und mehr den nördlichen Gegenden genähert, das vegetabilische Leben hört nach und nach auf, und wir kommen in das Treppenhaus, welches zum unteren Geschoß führt und welches uns kahle Felsen zeigt. Eine breite Granittreppe, von der immer drei Stufen aus einem großen Block gehauen sind, läßt die Heruntergehenden in kleine Bassins zur Seite sehen, in welchen die künstliche Fischzucht zur Anschauung gebracht wird, oben beim Ei beginnend bis herunter zum ausgewachsenen Fisch.

Am Fuß der Treppe angelangt, befindet man sich nun ›unter dem Meeresspiegel‹ und macht die umgekehrte Wanderung von Norden nach Süden. Man kommt zunächst an Bassins mit Seetieren aus der Nordsee, dann an ein größeres Bassin mit Tieren aus der Ostsee; letzteres Bassin faßt seinem Inhalt nach so viel Wasser wie das Hamburger Aquarium und das größte der Pariser Ausstellung. Der achteckige Mittelraum, in den man dann kommt, ist durch eine Pfeilerreihe geteilt, wodurch eine doppelte Wanderung geboten wird; ein Ruhesitz gestattet einen Rückblick in den bis jetzt durchwanderten Raum. Das große Mittelbassin, welches man umwandern muß, zeigt Tiere des Atlantischen Ozeans. Man wird auf dieser Wanderung vorbeigeführt an einer von unten beleuchteten Grotte, welche 3 Fuß lange große Meerschildkröten enthält und deren Wände als schräg herabfallende Schieferschichten erscheinen; ferner an Bassins mit kleineren Tieren und endlich an einem Becken, welches eine Basaltgrotte darstellt. Einige Stufen führen dann hinaus zu der schon vorher beschriebenen geologischen Grotte, und man geht an einem großen Becken entlang, welches die Tiere des Mittelländischen Meeres zeigt. In dem großen Mittelraum ist man auf einem rampenförmigen Fußboden und durch die letzte Treppe in den eben beschriebenen, noch 5 Fuß höher liegenden Raum gestiegen. Zwischen diesem letzteren und dem Mittelraum ist eine doppelte Säulenreihe angeordnet und dazwischen das Terrain noch vertieft, so daß sich ein kleiner Fluß hindurch ziehen kann. Das Regenwasser, welches von den beiden Hauptdächern, die ungefähr darüber zusammenstoßen, aufgefangen wird, wird durch Rinnen heruntergeführt und tropft von dem in Form eines Tropfsteingewölbes hergestellten Gewölbe in den Fluß. Die Perspektive des ganzen Raumes wird abgeschlossen durch einen hochgewölbten Raum, welcher in ein Sechstel des natürlichen Maßstabes eine Nachbildung der berühmten ›blauen Grotte‹ von Capri darstellt.

Man geht von hier unter der Haupttreppe, welche nach dem oberen Geschoß führt, hindurch dem Ausgang zu; eine Glastür öffnet sich zur Restauration, welche den ganzen Parterreraum ausfüllt. Eine kleine Treppe führt auf das 4 Fuß tiefer liegende Niveau der Schadowstraße,

174 ›Spaziergang unter dem Meeresspiegel‹, Stich

gleichzeitig aber auch an einer zweiten Tür vorbei, welche zum Besuch der im Souterrain liegenden zweiten Restauration einladet. Der ›Scylla und Charybdis glücklich entronnen‹ tritt man in der Schadowstraße aus. Durch die ganze Anlage ist eine fortwährende Zirkulation der Besucher bewerkstelligt, so daß selbst an den besuchtesten Tagen keine Stopfungen zu befürchten sein möchten. In dem unteren Geschoß liegt der mit einem Glasdach versehene Dampfkessel- und Maschinenraum; eine Handpumpe unter der Basaltgrotte sorgt, falls an der Maschine einmal Reparaturen erforderlich sind, für die Speisung der Bassins. Der ganze mittlere Raum der Anlage ist unterkellert und enthält in großen Zisternen das Wasser, welches hier 24 Stunden lang, von Licht und Luft abgeschnitten, bewahrt wird, ehe es zum Verbrauch kommt. Was den Aufbau betrifft, so wurde davon ausgegangen, daß bei jedem andern Bau, so auch hier, den ›berechtigten Eigentümlichkeiten‹ der Bewohner Rechnung getragen werden müßte; die Bewohner sind hier aber die Tiere, da die besuchenden Menschen nur als vorübergehende Gäste derselben zu betrachten sind. So hat denn der von den Vögeln bewohnte Mittelraum des Terrariums ein architektonisch-stilisiertes Laubdach erhalten; die Bäume auf den Eckpunkten des Achtecks sind eiserne Stützen, welche zugleich das Eisendach tragen helfen, die Äste schmiedeeiserne Gurtbögen, die Kappenflächen dazwischen werden durch Grün gebildet, so daß eine Laubkuppel entsteht. Die Beschauer stehen im Dunkeln und sehen die hell beleuchteten Schaugegenstände; ein Teil der Decke ist mit horizontalen verstellbaren Jalousien versehen, um dem Strauchwerk von oben

her Luft und Licht in der erforderlichen Weise zuführen zu können. Die Tiere im unteren Geschoß lieben das klare Wasser und steinige, felsige Behausungen, es wurden daher aus natürlichem Gestein sämtliche Pfeiler und Gewölbe gebildet, größere Flächen der Kostbarkeit des Materials wegen aus Backstein mit Felsverkleidung hergestellt. Kurz, in allen Konstruktionen, die oft sehr schwierig waren, hat das Prinzip gewaltet, die Naturformen mitwirken zu lassen.«[20]

Raum- und Konstruktionsform

Zentrum des zweigeschossigen Gebäudes ist eine Grotte, welche innerhalb eines quadratischen Raumes von ca. 20 m × 20 m über eine achteckige Öffnung vom Erdgeschoß zum Dach durchstößt. Um diese Öffnung sind die Stützen gruppiert, welche das Obergeschoß und das Dach zu tragen haben. Im Untergeschoß haben sie eine tropfsteinähnliche Gestalt. Aus grobem Steinmauerwerk gebildet, gehen sie, höhlenartige Bögen bildend, in die Decke über. Mittelpunkt dieses Grottenteiles ist das unter das Licht des Deckendurchbruches gestellte Aquarium. Der quadratische Mittelraum des Obergeschosses umschließt das Terrarium, überspannt von einer doppelten Decke, welche von im Doppelachteck angeordneten Eisensäulen getragen wird. Die Dachbinder sind im Mittelteil Polonceaubinder, an den Rändern unterspannte Balken, welche so angeordnet sind, daß die Außenglasdecke eine achteckige Pyramide bildet. Die innere Glasdecke ist horizontal gespannt und bildet über der zentralen Öffnung eine Kuppel. Sie wird von einem Filigranwerk schmiedeeiserner Bögen getragen. Über Eisenstüt

281

zen und Bögen, von Blattwerk umrankt, entsteht eine Art Laubgrotte, durch die das Tageslicht gefiltert einsikkert (Abb. 170). Das ganz im Dienste der Naturillusion stehende Bauwerk, in dem der Besucher seiner Neugierde und seinem ›Wissensdurst‹ folgen konnte, wurde in den dreißiger Jahren abgerissen.

Literatur: ZfBW 1869, Jg. 19, H. 4-10, S. 432-435; Architekten-Verein zu Berlin 1877, S. 173; 1896, S. 246-248; DBZ 1869, Jg. 3, Nr. 20, S. 229-233, Ring 1883, Bd. 1, S. 106ff.

BERLIN, Centralhotel, Wintergarten, Dorotheenstraße-Friedrichstraße *Abb. 494*

		Architekt:	Hermann von
Länge:	74,75 m		der Hude und
Breite:	22,66 m		Julius Hennicke
Höhe:	17,50 m	Baujahr:	1880/81
Fläche:	1700 m²	Zustand:	abgerissen

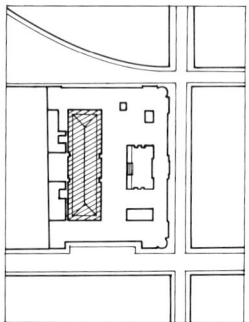

175 Lageplan

Die Entstehung von Hotels jener Größenordnung wie das ›Centralhotel‹ in Berlin ist mit dem Bau der Eisenbahnen im 19. Jahrhundert ökonomisch begründet. Ähnlich wie die großen Hotelbauten Charing Cross, Cannon Street und Midland in London wurde in Berlin ein ›First-Class-Hotel‹ in zentraler Lage bei den ›Linden‹ in unmittelbarer Nähe zur größten Stadtbahnstation Georgenstraße-Friedrichstraße errichtet (Abb. 175, 176). 1875 war die Frequenz der über die Eisenbahn in Berlin ankommenden und abreisenden Personen 10 400 000. Ein Unternehmen wie das ›Centralhotel‹ mit 500 Betten und 200 Hoteldienern und Angestellten konnte demnach mit einer kontinuierlichen Auslastung des Betriebes rechnen. Das ›Centralhotel‹ ist Repräsentant eines neuen Hoteltypus, der nicht nur als Übernachtungsstätte, sondern auch für die oberen Klassen als Vergnügungsbetrieb und überlokaler Treffpunkt gedacht war. Ein Festsaal großen Ausmaßes wurde zum Mittelpunkt der Unterhaltung. Das führte zur Übernahme des Bautypus Wintergarten, dessen Integration mit Gast- und Unterhaltungsbetrieben in den Floren schon vorbereitet war.

»Es war der Zweck, ein großes Konzert- und Restaurations-Lokal zu schaffen, welches in jeder Jahreszeit einen gartenartig mit Grün geschmückten, gut beleuchteten und gelüfteten, mäßig erwärmten Raum nach Art der Pariser Café-Concerts bieten soll, in welchem die Besucher, zwanglos an Tischen sitzend, allabendlich musikalische oder mimische Vorstellungen genießen können, ohne von der in unserem Klima so unbeständigen Laune des Wetters abhängig zu sein.«[21] Im Berliner ›Centralhotel‹ wurde diese Aufgabenstellung beispielhaft durchgeführt. Die Beschreibung dieses Hotels in diesem Buch steht stellvertretend für ähnliche Projekte, die in den europäischen Großstädten allerorts entstanden. Zur Durchführung des Bauunternehmens bildete sich zu Beginn des Jahres 1877 eine Aktiengesellschaft unter der Firma ›Eisenbahnhotel-Gesellschaft in Berlin‹. Es wurden die Architekten von der Hude und Hennicke mit der Aufstellung der Entwürfe sowie mit der Leitung der Ausführung beauftragt. Der Bau wurde 1880 vollendet.

Das vorhandene Grundstück von 9210 m², inmitten einer Blockbebauung, machte wegen hoher Grundstückspreise eine maximale Ausnutzung notwendig. Dem entsprach die Anordnung des Wintergartens, welcher, von vier Seiten umbaut, sein Licht nur durch die Decke erhielt. Die Umbauung des ›Wintergartens‹ führte zu einer engen räumlichen Verbindung mit Nebensälen, welche untereinander und mit dem Wintergarten zusammenschaltbar waren.

»Berlin besaß zu der Zeit außer den Krollschen Sälen und der Berliner ›Flora‹ kein einziges Festlokal, welches zur Aufnahme einer nach Tausenden zählenden Besucherzahl ausreichte. Dem sich geltend machenden Bedürfnis trägt – in bequemster Lage im Inneren der Stadt – der Wintergartensaal Rechnung, welcher in unmittelbarer Verbindung mit den drei großen Sälen und den Wirtschaftsräumen des Hotels 3300 m² Grundfläche bedekkende zusammenhängende Festlokalitäten bietet, in denen sich ca. 3000 Menschen bewegen können, für deren Aufnahme und Bedienung ohne besondere Veranstaltung jederzeit von seiten des Hotelbetriebes gesorgt werden kann.«[22]

Raum- und Konstruktionsform

Die Halle des ›Wintergartens‹ bildete ein langgestrecktes Rechteck von 74,75 m Länge und 22,66 m Breite. Ihre Fläche von 1700 m² wurde von einem Glasdach mit 17,50 m Scheitelhöhe überdeckt. Mit dieser Halle waren im Norden Eintritts- und Garderobenräume zur Dorotheenstraße, im Süden die Restaurationssäle zur Georgenstraße hin verbunden. Die Konzert- und Theaterbühne nahm die Mitte der westlichen Längsseite ein, während die an der östlichen Seite (Friedrichstraße) befindliche Terrasse über Treppen zu den Sälen des Hotels führte (Abb. 177). Die Wände und Terrassen waren mit

176 Ansicht von der Dorotheen- und Friedrichstraße, Stich

verschiedenartigen Kalthauspflanzen besetzt, der übrige Raum war freigelassen bis auf zwei Palmengruppen, welche sich über je einen Tropfsteinunterbau mit vier eisernen Aquarienkästen aufbauten. Ein offenes, grottenartiges Wasserbassin mit Fischen und Wasserpflanzen war im Zusammenhang mit den Terrassen angebracht. Der Fußboden des ›Wintergartens‹ war betoniert und mit geschlagenem Grubenquarzkies beschüttet, um zwischen den Pflanzengruppen den gartenartigen Charakter zu bewahren. Für große Feste wurde ein transportabler ca. 500 m² großer Tanzboden für den mittleren Teil der Halle bereitgehalten, welcher in verbundenen Tafeln auf Lager stand.

Der ›Wintergarten‹ wurde mit Hilfe einer Eisenkonstruktion, bestehend aus gebogenen Gitterträgern mit Pfetten, frei, ohne Horizontalverbindung überspannt. Die Gitterträger – in 3 m Achsabstand angeordnet – folgten in ihrer Form einer oben in eine Gerade auslaufenden Parabel. Die Glasdecke erhielt die Gestalt eines langgestreckten gewölbten Satteldaches. Die Bogenträger lasteten auf einer schmiedeeisernen Konsolkonstruktion von 3,15 m Auskragung. Die Konsolen waren an drei Seiten des ›Wintergartens‹ unmittelbar mit der Mauer verankert, an der westlichen Längsseite bedurfte es 1,50 m weit nach außen vorgelegter Mauerpfeiler mit 10,80 m hoher Aufmauerung, um das Gegengewicht und die Verankerung gegen den Schub der Konsolkonstruktionen zu gewinnen. Die Wandflächen des ›Wintergartens‹ waren in Verbindung mit der Konsolkonstruktion durch ein System von Halbsäulen und Mauerpfeilern mit rundbogigem Oberbau in Nischen gegliedert. Darüber spannte

sich im überhöhten Bogen, den Konsolen entsprechend, die ansteigende Voute, so daß der durch die Glas-Eisenkonstruktion überdeckte Raum durch die allseitige Vorkragung wesentlich erweitert wurde. Es wurde ein Raum gebildet, der in seinem Querschnitt an einen basilikalen Raumtypus mit niedrigen Seitenschiffen erinnerte. Dabei wurde ein Raum ohne Stützen gebildet. Die verblüffende Raumwirkung, die dadurch entstand, war nur über die konsequente Ausnutzung der begrenzenden Raummassen zur Einspannung der Konsolkonstruktion erreicht (Abb. 180). In statischer Hinsicht ist das Konstruktionsprinzip als ein System von eingespannten Bogenbindern – dreifach unbestimmt, ähnlich wie die Binder im ›Wintergarten‹ in München von August von Voit – zu betrachten. Die gitterförmigen Bogenbinder haben im deutschen Gewächshausbau ihren Vorläufer nicht zufälligerweise in den Floren von Köln (1865), Frankfurt (1869/70) und Berlin (1873). Mit größeren Spannweiten wurde diese Konstruktion im Bahnhofsbau, z. B. am Lehrter Bahnhof in Berlin angewendet (Abb. 178, 179).

Verglasung, Lüftung, Heizung

»Die 2 m langen und 0,72 m breiten einfachen Doppelglasplatten liegen in Kitt mit Überständen von 5 cm auf I-förmigen schmiedeeisernen Pfetten und den dazwischengelegten, mit Zinkblech überzogenen Sprossen. Die Frage, ob es nötig sei, einen derartigen Raum, welcher neben seinen gesellschaftlichen Zwecken auch zur Aufnahme tropischer Pflanzen geeignet angelegt sein muß, mit doppelter oder einfacher Verglasung zu überdecken, gab Gelegenheit, die widersprechendsten Ansichten über diesen Punkt zu vernehmen. Schließlich wurde einfache

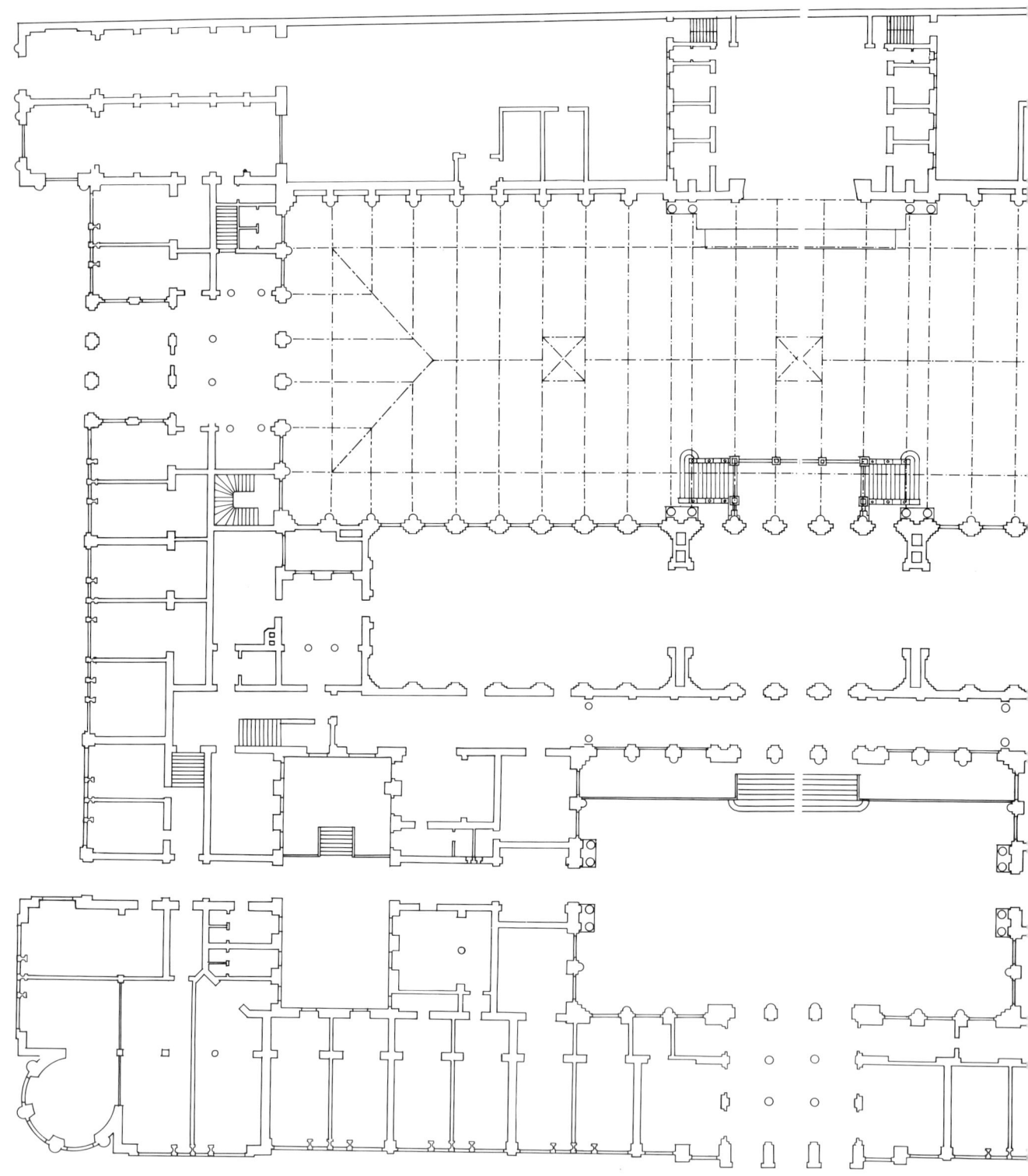

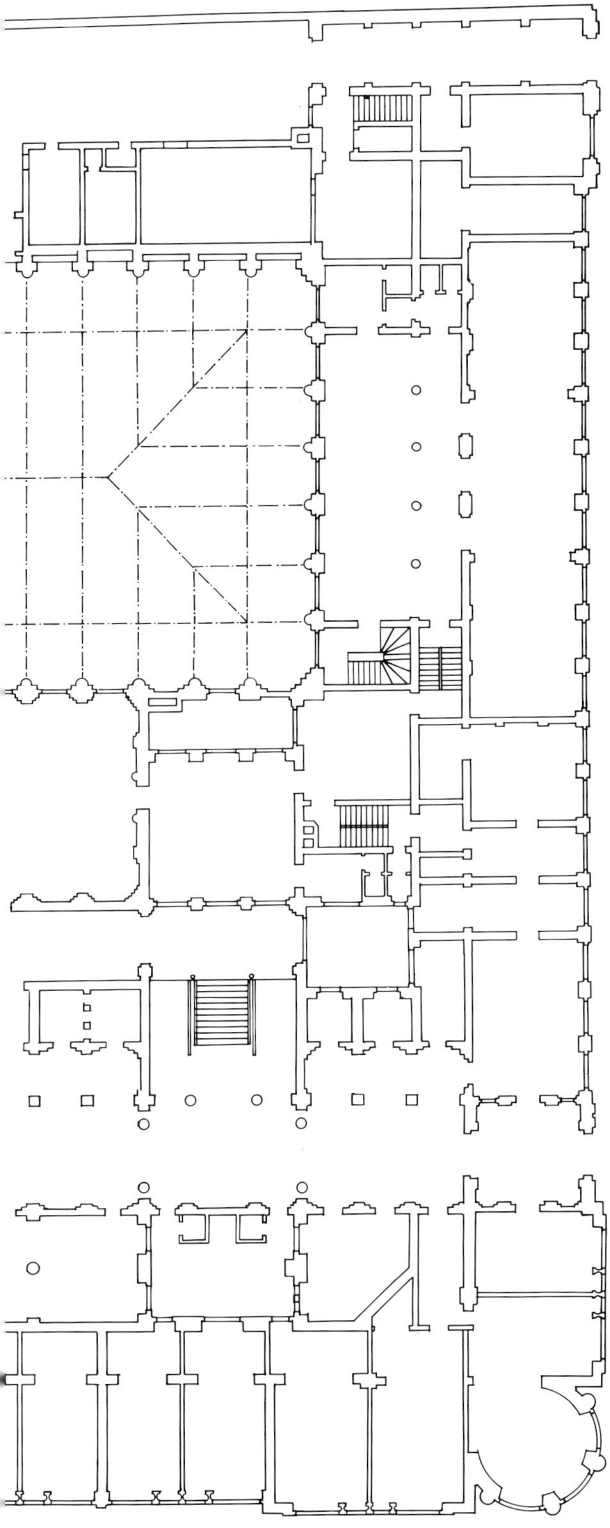

177 Grundriß EG

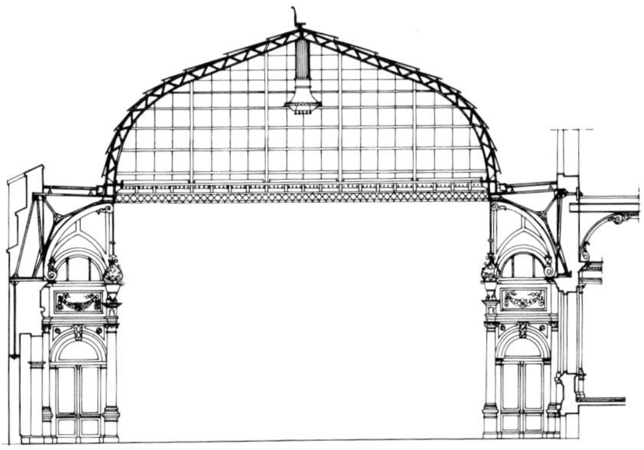

178 Schnitt

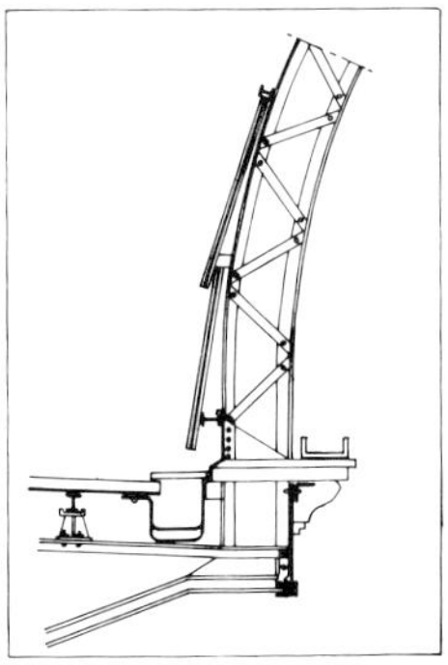

179 Konstruktionsdetail des Daches

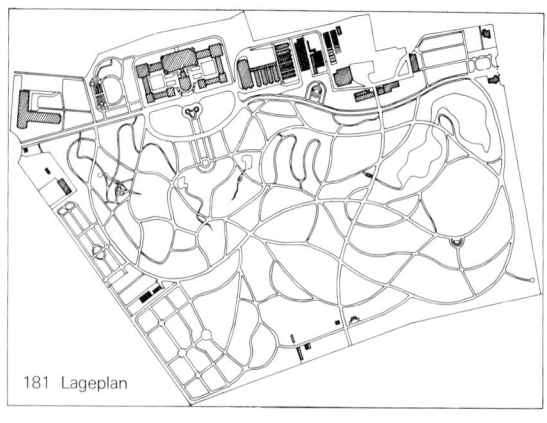

180 Blick in den Wintergarten, Stich, um 1880

Verglasung gewählt, die Richtigkeit dieser Annahme findet darin ihre Bestätigung, daß bisher nach viermonatlicher Benutzung, die einen sehr strengen und schneereichen Januar einschließt, weder ein Abtropfen der Niederschläge noch eine den Palmen nachteilige Abkühlung des Glasdaches sich geltend gemacht hat.«[23] Die Zuführung von frischer und die Abführung von verbrauchter Luft erfolgte zum einen Teil über Kanäle in den Vouten, welche über dem Wintergartendach ins Freie mündeten. An dieses Lüftungssystem waren die umliegenden Nebensäle angeschlossen. Am Abend entstand mit Hilfe der Gasbeleuchtung ein kräftiger Luftstrom, der über fünf Laternenaufsätze am Dachfirst ins Freie geleitet wurde. Der ›Wintergarten‹ hatte eine Dampfheizung, deren Rohre durch begehbare Kanäle an den Längsseiten des Raumes geführt waren. Die in diesen Kanälen angebrachten Heizkörper hatten 700 m² Heizfläche; die erwärmte Luft trat vor den Nischen durch gußeiserne Gitter aus, welche im Fußboden lagen.

Literatur: ZfBW 1881, Jg. 21, H. 1-3, S. 175-188; Atlas Bl. 38-42; Ring 1884, Bd. II, S. 124, 125

BERLIN-DAHLEM, Gewächshäuser, Botanischer Garten   *Abb. 482-491*

Gesamtfläche:	5720 m²	Baujahr:	1905-1909
Architekt:	Alfred Koerner	Zustand:	1943 beschädigt
			1968 umgebaut

181 Lageplan

Voraussetzung zur Gründung des Neuen Botanischen Gartens war das Wachstum Berlins seit den Gründerjahren mit den notwendigen Folgen der Grundstücksverknappung durch Bodenspekulation sowie durch Luftverschmutzung infolge der Industrialisierung. Der Alte Botanische Garten wurde 1897 aufgelöst und ein Gelände im Süden Berlins in Dahlem, welches schon im fiskalischen Besitz war, zum ›Neuen Botanischen Garten‹ umgestaltet. Zur Kostendeckung der Anlagen diente eine Anleihe, die durch den Verkauf des ›Alten Botanischen Gartens‹ teilweise gedeckt werden konnte. Der Garten – mit einer Ausdehnung von 41 ha etwa viermal so groß wie der Alte Botanische Garten – wurde so angelegt, daß er außer dem Schauzweck auch wissenschaftliche Zwecke erfüllte. Dafür war die Nähe von Universitätsinstituten günstig. Die ›Gewächshäuser‹ wurden in der Nordostecke des Gartens in erhöhter Lage am Südwestabhang des Fichtenberges erbaut.

Die Anlage ist dadurch charakterisiert, daß die Schauhäuser nicht wie noch im ›Alten Botanischen Garten‹ vereinzelt, sondern zu einem einzigen baulichen Komplex zusammengefaßt, verwirklicht wurden. Eine geschlossene Hülle aus Glas ermöglichte es den Besuchern, in einem Rundgang sämtliche Pflanzenabteilungen zu besichtigen. Durch die Kombination verschiedener stereometrischer Baukörper in Form von Hallen, durch Gänge, Pavillons, Grotten usw. erweitert, wurde eine durchgehende Glas-Eisenstruktur geschaffen, die ihrer Ausdehnung nach nur in Laeken bei Brüssel ihr Pendant findet. Die Gesamtanordnung veranschaulicht der Lageplan: Eine um einen Innenhof geschlossene symmetrische Anlage, deren Schwerpunkte das ›Große Palmenhaus‹ und das ›Viktoria-regia-Haus‹ sind. Das ›Subtropenhaus‹, obwohl nicht direkt mit diesem Komplex verbunden, bildet mit diesem eine bauliche Einheit. Es beherrscht durch seine Lage und Größe als weithin sichtbares Zeichen die Zugangswege von Norden und Süden (Abb. 181).

Rückschauend kann man sagen, daß die Glas-Eisenkonstruktion des ›Großen Palmenhauses‹ von Alfred Koerner eines der bedeutendsten Bauten dieser Art darstellt. Mit diesem Haus findet die Entwicklungsreihe der gewölbten Hallenbauten des 19. Jahrhunderts einen späten Höhepunkt und gleichzeitig ihren Abschluß. Der Konstrukteur und Statiker war der damals weltberühmte Heinrich Müller-Breslau. Staunen erregte die freitragende Dreigelenkskonstruktion des Gewölbes, das 36 200 m³ Luftraum in sich einschloß. Dagegen ist bemerkenswert, daß die zeitgenössische Architekturkritik, mit Ausnahme von Paul Scheerbart, dieses Bauwerk keiner Erwähnung wert fand. Die große Auseinandersetzung mit den frühen Manifesten des Ingenieurbaus entzündete sich hingegen an der zwei Jahre später erbauten AEG-Turbinenhalle von Peter Behrens, der zur Überbrückung des 25,60 m

breiten Hauptschiffes ebenfalls Gitterträger, die als Dreigelenkbogen statisch wirkten, angewendet hatte. Wie Koerner am ›Palmenhaus‹, hatte Behrens den Binderfuß als signifikanten Konstruktionsteil, aus dem sich die statische Funktion des Tragwerks erklärt, in den Blickpunkt gerückt. Die Intensität der Diskussion über die Turbinenhalle erklärt die Bedeutung, die dem Industriebau als unmittelbares Produktionsmittel zukam. Sie erklärt zum anderen jedoch auch die von Behrens erzielte Konfrontation zweier Architekturprinzipien, nämlich die des Monumentalbaues, der sich von der Steinarchitektur herleitet, und des Ingenieurbaues, der das Gesetz der Schwerkraft auf den Kopf zu stellen scheint. Behrens verwendete als Raumabschluß des Frontteiles der Halle rustizierte Eckpylonen aus Beton, die dem Bauwerk eine »zyklopische Wucht« verleihen sollten. Er versuchte die »Macht der Industrie« in diesem Bauteil pathetisch darzustellen. Diesem Zweck diente auch die Ausbildung eines vor der Glaswand vorkragenden Dachsimses an der Längsseite der Halle. Die imposante Wirkung entstand durch Anwendung eines an die Tradition anknüpfenden architektonischen Mantels in Form einer ›Fassade‹, wobei von der tragenden Konstruktion nur die Stützen in ihrer Funktion aufgedeckt wurden. Gerade in diesem festgehaltenen Widerspruch von Konstruktion und Repräsentationsarchitektur sah die zeitgenössische Kritik eine Wiederbelebung der »jungen Industriebaukunst«. Jedoch bereits zehn Jahre später, nach der Fertigstellung von neuen Fabrikbauten, die das konstruktive Prinzip ihrer Hallen unverhüllt zeigten, erfuhr der Bau von Behrens eine neue Interpretation: »Noch ebnet der Architekt die Spannung der gereihten Hallenbinder ein, indem er den Binderfuß als Stütze einer untergeschobenen Dachlast ausgibt. Er verklebt den Spannungsausdruck der Halle mit der Steifheit eines mehrfach gebrochenen Tempeltympanons, schmälert die gegossene Fülle der Beton-Eckpfeiler durch horizontale Steinfugenschnitte ...«

Dies vermerkte Erich Mendelsohn im Jahre 1919 anläßlich eines Vortrages vor dem Arbeitsrat für Kunst. Im ähnlichen Sinne äußerten sich später Ludwig Hilbesheimer in seiner ›Großstadt-Architektur‹ (1927) und Adolf Behne in ›Der moderne Zweckbau‹ (1926), wobei ihr Ausgangspunkt die Prinzipien der Neuen Sachlichkeit waren. Gerade diese, theoretisch nicht formulierten, jedoch praktisch durchgeführten Prinzipien waren es jedoch, die den Bau des ›Großen Palmenhauses‹ in Dahlem bestimmt hatten. Das völlige Fehlen von architektonischen Attributen der Monumentalarchitektur – wie Sokkel, Pilaster, Gesimse usw. – die Entsprechung von Form und Inhalt, Raum und Zweck gaben dem Bau eine gleichsam selbstverständliche, natürlich wirkende Gestalt. Daß die Kritiker um 1909 darin keinen Ansatz zu einem entsprechenden Urteil fanden, bewirkte nicht allein die fehlende Produktionsrelevanz des Pflanzenhauses, sondern vor allem die Tatsache, daß sich ihr Urteil durch den Blick auf die herkömmliche Architektur ideologisch beschränkte. Das ›Große Palmenhaus‹, das in seiner kühn zur Schau gestellten Konstruktion im Grunde eines der ›modernsten‹ Bauwerke seiner Zeit war, verblieb deshalb von seiten der Architekturkritik in der Anonymität und teilte damit das Schicksal der meisten Glashäuser.

Quellen: Berlin, Bibliothek, Botanischer Garten, Berlin-Dahlem

Literatur: ZfBW, 1909, Jg. 59, H. 4-6, S. 202-222, Atlas Bl. 25-30; Koerner 1910; Zentralblatt der Bauverwaltung 1897, Nr. 21, S. 231-233; Deutsche Bauzeitung (Hrsg.): Baukunde des Architekten, 1902, Bd. II, S. 362-365; Timmler und Zepernick 1978, S. 42-93; Architektenverein zu Berlin, 1972, Teil XI, S. 124-132

BERLIN-DAHLEM, Botanischer Garten, Großes Palmenhaus   *Abb. 483-485, 487*

Länge:	60 m	Architekt:	Alfred Koerner
	(mit Flügelbauten 153 m)	Konstruktion:	Heinrich Müller-Breslau
Breite:	29 m		
	(mit Flügelbauten 79 m)	Baujahr:	1905-1907
Höhe:	23 m	Zustand:	1943 beschädigt,
Fläche:	1740 m²		1968 umgebaut
Rauminhalt:	36 200 m³		

Das ›Große Palmenhaus‹ ist das größte derzeit in Deutschland noch vorhandene Gewächshaus. In ihm sind die konstruktiven Erfahrungen industrieller Stahlbauten wie Bahnhofshallen, Brückenbauwerke, Ausstellungs- und Fabrikhallen mit den Erkenntnissen, die auf dem Gebiet des Gewächshausbaues bis zur Jahrhundertwende gemacht wurden, vereinigt. Das Tragwerk wird aus gebogenen Gitterträgern gebildet, die nach dem Prinzip des Dreigelenkbogens zusammenwirken. Sie formen eine große Halle, welche an ihren Enden durch zwei halbe Achteckkuppeln abgeschlossen wird. Die Glashaut ist aus funktionalen Gründen nach innen gelegt, so daß das konstruktive Gerüst in seinem Aufbau ablesbar wird. Betrachten wir die architektonische Durchbildung, so wird deutlich, daß wir es hier mit jener bewußten Verwendung konstruktiver Elemente zu tun haben, die die bedeutenden Ingenieurbauten auszeichnet. Die Ausbildung der Binderfüße hat einen manifestartigen Charakter. Die Gelenke sind auf einen Granitsockel gehoben, der Kräftefluß ist außer durch Verjüngung des Binders durch die Ornamentik von senkrechtlaufenden schmalen Stahlprofilen dargestellt. Die Verwandtschaft zu berühmt gewordenen Konstruktionsdetails der AEG-Maschinenfabrik von Peter Behrens (1909) ist unverkennbar (Abb. 486, 487). Das nach außen gelegte Stahltragwerk hat in der Entwicklungsreihe des Gewächshausbaus Vorgänger in den ›Palmenhäusern‹ Schönbrunn, Wien (1880), in der ›Flora‹ Frankfurt (1869) und im ›Wintergarten‹ in Laeken (1875/76).

John Hix hat in seinem Buch ›The Glass House‹ das ›Große Palmenhaus‹ als ein Werk des deutschen Expressionismus bezeichnet, wozu ihm die Ausbildung der Binder in Form eines gedrückten Spitzbogens sowie die facettenartig gebrochene Wölbung der Glashaut Anlaß gegeben haben mögen. In der Tat empfing hier Paul Scheerbart, der Autor der ›Glasarchitektur‹ und Mitbegründer des ›Frühlicht‹ unmittelbare Anregungen für seine ›architettura celesta‹.

Raum- und Konstruktionsform

Alfred Koerner, der Architekt aller Gewächshäuser in Dahlem, beschreibt die Konstruktion des ›Großen Palmenhauses‹ im einzelnen (Abb. 183-185): »Die Vorzüge, welche die leichtere Bauweise für die Anlage der Neubauten, besonders aber für den späteren Betrieb und die bauliche Unterhaltung bietet, veranlaßten das Ministerium, A. Koerner zu beauftragen, in Gemeinschaft mit dem Direktor des Gartens, Dr. Engler, Gewächshausanlagen in Holland, Belgien und später in Rußland zu besichtigen. Das Ergebnis des Besuchs in Holland und Belgien war zugunsten der leichten Bauweise; die heimischen Gärtner konnten indessen nicht überzeugt werden, daß dieselbe auch in unserem Klima bei den längeren und härteren Wintern mit Erfolg anwendbar sein würde. Erst die gleichen Beobachtungen in Rußland, besonders in den kaiserlichen Gärten bei Petersburg und in dortigen Handelsgärtnereien, bestätigten die Möglichkeit, auch bei hartem Winterwetter mit der einfachen Glasdecke auszukommen. Der größte Überstand der alten Bauweise bestand darin, daß an den lange Zeit üblichen eisernen Sprossen des Glasdaches und an den tragenden Eisenteilen des Hauses, welche zwischen dem feuchtwarmen Innenraum und der kälteren Außenluft lagen, an der Innenseite des Eisens sich Tropfwasser absetzte, welches stark abgekühlt auf die Pflanzen niederfällt. Dieses Übel war nur wenig zu mildern durch die übergelegte zweite Glasdecke, welche außerdem die höchst nachteilige Verdunkelung zur Folge hatte. Bei der neuen Bauweise werden die Sprossen nicht aus Eisen, sondern aus Holz, einem schlechten Wärmeleiter, gefertigt, bei dem sich die üblen Erscheinungen des kalten Tropfwassers nicht zeigen (Abb. 182). Die zweite schützende Glasdecke wird entbehrlich, das Sonnenlicht findet ungehinderten Eingang und kommt auch an trüben Tagen noch zur Wir-

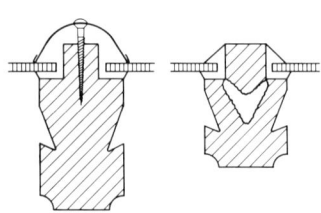

182 Detail der Fenstersprossen aus Holz mit Kondenswasserrinnen

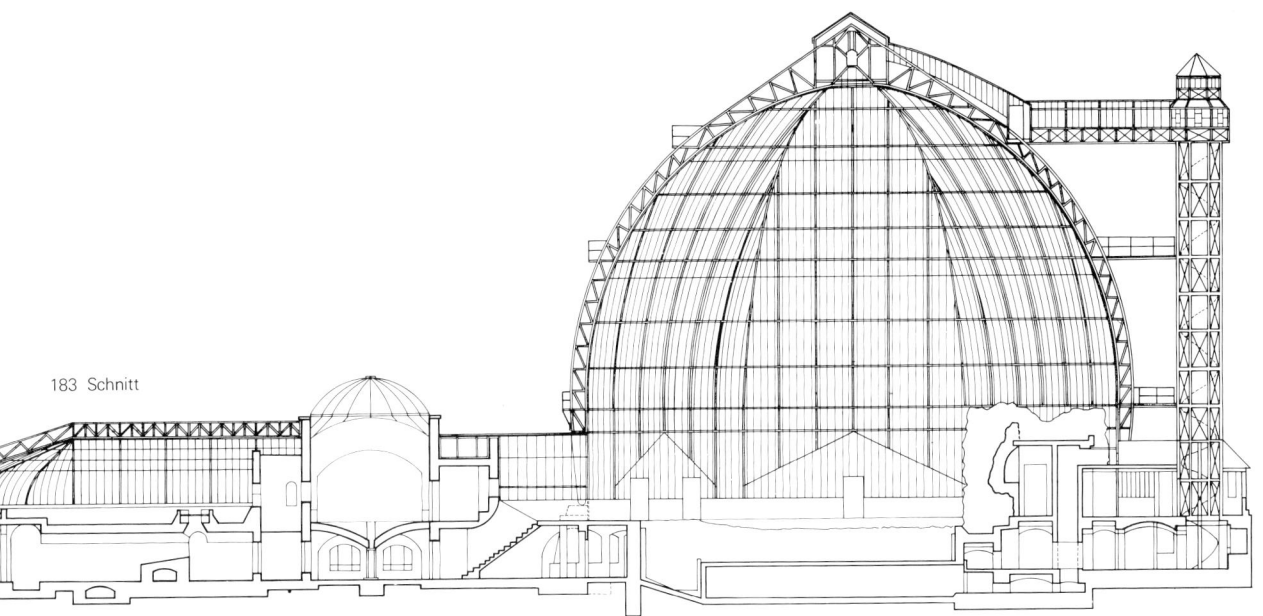

183 Schnitt

kung. Die Holzsprossen bedürfen einer Unterstützung, für welche verschiedene Arten ersonnen sind. Bei den Neubauten der Kulturhäuser in Dahlem wurde ein Tragegerüst von möglichst dünnen, wenig schattenbildenden Eisenträgern angewendet, bestehend aus U-Bindern und eisernen T-Pfetten, welche die Holzsprossen der Glasdecke tragen. Da diese Eisenteile nur innerhalb des geheizten Raumes angeordnet sind und nirgends mit der kalten Außenluft in Berührung kommen, kann eine einseitige Abkühlung nicht mehr entstehen, und die lästige Schwitzwasserbildung am Eisen hört gänzlich auf.«[25]

Für die Sprossen wurde amerikanisches ›pitch-pine‹ gewählt, ein gegen Fäulnis besonders widerstandsfähiges Holz. Die Bauart der großen Schauhäuser wurde mit besonderer Berücksichtigung der Verhältnisse in den Warmhäusern ausgebildet. Da nach dem Wunsch der Gärtner die Pflanzensammlung in ihrem Wachstum nicht gestört werden sollte (Tropfenbildung, Reparatur, Eisenanstrich usw.), wurden das tragende Eisengerüst außerhalb der Glasdecke im Freien angeordnet und die Holz-Glasdecke darunter angehängt. Dadurch erreichte man, daß ein durchgehend freier Innenraum entstand, unbehindert durch Stützen und Zuganker. Die Glasdecke wurde bei dem ›Großen Palmenhaus‹ wie bei den kleineren Häusern aus Teilen von 2 m Breite, gegliedert durch fünf Glasscheiben mit einer Sprossenlänge von 2,30 m, zusammengesetzt und in diesen Abständen am Eisengerüst befestigt. Die Sparren aus gebogenen I-Eisen N.P. 18 nahmen durch kleine Pfetten drei Sprossenlängen auf und übertrugen die Last auf die 7 m voneinander entfernt liegenden Galeriepfetten, welche aus zwei Gitterträgern

bestanden. Der waagerechte Gitterträger nahm die Laufgalerie auf; der in der Neigung der Glasdecke und parallel zu dieser liegende zweite Gitterträger war mit dem ersteren durch eine starre Winkelverbindung zu einem festen Prisma vereinigt, dessen dritte Seite offen blieb, damit die aufgerollte Schattendecke unter der Galerie gelagert werden konnte. Die Galeriepfetten übertrugen die Dachlast auf die 6,18 m voneinander entfernt stehenden Hauptbinder, welche – als einfache Gitterträger zu einem Dreigelenkbogen verbunden – auf dem gemauerten Sokkel von Basaltlava ruhten. Sechs Hauptbinder trugen das Dach des Langbaus, welcher an beiden Schmalseiten durch je eine halbe Achteckkuppel von 12,32 m Grundrißseitenlänge geschlossen wurde. Die beiden der Längsachse zunächst liegenden, halben Binder sicherten den Bau gegen Windangriff in der Längsachse. Der Eisenbau wurde, wie die Konstruktionszeichnung (Abb. 185) erkennen läßt, in klarer Linienführung, ohne diagonale Verstrebungen, hergestellt; die Binder und Pfetten bestanden aus einfachen Gitterträgern, die durchsichtig und schattenfrei ausgebildet, dem Auge des Besuchers von innen her nur als feines Netzwerk entgegentraten. Diesen Eindruck verstärkte die Glasdecke, die die Konturen der Konstruktion milderte. Die tragenden Eisenteile blieben im Freien und drangen nicht in den geheizten Raum ein. Der für Gewächshäuser wichtige Grundsatz, sie nur in einer ›Luft‹, nie aber in zwei verschiedenen warmen Luftschichten zu halten, wurde mit äußerster Sorgfalt durchgeführt.

Der noch heute gut erhaltene, jedoch in ›modernistischer‹ Manier umgebaute Gesamtkomplex wurde ab

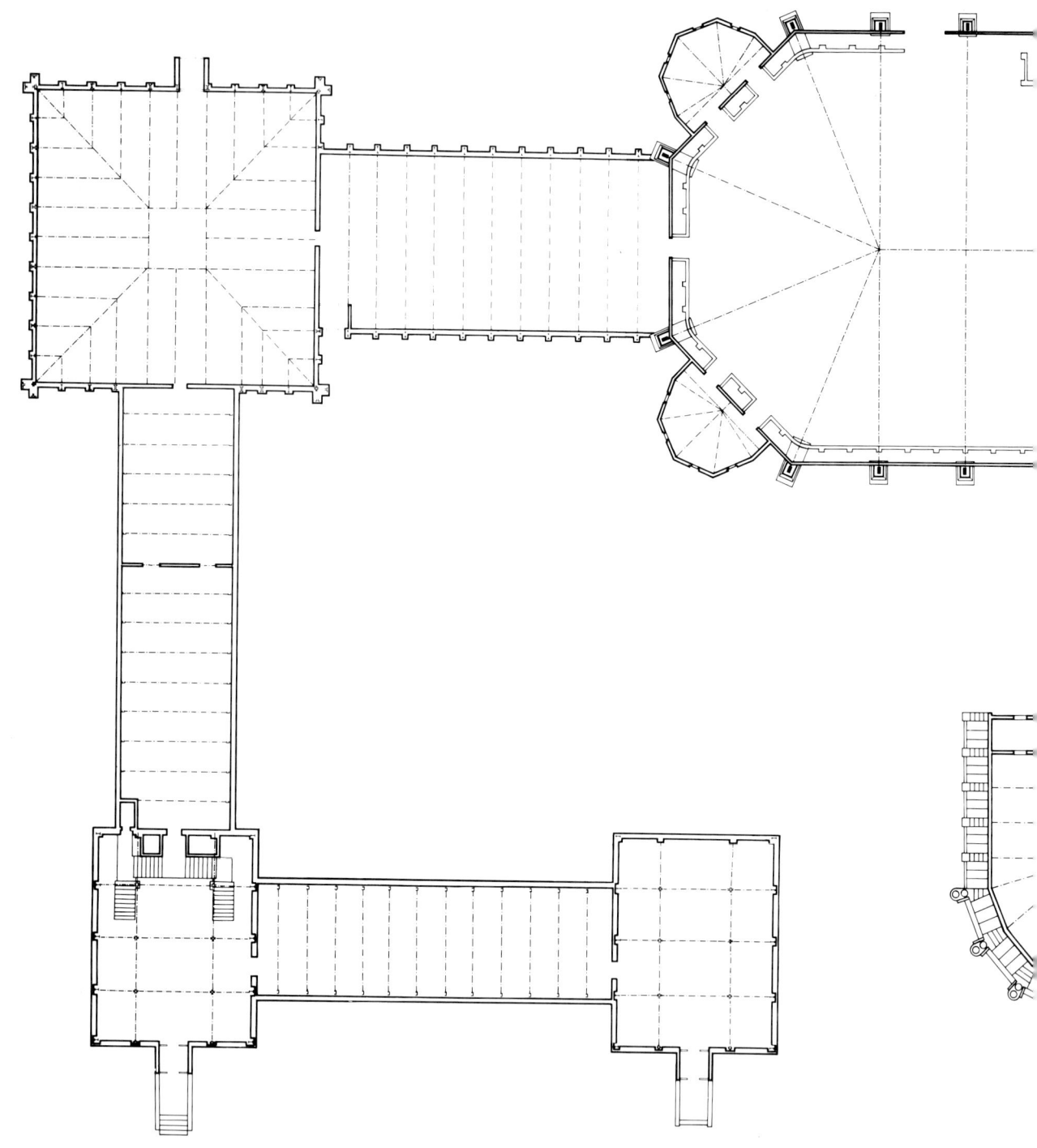

184 Komplex des Großen Palmenhauses mit Victoria regia-Haus und
Seitenflügeln, 1905-1907, Grundriß EG

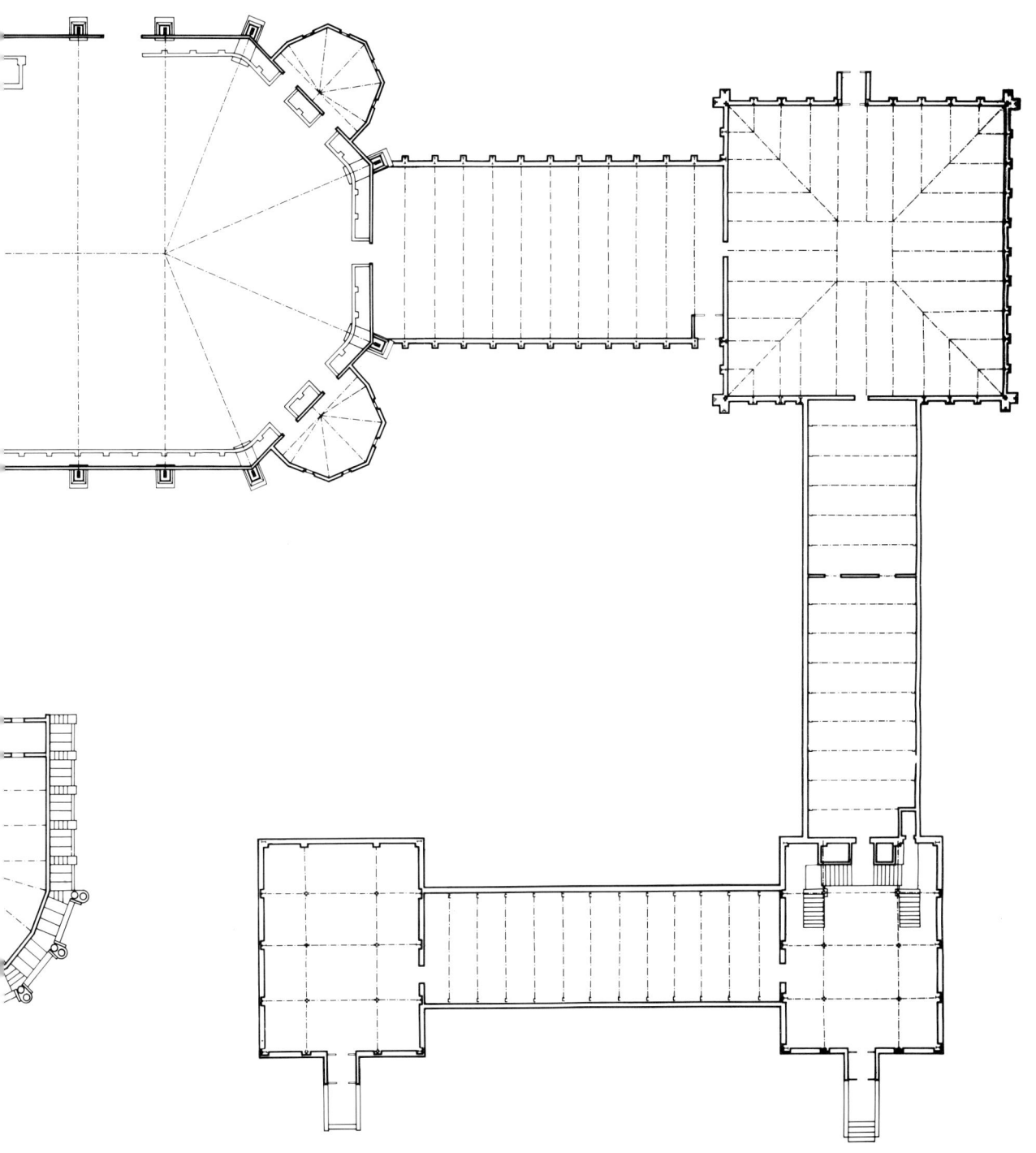

1897 von der Kgl. Baukommission unter Leitung von Alfred Koerner geplant. Die Ausführung erfolgte, nach teilweiser Änderung der Pläne, 1905 bis 1907. Das ›Große Palmenhaus‹ wurde 1943 durch Bomben teilweise zerstört. Zwischen 1963 und 1968 wurde es mit vakuumgepreßten Acrylglasplatten ausgestattet und mit einer neuen Heißluftheizung versehen. Durch die Verwendung der großformatigen Kunststofftafeln wurde die ursprüngliche Wirkung des ›Großen Palmenhauses‹ entstellt. Mit der Beseitigung des filigranen, engmaschigen Sprossenwerks verlor das hoch aufsteigende Gewölbe seinen Maßstab. Der Verlust an architektonischer Wirkung ist an der Innenaufnahme von 1907 nachvollziehbar (Abb. 484).

Quellen: Berlin, Bibliothek, Botanischer Garten, Berlin-Dahlem

Literatur: ZfBW, 1909, Jg. 59, H. 4-6, S. 202-222, Atlas Bl. 25-30; Koerner 1910; Zentralblatt der Bauverwaltung 1897, Nr. 21, S. 231-233; Deutsche Bauzeitung (Hrsg.): Baukunde des Architekten, 1902, Bd. II, S. 362-365; Timmler und Zepernick 1978, S. 42-93; Architektenverein zu Berlin, 1972, Teil XI, S. 124-132

BERLIN-DAHLEM, Botanischer Garten, Victoria regia-Haus

Länge:	15,50 m	Baujahr:	1905-1907
Breite:	14 m	Zustand:	1943 beschädigt,
Architekt:	Alfred Koerner		1958 umgebaut

Mit seiner glockenartigen Glaskuppel ist es integraler Teil des ›Großen Palmenhauses‹ und bildet architektonisch dessen Widerspiel im kleinen. Es besteht aus zwei Geschossen und übernimmt die Funktion eines Vestibüls, das das Entrée in das ›Große Palmenhaus‹ vorbereitet. Das untere Geschoß aus Ziegel und Blendsteinmauerwerk bildet die Erschließung des Gesamtkomplexes in der Weise, daß ein zentral angeordnetes Aquarium von Gängen eingefaßt wird, welche im hinteren Abschnitt in eine gewölbte Halle einmünden. Von dieser führt eine breite Treppe in das ›Große Palmenhaus‹ und in das Obergeschoß des ›Victoria regia-Hauses‹ mit zentralem Wasserbecken. Dieses ist durch eine Glas-Eisenkonstruktion in Form von Dreigelenkbogen, ähnlich wie das große Tropenhaus, abgedeckt. Die Glasflächen sind an der Unterseite der Stahlkonstruktion angebracht.

Literatur: Koerner 1910

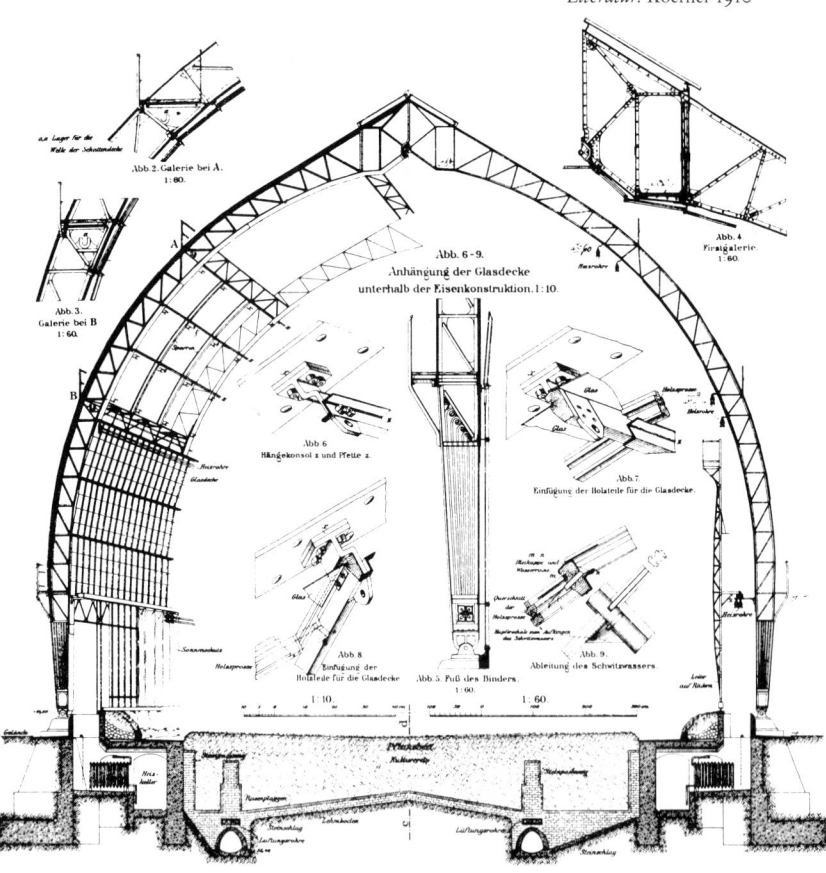

185 Großes Palmenhaus, Konstruktionsdetail

BERLIN-DAHLEM, Botanischer Garten, Subtropenhaus *Abb. 488-491*

Länge:	ca. 44 m	Architekt:	Alfred Koerner
Breite:	ca. 20 m	Baujahr:	1909
Höhe:	15,80 m	Zustand:	1943 beschädigt,
Fläche:	878 m²		1958 wiederhergestellt

Das ›Subtropenhaus‹ wurde getrennt vom Komplex des ›Großen Palmenhauses‹, jedoch im optischen Bezug zu diesem, in freier erhöhter Lage errichtet. Der Aufbau des Gewächshauses ähnelt einer in Glas-Eisen übersetzten dreischiffigen Basilika mit Apsis und zwei Fronttürmen beim Eingang (Abb. 186, 187). »Der Querschnitt ergab sich aus der Forderung, besondere Standorte für niedrige und hohe Pflanzen so einzurichten, daß alle möglichst nahe an den Lichtflächen und die niedrigeren nicht im Schatten der höheren stehen.«[26] Die architektonische Durchbildung des Baues hat sowohl im Hinblick auf Konstruktion als auch Dekoration und Detail eine hohe Qualität. Der Bau setzt sich aus einfachen geometrischen Formen zusammen, die durch Verwendung kristalliner Turm- und Dachaufsätze das Spiel von Glas und Eisen im besonderen Maß zur Geltung bringen. Besonders charakteristisch ist die Eingangsseite mit den beiden Fronttürmen, in welchen sich Treppen befinden. Die zwischen ihnen gespannte eiserne Bogenbrücke ist zweifellos eine Anregung vom Ruinenschloß auf der Pfaueninsel in Berlin. Nicht nur die ornamentale Lösung der Geländer der Laufstege, sondern auch der demonstrative Charakter der Nietverbindungen und Fensterbeschläge stehen in der besten Tradition des Jugendstils, der es liebte, funktionale Elemente über ästhetische Durchbildung zur Darstellung zu bringen.

Konstruktion

Die Stahlkonstruktion des Mittelschiffes besteht aus steifen Rahmenbindern, welche auf einem durchlaufenden Gitterträger ruhen, die durch gußeiserne Stützen von unten und vom Seitenschiff her ebenfalls durch Rahmenbinder gehalten werden. Die Binder sind aus genietetem Blech in I-Form und nehmen in ihrer Verjüngung gegen die Enden hin den Kraftverlauf auf. Die Bindersysteme sind durch I-förmige Querpfetten verbunden. Im Gegensatz zum ›Großen Palmenhaus‹ sind hier die Glasflächen nach außen gelegt. Der Grund liegt darin, daß die Gefahr von Schwitzwasserbildung bei einer notwendigen Durchschnittstemperatur von 5° bis 6°C nicht vorhanden ist. Bei sonst fester Verglasung der Dachflächen sind sämtliche Seitenwände mit beweglichen Fenstern versehen, welche während der Sommermonate entfernt werden können. Im Versuch, die großen Fensterflügel winkelsteif auszubilden, fand der Architekt die Lösung, die filigranen Holzrahmen durch viertelkreisförmige Scharniere und gespannte Diagonalseile zu verstärken. Durch

diese Elemente erhalten die Seitenwände eine durchlaufende Strukturierung, welche für das ganze Gebäude charakteristisch wird (Abb. 488-491).

Quellen: Berlin, Bibliothek, Botanischer Garten, Berlin-Dahlem

Literatur: ZfBW, 1909, Jg. 59, H. 4-6, S. 202-222, Atlas Bl. 25-30; Koerner 1910; Zentralblatt der Bauverwaltung 1897, Nr. 21, S. 231-233; Deutsche Bauzeitung (Hrsg.): Baukunde des Architekten, 1902, Bd. II, S. 362-365; Timmler und Zepernick 1978, S. 42-93; Architektenverein zu Berlin, 1972, Teil XI, S. 124-132

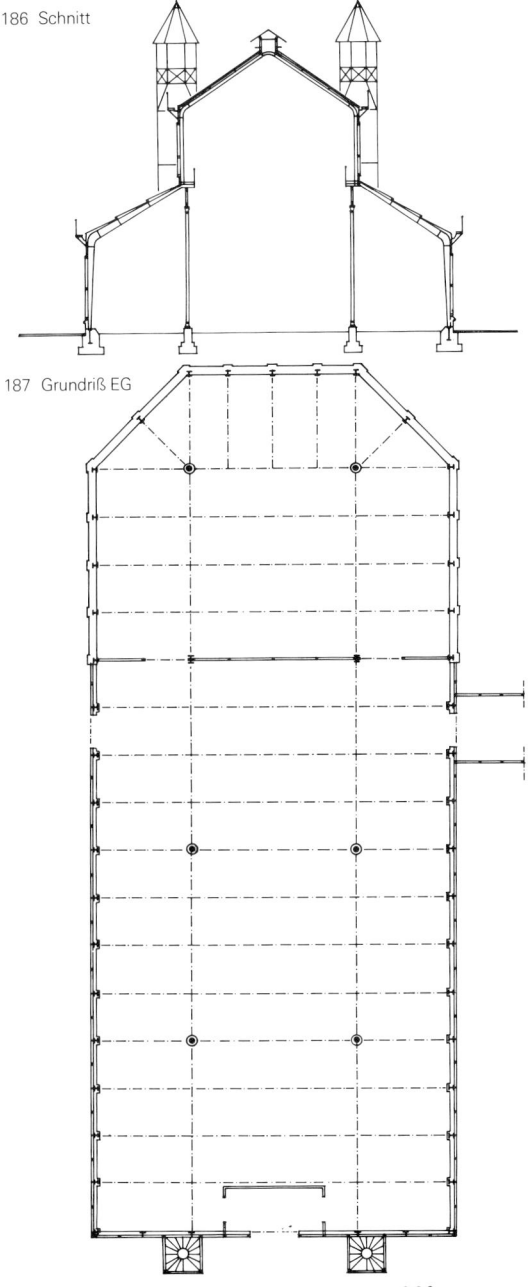

186 Schnitt

187 Grundriß EG

BIEBRICH bei Wiesbaden, Gewächshäuser des Herzogs Adolf von Nassau, Schloßgarten Biebrich   *Abb. 495, 496*

Länge:	100 m	Architekt:	unbekannt
Breite:	50 m	Baujahr:	1846
Fläche:	4500 m²	(Neue Ausstellungshalle 1861)	
		Zustand:	1869 nach Frankfurt
			versetzt
			1906 abgerissen

Die aus Gußeisen errichteten ›Gewächshäuser‹ des Herzogs Adolf von Nassau in Biebrich waren eine der frühesten Gewächshausanlagen großen Stils. In ihrer Zeit galten sie als die größten Gewächshausanlage in Deutschland. Die Anlage nahm als Architekturprospekt die Gestaltungsprinzipien der traditionellen Palastarchitektur auf, wobei jedoch an die Stelle von Massivbaukörpern transparente Glasflächen traten. Unter dieser Hülle verbarg sich der Grundrißkonzeption nach eine am entwickelten Ausstellungsbau des 19. Jahrhunderts orientierte Raumorganisation. Sie fand ihren Ausdruck in einer alle Raumteile erfassenden Wegführung, die sich zu einem Zirkulationssystem zusammenschloß und den Besucher von Halle zu Halle führte. Hier, am Beispiel einer fürstlichen Gewächshaus- und Schauhausanlage wurde vor der Ausbildung des Bautypus des Ausstellungsgebäudes (1850-1880) eine diesen Bautypus vorwegnehmende Raumorganisation realisiert. Die Verwendung von Gußeisen und Glas stellte diesen Bau vollends in diese Entwicklungsreihe.

Die Anlage bestand aus einem Mittelbau mit einer zentralen, durch Tambour erhöhten Glaskuppel, an den sich im 90°-Winkel geführte Flügelbauten anschlossen, welche in quadratische Eckpavillons mündeten. Zwischen den Flügelbauten waren Schauhäuser in terrassierter Form eingespannt (Abb. 188, 189). Dem Besucher jener Zeit muß sich vor dieser Architektur das Bild einer Kaskade von gebogenen Glasflächen geboten haben, welche aus der Tiefe des Mittelpavillons nach vorne sich abstuften und die vielfältigsten Lichtreflexe erzeugten. An der Rückseite des Mittelpavillons waren, diesen z.T. überragend, Ausstellungshallen angegliedert. Es ist zu vermuten, daß der Architekt dieser Anlage verschiedene Anregungen vom englischen Gewächshausbau erhalten und sie hier umgesetzt hat. Die Ausbildung und Anordnung einer aufgesetzten Glaskuppel zwischen vorgestreckten Seitenflügeln erinnert an das von 1820 bis 1827 erbaute ›Syon House‹ bei London. Die Verwendung kurvenlinearer Glasdächer weist auf die Kenntnis der Werke von John Claudius Loudon und Richard Turner hin. Die maurische Ornamentik, welche zu dieser Zeit von Architekten wie Ludwig von Zanth und Karl Friedrich Schinkel gerne für Gartenarchitektur verwendet wurde, weist auf mögliche Einflüsse von Humphry Repton und John

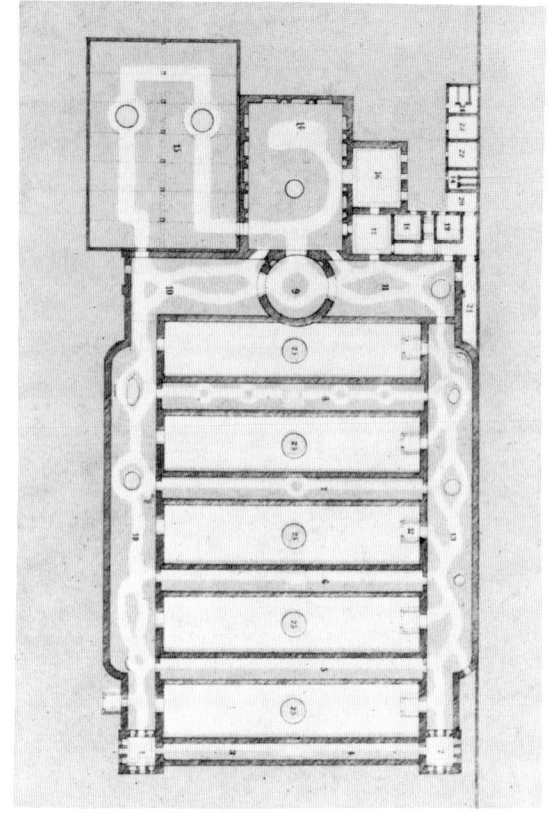

188 Grundriß EG, Lithographie, 1861

Nash (Brighton) hin. Sie fand vor allem in der Gestalt der Eckpavillons und der zweischiffigen Ausstellungshalle ihren Ausdruck.

Die ›Gewächshausanlage‹ war ein großer zusammenhängender Block von ca. 50 m Breite und ca. 100 m Tiefe. Die eigentlichen Gewächshäuser waren ungefähr 30 m lang und hatten eine Gesamttiefe von rund 70 m. Daran schloß sich eine Ausstellungshalle von 600 m² (20 × 30 m) und ein etwa halb so großes ›Koniferenhaus‹ an. Die zentralen kurvenlinearen Gewächshäuser zwischen den Flügelbauten waren schmale Glaskorridore von 3 m Breite und 30 m Länge. Sie öffneten sich zu unüberdeckten, engen Innengärten von 10 × 30 m, die durch Wasserspiele geschmückt waren. Die Krönung der Anlage war das runde ›Palmenhaus‹ mit einer hohen, filigranen Glaskuppel. Die ›Gewächshäuser‹ waren Kultur- und Ausstellungshäuser zugleich. In den Eckpavillons befanden sich links der Eingang und rechts das Büro des Direktors. Nördlich der Rundkuppel in der Hauptachse schloß sich das ›Koniferenhaus‹ an, welches durch Pilaster architektonisch gegliedert war. Daran schloß im Westen, wohl später angebaut, die Ausstellungshalle. So erscheint dieser Gewächshauskomplex in seinem Grundriß

sehr organisch aufgebaut und für die damaligen Verhältnisse beispielhaft. Die Lithographien lassen darauf schließen, daß zu Beginn der sechziger Jahre eine neue, größere Ausstellungshalle die alte, die sich um 1854 im Bilde
darbietet, ersetzte (Abb. 495). Wie aus der Lithographie
ersichtlich, handelt es sich um eine Halle in Basilikaform
mit gußeisernen Säulen (Abb. 496). Die dreieckigen
Dachbinder waren in Form eines Sprengwerkes fach-
werkartig ausgebildet. Aus den vorhandenen Unterlagen
ist nicht festzustellen, ob diese Binder aus Gußeisen aus
einem Stück bestanden oder aus Teilen zusammengesetzt
waren. Die geschlossenen Dachflächen und die fehlenden
Seitenwände lassen vermuten, daß diese Halle, ebenso
wie ihr Vorgänger, nur für Pflanzen- und Blumenausstellungen benutzt wurde.

Nach der 1866 erzwungenen Auflösung des Hofhaltes
des Herzogs von Nassau infolge der Liquidation der un-
abhängigen Länder des Rheinlandes durch Preußen wurden die Gewächshäuser samt ihrem Pflanzeninhalt nach
Frankfurt a. M. verkauft. Sie wurden im Garten der ›Flora‹ z. T. wieder aufgestellt und erst 1906 endgültig abgerissen.

Text von 1861:

»Wiederum hat die Munifizenz Seiner Hoheit des Her-
zogs von Nassau, als unter den Regenten der eigentliche
Maecen in Floras Reich, dem in unserem realistischen
Zeitalter solch hochpoetischen Genüssen entwöhnten
Publikum, das vom Strome der Zeitrichtung berufen ist,
die Poesie zu Grabe zu tragen, nicht nur seine idealen

189 Gesamtansicht, Lithographie, 1854

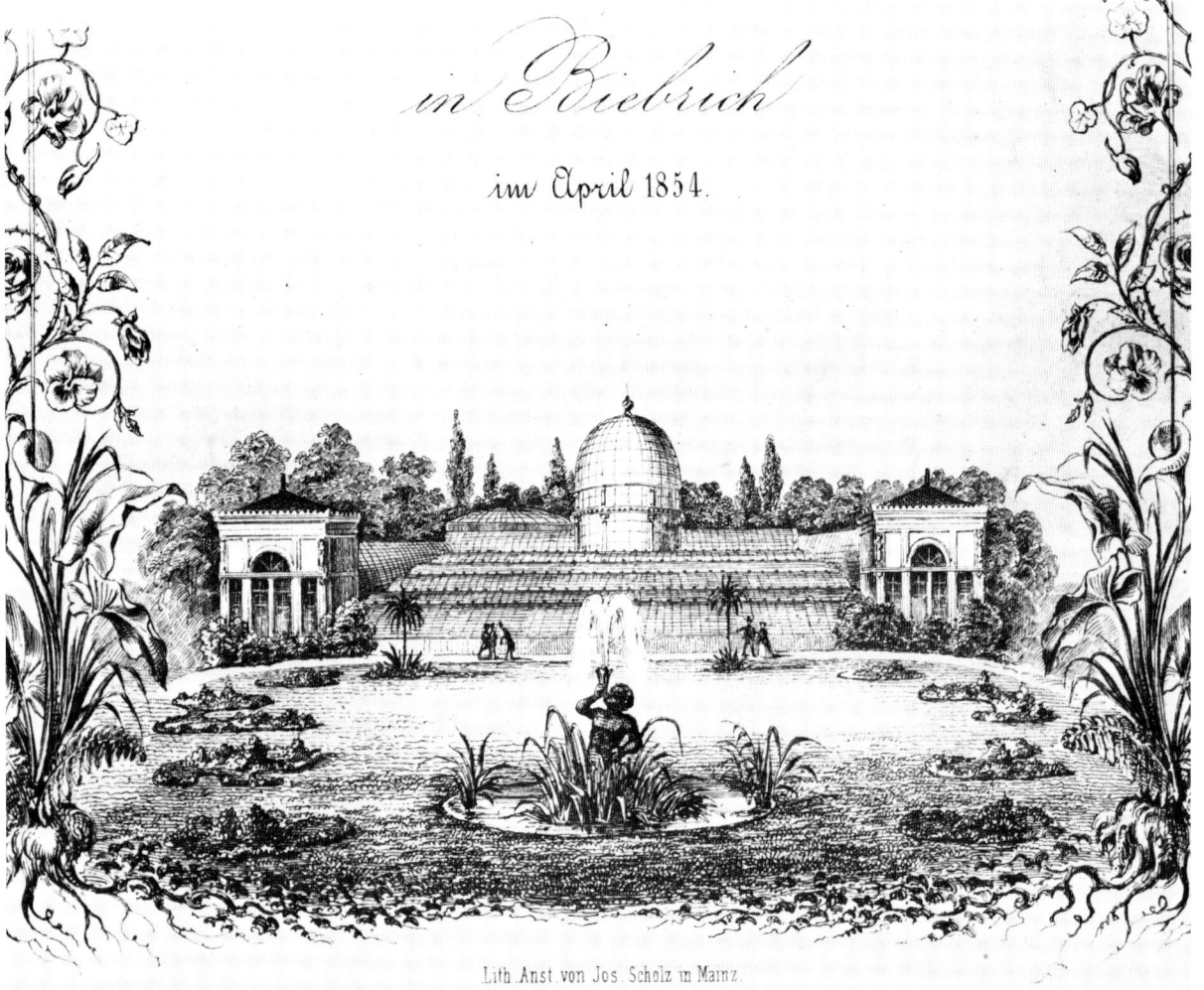

Lith. Anst. von Jos. Scholz in Mainz.

Wintergärten geöffnet, sondern durch den Anbau einer prachtvoll gigantischen Ausstellungshalle, mehr aber noch durch wahrhaft fürstliche Prämien, auch Fachmänner ermuntert, durch Erzeugnisse ihrer Kunst das Werk krönen zu helfen … Zur besseren Orientierung ist Lokalkenntnis unerläßlich, und so stellen Sie sich einen 51000 Quadratfuß umfassenden Raum vor, der mit den verschiedenartigsten Unterbrechungen, als Perspektiven von über 300 Fuß Länge, dennoch ein harmonisches Ganzes bildet, ein Glashäuserkomplex, der durch seine großartigen Dekorationen uns in einen Park idealistischer Form versetzt, doch mit all seinen Abwechslungen von traulichen Plätzchen, feenartigen Cascaden, Augen blendenden Blumenmeeren, dunklen Hainen, sprühenden Fontänen, Lianengängen, Tropenvegetation repräsentierenden Palmen, einen Eindruck hinterläßt, der sich kaum je verwischen kann.«[27]

Quellen: Wiesbaden, Bildarchiv der Landeshauptstadt Wiesbaden

Literatur: Deutsches Magazin für Garten- und Blumenkunde, April 1861, Jg. 14, S. 84-91; Schoser 1971, S. 1-4

BIRMINGHAM, Gewächshäuser der Botanical Gardens
Abb. 497, 498

Größe:	15 × 15 m	Architekt:	F. B. Osborn
		Baujahr:	1869
		Zustand:	erhalten

Die ›Birmingham Botanical and Horticultural Society‹, 1829 gegründet, erwarb einen großen Garten von Lord Calthorpe in Birmingham. John Claudius Loudon machte 1831 einen Entwurf der Gesamtanlage zusammen mit der Konzeption eines großen, ringförmigen, kurvenlinearen Gewächshauses von 90 m Durchmesser. Als Alternative »if expense were not an object« schlug er einen kreisrunden, konisch gewölbten Glasdom von 61 m Durchmesser und 30,50 m Höhe vor (Abb. 190, 497). Der Vorschlag Loudons wurde wegen hoher Kosten abgelehnt und statt dessen der Entwurf für ein kuppelgewölbtes ›Gewächshaus‹ mit Seitenflügel angenommen und realisiert.[28] Auf einem Stich aus dem Jahre 1851 anläßlich einer Ausstellung in dem Botanical Garden ist ein kreisrundes ›Gewächshaus‹ mit tambourgekrönter Glaskuppel abgebildet. Der nur durch den feinen Raster vertikaler Sprossen gegliederte Kuppelbau, welcher auf einem Zylinder aufruht, erinnert an die ›kurvenlinearen‹ Gewächshäuser Loudons. Es ist zu vermuten, daß dieses ›Gewächshaus‹ unter Loudons Mitwirkung entstanden ist, da er schon vorher zwei Entwürfe für die Gärten in Birmingham angefertigt hatte (Abb. 191).

1852 präsentierte Joseph Paxton der Gesellschaft eine soeben neu in England eingeführte Wasserlilie, für welche ein eigenes ›Gewächshaus‹ gebaut wurde. 1869 wurde nach den Plänen von F. B. Osborn ein neues ›Palmen-

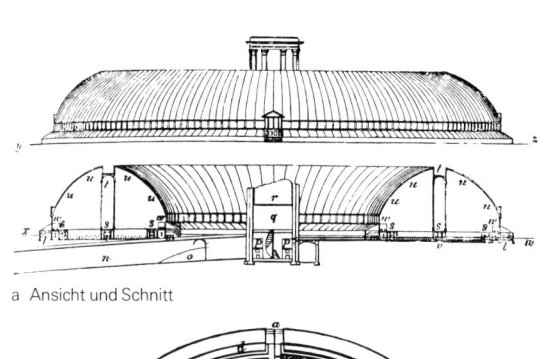

a Ansicht und Schnitt

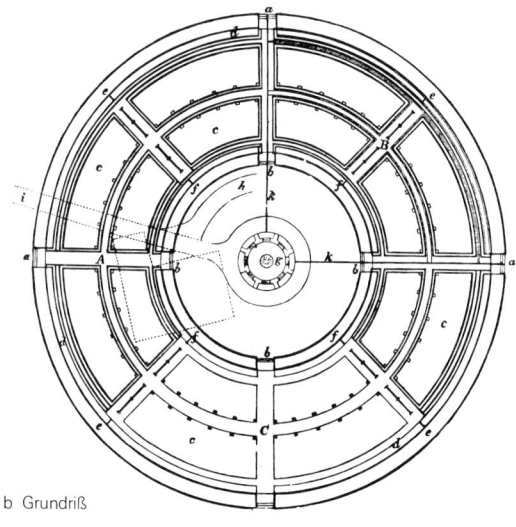

b Grundriß

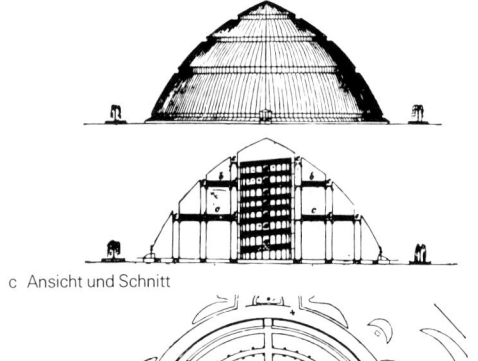

c Ansicht und Schnitt

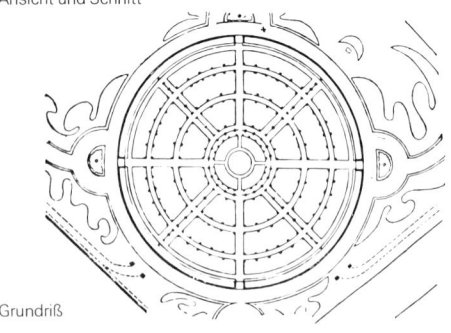

d Grundriß

190 John Claudius Loudon, Projekte zu gewölbten Wintergärten, 1831.
a, b erstes Projekt; c, d zweites Projekt

191 Gewächshaus mit Kuppel, 1832 (abgerissen), Holzstich von 1851

sind, welche den inneren Aufbau des Glashauses zeigen, können wir darüber keine Aussagen machen. Bemerkenswert war die konstruktive Ausbildung des an die Außenflächen gelegten Tragwerks an den Ecken, der Seitenflügel und im Mittelteil, wo größere Lasten aufzunehmen waren. Hier waren die Säulen, untereinander durch Architrave ausgesteift, zu einem nach außen als Doppelstütze erscheinendem Träger zusammengefaßt. Möglicherweise wurden diese Träger durch ein weiteres Paar nach innen gestellter Säulen ergänzt – ein Prinzip, welches in Form von vergitterten Walzprofilen am großen ›Palmenhaus‹ von Herrenhausen (1879) verwirklicht wurde. Das architektonische Erscheinungsbild des Gebäudes blieb trotz des wohldurchdachten und im Detail durchgearbeiteten Tragskeletts konservativ. Ausgangspunkt der Proportion und Gliederung der Fassade war der in jener Zeit herrschende Historismus der Steinarchitektur, welche hier in Glas und Gußeisen übersetzt wurde (Abb. 90).

Literatur: Durm und Ende 1893

BOURNEMOUTH, Wintergarten

Länge:	69 m	Architekt:	Fletcher Lowndes
Breite:	32 m		and Co.
Höhe:	18 m	Baujahr:	1875/76
		Zustand:	1936 abgerissen

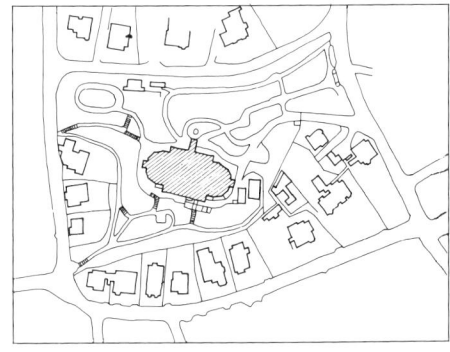

192 Lageplan, 1930

Die Stadt Bournemouth, an der Südküste Englands gelegen, war bereits im 19. Jahrhundert mit ihrem Anschluß an das Eisenbahnnetz 1870 ein beliebter Badeort. Zur Zerstreuung der Kur- und Badegäste durfte neben vornehmen Hotels, Arkaden und glasgedeckten Galerien auch ein Wintergarten nicht fehlen. Ein Palmengarten mit seiner tropischen Pflanzenwelt machte den begüterten Besuchern die fernen Kolonien gegenwärtig, auf welchen letzten Endes der Reichtum Englands basierte. Der 1876 im Viktorianischen Dekor erbaute ›Wintergarten‹ ist Teil einer städtebaulichen Struktur in Form einer durchgehenden, gedeckten Wegführung, welche von ei-

haus‹ errichtet, auf quadratischem Grundriß von 15 × 15 m, mit flachem Pultdach und quadratischer Laterne. Das Dach trugen vier Rundstützen aus Gußeisen mit gedrehten Kanneluren und kleinen korinthischen Kapitellen. Interessant an der Konstruktion ist die Verspannung des Tragwerkes durch diagonale Eisenstangen zwischen den Stützen, welche in einen ähnlichen Zugring mündeten, wie ihn Paxton 1851 im Londoner ›Kristallpalast‹ verwendet hatte. Die Querträger der Laterne wurden außerdem durch den Einsatz von Eisenspreizen nach innen ausgesteift. Dieses kleine ›Gewächshaus‹ ist noch heute erhalten (Abb. 498).

Literatur: Loudon 1832, S. 407-432; 1835, S. 336-339

BONN, Altes Palmenhaus

Länge:	34 m	Architekt:	M. Neumann
Höhe:	Seitenflügel 13 m,	Baujahr:	um 1875
	Mittelteil 18,50 m	Zustand:	abgerissen

Das ›Alte Palmenhaus‹ in Bonn war eine verhältnismäßig große Glas-Eisenkonstruktion, bestehend aus einem mit einer Glaskuppel gekrönten hohen Mittelteil und Seitenflügeln. Letztere waren mit einem Pultdach abgeschlossen. Die Glasfassade war durch übereinandergestellte gußeiserne Stützen gegliedert, welche durch reichprofilierte eiserne Architrave untereinander verbunden waren. Stützen und Architrave bildeten ein doppelgeschossiges Ständerwerk, dessen Zwischenfelder durch große Glasfenster mit feiner Sprossenteilung, unter der Traufe mit Rundbogenabschluß, gefüllt waren. Da außer einer alten Fassadenansicht keine Dokumente oder Pläne vorhanden

193 Gesamtansicht, Stich, 1875

ner Glaspassage im Zentrum über gußeiserne, mit Glas abgedeckte Arkaden bis zum Park, in welchem der ›Wintergarten‹ lag, heranführte (Abb. 192). Von einer Privatgesellschaft für 12 000 Pfund erbaut, war er als Wintergarten nie rentabel. 1893 wurde daher der Zentralraum in eine Konzerthalle umgewandelt. Die Seitenflügel dienten weiterhin als Wintergarten. Der Glaspalast erfüllte somit eine Funktion, die jener der ›Flora‹ in Deutschland entsprach: Organisation festlicher Veranstaltungen im Milieu einer romantischen Pflanzenwelt (Abb. 193).

Bau- und Konstruktionsform

Der ›Wintergarten‹ bestand aus einem Mittelbau mit quadratischem Grundriß, über welchem ein Kuppelbau, mit einem Tambour gekrönt, in Form abgewalmter Glasflächen errichtet wurde. Die Last der Kuppel wurde im Bereich des Tambours auf vier gußeiserne Stützen, welche untereinander durch Gitterträger verbunden sind, abgetragen. Der untere Teil des Glasgewölbes stützte sich auf eine engstehende Stützenreihe, welche an der Außenseite des Gebäudes zugleich die Fensteröffnungen mit einschloß. Anschließend an diesen zentralen Mittelbau waren beidseitig niedrigere Seitenflügel mit ebenfalls gewölbten Glasflächen angefügt. Das gesamte Bauwerk stand auf einem umlaufenden Steinsockel. Es erinnerte an Ausstellungsbauten seiner Zeit, in welchen nicht mehr der Dekor aus der Konstruktion, wie bei Joseph Paxton, abgeleitet wurde, sondern wo es darauf ankam, eine technisch nicht durchformulierte Glas-Eisenhülle im nachhinein zu dekorieren. Die tragenden Glieder, welche z. T. aus Walzprofilen (Gitterträger) hergestellt wurden, besa-

ßen nicht mehr die Leichtigkeit und Eleganz der Vorgänger. Dem entsprach eine innere und äußere Raumwirkung, die trotz der beträchtlichen Größe des Gebäudes eine Großzügigkeit der Form vermissen ließ (Abb. 194 bis 196).

Quelle: Bournemouth, Central Library, Archiv
Literatur: The Gardeners' Chronicle, 20. 1. 1877, Jg. 37

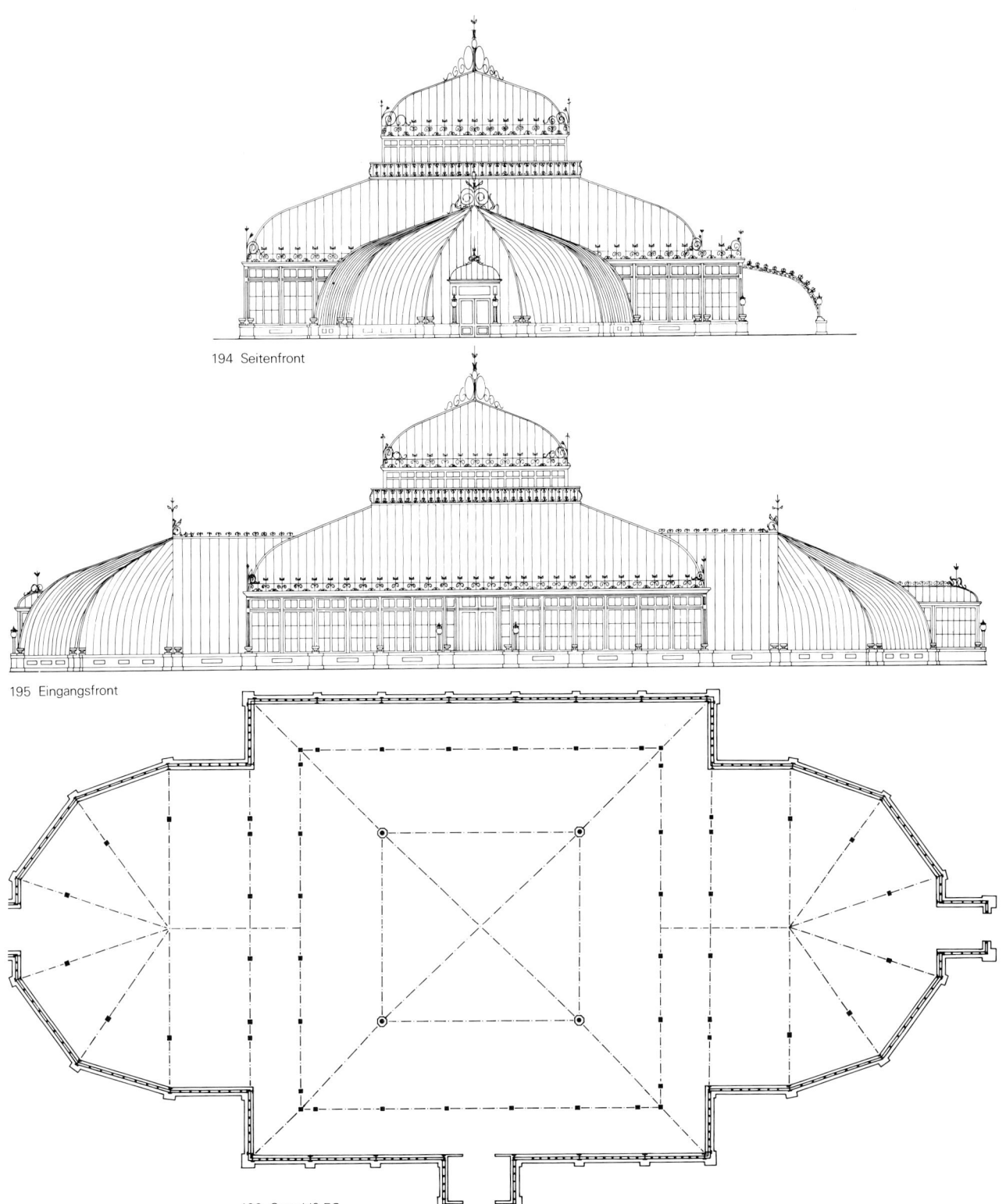

194 Seitenfront

195 Eingangsfront

196 Grundriß EG

299

BRESLAU, Gewächshaus im Botanischen Garten
Abb. 499–501

Länge:	31 m	Architekt:	unbekannt
Breite:	16 m	Baujahr:	1861
Höhe:	11 m	Zustand:	abgerissen, nur ein Flügel erhalten

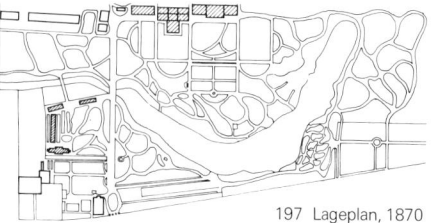

197 Lageplan, 1870

Am Rand des Botanischen Gartens von Breslau errichtet, gehört dieses ›Gewächshaus‹ in die Entwicklungsreihe des klassizistischen Bauens. Raumform, Proportion und Ornamentik sind der klassischen Steinarchitektur entlehnt. Charakteristisch sind die in Glasflächen aufgelösten Fronten, welche durch das Raster der Sprossen und gußeisernen Stützen gegliedert werden. Es wird das Tragskelett sichtbar, welches mit den dazwischen ausge-

spannten Glasflächen die kubischen Formen eines wohlproportionierten Gebäudes bildet. In diesem Erscheinungsbild, in welchem Konstruktion und Form unmittelbar ablesbar sind, wirkt das Gewächshaus wie ein früher Vorläufer sachlicher Architektur nach 1900.

Raum und Konstruktionsform

Der aus drei Quadraten mit hervorgehobenem Mittelteil gebildete Grundriß der Glashalle wird nach drei Seiten längs eines umlaufenden Sockels durch gußeiserne Stützen, als schmale Pilaster ausgebildet, umgrenzt. Diese Stützen trugen im Mittelteil ein Pyramidendach aus Glas, in dem niedrigen Seitenflügel Faltdächer mit abgewalmten Enden. Diese Dächer wurden nach hinten durch ein Massivmauerwerk getragen, welches zugleich die notwendigen Nebenräume des ›Gewächshauses‹ enthielt. Zwischen den Stützen spannten sich die großen durchgehenden Glasflächen der Fenster. In seinen Faltdächern nimmt das ›Gewächshaus‹ in Breslau die Paxtonsche Konstruktionsweise des ›Ridge-and-furrow‹-Daches auf. Von dem Gebäude ist heute nur mehr der rechte Seitenflügel erhalten (Abb. 197–199).

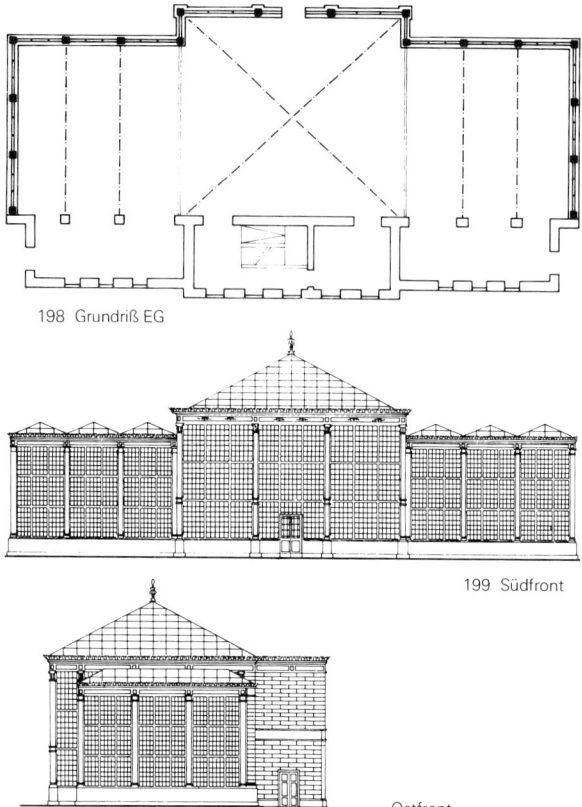

198 Grundriß EG

199 Südfront

Ostfront

BRETTON HALL (Yorkshire), Palmenhaus

Durchmesser:	30,50 m	Architekt:	John Claudius
Höhe:	18,30 m		Loudon
		Baujahr:	1827
		Zustand:	1832 abgerissen

Das Gewächshaus in Bretton Hall, 1827 von John Claudius Loudon für Mrs. Beaumont errichtet, war zu seiner Zeit der größte Glashausbau in England. Charles McIntosh, der Kenner aller Gärten Europas, bezeichnete es als das Wunder seines Zeitalters. Der über einem kreisförmigen Grundriß errichtete Zentralbau wurde durch ein Glas-Eisengewölbe in Form einer riesigen Glocke überspannt (Abb. 203). Dieses räumliche und konstruktive Konzept ist in der Architekturgeschichte ein absolutes Novum. Zwar wurde bereits zwischen 1807 und 1811 in der ›Halle aux blés‹ (Getreidehalle) in Paris von Francois-Joseph Bélanger eine über 38,86 m gespannte Kuppel aus Glas und Eisen konstruiert, die auf einen Ring aus Massivmauerwerk aufsetzte, der Gedanke jedoch, einen Zentralbau vom Boden bis zur Spitze als eine durchgehende Schale mit glockenförmig geschwungenen Außenkonturen zu konzipieren, war der nächste konsequente Schritt in der Ausnutzung der konstruktiven und ästhetischen Möglichkeiten des Baumaterials Eisen. Es ist bezeichnend, daß sich dieser totale Hellraum zum erstenmal in einem Gewächshausbau verwirklichte. Dem Gärtner Loudon war es vorbehalten, in dieser Bauaufgabe – befreit von traditionellen Architekturvorstellungen, vom Material Eisen begeistert – diesen bedeutenden Schritt zu

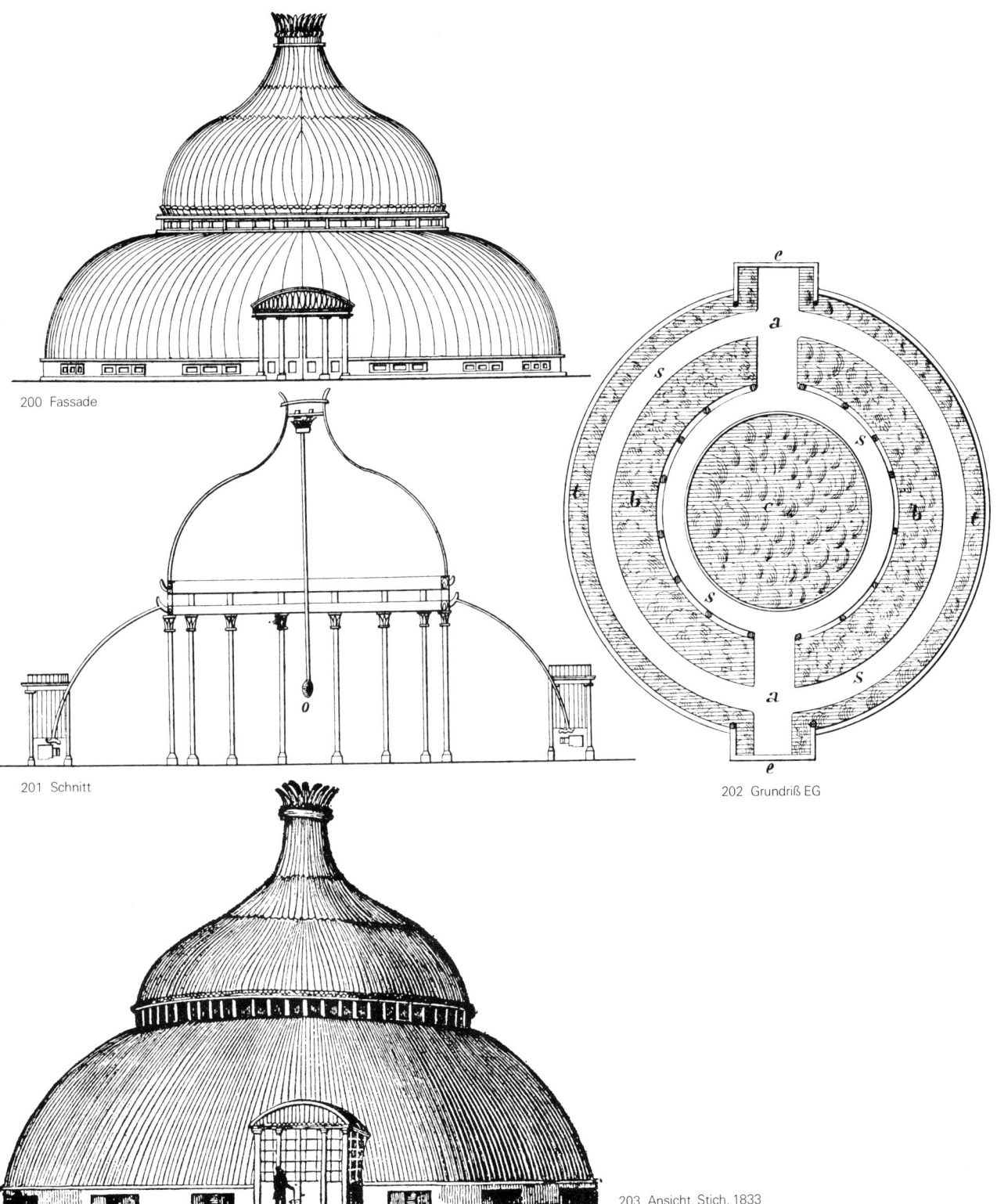

200 Fassade

201 Schnitt

202 Grundriß EG

203 Ansicht, Stich, 1833

unternehmen. Die Utopie der Revolutionsarchitekten wie Etienne-Louis Boullée, Claude-Nicolas Ledoux und Jean-Jacques Lequeu formulierte sich in der radikalen Anwendung einfachster, geometrischer Architekturkörper. Sie hatten den Raum noch als einen abstrakten Inhalt begriffen, der durch die sozialen und gesellschaftlichen Bedingungen ihrer Zeit nicht einlösbar war. Die historische Situation, die Loudon um 1827 in England vorfand, bot nicht nur die Chance, durch das neue Material Eisen auf ökonomische Weise die erforderliche Konstruktion eines Großraumes zu schaffen, sondern auch die Möglichkeit, solche Bauten einem konkreten gesellschaftlichen Zweck zuzuführen.

Zwar war der Zentralraum in Bretton Hall nur ein Sammelort für Pflanzen, die auch zur Schau gestellt wurden. Im Hintergrund des räumlichen und konstruktiven Konzeptes steht jedoch bereits der Anspruch Loudons, Architektur dieser Art als öffentlichen Versammlungsort von Bürgern zu betrachten. Bereits in seiner Schrift von 1818, ›Sketches of Curvilinear Hothouses‹ hatte Loudon auf die Anwendungsmöglichkeiten schalenartiger Konstruktionen aus Glas und Eisen für Schulen, Theater, Märkte etc. hingewiesen. Die großen Versammlungsbauten mit einem Zentralraum, die im Laufe des 19. Jahrhunderts errichtet wurden, haben diesen Anspruch eingelöst. In seiner Querschnittform ist das ›Palmenhaus‹ in Bretton Hall als ein Vorläufer der in zwei Gewölbeschalen bis zum Boden hinabreichenden Gewächshäuser in Chatsworth von Joseph Paxton (1836-1840) und in Kew Gardens bei London von Richard Turner und Decimus Burton (1844-1848) anzusehen (Abb. 226, 339). Das Motiv eines als Glasglocke gewölbten Gewächshauses wurde 1875/76 im ›Großen Wintergarten‹ in Laeken bei Brüssel von Alphonse Balat in gesteigerter Größe aufgenommen (Abb. 214).

Raum- und Konstruktionsform

Das innere Tragwerk des Baues bildete ein Ring von sechzehn gußeisernen, hohlen Säulen mit Pflanzenkapitellen, dessen Durchmesser 17 m betrug. Darauf ruhte ein gußeisernes Ständerwerk als Tragring für das obere geschwungene Glasgewölbe. Zugleich bildete er das Auflager für das niedrigere Tonnengewölbe, das eine Art Umgang um den inneren Säulenkreis formte. Bis zum Boden hinabreichend, stützte es sich mit einer Spannweite von 6,75 m auf einen umlaufenden Steinsockel auf (Abb. 200-202). Das Tragwerk der Glasgewölbe bestand nur aus schmalen, schmiedeeisernen Sprossen mit Kreuzprofil, die als Bogen der Fallinie folgten; horizontale Zugringe fehlten völlig. Das sorgfältig eingepaßte und verkittete Glas war, wie aus einem Bericht von Loudon 1833 hervorgeht, in die Tragwirkung einbezogen. Erst dadurch erhielt das Bauwerk seine Steifigkeit. Statisch kann man das so erzielte Gewölbe als eine schalenartige

Konstruktion auffassen, die einen Rotationskörper mit doppelter Krümmung zur Grundfigur hat. Um die Kühnheit der Konstruktionsidee zu ermessen, sei erwähnt, daß das Verhältnis der größten Spannweite von 17 m zur Konstruktionshöhe der Eisensprossen von 50 mm sich wie 1:333 verhielt. Ein Hühnerei weist, wie bereits erwähnt, im Vergleich dazu ein Verhältnis von 1:100 auf.

Von besonderer konstruktiver und ästhetischer Eigenart ist der obere Gewölbeteil des ›Palmenhauses‹. Die konkave Wölbung der unteren Ringtonne aufnehmend, geht die Kuppel in eine konvexe Form über, eine runde Öffnung an der Spitze freilassend. Diese Öffnung diente Lüftungszwecken. Sie ist mit einem Kranz gußeiserner Federn, gleich einem Wigwam geschmückt. Dies zeigt, daß Loudon in seiner architektonischen Intention bewußt auf das Symbol des Zeltes zurückgriff, um den transitorischen Charakter seines nur der tropischen Pflanzenwelt dienenden Gebäudes zu betonen. Die Glockenform (Loudon nannte seinen Bau selber ›campanulated house‹[29] entsprach der Funktion des Pflanzenarrangements: hohe Palmenstämme im Zentrum und niedrigere Gewächse im Umgang. Die Eisenkonstruktion wurde von der Firma W. and D. Bailey aus Holborn, dem seit 1817 mit Loudon verbundenen Partner, ausgeführt. Das Tragwerk des Glasgewölbes, die 5,1 cm hohen Sprossen, maßen an ihrer dicksten Stelle 1,25 cm und wogen nur ungefähr 1 Pfund pro Fuß.[30] Nach diesen Angaben kann man berechnen, daß bei einem angenommenen Sprossenabstand von ca. 20 cm etwa 8 kg Eisen pro m² Dachfläche benötigt wurden. Die Gesamtbaukosten betrugen 10000 Pfund Sterling. Das Bauwerk wurde mit Dampf beheizt, wobei die Kessel außer Sichtweite des ›Palmenhauses‹ aufgestellt waren. Die Röhren waren unter dem Boden des Umganges ringförmig geführt. Die Lüftung erfolgte über Klappen im Steinsockel, über Schiebefenster in der Kämpferhöhe und über die Firstöffnung.[31]

Literatur: McIntosh 1853, S. 129, 363, 364; Loudon 1833, S. 24; Neumann 1862, S. 171 ff.

BRIGHTON, HOVE, Antheum, Wintergarten

Höhe:	18,30 m	Architekt:	Henry Phillips
Durchmesser:	51,80 m	Baujahr:	1832
		Zustand:	kurz vor der Fertigstellung eingestürzt; abgerissen

Der Architekt des ›Surrey Zoological Garden‹ (1831), der Lehrer und Gärtner Henry Phillips, baute ein Jahr später in Hove das ›Antheum‹, einen Glaspalast, welcher in seiner Größe alle bisherigen Gebäude dieser Art übertreffen sollte. Bereits 1825 hatte Phillips einen ›orientalischen Garten‹ in der Nähe seines Hauses in Brighton geplant.

Im Mittelpunkt des Gartens befand sich ein gläsernes Gewächshaus, groß genug, einen Palmengarten, ein literarisches Institut samt Bibliothek, ein Museum, einen Leseraum und eine wissenschaftliche Schule aufzunehmen. 1832 wurde von Phillips dieses Projekt in Form des ›Antheums‹ in Hove wieder aufgenommen. Das Gebäude, ein kreisrunder Zentralbau mit einer gewaltigen Glaskuppel, sollte hochstämmige Bäume, einen Fischteich, einen Felsberg und ein Amphitheater für 800 Personen aufnehmen.

Die Konstruktion des Hauses war im Juli 1833, nach einem Bericht von Joseph Paxton, welcher die Baustelle in Hove besuchte, nahezu vollendet.[32] Die Höhe der Glaskuppel betrug 18,3 m, ihr Durchmesser 51,8 m. Eine solche Dimension hatte kein vorhergehender Kuppelbau aufzuweisen. Zwanzig gußeiserne Bogenrippen bildeten ein Gewölbe mit elliptischem Querschnitt. Die am Fußende 91,5 cm hohen Rippen verjüngten sich an der Kuppelspitze auf 61 cm und mündeten in einen Druckring mit einem Durchmesser von 2,13 m. Jede Rippe setzte sich aus sechs Gußteilen zusammen, die miteinander verschraubt wurden. Ein 3,66 m hoher Ziegelmauerring diente den Trägern als Auflager. Leicht wirkende gußeiserne Pfetten verbanden in Form horizontaler Ringe die Rippen untereinander. Während des Bauvorganges wurde ein gewaltiges Holzgerüst errichtet, um das Tragwerk bis zur Endmontage durch Verschrauben zu unterstützen. Der den Bauprozeß überwachende Architekt Anson Henry Wilds bemängelte das Fehlen von diagonalen Verspannungen zwischen den Rippen. Da in den Gußteilen keine Vorkehrungen zu ihrer Anbringung getroffen worden war und ein nachträglicher Einbau beträchtliche Kosten verursacht hätte, lehnte die Ausführungsfirma das Einsetzen der Diagonalen ab – wahrscheinlich in der Meinung, daß diese Maßnahme konstruktiv überflüssig sei. Bei Entfernung des Baugerüstes deformierten sich die unverspannten Träger unter dem Gewicht von Glas und Eisen, und einige der horizontalen Querträger zerbrachen. Am 12. September 1833 besuchte John Claudius Loudon die Baustelle und fand die Spitze der Kuppel eingesackt. Die untere Hälfte der Eisenkonstruktion sowie das gesamte Mauerwerk blieben verwendungsfähig. Der Architekt Charles Augustus Busby, ein Mitarbeiter von Wilds, versuchte das Antheum wiederaufzubauen. Aber dieses Vorhaben mißlang. Der Einsturz der Kuppel verursachte, daß der Initiator des ›Wintergartens‹, Phillips, durch diesen Schock erblindete und ein paar Jahre später starb.

Literatur: Hix 1974, S. 114; Chadwick 1961, S. 94

BRÜSSEL, Jardin Botanique, Boulevard du Jardin Botanique, Rue Royale, Großes Gewächshaus *Abb. 502, 503*

Länge:	138 m	Architekt:	Tielemann Franciscus Suys, später Gineste und Meeus-Wouters
Breite:	30 m (Kuppelraum)		
Höhe:	20 m (Kuppelraum)		
		Baujahr:	1826/27
		Zustand:	gut erhalten

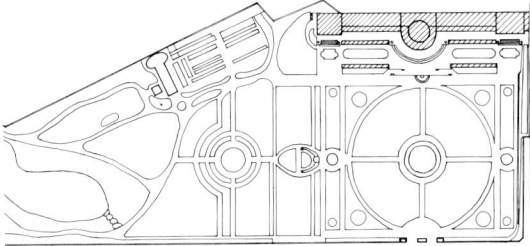

204 Lageplan, 1885

Das große ›Gewächshaus‹ im Jardin Botanique von Brüssel (Abb. 204) ist eines der ältesten noch vorhandenen großen Gewächshäuser. Als ein Bau, der von Anbeginn der Öffentlichkeit zur Verfügung gestellt wurde, ist er in dieser Zeit ohne Beispiel. In der Formensprache klassizistischer Palastarchitektur mit streng axialem Aufbau, betontem, kuppelgekröntem Mittelteil bei subordinierten Seitenflügeln, Eckpavillons und terrassenartigem Parterre ausgestattet, ist dieser Bau als Vorbild einer Entwicklungsreihe des Gewächshausbaues zu begreifen, in der Eisen und Glas an die Stelle massiver Bauteile treten. Als Abschluß dieses Bautypus können wir das ›Palmenhaus‹ im Botanischen Garten in Kopenhagen betrachten (Abb. 301). Das berechtigt zu einer ausführlicheren Darstellung seiner Entstehungsgeschichte, wenn auch Eisenkonstruktionen bei der Erstellung des Bauwerkes nur eine untergeordnete Rolle spielten. Neben dem großen ›Gewächshaus‹ gab es das ›Victoria regia-Haus‹ von Alphonse Balat, 1859, das 1878 vom Jardin Zoologique in den Jardin Botanique und 1941 in den Jardin Botanique in Bouchot bei Meise und Wemmel – im Norden Brüssels – transferiert wurde (Abb. 513).

Baugeschichte

Vor der französischen Revolution besaß Belgien nur einen Botanischen Garten in der Universität von Louvain, der 1788 aufgelöst und der Universität von Brüssel angegliedert wurde. Die Anlage dieses ersten Botanischen Gartens im heutigen Zentrum der Stadt blieb nur vorübergehend bestehen. Als 1826 die Befestigungswerke im Rahmen der Neuorganisation der Hauptstadt abgetragen wurden, wurde auch der Botanische Garten aufgelöst,

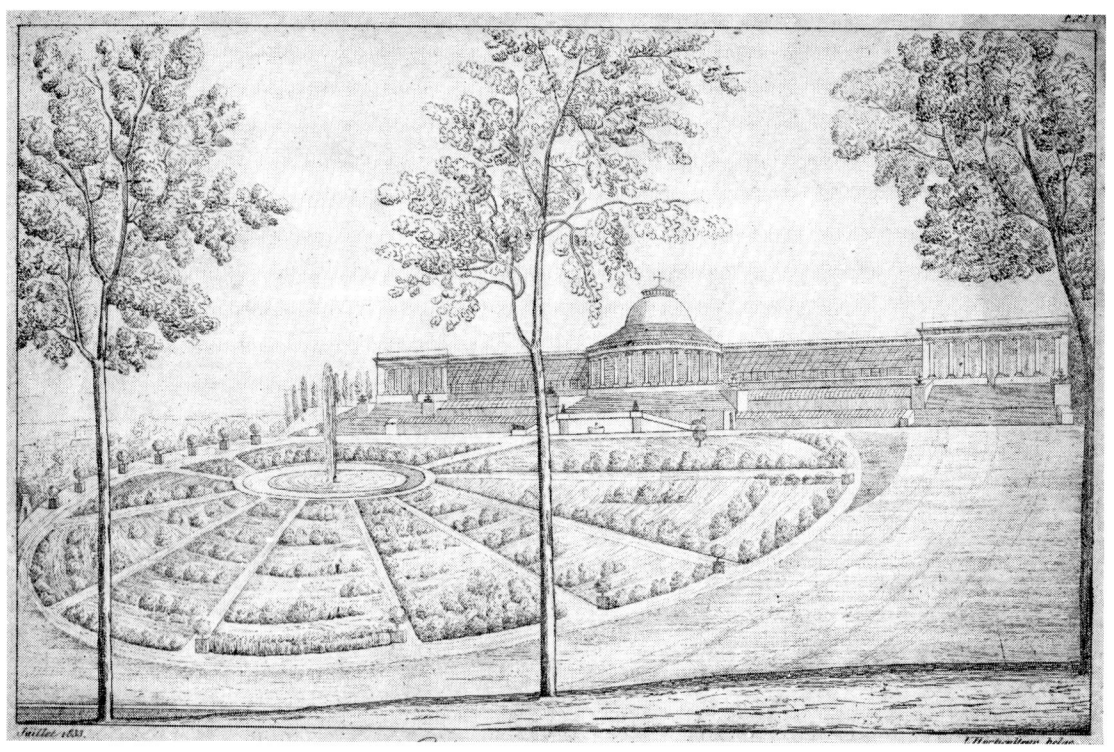

205 Gesamtansicht mit Garten, Lithographie von Jobard 1827

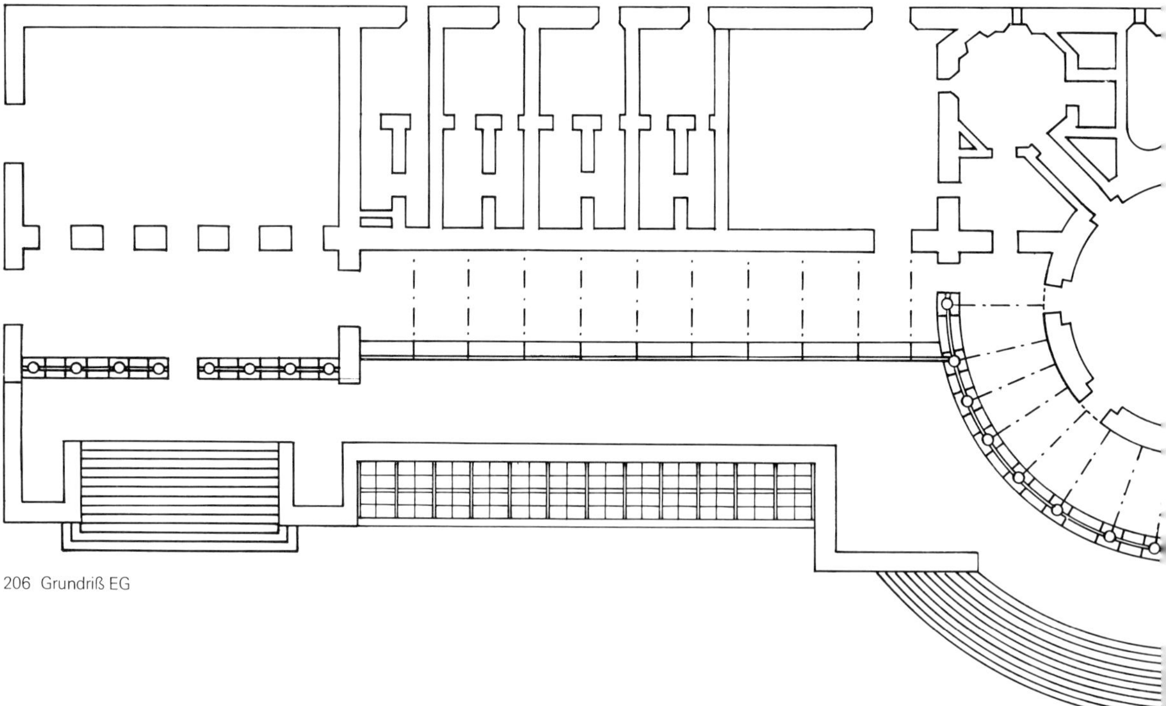

206 Grundriß EG

304

um einem Ausstellungsgebäude der Industrie Platz zu machen. Um den wertvollen Pflanzenbestand, der zu einem beträchtlichen Teil aus den Sammlungen von während der Französischen Revolution geflüchteten Adligen gebildet worden war, zu retten, entfaltete sich eine von fünf reichen Bürgern getragene Privatinitiative. Sie bildeten eine anonyme Aktiengesellschaft – die erste Aktiengesellschaft in Belgien, die ihre Tätigkeit an einen bestimmten Bau und dessen Betrieb band. Damals gab es unter den 34 vorhandenen Aktiengesellschaften nur Versicherungsunternehmen – keine einzige beschäftigte sich mit industrieller oder baulicher Verwertung. Man kann diese Gesellschaftsgründung als den Vorläufer der Flora-Aktiengesellschaften nach 1860 auffassen. Die Aktionäre kommentierten ihre Initiative wie folgt: »C'est à l'esprit d'association et de participation que les nations les plus florissantes doivent les grandes entreprises et les merveilles qui nous étonnent.«[33] Die Aktiengesellschaft garantierte 4,5% Rendite pro Jahr. Nachdem es 1826 gelungen war, die Stadt und die Regierung als Mitaktionäre zu gewinnen, bekam die Gesellschaft unter dem Namen ›Société Royale d'Horticulture des Pays-Bas‹ ihre Gestalt. Der Bürgermeister Ten Meulenburg, einer der fünf Verwaltungsräte, wurde Präsident. Das Startkapital waren 200000 Florins.

Der erste Schritt war der Kauf eines geeigneten Geländes am Ringboulevard, in erhöhter Lage, mit Ausblick auf das Sennetal. Die Gartenpläne wurden vom Gartenarchitekten Petersheim in einer Kombination von französischem, italienischem und englischem Stil ausgearbeitet. Es ist umstritten, wer der Architekt des ›Gewächshauses‹ war. Die ersten Pläne stammen von dem bekannten Architekten Tieleman Franciscus Suys; sie erwiesen sich aber als zu teuer in ihrer Realisation. So wurde einem Projekt von Gineste, einem Theaterarchitekten, der Vorrang gegeben. Alles deutet darauf hin, daß Meeus-Wouters, der mit der Durchführung beauftragt war, nicht nur am Detail, an der Materialwahl und Überwachung der Arbeit, sondern auch an der Konzeption maßgeblich beteiligt war.[34] 1829 wurde das Bauwerk mit einem Bankett, einem Volksfest und Feuerwerk eingeweiht. Nach dem Urteil der Zeit wurden Gärten und Bauwerk als eine Schöpfung von »fort belle allure« aufgefaßt. Die Brüsseler nannten das Bauwerk ihre ›Acropole‹. Victor Hugo erklärte, die Hauptstadt Belgiens besäße zwei in der Welt einmalige Wunder: den Grande Place und das Panorama des Jardin Botanique. Die Räumlichkeiten dienten nicht nur der Pflanzenschau, sondern waren auch der Platz zahlreicher Gartenausstellungen, Kunstausstellungen, Wohltätigkeitsfeste und Konzerte (Abb. 205, 208).

Betrachtet man die Geschichte der Aktiengesellschaft, so ist zu bemerken, daß ihre Entwicklung von zwei widersprüchlichen Tendenzen beherrscht war, die sich häu-

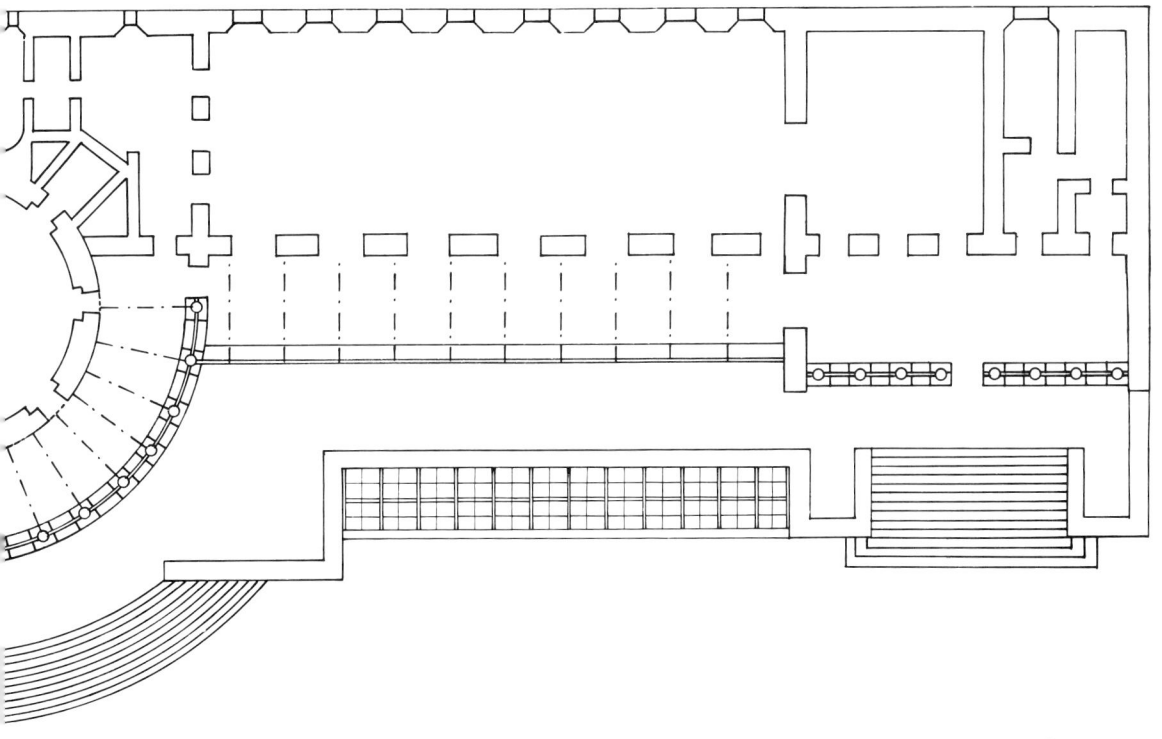

fig zu Konflikten verschärften und den Fortbestand der Gesellschaft in Frage stellten. Vertreter der einen Richtung waren vor allem die von der Stadt gesandten Aufsichtsräte, die mit dem Botanischen Garten die Erfüllung kultureller Interessen im Dienst der Öffentlichkeit verknüpften. Die Vertreter der anderen Richtung als der größere Teil drängten auf die strikte Erfüllung maximaler Rendite. Letztere setzten sich auch in der Folge durch, so daß eine völlige Kommerzialisierung des Botanischen Gartens einsetzte. Das führte zur Einrichtung eines Eckpavillons als Verkaufsstelle für Modepflanzen und zur Kennzeichnung aller Pflanzen mit Preisschildern. »La société a transformé les serres en espéces de bazars où chaque pot et chaque plante porte sur une étiquette son prix fixe.«[35] Unter diesen Bedingungen verfielen der Botanische Garten und seine Gebäude. Mit dem Ausbau des

Gare du Nord, 1841, in der Nähe des Botanischen Garten, bot sich der kommerziell interessierten Gruppe eine Gelegenheit, unter Ausnutzung der Bodenspekulation das 4,5 ha große Terrain in Parzellen zu teilen und einen Profit von 100 bis 200% zu erzielen. Die drohende Auflösung wurde durch die Zusicherung einer staatlichen Subvention verhindert. Damit wurde die Gesellschaft unter staatliches Kuratel gestellt. Der fortdauernde Konflikt wurde 1870 gelöst, als anstelle eines Verkaufs des Geländes an ein englisches Konsortium die Stadt selbst

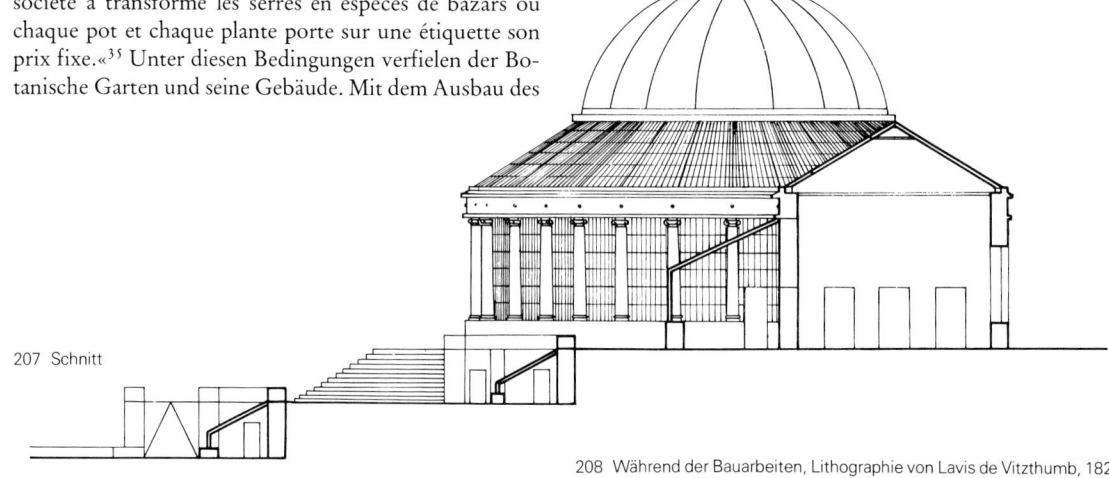

207 Schnitt

208 Während der Bauarbeiten, Lithographie von Lavis de Vitzthumb, 1827

306

als Käufer auftrat und den Garten erwarb. Die anonyme Gesellschaft wurde aufgelöst und der Botanische Garten war gerettet. Er wurde in der Folge als ›Jardin Botanique Nationale de Belgique‹ mit den Zielen der botanischen Forschung, der Pflanzenzucht und der öffentlichen Bildung fortgeführt. Zur Unterstützung dieser Absichten wurde im Gewächshaus eine große botanische Bibliothek eingerichtet.

Raum- und Konstruktionsform

Ein verglastes, mit ionischen Säulen ausgestattetes Peristyl, in der Mitte des Baues, trägt ein flachgeneigtes Glasdach – eine Eisenkonstruktion, die sich nach innen auf eine Rotunde (›Palais de Flore‹) abstützt und von einer Kuppel überwölbt wird. An den Endseiten des Gebäudes erheben sich je eine zwischen Säulen und Architrav verglaste ›Orangerie‹ (Abb. 206, 207). Der zentrale Gewächshausteil ist mit den ›Orangerien‹ durch zwei 34 m lange ›Gewächshäuser‹ verbunden, die zur Hauptfront hin mit einem Pultdach versehen sind und völlig verglast wurden. Hinter der Rotunde befinden sich die Nebenräume für Verwaltung und Gärtner. Die unter der Terrasse liegenden Räume wurden als Betriebsräume des Gewächshauses verwendet. Neben den Stufen der Terrasse, zu der eine großzügige Treppenanlage hinaufführt, befanden sich in zwei Reihen symmetrisch angeordnete niedrige Treibhäuser. Diese kleinen ›Gewächshäuser‹ sind auf alten Bildern noch sichtbar. So entstand eine sich in die Raumtiefe entwickelnde Glaslandschaft, in der die Steinarchitektur den abschließenden Prospekt bildete. Das konstruktive Gerüst bilden Massivmauerwerk oder Säulenstellungen. Eine reine Eisenkonstruktion fand nur an der Vorderseite der Zwischenflügel in Form eines einfachen Binder-Ständerwerks und am Kegeldach des Peristyls Anwendung. Hier dienten gußeiserne Bogenträger als Dachspannwerk.

Quellen: Brüssel, Archives de la ville Bruxelles; Jardin Botanique National de Belgique, Bibliothèque

Literatur: Balis 1970, S. 11-15; Neumann 1862

BRÜSSEL, Bouchot, Jardin Botanique, Victoria regia-Haus $\qquad$ *Abb. 513*

Durchmesser:	14 m	Architekt:	Alphonse Balat
Höhe:	3,92 m (innen)	Baujahr:	1859
		Zustand:	mäßig erhalten

Der durch den Bau der großen Gewächshausanlage in Laeken bekannte Architekt Alphonse Balat hat das Gewächshaus geplant, das zunächst im Jardin Zoologique, später in den Botanischen Gärten Brüssels und zuletzt in Bouchot – 10 km nördlich von Brüssel – aufgestellt wurde. Auf einem achteckigen Grundriß löste der Architekt

das Problem des Durchdringens von glockenförmiger Kuppel mit spitzbogigen Konstruktionen, indem der Innenraum der Kuppel durch acht Nischen mit senkrechtem Abschluß erweitert wurde. Die Kuppel wird von acht von den Ecken ausgehenden und in der Spitze über einem Laternenring zusammengeschlossenen Bindern gestützt. Interessant ist hierbei, daß die wie Gitterträger wirkenden Binder aus Schmiedeeisen als ornamental geformtes Stabwerk ausgebildet sind. Gebogene Eisensprossen, die in die tonnenförmigen Glasschalen der Nischen einschneiden, tragen außer diesen Bindern das Glasgewölbe. Mit diesem Durchdringen stereometrischer Formen erreichte der Architekt eine differenzierte Raumform, die die gewählte Konstruktion in ihrer Leichtigkeit bemerkenswert macht. Sie ist in der Entwicklungsreihe des Bautypus für Victoria regia-Häuser einzigartig.

Quellen: Brüssel, Archives de la ville Bruxelles; Jardin Botanique National de Belgique, Bibliothèque

BRÜSSEL, Laeken, Kgl. Park, Wintergarten und Gewächshäuser $\qquad$ *Abb. 504-512, 514-518*

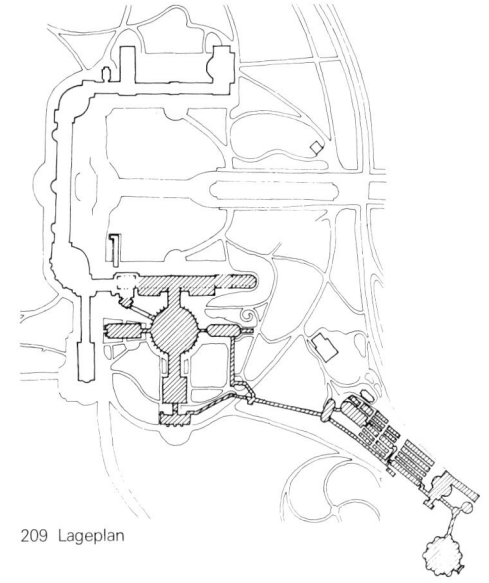

209 Lageplan

Die mit der Industrieentwicklung gegebene technische Möglichkeit, durch Glas und Eisen in großen Dimensionen transparente Räume mit künstlicher Landschaft zu schaffen, wurde im Kgl. Park von Laeken im letzten Drittel des 19. Jahrhunderts in extensivster Weise genutzt. Einzelbauten wie Wintergärten, Gewächshäuser, Orangerien, kirchliche und höfische Versammlungsräume, insgesamt 36 Gebäude, wurden hier durch Glaskorridore zu einer durchgehenden Raumstruktur zusammengefaßt und bildeten, mit dem Königsschloß verbunden, eine Idealstadt megalomaner Dimension, vergleichbar den Entwürfen der Revolutionsarchitektur (Boulée, Ledoux). Die ›Wintergärten‹ mit den mit tropischer Pflanzenwelt gefüllten Glaskorridoren, bildeten einen zusammenhängenden Innenraum von 1,6 km Länge, überdeckten 2 ha Fläche unter 4 ha Glas! Strukturen dieser Größenordnung, bestimmt für den öffentlichen Gebrauch, waren zwar entworfen, jedoch niemals gebaut worden. Joseph Paxton machte 1855 den Vorschlag, einen samt Bäumen überdeckten Boulevard, den ›Great Victorian Way‹, ringförmig um die City von London zu legen. Ebenezer Howard entwarf eine ebenfalls als Ring ausgebildete Passage, welche einen Park wie ein gigantischer Wintergarten überdecken sollte, als Promenadenweg und öffentlichen Treffpunkt der von ihm konzipierten städtischen Gemeinde. Die Realisation von Vorschlägen dieser Größenordnung scheiterte an der ökonomischen Grundlage, die für die Erfüllung allgemeiner, jedoch für den Alltag nicht zwingend notwendiger Bedürfnisse nicht gegeben war. Die Durchsetzung dieser Ideen verwirklichte sich nicht als Werk und für die öffentlichen Zwecke einer städtischen Gemeinde, sondern – in Ironie der Geschichte – auf Befehl eines Souveräns und zu dessen Zwecken. Initiator und teilweise Konzeptor der Anlage von Laeken war der belgische König Léopold II (1865-1909). Die ökonomische und zugleich ideologische Grundlage bildeten die gewachsenen Staatseinnahmen durch die Eroberung neuer – vor allem afrikanischer – Kolonien, wie z.B. Belgisch-Kongo. Die Eroberungen wurden in Form der in den Glashäusern versammelten tropischen Pflanzen vergegenwärtigt (›Serre du Congo‹): Auf der Ebene der Repräsentation trat Belgien als europäische Kleinmacht in die Reihe der großen europäischen Kolonialmächte. Wie fragwürdig ein solches Unternehmen eines Königs im entwickelten bürgerlichen Zeitalter geworden war, zeigen die Konflikte, die wegen der Ausgaben für Laeken mit der Finanzverwaltung entstanden sind. Dieser langwährende Konflikt zwang Léopold II zum Zugeständnis, daß letzten Endes seine Anlagen in Laeken eine Art ›Palais de la Nation‹ werden sollten, wo, in Ermangelung geeigneter öffentlicher Einrichtungen in Brüssel, Veranstaltungen und Feste der Bürger stattfinden könnten.

Die Anlagen von Laeken sind nicht nur durch ihre außerordentliche Größenordnung des Gesamtplanes, sondern auch durch die architektonische und konstruktive Qualität ihrer Einzelbauten ausgezeichnet: ›Jardin d'Hiver‹ mit seinen Flügeln, ›Serre du Congo‹, ›Serre aux Palmiers‹, ›Serre Chapelle‹ (église en fer). Der Architekt dieser Anlagen war Alphonse Balat (1818-1895). Seine im ›Jardin d'Hiver‹ verwirklichte Glasrotunde ist mit ihrem glockenförmigen Aufbau und ihren bewußt zur Raumordnung herangezogenen Konstruktionsteilen – Strebebogen – einer der großartigsten Zentralbauten aus Glas und Eisen.

Situation

Der Park von Laeken und sein Schloß, 4 km nördlich von Brüssel gelegen, haben ihren Ursprung im Schloß der Schonenberg, Sommerresidenz des Herzogs Albert von Sachsen-Teschen, erbaut von 1782 bis 1784 durch die Architekten Louis Joseph Montoyer und Antoine Marie Joseph Payen. Nach der Schlacht von Fleurus, die der österreichischen Verwaltung 1794 ein Ende setzte, blieb das Schloß Laeken zehn Jahre verlassen, bis es Napoleon 1803 aufkaufen ließ und restaurierte. Nach dem Wiener Kongreß übernahm es Guillaume I der Niederlande. 1831, mit der Unabhängigkeit Belgiens, wurde es zum Staatseigentum erklärt und von Léopold I in Besitz genommen. Laeken wurde königliche Residenz. Mit dem Regierungsantritt von Léopold II (1865-1909) wurde der Park Schauplatz umfangreicher Baumaßnahmen zu Zwecken des königlichen Hofes. Zugleich vergrößerte sich der Park durch intensive Landkäufe. Maß der Park anfangs 1865 90 ha, so hatte er sich am Ende der Regierung von Léopold II verdreifacht. Die Besessenheit, mit welcher der belgische Souverän seinen Besitz zur Idealresidenz transformierte, ist der Ausdruck jenes Widerspruchs, den das Königtum innerhalb eines kapitalistisch entwickelten Staatsgebildes darstellen mußte. Je stringenter die Politik des Staates durch die Ökonomie der großen Industrie bestimmt wurde und je ohnmächtiger der König als gesellschaftlich wirkende Instanz wurde, um so stärker wuchs die Notwendigkeit, die Funktion des Königtums ideologisch zu überhöhen. Man kann sagen, daß der Rückzug des Königs in eine Parklandschaft nahe der Hauptstadt vom Kapital im vornherein als ein Teil jener Unkosten aufgefaßt wurde, die zur ungehinderten Ausbreitung finanzieller Transaktionen auf Weltmarktebene, vor allem in den Kolonien, bereitgestellt werden mußten. Léopold II entwickelte eine sich ständig steigernde Leidenschaft für Blumen und exotische Pflanzen. »Les fleurs furent sa poésie et comme son revanche contre les exigences de la réalité.«[36] Er beauftragte den französischen Landschaftsgärtner Laîné, die aufgekauften Landstriche in einen englischen Park mit prachtvollen Perspektiven und einer Vielzahl von künstlichen Seen zu verwandeln. Hauptpunkt der Anlagen sollten jedoch Gewächshäuser aus Glas und Eisen werden, die eine tropische Landschaft von bisher nicht gekannter Ausdehnung und Vielfalt überdecken sollten (Abb. 209).

Mit dem Umbau der alten, von den Holländern erbauten ›Orangerie‹, begann nun eine Kette von Gewächshausbauten, die ohne Unterbrechung 25 Jahre lang durchgeführt wurden. Als Hauptarchitekten beauftragte der König Balat, der auch die Umbauten des Schlosses durchführte. Seine bemerkenswertesten Bauten sind:

1873 die ›Manège‹, 1876 die große Rotunde (›Jardin d'Hiver‹), 1883 Anbau zur ›Orangerie‹, 1885 die ›Serre aux Palmiers‹, 1886 die ›Serre de Diane‹ und die ›Serre du Congo‹. »Die Sammlung von Orangenbäumen von Laeken«, schrieb 1908 nicht ohne Stolz Léopold II, »ist mit der der Kamelien die schönste des Kontinents. Die Orangenbäume von Laeken sind unendlich schöner als die von Versailles und die der Tuilerien. Die Sammlung der Kamelien ist absolut einzigartig.«[37] Um 1900 kamen die Gewächshausbauten aufgrund einer Stiftung des Königs unter staatliche Verwaltung. Zugleich wurden die Gewächshäuser einige Tage im Jahr der Öffentlichkeit zugänglich gemacht. Jedoch der Unterhalt und Betrieb der 14000 m² großen Gewächshäuser und der langen Korridore verursachten große Kosten. Deshalb schlug man vor, die Kosten z.T. über das Koloniebudget zu decken. Die fortgesetzte Bautätigkeit des Königs, der den ausgefallensten Ideen zu folgen schien, riefen die bittere Kritik der Öffentlichkeit hervor. Es handelte sich im besonderen um die Anlage einer unterirdischen Eisenbahn, die den unteren Teil der Ehrentreppe des Schlosses erschließen sollte. Die Zeitgenossen sahen hierin eine neue Probe königlicher Willkür. Der Druck der öffentlichen Meinung veranlaßte den König, gegen Ende der Regierung zu betonen, daß Laeken auch als ›Palais de la Nation‹ eine öffentliche Funktion erhalten sollte.

Quellen: Brüssel, Archive de la ville Bruxelles; Bibliothèque Royale Albert Ier, Cabinet des Estampes

Literatur: Deutsche Bauzeitung (Hrsg.): Baukunde des Architekten, 1902, Bd. 11, S. 361, 437, 438; Meyer 1907; Borncrépe 1920, S. 177 ff.

BRÜSSEL, Laeken, Kgl. Park, Jardin d'Hiver (Wintergarten) *Abb. 504-509, 514*

Durchmesser:	56 m,	Architekt:	Alphonse Balat und
Kuppelaufsatz	41,25 m		Henri Maquet
Höhe:	~30 m	Baujahr:	1875/76
Rauminhalt:	45000 m³	Zustand:	gut erhalten
Glasfläche:	5600 m²		
Grundfläche:	2462 m²		

Der ›Wintergarten‹ von Balat ist einer der größten Kuppelbauten aus Glas und Eisen des 19. Jahrhunderts. Ein Kranz von 36 dorischen Säulen aus weißem Marmor trägt 36 ornamental verzierte, gebogene Fachwerkträger, die, zur laternenbekrönten Kuppel sich schließend, die Glashaut nach unten hin durchbrechen und von außen her strukturieren. In dem von den Säulen formierten Zentralraum finden hochstämmige Palmen ihren Platz. Hinter dem Ring der Säulen befindet sich ein Umgang von 8 m Breite, der mit zwei in einer Achse liegenden, von Glastonnen überwölbten Flügelbauten von langgestrecktem Grundriß verbunden ist. Der eine führt in die große ›Serre du Congo‹, der andere in die alte geräumige ›Orangerie‹, welche als Fest- und Speisesaal benützt wurde. An die ›Orangerie‹, welche zusätzlich mit einem Theater aus Glas versehen war, schloß sich der Königliche Palast an. Dieses Raumgefüge, dessen Mittelpunkt der für feierliche Empfänge bestimmte ›Wintergarten‹ ist, wird durch Glaskorridore (die z.T. bis zum Dachfirst in die Erde eingelassen, z.T. niveaugleich geführt sind) mit

210 Fassade

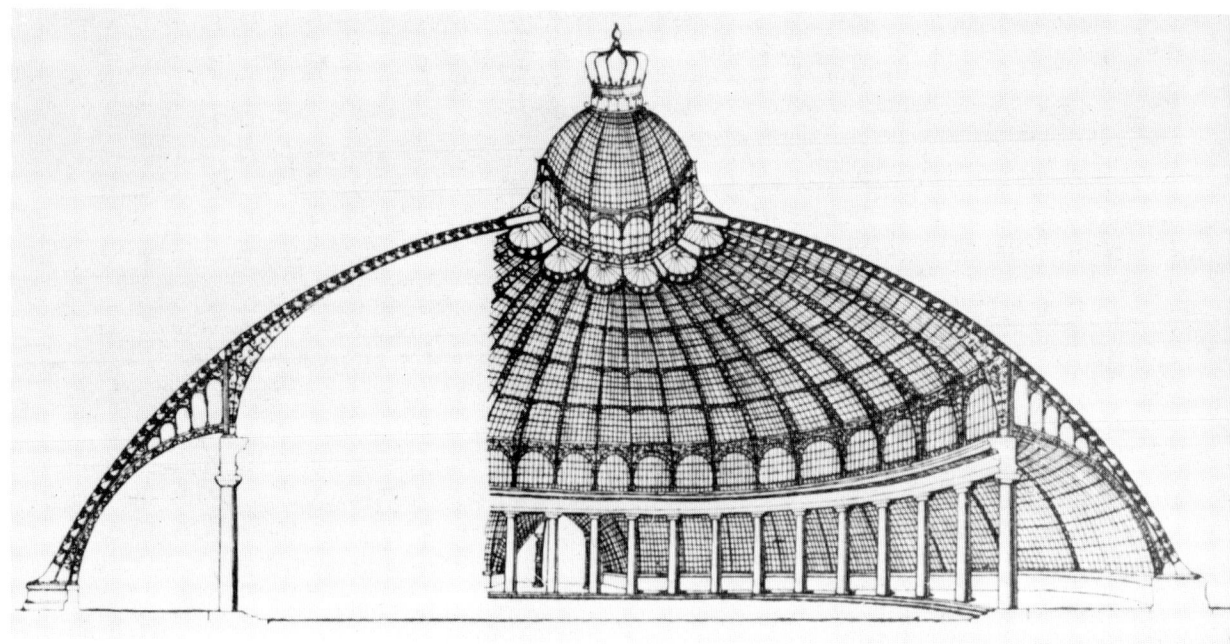

211 Schnitt mit Schema des konstruktiven Aufbaus

einem weiteren Ensemble von Gewächshäusern verbunden. Dessen Mittelpunkt sind die ›Serre aux Palmiers‹ und die ›Serre Chapelle‹.

Alfred Meyer hat in seinem Buch ›Eisenbauten, ihre Geschichte und Ästhetik‹ (1907), den Wintergarten in seiner Raum- und Konstruktionsform beschrieben, ein Text, der die Bedeutung des Gewächshauses für die Entwicklung der Glas-Eisenkonstruktion insgesamt, für den Raumtypus der ›Glocke‹ im besonderen beleuchtet (Abb. 210, 211). »In der monumentalen Steinarchitektur fand sie [die Glocke] bisher nur als Flachkuppel über hohen Untermauern Verwendung, und auch dies geschah verhältnismäßig selten, denn die Hauptrichtung des Kuppelbaues ist die der steilen, aufwärts weisenden Kurve. Der Gedanke vollends, einen Zentralbau schon vom Boden an unmittelbar als flache Glocke zu gestalten, ist vor der Ausbildung der Eisenkonstruktionen begreiflicherweise niemals gefaßt worden. Den ersten Anlaß gab wiederum ein Gewächshaus, diesmal das Werk eines belgischen Architekten, Balat, der dabei aber nur die Idee seines königlichen Bauherrn ausgeführt haben soll. Léopold II wollte im Verfolg seiner großen Schmuckbauten der siebziger Jahre der älteren Orangeriehalle seines 4 km nördlich von Brüssel gelegenen Schlosses Laeken einen zentralen Wintergarten anfügen. Die Palmen verlangten einen hohen Mittelraum; es lag nahe, ihm einen niedrigeren Umgang zu geben. Dieses basilikale Schema war ein bei den Gewächshäusern her-

gebrachtes Motiv, wie es ja bereits durch Paxton in Chatsworth Anwendung gefunden hatte. Dort und auch sonst aber geschah dies meist bei Langhausbauten; in Laeken bei einem Zentralbau. Das wird hier stilgeschichtlich wichtig, denn an die Begleitung einer Halbkugel durch ein paralleles Nebenschiff war man vom Chorumgang mittelalterlicher Kirchen her wohl gewöhnt, die Verdoppelung des Ganzen zu einem Zentralraum aber war sehr selten. Die wesentlichste Eigenart jedoch bleibt die des vollkommenen Hellraumes im Eisengerüst und die Kurvenführung, die sich am ehesten einer flachen Glocke oder Schale vergleichen läßt. Den großen Kreisraum in der Mitte mit einem Durchmesser von 41,25 m umstehen auf gemauertem Sockelring 36 kräftige Steinsäulen dorischer Form mit einem entsprechend robusten steinernen Kreisgebälk. Seine Höhe entspricht der des nicht ganz 8 m breiten Umganges, der sich etwa mit dem Profil eines Viertelkreisbogens anschließt. Auch er erhebt sich auf einem gemauerten Sockel, besteht aber selbst nur aus Eisen und Glas. Dem basilikalen Höhenschema entsprechend folgt am Hauptraum über dem Ansatz des Umganges, beziehungsweise über dem Steingebälk des Säulenringes, ein niedriges Arkadengeschoß, das im Verhältnis zu der darüber aufragenden Hauptkuppel als Tambour aufgefaßt werden kann; diese Hauptkuppel selbst aber hat einen nur flach kurvierten Umriß und trägt in einer Höhe von 25,64 m über dem Boden eine zwölfeckige, 8 m breite Kuppellaterne mit der Königskrone. Auch dieser ganze Teil besteht lediglich aus Eisen und Glas [Abb. 212–214].

Der neue Reiz dieser Raumgestaltung wurzelt – abgesehen von seiner an jedem Sinne durchsichtigen Klarheit – bereits in der Herrschaft der gewölbten Glasflächen an sich und in ihrem fein abgewogenen Wölbungsverhältnis. Er wird aber sowohl innen wie außen durch das zur Herstellung dieses Glaskörpers gewählte eiserne Liniengerüst noch wesentlich erhöht. Im Innern steigen über den 36 Steinsäulen ebenso viele Fachwerkträger als zierlich ornamentierte Eisenrippen auf, die unten zunächst die Rundbogenarkaden des Tambourgeschosses zwischen sich nehmen, dann aber, zu je dreien zusammengeordnet, an zwölf radiale, das Zwölfeck der eigentlichen Laterne umgebende Halbringe stoßen. So wird innen der im ganzen Bau wirksame Gegensatz zwischen den Geraden und den mannigfachen Kurven in diesem vielteiligen Krönungskörper, wo alle Rippen strahlenartig zusammen eilen, besonders reich variiert. Noch wirksamer aber ist die Liniensprache am äußeren Gerüst. Die 36 Rippen sind dort von der Untermauerung an bis zur Laterne ununterbrochene Strebebögen. Ihr äußerer Umriß zeigt dabei eine ungemein feine, flache Kurve, die unten mit leichter Einziehung auf eigenem Steinsockel ansetzt und oben mit ebenso eleganter Einbuchtung an die Laternenwände herangleitet; ihr innerer – unterer – Umriß aber folgt dem Viertelkreis des gewölbten, niedrigen Umganges. Der so entstehende, zwickelartige Zwischenraum zwischen dem unteren und oberen Rand der Strebebögen ist nach gotischem Vorbild mit Arkaden ausgefüllt. Auch ohne den großen Reiz der verschiedenen Bogenlinien und der gewölbten Flächen selbst wahrt das Gesamtbild dieses Zentralbaues seine beachtenswerte Eigenart; denn man ist durch das gotische Strebesystem wohl an ähnliche Strebebögen gewöhnt, aber diese pflegen sich frei über die mehr oder minder harten ebenen Flächen der Dächer zu schwingen; in Laeken jedoch schmiegen sich ihnen die gewölbten Flächen des Glasdaches mit der gleichen Kurve dicht an, und die äußere, maßgebende Umrißlinie der Strebebögen ist auf beträchtlich langen Strecken dem Neben- wie dem Hauptschiff gemeinsam. Dadurch verbindet sie beide straff und doch gefällig zu einer auch als Raumgestalt neuen, künstlerischen Einheit. In der Reihe der Zentralbauten, hat dieses königliche Gewächshaus in Laeken nur eine ähnliche Bedeutung wie die Pariser Gewächshäuser Gautiers in der Reihe der Langhaushallen, aber es ist weitaus größer und vor allem: Es ist ein reiner Eisen-Glasbau, bei dem auch alle Ornamente höchst geschickt aus Eisen gebildet sind.«[38]

Heizung und Verglasung

Die Heizzentrale wurde nächst dem ›Wintergarten‹ mit einem in Form eines Minaretts verkleideten Kamin errichtet. Röhren von 5 km Länge wurden, von gußeiser-

nen Rosten abgedeckt, in Kanälen im Mittelbau, im Umgang und in den Seitenflügeln frei entlang der Umfassungswände untergebracht. Die Verglasung ist doppelt. Im oberen Teil der Kuppel ist sie nach außen, im unteren Teil nach innen gelegt, so daß die Tragkonstruktion nach außen sichtbar wird. Durch diese Anordnung entsteht das spannungsvolle Verhältnis von durchgehender Glashaut im oberen und durch Eisenrippen gegliederter Glasflächen im unteren Kuppelbereich.

Quellen: Brüssel, Archive de la ville Bruxelles; Bibliothèque Royale Albert Ier, Cabinet des Estampes

Literatur: Deutsche Bauzeitung (Hrsg.): Baukunde des Architekten, 1902, Bd. 11, S. 361, 437, 438; Meyer 1907; Borncrépe 1920, S. 177 ff.

BRÜSSEL, Laeken, Kgl. Park, Serre Chapelle
Abb. 518

Durchmesser:	22 m (Kuppeldurchmesser); 30 m (Gesamtdurchmesser)	Architekt:	Alphonse Balat und König Léopold II von Belgien
Höhe:	25 m	Baujahr:	um 1886
		Zustand:	innen umgebaut, sonst erhalten

Eine kleine verglaste Galerie, genannt der ›Chemin du Paradis‹ verbindet die ›Serre aux Palmiers‹ mit der Kirche, die zugleich ein tropisches Gewächshaus war. Sie ist auf dem höchsten Punkt des Königlichen Parks errichtet. Eine Kirche ganz aus Glas und Eisen, mit einer exotischen Flora als Schmuck versehen, ist in der Baugeschichte eine einzigartige Erscheinung. Sie ist nicht als Einzelbau deutbar, sondern ist die Folge der radikalen Ideen Leopolds II, der auf Erstellung einer umfassenden Glas-Eisenstruktur insistierte. Eine Kirche war darin ein ebenso selbstverständlicher Bestandteil des höfischen Lebens, wie Theater-, Empfangs- und Speiseräume. Léopold II hat sich beim Entwurf dieser Kirche persönlich als Architekt engagiert: »Il nous faut faire remarquer que cette Serre église est l'œuvre personnelle de Léopold II. Au cours de ses nombreux voyages, le feu Roi avait visité plusieurs installations horticoles remarquables, entre autres les célèbres serres des jardins royaux de Kew et le ›Palmengarten‹ de Francfort. Lorsqu'il conçut l'idée de construire l'église, il s'en ouvrit à l'architecte Balat et, le crayon à la main, lui, qui s'excusait de ne pas connaître le dessin, traça les grandes lignes de sa conception; Balat donnerait corps à ce projet. Soumis à Sa Majesté, le crayon se promena cette fois sur esquisse, modifiant ceci, supprimant cela, ajoutant un détail, reforcant un autre. Et l'architecte reprenait son travail. Pas moins de six ou sept projets furent ainsi soumis au grand Bâtisseur, et chaque fois, des modifications y furent apportées jusqu'à ce que, enfin, le plan arrêté répondit complètement à la conception rêvée.«[39] Die Kirche war ein zentraler Kuppelbau, umringt von einem niedrigen Umgang, an welchen sich ein Kapellenkranz, bestehend aus zehn Absiden, anschloß. Die 25 m hohe Kuppel wurde durch eiserne Bogenbinder getragen, die auf einem Ring von Zwillingssäulen aus Granit auflagerten. Die Binder waren an ihrem Auflager durch eiserne Rundbögen untereinander ausgesteift. An diese Konstruktion schloß sich das Satteldach des Umganges an.

Quellen: Brüssel, Archive de la ville Bruxelles; Bibliothèque Royale Albert Ier, Cabinet des Estampes

Literatur: Borncrépe 1920, S. 177 ff.

BRÜSSEL, Laeken, Kgl. Park, Serre du Congo *Abb. 507, 510, 511, 515*

Grundfläche:	30 × 30 m	Architekt:	Alphonse Balat
Höhe:	20 m	Baujahr:	1886
		Zustand:	gut erhalten

Die ›Serre du Congo‹ bildet im Zusammenhang mit dem ›Wintergarten‹ und dem Gewächshaus der ›Escalier Blanc‹ eine Gesamtkonzeption, in welcher dem als Dominante herrschenden ›Wintergarten‹ zum Garten hin sich stufende Glasaufbauten zur Seite gestellt sind. Die zentrale Kuppel der Rotunde wird in der ›Serre du Congo‹ auf quadratischem Grundriß wieder aufgenommen, wobei als Gegengewicht zur großen Glocke ein Aufsatz von fünf Türmchen dient, der in seiner Silhouette an byzantinische Kirchenarchitektur erinnert.

Quellen: Brüssel, Archive de la ville Bruxelles; Bibliothèque Royale Albert Ier, Cabinet des Estampes

Literatur: Borncrépe 1920, S. 177 ff.

BRÜSSEL, Laeken, Kgl. Park, Serre aux Palmiers *Abb. 512*

Länge:	45 m	Architekt:	Alphonse Balat
Breite:	30 m	Baujahr:	1885
Höhe:	15 m	Zustand:	gut erhalten

Das ›Palmenhaus‹ ist in seinen einfachen, stereometrischen Großformen, unter Verzicht auf jede Schmuckform, ein bemerkenswertes Beispiel früher, sachlicher Architektur, die man den besten Beispielen früher Fabrikbauten zur Seite stellen kann. Der Aufbau, eine auf einer gedrückten Ellipse errichtete Flachkuppel, an welche niedrigere durch Gewölbe abgeschlossene Seitenflügel sich anfügen, erinnert an barocke Konzeptionen. Die Selbstverständlichkeit, in welcher die Problematik solcher Raumbildung in Glas und Eisen gelöst wurde, läßt jedoch diese Anleihe an die Tradition vergessen. Dies wird dadurch erreicht, daß der Innenraum über die gespannte Haut der Glasflächen nach außen erlebbar wird. Das Bauwerk erhält hierin den Aspekt des Modernen.

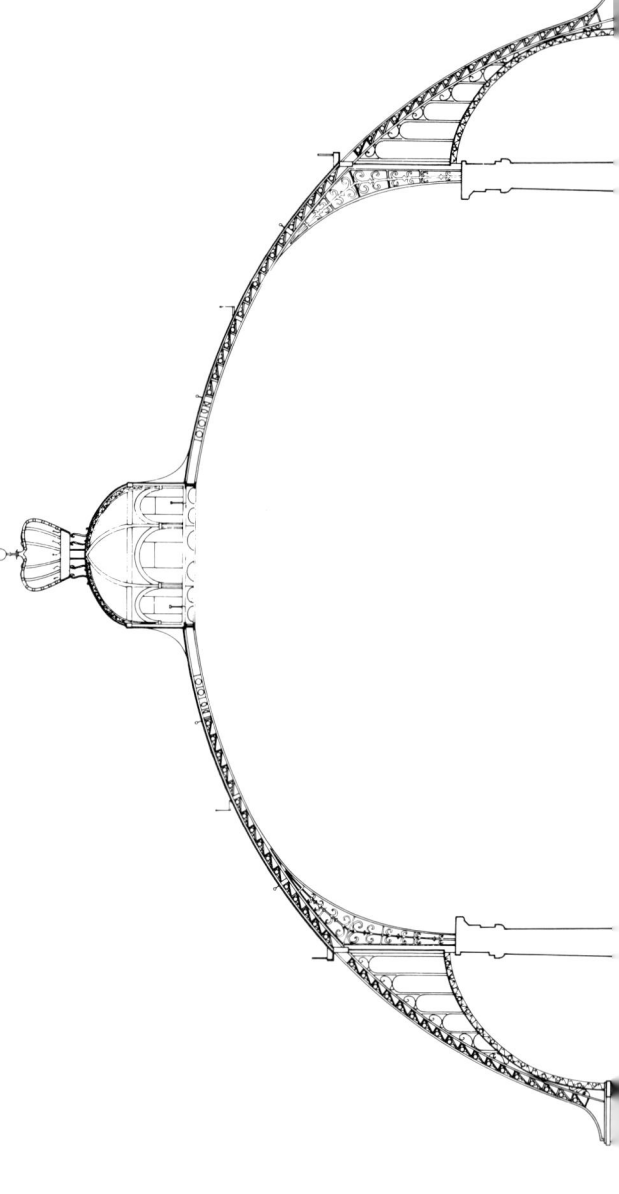

212 Alphonse Balat und Maquet, Brüssel, Lacken, Jardin d'Hiver, 1875/76, Schn

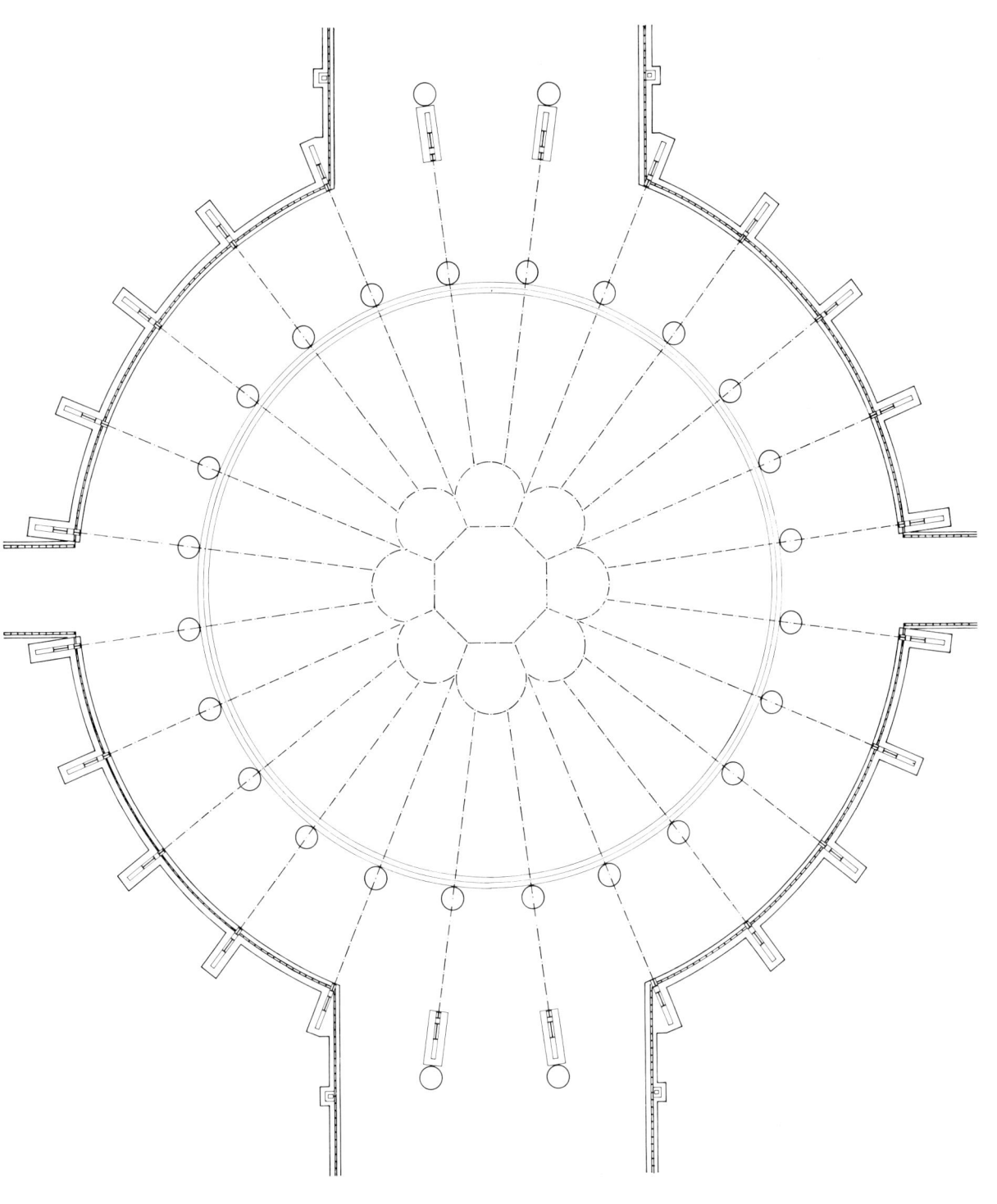

213 Grundriß EG

214 Alphonse Balat und Maquet, Brüssel, Lacken, Jardin d'Hiver, 1875/76, Gesamtansicht um 1876, Stich

Die Ausbildung des langgestreckten Kuppelbaues ist aus der Funktion der Kultur der Palmen entstanden, deren Kronen unter dem Glasgewölbe ideale Bedingungen finden. Die große torartige Öffnung im Mittelteil, notwendig für den Transport großer Palmen, konnte hier in einfachster Form zum integralen Bestandteil der vorgehängten Glaswand werden. Dieses Gewächshaus, in seiner bescheidenen Ausbildung unbeachtet, ist innerhalb der Gesamtanlagen von Laeken eines der bedeutendsten Bauten A. Balats, da es ohne Beiwerk seinen Inhalt als reine Zweckform ausdrückt.

Quellen: Brüssel, Archives de la ville Bruxelles; Bibliothèque Royale Albert Ier, Cabinet des Estampes

Literatur: Borncrêpe 1920, S. 177 ff.

BUDLEIGH SALTERTON (Devon), Palmenhaus Bicton Gardens *Abb. 519-525*

Länge:	21,0 m	Architekt:	unbekannt
Breite:	9,6 m		möglicherweise
Höhe:	8,3 m		D. und E. Bailey
		Baujahr:	um 1843
		Zustand:	gut erhalten

Das kleine steilgewölbte fragile ›Palmenhaus Bicton Gardens‹ ist das einzige, noch erhaltene Zeugnis des frühen englischen Gewächshausbaues Loudonscher Art. Die in der Literatur erwähnten Bauwerke mit ähnlichem Konstruktionsprinzip wie das Warmdach von George Mackenzie (Abb. 117), die ›Glashäuser‹ in Bayswater (Abb. 141), das ›Conservatory für Mrs. Beaumont‹ in Bretton Hall (Abb. 200-203) und das ›Pantheon Baazar Conservatory‹ in London (Abb. 327), sind bereits im 19. Jahrhundert abgerissen worden. Es gibt kein anderes

215 Lageplan, 1973

Bauwerk des frühen 19. Jahrhunderts, das das Filigrantragwerk eines nur aus Eisensprossen gebildeten Glasgewölbes mit ähnlicher technischer Kühnheit heute vor Augen stellt. Als einziges bestehendes Denkmal ist das ›Palmenhaus‹ in den Bicton Gardens ein wichtiges Zeugnis der Pioniertat englischer Ingenieurkunst. Es bedeutet zugleich als Repräsentant Loudonscher Konstruktionstypen ein Manifest der modernen Baukunst des frühen Industriezeitalters. Indem hier das Tragwerk mit der Glasaußenhaut in einer Ebene liegt und auf Nebenträger verzichtet wurde, sind die reinen geometrischen Formen innen wie außen klar ablesbar. Aus der Kombination einer hohen, gewölbten Glaskuppel mit zwei niedrigeren Nebenkuppeln, die sich mit jener verschneiden und räumlich durchdringen, entsteht eine Architektur, die logisch aus der Eisenkonstruktion entwickelt ist. Die Form dieses elegant geschwungenen vom Boden bis zum Scheitel ganz aus Glas und Eisen ausgeführten Bauwerkes steht im absoluten Gegensatz zur konventionellen Architektur jener Zeit.

Situation

Die Gärten von Bicton, an einer Anhöhe an der Südküste gelegen, zählen zu den schönsten in Großbritannien. Zwischen Exmouth und Sidmouth, ungefähr zwei Kilometer vom Dorf East Budleigh entfernt, entstand ein ausgedehnter barocker Park, der in einen englischen Landschaftsgarten übergeht. An seiner höchsten Stelle entstand im Laufe der Zeit eine Kette von Gewächshäusern und Orangerien, von deren Terrassen sich ein großartiger Fernblick auf das nahe Meer bietet. Die Gärten von Bicton waren ursprünglich seit 1500 der Herrschaftssitz der Familie Roll. 1750, unter Baron Roll von Steverstone, wurde hier ein italienischer Garten angelegt,

dessen Entwurf angeblich von André Le Nôtre, dem Schöpfer der Gärten in Versailles, ein halbes Jahrhundert vor ihrer Errichtung, konzipiert wurde. Mittelpunkt der Anlage ist ein rechteckiger Teich mit einer Fontaine und kunstvollen Figuren, der nach drei Seiten von einem Wasserkanal umgrenzt wird. Die oberste Grenze des sanft geneigten Barockgartens formen eine tempelartige Orangerie und fünf längs einer hohen Backsteinmauer errichtete Gewächshäuser (Abb. 215).[40] Das ›Palmenhaus‹, etwas abseits vom Barockgarten, jedoch durch eine kurze Promenade mit ihm verbunden, wurde vermutlich um 1843 gebaut. Die Architekten dieses kurvenlinearen Glasgebildes waren wahrscheinlich D. und E. Bailey, Gewächshauskonstrukteure, die um 1820 im System Loudonscher Tragwerke zahlreiche elegante und zuweilen ausgedehnte Bauten errichteten. Details der Eisenkonstruktion der Gewölbe erinnern an diese Bauten, z.B. das ›Kamelienhaus‹ für Loddiges in Hackney bei London (Abb. 262-267). Diese heute nicht mehr erhaltenen Bauten waren z.T. bedeutend größer als das ›Palmenhaus‹ in Bicton Gardens.

Während Nikolaus Pevsner die These der Erbauung des Palmenhauses um 1825 unterstützt, hält John Hix einen späteren Zeitraum – nach 1843 – für wahrscheinlicher. Die Tatsache, daß Loudon nach seinem Besuch 1843 in Bicton Gardens das ›Palmenhaus‹ in seinem ›Gar-

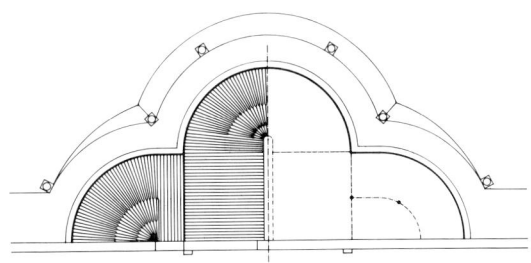

216 Grundriß EG und Dachaufsicht

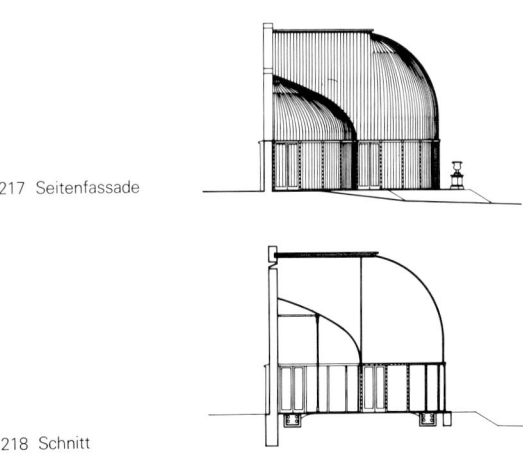

217 Seitenfassade

218 Schnitt

dener's Magazine‹ nicht erwähnte, sowie die Ähnlichkeit der Lüftungsvorrichtung mit jener des kurvenlinearen Hauses in Chiswick, erbaut 1840 durch W. und D. Bailey (Abb. 234), sprechen mit Hix für die spätere Bauzeit.[41]

Raum- und Konstruktionsform

Das 8,30 m hohe Hauptgewölbe des ›Palmenhauses‹ ist über einem Rechteck von 9 × 4,5 m und dem vorgelagerten Halbkreis von 4,5 m Radius errichtet. Daran schließen symmetrisch links und rechts niedrigere Nebengewölbe von 6 m Höhe an, die sich über einem Viertelkreis, ebenfalls mit einem Radius von 4,5 m, gestreckt über ein eingeschobenes Rechteck von 1,20 × 4,5 m erheben. Diese Grundrißform, die sich durch einander verschneidende Halb- und Viertelkreise bildet, begrenzt nach vorn ein entlang dem Umriß laufendes gußeisernes 2,53 m hohes Ständerwerk, das aus schmalen, mit Rosetten verzierten Pilastern und gebogenen Architraven gebildet ist. Darüber erhebt sich mit elegantem Schwung das Glasgewölbe, etwas aufgestelzt und sich leicht spitzbogig zusammenschließend. Nach hinten ist das ›Palmenhaus‹ von einer geraden Massivmauer aus Backstein begrenzt, die in ihrem Umriß die in Spitzbogen deformierte Grundrißfigur aufnimmt und mit den anlaufenden Gewölben vertikal abschließt (Abb. 216–218). Die Glaskuppeln aller drei Gewölbe werden von äußerst dünnen Eisensprossen mit T-Querschnitt getragen, die der Fallinie folgen. Im Abstand von ca. 18 cm unten am umlaufenden Balken des Ständerwerks aufsetzend, laufen sie nach oben in einem sich verjüngenden Abstand zusammen und werden über rosettenartige Verzweigungen in die Kuppelspitze eingeleitet. Die anschließenden Haupt- und Nebengewölbe werden durch bis nach oben parallel laufende Sprossen gebildet. Der First des Hauptgewölbes wird durch einen schmalen Eisenkasten abgedeckt, in dem Klappen zur Lüftung angebracht sind. Die einzige zusätzliche Unterstützung dieser sonst nur von Eisensprossen getragenen Glashaut bilden gebogene Metallbänder, die im Inneren einerseits der Schnittlinie der Dachhaut von Haupt- und Nebengewölbe folgen, andererseits als horizontaler Ring den Nebengewölben eingeschrieben sind. Dieser Ring wird am Schnittpunkt der Gewölbe und im Inneren der Nebenkuppel von äußerst schlanken Eisenstützen von 50 mm Durchmesser, mit zierlichem Kapitell versehen, getragen. Diese Hilfskonstruktion, die mit spielerischer Selbstverständlichkeit eingesetzt wurde, war notwendig, da die im Querschnitt der Dachgewölbe durch die Sprossen abgeleiteten Kräfte nicht mehr von diesen selbst getragen werden konnten, wie es im geschlossenen Gewölbe der Fall ist. Vor dem durchscheinenden Himmel wirken die Eisensprossen entmaterialisiert und erscheinen nur mehr als graphisches Netz. Dieses Erscheinungsbild äußerster Filigranität – ein Charak-

teristikum aller nach dem Loudonschen Prinzip erbauten Glashäuser – ist hier später unübertroffen verwirklicht. Es ist das Produkt einer Ingenieurleistung, die noch nicht statisch kalkuliert wurde. Der Erfinder dieser Konstruktionsart, Loudon, beschrieb 1818 im Bewußtsein der Bedeutung seiner Konstruktion ihre Vorzüge (siehe S. 230 ff.). Wir finden im ›Palmenhaus‹ von Bicton-Gardens die Bestätigung dessen, was er verkündete.[42]

Literatur: Hix 1974, S. 24–27; Loudon 1818; James 1973, S. 3–9

BUXTON, Gewächshaus in Pavilion Gardens
Abb. 526

Architekt:	Edward Milner	Zustand:	durch Umbau innen
Baujahr:	1871		stark verändert
			sonst erhalten

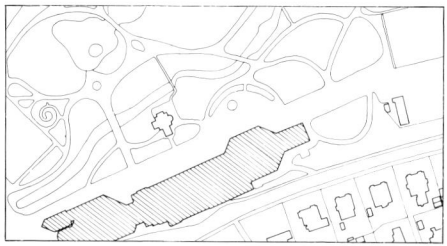

219 Lageplan, 1974

Mit dem Ausbau der Eisenbahn nach 1850 und dem damit verbundenen Wachstum der Stadt wurde es notwendig, für die Bevölkerung öffentliche Erholungs- und Vergnügungsplätze zu schaffen. 1871 wurden daher im Zentrum der Stadt die ›Pavilion Gardens‹ gebaut und eröffnet. Diese enthielten einen langgegliederten Gebäudekomplex aus Gußeisen und Glas, welcher eine große achteckige Konzerthalle mit Kuppelaufbau, ein Theater, ein Restaurant, ein Café und ein Gewächshaus, verbunden durch Glaskorridoren, einschloß. Er bildete einen Kristallpalast en miniature. Das Ensemble ist auch heute noch, nach seinem Umbau, intakt und erfüllt seine Funktion (Abb. 219). Die ganze Anlage wurde vom Architekten Edward Milner, Paxtons Assistent, entworfen. Er hatte bereits am großen Palmenhaus in Chatsworth mitgearbeitet.

Raum- und Konstruktionsform

Der aus Gängen und Pavillons bestehende Gebäudekomplex nahm in seiner Konstruktion Elemente des ›Kristallpalastes‹ auf. Der alte Stich der Fassade (Abb. 220) zeigt an den Korridoren die Anwendung gußeiserner Rundstützen, durch horizontale Gußeisenteile mit eingeschriebenem Ring und halbkreisförmigen Fensterbögen verbunden. Im kubisch gehaltenen Gewächshaus – das

220 Gewächshaus, 1871, Holzstich

als Palmenhalle diente – erhöhten sich die Stützen um das Doppelte und trugen, in reich verzierten Kapitellen endend, ein Pyramidendach aus Glas. Die horizontale Verstrebung der Korridore setzte sich in der Mitte der Fassade fort und steifte die schlanken Säulen aus. Diese trugen einen stark profilierten Architrav, welcher über den Säulenachsen vorkröpfte. Das darauf aufsetzende Zelt des Glasdaches wurde von vier in den Ecken diagonal gespannten Eisenbalken getragen, welche über die Halle hinweg durch Rundstahl verspannt waren. Die Fassade des Gewächshauses, welches in einfacher geometrischer Form einen wohl proportionierten und gegliederten Kubus mit Pyramidenabschluß bildete, ist heute seiner dekorativen Elemente beraubt. Die an ihn anschließenden gußeisernen Korridore wurden teils durch Holzbauten ersetzt, teils mit undurchsichtigem Dach versehen. Die Rundbögen der Fensterflächen wurden ebenso wie das vorragende Glasdach über dem Eingang entfernt. Das horizontal durchlaufende Band wurde mit Blech verblendet. Durch diese Eingriffe ist das Bauwerk nur noch in seiner Grundgestalt erfaßbar und ästhetisch zu würdigen.

Quellen: Buxton, Department of Technical services, Town Hall

Literatur: Chadwick 1966, S. 146

CAPESTHORNE HALL (Cheshire), Gewächshaus Davenport

Länge:	45,70 m	Architekt:	Joseph Paxton
Breite:	12,20 m	Baujahr:	ca. 1837
Höhe:	7,60 m	Zustand:	1920 abgerissen

Etwa zur selben Zeit als das ›Große Palmenhaus‹ in Chatsworth (1836-1840) gebaut wurde, errichtete Joseph Paxton auch ein ausgedehntes ›Gewächshaus‹ in Capesthorne Hall (Cheshire), für Edward Davies Davenport, welcher mit dem Duke von Devonshire, Paxtons Arbeitgeber und Mäzen, befreundet war. Capesthorne wurde 1837 durch Edward Blove umgewandelt. Unter den neuen Anbauten war das Gewächshaus, eine dreischiffige basilikale Anlage, die erstmals in einer 1843 datierten Ansicht des Hauses erscheint. Es ist wahrscheinlich, daß das Gewächshaus zu Ende geplant war, bevor Paxton im Oktober 1838 auf Reisen ging. Im Unterschied zum ›Großen Gewächshaus‹ in Chatsworth war dieser Bau kein kurvenlineares Haus, obwohl das 7,6 m hohe Balkensystem des zentralen Schiffes aus laminierten Holzbögen geformt war. Das Dach war ein normal schräges

317

221 Innenansicht, Aquarell von James Johnson um 1843

Pultdach in der Art des ›Ridge-und-furrow‹-Systems, ebenso die Dächer der Seitenflügel. Die vertikale Glasfront scheint eine ebene Konstruktion mit Gußeisensäulen gewesen zu sein. Das ›Gewächshaus‹, 45,7 m lang und 12,20 m breit, war von der Bibliothek aus zugänglich und stand mit einer Kapelle im Zusammenhang. Es hatte eine eigene Treibhausabteilung für tropische Pflanzen. Das ›Gewächshaus‹ überlebte das Feuer in Capesthorne 1861, wurde jedoch um 1920, wie sein größeres Vorbild, abgebrochen.

Das Bemerkenswerte des ›Gewächshauses‹ von Capesthorne war, daß es ein flach gedecktes, mit ›Ridge-and-furrow-Dach‹ versehenes Gewächshaus mit senkrechter Fassade war, welches Paxton später im ›Kristallpalast‹ zur Reife entwickelte; es war hier noch nicht das Problem eines für flach gedeckte Konstruktionen am besten geeigneten Balken-Stützen-Systems gelöst. Erst ein Jahrzehnt später hat Paxton beim Bau des ›Victoria regia-Hauses‹ in Chatsworth diese Konstruktionsteile nach den Prinzipien der Vorfertigung und Standardisierung ausgerichtet (Abb. 221).

Literatur: Chadwick 1961, S. 98-99

CHATSWORTH (Derbyshire), Gewächshäuser, Park des Herzogs von Devonshire

Abb. 527-535

Situation und Baugeschichte

Chatsworth, der Schauplatz des anfänglichen Wirkens von Joseph Paxton, ist der Sommersitz des Herzogs von Desvonshire, einer der reichsten englischen Adligen (Abb. 222). Es liegt in der Grafschaft Derby in einer wei-

ten Talmulde, die vom Fluß Derwent durchquert wird. Die Lage des Parkes ist durch den Hügelcharakter der Landschaft und ihre ständig wechselnde landschaftliche Szenerie bestimmt – eine Lage, »wie sie sich der Landschaftsgärtner für seine Zwecke nur wünschen kann. Ja, man ist zu dem Ausspruch berechtigt, daß die Natur selber hier fast alle Momente für die Schöpfung einer monumentalen Garten- und Parkanlage im großen Stil gegeben hat. Sir J. Paxton, der eigentliche Schöpfer der heutigen Park- und Gartenanlagen von Chatsworth, fand also in den hier durch die Natur gegebenen Verhältnissen ein durchaus sehr dankbares Feld für seine künstlerische Tätigkeit bereits vor. Vergessen wollen wir außerdem nicht, daß der Ausführung seiner Pläne einesteils die günstigen klimatischen Bedingungen Englands überhaupt und in Sonderheit, nach unseren kontinentalen Begriffen, ganz ungewöhnliche Geldmittel zur Verfügung gestanden haben.«[43] Paxton kam 1826 als bereits ausgebildeter Gärtner nach Chatsworth. Wissenschaftlich arbeitend, war er von Anfang an an dem Entwurf und der Entwicklung von Glashäusern als Teil seiner gärtnerischen Tätigkeit interessiert. Die Serie der von ihm hier konstruierten Glashäuser begann bereits 1828 mit kleineren Treibhäusern. 1832 deckte er die alte ›Orangerie‹ mit einer neuartigen Dachkonstruktion ein. 1833 folgte das ›Ananashaus‹, an welchem er mit einem Dach- und Tragsystem experimentierte, welches dann im ›Großen Palmenhaus‹ (1836-1840) vervollkommnet wurde. Das ›Große Palmenhaus‹, in seiner Ausdehnung mit den größten Bahnhofshallen seiner Zeit vergleichbar, war mit seinem Tragwerk und in seiner gewölbten Glashaut eine einmalige Pionierleistung seiner Zeit.

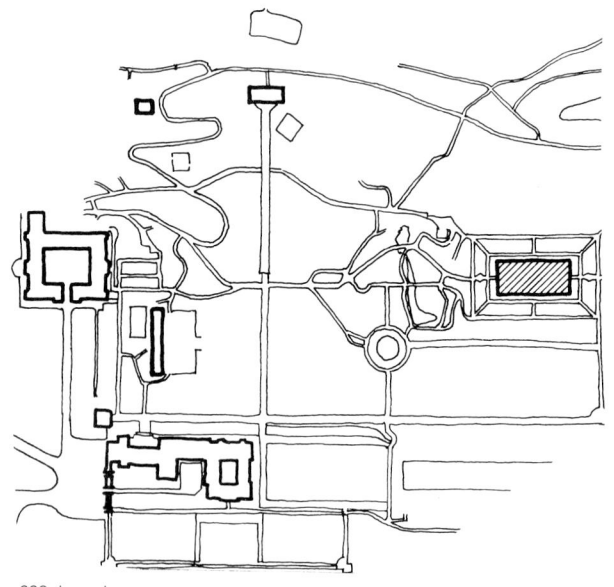

222 Lageplan

Ebenfalls gegen Ende der dreißiger Jahre hat Paxton, auf Empfehlung des Herzogs, zugleich außerhalb von Chatsworth Gewächshäuser gebaut, so z. B. 1837 in Capesthorne ein ›Großes Gewächshaus‹ 1848 deckte er den ›Conservative Wall‹ mit Glas ein. 1849 baute er das ›Victoria regia-Haus‹, ein Bauwerk in welchem er sein Dach- und Tragsystem zu einer endgültigen Perfektion brachte und zum Patent anmeldete. Obwohl all diese von Paxton in Chatsworth errichteten Glashäuser z. T. noch in Holz gebaut sind, sind sie in ihrem konstruktiven und herstellungstechnischen Prinzip Vorbild für die großen Glas-Eisenkonstruktionen, wie sie in der nachfolgenden Zeit realisiert wurden. In seinen Gewächshäusern versuchte Paxton konsequent deren Konstruktion und Herstellung in Übereinstimmung zu bringen mit den technischen Möglichkeiten der entwickelten Industrie: nach Differenzierung der wesentlichen Bauteile der Gewächshäuser, wie Stütze, Träger, Dachhaut, nach ihrer spezifischen Funktion gelang es ihm, addierbare Bauelemente zu finden, welche die Voraussetzung für eine genormte und elementierte, nicht mehr auf ein einzelnes Bauwerk bezogene Herstellung waren. Die Grundlage für die große Serie und damit für den Einsatz von Maschinen war gegeben. Damit gelang es Paxton wesentliche Teile des Bauprozesses von der Baustelle in die Fabrik zu verlegen und auf diese Weise die Voraussetzung für die Industrialisierung des Bauens zu ermöglichen. Paxtons Glaspalast das größte Ausstellungsgebäude der Welt im 19. Jahrhundert, ist nur durch diese Entwicklung denkbar. Von allen Autoren gibt George F. Chadwick in seinem Buch die umfangreichste und sorgfältigste Darstellung des Werkes Paxtons in Chatsworth. Wir benutzten dieses Buch als Hauptquelle.[44]

Das zu lösende Hauptproblem, welches sich zu Paxtons Zeit im Gewächshausbau stellte, war die Entwicklung einer Glasdecke, welche bei größter Stabilität, Dauerhaftigkeit und nicht zuletzt Wirtschaftlichkeit ihrer Ausbildung den größten Anteil an Sonnenstrahlen durchläßt. Weiterhin galt es, einen Träger von größter Spannweite bei geringstem Querschnitt zu entwickeln, einen Träger, welcher von der Ebene der Glasdecke konstruktiv völlig getrennt und zugleich imstande wäre, die Wasserabfuhr zu gewährleisten. Zuletzt die Entwicklung einer Stütze mit minimalem Querschnitt, die die hohen Druckkräfte der Dachlast vom Träger zum Boden leiten kann. Diese drei Grundbauelemente des Gewächshausbaues waren auf der Basis der Industrialisierung zu lösen. Ungeachtet der Tatsache, daß Glas über eine beträchtliche Zeit bereits für Gewächshäuser in Botanischen Gärten und Orangerien verwendet worden war, gab es bis zum frühen 19. Jahrhundert wenig Versuche, die Entwurfsprinzipien solcher Strukturen zu rationalisieren. Die Haupterkenntnis, die sich durchgesetzt hatte, war die der Abhängigkeit der Neigung der Glasflächen für die optimale Transmission der Sonnenstrahlen. In diesem Zusammenhang schlug George Mackenzie 1815 erstmals hemissphärische Formen für Gewächshäuser vor. John Claudius Loudon entwickelte 1816 an diese Überlegungen anschließende Vorschläge zu den kurvenlinearen Glasdomen, zugleich mit Vorschlägen zu einem gefalteten Glasdach. Dieses heute unter dem Namen ›Ridge-and-furrow‹-Dach bekannte System ist eine historisch bedeutende Erfindung in der Entwicklung des leichten Daches. Loudon hat das Prinzip des gefalteten Daches sogar in Verbindung mit kurvenlinearer Dachform vorgeschlagen – eine sehr gewagte Konstruktion, die bis zu ihrer Realisierbarkeit eine Serie von Experimenten im Gewächshausbau erforderlich machte. Loudon selbst besaß nicht die Möglichkeit, diese Experimente in größerem Maßstab selbst durchzuführen, um daran seine Theorie zu prüfen. Es blieb Paxton vorbehalten, diese bedeutendste Entwicklung im großen Maßstab methodisch zu erproben und auf den Standard der Industrialisierung zu heben.

Während jedoch Loudon zum frühen Propagandisten der Verwendung von Eisen im Gewächshausbau wurde – dies aus Gründen des größeren Lichteinfalles der Glasdecke und aus Gründen statischer Festigkeit und Dauerhaftigkeit –, wendete Paxton, der Praktiker, vorerst sein Interesse einer gemischten Konstruktion – der Holz-Eisenkonstruktion – zu, welche Nützlichkeit, Dauerhaftigkeit, bequemen Gebrauch und letzten Endes Ökonomie vereinigen sollte. Nach Paxtons eigenem Bericht ging er um 1831/32 daran, das Prinzip des ›Ridge-and-furrow‹-Daches von der Theorie in die Praxis zu übersetzen: »Für mehrere Jahre benützten wir allen Erfindungsreichtum, den wir besaßen, im Bemühen, flache Holzdächer so licht als möglich zu machen in Rechnung ihrer Wohlfeilheit, und es gelang uns, diese viel heller zu machen als irgendwelche, die wir anderswo gesehen haben. Doch da wir vor dieser Zeit weder selbst flache Dächer errichtet haben, noch empfohlen haben, diese durch andere zu errichten, ist es nicht interessant oder nützlich unsere Experimente zu detaillieren. Vor etwa drei Jahren widerfuhr es uns, daß Holzdächer mehr Licht zuließen, wenn Fenster im Winkel befestigt waren. Wir errichteten ein kleines Glashausensemble nach diesem Prinzip, die Fensterrahmen längswärts befestigt und Sparren, um oben die Fenster zu tragen. Diese Häuser waren sehr hell und der Plan schien ernste Vorteile zu besitzen. 1. Mehr Morgen- und Abendsonne wurden empfangen und zu früherer Stunde als bei einem Haus mit flachem Dach und 2. die Kraft der Mittagssonne war gemildert durch die Anordnung der Winkel-Fenster, welche die Sonnenstrahlen in einer gebrochenen Richtung erhielten. Die folgende Erfahrung führte uns dazu, noch mehrere Veränderungen zu machen, zum Beispiel mit Balken, indem wir die Längsrichtung der Fenstersparren änderten.«[45] Mit der Bemerkung »Befestigung im Winkel« meinte Paxton das gefaltete Glasdach, welches künftighin das Hauptprinzip aller seiner Glashäuser werden sollte. 1832 verwendete Paxton zum ersten Mal das neuartige ›Ridge-and-furrow‹-System beim Umbau der alten ›Orangerie‹ von 1697 in ein ›Warmhaus‹. 1834 stellte er sein nunmehr entwickeltes Dachsystem im ›Magazine of Botany‹ anhand eines Beispieles dar (Abb. 223).

»Es war dies ein Gewächshaus 97 Fuß 6 Inches (30 m) lang und 26 Fuß (8 m) von der Rückwand (aus Ziegel) zur Vorderfront; die Höhe der Hinterseite betrug 15 Fuß (4,6 m) zum Grat; an der Vorderfront 10 Fuß (3 m) zum

Grat. Das geneigte Dach bestand aus dem ›Ridge-and-furrow‹-Raster, ohne Sparren und mit extrem dünnen Fensterrahmen aus Holz, unterstützt durch Gußeisensäulen, 3 Inches (7,6 cm) im Durchmesser, 6 Fuß 6 Inches (2 m) im Abstand längs der Front des Hauses und eine innere Reihe längs der Mittelachse. Die Frontsäulen waren hohl und leiteten das Regenwasser vom Dach zu einem außenliegenden Graben, so daß weder äußerliche Regenrinnen, noch Abflußröhren nötig waren. Hier gab es keine Türen, die vertikalen Fenster, die Seiten bildend, waren in Nuten verschiebbar, so daß der Zugang an jedem gewünschten Punkt möglich war. Der Boden war mit Schiefer gedeckt, so daß der Staub beseitigt werden konnte, das Haus war durch Leitungen von vier Öfen beheizt.«[46] Somit hatte Paxton in verhältnismäßig kurzer Zeit das strukturelle Vokabular erfunden und verfeinert, welches für die nächsten dreißig Jahre dienlich sein sollte; seine Aufmerksamkeit wendete sich Gebäuden verschiedener Form und Größe zu, indem er jedoch die gleichen allgemeinen Komponenten verwendete: Die Haupterneuerung sollte sich in der Tragbalkenstruktur vollziehen. Paxton drückte dies 1852 gegenüber der ›Royal Commission‹ im Gleichnis von Tischdecke und Tisch aus: »Er hatte die Dachdecke perfektioniert und die sie tragende Struktur konnte vielseitig verändert werden um den wechselnden Bedingungen und Zwecken zu folgen.«[47]

Die Zeichnungen, welche Paxton in diesem Zusammenhang veröffentlichte, sind in ihrer Darstellung ungewöhnlich. Gemäß dem Wesen der Aufgabe, stellt Paxton in diesen Zeichnungen die aus Einzelteilen zusammengesetzten Bauelemente einzeln vor: ein Stützenpaar als Rahmen mit Einzelfundamenten und mit fertigem Fußboden, ein dieses Stützenpaar ausfüllendes Standard-Fassadenelement und eine Aufsicht des Dachelementes, welches zu dieser Grundeinheit eines Stützenpaares gehört. Diese Darstellungsweise, dem Inhalt adäquat, ist in der Bauplanung ein Novum. Es kündigt sich hier eine nicht mehr objektbezogene Planung an, welche katalogartig nunmehr addierbare Einzelelemente zeigt, die zu verschiedenen Gebäudeformen zusammengestellt werden können. Es tritt der Ingenieur auf den Plan, der Hand in Hand mit der Industrie arbeitet (Abb. 95, 96). Sein Verhältnis zur industriellen Fertigung zeigt sich deutlich bei der Entwicklung des Dachsystems für das ›Große Gewächshaus‹ in Chatsworth 1836. Für die Fenstersprossen und Rahmen wurden große Quantitäten gleicher Profile benötigt. Dies konnte ökonomisch sinnvoll nur durch den Einsatz von Maschinen realisiert werden. Paxton entwickelte eine Holzbearbeitungsmaschine, die durch eine 3-ps-Dampfmaschine betrieben wurde. Durch Kombination von Fräsen mit einer modifizierten Schlitzmaschine begann er die gewünschten Querschnitte zu produzieren. 1838 hatte er eine funktionsfähige Maschine entwickelt. Sie benötigte drei Operationen um jedes Profil zu fertigen: Eine grobe Säge schnitt die Bretter, das Brett wurde zunächst von einer Seite gefräst, sodann von der anderen Seite bearbeitet und so zum kompletten Profil geformt. Für die Entwicklung dieser Maschine wurde Paxton bereits 1840 mit einer Silbermedaille der ›Royal Society of Arts‹ ausgezeichnet. Beim ›Großen Gewächshaus‹ wurden ca. 64 km Profile mit dieser Maschine gefertigt, das bedeutete etwa 1200 Pfund Einsparung an Handarbeit bei diesem einen Gebäude.

Zur geplanten Herstellung eines so großen Glashauses wie des ›Conservatory‹ war es nötig, die Glasdecke für größere Spannweiten geeignet zu machen, sie weiterzuentwickeln. Paxton kombinierte das Faltprinzip nicht mehr mit einfach schrägen, sondern nun mit kurvenlinearen Dachformen. 1836 hat Paxton am Beispiel eines Treibhauses von 18,3 m Länge und 7,93 m Breite erstmals eine solche kurvenlineare Abdeckung erprobt. Das Dach besaß eine elliptische Krümmung. Dieses Glashaus beherbergte – bis zur Errichtung eines speziellen Hauses dreizehn Jahre später – die Victoria regia. Die Tragbalken dieses Baues waren Bretter, die, als Lamellen zu einem Träger verbunden, im gewünschten Bogen geschnitten waren. Loudons ›Encyclopaedia‹ berichtet über einen weiteren Entwurf mit kurvenlinearem Dach Paxtons für Loddiges Brothers in Hackney bei London. Als Paxton 1836 das ›Große Gewächshaus‹ begann, war das Dachsystem so weit perfektioniert, daß es im großen Maßstab und auf der Grundlage der maschinellen Serie hergestellt werden konnte. Zugleich mit der grundsätzlichen Lösung des Bauelements Dach wandte sich Paxton der Lösung des Problems der tragenden Konstruktion zu sowie – in diesem Zusammenhang – der Ableitung des Regenwassers. Er löste diese doppelte Aufgabe in Form des berühmt gewordenen Paxton-Rinnenbalkens. Dieser Tragbalken wurde so ausgebildet, daß er das Regenwasser sammelte und in die hohlen Gußeisen-Stützen ableitete. Eine Reihe von Experimenten finden wir bereits in den Glas-Eisenbauten zwischen 1803 und 1830. Paxton hatte am Gewächshaus von 1834 diese Lösung in Ansätzen am Beispiel eines flach geneigten Faltdaches mit geraden Rinnenbalken und hohlen Gußeisensäulen in der Front demonstriert. 1836, als er das ›Große Gewächshaus‹ bereits vorbereitete, experimentierte er am ›Kleinen Treibhaus‹ mit der oben erwähnten kurvenlinearen Abdeckung, wo er gebogene Rinnenbalken erstmals als Tragsystem anwandte.

Wie beim gefalteten Dachelement ist auch beim Balkenelement das von Paxton bevorzugte Material Holz; dies also bei Elementen, welche dem Wetter unmittelbar ausgesetzt waren. Eisen verwendete Paxton dort, wo es vor der unmittelbaren Einwirkung des Wetters geschützt war und wo es statische Funktionen zu übernehmen hatte, welche das Holz nicht erfüllen konnte: gußeiserne Hohlsäulen, eiserne Zugglieder und Schrauben, durch Kräfte hochbelastete Anschlußpunkte der Balken, letzten Endes Gitterträger bei großen Spannweiten flacher Glasdächer und vorgefertigte Fassadenelemente aus Gußeisen, wenn diese eine horizontale Fläche bildeten. Einige Autoren versuchten zu unterstellen, daß Paxtons Strukturen ganz aus Eisen waren. Dies widerlegen die noch vorhandenen Bauten und Pläne. Daß Paxton Holz in bestimmten Punkten sogar bevorzugte, zeigen seine eigenen Argumente: »Nach langer Erfahrung – und ich bin in dieser Frage ohne das geringste Vorurteil zugunsten des Holzes vorgegangen – ist meine Überzeugung, daß Holz (sieht man von Kupfer und Blei ab) an solchem Platz länger hält. Wie immer meine Erfahrung auslief, das ist das Resultat und ich habe Dächer auf allen möglichen Wegen zu machen versucht. Wenn ich morgen früh ein Dach zu errichten hätte und sie gäben mir Geld, um es in Metall zu machen, ich habe keine Zweifel, daß ich es um so viel billiger in Holz errichten könnte, daß ich im Interesse des Geldes einem dauerhaften Dach vor einem ewigen Dach den Vorzug gebe.« Paxton begründete sein Argument außer mit der Ökonomie des Holzdaches auch mit dessen Haltbarkeit. »Wenn Sie Holzsparren und Eisenrinnen haben, werden Sie die größte Schwierigkeit der Welt haben, die beiden zusammenzufügen. Metall dehnt sich aus und zieht sich zusammen und ist Subjekt bestimmter Einflüsse. Holz ist ein Nichtleiter und ist deshalb davon nicht beeinflußt. Mein Plan ist, die Wölbung der Dachhaut auf Eisen auszubreiten und daran zu befestigen. Ich würde niemals irgendein Eisen der äußeren Atmosphäre aussetzen. Wenn Sie dennoch noch die Neigung hätte, Eisenrinnen zu verwenden, so sollten sie unsere Rinnen von Chatsword sehen, welche zwanzig Jahre eingebaut sind. Sehen Sie, in welch gutem Zustand sie sind, wo das Wasser vom Holz abgeleitet wird; denn ich halte das wichtige Prinzip hoch: Holz vor Fäulnis zu bewahren, bedeutet, es der Atmosphäre auszusetzen. Wo auch immer Sie Holz verdeckt halten, wird es nicht sehr lange halten. Im Augenblick, wo Sie diese Rinnen so führen, würden sie nicht standhalten, sie würden dreimal so schnell faulen. Sie haben nur Obacht zu geben, daß das Wasser schnell an ihnen abläuft und daß sie wohl gestrichen bleiben, so ist der Dauerhaftigkeit guten Holzes kein Ende gesetzt.«[48]

1836 waren die grundlegenden Probleme des Dachsystems und der Tragstruktur, der Materialwahl und der Materialbearbeitung an Bauwerken kleinerer Dimension so weit geklärt worden, daß er die Aufgabe des ›Großen Gewächshauses‹, welches in seinen Dimensionen beispiellos war, in Angriff nehmen konnte.

Literatur: Chadwick 1961, S. 73-103; Die Gartenzeitung, 1882 Jg. 1; Fintelmann 1892, S. 31-82; Schild 1967, S. 36; Loudon 1839 Bd. xv., S. 450; The Gardeners' Chronicle, 31. 8. 1850, Jg. 10, Nr. 35, S. 548, 549; Neumann 1862, S. 174 ff.

CHATSWORTH (Derbyshire), Park des Herzogs von Devonshire, Großes Gewächshaus *Abb. 527-528, 530-532*

Länge:	84,50 m
Breite:	37,50 m
Höhe:	20,50 m
Fläche:	3168,75 m²
Architekt:	Joseph Paxton
Baujahr:	1836-1840
Zustand:	um 1920 abgerissen

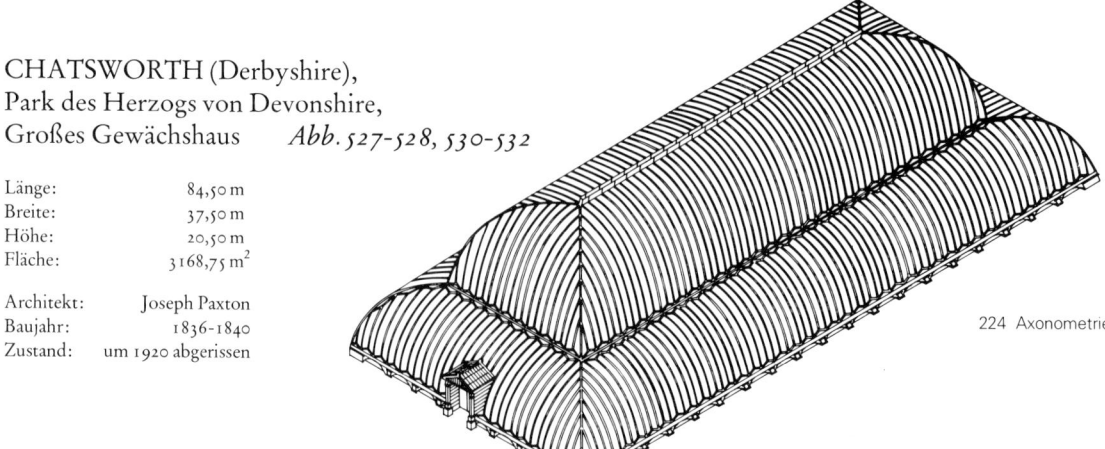

224 Axonometrie

Welchen unvergleichlichen Eindruck das ›Große Gewächshaus‹ auf seine Zeitgenossen machte, zeigt die Bemerkung des Herzogs von Wellington anläßlich des Besuches in Chatsworth 1893: »Ich habe Europa durch und durch bereist und lernte viele Schauplätze von überwältigender Größe bei vielen Gelegenheiten kennen, jedoch niemals habe ich einen so großartigen Coup d'œil gesehen wie jenen, welcher sich vor mir ausbreitete.«[49] In der Tat war das Gebäude in seiner Erscheinung revolutionär. Das vollkommen freistehende Gebäude von 20 m Höhe treppte nach allen Seiten vom Scheitel bis zum Erdboden in zwei Glasgewölbe hinunter. Die Glasgewölbe selbst waren nach dem Prinzip des ›Ridge-and-furrow‹-Daches gefaltet und zugleich gegliedert. Durch die Bögen der Furchen und Grate, ganz aus Glas, welche von oben nach unten durchliefen, erhielt das Gewächshaus den Charakter eines riesigen Glasberges von kristallinem Charakter, in welchem sich die Umgebung wie auch der Himmel spiegelte. In den kristallin gebrochenen Oberflächen der Außenhaut wurde eine Form gefunden, welche in einer später nicht mehr erreichten Qualität dem Glas selbst als Material zum Ausdruck verhalf: Durch Transparenz und Spiegelung der gefalteten Glasgewölbe erhielt das Bauwerk trotz seiner imposanten Maße ein immaterielles Erscheinungsbild, das in der bisherigen Architekturgeschichte bis dahin völlig unbekannt war. Der Innenraum, den die Glasgewölbe mit den sie stützenden gußeisernen Säulenreihen bildeten, wurde im 19. Jahrhundert emphatisch mit einer Kathedrale verglichen. »Im Hauptentwurf kann es mit einer Kathedrale mit einem zentralen Schiff und Seitenschiffen verglichen werden.« (Abb. 224)[50]

Wie bei allen Bauwerken, welche den Aspekt des Modernen dem Betrachter rückhaltlos vermitteln, so ist auch bei diesem Bauwerk die ästhetische Erscheinung nur die Widerspiegelung einer ganz aus der gestellten Aufgabe entwickelten, logischen Struktur, welche die technischen Möglichkeiten nicht nur aufnimmt, sondern auch weiter

vorantreibt. So liegt diesem Erscheinungsbild des ›Großen Gewächshauses‹ eine technische Pionierleistung zugrunde, deren Ausmaß erst an den großen Ausstellungsbauten ab 1850 ablesbar ist. Wenn wir das ›Große Gewächshaus‹ mit den größten Hallenbauten jener Zeit, dem Typus der Eisenbahnhallen vergleichen, so wird die Bedeutung jenes Baues als Tragwerkkonstruktion deutlich. Architekten, und vor allem Ingenieure, jener Zeit lieferten sich in ihren Entwürfen einen Wettstreit, um größere Spannweiten zu erreichen. Die erste Lime Street Liverpool Station (1836) hatte einen konventionellen

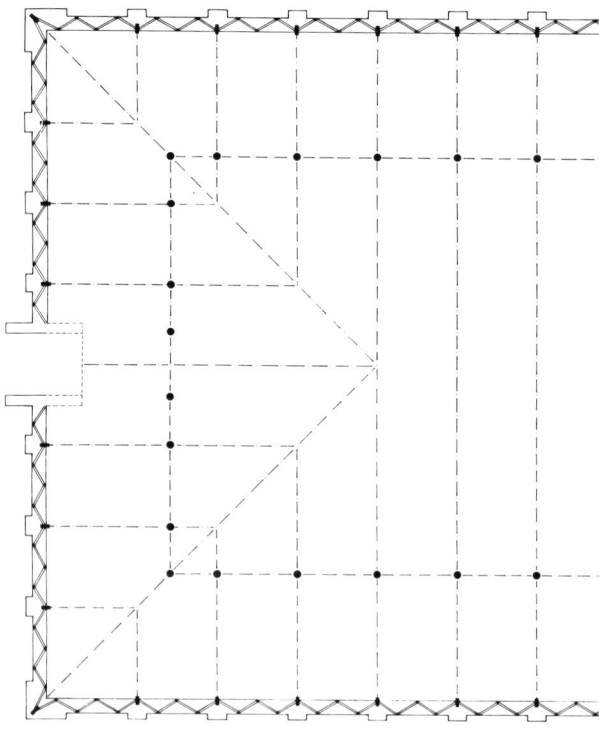

hölzernen Hauptträger von 16,8 m Spannweite, die erste Euston Station (1835-1839) hatte einen eisernen Träger von 42,20 m Spannweite, während Derby (1839-1841) einen eisernen Träger von 17,10 m Spannweite und die erste Temple Mead Station, in Bristol (1839/40), ein hölzernes ›Hammerbeam-Dach‹ von 22 m lichter Spannweite hatte. Daraus wird deutlich, daß Paxton mit den meisten experimentierenden Ingenieuren dieser Zeit in der Anwendung einer lichten Spannweite von 21,40 m konkurrieren konnte.

Die Lage des ›Großen Gewächshauses‹ – weit vom Schloß entfernt, in einer Waldlichtung eingebettet – zeigt, daß man in jener Zeit des völlig Neuartigen der Ästhetik sich bewußt war und einem Konflikt mit dem traditionellen Architekturstil aus dem Wege gehen wollte. Paxton schrieb in diesem Sinne über die Funktion eines Gewächshauses folgendes: »Wenn Tempel oder andere Gebäude vom Haus aus sichtbar sind, ist es unbedingt nötig, daß sie mit ihm harmonieren. Aber dies ist ein Bau, der ganz gegensätzlich zu einem Wohnhaus ist, der völliger Isolierung bedarf und eine Stelle braucht, wo sein Wesen wirken kann ... Ein Gewächshaus muß soweit wie möglich vom Wohnhaus entfernt stehen, da die Menge des verwandten Glases ihm eine durchgreifende Besonderheit verleiht.«[51]

Zum Bauprozeß

Anhand der von Chadwick sorgfältig studierten Rechnungsbücher über den Bau des ›Großen Gewächshauses‹ sind wir in der Lage, den Fortgang des Bauprozesses zu rekonstruieren. Demnach waren die jährlichen Kosten 1836: 1416 Pfund; 1837: 5221 Pfund; 1838: 5231 Pfund; 1839: 6458 Pfund; 1840: 11673 Pfund; 1841: 3010 Pfund; Gesamtkosten: 33099 Pfund. »Der erste Posten der Rechnung ist eine Zahlung von 38,15 Pfund an John Marples, Zimmermeister, 1836, ›for making the Model‹. Der Modellbau läßt vermuten, daß das Gewächshaus fertig entworfen und beabsichtigt war, das Modell dem Duke zu zeigen; andererseits ist es möglich, daß das Modell ein Vorschlag war, um unterschiedliche Konstruktionssysteme en miniature auszuprobieren.«[52] Weitere Posten der Rechnung desselben Jahres sind Reisekosten nach London, Hull und Brighton. In Brighton besuchte Paxton das von Henry Phillips aus Glas gebaute ›Antheum‹, welches später einstürzte. Die Reisen zeigten, daß Paxton, ehe er sein großes Vorhaben begann, sich nach allen Seiten informierte. Eine ähnliche Reise galt Robert Lucas Chance, dem Glashersteller aus Birmingham, wahrscheinlich in einer frühen Entwurfsphase des Glashauses durchgeführt. Nachdem das Gebäude in seiner Struktur und in seinen Außenmaßen feststand, war es

225 Grundriß EG, Rekonstruktionsversuch

226 Schnitt

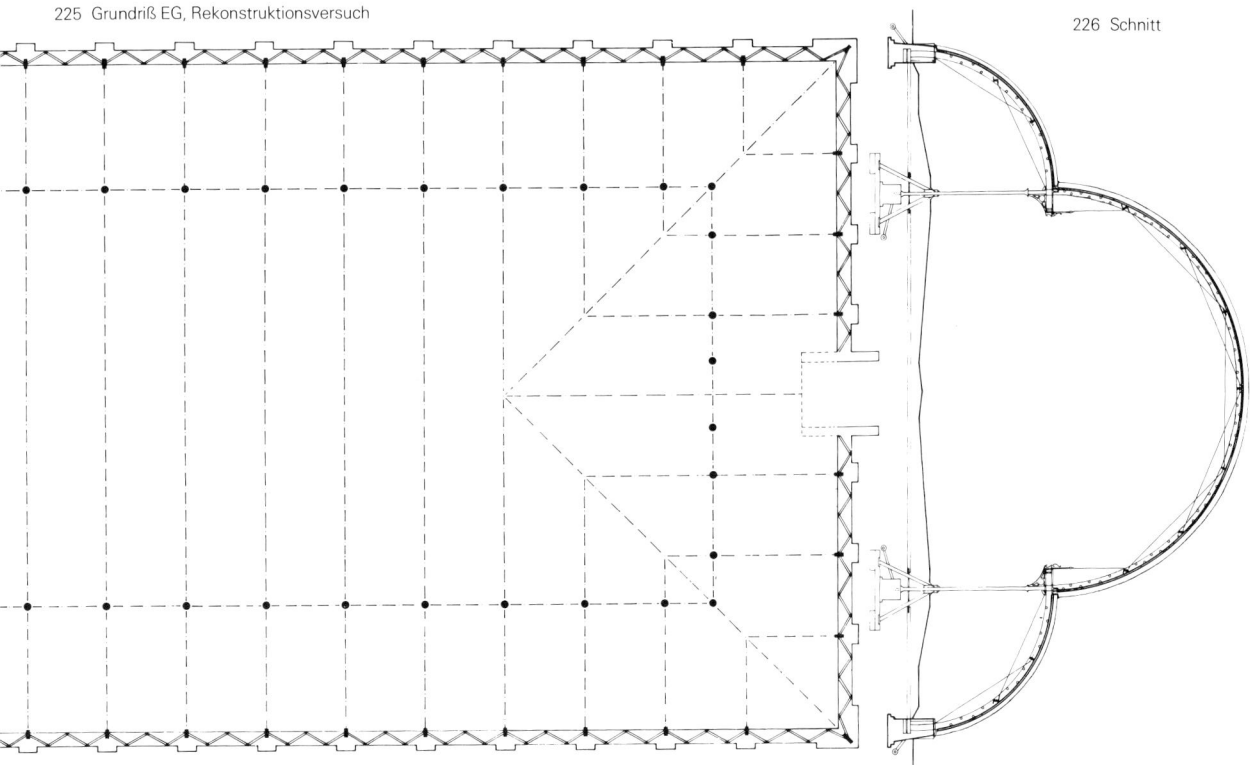

323

wichtig, die Rastergröße der Gesamtstruktur festzulegen, welche durch die Maximallänge der damals produzierten Glasscheiben bestimmt war. In der Anwendung des ›Ridge-and-furrow‹-Systems wollte er die Spannweite der Fenstersparren vergrößern und die Überlappung des Glases vermeiden. Chance versuchte in Verbesserung eines von Frankreich nach England von ihm 1832 eingeführten Verfahrens 3 Fuß lange und 10 Inches breite Scheiben in Masse herzustellen. Bei einem Besuch lernte Paxton das neue Verfahren zur Herstellung der 3-Fuß-länge näher kennen und regte dessen Verbesserung an.[53] Paxton hatte recht: Chance fand, daß es bei sorgfältigem Blasen möglich war, 4 Fuß lange Scheiben herzustellen, und Paxton bekam all das Glas, welches er benötigte. Dies ist ein deutliches Beispiel, wie aus einer neuartigen Ingenieuraufgabe Forderungen entstehen, deren Erfüllung den Stand der Produktivkräfte, hier in der Glasherstellung, weiter vorantreiben.

Chadwick beschreibt den Bauprozeß im einzelnen: »Die ersten Maßnahmen am Bauplatz waren das Einmessen und Ausschachten für die Fundamente und Heizungskammern unter der Struktur sowie der Zugangstunnel unter der Kaskade. Es war für Paxton eine Prinzipienfrage, daß unter dem Aspekt des Services das Gebäude gänzlich unsichtbar sein sollte und daß das Gebäude zum Garten von allen vier Seiten aus denselben Anblick bieten sollte. Aus diesen Gründen wurde auch der unterirdisch mit dem Gewächshaus verbundene Kamin des Kesselhauses in den Wald verlegt, ein Verfahren, das auch einen größeren Zug für die Heizkessel mit sich bringen sollte; beide, Zugangskanal und Schornsteinreihe, stehen noch heute. Eine Basismauer, 76 cm hoch, aus Sandstein der Gegend wurde aufgemauert, um die Verankerung der Hauptrippen der Seitenflügel zu schützen; diese umlaufende Sockelmauer war gewölbt, das Gewölbe enthielt eiserne Klappen für die Ventilation des Gewächshauses. Dann wurden Eisenstützen, in zwei parallelen Reihen von 70 Fuß Abstand, achtzehn in jeder Reihe, errichtet, um einen rektangulären horizontalen Rahmen aus eisernen Balken zu unterstützen. Dieser Rahmen trug die oberen Enden der Segmentrippen der niedrigen Flügel und das untere Ende der Rippen der Hauptspannweite: Die unteren Rippen überspannten 8,69 m in horizontaler und 12,2 m in vertikaler Richtung. Jede Rippe trug zwei Felder des ›Ridge-and-furrow‹-Daches, eines auf jeder Seite. Diese Rippen und die Rippen der Hauptspannweite waren aus Holz.«[54] Sie bestanden aus einzelnen Holzlamellen, welche zusammengenagelt und verbolzt wurden. Die Holzrippen nahmen vor allem die durch den Gewölbeschub auftretenden Druck und Biegkräfte auf. In der Konstruktionszeichnung sind an der Unterseite der Rippen Spannseile eingetragen, welche dem Bogen eingeschrieben waren und eine zweite Ebene zur Aufnahme der Zugkräfte im Sinne eines Untergurtes

bildeten. Es ist aus der Zeichnung nicht ersichtlich, ob die Verspannung im Sinne eines Raumtragwerkes diagonal über mehrere Rippen in netzartiger Form, ähnlich dem Transept des Glaspalastes, geführt wurden oder ob die Verspannung nur eine Rippe betraf. Die Tragrippen waren nach dem Prinzip des Paxtonschen Rinnenbalkens aus Holz ausgebildet. Die Regenrinne war in die Tragkonstruktion integriert. Das Wasser wurde so aus der vertikalen Fallinie zu der horizontalen Regenrinne geführt. Der Endpunkt für die Verspannung des Hauptschiffes war die gußeiserne Galerie, welche um alle vier Seiten des Hauptschiffes herumführte und durch gußeiserne Konsolen an den Stützen angeschlossen war. Zwischen den Stützen bildete diese Galerie zusammen mit einem gußeisernen Bogenträger, auf welchem sie auflagerte, eine horizontale Versteifung in der Ebene des Anschlusses des Seitenschiffes. Außerdem wurden Querpfetten, welche zwischen den Hauptbindern angebracht waren, zur Versteifung herangezogen. Um die Entfernung der Tragrippen voneinander zu vergrößern und dadurch eine größere Transparenz des Glasgewölbes zu erreichen, hat Paxton zwei Faltwerke als Grundeinheit zusammengefaßt, so daß sie einerseits direkt auf den Rippen, andererseits auf den Querpfetten auflagerten. Den konstruktiv problematischsten Punkt des Zusammenstoßes der beiden Gewölbe löste Paxton mit Hilfe einer Dachrinne, welche die Höhe des Faltwerkes aufnahm und das Regenwasser längs der Galeriehöhe sammelte und den Hohlsäulen zuführte. Zur Gesamtstabilität trug eine Versteifung der gußeisernen Säulen durch gespreizte Streben im Fundamentbereich bei (Abb. 225, 226, 530).

Die Heizung des ›Gewächshauses‹ wurde durch acht Kessel bewirkt, welche von 11 km langen, 10 cm großen Eisenrohren gespeist wurden. Sie wurden einen Energiekanal entlang geführt, hoch genug, um aufrecht darin durchzugehen. Das Brennmaterial war ebenfalls unterirdisch gelagert und wurde zu den Öfen über eine kleine Schienenbahn befördert. Die Ventilation besorgten eiserne Klappen im Sockelgewölbe und Öffnungen in Galeriehöhe sowie an der Spitze des ›Gewächshauses‹. Der im Jahre 1839 im Rechnungsbuch ausgewiesene Posten von 11 673 Pfund zeigt den großen Kostenanteil der Verglasung am Gesamtbauwerk. In Anbetracht der für diese Zeit enormen Glasflächen von ca. 6000 m² mußte sowohl in der Herstellung als auch im Verglasungsprozeß eine kostensparende Rationalisierung erreicht werden. Zu diesem Zweck verwendete Paxton direkt die von ihm selbst optimierten Produktionsmaße der Glastafeln. Glasschnitt und Abfall wurden dadurch vermieden. Die Idee des ›Ridge-and-furrow‹-Daches, als Gewölbe angewandt, besteht in der Möglichkeit, trotz kurvenlinearer Dachform gerade Glasscheiben zu verwenden. Wahrscheinlich hatte man zu dieser Zeit noch nicht, wie in Kew Gardens, die gekrümmten Flächen bei dieser Quadratmeterzahl mit gebogenem Glas eindecken können. Der Prozeß der Verglasung verlangte, um Arbeitskraft und Zeit einzusparen, ebenso wie das Herstellungsverfahren des Gesamtbaues auch hier eine industrielle Methode: eine Mechanisierung des Arbeitsablaufes. Es wurde eine Vorrichtung konstruiert, welche wahrscheinlich ein Vorläufer des Verglasungswagens gewesen ist, welcher am großen Ausstellungsgebäude verwendet wurde. Es existieren dazu leider keine Dokumente. Wahrscheinlich war ein System von Gegengewichten oder verstellbaren Flaschenzügen notwendig, um den Wagen über die gebogenen Rippen zu führen. Die Räder des Wagens liefen vielleicht gleich einem Eisenbahnwagen auf den Rippen. Lord Granville berichtet darüber: »Als dieser riesige Glasberg bereits größtenteils verglast war, schien er mir den größten Effekt zu versprechen, wenn die Wölbung vollendet sein würde. Noch gab es die ingeniöse Vorrichtung, um die Verglasung der Seiten und hohen Schrägen dieses Berges auszuführen, ebenso waren die Rippen noch mit Farbe zu streichen. Er berechtigte zur Bewunderung. Hier ist durch Einfachheit große Wirkung erzielt worden. Ich muß es meinen Lesern überlassen, wie es möglich ist, daß ein oder zwei Dutzend Maler und Glaser gleich einer Spinne, frei und behend, über eine Oberfläche von solch fragilem Material klettern, ohne eine einzige der schwachen Rippen zu biegen, oder eine Glasscheibe zu zerbrechen. Die Gewölbekonstruktion bekräftigt den Glauben an die Begabung dieses Architekten.«[55]

Der Inhalt des ›Großen Gewächshauses‹ in Chatsworth mit seinen bis zum Scheitel reichenden Pflanzen könnte einen ganzen Katalog füllen; hier fanden sich tropische Vögel, ebenso Gold- und Silberfische in Teichen sowie ausgedehntes Kristall- und Felsgestein. Als Königin Victoria im Dezember 1843 Chatsworth besuchte, war das ›Gewächshaus‹ durch 12000 Lampen beleuchtet. Die königliche Gesellschaft fuhr im offenen Wagen durch das Glashaus. Die Königin war wohl das vornehmste Glied in der Kette von Besuchern, die gekommen waren, das »neue Wunder von Chatsworth« zu besichtigen. Heinrich Fintelmann, Garteninspektor in Potsdam, welcher das Gebäude 1882 besuchte, schrieb darüber: »Die ganze Glasbedachung ist im ›Ridge-and-furrow‹-System ausgeführt, welches besonders den Vorteil herbeiführt, daß die Strahlen der Mittagssonne niemals senkrecht auf diese Glasbedachung einwirken können, und alles Beschatten der Pflanzen gegen die einfallenden Sonnenstrahlen entbehrlich ist. Wenn man die Größenverhältnisse dieses riesigen Gewächshauses in Betracht zieht, eine kolossale Ersparnis an Zeit und zerbrochenen Glasscheiben! Für unsere kontinentalen Winterverhältnisse würde die Anwendung dieses Systems, bei ähnlichen Größenverhältnissen der Pflanzenhäuser, unbedingt den Nachteil haben, daß sich in den Furchen zu große Schnee- und Eismassen ansammeln, durch welche

die Haltbarkeit der Glasflächen unter diesen Umständen auf eine nicht immer günstige Probe gestellt werden würde. Derartig konstruierte Glashäuser bedürfen außerdem schützender Gegenstände gegen die Einwirkung starker Stürme, wie dichte Baumpflanzungen oder Bergzüge oder auch Gebäude. Sir Joseph Paxton hatte es bekanntlich besonders der Errichtung dieses Gewächshauses zu verdanken, daß ihm die Leitung der Herstellung des großen Ausstellungspalastes für das Jahr 1851 in London anvertraut wurde. Der glücklichen Vollendung dieses Ausstellungsgebäudes verdankt Paxton die Verleihung der Würde eines englischen Baronet. Das Innere des Gewächshauses zu Chatsworth ist durch einen breiten Fahrweg zugänglich, welcher in der Mitte der Längenausdehnung um ein mächtiges Rundteil herumführt ... Es ist ein Musenwald in des Wortes eigentlichster Bedeutung.«[56]

Dieses aus Gründen der Baugeschichte einmalige und unersetzliche Gebäude existierte achtzig Jahre lang. Es wurde dann wegen seiner hohen Unterhaltskosten um 1920 gesprengt. Für die Festigkeit der Konstruktion des Gebäudes ist bezeichnend, daß es erst nach fünf Versuchen gelang, das Gebäude mit Hilfe von Dynamit zu demolieren. Die kolossalen Ausmaße des ›Gewächshauses‹ und seine architektonische Qualität ließen in der Fachwelt Zweifel daran aufkommen, daß Paxton – ein Gärtner – der alleinige Urheber des Entwurfes sei. Nahrung dafür gab der Sechste Herzog, indem er in seinem Handbuch von »diesem außerordentlichen Denkmal des Paxtonschen Talents und Geschickes, in dessen Durchführung er durch Decimus Burton beraten und unterstützt wurde«, spricht. Diese Formulierung läßt verschiedene Auslegungen offen, unter anderem jene, daß Burton, der spätere Architekt von den Gewächshäusern in Kew Gardens, am »architektonischen Erscheinungsbild« maßgeblich mitgewirkt hat.[57] Dieser Annahme widerspricht die Tatsache, daß die architektonische Erscheinung des ›Großen Gewächshauses‹, wie beschrieben, auf die Innere Logik der Konstruktion zurückgeht. Diese wiederum konnte nur über eine Entwicklungsreihe zahlreicher Glashäuser erreicht werden, die nachweisbar von Paxton durchgeführt worden ist. Hingegen kann man sagen, daß Burton in dieser Zeit über keine Erfahrungen im Gewächshausbau verfügte, ferner seine späteren Versuche auf diesem Gebiet alle in Gemeinschaftsarbeit mit dem Konstrukteur Richard Turner aus Dublin gemacht wurden und daß sie keine prinzipielle konstruktive Gemeinschaft mit den Paxtonschen Bauten haben.

Literatur: Chadwick 1961, S. 73-103; Die Gartenzeitung, 1882 Jg. 1; Fintelmann 1892, S. 31-83; Schild 1967, S. 36; Loudon 1839 Bd. xv., S. 450; The Gardeners' Chronicle, 31. 8. 1850, Jg. 10, Nr. 35, S. 548, 549; Neumann 1862, S. 174 ff.

CHATSWORTH (Derbyshire), Park des Herzogs von Devonshire, Victoria regia-Haus

Abb. 529

Länge:	18,75 m	Architekt:	Joseph Paxton
Breite:	16,30 m	Baujahr:	1849
Höhe:	5,50 m	Zustand:	abgerissen

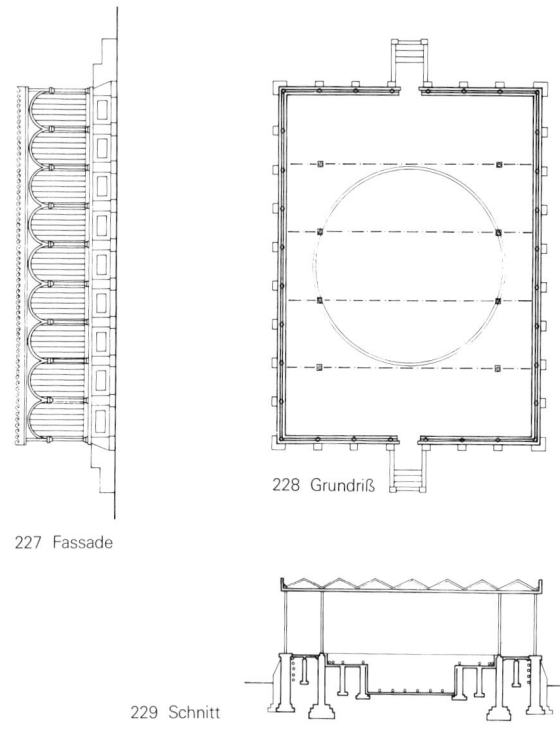

227 Fassade

228 Grundriß

229 Schnitt

Das ›Victoria regia-Haus‹ in Chatsworth, ein Jahr vor dem Kristallpalast gebaut, ist trotz seiner bescheidenen Ausmaße für die Entwicklungsreihe der Glasbauten Joseph Paxtons von besonderer Bedeutung. Mit der Vollendung dieses Bauwerkes hatte Paxton die Grundelemente geschaffen, die es ihm ermöglichten, nun die großen Ausstellungsbauten in Angriff zu nehmen. Vom großen Gewächshaus übernahm er im Grundprinzip das Gewölbe des Mittelschiffes als konstruktives Element für das Transept des Glaspalastes. Vom ›Victoria regia-Haus‹ entlehnte er in modifizierter Form die Dachstruktur und die gußeiserne Fassade als Bauelemente der Außenhaut des Glaspalastes. Die am ›Victoria regia-Haus‹ gesammelten Erkenntnisse faßte Paxton 1850 in einer Patentschrift für ein neuartiges Dachsystem zusammen. Dies war für Paxton desto wichtiger, als die Planung für den Glaspalast schon im Gange war und er sich veranlaßt sah, seine Idee zu schützen.

Als Paxton im Auftrag des Herzogs 1849 die Victoria-regia-Pflanze erwarb, wurde sie in einem bereits vorhandenen Gewächshaus – dem erwähnten Glashaus mit kurvenlinearem Dach – untergebracht. Das schnelle Wachstum der Pflanze machte jedoch ein neues Haus notwendig. Er entwarf ein Glashaus auf annähernd quadratischem Grundriß, welches auf einen gemauerten Sockel gestellt war und dessen Mitte ein großes kreisrundes Becken von 12,2 m Durchmesser einnahm. Der Raum wurde durch ein ›Ridge-and-furrow‹-Dach und durch eine elementierte Fassade mit Gußeisenstützen abgegrenzt. In seinem Erscheinungsbild zeigte sich der Bau als Zweckform, deren architektonischer Reiz in der einfachen Reihung der aus Einzelelementen zusammengesetzten Glieder von Dach und Fassade bestand (Abb. 227–231). An Form und Durchbildung der Bauglieder dieses Hauses ist ablesbar, daß es Paxtons Ziel war, eine bis an die äußerste Grenze statischer Belastbarkeit ausgenutzte Konstruktion zu finden; dies im Bestreben, die sowohl ökonomischste als auch transparenteste Form eines Dachsystems zu realisieren. Es darf nicht übersehen werden, daß die maximale Ausnutzung der Tragfähigkeit der Konstruktion nicht auf der Basis statischer Berechnungen – wobei immer ein Sicherheitsfaktor einkalkuliert wird –, sondern auf der Basis des Experimentes und Erfahrung erzielt wurde. Das ›Ridge-and-furrow‹-Dach mit den bereits bekannten Paxton-Rinnenbalken wurde von Hauptbalken getragen, welche

senkrecht zur Richtung der Faltdächer angeordnet waren. Bisher war der Paxton-Rinnenbalken als Hauptträger vorgesehen gewesen. In dieser Lösung entwickelte Paxton eine Hierarchie des Tragwerkes durch Anordnung senkrecht zueinander ausgerichteter Balken, die in zwei Ebenen lagen. Die vier Hauptbalken, 16,3 m lang, waren über dem Wasserbecken 10,2 m weit frei gespannt. Sie bestanden aus schmiedeeisernen Balken von 12,5 cm Höhe, welche durch einen Rundstahl von 2,5 cm Durchmesser abgespannt waren. Sie ruhten auf acht hohlen gußeisernen Säulen von 8,75 cm Durchmesser. Quer zu diesen Hauptbalken lagerten mit der kleineren Spannweite von 3,50 m die Paxton-Gutter mit dem Faltdach. Die Fassade längs des Sockelmauerwerkes bestand aus einer Serie von Gußeisensäulen in 1,85 m Abstand, untereinander durch Gußeisenbögen verbunden. Sie trugen eine Attika, welche die Enden des Faltdaches verdeckte. Hinter den Säulen befand sich die Glasfassade, welche aus einzelnen Tafelplatten von 12,1 cm × 25 cm in einem hölzernen Rahmen gefaßt war. Das ganze Bauwerk stand auf einem Sockel von 93 cm Höhe, in welchen das Hauptbecken eingelassen war (Abb. 230, 231).

Den technischen Standard dieses Gewächshauses beleuchtet der Bericht G.F. Chadwicks: »Es wundert nicht, daß in diesem Haus die Victoria regia zum ersten Mal in Europa zur Blüte gebracht wurde. Eine Betrach-

230 Schnitt mit Blick ins Innere

tung des Lilienhauses wäre unvollständig, ohne einen weiteren Bericht über seine Bewohner und über die Weise, in welcher deren Komfort und Wohlbefinden gesichert wurde. Neben dem Hauptbecken waren acht kleinere Becken in den Ecken des Hauses, die andere Wasserpflanzen enthielten: Nymphäa, Nelumbium, Pontederia; das Hauptbecken hatte einen zentralen tiefen Teil, 4,88 m im Durchmesser, welcher die Erde für die Victoria enthielt; eingebettet in die Erde befanden sich 10 cm messende eiserne Heizröhren, während 5 cm messende Röhren im seichten Teil des Beckens geführt waren. Das Haus als Gesamtraum war durch ein System von Röhren geheizt, die rund um die Innenseite des Sockelmauerwerks geführt waren. Dreißig Öffnungen zwischen den Pfeilern der Sockelmauer zur unteren Durchlüftung und Fensteröffnungen im Dach, durch einen einfachen Mechanismus zu öffnen, gaben wenn erwünscht, eine zusätzliche Lüftung. Vier kleine Wasserräder im Victoria-Becken waren vorgesehen, um dem Wasser eine leichte Bewegung zu geben, und ein Kaltwasserhahn über jedem, so daß die Wassertemperatur nach Wunsch geändert werden konnte (mittlere Beckentemperatur 83° bis

85°F). Es ist interessant, daß Paxton die Möglichkeit eines elektrischen Lichtes vorgesehen hatte – dies nahezu zwanzig Jahre vor der Erfindung des Dynamos; es war jedoch wegen seiner Kosten ungeeignet, das Wachstum der Victoria zu unterstützen. Wie er es erzeugen wollte, ist nicht klar, er war jedoch sicher an elektromagnetischen Phänomenen zu verschiedenen Zeiten interessiert und experimentierte damit.«[58]

Die erwähnte Patentschrift von 1850, publiziert im ›Civil Engineer and Architect's Journal‹, hat in ihrem vorgestellten Dachsystem einen ähnlichen Aufbau wie das Dachsystem des ›Victoria regia-Hauses‹ (Abb. 232). Der wesentliche Unterschied besteht darin, daß nicht die Hauptträger, sondern die Nebenträger (die ›Paxton's-Gutter‹) mit Rundstahl unterspannt sind. Durch diese Lösung konnte die Spannweite der Nebenträger vergrößert werden. Wie die Tragstruktur, wurde das Entwässerungssystem in zwei Ebenen geführt: Der ›Paxton's-Gutter‹ sammelte das Regenwasser und leitete es in den Hauptträger, der ebenfalls als Rinne ausgebildet war. Von dort gelangte das Wasser in die hohlen Gußeisensäulen. Durch die Vorspannung seiner ›Gutter‹ erreichte

231 Gesamtansicht

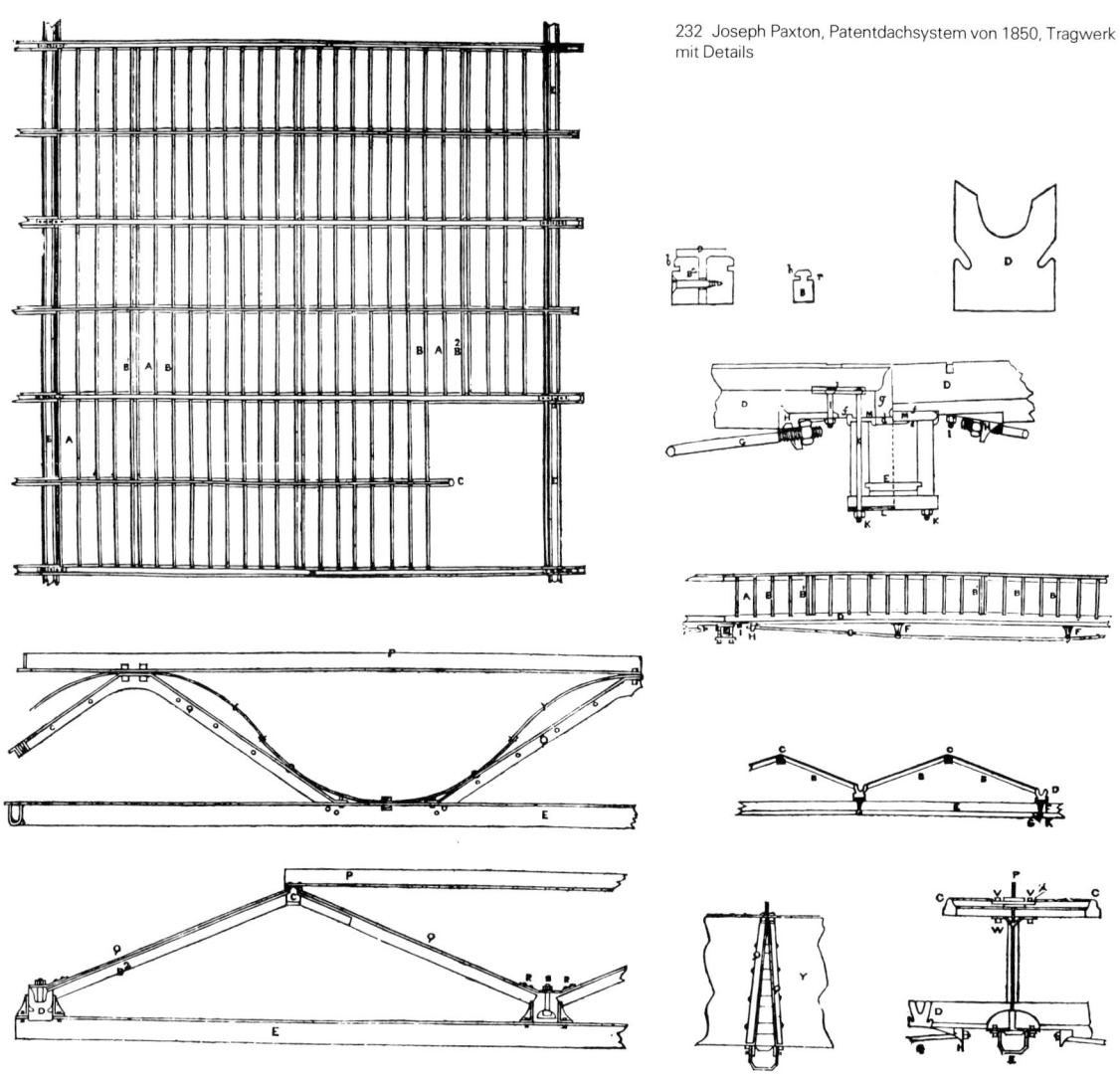

232 Joseph Paxton, Patentdachsystem von 1850, Tragwerk
mit Details

Paxton zusätzlich zu der erhöhten Tragfähigkeit ein Gefälle des Balkens in zwei Richtungen. Das Patent wurde
Paxton am 22. Januar 1851 zuerkannt. Paxton beschreibt
seine Erfindung als verwandt mit »Erfindungen in der
Konstruktion jener Dächer, welche als ›Ridge-and-val-
ley‹-Dächer bekannt sind; ein Teil dieser Erfindungen ist
auch auf andere Dachformen anwendbar.«[59] Der Beschreibung wurden zwei Blätter mit Zeichnungen beige-
fügt, die die Konstruktionsdetails zeigten. Aus der Darstellung des Dachsystems wird deutlich, daß Paxton mit
dieser Erfindung eine industrielle Fertigung und breite
Anwendung im Auge hatte. Das Dachsystem war nicht
nur für Gewächshäuser, sondern auch für verschiedene
Gebäudetypen gedacht. Zur selben Zeit, als er das ›Victoria regia-Haus‹ baute, experimentierte er mit Glasdächern für Wohnhäuser. Ebenso untersuchte er Anwendungsmöglichkeiten seines Glasdaches für Eisenbahnsta-
tionen und Versammlungsplätze. Den großen Durch-
bruch zu einer breiten Anwendung brachte der von ihm
durchgeführte Bau des ›Kristallpalastes‹. Der von Paxton
1848 errichtete ›Conservative Wall‹, ganz aus Holz konstruiert, ist eine Vorwegnahme der Glaswände Richard
Turners (Abb. 533-535). Er ist noch heute in gutem Zustand erhalten und bleibt uns als einziges Zeugnis der
Paxtonschen Versuchsreihen zum Glashausbau.

Literatur: Chadwick 1961, S.73-103; Schild 1967, S.36; Loudon
1839 Bd.xv., S.450; The Gardeners' Chronicle, 31.8.1850, Jg.10,
Nr.35, S.548, 549

CHISWICK bei London, Gewächshaus, Chiswick Garden

Länge:	56 m	Architekt:	D. and E. Bailey
Breite:	9,15 m	Baujahr:	1840
		Zustand:	abgerissen

Das ›Gewächshaus Chiswick Garden‹ bei London war der 1840 realisierte Teil einer großzügig geplanten Anlage mit zentraler Kuppel von 36,60 m Durchmesser und mit vier Seitenflügeln. Das gebaute Gewächshaus war einer dieser Flügel. Er wurde von der mit Loudon verbundenen Gewächshausfirma D. and E. Bailey in Form einer steil gewölbten gläsernen Tonne ausgeführt. Die Höhe des Glasbaues führte entgegen der üblichen Praxis dieser Firma zur Anwendung von filigran wirkenden gußeisernen Bogengitterträgern, welche, mit querlaufenden Pfetten ausgesteift, das Haupttragwerk bildeten. Dazwischen spannte sich das Sprossenwerk des kurvenlinearen Daches. Von Zeitgenossen wurde die völlig schmucklose, elegant wirkende Ingenieurkonstruktion in Chiswick mit einer ›gigantischen Glasblase‹ verglichen, »welche ein starker Wind zerbersten oder vor sich hertreiben könnte, so leicht erscheint sie« (Abb. 233, 234).[60] Der Auftraggeber war die ›London Royal Society‹, welche bereits 1821 ein Gebäude hinter dem ›Chiswick House‹ des Duke of Devonshire gepachtet hatte. 1824 wurde hier eine nationale Schule zur Verbreitung der Gartenwissenschaft gegründet. Joseph Paxton begann hier seine Karriere, welche vom einfachen Gärtner zum Gartenarchitekten von Chatsworth führte. Der Präsident der ›London Royal Society‹, William Cavendish, Duke of Devonshire, war am Bau großer Glashäuser interessiert und hatte bereits in Chatsworth von Paxton das ›Große Gewächshaus‹ erbauen lassen. Er war auch der Initiator für die Erbauung des Gewächshauses in Chiswick. 1857 wich die exotische Pflanzenwelt, mit welcher

233 Gesamtansicht, Stich um 1840

234 Innenansicht, Stich um 1840

das Glashaus gefüllt war, einer Weinkultur mit 83 verschiedenen Weinsorten und dem jährlichen Ertrag von 4500 Pfund.

Literatur: McGrath und Frost 1961, S. 118, 119; Hix 1974, S. 115-117

DRESDEN, Palmenhaus, Schloßpark Pillnitz

Breite:	ca. 12 m	Architekt:	unbekannt
Höhe:	ca. 12 m	Baujahr:	um 1856
		Zustand:	erhalten

Das ›Palmenhaus‹ in der Nähe von Dresden ist in der Einfachheit seiner stereometrischen Formen und der Eleganz seiner feingliedrigen Eisenkonstruktion ein bemerkenswertes Dokument früher sachlicher Architektur. Der hohe Zentralraum, für Palmen bestimmt, wurde durch im Sechseck aufgestellte überaus schlanke Gußeisenstützen eingegrenzt und nach oben durch ein sechseckiges, flaches Pyramidendach abgedeckt. Daran schlossen niedrige Kuben der Seitenflügel an, deren Pultdach in der Traufhöhe des Zentralraumes ansetzte. Diese Seitenflügel waren durch ein Massivmauerwerk seitlich begrenzt. Eine Bogenöffnung erschloß endlich einen langgestreckten, niedrigen Glaskorridor mit einfachem Satteldach. Die eisernen Rundstützen mit zierlichen Kapitellen waren in die Ebene der großen Glasflächen gestellt und standen auf einem niedrigen, sorgfältig behauenen Steinsockel auf. Ihre horizontale Aussteifung fanden sie in einem Querbalken, welcher, die Trauflinie der Flügelbauten aufnehmend, den sechseckigen Zylinder des Zentralraumes umlief. Der vom First der Flügelbauten ausgehende Querbalken schloß die Säulen in der Traufkante des Zentralraumes nochmals zusammen. Das darauf ruhende Dach war an seiner Spitze mit einer Palmette aus Gußeisen geschmückt.

Quelle: Dresden, Amt für Denkmalpflege

DUBLIN, Glasnevin,
National Botanic Gardens, Gewächshaus
Abb. 536–540

Länge:	101 m	Architekt:	Richard Turner
Breite:	10 m		William Clancy
Höhe:	12 m	Baujahr:	1842–1850
		Zustand:	gut erhalten

235 Lageplan, 1975

Die ausgedehnte 100 m lange Gewächshausanlage in Dublin geht zum größten Teil auf das Werk Richard Turners zurück. Sein Konstruktionsprinzip, in dem das Loudonsche Tragsystem aufgegriffen und zu einer organisch wirkenden filigranen Eisenstruktur weiterentwickelt wird, ist an allen Teilen dieses Bauwerkes ablesbar. Die Stützen im Inneren verlieren ihre klassische Form und lösen sich in bogenförmige Verzweigungen aus dünnem Stahl auf. Das nur von Sprossen gebildete Glasgewölbe punktuell unterstützend, gleichen diese Stützen pflanzlichen Gebilden, die in der tropischen Vegetation des Gewächshauses aufgehen. Die gesamte Anlage besteht aus drei Pavillons mit dazwischenliegenden Verbindungsgängen. Es scheint, daß Turner gerade mit Vorliebe eines der schwierigsten Probleme der Architektur aufsucht, nämlich die gegenseitige Durchdringung gebogener Flächen. Anders als im ›Wintergarten‹ des Regent's Parks hat Turner an den Durchdringungspunkten kubische Glaskörper eingeschaltet. Dieser Gegensatz von geraden und gebogenen Glasflächen, der die gesamte Anlage bestimmt, gibt ihr ihren besonderen ästhetischen Reiz. Turners Einfall, die Außenstützen in eine verglaste Doppelstütze aus Gußeisen aufzulösen, vergrößert die Leichtigkeit der Glaswand des Mittelpavillons und verleiht ihm zugleich, ohne plumpen Rückgriff auf Stilarchitektur, ein repräsentatives Aussehen. Der Mittelpavillon ist das einzige noch vorhandene Beispiel dieser Erfindung.

Situation

Der Botanische Garten von Dublin in Glasnevin wurde 1795 von der ›Dublin Society‹ mit Hilfe einer Garantie des Irischen Parlamentes in Form eines 100000 m² großen Grundstückes erworben (Abb. 235). Der Garten wurde ursprünglich von Walter Wade, dem ersten Direktor, und John Underwood, dem ersten Kurator, entworfen und ausgeführt. Der Konstrukteur des ›Großen Gewächshauses‹ – es ist im Pavillonsystem 1842 errichtet – war im wesentlichen R. Turner. Zwar wurde der erste Kontrakt für einen Seitenflügel mit William Clancy geschlossen, jedoch der Auftrag für den zweiten Flügel und den zentralen Dom wurde an Turner vergeben. Er erfüllte ihn bis 1850. Turner stammte aus Dublin. Sein Name erschien das erste Mal 1813 in einem Dubliner Adreßbuch, wo er als in St. Stephan's Green tätiger Geschäftsmann erwähnt war. 1818 erscheint sein Name als Fa. Richard Turner and Co. und später als ›Ironmonger‹. 1836 erweiterte sich die Firma und zog in die Shelburne Street in Dublin, als ›Hammersmith Works‹ um. Diese Firma, die Eisenkonstruktionen nicht nur herstellte, sondern auch plante, ist im englischen Gewächshausbau in der Mitte des 19. Jahrhunderts eine technisch führende Firma geworden. Die beiden Seitenflügel des ›Palmenhauses‹ in Belfast (1839) sind das erste bekannte Beispiel der Arbeit dieser Firma. Dann folgten Arbeiten für den

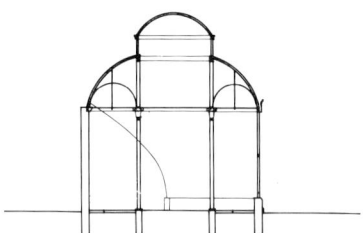

236 Schnitt durch den Mittelpavillon, 1850

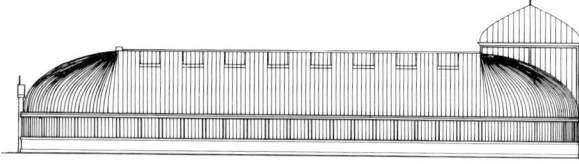

237 Südfront

238 Grundriß EG und Dachaufsicht

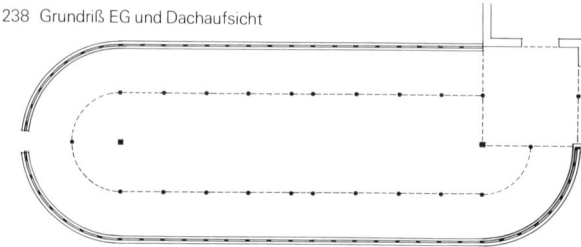

›Regent's Park‹ (1846), für Kew Gardens (1844-1848) und Killikee (1845-1850). Turner fertigte auch Konstruktionen für Bahnhöfe, wie das Dach der ›Broadstone Station‹ (1847) und Teile des Daches der ›Lime Street Station‹ in Liverpool (1850). Zusammen mit seinem Bruder Thomas, einem Architekten, reichte er einen Entwurf für den Kristallpalast ein, wurde jedoch wegen der hohen Kosten abgewiesen.[61]

Raum- und Konstruktionsform

Das räumliche Grundkonzept ist ein Pavillonsystem von 101 m Ausdehnung, das aus einem erhöhten Mittelbau von rechteckigem Grundriß und allseits abgewalmten Glasdach mit symmetrisch anschließenden Flügelbauten besteht (Abb. 236-238). Sechs gußeiserne Säulen mit korinthischen Kapitellen sind im Inneren des Mittelbaues zu zwei Reihen aufgestellt und tragen eine aufgeständerte Laterne mit gewölbtem Glasdach. Von hier aus spannt sich ein rundum abgewalmtes Glasgewölbe zum Ständerwerk der Fassade und zum rückwärtigen Massivmauerwerk der Nordfront. In der Fassade befinden sich die erwähnten verglasten Doppelstützen, die an der Hauptfront durch Stahlbänder mit den Innenstützen und der Massivmauer verbunden sind. Bogen und Rundstahl zwischen den Innenstützen und der Fassadenfront bilden eine Art Arkade (Abb. 536, 537). Die aus eng gestellten Eisensprossen bestehenden Glasgewölbe der Flügelbauten werden von einer Stützenreihe gehalten, die durch gleich Ästen sich verzweigende Bogenstreben untereinander und mit den Sprossen des Daches verbunden sind. Ein ähnliches Konstruktionsprinzip hat Turner beim Wettbewerb zum ›Kristallpalast‹ in London, 1850, als Tragsystem seines aus drei Gewölben bestehenden Baues vorgeschlagen. Die beiden langgestreckten ›Gewächshäuser‹, die die beiden Flügelenden bilden, haben kurvenlineare Glasgewölbe mit Apsiden als Abschluß. Den Anschluß dieser kurvenlinearen Bauten mit dem kurzen, ebenfalls gewölbten Verbindungskorridor formt der eingeschobene Würfel eines Glasturms.

Literatur: McCracken 1971

DUBLIN, Glasnevin, National Botanic Gardens, Neues Palmenhaus (Abb. 541, 542)

Länge:	30 m	Architekt:	Paisley, errichtet
Breite:	24 m		durch die Fa. Boyd
Höhe:	20 m		and Co.
		Baujahr:	1884
		Zustand:	gut erhalten

Dieses große Glashaus hat ein Rechteck zum Grundriß, das durch eine Apsis – gebildet durch abgeschrägte Ecken – abgeschlossen wird. Innen eingestellte Gußeisenstützen tragen entsprechend der Grundrißform einen hohen Mittelteil, der, durch eine Art Zwerggalerie aufgeständert, mit gewölbtem Glasdach eingedeckt ist. Daran schließt ein umlaufender niedriger Umgang, in dem sich die obere Dachform nochmals wiederholt. Die Außenwände sind ein Pfostenwerk aus Holz. Nach Norden wird das Glashaus durch eine Massivmauer abgeschirmt. Der ästhetische Charakter der Architektur wird durch die beiden verschieden hohen Glasgewölbe bestimmt, die sich in den Enden der Apsis brechen und in einer elegant geführten Linie aufsteigen.

Literatur: The Gardener's Chronicle, 18. 10. 1882, Jg. 42, S. 488

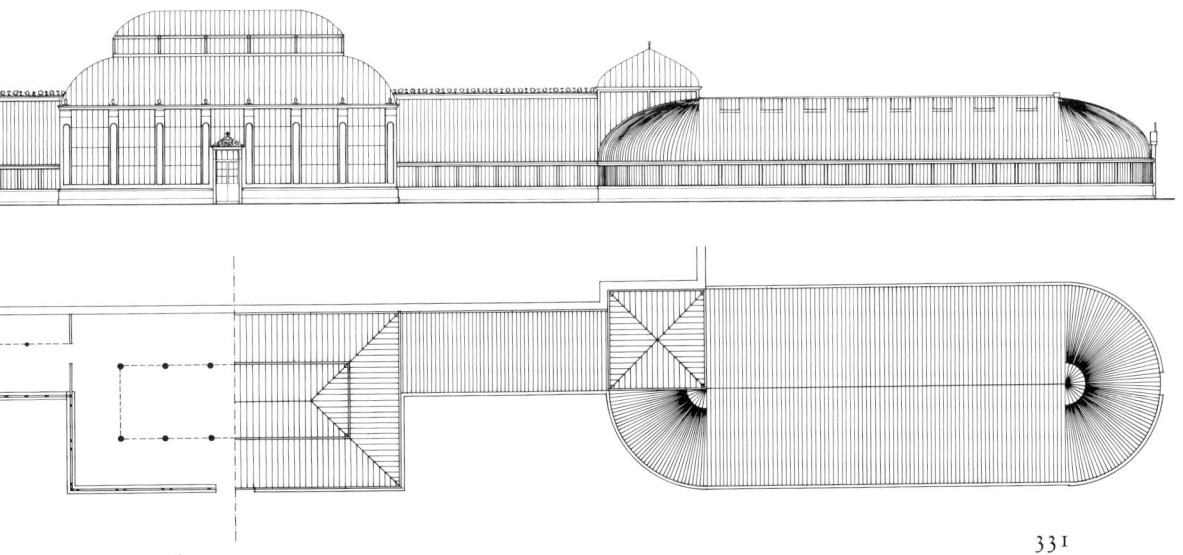

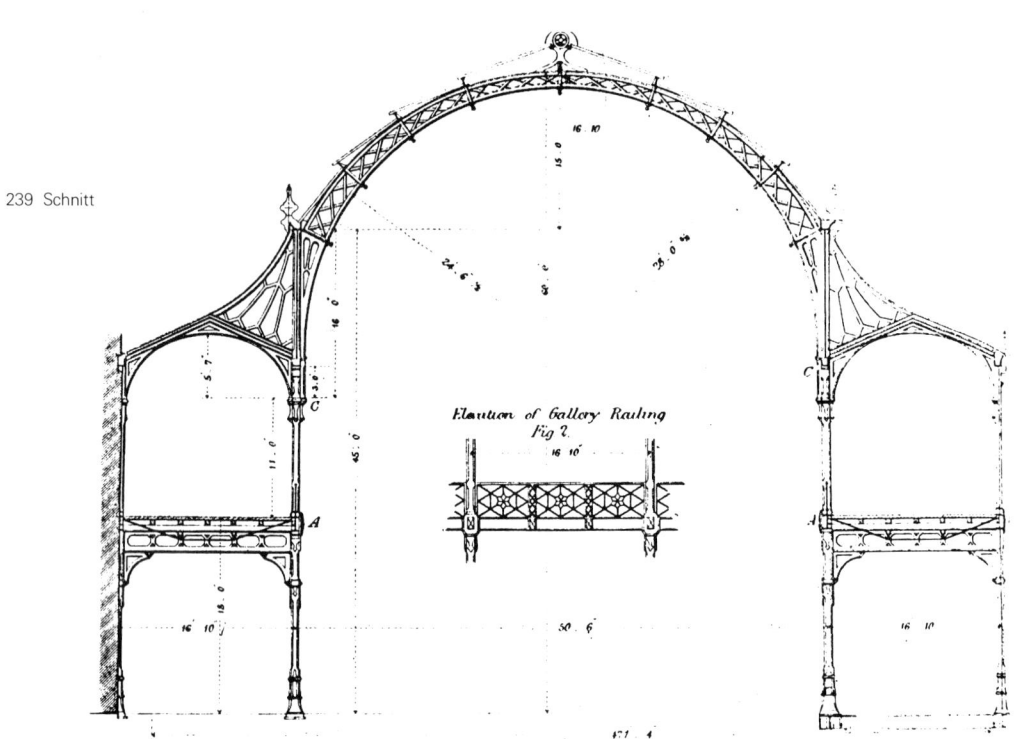

239 Schnitt

Elevation of Gallery Railing
Fig 2

DUBLIN, Winter Palace, Ausstellung 1865

Länge:	108 m	Architekt:	Alfred G. Jones,
Breite:	25,60 m		Rowland Mawson
Höhe:	18,30 m (Innenmaß)		Ordish und
			Le Feuvre
		Baujahr:	1865
		Zustand:	abgerissen

Der ›Winter Palace‹ in Dublin, anläßlich der Internationalen Ausstellung für Kunst und Industrie 1865 errichtet, war eine ausgedehnte Glas-Eisenkonstruktion, die an ihrer Längsseite an einen Massivbau angrenzte. Sie hatte einen basilikaartigen Aufbau: Das hohe Mittelschiff überspannte ein gläsernes Tonnengewölbe, das sich seitlich auf niedrigere Nebenschiffe stützte. Hierbei kamen vor die Fassade gelegte gußeiserne Streben zur Anwendung, in welchen die Wölbung des Mittelschiffes sich im Gegenschwung fortsetzte, wodurch eine fließende, für das Auge gefällige Verbindung mit den Dächern der Nebenschiffe zustande kam. Die Art der räumlichen Durchbildung des Wintergartens sowie dessen bis ins Detail ausgereifte Eisenkonstruktion verrät einen Architekten, der sich mit dem Glas-Eisenbau intensiv befaßt hat. Rowland Mawson Ordish, der Partner von Alfred G. Jones, baute drei Jahre später den ›Wintergarten‹ in Leeds und 1872 eine eiserne Hängebrücke über die Themse. Zudem konstruierte er zusammen mit Owen Jones vorgefertigte gußeiserne Häuser in Form von Pavillons für den Export in die Kolonien. In diesen Bau-

werken, wie auch bereits im ›Winter Palace‹ von Dublin, entstand eine Architektur, deren ästhetischer Wert sich aus der ingenieurmäßigen Behandlung der Konstruktion ergab. Das Ergebnis war die überzeugend klare Anordnung großer Formen, ohne ornamentales Beiwerk, wodurch der gegliederte Aufbau des Eisengerüstes deutlich hervortrat. In diesem Sinne setzte der ›Winter Palace‹ in Dublin die im ›Kristallpalast‹ 1851 verfolgte sachliche Tendenz fort, ohne zu einer Nachbildung herabzusinken (Abb. 240).

Der Glaspalast von Dublin wurde als ein eine Landschaft überdeckender Wintergarten konzipiert, der mit zwei Konzertsälen für je 3000 und 1500 Personen, mit einer Lesehalle, Übungsräumen für das Orchester, Speisesalons und Erfrischungsräumen sowie mit einer ausgedehnten Gemäldegalerie und Ausstellung in Verbindung stand. Der über 100 m lange und ca. 25 m breite Wintergarten wurde von einer insgesamt 518 m langen Galerie umgeben, die sich z. T. nach außen in einer Terrasse fortsetzte. Von hier aus hatten die Besucher einen Überblick über den 5 ha großen Park, der, wie der Wintergarten, dem öffentlichen Vergnügen diente.[62]

Konstruktionsform

Der dreischiffige Aufbau der Tragkonstruktion bestand aus einem doppelstöckigen gußeisernen Umgang, gebildet aus Stützenreihen und Querträgern, die die Galerie und deren Pultdach trugen. Dieser den ganzen Wintergarten umfassende, in sich steife Rahmen diente dem Tonnengewölbe des 15,40 m breiten Mittelschiffs als Auflager. Die Träger des Gewölbes waren halbkreisförmig gebogene Fachwerkbinder aus Schmiedeeisen, die, dem Kraftfluß folgend, sich nach oben verjüngten. Im Abstand der Säulen von 5,13 m gesetzt, waren sie untereinander durch Querträger und Zugdiagonalen verbunden. Die Ausbildung des Auflagers ist durch die Anwendung gußeiserner Streben in Form eines durchbrochenen Fächerwerks bemerkenswert. Es diente dazu, den Seitenschub der Galerie zu übertragen. Dadurch konnte man auf störende, quer durch den Raum führende Zugdiagonalen verzichten. Die Strebebogen waren nach außen sichtbar und spannten eine vertikale Fensterfront ein, an die die Verglasung des Gewölbes anschloß. Das Ständerwerk des Galerieumganges setzte sich aus vorgefertigten gußeisernen Elementen in Form von Säulen, Verbindungsstücken und Konsolen zusammen, auf welche die

gegossenen Gitterträger in Längs- und Querrichtung auflagerten. Das Pultdach der Galerie bildeten in einem Stück gegossene Eisenrippen mit eingeschriebenem Bogen (Abb. 239).[63] Die Lüftung des großen Bauwerkes erfolgte mechanisch über eine am Dach entlang laufende drehbare Welle, die die sich überlappenden Glasfenster des Gewölbes über Drahtseile öffnen konnte. Mit dieser Lösung wurde versucht, dem Problem der Aufheizung glasgedeckter Hallen im Sommer entgegenzuwirken. Demselben Problem wollte noch Joseph Paxton über schattenwerfende Leinentücher begegnen. Die Konstruktion der überaus leicht und hell wirkenden Halle des ›Winter Palace‹ in Dublin hat einen Vorläufer in dem zehn Jahre zuvor erbauten ›Industriepalast‹ der Pariser Weltausstellung 1855, der ebenfalls als Wintergarten genutzt wurde.

Literatur: Walmisley 1950, S. 21; Gloag 1948, S. 254; The Illustrated London News, 18.3.1865, Jg. 24, Bd. XLVI, Nr. 1306, S. 258, 262

240 Gesamtansicht mit Garten, Holzstich, um 1865

EDINBURGH, Palmenhaus,
Royal Botanic Garden

Abb. 543-548

Altes Palmenhaus:

Durchmesser:	18 m	Architekt:	unbekannt
Höhe:	14 m	Baujahr:	1834 (1860 umgebaut)
		Zustand:	gut erhalten

Neues Palmenhaus:

Länge:	30 m	Architekt:	R. Matthienson
Breite:	17 m	Baujahr:	1858
Höhe:	21 m	Zustand:	gut erhalten

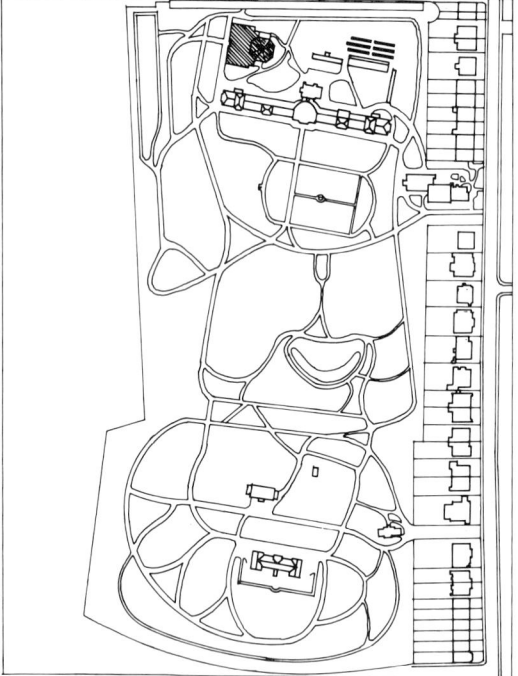

241 Lageplan, 1890

In dem ›Palmenhaus‹ von Edinburgh, dem nördlichsten großen Gewächshausbau Englands, wurde die repräsentative Steinarchitektur des Bautyps der Orangerie in wirkungsvoller Weise mit einem transparenten Glasgewölbe zu einer architektonischen Einheit verbunden. Eine im klassizistischen Stil gehaltene Arkadenwand, gebildet aus schmalen Pilastern und großen Rundbogenfenstern, wird durch einen breiten Architrav abgeschlossen, auf welchem die Dachkonstruktion aus Glas und Eisen aufsetzt. Wie das Massivmauerwerk, ist auch die Dachkonstruktion ein Zitat historischer Vorbilder: Im Massivmauerwerk ist die letzte Entwicklungsstufe der Orangerie aufgenommen, in welcher die Auflösung der Wand durch Fensteröffnungen am weitesten vorangetrieben wurde. Erscheinungsbild jener Auflösung war das eines Tem-

pels, bestehend aus Säulen und Architrav. In der Dachkonstruktion knüpfte der Architekt an eine der fortschrittlichsten Ingenieurkonstruktionen jener Zeit an; an das ›Palmenhaus‹ in Kew Gardens (1848). Der Mittelpavillon dieses Palmenhauses wurde nahezu unverändert auf das Massivmauerwerk aufgesetzt. Resultat dieser geschichtlichen Anleihe unterschiedlicher Bau- und Konstruktionselemente ist ein Gewächshaus von bemerkenswerter architektonischer Qualität, dessen Wirkung in der gelungenen Konfrontation von Massivmauerwerk und Filigrankonstruktion besteht. Die Verbindung vom historisierenden Formapparat mit einer Ingenieurkonstruktion in Form von eisernen Dächern und Kuppeln ist ein häufig wiederkehrendes Problem der repräsentativen Architektur des 19. Jahrhunderts. Im Gewächshausbau wird diese Problematik früher als in anderen Bautypen, wie z. B. dem Bahnhofsbau, aufgenommen und ausgetragen: Beispiele dafür sind das ›Syon House‹ und der ›Wintergarten‹ in Brüssel (1828), und der ›Palmentempel‹ in Kew Gardens (1836), das ›Alte Palmenhaus‹ in Kassel (1822), das ›Palmenhaus‹ in der Wiener Hofburg (1823) usw. Das ›Palmenhaus‹ von Edinburgh mit seinem überhöhten Glasgewölbe ist in dieser Entwicklungsreihe ohne Zweifel ein Höhepunkt.

Situation

Wie viele botanische Gärten, hat der Garten in Edinburgh seinen Ursprung im medizinischen Garten früherer Jahrhunderte (Abb. 241). Das erste große Gewächshaus entstand 1834 in Form eines Palmenhauses mit rechteckigem Grundriß und Pultdach aus Holzkonstruktion. Mit 18 m Durchmesser und 14 m Höhe war es in seiner Zeit ein bedeutendes Gewächshaus. Seine Baukosten betrugen 1500 Pfund. 1855 wurde dieses Haus für zu eng befunden: Viele Palmen hatten mit ihren Spitzen bereits das Glasdach durchstoßen. Aufgrund dieser Situation bewog Professor Balfour, Regius Keeper, 1855 das Parlament, eine Summe von 6000 Pfund für die Errichtung eines neuen Gebäudes zu bewilligen. Dieses wurde an der Westseite des alten erbaut und 1858 eröffnet. Die endgültigen Kosten betrugen 6500 Pfund. Nach dem Umzug der Palmen zeigte es sich, daß das Holzwerk des alten Gebäudes so schlecht war, daß ein neues Dach notwendig wurde. 1860 wurde ein Eisendach in Form einer Kuppel errichtet. Eine Glaswand trennte die beiden Bauteile: der eine enthielt Palmen und Bäume für heißes, der andere für temperiertes Klima.[64]

Raum- und Konstruktionsform

Ausgangspunkt des Bauprozesses war das 1834 errichtete achteckige ›Alte Palmenhaus‹, das – ebenso wie das ›Neue Palmenhaus‹ – aus von Sandstein gebildeten Umfassungswänden mit großen Fensterdurchbrüchen bestand. Auf dem umlaufenden Architrav ruhten die hölzernen

334

Sparren des Pultdaches auf, welche durch einen inneren Ring von acht Eisensäulen noch zusätzlich unterstützt wurden. Die Gesamthöhe des Baues betrug 14 m, sein Durchmesser 18 m. Die Konzeption von Massivmauerwerk als Seitenwand und Glasdachabschluß wurde bei der 1858 erfolgten Erweiterung des Palmenhauses zum Prinzip besonderer konstruktiver Ausbildung erhoben (Abb. 242–245). Der im Westen anschließende Neubau hat im Grundriß die Form eines Rechteckes von 30 m Länge und 17 m Breite. Die Umfassungswände, welche von großen mit Rundbogen abgeschlossenen Fensteröffnungen durchbrochen und von Pilastern im toskanischen Stil gegliedert sind, erreichen eine Höhe von 10,60 m. Die Glas-Eisenkonstruktion des Dachgewölbes setzt auf die steinernen Außenwände auf. Das Dach formt einen elegant ausgebildeten Dom in zwei Etappen, je 5,30 m hoch. Der niedrigere Gewölbteil spannt sich von den Außenwänden zur halben Dachhöhe, wo er auf vierzehn gußeisernen Säulen von außerordentlicher Schlankheit sein Auflager findet. Die ca. 14,50 m hohen Säulen bilden über gußeisernen, reich ornamentierten Bögen einen umlaufenden horizontalen Träger, auf welchen der zweite Gewölbteil mittels einer niedrigen vertikalen Lüftungsgalerie aufsetzt. In einer Höhe von 21 m schließt sich das Dach zu einem spitzbogig geformten Gewölbe zusammen. Das Massivmauerwerk und die aufgesetzte Glas-Eisenkonstruktion haben dieselbe Höhe. Das Dach ist ganz bewußt als bekrönendes Element aufgefaßt und als raumbildendes Element nach innen und außen wirkend hochgehoben worden. Die beiden aufeinanderfolgenden, nach allen Seiten gewölbten Glasschalen bilden im Querschnitt einen basilikalen Raum völlig neuer Art: Geben die Seitenwände dem Auge noch Halt und bewirken eine feste Raumbegrenzung, so heben die überschlanken Eisensäulen und der Raster der Dachkonstruktion die Raumbegrenzung nach oben hin auf. Es entsteht der Eindruck eines in sich bestehenden Glashauses, welches auf

einen hohen Sockel aufgesetzt wurde. In der Tat diente das berühmte ›Palmenhaus‹ in Kew Gardens von Richard Turner und Decimus Burton (1848) in seinem Mittelteil als Vorbild. Nicht nur die Raumgestalt, sondern auch die Gliederung der Sparren und Sprossen wurde von Kew übernommen (Abb. 543, 613). Das ›Alte Palmenhaus‹, welches 1860 mit einem Glas-Eisendach versehen wurde, bildet mit dem Neubau eine räumliche Einheit. Die Verbindungsachse mißt 36,60 m. Die Form des Pultdaches wurde bis zum inneren Säulenring beibehalten. Über die-

242 Grundriß EG und Dachaufsicht

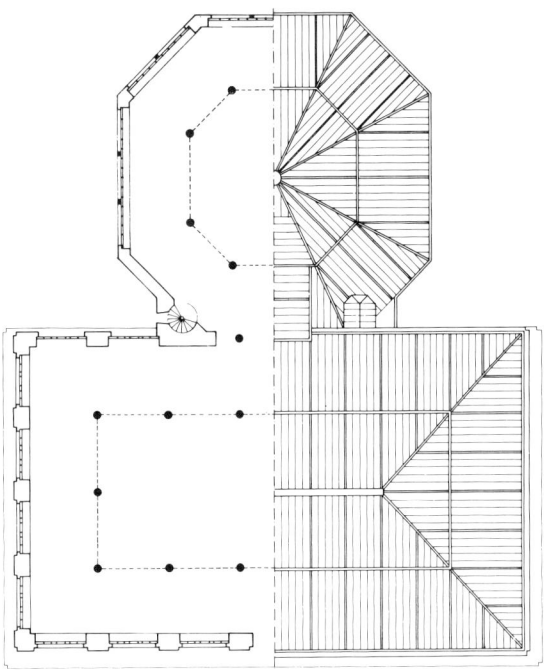

243 Seitenfassade

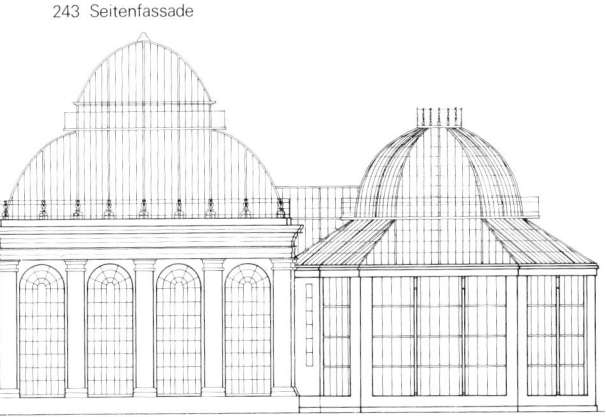

244 Vorderfassade

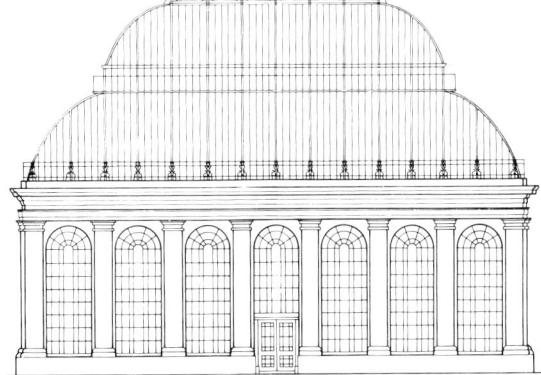

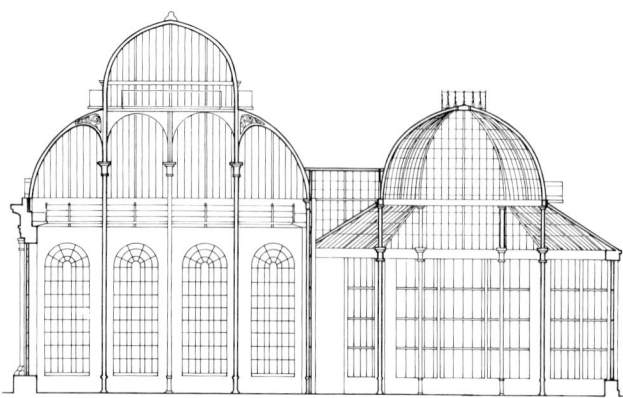

245 Schnitt durch das Alte und Neue Palmenhaus

sen wurde eine hohe achteckige Kuppel gesetzt, deren Spitze 14 m beträgt. In Verbindung mit diesen Umbaumaßnahmen wurden Pilaster der Seitenwände bis auf die Eckpfeiler abgerissen und durch gußeiserne Säulen und Unterzüge ersetzt. Es entsteht eine großflächige Glasfront von beträchtlicher Höhe mit eingestellten Eisensäulen, die an die mehrgeschossigen Glasfronten früherer Kaufhäuser erinnern.

Die Konstruktion des Glasgewölbes bildet ein System von gebogenen Spanten aus I-Profil in 2 m Abstand, wobei jede zweite Spante in eine Säulenachse fällt. Die zu Säulen orientierten Spanten werden an ihrem Anschlußpunkt zu dem vertikalen Träger über den Säulen durch Gußeisenfachwerk ausgesteift. Die gebogenen Fenstersprossen in ca. 40 cm Abstand laufen in vertikaler Richtung ohne Querverbindung von Auflager zu Auflager durch. Die Verglasung ist einfach und besteht aus 39,5 cm breiten und 65 cm langen gebogenen Glasscheiben. Diese Ausbildung gibt dem Dach seine besondere Transparenz. Das technische Problem des Auflagers dieser großen Glas-Eisenkonstruktion – die durchbrochenen Seitenwände aus Stein können nur im beschränkten Maß Seitenschub aufnehmen – wurde durch Ausbildung eines umlaufenden gußeisernen, in sich steifen Kranzes auf Architravhöhe gelöst. Die Entwicklung der Palmen wird nicht durch störende Zugeisen im Inneren behindert.

Literatur: ZfBW, 1887, Jg. 37, H. 1-3, S. 74, 75; The Gardeners' Chronicle, 23.5.1874, Jg. 34, Nr. 21, S. 662

Quellen: Edinburgh, Royal Botanic Garden, Library, Archiv

ENVILLE HALL (Staffordshire), Gewächshaus

Länge:	45,75 m	Architekt und	Gray and
Breite:	21,35 m	Konstruktions-	Ormson
Höhe:	ca. 20 m	firma:	aus Chelsea
		Baujahr:	1850
		Zustand:	abgerissen

Bereits um die Jahrhundertwende wurde im Gewächshausbau eine architektonische Tendenz sichtbar, die in ästhetischer und auch konstruktiver Hinsicht eine Reaktion auf die aus den Bedingungen der Technik entwickelten, nahezu ornamentlosen Bauten Richard Turners und Joseph Paxtons darstellt. Um 1850 entstand in Enville Hall ein für den Earl von Stamford und Warrington erbautes ›Gewächshaus‹, das im Stilgewand des Historismus auftrat. Vorbild war nicht mehr die im Gewächshausbau entwickelte Raumtypologie, sondern der englische Schloßbau im sarazenischen bzw. gotischen Stil, mit seiner Vielzahl von Türmen, Fialen und Spitzbogen. Grundriß und Aufbau des ›Gewächshauses‹ bestimmten erkerartig hervortretende Türme mit spitzen, leicht geschwungenen Pyramidendächern sowie zwei achteckige Kuppelaufbauten im Inneren mit Zwiebeldächern. Zwischen den längs der Fassaden aufgereihten Türmen wurden Fensterfronten, einen Stockwerkaufbau simulierend und nach oben z.T. mit weitgespannten Rundbogen versehen, eingestellt. Die Vielzahl der additiv zusammengefügten Bauteile, die durch jeweils besondere Dachformen sich gegeneinander absetzten, gaben dem Bauwerk eine äußerst bewegte Silhouette, ohne architektonische Einheit des Einzelnen im Ganzen. Die Fassadenfronten gliederten das gotisierende Maßwerk, dessen Skelett aus der Steinarchitektur entlehnt war, das in Wirklichkeit jedoch aus Gußeisen und Holz bestand. Sämtliche Öffnungen dieses ornamentalen Stickwerks waren verglast. Die Dächer und Kuppelaufbauten trugen Eisenkonstruktionen, die verglast waren und die sich nach innen auf gußeisernen Säulen abstützten.[65] Im Laufe des Viktorianischen Zeitalters verstärkte sich diese Tendenz zur Stilarchitektur, die letztlich in den Historismus einmündete, der sich selbst kopierte. Für diesen ornamentalen Ausdruck war Gußeisen – wie der ›Wintergarten‹ in Leeds (1868) und das ›Temperierte Haus‹ in Kew Gardens (1863) unter Beweis stellen – ein beliebtes Material (Abb. 246).

Literatur: McIntosh 1853, S.171; The Gardeners' Chronicle, 1855, Jg. 15, Nr. 48, S. 790-791

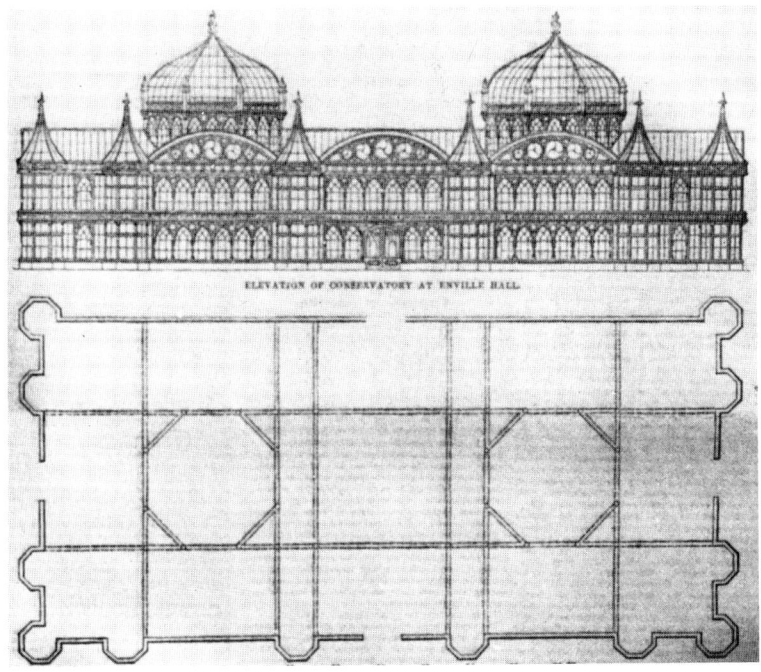

246 Gray and Ormson, Enville Hall (Staffordshire), Gewächshaus, 1850 (abgerissen), Fassade und Grundriß

ELEVATION OF CONSERVATORY AT ENVILLE HALL.

FLORENZ, Palmenhaus, Orto Botanico, Via Micheli
Abb. 549-553

Länge:	38 m	Architekt:	Giacomo Roster
Breite:	18,50 m		(nach englischem
Höhe:	ca. 18 m		Patentsystem)
		Baujahr:	1874
		Zustand:	gut erhalten

Das ›Palmenhaus‹ in Florenz mit seiner basilikaartigen Raumbildung ist eine der elegantesten Glas-Eisenkonstruktionen im Gewächshausbau des späten 19. Jahrhunderts. Einen bedeutenden Anteil an dieser Wirkung hat die einfache und klare Raumform. Ein leicht spitzbogig geformtes zentrales Glasgewölbe auf rechteckigem Grundriß, allseits abgewalmt, ruht mittels eines umlaufenden gußeisernen Ständerwerkes auf einer gußeisernen Säulenreihe auf. Um diesen hochsteigenden Zentralraum schließt sich ein niedriger gewölbter Umgang an, dessen Glasdach ebenfalls von einem vertikalen Rahmenwerk getragen wird. Architektonisch sorgfältig durchgebildete Portale an Längs- und Stirnseite geben dem Bauwerk eine Gliederung, deren ästhetische Wirkung durch den Verschnitt sich durchdringender Glasgewölbe gesteigert wird. Den wesentlichen Anteil am überzeugenden Erscheinungsbild dieses Glasbaues hat jedoch sicherlich auch die der gewählten Raumform adäquate konstruktive Durchbildung. Die Konstruktionsglieder wie Sprossen, Gitterträger und Säulen wurden, den Kräfteverhält-

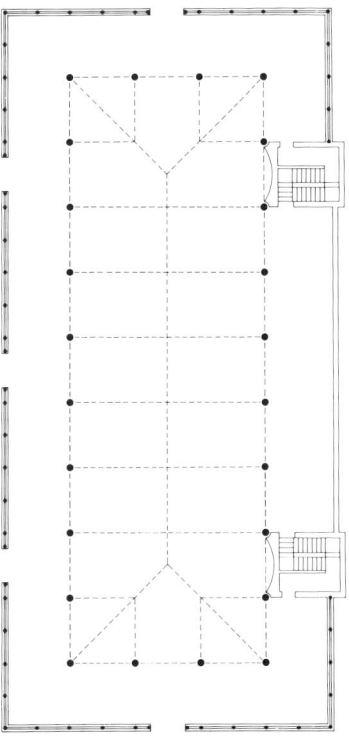

247 Grundriß EG

337

nissen entsprechend, auf einen minimalen Querschnitt gebracht. Dadurch wurde eine Transparenz erzeugt, welche nur in der Blütezeit des experimentellen Gewächshausbaues in England erreicht wurde.

Die Wirkung dieses Baues als Raum und Konstruktion basiert nicht mehr auf einer individuellen Konzeption des Architekten, sondern bereits auf einem durchformulierten Typus des Gewächshaus- und Ausstellungsbaus. Wir finden diesen Typus bereits 1860 in Form eines vorfabrizierten und über Katalog verbreiteten Systems in Gestalt des ›Conservatories‹ im Garten der ›Royal Horticultural Society‹, London (Abb. 370). Der Anlaß zum Bau des Glashauses war eine internationale Gartenausstellung der ›Kgl. toskanischen Gesellschaft für Gartenbau‹ im Mai 1874, ähnlich jener in London von 1860. Es kann daher nicht verwundern, daß direkte Beziehungen im formalen und technischen Aufbau zwischen den beiden Bauwerken bestanden. Die Tragglieder erhalten ihre Querschnitte über statische Berechnung, die Anschlußpunkte sind bereits so ausgebildet, daß eine Addition weiterer Teile möglich ist. Durch die Vielfalt der eingesetzten Konstruktionsteile, wobei jedes für sich durchgebildet wurde, entsteht eine Architektur, deren Formsprache durch Vorfabrikation nicht eingeengt wird. Einen bedeutenden Anteil daran hat die ornamentale Gestaltung, die dem Anspruch auf Exotik mit der Aufnahme orientalischer Schmuckformen zu entsprechen sucht. Diese Wendung zur orientalischen Ornamentik finden wir als öfter wiederkehrendes Motiv in der Gewächshausarchitektur. Die Vorstellung ging wohl dahin, den Pflanzen eine adäquate ›Heimat‹ zu geben.

Raum- und Konstruktionsform

Das insgesamt 38 m lange und 18,5 m breite Gebäude ist auf einem Raster von 3,5 m aufgebaut, welcher vom Stützenabstand abgeleitet ist. Die gläserne Haupttonne wird von 24 gußeisernen Säulen getragen. Das Gewölbe wird in der Vertikalen von feingliedrigen, genieteten Gitterträgern in Form eines gedrückten Spitzbogens getragen. Die Horizontalkräfte (Schub) werden durch Spannseile aufgenommen. Die horizontale Aussteifung wird ebenfalls durch Filigran-Gitterträger aufgenommen, welche mit den vertikalen Trägern verkröpft und vernietet sind. Die Kräfte des Vertikalbinders werden über Stelzen, welche die Fenstergalerie zwischen sich einspannen, in die gußeisernen Rundsäulen geleitet. Oberhalb der Kapitelle sind die Säulen durch ein Walzprofil ausgesteift. Zugleich schließt daran nach innen ein umlaufender Balkon, nach außen das Glasgewölbe des Umganges an. Dieses hat, im Gegensatz zum Hauptgewölbe, keine Sekundärträger, sondern trägt sich selbst durch sein Sprossenwerk, welches auf einer vertikalen Fensterwand mit filigranen Gußeisensäulen aufruht. Auch dieses Gewölbe ist zu den Stützen hin abgespannt. Das ganze Gebäude besteht aus gewalzten und gegossenen Eisenteilen, die mit Nieten oder Schrauben verbunden sind. Dies erlaubte eine vollständige Vorfabrikation, wobei die Teile auf der Baustelle nur mehr zusammengefügt wurden. Die Verglasung erfolgte in Form schuppenartig übereinandergelegter Glasflächen. Die Lüftung bewirkte eine Laterne am Grat des Hauptgewölbes (Abb. 247, 248).

Literatur: The Gardeners' Chronicle, 23. 5. 1874, Jg. 34, Nr. 21

FRANKFURT A. M., Palmenhäuser, Palmengarten der Stadt Frankfurt *Abb. 554-556*

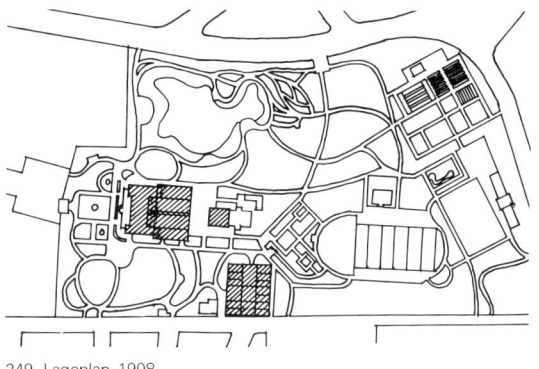

249 Lageplan, 1908

Mit der 1871 erbauten ›Flora‹ im Palmengarten der Stadt Frankfurt a.M., gewinnt dieser Bautypus seine für die Gründerzeit des 19. Jahrhunderts charakteristische Gestalt. Wie bei der 1864 entstandenen ›Flora‹ in Köln ging es auch hier darum, Gesellschaftsräume und Pflanzenschauhaus zum Zwecke eines wirtschaftlich rentablen Unternehmens als architektonische Einheit zu verwirklichen. In Köln wurde diese Aufgabe so gelöst, daß die zentral angeordnete Palmenhalle von den in Massivmauerwerk ausgeführten Gesellschaftsräumen ringförmig umgeben war. Diese Lösung beeinträchtigte aber die Entwicklung der Pflanzen, die fast nur über das gläserne Dachgewölbe Licht empfingen, und zugleich den Betrieb der Gesellschaftsräume, der nicht räumlich zentralisiert durchgeführt werden konnte. In der Frankfurter ›Flora‹ wurde die räumliche Einheit dadurch erreicht, daß Gesellschaftsräume und Schauhaus als für sich bestehende, klar abgegrenzte Raumteile durchgebildet und als solche miteinander verbunden wurden. Die 1871 erbaute Berliner ›Flora‹ knüpft in ihrer Raumkonzeption an diese Lösungsform an. Wie in Köln trat auch hier die Einrichtung der Flora nach Gründerart ins Leben – als Aktiengesellschaft. Frankfurt war zu jener Zeit als prosperierendes Handels- und Bankzentrum Sammelbecken eines aufstrebenden Bürgertums. Hier war die Basis für ein Unternehmen gegeben, mit dessen Durchführung der Anspruch auf Rendite und das Bedürfnis, einen kulturellen Auftrag zu erfüllen, zugleich befriedigt werden konnten. Das Vorrecht des Adels, große Gärten zu unterhalten und sie mit dem Luxus der Tropen auszustatten, wurde vom Bürgertum übernommen. Im Falle der ›Flora‹ in Frankfurt ist diese Übernahme de facto und im großen Stile durchgeführt worden: Der gesamte Pflanzenbestand des Herzogs Adolf von Nassau in Biebrich samt den dazugehörigen Gewächshäusern wurde aufgekauft und per Eisenbahn nach Frankfurt transportiert.

Das ›Palmenhaus‹ der Frankfurter ›Flora‹ ist ein bemerkenswerter Ingenieurbau, der in der schmucklosen Ausführung und Form seiner weitgespannten Glas-Eisenkonstruktion auf den Bautypus der Bahnhofshallen verweist. Wie bei diesen finden hier genietete Bogenbinder ihre Anwendung. Der Bautypus der Bahnhofshallen wurde nicht nur in seiner Konstruktion, sondern auch in seiner gängigen Raumform auf den Florabau übertragen und entsprechend der veränderten Zweckbestimmung umformuliert. Ähnlich wie bei den Kopfbahnhöfen der Großstädte wird die Glas-Eisenhalle von einem in historisierender Stilarchitektur gestalteten Massivbaukörper zangenförmig umfaßt und erschlossen. Das in der Nähe der ›Flora‹ im selben Park 1906 errichtete ›Neue Schauhaus‹ charakterisiert eine dem Ausstellungsbau entlehnte additive Zusammenfassung zahlreicher Glas-Eisenhallen zu einem kompakten Baukörper, mit unterschiedlichen Höhen und Querschnitten, dessen differenzierter Innenraum den Weg des Besuchers architektonisch bestimmt.

Situation

Der Palmengarten der ›Flora‹ in Frankfurt a.M. verdankt seine Entstehung den politischen Ereignissen: Stärkung der Vormachtstellung Preußens in Deutschland durch den Krieg von 1866. Das Rheinland wurde Teil Preußens. Die fürstlichen Besitztümer wurden liquidiert. Den Anlaß zur Gründung und den Grundstock zu den Pflanzensammlungen des Palmengartens bildeten die ›Wintergärten‹ des Herzogs Adolf von Nassau in Biebrich am Rhein, welche nach der 1866 erfolgten Auflösung des Hofhaltes an die Palmengesellschaft verkauft wurden. In Biebrich am Rhein waren für die damalige Zeit bedeutende Pflanzenhäuser mit einem wertvollen Bestand an Gewächsen vorhanden, welche von den Frankfurter Bürgern viel besucht wurden, wenn Pflanzenausstellungen stattfanden. Als bekannt wurde, daß der Herzog diese Pflanzenhäuser mit Inhalt zu verkaufen beabsichtigte, wurde von Frankfurter Bürgern angeregt, diese Anlage zu erwerben, sie nach Frankfurt zu überführen und hier in einen gewerblich betriebenen Palmengarten einzugliedern. Zu diesem Zweck bildeten sie auf Initiative des Gärtners Heinrich Siesmayer eine Aktiengesellschaft, die Aktien ausgab, um so die Mittel zu dem Unternehmen aufzubringen. Die Betriebskosten sollten aus Besucherabonnements und dem Erlös aus Tageskarten gedeckt werden. (Das Stammkapital betrug 300000 Gulden. 1908 wurden 5000 Familien-, 3000 Einzelabonnements und 1500 Monatskarten gelöst. Die Tageseinnahmen betrugen 177000 Mark.) Die ursprüngliche Kaufsumme von 120000 Gulden konnte auf 60000 Gulden ermäßigt werden. 1868 wurde der Ankauf vollzogen und im August 1869 mit dem Transport von Gewächshäusern und Pflanzen nach Frankfurt begonnen.

Als Platz wählte die Aktiengesellschaft ein Terrain an der Bockenheimer Straße im Frankfurter Westend, das sich teils in städtischem, teils in Privat- und Stiftungsbesitz befand und als besonders vorteilhaft für den Bau einer Gartenanlage angesehen werden konnte, weil der Wasserreichtum »wirkungsvolle landschaftliche Bilder mit Wasserpartien als leicht ausführbar erwarten ließ« (Abb. 249).[66] Das Gelände von ca. 5,5 ha wurde der ›Palmengarten-Gesellschaft‹ von der Stadt auf die Dauer von 99 Jahren gegen geringen Pachtzins überlassen. Nach Ablauf dieser Zeit sollten die Anlagen unentgeltlich der Stadt zufallen. 1869 wurde unter der Leitung von Architekt Friedrich Kayser mit dem Bau des ›Großen Palmenhauses‹ zugleich auch die Aufstellung der von Biebrich übernommenen Gewächshäuser begonnen. Die Eröffnungsfeier des Gartens und des großen ›Palmenhauses‹ fand am 16. März 1871 in Anwesenheit des deutschen Kronprinzen, des späteren Kaisers Wilhelm II., statt, wodurch die allgemeine Bedeutung eines solchen Bauwerkes unterstrichen wurde. Daß der Florabau von dem Publikum mit Enthusiasmus aufgenommen wurde, erhellt aus der Besucherzahl der ersten vierzehn Tage nach Eröffnung – es waren dies 60000 Menschen. Die Flora hatte als Pflanzenschauhaus und botanischer Garten einerseits, Vergnügungs- und Erholungsort andererseits eine doppelte Funktion zu erfüllen: Es wurde Wert darauf gelegt, nicht nur die traditionellen Pflanzenarrangements, sondern auch »Erscheinungen der Neuzeit, soweit sie Neueinführungen und Verbesserungen vorhandener Pflanzen betreffen«, auszustellen. Man war bestrebt, über den Rahmen der üblichen Kulturen hinaus, alle im Laufe der Jahre minder beachteten, vergessenen oder verlorengegangenen Pflanzenarten wieder zu sammeln und sie zu vollendeter Entwicklung zu bringen ... Durch gute Konzerte – es finden täglich zwei Konzerte der eigenen aus vierzig Musikern bestehenden Kapelle statt, im Winter auch Symphoniekonzerte – und durch den Restaurationsbetrieb werden die gärtnerischen Darbietungen wirksam unterstützt und so auch nach dieser Richtung der Unterhaltung und Genußfreude Rechnung getragen.«[67] Die ›Flora‹ wird Hauptschauplatz zahlreicher Feste, Bälle und Empfänge. Noch im Eröffnungsjahr werden hier die »Rückkehr der siegreichen Truppen aus Frankreich« und das ›Friedensfest‹, in der Folge fast sämtliche Kaiser- und Fürstenbesuche gefeiert. Das Unternehmen erfreute sich eines regen Zuspruchs durch das Publikum, so daß bereits Mitte der siebziger Jahre sich das Bedürfnis nach einer Vergrößerung geltend machte. 1908 hatte der Garten bereits eine Ausdehnung von 18 ha (heute: 22 ha). 1878 führte ein schweres Brandunglück zur Einäscherung des Gesellschaftshauses und zur Beschädigung des Pflanzenbestandes. 1879 wurde das von Architekt Theodor Schmidt umgebaute Gesellschaftshaus wieder der Öffentlichkeit übergeben. 1920 wurde

das Gesellschaftshaus von Architekt Ernst May im Sinne der Neuen Sachlichkeit umgebaut. 1931 ging der gesamte Garten in den Besitz der Stadtgemeinde Frankfurt über.[68]

Literatur: Festzeitschrift für 11. Deutsches Turnerfest, Frankfurt a.M. 1908, S. 96-99, 121-122; Die Gartenkunst, 1906, Jg. 8, S. 137, 138; Schoser 1969; Möller's Deutsche Gärtnerzeitung, 2, 6. 1906, Jg. 21, Nr. 22, S. 258-270, 352-354, 591-594

FRANKFURT A.M., Palmengarten, Flora
Abb. 554-556

Länge:	52 m (Palmenhalle)	Architekt:	Friedrich Kayser,
Breite:	30 m		1878 durch Theodor
Höhe:	16 m		Schmidt umgebaut
Fläche:	1560 m²	Baujahr:	1869-1871
	(mit Blütengalerie:	Eisen-	Fa. Wiesche, Hirschel
	2504 m²)	konstruktion:	und Scharffe
		Zustand:	mehrfach umgebaut
			mittelmäßiger
			Erhaltungszustand

250 Detail des genieteten Bogenbinders im Palmenhaus

340

Raum- und Konstruktionsform

Die Gesamtanlage wurde so konzipiert, daß das Gesellschaftshaus und der Palmengarten zwar räumlich eine Einheit bilden, zugleich jedoch, ihrer unterschiedlichen Zweckbestimmung entsprechend für sich als gesonderte Bauteile nach unterschiedlichen Konstruktionsprinzipien durchgebildet wurden. Das Gesellschaftshaus ist als Massivbaukörper der Glas-Eisenkonstruktion des Palmenhauses als Kopf vorgestellt. Im Stile der Neorenaissance gebaut, bildet er einen über Loggien und Säulenstellungen repräsentativ wirkenden Eingangsteil (Abb. 254). Er enthält den zentralen Konzert- und Restaurationssaal mit dem ihm seitlich zugeordneten Nebensälen. Der große Festsaal öffnet sich über eine doppelstöckige Säulengalerie zum axial angeordneten ›Palmenhaus‹. Die beiden Raumteile, nur durch eine große Spiegelglaswand getrennt, bildeten eine optische Einheit (Abb. 252). Der Eindruck, welchen der Innenraum auf den Besucher anläßlich der Eröffnung machte, wird wie folgt beschrieben (Abb. 556): »Wir stehen auf der Terrasse. Mit einem Blick übersehen wir einen verwirklichten Traum – wir sind überwältigt und tief ergriffen. Wie oft haben wir dem dichterischen Erzähler gelauscht, wenn er von den Herrlichkeiten der tropischen Vegetation, den Palmenwäldern fremder, ewig milder Zonen sprach und unsere Sehnsucht weckte – wie unverwischbar hatten sich unserer Phantasie diese Bilder eingeprägt – und hier wandeln wir in Wirklichkeit in aller Herrlichkeit der Tropen, wer könnte sich dabei einer feierlichen Stimmung erwehren? Das Rauschen des Wasserfalles, der der Terrasse gegenüber im Hintergrund des Gartens, schäumend über künstliches Felsgestein sich in das Becken ergießt, zieht zunächst unsere Aufmerksamkeit auf sich. Er ist es, der die erfrischende Kühle durch das ganze Gebäude verbreitet, die uns so wohltuend umgibt. Welche Fülle der edelsten, gigantischen Blattformen gruppiert sich zu beiden Seiten des einzigen Bildes! Wie schön kontrastieren die breit auslaufenden Blätter der Fächerpalmen mit den schlank aufschießenden Schäften der Dracaena australis und der feinfiedrigen Belaubung exotischer Farren; Arankarien und andere edle Nadelbäume überragen hoch die geschlossenen Gruppen und mahnen uns durch ihren seltsamen symmetrischen Wuchs an die vorsündflutlichen Pflanzengebilde. Hohe Marmorvasen voll üppiger Blattpflanzen und Schlinggewächse schmücken die Ecken. Auf der mittendurch zum Hintergrund ziehenden Rasenfläche prangen Blumenbeete von blendender Farbenpracht. Fast verwirrend wirkt diese Fülle, jede Wendung der Wege bietet neue Bilder. Sprechen wir noch von dem Palmenhaus, das ein Meisterbau in seiner Art ist und wesentlich dazu beiträgt, daß der Genuß des inneren Bildes in keiner Weise gestört wird. Keinerlei stützende Konstruktionen oder Häng- und Spannwerke beschränken den Blick. Die ganze 50000 Quadratfuß große Fläche ist von einem einzigen kühn gewölbten Glasdache bedeckt.«[69]

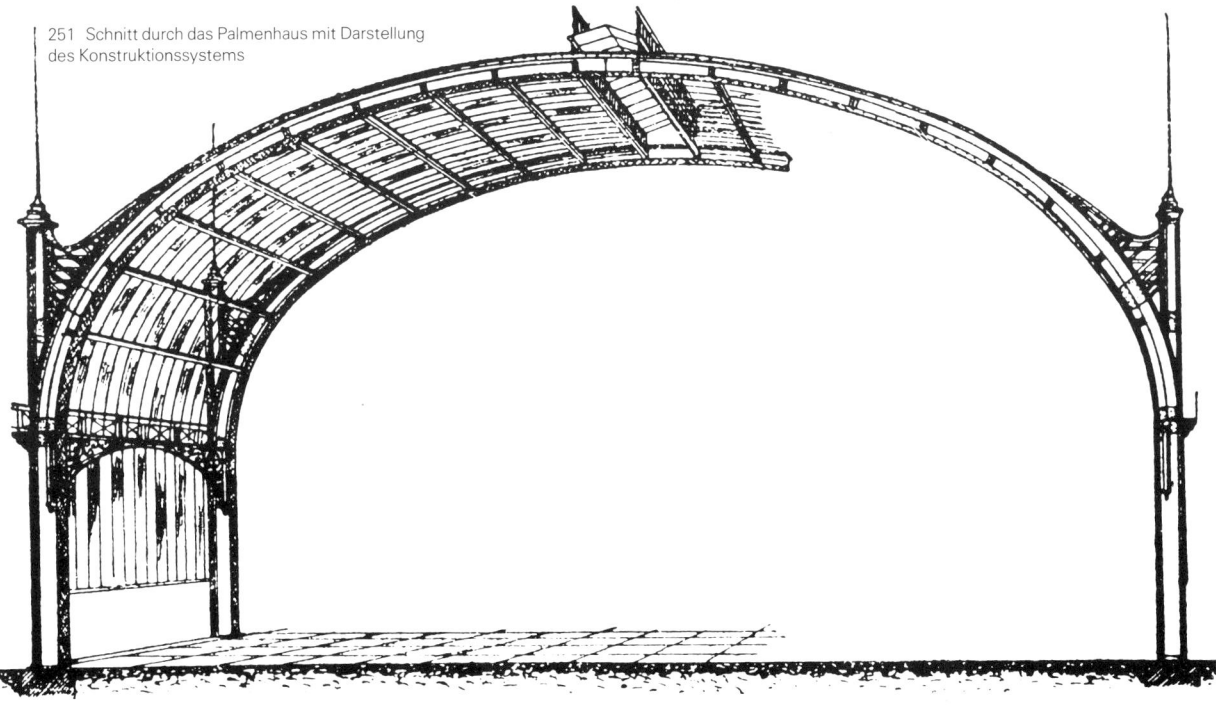

251 Schnitt durch das Palmenhaus mit Darstellung des Konstruktionssystems

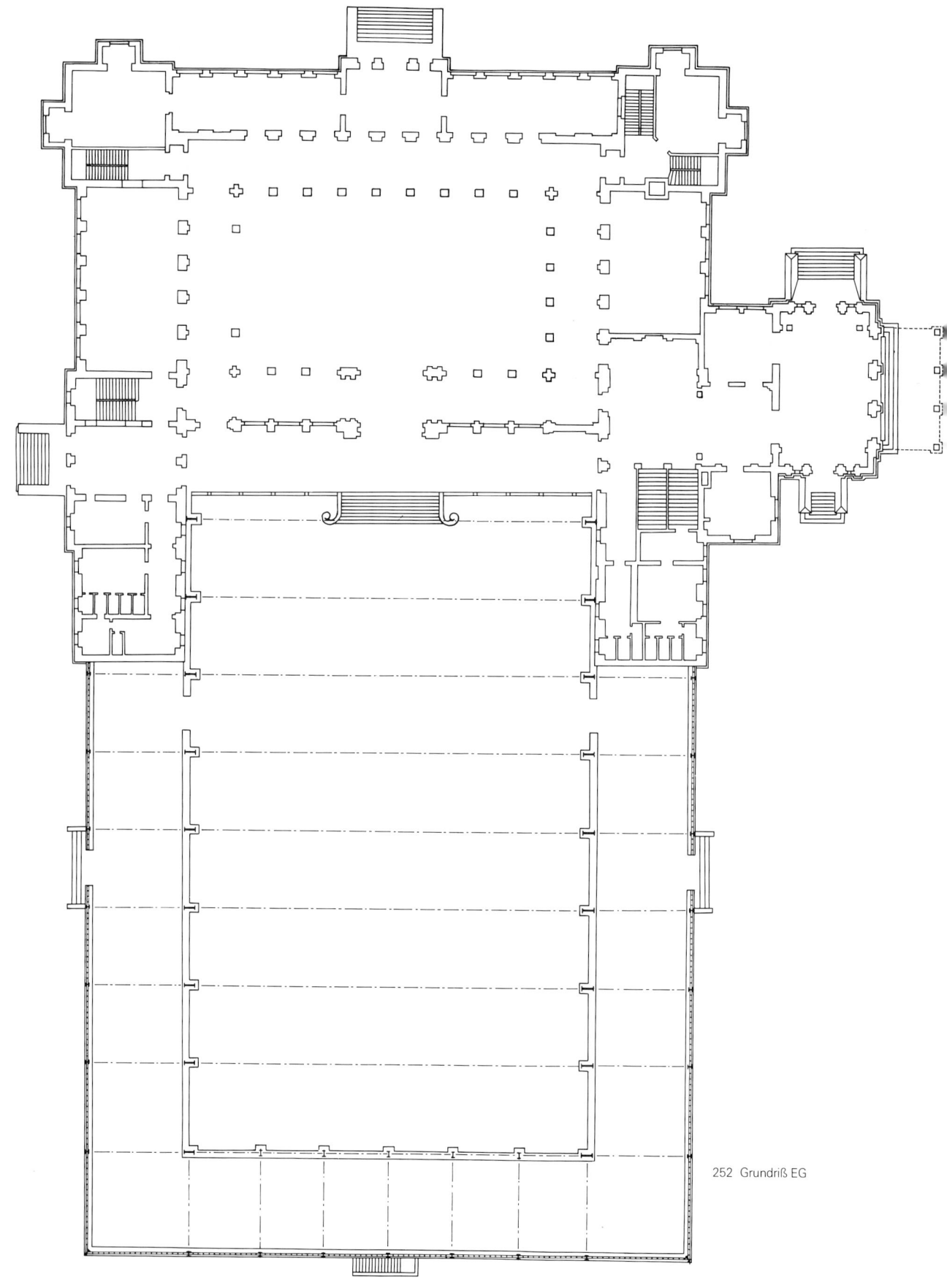

252 Grundriß EG

Die ›Palmenhalle‹ mit ihrer 30 m weit gespannten Eisenkonstruktion aus genieteten Bogenbindern erinnert an die großen Bahnhofshallen ähnlicher Konstruktionsart. Ins Auge fällt die Linienführung des ziemlich flachen Korbbogens, welcher das Glasgewölbe bildet. Sie macht zugleich den Fortschritt deutlich, welchen die Ingenieurbaukunst in der Bewältigung großer Spannweiten erreicht hat (Abb. 250-253). In England wurden schon früh Stationshallen mit schmiedeeisernen Bogenrippen überdeckt. Eine der ersten Konstruktionen war der Bau der ›Paddington Station‹ in London (1848). Es handelte sich um eine dreischiffige Anlage ohne Zugstangen. Die Seitenschiffe leiteten den Horizontalschub gegen gemauerte Anbauten ab. Die Bogen standen auf gußeisernen Säulen. Diese Konstruktion war beispielhaft für eine Reihe von Hallenbauten bis zur Mitte des 19. Jahrhunderts. Um in der Funktion störende Zugstangen zu vermeiden, zugleich jedoch den Schub durch Windkräfte (Säulen auf Biegung beansprucht) auszuschließen, wurden beim Bau der ›Flora‹ die Binder als parabolisch gebogene I-Blechträger so ausgebildet, daß sie, aus einem Stück geformt, über senkrechte Zwischenglieder, unmittelbar die Kräfte in die Fundamente weiterleiten können. Diese im Bahnhofsbau zu dieser Zeit verbreitete Konstruktionslösung erfreute sich vor der Einführung des Dreigelenkbogens (vgl. ›Flora‹, Berlin) großer Beliebtheit. Später, in den achtziger Jahren, wurden diese Bögen ohne senkrechte Zwischenglieder als Zwei- und Dreigelenkbögen bei großen Bahnhofshallen ausgeführt, wobei die Spannweiten 73,15 m (London, St. Pancras) erreichten.

Die Binder der ›Flora‹, im Abstand von 5,7 m zur Halle von 30 m Spannweite gereiht, sind an ihrem schwächsten Punkt – vor dem Übergang des Parabelbogens in die Senkrechte – durch einen schmiedeeisernen Aufsatz mit genietetem Gitterwerk verstärkt. Zur Queraussteifung der Binder dienen zahlreiche Pfetten. Am Scheitelpunkt der Halle ermöglichen sie die Aussparung einer Firstgalerie. An den Schmalseiten wird die Halle einerseits von Massivbaukörpern des Restaurantteiles, andererseits von einer senkrechten Glaswand abgeschlossen. Die Glashalle wurde von einer aus bogenförmigen Bindern gebildeten Blütengalerie umgeben. Diese Blütengalerie wurde im 19. Jahrhundert durch eine Neukonstruktion ersetzt. Die Eisenkonstruktion ist so ausgebildet, daß die Hauptwirkung nur über die Raumform ohne ornamentales Beiwerk erreicht wird. »Daß auch ohne Schmuck der volle Blechträger allein durch seine Kurven imposant wirken kann, beweist der ›Palmengarten in Frankfurt‹, bei welchem nur die Niete die breiten Eisenflächen beleben. Gerade in dem Zusammenwirken der Tausende dieser Zwerge gegenüber den mächtigen, undurchbrochenen Eisenmassen und der bewältigten, riesenhaften Spannweite liegt ein großer ästhetischer Reiz.«[70]

Verglasung

Erstaunlich ist, daß die Konstrukteure der überaus hohen und großen Glashalle nicht, wie schon bei früheren Gewächshäusern üblich (z.B. die Palmenhäuser im Alten Botanischen Garten Berlin und München), eine doppelte Verglasung gewählt haben. Die ›Flora‹ wurde mit einer einfachen Verglasung ausgestattet. Der Ring der die Haupthalle umgebenden Blütengalerie von 6,60 m Höhe, schützte sie immerhin von drei Seiten. Trotzdem sind im Laufe des Betriebs des Palmengartens infolge der einfachen Verglasung, Schwierigkeiten aufgetreten. Im strengen Winter von 1870/71 sanken die Temperaturen oft auf 4-5 °R. Diese niedrige Lufttemperatur in Verbindung mit dem ungeheizten Erdreich schädigte den Pflanzenbestand erheblich.[71]

Heizung

Als Heizung wurde die Perkinsche Hochdruck-Wasserheizung eingesetzt, deren Röhren eine Gesamtlänge von 3300 m hatten und von drei Öfen geheizt wurden. Die Seitengalerien wurden durch den Dampf einer für die Wasserwerke des Gartens benötigten Dampfmaschine erwärmt. 1893 wurde eine neue zentrale Versorgung in Form einer Warmwasser-Niederdruckheizung installiert, welcher das alte Heizsystem angeschlossen wurde.[72]

Text

Dolf Sternberger schreibt 1969 über den Frankfurter ›Palmengarten‹: »Im Palmengarten zeigt man die Pflanzen wie im Zoologischen – am entgegengesetzten Ende der heutigen Innenstadt – die Tiere. Das Moment der Belehrung ist unverkennbar und weit stärker ausgeprägt als je in den Lustgärten der Herren und Höfe. Heutigen Tages geht zudem von den speziellen Ausstellungen eine bedeutende Anregung aus, die zahllosen privaten Gartenbesitzern und Blumenzüchtern zugute kommt. In diesem Sinn bildet dieser Garten einen eigentümlichen Mittelpunkt und eine weithin wirkende Quelle von ›Kultur‹ im buchstäblichen Sinne des Wortes, denn ›Kultur‹ heißt Pflege. Doch liegt der unvergleichliche Zauber des Palmengartens jenseits all dieser Nützlichkeiten und Vergnüglichkeiten. Er liegt in dem, was die originale Erfindung der Anlage von Anfang an ausmachte, im Großen Palmenhaus, in der Phantasmagorie des eingefangenen Orients. Man muß aus Saal und Gängen des Gesellschaftshauses in die grüne Dämmerung dort eintreten, wo die feingefächerten und die riesenblättrigen, die hochaufstrebenden und die breitausladenden, die fremden üppigen Gebilde sich wie in einem künstlichen Urwald drängen, man taucht mit Leib und Sinnen in die Schwüle des Treibhauses, das Tageslicht ist fern, scheint nur verdünnt aus der gläsernen Höhe einzusickern, um von den Moosen am Boden vollends verschluckt zu wer-

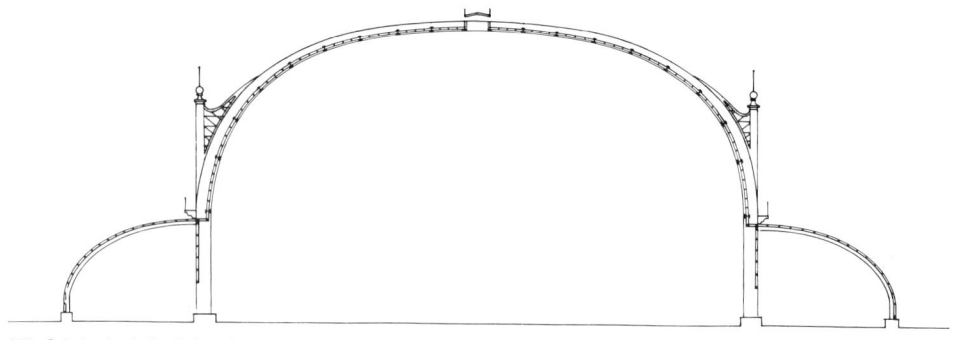

253 Schnitt durch das Palmenhaus

den, kein Vogellaut, kein Schnattern und kein Zirpsen ist zu vernehmen, die menschlichen Stimmen selber dämpfen sich, nur einzelne Tropfen fallen geisterhaft – war es hier oder war es dort? man weiß es nicht zu sagen –, und irgendwo im geheimen Versteck rieselt ein Brünnchen. Gerippte Lappen von seidiger dunkelgrüner Oberfläche hängen in den Weg, zeigen ihre Rätselschrift. Das Wachstum selber scheint hier gegenwärtig, dringt von allen Seiten auf uns ein. Es ist uns zumute, als wolle das monströse Schweigen unser eigenes Wesen einsaugen, unsere eigene Spur vergehen machen.«

Literatur: Über Land und Meer, 1870, Jg. 12, Bd. XXIV, Nr. 41, S. 6-12; Frankfurt und seine Bauten, 1866; Die Gartenflora Regels, 1872, Jg. 21, S. 115-117

FRANKFURT A. M., Palmengarten, neue Pflanzenschauhäuser

Länge:	61 m (Mittelhalle)	Architekt:	H. Ritter (Mitwirkung des Architekten Th. Martin und des Gartenarchitekten August Siebert)
Breite:	13 m		
Höhe:	8 m		
Kuppel:	15 m		
Fläche:	3340 m²		
		Baujahr:	1906
		Zustand:	vorhanden

Die stete Vermehrung der Pflanzenbestände und die wachsende Besucherzahlen bewog die Aktiengesellschaft ›Flora‹ die fünf alten, noch aus dem Biebricher Garten stammenden, gußeisernen ›Gewächshäuser‹ abzubrechen und durch einen »den Anforderungen der Neuzeit« entsprechenden Neubau zu ersetzen. »Die Absicht war, eine Anlage zu schaffen, die nicht nur in bezug auf die monumentale Wirkung und Großzügigkeit in der Erscheinung, sondern auch auf praktische innere Einrichtung und vornehme Ausstattung das möglichst Erreichbare bieten sollte.«[73] Hinzu kam das Bedürfnis, wie in den meisten botanischen Gärten üblich, auch hier ein ›Victoria regia-Haus‹ einzugliedern. 1906 wurde unter der Leitung von H. Richter unter Mitwirkung von Th. Martin und August Siebert mit dem Neubau begonnen, nachdem man sich bereits 1904 durch Studienreisen über den Stand des modernen Gewächshausbaues kundig gemacht hatte. Die Fa. Philipp Holzmann wurde mit der Rohbauarbeit beauftragt. Die große Mittelhalle mit dem Kuppelbau führte die Frankfurter Firma Rohnstadt und Zweigle aus.

Raum- und Konstruktionsform

Das Rückgrat der Anlage bildet eine langgestreckte Mittelhalle, die 61 m lang, 13 m breit und 8 m hoch ist. In ihrem Zentrum erhebt sich ein 15 m hoher, über einem Quadrat errichteter Kuppelaufbau. Senkrecht zur Achse der Mittelhalle sind links sechs und rechts fünf kleinere mit einfachem Satteldach versehene Schauhäuser angeordnet. Eine Ausnahme bildet das ›Victoria regia-Haus‹, welches bei größerer Abmessung ein gebogenes Dach erhielt. Durch das Zusammenschalten von elf kleineren Schauhäusern über eine zentrale Mittelhalle entstand eine kompakte Gesamtanlage mit quadratischem Grundriß, welche es möglich machte, eine kontinuierliche Wegführung ähnlich wie beim Bautypus des Ausstellungsbaus zu verwirklichen. Von besonderem architektonischen und konstruktiven Interesse ist die Mittelhalle mit ihrem Kuppelaufbau. Kielbogenförmig gestaltete Fachwerkbinder aus genormten Stahlprofilen von 13 m Spannweite stehen auf gemauerten Seitenwänden, die von rundbogenförmigen Öffnungen durchbrochen sind. Sonst sind die Binder, durch die Mauer eingefaßt, bis zum Boden durchgeführt. Vermittels der Öffnungen sind die seitlich angeordneten Schauhäuser mit der Mittelhalle räumlich verbunden. Die zentrale Kuppel wird ebenfalls durch gebogene Fachwerkbinder gebildet, welche auf der Seitenmauer aufruhen und nach oben in einer Firstlaterne enden. Die diagonal gestellten Eckbinder sind als Haupttraggerüst ausgebildet. Das Sprossenwerk ist aus Holz ausgeführt, um Tropfenfall und Schwitzwasser zu vermeiden. Die eisernen Binder haben je nach Größe der Häuser verschiedene Stärke. Sie sind durch Querpfeiler aus Eisen miteinander verbunden. Im First geht eine star-

254 ›Treffpunkt der Frankfurter Bürger‹ vor der Flora, Lithographie, um 1880

ke eiserne Tragschiene der ganzen Länge nach durch. Mit besonderer Sorgfalt wurde die Stahlkonstruktion des ›Victoria regia-Hauses‹ ausgeführt. Das kielbogenförmige bis zum Boden reichende gläserne Satteldach wird durch zwei Innenstützreihen getragen. Die Längs- und Querbinder, welche auf diesen Stützen aufruhen, sind fächerförmig nach dem Kraftverlauf gebogen und, durch genietete Gitterstäbe versteift, mit den Stützen verbunden. Die Untergurte der Binder werden in Form einer ornamentalen Ausbildung der nach Kapitell, Säulenschaft und Säulenfuß organisierten Stütze integraler Bestandteil derselben. Die konstruktive Detailausbildung der Mittelhalle mit ihrem bewußt als ästhetisches Moment eingesetzten Bogenfachwerk – es sollte einen bloßen Hallencharakter vermeiden helfen – mit den rundbogenförmigen Öffnungen der Seitenwände sowie mit dem vorgestellten steinernen Eingangsportal im Westen verweist auf die Aufnahme der Gestaltungsprinzipien des Jugendstils. Die ›Victoria regia-Halle‹, durch die pflanzenartige Ausbildung der Konstruktionselemente und durch die organisch geformten Umrisse der Wasserbassins bestimmt, zeigt dieselbe Formsprache.[74]

Literatur: Festzeitschrift für 11. Deutsches Turnerfest, Frankfurt a.M. 1908, S.96-99, 121-122; Die Gartenkunst, 1906, Jg. 8, S.137, 138; Schoser 1969; Möller's Deutsche Gärtnerzeitung, 2, 6. 1906, Jg. 21, Nr.22, S.258-270, 352-354, 591-594

GLASGOW, Kibble Palace (Crystal Palace), Botanic Gardens *Abb. 557-563*

Länge:	45,75 m (Eingangsfront)	Architekt und	
Rauminhalt:	7015 m²	Ingenieur:	John Kibble
Durchmesser der		Konstruktions-	
Zentralkuppel:	44,50 m	firma:	James Boyd of Paisy
Höhe:	11 m	Baujahr:	1872
	(mit Laterne 13 m)	Zustand:	gut erhalten

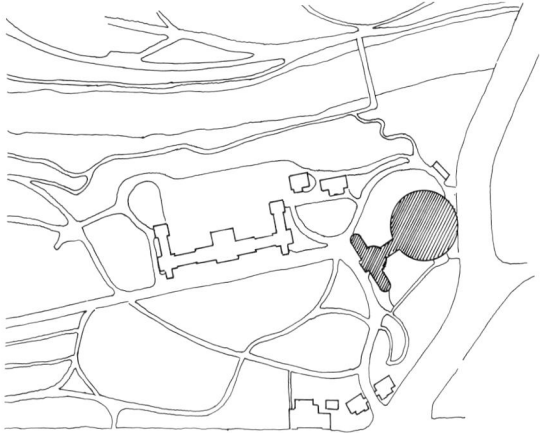

255 Lageplan, 1970

Der ›Kibble Palace‹ in Glasgow ist ohne Zweifel in seiner technischen Durchbildung und Raumqualität der späte Höhepunkt in der Entwicklungsreihe der Filigrankonstruktionen aus Glas und Eisen. Die Idee des ›Kristallpalastes‹ – Eingrenzungen eines transparenten Raumes durch eine entmaterialisierte Hülle – ist hier mit beispielloser Radikalität verwirklicht worden. In der kompromißlosen Anwendung von Glas und Eisen werden die vorhandenen technischen Möglichkeiten nicht nur voll ausgeschöpft, sondern es wird auch ein neuer Standard industrieller Bauproduktion gesetzt. Es wird zugleich – und hierin besteht die Pioniertat – der Stand der bürgerlichen Produktivkräfte insgesamt demonstriert: Naturbeherrschung und Aneignung durch Anwendung industrieller Verfahren auf der Grundlage naturwissenschaftlicher Methodik. Die ästhetische Wirkung des Bauwerkes, der Aspekt des absolut Modernen, der dem Betrachter noch heute ins Auge springt, zeigt die Gültigkeit jener im ›Kibble Palace‹ verfolgten Prinzipien. Der ›Kibble Palace‹, mit seiner flachen, 44,5 m im Durchmesser gespannten zentralen Kuppel und den vorangesetzten, kreuzförmig angelegten, sich gegenseitig in einer kleineren Kuppel treffenden, gewölbten Glaskorridoren wurde als Ausstellungsbau errichtet, wobei die Transformation in einen Wintergarten von vornherein bedacht und später auch verwirklicht wurde. Die Intention der großen Ausstellungsbauten, große Räume, gleich einer Innenlandschaft mit weitgespannten Eisenkonstruktionen zu überdecken, realisierte sich in Form von Tragwerken, die, auf der Grundlage des Rasters aufgebaut, immer wiederkehrende Bauteile in großer Zahl einsetzten und seriell vorgefertigt werden konnten. Die mit dem Ausstellungsbau verbundene Notwendigkeit für die Konstruktionen, sich einem schnellen Wechsel der Zweckbestimmung durch Veränderung der Größe und Form der Räume anzupassen, im Extremfall demontiert und an anderem Ort in anderer Gestalt wieder aufgebaut zu werden, bedingte eine strukturelle Ausbildung der Tragwerke bis in das kleinste Detail. Das Resultat war die Möglichkeit, die einzelnen Tragwerkteile entsprechend ihrer statischen Aufgabe zu hierarchisieren und in bestimmter Form, in ihrer Vielfalt beschränkt zu funktionalisieren. Dieses Verfahren führte zu einer Verkleinerung der Querschnitte der einzelnen Tragglieder, die ihre Bestimmung nicht als Einzelteil, sondern als Teil einer Großstruktur zu erfüllen hatten. Damit wurde ein Hellraum geschaffen, in dem das Stabwerk der Konstruktion nicht mehr als Masse in Erscheinung trat, sondern vielmehr optisch entmaterialisiert wurde. Unter diesen Aspekten hat Paxton seiner Londoner, Kibble seinen ›Glasgower Kristallpalast‹ konzipiert.

In der Ausbildung des Glasgower Glashauses ist als Hauptziel die Transparenz der Konstruktion zu erkennen. Mit der Anwendung und Weiterentwicklung der

Filigrankonstruktion Loudonschen Typs, der ›kurvenlinearen‹ Technik, gelang es John Kibble, dieses Ziel einzulösen. Von den größeren Glashäusern Loudonschen Typs sind, unseres Wissens nach, in England außer dem Glasgower Haus drei, auf dem Kontinent eines noch in ursprünglicher Gestalt erhalten. Am ›Kibble Palace‹ ist jedoch die Filigrankonstruktion, in der die eisernen Spanten der Fensterprofile das Tragwerk bilden, im Hinblick auf ihre Spannweite bis zum Äußersten getrieben worden. Den riesigen Kuppelraum bildet ein sich zur Mitte hin verdichtendes Netzwerk von dünnen Glasprofilen, eine Haut, die als Raumtragwerk fungiert. Der Kräftefluß liegt in der Glasebene. Die technische Perfektion und Dauerhaftigkeit dieser Konstruktion bezeugt das 1972 gefeierte einhundertjährige Bestehen des Bauwerkes. Der Bauprozeß des Glaspalastes beleuchtet, daß der durch die Anwendung industrieller Verfahren – Normierung und Elementierung der Konstruktion – erreichte technische Fortschritt nicht formeller Natur war, sondern die innere Bestimmung des Bauwerkes ausmachte.

Der ›Kibble Palace‹ in Glasgow hat seinen Ursprung in einem privaten Gewächshaus, das Kibble um 1865 auf seinem Grundstück in Coulport House, am Ufer des Loch Long, errichtet hatte. Das Gewächshaus wurde 1872 demontiert und unter Verwendung seiner Konstruktionsteile in erweiterter Form im Botanischen Garten in Glasgow wieder zusammengesetzt (Abb. 255). Der ursprüngliche Bau – in seiner Ausdehnung bedeutend kleiner als der Glasgower – bestand wie dieser aus zwei unterschiedlich großen Kuppelräumen, mit zwei kurzen Glaskorridoren als Seitenflügel. In einem zeitgenössischen Bericht wird er wie folgt beschrieben: »Er ist aus Glas und Eisen erbaut, das Dach wird von Hohlsäulen und von einem Gebälk elegantester Ausführung getragen. Auf jeder Seite der Eingangshalle befinden sich eine Kammer oder Galerie, die eine mit seltenen Pflanzen ausgestattet, die andere gleicht einem feierlichen Tempel. Dieser Teil bildet den schönsten Anblick im Gewächshaus. Er ist von Seite zu Seite gewölbt, und über die Struktur mit ihren Säulen, Mauern und Dach wachsen grüne Moose und Flechten in hundert verschiedenen Arten geschmeidig wie ein Brüsseler Teppich. Ein kreisförmiges Becken mit klarem Wasser nimmt die Mitte der Halle ein, und die gesamte Wirkung ist zugleich eindrucksvoll und angenehm für das Auge. Nachdem wir zur Eingangshalle zurückgekehrt sind, gehen wir weiter und erreichen eine kreisförmige Stelle, die von einer Glaskuppel überragt wird. Hier gibt es einen zweiten Brunnen, in dessen Mitte eine gewaltige Dracaena über 6 m hoch steht. Diesen Teil verlassend, betreten wir den großen kreisförmigen Raum, der sich vollendet in das Bild fügt. Die darüber gewölbte Glaskuppel wird von zwölf Säulen getragen und ruht auf einer kreisförmigen Basis aus Gitterwerk im maurischen Stil, das Innere ist

ganz in Weiß und Gold gehalten. Hier gibt es einen dritten runden Brunnen, in dessen Mitte eine mit Felsen bestandene romantische Insel liegt, die Modelle der berühmtesten Ruinen Griechenlands und Roms zeigt. Zwei oder drei Modellschiffe liegen in den Inselhäfen vor Anker und ein Dampfschlepper, voll ausgerüstet mit Maschinen, etwa 40 cm lang, kann beobachtet werden, wie er ein Schiff um die Insel oder in einen Hafen zieht. Ringsherum an den Wänden stehen fünfzig lebensgroße Statuen nach den großen Meistern: Laokoon, Apollo von Belvedere, Diana, Perseus mit dem Kopf der Medusa, die Venus von Medici, der griechische Sklave, Gibsons farbige Venus, Thorvaldsens Eva, Canovas drei Grazien, Andromeda, etc. stehen lebensgroß in großartigen Proportionen zwischen Büschen und Pflanzen.«[75]

1872, sieben Jahre nach der Errichtung seines privaten Glashauses, schlug Kibble der Glasgower ›Corporation‹ (Stadtbehörde) vor, die Glas-Eisenkonstruktion in erweiterter Form zum Neubau eines von ihm gestifteten ›Kristallpalastes‹ zu verwenden, der unter seiner Kuppel 5000, insgesamt jedoch 10000 Menschen fassen sollte. Mit einem guten Geschäftssinn ausgestattet, knüpfte er an diese Stiftung die Bedingung, daß der durch den Betrieb dieses Bauwerkes entstehende Profit über zwanzig

256 John Kibble, Karikatur in ›The Baillie‹, 1873

347

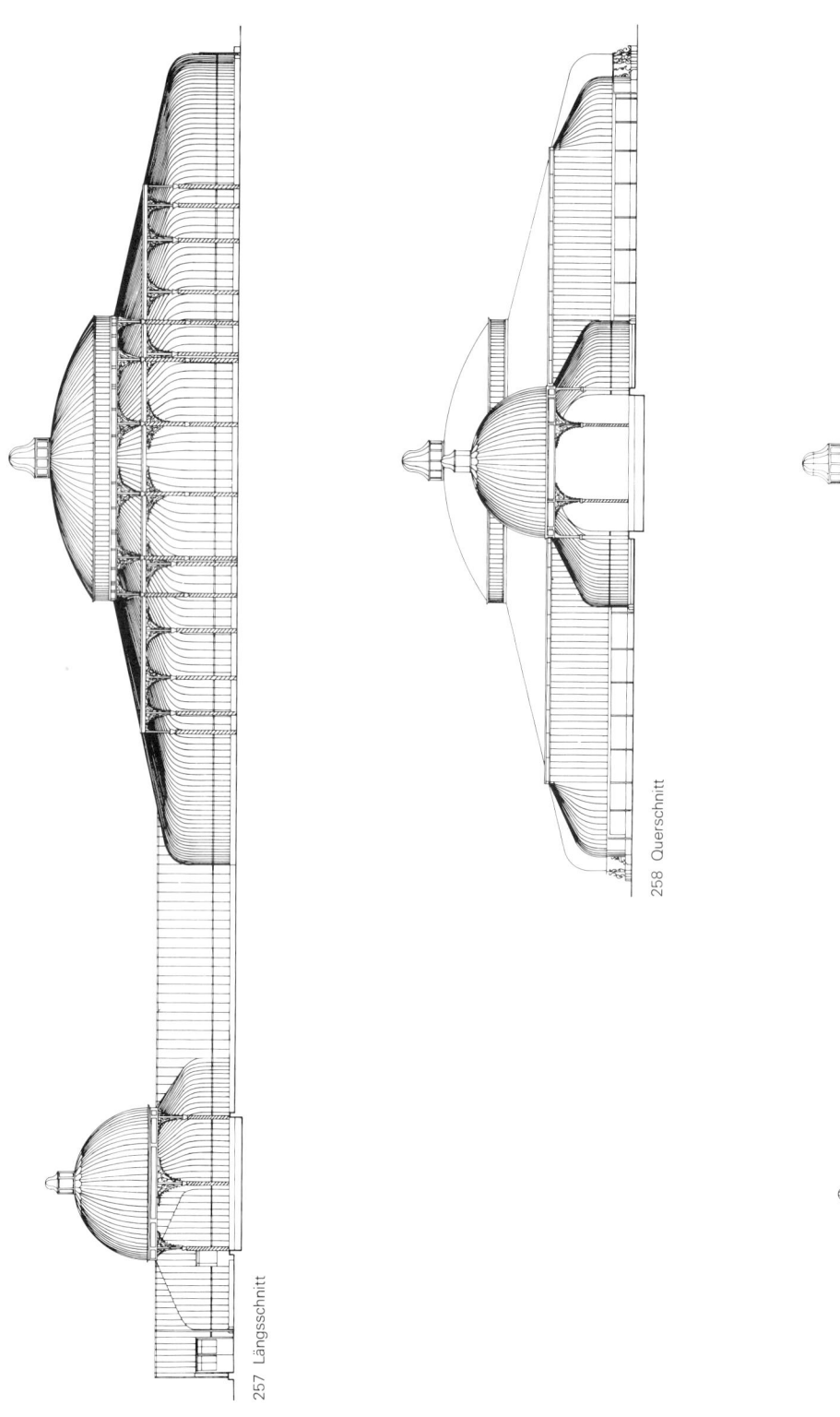

257 Längsschnitt

258 Querschnitt

259 Seitenfront

348

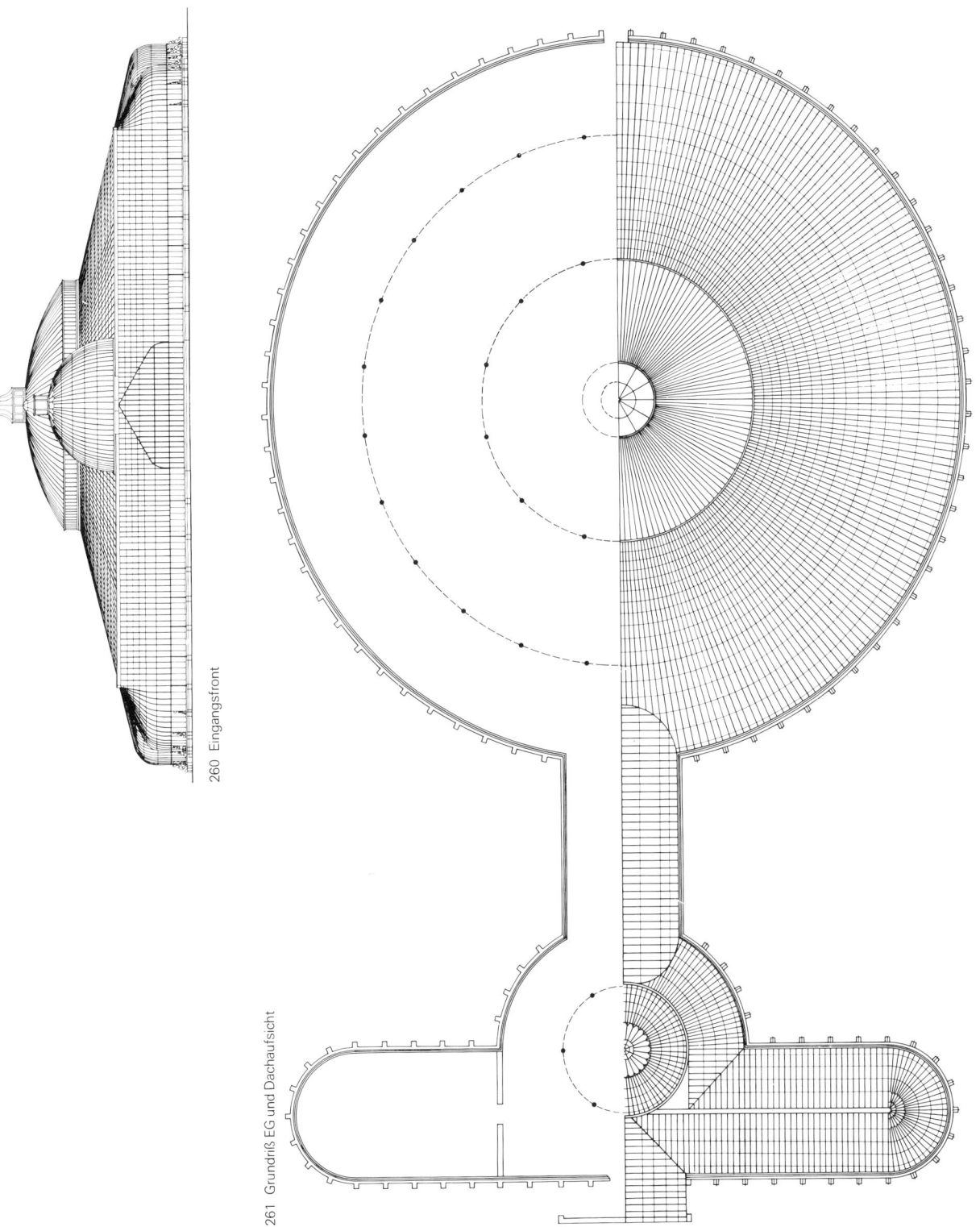

260 Eingangsfront

261 Grundriß EG und Dachaufsicht

349

Jahre ihm gehören sollte. Kibble übernahm es, das Gebäude zu demontieren, von Coulport nach Glasgow bringen zu lassen und es im Botanischen Garten zu errichten, wobei es auf seine Kosten vergrößert werden sollte. Nach zwanzig Jahren würde es in den Besitz der Stadtbehörde von Glasgow übergehen und den Bürgern für immer gehören. Während dieser zwanzig Jahre besaß Kibble das Recht, Konzerte und andere Unterhaltungen dort zu pflegen und dafür eine Eintrittsgebühr zu erheben. Im Mai 1872 wurde das Gewächshaus in Coulport abgetragen, auf ein Floß verladen, das ein Schlepper den Kelvinfluß hinauf nach Glasgow zog. Wie er es der Stadtbehörde versprochen hatte, ließ Kibble den Durchmesser der Hauptkuppel auf 146 Fuß (44,5 m) erweitern, den Verbindungsgang auf 36 Fuß (11 m) vergrößern und die beiden Seitenflügel zu einer beeindruckenden Front von 150 Fuß (45,75 m) anwachsen.

»Der Kunstpalast wurde im Osten des Gartens in der Nähe des Haupteinganges errichtet. Das Fundament ist aus Stein, der Bau selbst besteht aus Glas und Eisen, die inneren Stützen sind anmutige eiserne Pfeiler. Durch den Haupteingang, der nach Westen hinausgeht, eintretend, befinden wir uns im kleinen Kuppelbau ... In der Mitte liegt ein Becken mit einem Umfang von 8,23 m. Zur Linken befindet sich ein Seitenflügel, 15,24 m lang und 8,53 m breit, der als ein Haus für Moose eingerichtet wurde ... Der entsprechende Seitenflügel auf der linken Seite des kleinen Kuppelbaus soll eine Sammlung Modelle alter Ruinen und berühmter Gebäude, wie den Parthenon, den Jupitertempel, das Kolosseum in Rom etc. aufnehmen ... Über den Korridor erreichen wir den großen Kuppelbau, einen prächtigen, kreisförmigen, weiten Raum, der, von Licht überflutet, mit seiner harmonischen Anordnung von Blumen, Farnpflanzen und Statuen einen Innenraum von beeindruckender Schönheit bildet. Der große Kuppelbau hat einen Umfang von 143 m und wird von 36 gußeisernen Pfeilern getragen, die in zwei Reihen ringsum stehen. Die Mitte des Kuppelbaus nimmt ein Wasserbecken, 56,39 m im Umfang, ein. Unterhalb des Beckens liegt ein Raum mit einem Durchmesser von 42,7 m, in dem ein Orchester untergebracht werden soll, dessen Musik den Besuchern künftiger festlicher Veranstaltungen ein melodisches Geheimnis sein wird. Der Raum wird so konstruiert werden, daß die Musikklänge je nach Wunsch die Kuppel erreichen oder abgeschaltet werden, daß bezaubernde verklingende oder ansteigende Musik von den unsichtbaren Spielern hervorgebracht wird. Wenn dieses Kunstwerk nicht vorgeführt wird, ist es beabsichtigt, im Zentrum des Beckens einen Zauber-Springbrunnen unterzubringen, der vierzig Wasserstrahlen bis zu einer Höhe von 10,67 m emporwirft, während vom Dach her elektrische Beleuchtung auf den steigenden und fallenden Sprühregen gerichtet sein wird und ihn mit wechselnder Gold- und Silberfärbung und allen Farben des Regenbogens tönt. Wenn es nötig sein sollte, ein größeres Publikum unterzubringen, kann das Wasser innerhalb einer Stunde aus dem Becken abgelassen werden, das dann belegt wird, und 800 Personen eine Sitzgelegenheit bietet. Der große Kuppelbau hat einen Fußboden aus eisernem Gitterwerk, das erhöht auf Holzschwellen liegt und von der Firma George Smith & Son hergestellt wird. Darunter liegen etwa drei Meilen Kupferröhren, 7,6 cm im Durchmesser, die das Gebäude mit heißer Luft versorgen. Das Gewächshaus ist reichlich mit Gasbeleuchtung ausgestattet, 600 Düsen können beim Einbruch der Dunkelheit eingesetzt werden. Der Korridor, der die beiden Kuppelräume miteinander verbindet, führt auch zu einem Aufenthalts- und Erfrischungsraum. Überall in den Gebäuden stehen Statuen und Büsten von Poeten, Komponisten, Rednern und Philosophen. Der Kunstpalast wurde unter der persönlichen Oberaufsicht von Mr. Kibble errichtet, dessen feiner Geschmack und große Erfahrung in der Kultur und dem Arrangement von Blumen etc. sehr förderlich für die Anlage waren.«[76]

Der 1873 feierlich eröffnete ›Kristallpalast‹ diente im ersten Jahrzehnt Kunst- und Blumenausstellungen, Konzerten und öffentlichen Massenveranstaltungen. Bei den 1873 zu Benjamin Disraelis und 1879 zu William Ewart Gladstones Ehren abgehaltenen Feiern fanden sich ca. je 4000 bis 5000 Menschen ein. 1881 erwarb die ›Royal Botanical Institution‹ mit Unterstützung der Stadtbehörde zum Preis von 25000 Pfund das Ankaufsrecht für den ›Kibble Palace‹. Er wurde nach dem Einbau einer Heizung in einen Wintergarten – gefüllt mit tropischer Pflanzenwelt – verwandelt und so seiner ursprünglichen Bestimmung wieder zurückgegeben. John Kibble (Abb. 256), der Architekt und Bauherr dieses Gewächshauses war, entstammte einer im Weingroßhandel reich gewordenen Unternehmerfamilie. Neben seiner Tätigkeit als Geschäftsmann betrieb er ingenieurmäßig Studien auf dem Gebiete der Schiffsbautechnik und Fotografie. Er entwickelte eine neue Methode von Radantrieb, indem er den Dampfer ›Queen of Beauty‹ (1893) mit einer endlosen Kette von Treibschaufeln ausrüstete. Zugleich leistete er auf dem Feld der Fotografie Pionierarbeit, indem er die wahrscheinlich größte Kamera des 19. Jahrhunderts konstruierte. Deren Linse hatte einen Durchmesser von 13 Inches und eine Fokalentfernung von 6 Fuß (1,83 m); die Glasplatte maß 44/36 Inches. Der Apparat, auf Rädern montiert und von einem Pferd gezogen, diente Kibble für panoramaartige Landschaftsaufnahmen, die das Staunen seiner Zeit erregten.[77]

Konstruktionsform

Die Glasgewölbe des ›Kibble Palace‹ (Abb. 257-261) werden in der großen Kuppel durch 36 gußeiserne Säulen, die in zwei Ringen angeordnet sind – der innere Ring hat zwölf, der äußere Ring 24 Säulen –, unterstützt. Die Dachlast wird über zwei ringförmige 30 m hohe Binder – wahrscheinlich aus Gußeisen – in die Stützen abgeleitet. Konsolen aus Gußeisen mit reicher Ornamentik dienen zur Queraussteifung. Die Säulen haben nur 12 cm Durchmesser und sind nach barocker Art mit spiralförmigen Kanneluren und kleinen korinthischen Kapitellen versehen. Die kleinere Kuppel des Vorbaues wird in ähnlicher Weise von sechs Säulen unterstützt. Die Binderringe bestehen aus vorgefertigten Einzelteilen, die als seitlich offene Kästen ausgebildet und miteinander sowie mit der Stütze bzw. Konsole verschraubt sind. Die kurvenlinear gebogenen Spanten der Glashaut liegen entweder unmittelbar oder – wie im inneren Kuppelteil – vermittels eines niedrigen Tambours auf den Binderringen auf. Die Profile der Spanten sind aus Schmiedeeisen. Sie bestehen aus einem 4 mm starken und 70 mm hohen Flacheisen, an welches kleine Winkelprofile angeschraubt sind. Der Abstand der Spanten beträgt im Fußteil 30 cm. Das Netzwerk der Spanten geht aus der Dachschräge in eine senkrechte Abschlußwand über, die auf einem rundumgeführten 35 cm hohen Sandsteinsockel ruht. Der tambourartige Übergang wird durch zwei horizontale, im Abstand von 1 m angebrachte Ringe aus elementierten, 12 cm hohen Gußeisenprofilen gebildet. Der Einschub dieser aussteifenden Konstruktion, die nach außen als Sims ausgebildet ist und eine verzierte Zinkrinne besitzt, ermöglicht die Anbringung eines Kranzes von Lüftungsfenstern rund um das ganze Bauwerk. Die zum Mittelpunkt der Kuppel zusammenlaufenden Spanten enden in einem Laternenring, der ebenfalls aus vorgefertigten Profilen zusammengeschraubt wurde. Die Einleitung der Spanten zu diesem Ring hin ist ein Meisterwerk der Filigrankonstruktion: Vermittels einer als blumenartiges Ornament wirkenden Rosette werden die eng gewordenen Glasfelder aufgefangen und nur jede dritte Spante wird zum Ring weitergeführt. Die Glaskorridore werden stützenlos durch dieselbe Spantenkonstruktion gebildet, wobei jedoch hier – im Unterschied zur Loudonschen Idealkonstruktion – Flacheisenprofile von 30/80 mm in größeren, regelmäßigen Abständen zur zusätzlichen Verstärkung dienen (Abb. 134b). Die technische Perfektion der Durchbildung der Glas-Eisenkonstruktion wird an den Schnittlinien der parabolisch gebogenen Flächen – Zusammentreffen der Glasgewölbe von Kuppel und Korridor – demonstriert. Die Rippe der Schnittlinie ist ohne konstruktiven Aufwand, ganz aus den Bedingungen der Glas-Eisenkonstruktion abgeleitet, ausgebildet. Das Bemerkenswerte an dieser Filigrankonstruktion ist, daß die statischen Eigenschaften des Materials bis zur äußersten Grenze ausgenutzt wurden: Es ist nicht von der Hand zu weisen, daß in der Ausbildung der Haut bei Windbelastung das Glas selbst als versteifendes Element mit eingesetzt wurde. Die extreme Ausnutzung

des Materials hinsichtlich der Tragfunktion beweist die elastische Verformung der Kuppelkonstruktion in Form einer Rotationsverformung der Spanten, die bis zum Aufliegen der Kanten der Glasscheiben an den Profilen eine Verformung mitmachten (Abb. 560). Selbst dieser Umstand gefährdete den einhundertjährigen Bestand des Bauwerkes nicht. Die durch diese Ingenieurleistung erzielte Transparenz gibt dem ›Kibble Palace‹ jene architektonische Qualität, die wir heut an ihm bewundern.

Heizung

Mit der Umwandlung des ›Kibble Palace‹ in einen Wintergarten wurde eine Warmwasserheizung installiert, die vom Direktor von Kew Gardens, Sir William Hooker, entworfen worden ist. Die Kessel wurden in einem gesonderten kleinen Gebäude südlich des Zentralbaus untergebracht. Die an der Peripherie des Gebäudes geführten Heizrohre befinden sich in den Langbauten unterhalb der Pflanzentische in Konsolen. Im Zentralbau sind sie in drei Ringen in den Beeten frei verlegt.

Verglasung

Die Verglasung ist einfach. Die Scheiben sind in Bodennähe 33 cm breit und 88 cm hoch und am bogenförmigen Übergang vom Tambour zum Dach gekrümmt. Zur Mitte des Zentralbaues hin verjüngen sie sich. Die Lüftung wird durch die Fensterreihe im Tambour ermöglicht: Sämtliche Fenster sind um ihre horizontale Achse drehbar und sichern eine gute Luftzufuhr von unten. Die Abführung der Luft erfolgt über die Klappen im oberen Tambour.

Quellen: Glasgow, Botanic Gardens, Archiv

Literatur: ZfBW, 1887, Jg. 37, H. 1-3, S. 76; Smith 1971; Deutsche Bauzeitung (Hrsg.), Baukunde des Architekten, 1902, Bd. II, Teil 5, S. 371, Fig. 141-143

GLASGOW, Wintergarten, People's Palace, Glasgow Green *Abb. 564, 565*

Baujahr: um 1880
Zustand: gut erhalten

Der ›Wintergarten‹ im ›Glasgow Green Park‹ ist Teil eines Ausstellungsgebäudes, dessen Kopfbau ein in Stein errichteter Museumsbau mit zentraler Achteckkuppel bildet. Er hat als Grundriß ein langgestrecktes Rechteck mit halbkreisförmigem Abschluß. Über diesem Grundriß ist eine hohe Glastonne mit abschließender Halbkuppel errichtet, welche durch ein niedriges, einen Umgang deckendes Pultdach eingefaßt ist. Auf den Stützen einer niedrigen Glasfassade mit Steinsockel liegt ein flachgeneigtes Dach, das nach innen auf den Stützenreihen aufruht. Diese Stützenreihe wird durch gußeiserne

Rundsäulen gebildet, welche auf der Höhe einer umlaufenden Galerie durch einen Querbinder in Form eines Gitterträgers ausgesteift werden. Über den Säulen entspringen genietete Bogengitterträger, welche die hohe und weitgespannte Glastonne tragen. Der Dachform folgend, gehen die gebogenen Gitterträger im oberen Teil des Daches in eine Gerade über. Der Untergurt bleibt ein durchgehender Bogen. Durch die Kombination gerader und gebogener Konturen des Daches entsteht ein Glasgewölbe von elegantem Schwung. Das Innere erinnert mit den hohen und weitgespannten Gitterträgern an Bahnhofsbauten jener Zeit.

Quellen: Glasgow, Botanic Gardens, Archiv

GÖTTINGEN, Kleines Gewächshaus, Botanischer Garten, Universität   *Abb. 566*

Architekt: unbekannt
Baujahr: um 1850
Zustand: erhalten

›Kleines Gewächshaus‹, an drei Seiten aus Massivmauerwerk mit gläsernem Pultdach, nach Süden aus einer Glasfront bestehend, dessen First durch zwei überaus schlanke gußeiserne Säulen getragen wird. Die beiden horizontalen Dachbinder in der Mitte der geneigten Glasflächen sind durch abgespreizten Rundstahl gespannt. Die vertikale Glasfront und das Dach werden durch zarte Eisensprossen gegliedert, welche Glastafeln schuppenartig einfassen.

GRIMSTON PARK (Yorkshire), Wintergarten   *Abb. 567*

Baujahr: um 1830-1840
Zustand: gut erhalten

Der kleine ›Wintergarten‹ im ›Grimston Park‹ ist Teil einer schloßartigen Anlage. Der als Orangerie gebaute und von den Wohnräumen unmittelbar zugängliche Raum besteht aus Steinmauerwerk, das in schmale Pilaster aufgelöst und durch einen Architrav mit Glasdach abgeschlossen ist. Der rechteckige Saal wird an der Decke durch Querbalken in zwei Abschnitte geteilt: Der größere, quadratische Abschnitt ist von einem kleinen Glasdom Loudonscher Konstruktion überwölbt. Der Übergang des eisernen Kuppelringes zum Quadrat des Architravs vollzieht sich an den Ecken über die Dreiecke der verglasten Perpendikel und über Trapezflächen aus Glas längs der Architrave. Der kleinere Abschnitt wird durch ein abgewalmtes, einfaches Satteldach aus Glas abgedeckt. Die eisernen Sprossen des Glasgewölbes und der schrägen Dachflächen sind äußerst filigran und bilden einen architektonisch bewußt angelegten Gegensatz zum Steinmauerwerk. Bemerkenswert ist die Ausbildung der überaus schlanken Eisenstützen unter den quer durch den Raum laufenden Architraven: Wie im ›Pavillon‹ in Brighton von John Nash (1808) sind die Stützen als zierliche Palmen ausgebildet, deren eiserne Fächer aus dem Säulenschaft entspringen.

HACKNEY bei London, Loddiges Nursery, Kamelien- und Palmenhaus

		Architekt:	John Claudius
			Loudon und W.
Länge:	36 m (24,5 m)		and D. Bailey (Fa.)
Breite:	7 m (21 m)	Baujahr:	um 1820
Höhe:	ca. 5,80 m (10 m)	Zustand:	abgerissen

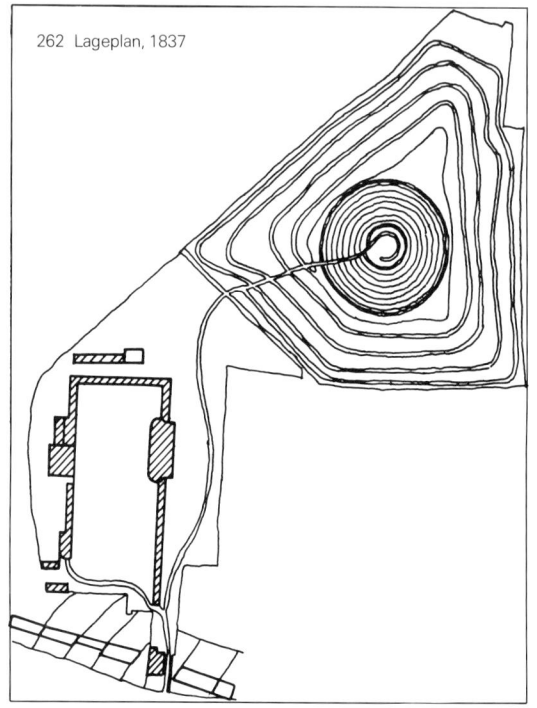

262 Lageplan, 1837

In der Nähe Londons, in Hackney, hatte 1771 der geschickte Botaniker Conrad Loddiges eine kommerziell organisierte Gärtnerei gegründet. In den folgenden Jahrzehnten entstanden eine Reihe von Gewächshäusern, die, untereinander verbunden, eine Gesamtlänge von über 300 m hatten. Charles Rohault de Fleury, der Erbauer der Glashäuser im ›Jardin des Plantes‹ in Paris, der die Anlage anläßlich einer Studienreise 1833 besucht und beschrieben hatte, hebt hervor, daß »ihr Maßstab so großartig ist, daß sie einen wunderbaren Eindruck macht«. In dieser Zeit war sie – nach dem Abriß von Bretton Hall – die größte Glaskonstruktion für Pflanzen in der Umgebung Londons (Abb. 262-267). Die Gewächshäuser bil-

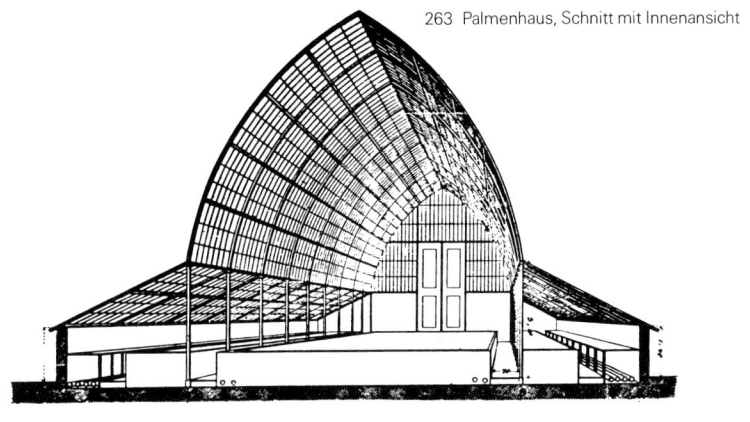

263 Palmenhaus, Schnitt mit Innenansicht

264 Kamelienhaus, 1820 (abgerissen), Fassade

deten einen U-förmigen Grundriß und schlossen einen Innenhof ein. Unter den Bauten ragten zwei Gewächshäuser durch ihre Größe hervor: das ›Warmhaus‹ für Palmen und das ›Temperierte Haus‹ für Orangen bzw. Kamelien, beides Konstruktionen mit gewölbten Glasdächern.

Das ›Palmenhaus‹, 24,50 m lang, 21 m breit und 10 m hoch, wurde von zwei Reihen gußeiserner, hohler Säulen getragen (Abb. 263, 266). Die spitzbogig gewölbte Dachkonstruktion bestand aus Holz. Das andere ›Gewächshaus‹ gegenüber dem ›Palmenhaus‹ (Abb. 264, 265, 267) hatte ein ganz aus Eisen konstruiertes Tragwerk. Es wurde von John Claudius Loudon ebenfalls um 1820 geplant und von der Fa. W. and D. Bailey, die mit Loudon in Partnerschaft zusammenarbeitete, ausgeführt. Das Bauwerk war das erste große, ganz in Eisen konstruierte Gewächshaus und ging direkt aus der Kette von Experimenten mit kurvenlinearen Dächern hervor, die Loudon ab 1817 in Bayswater durchführte (Abb. 141). Rohault beschreibt die Konstruktion im einzelnen: »Dieses, für große Orangeriegewächse bestimmte Gebäude, stößt rückwärtig an andere Glashäuser mit geraden Glasdächern, mit denen es in Verbindung steht; es hat im Grundriß die Gestalt eines in zwei Kreisquadraten endenden Rechteckes und ist 36 m lang und 7 m breit. Die gekrümmten Träger sind an vier Punkten ihrer Länge unterstützt. Erstens durch die vordere Bankettmauer von 1 m Höhe; zweitens durch acht Säulen aus Gußeisen, von 8 cm im Durchmesser, die ein gleichfalls gußeisernes Längenstück von 14 cm Höhe und 8 cm Breite tragen; drittens von acht schmiedeeisernen Stangen, von 40 mm

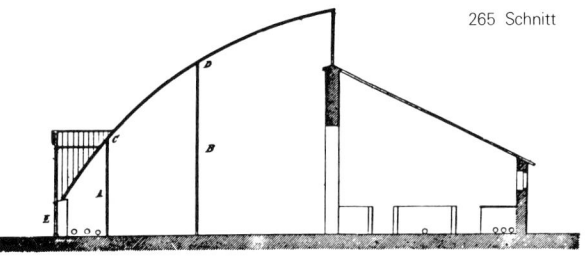

265 Schnitt

Durchmesser, auf denen ein eisernes Überlegstück von 13 mm Höhe und 40 mm Breite ruht; endlich viertens durch die hintere Mauer von Ziegeln, auf der noch eine Glaswand steht, die man öffnen kann, wenn das Glashaus gelüftet werden soll. Die eisernen, gekrümmten Falzträger von 40 mm Höhe sind 13 mm dick und stehen in Entfernungen von je 16 cm. In bezug auf ästhetische Schönheit sind die Details dieses Glashauses nicht zu loben, nichts destoweniger ist der Gesamteindruck desselben befriedigend, und es ist eines der größten Treibhäuser, das je aus Eisen ausgeführt wurde. Man kann demselben Unregelmäßigkeit in der Lage der Stützpunkte und die sehr geringe Größe der Glasscheiben zum Vorwurfe machen – ein Fehler, den es übrigens mit allen anderen englischen Treibhäusern gemein hat.«[78]

Bemerkenswert ist an der aus schmalen schmiedeeisernen Sprossen bestehenden kurvenlinearen Dachkonstruktion, daß sie, entgegen den von Loudon später verfolgten, sich selbst tragenden Schalen, hier von zwei Längspfetten und zwei Stützenreihen gehalten wurde. Die äußerst dünnen Stützen standen in Abstand von ca.

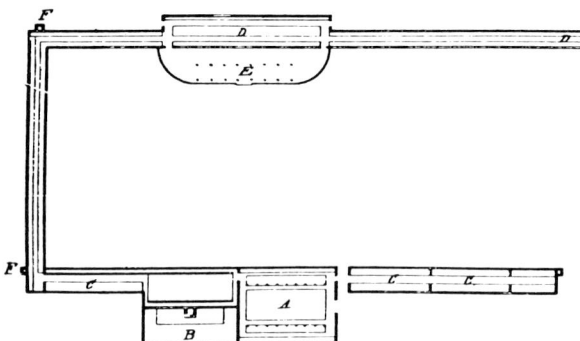

266, 267 Grundriß der Gewächshausanlage (A Palmenhaus, E Kamelienhaus)

7 m. Der Grund für ihre Anwendung dürfte in der flachen Krümmung der Glashülle und der nicht schubfesten Auflagerung am oberen Ende gelegen haben. Die gesamte Anlage wurde mit in einem zentralen Kesselhaus erzeugtem Dampf beheizt. Das Palmenhaus hatte eine künstliche Regenanlage. 1854, mit der Auflösung der Gärtnerei, kaufte Joseph Paxton alle exotischen Gewächse auf und verpflanzte sie in den ›Kristallpalast‹ in Sydenham, der z. T. auch als Wintergarten diente.

Literatur: Allgemeine Deutsche Bauzeitung, 1837, Jg. 2, Nr. 48, S. 397-400

268 W. and D. Bailey, Glashaus mit Halbkugel, um 1830 (abgerissen), Fassade

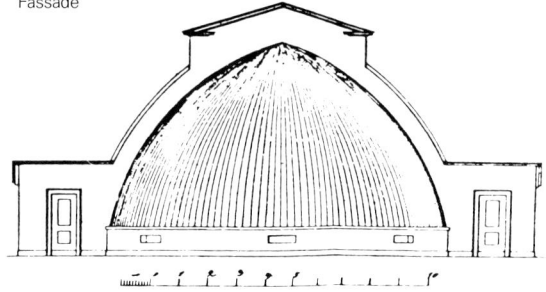

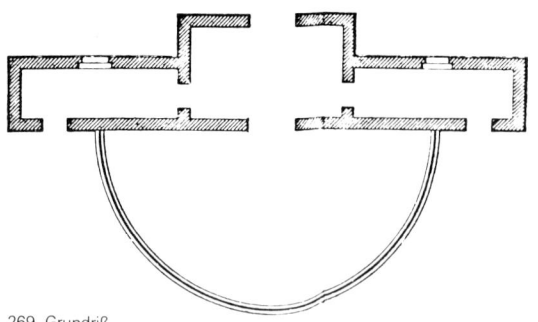

269 Grundriß

HACKNEY bei London, Glashaus mit Halbkuppel

Durchmesser:	12 m	Konstrukteur:	W. and D. Bailey
Höhe:	7 m	Baujahr:	um 1820
		Zustand:	abgerissen

Rohault beschreibt im Zusammenhang mit den Bauten in Hackney einen Glashaustyp, der, nach dem Loudonschen Konstruktionsprinzip errichtet, in England öfter zur Anwendung kam. Eine Weiterentwicklung dieses Typs in Form dreier sich durchdringender Glaskuppeln – auf ein gußeisernes Ständerwerk gesetzt – kann man noch heute in den ›Bicton Gardens‹, Budleigh Salterton, sehen (Abb. 519-525). »Wir haben hier noch ein anderes, ebenfalls von den Herren Bailey erbautes Glashaus mit gekrümmter Glaswand abgebildet, obwohl es sich nicht im Etablissement des Herrn Loddiges befindet. Dieses Glashaus ist sehr geschmackvoll, die gegebenen Zeichnungen genügen zu dessen Verständnis. Nach der Angabe des Herrn Bailey kostete es 500 Pfund Sterling. Alle englischen Glashäuser mit gekrümmten eisernen Falzträgern sind, mit Ausnahme einiger Details, die von Lokalumständen bedingt werden, nach demselben Prinzip erbaut.«[79] Ein ähnliches Bauwerk hat dieselbe Firma für Lord St. Vincent in Rocketts (Essex) ausgeführt. Loudon beschreibt es 1824 in seinem ›The Green House Companion‹ als »a most elegant house on this principle«. Die Grundform dieses Bautyps wurde bereits 1815 von Georg Mackenzie in Form einer Viertelkuppel von 10 m Durchmesser, nur von gebogenen Eisensprossen getragen, als Idealtypus eines Gewächshauses vorgeschlagen. Sein Ausgangspunkt war die Ausrichtung des Glasgewölbes nach dem Sonnenlauf. Loudon hat ab 1817 diesem Idealtypus konstruktive Gestalt gegeben (Abb. 268, 269).[80]

Literatur: Gloag 1970, S. 48; Allgemeine Deutsche Bauzeitung, 1837, Jg. 2, Nr. 48, S. 397-400

HERRENHAUSEN bei Hannover, Palmenhäuser, Park Herrenhausen *Abb. 568-571*

Aus der Serie der im Berggarten des Kurfürsten Georg II. August von Hannover im Laufe des 18. und 19. Jahrhunderts errichteten Gewächshäuser ragen die beiden von Georg Ludwig Friedrich Laves (1846) und Auhagen (1879) erbauten ›Palmenhäuser‹ als Beispiele bedeutender Raum- und Konstruktionsschöpfung hervor. Das von dem vielseitig wirksamen Architekten und Konstrukteur Laves geplante ›Palmenhaus‹ verdient historisches Interesse aufgrund der hier zur Vollendung gebrachten Entwicklungsreihe des klassizistischen Gewächshausbaus.

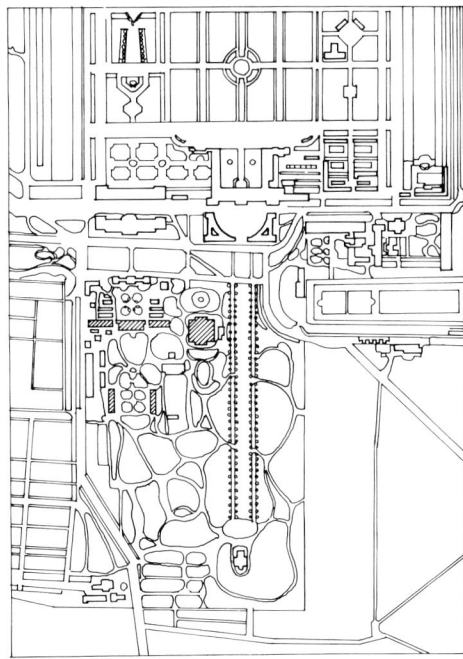

270 Lageplan, 1852

Der sachlich gehaltene Bau von Auhagen wiederum bringt aufgrund der gewählten Dimension – es war das höchste Gewächshaus Europas – neue konstruktive Lösungsmöglichkeiten, die sich in der Verwendung von Walzprofilen im Rahmen eines Eisenskeletttragwerkes verwirklichen. Der Hintergrund für die Entstehung dieser Gewächshäuser ist die durch fürstliche Repräsentation motivierte Sammlerleidenschaft, die den Berggarten bereits zu Beginn des 19. Jahrhunderts zu einer Palmenzentrale Europas machte.

Geschichte des Gartens

Der fürstliche Besitz Herrenhausen entstand 1638, indem Georg Herzog von Calenberg drei Bauerngüter, eine Fußstunde von seinem Stadtschloß in Hannover entfernt, zusammenlegte und zu einem Vorwerk ausbaute. 1666 wurde Herrenhausen Sommerresidenz: Mit dem Bau eines Schlosses wurde gleichzeitig im Süden die erste Parkanlage geschaffen, welche in der Folge über Erwerb weiterer Ländereien zum berühmten barocken Garten von Herrenhausen gestaltet wurden. Im Norden desselben entstand ebenfalls 1666 der Berggarten als Küchengarten, der später stufenweise in einen botanischen Garten umgewandelt wurde. Ein Schritt dazu war 1686 der Bau eines kleinen Gewächshauses. Mit ihm beginnt im Berggarten eine Entwicklungsreihe, die für den Ge-

wächshausbau eine einmalige Quellenkunde ist. Ab 1740, unter der Regierung des Kurfürsten Georg II. August beginnt im Berggarten die systematisch betriebene botanische Sammlung. Gottfried Wilhelm Leibniz, der den Hof in Herrenhausen häufig aufsuchte, regte botanische Versuche an. Auf ihn geht die Kultur von Maulbeeren zurück, welche den hugenottischen Manufakturen in Hannover die Seidenspinnerei ermöglichen sollten.

1755 wurden von J. W. Tatter das erste größere Glashaus gebaut. Das erste Palmenhaus entstand 1798 nach den Zeichnungen von W. Mertens, welches, mehrfach umgebaut, 1870 von C.H. Schuster durch ein Haus aus Gußeisen ersetzt wurde.

Der Beginn der Palmensammlung ist das Verdienst des in Herrenhausen tätigen Botanikers Johann Christoph Wendland, der seine Ausbildung von 1811 bis 1816 in Wien, Paris und Kew vollendet hatte. Sein Sohn, Hermann L. Wendland, erweiterte ab 1835 systematisch diese Pflanzensammlung durch Ankauf von Palmen in Berlin, Dresden, München und Wien. 1854 umfaßte die Sammlung nicht weniger als 224 Palmenarten. In der Folge entwickelte sich der Berggarten zu einer der größten Palmensammlungen Europas. H. Wendland brachte 1854 seinen ›Index Palmarum‹ heraus, in dem 192 Palmenarten ihre Beschreibung und ihren Namen erhielten. Er wurde der führende Palmenspezialist der botanischen Welt. Im Frühjahr 1851 wurde das ›Victoria regia-Haus‹ eingerichtet. Man hatte aus den Gärten von Kew Gardens und Syon House den Samen der Victoria regia beschafft. Am 29. Juni 1851 blühte sie in Herrenhausen zum erstenmal in Deutschland. Zu diesen botanischen Erfolgen gab der Berggarten mit seinen Palmenhäusern die Grundlage (Abb. 270).[81]

Literatur: Die Gartenzeitung 1882, Jg. 1, S. 7-147; ZfBW, 1916, Jg. 66, H. 1-3, S. 30-40; Herrenhausen 1666-1966, 1966

HERRENHAUSEN bei Hannover, Park Herrenhausen, Palmenhaus 1846-1849
Abb. 568, 569

Länge:	34 m	Architekt:	Georg Ludwig
Breite:	11,75 m		Friedrich Laves
Höhe:	14,70 m	Zustand:	1879 abgebrannt und
Fläche:	ca. 430 m²		durch den Bau von
			Auhagen ersetzt

Das ›Palmenhaus‹ von Laves wurde im Berggarten mit seiner Längsachse quer zur großen, das Schloß mit dem Mausoleum verbindenden Allee angelegt. Zu diesem Palmenhaus hat Laves zwei Entwürfe angefertigt. Der erste nicht ausgeführte, reichere, zeigt den Hauptraum im Grundriß als eine Durchdringung von Rechteck und Kreis. Durch diese Raumkonstruktion entsteht in der Mitte eine Art von Zentralraum, der nach zwei Seitenflügeln geöffnet ist. Dieser Eindruck wird noch verstärkt

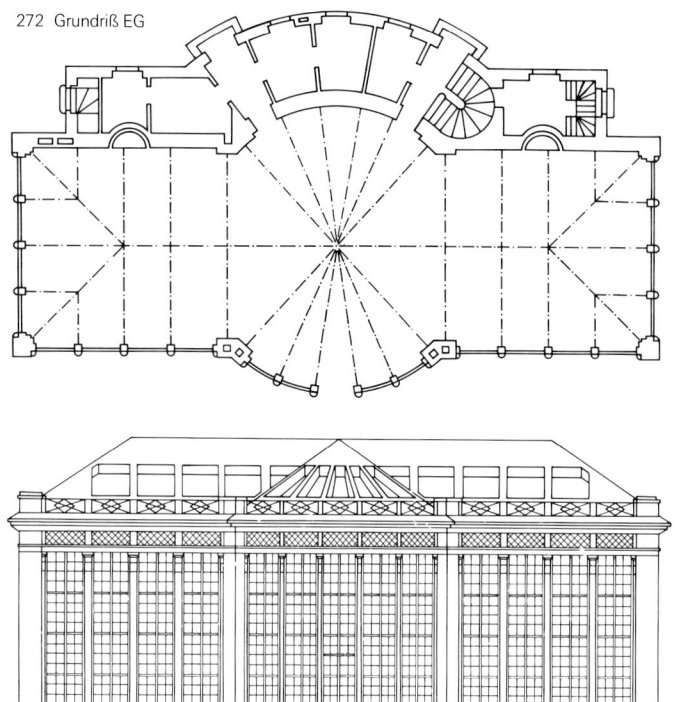

272 Grundriß EG

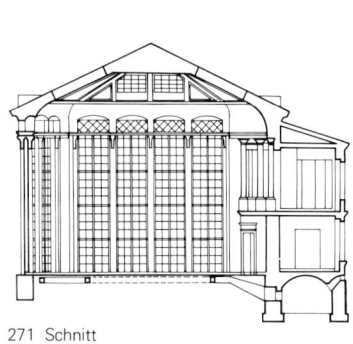

271 Schnitt

273 Vorderfront

durch die Konstruktion des Daches, das, der Grundriß-form folgend, über den kreisförmigen Mittelteil einen Kegel bildet, welcher von längsgerichteten Giebel-dächern angeschnitten wird. Süd-, Ost- und Westseite weisen senkrechte Glaswände auf. Die Rückwand und Eckpfeiler sind massiv. Die Glasflächen sitzen zwischen hölzernen Stützen, die vorderseitig durch gußeiserne Halbsäulen verstärkt werden. Die Mitte der Südfront enthält den Haupteinang. An die massiven Mauern der Nordfront werden in zwei Stockwerken die Nebenräume angebaut. Zwei an den Enden der beiden Flügel gele-gene Vorräume nehmen die Treppen zum Keller und zu den Obergeschossen auf und bilden den Zugang zu einer Küche und einigen Nebenräumen. Der rückwärtige Rundbau enthält ein dreiachsiges, nach dem ›Palmen-haus‹ sich öffnendes ›Gartenzimmer‹, das von einer Ter-rasse mit Pergola vom Garten her zugänglich ist. An die östlichen der beiden Vorräume, welche seitlich den Zu-gang zum Gartensaal vermitteln, legt sich eine halbrunde Treppe, welche im ersten Obergeschoß zu einem Vor-platz und einem »oberen Zimmer, um hier in das Pal-menhaus zu sehen«, führt. Im ersten Obergeschoß liegt links die Wohnung für den Gartengehilfen. Im Keller sind sechs Heizstellen angelegt. Sämtliche Kanäle liegen unter den Fußböden. Der Fries des Gebäudes ist zur Gewinnung von Lichtflächen durchbrochen. Das Hauptgesims trägt ein schmiedeeisernes Gitter zwischen

Pfeilern. Das Dach ist mit Metall abgedeckt und enthält eine Reihe von Oberlichtern. Ausgeführt wurde ein mo-difizierter Plan, welcher von einem kürzeren Baukörper und kleineren Nebenräumen ausgeht (Abb. 271-273). Das nördliche Gartenzimmer, für größere Gesellschaften bestimmt, ist ins Obergeschoß, die Wohnung für den Gartengehilfen nach unten gelegt. Die Oberlichter sind gegenüber dem ersten Entwurf in voller Ausnutzung des Abstandes der Dachbinder vergrößert, so daß auch am Dach der konstruktive Aufbau des ›Palmenhauses‹ ables-bar wird.

Konstruktionsform

Die tragenden Bauteile sind Massivmauerwerk im Nor-den und Mauereckpfeiler im Süden, außerdem die schlanken Holzstützen mit vorgestellten halbrunden gußeisernen Säulen der Glasfassade. Das Tragwerk des Daches beruht auf einer damals neuen Erfindung. Aus vorhandenen Aufnahmezeichnungen von Auhagen geht hervor, daß die Konstruktion des Daches die bekannten ›Lavesschen Balken‹ bildete. Es sind dies unterspannte Balken, in welchen Druck und Zugkräfte durch geson-derte Tragglieder aufgenommen werden. Die einfachste Ausführung bestand darin, daß ein Balken in der Mitte fast auf die ganze Länge aufgeschlitzt und der untere und obere Teil durch Spreizen getrennt wurde. Das Träg-heitsmoment des Balkens wurde durch diese Behandlung erheblich vergrößert. Es wurde sogar eine Anpassung der Tragfähigkeit an den Verlauf der Momentlinie erreicht. Die Schwierigkeit lag im Zusammenhalt der Balkenenden. Es galt dort die Schub- und Scherkräfte aufzunehmen. Dafür sorgten Bolzen und Bänder. In der späteren Entwicklung kamen aus zwei Teilen zusammengesetzte Träger zur Anwendung. Dies erlaubte den Einsatz gerader Träger in Kombination mit unterspannten zu gliedern (Abb. 274). Diese Konstruktionsform wurde nicht

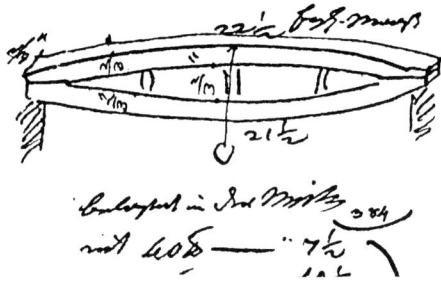

274 Georg Ludwig Friedrich Laves, Konstruktionsskizze zum unterspannten Balken

nur für Dachstühle, sondern hauptsächlich auch für Brückenbauwerke angewandt. Im Jahre 1839 erhielt Laves für seine Erfindung ein Patent. Nach diesem System wurden in ganz Europa ca. 35 Brücken ausgeführt. Unter ihnen sind die von Isambard Kingdom Brunel gebaute ›Chebston Bridge‹ (1852) über den Weyefluß und die ›Saltash Bridge‹ über den Tamar (1854) – mit 473 Fuß (193 m) Spannweite die bedeutendsten.[82] Nachweisbar liegen dem Bau von Laves zwei Vorbilder zugrunde: Das ›Palmenhaus Wilhelmshöhe‹ von Johann Conrad Bromeis in Kassel (1822) und das ›Palmenhaus‹ der Pfaueninsel von Albert Dietrich Schadow und Karl Friedrich Schinkel (1829). Die in Kassel angewendete Verschneidung von kreisförmigem Zentralbau mit den Rechtecken der Seitenflügel wird im Grundplan des Herrenhausener Gewächshauses übernommen. Die Raumkonzeption ist dem hallenartigen Aufbau des Gewächshauses auf der Pfaueninsel mit seiner als Galerie ausgebauten Abside im Zentrum verwandt. Da in der ersten Hälfte des 19. Jahrhunderts Hannover unter künstlerischer Beeinflussung von Berlin stand, ist es möglich, daß Laves das leider nicht mehr vorhandene ›Palmenhaus‹ auf der Pfaueninsel kannte, von dessen Innerem Blechens Bild in der Berliner Nationalgalerie Kenntnis gibt. Die Einteilung der Glaswand ist von Potsdam fast wörtlich übernommen. Eine gemeinsame Quelle für diese Umformungen der antiken Ordnungen in ein wie ein Raster wirkendes Gerüst von Stützen war wohl das ›Palmenhaus‹ in Kassel.

Literatur: Die Gartenzeitung 1882, Jg. 1, S. 7-147; ZfBW, 1916, Jg. 66, H. 1-3, S. 30-40; Herrenhausen 1666-1966, 1966

HERRENHAUSEN bei Hannover, Park Herrenhausen, Palmenhaus, 1879

Abb. 570, 571

Länge:	33,60 m	Architekt:	Auhagen
Breite:	28,30 m	Zustand:	Im Zweiten Weltkrieg
Höhe:	30,20 m		durch Bomben zerstört
Fläche:	981 m²		
Kubikinhalt:	19 200 m²		

Gründe für den Neubau des ›Palmenhauses‹ von Auhagen waren das erstaunliche Anwachsen der Herrenhausener Palmensammlung und die Größe, welche die älteren Palmen teilweise erreicht hatten, z. B. die ›Livistona australis‹ und die ›Livistona chinensis‹ mit 15 bis 17,5 m Höhe. Zunächst wollte Auhagen das Lavessche Haus unter Abbruch seiner rückwärtigen Teile nur vergrößern. Viele Entwürfe dafür sind in der Cumberlandschen Sammlung von Zeichnungen erhalten. Aber schon während des Erweiterungsbaus entschloß man sich, für das alte ›Palmenhaus‹ einen vollen Ersatz zu schaffen. Auhagen wurde im Jahre 1875 von der Kgl. Verwaltungskommission beauftragt, einen Plan zur Erbauung eines neuen Palmenhauses von »großartigem Umfang« zu erstellen.

Der mächtige Glaseisenbau, der 1879/80 entstand, ist sowohl als Innen- als auch als Außenraum architektonisch nicht sehr gelungen. Als reiner Zweckbau konzipiert, erhält die hier angewendete Konstruktion jedoch eine Selbstverständlichkeit, die in ihrem Purismus an die Fabrikhallen des beginnenden 20. Jahrhunderts erinnert. An Grundriß und Aufbau des Gebäudes läßt sich der Kompromiß ablesen, der durch die Berücksichtigung des alten ›Palmenhauses‹, die Erhaltung der Lindenallee sowie durch die Vorgabe wegen Umsetzung des Palmenbestandes in Bauetappen vorzugehen, eingegangen werden mußte. Betrachten wir den nahezu quadratischen Grundriß, so fällt auf, daß der turmartige Aufbau sich nicht im Schnittpunkt der beiden Symmetrieachsen befindet, sondern nach Norden, an die Seitenwand gerückt ist. Durch diese Grundrißfigur wird bewirkt, daß den asymmetrisch angelegten, turmartigen Aufbau symmetrisch im Innenraum liegende Stützen tragen, welche wie Mittelstützen wirken. Diese Anordnung ist nur verständlich, wenn die Grundkonzeption einen weiteren Ausbau vorsah (Abb. 275-278). Der Architekt Auhagen beschreibt die Konstruktion wie folgt: »Sämtliche Eisenkonstruktionen mit Ausnahme der Pfeilerbekleidungen, Gesimse, Rinnenkästchen und Belegplatten der Galerien sind in Schmiedeeisen bzw. Walzeisen ausgeführt. Die Pfeiler bestehen aus gekuppelten Gitterkonstruktionen, deren äußere senkrechte Gurtungen aus vier Winkeleisen so gebildet sind, daß sie zugleich den Abstand der äußeren von der inneren Glaswand bestimmen. Da dieser Abstand 135 mm, die Schenkellänge der Winkeleisen aber 65 mm beträgt, so bleibt zwischen letzteren noch ein, nur

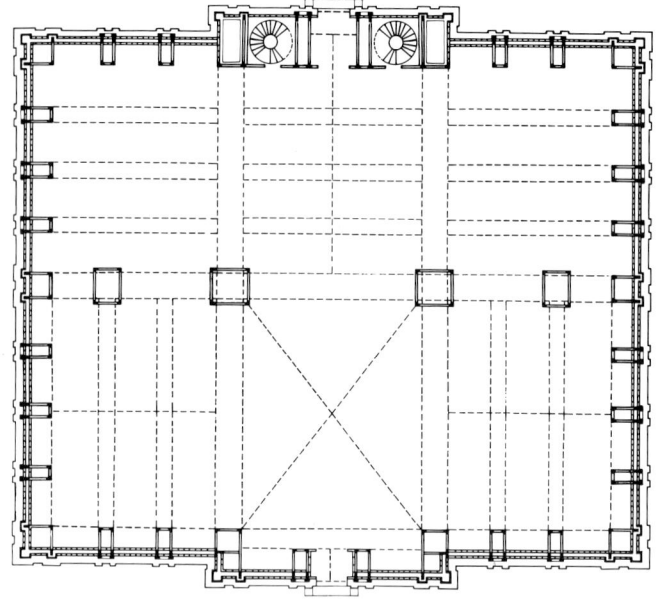

275 Grundriß EG

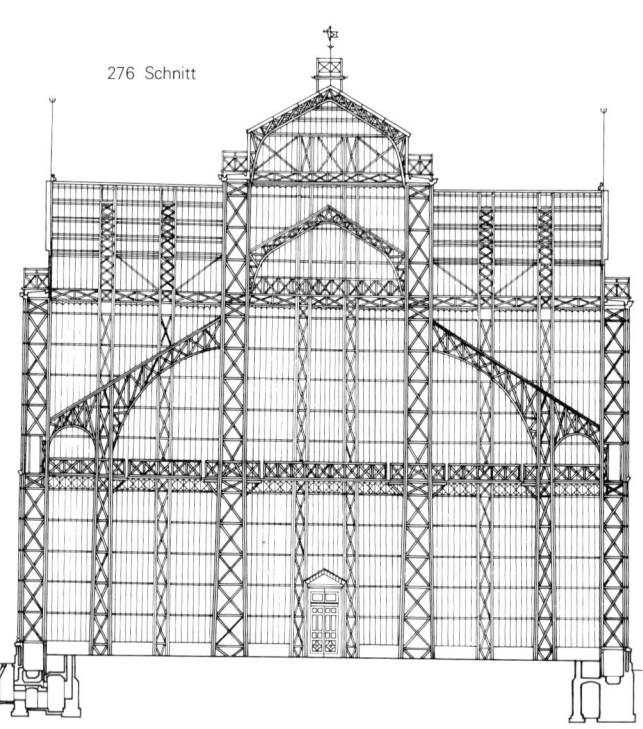

276 Schnitt

von den Verbindungsstücken (Knotenblechen) unterbrochener Spielraum von 5 mm, welcher in Verbindung mit dem hohlen Zwischenraum zwischen der Gurtung und der Pfeiler-Verkleidung ausreicht, um die Erzeugung des so lästigen Rauhfrostes an der inneren Seite der Pfeiler zu verhindern. Sämtliche Pfeiler und besonders diejenigen des nördlichen Mittelbaus sind den Fundamenten fest verankert und haben außerdem noch durch die inneren und durch die Dachgalerien, welche das Gebäude an allen Seiten umgeben, eine wesentliche Verstärkung erhalten, indem hier horizontale flachliegende Trägerkonstruktionen eingebaut sind, welche fähig sind, den Winddruck aufzunehmen und auf feste Stützpunkte zu übertragen. Zwischen den inneren freistehenden Pfeilern sind in der Höhe der inneren Galerie eine mittlere und zwei Seitenbrücken eingebaut, welche in senkrechter Richtung aufgezogen werden können, um den Transport hoher Pflanzen von einem Gebäudeteil in den anderen zu erleichtern. In der Höhe der zweiten, der Dachgalerie sind die beiden mittleren Pfeiler dagegen durch eine festliegende Gitterbrücke vereinigt, um dadurch einen festen Längen-Verband des Gebäudes zu erzielen.

Der Laufgang der Dachgalerie besteht aus eichenen Bohlen mit 25 mm weiten Fugen, durch welche das Tageswasser auf die darunter liegende Zinkbedachung abfließt. Ein solides schmiedeeisernes Geländer sichert den ungefährdeten Verkehr auf diesen Galerien, die sowohl für das Auflegen und Abnehmen der Schattenladen sowie überhaupt für den Betrieb von großem Nutzen sind. Das Zinkdach leitet das Wasser in die hinter dem gußeisernen Hauptgesimse liegende Rinne, von wo es im Innern des Gebäudes in die unter den Warmwasser-Heizröhren liegenden Rinnen-Kanal und weiter in unterirdische Kanäle abläuft, eine Einrichtung, welche der in dem Palmenhaus des Botanischen Gartens zu Schöneberg bei Berlin entnommen, sich dort wie hier sehr gut bewährt und den Nutzen hat, daß wenigstens eine teilweise Verdunstung des Wassers im Hause selbst herbeigeführt wird. Für die Dächer ist im Gegensatz zu der für Gewächshäuser so häufig beliebten Bogenform in Rücksicht auf die solider und billiger herzustellende Verglasung sowie in Rücksicht auf die Anwendung von Schattenladen durchweg die gradlinige Form gewählt. Die Gespärre bestehen aus kräftigen, in Übereinstimmung mit den Pfeilern gekuppelten Gitterkonstruktionen und haben zugleich den Zweck, die Wände gegeneinander kräftig zu versteifen. Zur Aufnahme der Verglasung sind in den Wänden zwischen den Pfeilern und in den Dächern zwischen den Sparren in Höhen-Abständen von durchschnittlich 1,6 m Riegel von Walzeisen eingebaut, an welchen die Fenstersprossen angenietet sind. Während jedoch in den Wandfächern der Kittpfalz der inneren Verglasung sich inwendig befindet, ist in den Dächern die Anordnung getroffen, daß das Glas von oben eingelegt und verkittet wird ... Das Gesamtgewicht der Eisen-Konstruktionen beträgt 510 200 kg, wovon 139 600 kg Gußeisen sind. Die Verglasung ist mit Ausnahme der Wände des Treppenhauses durchweg doppelt. Die Scheiben sind in üblicher Weise 12 bis 15 mm übereinander gedeckt, in der inneren Wand des Treppenhauses in verzinkten Bleisprossen verlegt und in den übrigen inneren Wänden bei schmaler Scheibenbreite stumpf aufeinander gestellt.

Die Heizung des Gebäudes wird mittels einer Warmwasserheizung mit Niederdruck und einer Dampfheizung bewirkt, jedoch ist letztere hauptsächlich nur zur Erwärmung des Bodens bestimmt, da die Pflanzen nicht mehr in Kübeln stehen, sondern frei in den Boden ausgepflanzt sind. Außerdem soll sie aber auch dazu dienen, der Luft den nötigen Feuchtigkeitsgrad zu verschaffen. Für die Ventilation des Gebäudes sind in den Fundamenten zahlreiche, teils von außen, teils von innen zu regulierende Luftkanäle und in den Dachwänden sowie in der Laterne Luftklappen angebracht, von denen die ersteren von den Galerien, letztere aber von unten aus mittels entsprechender Wellenleitungen und Kettenzüge geöffnet und geschlossen werden können. Daß das Gebäude aber auch eine genügende Stabilität besitzt, davon lieferte der orkanartige Sturm vom 14./15. Oktober 1882 den Beweis, da derselbe, obwohl die stärksten Bäume entwurzelnd, an dem Gebäude spurlos vorüber ging, so daß weder irgendwelche bedenklichen Erschütterungen bemerkt wurden, noch auch eine einzige Glasscheibe zersprengt wurde. Es zeugt dies günstige Resultat nicht allein für eine gut ausgeführte Verglasung, sondern auch, und zwar in erster Linie für eine besonders gute und gewissenhafte Ausführung der Eisenkonstruktionen, um welche sich ganz besonders der Oberingenieur des Eisenwerks Lauchhammer, Herr Rose, durch sorgfältige Bearbeitung der z.T. äußerst schwierigen Details verdient gemacht hat.«[83]

Literatur: Die Gartenzeitung 1882, Jg. 1, S. 7-147; ZfBW, 1916, Jg. 66, H. 1-3, S. 30-40; Herrenhausen 1666-1966, 1966

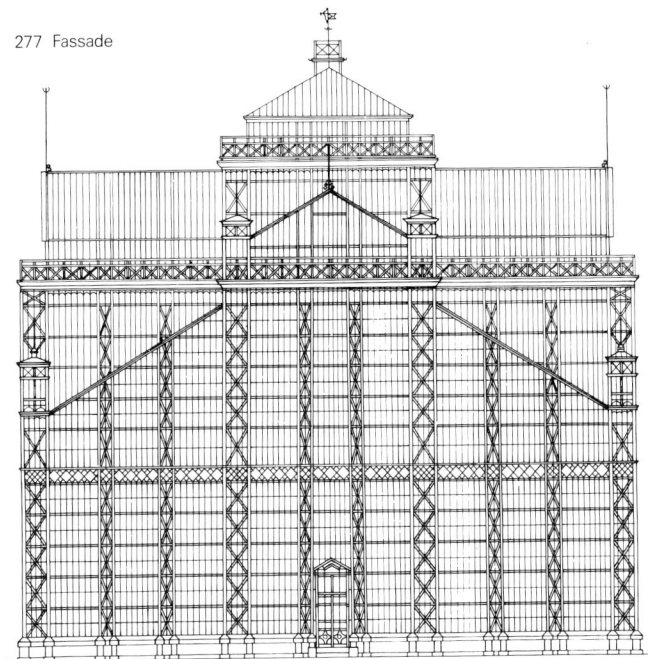

277 Fassade

278 Gesamtansicht, Holzstich, 1882

359

HLUBOKÁ NAD VLTAVOU (Frauenberg), Wintergarten, Schloß Schwarzenberg

Abb. 572-575

Länge:	43 m	Architekt:	Franz Beer
Breite:	10 m	Baujahr:	1840-1847
Höhe:	8 m	Zustand:	gut erhalten

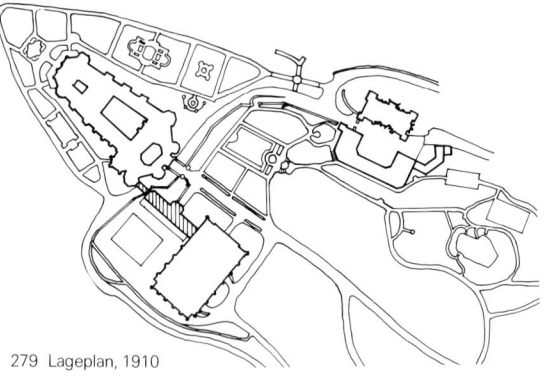

279 Lageplan, 1910

Der ›Wintergarten‹ des Schlosses Hluboká, um 1840 bis 1847 vom Wiener Architekten Franz Beer errichtet, ist wie sein Pendant, der ›Wintergarten‹ in Lednice (Eisgrub), Ausdruck feudaler Repräsentation. Zur Zeit ihres Entstehens begann die Ökonomie des Adels, sich nach den neuen Bedingungen der kapitalistischen Produktionsweise auszurichten. Gegenüber dem angesammelten Reichtum des über Warenproduktion bedeutend gewordenen Bürgertums mußte der Adel den Reichtum an Grundbesitz, seine traditionelle ökonomische Basis, demonstrativ betonen. Wie in Lednice, wurde auch hier ein vorhandener Herrensitz mit großem Aufwand in neugotischem Stil zu einem Repräsentationsbau umgestaltet. Die reiche Verwendung von Bauteilen aus Gußeisen in Form überladener Tudor-Ornamentik sowie die Errichtung eines Wintergartens aus Gußeisen, Schmiedeeisen und Glas zeigen eine Anerkennung des neuen industriellen Baustoffes Eisen als Material für repräsentative Architektur. Hintergrund dieses ästhetischen Ausdruckes ist nicht nur das Vorbild der englischen modernisierten Schlösser, sondern auch das erwachende Interesse der Feudalklasse an kapitalistischer Verwertung der in ihrem Besitz befindlichen Eisengruben.

Situation

Mit dem Erwerb des alten Festungsschlosses Hluboká 1661 durch Johann Adolf I begründeten die Schwarzenbergs ihre Domäne in Böhmen. Die Grundlage dafür waren, wie bei den Liechtensteins, Schenkungen, die sie aufgrund ihrer bedingungslosen Dienste im Interesse des

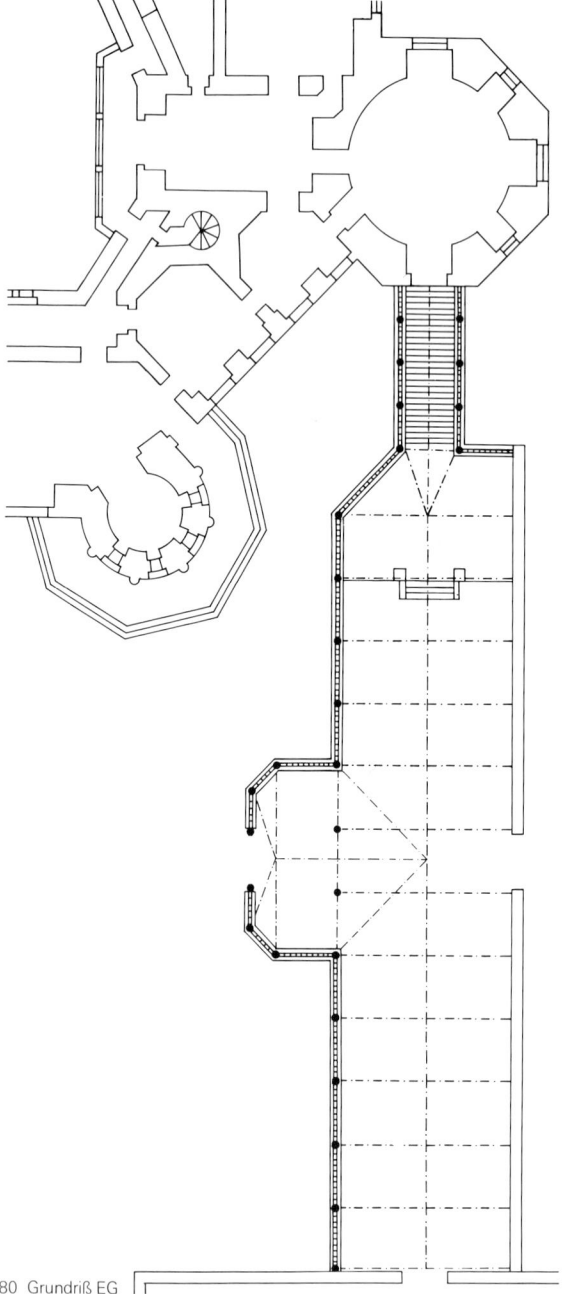

280 Grundriß EG

Kaiserhauses erhalten hatten. Um 1839, zur gleichen Zeit wie Lednice, wurde Hluboká zu einer repräsentativen Hauptresidenz der Provinz umgebaut. Ein großer Teil des Schlosses wurde völlig abgerissen, ebenso nahestehende Wirtschafts- und Verwaltungsgebäude, die der Transformierung Hlubokás in einen reinen Repräsenta-

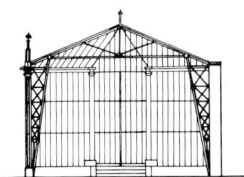

281 Schnitt

tionsbau im Wege standen. 1845 bis 1847 wurde eine Reithalle hinzugefügt. Als Verbindung zwischen dem Schloß und der Reithalle wurde das in seinem Dekor gußeiserne Glashaus errichtet (Abb. 279, 280).

Konstruktion

Der ›Wintergarten‹, als Verbindungsbau von Schloß und Reithalle angelegt, bildet einen Raum auf der Basis eines Rechtecks, der seiner Länge nach von einem Satteldach abgedeckt wird. Die Nordfront besteht aus massivem Mauerwerk, die Südfront, die sich dem Schloßhof zuwendet, ist völlig in Glas aufgelöst. In ihrer Mitte springt der Eingang als stark betonter Vorbau hervor. Die Verbindung zum Schloß bildet ein schmaler Treppenteil, der ebenfalls mit Glas abgedeckt ist. Die tragende Konstruktion besteht aus Schmiedeeisen. Das Satteldach aus Glas wird durch Binder in Form eines Fachwerks getragen, dessen Knotenpunkte genietet und geschraubt wurden. Integraler Teil dieser Binder sind Gitterstützen, die sich von unten nach oben verbreiternd, schräg in den Raum hineinragen und damit die Spannweite des Fachwerks verkürzen. Mit der Kombination von Fachwerk und Gitterstützen entstanden Rahmenbinder, die, im Abstand von 3,3 m gesetzt, zu einem raumbestimmenden Element werden. Betrachtet man die relativ kleine Spannweite von ca. 10 m im Zusammenhang mit der Konstruktion, so wird das Mißverhältnis zwischen Aufgabenstellung und deren Lösung offenkundig. Die mit gotisierenden Ornamenten reich verzierten Stützen und Firstteile der Außenfront des Wintergartens sind reines Blendwerk, da sie nichts mit der tragenden Konstruktion zu tun haben (Abb. 281).

Innenraum und Außenraum fallen in ihrer Konzeption völlig auseinander. Während die Außenfront im Zusammenhang mit der Schloßarchitektur eine repräsentative Funktion hat, ist der Innenraum von einer an Fabrikbauten erinnernden Sachlichkeit. Die reiche Verwendung von Gußeisen an der Fassade des ›Wintergartens‹ ist an der Schloßfront fortgeführt. Sie ist an ihrem Ostteil mit üppigem Rankenwerk, gotischen Strebebögen und Stützenwerk überzogen, womit durchgehende Loggien aus Gußeisen gebildet werden. Der Kontrast zwischen schwerem Mauerwerk und den filigranen gußeisernen Ornamenten wurde bewußt provoziert und als gestaltendes Architekturelement eingesetzt. Das Gußeisen erlaubt wegen seiner Fähigkeit, auch die kleinsten Formen mit äußerster Präzision wiederzugeben, die Ausbildung einer gotischen Formenwelt, die in Stein nicht mehr ausführbar gewesen wäre.

Literatur: Silva-Taroucca 1910, Bd. IV, H.2, S. 35-45; Le château de Hluboká, Guide, Prag 1966

INNSBRUCK, Palmenhaus, Botanischer Garten *Abb. 576, 577*

Länge:	55 m	Architekt:	unbekannt
Breite:	9 m	Baujahr:	1905
Höhe:	13 m	Zustand:	vorhanden

Das ›Palmenhaus‹ im Botanischen Garten von Innsbruck findet in diesem Buch Erwähnung als ein Beispiel anonymer Ingenieurbaukunst, die, in einer selbstverständlichen Weise nach den Prinzipien der Neuen Sachlichkeit durchgebildet, technische und ästhetische Entwicklungen der Folgezeit vorwegnimmt (Abb. 282). Auf einer Anhöhe angelegt, dominiert der hohe, mit einem Pyramidendach abgeschlossene Kubus des eigentlichen ›Palmenhauses‹, an welchen die mit Pultdach versehenen Seitenflügel anschließen. Sie sind in der Höhe und Breite nach den Enden hin abgestuft. Dadurch entsteht ein in seiner Einfachheit eindrucksvolles Spiel kubischer For-

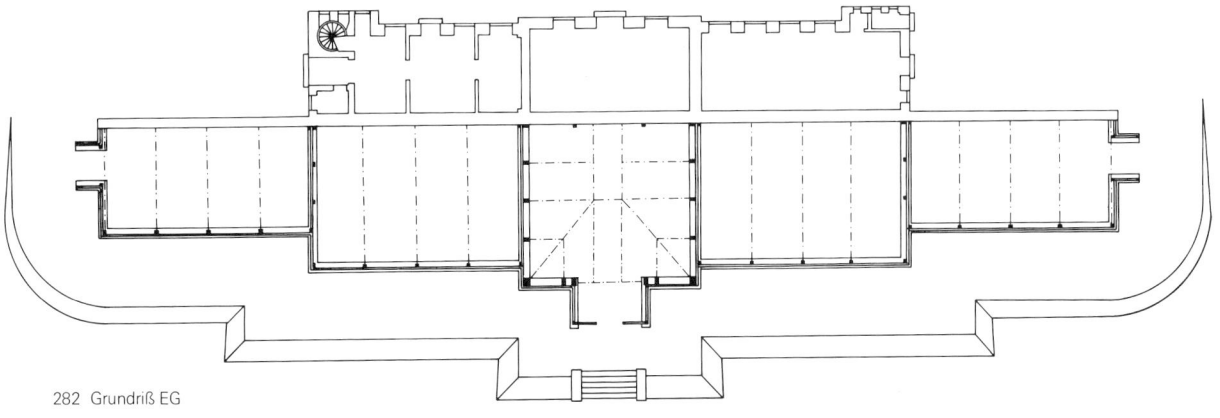

282 Grundriß EG

men, verstärkt durch flächige Ausbildung der Glashaut, durch welche die tragende Gitterkonstruktion sich abzeichnet. Der Konstruktion liegt ein Raster zugrunde, der über die Sprossenteilung der Glashaut ablesbar wird. Gitterträger bilden in Form von Stützen und Querpfetten einen steifen Rahmen, der eine vorgehängte Fassade trägt, wie wir sie heute als selbstverständlich kennen. In seiner Formsprache erinnert das Bauwerk an die kubistische Architektur späterer Jahre.

Quellen: Innsbruck, Botanischer Garten, Archiv

KARLSRUHE, Gewächshäuser der Residenz
Abb. 578-581

Architekt: Heinrich Hübsch
Baujahr: 1853-1857
Zustand: teilweise erhalten

Die ›Gewächshäuser der Residenz Karlsruhe‹ haben ihre Bedeutung weniger als Einzelbauwerke, denn als zusammenhängendes Ensemble in Form eines romantischen Architekturprospektes. Dieses bildet zugleich eine bedeckte Passage von ca. 300 m Länge, welche das Schloß mit der Orangerie verbindet. Diese viele Einzelbauten integrierende Gesamtplanung ist das Werk des Weinbrenner-Schülers Heinrich Hübsch, der sich bereits vorher durch Ausführung bedeutender öffentlicher Bauten in Karlsruhe einen Namen gemacht hatte. Vom Schlosse ausgehend, entstanden eine Reihe von Pflanzenhäusern, ein ›Wintergarten‹, ein massiver Torbau mit Doppelturm und Festsaal, sodann ein hohes ›Palmenhaus‹ mit vorgelagertem Victoria regia-Becken und seitlichen Flügelbauten, ein Haus für den Gärtner mit dem Eckpavillon der ›Orangerie‹ und deren Festsaal. Der Architekt folgte im Gesamtkonzept einer historisch manifest gewordenen Grundidee der linearen Ausdehnung von Gebäuden längs einer vom Schlosse ausgehenden Achse.

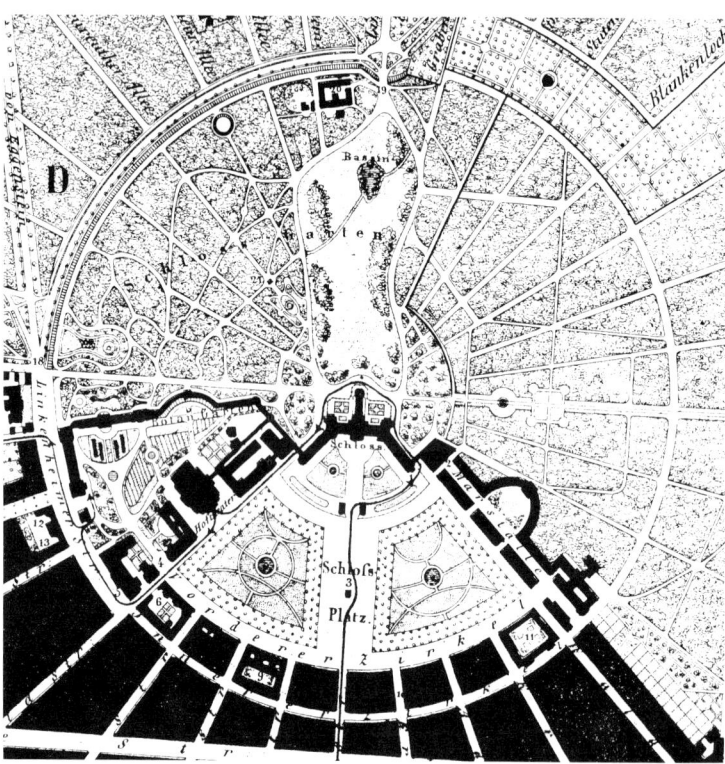

283 Lageplan (Ausschnitt), um 1860

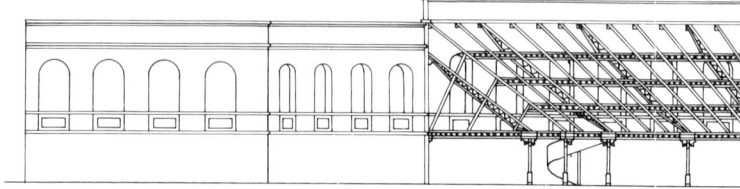

Situation

Das Grundkonzept des Städtebaues von Karlsruhe, nach welchem sich auch H. Hübsch zu orientieren hatte, war der Plan einer Idealstadt absolutistischer Prägung, der auf das Jahr 1715 zurückgeht. In dieser Zeit wurde das Lustschloß des Markgrafen Karl Wilhelm so konzipiert, daß der Schloßturm zum Mittelpunkt einer Gesamtanlage wurde, welche durch 32 Radialstrahlen und ebensoviel Sektoren bestimmt wurde. Um 1802 hatten sich die der Stadt zugeteilten Sektoren soweit mit bürgerlichen Bauten aufgefüllt, daß zur weiteren räumlichen Organisation Friedrich Weinbrenner auf der Basis des Radialsystems Erweiterungen in Form neuer Straßen und Platzfolgen durchführte. In diesem Zusammenhang wurde von Weinbrenner der zu klein gewordene Botanische Garten ebenfalls neu organisiert. Er befand sich an der linken Seite des Schlosses, in Verlängerung von dessen Flügel, an der Nahtstelle von Park und Stadt. Die Pflege der Botanik war am badischen Fürstenhof Tradition. Karl Wilhelm hatte zur Ergänzung seiner umfangreichen Sammlungen eine Expedition nach Afrika organisiert, um dort Pflanzen zeichnen und malen zu lassen. Das Ergebnis war ein Katalog von 6000 Pflanzen. Die Sammlung tropischer Gewächse machte den Bau einer Orangerie und zweier Pflanzenhäuser 1809 durch Weinbrenner dringlich.

1853 wurde der weitere Ausbau Hübsch übertragen. Die Gewächshäuser von Weinbrenner erwiesen sich als zu klein und veraltet. Eine vollkommene Neuorganisation des Botanischen Gartens wurde notwendig. Hübsch fiel dabei die Aufgabe zu, die nötig werdenden Einzelbauten mit dem Schlosse zu einem architektonischen Ganzen zu verbinden. Im Unterschied zu Weinbrenner, welcher in seinem Entwurf zur ›Orangerie‹ noch die strengen Prinzipien der Symmetrie und der Subordination der Bauteile verfolgte, gruppierte Hübsch die Baumassen malerisch, in zwangloser Folge, im Sinne eines aus dem Prinzip des Landschaftsgartens abgeleiteten Architekturprospektes romantischer Prägung. Das Hauptinteresse des Architekten galt der Schaffung einer Mannigfaltigkeit von Formen und Material, welche durch den Wechsel von Glas- und Massivbauten und unterschiedlichster Raumbildung erreicht werden sollte. Der Architekt schrieb dazu selbst: »In Übereinstimmung mit seinem Zweck, dem Pflanzenreich zu dienen, das uns hier in der Fülle seiner freien Formen und mannigfaltigen Farben entgegentritt, wie in Übereinstimmung mit der umgebenden Gartenanlage, finden wir hier nicht das Prinzip einer starren Symmetrie und geometrischen Strenge festgehalten, sondern in der ganzen Anlage treten eine gewisse größere Freiheit und Mannigfaltigkeit der Form hervor und eine Berücksichtigung des malerischen Effektes, so weit es die richtigen architektonischen Grundsätze gestatten.«[84]

Die Anlage bestand aus einer noch klassizistisch gehaltenen ›Orangerie‹ von 60 m Länge, 15 m Breite und 9 m Höhe. Sie konnte außer als Pflanzenhaus auch als ein Festsaal benutzt werden. Die ›Orangerie‹ hatte in der Mitte einen Aufsatz in Gestalt einer Glaskuppel, deren Verhältnis zum Massivmauerwerk Hübsch bezeichnenderweise nicht allzusehr vergrößert haben wollte. Hübsch beschrieb, von ihr ausgehend, die Gesamtanlage (Abb. 283): »An dem Rande des Schloßgartens gegen die Stadt hin steht, ungefähr in der Richtung von Süden nach Norden, das neue Orangerie-Gebäude; da die hier unterzubringenden Bäume sehr zahlreich und z. T. von bedeutender Höhe sind, so mußte dasselbe möglichst geräumig sein. Weil aber wegen der beiden, den Achsen der darauf zugehenden Straßen entsprechenden Endpavillons für die eigentliche Orangerie nur eine Länge von 60 m übrigblieb, so veranlaßte dies den Architekten, dem Bau die beträchtliche Breite von 15 m zu geben, und infolgedessen konnten die Mauern nicht wohl unter 9 m hoch angenommen werden, weil sie sonst allzu gedrückt gegen das ziemlich hohe Glasdach erschienen wären. Desgleichen forderte der Endpavillon an der breiten Stephanienstraße einen höheren Aufsatz, der ihm in Gestalt einer Glaskuppel gegeben wurde. Dieselbe wird, wenn einmal die vier Ecken des Unterbaues mit Bosquets von immergrünen Gesträuchern bepflanzt sind, gleichsam aus dem Grünen herauswachsen, sowie sich der Architekt auch dachte, daß auf den Balkon im Innern etwa Kasten anzubringen wären, woraus Epheuranken sowohl über denselben hinabhängend Guirlanden bilden, als auch, an den Rippen der Kuppel hinaufwachsend, die obere Höhenregion dieser Rotunde beleben sollten. An das eine Ende dieser

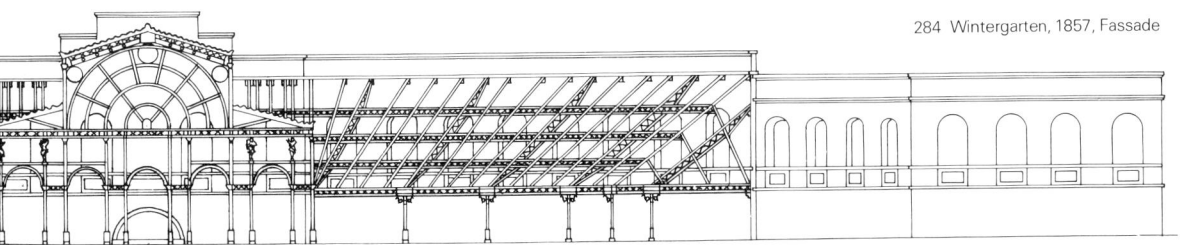

284 Wintergarten, 1857, Fassade

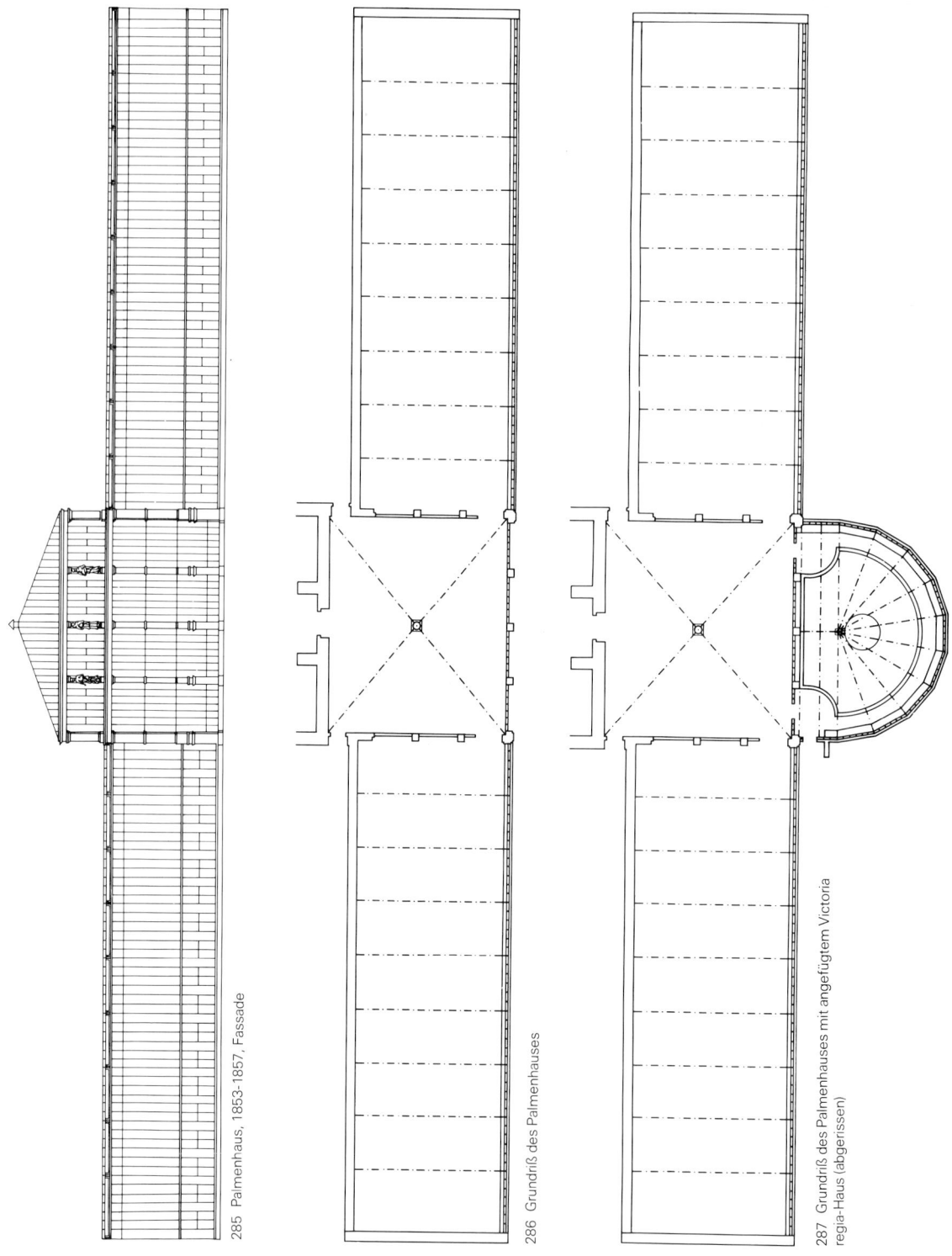

285 Palmenhaus, 1853-1857, Fassade

286 Grundriß des Palmenhauses

287 Grundriß des Palmenhauses mit angefügtem Victoria regia-Haus (abgerissen)

Orangerie schließt sich nun in einem rechten Winkel der ganze übrige Bau in ununterbrochener Fortsetzung und erstreckt sich bis zum Schlosse, mit welchem er in unmittelbarer Verbindung steht, so daß man von demselben aus durch den Bau seiner ganzen Länge nach bis zum Festsaale am entgegengesetzten Ende gelangen kann. Diese Länge des Baues hat das bedeutende Maß von 120 m. Die einzelnen Hauptteile der langen ununterbrochenen Reihe von Bauanlagen von der Orangerie bis zum Schlosse aber kann man in folgender Weise zur Übersicht bringen: Beinahe in der Mitte jener Linie zwischen dem Orangeriegebäude und Schlosse steht ein hoher Pavillon mit einer Durchfahrt aus dem botanischen Garten in die englische Anlage des Schloßgartens, und über der Durchfahrt befindet sich ein Saal, aus dem man eine Aussicht auf die Stadt und die Umgebung hat ... Die eine Hälfte der ganzen Anlage nun von der Orangerie bis zu diesem Pavillon, enthält ein Wohnhaus für den Hofgärtner, dann ein hohes Palmenhaus, vor welchem in einem niederen Halbkreise ein warmes Bassin für Victoria regia und andere exotische Sumpfpflanzen angebracht ist, und zu beiden Seiten desselben zwei für eine gemäßigtere Wärme eingerichtete Glashäuser. Die andere Hälfte der ganzen Anlage hat eine vom Pavillon nach dem Schlosse im Bogen gebildete Galerie, und vor diesem geschlossenen Gange ist ein Wintergarten angelegt, welcher einen besonders interessanten Teil des großen Bauwerks ausmacht. Wir sehen hier Gruppen von südlichen Bäumen und anderen Pflanzen, welche während des Winters von Glaswänden und von einer Bedachung von Glas geschützt werden, in der guten Jahreszeit aber nach Entfernung der Wände und der Bedachung im Freien stehen.«[85]

Literatur: Valdenaire 1926; Breymann 1877, S. 91, Taf. 48

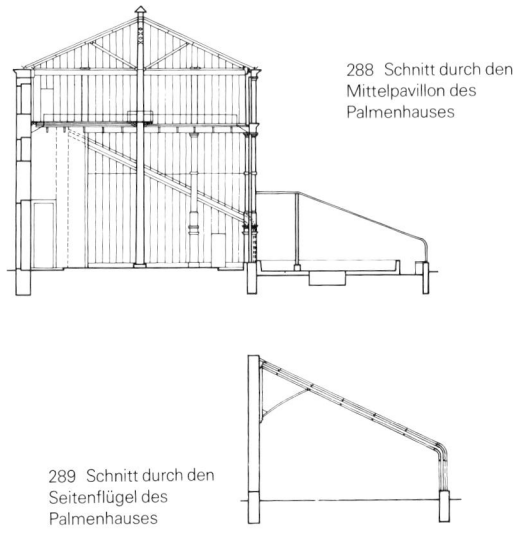

288 Schnitt durch den Mittelpavillon des Palmenhauses

289 Schnitt durch den Seitenflügel des Palmenhauses

KARLSRUHE, Gewächshäuser der Residenz, Palmenhaus mit Victoria regia-Haus
Abb. 285-289, 578-580

Länge:	77 m	Architekt:	Heinrich Hübsch
Breite:	12 m	Baujahr:	1853-1857
Höhe:	(Mittelteil) 13 m	Zustand:	umgebaut, gut erhalten

Der architektonische Wert dieses Bauwerkes liegt im Kontrast eines zentralen Pavillons in kubischer Form und den daran anschließenden flachgeneigten und gewölbten Glasflächen der Seitenflügel und des ›Victoria regia-Hauses‹. Der zentrale Pavillon, das eigentliche ›Palmenhaus‹, hat den Charakter eines zierlichen Tempels, ein Eindruck, welcher durch die Anbringung von Karyatiden, welche das Dachgebälk zu tragen haben, noch verstärkt wird. Das Gerüst der äußerst schmal gehaltenen Pilaster, Architrave und Karyatiden, ist aus rotem Sandstein. Man wird schwerlich ein Bauwerk der Steinarchitektur finden, in welchem das tragende Steinwerk in ähnlich radikaler Weise zu einem filigranen Tragskelett reduziert ist. Der dabei erzielte Querschnitt hätte ebenso eine Ausführung des Traggerüstes in Gußeisen gerechtfertigt. Den Architekten kam es vielleicht darauf an, die Gebrechlichkeit des Steines und Glases gleichzusetzen und daraus eine romantische Wirkung zu erzielen. Wie sehr dieses architektonische Ziel sich auf Kosten einer logisch aufgebauten Tragstruktur erfüllen mußte, zeigt die verwendete eiserne Mittelstütze, welche – zugleich als Lüftungsrohr dienend – das flache Pyramidendach mitträgt. Sie mußte eingeschaltet werden, um die Dachlast nicht voll auf die Fassadenfront zu übertragen. Der Mittelpavillon grenzt nach hinten an ein Massivmauerwerk, welches als Wand zugleich zum Auflager für die Glasdächer der Seitenflügel wird. Diese dienten als temperiertes Haus für Pflanzen gemäßigten Klimas. In der ursprünglichen Ausführung war das Gerippe der Glasdachungen fast ausschließlich aus Holz konstruiert, was zur Folge hatte, daß nach nur wenigen Jahren das Holzwerk in sämtlichen Gewächshäusern durch Fäulnis gänzlich zerstört wurde und die Glasdecke erneuert werden mußte. 1863 wurde die Glasdecke des ›Palmenhauses‹ nach den Plänen des Oberbaurates Joseph Berckmüller in Eisenkonstruktion ausgeführt. Dasselbe geschah in den Seitenflügeln und im ›Victoria regia-Haus‹ 1868/69 durch Bauinspektor Dyckerhoff. Das ›Victoria regia-Haus‹ wurde später abgerissen.

Literatur: Valdenaire 1926; Breymann 1877, S. 91, Taf. 48

KARLSRUHE, Gewächshäuser der Residenz, Wintergarten
Abb. 284, 581

Länge:	120 m	Architekt:	Heinrich Hübsch,
Breite:	12 m		Jakob Friedrich Dyckerhoff
		Baujahr:	1857,
			1868/69 umgebaut
		Zustand:	erhalten

Der ›Wintergarten‹ bildet eine bogenförmige Anlage von 120 m Länge und 12 m Breite. Den optischen Abschluß des Halbzirkels bildet eine massive Mauer mit Bogenöffnungen und dahinter liegendem Umgang. Diese Mauer ist zugleich das Auflager für ein Eisengerüst, bestehend aus flachgeneigten Gitterträgern und gußeisernen Säulen. Das Zentrum der Anlage bildet ein eisernes Gerüst in Form eines dreischiffigen Pavillons, dessen Durchformung der des ›Palmenhauses‹ ähnelt. Wie dort aus Stein, werden hier aus Gußeisen schmale Pilaster und Karyatiden verwendet. Das ganze eiserne Gerüstwerk diente als Auflager für eine im Sommer abnehmbare Glasdecke, welche im Halbkreis ein Pultdach bildete. Diese Konstruktion erlaubte, daß die Orangenbäume im Freiland eingepflanzt werden und im Sommer in freier Natur Blüten und Früchte hervorbringen konnten. Ursprünglich von Hübsch in Holz konzipiert, verdankt der ›Wintergarten‹ seine heutige Form dem Bauinspektor Dyckerhoff, der das Holz 1868/69 durch Eisenkonstruktion ersetzte und den Mittelbau hinzufügte.

Literatur: Valdenaire 1926

290 Lageplan, 1927

KASSEL, Wilhelmshöhe, Großes Gewächshaus
Abb. 582-584

Länge:	82 m	Architekt:	Hofbaumeister
Breite:	17 m		Johann Conrad
Höhe:	Mittelpavillon 16 m		Bromeis
	(nach Umbau: 19 m)	Baujahr:	1822 (Umbau 1887)
		Zustand:	1887 umgebauter
			Mittelpavillon
			gut erhalten

Das 1822 vom Hofbaumeister Johann Conrad Bromeis gebaute ›Große Gewächshaus‹ ist ein architektonisch gelungenes Beispiel in der Entwicklungsreihe des noch klassizistisch formulierten Gewächshauses, das im Begriffe ist, in konsequenter Verfolgung der Bauaufgabe, den Stil in Konstruktion umzuwandeln: Im Pavillonsystem mit zentralem Kuppelraum, quadratischen Eckbauten und niedrigeren Verbindungsflügeln konzipiert, zeigt dieses Bauwerk eine radikale Auflösung der repräsentativen Steinarchitektur der Orangerie in durchgehende verglaste Fenster- und Dachflächen. Diese bilden einfache stereometrische Raumformen wie Kubus, Pyramide, Zylinder, Halbkugel. Sie sind durch den Rhythmus gleicher Elemente in Form filigraner Fenstersprossen gegliedert. Der Architekt knüpft darin an die elementierten, additiv aus dem Raster der Glasscheiben zusammengesetzten Bauten Friedrich Ludwig von Sckells in Nymphenburg und im Botanischen Garten München (1807-1820) an. Jedoch im Unterschied zu jenen Bauten wird die Monotonie der Reihung durch das leicht aus der Glasfläche der Hauptfront vortretende Tragskelett der Eisenstützen und Steinpilaster und Architrave gebrochen. Der hervorspringende kreisrunde Mittelbau mit der in Glas aufgelösten Halbkugel stand im überraschenden Kontrast zu den ebenen Glasflächen und gab dem Bauwerk sein beherrschendes Zentrum. Dieser Mittelbau wurde später, 1887, durch einen kubischen Pavillon mit Steinpilastern und aufgesetztem Glasgewölbe ersetzt. Im Unterschied zu den schlichten als moderne Zweckbauten auftretenden Glashäusern Sckells hat der Architekt im Entwurf von 1822 bewußt den repräsentativen Anspruch der klassischen Orangerie festgehalten und in Glasarchitektur übersetzt. Darin wurde das ›Gewächshaus‹ von Kassel beispielgebend für die späteren, noch klassizistisch gehaltenen Bauten auf der Pfaueninsel (1829), in Herrenhausen (1846) und in Karlsruhe (1853).

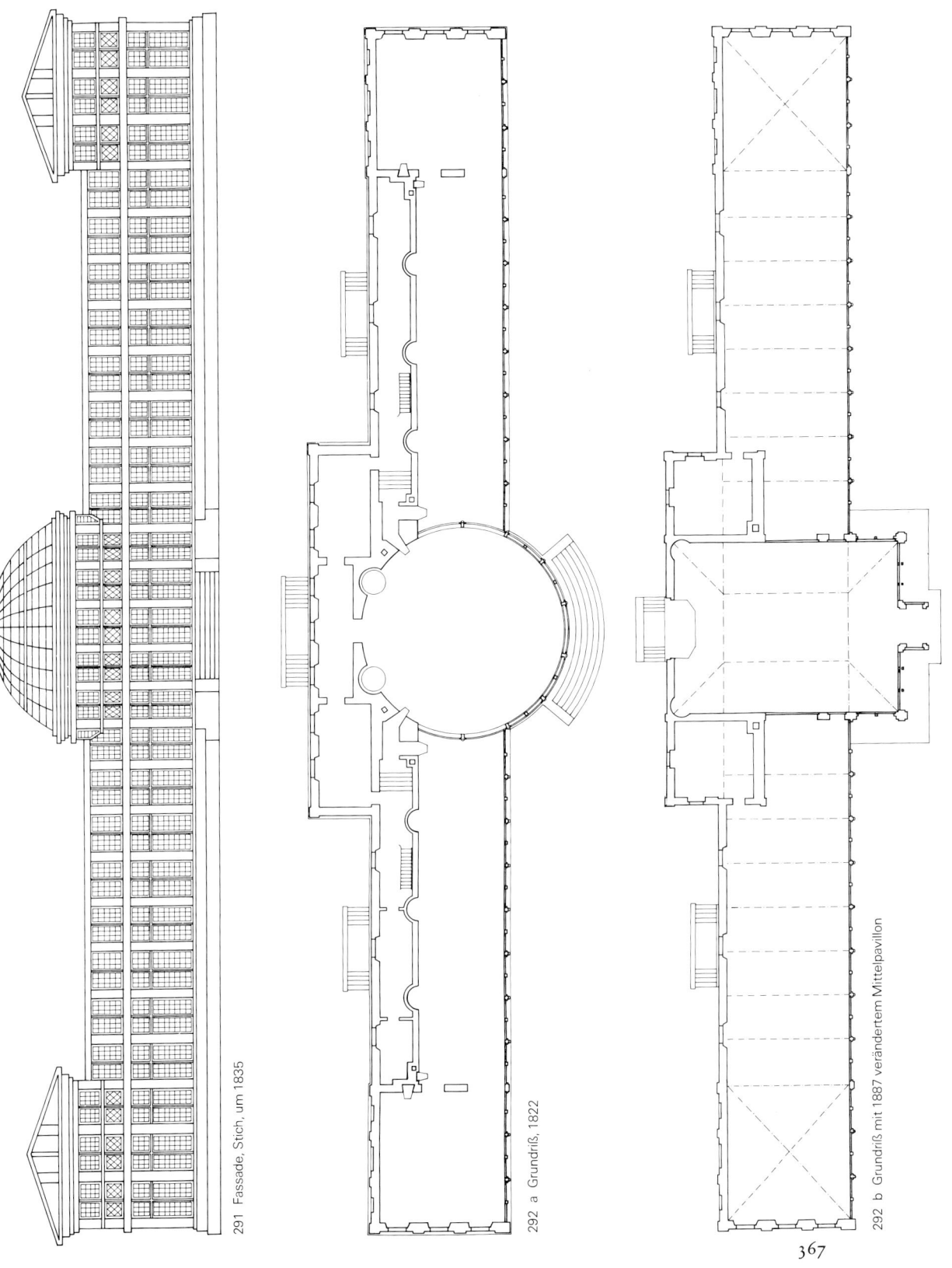

291 Fassade, Stich, um 1835

292 a Grundriß, 1822

292 b Grundriß, mit 1887 verändertem Mittelpavillon

Situation

Das ›Große Gewächshaus‹ schließt mit seiner Hauptfront die weite Parkterrasse des Schlosses Wilhelmshöhe nach Norden ab und trennt den Park von seinen dahinter liegenden Nutzbauten. Es wird dadurch bewußt zu einem Teil der Schloßanlage erhoben und nicht, wie sonst meist, abseits gestellt (Abb. 290). Der Park der Wilhelmshöhe ist als Sitz des hessischen Fürstenhauses einer der bedeutendsten Gärten Europas. Barock, Klassizismus und Romantik haben dem Park seine heutige Gestalt gegeben. Nach der ersten Anlage desselben 1606 in Form eines Burggartens wurde 1701 mit dem Bau des großen Schlosses und der bekannten Kaskaden unter der Leitung des italienischen Architekten Francesco Guerniero begonnen. Er schuf damit das »Gewaltigste, was in rein dekorativer Gartenarchitektur im Barock diesseits der Alpen entstand und was an Kraft der Erfindung vieles hinter sich ließ, was in jener baulustigen Zeit die Herrscher größerer und reicherer Länder schufen.«[86] Kurfürst Wilhelm I. setzte den Ausbau des Schlosses fort und änderte den Charakter der Parkanlagen durch die Einfügung romantischer Bauten, wie Wasserfälle und Aquädukte, Cestius-Pyramide, Grabmal des Vergil, Teufelsbrücke. Diese im neugotischen Stil nach englischem Vorbild konstruierte Brücke aus Gußeisen wurde 1792 als eine der frühesten Eisenbrücken von Bromeis, dem späteren Erbauer des ›Großen Gewächshauses‹, entworfen. 1822 wurde das Gewächshaus gebaut; 1887 wurde mit seinem Umbau die heutige Gestalt des Parkes vollendet.

Raum- und Konstruktionsform

In Fortsetzung der in Deutschland üblichen Gewächshaustypen war das Glashaus ein Bau im Pavillonsystem mit ebenen Flächen bei einfachen stereometrischen Grundformen. Der Mitteltrakt mit einer flach gewölbten Glaskuppel von 15 m Durchmesser trat dazu in überraschenden Gegensatz. Dieses Glasgewölbe ist die erste größere Konstruktion dieser Art in Deutschland. Es ist zu vermuten, daß Bromeis, der ja, wie gesagt, bereits 1792 Gußeisen in der Teufelsbrücke verwendet hatte, ihr gesamtes Tragwerk in Eisen gemacht hat. John Claudius Loudon hat in seiner 1835 veröffentlichten ›Encyclopaedia of Gardening‹ die Schaufront des ›Gewächshauses‹ mit dem zentralen Kuppelraum schematisch dargestellt (Abb. 291). Es geht jedoch nicht daraus hervor, in welcher Konstruktionsart die Träger ausgebildet waren. Der vorhandene Grundriß zeigt, daß die Kuppel nach vorne von acht gußeisernen Stützen, im hinteren Teil durch Massivmauerwerk getragen wurde (Abb. 292a). Das Massivmauerwerk bildet die gesamte Nordfront, notwendige Nebenräume einschließend, und dient zugleich als Auflager für die Binder der gläsernen Satteldächer. Die erhöhten Eckpavillons werden auch seitlich durch

Massivmauerwerk, die zur Schauseite hin in Pilaster aufgelöst sind, begrenzt. Sie werden durch ein flaches gläsernes Pyramidendach abgeschlossen. Das Grundraster des Gebäudes bilden die Reihen gußeiserner Säulen in der vorderen Glasfront und das dazugehörige Bindersystem. Die Stützenreihe wird durch halbrund aus der Glasfläche ragende gußeiserne Säulen mit Blattkapitellen gegliedert. Auf einem Steinsockel aufruhend tragen sie einen durchlaufenden Architrav, welcher im Entwurf von 1822 auch um den Zentralbau herumführte. Auf ihm ruhte das Satteldach der Seitenflügel auf. In den Eckpavillons sind der größeren Höhe entsprechend die Eisensäulen übereinandergestellt, um nach vorne das Pyramidendach abzustützen. Die ursprüngliche Konstruktion der Dachbinder bestand wahrscheinlich aus abgespannten, im Rhythmus der Säulen gesetzten Eisenbindern. Sie wurden im Zusammenhang mit dem Umbau des Mittelpavillons 1887 durch eine Eisenkonstruktion aus dünnen Walzprofilen und Spanneisen ersetzt. Zur Aussteifung der Tragkonstruktion wurden in den Zwickeln der Dachfläche und der vertikalen Fensterfront gebogene Walzprofile eingesetzt, welche in der Mitte der Säulen über Konsolen angebunden wurden. Beim Umbau des Mittelpavillons 1887 wurde der kreisrunde Kuppelbau durch einen rechteckigen, aus Steinpilastern und Architraven gebildeten Zentralbau mit aufgesetztem, allseits abgewalmtem Glasgewölbe ersetzt (Abb. 292b, 293). Das ›Palmenhaus‹ von Edinburgh könnte man als einen Vorläufer einer solchen Raumlösung bezeichnen. Die Stahlkonstruktion der Dachbinder bilden der Dachwölbung folgende Gitterträger: Zwei über die Breitseite des Pavillons gespannte Binder verschneiden sich mit zwei aufgelegten Längsträgern, welche sodann diagonal in die Ecken des Pavillons hinabgeführt werden. Zugeisen an den Auflagerpunkten nehmen den Gewölbeschub auf. Auf dieser Gitterkonstruktion ruht die Last der hohen, rechteckigen Firstlaterne.

Quellen: Kassel, Stadtbauamt, Städtisches Archiv

Literatur: Messerschmidt 1927; Loudon 1835, S. 208

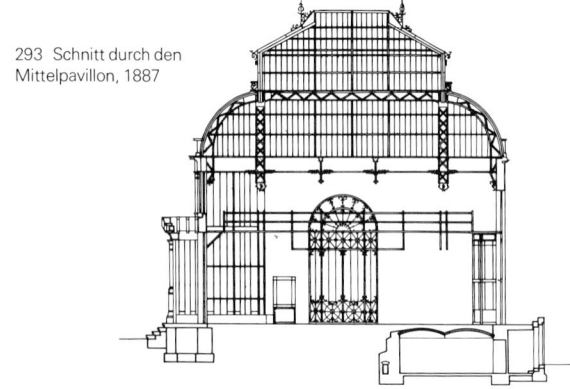

293 Schnitt durch den Mittelpavillon, 1887

KILLIKEE bei Dublin,
Gewächshaus des Colonel White

Länge:	ca. 35-40 m	Baujahr:	ca. 1845-1850
Architekt:	Richard Turner	Zustand:	abgebrochen

294 Gesamtansicht, Stich, 1853

Das kurvenlineare Gewächshaus in Killikee (Abb. 294), in der Eleganz und Selbstverständlichkeit seiner Erscheinung eher ein Pflanzentempel als ein profaner Nutzbau, demonstriert die Meisterschaft Richard Turners, den Glas-Eisenbau als Filigrankonstruktion bis ins Äußerste verfeinert auszubilden. Ein langgestrecktes Glashaus mit halbkreisförmigen Enden wurde von einem bis zum Boden hinabreichenden Glasgewölbe eingedeckt, dessen Tragwerk nur durch Sprossen gebildet wurde. Jede fünfte Sprosse war verstärkt ausgebildet, wodurch das Dach einen feinen, den bloßen Raster aufhebenden Rhythmus bekam. Wie in den Flügelbauten der Gewächshäuser von Turner in Belfast und Dublin, waren die Sprossen, vom First ausgehend, zunächst gerade ausgebildet, gingen dann allmählich in einen Bogen über und stützten sich auf einen niedrigen Sockel, gußeisernes Ständerwerk, das hier anstelle von Fenstern mit Lüftungsklappen versehen war. Es bildete sich ein spitzbogenartiges Gewölbe, das über den beiden Halbkreisen in Halbdomen endete. Es ist zu vermuten, daß das Glasgewölbe im Bereich der ebenen, schrägen Glasflächen innen, wie in Belfast und Dublin, von Reihen dünner Rohrstützen mitgetragen wurde.

In der Mitte dieses langgestreckten Baues war eine hohe Glasrotunde seitlich so eingeschoben, daß sie sich mit dessen Gewölbe verschnitt. Senkrechte Glaswände, vom selben Aufbau wie die Struktur des Langschiffes, bildeten einen Zylinder, der oben in einem gußeisernen Ring endete. Er fungierte als Auflager für einen steil gewölbten Glasdom, der in einem Kegel endete. Eine kleine Lüftungslaterne krönte die Spitze. Die Höhe der Firstlinie des Langschiffes war im gußeisernen Zugring der Rotunde aufgenommen. Sie wurde durch eine gußeiserne Palmettenreihe geschmückt. Diese war, zusammen mit

kleinen Konsolen im Fußbereich der Rotunde, das einzige Ornament dieses rein aus der Konstruktion entwickelten Bauwerkes. Die Verschneidung zweier gekrümmter Flächen, der eines Längshauses und der eines hochgestellten Zylinders, ergab eine Raumkonstellation von hoher architektonischer Qualität. In einer zeitgenössischen Beschreibung, im ›Book of the Garden‹ von McIntosh, werden die Schönheit und Eleganz dieses Gewächshauses entsprechend gewürdigt und der Vorschlag gemacht, die an der Nordseite versteckt angefügten Betriebsräume aus Massivmauerwerk durch Fortsetzung des Glasgewölbes zu ersetzen.

Literatur: McIntosh 1853, S. 376

KÖLN, Flora, Botanischer Garten
Köln-Riehl   *Abb. 585-588*

Länge:	57 m	Architekt:	H. Märtens,
Breite:	29 m		Georg Eberlein
Höhe:	20 m	Baujahr:	1864
Fläche:	1650 m²	Zustand:	1914 abgerissen

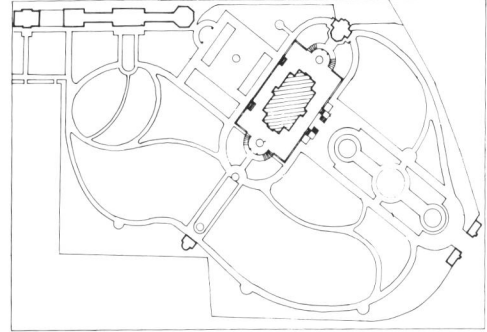

295 Lageplan, 1862

Die 1864 erbaute Kölner ›Flora‹, ein mit einem Palmengarten kombiniertes Massenvergnügungslokal, war die erste Anlage dieser Art in Deutschland. Mit ihr beginnt die Reihe der Flora-Bauten, die ihren Höhepunkt in der Frankfurter und Berliner ›Flora‹ fanden. Als direkter Vorläufer dieses Bautypus kann der ›Jardin d'hiver‹ in Paris (1846-1848) gelten. Wie bei diesem, kam es bei der Flora darauf an, den Genuß eines tropischen Landschaftsbildes durch Vergnügungseinrichtungen zu erweitern. Mit der Übernahme des Inhaltes wurde auch die Übernahme charakteristischer Raum- und Konstruktionslösungen verbunden: sich gegenseitig durchdringende, von Bogenfachwerkbindern getragene Tonnengewölbe. Das Vorhaben, Palmengarten und Restauration in einem einzigen Großraum unterzubringen, hat sich jedoch als nicht zweckmäßig erwiesen: Die Anlage des Restaurationsbereiches, die den Palmengarten seitlich

369

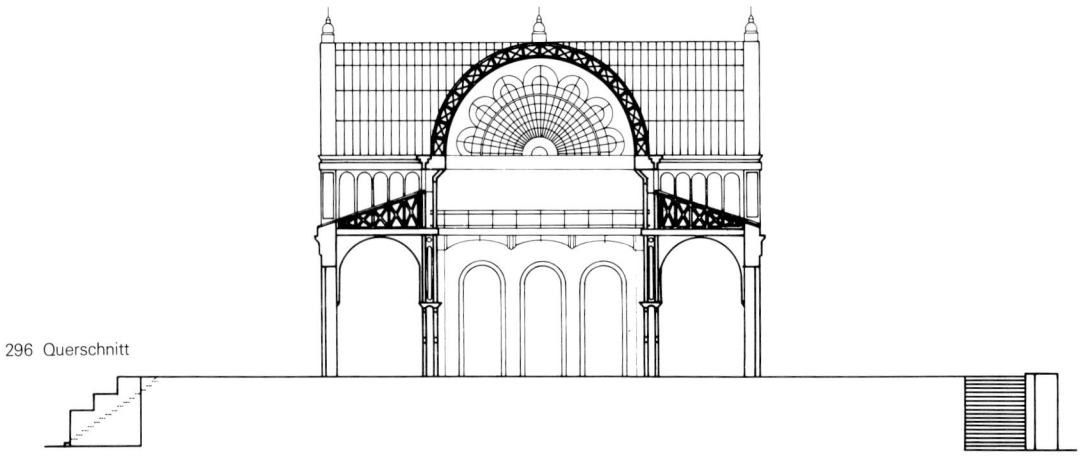

296 Querschnitt

umschloß, verlangte massive Bauteile. So konnte die Belichtung des Palmengartens zum Großteil nur über die Glasdecke erfolgen. Die Verquickung beider Raumfunktionen schadet der Pflanzenwelt und verhinderte ihre Entwicklung. Um diesen Übelstand zu beheben, wurde in den späteren Flora-Bauten eine funktionale und entsprechend räumliche gebildete Trennung durchgeführt. Ein noch im Laufe des 19. Jahrhunderts durchgeführter Wettbewerb zur Erweiterung der ›Flora‹, den der Architekt Georg Eberlein gewann, suchte in Form eines zum Festsaalgebäude quergestellten Palmenhauses eine Lösung in dieser Richtung.

Die Erstellung eines solchen Bauwerkes wurde zu dieser Zeit als eine Sensation ersten Ranges empfunden. Dies belegt ein Bericht über die Eröffnung: »Den Mittelpunkt des Festes bildete der in grandiosen Formen ausgeführte Glaspalast, der als Wintergarten und Wintervergnügungslokal dienen wird. Das riesige Dach ist aus Eisen konstruiert und mit Glas gedeckt ... Zwischen den Blumenbeeten und Boskets erscheinen elegante Marmortische mit Sesseln. Riesige Kandelaber mit zahllosen Glasflammen verbreiten Tageshelle in diesen schönen Räumen, die uns an die Sage vom Wintergarten des Albertus Magnus erinnern ... Durch die von Blütenduft erfüllten Gänge wogten Tausende von Menschen, die sich am Anblick des Lichtmeeres und seiner magischen Wirkung auf die Blumenbeete, die Gebüsche und das rauschende Wasser erfreuten. Es war in der Tat ein herrlicher Anblick!... Dazwischen ertönten die schmetternden Klänge der Musik und die Freudenrufe der viertausend Personen, die der Eröffnungsfeier beiwohnten.«[87]

Situation

Der 1801 gegründete ›Alte Botanische Garten Köln‹ auf dem Grundstück des Jesuitenkollegs in der Maximinenstraße mußte dem Bau des Hauptbahnhofes weichen.

Von 1852-1858 wurde er im Zusammenhang mit dem neu gegründeten ›Zoologischen Garten‹ am Rande des heutigen Vorortes Riehl neu etabliert. Der Erfolg, den die für den Betrieb des ›Zoologischen Gartens‹ gebildete Aktiengesellschaft erzielte und die große Teilnahme des Publikums veranlaßten 1862 die wohlhabenden Kölner Bürger, einen botanischen Garten mit Vergnügungslokalen für Sommer und Winter zu schaffen. Unter dem Vorsitz des Freiherrn Eduard von Oppenheim, welcher bereits im Zoo-Verwaltungsrat saß, wurde eine Aktiengesellschaft gegründet, die Flora AG. Es war geplant, im Zusammenhang mit dem Zoo und seinem Restaurant einen neuen Mittelpunkt für das gesellschaftliche Leben zu gestalten. Der Park der ›Flora‹ wurde nach den Plänen des Gartenarchitekten Peter Joseph Lenné errichtet. Die Anlagen entsprechen in der Form des englischen Gartens, kombiniert mit einer ornamental gehaltenen, auf das Gebäude ausgerichteten Promenade, den Spätwerken Lennés (Abb. 295, 585). Der Verbindung des botanischen Gartens mit einem Vergnügungslokal mit Palmengarten wurde von Lenné »von vornherein ... eine große und reiche Zukunft vorausgesagt«.[88] Der Bau der ›Flora‹ wurde 1864 nach den Plänen von dem Architekten H. Märtens in Form eines Glashauses »kolossalen Maßstabes« durchgeführt, »für das man sich den Londoner Glaspalast zum Vorbild nahm«.[89]

Raum- und Konstruktionsform (Abb. 296-299):

Das in der Grundrißform eines langgestreckten Rechteckes ausgeführte Gebäude wurde bei massiven Seitenwänden mit zwei einander durchdringenden halbkreisförmigen Tonnengewölben aus Glas und Eisen überdeckt. Die Gewölbe ruhten auf eingestellten Stützenpaaren, so daß zwischen Stützen und Umfassungsmauer ein Umgang entstand, zu welchem arkadenartig angeordnete Rundbogenfenster sich öffneten. Im Schnittpunkt der Ton-

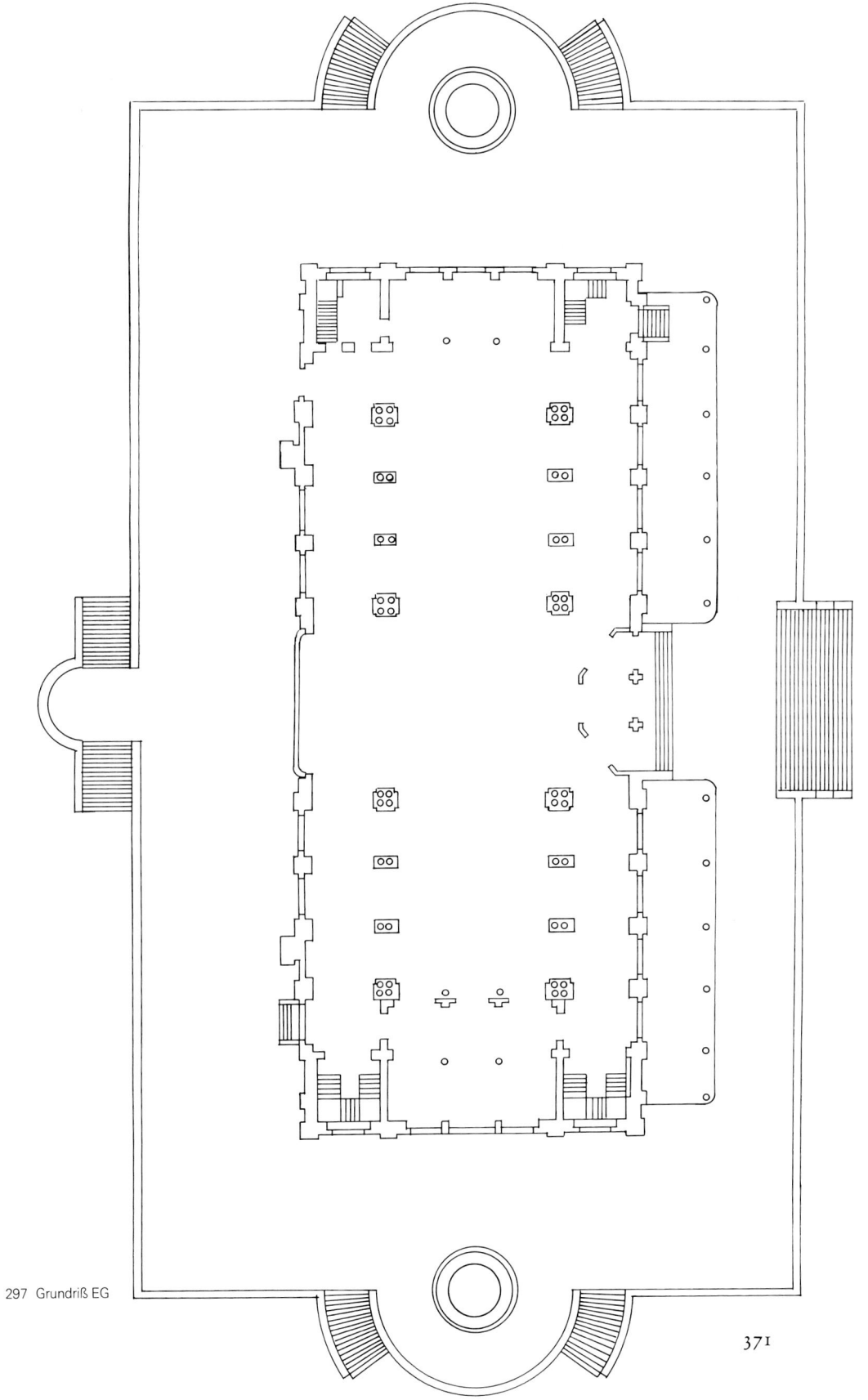

297 Grundriß EG

298 Gesamtansicht der Flora mit Garten, Holzstich, um 1865

299 Innenansicht, Holzstich, 1864

nengewölbe entstand eine Vierung, in welcher der transparente Raum seine großartige Steigerung fand. Die Tonnengewölbe waren, wie am ›Glaspalast‹ von Joseph Paxton, an den Außenfronten durch eine reichverzierte aus Gußeisen und Glas bestehende Rosette abgeschlossen. Das Gebäude stand auf einer erhöhten, an allen Seiten mit breiten Treppen versehenen Plattform. Die Eingänge befanden sich in den Achsen, die Innentreppen zum Souterrain und zu den Galerien in den Ecken. Die Konstruktion des Glasdaches bestand aus Zweigelenkbogen in Form schmiedeeiserner, als halbkreisförmig gebogene Gitterträger ausgebildeter Binder. Diese Binder standen auf den eisernen fächerartigen Konsolen, welche die Kräfte in die gußeisernen Doppelstützen ableiteten. Letztere waren untereinander durch einen als Dachgesims ausgebildeten Träger sowie durch gußeisernes Bogenwerk in Galeriehöhe im Zusammenhang mit dem massiven Mauerwerk ausgesteift. Das Gewölbe über der Vierung wurde durch zwei den diagonalen Schnittlinien der Glastonnen folgende Gitterträger getragen.

Das technisch schwierige Problem der Konstruktion des Schnittpunktes der beiden Gewölbe wurde elegant gelöst: Anstelle der Doppelstützen wurden hier Viererstützen angeordnet. Diese formten jeweils eine Art gußeisernes Pfeilerbündel mit abschließenden Konsolen, wobei die großen Vierungsbögen in die Diagonale gedreht wurden. In der Konstruktion des Gewölbes wurde das Auflager in bewußt betonter Form als ein wichtiges Funktionselement sichtbar gemacht. Der Kräfteverlauf im Traggerüst wurde ablesbar. Hierin ist die Kölner ›Flora‹ vergleichbar mit den transparent gehaltenen Konstruktionsformen zeitgenössischer Bahnhofshallen. Diese kannten jedoch infolge ihrer Längsausrichtung gemäß den Perronanlagen nicht die Problematik sich durchdringender Gewölbe. Der ›Glaspalast‹ von Paxton, welcher die Erstellung des Bautyps der Flora mit beeinflußt hat, war in erster und zweiter Ausführung nur nach einer Richtung mit Tonnengewölben abgedeckt. Zusammen mit der Raum- und Konstruktionslösung des ›Jardin d'hiver‹ in Paris war die Kölner ›Flora‹ beispielgebend für die weitere Entwicklung von Passagen und Ausstellungsbauten. Gegenüber der fortschrittlich formulierten Konstruktion des Innenraumes wirkten die umschließenden, im konventionellen Stilgewand der Neorenaissance durchgeführten Bauteile schwerfällig.

Quellen: Köln, Kölnisches Stadtmuseum

Literatur: Illustrierte Zeitung, 17.9.1864, Bd. XLIII, Nr. 1107, S. 196, 197; Flora und Botanischer Garten Köln. Führer. Köln 1966; The Illustrated London News, 17.6.1865, Bd. XLVI, Nr. 1320, S. 595, 596

KOPENHAGEN, Palmenhaus, Botanischer Garten *Abb. 589–592*

Länge:	94 m	Architekt:	Tyge Rothe,
Breite:	30 m (Mittelteil)		Johann Carl Jacobsen
	10 m (Seitenteil)	Baujahr:	1872–1874
		Zustand:	gut erhalten

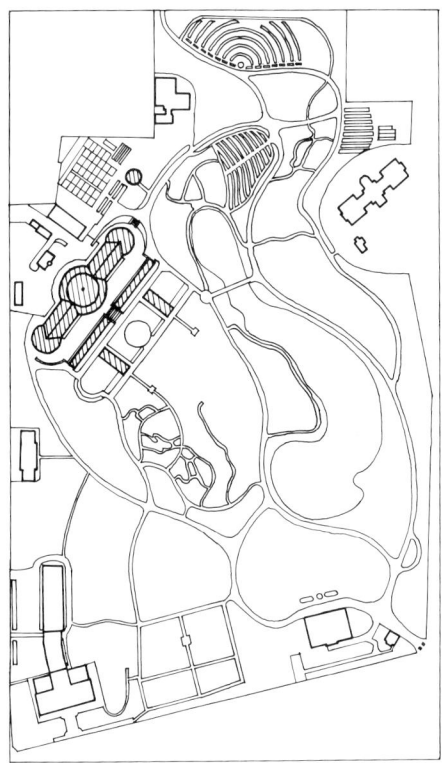

300 Lageplan, 1881

Das ›Palmenhaus‹ im Botanischen Garten von Kopenhagen entlehnt seine räumliche Gesamtkonzeption dem Bautyps der barocken Sommerresidenz – mit den Merkmalen des axialen Aufbaus, des betonten Mittelpavillons mit Seitenflügel und Eckpavillons, der erhöhten Lage in Verbindung mit einer vorgelagerten terrassierten Anlage etc., und übersetzt diesen Bautyp in eine filigrane Glas-Eisenkonstruktion. Vorläufer dieser Raumkonzeption sind die Gewächshäuser von Brüssel (1829), Syon House (1828), Berg bei Stuttgart (1845) und München, Botanischer Garten (1864). Sie bilden eine Entwicklungsreihe eines besonderen Gewächshaustypus, in welcher das ›Palmenhaus‹ von Kopenhagen in seiner radikalen Auflösung massiver Bauteile und im Verzicht auf antike Formensprache am weitesten fortgeschritten ist. Konsequenter als bei diesen Vorläufern wird hier der

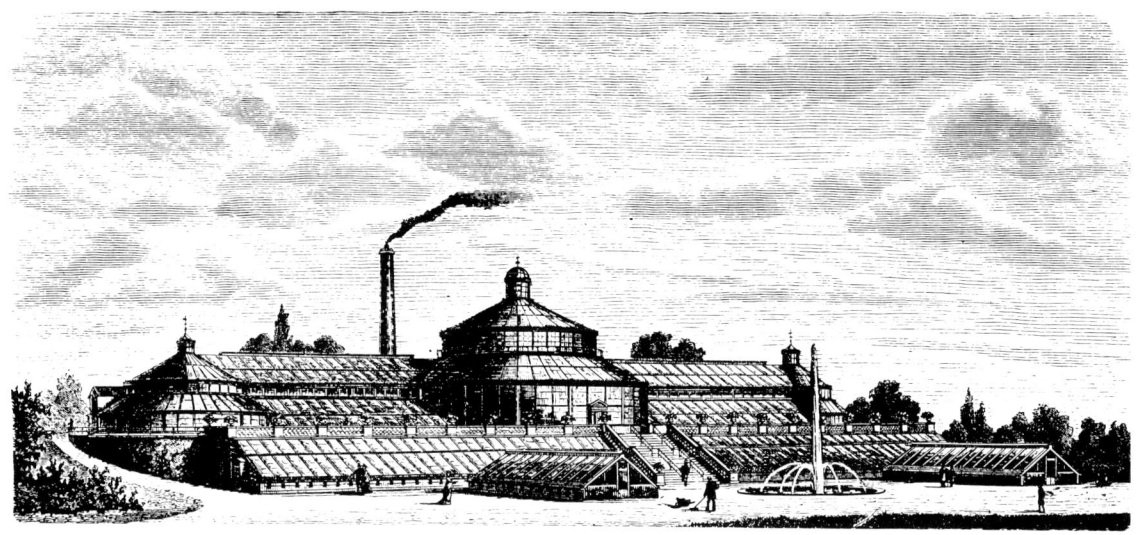

301 Gesamtansicht mit Garten, Stich, 1881

massive Unterbau für die notwendigen Lager- und Betriebsräume genutzt, ein Umstand, welcher erlaubt, die Glas-Eisenkonstruktion auf der Plattform der Terrasse weitgehend freizustellen.

Baugeschichte

Man hat sich daran gewöhnt, als Planer des Palmenhauses den Architekten Tyge Rothe zu bezeichnen, obwohl in der Festschrift zum vierhundertjährigen Bestehen der Universität Kopenhagen von 1879 auch der Industrielle und Kunstmäzen Johann Carl Jacobsen als Mitverfasser angegeben wird. Welchen Anteil Jacobsen an der Gestaltung des ›Palmenhauses‹ hat, ist schwer zu ermitteln. Es steht jedoch fest, daß er nicht nur als Stifter des ›Palmenhauses‹ und später der Kopenhagener ›Ny Carlsberg Glyptotek‹ auftrat, sondern daß er als Befürworter von Glas-Eisenkonstruktionen auch konzeptionell tätig wurde. Am Planungsprozeß der ›Ny Carlsberg Glyptotek‹ ist dies nachweisbar. Darauf weist auch die Anlage eines eigenen mit dem Wohnhaus verbundenen Palmenhauses und Wintergartens aus Glas und Eisen auf dem Fabrikgelände seiner ›Carlsberg-Brauerei‹ hin. Diese Gewächshäuser sind nach dem kurvenlinearen Prinzip nach englischen Beispielen gebaut. Es ist zu vermuten, daß Jacobsen Erfahrungen, die er mit seinen Gewächshausbauten machen konnte, in die Planung des ›Palmenhauses‹ im Botanischen Garten einfließen ließ.

Situation

Die Kopenhagener Universität bestand schon 120 Jahre, ehe sie einen botanischen Garten besaß. Erst im Jahre 1600 wurde ein solcher in sehr bescheidenem Maßstab

dicht neben den alten Universitätsgebäuden eingerichtet. Er erfüllte seine Bestimmung, bis er wegen seines zu geringen Umfanges und anderer sich steigender Mißstände den wachsenden Anforderungen der Wissenschaft nicht mehr genügte und es notwendig wurde, ihn auf eine andere Stelle zu verlegen. Man fand eine solche in einem Grundstück, das zu den früheren Festungswerken Kopenhagens gehört hatte, äußerst günstig im Inneren der Stadt, nahe der Universität und anderen wissenschaftlichen Instituten gelegen und dabei doch durch die benachbarten Gärten des ›Schlosses Rosenborg‹ und der ›Glacis-Promenade‹ vor den schädlichen Einflüssen des städtischen Lebens und Verkehrs geschützt war. Der Garten hat eine Oberfläche von 9,76 ha und bildet ein längliches, etwas unregelmäßiges Viereck von 380 m Länge und 270 m Breite. Das Gewächshaus wurde, eine vorhandene Bodenerhebung ausnutzend, im nördlichen Teil des Areals mit Ausrichtung der Hauptfront nach Südsüdosten errichtet (Abb. 300).

Raum- und Konstruktionsform

Das Glasgebäude besteht aus einem hohen Mittelpavillon und zwei Flügeln mit abschließenden Eckpavillon (Abb. 301–304). Auf einer Terrasse gelagert, wurde diese zur Hauptfront hin ebenfalls verglast. Dadurch entstand eine nach hinten sich immer höher staffelnde Glasfront großer Tiefenwirkung, die ein Hauptmerkmal dieser Anlage bildet. Der als Dominante hervorgehobene, kreisrunde Mittelpavillon von 30 m Durchmesser ist aus den einfachen geometrischen Formen des Zylinders und Kegels gebildet. Ein Ring von achtzehn gußeisernen Säulen von 7,5 m Höhe, untereinander durch gußeiserne Bögen

374

verbunden, trägt ein aufgeständertes Kegeldach mit einer kleinen Laterne. In Höhe der gußeisernen Bögen schließt sich ein niedriger Umgang an, ebenfalls mit einem Pultdach abgedeckt. Durch diese zweifache Staffelung mit denselben Grundformen von Zylinder und Kegel erhält der Mittelpavillon eine differenzierte Raumform, die ihn zum architektonischen Blickpunkt der Gesamtanlage erhebt (Abb. 305). In der Höhe des Umganges schließen sich die langen Seitenflügel mit ihren gläsernen Satteldächern an, welche sich mit dem Kegeldach des Umganges verschneiden. Auch die Seitenflügel waren gestaffelt ausgebildet. Ihrer Glaswand ist ein niedrigeres Pultdach vorgelagert. Die Seitenflügel enden in Eckrotunden von 18,5 m Durchmesser, welche den gleichen Aufbau wie die Hauprotunde haben. In ihrer Höhe nehmen sie die Firstlinie der Seitenflügel auf. An der Nordseite begleitet die gesamte Länge des Bauwerkes ein massiver Gebäudeteil, der die notwendigen Wirtschaftsräume beinhaltet. Sämtliche Dachflächen des Bauwerkes haben den gleichen Neigungswinkel von 33°. Sie werden von Sparren aus Walzprofilen getragen. Die einzelnen Gebäudeteile werden durch Glaswände getrennt. Die Dächer sind mit ornamental ausgebildeten Traufleisten aus Gußeisen versehen. Mit besonderer Sorgfalt wurden die gußeisernen Trageteile, insbesondere die 7,5 m hohen Säulen, ausgebildet. Aus drei Einzelteilen – Basis, Schaft mit korinthischem Kapitele und Konsolenaufsatz – bestehend, wurden sie sichtbar miteinander verschraubt, wobei diese Verbindungsform zugleich als ornamentales Element ausgebildet wurde. Nach vorne, zur Südseite hin, stützen sich die Glasfronten auf einen niedrigen Steinsockel, welchem eine breite Terrasse mit axialer Treppenanlage vorgelagert ist. Bis zur Brüstung der Terrasse hinaufgezogene Glasschrägen ergänzen das gläserne Ensemble.[90]

Verglasung

Wie bei den meisten kontinentalen Gewächshausbauten, legte die Notwendigkeit einer doppelten Verglasung die Verwendung einer geradflächigen Konstruktion der Hülle nahe. Es wurde versucht, die Nachteile dieser Konstruktion für eine optimale Belichtung der Pflanzen durch die Anordnung kreisförmiger Rotunden mit Kegeldachabschluß aufzuheben. »In einigen Gewächshäusern sind Dächer kurvenlinear und haben eine Wölbung, die in Halbdomen endet, eine Anordnung, welche den Pflanzen die größtmögliche Quantität an Licht von allen Seiten zu geben erlaubt. Aber, wenn auch unter diesem Aspekt die kurvenlineare Form vorzuziehen ist, bringt sie andererseits den doppelten Mißstand mit sich, sehr stabile und teure Konstruktionen zu erfordern und die Errichtung sowie Unterhalt der Glasflächen stark zu erschweren, vor allem dann, wenn in unserem Klima, sie doppelt ausgeführt sein müssen, wobei wir die Schwierigkeiten einer auch im oberen Teil der Gewächshäuser ausreichenden

Lüftung außer Betracht lassen. Diese Überlegungen bewirkten eine geradlinige Formgebung. Jedoch – um soviel als möglich die Vorteile kurvenlinearer Konstruktion zu erhalten – hat man den Glashäusern – vor allem dem bedeutendsten – dem Palmenhaus – die Rundform mit senkrechten und geneigten Oberflächen gegeben, welche von allen Seiten von Licht durchdrungen sind.«[91] Die Eisenkonstruktion wurde sowohl an der inneren als an der äußeren Fläche durch einen hölzernen Rahmen der in dem nordischen Klima notwendigen doppelten Verglasung verkleidet, um die Bildung des den Palmen schädlichen Schwitzwassers an den kalten Unterflächen zu verhüten. Diese aufwendige, jedoch technisch einwandfreie Lösung, ist in dieser Zeit noch nirgends in dieser Konsequenz durchgeführt worden. Die ganze Verglasung der Gewächshäuser hat Holzrahmen, mit Ausnahme der Laterne. Die Scheiben bestehen größtenteils aus weißem belgischem Glas. Das Sprossenwerk ist verzinktes Eisen; die Verglasung der Dächer hat nur Längssprossen; die Scheiben sind in Blei gefaßt.

Heizung und Lüftung

Sämtliche Gewächshäuser sind durch Dampfheizung erwärmt, welche es ermöglicht, durch ein Röhrensystem auch den Raum zwischen den beiden Verglasungen zu erwärmen, den Schnee auf der äußeren zu schmelzen, die Bildung von Schwitzwasser auf der anderen zu verhüten. Die Heizung ist im Keller untergebracht. Die Berechnung ergab bei Erwärmung der Warmhäuser auf 18° bzw. 20°C, der Häuser für gemäßigte Temperatur auf 8° bzw. 12°C, der Kalthäuser auf 5°C, eine totale Oberfläche der Röhren von 533 m². Die drei Kessel sind mit innenliegenden Feuerstellen und Gallowayschen Röhren versehen. Der Dampfdruck beträgt drei Atmosphären. Die Luft tritt durch eine große Öffnung im Boden der Terrasse oder – bei starker Kälte und heftigem Wind – durch die Tür des Raumes unter der Terrasse ein und steigt, nachdem sie einen zur Ablagerung des Staubes bestimmten Raum passiert hat, in die oberhalb der Kessel gelegene Wärmkammer. Von hier aus folgt sie zunächst – bis unter die Mitte des ›Palmenhauses‹ – einem gewölbten Kanal. Von dort gehen Zweigkanäle in die Flügel- und Eckbauten, welche, wie auch der Hauptkanal, die Luft durch kleine Öffnungen in ausgemauerten Gräben unter den Heizröhren an den Wänden entlangführen. Von hier steigt sie zwischen den Röhren auf und erhält zugleich die erforderliche Feuchtigkeit durch Dampfstrahlen, die ein kleines, vielfach durchbohrtes Rohr entweichen läßt. Die Absaugung der Luft erfolgt durch Schächte, die sich an dem Fußboden nahe der Mitte des Raumes befinden.[92]

Quellen: Kopenhagen, Botanisk Have, Archiv

Literatur: DBZ, 1881, Jg. 15, Nr. 23, S. 133-135; Nr. 25, S. 145, 146; Jacobsen, Rothe 1879

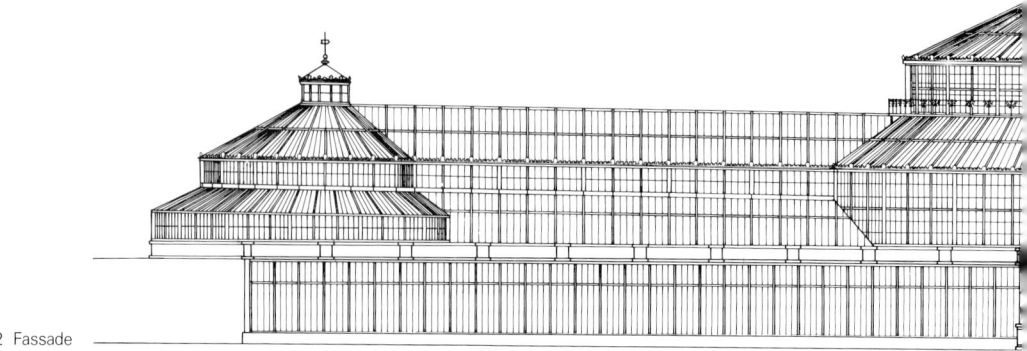

302 Fassade

303 Grundriß EG

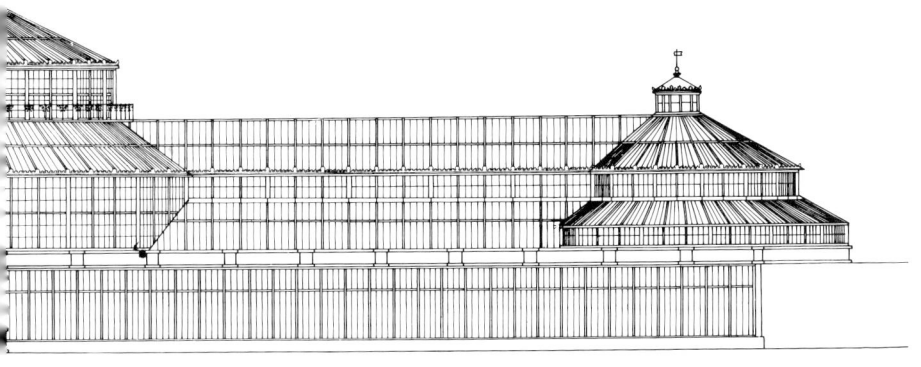

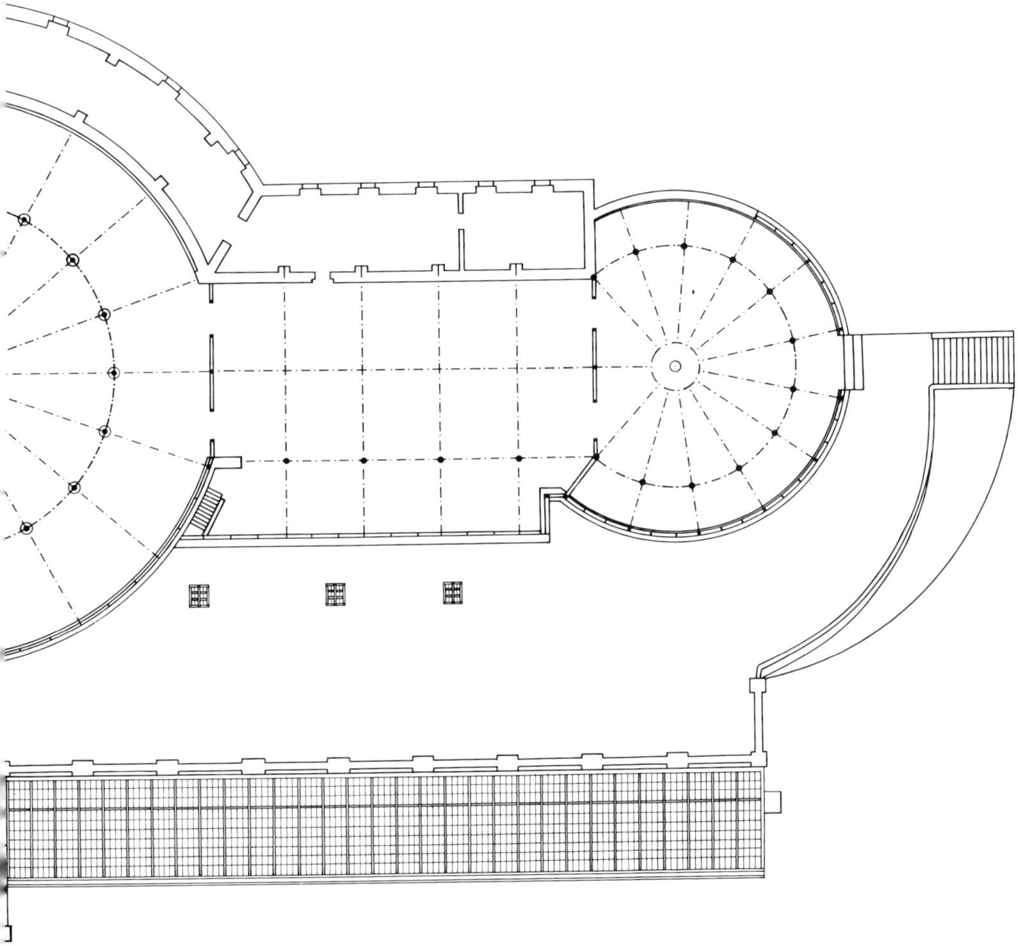

304 Gesamtansicht, Aquarell und Bleistiftzeichnung, um 1872

305 Schnitt durch den Mittelpavillon, Lithographie, 1879

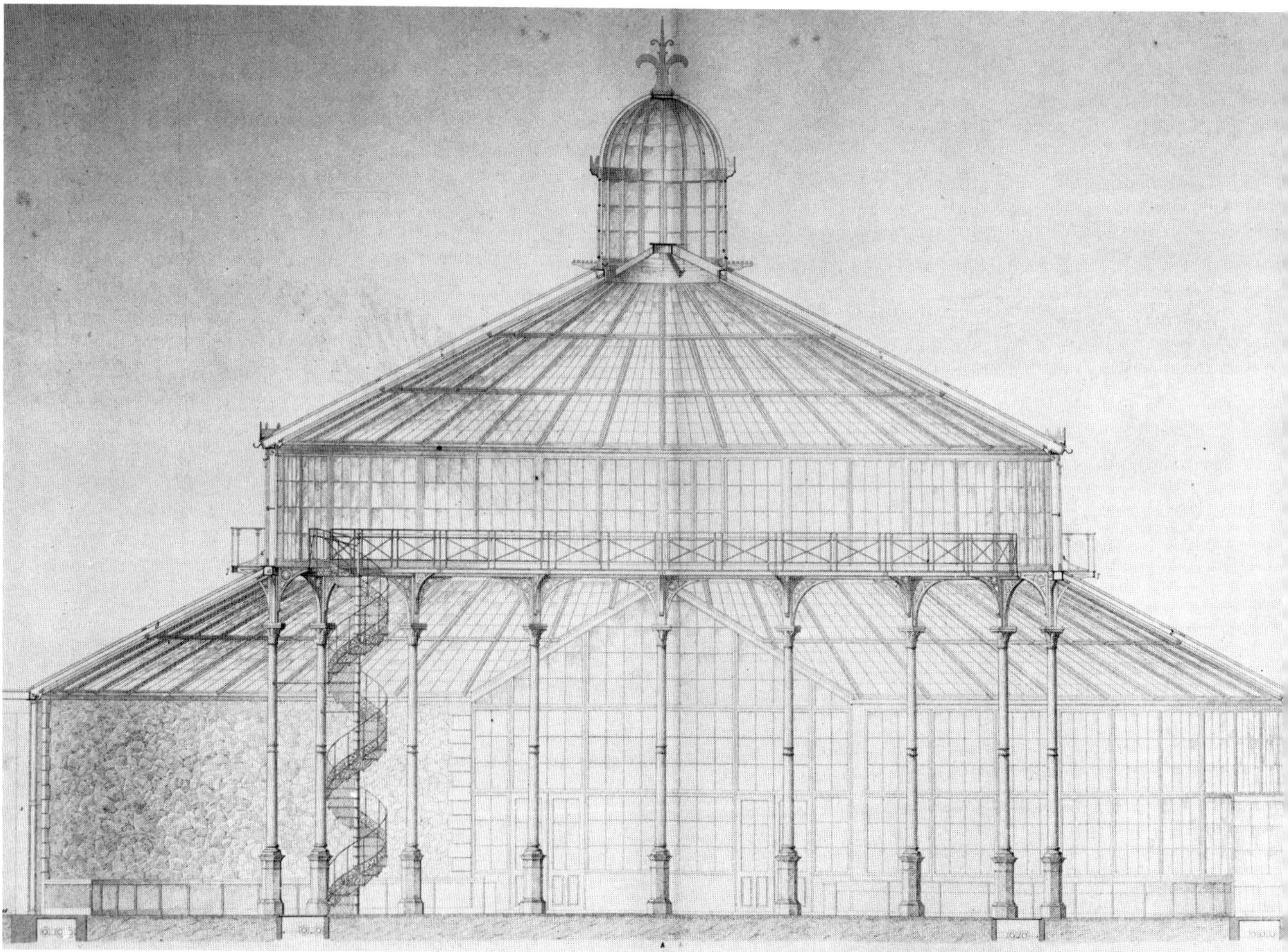

378

KOPENHAGEN, Wintergarten
der Villa Jacobsen, Carlsberg-Brauerei

Architekt: Johann Carl Jacobsen
Bauzeit: 1876
Zustand: gut erhalten

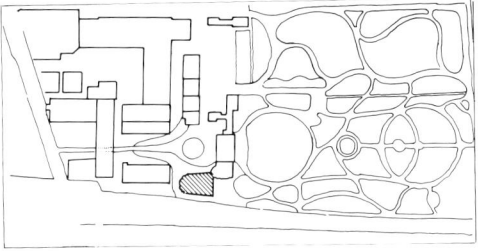

306 Lageplan, um 1900

Der private Wintergarten der Familie Jacobsen ist wie der ›Garten Borsig‹ in Berlin Zeugnis der Lebensform der Großindustriellen im 19. Jahrhundert. Der ›Wintergarten‹ ist Teil einer im Stil des Klassizismus errichteten Villa, welche mitten auf dem Fabrikgelände der ›Carlsberg-Brauerei‹, in unmittelbarer Nachbarschaft zu den Produktionshallen und Laboratorien errichtet wurde (Abb. 306). Der Gründer dieser Anlage, Johann Carl Jacobsen (1842-1914) – am Ende seines Lebens einer der reichsten Fabrikanten Dänemarks und Kunstmäzen –, verstand sich noch als Pionier des industriellen Kapitals. Die mit der Herstellung des Biers verbundene Wertschöpfung sollte nicht nur der Industrie, sondern im Verein mit ihr auch der Kultur zukommen. Mit großen Geldsummen in aller Welt gesammelte Kunstwerke füllten sein 1853 erbautes, sich ständig vergrößerndes Haus. Es erweiterte sich in dem Maße, wie die nachbarliche Fabrik sich vergrößerte und es letztlich mit ihren Hallen umschloß. Die Welt der Kunst und großbürgerlicher Kultur entwickelte sich vor dem Hintergrund der Welt der Arbeit, welcher diese sich verdankten. Im Selbstbewußtsein ihrer gesellschaftlichen Stellung war es der Familie Jacobsen gleich der Industriellendynastie Borsig selbstverständlich, diesen Gegensatz als eine durch Kapital geschaffene Einheit vor Augen zu haben.

Der 1876 gebaute ›Wintergarten‹ war – mit dem Wohnhaus verbunden – integraler Bestandteil desselben. Das gewölbte Glasdach des Wintergartens ruhte auf einem steinernen Architrav, welcher von einer dorischen Säulenreihe getragen wurde. Diese endete an der einen Seite in einer halbkreisförmigen Apsis. Entsprechend war das Glasdach als Halbkuppel darüber gewölbt. Die eiserne Konstruktion bestand aus Längs- und Querspanten, auf welchen das Sprossenwerk auflagerte. Entlang des Firstes befand sich eine Laterne zur Lüftung. Hinter der Säulenreihe befand sich ein Umgang, in welchem Sitz-

bänke und Statuen aufgestellt waren. Jacobsen hatte als Geldgeber bereits 1872 den von Tyge Rothe geplanten Bau des Kopenhagener ›Palmenhauses‹ im Botanischen Garten unterstützt. In den Jahren 1897 bis 1906 stiftete er mit seiner Kunstsammlung die Kopenhagener ›Ny Carlsberg Glyptotek‹. Das zunächst der neueren, später auch der antiken Kunst gewidmete Gebäude, ein Werk des Architekten Vilhelm Dahlerup, hatte als Zentrum einen großen Wintergarten, welchen eine Kuppel aus Eisen und Glas überspannte. In beiden Bauten hat Jacobsen die Konzeption der Architekten mit beeinflußt. Im Bau seines eigenen Wintergartens bestätigt sich die Vorliebe Jacobsens für Glas-Eisenkonstruktionen klassizistischer Prägung.

Quellen: Kopenhagen, Ny Carlsberg Glyptotek, Archiv der Bibliothek

KOPENHAGEN, Wintergarten, Ny Carlsberg Glyptotek *Abb. 593-594*

Länge: 43 m   Architekt: Vilhelm Dahlerup
Höhe: ca. 40 m   Baujahr: 1904-1906
     Zustand: gut erhalten

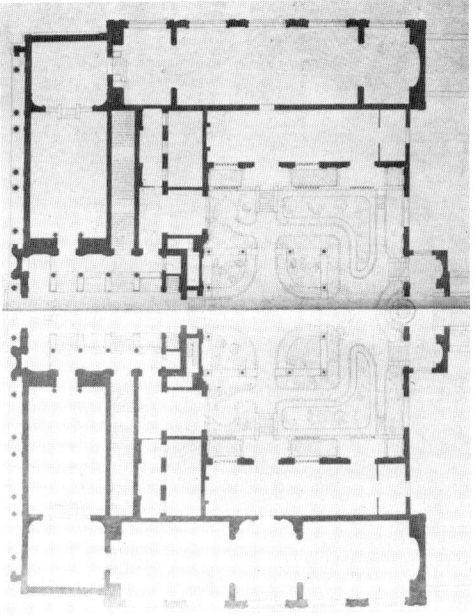

307 Grundriß EG nach dem Entwurf von 1905

Der mit hohen Palmen gefüllte ›Wintergarten der Ny Carlsberg Glyptotek Kopenhagen‹ bildet mit seiner Glaskuppel das beherrschende Zentrum des Museums, dessen Räume ihn rings umschließen. Die hohe, auf einem Tambour aufgestelzte 40 m hohe Kuppel bestimmt mit ihrer Silhouette auch das Stadtbild. Der Gedanke, einen ausgedehnten Palmengarten in eine Kunstsammlung zu integrieren, verwirklichte sich in einer Raumkonzeption, welche das Museum zu einem der schönsten Bauten dieser Art machte. Die Promenade des Besuchers der Kunstgalerie beginnt und endet in tropischer Flora. Ein Springbrunnen mit Marmorstatue und steinerne Sitzbänke laden zum Verweilen ein. Eine Landschaft zweiter Natur verbindet sich mit den Werken der Kunst in einer Weise, daß der flanierende Besucher, ohne die exotische Welt jenseits des Alltags verlassen zu müssen, Zerstreuung und zugleich Sammlung genießen kann. Die von schlanken gußeisernen Säulen getragene Glaskuppel mit dem kassettenartigen Gitterwerk ihrer eisernen Spanten und dem ringsum anschließenden leicht gewölbten Glasdach des niedrigeren Umganges schafft einen lichtdurchfluteten Innenraum, der, als Palmenhaus dienend, in dieser Größe und architektonischen Qualität unter den noch vorhandenen Bautypen dieser Art in Europa einmalig ist.

Situation

Die Anlage der ›Glyptotek‹ nahe dem ›Tivoli-Park‹ entstand 1897 nach den Plänen des Architekten Vilhelm Dahlerup. Sie verdankte ihre Entstehung der Stiftung der Industriellenfamilie Jacobsen, die sich 1888 bereit erklärt hatte, ihre private Kunstsammlung der Öffentlichkeit zu schenken. Johann Carl Jacobsen, als Bierfabrikant einer der reichsten Industriellen Dänemarks, hatte, wie erwähnt, bereits von 1872 bis 1874 den Bau des großen Gewächshauses in Kopenhagen unterstützt. 1904 drängte er auf die Erweiterung der ›Glyptotek‹, welche 1906, ebenfalls unter Dahlerups Leitung, in Form eines mit einer Kuppel bedeckten Wintergartens mit umschließenden Galerien verwirklicht wurde. Damit waren die von Jacobsen gesammelten Werke der Kunst des Altertums ins Museum übersiedelt und mit denen der neuen Kunst unter einem Dach vereint. Es ist möglich, daß die Idee, einen Wintergarten als Zentrum des Museums zu schaffen, auf den Stifter selbst zurückgeht, der sowohl am Bau des großen Gewächshauses, als auch in der Konstruktion eines eigenen Wintergartens auf dem Fabrikgelände der ›Carlsberg-Brauerei‹ seine Vorliebe für Palmengärten aus Glas und Eisen bereits unter Beweis gestellt hatte.[93]

Raum und Konstruktionsform

Der ›Wintergarten der Glyptotek‹, ringsum vom Massivmauerwerk der Kunstgalerie und der Säle umgeben, bildet einen rechteckigen Großraum, in welchen auf quadratischem Grundriß angeordnete gußeiserne Säulen so eingestellt sind, daß eine Seite des Quadrats die abschließende Längswand der Eingangsseite berührt. Die aus drei Montageteilen bestehenden, ca. 19 m hohen Säulen,

sind zusammengeschraubt, wobei die Stoßstellen kapitellartig ausgebildet wurden. Die insgesamt zwölf Stützen tragen einen genieteten Gitterträger, wobei der Übergang zum Kreis der Kuppel durch einen in den Ekken des Quadrats quergespannten Träger hergestellt wird. Es entsteht nach innen ein achteckiger horizontaler Gitterbinder, welchem in der Höhe seines Obergurtes ein umlaufender Stahlbinder ebenfalls in Form eines Achtecks eingeschrieben ist. Auf dieser Konstruktion ruht das gußeiserne Ständerwerk des Tambours, welches in Rundbogenfenster aufgelöst ist und nach innen und außen eine Galerie trägt. Die Kuppel mit Laternenaufsatz wird durch sechzehn gußeiserne Bogen getragen, die untereinander durch das Gitterwerk schmaler, gebogener Quer- und Parallelbinder ausgesteift sind. Die Knotenpunkte sind durch Dreiecke verstärkt, so daß der Eindruck eines durch verglaste Kassetten gebildeten Gewölbes entsteht. In Höhe der obersten Säulenkapitelle setzen die flachgebogenen Gitterträger des niedrigeren Glasdaches an. Sie spannen sich über den Umgang, der zwischen dem Säulenquadrat und den drei Seiten der massiven Umfassungswand entsteht. Diese, von großen Öffnungen durchbrochen und zweigeschossig aufgebaut, trägt das andere Ende des Binders. Durch die Öffnungen der Umfassungswände in den zwei Geschossen ist die Kunstgalerie des Museums optisch mit dem ›Wintergarten‹ allseits verbunden. Dieser liegt zentral in der Symmetrieachse des Museumskomplexes und ist über eine Säulenhalle direkt mit dem Haupteingang verbunden und dient dadurch nicht nur als Verteilungsraum aller Bewegungsströme in das Innere des Museums, sondern zugleich als großartiges Entree (Abb. 307).

Quellen: Ny Carlsberg Glyptotek, Archiv der Bibliothek
Literatur: Poulsen 1974

KRAKAU, Palmenhaus

Baujahr:	1872
Zustand:	abgerissen

Der hohe, kastenförmige Glas-Eisenbau mit quadratischem Grundriß war von feingerasterten Fronten umgeben, die zwischen schlanken Eisenstützen sich ausspannten. Eingeschriebene eiserne Bögen verbanden die Stützen untereinander und gaben den Fronten ihren Rhythmus. Über dem eisernen Firstquadrat erhob sich ein innen durch Säulen abgestütztes Glasgewölbe, das später z.T. abgebrochen und durch einen quadratischen Aufsatz mit vertikalen Glasflächen erhöht wurde.

LANGPORT (Somerset), Treibhaus

Länge:	15 m	Architekt:	John Claudius
Breite:	5 m		Loudon
		Baujahr:	1817
		Zustand:	abgerissen

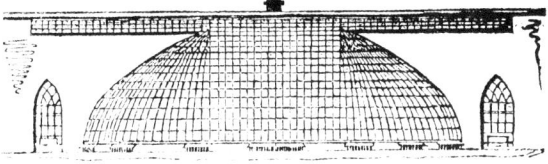

308 Fassade

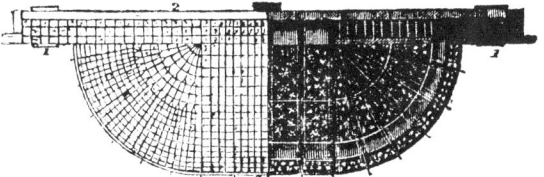

309 Grundriß und Dachaufsicht

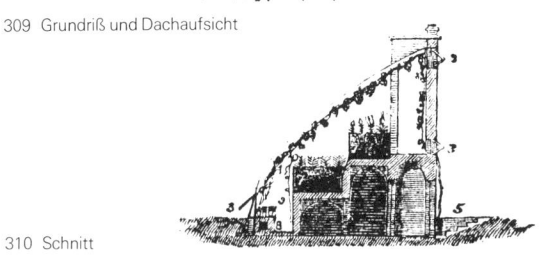

310 Schnitt

Das Gewächshaus in Langport verdient das historische
Interesse, da es neben den im selben Jahr errichteten
Versuchsbauten in Bayswater bei London eines der ersten eisernen Gewächshäuser ›kurvenlinearer‹ Art darstellt. Von bescheidener Größe, angelehnt an eine Massivmauer, diente es als Pfirsich- und Weintreibhaus.
Trotz seiner Kleinheit trägt es bereits die Charakteristika
der Loudonschen Konstruktionsart: Das gewölbte Glasdach wird nur von feinen, schmiedeeisernen Sprossen
getragen. Das Bauwerk ist an seinen Enden durch Viertelkuppeln abgeschlossen, die die typische Verästelung
der Sprossen im Scheitel aufweisen. Die Eisenkonstruktion wurde von der Fa. W. and D. Bailey ausgeführt
(Abb. 308-310).

Literatur: Loudon 1822

LEDNICE (Eisgrub), Wintergarten des Schlosses Liechtenstein   *Abb. 595-598*

Länge:	92 m	Architekt:	Devien aus England
Breite:	13,50 m	Baujahr:	1843
Höhe:	10 m	Zustand:	gut erhalten

311 Lageplan, 1910

Der ›Wintergarten des Schlosses Liechtenstein‹ ist das
einzige noch erhaltene Gewächshaus auf dem Kontinent,
das nach dem kurvenlinearen Konstruktionsprinzip
Loudons erbaut wurde. Dieses Konstruktionsprinzip beruht auf der Verwendung von Glas-Eisengewölben zur
Raumeindeckung, die nur durch die dünnen Eisenprofile
der Verglasung getragen werden. Es entstehen in sich
feste Schalen aus Glas und Eisen, die es erlauben, halb-
oder viertelzylindrische oder halbkugelförmige Flächen
zu bilden und die nur über senkrecht laufende, gekrümmte Rippen, ohne Verwendung von Sparren, getragen werden und von erstaunlicher Transparenz sind. Die
Grundlagen dieser Konstruktion hat Loudon 1817 zum
erstenmal veröffentlicht. Daß in England und Irland, den
Herkunftsländern der kurvenlinearen Konstruktionsweise, jetzt nur noch vier größere Bauten dieser Art existieren, erhöht die bauhistorische Bedeutung des ›Wintergartens‹ von Lednice. Die Tatsache, daß dieser heute
noch voll funktionsfähig ist, widerlegt die im 19. Jahrhundert verbreitete These von der Untauglichkeit dieser
Bauweise für kontinentales Klima. Das Bauwerk ist nach
kürzlich erfolgter sorgfältiger Renovierung in ausgezeichnetem Zustand. Im Zusammenhang mit dem schon
zuvor begonnenen Umbau des Schlosses 1843 im neogotischen Tudorstil wurde von dem Engländer Devien ein
großer Wintergarten errichtet. Den Umbau des barocken
in ein romantisches Schloß führte der Wiener Architekt
Winkelmüller durch. Die Schlösser der Fürsten Liechten-

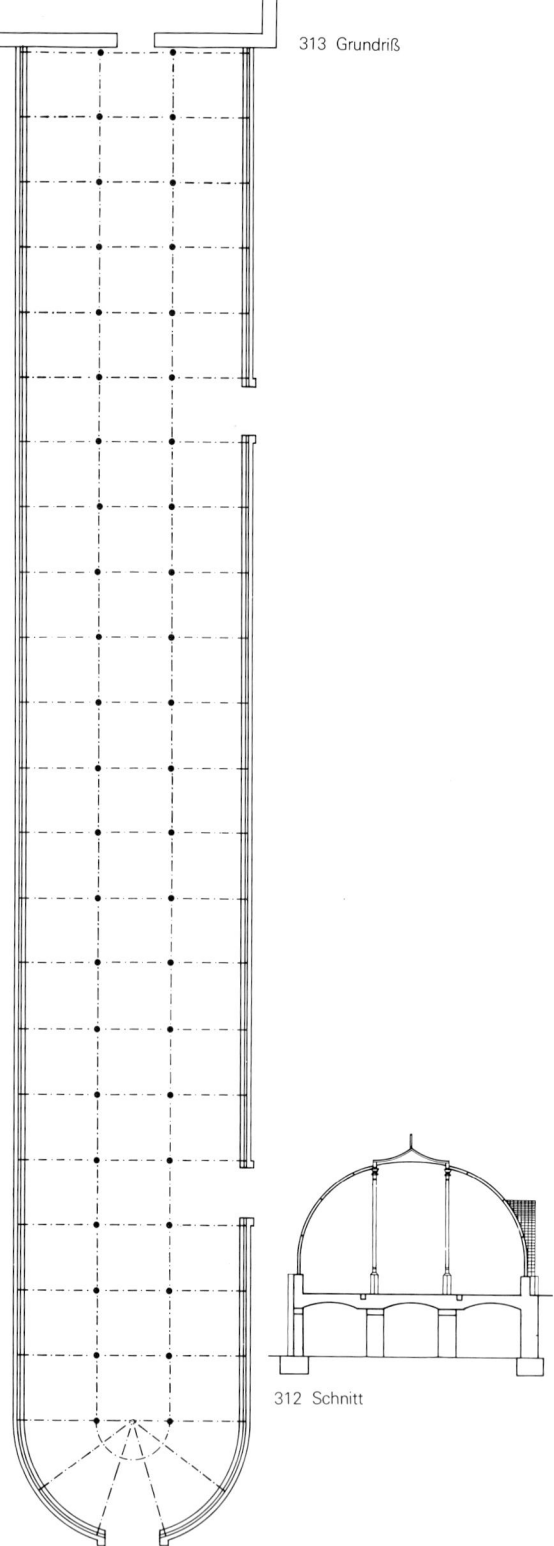

313 Grundriß

312 Schnitt

stein und Schwarzenberg – Lednice und Hluboká – sind Beispiele jenes aufwendigen Schlösserbaues, der in der ersten Hälfte des 19. Jahrhunderts von der herrschenden Adelsklasse durchgeführt wurde. Nach englischem Vorbild wurden die Schlösser mit Wintergärten aus Glas und Eisen erweitert. Sie dienten nicht vorrangig botanischem Interesse, sondern fürstlicher Repräsentation in Form von Festlichkeiten und Zerstreuung.

Situation

Lednice ist ein alter Besitz des Fürstlich Liechtensteinschen Hauses. Schon 1249 gelangte ein Teil des Eisgruber Gebietes an die Liechtensteins; sie hatten aufgrund ihrer maßgeblichen Beteiligung an den Feldzügen der Gegenreformation in Böhmen durch kaiserliche Schenkungen ihre bereits ausgedehnten Ländereien riesenhaft erweitern können. Im 17. Jahrhundert wurde das vorhandene Barockschloß durch eine Reitschule von Fischer von Erlach (1688-1690) erweitert. Um 1766 wurde der Park vergrößert und im englischen Landschaftsstil im Zusammenhang mit klassizistischen Gartenmonumenten gestaltet. Um 1800 wurden romantische Prospekte wie Minarett, Obelisk und Schloß als künstliche Ruine erbaut. In dieser Zeit entstand hier auch einer der größten Landschaftsparks in Europa; er erstreckte sich zwischen den beiden ca. 20 km entfernt liegenden Liechtensteinschen Herrensitzen Lednice und Valtice. 1846 wurde der erwähnte Umbau des Schlosses in romantischer Manier durchgeführt.[94] Die Raumform des ›Wintergartens‹ ist eine langgestreckte Tonne mit einem kugelförmigen Abschluß. Der Wintergarten schließt mit einer Vorhalle unmittelbar an das Schloß an. Auf einer Plattform errichtet, die sich nach Norden zum Landschaftspark 3 m über dem Boden erhebt – dort sind die Heizungs- und Betriebsräume untergebracht –, wird der ›Wintergarten‹ zum Abschluß und Blickpunkt des klassisch angelegten Parterregartens (Abb. 311).

Konstruktion

Das Traggerippe der Konstruktion bilden schlanke, Bambusrohren nachgebildete gußeiserne Säulen, 18 cm im untersten Durchmesser, mit als Pflanzen gestalteten Blattkapitellen. Die Säulen tragen über eiserne Längsträger ein tischartiges, in der Längsachse leicht bombiertes Dach aus Blech mit einem kleinen, pagodenartigen Aufbau für die Lüftung. Der Abstand der Säulen in Längsrichtung beträgt 3,70 m, in Querrichtung 4,20 m. Das halbtonnenförmige Glasgewölbe ruht auf einem durchlaufenden Steinsockel und stützt sich oben am Längsträger der tischartigen Konstruktion ab. Das Glasgewölbe wird wie bei den Loudonschen Bauten von dem gebogenen eisernen Sprossenwerk getragen (Abb. 312). Nach jeweils 3,70 m, dem Säulenabstand entsprechend, werden

382

statt der einfachen Fensterprofile doppelte Profile verwendet. Die Sprossen sind 23 cm voneinander entfernt. Mit kleinen, einander schuppenförmig überlappenden Glasscheiben wurde die Fläche verglast. Die Scheiben sind sehr klein, da sie nicht, wie bei den Bauten Richard Turners in Dublin und Belfast, gebogen sind, und sie nur als Schuppen die Wölbung bedecken können. Zwischen den Sprossen finden wir keine horizontale Aussteifung. Der kugelförmige Abschluß des ›Wintergartens‹ ist nach demselben Prinzip durchgeführt. Die Konstruktion ist erstaunlich, da hier keine zusätzlichen Windaussteifungen in Form von Diagonalen oder Streben verwendet wurden. Das gesamte Gebäude, 92 m lang und 10 m hoch, stützt sich nur einmal mit der Schmalseite an der massiven Mauer des Schlosses ab, sonst steht es frei. Die auftretenden Windkräfte werden durch das kurvenlineare Glas-Eisengewölbe aufgenommen (Abb. 313).

Die enthusiastisch wirkenden Äußerungen Loudons über die konstruktiven und funktionellen Vorteile seiner Erfindung finden im ›Wintergarten‹ von Lednice im nachhinein ihre Bestätigung. Die reine Übertragung des Loudonschen Bauprinzips konnte nur durch einen englischen Architekten – Devien – erfolgen. Denn der Architekt mußte, um diesen großen gewölbten Bau durchzuführen, mit dem Entwicklungsstand des englischen Gewächshausbaues bestens vertraut sein. Es ist daher nicht erstaunlich, daß wir konstruktive und ästhetische Zitate aus der besten Tradition des englischen Gewächshausbaues wiederfinden: Vorbild für die Kombination schlanker Gußeisensäulen mit einem leicht gewölbten Blechdach zu einem tischartigen Gerüst war möglicherweise das ›Gewächshaus‹ in Wollaton Hall (Abb. 468). Die hohen, feingliedrigen Eingangstore könnten in Kew stehen. Die Ausbildung der Säulen als tropischer Baum hat Vorläufer in der Küche des ›Royal Pavilions‹ in Brighton von Nash.

Literatur: Silva-Taroucca 1910, Bd. IV, Heft 2, S. 27-45; Durm und Ende 1893, Halbbd. VI, H. 4 [Schnitt]

LEEDS, Wintergarten, Allgemeines Krankenhaus

Länge:	46 m	Architekt:	Rowland Mawson
Breite:	19,17 m		Ordish und George
Höhe:	18,30 m		Gilbert Scott
		Baujahr:	1868
		Zustand:	abgerissen

Die Glas-Eisenhalle des ›Wintergartens‹ in Leeds ist ein Beispiel für die Integration des zum Raum und Konstruktionssystem voll entwickelten Gewächshausbaues in einen ausgedehnten Gebäudekomplex. Der ganze Komplex des Krankenhauses war so angelegt, daß alle Bettenhäuser fingerförmig in den Wintergarten einmündeten, welcher somit das Zentrum des Gesamtbaues bildete. Vor der Eröffnung des Krankenhauses diente der ›Wintergarten‹ zusammen mit den dazugehörigen Gebäuden als Ausstellungshalle für die ›National Exhibition of Works of Art‹ (Abb. 314). Der hier angewendete Typus ist die Basilika mit gewölbtem Hauptschiff und umlaufendem niedrigem Nebenschiff. Der Wintergarten ist in seinem überschwenglichen, heute kalt wirkenden Dekor aus Gußeisen ein Produkt des spätviktorianischen Geschmacks, welcher, wie damals üblich, gleich einem Rauhfrost die nackte Eisenkonstruktion mit Ornamentkristallen überzog. Die Struktur der Eisenkonstruktion, mit hoher, alle Details bestimmender Perfektion der Fertigung und Montage durchgeführt, ist zugleich ein Zeugnis des erreichten Standards der englischen Gußeisentechnik, die in jener Zeit ihre verspätete Blüte fand. Einer der Architekten, Rowland Mawson Ordish, war in jener Zeit ein vielseitig tätiger Konstrukteur gußeiserner Bauten. 1865 errichtete er mit Alfred G. Jones und Le Feuvre den ›Wintergarten‹ in Dublin (Abb. 239, 240). 1872 baute er die ›Albert Suspension Bridge‹ über die Themse. Die Erfahrungen dieses Architekten im Ingenieurbau bezeugt die im ›Wintergarten‹ von Leeds erreichte Qualität.

314 Gesamtansicht, Holzstich

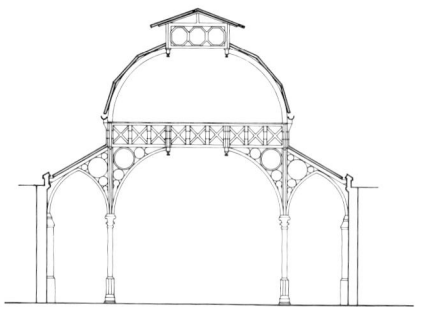

315 Schnitt durch den Wintergarten

Raum und Konstruktionsform

Die Halle, umgeben von Arkaden aus Massivmauerwerk wurde über einem rechteckigen Grundriß als ein Glasgewölbe errichtet, dessen Hauptschiff von zwei Reihen gußeiserner Säulen getragen wurde. Die zwölf Säulen waren 9,63 m hoch und standen in einem Abstand von 7,32 m. Sie trugen ein tonnenförmiges, an den Enden abgewalmtes Glasgewölbe von 11,32 m Spannweite und das daran anschließende, niedrigere Pultdach des umlaufenden Nebenschiffes von 4,30 m Breite. Das Dach des Nebenschiffes lagerte auf dem umfassenden Mauerwerk auf. Die mit Kapitellen verzierten Rundsäulen setzten sich in einem Stiel mit achteckigem Querschnitt fort und stütz-

316 Innenansicht, Holzstich, um 1870

ten einen umlaufenden Gitterträger aus Gußeisen, der durch bogenförmige Streben ausgesteift war. Die geraden, kurzen Binder des Nebenschiffes waren ebenfalls durch diese Streben gehalten. Die Zwickel zwischen diesen Streben und Säulen wurden mit gußeisernen Ringen gefüllt, welche als gotisierende Ornamente ausgeführt waren und eine zusätzliche Tragfunktion zu übernehmen hatten. Über den Gitterträger setzten in halbem Säulenabstand gelagerte, leichte, halbkreisförmige Bogengitterträger an, die oben im Laternenaufsatz einmündeten, der kastenförmig ausgebildet und mit einem flachen Satteldach gedeckt war; er diente als ein zwischen die Bogenbinder geschobener Riegel (Abb. 315, 316). Die ganze Eisenkonstruktion bestand aus vorgefertigten Teilen, die, mit hoher Perfektion hergestellt, an der Baustelle verschraubt wurden. Bemerkenswert war die reiche ornamentale Ausbildung, welche nur in Gußeisen ausführbar war. Der Wunsch nach überreichem Dekor in der Viktorianischen Zeit erklärt den späten Gebrauch von Gußeisen für Tragkonstruktionen, welche ökonomischer bereits in Form gewalzter Profile durchzuführen gewesen wären. Dieselbe Rückwendung zu einer dekorativ ausgebildeten Glas- und Eisenkonstruktion findet sich im 1861 gebauten ›Temperierten Haus‹ von Kew, das als bedeutender Gewächshausbau den Historismus im Eisenbau einleitete.

Quellen: Leeds, Central Library, Archiv
Literatur: Walmisley 1950, S. 29, 30

LEIPZIG, Kristallpalast

Länge:	114 m	Architekt:	Planer
	(Wintergarten 48 m)	Baujahr:	1882
Breite:	54 m	Zustand:	abgerissen
	(Wintergarten 32 m)		

Ab den sechziger Jahren des 19. Jahrhunderts erschien in Deutschland, in zeitlicher Verzögerung zu England und Frankreich, ein Bautypus, der große Wintergärten mit Vergnügungsetablissements verband. Im vornherein als Unterhaltungszentrum der großstädtischen Massen konzipiert, entwickelte er sich innerhalb von zwei Jahrzehnten in steigendem Umfang in einer Reihe von Bauten, Floren und Kristallpalästen, die in der räumlichen Ausdehnung und in der Mannigfaltigkeit ihres Unterhaltungsangebotes miteinander wetteiferten. Meist in einem Park angelegt, besaßen sie als Mittelpunkt einen Wintergarten, dessen Glasdecke eine ausgedehnte Landschaft mit Bäumen, Sträuchern, Wasserflächen, Terrassen, Felsgruppen und Grotten einfing. Diese auch für Konzerte und Theateraufführungen verwendbaren Wintergärten waren z. T. Bühnen- und Zirkusanlagen zugeordnete Restaurationsräume, Konzert- und Ausstellungssäle. Diese räumliche Konzentration unterschiedlicher Unterhal-

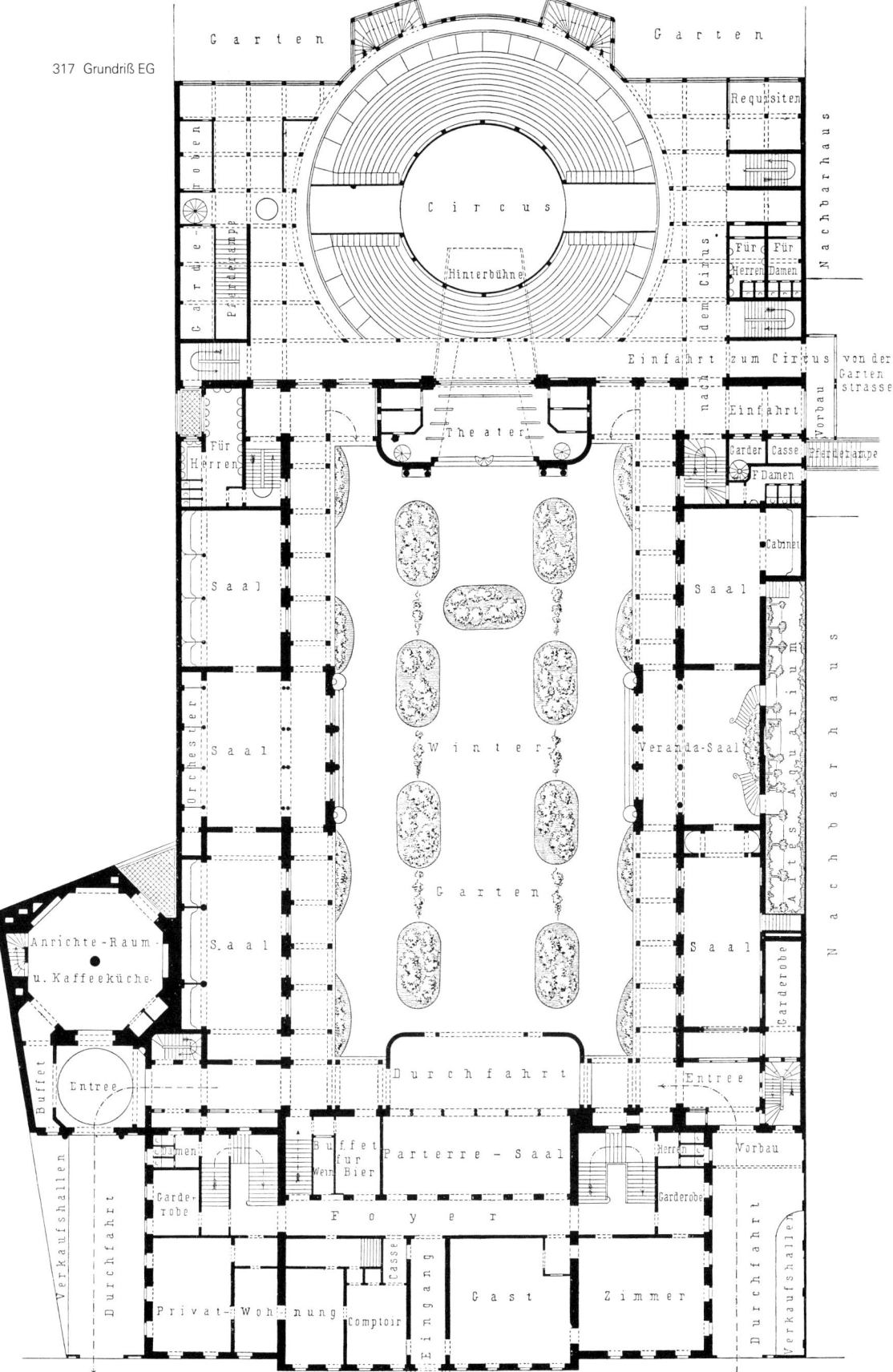

317 Grundriß EG

G a r t e n   G a r t e n

Requisiten

Nachbarhaus

C i r c u s

Für Für
Herren Damen

Hinterbühne

Garde-roben

Parketttreppe

nach dem Circus

Einfahrt zum Circus von der Garten strasse

Einfahrt

Vorbau

Theater

Für
Herren

Garder. Casse
F Damen

Pferderampe

Cabinet

Saal

Saal

Orchester

Saal

W i n t e r -

Veranda-Saal

Altes Aquarium

Nachbarhaus

Anrichte-Raum
u. Kaffeeküche

Saal

G a r t e n

Saal

Garderobe

Buffet

Entree

Durchfahrt

Entree

Vorbau

Verkaufshallen

Durchfahrt

Damen

Buffet
für
Wein Bier

Parterre - Saal

Herren

Garderobe

Durchfahrt

Verkaufshallen

Garde-
robe

F o y e r

Garderobe

Privat-Woh nung

Comptoir

Casse

Eingang

G a s t

Z i m m e r

tungsformen, in einem einzigen Bauwerk zusammengefaßt, war in dieser Zeit ein Novum. Hier trat historisch
zum erstenmal die organisierte Vergnügungsindustrie als
solche auf. Ihre finanzielle Grundlage war die Aktiengesellschaft, die sich aus diesem Unternehmen Gewinn versprach. Bauten dieser Art waren die Floren in Köln
(1864), Frankfurt (1869-1871) und Berlin (1871-1873).
Eine Mischform von Gesellschaftshaus, Wintergarten
und Theater war das 1887 erstellte ›Kurtheater‹ in Göttingen. Den höchsten Entwicklungsstand erreichte in
Deutschland der 1882 errichtete ›Kristallpalast‹ in Leipzig. Ein 48 m langer und 32 m breiter Wintergarten, von
zweistöckigen Galerien umgeben, wurde ringsum von
Restaurationssälen, einem Café, einem Theater mit Bühne, einem Zirkus und Hotel eingefaßt. Im Keller befanden sich neben Betriebsräumen und Garderoben ausgedehnte Kegelbahnen. Der Baukomplex konnte 6000 Personen aufnehmen, die z.T. im Zirkus, z.T. im Wintergarten Konzert- und Theateraufführungen beiwohnen
konnten (Abb. 317). Die große Glashalle wird im ›Handbuch der Architektur von 1885 näher beschrieben: »In
nächster Verbindung mit dem Parterre-Saal steht die große Konzerthalle – zugleich Wintergarten –, zu der man
mittels der bedeckten, die beiden Seiten des Baues verbindenden Durchfahrt gelangt. Der weite, mit einem
Glasdach überspannte Raum ist rings von Galerien und
Sälen umgeben; dieselben sind in zweigeschossiger Anlage geplant und durch Treppen in den vier Ecken der
oblongen Grundform des Hauptbaues verbunden. Die
Estrade bildet einen mehrere Stufen über den Fußboden
der Halle erhöhten Umgang; die anschließenden Säle zeigen Kojeneinrichtung. In der Querachse liegen links ein
Nebensaal mit Orchestertribüne, rechts der Verandasaal,
der mit dem zweigeschossigen Aquarium und Grotten-
bau in unmittelbarer Verbindung steht. In der Hauptachse der Halle, der Eingangsseite gegenüber, befindet sich
die geräumige Bühne; das Orchester liegt unmittelbar
davor. Hier werden kleine Lustspiele, Operetten, Ballet-
te etc. aufgeführt; Salonkünstler aller Art geben hier ihre
Vorstellungen etc. Die Bühne ist mit einigen Ankleide-
zimmern für Künstler, mit den zugehörigen Verbin-
dungstreppen, mit einer Versenkung, sowie mit einer
zerlegbaren Hinterbühne versehen.«[95]

Literatur: Durm und Ende 1885, Teil 4, Halbbd. IV, S. 141-143

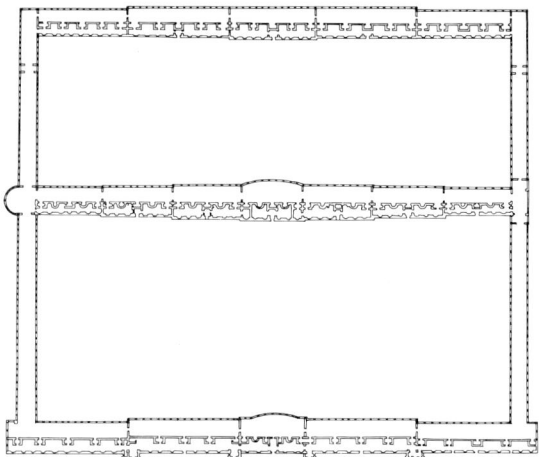

318 Leningrad, Botanischer Garten, frühe Gewächshausanlage,
um 1835, Lageplan

LENINGRAD, Palmenhäuser *Abb. 599-602*

Baujahr:	1880-1900
Zustand:	erhalten

Die klimatischen Bedingungen Rußlands stellten dem
Gewächshausbau besondere Aufgaben: Einerseits war
zum Schutz der Pflanzen doppelte Verglasung oder Ver-
kleidung der eisernen Fenstersprossen aus Holz notwendig. Dazu kam das Problem der Schneelast, welches eine
stärkere Dimensionierung der Tragkonstruktion verlangte. Die Architekten der Leningrader Palmenhäuser mußten dies in Rechnung stellen. Im ›Kaiserlichen Boti-
schen Garten‹ von Leningrad an der Mündung der Newa
wurde bereits früh eine ausgedehnte Gewächshausanlage
gebaut. Unter Kaiser Nikolaus I. betrug die Gesamtlänge
der in drei Reihen nebeneinander gestellten Gewächshäuser 1,14 km (Abb. 318). 1843 wurde der Architekt Fi-
scher-Uralsky mit der Planung eines eisernen Gewächshauses für Palmen beauftragt. Es sollte als ein imposantes
Werk der Architektur – als ein einziger Saal von 81 m
Länge, 24 m Breite und 20 m Höhe – die alten Gewächshäuser in der Mitte der Reihe ersetzen. Die Eisenkonstruktion dieses von 1845 bis 1847 errichteten ›Palmenhauses‹ war nach englischem Vorbild mit kurvenlinearem
Glasdach versehen, dessen Eisensprossen mit Holz verkleidet waren.

An diese Tradition anknüpfend folgten mehrere Gewächshausbauten, unter denen das heute noch erhaltene,
um 1880 erbaute, kurvenlineare ›Palmenhaus‹ herausragt.
In seiner Form und seinem konstruktiven Ausbau hat es
mit dem ›Palmenhaus‹ in Wien Schönbrunn eine große
Ähnlichkeit. Während jedoch in Wien die Tragkonstruktion außerhalb der Dachhaut liegt, ist sie hier völlig nach

innen gelegt. Die Dachsprossen aus Eisen sind mit Holz verkleidet. Die inneren Binder fußen auf einem Steinsokkel und sind, wie in Wien, gebogene Gitterträger. Die horizontalen Verbindungen bilden ebenfalls Gitterträger. Neben diesem kurvenlinearen Palmenhaus findet sich in Leningrad ein großes, 1880 erbautes ›Palmenhaus‹ mit achteckigem Grundriß und hohen Glasfronten. Es ist mit einem Pyramidendach abgedeckt. Als Gitterträger ausgebildete vertikale Eckstützen, durch einen Gitterbogen miteinander verbunden, tragen einen umlaufenden Querriegel, an welchen die Binder des Daches ansetzen. Mit seinen als räumliches Tragwerk ausgebildeten Gitterträgern erinnert dieses ›Palmenhaus‹ an das ›Gewächshaus‹ in Herrenhausen, in seiner nüchternen, streng sachlichen Form, welche die Konstruktion ohne jede Ornamentik sichtbar läßt, an die russische Architektur der frühen zwanziger Jahre des 20. Jahrhunderts, welche mit Vorliebe das Element Gitterträger als Struktur moderner Bauten wählte.

Literatur: Fraundorfer Blätter, 1850, Nr. 40, S. 316–317

LILLE, Palais Rameau

Länge:	105 m	Architekt:	Mourcou und
Breite:	35 m		Contamine
Höhe:	22 m (Kuppel)	Baujahr:	1878
		Zustand:	umgebaut, heute
			Turnhalle

Das ›Palais Rameau‹ in Lille, ein Ausstellungsbau für Pflanzen mit angefügtem ›Palmarium‹, ist ein Bauwerk, das durch den nicht ausgetragenen Widerspruch historisierender und funktioneller Ausbildung bestimmt wird: In seiner Grundrißordnung und seiner Raumausbildung erinnert der Langbau an eine mit einer Apsis als Abschluß versehene dreischiffige Kirche mit einer Vierungskuppel und Türmen an der Eingangsfront. Die massiven Außenwände mit großen Rundbogenfenstern verbergen eine ehemalige Ausstellungshalle, eine Eisenkonstruktion. Nach außen ablesbar wird diese nur an der abschließenden Apsis, die als Palmenhaus diente. Die einst mit Glas eingedeckten Dachflächen sind heute durch Bretterverschalung verschlossen, so daß das Licht nur mehr durch Seitenfenster eindringt. Die Eisenkonstruktion besteht aus gußeisernen, schlanken Säulen, auf die über Querträger die Fachwerkbinder des Daches aufruhen. Die genieteten Binder nehmen mit ihrem Obergurt die Form des Satteldaches auf. Der Untergurt schließt das Fachwerk als eingeschriebener Bogen ab. Im Bereich der Vierung zeigt die Ausbildung der Eisenkonstruktion die Problematik einer Raumeindeckung auf der Grundlage überlieferter, in der Steinarchitektur bewährter Vorbilder. Wie im traditionellen Kuppelbau wird hier der Versuch gemacht, über der Vierung vermittels von Pendentifs ein Achteck zu bilden, über welchem eine Kuppel errichtet wird. Die direkte Übersetzung dieser Raumform in Glas und Eisen führte zu einer schwerfälligen, unnötig komplizierten Ausbildung, der die im Gewächshausbau erreichte Qualität fehlt (Abb. 319, 320).

Das ›Palmarium‹ besteht aus gußeisernen Fensterelementen, die einen zurückstufenden Zylinder bilden, der über ein Kegeldach abgeschlossen ist. Diese äußere Form ergibt nach innen einen Zentralraum, dessen obere Fensterwand durch eine gußeiserne Stützenreihe getragen wird. Ein niedrigerer Umgang mit einer Galerie erweitert den Zentralraum. Das Bauwerk entstand aufgrund einer mit merkwürdigen Bedingungen verknüpften Stiftung, die 1875 M. Rameau der Stadt Lille gemacht hatte: Er schenkte der Stadt Lille 300000 Francs. »Diese Summe wird von der Stadt Lille auf der Place de Roubaix zum Bau einer besonders für gärtnerische Zwecke bestimmten Konstruktion verwendet. Diese Konstruktion beinhaltet die notwendigen Räume für eine Gartengesellschaft, Säle für Blumen-, Pflanzen- und Fruchtausstellungen und soll, im Bedarfsfall, musikalischen Festen und Kunstausstellungen dienen. Zusätzlich soll ein spezieller Park für die Ziegen des Stifters eingerichtet werden.« Eine weitere Bedingung unter anderem war, »das Grab des Stifters in einem sehr guten Zustand zu unterhalten und hier einen Erdbeerstrauch, eine Kartoffel, eine Dahlie, einen Weinstock und einen Rosenstock zu pflegen, das Ganze auf Dauer und auf Kosten der Stadt«.[96]

Quellen: Lille, Mairie de Lille, Services Techniques, Espaces verts
Literatur: Chon, F.: Promenades lilloises. Lille 1888; Bulletin administratif, 1875, Nr. 9

LISSABON, Belém, Gewächshaus, Palais Burnay
Abb. 603, 604

| Baujahr: | um 1910 |
| Zustand: | vorhanden |

Das ›Gewächshaus des Palais Burnay‹, zwischen zwei Gebäudekomplexen eingebaut, wird von einer zylinderförmigen Glastonne überdeckt und an den Stirnseiten durch eine feingliedrige Rosette abgeschlossen. Der kunstvoll gebogene Übergang der Glastonne in die Rosette trägt das Signum des Jugendstils. Dieser Eindruck wird noch verstärkt durch den Wechsel von weißem und buntem Glas. Ein Steinarchitrav mit vier ionischen Säulen ist vor das Portal gestellt und bildet einen reizvollen Kontrast zwischen Stein und transparentem Glas.

Quellen: New York, Museum of Modern Art, Archiv Dr. Glaeser

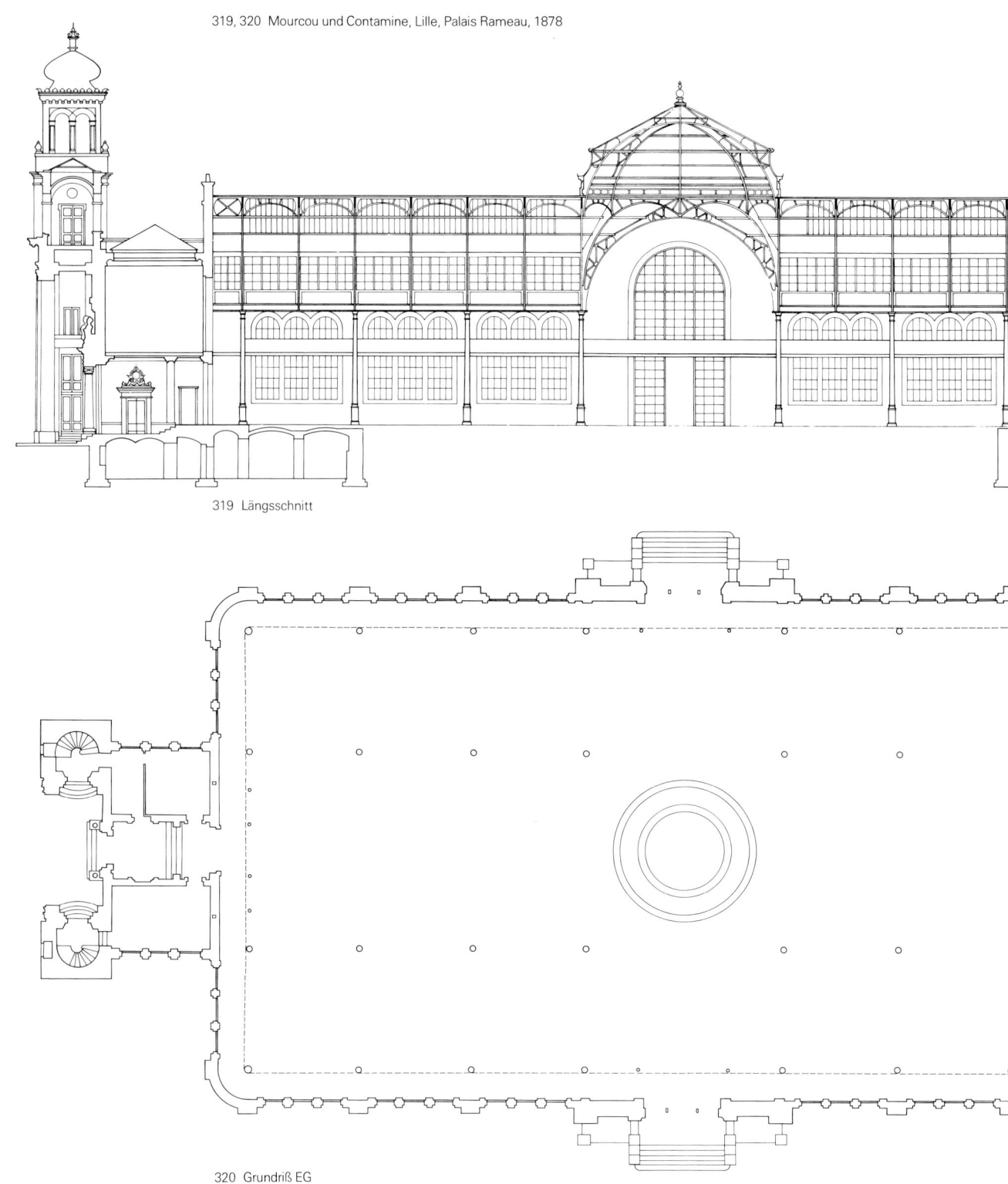

319, 320 Mourcou und Contamine, Lille, Palais Rameau, 1878

319 Längsschnitt

320 Grundriß EG

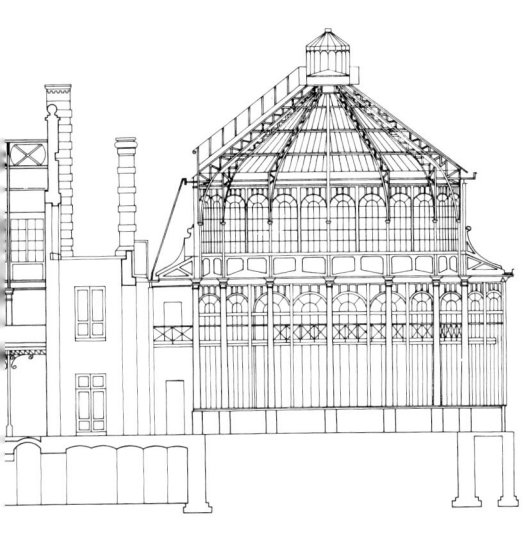

LIVERPOOL, Palmenhaus im Sefton Park

Abb. 605

		Architekt:	Früher Parkentwurf
Durchmesser:	32 m		1867 von Edouard
Höhe:	22,50 m		André und Lewis
Baujahr:	1896		Hornblower
Ausführung:	Fa. Mackenzie	Zustand:	gut erhalten
	and Moncur		
	Edingburgh		
	und Glasgow		

Das am Viktorianischen Geschmack orientierte ›Palmenhaus im Sefton Park‹ in Liverpool, inmitten einer großzügig angelegten Parklandschaft gelegen, ist ein geradezu idealtypisch ausgebildeter Zentralbau. Die reichen Erfahrungen des Gewächshausbaues in England fanden hier am Ende des 19. Jahrhunderts ihren Niederschlag in einem architektonisch und konstruktiv gleichermaßen perfekt durchgebildeten Bauwerk. Die Selbstverständlichkeit, mit welcher hier Konstruktion und Raum gebildet werden, läßt vermuten, daß die Entwurfsgrundlage ein Musterplan aus einem Typenkatalog gewesen ist, über welchen zu dieser Zeit in England jede größere, industrielle Rationalität verfolgende Eisenbaufirma verfügte. Der Ahnherr eines solchen Typenkataloges für industriell gefertigte ›Conservatories‹ ist der Pionier des Englischen Gewächshausbaues, John Claudius Loudon.

Situation

Der erste öffentliche Park des Landes war der ›Birkenhead Park‹, 1843 entworfen von Joseph Paxton nach französischer Art, angelegt nach dem Modell der Pariser Parks mit Serpentinenwegen und wellenförmigem Boden. 1868 wurde der Plan, öffentliche Parks zu bauen, wieder aufgegriffen und das Geld bereitgestellt, um neue Parks zu gestalten: Dieser Plan war ähnlich dem Pariser System. Liverpool als halbkreisartig gebaute Stadt erhielt drei Parks: ›Stanley Park‹ im Nordosten, ›Newsham‹ im Osten und ›Sefton Park‹ im Südosten der Stadt. Man übernahm das sich als nützlich erweisende Muster des ›Birkenhead Parks‹. Der ›Sefton Park‹, mit ca. 155 ha bei weitem der größte der drei Parks, formte mit den beiden anderen Gärten einen kompletten peripheren Ring, der als Grüngürtel Liverpool durchzog.

Der ›Sefton Park‹ wurde im Auftrag eines Komitees nach dem imposanten Ausmaß englischer Landschaft mit romantischen Details nach zeitgenössischen Pariser Beispielen geplant. Die Landschaftsgestaltung übernahmen der Pariser Edouard André und sein Helfer Lewis Hornblower, der die ›Cottages ornés‹ baute, die als Wächterhäuschen dienten und die Torwege flankierten. Das Komitee hatte das Land 1865 von Lord Sefton gekauft und einen Wettbewerb für die Gestaltung des Parks ausgeschrieben, den André und Hornblower gewannen. An Fläche entspricht er ungefähr dem ›Hyde Park‹ und be-

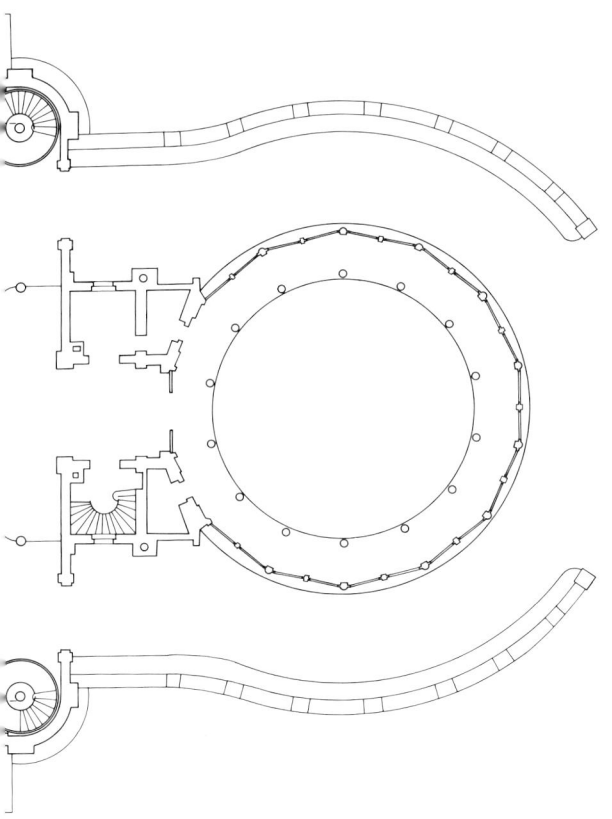

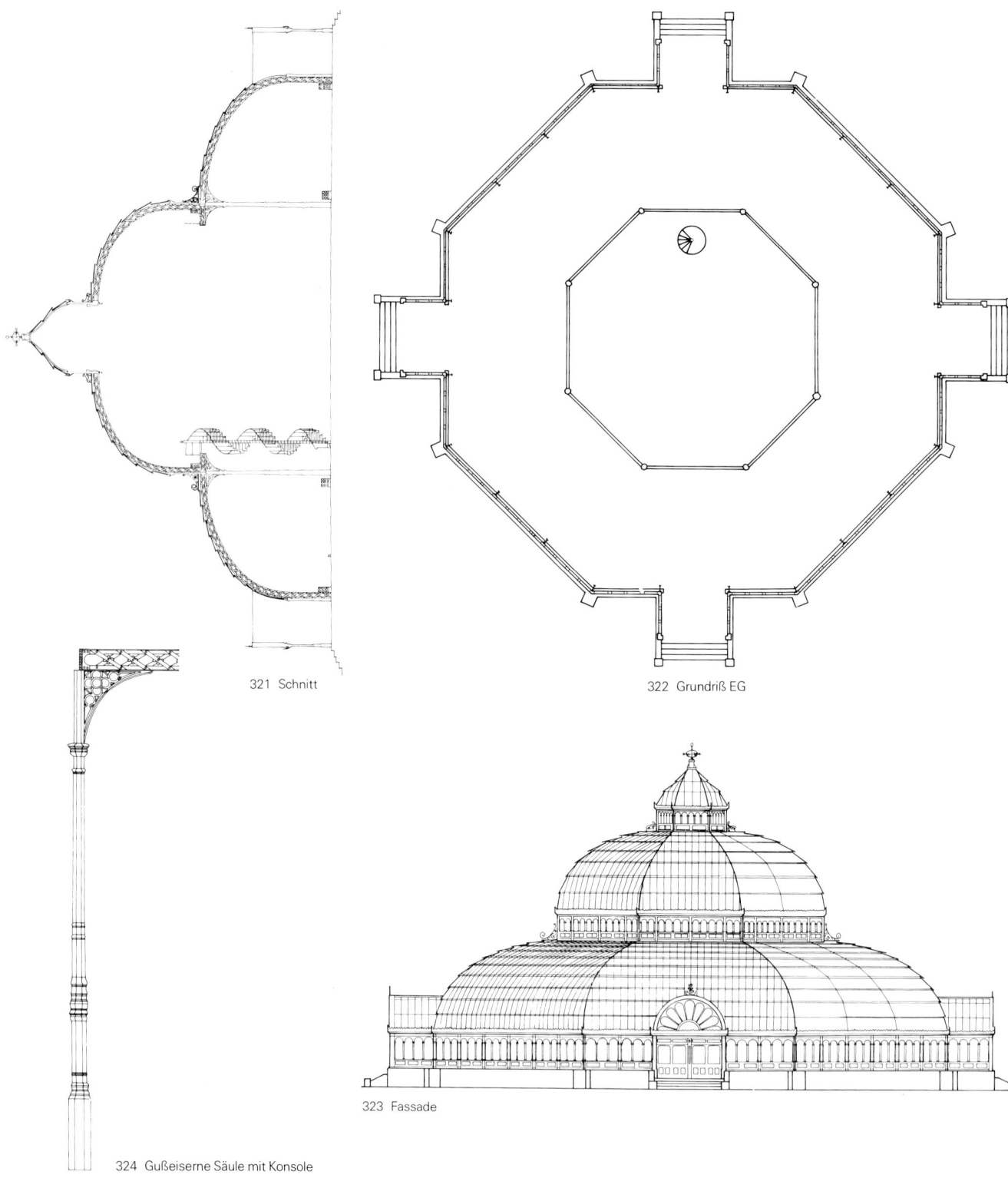

321 Schnitt

322 Grundriß EG

323 Fassade

324 Gußeiserne Säule mit Konsole

steht aus wellenförmigem Grund, durchkreuzt von zwei Haupttälern, die sich zu einer Vertiefung senken, die jetzt von einem 2 ha großen See, der sein Wasser aus dem Fluß Little Jordan bezieht, gefüllt ist. Hier wurde eine große Grotte angelegt. Die Grotte besteht aus kolossalen Sandsteinblöcken, die ein kuppelartiges Dach formen, durch dessen Zentrum wiederum das Wasser die steilen Wände herunterströmt. Eine belaubte Schlucht wird von einer Eisenbrücke überspannt, und dicht daneben steht das ›Palmenhaus‹, entworfen von einer Glasgower Firma im Jahre 1896.[97]

Das ›Palmenhaus‹ verdankt seine Entstehung einer Schenkung von Henry Yates Thomson, der die Kosten für das Gebäude mit Einrichtung, ungefähr 12000 Pfund Sterling, zur Verfügung stellte. Die Schenkungsurkunde ist ein zeitgenössisches Dokument, welches die Motivation des reichen Bürgertums in solchen Akten darstellt. Wir bringen daher den vollen Wortlaut der Urkunde: »Schenkung eines öffentlichen Palmenhauses an den Sefton Park. Liverpool, 4. Dezember 1894. Mein lieber Herr Bürgermeister, unserem gestrigen Gespräch entsprechend sende ich Ihnen hiermit die Pläne eines öffentlichen Palmenhauses, das ich im Sefton Park zu errichten vorschlage. Als langjähriger Kurator von Prince's Park hatte ich Gelegenheit, die umfangreichen und verständigen Aufwendungen, die die Stadt Liverpool in den vergangenen Jahren für die Errichtung und Pflege ihres Parks auf sich genommen hat, kennenzulernen. Ich habe bemerkt – und das bezieht sich gleichermaßen auf London als auch auf die meisten, wenn nicht alle, unserer großen Städte – daß, während keine Mühen gescheut wurden, attraktive Gärten zu errichten bis jetzt wenig für Gewächshäuser getan wurde, die doch in unserem Klima wünschenswert sind, da sie Besuchern während eines Regens Schutz gewähren und in ihnen Pflanzen und Blumen während der Wintermonate gezeigt werden können, wenn es draußen wenig oder nichts zu sehen gibt. In dem Entwurf, den ich vorlege und der von den Herren Mackenzie und Moncur aus Edingburgh vorbereitet wurde, hatte ich vor allem zwei wichtige Punkte vor Augen: 1. daß reichlicher Platz für die Bequemlichkeit der Besucher durch einen breiten Spazierweg und mehrere Sitze gegeben ist – die Breite des Weges mit 18 feet (5,40 m) bietet Gelegenheit, spezielle Sammlungen von Blumen je nach Saison auszustellen. 2. daß das Gebäude als Warmhaus dient, was wir als ›Temperate House‹ kennen. Das bedeutet, daß es für solche Pflanzen und blühenden Bäume bestimmt ist, die nur milde Wärme im Winter benötigen und gar keine im Sommer, mit einem Wort also solche Pflanzen, wie wir sie in dem viel bewunderten ›Temperate House‹ in Kew finden. Das bedeutet so viel Wirtschaftlichkeit im Unterhalt, als es mit einem erstklassigen Gewächshaus zu vereinbaren ist. Das Gebäude, das zu errichten vorgeschlagen ist, besteht

ganz aus Stahl, Eisen und Glas (die untere Reihe der Fenster ist aus Spiegelglas), mit Ausnahme der Türen, die aus Teakholz gemacht werden, und der Wände des Kellergeschosses aus poliertem rotem Perterhead-Granit. Mit der Billigung der Stadtbehörden bin ich bereit, das Gebäude zu errichten und mit Pflanzen auszustatten, unter der Voraussetzung, daß es der Öffentlichkeit frei zugänglich ist, an Wochentagen und Sonntagen und daß die Stadt seine eigentliche Erhaltung übernimmt. Ich möchte hinzufügen, daß ich bei der Wahl des Geländes und bei verschiedenen Details am Gebäude den Vorteil der Erfahrung von Mr. Frederick Smith, Vorsitzender des Park Committees, und von Mr. Herbert, Superintendent der Parks, nutzen konnte. Das ausgewählte Gelände ist auf dem beiliegenden Plan rot markiert und befindet sich in unmittelbarer Nähe des am meisten besuchten Teils des Parks. Ihr ergebener Henry Yates Thompson.«[98]

Raum- und Konstruktionsform

Das ›Palmenhaus im Sefton Park‹ ist ein über einem Oktagon errichteter Zentralbau mit einer auf gußeisernen Innenstützen ruhenden Kuppel, an welche sich ringförmig ein achteckiger, niedriger Umgang in Form eines Glasgewölbes anschließt (Abb. 321, 322). Die Kuppel ist durch eine relativ große Laterne erhöht. Durch diese Raumform entsteht eine Glasglocke, die von jeder Seite her gleichmäßiges Licht gibt und daher für Palmen ideale Bedingungen schafft. Das ganze Palmenhaus steht auf einem erhöhten, mit rotem Granit verkleideten Sockel. Das Traggerüst des bis zum Fuß hinabreichenden Glasgewölbes bilden acht gußeiserne Säulen von ca. 9 m Höhe, auf welche halbkreisförmige mit Diagonalstabwerk ausgesteifte Gitterträger aufruhen. Sie enden in einem achteckigen Laternenring, der ebenfalls aus Diagonalstabwerk zusammengesetzt ist. Er seinerseits trägt die Laterne. Die horizontale Aussteifung dieser Kuppel übernimmt eine gußeiserne Zwerggalerie, welche aus Rundbogenfenstern gebildet wird. Die Bogenbinder des 9 m hohen Umganges sind analog den Kuppelträgern ausgebildet. Vom Boden ausgehend, sind sie auf die Stützen unmittelbar aufgelegt und verlängern sich nach innen als Tragbalken für die umlaufende Innengalerie. Die Verbindung von gußeisernen Säulen und den unteren Bogenbindern stellen reichverzierte, gußeiserne Konsolen her. Durch den unteren Ring kann die Windlast aufgenommen werden. Das Bauwerk erhält so seine nötige Steifigkeit (Abb. 321, 324). An der gesamten Konstruktion und Detailausbildung ist abzulesen, daß hier eine bis ins einzelne durchgearbeitete Glas-Eisenkonstruktion vorliegt, welche in der Fabrik bis zum letzten Element vorgefertigt und an der Baustelle nur montiert wurde. Im Konstruktionsdetail ist sichtbar, daß das Tragwerk auf einem Rasterprinzip aufbaut, und zwar in einer Weise, daß theoretisch mit denselben Grundteilen Gewächshäuser über anderen Grundrißformen errichtet werden können. Das Aufbauprinzip des Querschnittes macht ersichtlich, daß mit demselben Traggerüst eine längsgerichtete Halle auf rechteckigem Grundriß, ähnlich dem ›Großen Palmenhaus‹ Paxtons in Chatsworth, errichtet werden könnte. Diese Tatsachen lassen vermuten, daß die Grundlage für solch konstruktiven Standard nicht die Ausrichtung der Planung auf einen Einzelbau, sondern auf eine Serienfertigung war und daß hier ein Bautypus im Sinne eines Musterkataloges der ausführenden Fa. Mackenzie Moncur verwirklicht wurde. Die Verglasung ist einfach und besteht aus Glasplatten, welche dachziegelartig einander überlappen.

Quellen: Liverpool, Liverpool City Libraries

Literatur: Bannister 1950; Hughes 1964, S. 147-154; Picton 1879; The British Architekt, 30.7.1886

LONDON, Syon House, Großes Gewächshaus *Abb. 607-612*

Länge:	86 m	Architekt:	Charles Fowler
Breite:	14 m (Mittelteil)	Baujahr:	1820-1827
Höhe:	18 m (Kuppel)	Zustand:	gut erhalten

Das 1827 erbaute ›Große Gewächshaus‹ im Park von ›Syon House‹ ist ein Werk aus der Frühzeit der Geschichte der Gußeisenkonstruktionen. Das den Bau beherrschende glockenförmige, völlig transparente Glasgewölbe ist die erste große Kuppelkonstruktion dieser Art aus Glas und Eisen, welche ostentativ als ein zugleich nach außen wie nach innen wirkender Teil hervortrat. Das technisch Revolutionäre des Bauwerkes, die architektonisch bewußt organisierte Anwendung des in der Baugeschichte noch völlig neuen Materials, vollzieht sich freilich noch in archaisierender Form. Das architektoni-

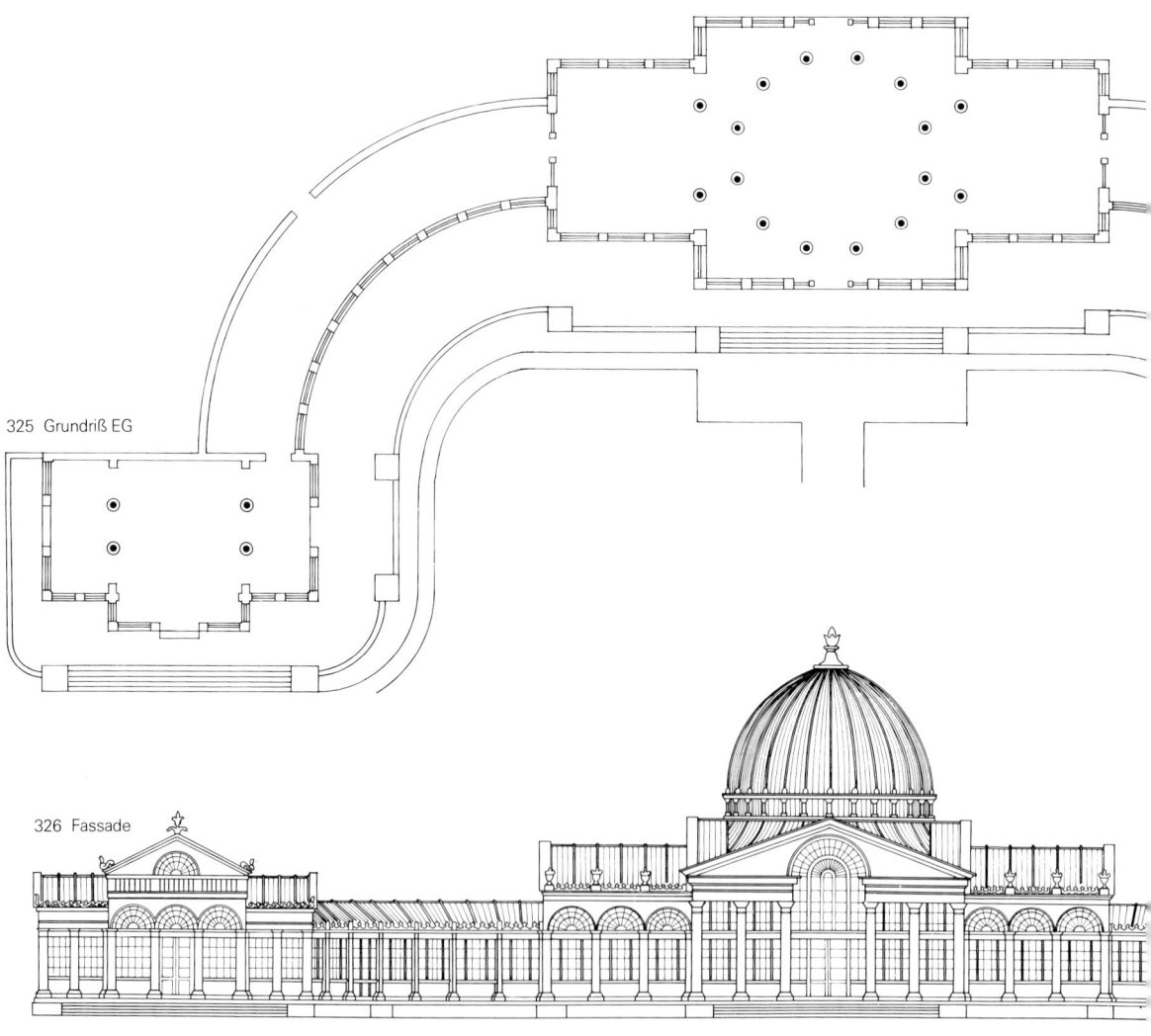

325 Grundriß EG

326 Fassade

sche Grundkonzept des Gewächshauses ist das der palladianischen ›Villa Suburbana‹: Der Palladianismus hat in der englischen Architektur seine eigene Entwicklungsgeschichte. Insofern ist das vom Architekten Charles Fowler gewählte Zitat keineswegs neu. Ein von einer Rotunde gekrönter Mittelbau mit Tempelfront und in symmetrischem Halbkreis angefügten Seitenflügel, in Tempelpavillons endend, wurde auf eine großzügig angelegte Terrasse mit breiten Treppen gesetzt, welche, ein Blumenparterre einfassend, den palastartigen Charakter der Anlage unterstreicht. Die aus Haustein gebaute Fassade wird durch den klassischen Formenapparat gegliedert: schmale Pilaster mit Rundbögen oder geraden, durchlaufenden Architraven – in der Mitte und an den Enden aufgesetzte Tympanons. Das radikal auf das Tragskelett reduzierte Steinwerk mit den großen Fensterflächen erweckt den Eindruck einer verglasten Tempelkolonnade. Das steinerne Grundgerüst wird von Dachbauten überspannt, die in ihrer Silhouette der Renaissanceform entsprechen, jedoch völlig in Glas und Eisen aufgelöst sind. Die einfache Substitution geschlossener massiver Dächer und Gewölbe durch das neue industrielle Material bewirkte z.T. eine altertümlich erscheinende Konstruk-

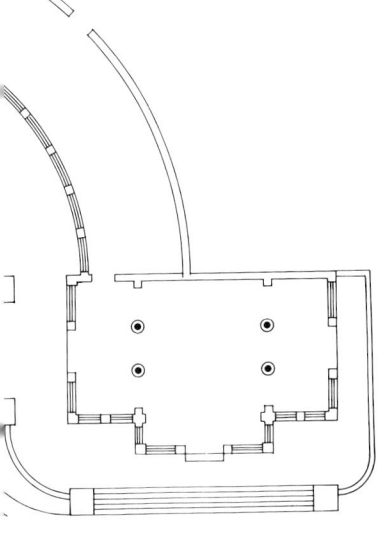

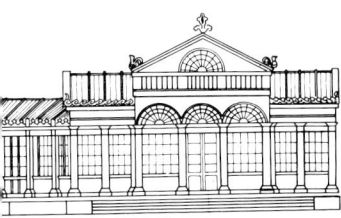

tionsform des eisernen Tragwerkes, welches sich einerseits nach außen eng auf die Steinarchitektur beziehen muß, andererseits seine ihm eigene Formensprache zu finden sucht. Letzteres ist im filigran wirkenden Gewölbe der großen Glaskuppel gelungen. Deren Konstruktion, der Fallinie folgende Spanten und Sprossen aus schmalen Eisenprofilen mit aussteifenden Ringen, schuf den Prototyp künftiger transparenter Kuppelbauten des 19. Jahrhunderts. Der Architekt Charles Fowler schuf im Laufe der zwanziger Jahre außer dem ›Großen Gewächshaus‹ noch zwei weitere größere Glas-Eisenkonstruktionen: 1827 entwarf er für den Sechsten Duke of Bedford das mit Sheddächern gedeckte ›Gewächshaus des Covent Garden Market‹, London; 1835 die ausgedehnten Hallen des ›Hungerford Market‹ in London.

Situation

Der 15 km westlich vom Zentrum Londons entfernte, an der Themse gelegene ›Syon Park‹ verkörpert die Geschichte englischer Gartenbaukunst. Der Herzog von Somerset, der das Schloß in der Mitte des 16. Jahrhunderts im Tudorstil erbauen ließ, pflanzte als erster Engländer exotische Bäume, welche bewußt als Schaustücke zu dienen hatten. Die Bäume bildeten, zusammen mit anderen ausländischen Pflanzen, Englands ersten botanischen Garten.

Eines der frühesten botanischen Bücher von Bedeutung, ›The Names of Herbs‹ von William Turner, wurde 1548 teilweise in Syon geschrieben. Auch die nachfolgenden Besitzer importierten seltene Pflanzen und sorgten dafür, daß die Gartenanlagen ständig verbessert wurden. Von 1767 bis 1773 wurde Englands damals berühmtester Gartengestalter Lancelot Brown beauftragt, die Gartenanlagen zu erneuern; noch heute entspricht der Park in vielen Teilen seinem Entwurf. Brown riß die von Mauern umgebenen, streng formalen Anlagen ein und legte statt dessen großzügige Rasenflächen an, die den Blick von den Fenstern des Schlosses auf den Park freigaben. Alle verfügbaren englischen und ausländischen Sträucher und Bäume wurden in lockeren Gruppen gepflanzt, außerdem wurden zwei Seen angelegt. 1820 bereicherte der Dritte Herzog von Northumberland Syon-Park um eine neue Attraktion: Er ließ ein großes Gewächshaus bauen. Das schöne Gebäude mit seiner filigranartigen Kuppel aus Metallstreben und blitzendem Glas gilt als das älteste dieser Art und Größe der Welt. Der Herzog war der erste Angehörige der englischen Aristokratie, der seine Gärten dem Publikum öffnete. Das Gewächshaus und der Garten waren in der Folge der Schauplatz großangelegter Feste, zu welchen der gesamte Hofadel Englands geladen war. Das Bauwerk übernahm die Funktion eines Wintergartens und wurde darin ein Vorläufer für spätere Bauten, die Vergnügungen innerhalb einer künstlichen Pflanzenwelt ermöglichen.

Raum- und Konstruktionsform

Das ›Große Gewächshaus‹ öffnet seine Hauptfront mit den im Halbkreis vorgreifenden Seitenflügeln nach Süden zum Schlosse hin (Abb. 325-326). Während diese Front, völlig in eine Stützenreihe schmaler Steinpilaster aufgelöst, durch große Fensterflächen ausgefüllt wird, ist die Nordseite bis auf den Mittelbau komplettes Mauerwerk. Der Mittelbau wird bestimmt von einem tempelartigen Aufbau über quadratischem Grundriß (15 × 15 m), mit einer Glas-Eisenkuppel von 18 m Höhe gekrönt. Ein Ring gußeiserner Säulen von ca. 10 m Durchmesser, durch aufgesetzte Bögen und einen von kreisförmigen Öffnungen durchbrochenen, ebenfalls eisernen Architrav untereinander verbunden, trägt die Kuppel und den Tambour. Das Gewölbe der Kuppel bilden hochsteigende, gegossene eiserne Spanten, horizontal zusammengehalten durch drei Eisenringe, an der Spitze durch einen gußeisernen, zapfenartigen Aufsatz. Die Eisenringe unterstützen die Sprossen, die zur Spitze der Kuppel hin immer enger zusammentreten und dachziegelartig aufgelegte Glasscheiben tragen. Die Zwickel, die im Übergang des Tambourringes zu den tieferen Ecken des Steinbaues entstehen, sind ebenfalls aus Eisen und Glas und schneiden in die schräge Dachfläche des Tempels ein. Hier zeigen sich besonders deutlich die technischen Schwierigkeiten, welche in der Adaption der Glasdecke an die Steinarchitektur entstehen. Der Kuppelraum öffnet sich nach allen Seiten über einen, den Architrav und das Tympanon durchstoßenden, von Säulen und Pilastern getragenen Bogen. Dieser ist nach Norden und Süden völlig verglast und bildet, durch gußeiserne, durchbrochene Bänder und eine Rosette gegliedert, den Hauptzugang des Gewächshauses. Nach Osten und Westen gibt er den Ausblick in die anschließenden Seitenflügel frei: eine quadratische Halle mit Rundbogenfenster und gläsernem Satteldach vermittelt zu beiden Seiten den Übergang. Gußeiserne Binder von 9 m Länge mit bogenförmigem Untergurt und eingeschriebenen Ringen, an den Außenwänden auflagernd, tragen die Dachlast. Diese Binder sind in ihrer Durchformung und Größe für diese Zeit eine Neuheit; sie wurden zuvor nur im Brückenbau eingesetzt (Abb. 35).

An diese Halle schließen die halbkreisförmigen, niedrigeren Korridore an, deren Satteldach von ähnlichen, jedoch kleineren Bindern getragen wird. Kurioserweise sind zwei dieser Binder in der Mitte durch gußeiserne Säulen mit Konsolen unterstützt (Abb. 34). Die Korridore enden schließlich in rechteckigen Eckpavillons, die sich über eine in Glas aufgelöste Tempelfront zum Garten hin öffnen. McIntosh hat in seinem ›The Book of the Garden‹ das Gewächshaus in Ansicht und Grundriß dargestellt und kritisch kommentiert: »Das einzelstehende Gewächshaus des Syon House ist elegant im Entwurf und von großer Kunstfertigkeit. Es hat, wie auch immer, den Nachteil einer im Verhältnis zur Länge und Höhe auftretenden Beschränktheit sowie den Nachteil von Mauerwerk an der Hinterseite anstelle von Glas. Die großzügige Struktur ist im italienischen Stil gehalten und wurde von Mr. Charles Fowler, einem Architekten mit großem Geschmack, entworfen. Das Gebäude ist an der Front und an den Enden von einer streng architektonischen Terrasse umgeben und im Zentrum und an den Enden durch geräumige Treppenfluchten mit einem Blumengarten verbunden, welcher besser entworfen als gepflanzt ist. Der Grundriß zeigt die Anordnung, welche aus einem rechteckigen Zentrum besteht, dessen Kuppel 60 Fuß hoch ist, mit Glas an allen Seiten, angepaßt der Kultivierung von Gewächshausbäumen und großen Pflanzen. Die beiden Flügel formen jeweils einen Halbmond, welcher in zwei Rechtecken endet und hauptsächlich für Glashauspflanzen, Orangen etc. verwendet wird. Die Frontfassade besteht aus Steinpfeilern und gußeisernen Fenstern: Das ganze Dach ist aus demselben Material und z.T. mit Plattenglas versehen. Das Ganze ist geheizt durch Dampfkessel, in einem Gebäude in beträchtlicher Distanz untergebracht, außer Blickweite. Die Lüftung in diesem Gewächshaus haben wir immer für unzureichend gehalten; daraus folgt zu einem großen Teil der Mangel an Erfolg, der Jahre nach der Erbauung festgestellt wurde. Die geschwungenen Flügel, welche das Zentrum mit den Endabteilungen verbinden, sind viel zu eng und geben ihnen mit den undurchsichtigen hinteren Mauern das Aussehen eines gewöhnlichen Gewächshauses.«[99]

Christopher Hussey hat in ›The Picturesque‹ dem ›Großen Gewächshaus‹ einen Hymnus gewidmet, welcher die Faszination ausdrückt, die es auf seine Zeitgenossen ausübte:

Her lover's genius form'd
A glittering fane, where rare and alien plants
might safely flourish …
High on Ionic shafts he bad it tower
A proud rotunda; to its sides conjoin'd
Two broad piazzas in theatric curve,
ending in equal porticos sublime,
Glass roofed the whole, and sidelong to the south
Twixt every fluted column, lightly reared
Its wall pellucid.[100]

Literatur: McIntosh 1853, S. 368; Syon Park. The Guide of Syon-Park. London 1933

LONDON, Pantheon Bazaar

Breite:	10 m	Architekt:	Sydney Smirke
Höhe:	7 m	Baujahr:	1834
		Zustand:	abgerissen

Der Londoner ›Pantheon Bazaar‹, ein Treffpunkt der eleganten Welt in der Oxford Street, zeichnete sich durch ein leichtes, schön geschwungenes Glasgewölbe aus, das ohne Zwischenstützen, nur von dünnen Eisensprossen getragen, gleich einem umgekehrten Schiffsbauch einen langgestreckten Raum überspannte. Das Gebäude ruhte auf einem gußeisernen Ständerwerk quadratischer Fenster und war in der Mitte mit einer über den Eingängen errichteten Quertonne verschnitten. Die Dekoration des mit Pflanzen gefüllten ›Bazaars‹ bestehend aus Brunnen, maurischer und klassizistischer Ornamentik sowie Skulpturen, war von Charles F. Bielefield mit großer Sorgfalt angebracht worden. Fische in kleinen Aquarien und tropische Vögel ergänzten den morgenländischen Charakter der Halle. Die Fa. W. and D. Bailey baute nach dem Entwurf von Sydney Smirke den ›Bazaar‹ zugleich als einen Verbindungskorridor zwischen der Oxford Street und der Great Marlborough Street aus. Dabei kam das Loudonsche Konstruktionsprinzip in reinster Form zur Anwendung (Abb. 327).

Quellen: J. Troughton Collection, London

327 Pantheon Bazaar, Innenansicht

LONDON, Glasmenagerie, Surrey Zoological Garden

Durchmesser:	32-35 m	Baujahr:	1830/31
Architekt:	Henry Phillips	Zustand:	1856 abgerissen

Das von Loudon 1827 in Bretton Hall erbaute glockenförmige ›Palmenhaus‹ – der größte, ganz in Glas und Eisen konstruierte Zentralbau seiner Zeit – wurde als ein Signum fortschrittlicher Bautechnik und Architektur mit Begeisterung aufgenommen. In der Folge entstanden in einer wahren Euphorie für Glas-Eisenbauten eine Reihe von Projekten und Bauwerken, die in Form weitgespannter Kuppeln das Konstruktionsprinzip Loudons

328 Glasmenagerie, Gesamtansicht, Stich, 1831

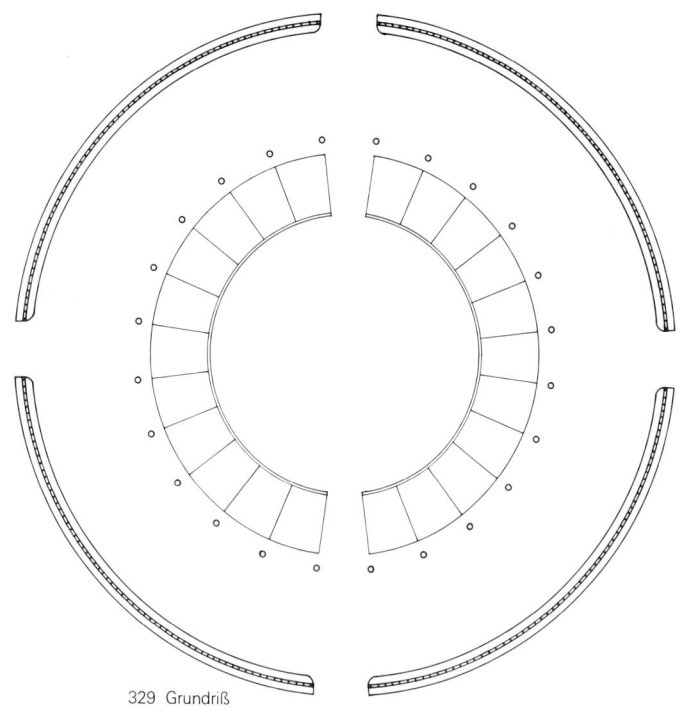

329 Grundriß

Der Urheber des Baues sowie der gesamten Anlage des ›Surrey Zoological Gardens‹ war Edward Cross, der sich gezwungen sah, seine zuvor in Exeter Exchange errichtete, große ›Menagerie‹ aufzugeben und einen neuen Standort zu suchen. Er fand ihn in einem Vorort von London, in der Nähe von Camberwell, welchen eine Buslinie direkt mit der City verband. Er beauftragte Henry Phillips mit dem Entwurf des Gartens und der ›Glasmenagerie‹, die auch ›Conservatory‹ genannt wurde. Die Attraktion des Bauwerkes waren die wilden Raubtiere, vor allem der Käfig mit einem indischen Tiger, den er mit einem englischen Spaniel zu teilen hatte. Die von tropischen Pflanzen überwucherten Käfige waren ringförmig innerhalb der gußeisernen Säulen angeordnet. Entlang der Peripherie der Kuppel gepflanzte Büsche und Bäume formten einen grünen Korridor für die im Kreise promenierenden Besucher. Nachdem sich Cross 1844 aus seinem Unternehmen zurückgezogen hatte, wurde dieses noch bis 1855 weitergeführt. Die ›Menagerie‹ wurde 1856 abgerissen, um dem Bau der ›Royal Surrey Music Hall‹ von Horace Jones Platz zu machen.

Literatur: The Gardener's Magazine, Februar 1831, Bd. VII, part II, S. 693

LONDON, Coliseum, Gewächshäuser, Regent's Park

Warmhaus:		Temperiertes Haus:	
Länge:	9 m	Länge:	14 m
Breite:	6 m	Breite:	4,50 m
Höhe:	7 m	Höhe:	7,50 m
Architekt:	unbekannt	Architekt:	unbekannt
Baujahr:	um 1830	Baujahr:	um 1830
Zustand:	abgerissen	Zustand:	abgerissen

Im Regent's Park entstand in den dreißiger Jahren ein Gebäudekomplex glasgedeckter Einzelbauten, ›Coliseum‹ genannt, der der Öffentlichkeit im Sinne eines Wintergartens bzw. als Flora diente. In ihm befanden sich ein Ausstellungsraum für Bildhauerarbeiten, ein Panoramabild Londons, die Nachbildung von Wasserfällen in einer Abendlandschaft und elegant konstruierte Treibhäuser. Charles Rohault de Fleury, der 1833 eine Studienreise nach England unternahm, hat das ›Coliseum‹ besucht und fand besonders an zwei Treibhäusern Interesse. Das eine, ein Warmhaus, hatte zwei Halbkreise mit eingeschobener Geraden zum Grundriß. Die Wände aus Mauerwerk waren bis zur Oberkante in die Erde eingegraben und trugen ein Glasgewölbe, das – wie Rohault beschreibt – »wie ein Dom gestaltet ist«. Das andere Treibhaus bildete einen eine Mauer entlangführenden Korridor, der von zwei bogenförmigen zueinander ver-

aufnahmen und die in Größe und Ausdehnung mit dem Glasdom in Bretton Hall in Wettstreit traten. Der flachgewölbte Kuppelbau der ›Glasmenagerie‹ von Henry Phillips, 1830/31 im ›Surrey Zoological Garden‹ errichtet, ist dafür ein Beispiel. Phillips, wie Loudon passionierter Gärtner – er ist der Autor der ›Sylva Florifera‹ sowie zahlreicher botanischer Darstellungen –, hat ein Jahr später in Brighton das ›Antheum‹, ein kolossales Glasgewölbe von über 50 m Durchmesser, konzipiert. Es stürzte jedoch noch vor der Fertigstellung ein. Die ›Glasmenagerie‹ übertraf im Durchmesser den Bau in Bretton Hall. Wie dort, stützte ein innerer Ring gußeiserner Säulen die Kuppel, welche im flachen Bogen bis zum umlaufenden niedrigen Sockel herabreichte. Das Tragwerk der Dachhaut bildeten wie in Bretton Hall einzig die schmalen, schmiedeeisernen Sprossen, die untereinander nur durch die sorgfältig eingepaßten, gebogenen Glasscheiben ausgesteift wurden. Das hier angewandte Konstruktionsprinzip der Schale ermöglichte die Ausbildung eines äußerst filigranen Tragwerks, durch dessen Raster das Tageslicht ungefiltert ins Innere eintraten konnte. Die ›Glasmenagerie‹ wurde zu einem Hellraum, der den Besuchern der in ihm eingefangenen Tier- und Pflanzenwelt die Illusion einer Landschaft unter Tropenhimmel vermittelte (Abb. 328, 329).

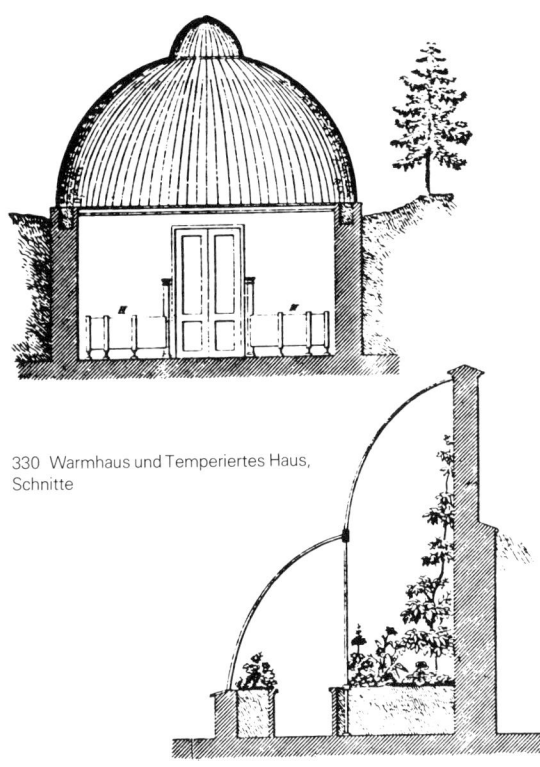

330 Warmhaus und Temperiertes Haus, Schnitte

Tageszeit, ihre Strahlen fast normal auf jedem Teil der Krümmung empfängt. Die Temperatur im Glashaus ist gleichförmiger als bei gerader Gestalt der Glaswand, denn in diesem Fall wirkt nur dann die gesamte Wärme ein, wenn die Strahlen der Sonne senkrecht auf die Ebene der Glaswand fallen; jedoch zu jeder anderen Zeit vor und nach dem Eintritte dieser Richtung geht ein großer Teil der Sonnenhitze für die Erwärmung des Glashauses durch die Reflektion der Strahlen verloren. Die gekrümmte Gestalt der eisernen Falzträger vermehrt die Eleganz der Konstruktion und gestattet eine Verminderung ihrer Querschnitts-Dimension, ohne der Festigkeit Abbruch zu tun.«[101]

Literatur: Allgemeine Deutsche Bauzeitung, 1837, Jg. 2, Nr. 48, S. 395, 396

LONDON, Wintergarten, Regent's Park, Royal Botanic Society *Abb. 606*

Länge:	65 m	Architekt:	Decimus Burton und
Breite:	ca. 30 m		Richard Turner
Höhe:	ca. 7,5 m	Baujahr:	1842-1846
		Zustand:	1932 abgerissen

Der 1842 bis 1846 erbaute ›Glaspalast‹ im Regent's Park, London, ist der erste große Wintergarten in England. Das Bauwerk ist mit seinen spitzbogigen zu einer Halle aneinandergereihten Glastonnen und mit seinen kreisförmigen, mit Kuppeln überwölbten Absiden eine bemerkenswerte Ingenieurskonstruktion. Es entstand nach den

setzten Glastonnen überdeckt wurde. Das doppelte Gewölbe folgte, wie die Mauer, der Form eines Kreissegmentes (Abb. 330). Entlang der Schnittlinie der beiden Gewölbe trug eine Reihe von Stützen die Dachlast. So entstand das architektonische Erscheinungsbild einer im Lichte glitzernden Glaskaskade, das Rohault beeindruckt hat. Es ist anzunehmen, daß er hier das Vorbild für die Ausbildung seiner kurvenlinearen Flügelbauten im ›Jardin des Plantes‹ gefunden hat.

In der Baubeschreibung seines 1833 erbauten Gewächshauses finden wir die architektonische Wirkung der Glasgewölbe im Sinne eines neuen räumlichen Erlebnisses: »Die verschiedenen Formen der großen und kleinen Pavillons, und der langen überbogten Treibhäuser bringt, indem eine auf die andere durchsichtige, von den schönen Bäumen des Labyrinths gekrönte Massen hinwirft, einen malerischen Effekt der Perspektive hervor, welchem die Sonne einen überraschenden Glanz hinzufügt.« Neben der ästhetischen Wirkung war Rohault auch von der funktionalen Konsequenz gewölbter Glasflächen Loudonscher Art beeindruckt: »Man hat an der Form der Glaswand eine wesentliche Verbesserung angebracht; sie besteht darin, daß den eisernen Falzenrahmen eine gekrümmte Gestalt gegeben wurde. Auf diese Weise bietet die Glaswand der Sonne eine zylindrische Oberfläche dar, die nach und nach, durch die Dauer der ganzen

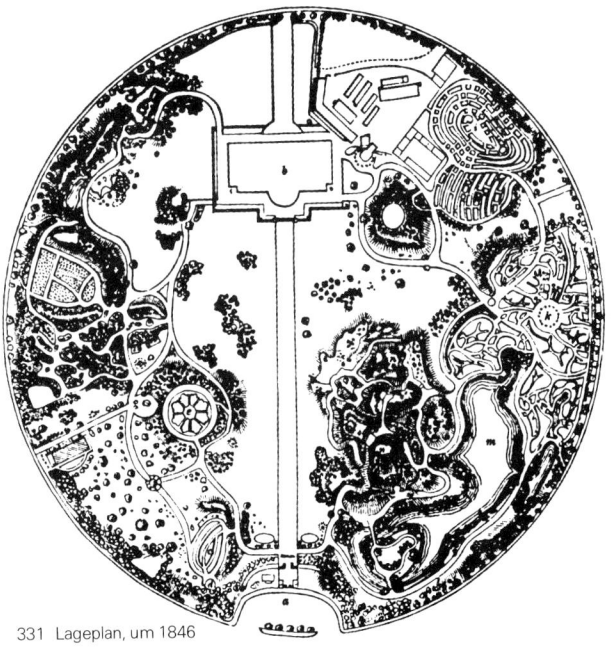

331 Lageplan, um 1846

397

Entwürfen von Decimus Burton und Richard Turner. Turners Beitrag war die Realisation eines – anstelle des von Burton in Anlehnung an Joseph Paxton vorgeschlagenen ›Ridge-and-furrow‹-Daches – kurvenlinearen Faltdaches. Alle Details trugen Turners Handschrift. Die feingliedrigen Sprossen und Stützen waren bis zur äußersten Tragfähigkeit ausgenützt. Die konstruktive Durchführung des Eisenbaues erinnert an die parabolisch gewölbten Glasdächer in Belfast (1839) und Dublin (1843).

Situation

Übersetzter Auszug aus ›The Glass House‹ von John Hix, S. 121 ff.: Die ›Royal Botanic Society‹ von London wurde 1839 durch die ›Royal Charter‹ gegründet. In den folgenden Jahren erwarb sie den 72800 qm großen ›Inner Circle‹ des Regent's Parks. 1842 wurde Decimus Burton beauftragt, einen ›Wintergarten‹ zu planen. Er schlug eine große, 315 Fuß × 165 Fuß (96 × 50 m) messende Konstruktion vor, bestehend aus fünf Schiffen mit ›Ridge-and-furrow‹-Dach, das Mittelschiff mit einer kurvenlinearen Kuppel. Ein Modell wurde gefertigt, jedoch nichts unternommen, bis Burton im April 1845 einen geänderten Plan vorlegte, der ein eisernes ›Ridge-and-furrow‹-Dach hatte. Der Dom wurde weggelassen, und eine kurvenlineare Apsis ersetzte ihn in der Mitte der Stirnfassade. Zwei Offerten wurden gemacht, eine von Cubitt and Co. für 5500 Pfund, eine andere von Richard Turner, die weniger kostete und völlig aus Glas und Eisen war. Indem er 1845 sein Angebot für Burton ausar-

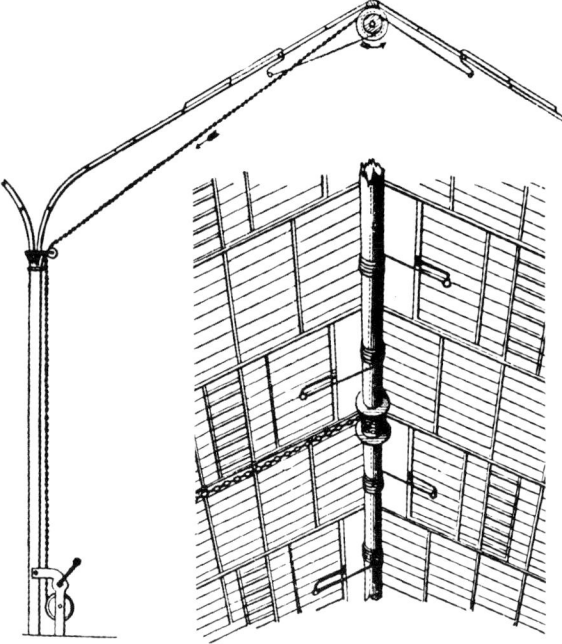

333 Schnitt mit Details der Dachkonstruktion und Lüftung

beitete, wurde die alte Ansicht, daß Holz preiswerter als Eisen sei, widerlegt. Die Gesellschaft nahm am Plan Veränderungen vor, indem sie die Endwand mit den kurvenlinearen Schrägen ersetzte. Dieser Vorschlag kam wahrscheinlich von Turner.[102] Im Mai 1846 eröffnet, bedeckte der ›Wintergarten‹ eine Fläche von 19000 Fuß (1760 m²) und war als ein wirklicher Garten ausgebildet (Abb. 332).

332 Innenansicht, Stich

398

Der Zugang zur lichten und eleganten Struktur war durch Reihen von nach außen drehbaren französischen Türen ermöglicht, die die Sicht in alle Richtungen öffneten und die Ventilation besorgten. Turners geteilte Pilaster in den Wänden, gefüllt mit rotem und blauem Glas, müssen die Viktorianischen Besucher ergötzt haben. Die kurvenlinearen Sättel der Dächer wurden von 14 Fuß langen (4,20 m) Gußeisensäulen getragen, die das Wasser in die unteren Zisternen leiteten. Das innere Bepflanzungsarrangement war eine Abkehr von dem bisher allgemein verfolgten formalen Stil jener Zeit. Kleine Eisentische waren mit Hyazinthen, Narzissen und Blumen aller Art gefüllt und bildeten das, was Knights ›Cyclopaedia of London‹ (1851) eine wahre ›Zauberlandschaft‹ nannte. Um dieses Klima zu schaffen, wurde die Temperatur durch zwei ›Burbidge-and-Healy‹-Rippenöfen reguliert, die nahezu eine Meile von vier Zoll-Rohren speiste. Sechs Warmwasserröhren führten rund um die Peripherie in einen drei Fuß tiefen Kanal. Vier Rohre liefen durch die Mitte. Aus den Schächten, die mit Eisengittern abgedeckt waren, strömte die warme Luft heraus.[103] Queen Victoria war die erste Schutzherrin und hatte großes Interesse für den Garten. Ladies wurden ermuntert, Mitglieder zu werden, und neben Lesungen und Treffen wurden große Blumenschauen und sommerliche Abendfeste abgehalten. 1871 wurde Turners Werk ein Ostflügel mit Apsis und Verbindungskorridor angefügt, 1876 ein Westflügel und eine Apsis, um die 210 Fuß (64 m) lange symmetrische Fassade mit ihren drei Halbkuppeln zu vervollständigen. Die ursprüngliche Pacht lief 1920 aus, und beginnende Finanzschwierigkeiten zwangen die Gesellschaft, seltene Pflanzen bei der Auktion im September 1930 zu verkaufen. Trotz der Anstrengungen von Queen Mary, die besonders an der Rettung des Glashauses interessiert war, löste sich die Gesellschaft 1932 auf. Das Gelände wurde zwar von dem königlichen Parkde-

334 Ansicht des illuminierten Glashauses, kolorierte Zeichnung von M. M. Runciman, 1876

partement übernommen, jedoch wurde der ›Wintergarten‹ abgerissen.

Heute gibt es eine Kontroverse über den Beitrag von Burton und Turner zu diesem Bau. Das endgültige Gebäude hatte ein kurvenlineares Faltdach, wahrscheinlich von Turner vorgeschlagen, statt Burtons ›Ridge-and-furrow‹-Dach und eine Apsis statt einer Kuppel. Die offenen Pilaster, gefüllt mit Glas, die eisernen Fensterrahmendetails und die eisernen Schiebefenster weisen ebenfalls auf Turners Werk hin. Burton, so scheint es, hat letztlich als Vermittler zwischen Gesellschaft und Turner gedient. J. de C. Sowerby, der Sekretär der Botanischen Gesellschaft zu dieser Zeit, schrieb: »Dieses Gebäude aus Eisen konstruiert, war geplant und erbaut durch Turner aus Dublin. Aber wie in Kew, gab Decimus Burton den Einfluß für die Gesamtform des Gebäudes, welches auf seinen früheren Plan aufbaut.«

Konstruktionsform

Aus den noch vorhandenen Dokumenten läßt sich das Prinzip des Aufbaues des ›Wintergartens‹ rekonstruieren. Vier Glasgewölbe in flach spitzbogigen Tonnengewölben von ca. 65 m Länge sind nebeneinandergestellt und bilden einen durchgehenden Raum. Die nach außen begrenzenden Gewölbe waren breiter und höher als die von ihnen eingeschlossenen. Sie bildeten eine Art kurvenlineares Faltwerk, in dem das Prinzip der Entwässerung in Form eines Paxtonschen Rinnenbalkens übernommen wurde. Die schlanken gußeisernen, innen hohlen Stützen von 4,80 m Höhe trugen die Rinnenbalken und dienten zur Entwässerung (Abb. 333). Auf dem Archivfoto (Abb. 606) ist die verblüffende Filigranität der Konstruktion ablesbar. Mit unserer heutigen Erfahrung ist es schwer vorstellbar, daß diese Konstruktion, die im Gewölbe nur aus gebogenen Eisensprossen besteht, Wind und Schneelast aufnehmen konnte. Das Loudonsche Prinzip, das Turner hier aufgenommen hat, beruht auf der Spannung, die durch das Biegen der Sprossenprofile entsteht und auf der Aussteifung durch die Glashaut selbst, die die Querkräfte aufnahm. Die Stützen und deren bogenförmige Metallbänder sind so weitgehend in ihrem Querschnitt reduziert, daß sie im Verhältnis zum Raum, den sie abstützen, immateriell wirken. Daß ein solches leichtes Gebilde neunzig Jahre lang gestanden und seine Funktion erfüllt hat, zeigt, daß eine derartig filigrane Konstruktion auch für eine dauerhafte Nutzung geeignet war.

Literatur: Hix 1974, S. 121-123; McIntosh 1853, S. 368, 369

LONDON, Kew, Gewächshäuser, Royal Botanic Gardens *Abb. 613-625*

Situation

Die ›Royal Botanic Gardens‹, im Westen Londons, am Themseufer gelegen, entstanden in der Hauptsache durch das Zusammenlegen zweier der königlichen Familie gehörenden Besitztümer im 18. Jahrhundert. George II und Königin Caroline verfügten in Ormonde Lodge und Richmond über Besitztümer, welche entlang der Themse von Richmond Green nach Kew reichten. Um 1759 gründete Augusta, Princess of Wales und Mutter des künftigen Königs George III hier einen botanischen Garten von 4,5 ha im Gebiet südlich der Orangerie. Während der Regierungszeit von George III, der seinem Großvater 1760 auf den Thron folgte, wurde der Garten dank der Arbeit des Direktors Sir Joseph Banks und des Chefgärtners William Aiton berühmt: Die architektonische Anlage war das Werk William Chambers. Sie umfaßte unter anderem die Orangerie (Abb. 623), die Pagode und die Ruinenarchitektur. Unter George III wurde der Garten von Richmond mit dem von Kew vereinigt. Er errichtete den Palast von Kew und baute die gärtnerischen Anlagen aus. In der Folge wurde wenig für Ausbau und Erhaltung des Gartens getan. Er wurde selten benutzt. Die Öffentlichkeit forderte eine Untersuchung, deren Ergebnis der Bericht von John Lindley (1840) war. Der Garten wurde 1841 vom Staat übernommen und Sir William Hooker als erster Direktor eingesetzt. Unter seiner Leitung wurden die Erweiterungs- und Erneuerungsarbeiten aufgenommen mit dem Ziel, den Garten einem breiten Publikum zu öffnen. 1845 veranlaßte Hooker den Bau des berühmten Palmenhauses von Turner und Burton. Zugleich gründete er für wissenschaftliche Zwecke ein Herbarium, eine Bibliothek und die Abteilung für Landwirtschaftliche Botanik sowie ein Museum. Ein weiteres wissenschaftliches Institut, das ›Jodrell Laboratory‹, wurde 1876 gegründet. Die Folge dieser Bemühungen war der Zustrom eines interessierten Publikums. 1841 betrug die Besucherzahl 9200, 1847 bereits 70000, 1875 180000. In diesen Zahlen sind die Besucher der Spiel- und Erholungsflächen nicht eingerechnet.

Das Gelände wurde anläßlich des diamantenen Jubiläums von Königin Victoria durch Queen's Cottage und durch Land im Bereich des ›Kew Palace‹ vergrößert. Schließlich wurde 1904 dem Garten noch Cambridge Cottage hinzugefügt. Damit erreichte der Garten seine heutige Ausdehnung von ca. 130 ha. Er wurde einer der größten botanischen Gärten Europas (Abb. 335).[104] Er diente nicht nur als öffentlicher Park, sondern auch als wissenschaftliche Institution, als ein bedeutendes Zentrum botanischer Forschung. Kew Gardens galt bereits im 19. Jahrhundert als ein großartiges Beispiel englischer

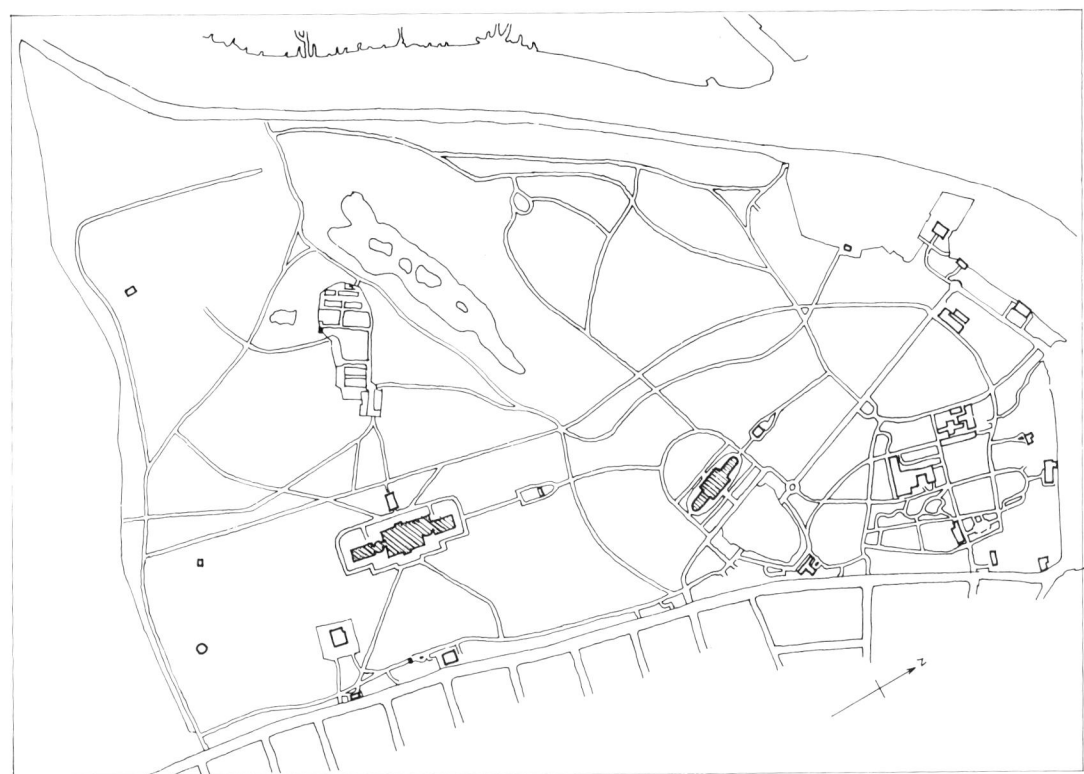

335 Lageplan, 1975

Gartenkunst. Davon zeugt folgende Beschreibung: »Der botanische Garten in Kew macht auf jeden an bescheidenere Verhältnisse gewöhnten Fremden nicht allein wegen seiner Ausdehnung, sondern auch wegen der großartigen, z.T. auf malerische Wirkung berechneten gärtnerischen Anlagen einen überraschenden Eindruck. Ganz besondere Reize erhalten die Anlagen durch die geschickte Anordnung der Wege, Springbrunnen und Gebäude sowie durch die prachtvollen Baumgruppen, die weiten Rasenflächen und die dadurch erzielten Fernsichten, welche nach allen Richtungen hin sich bieten und bei dem schönen, oft wechselnden Grün der Bäume im Gegensatze zu den duftigen Lufttönen herrliche Bilder gewähren. Trotz der bereits vorgerückten Jahreszeit befanden sich sowohl die Bäume als auch der Rasen noch in dem saftigsten Grün, was bei dem letzteren um so mehr auffallen mußte, als derselbe nicht, wie bei uns, besprengt zu werden pflegt und von dem Publikum betreten werden darf. Die Ursache für diese Erscheinung ist in der stets mit Wasserdunst erfüllten Atmosphäre und dem milderen Klima Englands zu suchen. Auch erklärt sich hieraus, daß Pflanzen, welche bei uns nur in Gewächshäusern gedeihen, dort im Freien fortkommen und gleichwohl eine überraschende Üppigkeit entfalten, bei-

spielsweise die zahlreichen schön geformten Araukarien, die stattlichen alten Cedern und italienischen Eichen.«[105]

Quellen: Kew bei London, Royal Botanic Gardens, Archiv

Literatur: ZfBW, 1887, Jg. 37, H. 1-3, S. 70-72; The Builder, 15.1.1848, Bd. VI, Nr. 258, S. 29-31; 12.1.1861, Bd. XIX, Nr. 936, S. 23-25; Die Gartenflora, 1898, Jg. 47, S. 75, 76; McIntosh 1853, S. 119-123; 367-368; Deutsche Bauzeitung (Hrsg.), Baukunde des Architekten, 1902, Bd. II, Teil 5. S. 343

LONDON, Kew, Royal Botanic Gardens, Architectural Conservatory   *Abb. 624*

Länge:	26,50 m	Architekt:	Jeffry Wyatville
Breite:	13,40 m	Baujahr:	1836
Höhe:	7,90 m	Zustand:	gut erhalten

Das ›Architectural Conservatory‹, ein klassisches Bauwerk in Form eines Tempels, ist ein Beispiel für die weitgehende Auflösung der traditionellen Orangerie aus Massivmauerwerk in ein Glashaus. Das Massivmauerwerk der Pfeiler, Säulen, Architrave und Tympanons, im besten »griechischen Geschmack« entworfen, verbirgt das innere gußeiserne Traggerüst des flachen Glasdaches (Abb. 336, 337). Das Traggerüst besteht aus ca. 12,50 m

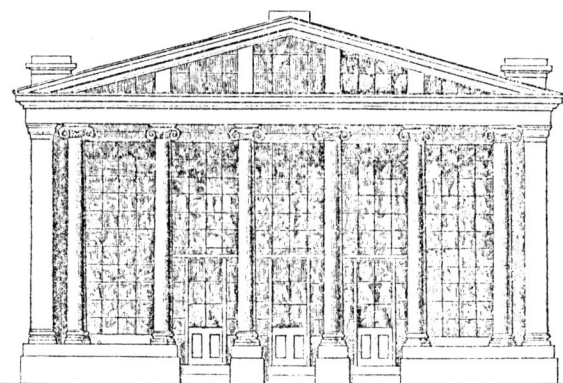

336 Eingangsfront

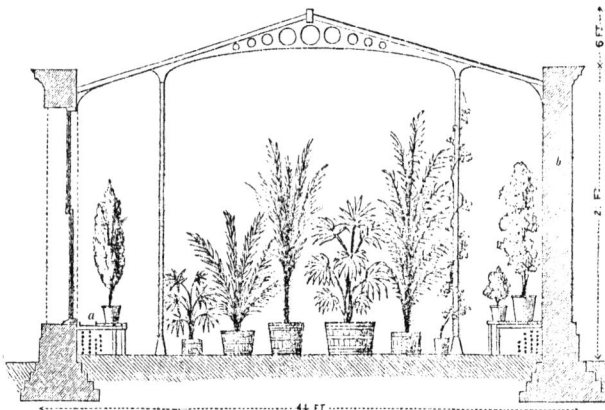

337 Schnitt

langen, gußeisernen Bindern, deren oberer Flansch dem Pultdach folgt. Im Mittelfeld nehmen sie an Höhe zu und sind von Löchern durchbrochen. Sie ruhen auf je zwei schlanken, gußeisernen Säulen und auf dem gemauerten Architrav der Seitenwände. Durch die hohen verglasten Flächen der Fronten, die sogar in die Tympanons der Stirnseiten hineinreichen, wird das gesamte Gebäude durchsichtig und erhält so den ursprünglichen Charakter eines antiken Tempels. Dieses architektonische Konzept erinnert an Fowlers ›Gewächshaus in Syon House‹ (1820-1827).[106]

Literatur: McIntosh 1853, S. 119-123, 367-368

LONDON, Kew, Royal Botanic Gardens, Palmenhaus *Abb. 613-619*

Länge:	110,5 m	Architekt:	Richard Turner,
	(Mittelbau: 41 m)		Decimus Burton
Breite:	30,5 m	Firma:	Richard Turner,
Höhe:	19,2 m		Hammersmith
	(ohne Kuppelaufsatz)	Baujahr:	1844-1848
Fläche:	2390 m²	Zustand:	1958 restauriert,
			sehr gut erhalten

Das ›Palmenhaus‹ in Kew wurde von der zeitgenössischen Kritik als »one of the very finest plant-houses in the world. Its graceful lines and admirable proportions made it as pleasing to the eye as it is possible for a structure of glass and iron to be« beschrieben.[107] Charles McIntosh nennt das ›Palmenhaus‹ in seinem ›The Book of the Garden‹ »das vollendetste Beispiel der Gewächshaus-Architektur in unserem oder einem anderem Land«. Diese emphatischen Äußerungen sind nicht grundlos. Im ›Palmenhaus‹ in Kew wurden in Form einer Großkonstruktion das Loudonsche Prinzip kurvenlinearer Raumhüllen – kombiniert mit dem Paxtonschen Schema – angewendet und eine in der Architekturgeschichte neue Raumkonzeption mit hoher technischer Qualität verwirklicht. George Mackenzie schlug 1815 eine Halbkugel als Glashaus vor, mit der Begründung, daß sie die beste Form eines Daches sei, da sie die größtmögliche Menge Licht durchläßt. 1818 entwarf Loudon die theoretischen Grundlagen für die Anwendung kurvenlinearer Glasarchitektur. Da die technischen Bedingungen nicht vorhanden waren, beschreibt Loudon deren architektonische Vision: »Stellen Sie sich anstelle der gewöhnlichen Conservatories … ein erhabenes gewölbtes Dach, ganz und gar transparent, vor und – verbunden mit ihm – … kugelförmige Vorsprünge, hohe runde Türme, überragt von orientalischen Glaskuppeln oder andere schöne oder charakteristische Formen, alle transparent und von anhaltender Dauer. Ist das nicht ein Fortschritt, etwas durch neue Formen und fast vollkommene Transparenz zu ersetzen, was für den Mann mit Geschmack und den Gartenkünstler gleichermaßen erfreulich ist? Die Erfindung, die größte Schönheit und Mannigfaltigkeit von Formen bei höchstmöglicher Lichtdurchlässigkeit zuläßt und einen Grad der Haltbarkeit gewährleistet, die allein durch die Stärke eines der stärksten britischen Metalle begrenzt ist – diese Erfindung soll wirksam dazu beitragen, dieses wünschenswerte Ziel zu erreichen.«[108]

In der Tat ist die Entwicklung der Eisenherstellung im Zusammenhang mit der Ausbildung weitgespannter Tragkonstruktionen die notwendige materielle Grundlage zur Einlösung dieser Utopie. Die Bauaufgabe der großen Bahnhofshallen und Gewächshäuser des frühen 19. Jahrhunderts waren der erste Anlaß für die Ausbildung weitgespannter Dachkonstruktionen. An Gewächshäusern ergab sich gegenüber den Bahnhofshallen die Notwendigkeit, eine geschlossene bis zur Erde hinunterreichende Hülle aus Glas auszubilden und die Transparenz des Raumes zum architektonischen Prinzip zu erheben. Die Konstrukteure des ›Palmenhauses‹ in Kew drängten – im Bewußtsein, die gegebenen neuen technischen Möglichkeiten von Glas und Eisen voll ausnutzen zu können – auf eine kompromißlose Verwirklichung der theoretisch formulierten Utopie Loudons. Es war der gegebene historische Augenblick für eine Pioniertat, da auf der einen Seite die Faszination hemissphärischer Raumformen ungebrochen war, auf der anderen Seite die industrielle Revolution die nötigen Mittel an die Hand gab. So ist zu erklären, daß dieses für die Geschichte des Glas-Eisenbaues bedeutende Bauwerk eine Eleganz und Leichtigkeit der Konstruktion aufweist, welche spätere Bauten dieser Art nicht mehr erreicht haben. Das ›Palmenhaus‹ in Kew entstand in strengster Beschränkung auf rein geometrische Formen, deren Anwendung dem theoretischen Postulat adäquat war. Im Sinne einer reinen Ausbildung dieser Formsprache war es, die Tragkonstruktion soweit wie möglich in die Ebene der Glashaut zu legen und dadurch die angestrebte Geometrie ungebrochen zu erhalten. Eine Vorbedingung dafür war die höchst mögliche Ausnutzung des Materials in Form filigraner Konstruktionsteile. Das Traggerüst tritt für das Auge zurück, es bleibt der Aspekt einer gespannten Haut, die sich im Spiel des Lichtes teils spiegelt, teils durchscheint und das Bauwerk entmateriali-

siert. Einen ähnlichen Eindruck vermitteln die schwerelosen Gebilde der frühen Luftfahrt, die Filigrangerüste der Zeppeline.

Raum- und Konstruktionsform

Das ›Palmenhaus‹ erhebt sich auf einer durch Treppen zugänglichen Terrasse und ist mit seiner Längsfront einem künstlichen See zugekehrt. Die Hauptachse des langgestreckten Bauwerkes ist fast genau nach Nordsüd gerichtet. Es besteht aus einem, über einem Rechteck aufgehenden, erhöhten Mittelteil und daran sich symmetrisch anschließenden Seitenflügeln mit halbkreisförmigem Abschluß (Abb. 342, 343). Im Mittelteil wird der räumliche Aufbau des ›Palmenhauses‹ in Chatsworth (1836-1840) aufgenommen, was nicht verwundert; hatte doch einer der beiden Erbauer von Kew, Decimus Burton, an Joseph Paxtons Seite mitgewirkt. Der Querschnitt des Mittelteils von Kew bestätigt die Verwandtschaft mit dem älteren Vorbild (Abb. 226, 339). Wie in Chatsworth, wurden auch hier auf zwei Reihen gußeiserner Säulen gestelzt, halbkreisförmige Schalen aufgesetzt, an die sich viertelkreisförmige Schalen anschließen, die auf einem umlaufenden Steinsockel ruhen. Es entsteht auch hier ein basilikaler Raum von großer Ausdehnung, jedoch nicht mehr aus Holzbindern, sondern ganz aus Eisen konstruiert. Das Neuartige an der Raumkonzeption des ›Palmenhauses‹ von Kew ist die räumliche Durchdringung des Mittelteils durch die beiden Seitenflügel. Dadurch entsteht entlang der Längsachse ein zu-

338 Gesamtansicht, Stich, 1848

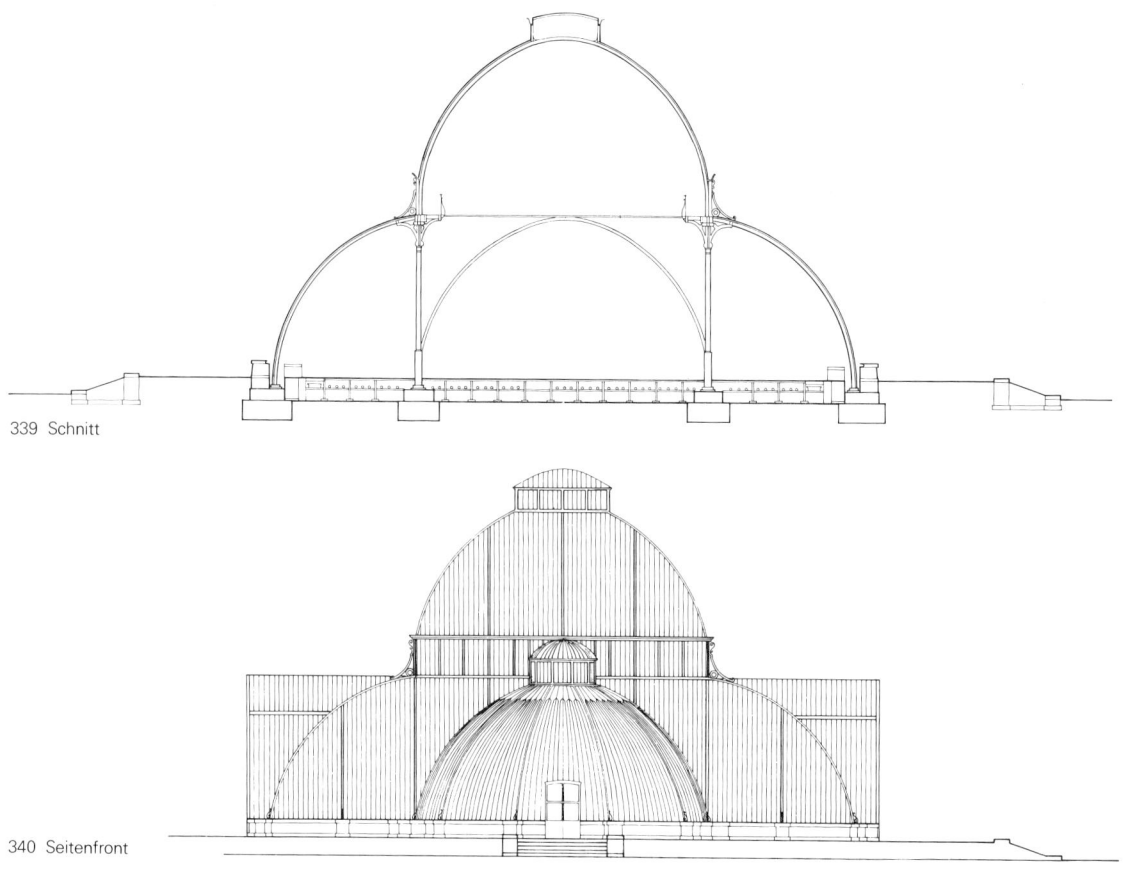

339 Schnitt

340 Seitenfront

sammenhängender Raum von 110 m Länge. Die harmonische Erscheinung des Bauwerkes geht nicht zuletzt auf die konsequente Anwendung eines raumbildenden Grundelementes, der viertelkreisförmigen Schale, zurück. Mittelteil und Seitenflügel werden aus diesem – immer mit derselben Bogenkrümmung eingesetzten – Grundelement zusammengefügt. Dies war die Voraussetzung für die rigorose Anwendung eines Rasterprinzips, welche gleiche konstruktive Glieder und dadurch eine Vorfertigung von Glas und Eisen ermöglichte. Den Hauptraster des Gewölbes bildeten die schmiedeeisernen, gekrümmten Spannrippen, welche im Abstand von 3,81 m angeordnet waren. Das konstituierende Moment dieses Hauptrasters war die Breite der verwendeten Glastafeln von 24,13 cm.

Die Analyse der so gebildeten räumlichen Struktur ergibt, daß die gegenüber Chatsworth differenziertere Raumform im Prinzip durch die Verwendung der viertelkreisförmigen Schale und deren Verschneidungen an den Durchdringungs- und Eckpunkten entsteht. Gerade Flächen werden nur als Aufstelzung der Gewölbe und des kleinen Laternendaches eingesetzt. Sie waren zur Bewäl-

tigung des Lüftungsproblems notwendig. Das ›Palmenhaus‹ von Kew ist ein frühes Beispiel für die Raumkonzeption auf der Grundlage eines wirklich räumlichen Rasters, der einerseits durch den Binderabstand, andererseits durch den Krümmungsradius bestimmt wird. Der Raster wurde hier nicht Hilfsmittel, sondern Wesen einer Raumkonzeption, die bis in das einzelne Konstruktionselement die Rationalität der industriellen Fertigung aufnimmt. Die Anwendung des Rasters stellt hier unter Beweis, daß – trotz Einschränkung auf ein Hauptelement – die Mannigfaltigkeit nicht eingeengt, sondern überhaupt ermöglicht wird. Zugleich bietet sich dem Betrachter, wie beim ›Palmenhaus‹ in Chatsworth, zum erstenmal in der Baugeschichte die Chance, ein ausgedehntes Bauwerk vom Scheitel bis zur Sohle mit einem Blick in seinem konstruktiven Aufbau zu erfassen. Der klare Einblick in die Zweckmäßigkeit von Konstruktion und Form begründet den ästhetischen Genuß, der sich nicht mehr vom historisierenden Element, sondern vom Begriff der Konstruktion ableitet.

Das Tragwerk als Grundelement besteht aus 22,8 cm breiten Spannbögen mit schmiedeeisernen I-Profilen von

12,80 m Länge. Sie werden aus Einzelteilen von 3,60 m Länge zusammengesetzt. Sie ruhen einerseits in gußeisernen Schalen auf dem Fundamentsockel aus Beton, über welchen große Granitblöcke gelegt wurden, andererseits ruhen sie im Mittelteil auf gußeisernen, innen hohlen Rundsäulen. Diese Säulen tragen gleichzeitig die Spanten des oberen Kuppelbaues mit der Laterne. Sie sind die Auflager für die im Mittelfeld umlaufende Galerie, die über zwei elegant ausgebildete Wendeltreppen erreicht werden kann. Ein umlaufender Träger von gleicher Stärke wie die Tragrippen verbindet die Säulen miteinander. In den Seitenflügeln bilden die Tragrippen im Halbkreis durchlaufende Träger. Alle Tragrippen sind durch Röhren aus Schmiedeeisen verbunden, welche als Abstandhalter fungieren. In diesen Röhren laufenden Spanneisen mit einem Durchmesser von 3,8 cm sind zu großen Längen zusammengeschweißt. Sie bilden durchgehende Zugeisen, welche ringsum das gesamte Gebäude laufen. Sie wurden nach Fertigstellung des Gebäudes nachgespannt und halten das Glasgewölbe in der Horizontalen zusammen. Die Röhren, im Abstand von ca. 3 m angeordnet, nehmen den Druck der Spannprofile auf und wirken als eine Art Pfette.[109]

Hier wurde ein neues technisches Prinzip angewendet: In einem Querschnitt sind die Zug- und Druckkräfte dadurch getrennt, daß der Zug durch den Kern, das Spanneisen, der Druck durch die Röhrenwand aufgenommen wird. Dieses Prinzip ist die Grundform aller vorgespannten Konstruktionen der späteren Zeit. R. Turner hat dieses Konstruktionselement das erstemal im ›Palmenhaus‹ von Kew angewendet und 1846 zum Patent angemeldet. Durch diese Ausbildung wird ein sonst notwendiger Träger mit Steg und Gurt durch eine filigran wirkende Röhre ersetzt. Es wurde möglich, die notwendige Stabilität einer Großkonstruktion wie der des ›Palmenhauses‹ in Kew mit einem Minimum an Eisen sicherzustellen und eine bisher unerreichte Leichtigkeit der Konstruktion zu verwirklichen. Zusätzlich zu diesen längs der Fassade verspannten Eisen wurden im Mittelteil die Tragrippen in der Höhe des umlaufenden Balkons quer durch den Raum miteinander ebenfalls durch Rundeisen verspannt. Der obere Dachteil des Mittelbaues mit der daraufgesetzten Firstlaterne wird durch zwanzig gußeiserne, röhrenförmige Säulen getragen, je zehn an jeder Längsseite. Sie führen das in der Traufe des oberen Dachteiles gesammelte Regenwasser in Tanks ab, die überall im Inneren des Gebäudes liegen. Die schlanken Säulen enden oben in einem weit ausladenden, pflanzlich wirkenden Kapitell, welches aus gußeisernen, vorgefertigten Konsolen zusammengefügt ist. Die Verschraubung ist durch kleine Eisenrosetten verdeckt (Abb. 341). Wie auch sonst, ist das Ornament nur angewendet, wo es gilt, die Kraftübertragung zwischen Bauteilen zu markieren. So z.B. am Übergang des oberen

Dachteiles zum unteren umlaufenden Gewölbe und am Fußpunkt der Tragrippen auf dem niedrigen Steinsockel. Der Fluß der Kraftübertragung wird durch die ornamentale Ausbildung von Konsolen optisch verdeutlicht. Es entsteht ein Wechselspiel konkaver und konvexer Linien längs der Tragrippen. Festzuhalten gilt, daß keines der hier verwendeten Ornamente, auch nicht die kleinen Rollwerke aus Gußeisen, als Selbstzweck dient, sondern vielmehr aus der statischen Funktion der Bauteile entwickelt wurde. Der Zusammenstoß der sechs Tragrippen im viertelkugelförmigen Abschluß der beiden Seitenflügel ist mittels eines Schuhes mit überzeugender Einfachheit technisch gelöst worden und bezeugt die souveräne Materialbeherrschung der Konstrukteure. Die beiden Haupteingangstore im Mittelteil des ›Palmenhauses‹ sind als eigene Baukörper mit gewölbtem Dach ausgebildet. Mit ihrer außerordentlichen Höhe (9 m) ermöglichen sie die Anlieferung auch der größten Palmen. Das Glasgewölbe des Mittelteils optisch durchdringend, erweitern sie analog zu den beiden Seitenflügeln den zentralen Raum längs der Querachse und bereichern zugleich die Silhouette des Bauwerkes. Die Glasfront des Tores mit oben abschließender Rosette ist mit erstaunlicher Eleganz ausgeführt. Das das Glas einfassende Rahmenwerk aus Eisenprofilen mit abgerundeten Ecken zeigt große Sorgfalt im kleinsten Detail als Teil der Durchführung im Großen. Sie entstammt der besten klassizistischen Tradition Englands. Diese Torausbildung diente später als Beispiel für Gewächshausbauten mit kurvenlinearen Dächern wie in Lednice, Edinburgh, Schönbrunn und Leningrad. Das Bauwerk wurde auf einer Erdaufschüttung in erhöhter Lage aufgestellt. »Eine geräumige Terrasse, mit Stufen versehen, umrahmt das ganze, erstaunliche Gebäude und gibt ihm, da sie sich leicht über die Erde erhebt, den Eindruck von Solidität und Großzügigkeit.«[110]

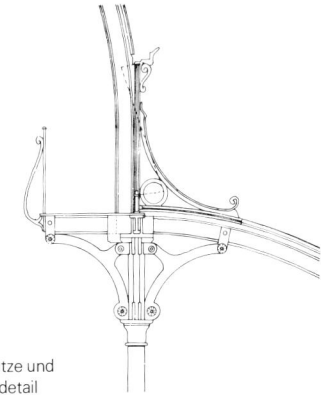

341 Anschlußpunkt von Stütze und Bogenbinder, Konstruktionsdetail

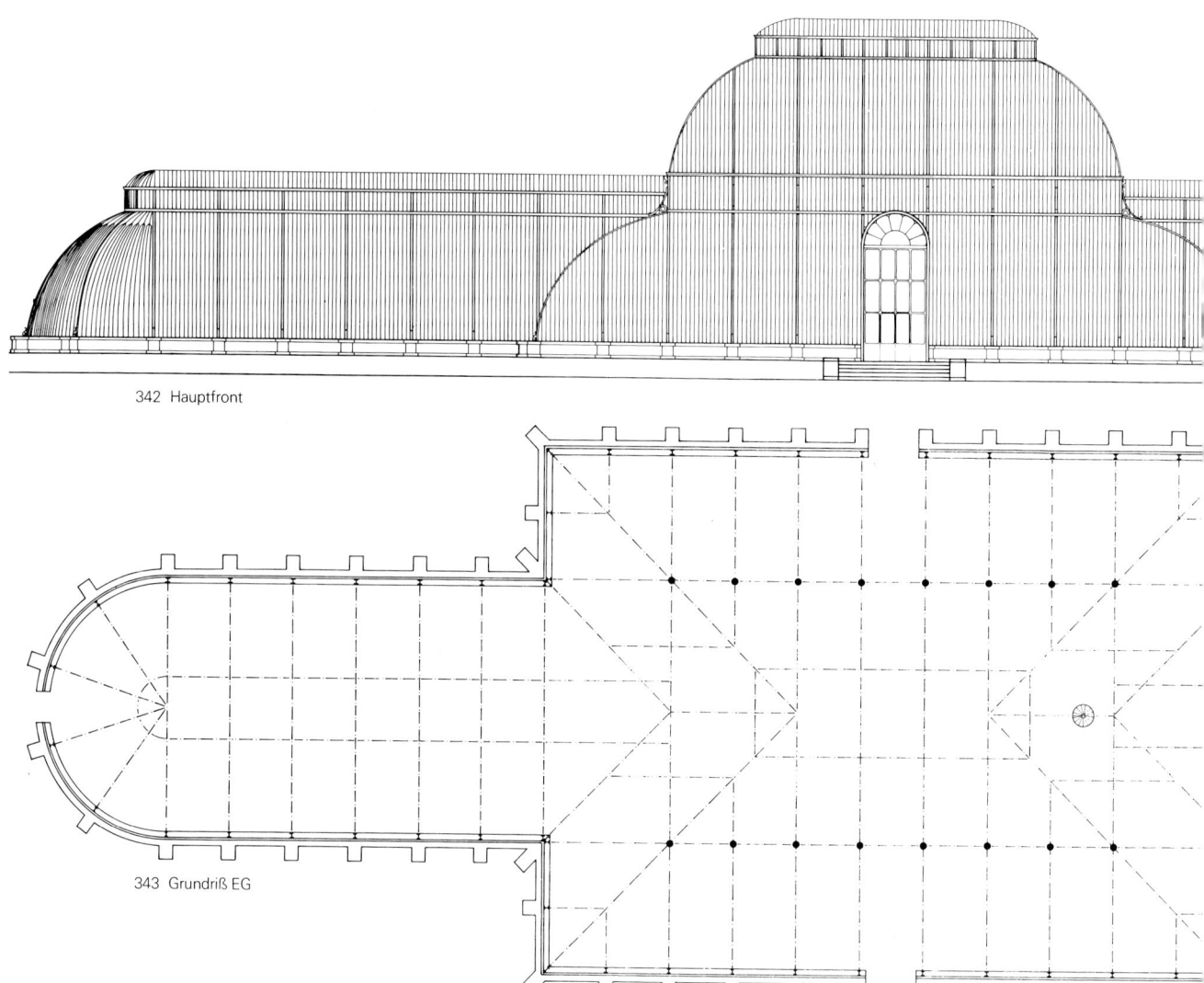

342 Hauptfront

343 Grundriß EG

Heizung

Die Heizung, ein ähnlich wie die Tragkonstruktion im Detail sorgfältig durchdachtes System, schuf für die im ›Palmenhaus‹ aus aller Welt versammelten tropischen Pflanzen ein künstliches Klima, das das ganze Jahr hindurch ein kontinuierliches Gedeihen gewährleistete. Eine Warmwasserheizung, bestehend aus zwei Kesseln nach dem Patent der Fa. Burbidge und Healy und 8500 m Heizröhren, wurde unterhalb der Erde angelegt: Die Rohre waren längs der Fassade unterhalb perforierter Gußeisenplatten (1,20 × 1,20 m) verlegt, so daß die Wärme bei Aufsteigen kaum behindert wurde. Die Heizung garantierte bei einer Außentemperatur von 20°F eine Innentemperatur von 80°F. Die Heizungskessel wurden in zwei unterirdischen Gewölben nahe beim Gewächshaus untergebracht. Mit genügend Platz für Brennstoff versehen, waren sie über einen 170 m langen, 1,75 m breiten und 1,90 m hohen Tunnel mit dem an einer Straße befindlichen Kohlenplatz und mit dem als Campanile ausgebildeten Schornstein verbunden. Im Tunnel waren, wie in Chatsworth, Schienen gelegt. Mit einem Lorenzug wurden der Brennstoff herbeigeschafft und die Asche abgeführt. Die Konzeption einer vollkommen transparenten Architektur in exponierter Lage, selbst Ausstellungsobjekt, duldete nicht die unmittelbare Nachbarschaft massiver Bauteile, wie etwa die eines Schornsteines. Die Konsequenz war daher der Entschluß, ihn entfernt anzulegen.

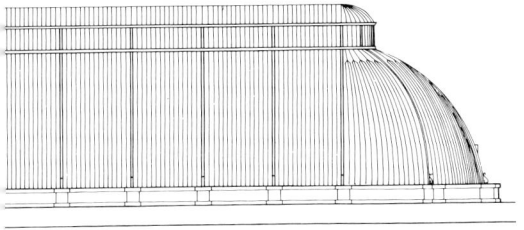

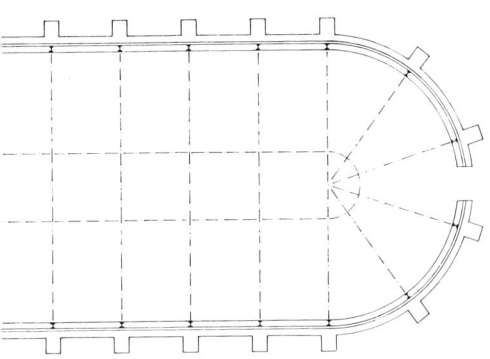

Verglasung

Die Verglasung erfolgt durch gekrümmte Glastafeln von 24,13 cm × 97,2 cm. Das Glas ist durch Beimischung von Kupferoxyd grün getönt, wodurch die Hitzeentwicklung neutralisiert werden sollte. Die Idee stammt, nach McIntosh, von Hunt aus dem Museum für ökonomische Ökologie. Sie wurde das erstemal an diesem Bau erprobt. Die 5 cm hohen Sprossen aus T-Eisen laufen jeweils vom Fußpunkt bis zum Gewölbescheitel durch. Die Glasplatten werden dachziegelartig übereinandergelegt und verkittet. Es ist dies dasselbe System, welches Turner in den kurvenlinearen Gewächshäusern in Belfast und Dublin anwendete.[111]

Baugeschichte

Die ›Illustrated London News‹ vom 2.September 1848 und 7.August 1852 sowie der ›Builder‹ vom 15.Januar 1848 schreiben den Entwurf des ›Palmenhauses‹ dem Architekten Decimus Burton, die Ausführung der Eisenkonstruktion Richard Turner aus Dublin zu. Eine solche Trennung von Entwurf und Ausführung ist bei der technischen Pionierleistung, die im ›Palmenhaus‹ von Kew vorliegt, nicht vorstellbar. Die konstruktive Ausbildung einer Ingenieurkonstruktion großen Umfangs und hoher technischer Qualität bedingt zugleich eine Raumkonzeption, die nur in dialektischem Bezug mit der Konstruktion entstehen kann. Es wundert daher nicht, daß in neueren Untersuchungen Zweifel an der alleinigen architektonischen Urheberschaft Burtons aufgetaucht sind. In einem Artikel der Architectural Review[112] schreibt Peter Ferriday R. Turner, dem Eisenkonstrukteur, die Entwurfsleistung zu. Diese Annahme bestärkt die Untersuchung von R. Desmond, der sich auf Quellen aus dem Archiv von Kew beruft: Der erste Entwurf von Decimus Burton 1844 wurde vom Direktor von Kew, William Hooker, wegen der Verwendung zu vieler Säulen abgelehnt. Turner, aus Dublin nach London kommend, stellte Hooker und seiner Kommission ein maßstabgerechtes Modell mit einem zentralen Mittelteil und zwei Seitenflügeln vor. Turner hatte zuvor bereits Erfahrungen mit der Konstruktion von Glashäusern in Belfast und Dublin (1842) sammeln können. Der Entwurf Turners, durch eine Kostenschätzung vervollkommnet, wurde im Prinzip angenommen und zur weiteren Durcharbeitung empfohlen. Burton und Turner haben in der Folge ihre Arbeiten gegenseitig kritisiert und – zunächst auf der Basis der Kritik – eine Kooperation aufgenommen. Burton stimmte dem Grundrißschema Turners zu, dem Zentralraum mit Seitenflügeln. Burton berücksichtigte dieses Schema in einem zweiten Entwurf, wobei er den Querschnitt des Mittelbaues dem Gewächshaus in Chatsworth anglich. Auf der Grundlage dieser gegenseitigen Abstimmung wurde Turner mit der Erstellung der Eisenkonstruktion offiziell beauftragt. Nachdem die endgültige Raumform entschieden war, war die weitere Ingenieurs- und Entwurfsleistung im wesentlichen Turners Werk.

Quellen: Kew bei London, Royal Botanic Gardens, Archiv

Literatur: ZfBW, 1887, Jg. 37, H. 1-3, S. 70-72; The Builder, 15.1.1848, Bd. VI, Nr. 258, S. 29-31; 12.1.1861, Bd. XIX, Nr. 936, S. 23-25; Die Gartenflora, 1898, Jg. 47, S. 75, 76; McIntosh 1853, S. 119-123

LONDON, Kew, Royal Botanic Gardens, Temperiertes Gewächshaus

Abb. 620-622

Länge:	177 m, mittleres Haus 64 m	Architekt:	Decimus Burton
Breite:	mittleres Haus 42 m	Baujahr:	1859-1863, Erweiterung
Höhe:	mittleres Haus 18 m		1895-1897
Fläche:	4500 m²	Zustand:	gut erhalten

Das ›Temperierte Haus‹ in Kew, südlich des großen ›Palmenhauses‹ in einem ›Pleasure Ground‹ gelegen, ist eines der größten Gewächshäuser Englands. Es hat genau die doppelte Fläche wie das benachbarte ›Palmenhaus‹. Es bedeutet die Abkehr von transparenter, feingliedriger Bauweise kurvenlinearer Glashäuser und Paxtonscher Konstruktionen. Die großen ebenen Flächen des abgewalmten Glasdaches wurden so ausgebildet, daß ein Drittel dieser Flächen geöffnet werden können. Dies bedingt ein gesondertes Rahmenwerk für Schiebefenster anstatt durchlaufender Sprossen. Die gußeisernen Binder und Stützen, welche die Dachlast zu tragen haben, wurden in engem Abstand gesetzt und in schwerfälliger Form ausgeführt, wie dies sonst nur bei Hallenbauten mit geschlossenem, nur am First verglastem Dach üblich war. Die dichte Struktur des eisernen Gitterwerkes mit den bogenförmigen Untergurten, die Reihen der Doppelstützen, die einen niedrigen Umgang abgrenzen, geben dem Mittelbau den Charakter einer Bahnhofshalle. In die Binder eingesetzte Gußeisenflächen mit dekorativen Durchbrüchen verstärken den Eindruck äußerster Solidität der Tragkonstruktion. Die gußeisernen Binder sind in jener Zeit bereits als veraltete Konstruktionsform anzusehen. Es ist anzunehmen, daß der Architekt aus einer konservativen Haltung heraus dekorative Gründe verfolgte und noch einmal dem Material Gußeisen den Vorzug gab. Dafür spricht auch das äußere Erscheinungsbild des Bauwerkes, welches als Umfassungswand Steinmauerwerk mit Fenstern und einen vorspringenden Portikus aus Steinpilastern hat. Das insgesamt gedrückt erscheinende Gebäude mit flach geneigten Dachflächen nimmt trotz seiner beträchtlichen Höhe dem Glasdach seine Transparenz und bringt dadurch die das Gewächshaus bestimmenden Materialien Glas und Eisen nicht zur Geltung. Man kann davon ausgehen, daß der Architekt, der von der klassischen Architektur ausgegangen war, hier sich selbst überlassen, diesem Stil ganz bewußt und aus Opposition zu den Ingenieurbauten Paxtons und Turners wieder zu seinem Rechte verhelfen wollte.

344 Blick in die Halle des Mittelpavillons, Stich

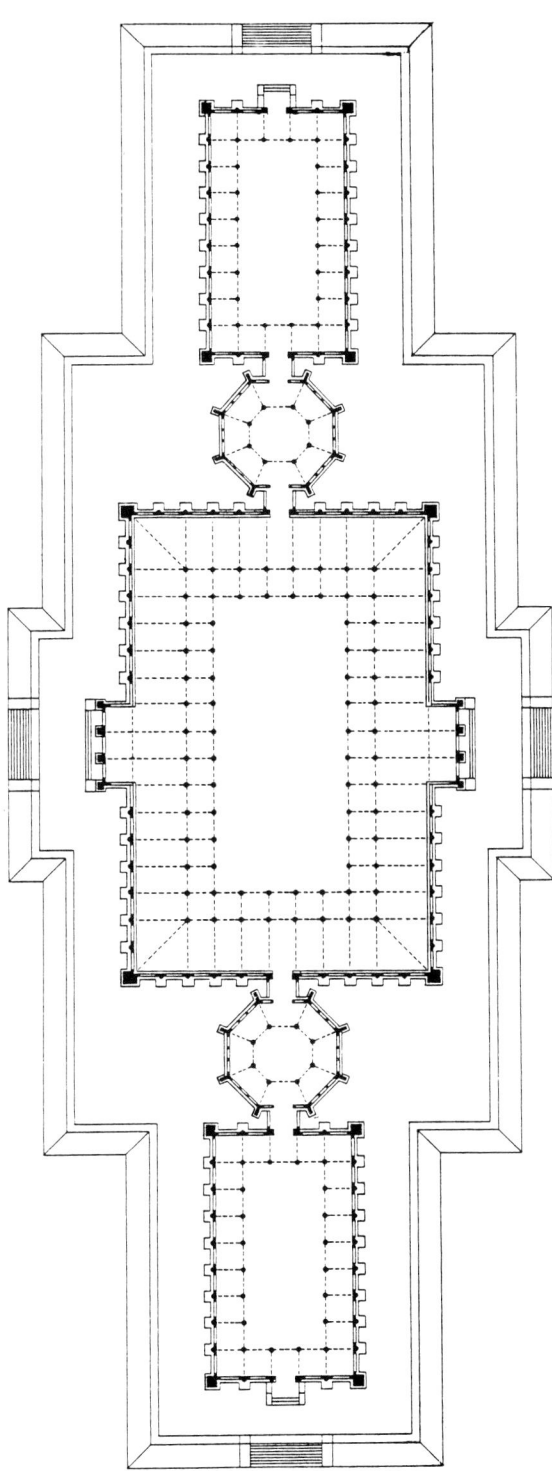

345 Grundriß EG, 1:1000

Raum- und Konstruktionsform

Der 1861 gebaute Mittelteil besteht aus einer rechteckigen Halle, die durch eine umlaufende Reihe von Doppelstützen, im Abstand von 3,80 m gesetzt, getragen wird. Die Doppelstützen umgrenzen einen 19 m breiten, 42 m langen und 18 m hohen Raum. der von einem abgewalmten Pultdach frei überspannt wird. Die dazu angewendeten Binder sind, wie bei Gußeisen üblich, mit geradem Obergurt und gebogenem Untergurt aus Teilstücken zusammengeschraubt. Die Aussteifung zwischen den Gurten bilden Eisenstäbe, im unteren Bereich eine Verplankung aus gußeisernen Platten mit dekorativen Durchbrüchen (Abb. 54, 344). Klassische Dachstühle dieser Art wurden bereits 1842 in Wien, ›Dianabad‹, und 1844 in der ›Bibliothek Sainte-Geneviève‹ – diesmal mit einem Bogenbinder – verwirklicht. Die Binder tragen ein Glasdach, dessen Fläche zu einem Drittel zu öffnen ist und von Teakholzpfosten geteilt ist. An die Doppelstützen aus Gußeisen setzt das niedrigere Glasdach des äußeren Umganges von 11,40 m Breite an. Dieses ruht an der Außenfront auf Massivmauerwerk auf, das von Bogenfenstern durchbrochen ist. An diesen Mittelteil schließen symmetrisch zwei oktagonale Pavillons mit Pyramidendach und Laterne an. Von 1895 bis 1897 wurden an diese Pavillons Flügel in Rechteckform – in Wiederholung der Grundgestalt des Mittelteiles – angefügt (Abb. 345). Die ausführende Firma des 1861 gebauten Traktes war die bekannte Eisenkonstruktionsfirma W. Cubitt and Co., die bereits große Erfahrung im Gewächshausbau hatte.[113]

Quellen: Kew bei London, Royal Botanic Gardens, Archiv

Literatur: ZfBW, 1887, Jg. 37, H. 1–3, S. 70–72; Die Gartenflora, 1998, Jg. 47, S. 75, 76; Deutsche Bauzeitung (Hrsg.), Baukunde des Architekten, 1902, Bd. II, Teil 5, S. 343

LONDON, Kew, Royal Botanic Gardens, Victoria regia-Haus *Abb. 625*

Größe:	14 × 14 m	Architekt:	Richard Turner
Höhe:	6,10 m	Baujahr:	um 1850
		Zustand:	gut erhalten

Das Victoria regia-Haus in Kew ist trotz seiner bescheidenen Dimensionen durch seine eiserne Dachkonstruktion bemerkenswert. Das Pultdach wird durch Spannstähle gehalten, welche an T-Träger angeschlossen sind. Die Aussteifungselemente im Dreieck dieses Dachbinders bilden geschmiedete mit Laschen befestigte Ringe aus Rundstahl. Durch diese spielerische Ausführung der Konstruktion erhält der Raum über dem großen Wasserbecken der Victoria regia einen heiteren und luftigen Charakter (Abb. 346).

Quellen: Kew bei London, Royal Botanic Gardens, Archiv

Literatur: Deutsche Bauzeitung (Hrsg.), Baukunde des Architekten, 1902, Bd. II, Teil 5, S. 343

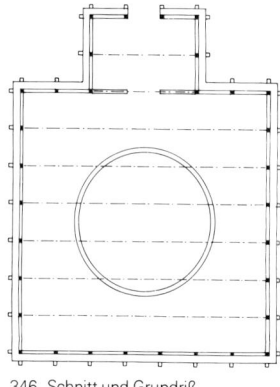

346 Schnitt und Grundriß

LONDON, Kristallpalast, Weltausstellung 1851, Hyde Park   *Abb. 626, 627, 631, 648*

Länge:	563 m	Architekt:	Joseph Paxton
Breite:	124 m	Ausführung:	Fa. Fox and
Höhe:	19,50 m		Henderson
	(33 m im Transept)	Baujahr:	1850/51
Rauminhalt:	936 300 m³	Zustand:	1852 demontiert;
Fläche:	71 869 m²		1853 im Kristallpalast
	(mit Galerie: 92 000 m²)		Sydenham wieder verwendet; 1936 abgebrannt.

»Die Menschheit wird eine völlig neue Art von Architektur hervorbringen, sobald die von der Industrie neu geschaffenen Methoden angewandt werden. Die Verwendung von Eisen erlaubt, ja erzwingt viele neue Formen, die man bei Bahnhöfen, Hängebrücken und den Wölbungen von Treibhäusern sehen kann.«

Théophile Gautier, 1850

Die neue Art von Architektur, in welcher die industriellen Methoden mit voller Konsequenz angewandt wurden, war der Londoner Kristallpalast, 1850/51 von Joseph Paxton für die Londoner Weltausstellung erbaut.

Planungs- und Bauablauf

Der Fortschritt der industriellen Produktion im Laufe des 19. Jahrhunderts fand seinen Ausdruck in der Teilung der Arbeit und im Austausch ihrer Produkte auf Weltmarktebene. Innerhalb dieser internationalen Arbeitsteilung hatte England als Industrienation eine führende Stellung erlangt: »Es ist klar, daß dieser Charakterzug (zur Spezialisierung und Arbeitsteilung) in der eigentlichen Industrie seinen schärfsten Ausdruck finden muß. Jeder treibt ein Ding und das ganz. Das führt zunächst zur Teilung der Geschäftszweige, weiter zur Sonderung der Manipulationen und diese zur ausgedehnten Anwendung der Maschinen. Kein Land hat es weiter in der Beherrschung und Zähmung dieser künstlichen Tiere gebracht, die, mit Feuer und Wasser gefüttert, zu jeder erdenklichen Arbeit abgerichtet werden, als England. In keinem sind daher auch die doppelten Wirkungen der Maschinenarbeit in so großem Maßstabe hervorgetreten: Massenhaftigkeit, Schnelligkeit, Wohlfeilheit der Produktion auf der einen, Überproduktion, zeitweiser Arbeitsmangel, physisches und geistiges Herunterkommen des Arbeiters auf der anderen Seite. Nirgends so bittere Armut neben so kolossalem Reichtum. Man hat sehr gut gesagt, daß England nur eine Maschine fehle – eine, die das Fabrikat der andern kauft.«[114] Es ist verständlich, daß England als größter Weltproduzent, daran interessiert war, seine Produkte in Konkurrenz zu denen der übrigen Nationen zu stellen, um die Qualität seiner Industrieprodukte zu demonstrieren und neue Märkte zu erschließen. Der geeignete Rahmen hierfür war eine Weltausstellung, welche ein internationales Forum zu

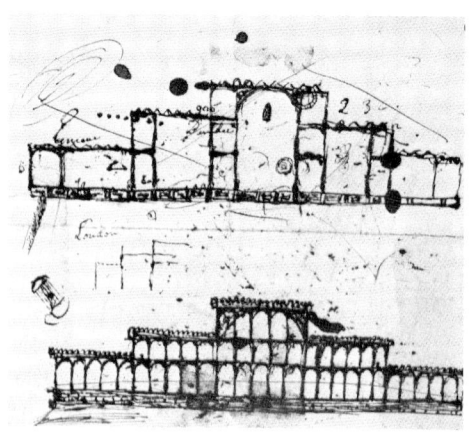

347 Erste Skizze auf Löschpapier, 1850

sammeln imstande war. Am 21. Februar 1850 wurde von einem zu diesem Zwecke gegründeten Exekutivkomitee ein internationaler Wettbewerb ausgeschrieben, der die Errichtung eines großen Ausstellungsgebäudes auf einem Grundstück im Hyde Park zur Aufgabe stellte, Das Bauwerk sollte 6,4 ha Fläche mit möglichst geringen Kosten überdecken. Es sollte einen ungeteilten Raum bilden, um später leicht die jetzt noch nicht bestimmbaren Abteilungen sondern zu können. Ferner sollte es möglich machen, daß die auf dem Bauplatz vorhandenen Baumgruppen erhalten blieben. Letztens wurde gefordert, daß das in äußerst kurzer Zeit zu errichtende Bauwerk demontabel und an anderer Stelle wieder aufbaubar konzipiert werden sollte. Obgleich für diesen Wettbewerb nur ein Monat Zeit zur Verfügung stand, gingen 233 Entwürfe ein. Besondere Anerkennung erhielten die Entwürfe Richard Turners aus Dublin und Hector Horeaus aus Paris. Beide waren in der Konstruktion von Glas-Eisenbauten erfahrene Ingenieure. Beide hatten als Grundlage ihres Entwurfes Konstruktionsprinzipien verwendet, die sie im Bau von Gewächshäusern und Wintergärten experimentell entwickelt hatten.

Entsprechend den Richtlinien des Komitees, schlug Turner einen einzigen Großraum von 591 m Länge und 124 m Breite vor. Halbkreisförmige gußeiserne Tragerippen bildeten drei Längsschiffe. Diese Tragerippen und zwei Reihen Eisenstützen trugen ein tonnenförmig gebogenes Dach mit Oberlichtern, längs der Schiffe angeordnet. Diese Konstruktion erinnert an den Querschnitt der Konstruktion der Seitenflügel der Gewächshäuser Turners in Dublin. Die Längsschiffe wurden durch ein Querschiff mit aufgesetzter Glaskuppel durchkreuzt.

Horeau entwarf eine fünfschiffige Basilika aus Glas und Eisen. Die mit Pultdächern versehenen Längsschiffe wurden hier ebenfalls mit einem Querschiff kombiniert. Horeau hat bereits zuvor an der Konstruktion des ›Jardin d'Hiver‹ in Lyon (1847) mitgewirkt. Die Jury des Wettbewerbes konnte sich nicht entschließen, einen der beiden Entwürfe zur Ausführung vorzuschlagen. Vielmehr bildete sie ein Baukomitee, das mit Hilfe von Matthew Digby Wyatt, Charles Heard Wild und Owen Jones einen eigenen Plan vorlegte. In seiner Grundkonzeption war das Gebäude konventionell, mit betonter Repräsentation. Teilweise in Massivmauerwerk konzipiert, erfüllte es nicht die Wettbewerbsbedingungen eines demontablen Gebäudes, welches termingerecht und mit niedrigen Kosten erstellt werden sollte. Trotzdem wurden Kostenvoranschläge von verschiedenen Firmen eingeholt. Die geschätzten Materialkosten betrugen allein zwischen 120000 und 150000 Pfund Sterling, ca. soviel, wie später das fertige Gebäude von Joseph Paxton kostete. Auf Aufforderung des Baukomitees, zu welchem Paxton persönliche Verbindung hatte, sollte er – bereits bekannt durch seine Bauten in Chatsworth – einen Entwurf zum Ausstellungsgebäude liefern. Am 11. Juni 1850, während einer Gerichtsverhandlung der ›Midland Railway‹ in Derby, zeichnete Paxton die erste Idee zum Kristallpalast. Diese erste Skizze enthielt bereits die wesentlichen Elemente des späteren Entwurfs (Abb. 347).

Das Angebot mußte in sehr kurzer Zeit, bis zum 10. Juli, eingereicht werden. Zu diesem Zwecke setzte sich Paxton sogleich mit Robert Lucas Chance, dem Glashersteller, und mit der Firma Fox und Henderson,

348 Erster Entwurf, 6.7.1850, Holzstich

beide aus Birmingham, in Verbindung. Die Fa. Fox and Henderson hatte sich auf Konstruktionen in Guß- und Schmiedeeisen spezialisiert. Der Grundriß des Ausstellungsbaues mußte dem des Komitees genau entsprechen. Der Kostenvoranschlag, welchen die Firma vorlegte, betrug 150000 Pfund, eine Summe, welche sich auf 79800 Pfund verringern sollte, unter der Bedingung, daß das Material nach der Demontage in den Besitz der Ausführungsfirma überginge. Der Entwurf Paxtons war, wie er zuvor angekündigt hatte, nicht nur preiswerter als der Vorschlag des Komitees, sondern ermöglichte, bei Erfüllung sämtlicher Wettbewerbsforderungen, es auch den bereits in Frage gestellten Termin der Ausstellungseröffnung einzuhalten. Das Komitee war jedoch nicht gewillt, den eigenen Plan fallen zu lassen und den Auftrag einem Außenseiter, welcher weder Architekt noch Ingenieur war, zu übertragen. Paxton versuchte sich durchzusetzen, indem er am 6. Juli 1850 sein Projekt in der ›Illustrated London News‹ veröffentlichte (Abb. 348): »Der vorliegende Entwurf eines Gebäudes für die Ausstellung der Industrie aller Nationen – 1851 – wurde von Mr. Paxton angefertigt. Er berücksichtigt und umfaßt die beabsichtigten unterschiedlichen Zielsetzungen, sowohl die fortwährende Benutzung des Gebäudes als auch sein Umsetzen auf ein anderes Gelände, auf dem es als Wintergarten oder als ein riesiger Bau für die Hortikultur dienen, oder für eine ähnliche Ausstellung wie die von 1851 verwendet werden könnte. Ein Bau, in dem die Industrieerzeug-

nisse aller Nationen gezeigt werden, sollte sich allen Teilnehmern als ein Gebäude zur Ausstellung ihrer Fertigkeiten und Fabrikate anbieten, und während das Gebäude großzügige Unterbringung und die Eignung für alle beabsichtigten Zwecke gewährleistet, wird der Bau selbst das ungewöhnlichste und eigenartigste Kennzeichen der Ausstellung sein. Bei aller Achtung für andere Vorschläge erwarten wir, daß dies der vorliegende Entwurf beweisen wird. Der Entwurfsplan entspricht dem für die Ausstellung vorgesehenen Standort im Hyde Park; an dem von der Baukommission vorgelegten Grundriß müßte nur eine geringfügige Änderung vorgenommen werden. Der Bau hat eine gewaltige Ausdehnung, er erstreckt sich über eine Fläche von mehr als 21 Morgen (64750 m²), wenn man die Längs- und Quergänge hinzuzählt, wird noch 25% mehr Fläche gewonnen. Der ganze Bau wird von gußeisernen Säulen getragen, die auf patentierten Sockeln mit Schraubverbindungen ruhen: Außen ist ein 6 Fuß (1,83 m) hoher Sockel sichtbar. An den Enden des Gebäudes befindet sich jeweils eine große Eingangssäulenhalle, an jeder Seite gibt es drei ähnliche überdachte Eingänge, an denen man sich hinsetzen und Gesellschaft finden kann. Die Galerien, die sich über die ganze Länge des Gebäudes erstrecken, geben, zusammen mit den Quergängen, reichlichen Platz für die Ausstellung leichterer Handwerkswaren und gestatten die vollkommene Übersicht über alle ausgestellten Artikel. Da der ganze Bau mit Glas gedeckt und verkleidet ist, er-

349 Aus der Vogelperspektive, Holzstich

scheint das Gebäude leicht, luftig und angemessen. Für die Anlieferung der Güter auf Schienen von den Eingängen zu den verschiedenen Teilen des Gebäudes wird gesorgt, und eigene Möglichkeiten werden bereitgestellt, um die leichteren Waren auf die Galerien zu heben, auf denen es Stangen und Ketten zum Aufhängen von Waren aus Wolle, Baumwolle, Stoffen und anderen Artikeln, die drapiert werden können, geben wird. Auf Drehgelenken montierte Vergrößerungsgläser, die sich in kurzen Abständen auf den Galerien befinden, bieten zusätzliche Möglichkeiten, sich einen allgemeinen Überblick über die gesamte Ausstellung zu verschaffen.

Die außergewöhnliche Einfachheit des Baues in allen seinen Details läßt das Gebäude, wie Mr. Paxton glaubt, ökonomisch weit günstiger als das in den Illustrated London News vom 22. Juni vorgeschlagene Gebäude sein. Daß bei der Errichtung auch nicht eine Spur von Steinen, Ziegeln oder Mörtel auftaucht, ist ein besonderes Kennzeichen dieses Gebäudes. Das gesamte Dach und alle vertikalen Rahmenteile werden maschinell her-

gestellt, zusammengepaßt und mit der größten Schnelligkeit verglast, wobei die meisten Einzelteile schon fertiggestellt sind, wenn sie zur Baustelle kommen, so daß dort nur das vorgefertigte Material montiert wird. Der ganze Bau wird von gußeisernen Säulen getragen, die auch die ausgedehnte Dachfläche stützen, so daß man keine Innenwände braucht: Es werden innen die Trennwände gespart. Wenn der Bau nach der Ausstellung demontiert wird, kann das Material weit vorteilhafter verkauft werden, als es bei einem gemauerten Bau möglich ist; ein Teil des Materials würde sogar die Hälfte der ursprünglichen Ausgaben wieder einbringen. Indem jedes dritte vertikale Fassadenfeld mit beweglichen Lamellen versehen ist, die über eine Maschinerie geöffnet und geschlossen werden, wird eine vollständige Ventilation erreicht: Auch die Sockelelemente werden mit der gleichen Vorrichtung ausgerüstet. Mit ausgebreitetem groben Segeltuch, das bei heißem Wetter feucht gehalten wird, kann die Luftzirkulation beeinflußt werden, wodurch es im Inneren kühler als draußen wird. Damit das intensive Licht, das

413

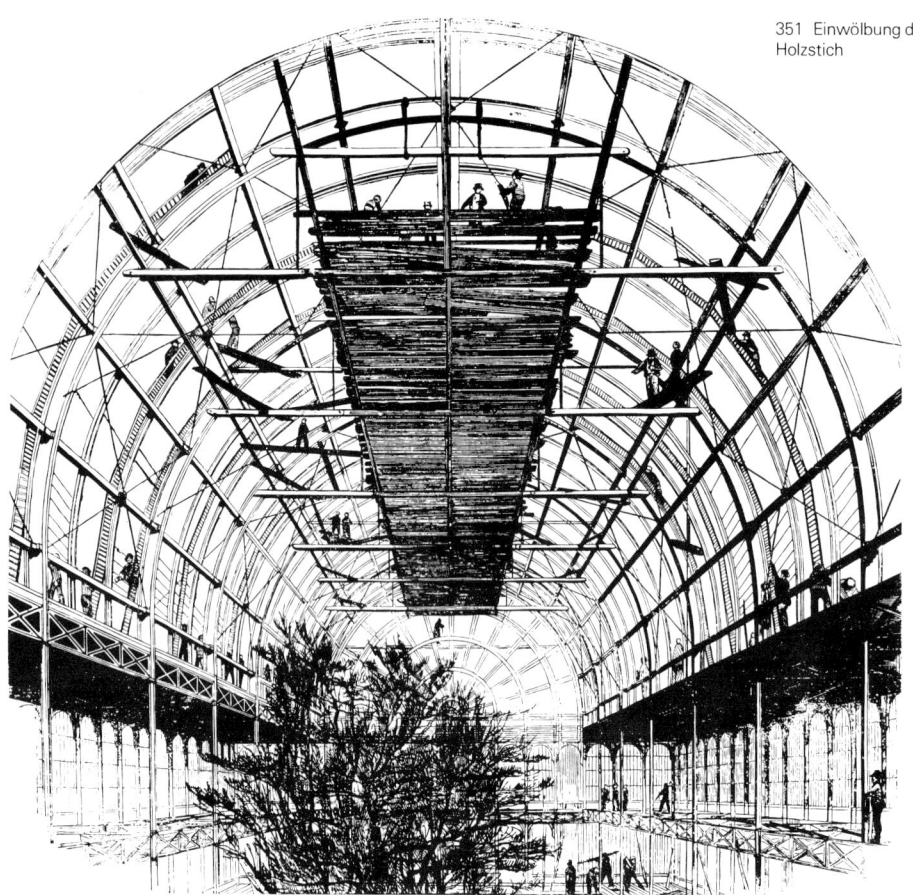

in einem Gebäude aus Glas auftritt, gemildert wird, ist
vorgesehen, alle vertikalen Elemente an der Südseite und
alle Dachteile außen mit Kattun oder Segeltuch abzudek-
ken, das am Dachfirst befestigt wird. Unter dem Tuch
würde die Luft zirkulieren und könnte damit, wenn es
gewünscht wird, zusammen mit der Ventilation innen
eine kühlere Atmosphäre als außen schaffen. Damit das
Dach leicht und anmutig erscheint, sollte es nach dem
›Ridge-and-furrow‹-Prinzip gestaltet und mit Tafelglas
verglast werden. Die Rippensparren setzen sich in ununterbrochenen Reihen über die ganze Länge des Baues
fort und werden von gußeisernen Balken gehalten. Die
Balken haben eine Hohlrinne, in der sich das Regenwasser, das von den hölzernen Kehlsparren abläuft, sammelt,
von dort wird es durch Hohlsäulen zu den Abflußrohren
geführt. Überall unter den Gängen liegen genügend dimensionierte Abflußrohre. Der Boden der Gänge und
Wege wird mit Lattenrost auf Querschwellen ausgelegt,
da es ökonomisch, bequem und leicht zu reinigen ist.
Nachdem die Ausstellung vorüber ist und der Bau vielleicht an eine andere Stelle verlegt wird, sollten Auffahr-

ten und Reitwege für den Gebrauch im Winter angelegt
werden. Den Fußgängern stehen etwa 3 km an Galerien
und mehr als 3 km an Spazierwegen im Erdgeschoß zum
Promenieren zur Verfügung, dabei gibt es gleichzeitig
ausreichend Raum für Pflanzen etc. Bemerkenswert ist,
daß bei dem vorliegenden Entwurf kein einziger Baum
gefällt werden müßte, da das Glasdach um die Baum-
stämme herum gehen könnte und die unteren Äste sich
in die Halle erstreckten. Mr. Paxton empfiehlt dieses
Verfahren jedoch nicht, sondern würde für 250 Pfund
veranlassen, jeden gesunden Baum auf dem Gelände her-
auszunehmen und zu ersetzen, ausgenommen wären die
großen alten Ulmen, die gegenüber dem Prince's Gate
stehen. Noch vor einigen Jahren würde es erschreckend
hohe Kosten verursacht haben, solch ein Gebäude wie
das hier erwogene zu errichten. Aber der rasche Fortschritt, der in England in den vergangenen vierzig Jahren
sowohl in der rationalisierten Konstruktion als auch in
der preiswerteren Herstellung von Glas, Eisen und anderen Baustoffen erreicht wurde, führte, zusammen mit
den erstaunlichen Möglichkeiten bei der Herstellung von

Rahmenprofilen und anderem Material, dazu, daß ein Bau, wie er hier beschrieben ist, zumindest in der Kostenfrage auf dem gleichen Niveau liegt wie ein herkömmliches Gebäude. Nicht das einzelne Merkmal, sondern der Bau als Ganzes wird eine auffällige Neuheit im Bereich der technischen Wissenschaft darstellen. Wenn wir bedenken, wie sich diese gewaltige Dachkonstruktion aus Glas über 21 Morgen Fläche sicher und exakt ausgebildet ausdehnt und daß diese riesige Struktur ganz und gar aus Glas zusammengesetzt ist, wagen wir mit Mr. Paxton zu hoffen, daß dieses Vorhaben den allgemeinen Beifall der britischen Öffentlichkeit finden wird, da es unvergleichlich in der Welt dasteht.«[115]

Die öffentliche Meinung war von Paxtons Vorschlag beeindruckt und sprach sich eindeutig für dessen Realisierung aus. Die Publikation bewirkte, daß Paxtons Pläne am 25. Juli 1850 vom Komitee angenommen wurden. Zuvor hatte das Baukomitee durchgesetzt, daß die Erhaltung der alten Ulmen im Hyde Park ohne Mehrkosten in Form einer Überdachung realisiert wird. Paxton und Fox versprachen eine Lösung zu finden: »Mr. Fox und ich gingen sofort in sein Büro, während er am Grundriß arbeitete, um die Baugruppe ins Zentrum des Gebäudes zu bringen, dachte ich darüber nach, wie sie überdacht werden könnten. Endlich kam ich auf die Idee, das Querschiff mit einer kreisförmigen Kuppel, ähnlich der des großen Gewächshauses in Chatsworth, zu versehen. Ich skizzierte einen Entwurf, der noch in der gleichen Nacht von einem Zeichner gezeichnet wurde, damit ich ihn am nächsten Tag, wie es vereinbart worden war, vorzeigen konnte.«[116] Die Bedingungen, unter welchen das Gebäude zu entstehen hatte – äußerst kurze Bauzeit, niedrige Kosten bei weitgehender Wiederverwendung der Bauteile nach der Demontage –, bewirkten einen Bauprozeß, der bis ins einzelne durch industrielle Fertigung bestimmt wurde. »Die außerordentliche Bedeutung dieses Unternehmens liegt, abgesehen von der kurzen Planungs- und Bauzeit, vor allem in der Verfahrenstechnik, d.h. Arbeitsorganisation, die mit der modernen Fließbandfertigung von Maschinenerzeugnissen zu vergleichen ist.«[117] Zur Koordination aller Arbeitsgänge an den verschiedenen z.T. vom Bauplatz entfernten Fabrikationsstätten der Bauteile, war eine exakte Ablaufplanung unbedingte Voraussetzung. Der Fortschritt des Bauprozesses ist das Resultat einer Planung, durch welche das Produzieren und Zusammensetzen der vorgefertigten Teile nach Paxtons eigenen Worten gleichsam wie eine Maschine funktionieren sollte. Am 30. Juli 1850 wurde die Baustelle eröffnet. Zugleich begann die Detailplanung, die ca. vier Monate dauerte. Parallel dazu wurden bereits wesentliche Konstruktionsteile in Produktion genommen. Die erste Säule wurde bereits am 26. September aufgestellt. Ende Januar, nach vier Monaten Bauzeit, stand das Grundgerüst des Ausstellungsbau-

es. Nach sechs Monaten Bauzeit war das Bauwerk fertiggestellt. Die Eröffnung konnte zum geplanten Termin, am 1. Mai 1851, stattfinden.

Der Bauvorgang wurde von der Presse sorgfältig verfolgt: Am 12. Oktober 1850 schreibt ›Panorama‹: »Die zentrale Avenue stellt einen Korridor dar, der ununterbrochen 1848 feet (563 m) lang vom Osten des Gebäudes zum Westen führt. Der schwierigste Teil der Arbeit ist, wie man die alten Ulmen, die höher als 90 feet (27 m) sind, in das Gebäude einplant. Die Konstrukteure haben weise dieses Problem zuerst in Angriff genommen. Halbrunde Rippen, die die Bäume bedecken werden, ruhen auf Säulen, die in drei Reihen aufgestellt werden, eine über der anderen. Die erste Serie der Reihen, die durch leichte gußeiserne Träger verbunden werden, bilden Quadrate von 24 feet (7,30 m), deren Oberfläche 765 feet beträgt. Diese Träger werden gleichzeitig eine Galerie stützen, die auf beiden Seiten der zentralen Passage die volle Längsseite einnimmt. Unter der Galerie geben die Quadrate gleichzeitig exzellenten Raum für eine Ausstellung von dekorierten Decken aller Art, und wir glauben verstanden zu haben, daß das Ausstellungskomitee bekanntgeben wird, daß dieser Raum für Dekorateure zur Ausstellung bereitgehalten wird. Jeder dieser Träger wird durch eine sinnreiche hydraulische Presse geprüft sobald er den Ort erreicht, und die enormen Rippen mit 72 feet (22 m) Spannweite werden in dieser Woche beendet und fertig zum Einsetzen sein. Es werden sechzehn Stück sein. Das Fundament der Säulen wird aus Beton, der aus Dorking Kalk gemacht wird, und dem Kies, den man zum Eingraben braucht, bestehen. Über den Beton wird die Grundlage für die Säulen gelegt …

Fast alle dieser Fundamente werden in dieser Woche an ihrem Platz angebracht werden. Es sind ungefähr 1500, und – als eine der wichtigsten Arbeiten – es muß sicher und ordentlich – bei schönem, trockenem Wetter – gemacht werden. Mehr als 500 Mann wird man fleißig bei der Arbeit sehen, und wenn mehr Gußwaren gebracht werden, wird die Anzahl der Arbeiter wahrscheinlich noch wachsen.«

Am 30. November 1850 schreibt dasselbe Blatt: »Es gibt kein Zögern auf seiten der Konstrukteure und ein ständiger Fortschritt am Gebäude kann ebenso von den Zuschauern beobachtet werden. Das Versprechen ist gehalten worden, wie der Duke von Wellington bei seinem Besuch letzter Woche feststellte: Was in den letzten sieben Wochen geschafft wurde, zeigt, was noch in den verbleibenden Monaten hinzugefügt werden kann. Das westliche Ende ist erreicht worden, beide, die untere und die zweite Reihe der Säulen, sind befestigt worden. Einige tausend feet der Querbalken und der Rahmenarbeit für den Boden sind eingesetzt worden und das Verglasen des Daches schreitet ununterbrochen fort, obwohl es Verzögerungsversuche von seiten einiger Arbeiter gab.

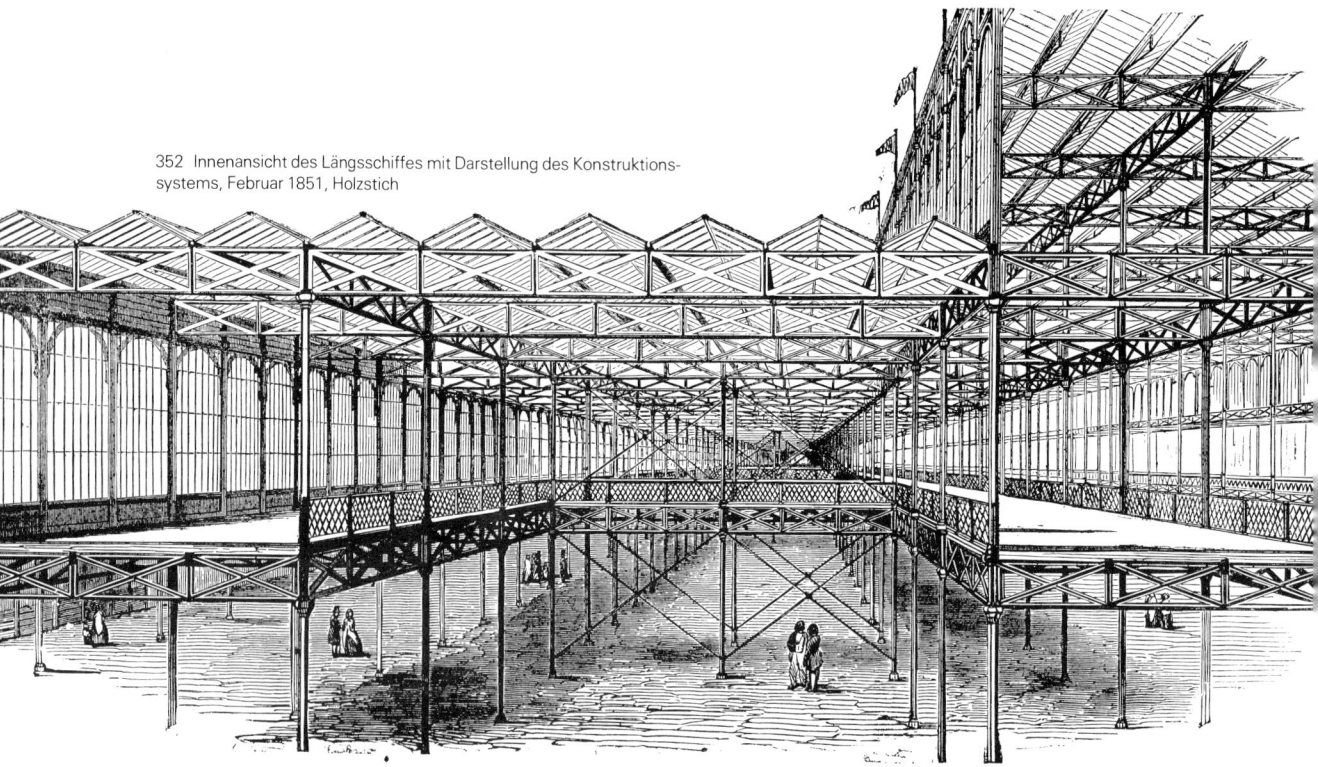

352 Innenansicht des Längsschiffes mit Darstellung des Konstruktionssystems, Februar 1851, Holzstich

Der Versuch der Glaser, höhere Löhne zu erhalten, ist sofort niedergedrückt worden. Der Fortschritt ihrer Arbeit verzögerte sich und es wurde bestimmt, daß sie nach Stückarbeit bezahlt werden sollten. Angeführt von einigen unzufriedenen Individuen streikte ein Teil der Glaser, aber da Ersatzkräfte schnell gefunden werden konnten, gaben mehrere von ihnen schnell auf und baten um Wiedereinstellung und es wurde entschieden, wenn mehr Arbeiter benötigt würden, sie zu berücksichtigen … Für die Herstellung und Montage der Bauelemente wurden neuartige Produktions-, Test- und Montagewerkzeuge entwickelt und eingesetzt. Jeder einzelne Binder wurde an der Baustelle mit Hilfe einer hydraulischen Presse geprüft. Bevor dieses Verfahren angewendet wurde, wurde die Vollbelastung der Träger durch im Gleichschritt marschierende Soldaten simuliert. Die Binder wurden durch einen Kran in die Prüfmaschine gehoben und sodann auf einen Lagerplatz transportiert, von wo sie bei Bedarf abgeholt und eingebaut wurden. Es wurden Hebewerkzeuge entwickelt, deren Tragkapazität das maximale Gewicht der Bauteile bestimmte. Kein Bauteil sollte mehr als eine Tonne wiegen. Zur Herstellung der Fensterprofile wurde eine mit Dampf betriebene Maschinenanlage konstruiert. Zur Verglasung des Daches wurde der Verglasungswagen eingesetzt.«[118]

Die Größenordnung des Bauwerkes führen die folgenden Mengenangaben und Maße vor Augen: 3300 Gußeisensäulen, 1128 Stützen für die Seitengalerie, 2224 Träger. Insgesamt wurden 550 Tonnen Schmiedeeisen, 3500 Tonnen Gußeisen, 900000 Quadratfuß (84000 m²) Glas – im Gewicht von ca. 400 Tonnen –, 34 Meilen (55 km) Abflußrohre, 30 Meilen (48 km) Regenrinnen und 202 Meilen (325 km) Sprossen benötigt.[119] Der gesamte Rauminhalt der überdeckten Grundrißfläche von 7766150 Quadratfuß (71869 m²) und der Galerieflächen von 207350 Quadratfuß (19283 m²) betrug 33 Millionen Kubikfuß (936300 cbm). »Mit sichtlichem Stolz wird erwähnt, daß diese Grundrißfläche ohne Galerien das Vierfache des Grundrisses in Rom sei oder, anders ausgedrückt, daß man viermal die Peterskirche auf dem Grundriß des Kristallpalastes hätte unterbringen können. Die St. Paul's Cathedral in London hätte siebenmal, der Dom zu Köln elfmal und die St. Stephanskirche in Wien gar siebzehnmal auf dieser Fläche Platz gehabt.«[120]

Finanzierung

Diesem nach den Gesichtspunkten industrieller Fertigung durchgearbeitetem Bauwerk, entsprach seine Finanzierungsform: Kapitalbeschaffung durch Subskription und durch Kredite der Bank von England. Nicht nur die technische Voraussetzung, sondern auch ein bestimmter Entwicklungsstand der Kapitalakkumulation waren notwendig, um ein solch großes Gebäude in so kurzer Zeit zu errichten. Von historischem Interesse ist die Tatsache, daß es durch die rationelle Herstellung des Ausstellungsbaues möglich war, im Rahmen der Ausstellung einen finanziellen Erfolg zu erzielen. »Nach dem abgeschlossenen ursprünglichen Kontrakt erhalten die Unternehmen Fox and Henderson für die Errichtung des Gebäudes sowie für Abbrechen desselben nach dem Schlusse der Ausstellung 79 800 Pfund Sterling. Soll das Gebäude aber stehenbleiben, so erhalten die Unternehmer 150 000 Pfund Sterling.« Im Unterschied zur Londoner Ausstellung konnten die folgenden Weltausstellungen keinen Gewinn bringen. Die Wiener Weltausstellung von 1873 schloß mit beträchtlichem Verlust ab. Das Gebäude der Londoner Weltausstellung konnte 17 000 Aussteller und über eine Million Exponate aufnehmen. Sie wurde von mehr als 6 Millionen Personen besichtigt.[122]

Baubeschreibung

Das gesamte Bauwerk war nach einem einzigen räumlichen Grundmodul aufgebaut. Über dessen Maß bestimmte die Glasindustrie. Sie lieferte damals in England Glasplatten von 49 Zoll Länge und 10 Zoll Breite. Die Länge des Glases – ungefähr 4 Fuß (1,22 m) – wurde das modulare Einheitsmaß, dessen Vielfaches den konstruktiven Aufbau der Struktur bestimmte. Bereits in Chatsworth, am ›Großen Gewächshaus‹, hatte Paxton die Glaslänge von 4 Fuß zur Grundeinheit des Grundrisses genommen. Der konsequente Fortschritt war, den 4-Fuß-Modul nicht nur in der Fläche (zweidimensional) anzuwenden, sondern ihn als räumliches Maß (dreidimensional) einzusetzen. Dies ergab einen Konstruktionsraster von 6 × 4 Fuß = 24 Fuß (7,32 m), und zwar der Fläche wie der Höhe nach. Dieser Raster bestimmte den Normalabstand der Stützen und damit die Länge der gußeisernen (bzw. hölzernen) Träger. Insgesamt gab es vier Trägertypen: Normalträger von 24 Fuß (7,32 m), Träger von 48 Fuß (14,64 m) und 72 Fuß (21,96 m) in den Nebenschiffen bzw. im Hauptschiff (Abb. 58). Das gesamte Gebäude war in seinem Grundriß ein langes, schmales Rechteck, mit einem Längs- und Querschiff (Transept) in der Mitte (Abb. 349). Die sich von Norden nach Süden erstreckende Gesamtlänge betrug 1848 (77 × 24) Fuß (563 m), die Gesamtbreite 408 (17 × 24) Fuß (124 m). Diesen Raum durchzog in der Längsrichtung, seiner ganzen Höhe nach frei und ungeteilt, ein 72 (3 × 24) Fuß (21,96 m) breites Längsschiff, in der Mitte von einem ebenso breiten, jedoch durch ein Gewölbe überspannten Querschiff (Transept) durchschnitten. Beide waren rings von niedrigeren, in Galerien zerlegte Seitenschiffen begleitet. Die Galerien liefen in vier parallelen Linien nach der ganzen Länge des Gebäudes auf jeder Seite des Hauptschiffes entlang und waren an mehreren Stellen durch kurze Stege miteinander verbunden; damit aber auch eine durchgehende Kommunikation in ihrer ganzen Ausdehnung erreicht wurde, liefen sie auch um das Querschiff herum. Zu ihnen gelangte man über acht doppelarmige Treppen.

Die Gesamtfläche von 773 784 Quadratfuß (71 869 m²) (mit Galerien: 92 000 m²) wurde durch den 24-Fuß-Quadratraster bestimmt. Der gleiche Modul bestimmte auch die Höhenentwicklung. Das Bauwerk gliederte sich in abgestufte Stockwerke, die den Galerien entsprachen. Ernst Werner hat den modularen Höhenaufbau analysiert: Sieht man von den 22 m langen Trägern an der Verschneidungslinie von Längs- und Querschiff ab, so waren alle Träger 3 Fuß (91 cm) hoch. Die Stützen im Erdgeschoß maßen bis zur Oberkante des Trägers ca. 22 Fuß (6,76 m). Jedes der beiden anderen Geschosse hatte Stützen von 17 Fuß (5,18 m) bis zur Unterkante der Träger. Die Geschoßhöhe betrug 20 Fuß (6,10 m). Alle drei Geschosse ergaben eine Höhe von ca. 62 Fuß (18,9 m): Das Längsschiff hatte demnach 64 Fuß (19,52 m) Höhe, zählt man die Konstruktion des Daches hinzu.[123]

353 Innenansicht des Transeptes, Januar 1851, Holzstich

Man kann die Gesamtanlage des Inneren als ein zur Riesenlänge ausgedehntes, rechteckiges, von einem Mitteltrakt (Transept) durchquertes Langhaus bezeichnen, dessen Hauptschiff rings von doppelstöckigen Galerien umzogen war. Mit der Verwendung des räumlichen Rasters, welcher ein zunächst immaterielles, abstraktes Gerüst zur Strukturierung des Raumes bildete, war die Grundvoraussetzung für industrielle Fertigung gegeben. Das Problem, mit welchem Paxton konfrontiert war, bestand darin, diesen Raumraster in Konstruktion und Ausbau so zu übersetzen, daß die Bauelemente und deren Anschlußpunkte in typisierter Form ausgebildet waren. Es war wichtig, die Bauelemente in ihren Typen auf ein Minumum zu reduzieren, um dadurch eine große Serie in der Herstellung, Vereinfachung in der Montage und eine Wiederverwendung zu ermöglichen. Das riesige Bauwerk ist, diesem Gesichtspunkt folgend, aus einer geringen Anzahl von Bauelementen zusammengesetzt. Eine kurze Beschreibung derselben soll dazu dienen, die konsequente Durchbildung aller Konstruktionsteile in Hinblick auf Vorfertigung und Standardisierung zu zeigen:

354 Verglasungswagen, der ›Paxton-Rinnenbalken‹ dient als Fahrschiene, Dezember 1850, Holzstich

Fundamente

Die Fundamente der Säulen waren auf Kiesschüttung aufgebracht und bestanden aus Beton (Dorking Kalk). Als Einzelfundamente waren sie so ausgelegt, daß sie eine Bodenpressung von 2,5 Tonnen pro Quadratmeter aufnehmen konnten. Die Fundamente reichten 10 cm über dem Terrain, mit einer gußeisernen Auflagerplatte für die Säulen versehen. In der Auflagerplatte war eine Röhre integriert, über welche das Regenwasser, das aus den Säulen kam, weitergeleitet wurde. Zur Herstellung der 1500 Einzelfundamente wurden im Oktober 1850 500 Arbeiter beschäftigt.

Tragkonstruktion

Wie die Einzelfundamente, waren auch die gußeisernen Säulen, bis zu drei Geschosse hoch aneinandergeschraubt, in ihrer Ausbildung standardisiert. Die innen hohlen Säulen hatten immer den gleichen Außendurchmesser, waren jedoch entsprechend den auftretenden Belastungsvarianten mit verschiedenen inneren Wandstärken ausgeführt. Auf diese Weise war es möglich, die dazugehörigen Binder und Balken ebenso wie die Säulen in einheitlichen Standardmaßen in Massenproduktion herzustellen. Die unterste Säule, 5,84 m lang, war über Verbindungsstück mit den mittleren Säulen durch Schrauben verbunden. Das Verbindungsstück war so ausgebildet, daß es gleichzeitig das Auflager für den Gitterträger der Galerie bildete. Seine Höhe wurde durch den 91,50 cm hohen Gitterträger bestimmt. Das Verbindungsstück bot das genormte Auflager nach vier Richtungen für alle Bindertypen. Zugleich war es möglich, über die Schraubverbindungen des Zwischenstückes auch die diagonale Verspannung der Säulen zu befestigen. Dieser Knotenpunkt, der insgesamt zehn Anschlüsse erlaubte, zeigt deutlich den technischen Standard, welchen die Ingenieurbaukunst an diesem Bauwerk erreicht hatte. Er bildete nicht nur ein einfaches Auflager für die Träger, sondern war, indem er durch Nasen und Zapfen den Träger seiner ganzen Höhe nach einspannte, zugleich imstande, die auftretenden Querkräfte an die Säulen zu übertragen. Dadurch sowie durch die Diagonalen erhielt das Gebäude, das keinerlei massive Wandflächen aufwies, die nötige Quersteifigkeit (Abb. 77, 84, 360). Der gußeiserne Galeriebinder war 3 Fuß hoch und hatte ein Achsmaß von 24 Fuß Länge. Er war in drei Rechteckfelder geteilt, welche von den Diagonal- und Vertikalstäben gebildet wurden. Die gußeisernen Träger hatten alle gleiche Länge und Tiefe, und nur die Stärke des Metalls war je nach dem Gewicht, das auf ihnen lastete, verschieden. Vor ihrer Verwendung wurden diese Träger mittels einer hydraulischen Presse einer Probe in der Art unterworfen, daß die leichteren für das Dach mit neun Tonnen, diejenigen aber, welche die Galerie trugen, mit fünfzehn Tonnen belastet wurden. Das Gewicht der leichteren Träger war ungefähr 500 kg und der stärkeren etwa 600 kg. Diese Träger wurden zur Überspannung der 24-Fuß-Breite verwendet, wozu man im Ganzen 2141 Stück gebrauchte (Abb. 58 a, 84, 350, 355).

Wie bei allen von Paxton konstruierten Gebäuden wird auch an diesem Bauelement der notwendige statische Querschnitt optimiert. Bei gleichbleibender Höhe folgt der Träger dem Kraftfluß, indem er in der Feldmitte sich verbreitert, und zu den Anschlußpunkten hin sich verjüngt. Durch die Darstellung der Kräfteverhältnisse in der Konstruktionsform bei gleichzeitiger Minimierung des Querschnitts, traten Formen hervor, die die Vorherrschaft der geraden Linie aufzuheben vermochten und

Testing the Galleries of the Great Exhibition Building.

dem Gebäude eine Mannigfaltigkeit der Form verliehen. Auf den Galeriebindern waren die Bohlen des Holzbodens der Galerie aufgelegt. Auf dem Verbindungsstück zur untersten Säule stand die mittlere Säule, welche 5,18 m lang war und ebenfalls über Anschlußstücke mit der obersten Säule verbunden war. Diese, ebenfalls von derselben Länge, trug über den letzten aufgeschraubten Knotenpunkt die Gitterträger des Daches, welches die Höhe des großen Längsschiffes hatte. Auf den Gitterträgern ruhten, quer gelegt, die unterspannten Rinnenbalken des ›Ridge-and-furrow‹-Glasdaches (Abb. 357). Ein besonders langer Träger überspannte mit 72 Fuß das Längsschiff (Abb. 58 b). Er hatte die Normhöhe und konnte an den Knotenpunkten ebenso wie die anderen Träger angeschlossen werden. Die vertikalen Zugstäbe waren aus Schmiedeeisen, die Druckstäbe aus Holz. Bei der Berechnung des Tragvermögens der Dachträger wurde angenommen, daß das Dach 1 Fuß hoch mit Schnee bedeckt und mit annähernd 100 Kilo pro Quadratmeter belastet wäre, in welchem Falle die 24-Fuß-Träger fünfeinhalb Tonnen, die 48-Fuß-Träger elf Tonnen und die 72-Fuß-Träger sechzehn Tonnen zu tragen gehabt hätten. Das Dach war horizontal und gemäß den Haupt- und Nebenschiffen abgetreppt. Die Dachhaut bildeten schräge Glasflächen nach dem Ridge-and-furrow‹-Prinzip. Die Träger der Dachhaut waren Rinnenbalken aus

355 Belastungstest der gußeisernen Fachwerkträger durch im Gleichschritt marschierende Soldaten, März 1851, Holzstich

356 Verglasungsarbeit im unteren Teil des Kristallpalastes, November 1851, Holzstich

419

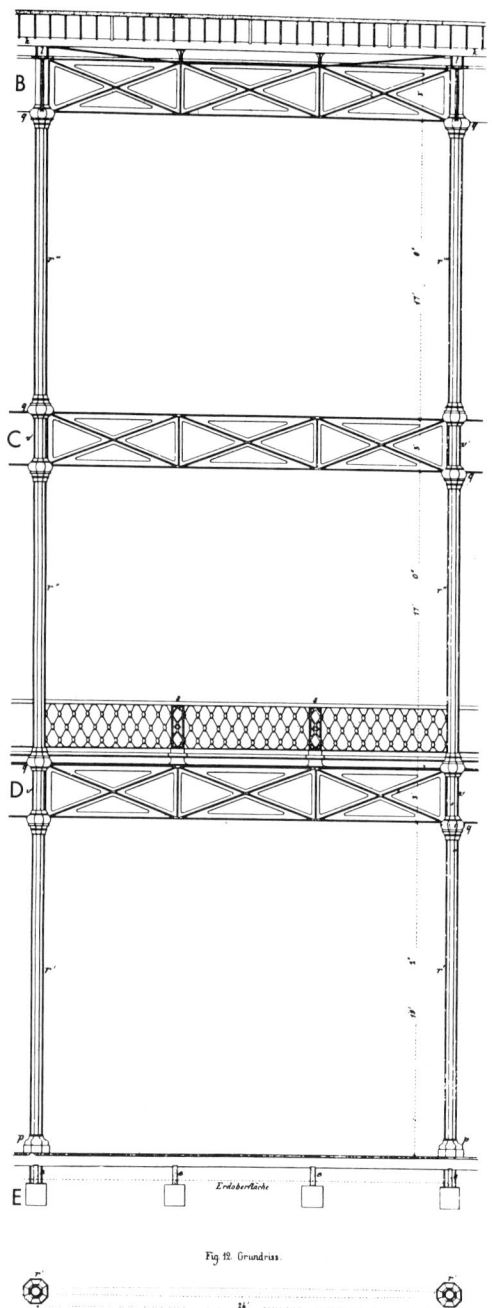

Fig 12. Grundriss.

357 Gußeisernes Tragskelett im Stockwerkaufbau

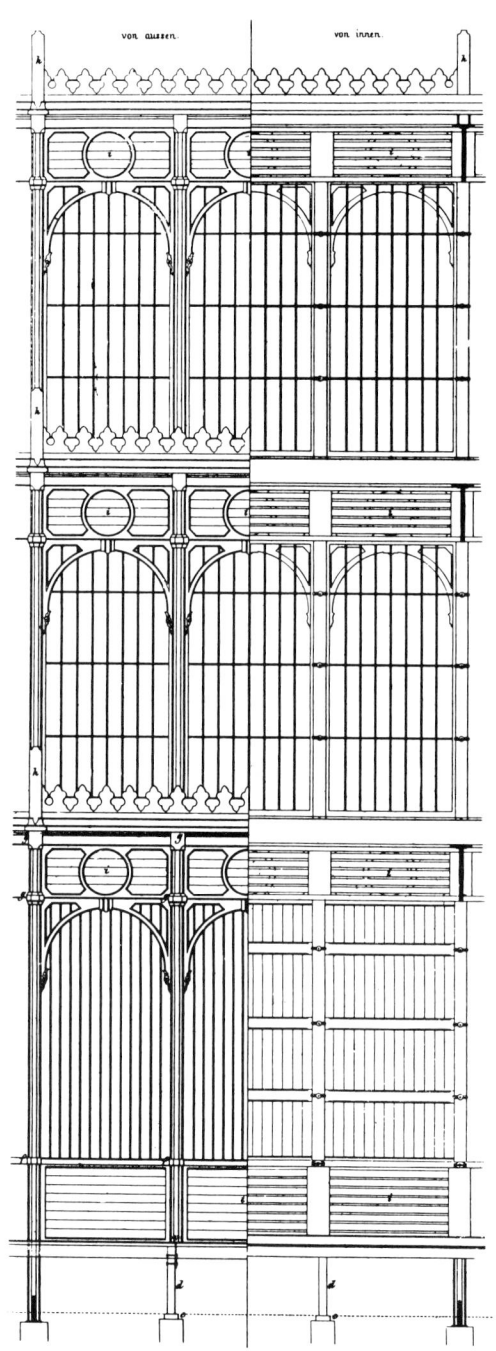

358 Fassade des Längsschiffes

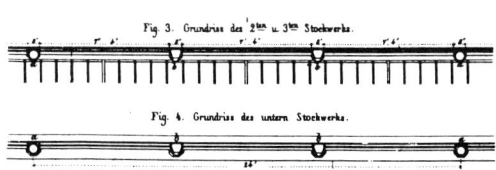

Fig. 3. Grundriss des 2ten u. 3ten Stockwerks.

Fig. 4. Grundriss des untern Stockwerks.

420

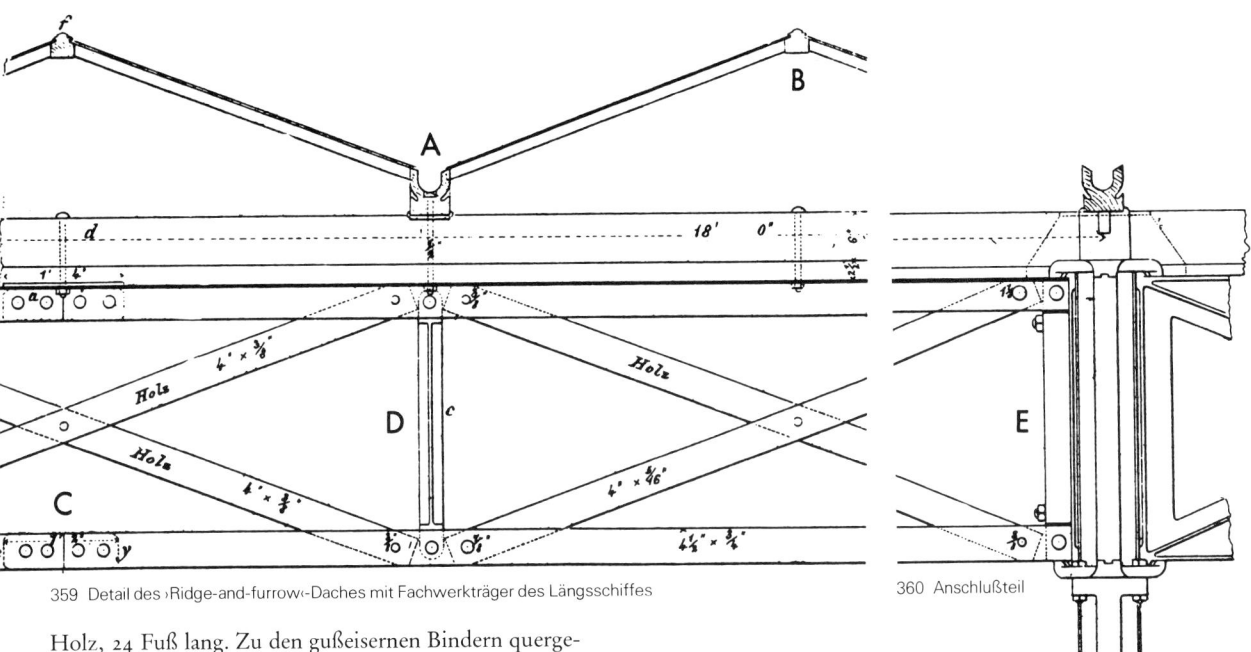

359 Detail des ›Ridge-and-furrow‹-Daches mit Fachwerkträger des Längsschiffes   360 Anschlußteil

Holz, 24 Fuß lang. Zu den gußeisernen Bindern querge-
legt, waren sie durch eine eiserne Stange und zwei Eisen-
pfosten unterspannt und aufwärts gebogen. Die Biegung
des Balkens gab dem Wasser das erforderliche Gefälle.
Sie besaßen auf jeder Seite kleine Kanäle zur Ableitung
des Kondenswassers, welches sich auf der inneren Fläche
des Glases absetzte. Von diesen sogenannten Paxton-
Balken wurden 2940 verwendet; sie lagen 2,44 m weit
auseinander. Auf den Seiten waren die Sprossen für das
Glas aufgenagelt. Diese trugen den keiner weiteren Unterstützung bedürfenden First. Sie wurden am Ende
durch Riegel mit der Hauptrinne verbunden. Diese,
ebenfalls aus Holz, lag unmittelbar auf den Fachwerkträgern auf. War sie mit diesen verbunden, wurde die
Gesamttragwirkung erhöht (Abb. 22b, 359, 360). Bei
einer so großen Dachfläche war die Ableitung des Regenwassers kein unwesentliches Problem. Es konnte mit
Hilfe Paxtons Erfahrung, die er im Gewächshausbau
sammelte, gelöst werden. Wie im ›Victoria regia-Haus‹
von 1849 sowie in der Patentschrift von 1851 (Abb. 98),
wurde die horizontale Leitung des Wassers in zwei un-
tereinanderliegenden Ebenen, in einem System von
Haupt- und Nebenrinnen, geführt. Der Niederschlag gelangte über die schrägen Glasflächen in die Nebenrinnen
(›Paxton's Gutter‹), sodann in die quergelegten Haupt-
rinnen, von hier durch die hohlen Stützen in die Kanalisation. Dieses dichte Netzwerk horizontaler und vertikaler Wasserführung erlaubte es, das bei dieser riesigen Fläche anfallende Wasser ohne Schaden auf schnellstem Wege abzuleiten. Durch Integration der Wasserführung in
die Tragkonstruktion wurde die Ausbildung gesonderter, den Gesamteindruck störender Bauteile vermieden.

Diese von Paxton hier zur Reife entwickelte technische
Lösung des Dachtragwerkes war in ihrer Konsequenz bis
dahin nicht erreicht worden.

An der Schnittlinie des Längsschiffes mit dem Querschiff an der Ost- und Westseite wurden 6 Fuß (1,83 m)
hohe Parallelgitterträger, in einer Form wie man sie zu
der Zeit bereits für Brücken verwendete, zur Überspannung eingesetzt (Abb. 58c). Diese hohen und engmaschigen Gitterträger wurden aus Schmiedeeisen gefertigt und
verschraubt und hatten gußeiserne Endstücke. Sie besaßen doppelte Zugstreben, eine konstruktive Neuheit in

361 Joseph Paxton erhält ein Stück vom Kuchen des Profites, den die
Weltausstellung von 1851 abwirft, Karikatur

421

jener Zeit. Dies bewirkte verringerten Materialaufwand und größere Steifigkeit gegen Knicken. Entsprechend der verdoppelten Höhe der Binder war auch die Länge der Anschlußknoten doppelt, so daß der normale Anschluß in die anderen Richtungen mit Normalbindern möglich war. Da diese Binder die Last des Tonnengewölbes des Transeptes trugen, mußte je eine zusätzliche Säule die Last nach unten ableiten. Das Tonnengewölbe des Querschiffes war mit 72 Fuß freier Spannweite nur 2 Fuß größer als das Mittelschiff des ›Großen Gewächshauses‹ in Chatsworth. Das Gewölbe war wie das von Chatsworth aus gebogenen Paxton-Rinnenbalken konstruiert (Abb. 44, 45, 351, 353). Der fundamentale Unterschied

jedoch liegt in der Herstellung und Montage des Daches. Es wurden nicht mehr Einzelbögen montiert. Bereits auf dem Boden wurde ein räumliches Großelement, bestehend aus zwei Bogenbindern, Querpfetten, Nebenrippen und Zugdiagonalen, zusammengesetzt und in einem Stück an den bereits aufgestellten Gußeisensäulen mit Winden hochgezogen. Dieses Großelement war das Traggerüst für eine Fläche von ca. 350 m² Verglasung.

Wie bei der Tragkonstruktion war auch das Sprossen- und Balkenwerk der Dachkonstruktion bis an die Grenze der statischen Belastbarkeit ausgenutzt. Die Verringerung der Querschnitte bewirkte die große Transparenz des gesamten Bauwerks. Die optische Leichtigkeit des

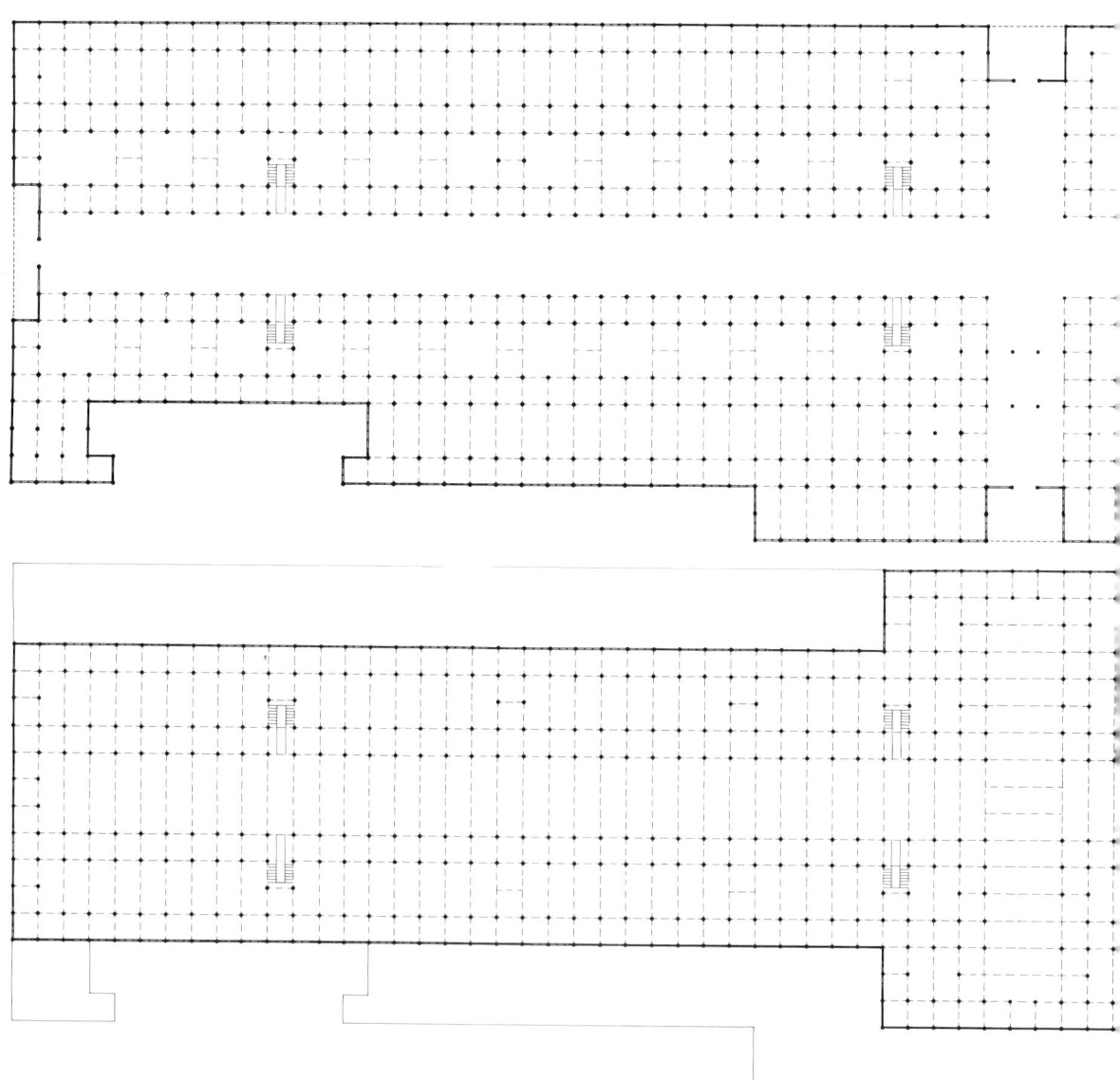

Daches findet ihre Entsprechung in dessen Eigengewicht: Das Gewicht des auf den Skelettbau ruhenden Daches betrug mit dem Glas 155 kg pro m², bei dem Dach des Querschiffes betrug dieses Gewicht inklusive der Rippen 28 kg pro m², Gebälk und Fußboden der Galerie wogen pro m² 41 kg. Die Verglasung wurde als ›Ridge-and-furrow‹-Dach, wie in Chatsworth, ausgeführt. Das Glasgewölbe wurde durch eine große Rosette an den beiden Stirnseiten abgeschlossen. Die wenigen Zugdiagonalen, die notwendig waren, um den Gesamtbau die nötige Aussteifung zu geben, waren Rundstähle, welche in Spannringen zusammengeführt wurden. Der Spannring wurde mit einer gußeisernen Abdeckplatte

versehen, die zum ästhetischen Schmuck in Form eines achtstrahligen Kristalles erhoben wurde. Dies beleuchtet zugleich die Grundhaltung des Architekten, konstruktive Glieder des Bauwerkes durch sorgfältige Ausbildung in ihrer Funktion zu verdeutlichen und in das Blickfeld des Betrachters zu rücken.

Fassade

Die Fassade des Ausstellungsbaues wurde durch ein einziges, immer wiederkehrendes Bauelement zusammengesetzt. Der Hauptraster von 24 Fuß war auch hier bestimmend. Der 24-Fuß-Abstand der tragenden Gußeisensäulen wurde durch zwei Halbsäulen in drei Felder zu je 8

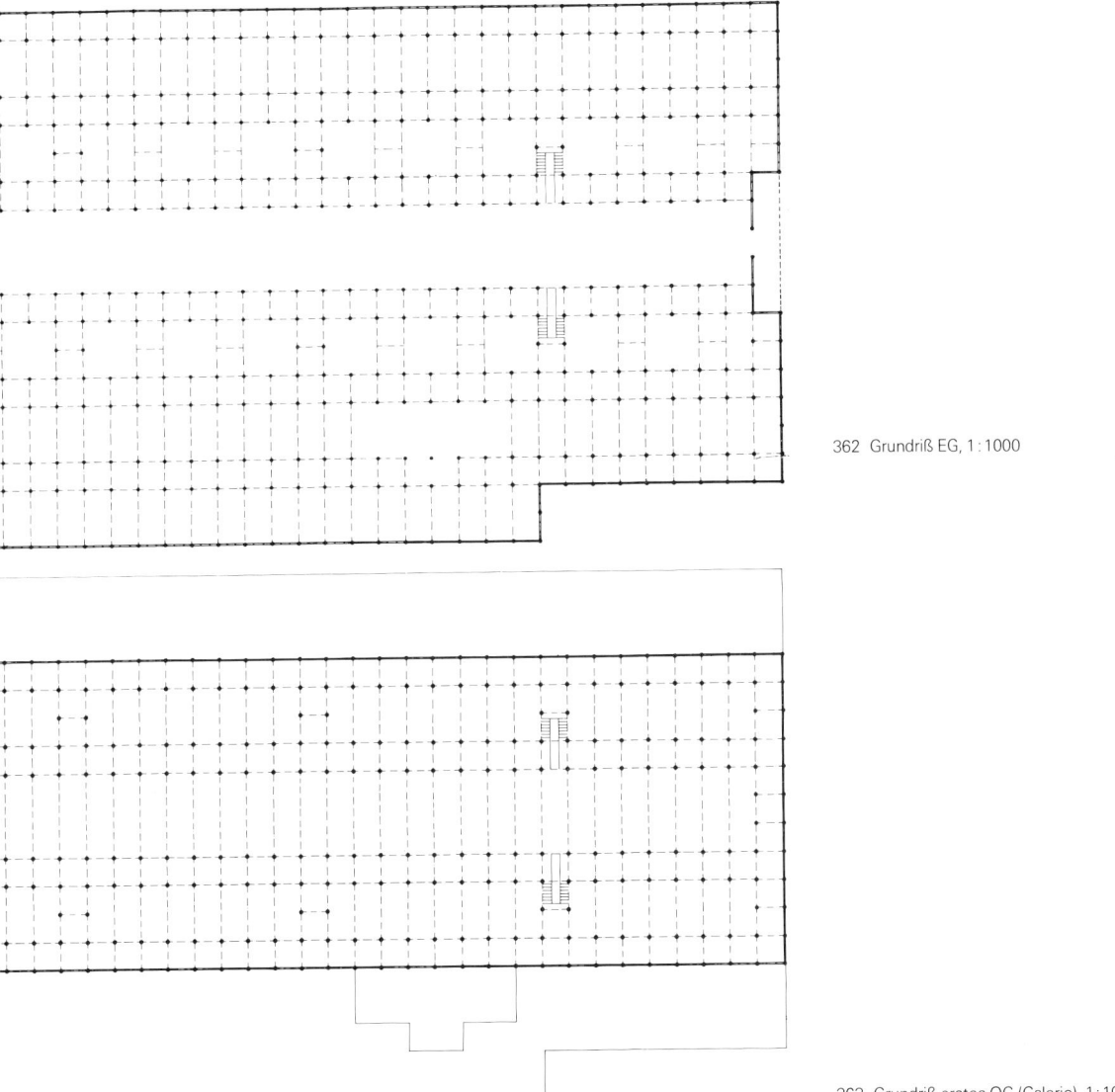

362 Grundriß EG, 1:1000

363 Grundriß erstes OG (Galerie), 1:1000

423

Fuß geteilt. Zwischen den Säulen wurden gußeiserne Bögen samt Füllung eingesetzt. Die Verglasung wurde in einem eigenen Rahmen zwischen den Säulen eingesetzt. In ihrem Aufbau hat diese Fassade ihren Vorläufer im ›Victoria regia-Haus‹ Paxtons von 1849. Im Erdgeschoß wurde anstelle von Glas eine Holzfüllung verwendet. Die Außenwände der offenen Höfe bestanden ebenfalls aus Glasfenstern unter den Gitterträgern, diese selbst wurden mit Glas ausgefüllt (Abb. 358).

Ventilation und Verglasung

Die Lüftung des Bauwerkes wurde nach dem Prinzip der von Paxton errichteten Gewächshäuser durchgeführt: Im oberen Teil eines jeden Stockwerkes der Umfassungswände sind entlang der ganzen Ausdehnung eine Reihe von Luftklappen angebracht. Im Erdgeschoß befinden sich diese Luftklappen in der 1,20 m hohen Brüstung. Sie sind aus Eisenblech und zur beliebigen Regulierung des Luftzuges beweglich. Im Dach sind ebenfalls bedeutende Flächen zur Lüftung bestimmt. Die gesamte Fläche der Lüftungsöffnungen beträgt 3800 m².

Die gesamte verglaste Fläche des Ausstellungshauses betrug 900000 Quadratfuß, d.h. 84000 m². Die Größe der von der Fa. Chance Brothers, Birmingham, hergestellten Glasplatten betrug, wie erwähnt, 49 Zoll Länge und 10 Zoll Breite. Die Stärke betrug $\frac{1}{16}$ Zoll. Die Verglasung hatte ein Gesamtgewicht von 400 Tonnen, das entspricht einem Drittel der Jahresproduktion der damaligen englischen Glasindustrie. Wie bereits in Chatsworth, bediente sich Paxton auch hier einer von ihm ersonnenen mechanischen Vorrichtung zur Verglasung des Daches. Die Rinnen des ›Paxton's Gutter‹ dienten als Geleise für die Räder eines Verglasungswagens. Der Wagen war überdacht, so daß die Glaser ihn auch bei schlechtem Wetter benutzen konnten. An jeder Seite des Wagens war ein Kasten für das Glas angebracht. Auf dem Wagen selbst war Platz für zwei oder drei Glaser.

Trotz der hohen Qualität seiner technischen Lösung zeigten sich am Bau Mängel, welche aus der Übertragung des im Gewächshausbau entwickelten Konstruktionstypus auf den Ausstellungsbau zu erklären sind. War im Gewächshausbau maximale Sonneneinstrahlung erwünscht, so war sie hier wegen zu großer Wärme störend. Paxton suchte dieser Störung dadurch zu begegnen, daß er an den kritischen Punkten der Dachflächen Leinwand auflegen ließ. Unter dem Transept boten die mit Glas eingedeckten Bäume Schatten. Ein eigenes Wasserleitungssystem, aus einem Springbrunnen gespeist, sorgte für die Befeuchtung der Leinwand an heißen Sommertagen, wodurch eine zusätzliche Abkühlung der Dachhaut erreicht wurde. Das andere Problem waren Schäden in der Verglasung. »Wie die spätere Erfahrung lehrte, so verursachte jeder Regen nicht unbedeutende Verluste durch Beschädigung der ausgestellten Gegenstände, da sich immer neue undichte Stellen des Daches ergaben; nicht selten durch die zerbrochenen Scheiben herrührend, die von dem Werfen der langen Holzsprossen gesprengt wurden. Um sich gegen dergleichen Übel möglichst und mit den geringsten Mittel zu schützen, wurden die einzelnen Abteilungen der ausgestellten Gegenstände mit Dächern von Wachstuch überspannt, wodurch allerdings dem großartigen Eindruck des Ganzen geschadet wurde. Frei hiervon waren jedoch die beiden Hauptschiffe.«[124]

Text

Kritiken zeigen, daß der Londoner Kristallpalast nicht nur von uns, sondern auch von den Zeitgenossen in seiner Bedeutung als Wendepunkt im Bauen begriffen wurde. War das Urteil über die vollbrachte technische Pioniertat einhellig, so zeigt die Reaktion, die die Raumwirkung hervorrief, daß Technik und Ästhetik nicht immer als Einheit empfunden wurden.

»Paxtons Kristallpalast: Die vielbesprochene und viel bestrittene Schönheit des Gebäudes, in dem wir uns bewegen, beruht meines Erachtens darauf, daß es unmöglich ist, mit dem gegebenen Material, Eisen und Glas, den gegebenen ganz singulären Zweck besser zu erfüllen, als es Paxton getan hat ... Wir sehen ein feines Netzwerk symmetrischer Linien, aber ohne irgendeinen Anhalt, um ein Urteil über die Entfernung desselben von dem Auge und über die wirkliche Größe seiner Maschen zu gewinnen. Die Seitenwände stehen zu weit ab, um sie mit demselben Blick erfassen zu können, und anstatt über eine gegenüberstehende Wand streift das Auge an einer unendlichen Perspektive hinauf, deren Ende in einem blauen Duft verschwimmt. Wir wissen nicht, ob das Gewebe hundert oder tausend Fuß über uns schwebt, ob die Decke flach oder durch eine Menge kleiner paralleler Dächer gebildet ist; denn es fehlt ganz an dem Schattenwurf, der sonst die Seele den Eindruck des Sehnervs verstehen hilft. Lassen wir den Blick langsamer wieder hinabgleiten, so begegnet er den durchbrochenen blaugemalten Trägern, anfangs in weiten Zwischenräumen, dann immer näherrückend, dann sich deckend, dann unterbrochen durch einen glänzenden Lichtstreif, endlich in einen fernen Hintergrund verfließend, in dem alles Körperhafte, selbst die Linie, verschwindet und nur noch die Farbe übrigbleibt. Erst an den Seitenwänden orientieren wir uns, indem wir aus dem Gedränge von Teppichen, Geweben, Tierfellen, Spiegeln und tausend anderen Draperien eine einzelne freie Säule heraussuchen – so schlank, als wäre sie nicht da, um zu tragen, sondern nur das Bedürfnis des Auges nach einem Träger zu befriedigen –, ihre Höhe an einem Vorübergehenden messen und über ihr eine zweite und dritte verfolgen ...« (Lothar Bucher: Kulturhistorische Skizzen aus der Industrieausstellung aller Völker. London 1851)

»Der Kristallpalast geht von der Linie aus und vereint sie mit ihres Gleichen zu Flächen weiter: die Flächen sind teilweise unsichtbar, sie bestehen im weitaus größten Teil aus durchsichtigem Glas, sie umschließen ein Raumvakuum. Und dennoch ist das Ganze ein ›Haus‹, nach dem ältesten und strengsten Begriff dieses Wortes: Es hat Schutzbedürftiges unübertrefflich gut geborgen, es hat Wand und Decke und ist sogar sehr reich gegliedert! Ja: als dieses nur aus praktischen Erwägungen durch statisches Rechnen und Summieren von Einzelelementen gewonnene Raumgebilde vollendet stand, riß es seine Besucher nicht nur zu jenem Hochgefühl hin, das jede Überwindung größerer Schwierigkeiten als Ausdruck der Kraft des menschlichen Geistes und Könnens hervorruft, sondern zu staunender Bewunderung seiner Eigenart, die man als eine neue Schönheit empfand. Noch heute klingt dies aus den Schilderungen der ersten Eindrücke heraus. Dieser Riesenraum hatte etwas Befreiendes. Man fühlte sich in ihm geborgen und doch ungehemmt. Man verlor das Bewußtsein der Schwere, der eigenen körperlichen Gebundenheit. Aber die baulichen Mittel, die solche Wirkungen hervorriefen, sind denen der früheren Baukunst entgegengesetzt: keine Schönräumigkeit, von einstrahlendem Höhenlicht wohlig durchflutet, kein Gegensatz von zusammengeballten und aufgelockerten Massen von Schatten und Licht, keine Formverfeinerung vom Boden zur Decke hinauf, keine einzige ›Schmuckform‹ – nur gleichmäßige Helle.« (Meyer 1907, S. 69)

»Der Kristallpalast kann in der Tat als der nun sichtbar gewordene Wendepunkt angesehen werden, durch den die gesamte Entwicklung der Baugeschichte eine andere Richtung einschlug. Faszinierend dabei ist, daß das Ganze nur aus einfachen, kleinen Teilen besteht, es gibt keine gewaltigen, kolossalen Baukörper. Nichts ist da, was nicht bis in das kleinste Detail sofort verstanden werden kann ... Wenn man den Stil der damaligen Zeit berücksichtigt, so erscheint dieses Gebäude weit außerhalb seiner Epoche, obwohl es doch nur durch sie bedingt war. Denn Paxton konnte seine Ideen erst durch die Erkenntnis der Möglichkeiten und Mittel, die sich nun schon anboten, verwirklichen. Aber, was er baute, demonstrierte nicht nur neue Einsichten, sondern wurde geradezu ein Symbol eines neuen Zeitgefühls. Aus Vernunft und Logik, den Gedanken des neuen technischen Zeitalters intuitiv erfassend, entstand eine neue Schönheit, wie sie nie vorher erkannt, gewertet und empfunden wurde. Der Kristallpalast war ein Kunstwerk.« (Wachsmann 1959, S. 14)

»Im grünen Hyde Park zu London stand im Jahre 1851 ein ungeheurer Palast von Eisen und Glas, in dem die Industrie ein großes Fest feierte. Aus allen Enden und Orten der Welt kamen ihre Untertanen herbei und breiteten die reichen Erzeugnisse ihres Kunstfleißes vor den staunenden Augen aus. Die hohe Königin von England, an der Hand ihres Gemahls, des Prinzen Albert, umge-ben von den Großen ihres Reiches weihte diese Ausstellung ein. Man sprach in der ganzen Welt von nichts anderem, als von der großen Industrieausstellung in London und von dem wunderbaren Kristallpalast mit seinen hunderttausend Säulen, seinem hohen Glasbogendach, unter dem die höchsten Ulmen grünten, und von seinem langen Mittelgange, dessen Ende sich in blaue Ferne verlor ...« (Die Gartenlaube, 1853, Jg. 1, S. 292)

»Die Welt-Industrie-Ausstellung von 1851 war als erste Verdichtung der industriellen Intelligenz der ganzen Erde – als der erste Völker-Kongreß auf dem Boden der Bildung – vielleicht das Größte und Segensreichste des Jahrhunderts, vielleicht auch in architektonischer Beziehung, denn auch das ungeheure Bauwerk, von Eisen und Glas gewoben, war ein Ereignis. Das Parlament beschloß in aristokratischer Kurzsichtigkeit, dessen Zerstörung. Sofort erhob sich die ganze zivilisierte Bevölkerung, um ihr Vaterland von der Schmach zu retten, von welcher es durch den Verlust des herrlichen Baues bedroht war.« (Die Gartenlaube, 1854, Jg. 2, S. 54)

»Das Maß des rein physischen Fleißes, das der Kristallpalast repräsentiert, ist sehr groß. So weit, so gut. Das Maß der Gedanken aber erschöpft sich, wie mir scheint, in einer einzigen bewundernswerten Idee ..., wahrscheinlich um kein bißchen bewundernswerter als tausende von Ideen, die jede Stunde das bewegliche und intelligente Gehirn (seines Entwerfers) durchziehen, nämlich der, daß es möglich sein müßte, ein Gewächshaus zu bauen, das größer ist als jedes bisher gebaute. Diese Idee und etwas ganz gewöhnliche Algebra sind alles, was der menschliche Geist mit soviel Glas auszudrücken vermag.« (John Ruskin in: Pevsner 1971, S. 255)

»Der Wettbewerb das Innere zu dekorieren ist auf keine Weise entschieden worden. Die Befürworter für eine Bronzefarbe eifern sich mehr denn je, indem sie auf ihren wichtigsten Punkt hinweisen, nämlich den metallischen Charakter des Materials; jedes Vertrauen in die Stärke der Säulen geht verloren, so sagen sie, wenn man Farben nimmt, die sonst gebräuchlicherweise für Holzanstriche gebraucht werden. Eine andere Gruppe fordert eisengrauen Anstrich mit einem Schimmer von Gold, wir selbst hörten einen Ratgeber vorschlagen, doch die Farbe von Bambusstöcken zu nehmen, um die Leichtigkeit der Struktur zu wahren. Mr. Owen Jones selbst befragte mehr als zwanzig der wichtigsten Architekten, Dekorateure und mußte feststellen, daß nicht zwei von ihnen jeweils übereinstimmten, bevor er seine eigenen Experimente machte.« (Panorama, 1. 1. 1851)

Quellen: London, J. Russel and Sons, Archiv

Literatur: Allgemeine Bauzeitung: 1850, Jg. 15, S. 277-285, Bl. 362-367; ZfBW 1852, Jg. 2, H. 1, 2, S. 44 ff.; Schild 1967; Werner 1970; Chadwick 1961; Durm und Ende 1893, Teil 4, Halbbd. 4, H. 4; The Illustrated London News, 6.7.1850, Jg. 9, Bd. XVII, Nr. 434; fortlaufende Berichte bis 28.6.1851, Jg. 10, Bd. XVIII, Nr. 497

LONDON, Kristallpalast, Sydenham

Abb. 628-630

Länge:	490 m	Architekt:	Joseph Paxton
Breite:	94 m	Baujahr:	1853/54
Höhe:	59 m	Zustand:	abgebrannt
(mittleres Transept)			

»Der Kristallpalast ist nur im Hyde Park untergegangen, um wie ein Phönix – nicht aus seiner Asche, sondern in seinen Säulen, Trägern, mit seinem gläsernen Dache – in Sydenham wieder verschönert aufzuerstehen.« (Die Gartenlaube, 1853, Jg. 1)

Das bisher auf Dauer ausgerichtete und nach jeweiligem Zweck und Standort bestimmte Bauprinzip wurde bei der Konstruktion des ›Kristallpalastes‹ in Sydenham das erstemal im großen Maßstab durchbrochen. Durch die verlustlose Demontage des Traggerüstes des Ausstellungsbaues im Hyde Park von 1851 und dessen Montage in Sydenham wurde die neue, dem Industriezeitalter korrespondierende Rationalität des Bauens vor Augen geführt. Die frühen Ansätze dazu weisen in die Entwicklung des Gewächshausbaues zurück, wo in aller Stille die Prinzipien der Vorfertigung und Standardisierung additiv zusammenstellbarer Bauelemente vorbereitet wurden. Die Idee der Montage und Demontage war dem Gewächshausbau immanent. Die Anpassung an den Wechsel der Jahreszeiten und an das Wachstum der Pflanzen orientierte die konstruktive Ausbildung der Glashäuser an permanent möglicher Veränderbarkeit. Der ›Kristallpalast‹ in Sydenham, der einen großen Wintergarten als Zentrum hatte, erinnert auch von seiner Funktion her an seine Vorgänger. Im Handbuch der Architektur gibt der Architekt Alfred Messel folgende Beschreibung: »Das zum Ausstellungspalaste im Hyde Park verwandte Eisen- und Glasmaterial sowie die Fußböden wurden mit Ausnahme des Dachglases und des Transept-Rahmenwerkes wieder benutzt, um zu Sydenham inmitten reizvoller Gartenanlagen ein zu bleibenden Ausstellungen verschiedener Art bestimmtes Gebäude, den sogenannten Crystal Palace, zu errichten. Die architektonische Leitung des Baues war wieder Paxton übertragen worden. Der Gesamtanlage liegt ebenfalls ein Quadratnetz von 7,32 m Seitenlänge zugrunde; die gesamte Länge des Gebäudes beträgt 490 m, also rd. 73 m weniger, als beim Gebäude im Hyde Park. An beiden Enden reihen sich Flügelbauten von 175 m Länge an, von welchen der südliche durch einen 220 m langen, geschlossenen Gang mit der Eisenbahnstation verbunden ist. Die Gesamtanordnung des Gebäudes ist eine weit wirkungsvollere als beim Palaste im Hyde Park. Die lange Frontansicht ist hier nicht nur durch ein Mitteltransept unterbrochen, sondern auch noch durch Nord- und Südtransepte; das früher waagerechte Dach des Mittelschiffes hat – ebenso, wie die beiden seitlichen Transepte – Halbkreisgewölbe erhalten, welche jedoch niedriger liegen, als das Gewölbe des Mitteltranseptes. Dadurch, daß das Mitteltransept ca. 22 m und die seitlichen Transepte ca. 15 m in der Gartenfront vorspringen, wird eine kräftige Schattenwirkung erzielt. Längs dieser Front sind zur Ausgleichung des abfallenden Geländes Futtermauern errichtet, welche dem Gebäude als mächtiger Sockel dienen. Auch im Inneren wurde eine günstigere Wirkung durch die Überwölbung des Mittelschiffes, durch das Versetzen je eines Säulenpaares in Entfernung von ca. 22 m sowie durch den freieren Durchblick nach allen Richtungen erzielt; um letzteres zu erreichen, ist eine Galerie nur längs der Außenwände angebracht. Eine Heißwasserheizung, bei welcher 27 Dampfkessel in Tätigkeit sind, bewirkt die Erwärmung des Gebäudes.«

Den Mittelpunkt des ›Kristallpalastes‹ in Sydenham bildete ein Wintergarten, der die Seiten des Hauptschiffes und die Querschiffe einnahm. Pflanzen und Bäume jeder Klimazone, belebt durch seltene Vögel in großen Käfigen, formten lebendige Vegetations- und Landschaftsbilder. Eine technologische, zoologische, geographische Sammlung sowie eine Kunstsammlung und ein ständiger Markt für Fabrikate aller Art ergänzten die Pflanzenwelt und ermöglichten dem Besucher einen »erbauenden und belehrenden« Spaziergang. Dem Aufbau des ›Kristallpalastes‹ in Sydenham ging 1852 die Gründung einer Aktiengesellschaft voraus, die unter dem Namen ›Crystal Palace Compagnie‹ als ihren Zweck propagierte, »der Erziehung der großen Massen des Volkes und der Veredelung ihrer Erholungsgenüsse einen Universaltempel zu bauen«. Naturgenuß, verknüpft mit Bildung, sollte dies bewirken. Vierzehn Tage nach ihrer Ausgabe waren bereits alle Aktien verkauft. Dies beweist, daß man in jener Zeit noch mit großen Gewinnen in solchen Unternehmen rechnete. Paxton wurde zum Direktor des Wintergartens, des Parkes und der Treibhäuser ernannt. Der ›Kristallpalast‹ in Sydenham ist der erste glasgedeckte Volksgarten, dessen Existenz vom Massenbesuch abhing. Die Basis dafür bildete die direkt angeschlossene Brighton-Eisenbahn. Diese Idee wurde 1859 im Projekt des ›Palace of the People‹ in Muswell Hill nochmals aufgegriffen, ohne jedoch verwirklicht werden zu können.

Quellen: London, J. Russel and Sons, Archiv

Literatur: Durm und Ende 1885, Teil 4, Halbbd. IV, S. 472; Allgemeine Bauzeitung 1852, Jg. 17, S. 299-304, Bl. 506, 507; ZfBW 1852, Jg. 2, H. 1, 2, S. 44 ff., Bl. 13, 14

LONDON, Great Victorian Way, Projekt 1855

Länge:	16 km	Architekt:	Joseph Paxton
Breite:	22 m		
Höhe:	33 m		

Der Bau des ›Kristallpalastes‹ 1851 wurde in den nächsten Jahren zum Anlaß eines wahren Enthusiasmus für das Bauen in Glas. Unterstützt wurde dies durch ein Sinken der Glaspreise. Unter der Vielzahl der Projekte jener Zeit ist ein utopischer Vorschlag Joseph Paxtons von 1855 bemerkenswert. Paxton suchte vor dem Entschluß zur Umsetzung des ›Kristallpalastes‹ nach Sydenham (1854) nach Möglichkeiten, sein Hauptwerk an Ort und Stelle zu erhalten. Als Begründung zur Erhaltung des Ausstellungsbaues im Hyde Park schlug er vor, ihn in einen gigantischen, für die Öffentlichkeit bestimmten Wintergarten zu verwandeln. Diese Idee war naheliegend, war doch das Bauwerk aus jahrelangen Erfahrungen im Gewächshausbau (Chatsworth) hervorgegangen. Bereits in der Ausführung des ›Kristallpalastes‹ 1851 wurden die großstämmigen Ulmen des Hyde Park durch Glasgewölbe überdeckt und verliehen dadurch dem Bau den Aspekt einer überdeckten Landschaft. Das Projekt zur Umwandlung in einen Wintergarten, 1851 veröffent-

licht in der Schrift ›What is to become of the Crystal Palace‹, war die konsequente Ausweitung der vorhandenen Gegebenheiten. In seinem ›Winter Park and Garden I propose‹ schrieb Paxton: »Das Klima vor allem wird eingehendst studiert werden, alle Einrichtung und Ausrüstung werden Bezug zu diesem Zweck haben, so daß die Vergnügung, welche man darin findet, nach dem Geschmacke jedes Besuchers sein werden; hier wird das Klima von Süditalien geschaffen werden, wo die Menge reiten, wandern oder mitten unter Hainen von seltsamen Bäumen ruhen und in Muße die Werke von Natur und Kunst beobachten kann, unbehelligt von den scharfen Ostwinden oder von Schneetreiben … In Winterpark und Garten sollen die Pflanzen so arrangiert werden, daß sie die größte Vielfältigkeit im Anblick und malerische Effekte geben. Seitlich sollte Raum für Pferderitt oder Kutschenfahrt gegeben werden, der Hauptteil des Gebäudes sollte jedoch dem Ziel gewidmet sein, Raum und große Abwechslung für die Fußgängerpromenade zu schaffen. Schöne Kriechpflanzen sollten bei den Säulen gepflanzt und entlang den Trägern gezogen werden, so daß sie Schatten im Sommer geben, währenddessen der Effekt, den sie als Girlanden in jeder möglichen Form im Gebäude verbreiten, dem Glasgewölbe ein bezauberndes

364 Lageplan

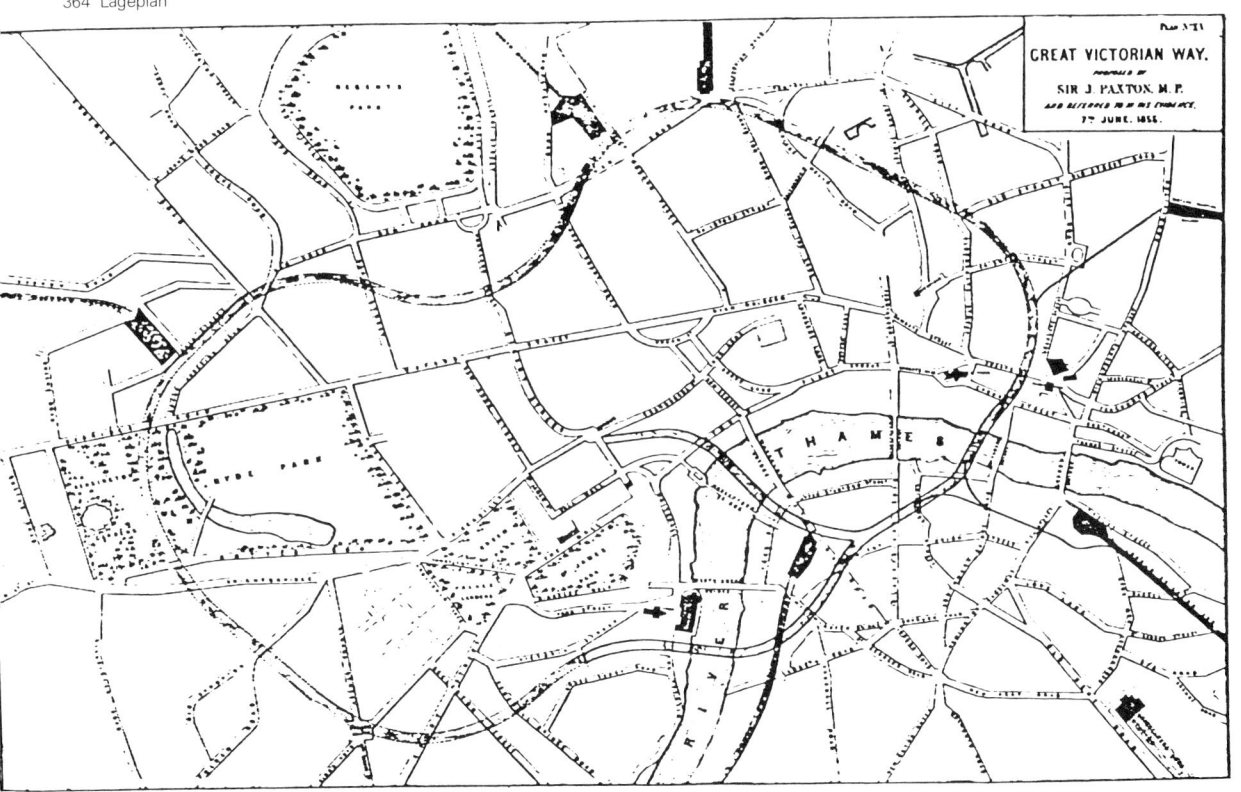

und ländliches Aussehen verleiht. Ich würde vorschlagen, die Holzverkleidung im unteren Drittel des Gebäudes zu entfernen und durch Glas zu ersetzen ... Ich würde empfehlen, das untere verglaste Drittel der Hülle im Sommer gänzlich abzuheben, um dem Palast zum Park und den gegenüberliegenden Häusern hin das Erscheinungsbild eines durchgehenden Parkes und Gartens zu geben.«[125]

Wie sehr Paxton von der Idee des in die Großstadt versetzten, überwölbten Landschaftsparkes fasziniert war, zeigte das bis zur Utopie vorangetriebene Projekt zu einem glasgedeckten Boulevard riesiger Dimensionen, welcher, ringartig London durchziehend, dessen Bahnhöfe verbinden und so auch als Verkehrsader dienen sollte (Abb. 364). Die Idee eines endlosen Raumkontinuums sollte durch eine Konstruktion in Glas und Eisen verwirklicht werden, welche in ihren Maßen und ihrem Aufbau dem überwölbten Transept des Kristallpalastes glich: Der Querschnitt sollte von einem 22 m breiten und 33 m hohen Gewölbe bestimmt werden, das eine Fußgängerpromenade und Fahrbahn für Wagen und Kutschen, in eine künstliche Landschaft gelegt, überdeckte. Acht Bahntrassen sollten parallel zu dem Glasgewölbe in geschlossenen Galerien auf höherem Niveau mitgeführt werden. Vier der Linien waren als Expreßbahn gedacht. Der z. T. gemauerte Unterbau der Glasgewölbe sollte von Wohnungen, Geschäften, Vergnügungsetablissements, Hotels etc. genutzt werden. Die gesamte Länge dieses gigantischen Glasringes, welcher über Brücken dreimal die Themse überquerte, betrug 16 km. Im Abschnitt Kensington Gardens wurde ein großer Promenadenweg mit Baumbepflanzung vorgeschlagen – ohne Eingrenzung durch Gebäude und nur von dem Bahngürtel begleitet, mit freier Sichtbeziehung zum Park. Das Projekt sollte in mehreren Teilen nach und nach verwirklicht werden. Die Gesamtkosten sollten 34 Millionen Pfund betragen, welche nach dem Vorschlag Paxtons vom Privatkapital aufgebracht werden sollten. Obwohl es in der Öffentlichkeit großes Interesse hervorrief und von einem ausgewählten Komitee für Stadtentwicklung geprüft wurde, mußte das Projekt eine Utopie bleiben. Während Georges-Eugène Haussmann in Paris in der Durchsetzung seiner Boulevards mit Hilfe von privater Spekulation und Staatsraison Erfolg hatte, scheiterte dieser viel ehrgeizigere Vorschlag Paxtons, welcher durch Überdachung zugleich mit dem künstlichen Klima ein voll integriertes Verkehrssystem schaffen wollte, an mangelnder Rentabilität und am Mangel an wirklichem Interesse des Staates.

Literatur: McGrath und Frost 1961, S. 134-138; Chadwick 1961; Geist 1969

428

LONDON, Floral Hall, Covent Garden
Abb. 632

Länge:	85 m	Architekt:	Edward Middleton Barry
Breite:	22,8 m		
Höhe:	15,9 m (Kuppel 27,7 m)	Baujahr:	1857/58
		Konstruktionsfirma:	Henry Grisell
		Zustand:	z. T. noch vorhanden; Dach und Kuppel 1956 abgebrannt

Unter den zahlreichen Glas-Eisenbauten der fünfziger Jahre, die die Konstruktionsform des Londoner Kristallpalastes von 1851 als Zitat sozusagen wortgetreu aufgriffen und damit dessen nachhaltigen Einfluß auf das folgende Bauen unter Beweis stellten, war die ›Floral Hall‹ in Covent Garden ein bezeichnendes Beispiel. Bemerkenswert war hier die Art und Weise, in der das Vorbild aufgenommen und gemäß veränderter Aufgabenstellung architektonisch und technisch modifiziert wurde. Der Architekt transponierte das Transept des ›Kristallpalastes‹ mit seinem gläsernen Tonnengewölbe, durch den Halbzirkel großer Rosetten jeweils abgeschlossen und auf dem Kubus gußeiserner Rasterfronten aufgesetzt, in die Londoner City, in die unmittelbare Nachbarschaft repräsentativer Stilarchitektur klassizistischer Prägung. In der Konfrontation eines sachlich bestimmten Ingenieurbaus mit der konventionellen Stilarchitektur entstand ein Bauwerk, das selbstbewußt mit dem Anspruch einer ästhetischen Vollendung auftritt, die aus der Qualität der Konstruktion hervorgeht ohne sich auf griechische, römische oder gotische Ordnung berufen zu müssen. In der Londoner ›Floral Hall‹ wird es offenkundig, daß der Glas-Eisenbau das Ghetto, in welches er als bloßer Nutzbau gestellt war, zu verlassen sich anschickt und im Begriffe ist, sich in die Sphäre der Repräsentation einzuordnen. Dies vollzieht sich, indem die im ›Kristallpalast‹ vorherrschende Sachlichkeit des konstruktiv Zweckmäßigen durch die Mannigfaltigkeit der das Auge beschäftigenden Details aufgehoben und die übernommene Raumform durch einen Kuppelaufbau bereichert wird. Edward Middleton Barry, der Architekt der ›Floral Hall‹ hat zugleich den Massivbau des angrenzenden Theaters entworfen. In ihm verkörpert sich noch die Personalunion von Ingenieur und Stilarchitekt, die, wie des öfteren im Laufe des 19. Jahrhunderts, die Assoziierung von Glas-Eisenkonstruktion und Steinarchitektur durchsetzte.

Baugeschichte

Nach dem Brand des ›Italian Opera House‹ 1856 entschloß sich Frederick Gye, der das Gelände vom Duke of Bedford gepachtet hatte, zu einem Neubau; die Planung ›Covent Garden Opera House‹ wurde E. M. Barry, dem

Sohn Charles Barrys, übertragen. Nach Abbruch des an das Theater grenzenden ›Piazza-Hotels‹ 1858 beauftragte Gye denselben Architekten mit der Planung einer an die Südseite des Theaters unmittelbar anschließenden ›Floral Hall‹. Sie sollte zunächst, die Nachbarschaft des ›Covent Garden Market‹ nutzend, als Markthalle für Blumen, Gewächse und Pflanzensamen dienen. Hier scheiterte jedoch der Pächter am Widerstand des Duke of Bedford. Die ›Floral Hall‹ diente in der Folge als Schauplatz von Konzerten und Ausstellungen und als Exerzierhalle. Nachdem die Halle 1887 in den Besitz des Neunten Duke of Bedford gelangt war, wurde sie in einen Markt für ausländische Früchte verwandelt und somit im Grunde ihrer ursprünglichen Bestimmung zugeführt. Ein 1956 ausgebrochenes Feuer zerstörte das Glasgewölbe und den Kuppelaufbau. In der umgebauten und heute noch existierenden ›Floral Hall‹ sind allein die Umfassungswände und Säulen der alten Eisenkonstruktion erhalten geblieben.

Ein Korrespondent der ›Illustrated London News‹ beschreibt 1859 die Konstruktion der ›Floral Hall‹ im einzelnen: »Diese ausgedehnte Eisenstruktur, welche nun nahezu vollendet ist, wurde für E. Gye, den Eigentümer der Kgl. Italienischen Oper (nach dem Entwurf von Edward M. Barry), durch Henry Grissell, Regent's Canal Ironworks, London errichtet. Das Bauwerk, parallel zum neuen Opernhaus angelegt, ist vom selben Architekten geplant. Die Halle bildet ein hervorragendes Beispiel einer Eisenkonstruktion. Sie besteht in der Längsrichtung aus 47 gußeisernen Trägern großer Tragfähigkeit und 240 Querbalken. Sie haben Flanschen um hohle Fließen zu tragen. Die Längsträger sind 45 cm, die Querträger 32,5 cm hoch. Diese ornamentale Struktur bildet zur Bow Street eine 22,8 m lange Front, wo einer der Haupteingänge liegt. Die Gesamtlänge des Baues beträgt 85 m. In der Querrichtung ist das Gebäude in ein Schiff mit zwei Seitenflügeln geteilt, dieses 15,2 m, jenes je 3,6 m breit. Das Dach wird durch verzierte Guß-Eisen-

365 Eingangsfront, Holzstich

stützen von 8,23 m Höhe getragen, die im Abstand von 6,55 m gesetzt sind. Zwischen ihnen sind ornamentale, bogenförmige, gußeiserne Hauptträger – verbunden mit schmiedeeisernen Querbalken, ausgefacht mit Sprossenwerk – in das gebogene Glas eingelegt. Die Gesamthöhe beträgt 15,9 m. Eine 1,83 m breite Laterne durchläuft die Länge des Daches. Im Süden des Gebäudes befindet sich ein schöner Kuppelaufbau, 15,2 m im Durchmesser, und insgesamt 27,7 m hoch. Die Konstruktion wird, vollendet, ein schönes Beispiel der Eisenarchitektur des 19. Jahrhunderts sein.« (Abb. 365)

Literatur: The Illustrated London News, 15.10.1859, Jg. 18, Bd. XXXV, Nr. 998, S. 370, 371

LONDON, Muswell Hill ›Palace-of-the-People‹-Projekt, 1859   *Abb. 633, 634*

Durchmesser:	61 m (innen)	Architekt:	Owen Jones
Höhe:	25,60 m	Entwurf:	1859

Der Architekt Owen Jones, der bereits an der Seite von Joseph Paxton an der Ausbildung des ›Kristallpalastes‹ 1851 – vor allem in der Farbgebung und inneren Dekoration – mitgewirkt hatte, war der Verfasser des Projektes zum ›Palace of the People‹, 1859, zu einer ausgedehnten Glas-Eisen-Struktur also, die – auf einem Hügel angelegt und unterirdisch mit dem Eisenbahnnetz verbunden – der Bevölkerung Londons und dessen Umgebung als ein Zentrum der Unterhaltung und Vergnügung dienen sollte. Die Entstehung eines solchen Projektes war nur im Zusammenhang mit der Ausbreitung der Eisenbahn

denkbar: Der ›Palace of the People‹ sollte über einem großen Bahnhof gebaut werden, der an die Londoner, North Western, Eastern Counties, Great Western und Great Northern Railways angeschlossen werden sollte. Die Eisenbahn sollte nicht nur Medium des Transportes der Besuchermassen sein, sondern zugleich Urheber des Projektes durch Bereitstellung des erforderlichen Gründungskapitals für eine Aktiengesellschaft – die ›Great Northern Palace Company‹. Die Absicht war, über das Eisenbahnnetz die Besucher aus den Fabrikbezirken aus ganz Großbritannien durch Sonderzüge ohne Umsteigen direkt an die großangelegte Vergnügungsstätte heranzuführen. Die Lage des ›Palace of the People‹ in Muswell Hill – im Norden Londons – sollte überdies den Besuch der Bewohner dieses Stadtteils, der keine Institution dieser Art aufwies, begünstigen. Man rechnete auch mit Besuchern des Londoner West End, die bequem – ohne die überfüllten Londoner Straßen benutzen zu müssen – vom Hyde Park, Regent's Park und von Camdentown eintreffen konnten. Insgesamt rechnete man mit einem Besucherzustrom von einer Million im Jahr. Das Projekt war – wie bei den Eisenbahngesellschaften des 19. Jahrhunderts nicht unüblich – mit einer großangelegten Bodenspekulation verbunden. Der Bau des Glaspalastes sollte den Bodenwert des angekauften Geländes von ca. 110 ha steigern.

Mittelpunkt des gesamten Gebäudekomplexes sollte ein gigantischer Wintergarten von 61 m Durchmesser sein, unter dessen Glaskuppel die Besucher inmitten tropischer Vegetation sich treffen und aufhalten sollten: An den Wintergarten gliederten sich ein Konzertsaal für 10000 Personen, Gemäldegalerien, Museen, Vergnügungsstätten etc., die in zwei Längsschiffen von 102,5 m × 36,6 m,

366 Außenansicht, Holzstich

und zwei Seitenflügeln, 22 m breit, untergebracht waren. Der durch Treppen direkt mit dem unterirdischen Bahnhof verbundene Wintergarten sollte zugleich auch als Wartesaal für die Zugpassagiere dienen. Mit dem Projekt des ›Palace of the People‹, aus der allgemeinen Begeisterung für den ›Kristallpalast‹ im Hyde Park und in Sydenham entstanden, wurde der bis dahin größte Wintergarten mit Zentralkuppel konzipiert. Das Projekt Owen Jones schöpfte nicht nur die technischen Möglichkeiten seiner Zeit aus, sondern war zugleich eine mit Emphase vorgetragene soziale Utopie in Form eines Bildungs- und Vergnügungsparadieses für die arbeitende Klasse »zur Hebung ihrer Sittlichkeit und Moralität« (Abb. 366).

Zwei Jahre später (1861) hat Joseph Paxton ein ähnliches Projekt für Saint-Cloud bei Paris vorgeschlagen. Der 595 m lange und 93 m breite, gigantische Glas-Eisenbau nahm die Form des Transeptes des ›Kristallpalastes‹ von 1851 für das Längsschiff auf. Drei seitlich heraustretende große Glaskuppeln – auf Tambours aufgesetzt – bereicherten den Glaspalast. Die Hauptkuppel hatte ca. 100 m Durchmesser und 110 m Höhe, die beiden Seitenkuppeln erreichten 76 m Höhe bei 66 m Durchmesser. Henry Russel Hitchcock vermutet, wahrscheinlich mit Recht, daß das Element der Kuppel, welches Paxton zuvor nicht in seinen Projekten angewandt hatte, unter dem Einfluß der Arbeit von Owen Jones – im besonderen des ›Palace of the People‹ – in das architektonische Repertoire Paxtons aufgenommen wurde (Abb. 367).

367 Joseph Paxton, Paris, Saint-Cloud, Kristallpalast, Projekt 1861 Außenansicht, Stich

Konstruktion

Die Grundstruktur des ›Palace of the People‹ nahm das im ›Kristallpalast‹ Paxtons angewandte Tragwerksystem – gußeisernes Ständerwerk im Stockwerkaufbau mit ›Ridge-and-furrow‹-Dach zum Vorbild. Die Kuppel des kreisrunden Wintergartens, eingerahmt von vier Aussichtstürmen, wurde von großen Bogenfachwerkträgern gebildet, die in einem Druckring zusammenliefen. Quergurte, ebenfalls als Fachwerk ausgebildet, formten horizontale Ringe, die die Bogenbinder untereinander verbanden. In den so entstandenen Feldern wurden sich kreuzende Zugdiagonalen angebracht, die ein feines Netzwerk über das Kuppelfirmament zogen. Der Kreuzungspunkt der Diagonalen war durch gußeiserne Ornamente in Form von Sternen geschmückt. Die Kuppelspitze war durch eine strahlenförmige Rosette abgedeckt. Der umlaufende Kranz der Bogenbinder ruhte auf einem massiven Mauerring mit einer umlaufenden Galerie, unter welcher Bogendurchgänge sich öffneten. Die Galerie selbst diente als eine Art ›Hängender Garten‹, wodurch die Tropenlandschaft sich in zwei Ebenen staffelte. Ein Kuppelbau aus Eisen und Glas dieser Größenordnung wurde erst im 20. Jahrhundert in Form der Konstruktionen von Buckminster Fuller verwirklicht. Owen Jones hatte in der Ausbildung des Wintergartens als gigantische Klimahülle von den Fehlern des Glaspalastes in Sydenham gelernt. Im Gegensatz zu diesem wurde der Wintergarten auch zum Gebäude hin durch Glaswände abgeschlossen, so daß das feuchtwarme Tropenklima herstellbar war, ohne den Betrieb der übrigen Gebäudeteile zu stören. Die Vision der Innenansicht des Kuppelraumes stellt eine der Wirklichkeit entrückte exotische Landschaft vor Augen, die die große Begeisterung der Zeitgenossen erregte, die in entsprechenden Artikeln ihren Ausdruck fand.

431

So berichtet z. B. die ›Illustrated London News‹ im März 1859 über das Projekt: »Der Palace of the People, der in Muswell Hill errichtet wird, wird eine gute Vorstellung des großen Vorhabens geben, in welchem sich die jüngste Art einer neuen Architektur in Glas und Eisen ankündigt. Der Palace of the People in Muswell Hill wird nicht mehr das Werk des Schmiedes und Glasers sein. Er wird eine bemerkenswerte architektonische Schönheit aufweisen und wird, obwohl im wesentlichen aus leichtem Material gebaut, die Charakteristik des Kathedralen-Stiles besitzen. Die praktische Frage ist – wie auch immer – inwieweit der Architekt für den Komfort und die Unterhaltung der Besucher gesorgt hat. Diesbezüglich zeigt das Bauwerk – verglichen mit dem Kristallpalast in Sydenham – seine günstigen Seiten. Dem Passagier der Eisenbahn wird all die Unbequemlichkeit und Plage des ansteigenden Geländes erspart bleiben, da er nur 6 m von der Station in den Palast zu überwinden haben wird. Alle Besucher mit Wagen oder zu Fuß werden vor dem Wetter geschützt sein. Der Palast wird sowohl bei Tag als auch bei Nacht, im Winter und im Sommer nützlich sein, denn der Konzertsaal ist bequem zugänglich und hell mit Gaslicht erleuchtet und Musik sowie andere Unterhaltungen können hier über das ganze Jahr gegeben werden. Der ausgedehnte Wintergarten unter der Kuppel – mit dem Konzertsaal verbunden – wird überdies einen wunderbaren Ort für Versammlungen der Gesellschaft bilden und zugleich als ein Wartesaal der Eisenbahnstation dienen, welche in unmittelbarer Nähe liegt. Der Palast wird folgende Attraktionen als Erfolg buchen können: Die Schönheit und Gesundheit der Lage, den Park und die Gärten, einschließlich Bogenschießen, Cricketfeld und Sportplatz; die Maschinen in Bewegung, welche im Hyde Park 1851 eine so große Attraktion bildeten; die Abteilung für bildende Künste; die Galerie der englischen Geschichte (eine wahrhaft nationale Idee); die Bildergalerie; die Sammlung der Naturgeschichte, Geologie und Mineralogie, systematisch geordnet; die Vorlesungen während des Tages gehalten, veranschaulicht durch Experimente, die ersklassigen Abend-Konzerte und die Promenade im Wintergarten.«

Literatur: The Illustrated London News, 12. 2. 1859, Jg. 18, Bd. XXXIV, Nr. 959; S. 148; 5. 3. 1859, Jg. 18, Bd. XXXIV, Nr. 963, S. 226

LONDON, Muswell Hill, Alexandra Palace, Wintergärten

Länge:	273,7 m	Architekt:	John Johnson
	(Wintergärten 60 m)	Baujahr:	1872-74
Breite:	129,5 m	Zustand:	umgebaut
	(Wintergärten 20 m)		1980 Mittelhalle
Höhe:	27 m		abgebrannt

Das größte, in einem einzigen Gebäude zusammengefaßte Vergnügungszentrum jener Zeit war der von 1872 bis 1874 im Norden Londons auf Muswell Hill erbaute ›Alexandra Palace‹. An das Londoner Eisenbahnnetz angeschlossen, war er für den Besuch großer Bevölkerungsmassen konzipiert, die hier Zerstreuung und Kunstgenuß finden konnten. Der Entwurf des Palastes orientierte sich am Projekt zum ›Palace of the People‹, 1859, von Owen Jones, das am selben Ort geplant war. Wie bei seinem Vorbild hatte der ›Alexandra Palace‹, von einer Aktiengesellschaft ins Leben gerufen, große Wintergärten in Verbindung mit Konzert- und Theatersälen, Restaurants, Cafés, Vortragssälen und Ausstellungsräumen, Innengärten, die als bereits unerläßlich gewordenes Requisit des Naturgenusses die Erholung suchenden Besucher aufnahmen. Je am Kopfende des fast 300 m langen Bauwerkes, quer zur Hauptachse angeordnet, bildeten sie ein großartiges Entree. Ihre lichtdurchfluteten, glasgedeckten Hallen nahmen die Eintretenden auf und eröffneten ihnen den Zugang zu den weiteren Räumlichkeiten. Die kolossale Dimension des ›Alexandra Palace‹ vergegenwärtigt die Tatsache, daß zur Eröffnung 90 000 Besucher aufgenommen werden konnten. Das Bauwerk stand inmitten eines ausgedehnten Parks von 90 ha Ausdehnung mit Waldpartien, Seen für Bootsfahrt und Schwimmen; Rennbahnen mit Zuschauertribünen, eine Bicyclebahn, Plätze für Leichtathletik sowie ein Criquetfeld wurden als zusätzliche Attraktion angeboten. Trotz all dieser Angebote hat der ›Alexandra Palace‹, der als eine permanente Festhalle gedacht war, die Erwartungen der Aktiengesellschaft nicht erfüllt. Bereits ein Jahr nach der Eröffnung mußte er für Ausstellungszwecke vermietet werden. Im Handbuch der Architektur von 1885 wird der Bau als »eines der großartigsten Anwesen der Welt« beschrieben: »Der Palast, dessen Grundriß dargestellt ist, bildet einen rechtwinkligen Gebäudekomplex von 273,7 m Länge und 129,5 m Tiefe; er bedeckt eine überbaute Grundfläche von 3 ha. In der Mitte erhebt sich die riesige, fünfschiffige Zentralhalle, welche als Querhaus die ganze Tiefe des Hauses von Nord nach Süd einnimmt. Daran schließen sich in der Längenachse links und rechts zwei große offene Höfe mit Fontainen und Ziergärten. Um diese Höfe liegen an der Nordseite langgestreckte Galerien für Ausstellungszwecke und, angrenzend an die Orchesterseite der Halle, einerseits der Konzertsaal, andererseits das Theater, beide ungefähr von

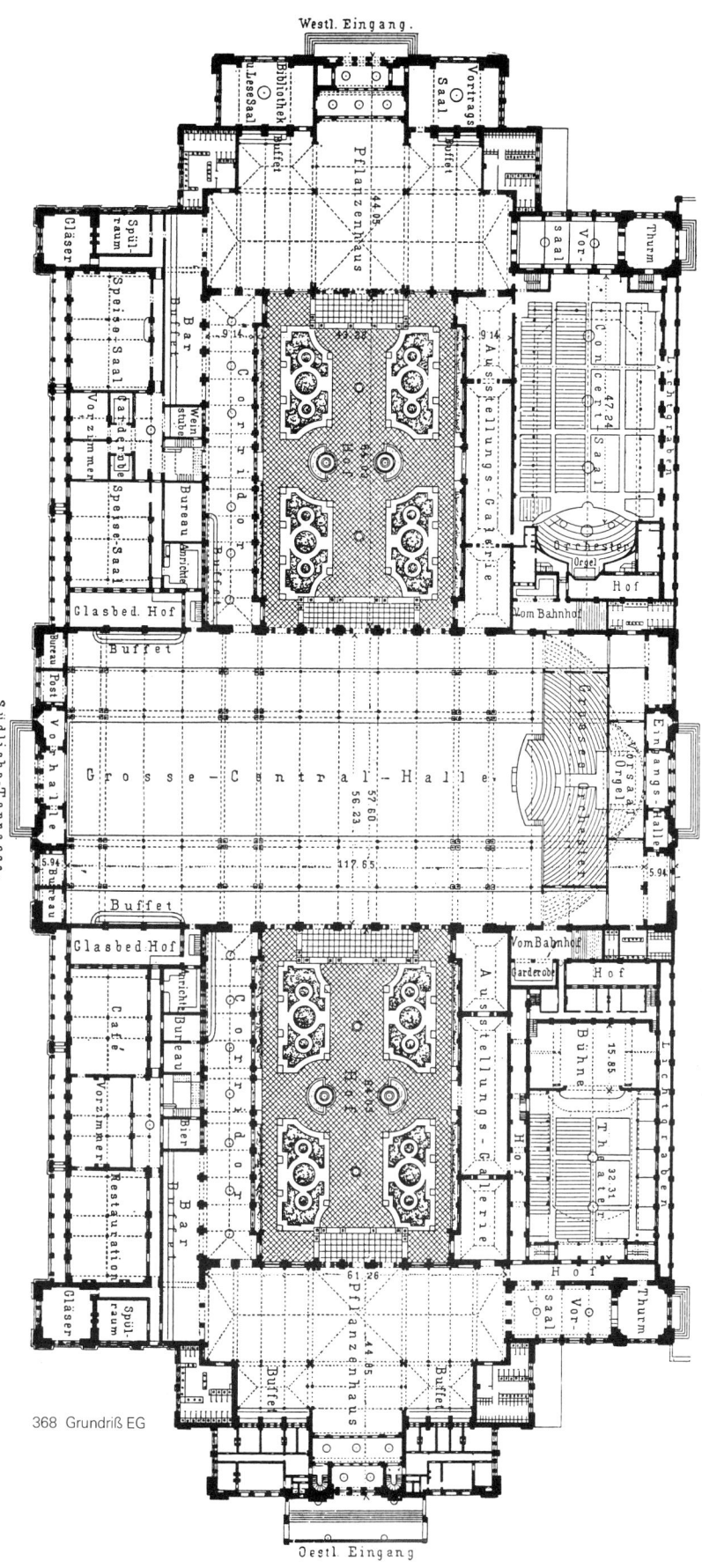

Vortrags Saal.

Bibliothek
Lese-Saal

Buffet

Vortrags Saal.

Thurm

Vor-saal

Gläser

Spül-raum

Speise Saal

Speise-Saal

Vorzimmer

Buffet

Bar

Weinstube

Bureau

Anrichte

Corridor

Pflanzenhaus

44.05

9.14

Ausstellungs-Galerie

9.14

Hof

47.24

Concert Saal

Lichtgraben

Orchester

Orgel

Buffet

Glasbed. Hof

Buffet

Vom Bahnhof

Hof

Bureau Post

Vorhalle

Buffet

Grosse-Central-Halle

57.60
56.23.
117.65.

Grosse Orchester

Vorsaal Orgel

Eingangs-Halle

5.94.

Bureau

5.94.

Buffet

Glasbed Hof

Vom Bahnhof

Garderobe

Hof

Lichtgraben

Anrichte

Bureau

Café

Vorzimmer

Bier

Restauration

Corridor

Hof

15.85

Bühne

Theater

32.31

Bar

Buffet

Ausstellungs-Galerie

Hof

Thurm

Gläser

Spül-raum

Buffet

Pflanzenhaus

61.26

44.85

Vor-saal

Hof

Buffet

368 Grundriß EG

gleicher Größe. Korrespondierend damit an der Südseite sind Foyers, Kaffeesaal, Speise- und Bankettsäle mit zugehörigen Diensträumen und vorgelegten offenen Säulenhallen angeordnet. In der Längenachse bilden große Gewächshäuser, welche mittels der erwähnten Galerien und Foyers mit der Zentralhalle in Verbindung gebracht sind, den Abschluß der Höfe. Bibliothek und Lesezimmer, Konversations- und Vortragssaal einerseits, Verwaltungszimmer andererseits sind angereiht und vervollständigen mit den nöthigen Vor- und Nebenräumen, sowie mit einer bedeckten Unterfahrt und den Haupteingängen am Ost- und Westende die Anlage im Erdgeschoß. Über den Gastwirtschaftsräumen der Vorderfront sind im Obergeschoß eine Reihe weiterer, demselben zwecke dienenden Säle, unter denselben, im Sockelgeschoß, die Gelasse für Küchen- und Kellerdienst angeordnet« (Abb. 368).

Literatur: Durm und Ende 1885, Teil 4, Halbbd. IV, S. 143-145

LONDON, Wintergarten der Royal Horticultural Society, Brompton

Länge:	64 m	Architekt:	John Arthur Hughes,
Breite:	14 m (Mittelschiff)		Captain Fowke,
Höhe:	21,60 m		ausgeführt von Andrew
			Hawdyside and Co.
		Baujahr:	1860-61
		Zustand:	abgerissen

369 Lageplan, 1860

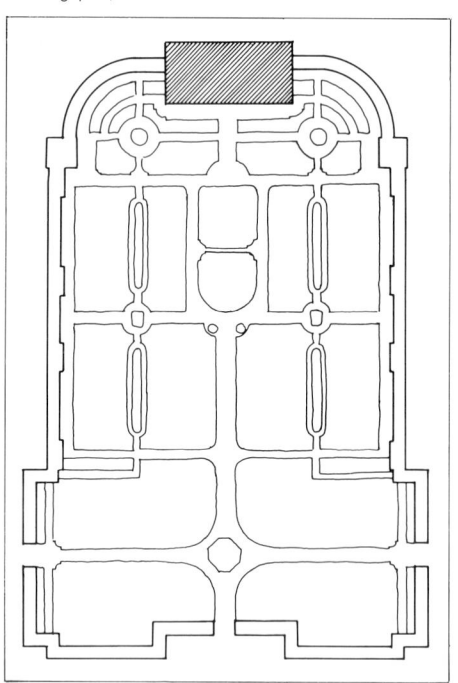

Der auf einer Erdterrasse angelegte ›Wintergarten der Royal Horticultural Society‹ in London ist das Beispiel eines großes Gewächshauses, das sich zum Bautypus der Basilika mit aufgestelztem Hauptgewölbe und niedrigerem Umgang ausgebildet hat. Die Entwicklung dieser Form zu einem in der Folge immer wiederkehrenden Raummotivs, machte eine konstruktive Ausbildung möglich, die auf Verwendung gleicher, vorgefertigter Elemente beruht. Dies war die Grundlage für die Entstehung von Gewächshausbauten, die – unabhängig vom Bauplatz konzipiert – per Katalog von den Gewächshausfirmen angeboten wurden. Das ›Palmenhaus‹ in Florenz von 1879, heute noch gut erhalten, trägt dieselbe formale und konstruktive Signatur wie der Londoner ›Wintergarten‹: Abgewalmtes Hauptgewölbe über einer Stützenreihe aus Gußeisen. Feingliedrige Eisensprossen und gebogene Gitterträger als Tragstruktur des Daches, welches über eine gußeiserne Zwerggalerie in die Stützen eingeleitet wird; niedrigerer Umgang, jedoch nicht durch ein Gewölbe, sondern durch ein Pultdach abgedeckt, und höher als in Florenz angelegt. Diesem Umgang war nach den drei Hauptseiten ein weit vorspringendes, vorne offenes Glasdach vorgelagert. Der ›Wintergarten‹ wurde im Zuge der großen Gartenausstellung 1861 gebaut, deren Gesamtplan von Architekt William Andrews Nesfield entworfen wurde (Abb. 369).

Das Gesamtgewicht des zur Tragstruktur verwendeten Gußeisens betrug 175 Tonnen, das des Schmiedeeisens 70 Tonnen. Aus diesem Verhältnis ersieht man, daß Gußeisen noch um 1860 bei der Erstellung dieses architektonisch anspruchsvollen Glashauses eine dominierende Rolle spielte. Den Ausschlag dafür gaben wahrscheinlich nicht nur ökonomische, sondern auch ästhetische

370 Gesamtansicht

371 Owen Jones und Rowland Mawson Ordish, London Brompton, Gartenausstellung der Royal Horticultural Society, vorgefertigter Kiosk für Indien, 1861, Innenansicht, Stich

Gesichtspunkte, da die erwünschte Ornamentik nur in Gußeisen ausgeführt werden konnte (Abb. 370). Eine extensive Anwendung von Gußeisen in Zusammenhang mit orientalisch geprägter Ornamentik zeigt der für die britischen Kolonien, insbesondere für Indien, konzipierte Kiosk, ein Hallenbau, um 1870 von den Architekten Owen Jones und Rowland Mawson Ordish konstruiert. Die basilikaartige Halle von 12,20 m Breite, 24,5 m Länge und 12,80 m Höhe wurde nur von der längs der Außenwand gereihten gußeisernen Stützen getragen. Ein Netzwerk sich durchdringender, reich ornamentierter Gußeisenrippen stützte den Laternenaufbau, in dem die Rippen, ein Spitzbogengewölbe bildend, sich fortsetzten (Abb. 371). Das Bauwerk ist als ein völlig vorgefertigtes, in Einzelteile zerlegbares und wieder zusammensetzbares eisernes Montagehaus konzipiert, ein Faktum, welches infolge der wuchernden Gußeisenornamentik nicht ohne weiteres erkennbar ist. Ordish, der das Tragwerk im Detail durchgebildet hat, war ein erfahrener Konstrukteur in Glas und Eisen: Er hat am Bau des ›Wintergartens‹ in Leeds (1868) und in Dublin (1865) als Ingenieur mitgewirkt.

Literatur: The Builder 19. 5. 1860, Bd. XVIII, Nr. 902, S. 311, 312

LYNDHURST, New York, Gewächshaus

Länge:	116 m	Architekt:	Alexander Jackson
Breite:	29 m		Davis; Neubau
Höhe: (Turm)	30,5 m		(1880) von der Fa.
			Lord und Burnham
		Baujahr: 1838, 1880 abgebrannt
			und wiederaufgebaut
		Zustand:	gut erhalten

Das langgestreckte ›Gewächshaus‹ in Lyndhurst mit in U-Form abgewinkelten Seitenflügeln und gewölbten Glasflächen geht auf ein Bauwerk aus dem Jahre 1838 zurück. 1880, nach einem Brand neu aufgebaut, war es das erste Glashaus ganz aus Eisen und zugleich das größte der USA. 1838 wurde der bekannte Architekt Jackson Davis von General William Paulding mit dem Bau eines Gewächshauses beauftragt, welches kurz danach in den Besitz George Merritts überging. Die nach und nach ausgebaute Anlage bestand aus einem Mittelpavillon von 24,4 m Länge und 29 m Breite, mit parabolisch gekrümmtem Glasgewölbe eingedeckt. Ein apsidenartig vorspringender Eingangsteil erweiterte den rechteckigen Grundriß. Ein minarettartiger, gemauerter Turm von 30,5 m Höhe mit einer Zwiebelkuppel aus Glas in der Mittelachse der Anlage, hinter dem Mittelpavillon angeordnet, bildete eine weithin sichtbare Dominante. Links und rechts des Mittelpavillons schlossen sich in U-Form niedrigere Seitenflügel mit kurvenlinearen Dächern an. Die dekorativen Details sowie die Linienführung der Glasgewölbe mit ihrem flachen Spitzbogen nahmen gotisierende Stilelemente auf. Zur Anlage gehörten Verkaufsräume, Schlafräume, Billardzimmer, eine Gymnastikhalle und eine Bowlingbahn. Das private Gewächshaus war mit exotischen Pflanzen und einer Weinzuchtanlage gefüllt. 1880 brannte es durch ein Kaminfeuer ab, nachdem es kurz zuvor von Jay Gould, dem Eisenbahnmagnaten jener Zeit, erworben worden war. Die Fa. Lord und Burnham wurde mit dem Neubau des Gewächshauses auf dem alten Fundament beauftragt. Der zentrale Turm wurde abgetragen und die Seitenflächen des Mittelpavillons mit abgewalmtem Dach versehen. Die noch heute gut erhaltene Tragstruktur besteht aus gebogenen Eisenrippen, die im First spitzwinklig zusammenlaufen. Sie tragen eine niedrige Lüftungslaterne, die der Firstlinie entlang läuft.

Literatur: Hix 1974, S. 95-97

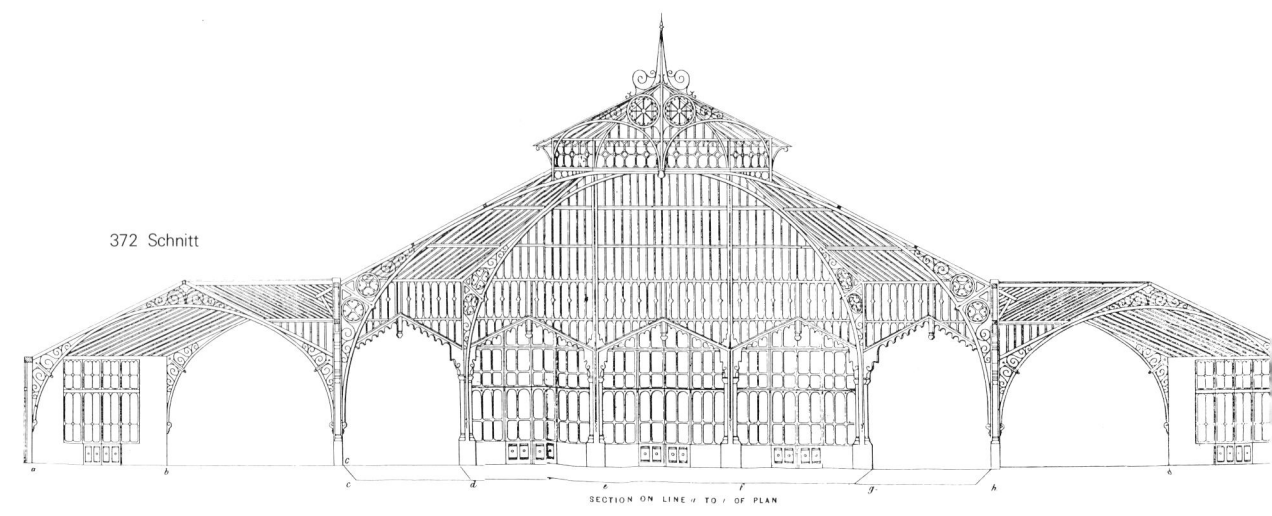

372 Schnitt

SECTION ON LINE // TO / OF PLAN

LYON, Jardin d'Hiver

Architekt:	Hector Horeau
Baujahr:	1847
Zustand:	abgerissen

Im Dezember 1847, in der gleichen Zeit, in welcher in Paris noch am gigantischen ›Wintergarten‹ in den Champs-Elysées gebaut wurde, wurde in Lyon der ›Jardin d'Hiver‹ des Architekten und Eisenkonstrukteurs Hector Horeau eröffnet. Nach einer Bauzeit von nur sieben Monaten entstand am linken Ufer der Rhône, im ›Parc de la Tête d'Or‹, ein achteckiger Zentralbau aus Gußeisen und Glas, dessen mit einer Laterne gekrönte und mit einem Pultdach gedeckte Halle durch einen niedrigen Umgang umringt war. Die Dachbinder waren Bogenträger aus Gußeisen mit geradem Obergurt aus Holz, welche fast bis zum Boden hinuntergeführt wurden. Die aussteifenden eisernen Zwickel waren durch ornamentales Füllwerk durchbrochen. Die Haupthalle und der Umgang waren nach demselben Prinzip aufgebaut (Abb. 38, 372). Der Zentralraum war mit Blumen, Büschen und Bäumen gefüllt. Der höher gelegene Umgang diente als Promenadeweg der Besucher, wo sie an kleinen Kiosken Süßigkeiten, Vögel und Kuriositäten kaufen konnten. An der Nordseite befanden sich ein Restaurant und ein Café mit Ausblick auf die Rhône sowie ein gedeckter Hauptgang; an der Westseite, durch Glaswände abgetrennt, ein Felsgarten mit tropischen Pflanzen. Ein Strom warmen Wassers bildete eine Kaskade und durchquerte den Wintergarten. Das Erscheinungsbild des gegenüber dem Pariser Pendant relativ kleinen Glasbaues erinnert an Konstruktionen von Markthallen (Abb. 373). Hector Horeau hat einige Jahre später mit seinem Entwurf zu den Pariser ›Markthallen‹ 1845, sowie zum Londoner ›Kristallpalast‹ 1850, wertvolle Beiträge zur Konzeption von Glas-Eisenstrukturen geliefert (Abb. 39).

Quellen: Lyon, Société d'Etude d'Histoire de Lyon, Cours Gambetta

Literatur: Boudon 1972

373 Jardin d'Hiver, 1847, Aquarell

LYON, Großes Gewächshaus, Parc de la Tête d'Or

Abb. 635, 636

		Architekt:	unbekannt
Länge:	70 m	Architekt:	unbekannt
Breite:	30 m	Baujahr:	1877-1880
Höhe:	21 m	Zustand:	Seitenflügel gut
Rauminhalt: 3320 m²; 21 000 m³			erhalten, Mittelteil abgebrochen und durch Neubau ersetzt

374 Lageplan, 1970

Das ›Große Gewächshaus‹ in Lyon besteht aus fünf aneinandergereihten Glashäusern, die in gotisierenden Formen sich zur Mitte hin hochstaffeln. Es bildet ein architektonisches Ensemble im Sinne einer Häuserzeile, strukturiert durch die glatten Giebelfronten spitzbogiger Gewölbe. Im Inneren schließen sich die drei mittleren Häuser zu einer durchgehenden Halle, wodurch der Raumeindruck sich erweitert. Jedes dieser drei Häuser ist in seiner Längsrichtung dreischiffig aufgebaut, so daß sich die Differenzierung der Höhe auch im einzelnen Haus wiederholt. Die bewußte Aufnahme der gotischen Kathedrale als Raumform und deren Übersetzung in Stahlkonstruktion und Glas entspricht der Tradition des Eklektizismus. Diese historische Tendenz bewirkte bei der konstruktiven Ausbildung Formen, die im Eisenbau dieser Zeit nicht als fortschrittlich zu bezeichnen sind. Die Architektur ist jedoch vor allem bestimmt durch die aufstrebenden Glasgewölbe, die einen großzügigen wirk-sam gegliederten Raum herstellen. Die feine Gliederung der Fassade durch das Sprossenwerk und das Prinzip der Wiederholung eines Grundmotivs mit geschickter Steigerung zur Mitte hin gab diesem heute durch Umbau verunstalteten Gebäude seinen Reiz (Abb. 377).

Situation

Der ›Jardin des Plantes‹ von Lyon wurde während der Französischen Revolution 1792 von Jean-Emmanuel Gilibert, Bürgermeister der Stadt und Autor zahlreicher botanischer Publikationen, gegründet. Im Jahr 1857 wurde der ›Jardin des Plantes‹ an das Ufer der Rhône in den 105 ha großen ›Parc de la Tête d'Or‹ verlegt. Er entstand im englischen Landschaftsparkstil und war von den Brüdern Buhler entworfen (Abb. 374). Die großen Gewächshäuser wurden von 1877 bis 1880 ganz aus Glas und Eisen errichtet. Sie bestanden aus insgesamt fünf aneinandergereihten Häusern, von welchen die drei mittleren ohne innere Grenzen zu einem einzigen temperierten Raum zusammengefaßt waren. Daran anschließend, befanden sich links und rechts niedrigere Pavillons, als Warmhäuser installiert. Wer der Architekt des ›Großen Gewächshauses‹ gewesen ist, ist heute nicht mit Sicherheit feststellbar. Es wird sowohl Joseph-Gustave Bonnet wie auch Hector Horeau zugeschrieben. Die Nennung Hector Horeaus als des möglichen Autors geht vielleicht darauf zurück, daß er 1872 für einen ›Ausstellungspalast‹ im ›Parc de la Tête d'Or‹ einen Vorentwurf gemacht hat. Der hohe Mittelpavillon wurde Anfang der siebziger Jahre des 20. Jahrhunderts in Mißachtung seines baugeschichtlichen Wertes abgerissen und durch einen Neubau ersetzt, welcher zwar die äußeren Umrisse aufnimmt, jedoch unter Verwendung plumper Stahlprofile und polygonaler statt gewölbter Formen des architektonische Ensemble zerschlägt.

Konstruktion

Das 21 m hohe Hauptschiff des Mittelpavillons ruht auf zwei Reihen mit je fünf äußerst schlanken Gußeisensäulen von 9 m Länge. Sie bestehen aus zwei Teilen mit je einem Kapitell und Basis. Untereinander sind sie durch eiserne Bögen verbunden, die einen durchlaufenden Balken unterstützen, der zugleich die Galerie trägt. Der Bögen bilden die einzige Aussteifung in der Längsrichtung des Schiffes. Auf den Balken ruht die Last des spitzbogigen Glasgewölbes, vermittelt über eine vertikale Reihe von Eisenstützen, welche oben durch eine Außengalerie verbunden sind. Den Hauptstützen des unteren Teiles entsprechend, wird das an das Ständerwerk aufsitzende Dach durch filigrane Bogenbinder getragen, welche mit den einfachen Eisenrippen in den Zwischenabständen eine Spannweite von 10 m überbrücken. Zur Herstellung der Seitensteifigkeit ist der Bogenbinder durch schmiedeeisernes, ornamental gehaltenes Gitterwerk verstärkt,

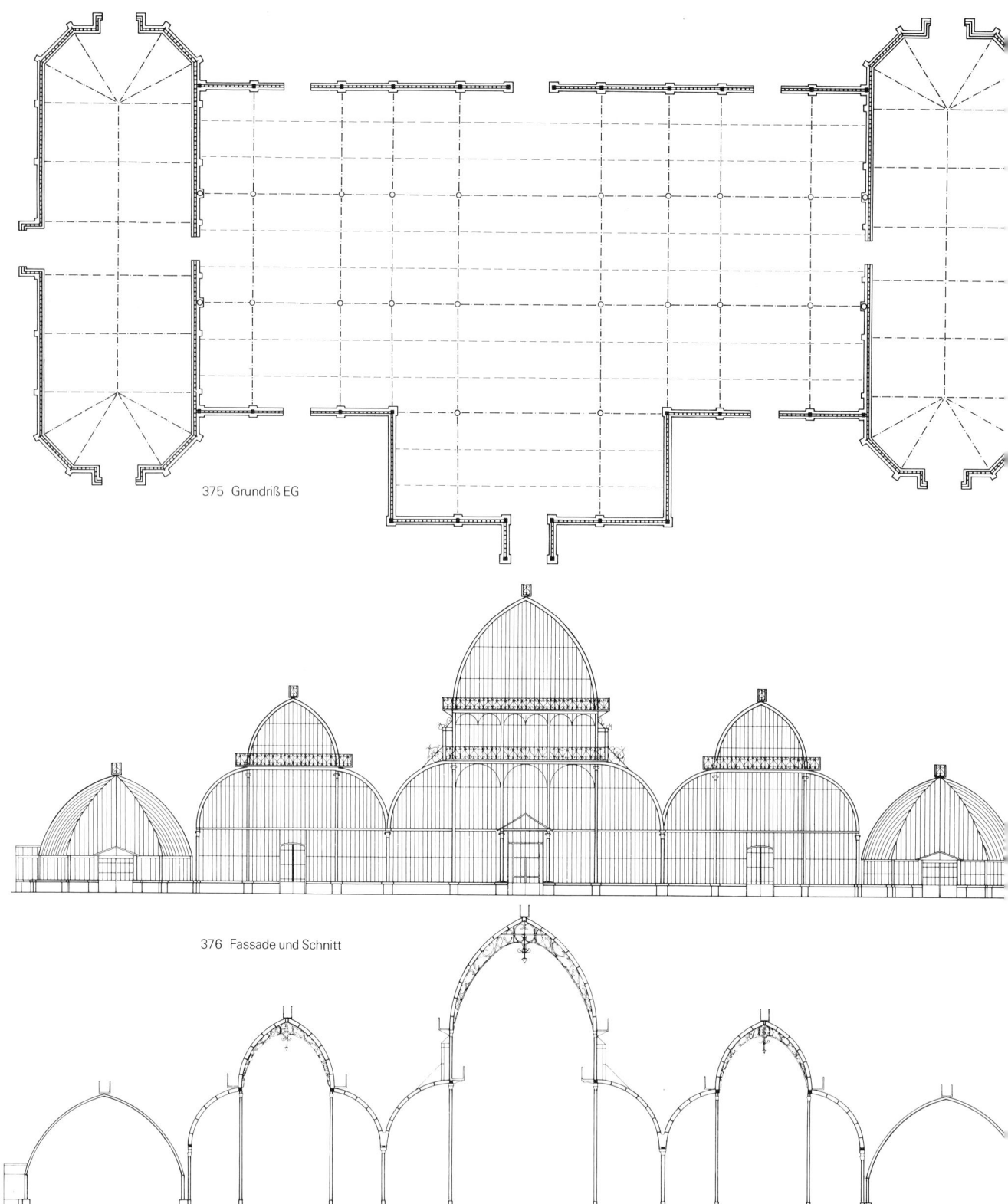

375 Grundriß EG

376 Fassade und Schnitt

438

377 Gesamtansicht, Zeichnung von Tony Vibert, um 1880

welches in der Spitze sich verbreitet und am Auflagerpunkt verjüngt. Er wirkt als Zweigelenkbogen. Eine zusätzliche seitliche Aussteifung geben galgenartige Elemente, die an das vertikale Ständerwerk angeschlossen
sind. Sie übernehmen in Anlehnung an die gotische Gewölbekonstruktion die Funktion eines verkümmerten
Strebebogens. Die seitlich in der Höhe der inneren Galerie anschließenden Nebenschiffe sind ebenfalls gewölbt
und ruhen auf Stützen, die dem untersten Teil der
Hauptstützenreihe entsprechen. Dieses Konstruktionsprinzip wiederholt sich in den kleinen Pavillons links
und rechts vom Mittelpavillon, jedoch mit dem Unterschied, daß das Hauptschiff nicht aufgeständert ist. Die
seitlichen Abschlüsse des Gesamtkomplexes bilden niedrige, flacher gewölbte Glasbauten, leicht spitzbogig geformt und mit oktagonalen, abgewalmten Enden
(Abb. 375, 376).

Quellen: Lyon, Jardin Botanique de la Ville de Lyon, Parc de la Tête
d'Or; Lyon, Société d'Etude d'Histoire de Lyon, Cours Gambetta

Literatur: Dovin, Robert: Le Jardin Botanique de Lyon. Lyon 1970

MADRID, Parque del Retiro, Palacio de Cristal *Abb. 637*

Länge:		48 m	Architekt:	Velázquez Bosco
Breite:		32 m	Baujahr:	1887
	(Längsschiff:	16 m)	Zustand:	gut erhalten
Höhe:		20 m		

Pflanzenhäuser in südlichen Regionen gehören zu den
Ausnahmen. Mit Überraschung entdeckt der Besucher
des Parque del Retiro in Madrid einen gewölbten Glas-
eisen-Bau, der – heute noch wohl erhalten – gegen Ende
des 19. Jahrhunderts als Ausstellungsbau für Pflanzen
und Blumen der Philippinen entstand. Am Rande eines
Teiches angelegt, verdoppelt sich die Fassade im Spiegel-

bild des Wassers, wodurch – ähnlich wie im Palmenhaus
in Kew – der schwebend leichte Charakter der Glasarchitektur in Szene gesetzt wird. Die ehemalige Funktion des
Bauwerkes wird auch heute noch beibehalten, wobei jedoch anstelle der Pflanzen allgemeine Ausstellungsge-
genstände, vor allem der Kunst, treten.

Das räumliche Erscheinungsbild im Inneren ist – wie
so häufig im Eklektizismus des 19. Jahrhunderts – geprägt von der sakralen Architektur: Durchdringung von
Längs- und Querschiff mit Vierungskuppel und Chorumgang. Die Raumfigur der mittelalterlichen Kirche
wurde in eine zierlich wirkende Konstruktion von Glas
und Eisen übersetzt: Der Skelettbau stützt sich auf Reihen gußeiserner Säulen, die einerseits den niedrigen Umgang, andererseits das 12 m hohe Hauptgewölbe tragen.
Leicht wirkende Bogenbinder aus Blech mit fischblasen-
artigen Durchbrüchen und in der Form eines gedrückten
Spitzbogens überspannen die Schiffe. Eine umlaufende
Zwerggalerie vermittelt den Übergang zwischen den beiden verschieden hohen Gewölben. In der Vierung bildet
ein Fachwerkträger das Auflager der hochsteigenden
Kuppel, die in einer kleinen Laternen-Pyramide endet
(Abb. 378).

Viele der konstruktiven Details erinnern an die beiden
Palmenhäuser in Wien, Schönbrunn von 1880 bis 1882
und von 1885: Die durchbrochenen genieteten Blechträger des ›Sonnenuhrhauses‹; die kannelierten gußeisernen,
überschlanken Säulen, die Zwerggalerie und die abgewalmte Kuppel des ›Großen Palmenhauses‹ zeigen eine
Verwandtschaft, die die historische Beziehung von Wien
und Madrid auch in der späten Architektur des 19. Jahrhunderts manifestiert.

Freilich ist das Glashaus im Retiro-Park mit seinem
maßgeblichen Pendant – dem ›Großen Palmenhaus‹ von
Franz von Sengenschmid – in seiner architektonischen
Wirkung nicht vergleichbar. In Wien erfuhr das Eisen

439

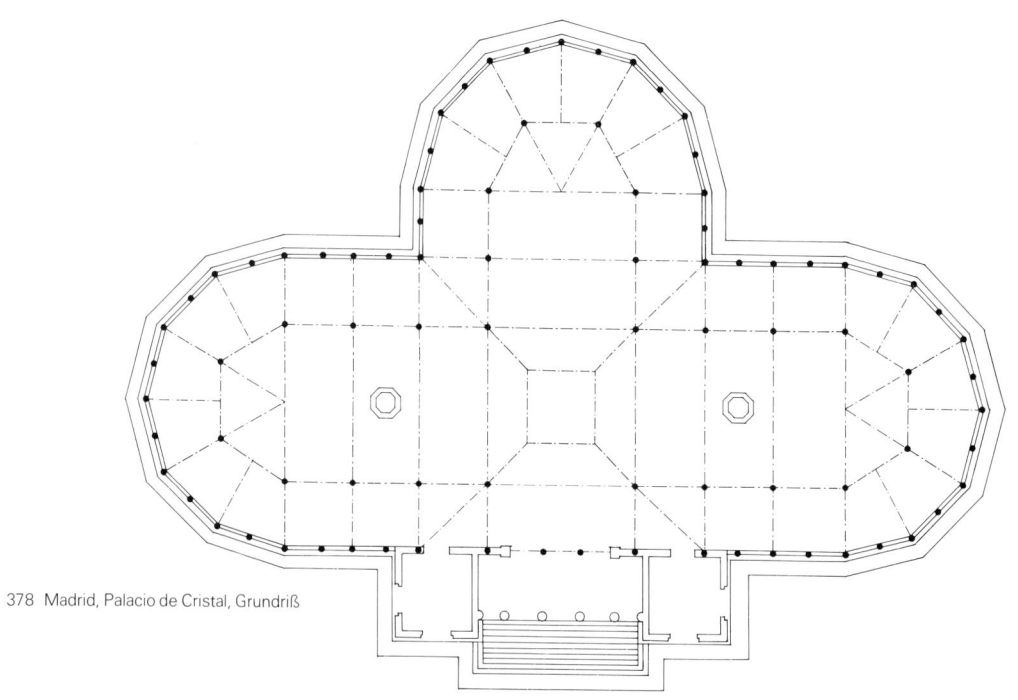

378 Madrid, Palacio de Cristal, Grundriß

eine Formung, die – wie im Brückenbau – den Kraftfluß geschmeidig nachzeichnete. Im Bau von Madrid erscheint der in England im Laufe der fünfziger Jahre zur Reife gebrachte Ausstellungsbau in verkleinerter Form als Zitat wieder. Eine Reverenz an Palladio ist der massiv ausgebildete Portikus, zu dem eine großzügige Treppenanlage hinaufführt. Er bildet die wohlvertraute Pforte zum Tempel der Natur.

Literatur: Die Bauwelt, 1.8. 1980, Jg. 71, H. 29, S. 1258, 1259

MAGDEBURG, Palmenhaus, Friedrich-Wilhelms-Garten

Länge:	24,56 m ohne Seitenflügel	Architekt:	Stadtbauinspektor Jansen,
Breite:	17 m		Stadtbaurat Peters,
Höhe:	ca. 14 m	Baujahr:	1895/96
		Zustand:	1945 zerstört, abgerissen

Die Magdeburger Gewächshäuser, gegen Ende des 19. Jahrhunderts gebaut, bieten in ihrer konstruktiven und räumlichen Ausbildung keine neuartige Lösung. Bemerkenswert sind hier die einfachen kubischen Formen des großen ›Palmenhauses‹, die durch die Addition von Baukörpern unterschiedlicher Funktionen und entsprechend differenzierten Querschnitten entstehen. Sie werden durch großflächige, nur durch feingliedriges Sprossen- und Ständerwerk geteilte Glasfassaden gegliedert. Anlaß für den Bau der Gewächshäuser war die im Jahre 1895 erfolgte Schenkung der bekannten Pflanzensammlung des Industriellen Gruson an die Stadt Magdeburg. Zum Bauplatz wurde, den Wünschen der Stifter entsprechend, ein Teil einer älteren städtischen Parkanlage bestimmt, mit bequemer Verbindung zur Stadt und in unmittelbarer Nähe zu einem der Stadt gehörenden Gesellschaftshaus mit stark besuchtem Garten. Beim Neubau wurden aus Kostengründen Bauteile der alten Grusonschen Gewächshäuser z.T. wiederverwendet. Dieser Umstand hat das willkürlich erscheinende Bild der Gesamtanlage mitbestimmt. Die Gewächshäuser bestehen in der Hauptachse aus drei Warmhäusern – für Palmen, Zykadeen und Farne –, welchen ein Kalthaus vorgelagert ist. Dieses dient zugleich als Eingang. An diesen Komplex schließt sich im Norden ein System von kleineren Gewächshäusern an, so daß ein Rundgang der Besucher möglich ist. An der nördlichen Rückwand befindet sich ein Massivbau, der im Keller die Heizanlage, im Erdgeschoß Räume für den Gartengehilfen, Geräte und eine Bücherei, im Obergeschoß zwei Wohnungen für Gärtner enthält (Abb. 379).

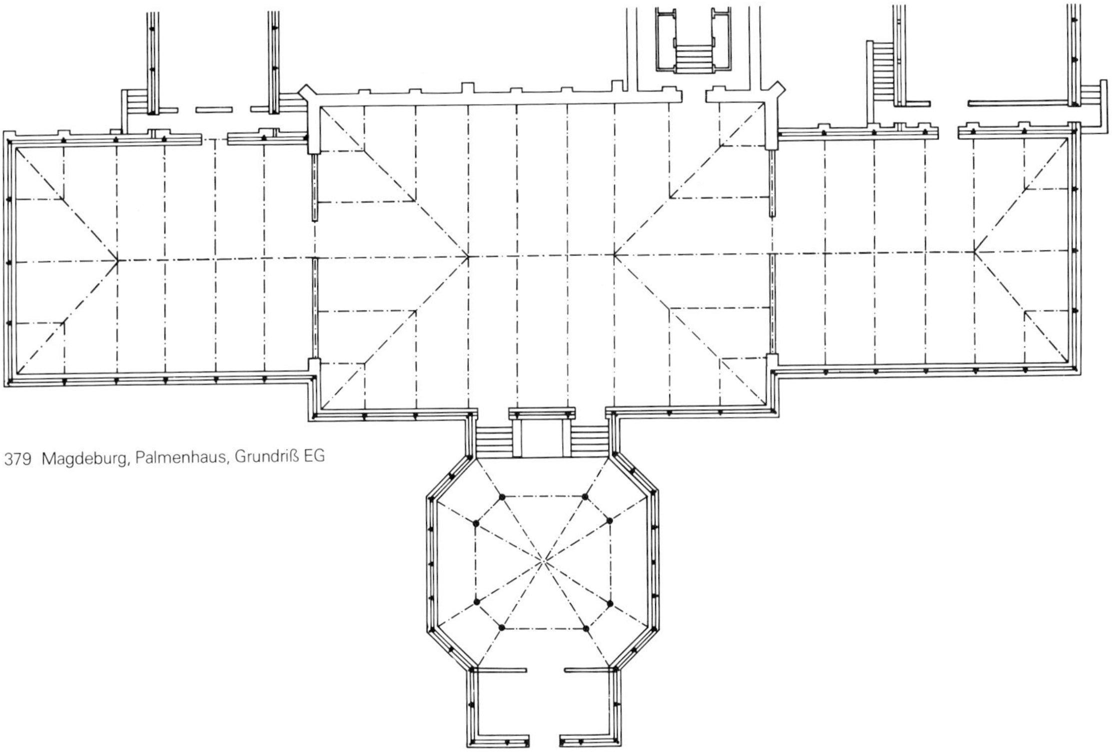

379 Magdeburg, Palmenhaus, Grundriß EG

Konstruktion

Die Gebäude sind durchgängig auf Betonunterbau errichtet. Der niedrige Sockel ist mit Ziegeln und mit einer Granitbank abgedeckt. Auf dieser steht die Glas-Eisenkonstruktion. Sie wird aus einem schlank gehaltenen, gußeisernen Ständerwerk und Walzprofilen gebildet. Wie bei den meisten deutschen Gewächshäusern fanden auch hier gekrümmte Dachflächen keine Anwendung. Das Palmen-, Farnen- und Zykadeenhaus ist mit doppelter Verglasung und Luftisolierung versehen. Die übrigen Häuser haben einfache Verglasung. Die Nordwand der Schauhäuser ist massiv ausgeführt und wurde mit Tropfsteinen verkleidet. Die Lüftung erfolgt durch Öffnungen mit einfachen Schiebekästen im Sockel und durch Klappfenster mit Getriebevorrichtungen an Trauf und First. Die Eisenkonstruktion der vorderen Schauhäuser stammt von der Fa. Mosenthin in Leipzig.

Literatur: ZfBW, 1897, Jg. 47, H. 1-3, S. 31-42, Blatt 8-10; Deutsche Bauzeitung (Hrsg.), Baukunde des Architekten, 1902, Bd. II, Teil 5, S. 368-371

MALMAISON bei Paris, Gewächshaus, Parc de la Malmaison

Länge:	46 m	Architekt:	Jean Thomas
Breite:	6 m		Thibault
		Baujahr:	um 1803
		Zustand:	abgerissen

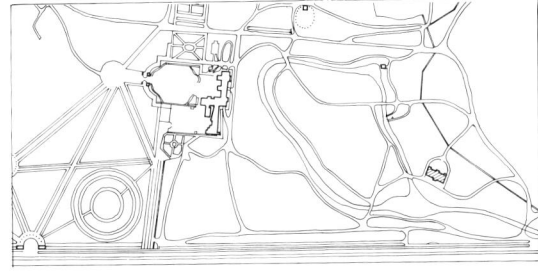

380 Lageplan, 1808

Die Gärten von Malmaison – im Westen von Paris, unweit von Versailles gelegen – werden in dem Werk Alexandre de Labordes ›Description des nouveaux Jardins de la France‹, 1808, nicht nur als ein fortschrittlicher Garten des neuen Stils (gemeint ist damit der Englische Garten), sondern auch als einer der bedeutendsten botanischen Gärten von Frankreich bezeichnet. Schloß und Park

381 Gesamtansicht, Kupferstich, 1808

wurden zu Beginn des 19. Jahrhunderts von der Kaiserin Josephine erworben. Der Park wurde von ihr vergrößert und als Englischer Garten in Verbindung mit der Neuausstattung des Schlosses unter der Anleitung von Jean Marie Morel und Louis Martin Berthault neu ausgebaut (Abb. 380). Etwa zur gleichen Zeit, jedenfalls vor 1808, wurde das große ›Gewächshaus‹ östlich des Schlosses errichtet. Es gehört zu den frühesten Glashäusern mit durchgehenden Glasflächen an der Hauptfront ohne Massivmauerwerk. Die Fassade des Bauwerks beherrscht ein großes geneigtes Glasdach, welches sowohl nach oben als auch nach unten in vertikale Glasbänder über-

geht. Die Gliederung der Glasfassade erfolgt nur durch das filigrane Sprossenwerk, welches wahrscheinlich aus Eisen war. Die schmucklos gehaltene Großform des Gewächshauses, an den Seiten versehen mit zwei Apsiden, zeigt eine Anlehnung an den Stil des Directoire, welcher – ohne sich in den Vordergrund zu stellen – zur sachlichen Zweckform geeignet war (Abb. 381).

In Labordes ›Description des nouveaux Jardins de la France‹ werden Park und Gewächshaus beschrieben: »Die Gärten von Malmaison sind vorzüglich wegen der Menge und Schönheit der seltensten ausländischen Gewächse merkwürdig. Da diese herrliche Sammlung mit fortwährender Sorgfalt vermehrt wurde, so ist in der Tat eigentlich hier der wahre botanische Garten Frankreichs. Auch war der Boden dem schnellen Wachstum der Pflanzen ausnehmend günstig. Das Treibhaus, welches nach einem sehr ausgedehnten Plan angelegt wurde, enthält die seltensten Pflanzenarten und wird auf dieselbe Art wie die Treibhäuser von Schönbrunn und Kew unterhalten. Aber seine Form ist zierlicher. Hinter dem Gewächshause ist ein mit hübscher Malerei verzierter Saal, wo man den Anblick der Pflanzen und ihren Duft genießt. Schade, daß dieses Gebäude nicht mit dem Schloß zusammenhängt, dem es, besonders im Winter, zu vorzüglicher Zierde dienen würde. Wir bemerken hier ein für alle Mal, daß die Gewohnheit, Treibhäuser, anstatt sie als Wintergärten mit dem Hauptgebäude zu verbinden, mitten im Park anzulegen, ungemein den Reiz vermindere, den dergleichen Anlagen, wenn man sie an der gehörigen Stelle anbrächte, notwendig gewähren müßten.«

Text

»Um seine Schloßherrin, die sich langweilt, zu zerstreuen, verfällt Aimé Bonpland darauf, ein Frühstück im großen Warmhaus zu veranstalten, das im Jahre 1803 nach den Plänen Thibaults erbaut und seitdem ständig vergrößert und verbessert worden war. Kein Rahmen konnte Josephine besser gefallen. Dieses intime Frühstück zu achtzehn Gedecken unter Palmen und Orangenbäumen, zwischen mexikanischen Kakteen und chinesischen Pfingstrosen fand am 4. Mai 1812 mit solchem Erfolg statt, daß es drei Wochen später wiederholt werden mußte. Piout, der die Weine zu betreuen hatte, bestaunt bei dieser Gelegenheit die Wunder eines Sonderbezirks, zu dem er gewöhnlich nicht zugelassen ist. Er hat das Treibhaus in Länge und Breite mit hundertfünfzig auf zwanzig Fuß ausgemessen, Fenster und Scheiben, dreizehn Fenster nach Osten, zwölf nach Westen, jedes zu sechs Scheiben gezählt, die zwölf großen Steinkohleöfen bewundert und schließt: ›Ganz prächtig, man kann sich nichts Schöneres vorstellen.‹ Dabei hat er die zwölf Säulen aus violetter Breccie übergangen. Nach dem Frühstück trennt sich Josephine von ihrem Gefolge und geht mit ihrem Botaniker durch die Gänge, an denen die kostbaren Häftlinge dieses ungeheuren Glaskäfiges aufgereiht stehen. Er läßt sie die Blumen bewundern … Dann ziehen sie sich in die Bibliothek zurück.«[126]

Literatur: Laborde 1808; Bouvier und Maynial 1949

MEININGEN, Orangerie, Herzoglicher Park von Meiningen

Länge:	21 m	Architekt:	unbekannt
Breite:	17 m	Baujahr:	1800
Höhe:	11 m	Zustand:	abgerissen

Die ›Orangerie‹ in Meiningen, Teil eines romantisch angelegten Gartens im Herzoglichen Park, ist als ein früher Vorläufer des Montagehauses, das später, im Laufe des 19. Jahrhunderts, als ein industrielles Bauprinzip auftritt, zu verstehen. In einen bewaldeten Hügel eingeschnitten, wurde eine Art Grotte aus Felssteinen errichtet, welche die seitlichen Umfassungswände der ›Orangerie‹ bildeten. Sie beherbergte zugleich eine kleine Gärtnerwohnung und eine unterirdische Heizkammer. Der hufeisenförmige Raum der ›Orangerie‹ öffnete sich gegen Süden zu einem See. Während er sich im Sommer nur als romantische Felskulisse zeigte, verwandelte er sich im Winter mit Glassheds und schräg geneigter Südfront in einen geschlossenen Raum (Abb. 382, 383). Um diesen alljährlich sich wiederholenden Montage- und Demontageprozeß leicht durchführen zu können, waren die einzelnen Bauteile auf das Einfachste ausgebildet und auf ein Minimum beschränkt. An dieser noch primitiven Form eines Montagehauses kann man bereits das Grundprinzip der eisernen Montagehäuser ablesen: Reduktion des Tragwerkes auf gleiche Elemente und sorgfältige Ausbildung der Verbindungsteile, um die Aufstellung nach dem System des Baukastens und die verlustlose Wiederverwendung sicherzustellen. Der Gewächshausbau, in welchen

382 Zustand im Sommer, Stich

383 Grundriß und Schnitt, Zustand im Winter, Stich

MÜNCHEN, Kgl. Hofgarten
in Nymphenburg, drei Gewächshäuser

Abb. 638-641

Zu den frühen Beispielen der nach wissenschaftlichen Erkenntnissen der Bautechnik und Botanik errichteten Gewächshäuser auf dem Kontinent gehören die Bauten von Friedrich Ludwig von Sckell, des neben Peter Joseph Lenné und Hermann Fürst Pückler-Muskau berühmtesten Gartenarchitekten Deutschlands um 1800. Angeregt durch den gegen Ende des 18. Jahrhunderts in England verbreiteten klassizistischen Gewächshaustyp ist es sein Verdienst, diesen nach kontinentalen Erfordernissen weiterentwickelt zu haben. Man kann mit Recht sagen, daß er mit seinen Bauten, vor allem in Nymphenburg und im Alten Botanischen Garten München eine Raumkonzeption geschaffen hat, die in der Folgezeit für die Entwicklung des Gewächshausbaues in Deutschland von nachhaltiger Wirkung war. Sckell verwendet in seinen Bauten noch Elemente klassizistischer Formsprache wie große durchgehende Flächen und Linien, symmetrischen Aufbau, Beschränkung der Dekoration auf einfachste Charakterisierung der Bauteile. Der Gewächshausbau mit seinen ausgedehnten Glasflächen bot ihm Gelegenheit, durch systematisch verfolgte Elementierung seinen Bauten jenen additiven Charakter zu geben, der dem Klassizismus eigen ist, ihn bei radikaler Anwendung jedoch auflöst und negiert. Hierin werden die Bauten von Sckell zu einem Vorläufer der modernen funktionellen Architektur des Industriezeitalters. Abgesehen von den festen Bauteilen, die klassizistische Formen aufweisen, hat er seine Bauten in München so konzipiert, daß sie, auf einem Grundelement aufbauend, austauschbar zu verschiedenen Baukörpern addiert werden können. Seine im Zeitraum von 1807 bis 1820 gebauten ›Gewächshäuser‹ kann man als Beispiele betrachten, die einem Typenkatalog im Sinne Jean Nicolas Louis Durands entnommen sind. Die Bedeutung Sckells für die Entwicklung des Gewächshausbaus in Deutschland ist mit jener John Claudius Loudons in England vergleichbar.

Loudons Arbeiten haben die bereits fortgeschrittene Industrialisierung Englands zur materiellen Grundlage. Loudon ist der früheste Propagandist für die methodische Anwendung von Eisen für Tragwerke im Hochbau. Die konstruktiven Möglichkeiten dieses neuen Materials voll ausschöpfend, entwirft er die ersten kurvenlinearen Glashäuser. Diese sind für die Ausbildung des Gewächshaustypus in England richtungweisend geworden. Auf dem Kontinent, besonders in Deutschland, ist der Loudonsche Typus mit Zurückhaltung aufgenommen worden. Der Grund liegt in den unterschiedlichen klimatischen Bedingungen, die hier durch Schnee, Hagel und Kälte geschaffen werden und in einer gegen den Eisenbau geführten, ästhetischen Kontroverse, als deren Hinter-

bei einfacher räumlicher Organisation zugleich ein ›offenes‹, d.h. wandelbares Gerüstsystem, von der Funktion her begründet, mit Vorliebe eingesetzt wurde, war prädestiniert, die Experimente im Montagebau historisch einzuleiten. Mit der Entwicklung der Glas-Eisenkonstruktion ist es daher der Gewächshausbau, welcher erstmals diese beiden industriellen Baumaterialien für vorgefertigte Montagehäuser einsetzt und damit die revolutionäre Baumethode auf der Grundlage der Standardisierung und Normierung für ein gesamtes Gebäude verwirklicht. Die beiden Gewächshäuser in ›Wollaton Hall‹ (Nottingham) und in ›The Grange‹ (Hampshire, 1823, 1825) von der Fa. Clark sind bereits ausgereifte Beispiele.

Literatur: Allgemeines Teutsches Garten-Magazin, 1806, Jg. 3, Bd. 11

grund ein rückständiger Industrialisierungsgrad zu bezeichnen ist.

Dem Idealtypus der Sckellschen Bauten entspricht die großflächige, senkrechte, linear ausgerichtete Glaswand mit Pult oder Satteldach, aus streng gleichförmig gehaltenen, rektangularen Einzelelementen gebildet. Im Unterschied zu Loudon sind Trag- und Sprossenwerk der Gewächshäuser von Sckell mit einer Ausnahme aus Holz konstruiert. Ähnlich wie bei den Bauten von Joseph Paxton wirken diese Holzelemente besonders im Sprossenwerk, auf ihr konstruktives Minimum reduziert, äußerst filigran. Eine spätere Substitution von Holz durch Eisen ist, wie beim Werk Paxtons, vorbereitet. Die Selbstverständlichkeit einer solchen Interpretation beweist der Umbau des ersten Sckellschen ›Gewächshauses‹ von C. Mühlhofer (1867): Auf der Grundlage des vorhandenen Typus entsteht eine für jene Zeit klar durchformulierte Glas-Eisenkonstruktion bei Anwendung von Normprofilen. Man kann daher die Glasfronten der Münchner ›Gewächshausbauten‹ von Sckell als frühe Vorläufer in der Entwicklungsgeschichte der großflächigen Glas-Eisenfassaden betrachten, welche den Kaufhäusern, Bahnhöfen und Ausstellungsbauten des 19. Jahrhunderts zur Raumhülle werden. Dieser historische Sachverhalt führte uns dazu, den Sckellschen Gewächshausbau in diesem Buch, welches die Entwicklungsgeschichte der Glas-Eisenkonstruktion darstellt, aufzunehmen.

Im Jahr der Französischen Revolution, 1789, wurde Sckell, welcher an deutschen Höfen seit 1777 als Architekt englischer Gärten mit Erfolg gewirkt hatte, vom Kurfürsten Karl Theodor nach München berufen, um ein Gutachten zu einem Englischen Garten abzugeben. Nach seiner Ernennung zum Gartenbaudirektor, sodann zum Intendanten des Hofgartens des bayerischen Königs Maximilian Joseph erhielt er 1803 den Auftrag, einen Plan zum Garten der Kgl. Sommerresidenz Nymphenburg, 1809 einen Plan zu einem botanischen Garten in München »in natürlichem Geschmack« und im geometrischen Stil zu entwerfen. Teil dieser bereits in jener Zeit als fortschrittlich empfundenen Gesamtplanungen war die Serie der Gewächshäuser, welche von Sckell gebaut wurden. Ihre unmittelbare Integration innerhalb seiner englischen Gärten hat Sckell verworfen. Die Bauplätze der Gewächshäuser waren im Park ausgegrenzte geometrisch angelegte Blumen- oder botanische Gärten (Abb. 384). »Da aber die Natur keine solche Gärten pflanzt, so können diese auch nicht ihrer künstlichen Formen wegen mit ihr oder ihren Nachbildungen, nämlich mit den Naturgärten, in Verbindung treten. Solche regelmäßigen Anlagen müssen daher für sich bestehen – man muß ihnen unerwartet begegnen und durch sie überrascht werden; daher muß sie ein Gebüsch verstecken.«[127]

Es charakterisiert den Klassizismus Sckells, daß er ge-

mäß dessen Stilvorstellungen, den Gewächshäusern mit ihren langgestreckten rhythmisch geteilten Glasfronten in Verbindung mit der rahmenartigen Einfassung durch feste Baukörper eine gültige, ästhetische Formulierung zuteil werden ließ, so z. B. dem Bau im Alten Botanischen Garten (Abb. 391-393). »Ich habe dem Gewächshaus einen architektonischen Wert (weil dieses bei Gebäuden der Art so selten der Fall ist) dadurch zu geben getrachtet, daß ich die beiden Endportale oder Eingänge mit der dorischen Ordnung nach den reinsten Verhältnissen und Regeln der Baukunst geziert und mit Frontons versehen habe.« Die nicht inklinierte, sondern senkrecht aufgestellte Glaswand fand Sckell jedoch nicht nur ästhetisch wirkungsvoller, sondern auch funktioneller: »Diese Konstruktion ist für Gewächshäuser weit schöner und dauerhafter und, wenigstens für unser Klima, wo wir oft mit einer durchgreifenden, 3 bis 4 Fuß in die Erde dringenden Kälte, mit vielem Schnee und Hagelwetter, heimgesucht werden, jener mit inklinierten Fenstern weit vorzuziehen. Fenster, wie selbe in England 65° herabgesenkt werden, würden die Pflanzen weder gegen die Kälte noch gegen das Eindringen des Schneewassers, noch weniger aber gegen den Hagel zu schützen vermögen, wie dort, wo die Naturereignisse der Art nicht so störend wirken, wie bei uns. Dazu kommt noch, daß wenn bei

384 Lageplan, 1830

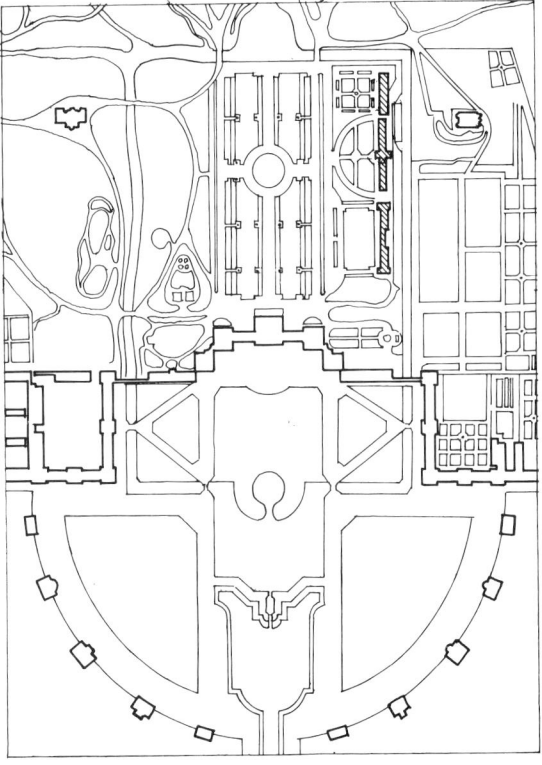

445

vielem Schnee und an Regentagen das inklinierte obere Glas mit Tüchern oder Läden gedeckt werden muß, um das Tröpfeln auf die Pflanzen zu vermindern, diese alsdann im Dunkeln stehen und den wohltätigen Einfluß des Lichtes entbehren müssen. Alle diese Nachteile fallen bei senkrecht stehenden Fenstern hinweg.«

Sckell versuchte, der nachteiligen Wirkung der nur durch die senkrechte Glaswand belichteten Gewächshäuser durch besondere Deckenausbildung zu begegnen: »Da die Pflanzen weit weniger das Licht als die Sonnenstrahlen entbehren können, so habe ich auch im inneren Gewächshaus gesucht, dieses dadurch zu vermehren, daß ich die Decke nicht horizontal, sondern nach einer Ellipse herunter gebogen habe (abatjour), damit sie mehr Lichtstrahlen aufzunehmen und diese wieder auf die Pflanzen zu reflektieren imstande ist. Diese Konstruktion hat der Erwartung ganz entsprochen. Die Pflanzen leben in diesem lichtvollen Gewächshaus in der üppigsten Gesundheit und in der reinsten Luft. Jede Pflanze wächst so senkrecht, weil es keiner am Lichte gebricht; keine, auch nicht die von der Glaswand allerentfernteste, braucht sich desfalls nach ihr hinzuneigen. Die Ellipse verbreitet überall Tag und Heiterkeit.«[128]

Zur Heizung verwendete Sckell keine Feuer-Kanäle, sondern starke eiserne Öfen. 1830 wurde, im Vergleich zu englischen Verhältnissen spät, in einem der Nymphenburger ›Gewächshäuser‹ die erste Warmwasserheizung in Deutschland von Sckell eingebaut.[129] Die Einführung des Englischen Gartens in Deutschland, woran Sckell großen Anteil hat, war verbunden mit der Aufnahme des klassizistischen Gewächshaustypus englischer Prägung. Er hat bereits 1773 im Auftrag seines Landesfürsten Carl Theodor eine Reise nach England unternommen. »Mit großem Eifer legte er sich … in den botanischen Gärten zu Kew und Chelsea auf die wissenschaftliche Botanik, verfertigte Herbarien, zeichnete Gewächs- und Treibhäuser und versäumte keine Gelegenheit, seine Kenntnissen in jedem Zweig der Gartenkunst zu erweitern.«[130] Nach Auffassung von Arnold Tschira sind klassizistische Gewächshäuser von Richard Bradley 1750 und T. Lightoler 1762 als Vorbild bei Sckellbauten klar erkennbar. Es waren dies Warmhäuser mit massiven Eckpavillons.

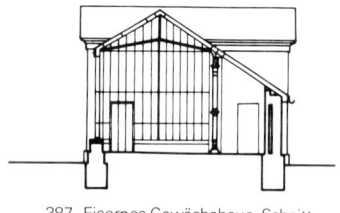

387 Eisernes Gewächshaus, Schnitt

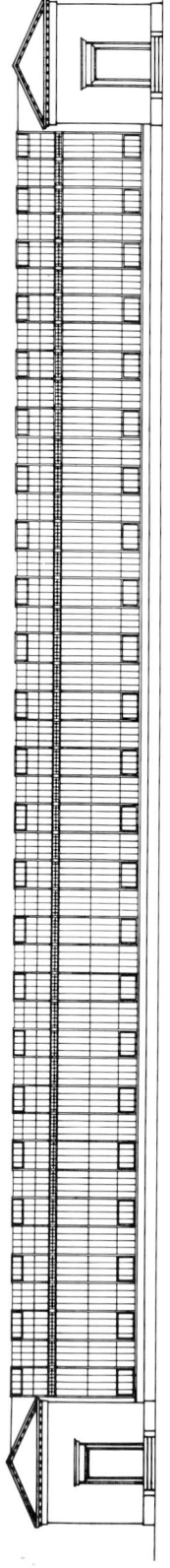

385 Eisernes Gewächshaus, Fassade

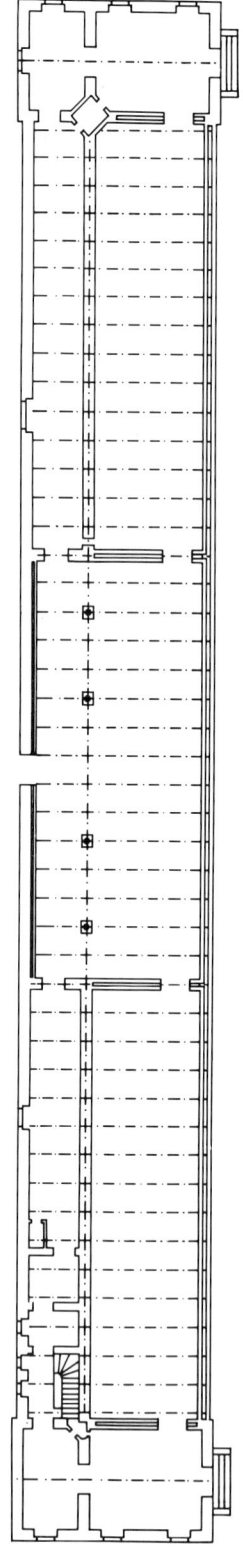

386 Eisernes Gewächshaus, Grundriß

Die drei Gewächshäuser im Kgl. Hofgarten in Nymphenburg waren in einer Flucht, im rechten Winkel zum Schloß und nach Süden gerichtet, erbaut worden.

A ›Eisernes Gewächshaus‹, Abb. 638, 640, 641
Das erste, 80 m lange ›Gewächshaus‹ von Nymphenburg wurde 1807 konstruiert. Es war nach A. Tschira das einzige aus Eisen und Glas bestehende Gewächshaus von Sckell (Abb. 385-387). »Der sehr lange, schlichte Glaseisenbau war für Pflanzen aus Japan, China, Holländisch-Indien, Australien, Ostindien, Südamerika und dem Inneren von Afrika bestimmt. Der eigentliche Pflanzenraum war mit einem flachen Glasdach überdeckt, sein einziger Schmuck ist ein gußeiserner Ornamentfries an der Traufe. Die flächigen, giebelbekrönten Eckpavillons enthalten das Kabinett des Königs auf der einen und den Raum für den Gärtner auf der anderen Seite.«[131]

B ›Gewächshaus mit Mittelpavillon‹
Das zweite, westlich anschließende Gebäude wurde 1816 errichtet. Hier ordnete Sckell den einfach gehaltenen Pavillon in der Mitte an. Die beiden Seitenflügel erhalten ihr Licht nur durch die senkrechte Fensterwand. Die Decke ist hier viertelkreisförmig gewölbt.

C ›Palmenhaus‹, Abb. 639

Länge:	46,50 m	Baujahr:	1820
Breite:	11,50 m	Zustand:	gut erhalten,
Höhe:	7,50 m (innen)		wird heute als Café
	12 m (First)		verwendet
Fläche:	535 m²		

Das dritte Gebäude ist ein ›Palmenhaus‹. 1820 erbaut, schloß es sich westlich des zweiten Gewächshauses an. »Es geht in seiner Gestalt mit der hohen verglasten Südwand auf eine Form zurück, die in Deutschland hier und da anzutreffen ist, die wir, wenn auch stärker gegliedert, schon an dem Glashaus des Belvedere zu Wien getroffen haben. Daß Sckell, der ja aus badischem Dienst nach München kam, einen ähnlichen Entwurf von Johann Peter Ernst Rohrer aus dem Jahre 1744/45 für ein Glashaus in Rastatt gekannt und als Vorbild verwendet hat, ist nicht ganz unmöglich.«[132] Das Gebäude charakterisiert eine durchgehende, großflächige Glasfassade von edler Proportion mit zartgebildeten Sprossen und Ständerwerk aus Holz. Das Gebäude ist mit einem schlichten abgewalmten Satteldach abgeschlossen (Abb. 388-390).

Quellen: Bayerische Verwaltung der staatlichen Schlösser, Gärten und Seen, Schloß Nymphenburg

Literatur: Sckell 1825; Tschira 1939, S. 94-96; Pfann 1935, S. 9

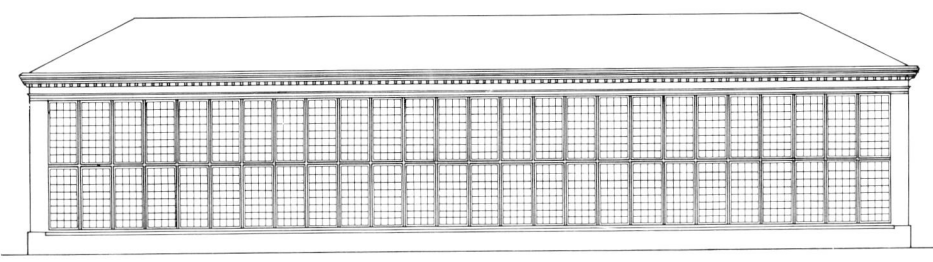

388 Palmenhaus, Fassade

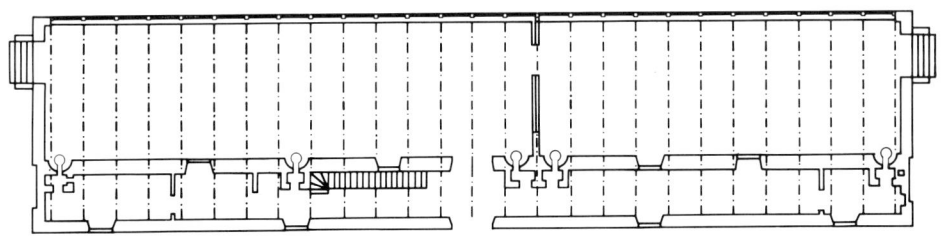

390 Palmenhaus, Grundriß

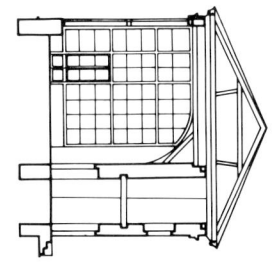

389 Palmenhaus, Schnitt

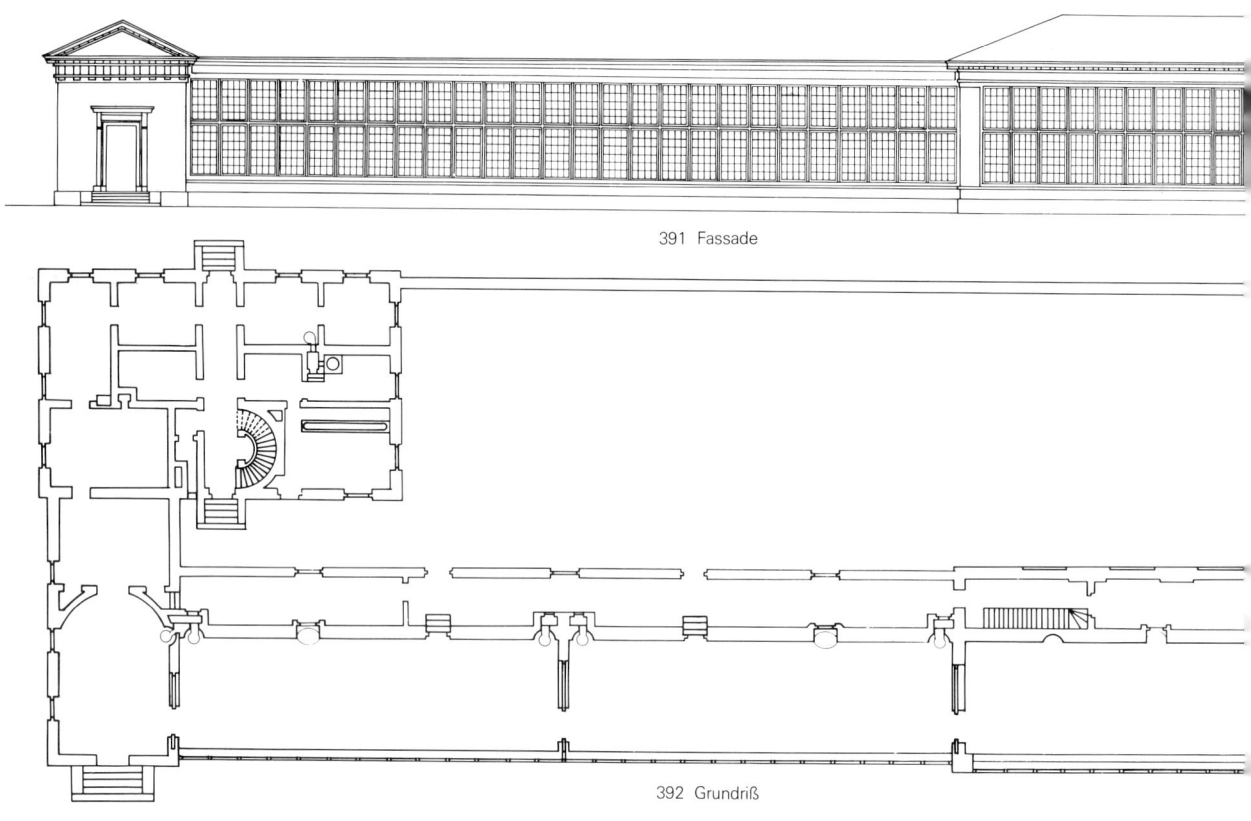

391 Fassade

392 Grundriß

393 Schnitt durch den Seitenflügel

MÜNCHEN, Gewächshaus im Alten Botanischen Garten

Länge:	140 m	Baujahr:	1818
Breite:	10,50 m (Mitte)	Zustand:	ca. 1860 abgerissen
Architekt:	Friedrich Ludwig von Sckell		und durch das ›Große Palmenhaus‹, 1860-1865, von August von Voit ersetzt

Das ›Gewächshaus‹ im Alten Botanischen Garten war das größte von Sckell erstellte Bauwerk dieser Art. Es war, wie seine Vorgänger, in einfachen großen Formen gehalten. Zwischen den beiden Eckpavillons aus Mauerwerk spannte sich eine senkrecht gestellte Glaswand von ca. 120 m Länge. Der Mittelteil war durch einen sichtbaren Dachabschluß und schmale Eckpfeiler herausgehoben (Abb. 391-393). Betrachten wir diesen Mittelteil für sich, so haben wir das 1820 erbaute Nymphenburger ›Palmenhaus‹ vor uns. Das mit Aufenthaltsräumen und Lagerräumen verbundene Gewächshaus lag am Norden de des Botanischen Gartens mit der Glasfront nach Süden. Der Garten war in Form von Segmenten geome-trisch gestaltet. Diese Geometrie begründete Sckell: »Botanische Gärten sollten ... symmetrisch und regelmäßig angelegt werden, weil man da die Pflanzen gewöhnlich nach einer systematischen Ordnung aufstellt.« Das im Hintergrund des Gartens stehende Gewächshaus hatte nach Sckell nicht nur die Funktion, den Garten in einer regelmäßigen Form einzuschließen, »sondern auch ohnerachtet seiner strengen Regelmäßigkeit ein schönes bildliches und malerisches Ansehen« zu gewähren.[133]

Quellen: Bayerische Verwaltung der staatlichen Schlösser, Gärten und Seen, Schloß Nymphenburg

Literatur: Sckell 1825; Tschira 1939, S. 94-96; Pfann 1935, S. 9

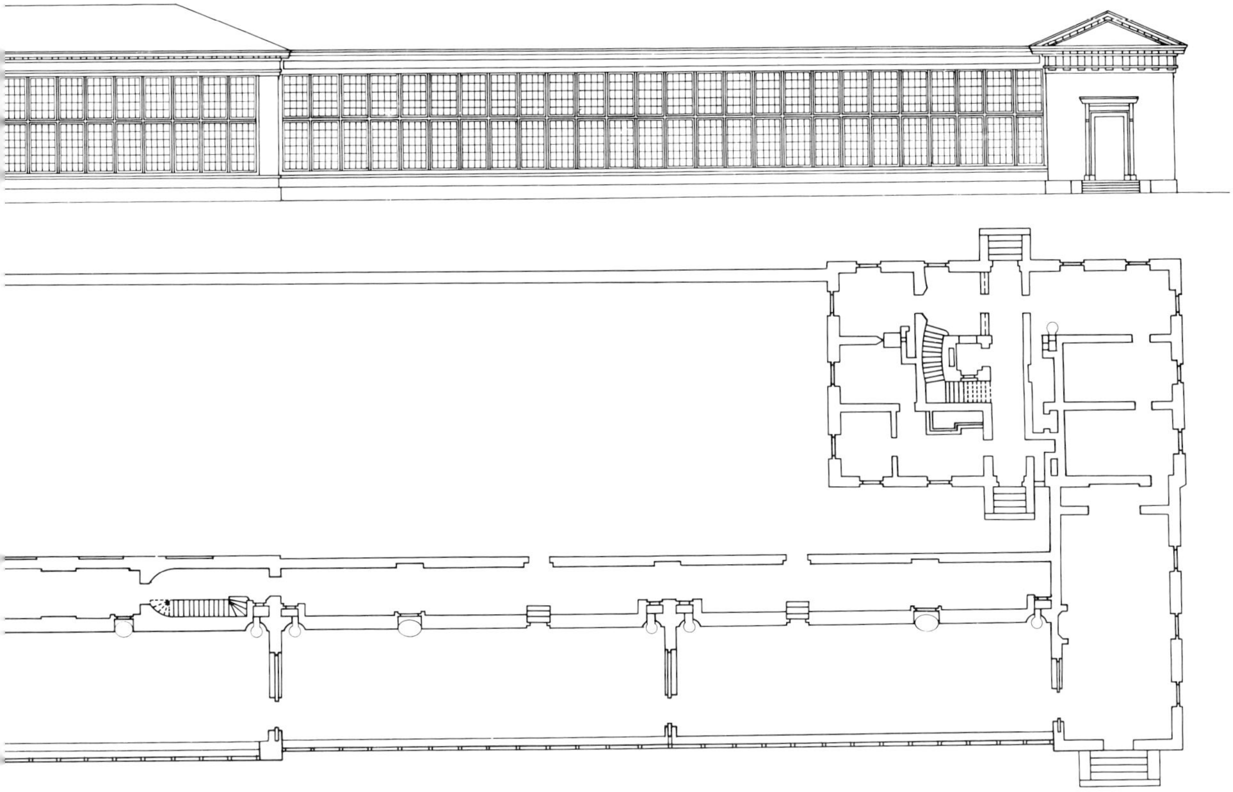

MÜNCHEN, Glaspalast, Alter Botanischer Garten
Abb. 646, 647, 649-651

Länge:	240 m	Architekt:	August von Voit,
Breite:	84 m	Bauleiter:	Ludwig Werder
Höhe:	25 m	Baujahr:	1853-1854
Fläche:	17900 m²	Konstruktions-	Cramer
		firma:	und Klett
		Zustand:	1931 abgebrannt

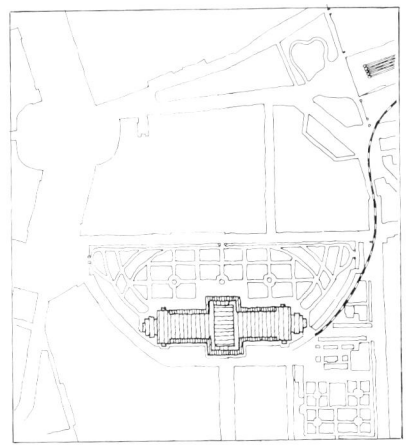

394 Lageplan, 1854

Der ›Glaspalast‹ in München war eines der größten Bauwerke aus Glas und Eisen im Deutschland des 19. Jahrhunderts. Er nahm die von Joseph Paxton im ›Kristallpalast‹ entwickelten konstruktiven Prinzipien auf. Mit diesen Mitteln, leicht modifiziert, schuf der Architekt August von Voit ein klar gegliedertes, aus großen kubischen Formen und geraden Flächen bestehendes Gebäude. Mit seinen auch nach außen sichtbaren Eisenstützen, den dazwischen ausgespannten großen, schmucklosen Glasflächen und einem überall als Silhouette sich abzeichnenden Faltdach war dieser Glaspalast eine Fortführung der von Paxton propagierten architektonischen Sachlichkeit. Als Provisorium aus Anlaß einer Industrieausstellung geplant, war es dem Architekten möglich, einen Bau von solch radikaler Einfachheit der Form und des Details zu entwerfen. Einmal vorhanden, wurde die vom Material und der Vorfertigung bedingte Ästhetik von Zeitgenossen als zeitgemäßer Ausdruck gewürdigt. Der Münchner Ausstellungspalast im Alten Botanischen Garten sollte nach dem Ende der Ausstellung als Gewächshaus genutzt werden. Die riesigen Dimensionen haben dieses Vorhaben vereitelt, jedoch hat der Architekt Voit in den folgenden Jahren eines der schönsten eisernen Gewächshäuser Deutschlands gebaut, wobei

395 Gesamtansicht, Stahlstich von Johann Poppel, 1854

seine Erfahrungen im Ausstellungsbau ihre Anwendung fanden. Wie beim Londoner ›Kristallpalast‹, fand auch hier – durch einen gegenseitigen konstruktiven Einfluß – eine Wechselwirkung von Ausstellungs- und Gewächshausbau statt.

Baugeschichte

Der ›Glaspalast‹ von München wurde 1853/54 auf dem Gelände des Alten Botanischen Gartens im Zentrum der Stadt, nahe dem 1848 von Friedrich Bürklein gebauten Bahnhof, errichtet. Bereits im Frühjahr 1851 hatte König Max II. einen Wettbewerb ausgeschrieben, der jedoch ohne Ergebnis blieb. Erst der Erfolg der Londoner Weltausstellung 1851 bewirkte, daß zwei Jahre später das Vorhaben wieder aktuell wurde. Der Standort im Botanischen Garten wurde gewählt, weil dieser um 1850 bereits völlig umbaut war und als Garten nicht mehr recht funktionierte. Zugleich war dieser Platz infolge seiner Zentralität und Verbindung mit dem Bahnhof aufs beste für eine große Industrieausstellung geeignet. Beim Abbruch des alten Gewächshauses von Friedrich Ludwig von Sckell wurde in Aussicht gestellt, daß nach der Ausstellung Teile des Glaspalastes als Gewächshaus dienen könnten. Es wurde eine Kommission gegründet, welche im Auftrag des Staates den Kgl. Oberbaurat Voit damit betraute, eine Ausstellungshalle für 6600 Aussteller mit einem Flächenraum von 18600 m² zu planen (Abb. 394). Es ist bezeichnend für den ökonomischen Rückstand

Bayerns gegenüber England, daß hier nicht eine Aktiengesellschaft, sondern der Staat als Bauherr und Organisator auftrat. Die kurze Baufrist von Herbst 1853 bis Sommer 1854 bewirkte, daß nicht Mauerwerk in Frage kam, sondern nur ein Baustoff, der eine hohe Industrialisierung zuließ.

»Am 29. September 1853 schloß der kgl. Oberbaurat Voit mit dem Fabrikbesitzer Cramer-Klett zu Nürnberg einen Vetrag ab, wodurch derselbe sich verbindlich machte, das ganze Gebäude bis zum 8. Juni 1854 vollständig herzustellen und bei einer Verspätung als Konventionalstrafe jeden Tag in der ersten Woche 1000 Gulden, in den folgenden Wochen aber jeden Tag 2000 Gulden an seinem Guthaben in Abzug bringen zu lassen.«[134] Zum Transport der Bauteile und Ausstellungsgüter wurde ein Schienenstrang vom Bahnhof auf das Baugelände geführt. Der Bau wurde in 87 Tagen unter Verwendung von 1700 Tonnen Eisen (im Vergleich dazu 4000 Tonnen Eisen, für den ›Kristallpalast‹ in London), 37000 Tafeln Glas und 2000 Kubikmeter Holz erstellt. Die Kosten betrugen rund eine Million Gulden. Ein zeitgenössischer Bericht schildert den Bauprozeß: »Der Zauber, den der für die große Londoner Ausstellung erbaute Glaspalast ausübte, ist ein so nachhaltiger gewesen, daß man für alle ähnlichen Fälle von dieser Art Konstruktion nicht mehr zurückzukommen scheint. Der Engländer Paxton ist damit der Gründer eines neuen Baustils geworden, der auch für das Ausstellungsgebäude in München festgehalten worden ist, und, wie der Londoner Glaspalast im Hyde Park, erhebt sich der Münchner Glaspalast in leichten und eleganten Formen an der Stelle des ehemaligen botanischen Gartens. Die grünenden Pflanzen und duftigen Blumen mußten den Erzeugnissen menschlichen Gewerbefleißes Platz machen! Die Erdarbeiten wurden mit dem 18. Oktober v. J. begonnen, am 27. Februar d. J. aber richtet man zu dem Gebäude die erste Säule auf, und in nicht viel mehr als drei Monaten wird es beendet sein, da die Eröffnung der Ausstellung für Mitte Juni anberaumt ist. Der schnelle Aufbau so mächtiger Räumlichkeiten und die Möglichkeit, diese sofort den Erzeugnissen der Industrie zu öffnen, konnte einzig und allein durch das dazu verwendete Material, Eisen, Glas und Holz, erzielt werden. Die Zuarbeitung aller Teile (die Eisenarbeiten gingen aus der rühmlich bekannten Gießerei des Herrn Cramer-Klett in Nürnberg hervor) konnte im voraus stattfinden, und so lag der ganze Glaspalast eigentlich schon aufgeschichtet da und braucht nur noch Stück an Stück zusammengefügt zu werden. Da nur trockenes Material dabei zur Verwendung kommt, so sind die auszustellenden Gegenstände keinen aus der sonstigen Feuchtigkeit neuer Gebäude entspringenden Nachteilen ausgesetzt.

Das Ausstellungsgebäude bildet demnach ein Rechteck von 240 m Länge und 50 m Breite, in der Mitte rechtwinklig durchschnitten von einem 84 m langen und 50 m breiten Transept. Das Längsschiff und Transept sind in drei Schiffe geteilt, von denen das Mittelschiff 24 m breit und jedes der Seitenschiffe 12 m breit ist. Die Seitenschiffe sind wieder jedes durch eine Säulenreihe geteilt, auf welcher die Umfassungswand ruht, das Transept seinerseits steigt wiederum höher hinan als das Mittelschiff. Hierdurch entsteht eine dreifache Abstufung, die, verbunden mit dem durch das Transept und die östlichen und westlichen Anbauten bewirkten Hervortreten einzelner Teile, dem ganzen Gebäude ein lebendiges äußeres Ansehen gibt, zu dessen Verschönerung die feinen eisernen Verbindungsglieder, die glänzenden Glasmassen, die oben hinziehenden, durchbrochenen Galerien und endlich die aufgesteckten Fahnen nicht wenig beitragen. Der Münchner Glaspalast ist jedenfalls ein Gebäude von gefälligeren Formen geworden, als es der Londoner war, allein der Typus ist der gleiche geblieben. Die Beteiligung der deutschen Industriellen, die österreichischen inbegriffen, ist außerordentlich, und die bisher zur Ausstellung angemeldeten Gegenstände nehmen schon einen größeren Raum in Anspruch, als vorhanden ist.«[135]

1912 stand ein Abbruch des ›Glaspalastes‹ zur Diskussion. Bei dieser Gelegenheit zählte der Staatsminister Freiherr von Soden-Fraunhofen, der an seiner Rettung interessiert war, die bisherigen Nutzungen auf: fünf Industrieausstellungen, 32 Kunstausstellungen, 26 landwirtschaftliche Ausstellungen, 31 Gartenbauausstellungen, vier Kunstgewerbeausstellungen und eine Elektrizitätsausstellung. Außerdem wurden Theater und Festveranstaltungen abgehalten. Diese Vielzahl der verschiedensten Nutzungen stellt die moderne Konzeption eines nutzungsneutralen Raumes unter Beweis. 1931 brannte der Glaspalast ab (Abb. 651).

Raum- und Konstruktionsform

Der ›Glaspalast‹ ist in seinem Grundriß ein langes, schmales Rechteck, welches ein Längsschiff bildet und von einem Mittelschiff (Transept) durchschnitten wird. Das ganze Gebäude baut auf einem Stützenraster von 6 × 6 m auf. Das Transept in der Mitte mißt in seiner Breite sechs, in seiner Längsrichtung vierzehn Stützenraster, das Längsschiff ist acht Stützenraster breit und vierzig Stützenraster (240 m) lang. In diesen Raster wurden die gußeisernen Stützen so gestellt, daß sie an der Peripherie des Bauwerkes ringsherum drei fortlaufende Reihen bildeten. Dies erlaubte ein Zurückstaffeln des Baukörpers nach allen Seiten, wodurch eine Gliederung der riesigen Baumasse im großen ermöglicht wurde. Im Quer- und Längsschiff entstand im Inneren ein stützenloser, frei überspannter Raum von 24 m Breite, die lichte Höhe dieser Riesenhalle betrug im Längsschiff 20 m, im Querschiff 25 m. Die umlaufende Stützenreihe trug eine Galerie und das abgetreppte Dach. Die Galerie wurde durch Treppenanlagen im Transept und in den Köpfen des Längsschiffes erschlossen (Abb. 395, 396).

Wie beim Glaspalast von Paxton war die Tragstruktur der Stützen und Binder vorgefertigt und bestand aus sich wiederholenden, gleichen Serienteilen. Die Stützen aus Gußeisen – innen hohl, wie bei Paxton zur Ableitung des Regenwassers herangezogen – hatten einen achteckigen Querschnitt mit vier halbrunden Lisenen. Sie Säulen waren mit Basis und Kapitell versehen. Der Querschnitt deckte sich in seinem Umriß mit einem quadratischen Kastenprofil, welches den Anschluß zu den Bindern bildete. Dieser Anschlußteil hatte nach vier Seiten kleine Nasen, auf welchen die Binder aufruhten. Die Verbindung wurde durch Schrauben hergestellt. Die Binder aus Gußeisen, welche eine Spannweite von 6 m überbrückten, waren 1,20 m hoch und als Gitterträger in Form von Andreaskreuzen, wie bei Paxton, ausgebildet. Sie trugen einerseits die Galerie aus Holzbohlen, andererseits das zurückgestaffelte Dach. Das Dach war im ›Ridge-and-furrow‹-System (von eisernen Sprossen getragen) konstruiert: Das gläserne Satteldach wurde über eine eiserne Rinne zu den Stützen entwässert. Diese Rinnen lagen, an ihnen entlang laufend, direkt über den Bindern. Im Unterschied zum ›Kristallpalast‹ von Paxton ist hier die Rinne nicht zu einem selbständigen Tragbalken ausgebildet, welcher quer zu den Bindern aufgelegt wurde. Paxton hat in seinem Glaspalast die damals größtmögliche Glas-

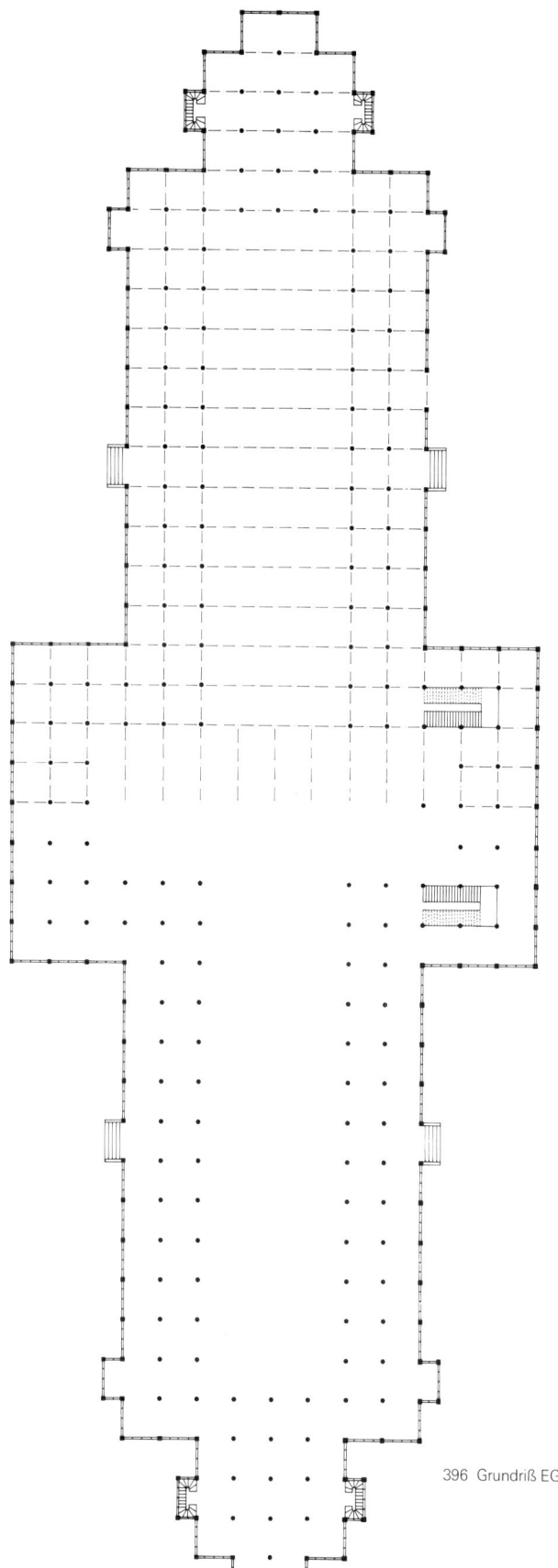

länge von 1,22 m und Glasbreite von 30,5 cm zur Grundlage der Maßeinheit des ganzen Bauwerkes gemacht. Aufgrund der gewählten Glaslänge konnte die Abdekkung nur in Form eng gestellter Rinnenbalken im Abstand von 2,44 in Querrichtung zu den Hauptträgern erfolgen. Die Überspannung des 24 m breiten Längsschiffes und Querschiffes erfolgte über einen, z.T. aus Holz bestehenden Träger, ebenfalls als Gitterträger mit Andreaskreuzen ausgesteift. Im Untergurt wurden Spannseile aus Eisen gelegt, durch ein Spannschloß so weit gezogen, daß die Träger eine Überhöhung erhielten. Auf dem stärker ausgebildeten Träger an der Verschneidung von Längs- und Querschiff stand das Ständerwerk der Stützen und Querbalken, die über Binder von ebenfalls 24 m Länge das Faltdach trugen. Die Windkräfte wurden in diesem Bereich durch eiserne Diagonalen aufgenommen (Abb. 59, 397-399).

»In München, beim Bau des Glaspalastes (1854), wurden an den schwierigen Punkten der Konstruktion die Glieder in Schmiedeeisen ausgeführt. Die Fachwerkträger bestanden teils aus Gußeisen, teils aus Schmiedeeisen. Der Obergurt und der Untergurt waren aus je zwei Winkeleisen bzw. Flacheisen der Länge nach in drei Stücken zusammengesetzt. Dazwischen wurden siebzehn senkrechte Verbindungsteile aus Gußeisen verschraubt. Außerdem waren sechzehn Kreuze eingeschaltet, deren Hauptstreben aus Eichenholz, deren Gegenstreben aus Schmiedeeisen bestanden und in der Mitte der Kreuze durch Bolzen verbunden waren ... Beim Bau des Glaspalastes in München konstruierte der Bauleiter Ludwig Werder der Firma Cramer-Klett (später MAN) eine besondere Vorrichtung zum Abdrehen der Säulen. Die Säulen vom Glaspalast in München ruhen mittels besonderer Stühle auf den Ziegelgrundmauern. Sie bestehen aus drei bis vier aufeinandergesetzten Schäften, die miteinander verschraubt sind ... Beim Bau des Glaspalastes in München ist Gußeisen in stärkerem Maße verwendet worden als in London; denn dort waren nur die Galerieträger aus Gußeisen, in München außer den Galerieträgern auch die Zwischenträger. Der schmiedeeiserne Hauptträger wurde in London verschraubt, in München vernietet. In München hat man nach ein paar Jahren eine Verstärkung der Zuglieder vorgenommen. Statt der Nieten wurden bei der Gelegenheit Schrauben eingesetzt.«[136]

Quellen: München, Münchner Stadtmuseum; Stadtarchiv München

Literatur: Roth 1971; Wittek 1964; Zeitschrift des Vereins zur Ausbildung der Gewerke, 1854, Jg. 3, H. 1-4, Bl. 1-3; Hütsch Volker, Der Münchner Glaspalast 1854-1931, München 1980

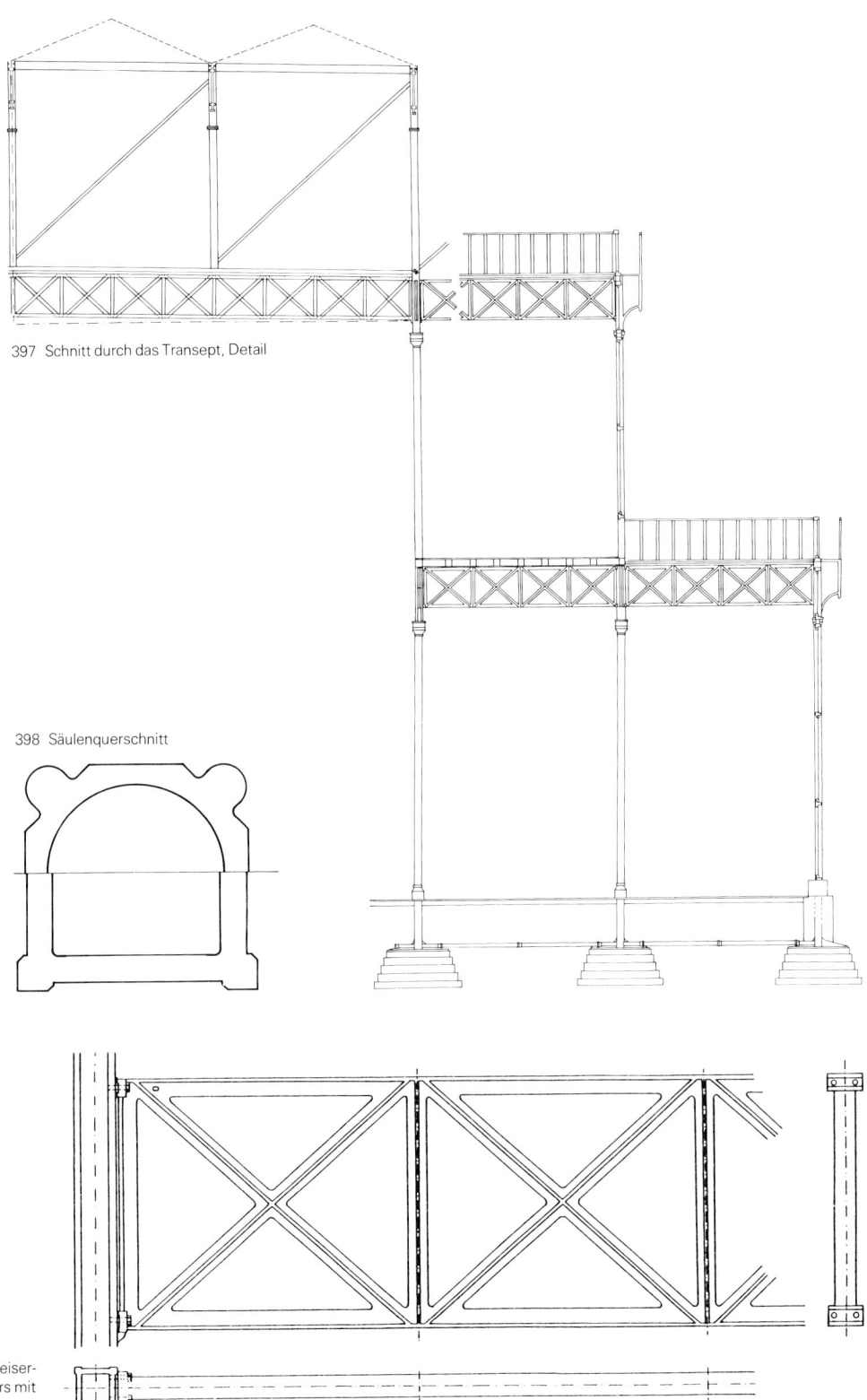

397 Schnitt durch das Transept, Detail

398 Säulenquerschnitt

399 Detail des gußeiser-
nen Fachwerkträgers mit
Anschluß an Säule

MÜNCHEN, Wintergärten der Residenz
Abb. 652-655

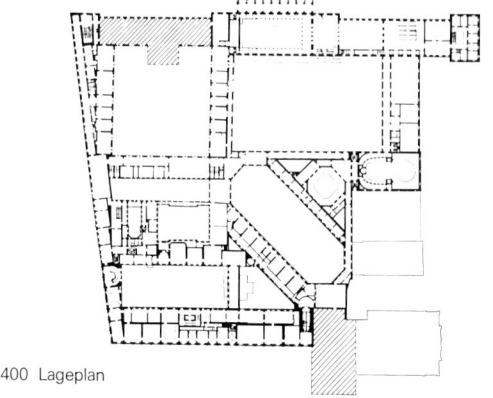

400 Lageplan

Die ›Wintergärten‹ der Bayernkönige Maximilian II. und Ludwig II. in der Residenz München stehen in ihrer Exotik den anderen Bauten dieser Fürsten nicht nach. Einen bestehenden Palast mit einem Glasgebäude zu krönen, voll mit tropischen Gewächsen, Pagoden und Lusthäuschen, Wasserflächen mit Schwänen und illusionären Landschaftsbildern in Form von Malereien, das kann nur die Idee eines Phantasten sein, der auch die Mittel besaß, sie in die Realität zu übertragen. Zahlreiche noch vorhandene Entwürfe zu Wintergärten im südlichen und nördlichen Teil der Residenz, alle als Dachaufbauten und als Schmuck der Residenz ostentativ in Richtung Max-Joseph-Platz und Hofgarten geplant, bezeugen die Intensität, mit welcher diese Idee verfolgt wurde. Selten wurde in so radikaler Weise eine bestehende Repräsentationsarchitektur mit einer Glas- und Eisenkonstruktion verbunden. Es zeigt sich hier eine Wertschätzung dieser Zeit für das neue Material Eisen, dessen Anwendung die Anerkennung des industriellen Fortschritts bedeutete und dem Bauherrn den Ruf der Modernität einbrachte. Geht man von der äußeren Erscheinung aus, welche das Massivmauerwerk der Renaissancearchitektur mit dem Glasgewölbe als Abschluß bildete, so kann man sie mit dem Bild jener bürgerlichen Repräsentationsarchitektur vergleichen, wie sie in den Bauten für die Öffentlichkeit, den Floren zahlreicher Passagen und Bahnhöfen, Verwendung fand. Geht man jedoch vom Zweck dieses Baues aus, so zeigt es sich, daß Glas und Eisen als eine Hülle für einen romantischen Inhalt verwendet wurden, dessen Nutznießer ein einzelner war: der König. Die körperlose Wirkung begünstigte die Illusion einer Traumwelt, jederzeit verfügbar, und integrierter Teil der höfischen Welt.

Private Wintergärten waren in der Regel mit den Wohnräumen direkt verbunden und neben den Wohnge-

bäuden angeordnet. Die Konzeption eines Wintergartens auf dem Dach war ein gewagtes Unternehmen, welches im Bruch mit traditionellen Architekturvorstellungen durchgesetzt wurde. Durch die Heranziehung von August von Voit, dem Architekten des Münchner ›Glaspalastes‹, entstanden zwei ›Wintergärten‹, die nicht nur als Raumkonzept, sondern auch konstruktiv von Bedeutung sind. Das Quellenmaterial zu beiden ›Wintergärten‹ ist äußerst spärlich und widersprüchlich. Die genauere Anlage der Konstruktion läßt sich anhand von Plänen und alten Fotos nur im nördlichen ›Wintergarten‹ ermitteln (Abb. 400).

Quellen: Stadtarchiv München; Bayerische Verwaltung der staatlichen Schlösser, Gärten und Seen, Schloß Nymphenburg; München, Geheimes Hausarchiv

Literatur: Blunt 1973; Wittek 1964; Ranke 1977

MÜNCHEN, Wintergarten Maximilians II. im südlichen Teil der Residenz (Max-Joseph-Platz)

Länge:	62 m	Architekt: August von Voit und
Breite:	33 m	Franz Jakob Kreuter
Höhe:	8 m	Baujahr: 1854
		Zustand: Anfang 1900 abgebrochen

Der ›Wintergarten‹ im südlichen Trakt der Residenz wurde zum Max-Joseph-Platz hin 1854 auf dem Eingangsteil des ›Neuen Residenztheaters‹ und Staatsschauspielhauses errichtet. Das Theater war von 1811 bis 1825 von Karl von Fischer und Leo von Klenze geplant worden. Die Architekten Franz Jakob Kreuter und August von Voit hatten bis zur Annahme und Ausführung des endgültigen Entwurfs eine Serie von Projekten dem Auftraggeber, König Maximilian II., vorgelegt. Im Anschluß an die ›Gelbe Treppe‹, den monumentalen Zugang zu den Gemächern König Ludwigs I., wurde der Wintergarten mit einer beachtlichen Ausdehnung von 33 × 62 m geplant. Um die große Spannweite zu verkürzen, wurde die Eisenkonstruktion in Form einer dreischiffigen Halle ausgeführt. Das mittlere Hauptschiff von ca. 18 m Spannweite, als durchgehendes Glasdach konstruiert, stützte sich auf gußeiserne Säulen, welche im Abstand von 6,5 m gereiht waren. Das Pultdach wurde von schmiedeeisernen Fachwerkbindern getragen. Der Wintergarten barg eine im englischen Gartenstil angelegte Tropenlandschaft, in welche gegen Süden eine über Treppen erreichbare Pagode aufgestellt war. Eine bequem angelegte Freitreppe führte direkt in den Vorraum, an welchen die ›Gelbe Treppe‹ und die Flucht der Gemächer anschloß (Abb. 401).

Quellen: München, Geheimes Hausarchiv

Literatur: Ranke 1977

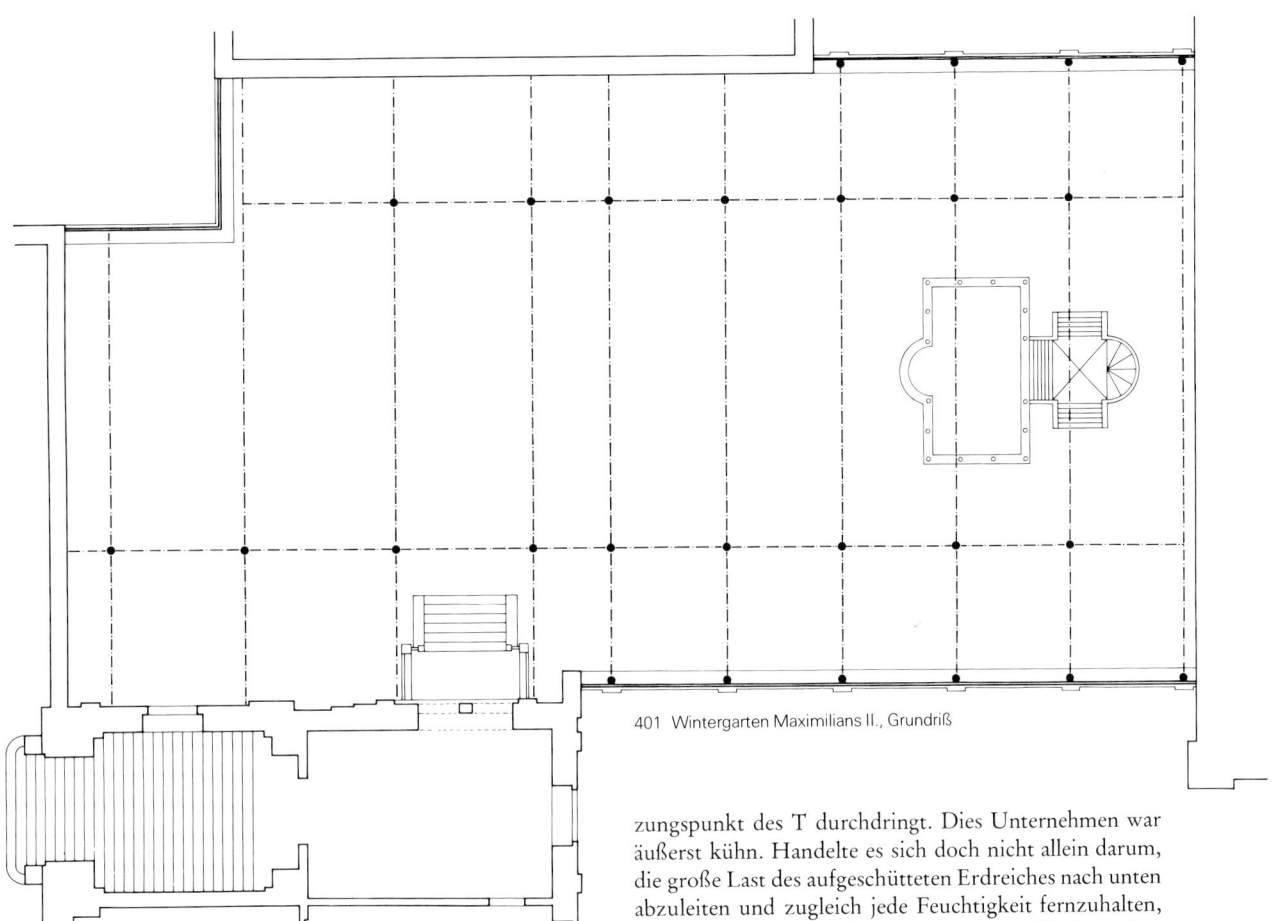

401 Wintergarten Maximilians II., Grundriß

MÜNCHEN, Wintergarten Ludwigs II. im nördlichen Teil der Residenz (Kaiserhof, Hofgarten)

Abb. 652-655

Länge:	69,50 m	Architekt:	August von Voit
Breite:	17,20 m		und Hofgartendirektor
Höhe:	9,50 m		Karl von Effner
		Baujahr:	1867-1869
		Zustand:	1887 abgerissen

Der zweite große ›Wintergarten‹ wurde vom Bayernkönig Ludwig II. in Auftrag gegeben. Er bildete den gläsernen Abschluß des dreistöckigen Traktes, der sich zum Hofgarten im Norden und zum Kaiserhof im Süden orientiert. Auf dem vorgegebenen T-förmigen Grundriß der tragenden Außenmauern des darunterliegenden Massivbaues errichteten die Architekten August von Voit und Karl von Effner ein 17,20 m weit gespanntes Tonnengewölbe aus Eisen und Glas, welches sich am Kreu-

zungspunkt des T durchdringt. Dies Unternehmen war äußerst kühn. Handelte es sich doch nicht allein darum, die große Last des aufgeschütteten Erdreiches nach unten abzuleiten und zugleich jede Feuchtigkeit fernzuhalten, sondern auch darum, die Kräfte der Gewölbe in das bestehende, alte Mauerwerk einzuleiten! Das Problem wurde wahrscheinlich dadurch gelöst, daß unter dem aufgeschütteten Erdreich Zuganker angebracht wurden, welche die eisernen Binder zusammenhielten (Abb. 402).

Das Tragsystem des ›Wintergartens‹ bildeten bogenförmige Gitterträger – dreifach statisch unbestimmt –, welche frei auf der Geschoßdecke entlang der Außenmauer im Abstand von 1,40 m aufgestellt waren. Die bogenförmigen Binder blieben am Anfang der vierziger Jahre des 19. Jahrhunderts noch eine große Ausnahme. Eine häufige Verwendung ergab sich erst, als die Entwicklung im Brückenbau auch im Hochbau ihren Einfluß geltend machte. Die Ober- und Untergurte der als Fachwerke ausgebildeten Träger bestanden aus gewalzten U-Profilen. Nach Karl Wittek findet sich ein Reststück des eisernen Binders vom ›Wintergarten‹ von 1854 in Nürnberg, auf dem Werkgelände der Mannesmann AG. Seinen Untersuchungen zufolge, welche auch auf einer Materialprüfung fußten, sind die Profile aus gewalztem Puddelstahl.[137] Die Verglasung war nach innen und außen bündig mit der Trägerkonstruktion. Die Lüf-

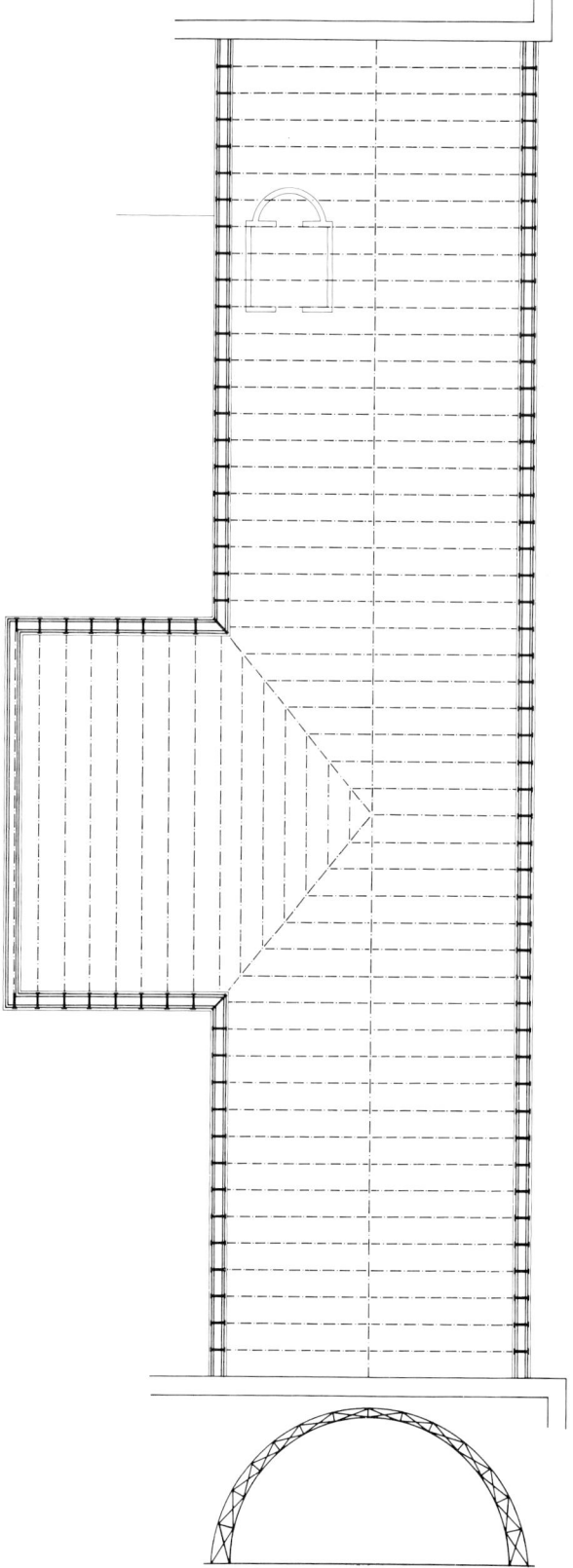

tung erfolgte über eine flache Firstlaterne. Die Konstruktionsteile der Gitterstäbe schimmerte durch die Glashaut hindurch, ohne hervorzutreten. Es entstand ein durchgehendes Glasgewölbe von fast 70 m Länge, das einer üppigen Tropenlandschaft Raum gab. Der Eindruck wurde erhöht durch die Erzeugung einer illusionären Tiefe mit Hilfe der Malerei, welche die Stirnseiten mit Gebirgslandschaften verzierte. Aus den Plänen und Archivfotos geht hervor, daß Kioske, ein blauseidenes Zelt, eine Fischerhütte, ein See mit Wasserfall und Schwäne als Gegenstände romantischer Betrachtung die Exotik der Landschaft erhöhten (Abb. 654).

Text

Der übliche Platz für Rendezvous (Privataudienzen) war der Wintergarten, welchen der König [Ludwig II.] auf dem Dach der Residenz errichtet hatte. Palmenhäuser waren in Europa im 19. Jahrhundert sehr beliebt und Ludwig II. wird ohne Zweifel bei der Pariser Weltausstellung von 1867 dem eleganten Beispiel Aufmerksamkeit geschenkt haben; jedoch der in München war einmalig. Er ist im Detail von der spanischen Infantin Maria de la Paz, der Frau von Ludwigs Cousin Prinz Ludwig Ferdinand, welche sich einige Zeit der Gunst des Königs erfreute, beschrieben worden …: ›Mit einem Lächeln zog der König den Vorhang beiseite. Ich war sprachlos, denn ich sah einen enormen Garten, angelegt in venezianischer Manier mit Palmen, einem See, Brücken, Pavillons und schloßartigen Gebäuden. Komm, sagte der König, und ich folgte ihm fasziniert, wie Dante Vergil ins Paradies folgte. Ein hin und her schwingender Papagei mit einem goldenen Schopf schrie guten Abend zu mir … Indem wir eine primitive hölzerne Brücke über einen beleuchteten See überquerten, sahen wir vor uns zwischen zwei Kokusbäumen eine indianische Stadt … Dann kamen wir zu einem Zelt aus blauer Seide, bedeckt mit Rosen, in welchem ein Stuhl, von zwei geschnitzten Elefanten getragen, stand; vor ihm lag eine Löwenhaut. Der König führte uns weiter entlang eines nahen Weges zu dem See, in welchem sich ein künstlicher Mond spiegelte, so daß die Blumen und Wasserpflanzen magisch beleuchtet wurden … Dann kamen wir zu einer Indianerhütte, von deren Dach echte Wimpel und Fahnen hingen. Abrupt blieb ich stehen, aber der König drängte mich vorwärts. Plötzlich fühlte ich mich wie durch Zauberhand in die Alhambra geführt. Ein kleiner arabischer Raum, dessen Zentrum ein Springbrunnen – durch Blumen umgeben – war, entführte mich in meine Heimat. Entlang der Mauern waren zwei großzügige Divans und in einem anschließenden Rundpavillon, hinter einem maurischen Bogen, war ein Soupeé gedeckt. Der König

402 Wintergarten Ludwigs II., Grundriß und Schnitt

lud mich ein, am Tische Platz zu nehmen und schellte mit einer kleinen Handglocke ... Plötzlich erschien ein Diener; ›Bei Gott‹, schrie ich unwillkürlich, ›das muß ein Traum sein!‹ ›Sie müssen auch mein Chiemsee-Schloß sehen‹, sagte der König; so träumte ich also doch nicht.«[138]

Quellen: Stadtarchiv München; Bayerische Verwaltung der staatlichen Schlösser, Gärten und Seen, Schloß Nymphenburg; München, Geheimes Hausarchiv

Literatur: Blunt 1973; Wittek 1964; Ranke 1977

MÜNCHEN, Großes Palmenhaus, Alter Botanischer Garten, Luisen-/Sophienstraße *Abb. 642-645*

Länge:	79 m	Architekt:	August von Voit
größte Breite:	15 m	Baujahr:	1860-1865
größte Höhe:	18 m	Zustand:	abgerissen

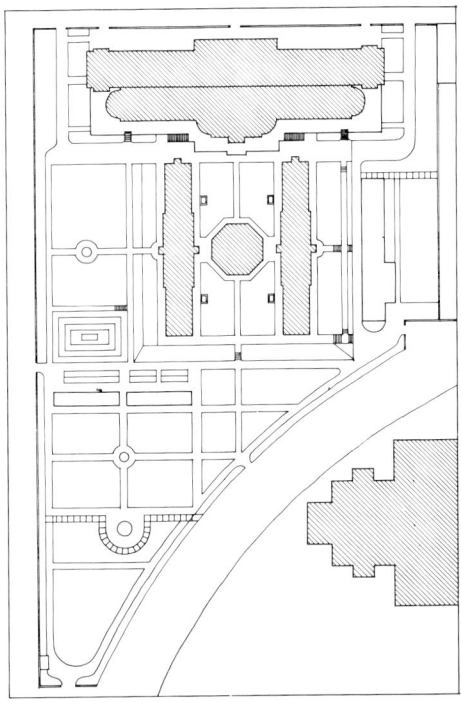

403 Lageplan, 1867

Das vom Konstrukteur des Münchner ›Glaspalastes‹ August von Voit erbaute ›Große Palmenhaus‹ im Alten Botanischen Garten in München gehörte in seiner technischen und architektonischen Durchbildung zu den bedeutendsten Glashäusern seiner Zeit. Mit seiner reichen dekorativen Ausstattung aus Gußeisen war es eines der prachtvollsten Bauten dieser Art in Deutschland. Voits

Erfahrungen auf dem Gebiet des Ausstellungsbaues, besonders des Münchner ›Glaspalastes‹, sind hier in das System des Tragwerkes, namentlich in Form von Fachwerkbindern, eingeflossen. Das eiserne Traggerüst war bis auf geringe Ausnahmen vor die Glashaut der Fassaden und Dächer gestellt. Dadurch erhielt der mit repräsentativem Anspruch auftretende Bau einen konstruktivistischen Aspekt, ähnlich dem nach außen sichtbaren Eisenskelett der Glasbauten in Laeken (›Wintergarten‹) und in Schönbrunn. Ursprünglich hatte man vor, Konstruktionsteile des für den Abbruch bestimmten ›Glaspalastes‹ für den Bau des ›Großen Palmenhauses‹ zu verwenden. Dies scheiterte aufgrund der Weiterverwendung des Glaspalastes für Ausstellungszwecke und wohl auch an den zu hohen Kosten, die ein Abbruch und ein Wiederaufbau mit sich gebracht hätten. Dieses Vorhaben beleuchtet nicht nur die enge Beziehung zwischen Gewächshäus- und Ausstellungsbau, welche nicht nur eine gleiche Produktionsweise – nämlich weitgehende industrielle Vorfertigung –, sondern auch ein ähnlicher Inhalt – das Zurschaustellen – verbindet. Das Vorhaben bezeugt, daß der Ausstellungsbau, welcher sich aus dem Gewächshausbau ableitet, auf einer bestimmten Entwicklungsstufe technische Erfahrungen dem Gewächshausbau wieder rückvermittelt.

Das ›Große Palmenhaus‹ wurde im Nordteil des Alten Botanischen Gartens in enger Nachbarschaft zu dem 1854 erbauten ›Glaspalast‹ errichtet (Abb. 403). Die Sichtbeziehung zwischen den beiden Bauten wurde durch parallele Anordnung ihrer Hauptachsen bewußt als ein Ensemble von Glas-Eisenbauten gestaltet. Die Hauptfront des Gewächshauses richtete sich nach Süden, seine Rückseite wurde nach Norden durch den Bau des botanischen Museums abgeschirmt (Abb. 404-407).

Raum- und Konstruktionsform

Die beiden Bauteile, Gewächshaus und Museum, wurden von ihrer Funktion her in ihrer Ausbildung bestimmt, was zu einer unterschiedlichen Konstruktion führte. Der Architekt hat es jedoch verstanden, beide Teile zu einer architektonischen Einheit zu schließen. Der bereits im Klassizismus gern geübte Effekt des Kontrastes von filigranen Eisenkonstruktionen zu massivem Mauerwerk wurde hier im großen Maßstab genutzt. Der Baukomplex erhielt einen massiven Unterbau der nach Süden zum Garten hin in Form einer Terrasse ausgebaut war. Hier fanden Heizungs-, Arbeits- und Lagerräume Platz. Vor dem Gebäude, zum Garten hin wurden zwei kleinere Gewächshäuser und ein Aquarium in axialer Beziehung zum großen Gewächshaus und zum ›Glaspalast‹ errichtet.

Das ›Palmenhaus‹, welches außer den über 12 m hohen Palmen die baumartigen tropischen Pflanzen aufnehmen sollte,[139] wurde in seinem Mittelraum aus dem Quadrat

457

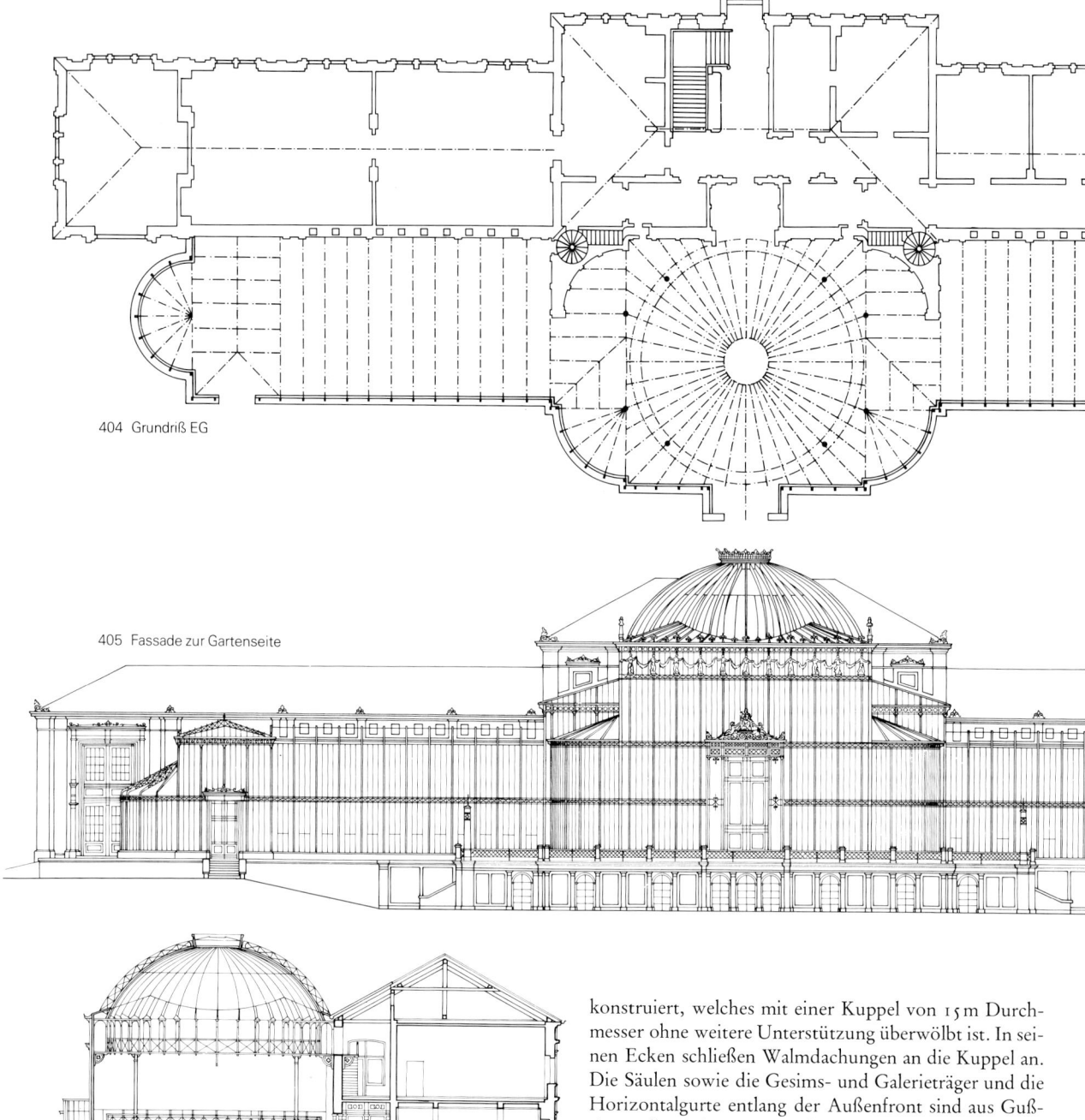

404 Grundriß EG

405 Fassade zur Gartenseite

406 Schnitt durch die Palmenhalle

konstruiert, welches mit einer Kuppel von 15 m Durchmesser ohne weitere Unterstützung überwölbt ist. In seinen Ecken schließen Walmdachungen an die Kuppel an. Die Säulen sowie die Gesims- und Galerieträger und die Horizontalgurte entlang der Außenfront sind aus Gußeisen, alle übrigen Konstruktionsteile aus Schmiedeeisen und Eisenblech hergestellt. Die Hauptsparren der Kuppel sind nach dem System der Gitterträger konstruiert und stützen sich auf die obere Galerie in Form gußeiserner Doppelstützen. Diese Bogenfachwerkbinder gehören zu den frühesten Beispielen eines Zweigelenkbogens. Die Geländer erhielten gleichfalls die Aufgabe von Gitterträgern. In gleicher Weise wurde die östliche und westliche Wand des Quadrats von dem Geländer der unteren Galerie getragen. Die Hauptsparren der Kuppel – Bogenfach-

458

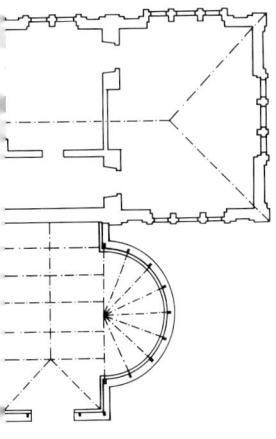

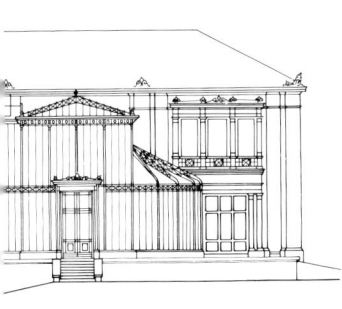

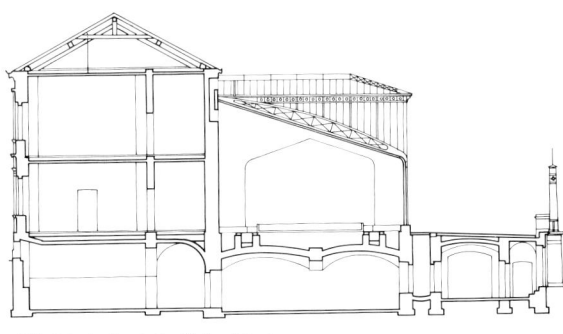

407 Schnitt durch den Seitenflügel

werkbinder – schlossen sich an der Spitze in einem Laternenring zusammen.

Die als Galeriebrüstung ausgebildeten Gitterträger haben die Funktion eines Tragteiles, durch den Teile der Fassadenlast aufgenommen und die Fassade ausgesteift wird. Wir können daher mit Recht das ›Große Palmenhaus‹ als ein frühes Beispiel eines Eisenskelettbaues betrachten (Abb. 642). Die beiden Flügelbauten werden aus einem 9,90 m breiten, mit einem Pultdach versehenen Mittelbau, einem sattelförmig gedeckten Pavillon und einem halbkreisförmigen Abschlußbau von 3,3 m Radius gebildet. Auch hier sind bei allen Dachungen die Hauptsparren als Gitterträger konstruiert, welche beim Pultdach sich einerseits auf gußeiserne Säulen von doppel-T-förmigem Querschnitt stützen, andererseits in der Mauer auf Gußplatten aufruhen. Das Pultdach ist unter einem Winkel von 18 Grad geneigt und geht ohne Brechung nach einem Kreisbogen von 30 cm Radius in die vertikale Wand über. Dieser Übergang wird durch die nach dieser Kurve gebogenen Glastafeln vermittelt (Abb. 407).

A. von Voit hat das angewendete Konstruktionsprinzip beschrieben: »Um die Ausgleichung der inneren und äußeren Temperatur durch so gute Wärmeleiter wie Eisen und Glas zu vermindern, wurden alle Außenwände doppelt hergestellt, und zwar in solcher Weise, daß die Konstruktionsteile der äußeren von der inneren Wand vollständig getrennt sind und sich nur an wenigen Verbindungsstellen berühren. Diese Verbindung, welche der Höhe nach alle 1,80 m angebracht ist, hat zugleich den Zweck, eine durchgehende Horizontalwand von Glas zu ermöglichen, welche die Zirkulation der zwischen beiden Wänden befindlichen Luftschicht und somit die Ausgleichung der Temperaturen hindert. Der Abstand der äußeren von der inneren Wand beträgt 12 cm. Bei geringeren Entfernungen wird die Wärme zu rasch abgeleitet, bei größerer jedoch ist eine Zirkulation der zwischenliegenden Luftschicht ermöglicht. Da als ein großer Nachteil für die Pflanzen das Abtropfen des Kondenswassers von den inneren Dachwandungen erkannt wird, so hat man zur Verhütung desselben bisher unter die vorstehenden Konstruktionsteile Blechrinnen gelegt. Dadurch erwuchsen jedoch andere Nachteile, abgesehen davon, daß die Eisenkonstruktionen und Rinnen in manchen Fällen hindernd sind und nicht zur Schönheit der Häuser gereichen. Man dachte daher daran, sämtliche Horizontalverbindungen und soviel wie möglich auch jeden vertikalen Vorsprung aus der Abkühlungsfläche der Dachwände zu vermeiden, und hat alle tragenden Eisenteile in die Außenwand verlegt. Die inneren Wandflächen werden somit durch keinen Konstruktionsteil unterbrochen und sind nur durch die Sprossen von T-förmigem Querschnitt und die zwischenliegenden Glastafeln gebildet, welche letztere aus dem gleichen Grund, damit nämlich der angesetzte Tropfen nicht im Ablaufen gehindert wer-

408 Detail der gußeisernen Ornamentik der Palmenhalle

de, sich nicht überdecken, sondern stumpf aneinander stoßen. Die Glastafeln der Außenwände haben nach unten einen konvexen, nach oben ein konkaven Bogenschnitt erhalten, damit das ablaufende Regenwasser immer nach der Mitte geführt wird, und überdecken sich gegenseitig ohne Vermittlung von Kitt oder sonstiger Zwischenlage auf eine Breite von 1,5 cm. Jede obere Tafel ist an die untere mit Blechstreifen angehängt, mit Heftstiftchen an die Sprossen festgedrückt, und der Falz mit Ölkitt ausgestrichen.«[140]

Zur Erwärmung des Innenraumes diente eine Heizwasserheizung. Die Kessel befanden sich in dem terrassenartigen Unterbau. Die Heizwasserröhren wurden 60 cm tief unter die Bodenfläche in gemauerte Kanäle gelegt, welche eine Bedeckung von Eisengittern erhielten. Um die an den Außenwänden abfallende kalte Luft in Zirkulation zu bringen, liefen von den Röhrenkanälen weg nach der Außenwand Zweigkanäle, welche beim Sockel ausmünden, und gleichfalls mit Eisengittern belegt sind. Die ganze Heizungsanlage wurde von der Maschinenfabrik Haag in Augsburg ausgeführt.

»Die Ventilation muß in den Gewächshäusern noch kräftiger sein als in den Warmhäusern. Zu diesem Zweck ist der Sockel alle 2,85 m von 30 cm breiten und 15 cm hohen Öffnungen durchbrochen, welche mit gußeisernen Klappen verschließbar sind. Außerdem läßt sich im Palmenhaus die Scheibe im oberen Ring der Kuppel mittels einer Vorrichtung bewegen. Außerdem sind in der östlichen und westlichen Wand in der Höhe der oberen Galerie je zwei Klappen angebracht. Zur Lufterneuerung im Kalt- und Warmhaus wurden ferner in der nördlichen Abschlußmauer unter dem Pultdach Öffnungen hergestellt, welche durch Kanäle mit der äußeren Luft kommunizieren und mittels Klappen von innen geschlossen werden können. In der südlichen Wand des Kalthauses läßt sich in jedem Feld zwischen zwei Sparren ein Fenster auf Rollen verschieben, während im Warmhaus nur die Hälfte in dieser Weise eingerichtet ist.«[141]

Quellen: München, Münchener Stadtmuseum; Stadtarchiv München
Literatur: ZfBW, 1867, Jg. 17, H. 7-10, S. 316-324, Bl. 34-39

PARIS, Gewächshäuser, Jardin des Plantes

Abb. 656-658

Länge:	je 80 m Pavillon 20 m	Architekt:	Charles Rohault de Fleury
Breite:	20 m	Baujahr:	1833
Höhe:	15 m mit Sockel	Zustand:	z. T. vorhanden, umgebaut

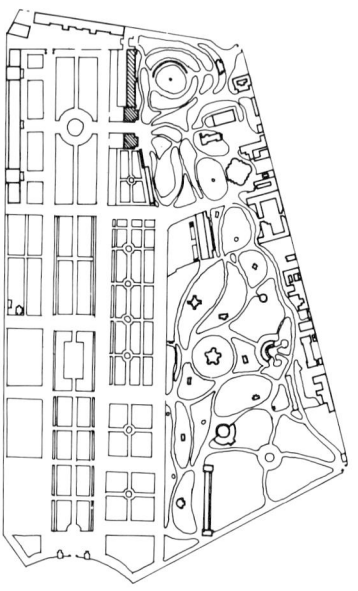

409 Lageplan, 1837

460

Die ›Gewächshäuser‹ im Jardin des Plantes in Paris gehörten in ihrer Gesamtausdehnung von 172 m zu den größten Treibhausanlagen ihrer Zeit. In ihnen verbindet sich die für den Kontinent typische kubische Formensprache mit der aus England kommenden Konstruktionsform der gebogenen Glasdächer. Der Gegensatz der streng flächig gehaltenen Eckpavillons zu den kaskadenförmig abtreppenden Glasgewölben ist von bestechender Schönheit und wurde bereits von Zeitgenossen gewürdigt. Der Komplex der ›Gewächshäuser‹ nutzt einen Hang geschickt für die Terrassierung aus. Gleiche Gewächshäuser, spiegelbildlich angeordnet, bilden eine axiale Anlage, welche, auf eine vorgelagerte Terrasse gestellt, durch eine großzügige Rampe erreichbar ist. Der gesamte Bau besteht aus einer Kombination einfacher geometrischer Körper: Die Glasgewölbe werden durch abgetreppte Glaswürfel eingefaßt und an dem einen Ende durch Treppen diagonal abgeschnitten, am anderen durch den großen Eckpavillon abgeschlossen. Dieses Zusammenspiel kubischer Formen, hervorgebracht durch das neue Material, entspricht im Sinne einer Definition des frühen Le Corbusier der modernen Architektur der Neuen Sachlichkeit (Abb. 409-411).

Situation

Ein Bericht aus dem Jahre 1868 schildert den Eindruck von Park und Gewächshaus: »Der Pariser Pflanzengarten, der auf seinem Boden das ganze Bereich der Naturwissenschaften umfaßt, ist einer der schönsten Spazierwege der Welt und verbindet so das Angenehme mit dem Nützlichen. Von Guy de la Brosse, dem Leibarzt Ludwigs XIII., angelegt, hat ihm hundert Jahre später der Naturforscher Buffon erst seine große Ausdehnung gegeben. Die bedeutendsten Männer der Wissenschaft, wie Winzlow, Jussieu, Fourcroy, Bernardin de Saint-Pierre, Cuvier, Geoffroy-Saint-Hilaire lehrten an diesem Institut und gründeten seinen Weltruf. Die zoologische Abteilung fesselte vielleicht die Neugierde mehr durch die bunte Abwechslung und das Leben, das dort herrscht; einen eigentümlichen und hohen Reiz haben aber die botanische Abteilung und vor allem die Treibhäuser. Diese sind mit außerordentlichem Geschmack angelegt und vereinen auf einem verhältnismäßig kleinen Raum eine solche Masse, einen solchen Reichtum an Pflanzen, daß man sich oft fragt, wie es möglich war, in den engen Gefängnissen diese Riesen der Tropenwelt geschickt zu verteilen, daß sie sich nicht Raum, Licht und Luft rauben. Die Treibhäuser sind in vier Räumen verteilt: den Ost-, den Westpavillon, den krummen Pavillon mit zwei Stockwerken und das holländische Treibhaus. Der Ostpavillon hat eine gemäßigte Temperatur; er enthält die Pflanzen von Neuseeland, Neuholland und dem Hauptplateau von Mexiko. In dem beständig warmen Westpavillon entfaltet die Vegetation der Tropenländer ihre be-

zaubernde Pracht. Die Pflanzen der Antillen, Zentralafrikas und Indiens drängen sich hier aneinander und verschlingen ihr üppiges Blätterwerk. Unter all diesem Schatten breitet eine reizende Fontäne von dem Meißel Brions ihre Wasserstrahlen aus, deren Dampf die Wärme noch erhöht. Alles treibt und wächst und blüht in dieser erstickenden Atmosphäre. Am Ende des krummen Treibhauses führt eine Treppe in den oberen Stock. Am Fuße der Treppe steht eine elegante Marmorgruppe. Das obere Stockwerk ist den Euphoribiaceen von Zentralafrika, dem Kaktus und all den dickblättrigen Pflanzen vorbehalten. Diese Sammlung, die schönste Europas, wurde vom Kap der Guten Hoffnung hierher gebracht. Auch das holländische Treibhaus ist warm und in drei Säle geteilt, durch deren mittleren man eintritt. Der mittlere Raum umfaßt ein großes Aquarium. Auf dem Wasser des Bassins entfaltet die Victoria regia, die Königin des Wassers, das herrliche Grün ihrer großen, runden Blätter. Kurz ein Reichtum von Pflanzen seltenster Art, wie sie in Europa nirgends wieder sich beisammen findet.«[142]

Dem Bau der ›Gewächshäuser‹ 1833 ging eine Studienreise des Architekten Charles Rohault nach England voraus, um dort die Konstruktion und Heizung der neuesten Gewächshäuser kennenzulernen. Auf die Eindrücke dieser Reise ist z. T. das hohe technische Niveau der Ausführung und die Anwendung gewisser formaler Elemente des englischen Gewächshausbaues zurückzuführen. Die vorbildliche Durcharbeitung der Konstruktion in Hinblick auf Montage und Vorfertigung bewirkte, daß auf dem Kontinent dieses Gewächshaus zahlreiche Nachahmungen fand, wie z. B. in Liège und Gent. Die fortschrittliche Konstruktion im Sinne eines modernen Bauens in Glas und Eisen unter sparsamer Anwendung klassizistischer Ornamentik und dies nur an der Außen-

410 Ansicht der beiden Eckpavillons, Holzstich, um 1852

461

front, veranlaßte Sigfried Giedeon in seinem Buch ›Raum, Zeit, Architektur‹, den Bau von Rohault als »Prototyp aller großen Treibhäuser in Eisenkonstruktion« zu bezeichnen: »Im Gegensatz zu den damaligen englischen Gewächshäusern Paxtons beruhte die Festigkeit dieser hohen Pavillons nur auf ihren gußeisernen Säulen und Trägern.«[143]

In der Tat existierte in jener Zeit kein Gewächshaus dieser Größenordnung aus Eisen und Glas, das aus vorgefertigten, zusammenschraubbaren Einzelteilen zusammengesetzt gewesen wäre. Die Vorfertigung zeigte einen Stand der Durcharbeitung von seiten der Planung und Technologie der Guß- und Montagetechnik, welche bereits dem Maßstab der Ausstellungsbauten Joseph Paxtons nach 1850 entspricht. Es ist möglich, daß diese Konstruktionsprinzipien Paxton, welcher die ›Gewächshäuser‹ mit dem Herzog von Devonshire besucht hatte, Anregungen in der Vorfertigung von Gußeisenteilen gegeben hat.

Raum- und Konstruktionsform

Die ›Gewächshäuser‹ bestehen aus zwei großen Pavillons mit dem Seitenflügel der kurvenlinearen Glasgewölbe. Nach vorne und seitlich verglast, haben sie zum Hang hin Massivmauerwerk als Abschluß (Abb. 412-415). Die Tragkonstruktion der Pavillons bilden 11 m hohe gußeiserne Säulen, die entlang der Fassade und im Inneren auf der Grundlage eines Quadratrasters von 4 × 4 m aufgestellt sind. Zusammen mit den darüber gelegten eisernen Dachbindern bilden sie einen in der Entwicklungsgeschichte des Eisens bedeutenden Fortschritt. Die in die Fassade gestellten Säulen setzen sich von der Basis bis zur Dachtraufe aus nicht weniger als sechs Einzelteilen zusammen, welche untereinander verschraubt sind. Die Teilung der Stützen erfolgte aus Gründen der Montage

411 Gesamtansicht, Kupferstich, 1837

und unter statischen Gesichtspunkten. Auf der steinernen Sockelmauer wurde mittels vier Schrauben ein kurzer Säulenfuß befestigt, welcher nach außen durch Steinwerk verblendet wurde. Darauf erhebt sich der nach außen reich verzierte Schaft einer nach innen offenen, hohlen Halbsäule. Nur die Eckstützen wurden als Rundsäule ausgebildet. Das nächste Element war ein aus U-Profilen zusammengeschraubtes Rahmenwerk, welches zur Aussteifung diente, indem es die Knicklänge der Stützen halbierte. Auf diesem horizontal um die gesamte Fassade laufenden Rahmenwerk saß wieder, etwas verjüngt, eine Halbsäule wie unten. Das nächste Element, ein kurzes, war ein Zwischenglied mit einer weit nach außen kragenden Konsole aus Gußeisen, welches mit einem Kanal zur Abteilung des Regenwassers nach innen versehen war. Das letzte Element, an welches schließlich der Dachbinder anschloß, war ein aus U-Profilen zusammengeschraubter Horizontalträger, an welchen als umlaufende Regenrinne und Galerie ein Kastenprofil angeschraubt war. Dieses war nach außen durch reichverzierte Gußeisenplatten verblendet. Die inneren, aus drei Tei-

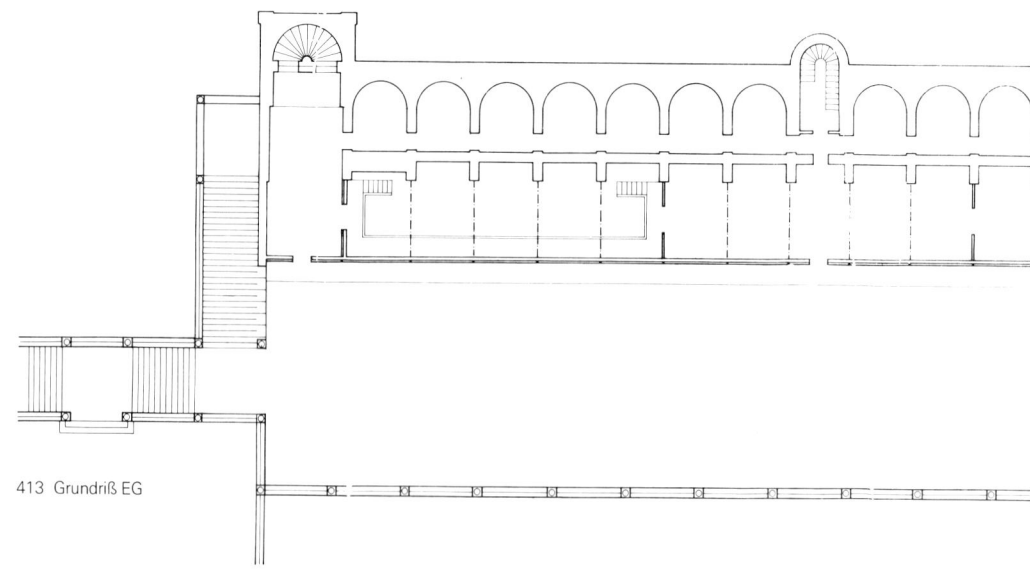

413 Grundriß EG

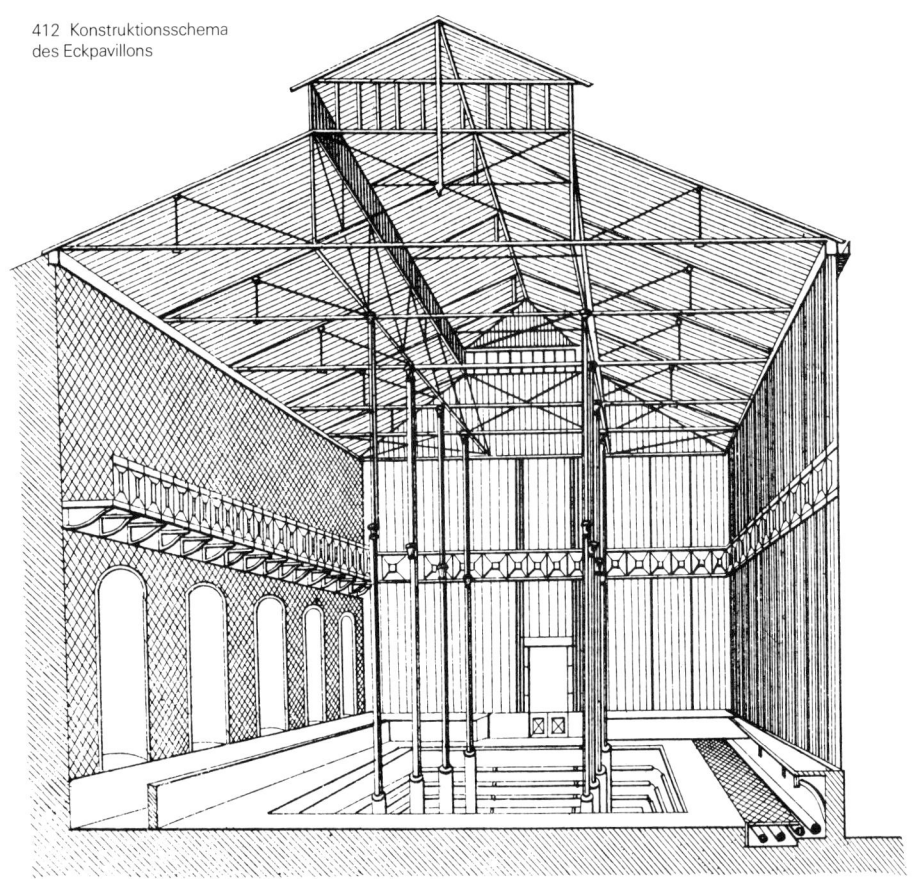

412 Konstruktionsschema
des Eckpavillons

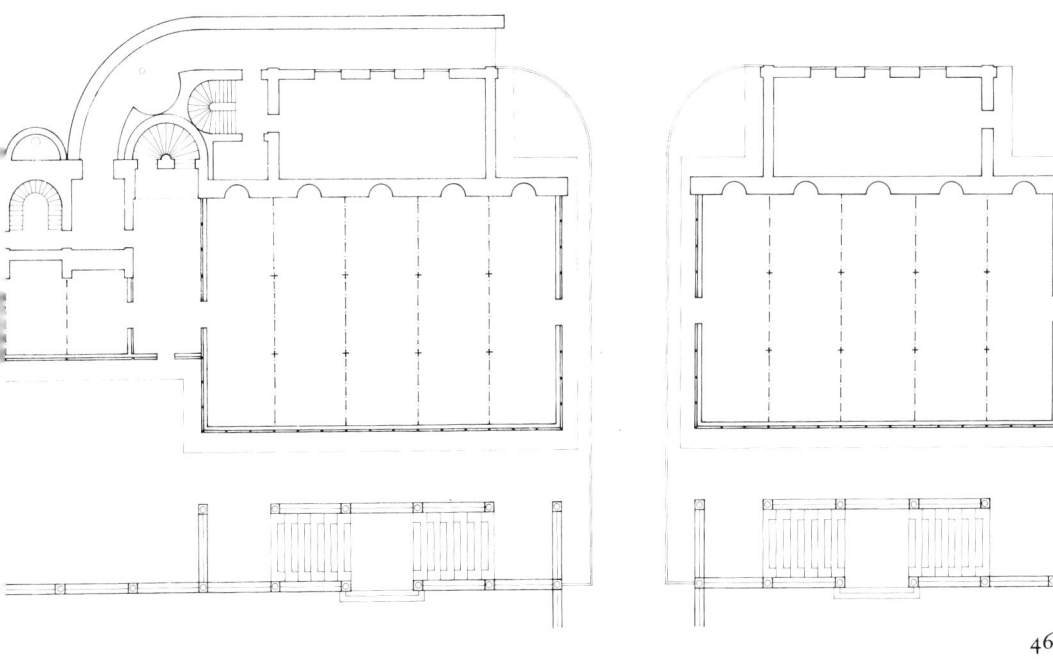

len bestehenden und zusammengeschraubten Stützen hatten – im Unterschied zu den Außenstützen – einen kreuzförmigen Querschnitt (Abb. 412, 414, 658).

Das Bemerkenswerte an der Dachkonstruktion war, daß die Längs- und Querbinder aus Schmiedeeisen nicht in Haupt- und Nebenträger gegliedert sind, sondern ein nach beiden Richtungen gleichwertiges Tragwerk bilden. In diesem Sinne ist die Dachkonstruktion eine frühe Form eines Raumtragwerkes. Die Tragelemente waren Gitterträger, welche der Dachform folgten und in der Mitte durch Andreaskreuze ausgesteift waren. Auf dieser Konstruktion ruhte eine Firstlaterne, die zur Lüftung diente. Die Dachkonstruktion stützte sich nach hinten auf das feste Mauerwerk. Die kurvenlinearen Seitenflügel bestanden aus zwei zueinander versetzten Geschossen, deren 4 m Breite Terrassen jeweils von Eisensprossen überspannt waren. Diese Konstruktion entspricht dem bekannten Loudonschen Tragprinzip (Abb. 414).

Nach dem Stich von 1885 (Abb. 657) wurde der rechte Flügel in ein größeres, allseits verglastes ›Palmenhaus‹ 1854 umgebaut. Das von Rohault 1833 verwendete Erscheinungsbild wurde beibehalten, jedoch die innere Teilung in zwei Terrassen aufgehoben. Es entstand ein durchgehender Innenraum mit einem erhöhten Zentralen Glasgewölbe, an welches ringsum ein niedrigeres Glasgewölbe anschloß. Dadurch erhielt dieser direkt an den Eckpavillon anschließende Bau die Raumform einer Basilika, welche an die ›Gewächshäuser‹ von Chatsworth (1836-1840) und Kew (1844-1848) erinnert. Das Tragwerk der Halle bestand aus Bogenfachwerkbindern in filigraner Ausbildung. Der von Rohault gezeichnete Querschnitt zeigt, daß mit Hilfe dieser Konstruktion sogar die höchsten Palmen wie in einer natürlichen Tropenlandschaft gruppiert und ausgestellt werden konnten (Abb. 416).

Heizung und Lüftung

Die tropischen Pflanzen des linken Pavillons mit seinen Flügeln, vor allem die Palmen, benötigten eine Temperatur, welche nie unter 15° sinken durfte. Der rechte Pavillon, zu einem temperierten Treibhaus bestimmt, erforderte 5° Celsius als Minimaltemperatur. Insgesamt waren 9000 m³ Luft zu erwärmen. Es wurde ein Heizsystem gewählt, welches Dampf als ständige Heizung und Warmluft als Ergänzung einsetzte. Zur Erzeugung von Wärme dienten Röhrenöfen und zwei Dampfkessel. Erstere waren in einem Keller hinter dem linken Pavillon angebracht: Die erwärmte Luft wurde in Schächten an die Glasfronten geführt und mit einer Temperatur von 50° C hochgeleitet. Um ein Austrocknen der Pflanzen zu verhindern, wurde die Luft, bevor sie in das Gewächshaus eintrat, über ein Becken mit warmen Wasser geführt. Die beiden Kessel befanden sich zu ebener Erde unter den Röhrenöfen. Der Dampf wurde durch kupferne Röhren in vier gußeiserne Heizrohre von 10 cm Querschnitt geführt, welche leicht geneigt waren, so daß das kondensierte Wasser zum Kessel zurückfließen konnte. Die Rohre waren in einem mit Gußeisen überdeckten Gang die Fassade entlang geführt. Eine Regenanlage trug dazu bei, die natürliche Bedingungen der Pflanzen künstlich nachzuahmen. Der Konstrukteur des Heizsystems war Talabot. Zur Lüftung dienten um einen Zapfen in der Mitte drehbare Luftklappen und Fenster im Eisenrahmen. Die Öffnung der großen Fenster war so leicht durchzuführen. Solche Zapfen besaßen auch die Fenster der Laterne, welche durch Seilzug bedient wurden. Die Gewächshäuser hatten nur eine einfache Verglasung.[144]

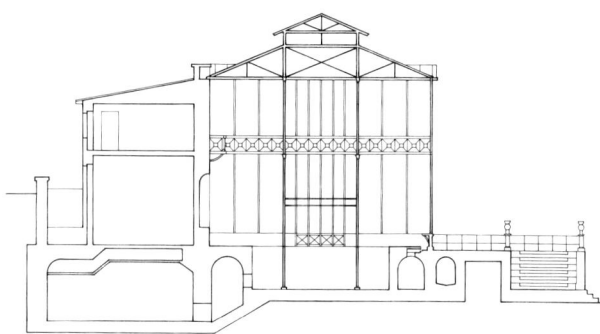

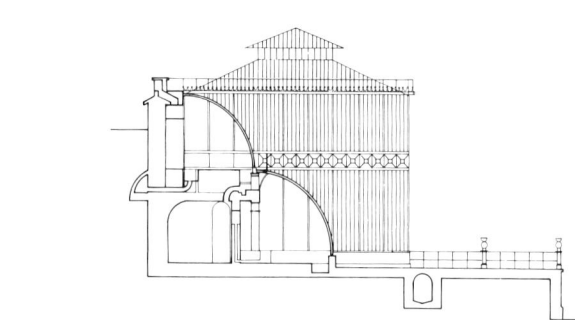

414 Schnitte durch den Eckpavillon und den Seitenflügel

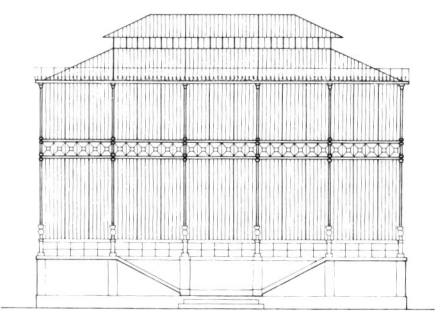

415 Fassade des Eckpavillon

416 Palmenhaus,
1854 (abgerissen),
Schnitt

Text

»Wenn man alle Alleen des Landschaftsgartens durchlaufen hat; wenn man alle die Tiere mit ihren so verschiedenen Formen und Gewohnheiten gesehen hat; wenn man den Duft der Pflanzen gesammelt an allen Stellen der Welt eingeatmet hat, hat man noch die für die Öffentlichkeit geschlossenen Glashäuser zu besuchen, in welchen alle Blumen und exotischen Pflanzen versammelt sind. Diese Glashäuser öffnen sich vor einer kleinen Zahl Privilegierter; das ist ein wahres Glück, in diese prachtvollen Räume einzutreten, wo die Sinne unbekannte Reize entdecken. Nichts Schöneres als das Innere dieser Glasgebäude. Aus den schwarzen Tannenalleen heraustretend, welche sich auf dem Labyrinth-Hügel ausbreiten, befindet man sich plötzlich in einem dampfend-heißen Klima, inmitten mächtiger Vegetation, welche die tropische Sonne emporsprießen läßt wie grüne Raketen eines trächtigen Bodens. Der durch den Kontrast verursachte Eindruck ist schwierig zu definieren: Eingetreten, empfindet man eine Blendung, die auch weiterwirkt, wenn man die Promenade draußen wiederaufgenommen hat. Die Seine, von weitem sichtbar, bedeckt sich mit diesen Palmen, diesen Kokosbäumen, diesem Bananenwald, die in den Glashäusern emporwachsen, und es kostet Anstrengung, um nicht vom Nil oder Ganges zu träumen. Die Schätze der Vegetation, welche man soeben bewundert hat, die Tiere, welche man betrachtet hat, geben ihnen die Idee einer neuen Welt, die sich plötzlich hinter ihnen schließen wird.«[145]

Quellen: Paris, Bibliothèque Nationale, Cabinet des Estampes; Paris, H. Roger-Viollet, Archiv

Literatur: Rousseau 1837; Über Land und Meer, 1868, Jg. 10, Bd. xx, Nr. 20, S. 328; Allgemeine Deutsche Bauzeitung, 1837, Jg. 20, Nr. 33, S. 271–274; Texier 1852/53; Neumann 1862; Giedion 1976, S. 137

PARIS, Jardin d'Hiver, Champs-Elysées

Abb. 659–664

Länge:	100 m	Architekt:	H. Meynadier
Breite:	40 m		de Flamalens,
Höhe:	20 m		später Charpentier
Fläche:	4000 m²	Ingenieur:	M. Rigolet (Moehly)
	(Wintergarten	Baujahr:	1846–1848
	ohne Nebenräume)	Zustand:	um 1860 abgerissen
Rauminhalt:	150000 m³		

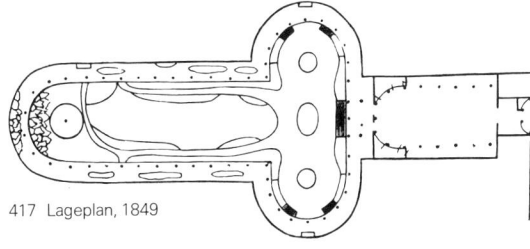

417 Lageplan, 1849

Der ›Jardin d'Hiver‹ in Paris hat bei seinen Zeitgenossen ein ähnliches Gefühl der Bewunderung hervorgerufen, wie der ein Jahr später errichtete ›Kristallpalast‹ in London. Er ist ein frühes Meisterwerk der Ingenieurbaukunst. Er hatte als solches einen nachhaltigen Einfluß auf die weitere Entwicklung des Wintergartens, des Ausstellungs- und Bahnhofbaues. Früher als bei den großen Bahnhofshallen und Ausstellungsbauten, deren Entwicklungsreihe im großen Maßstab erst nach 1850 einsetzte, konnten hier die Pariser den überraschenden Effekt einer Architektur erfahren, welche, nur aus Glas und Eisen bestehend, einen für diese Zeit riesigen Raum einwölbte. Die Glaseisenkonstruktion des ›Jardin d'Hiver‹ überdeckte einen Raum von 100 m Länge, ca. 40 m Breite und

465

20 m Höhe und mit einer Grundfläche von ca. 4000 qm. Sie konnte an Fest- und Konzerttagen 7000 bis 8000 Menschen Platz bieten. Gottfried Semper, der den ›Jardin d'Hiver‹ in seinem Eröffnungsjahr besuchte, vergleicht das Glasgewölbe mit den imposanten Dimensionen gotischer Kathedralen. Dieser Wintergarten versammelte in sich städtische Funktionen, die das Bürgertum bislang im Boulevard vereint angetroffen und im Flanieren genutzt hatte. Die Hauptpromenade der Pariser, die Champs-Elysées, setzte sich unter dem Glasgewölbe fort. Unter künstlichem Himmel, in eine tropische Landschaft versetzt, konnte der Besucher der Zerstreuung nachgehen. Neben einer ausgedehnten Pflanzenwelt – mit Fontainen und Felswerk verziert – barg dieser Raum ein Café, eine Bäckerei, Billardsäle und Leseräume, zudem Räume für Musiker, nebenbei noch Verkaufsstände für Blumen, Vogelkäfige mit Zier- und Singvögeln und eine für den Verkauf bestimmte Bildergalerie. Der ›Jardin d'Hiver‹ war der perfekte Ort für ein Rendezvous am Wintertag.

Die Aufgabe, welche die Konstrukteure im ›Jardin d'Hiver‹ vorfanden, war die Lösung technischer Probleme, die sich aus der Grundrißform ergaben: Überdachung einer Längsschiffes mit Kreuzarmen in Form eines Tonnengewölbes aus Schmiedeeisen und Glas, Gewölbe, die sich im Bereich der Vierung durchdringen. Für eine solche Konstruktion gab es bis dahin kein Vorbild. Die Bahnhofshallen dieser Zeit, z.B. ›Paddington Station‹ in London, wiesen nur einfache schmiedeeiserne Bogenrippen als Tragkonstruktion auf. Paxton, welcher den ›Jardin d'Hiver‹ im Eröffnungsjahr besuchte, empfing hier wahrscheinlich die Anregung, den ›Kristallpalast‹ als Wintergarten auszubilden. Die Kölner ›Flora‹, mit welcher die Entwicklungsreihe der Floren in Deutschland beginnt, geht auf den ›Jardin d'Hiver‹ als ihr Vorbild zurück. Sie hat dieselbe konstruktive Problematik aufgenommen und zu lösen versucht.

Baugeschichte

Der ›Jardin d'Hiver‹ lag an den Champs-Elysées auf dem Gelände zwischen Rond Point und Avenue Marboeuf (Abb. 417). Vor ihm stand hier der Anfang 1846 erbaute erste Pariser ›Wintergarten‹, der seiner Bestimmung nicht gerecht wurde und daher sechs Monate nach seiner Errichtung abgerissen wurde. 37 m lang, 9 m breit und nur 5,5 m hoch, aus Holz erbaut und mit einem einfachen, verglasten Satteldach versehen, umfaßte er einen Leseraum an einem Ende und Bouquetsräume und Büros an dem anderen. Für die Pariser war der Garten zur Winterpromenade und als sozialer Treffpunkt nicht groß genug. Hector Horeau hatte bereits 1847 den Bürgern von Lyon einen prächtigen ›Wintergarten‹ ganz aus Glas und Eisen erbaut. Paris, die ›Hauptstadt des 19. Jahrhunderts‹, wollte nicht nachstehen. Initiator dieses umfangreichen

und neuartigen Unternehmens war eine 1846 aktiv werdende Aktiengesellschaft, die sich trotz der enorm hohen Grundstückspreise an den Champs-Elysées (die Kosten für den Grundstückserwerb betrugen nahezu zwei Drittel der Gesamtkosten des ›Jardin d'Hiver‹) einen gewinnträchtigen Betrieb ausrechnete. Die erste Aktiengesellschaft machte bereits im Revolutionsjahr 1848 wegen betrügerischer Spekulation Bankrott. Eine andere führte das Unternehmen weiter. Der geschichtliche Hintergrund für die Existenz einer auf dem Sektor der Massenvergnügung wirksam werdenden Aktiengesellschaft war einerseits die Akkumulation von Einzelkapital in den Händen des Bürgertums, andererseits die Existenz einer Großstadt wie Paris, die das Reservoir für ein Publikum liefern konnte, das zum Vergnügen sowohl Geld wie Zeit mitbrachte. Aus der Spekulation hervorgegangen, fiel der ›Jardin d'Hiver‹ auch dieser zum Opfer. Bereits um 1860 wurde er wieder abgerissen.

Raumform

Den Raum bestimmte die axiale Anordnung: Ein mit einer Apside abschließendes Längsschiff wurde mit einem kurzen, ebenfalls mit Apsiden versehenen Querschiff zum Verschnitt gebracht. Es entstand ein Bau, der durch sich durchdringende gläserne Tonnengewölbe abgedeckt und an den Apsiden durch Halbkuppeln abgeschlossen war. Die Tonnengewölbe wurden durch Reihen von Doppelstützen getragen, die gleichzeitig eine Galerie hielten, die in 10 m Höhe rundum geführt war. Die von zahlreichen Rundbogenfenstern durchbrochenen Mauern reichten nicht ganz bis zu dieser Galerie. Sie grenzten das Glasdach seitlich ab. Im Mittelteil des Längsschiffes reichte das Glasgewölbe bis zur Erde hinunter (Abb. 418, 419).

Den Raumeindruck und die Funktion des Gebäudes beschrieb G. Semper in Form eines kritischen Berichtes in der ›Zeitschrift für praktische Baukunst‹ von 1849: »Dieses schöne Etablissement kann als Muster und Richtschnur für alle ähnlichen Gebäude dienen, da seine Größe und der Reichtum seiner Anlagen kostbare Erfahrungen machen ließ, die für folgende Fälle nicht unbenutzt bleiben dürfen und daher des Studiums und der Mitteilung wert sind. Die Anstalt ist von einer Aktiengesellschaft errichtet und bestimmt, im Winter als Versammlungsplatz der eleganten Welt zu gemeinsamer Belustigung und Unterhaltung zu dienen. Man gibt dort alle Tage und vorzüglich sonntags und feiertags Konzerte und zuweilen auch Bälle, wo dann oft 7000 bis 8000 Menschen daselbst versammelt sind. Die Gesellschaft machte in Folge der Februarrevolution und wegen stattgefundener Betrügerei den Bankrott und steht gegenwärtig unter dem Sequester der Kreditoren. Aus dem beigegebenen, von Herrn Charpentier gütigst mitgeteilten Plane ist die Disposition des Saales ersichtlich. Derselbe ist

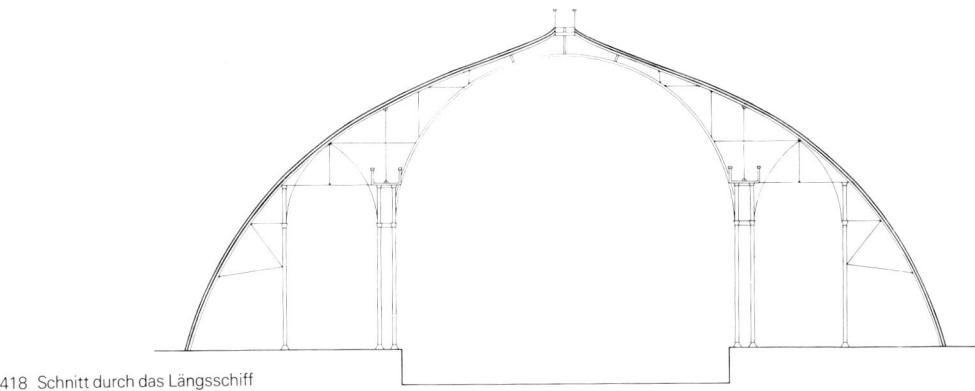

418 Schnitt durch das Längsschiff

ganz mit einem aus Eisen und Glas konstruierten Gewölbe bedeckt und die im Plane angedeuteten Stellen sind mit Fenstern durchbrochene Mauern, die sich bis zum Anfange der Glasdecken erstrecken.

Das Ganze macht einen wundervollen Eindruck, denn, obgleich der größte Teil des Gartens als Konzertsaal dient, und nur ein Teil desselben zu Pflanzenanlagen benutzt werden konnte, so ist es doch ein imposanter Anblick, wenn man aus den unbelaubten und mit Schnee bedeckten elyseischen Feldern mitten in diese in voller Pracht und Üppigkeit dastehende künstliche Tropenwelt hineintritt. Die Anlage des Gartens ist ausgezeichnet in Betreff der geschmackvoll kombinierten Bewegungen des Terrains in horizontaler und vertikaler Richtung sowie durch sinnige und malerische Verteilung der Pflanzengruppen und der Rasenplätze. Das Eisenwerk der Konstruktion ist durch Schlingpflanzen z. T. versteckt und die Mannigfaltigkeit und Pracht dieser letzteren ist Staunen erregend.

Gegen die Mitte des großen Rasenplatzes steht eine einsame Tanne aus Chili, ein wundervoller Baum, welcher 15 m hoch ist und 10000 Franken kostet. Was den Garten unter anderen Schätzen der Pflanzenwelt auszeichnet, ist besonders seine sehr reiche Kameliensammlung. Im März 1849 waren dort mehr als 200000 blühende Kamelien aufgestellt. Der Garten ist durchschnittlich 100 Meter lang, 40 Meter breit und 20 Meter hoch. Durch ein schönes Vestibül, worin sich die Garderobe und Kasse befinden, gelangt man in einen großen Vorsaal, worin Gemälde und verschiedene Verzierungen für Gärtnerei zum Verkaufe ausgestellt sind und die beliebtesten Zeitungen ausliegen. In diesem Vorsaale befinden sich auch die Treppen, auf welchen man in die oberen Säle und auf die Galerie gelangt, die bei großen Festen als Gesellschaftsräume und Speiseplätze benutzt werden. Von diesem Vorsaal tritt man in den Garten, man steht auf einen Perron, von welchem vierzehn Stufen in das Parkett des Gartens führen, worin die Konzerte gehalten werden. Dieser Perron läuft rings um den Garten herum

und ist mit Lorbeer- und Orangenbäumen bestellt sowie mit unzähligen Gruppen von Topfpflanzen, welche die symmetrisch geordneten Statuen, Vasen- und Fontainen umgeben. In den beiden Halbkreisen sind große Kamine angebracht, die einen sehr angenehmen Vereinigungspunkt bieten.

Mit dem Konzertsaale stehen in einer Art von Souterrain Zimmer in Verbindung, worin Kegelspiele, Billard und andere Gesellschaftsspiele gehalten werden. Diese Zimmer befinden sich unter dem Perron des Halbkreises rechts vom Eingange. Entsprechend unter dem Perron des linken Halbkreises sind die Stimmzimmer für die Musiker, die Garderoben für die Sänger und Sängerinnen etc. Die Temperatur des Gartens wird durchschnittlich auf 12° gehalten. Das Wasser in den Fontainen und Springbrunnen hat dieselbe Temperatur. Hinter diesem für Konzerte und für Tänze offen gehaltenen Raume beginnt der eigentliche Garten, wo die Auswahl der schönsten Pflanzen aus den fünf Weltteilen vereint in freien Boden gepflanzt steht. Der Rasen, welcher einen frischen, immergrünen Teppich bildet, vereinigt die Baum- und Pflanzenpartien und ist von wellenförmig regellosen, mit gelbem Sande bestreuten Fußwegen angenehm durchschnitten. Um einzelne hier und da zerstreut liegende Wasserbassins sind die Wasserpflanzen geordnet und breiten ihre saftigen Blätter über Ruheplätze und versteckte Niederlassungen aus. Die Nebengänge sind außerdem mit Blumengerüsten von den schönsten Topfpflanzen bestellt, und in einem der entlegensten Winkel steht eine Vogelhecke, mit reich und buntgefiederten ausländischen Waldbewohnern bevölkert ...«[146]

Konstruktionsform

Die Tragkonstruktion des 20m hohen Glasdaches bestand aus schmiedeeisernen Bogenbindern, welche nach innen durch außerordentlich schlanke, miteinander verbundene gußeiserne Säulenpaare getragen wurden. An der Außenseite wurde sie durch die mit Fenstern versehene Mauer, bzw. im Mittelschiff durch Einzelsäulen,

467

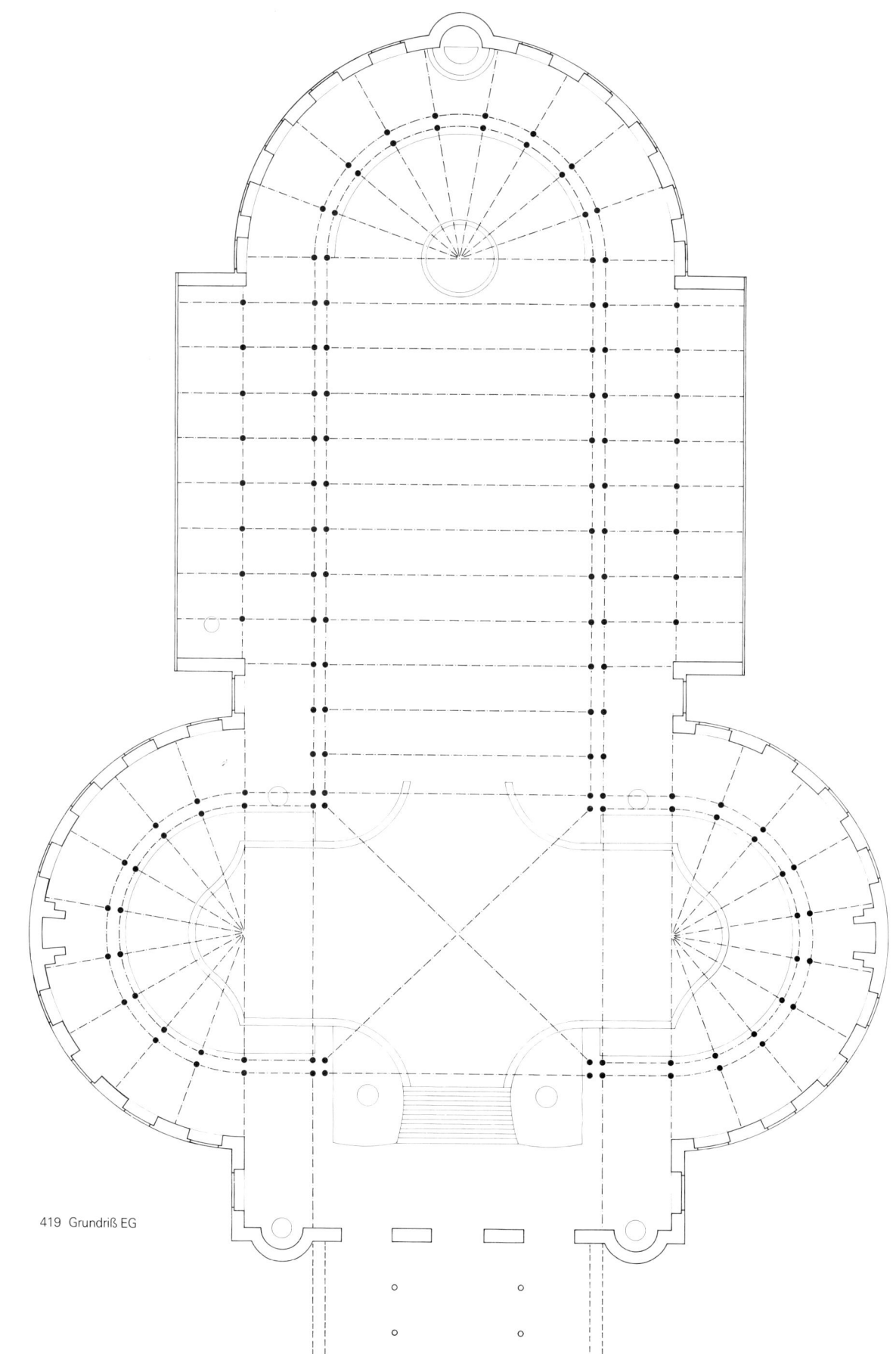

419 Grundriß EG

420 Innenansicht, Lithographie von Thierry, um 1850

abgestützt. Die inneren Stützpaare wurden durch die Galerie in 10m Höhe horizontal ausgesteift. Die Vierung wurde durch zwei diagonal gestellte, sich kreuzende Fachwerkbinder überspannt. Die Eckstützen der Vierung bestanden aus vier gekoppelten Säulen. Betrachtet man den Schnitt des Längsschiffes, wird man von der Leichtigkeit beeindruckt, in welcher die Konstruktion ausgebildet wurde. Es ist zu vermuten, daß die Konstruktion als ein einziger bis zum Boden reichender Fachwerkträger von 40m Länge konzipiert wurde. Sein Obergurt trug die flachgewölbte Glasglocke, welche von innen her durch die Konstruktionsglieder der Stützenreihe eine dreischiffige Gliederung ergaben (Abb. 418, 662).

Zur Ausführung wurden 50 Tonnen Gußeisen und 82 Tonnen Schmiedeeisen (1 kg Schmiedeeisen kostete 16 Sous) verwendet. Beziehen wir das verwendete Eisen auf den umbauten Raum, so ergibt sich ein Stahlbedarf von 0,88 kg pro cbm, eine Zahl, die – so die Angaben stichhaltig sind – die Leichtigkeit dieser Filigrankonstruktion demonstriert. Die Irritation Sempers, der noch von vitruvianischen Kategorien der Massen ausging, ist vor dieser Konstruktion begreiflich. Die überaus kurze Bauzeit von

acht Monaten ist nur bei einer so ausgearbeiteten Konstruktion erklärlich. Der Konstrukteur des Eisengebildes ist strittig. John Hix und Sigfried Giedion nennen Hector Horeau.[147] Semper nennt in seinem Bericht neben den Architekten H. Meynadier und Charpentier den Ingenieur Moehly. Nach dessen Zeugnis soll am Straßburger Bahnhof in Paris der ›Jardin d'Hiver‹ als konstruktives Vorbild verwendet und weiterentwickelt worden sein. In der Veröffentlichung des ›Jardin d'Hiver‹ in der ›Architecture pratique‹ 1860 wird als Ingenieur M. Rigolet genannt.

Verglasung

Die Glastafeln wurden mit S-förmigen Blechstreifen zusammengehängt. Die Glasdecke war, wie überall in Frankreich, nur einfach. Im ›Jardin d'Hiver‹ war der Tropfenfall des Niederschlages der feuchten Dünste an den Scheiben so bedeutend, daß später ein besonderes Röhrensystem an die Sparren angehängt werden mußte, um das Tauwasser abzuleiten. Bei Anlagen der Art wurde deutlich, daß künftig gleich für die Ableitung dieses Wassers gesorgt werden mußte. Es erschien zweckmäßig,

469

die Profile der Sparren so auszubilden, daß die Tropfen an die niedrigsten Punkte gelangen konnten und dann weiter abgeleitet wurden.[148]

Heizung

»Die Heizung bestand aus zwei Dampfkesseln, jeder mit 40, und einen kleineren mit 8 PS. Ferner waren zwei Dampfmaschinen, jede zu 8 PS welche die Pumpen trieben. Es war jedoch nur eine in Tätigkeit, die andere war in Reserve im Falle die erstere ihren Dienst versagte. Ebenso waren alle Pumpen doppelt vorhanden.« G. Semper gab nach Angaben von Moehly noch folgende Daten: »Man verausgabte 60 Fr. durchschnittlich für 24 Stunden Heizung und wenn das Thermometer auf 7,8 und 9 Grad herabsank. In der Zeit von 24 Stunden waren zwei Heizer beschäftigt, welche für den Tag 4 Fr. erhielten. Man verbrauchte 24 Tonnen Steinkohle auf 24 Stunden …

Die Kosten der Anlage und für die Erhaltung der Anstalt haben sich folgenderweise gestaltet: Der Grund, worauf dieselbe erbaut ist, kostet Fr. 2 000 000. Der Bau ohne Pflanzen kostet Fr. 1 000 000. Das Inventar der Gärtnerei kostet Fr. 300 000. Mobilien etc. kosten Fr. 200 000. Summa: Fr. 3 500 000.«[146]

Text

»Die Konstruktion des Hauses ist einfach, aber weder in technischer noch artistischer Beziehung vollendet zu nennen. Alles Eisenwerk ist weiß angestrichen, was bei den nackten unverzierten Säulen höchst störend ist. Über den Säulen führt ein Gang um den ganzen Garten herum, welcher teils benutzt wird, um in der Höhe Blumen aufzustellen, teils um mittelst der Wasserleitung den künstlichen Regen hervorzubringen, teils endlich um bei großen Festen dort oben Kerzen und andere Beleuchtungsmittel anzubringen. Das Gas wird nicht zur Beleuchtung angewendet, da es sich gezeigt hat, daß es den Pflanzen schädlich ist. Man beleuchtet mit Stearinkerzen. Wäre die Gesellschaft in besserer finanzieller Lage, so hätte sie schon lange das Oel oder Harzgas eingeführt, welches den Pflanzen nicht schadet. Die Beheizung geschieht mit Dampf, der in kupfernen Röhren geleitet wird, da sich die Wasserheizung, die anfänglich angelegt war, für diesen großen Raum nicht bewährte. Am gelungensten sind die Wasserwerke. Diese werden durch eine Dampfmaschine von acht Pferdekräften getrieben.

Gleich am Eingang stehen zwei Fontainen und diesen gegenüber zwei andere. Dann ist eine Cascade in der hintersten Rotunde mit Figuren. Über eine künstliche Felsenpartie stürzt sich ein Wasserfall und aus dem Bassin vor demselben erhebt sich ein 60 Fuß hoher Wasserstrahl. Dies Alles ist durch die einzige kleine Maschine getrieben, und gibt dem Ganzen einen feenhaften Reiz, besonders in der Stille der Dämmerung, wo diese Was-

serwerke ein lebhaftes Getöse in dem hohen glasumwölbten Dome verursachen. Bei Sonnenschein ist die Wirkung des Gartens sehr schön, aber noch günstiger zeigt er sich bei Mondschein, wenn er sich in den springenden Wassern spiegelt, dunkle Schatten auf den sanft schimmernden Rasen wirft und eine sanfte Hörnermusik von den Galerien ertönt. Man glaubt in eine Welt des Traumes versetzt und von Elfen und Elementargeistern umflüstert zu sein. In keinem anderen Lokale hörte ich jemals die Musik sich so vorteilhaft ausnehmen. Das elastische Glasgewölbe bildet einen wahren Resonanzboden und die Töne haben eine Kraft, Helle und Lieblichkeit, die nicht auf andere Weise erreicht werden kann. ›Der Bau dieses Wintergartens‹, schreibt die Illustration, ›ist ein Triumph der Privatindustrie. In noch nicht drei Vierteljahren hat sich ein Palast erhoben, von hundertzwanzig Fuß Breite, dreihundert Fuß Länge, beinahe sechzig Fuß Höhe, ganz aus Eisen und Glas bestehend, ein Palast, dessen Bau eine mit Glas bekleidete Oberfläche von dreitausend Quadratfuß erheischte, bei dem hunderttausend Pfund Gußeisen und hundertfünfundsechzigtausend Pfund Schmiedeeisen verwendet wurden. Dieser Palast hat sich binnen acht Monaten erhoben mit allen seinen Gemächern über und unter der Erde, seinen zahlreichen Anhängseln, mit seinen großartigen Gebäuden und Magazinen, Apparaten und Maschinen. Die auf den Bau verwendete Summe ist mäßig im Vergleich mit der, welche die Gewächshäuser des Pflanzengartens erforderten, die, obgleich schön, doch dem Wintergarten sich nicht entfernt zur Seite stellen können.‹

1845 wurde der erste Wintergarten in Paris gebaut, der viel kleinere Dimensionen darbot. Der neue Garten nimmt dieselbe Stelle ein wie der alte und liegt in der großen Allee der elyseischen Felder. Der Peristyl, den vier schöne Karyatiden von Klagmann schmücken, bildet einen zurücktretenden Halbkreis. Auf ihn folgt ein großer Saal, zur Ausstellung von Kunstgegenständen bestimmt, diesem schließt sich eine elliptische Freitreppe an, auf der man in den Garten hinabsteigt. Der erste Anblick ist ein überraschender. Die Anordnung und der allgemeine Plan des Gebäudes lassen sich am besten einer gotischen Kirche mit ihrem Schiff und Querschiff vergleichen. Das Querschiff wird durch das verlängerte Oval dargestellt, das uneigentlich Rotunde genannt wird und über die mittlere Breite des Gartens von 120 Fuß um dreißig Fuß hervortritt. Überdies hat der Garten alle imposanten Dimensionen einer Kathedrale, auch beinahe die Höhe, und, um die Analogie vollständig zu machen, eine obere Galerie von wahrhaft luftigem Bau, die dreißig Fuß hoch über dem Boden fortläuft und in der Luft zu schweben scheint. Die darin aufgestellten Blumen und Gesträuche geben ihr das Ansehen der hängenden Gärten der Semiramis. Die von zahlreichen Fenstern durchbrochenen Mauern reichen nicht ganz bis zu dieser Gale-

421 Schnitt durch das Längsschiff mit Fontäne

rie, das Dach und die Kuppel der Rotunde bestehen ganz aus Glas, das von gußeisernen Balken und Rahmen getragen wird. Zu den schönsten Zierden des Gartens gehören vier Vasen, von Knaben getragen, in deren Verbindungspunkte eine Fontaine springt, und zwei riesenhafte Kamine im Renaissancestil. Die Heizung erfolgt durch zwei Dampfmaschinen von 25 Pferdekräften, die unbemerkt im Souterrain arbeiten. Für die Pflanzen sind 300000 Franken aufgewendet worden. Den Preis trägt eine Araucaria excelsa davon, nächst dieser ist am bemerkenswertesten eine Gruppe von fünfzehn Palmen. Mit dem Garten stehen zahlreiche Anhängsel in Verbindung, ein Lesekabinet, ein Kaffeehaus, ein Magazin von feinen Seifen, ein Local für eine Gemäldeausstellung, ein Konzertsaal, mehrere Restaurationen u.a.m. Der ursprüngliche Plan rührt von Herrn Meynadier her, die Ausführung aber wurde von der Aktiengesellschaft, die den Wintergarten hat bauen lassen, dem Architekten Charpentier übertragen.«[149]

Quellen: Paris, Bibliothèque Nationale, Cabinet des Estampes

Literatur: Zeitschrift für praktische Baukunst, 1849, Jg. 9, S. 516-526; Moniteur des Architectes, 1860, Jg. 11, Bd. LVIII, Pl. 693, 694; Texier 1852/53, S. 9, 10; The Gardeners Chronicle, 14.2.1846, Jg. 6, Nr. 7, S. 102

PARIS, Halle der Weltausstellung 1855

Breite:	37m	Baujahr:	1855
Architekt:	C. F. Viel,	Zustand:	abgerissen
	Alexis Barrault		
	und Bridel		

Das Gebäude der Pariser Industrieausstellung von 1855 bildete eine dreischiffige Anlage mit einem Mittelschiff von 37m und mit Seitenschiffen von je 24m Stützweite. Das Mittelschiff wurde nach der Ausstellung in einen Wintergarten umgewandelt. Die Pflanzenwelt wurde durch aufgestellte Statuen und durch einen gewundenen

422 Blick in den Wintergarten, Stich, 1859

Fluß bereichert, über den eine gebogene Brücke führte. Die Eisenkonstruktion des tonnengewölbten Daches bestand aus Fachwerkbindern, die als Zweigelenkbogen ausgebildet waren. Das Fachwerk der in dichter Reihenfolge über zwei Säulenreihen gesetzten Binder wirkte schwerfällig. Man hat den Eindruck einer Überdimensionierung des Tragwerks aufgrund der Unkenntnis des Berechnungsverfahrens eines Zweigelenkbogens, welcher hier in einer frühen Phase angewendet wurde. Die Binder ruhten auf spitz nach unten zusammenlaufenden gußeisernen Schuhen, welche die Dachlasten in die Säulen weiterzuleiten hatten. Zur Längsaussteifung dienten Durchlaufpfetten. Später wurde diese Konstruktionsart für große Spannweiten, vor allem in Bahnhofshallen mehrfach, verwendet (Abb. 422).

Literatur: Wittek 1964, S. 55; The Illustrated London News, 9.7.1859, Jg. 18, Bd. xxxv, Nr. 982, S. 28

PARIS, Halle für Gartenbaukunst, Weltausstellung 1900   *Abb. 667, 668*

Länge:	84,50 m	Architekt:	Charles
	(je Pavillon)		Albert Gautier
Breite:	34 m	Baujahr:	1900
Höhe:	20 m	Zustand:	abgerissen

Ein Beispiel für die Steigerung eines Gewächshauses über den Charakter des einfachen Nutzbaues hinaus zum repräsentativen Ausstellungsbau ist die Doppelhausanlage des Architekten Charles Albert Gautier anläßlich der Weltausstellung 1900. Um eine Art Forum waren zwei einander spiegelbildlich gegenübergestellte Glasbauten mit minarettartigen Türmen parallel zum Ufer der Seine angeordnet (Abb. 423). Gautier, welchem die gesamte Gestaltung der Uferanlagen übertragen worden war, konzipierte zwischen den beiden Hallen eine freie Terrasse, von der eine breite Treppe zur Seine hinunterführte. Die gesamte Anlage hatte eine Länge von 237 m. Die spitzbögige Halle, doppelt so hoch als breit, wurde durch die hochstrebenden und reich dekorierten Binder bestimmt, wodurch der orientalische Aspekt des Äußeren seine Ergänzung fand. Die zurückhaltend und zartgliedrig ausgeführte Konstruktion wurde nicht, – wie bei den anderen Eisenbauten der Weltausstellung – zum dekorativen Selbstzweck, sondern erlaubte eine klare Ablesbarkeit der Raumkonzeption. Dieser Bau ist einer der wenigen späten Gewächshausbauten, welche trotz des Aufwandes an Dekor dem Material Glas und Eisen gerecht werden.

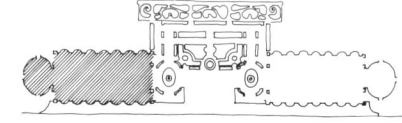

423 Lageplan

424 Ansicht von der Seine, Stich

472

426 Schnitt

425 Grundriß EG

Raum und Konstruktionsform

Die große spitzbogige Halle von 18 m Spannweite wurde von hohen, vom First bis zum Boden reichenden aufgestelzten Bogenträgern getragen. Sie waren als Gitterträger aus Walzstahl hergestellt und bildeten einen Zweigelenkbogen. Dieses Haupttragwerk wurde durch schmale, 8 m lange Gitterträger in der Längsrichtung verbunden. Ein zusätzlicher schmaler Bogenträger verhinderte ein Ausknicken dieser Querträger. Über dessen Grundgerüst spannten sich die Sprossen des Glasgewölbes. Seitlich zwischen den Hauptbindern öffneten sich halbkreisförmige Apsiden mit Tonnengewölbe und Kugelabschluß, wodurch der Raum erweitert wurde. Diese Raumkonzeption entspricht dem Schema der Barockkirche. In der Längsrichtung der Halle schloß sich auf elliptischem Grundriß ein Glasgewölbe an, welches mittels einer niedrigen, ebenfalls spitzbogigen Glastonne mit der Halle verbunden war. An den vier Ecken der Halle waren reich dekorierte Minarette aus Eisen aufgestellt (Abb. 425, 426). Die gesamte Anlage, z. T. über die Ufermauer auskragend, bildete mit der Treppenanlage einen großartigen architektonischen Prospekt und zugleich eine Art Cour d'honneur für die Besucher der Weltausstellung (Abb. 668). Die hier verwendeten Bogenbinder fanden zuvor ihre Anwendung in Bahnhofshallen, als Zwei- und Dreigelenkbogen ausgeführt, z.B. in Frankfurt a.M. (1887), Köln (1893), Bremen (1883) und Hamburg (1904).

Quellen: Paris, Bibliothèque Nationale, Cabinet des Estampes

Literatur: Meyer 1907, S. 123; Durm und Ende 1902, Bd. 1, S. 373; Schild 1967, S. 164 ff.

PAU, Wintergarten, Jardin Public *Abb. 669-670*

Architekt: Bertrand
Baujahr: um 1898
Zustand: abgerissen

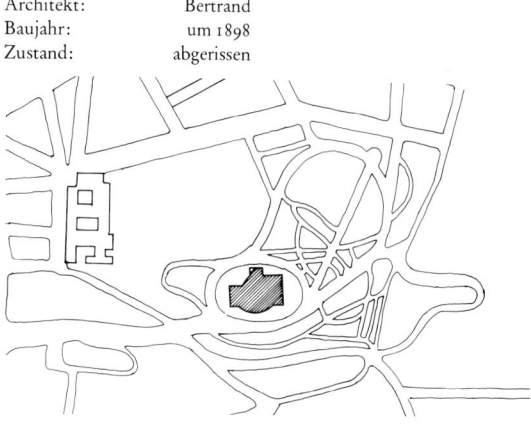

427 Lageplan, 1910

Um die Jahrhundertwende, nachdem die Reihe der Gewächshaustypen und Ausstellungsbauten aus Glas und Eisen im wesentlichen abgeschlossen war, und neue Raumformen so gut wie ausgeschöpft zu sein schienen, hat der Architekt des Wintergartens im Jardin Public (Abb. 427) in Pau noch einmal versucht, durch die Verwendung extravaganter Formen – mit einer Art Glasgrotte – einen Zufluchtsort für Kurgäste zu schaffen. Zwischen Massivbauten im konservativen Stil der Beaux-Arts-Architektur wurde auf elliptischem Grundriß ein Glaspavillon errichtet, welcher neben einem Café und Casino auch ein als Musikhalle verwendbares Palmarium beherbergte. Ein elliptischer Ring von sechzehn eisernen Säulen trug eine Glaskuppel, welche einem umgekehrten Schiffsbauch ähnelte. Nach außen trug er ein Ringgewölbe, welches sich auf das eiserne Ständerwerk der Fassade und auf Massivmauerwerk aufstützte. Dieses Gewölbe bildete einen Umgang um die zentrale elliptische Halle. Das Expressionistische dieser Glasarchitektur entstand aus der Verschneidung der inneren Kuppel und des Ringgewölbes: Spitzbogengewölbe spannten sich zwischen den Säulen aus und wurden in kastenartige Kapitelle eingeleitet. Die tragende Struktur der Gewölbe war das Netzwerk vertikaler gebogener Sprossen, welche im Vergleich zu den englischen Vorläufern derber wirkten. Die in die Kapitelle einmündenden Glastonnen erschienen als Trichter und gaben dem Glashaus einen exotischen, grottenartigen Aspekt. Nach außen war der ›Wintergarten‹ durch ein weitvorkragendes flaches Glasvordach bestimmt, dessen Erscheinungsbild zusammen mit der dahinter aufsteigenden elliptischen Kuppel auf das Hauptgebäude der Pariser Weltausstellung 1867 anspielte.

Literatur: McGrath und Forst 1961

PAVIA, Gewächshaus, Orto Botanico *Abb. 671, 672*

Länge: 52 m
Breite: 7 m
Architekt: G. Piermarini und L. Canonica
Baujahr: 1776-1880
Zustand: abgerissen

Die ›Gewächshäuser‹ im Orto Botanico in Pavia, einem der ältesten und einst bedeutendsten botanischen Gärten Europas, sind ein Beispiel für den Gewächshausbau im späten 18. Jahrhundert mit schrägen Glasfronten und gewölbter Rückwand. An der Konstruktion dieses Baues läßt sich der langwierige Entwicklungsprozeß ablesen, welcher notwendig war, um auf Dauer einer exotischen Pflanzenwelt ein künstliches Klima sichern zu können. Hier wurde der Versuch gemacht, dem Nachteil des in Feuchtigkeit schnell faulenden Holzes durch Ersetzen des tragenden Rahmens in Stein und der hölzernen Fenstersprossen in Eisen zu begegnen. Dies ist der erste zögernde Schritt in dem Bestreben, schiefe Glasflächen, welche für Nutzung der Sonne so wichtig sind, in dauerhaftem Material zu verwirklichen. Die Anwendung von Stein als Tragbalken der schiefen Fensterebene brachte es mit sich, daß aus der Notwendigkeit, die auftretenden Biegekräfte zu vermindern, zu einer zusätzlichen Unterstützung in archaischer Form gegriffen wurde: zu steinernen Rundsäulchen mit Kapitell und Basis. Aus dem Dilemma schiefe Glasflächen dauerhaft und mit großer Lichtdurchlässigkeit errichten zu müssen, befreite die Entwicklung eines industriellen Werkstoffes: des Gußeisens. Die Dringlichkeit, mit der dieses Problem gelöst werden mußte, erklärt, warum wir im Gewächshausbau eines der ersten Anwendungsfelder des Gußeisens finden.

Der botanische Garten, heute mitten in der Stadt gelegen, diente 1520 als Ort für den Unterricht in Medizinpflanzen. 1546 fand hier der erste universitäre Unterricht statt. Um 1556 wurde der ›Orto dei Semplici‹, der Medizingarten, gegründet und 1763/64 der erste Lehrstuhl für ›Botanica Generale‹ eingerichtet. Dem wachsenden wissenschaftlichen Bedürfnis entsprechend, wurde in diesem Zusammenhang 1776 von G. Piermarini ein ›Gewächshaus‹ errichtet, welches zum größten Teil aus Holz bestand. Jedoch bereits ein Jahr später wurde dasselbe in Stein und mit eisernen Fensterrahmen von L. Canonica umgebaut. Das ›Gewächshaus‹, bestehend aus zwei Seitenflügeln und einem architektonisch betonten Portal, teilt den Botanischen Garten in zwei Hälften. Die großen schrägen Glasflächen werden durch kleine Konsolen am Sims gegliedert. Das Bauwerk ist weniger als Architektur, denn als geschichtliches Dokument in der Glashausentwicklung bemerkenswert (Abb. 428-431).

Quellen: Pavia, Orto Botanico, Archiv
Literatur: Giacomini 1962

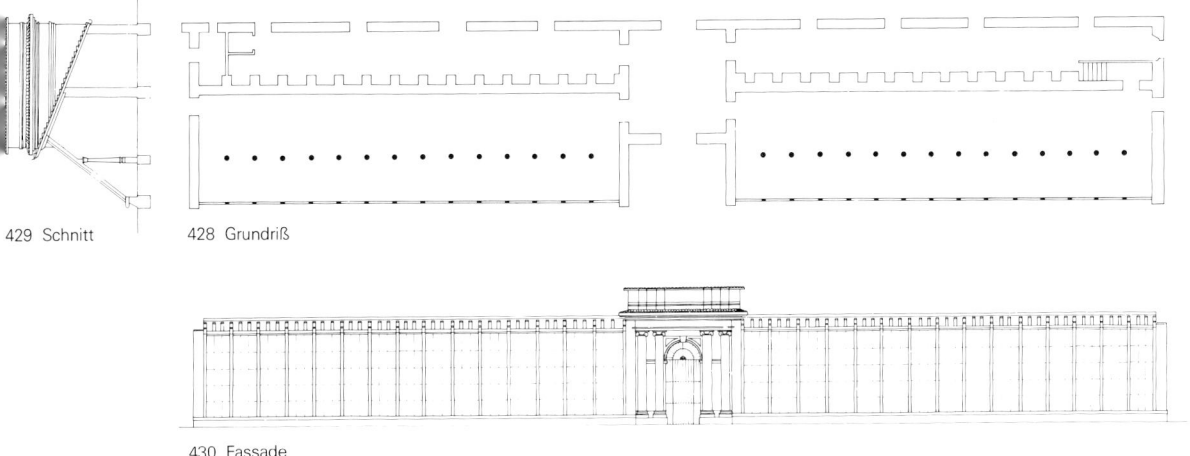

429 Schnitt   428 Grundriß

430 Fassade

431 Ansicht vom Garten, Stich, um 1800

PHILADELPHIA, Gartenbauhalle, Weltausstellung 1876

Länge:	70,50 m	Architekt:	Hermann J.
	Gesamtlänge 117 m		Schwarzmann und
Breite:	24,40 m,		G. R. Pohl
	Gesamtbreite 58 m	Baujahr:	1876
Höhe:	22 m	Zustand:	abgerissen

Die ›Gartenbauhalle‹ der Weltausstellung 1876 in Philadelphia ist ein Beispiel für die Abkehr von der aus der Eisenkonstruktion entwickelten sachlichen Form der großen Gewächshausbauten um 1850 bis 1860. Die Ingenieurkonstruktionen dürfen nicht mehr als solche zutage treten, sondern werden durch einen Wust historisierender Ornamentik verdeckt. Die Ornamentik ist nicht mehr Ausdruckmittel der Konstruktion – wie an den besten Ingenieursbauten –, wo diese selbst in der Wiederholung gleicher Teile zugleich das Ornament erzeugt.

Die ›Gartenbauhalle‹ wird in einem zeitgenössischen Bericht beschrieben (Abb. 432): »Die riesige Ausdehnung, welche die Weltausstellung zu gewinnen scheint, die Philadelphia zur Verherrlichung des hundertjährigen Jubiläums der Unabhängigkeitserklärung zurüstet, haben die Notizblätter unserer letzten Nummer gekennzeichnet. Wir beschrieben die Gartenbauhalle, welche nach den Plänen des Oberingenieurs des Weltausstellungsgrundstücks, Hermann J. Schwarzmann, und seines Assistenten und Partners, G. R. Pohl, auf der Landsdown-Terrasse nördlich von der Memorialhalle gebaut wird. Die Pläne gefielen den Herren vom Board of Finance so ungemein, daß man beschloß, die Mehrkosten von 40 000 Dollars zu übernehmen, nur um keine Änderung derselben nötig zu haben. Die Gartenbauhalle ist im maurischen Stil des 12. Jahrhunderts meist aus Eisen und Glas gebaut und wird auch in späteren Jahren eine der schönsten Zierden des Westparks sein. Das Gebäude hat eine

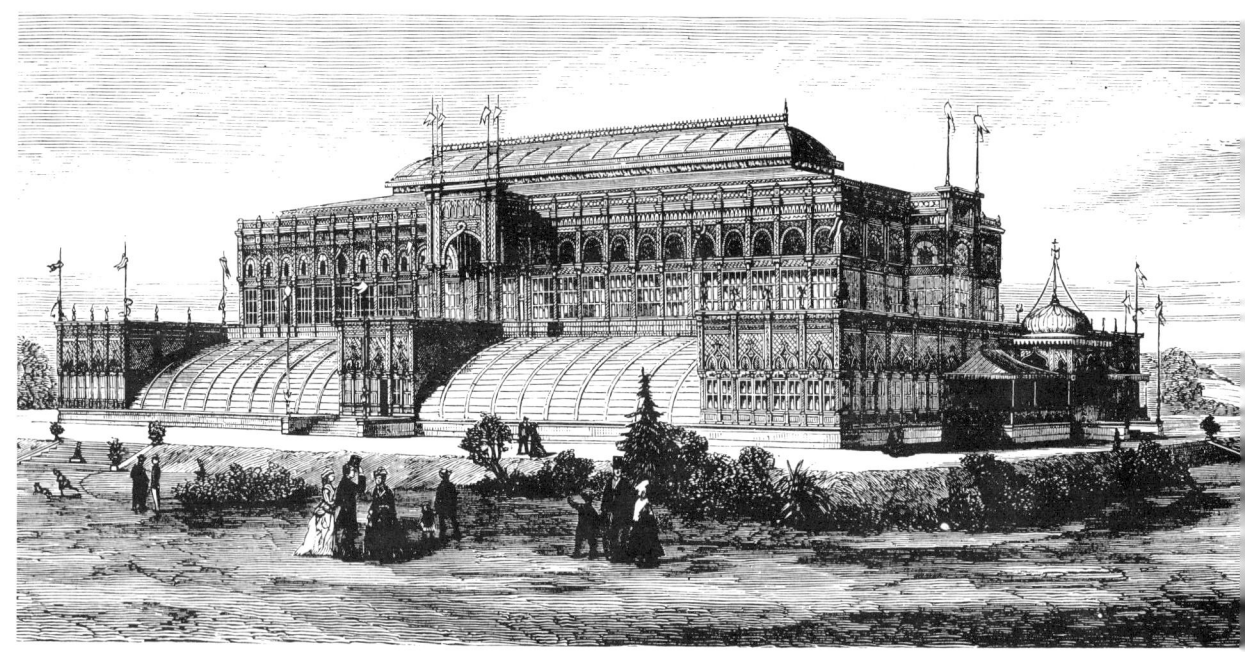

Länge von 117 m, eine Breite von 58 m und eine Höhe bis zur Spitze der Laterne (eines elegant konstruierten Oberlichtes) von 22 m. In der Mitte dieses Baues liegt das eigentliche Gewächshaus, welches eine Länge von 70,5 m, eine Breite von 24,4 m und eine Höhe von 16,7 m besitzt und über welchem sich die Laterne von 51,8 m Länge, 6,1 m Breite und 4,2 m Höhe erhebt. Die Hauptkonstruktion des Baues besteht aus einem zierlichen Aufbau von massiven Pfeilern, welche je 3 m voneinander entfernt und 6 m hoch sind. Der Sockel dieser Säulen wird aus Marmor, der Schaft aus bunten Formsteinen, das Kapitell aus reich verziertem Sandstein und die Bogenverbindung aus Formsteinen bestehen. Längs der Seiten des inneren Gewächshauses zieht sich in einer Höhe von 6 m eine 1,5 m breite Galerie herum. Nördlich und südlich von den längeren Seiten des Gewächshauses und durch einen breiten Gang von diesem getrennt sind vier Treibhäuser von je 30,5 m Länge und 4,15 m Höhe mit gebogenen Glasdächern eingerichtet, welche in der Mitte durch ein 9,15 m breites, reich dekoriertes Vestibül getrennt werden. Auf den kurzen Fronten liegen ebenfalls solche Vestibüle und zu beiden Seiten der letzteren sind 9,15 m hohe große Räume eingerichtet, welche als Restaurations-, Empfangs- und Officezimmer benutzt werden sollen. Von den Vestibülen führen zierliche Treppen nach den inneren sowie auch nach den vier äußeren Galerien, von 30,5 m Länge und 3 m Breite, welche von den eisernen Rippen der gebogenen Treibhausdächer getragen werden. Von diesen Galerien gelangt man auf die Dächer der vorher erwähnten Räume in den kurzen Fronten des Baues, sie bilden mit diesen eine große Promenade von 1505 m² Fläche. Die östlichen und westlichen Eingänge erreicht man auf Treppen von blauem Marmor von Terrassen aus.«

Literatur: Über Land und Meer, 1876, Jg. 18, Bd. xxxv, Nr. 20, S. 400, 402

SAN FRANCISCO, Gewächshaus *Abb. 673*

Baujahr: um 1890
Zustand: vorhanden

Ein hoher, achteckiger Pavillon mit Glasdom bildet den Kern des gußeisernen Hauses: acht gußeiserne Säulen tragen die über einen Tambour aufsteigende Kuppel mit eisernen Firstzapfen. Ein an den Tambour anschließendes Glasgewölbe stützt sich auf das Ständerwerk der niedrigeren, senkrechten Umfassungswände, so daß im Inneren ein Zentralraum mit Umgang entsteht. An diesen schließen sich beidseitig niedrigere Seitenflügel, ebenfalls mit gewölbten Dächern, an. Der zurückhaltend eingesetzte gußeiserne Dekor beschränkt sich darauf, die Gliederung des Bauwerkes durch schmale Sprossen und die Linienführung der Dach- und Fassadenflächen hervorzuheben.

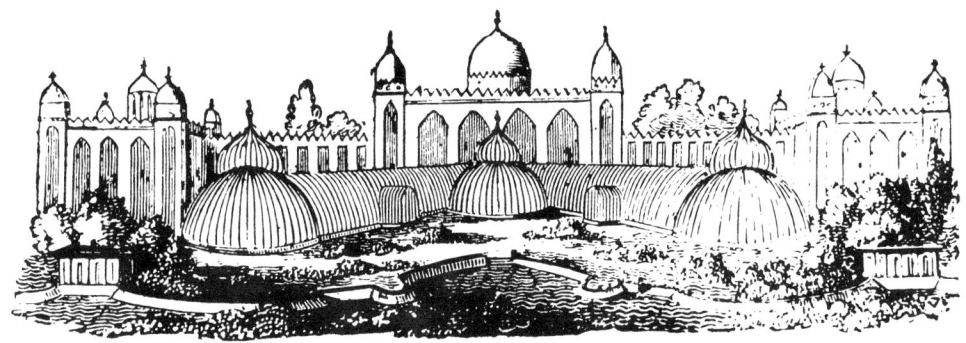

433 John Claudius Loudon, Sezincote, kurvenlineares Gewächshaus, Anbau zur Indian Villa von Humphry Repton und Samuel Pepys Cockerell, Projekt um 1817

SEZINCOTE, Gewächshaus der Indian Villa
Abb. 674

Architekt:	Humphry Repton und Samuel Pepys Cockerell
Baujahr:	1806
Zustand:	gut erhalten

Die Indian Villa in Sezincote mit einem einseitig ausgreifenden Seitenflügel wurde 1806 von Samuel P. Cockerell für seinen Schwager, einen auf das Land gezogenen Nabob, im ›indischen‹ Stil entworfen und ihr ein Gewächshaus angefügt. Dieses entstand auf Anregung und unter Mitwirkung des berühmten englischen Gartenarchitekten Humphry Repton. Das ›Gewächshaus‹ mit dem Wohngebäude ist neben der kgl. Stallung und dem Reithaus in Brighton ein bedeutendes Zeugnis des ›orientalischen Stils‹ jener Zeit. Ein im Halbkreis an die Villa anschließender glasgedeckter Korridor mit fächerartig ornamentierten spitzbogigen Glasfenstern endete in einem achteckigen Pavillon mit minarettartiger Laterne und kleinen, schlanken Ecktürmchen. Die Fenstersprossen bestanden bereits aus Gußeisen und waren mit hoher Perfektion ausgeführt. Die Zwischenpfeiler waren in Steinwerk gemauert. Die Anwendung orientalischer Elemente wurde in späteren Gewächshausbauten als Ausdruck des exotischen Inhaltes – der Tropenpflanzen – auch in der Architektur selbst aufgenommen. Das ›Gewächshaus‹ auf der Pfaueninsel in Berlin, die ›Wilhelma‹ in Stuttgart und die ›Flora‹ in Köln sind Beispiele aus verschiedenen Zeiten für diese Tendenz. John Claudius Loudon hielt diese Anlage für bedeutend genug, um 1817 an ihr die Erweiterung des Gewächshauses durch kurvenlineare Glasdächer mit Domen als Endpavillons vorzuschlagen. Er zeigte zugleich die Möglichkeit, in Glas und Eisen die indische Stilform aufzunehmen (Abb. 433).[150]

SHEFFIELD, Glass-Pavilions, Botanical Gardens
Abb. 675-679

Länge:	Mittelpavillon: 16 m	Architekt:	B. B. Taylor
Breite:	Mittelpavillon: 10 m	Baujahr:	1836
Höhe:	Mittelpavillon: 10 m	Zustand:	gut erhalten

Die ›Glaspavillons‹ im Botanischen Garten von Sheffield gehören mit ihren Glaskuppeln aus filigranen Konstruktionen, aufgesetzt auf Gußeisenstützen, zu den frühesten noch erhaltenen Beispielen einer technisch fortschrittlichen Ingenieurkonstruktion, die sich das Problem freigespannter, kurvenlinearer Glasdächer zum Gegenstand gewählt hat. Entspricht der steinerne Unterbau noch einer Repräsentationsarchitektur herkömmlicher Art, so ergibt die ihn krönende Glas-Eisenkonstruktion in Form einer völlig durchsichtigen, allseits abgewalmten Glaskuppel mit flach-spitzbogigem Querschnitt um so mehr einen Kontrast. Das Spantenwerk äußerst schmaler, der Fallinie folgender Fenstersprossen aus Schmiedeeisen bildet die einzige Tragstruktur des Daches. Wir haben hier-

434 Lageplan, 1930

in ein Beispiel vor Augen, das an das Werk Loudons anknüpft und das von Turner in den Bauten von Belfast und Dublin weiterentwickelt wurde. Das elastische Gebilde der Glas-Eisenkonstruktion – es erscheint wie von innerer Spannung emporgetrieben – wird von Zugeisen zusammengehalten, die an einen umlaufenden Architrav anschließen. Dieser wird von schlanken gußeisernen Säulen getragen, die – nach außen verborgen – hinter dem Massivmauerwerk eingestellt sind. Die steinernen Pilaster der Fassade und die Massivwände nach Norden tragen nicht, sondern sie dienen nur als nötige Aussteifung. Die Form der abgewalmten Glaskuppel auf Reckteckgrundriß erinnert an das im gleichen Jahr errichtete Hauptgewölbe des ›Großen Gewächshauses‹ in Chatsworth, das mit Holzträgern gebildet wurde. Diese Form tritt in Sheffield historisch das erste Mal in technischer Perfektion als Eisenkonstruktion auf. Die größeren Spannweiten waren wohl der Hauptgrund, daß später, im ›Palmenhaus‹ von Kew (1844-48) und in dem von Glasgow (1856) dieselbe Kuppelform nicht mehr als Filigrankonstruktion Loudonscher Art, sondern auf der Grundlage einer hierarchisch nach Haupt- und Nebenträger gegliederten Konstruktion gebaut wurde.

Die ästhetische Wirkung des Glashauses wird erhöht durch die starke Gliederung in Form von hohen Mittel- und Eckpavillons und dazwischen gespannten niedrigen Verbindungsgängen. Während die Pavillons mit luftigen kurvenlinearen Dächern gedeckt sind, sind die Verbindungsteile mit einem einfachen Faltdach aus Glas nach dem Paxtonschen Vorbild (›Victoria regia-Haus‹ in

Chatsworth) abgeschlossen. Durch diese räumliche und konstruktive Ordnung ist eines der schönsten frühen Glashäuser in England entstanden, was nach dem Abriß der Verbindungsteile nicht mehr völlig nachzuvollziehen ist. Das Gebäude ist in seiner ursprünglichen Konzeption die lebendige Vergegenwärtigung des fortschrittlichen Standes englischer Gewächshauskonstruktionen um 1836: Der theoretische Ansatz Loudons, die Glashaut mit ihrem eisernen Sprossenwerk selbst in ein Raumtragwerk zu verwandeln, verbindet sich mit der Rationalität einer vorgefertigten, vollindustrialisierbaren Konstruktion.

Situation

Der inmitten von Sheffield an einem Hang angelegte 76000 qm große Botanische Garten wurde 1833 auf Initiative einer Interessengemeinschaft von achtzig Bürgern, die zu einer Aktiengesellschaft zusammentraten – der ›Botanical and Horticultural Society –, gegründet (Abb. 434). Robert Marnock aus London wurde beauftragt, den Garten zu entwerfen und ihm als Kurator vorzustehen. Für den Entwurf der Glashäuser wurde ein Wettbewerb ausgeschrieben, in dessen Jury Joseph Paxton, der in jener Zeit bereits anerkannte Fachmann für Glashauskonstruktionen, mitwirkte. Der zweite Preisträger, B. B. Taylor, der eine gewölbte Glaskuppel vorgeschlagen hatte, wurde mit der Ausführung des Bauwerkes betraut. Es ist denkbar, daß an dieser Entscheidung Paxton nicht geringen Anteil hatte: Er beschäftigte sich zu dieser Zeit mit der Konstruktion des ›Großen Pal-

435 Ansicht vom Garten, Lithographie, 1836

menhauses‹ in Chatsworth (1836-1840), das, ähnlich wie der Entwurf Taylors, von einem allseits abgewalmten, auf rechteckigem Grundriß errichteten Glasgewölbe gekrönt wurde. Die Glaspavillons wurden nach einem mit Sorgfalt ausgeführten Bauprozeß – das Massivmauerwerk wurde aus drei verschiedenen Steinsorten errichtet – mit einer für jene Zeit eindrucksvollen Sammlung von Tropenpflanzen gefüllt u.a. mit einer Wasserlilie: Eine solche hatten damals nur die großen Gärten von Chatsworth, Kew und Glasgow aufzuweisen. Der Pflanzenkatalog von 1849 nennt 240 Arten von tropischen und subtropischen Glashauspflanzen.

Finanzielle Schwierigkeiten zwangen 1844 die Gründergesellschaft, den Garten an eine neu formierte Aktiengesellschaft ›The Second Sheffield Botanical and Horticultural Society‹ für 9000 Pfund zu verkaufen. Diese beschaffte sich das nötige Kapital dafür durch den Handel mit 1800 Aktien zu fünf Pfund. Die Aktienbesitzer erhielten ein ›Family Ticket‹, das ihnen und ihren Familien gestattete, jederzeit den Garten zu besuchen. In der Zeit von 1844 bis 1897 organisierte die Gesellschaft an vier Tagen jährlich große Vergnügungsfeste für die Öffentlichkeit, in der Absicht, dadurch möglichst viele Dauerbesucher des Gartens zu gewinnen. Zu diesem Zwecke wurden auch eine Bühne und eine komische Oper errichtet sowie Musikaufführungen veranstaltet, zu welchen getanzt wurde. Der Garten wurde in dieser Zeit zum Schauplatz für Empfänge und Bankette. Den architektonischen Rahmen für all diese Aktivitäten bildete das ›Glashaus‹, das mit seinen Pavillons und Korridoren eine gedeckte Promenade voller exotischer Pflanzen bildete.

Quellen: Sheffield, Recreation Department Head Office

Literatur: Winning, A. L. (Hrsg.): The Botanical Gardens, A Brief History. Sheffield 1970

STRASSBURG, Großes Gewächshaus, Neuer Botanischer Garten

Länge:	75 m	Architekt:	Hermann Eggert
Breite:	13 m	Baujahr:	1877-1882
Höhe:	20 m	Zustand:	Ende des 19. Jahrhunderts abgerissen

Das ›Große Gewächshaus‹ in Straßburg ist ein Repräsentant eines von dem Pavillonsystem organisierten Bautyps, der sich aus einfachen, geometrischen Formen aufbaut und in strenger Sachlichkeit das Fabrikmäßige der wissenschaftlich betriebenen Pflanzenkultur hervorhebt. Bei der Anlage der Gewächshäuser, wie auch des ganzen Botanischen Gartens, waren in erster Linie die engeren Zwecke des akademischen Unterrichts und der wissenschaftlichen Forschung maßgebend, für welche die zum Unterricht und zu den Arbeiten des Instituts notwendigen Pflanzen zur Verfügung gehalten werden müssen.

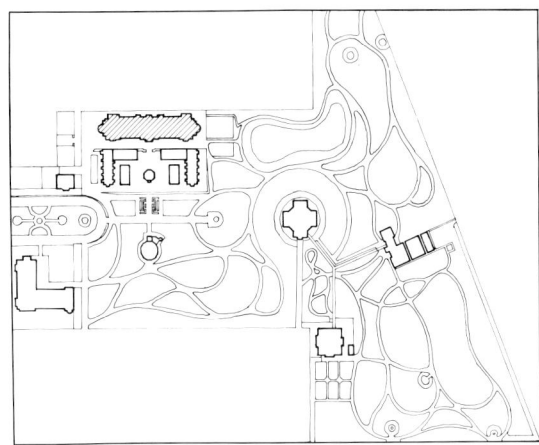

436 Lageplan, 1887

Daneben machte sich das Bestreben geltend, auch über das unbedingt Notwendige hinaus ein möglichst vollständiges und reiches Bild der anzubauenden Pflanzenwelt einem größeren Publikum zur Anschauung zu bringen. Diese Absicht führte zu den beträchtlichen Abmessungen des ›Großen Gewächshauses‹. Für die Gewächshäuser ergab sich als günstiger Bauplatz der Norden des Botanischen Gartens, in der Nähe der Institutsgebäude (Abb. 436).

Das symmetrisch aufgebaute ›Große Gewächshaus‹ mit seinen wechselvollen Querschnittverhältnissen kann als ein Repräsentant eines nach Mittelpavillon, Seitenflügel und Eckpavillon gegliederten, an seiner Rückseite mit massiv ausgeführten Nebenräumen versehenen Gewächshaustypus betrachtet werden. Der mittlere Teil des Baues ist als Warmhaus, die beiden Enden mit den Eckpavillons sind als Kalthaus ausgebildet (Abb. 437-439).

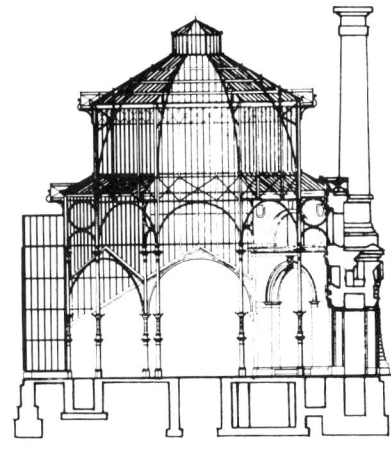

437 Schnitt

479

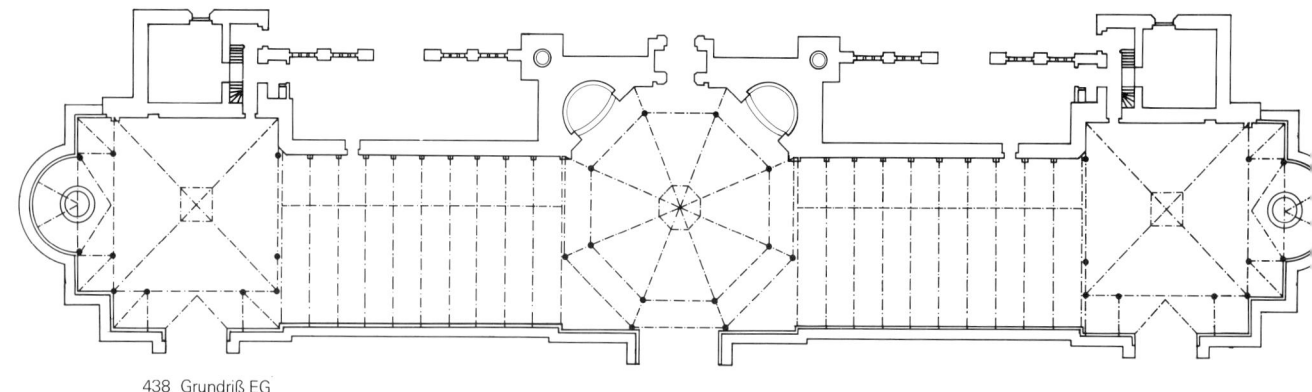

438 Grundriß EG

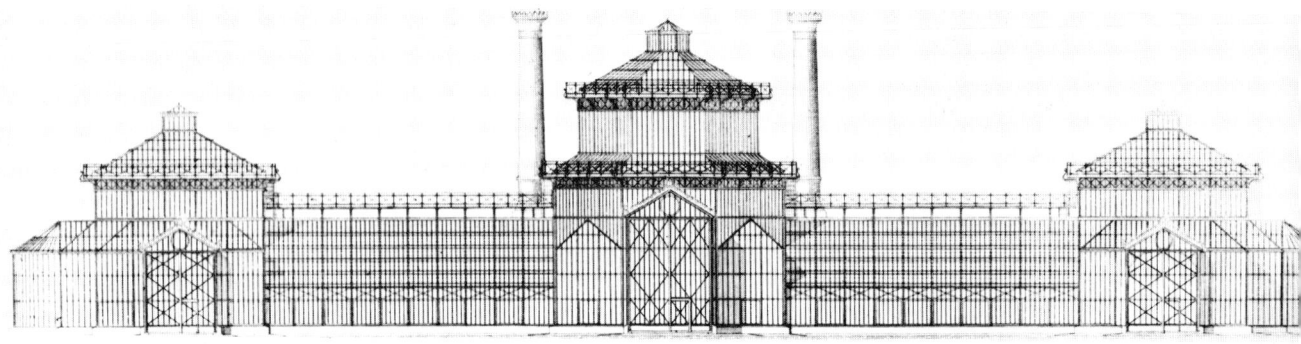

439 Eingangsfront

Der Bau schließt sich in seinen einfachen, geraden Ebenen der Fassaden und Dachflächen eher an die kontinentale Entwicklung des Gewächshausbaues an. Ausschlaggebend für die einfachen kubischen Formen war nach Bericht des Architekten, H. Eggert, die Absicht, durch möglichst wenig Vorsprünge, eine Beschattung zu erleichtern und durch plane Dächer die Erhaltungs- und Betriebskosten niedrig zu halten. »Von der Anwendung gebogener Dachflächen ist durchweg abgesehen, weil einerseits die Erneuerung gekrümmter Scheiben Weitläufigkeiten und Mehrkosten verursacht und außerdem das Eindecken mit Schattendecken und das Vorsetzen von Läden zum Schutz gegen die Kälte bei geraden Dachflächen, zumal bei festen Traufen, wie in vorliegendem Falle, wesentlich leichter ist.«[151] Für die Verwendung gerader Flächen dürfte auch der fortgeschrittene Stand der Industrialisierung von Glas und Eisen maßgebend gewesen sein, welcher die Anwendung von geraden gewalzten Profilen und Serienglas nahelegte. Die starke Betonung von an sich untergeordneten Bauelementen – wie Laufstege und Kamine – zeigt, daß hier die Darstellung der Funktionalität des Baues als Betrieb und Fabrik von Pflanzen im Vordergrund stand. Die Entwicklungstypen feudaler Gewächshäuser und Schauhäuser haben eine solche Darstellung in der Regel nicht zugelassen.

Konstruktionsform

Als Baustoff zur Herstellung des konstruktiven Gerippes ist Schmiedeeisen in Verbindung mit Gußeisen in einigen Konstruktionsteilen, besonders für die Säulen der hohen Aufbauten, verwendet worden. Die Konstruktion des 20 m hohen Mittelpavillons bestand aus gußeisernen Säulen, die in achteckiger Grundrißform in Doppelstellung angeordnet wurden. Der innere Säulenkranz trug vermittels eines Gitterträgers den aufgesetzten achteckigen Tambour mit Zeltdach und Laterne. Der äußere Säulenkranz trug den unteren Teil der Fassade und den Dachvorsprung. Schmiedeeiserne von den Säulenkapitellen ausgehende Rundbögen wurden zur Unterstützung der Tragwirkung herangezogen. Im Tambour wurden in den Ecken Gitterträger mit gebogenem Untergurt zur Lastableitung in die gußeisernen Säulen verwendet (Abb. 437). Die Ausbildung der niedrigeren Eckpavillons war ähnlich. Nur finden wir hier gußeiserne Säulen, welche – jeweils zu dritt gruppiert – in den Ecken des Quadrates angeordnet waren.

Die verbindenden Flügel waren durch ein ungleiches Satteldach abgedeckt. Der vordere längere Teil des Daches stützte sich auf die Konstruktion der senkrechten Glaswand, der hintere, kürzere Teil auf die Mauer der Nebenräume. Schmiedeeiserne Rundbögen vermittelten auch hier die Steifigkeit des Stützwerks. Die Firste der Verbindungsflügel und die Dachkanten der Pavillons

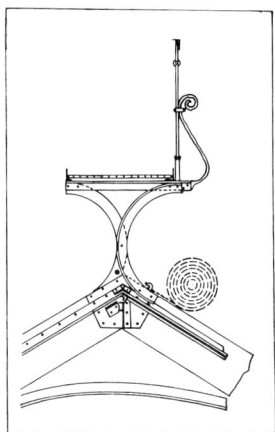

440 Detail des Dachfirstes
mit Laufsteg

STUTTGART-HOHENHEIM,
Eisernes Gewächshaus, Park Hohenheim

Konstruktion:	Königsbronner Eisenhütte
Baujahr:	1789 (?)
Zustand:	abgerissen

Das ›Gewächshaus‹ in Hohenheim bei Stuttgart ist wahrscheinlich das älteste eiserne Haus Deutschlands, wenn nicht des Kontinents. Sein Bau erfolgte zehn Jahre nach der Konstruktion der ersten gußeisernen Brücke über den Fluß Severn 1779 von Abraham III Darby und John Wilkinson. Die Idee zu einem eisernen Haus begründete ein Besuch, den der Karl Eugen Herzog von Hohenheim den Anlagen von Neuilly in Paris 1888 abgestattet hatte. Es entstand im Zusammenhang mit der Konzeption eines Englischen Gartens romantischen Inhalts. Der Plan zur gesamten Anlage des Englischen Gartens wurde um 1772, in Zusammenhang mit dem Bau des Schlosses Hohenheim durch den Herzog Karl Eugen entworfen. 1776 erwählte er sich dieses Schloß zum ständigen Aufenthalt, nachdem er den Repräsentationssitz der ›Solitude‹ aufgegeben hatte. Hintergrund dieses Rückzuges war nicht zuletzt die politische Resignation des Herzogs, verursacht durch das Scheitern seiner Bemühungen, sich im Laufe eines Erbvergleiches gegenüber den Landständen durchzusetzen. Insofern war das in einem romantischen Garten gewählte Exil zugleich Ausdruck einer Fluchtbewegung, die innerhalb des Adels in ganz Europa zu einer allgemeinen Erscheinung geworden war. Nach dem Willen des Herzogs sollte in Hohenheim »eine paradiesische Zone wiedergewonnenen Naturzustandes« erstehen, in der er selbst als Oberherr einer fiktiven Kolonie die unschuldigen Freuden des ›Goldenen Zeitalters‹ genießen

waren mit Laufstegen versehen und an exponierten Stellen an den Kanten der Glasflächen angebracht. Sie wurden bewußt als architektonische Mittel eingesetzt (Detailzeichnung Abb. 440). Bei der Planung des Baues war sich der Architekt der Nachteile der Anwendung von Konstruktionsteilen aus Eisen im Hinblick auf Kondenswasserbildung bewußt. Um Tropfenbildung zu vermeiden, wurden die Eisensprossen auf ›Eisenstühle‹ aufgesetzt, die so ausgebildet waren, daß das Kondenswasser an den Sprossen frei abrinnen konnte. Die Verglasung war durchgehend einfach ausgeführt. Sie bestand aus 4 mm starkem halbweißem Glas.

Lüftung und Heizung

In der Mittelhalle des Warmhauses waren zwei schmale Klappen über dem Sockel, acht im Dach der Kuppel und gleichfalls acht in der lotrechten Wand der Laterne angebracht, in den Längsbauten dagegen je vier breite Klappen über dem Sockel und in der kurzen nördlich abfallenden Dachfläche. Noch ausgiebiger waren die Kalthäuser gelüftet: Hier waren in den Eckbauten je vier Klappen über dem Sockel und in den Laternen vorgesehen, während bei den Längsbauten sämtliche Geviere über dem Sockel und in den nördlich abfallenden Dachflächen sich öffnen ließen. Außerdem waren alle Dachflächen der Eckbauten zum Abheben eigerichtet. Zur Bedienung jener großen Zahl von Klappen sowie der Schattendecken war ein vollständiges Netz von Lauf- und Leitersegen angeordnet, auf denen man zu allen Teilen des Daches gelangen konnte. Die Rohrleitungen durchzogen das Warmhaus in weiten, gemauerten, im Fußboden des Raumes angelegten und mit durchbrochenen Gußeisenplatten bedeckten Kanälen, während sie in den Kalthäusern frei über dem Fußboden an dem Sandsteinsockel des Gebäudes geführt wurden.

Literatur: ZfBW, 1888, Jg. 38, H. 4-6, S. 162-211, Bl. 30-33

441 Lageplan, Kupferstich, 1796

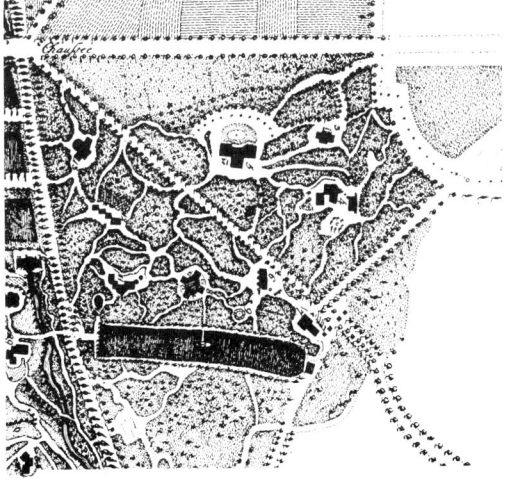

442 Gesamtansicht, 1796

wollte. Nichts sollte hier an die politische Gärung des Bürgertums der vorrevolutionären Zeit erinnern. Ein Chronist jener Zeit beschreibt den Garten: »In den Trümmern altrömischer Gebäude stehen gezierte Säle, Konzertzimmer, Kabinette, Bäder, Grotten, Höhlen, Lust- und Gartenhäuser und ländliche Hütten, die mit dem nötigsten Hausgeräte und mit Werkzeugen versehen sind. An jede kleine Haushaltung stößt ein Gärtchen, eine Wiese, ein Wald und Acker. Sie sind mit den verschiedenen Kräutern und Früchten Württembergs und mit vielen ausländischen Gewächsen und Stauden bepflanzt. Zwischen schattenreichen Pappeln schlängelt sich durch die ganze Flur ein Bach, der an ihrer Grenze sich über alte bemooste Tuffsteine hinabstürzt.«[152]

Sechzig Architekturprospekte mit Gartenbauten, in welchen sich fürstlich ausgestattete Räume befanden, sollten die Vorstellung einer Ansiedlung unter Ruinen einer antiken Stadt erwecken. Ein ›alter‹ Turm, eine Kapelle, eine Galerie mit Schäferhaus, ein römisches Gefängnis, das Grabmal des Nero, die Bäder des Diokletian, der Tempel der Kybele, die drei Säulen des donnernden Jupiter, ein Rathaus, eine Moschee, eine Eremitenhütte etc. sollten die mannigfaltigsten Affekte der Rührung hervorrufen. Unter diesen Gebäuden befand sich ein großer Wintergarten, der, etwa um 1785 errichtet, Teil der Szenerie einer »antiken Zirkusanlage« war (Abb. 441). Für die Wahl des Werkstoffes des ›Eisernen Gewächshauses‹ waren weniger technische Gründe, sondern auch das Verlangen nach einem in dieser Zeit exotischem Baustoff maßgebend. Von einfach kubischer Form, lehnte es sich, mit Satteldach versehen, an eine Ruinenarchitektur an und wurde durch ein dichtes Netz von Eisenlisenen und Sprossen gebildet. Das Haus erreichte die beträchtliche Höhe von 15 m. Als erstes Bauwerk ganz in Eisen hat es das Staunen seiner Zeitgenossen erregt (Abb. 94, 442). »Ein Gewächshaus, das nur aus Eisenstäben und Glas bestand – verfertigt und aufgeschlagen wurde es von Leuten der Königsbronner Eisenhütte –, war für die damalige Zeit von großer Seltenheit … Die Erfindung war wohl von England ausgegangen, worauf die Abbildung einer englischen Anlage und die Überlieferung der dazugehörigen Abhandlung im Taschenbuch für Natur- und Gartenfreunde 1796 hinzudeuten scheinen. Es handelte sich um drei rechteckige Glasbauten mit Eisengerüsten, in denen Rabatten angelegt waren, die im Winter durch unterirdische Kanäle

482

geheizt wurden. Hier wurden, wie auch im Wintergarten, die kostbarsten und empfindlichsten Pflanzen der Hohenheimer Sammlung gezogen.«[152] Die Fassade des Gebäudes ist segmentförmig geschwungen, den höheren Mittelteil mit Zeltdach flankieren zwei leicht geschwungene Flügel. Sie laufen an den Ecken in Pavillons aus, die die Gärtnerwohnung enthalten. Der quadratische Mittelsaal mit abgeschrägten Ecken ist im Inneren stuckiert, Wandleuchter zu je fünf Lichtern hängen von der Decke, in den Ecknischen stehen große Vasen. Die Front des Gebäudes ist mit einer verfallenen toskanischen Säulenarchitektur verkleidet, davor liegt ein ›Amphitheater‹ mit einem Wasserbassin in der Mitte, umgeben von dreizehn steinernen Figuren.

Literatur: Taschenkalender aus dem Jahre 1796 für Natur- und Gartenfreunde. Tübingen 1796; Nau 1959, S. 102 ff.

STUTTGART-BERG,
Villa Berg mit Gewächshaus

Architekt:	Christian Leins
Baujahr:	1845
Zustand:	abgerissen

Das ›Gewächshaus‹ in Berg bei Stuttgart, das den Typus des feudalen privaten Wintergartens verkörpert, war eines der frühesten Beispiele, bei denen Eisenkonstruktionen aus Schmiedeeisen in Deutschland verwendet wurden. In seinen im weiten Halbkreis vorgreifenden Seitenflügeln mit ›kurvenlinearen‹ Glasgewölben übernahm es das Konstruktionsprinzip John Claudius Loudons, das bisher nur in wenigen Ausnahmen außerhalb Englands aufgenommen worden war. Es ist zu vermuten, daß der Architekt Christian Leins in Paris angesichts der ›Gewächshäuser‹ von Charles Rohault de Fleury im Jardin des Plantes die Anregung dazu erhalten hat. Leins hatte in der Zeit seiner Ausbildung zunächst bei Ludwig von Zanth, dem Architekten der gußeisernen ›Gewächshäuser der Wilhelma‹ (1842-1846), dann während seines Parisaufenthaltes 1837 bei Henri Labrouste, dem Archi-

443 Gesamtansicht, Lithographie, 1852

tekten der Eisenkonstruktionen der ›Bibliothèque Sainte-Geneviève‹ und ›Bibliothèque Nationale‹, gearbeitet. Die in den Ateliers dieser Lehrer gewonnene Erfahrung und Anregung im Glas-Eisenbau hat Leins, in die Dienste des württembergischen Hofes tretend, im ›Gewächshaus der Villa Berg‹ sowie im ersten als ›Hängewerk‹ ausgebildeten Zeltdachstuhl Deutschlands aus Schmiedeeisen im Wohnhaus des Kronprinzen (1842) verwirklicht. Bemerkenswert ist hier, daß nicht, wie üblich, das Gewächshaus ein Annex des Wohnsitzes ist, sondern umgekehrt, daß hier eine Sommerwohnung Teil des Gewächshauses wurde.

Der Bau der Gewächshausanlage lag am Ende der Kgl. Gärten. In einem Bericht des Herausgebers des ›Deutschen Magazins für Garten- und Blumenkunde‹ von 1852 wird die Situation der Anlage beschrieben: »Von der Hauptfront, welche unsere Abbildung zeigt, hat man die gleiche Aussicht, wie bei dem Lustschloß Rosenstein, jedoch wegen der etwas höheren Lage in noch größerem Umfang. Von der nördlichen Seite hat man die Aussicht auf den Park Rosenstein und den maurischen Lustgarten Wilhelma, denen die schönsten Weinberge mit ausgedehnten Hochebenen zum Hintergrund dienen. Die Westseite eröffnet eine liebliche Aussicht in den nur von dieser Seite offenen Talkessel, in dessen Hintergrund die Residenzstadt Stuttgart liegt.«

Den Mittelpunkt der symmetrisch aufgebauten Anlage bildete ein gemauertes, quaderförmiges Gebäude, in dessen Untergeschoß sich eine über eine Arkadenreihe öffnende Orangerie und im Obergeschoß die Sommerwohnung des Kronprinzlichen Ehepaares befanden. An diesen Mittelpavillon schlossen sich links und rechts die halbkreisförmig angeordneten Gewächshäuser an, die ganz aus Eisen und Glas konstruiert waren. Sie bildeten Glasgewölbe, die in zwei hohen, zylinderförmigen Rotunden endeten. Das kegelstumpfförmige Dach schloß mit einer Laterne ab. Betrachten wir das Gesamtkonzept, so ist hier der palladianische Typus der ›Villa Suburbana‹ im Hinblick auf eine neue Zweckbestimmung architektonisch umgesetzt worden (Abb. 443). Eine ähnliche Interpretation finden wir im ›Syon House‹ bei London (1820-1826). Der Bericht beschreibt das Innere des ›Gewächshauses‹ wie folgt: »Treten wir von der Orangerie rechts einige Treppen in das Glasgewölbe hinab, so befinden wir uns in einem lieblichen Wintergarten, welcher aus den schönsten Kalthauspflanzen gebildet ist … In der anschließenden Rotunde ist ein Felsenberg angebracht, an dessen Vorderseite sich eine aus einer Riesenmuschel sprudelnde Kaskade ergießt … Von der Orangerie aus treten wir in das andere Glasgewölbe, in welchem sich eine ausgezeichnete Sammlung von Kamelien und Azaleen befindet … Die an diese Abteilung sich anschließende Rotunde ist für Warmhauspflanzen eingerichtet. In der Mitte befindet sich ein rundes Bassin von carrari-

schem Marmor, welches sein Wasser durch einen Springbrunnen erhält … An dem Gitterwerk der Glaswand steigen prachtvolle Schlingpflanzen bis in den höchsten Gipfel der Kuppel empor …«[153]

Die halbringförmig angelegten, gewölbten Glasflächen der Seitenflügel und die einfache, zylindrische Form der sie abschließenden Rotunden haben ihren frühen Vorläufer in den Entwürfen zu kurvenlinearen, englischen Glashäusern, z.B. in dem ersten Entwurf für den ›Birmingham Botanical Horticultural Garden‹ von 1831 von John Claudius Loudon und dem Palmenhaus von 1832 (Abb. 190, 191). Ähnliche Konstruktionsformen verfolgte Richard Turner in seinem Entwurf zu einem ›Conservatory for a First Class Residence‹, 1845-1850 (Abb. 294). In den einfachen, geometrischen Formen der Rotunde, die sich schmucklos nur aus Zylinder- und Kegelflächen aufbauten, kündigt sich die Sachlichkeit anonymer Ingenieurbauten der späteren Jahrzehnte an. Die Silo- und Gasometerbauten des 19. Jahrhunderts werden hier vorweggenommen. In der architektonischen Kombination dieser Konstruktionstypen erreichte das Bauwerk von Leins eine Eleganz, die auf der Beherrschung der konstruktiven Mittel basierte und sonst nur englische Beispiele auszeichnet.

Literatur: Deutsches Magazin für Garten- und Blumenkunde, 1852, Jg. 5, S. 93-95, 126-128; Wittek 1964, S. 30

STUTTGART, Wilhelma mit Gewächshäusern, 1842-1846, 1852/53 *Abb. 680-690*

Länge:	93 m	Architekt:	Ludwig von Zanth
Breite:	23 m	Konstruktion:	Hüttenwerk
	(Eckpavillon: 11,50 m)		Wasseralfingen
Höhe:	Eckpavillon: 11,50 m	Baujahr:	1842-1846
		Zustand:	Wohngebäude umgebaut, Gewächshäuser gut erhalten

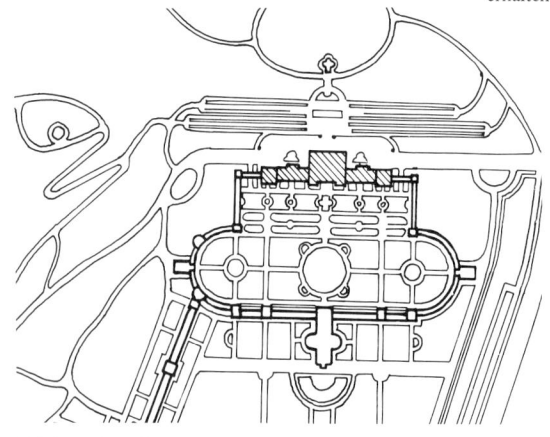

444 Lageplan, 1855

Nähert man sich, vom Neckartal kommend, den Terrassen der ›Wilhelma‹, so erblickt man mit Überraschung in maurische Formen gegossene Eisenkonstruktionen, deren Glasfronten und Kuppeln, Pavillons und Galerien palastartige Bauten aus Sandstein zu einem ausgedehnten ›Cour d'honneur‹ zusammenschließen: eine gleichsam theatralische Inszenierung einer Idealstadt aus Glas und Eisen. Die kurz vor der bürgerlichen Revolution von 1848 fertiggestellte Anlage ist ein spätes Beispiel eines feudalen Landsitzes im Sinne einer ›Villa suburbana‹. Die symmetrisch dem Wohngebäude zugeordneten Gewächshäuser sind ein wesentlicher Teil der architektonischen Ostentation, die das württembergische Königshaus nicht entgegen, sondern wegen der sich vorbereitenden Revolution entfaltete. Galt es doch, die tradierte, gesellschaftliche Ordnung architektonisch noch einmal zu bekräftigen. Der Architekt Ludwig von Zanth beschreibt die Anlage: »Diese Villa, in der Art der fürstlichen Landsitze Italiens gedacht, besteht in einem Wohngebäude, von Gewächshäusern, Säulengängen, Kiosken, Belvedere, Festsaal, Schauspielhaus und Dienstgebäuden umgeben, welche durch Gartenanlagen verbunden sind, in denen Blumenbeete, Wasserbecken, Springbrunnen und Baumpflanzungen regelmäßig angeordnet, miteinander abwechseln.«[154]

Im Zeitraum von 1837 bis 1853 wurde in einem kontinuierlichen Bauprozeß mit den Gesamtkosten von 1,5 Millionen Gulden eine vom Neckartal ausgehende, bis zu den Anhöhen des Parkes Rosenstein reichende Anlage von insgesamt achtzehn Gebäuden geschaffen, die so miteinander verbunden waren, daß sie ein geschlossenes Wegesystem bildeten. Diese Funktion haben großteils die gußeisernen Gewächshäuser und Galerien übernommen. Die Bedeutung der Glashäuser liegt weniger in ihrer Dimension und Tragkonstruktion, vielmehr in der extensiven Anwendung von Gußeisen. Die hier erreichte Präzision und künstlerische Durchgestaltung aller Einzelteile ist in der Geschichte der Gußeisenkonstruktion in Deutschland ohne Beispiel. Mit der Absicht, die Illusion einer ›maurischen‹ Architektur zu vermitteln, entstand ein Bau, an dem das orientalische Ornament eine konstruktive Funktion übernimmt und zugleich diese interpretiert. Das mit Glas flächig eingefaßte Tragskelett aus Gußeisen bildet festumrissene, klare kubische Formen, die im Gewand der ›Stilarchitektur‹ den Aspekt einer modernen Architektur vermitteln.

Baugeschichte

Die Anlage der ›Wilhelma‹ wurde im Auftrag von König Wilhelm von Württemberg vom Architekten L. von Zanth von 1836 bis 1853 entworfen und ausgeführt. Die ›Wilhelma‹ bildet den äußersten Teil des königlichen Parkes Rosenstein, damals eine Fußstunde von Stuttgart entfernt und in der Nähe von Cannstatt gelegen (Abb. 444).

Mit Dekret an das Obersthofmeisteramt vom 6. April 1837 gab der König erstmals seine ehrgeizigen Pläne zu erkennen. Hiernach sollte zunächst die Bellevue abgebrochen, sodann in der Nähe ein Theater erstellt, weiterhin ein ›Badhaus‹ mit anschließenden Gewächshäusern erbaut, die Stuttgarter Orangerie sowie der Inhalt der Gewächshäuser in die neuen Cannstatter Gewächshäuser verlegt und schließlich das ganze übrige Gelände gärtnerisch gestaltet werden.

L. von Zanth beschreibt die Entstehung im einzelnen in der von ihm 1855 verfaßten Prachtausgabe seines Entwurfes, seiner Publikation ›Wilhelma, Maurische Villa‹. Dieses auf eigene Kosten gedruckte und mit kostbaren farbigen Steindrucken versehene Buch verdeutlicht den Anspruch des Architekten, einen wichtigen Beitrag zur Architekturgeschichte mit diesem Werk geliefert zu haben. »Die ersten dort ausgeführten Anlagen waren dem Gärtner überlassen: Dieser gestaltete den Abhang der Anhöhe, welche das Landhaus Rosenstein trägt, dort, wo sie der Landstraße nach Ludwigsburg sich anschließt. Diese Anlage, welche ohne Zusammenhang mit einem Gesamtplane ausgeführt wurde, ist später eine Quelle von Verlegenheiten und Schwierigkeiten geworden: Im übrigen blieb das Grundstück ohne weitere Verwendung bis zu dem Jahre 1839, wo der König die Aufführung eines kleinen Schauspielhauses befahl. Es sollte dem Parke angehören, ohne durch seine Stellung späteren Anlagen ein Hindernis zu werden, zugleich aber dem Publikum leicht zugänglich sein: Um beiden Bedingungen zu genügen, gab man ihm seine Stelle an der Vereinigung der beiden Landstraßen nach Stuttgart und Ludwigsburg, welche den Park begrenzen. Das Schauspielhaus wurde nach meinem Entwurfe im Frühjahr 1839 begonnen und am 29. Mai 1840 aus Veranlassung des Namensfestes des Königs eröffnet. Es verdankt seine Entstehung der Weigerung Seiner Majestät, die Errichtung einer Spielbank zu genehmigen, welche zu dem Zwecke nachgesucht worden war, um den Mineralquellen von Cannstatt zahlreiche Gäste zuzuführen … Bald nach der Beendigung des Schauspielhauses wurde mir die Absicht seiner Majestät bekannt in diesem Teile seines Besitztums ein Gartenhaus aufzuführen, zu des Königes eigenem Gebrauche bestimmt, aber geräumig genug um den Hof darin versammeln zu können. Die Vorschrift ging ferner dahin: dieses Wohngebäude mit Ziergewächshäusern in Verbindung zu setzen und die maurischen Bauformen dabei in Anwendung zu bringen. Seine Stellung war gewissermaßen vorausbestimmt, indem die vorhandenen, oben erwähnten Terrassen und Treppen zu berücksichtigen und in Zusammenhang mit der neuen Anlage zu bringen waren. Hieraus ergab sich die Notwendigkeit deren Mittellinie zur Hauptachse meines Entwurfs zu machen: es blieb nur noch die Frage zu beantworten: ob man sich am Fuße des Abhanges, den sie einnehmen,

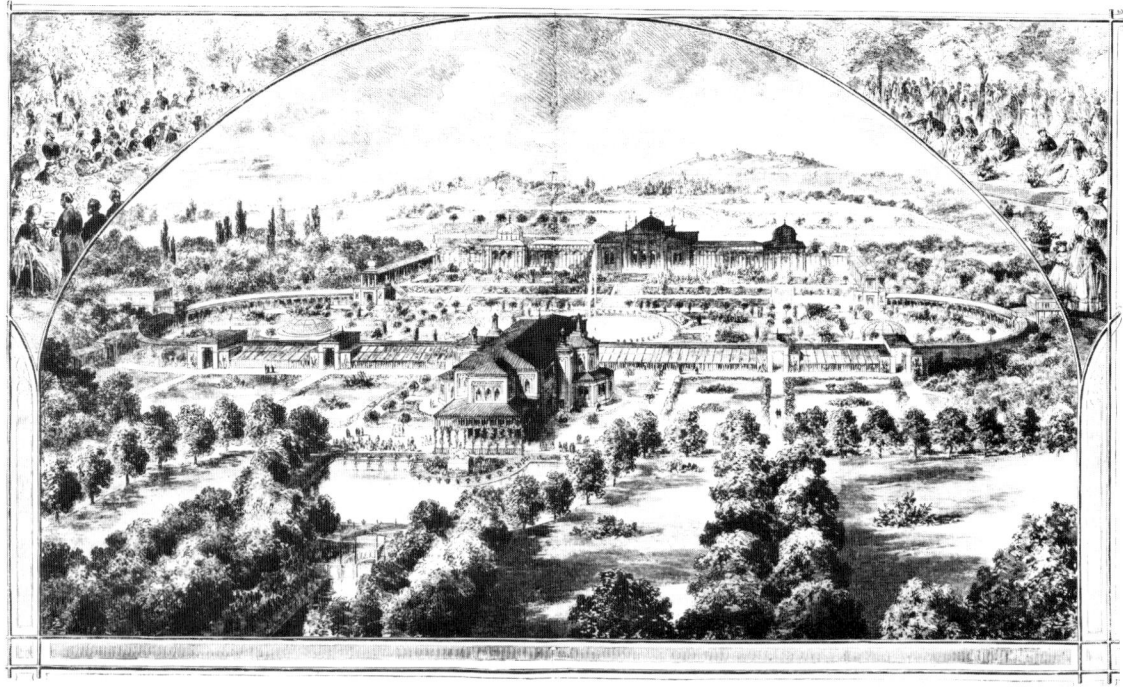

445 Gesamtansicht, Stich, 1871/72

oder auf dessen Höhe anbauen sollte? Im ersten Falle hatte man einen sehr unsicheren Baugrund zu erwarten und büßte die Aussicht in das Neckartal ein: Er mußte folglich unberücksichtigt bleiben; die Stellung auf der Anhöhe selbst bot den herrlichsten, wünschenswertesten Zusammenhang der neuen Gebäude mit der umgebenden Landschaft; allein diesem hervorragenden Vorteile ward als ein, jedenfalls besiegbarer, Nachteil entgegengehalten, daß die Gewächshäuser auf dieser Höhe nicht hinlänglich geschützt sein würden: Es ward folglich vermittelnd entschieden, die neuen Gebäude auf der halben Höhe des Abhanges aufzuführen. Diese Entscheidung stellte somit das Wohngebäude mit seinen Pflanzenhäusern unmittelbar unter die bestehenden Terrassen und ungefähr fünf Meter höher als das Erdreich am Fuße des Abhanges, das sich von dort gegen die Landstraße nach Stuttgart etwa noch um zehn Meter senkt. Auf diese Weise gewann man noch einen Teil der Aussicht in die Landschaft und auf die malerischen Biegungen des Neckars, zugleich erlangte man den oberen Teil des Bergabhanges als Schutz im Rücken der Gewächshäuser.

Nachdem diese Vorfragen entschieden und der Entwurf mit ihnen sowohl als mit der vorausbestimmten Bausumme und dem Programme in Einklang gebracht war, erhielt er die Königliche Genehmigung, und im Frühjahre 1842 begann der Bau des Wohngebäudes samt den angrenzenden Gewächshäusern. Im Laufe der be-

reits sehr fortgeschrittenen Bauführung erteilte Seine Majestät mir den Auftrag einen Entwurf zu einer das ganze Grundstück umfassenden Gartenanlage vorzulegen, mit der besonderen Vorschrift, daß in derselben ein bedeckter Spaziergang von dem Parkeingange bis zu dem Wohngebäude führen und zugleich mit einem großen Festsaal in Verbindung stehen müsse. Die Schwierigkeit, das Programm mit der Örtlichkeit in Einklang zu bringen, besonders wegen der unregelmäßigen Richtung der Hauptachse gegen die Grenzlinie an der Landstraße von Stuttgart, will ich hier nicht näher auseinandersetzen. Das Wohngebäude und dessen Gewächshäuser sind im Frühjahre 1842 begonnen und im Juli 1846 beendigt worden; am darauf folgenden 30. September wurden sie durch ein Fest eingeweiht das aus Veranlassung der Vermählung Seiner Königlichen Hoheit des Kronprinzen mit Ihrer Kaiserlichen Hoheit der Großfürstin Olga von Rußland stattfand. Die Ausführung der Säulengänge, der freien und der bedeckten Treppen sowie der Kioske; die Herstellung der Terrassen und Blumenbeete, der Wasserbecken und Wasserleitungen, die Anlage der Rasenplätze und Baumpflanzungen, endlich der Bau des Festsaales nahmen die darauffolgenden Jahre in Anspruch; der letzte ward am 21. Oktober 1851 eröffnet.

Es läßt sich in wenigen Zeilen zusammenfassen, was noch von diesem Bauwerke zu sagen erübrigt, dessen Namen, ›die Wilhelma‹, an denjenigen seines Königlichen Gründers erinnert. Die maurischen Bauformen waren in unseren Tagen noch nicht dazu berufen gewesen als Vorbilder bei einem Bauunternehmen von einiger Bedeutendheit zu dienen: Dieses Vorrecht hatten bis dorthin die Bauweisen der Griechen und Römer, der Byzantiner und Italiener, endlich der Spitzbogen. Mit Ausnahme der sogenannten Moschee in dem Garten von Schwetzingen bei Mannheim, die hier kaum in Betracht gezogen werden kann, war meines Wissens, wenigstens in Deutschland, kein ernster Versuch gemacht worden, die maurischen Bauformen, welche dem Klima und den Bedürfnissen ihres Heimatlandes entsprechen, einem wesentlich verschiedenen Himmelstriche anzupassen. Noch waren die Stäbe nicht ausgesteckt, um den richtigen Weg zu bezeichnen der zur Lösung der Aufgabe führen konnte; die Mittel zur Verfolgung der guten Richtung waren erst zu suchen und konnten, nach meiner Überzeugung, nur in den Grundsätzen der griechischen Kunst gefunden werden, die ihre Vollgültigkeit in den hervorragendsten, mannigfaltigsten Denkmalen auf eine unwiderlegbare Weise beurkundet haben. Sie waren Gegenstand des Nachdenkens der berühmtesten Baumeister verschiedener Zeiten und Völker, welche fruchtbare Lehren daraus entwickelten und deren Beispiele ich um so mehr folgen zu müssen meine, als meine Aufgabe mir die Anwendung einer Bauweise zur Bedingung machte, deren Grundsätze, wenn ihr dergleichen eigen sind, aus den vorhandenen Gebäuden nicht hervorleuchten; denn diese tragen vielmehr das Gepräge des Waltens einer fessellosen Eingebung, als anerkannt gültiger Gesetze. Es handelte sich also in der Tat darum, die Verirrungen dieser Bauweise zu meiden, ohne den Vorteilen zu entsagen welche ihre, oft verführerische im Allgemeinen aber launenhafte, Ausschmückung bietet … Die Vorstellung, die man gewöhnlich mit der maurischen Bauweise verbindet, beruht im Allgemeinen auf den Beschreibungen, wie sie die Morgenländer in ihre Erzählungen einflechten, denen aber die Wirklichkeit nicht gerade entspricht: Nichts desto weniger begründet man darauf Ansprüche an etwas Wunderbares, denen unmöglich immer genügt werden kann; aber wenn gleich diese überspannte Erwartung nicht vollständig zu befriedigen ist, sollte sie dennoch nicht ganz ungestillt bleiben: Es mußte deshalb, durch die eigentümlichen Reizmittel dieser Bauweise, kräftig auf die Phantasie gewirkt werden, ohne zu jenen Hilfsmitteln zu greifen welche der Vernunft und dem prüfenden Geschmacke widerstreben. Zu allen diesen wichtigen Rücksichten gesellte sich noch die eben so ernste Bedingung, allen wirklichen Bedürfnissen eines jeden Teiles zu genügen und ihm zugleich die Gestalt zu geben welche ebensowohl dem Zwecke als der maurischen Formenbildung entspreche, und vor allem die verfügbaren Baustoffe zu benutzen. Diese bestanden für die Hauptgebäude in Werksteinen von verschiedenen Farben, aus nahe gelegenen Steinbrüchen; in gebrannten Steinen für die untergeordneten Gebäude; in Gußeisen welches Stärke und Zierlichkeit vermittelt, für die Bogen, Kuppeln, Kioske und die Säulen und Dächer der bedeckten Gänge. Die voranstehenden Bemerkungen bezeichnen die leitende Grundanschauung unter deren Einflusse die Wilhelma entworfen und ausgeführt worden ist.«[155]

Kernstück der Anlage der ›Wilhelma‹ ist das fürstliche Wohngebäude mit den seitlich anschließenden Gewächshäusern: Der Architekt konnte seinen Entwurf von 1842 erst durchsetzen, nachdem er auf Anweisung des Königs die geschätzten Kosten von 600 000 Gulden auf 200 000 Gulden reduziert hatte. Der nachträglich verordnete Einbau einer Warmwasserheizung erhöhte die Bausumme dieses Abschnittes auf 235 000 Gulden. Der Architekt wurde für die genaue Einhaltung der Überschlagssumme ausdrücklich verantwortlich gemacht. Der Bauaufwand für das Gebäude betrug schließlich nahezu 300 000 Gulden. Umlaufende Gerüchte über das ›Märchenschloß‹ nannten eine noch höhere Bausumme. Zanth äußert sich dazu: »Der biedere Schwabe, der ihnen so zuversichtlich die mir zuerkannte Bausumme angegeben hatte, hat das Maul so übermäßig voll genommen, daß ich froh wäre, wenn auch nur der sechste Teil davon wahr wäre. Ich könnte dann mit Behagen arbeiten und brauchte nicht eine Menge Ideen hinunterzuschlucken, die ich nicht herauslassen darf, weil ihre Ausführung mit den mir zu Gebote stehenden Mitteln nicht im Einklang steht, obgleich sie dem Gebäude sehr wohl anstehen würde.«[156] Daß die ›Wilhelma‹ ein für höfisches Leben angelegtes ›Märchenschloß‹ war, zeigt nicht nur die Struktur der Anlage, sondern auch ihre Verwendung. Der König hat sie selbst nie ständig bewohnt und es war nur wenigen Auserwählten vergönnt, sie zu besichtigen. »Strengste Weisung hatte der König von Anfang an erlassen, daß ohne seine persönliche Erlaubnis der Zutritt in der Wilhelma niemandem gestattet sein solle.«[156] Erst nach dem Tod des Königs im Jahre 1864 wurde der Zutritt etwas erleichtert. Jedoch erst 1880 ging man dazu über, Eintrittskarten nicht mehr auf den Namen einzelner, sorgfältig überprüfter Bewerber auszustellen, sondern an jedermann der Reihenfolge nach abzugeben. Die ›Wilhelma‹ wurde Schauplatz zahlreicher höfischer Feste, so 1857 anläßlich des Besuches des französischen und russischen Kaisers, 1889 anläßlich des Besuches des deutschen Kaisers. Auch zahlreiche Hofbälle und Festtagungen wurden in der ›Wilhelma‹ abgehalten.

Anläßlich eines Besuchs in der ›Wilhelma‹ schreibt 1871/72 ein zeitgenössischer Berichterstatter (Abb. 445): »Angenehm berührt von dem Zauber der schwäbischen Erde, stieg die Gesellschaft auf sanften Wegen hinunter zu der am Fuße des Rosensteins gelegenen Wilhelma. Staunende Überraschung bemächtigt sich des Besuchers über den Gegensatz, der hier ungeahnt vor sein Auge

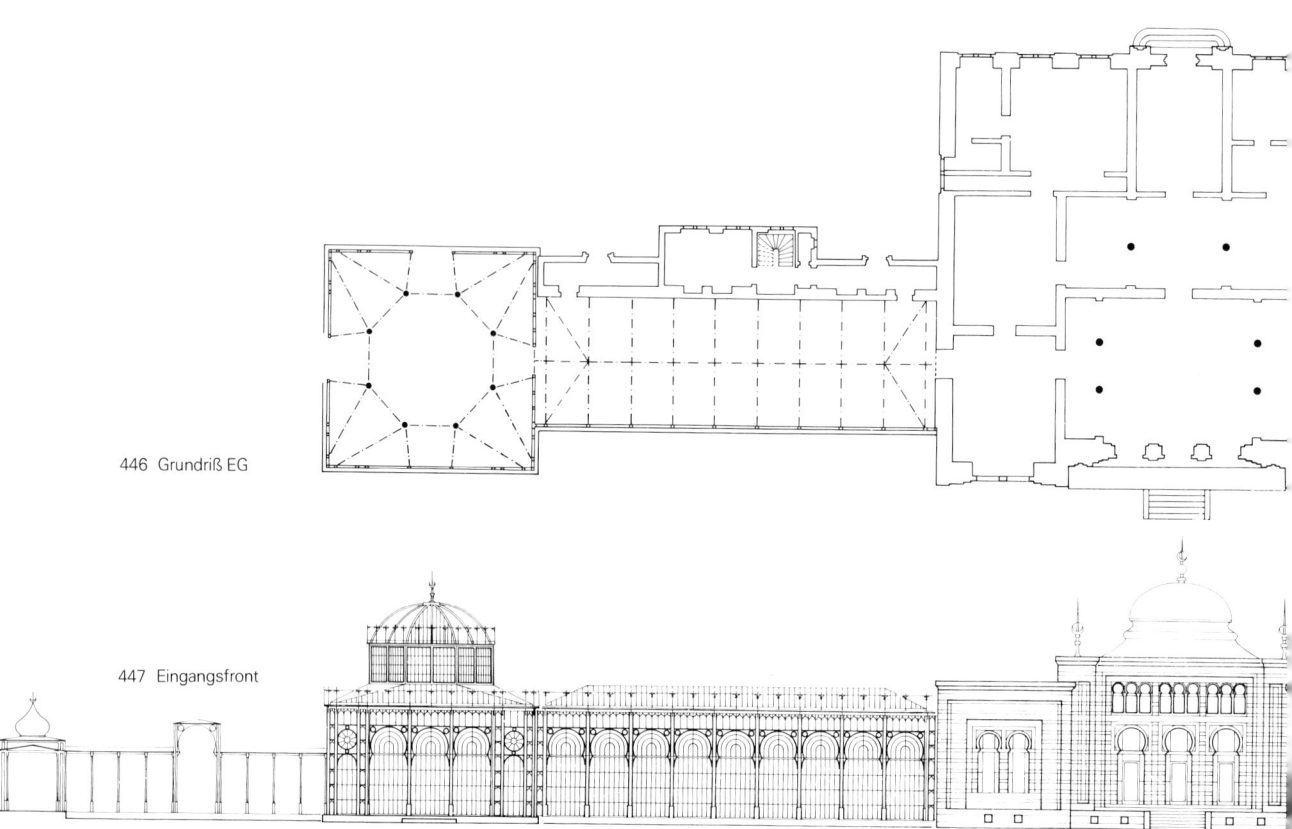

446 Grundriß EG

447 Eingangsfront

tritt. Eine deutsche Landschaft hat soeben seine Blicke gefesselt. Alles mahnt ihn, daß er mitten im modernen Kulturleben steht – und mit wenigen Schritten glaubt er sich in eine andere Welt entrückt, in die zauberhafte Welt der Märchen und Tausend und Eine Nacht. Er erblickt nicht mehr die hellenisierenden Formen des Rosensteins, die er soeben bewundert, die massigen Fronten, wie sie sein Auge an den abendländischen Renaissance-Schlössern gewöhnt ist, sondern es sind die Paläste orientalischer Herrscher, die feenhaften Räume der Alhambra und der Kalifenserails, die dem Schöpfer dieser wunderbaren Anlage, dessen Namen sie führt, vor Augen schwebten. Man erblickt kleine, nur mäßig hohe, mit vergoldeten Kuppeln gekrönte Gebäude, zierliche Kioske, durch lange Wandelgänge und luftige Treibhäuser, die einen weiten Garten umrahmen, anmutig aneinander geflochten. Stil und Ausstattung, Ornamentik, Farben und Formen sind maurischen Vorbildern entlehnt ... Nun öffnen sich die mächtigen Treibhäuser, deren hoch gewölbte Glasdächer ihn vergessen machen, daß er sich nicht unter freiem Himmel befindet. Eine südliche Vegetation entfaltet sich hier in üppigster Fülle und glühender Farbenpracht, und entzückt haftet das Auge auf den Tropengewächsen mit ihren Riesenblättern, auf den schlan-

ken Palmen, die ihre stolzen Fächerkronen weit hinauf in die Höhe treiben. Ein mit originellen Arabesken geschmückter Gang führt zu einem mit verschwenderischem Prunke ausgestatteten Tanzsaal und zu einer Wasserhalle, von deren Wänden türkische Lanzen und Schilde, schuppige Panzer und krumme Sarazenensäbel herniederblinken. Und nun treten wir hinaus ins Freie, in den herrlichen Garten, der alles vereinigt, was die Kunst einem nordischen Himmel abzuringen vermag.«[157]

Raum- und Konstruktionsform

Das massiv gebaute Wohngebäude bildet mit den seitlich anschließenden Glashäusern eine architektonische Einheit. Die funktionale Verbindung von Wohnräumen mit privatem Wintergarten ist selten in so großem Maßstab und mit solchem Aufwand verwirklicht worden. Von ihrem Anspruch her ist die Anlage, bezieht man das gesamte System gedeckter Gänge und Pavillons ein, nur mit Laeken vergleichbar. Wie dort, ist auch hier der Entstehungsgrund die exotische Idee eines Fürsten und deren besessene Verfolgung über Jahrzehnte hinweg. Das Wohngebäude ist über quadratischem Grundriß errichtet. Über eine Vorhalle gelangte man in einen geräumigen Innenhof. Nach dem Vorbild der Höfe in den mauri-

488

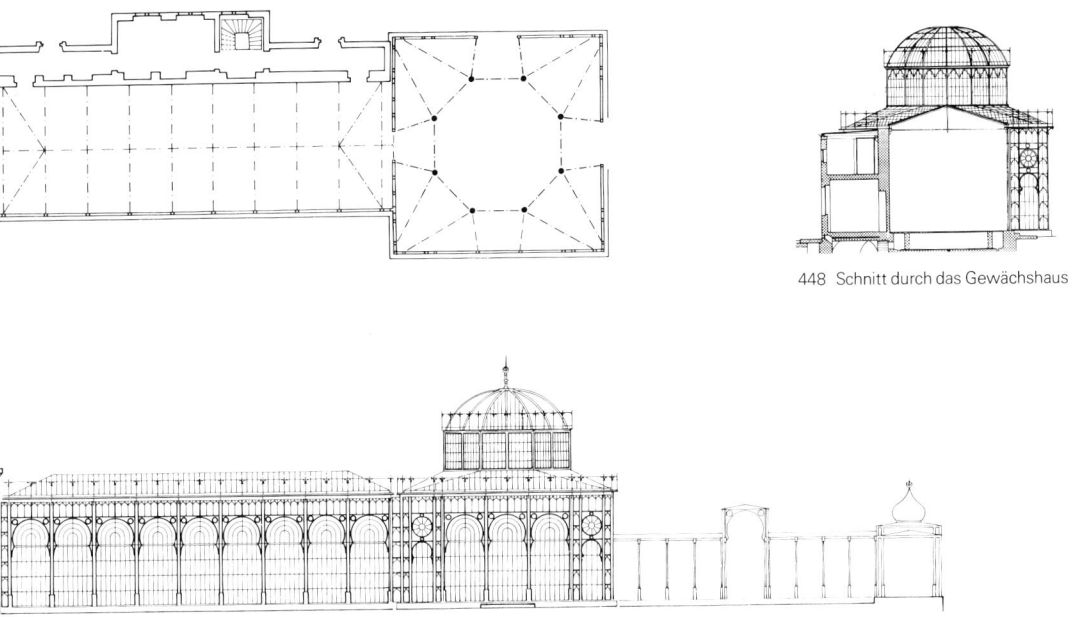

448 Schnitt durch das Gewächshaus

schen Häusern bietet dieser Hof Zutritt zu den übrigen Gemächern und empfängt sein Licht von der Mitte der Decke durch ein kristallin ausgebildetes Glasdach. In der Mitte des Hofes befindet sich ein Brunnen. An den Seiten des Hofes sind Galerien, welche zu den Räumen des oberen Halbgeschosses führen, wie auch zur oberen Galerie des Hauptsaales, welche für das Orchester bestimmt sind. Rechts und links des Saales sind das Wohnzimmer und der Speisesaal angeordnet, welche sich zu den Gewächshäusern öffnen: »Das Wohngemach ist demjenigen nachgebildet, welches in den orientalischen Häusern den Namen Divan führt, der einerseits von der Benennung der Sitze entlehnt ist, welche dessen hauptsächlichsten Hausrat bilden. Wegen der Bestimmung dieses Raumes als täglicher Aufenthalt zu dienen, ist bei dessen Anlage auf alles Rücksicht genommen worden, was ihm Reiz und Genuß verleihen konnte: große Fensteröffnungen zeigen dem Auge nach außen die Gärten und das Nekkartal, auf der entgegengesetzten Seite dringt der Blick in den Vorsaal, dessen Wände mit Bildern bedeckt sind, die eine reiche Abwechslung der schönsten Landschaften von Cahiro, Algier und Constantinopel zeigen und Darstellungen anziehender Lebensbilder aus dem Orient. Endlich bieten die angrenzenden geräumigen Pflanzen-

häuser den Schmelz und den Duft ihrer Blumen und für die verschiedenen Jahreszeiten den anmutigsten Aufenthalt.«[158]

Das Wohngebäude mit seiner vergoldeten Kupferkuppel bildet den Mittelpavillon, an welchen sich die Seitenflügel, die Gewächshäuser, anschließen. Diese enden in Eckpavillons mit gläserner Kuppel. Zum Schutz gegen kalte Winde aus Norden ist die Rückwand des Verbindungsraumes zu den Eckpavillons massiv ausgeführt (Abb. 446-448). Der an das Wohngebäude anschließende Gewächshausteil ist mit einem flachen Satteldach abgedeckt. Es wird von einem einfachen gußeisernen, filigran gehaltenen Sparrendach – gußeiserne Druckstäbe und eine horizontale Zugverspannung durch Rundstahl mit einer Spannweite von 6,63 m – getragen. Das Sparrendach ist mit einem in der Vorderfront durchlaufenden gußeisernen Balken fest verbunden, so daß nur jeder zweite Dachbinder direkt durch gußeiserne Pfosten in der Front abgestützt wird (Abb. 448). Der quadratische Eckpavillon hat einen inneren Ring von acht Gußeisensäulen. Sie sind untereinander durch Bögen verbunden, über welchen sich die oktagonale Glaskuppel mit Tambour und Galerie erhebt. Ein flach geneigtes Glasdach vermittelt in der Höhe der Galerie den Übergang vom Oktagon zum

489

Glaskubus. Es bildet sich im Inneren ein Zentralraum mit niedrigerem Umgang, gemäß dem Raumtypus einer kleinen Moschee, jedoch völlig in Glas und Eisen übersetzt (Abb. 680-682).

Die Fassade besteht aus zusammengesetzten Gußeisenteilen, welche aus sich wiederholenden Grundelementen zusammengefügt sind. Die Grundelemente sind Rahmen, die durch halbkreisförmige Bögen, in den Zwickeln durch Ringe, in Verbindung mit horizontalen Stäben ausgesteift sind. Diese Elemente bilden einen Raster, nach welchem sich die gesamte Konstruktion ausrichtet. Dieser Raster ist eine Voraussetzung für die weit vorangetriebene Vorfertigung, welche diesen Gewächshausbau bestimmt. Das Prinzip der Vorfertigung, die sich zuerst im Gußeisen auf industrieller Basis manifestierte, bestimmte weitgehend den Aufbau der Fassadenelemente. Die konstruktive Ebene – das tragende Rahmenwerk – wurde von der Ebene der Verglasung getrennt. Die Verglasung ist in einen eigenen Rahmen eingefaßt, der von innen in das gußeiserne Ständerwerk eingepaßt wurde. Diese Trennung von tragenden und ausfachenden Baugliedern vereinfachte in radikaler Weise die Anschlüsse von Glasflächen und Gußeisenteilen. Hier wurde die technische Möglichkeit geschaffen, eine großflächige Verglasung in Form gleicher Grundelemente in Vorfertigung – nicht mehr unbedingt an Ort und Stelle – durchzuführen. Die Vorfertigung aller Bauteile wurde zum inneren Prinzip des Bauwerkes und – bis zum letzten Detail durchdacht – in bewundernswerter Konsequenz verfolgt. Man kann das von Zanth gewählte Verfahren als einen im kleineren Maßstab bereits erprobten Vorläufer der großen Ausstellungsbauten auffassen, die gleich dem ›Kristallpalast‹ von Joseph Paxton völlig aus vorgefertigten Elementen bestehen (Abb. 447, 683).

Eine Schilderung des Bauprozesses der ›Wilhelma‹ dokumentiert die neue industrielle Baumethode. Die Stabilität des Bauwerkes entsteht nicht mit den Einzelelementen, sondern erst dann, wenn die Gesamtstruktur völlig zu einer tragenden Einheit zusammengeschlossen ist. »Bei der Aufrichtung eines der eisernen Gewächshäuser bei dem maurischen Palais war es unbedingt notwendig, daß die eisernen Säulen und Sparren ununterbrochen miteinander verbunden wurden, weil sonst zu befürchten gewesen wäre, daß bei starkem Wind oder Gewitter die Säulen mit den Sparren zusammenstürzten und selbst Menschen dabei hätten verunglücken können. Um nun jeden Schaden und Unglück zu vermeiden, mußte an einem Sonntag gearbeitet werden.«[159] Die Bedeutung der architektonischen Leistung Zanths liegt jedoch nicht allein darin, daß er hier als Pionier in der Anwendung industrieller Baumethoden wirkt, sondern auch darin, daß er die Ästhetik selbst aus dieser Voraussetzung ableitete. Die Auflage des Königs, den orientalischen bzw. ›maurischen‹ Stil zu verwenden, vermochte

Zanth am Gewächshausbau überzeugend in eine Formsprache zu übersetzen, welche die der Konstruktion ist. Die Aufnahme dieses exotischen Stils wurde für Zanth nicht zum Hindernis eines mit Konsequenz verfolgten Bauprinzips, sondern das stilistische Element des Orientalischen machte es im Gegenteil möglich, bis zur äußersten Grenze der Filigrankonstruktion vorzustoßen. Jedes Grundelement in all seinen Details war Gegenstand sorgfältiger Durchmodellierung. Zanth erkannte die Möglichkeit des Gußeisens, selbst das schwächste Relief gleich einer Münze in scharf umrissener und exakter Weise wiederzugeben. Dies nutzend, schuf er Gußeisenglieder, welche im Lichte einerseits durch das feinste Relief sich auszeichneten, andererseits als klare Silhouette von den dahinter durchlaufenden Glasflächen sich abhoben (Abb. 681).

Die Gesamtwirkung erhöht die in diesem Bauwerk erreichte Qualität der Ausführung. Dies gilt nicht nur für die weitgehende Durchprofilierung der Bauglieder, sondern auch für die Güte des verwendeten Gußeisens, welcher wir verdanken, daß das Gebäude nach 130 Jahren faktisch ohne Witterungsschäden besteht. Man kann annehmen, daß das um 1850 verwendete Material von besserer Qualität war, als das von 1900 bzw. von heute. Gattierungen und die Verwendung von Holzkohle mögen in diesem Zusammenhang eine Rolle spielen. Die Eisenkonstruktion für die ›Gewächshäuser‹ hat das Hüttenwerk Wasseralfingen hergestellt.

Quellen: Stuttgart, Staatliches Hochbauamt II, Planarchiv.
Literatur: Gerhard 1963, S. 70-100; Über Land und Meer, 1871/72, Jg. 14, Bd. xxvii, Nr. 10, S. 5; Deutsches Magazin für Garten- und Blumenkunde, 1852, Jg. 5, S. 63-64; Zanth 1855

STUTTGART,
Gewächshäuser, 1852/53   *Abb. 687, 688*

Länge:	ca. 40 m	Architekt:	Ludwig von Zanth
Breite:	ca. 24 m	Baujahr:	1852/53
Höhe:	ca. 10 m	Zustand:	vorhanden

Die Anlage dieser ›Gewächshäuser‹ vermittelt den gedeckten Zugang vom Neckartal zum Gebäudekomplex der ›Wilhelma‹. Das Zentrum bildet eine dreischiffige Halle, welche über einem Rechteck errichtet wurde. Drei parallel angeordnete, durchlaufende Satteldächer aus Glas werden durch gußeiserne Stützenreihen getragen. Die horizontale Aussteifung sowie die Unterstützung der Dachkehlen übernehmen gußeiserne, flache Segmentbögen, welche in Form von Ringen durchbrochen sind. Die geneigten Dachflächen selbst werden durch Walzprofile getragen. An der Fassade tritt ein umlaufender, gußeiserner, als Netzwerk ausgebildeter Träger als einziger ornamentaler Schmuck in Erscheinung (Abb. 26b). Durch das räumliche Zusammenhalten von drei

Schiffen zu einem Großraum, in welchem jedes Schiff dieselbe Konstruktion und Dimension hat, entsteht ein fabrikartiges Gebäude in modernem Sinne. Durch gleiche Stützen-, Binder- und Dachelemente bildet sich eine Raumform, die beliebig in jeder Richtung erweitert werden kann und dadurch zum häufigsten Raumtypus für Fabriken Ende des 19., Anfang des 20. Jahrhunderts wurde. Die ›Gewächshäuser‹ von 1852/53, in deren Hallen vor allem Palmen kultiviert werden, sind ein spätes Werk von Ludwig von Zanth. Im Zusammenhang mit zahlreichen ›Kultur- und Treibhäusern‹ stehend, ergänzen sie das Ensemble der Glaslandschaft, die den Besucher des Gartens der ›Wilhelma‹ aufnimmt und auf seinem Weg begleitet (Abb. 689, 690).

Quellen: Stuttgart, Staatliches Hochbauamt II, Planarchiv

TORONTO, Gewächshaus, Allan Gardens

Baujahr: um 1900

Das ›Gewächshaus‹ auf polygonalem Grundriß im klassizistischen Stil errichtet, ist bemerkenswert durch seine eiserne Kuppelkonstruktion, welche durch Gitterträger gebildet wird. Diese laufen oben in einem Druckring zusammen, der die kleine Kuppel der Laterne trägt. Die Kuppel erinnert an Tragwerke Buckminster Fullers. Die Querversteifung bilden Sprossen, welche durch einen räumlichen Knoten aus Eisenstäben mit dem Hauptbin-

der integriert sind. Es entsteht dadurch, aus der Konstruktion logisch abgeleitet, ein kristallin wirkendes Ornament, welches das Gewölbefirmament bestimmt.

TÜBINGEN, Großes Gewächshaus, Alter Botanischer Garten — *Abb. 691, 692*

Länge:	63,5 m	Architekt:	Albert Koch
Breite:	16 m	Baujahr:	1885/86
Höhe:	14 m	Zustand:	1969 abgerissen

Das in der Nähe der Tübinger Universität liegende ›Gewächshaus‹ ist eher als Pflanzenkulturhaus für wissenschaftliche Zwecke, denn als Schauhaus für die Öffentlichkeit geplant worden. Es wurde anstelle des alten, in der ersten Hälfte des Jahrhunderts errichteten und vielfach erweiterten ›Gewächshauses‹ 1885/86 von dem Architekten Baurat Albert Koch gebaut. Der Planung ging 1884 eine Exkursion zu den Gewächshäusern von Heidelberg, Straßburg und Freiburg voraus, an der der Architekt und der Techniker Baurat Berner teilnahmen. Das eigentliche ›Gewächshaus‹ ist eine Glas-Eisenkonstruktion. Sie besteht aus einem zeltartig abgedeckten quadratischen Mittelbau, kombiniert mit niedrigeren symmetrischen Flügelbauten, welche mit flachen Satteldächern versehen sind. Diese ruhen an der Rückfront auf Mauerwerk, während sich der vordere Teil auf die senkrechte Glaswand abstützt. Die Glas-Eisenkonstruktion ist an ihren Enden durch quer zur Längsausrichtung ge-

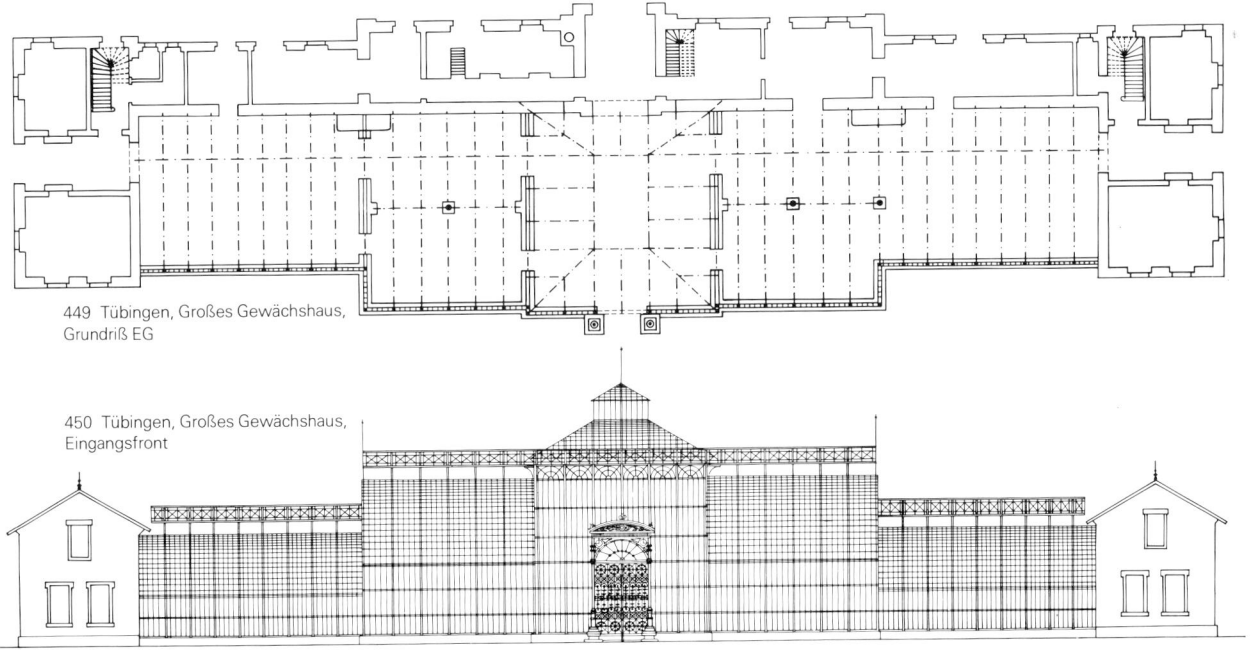

449 Tübingen, Großes Gewächshaus, Grundriß EG

450 Tübingen, Großes Gewächshaus, Eingangsfront

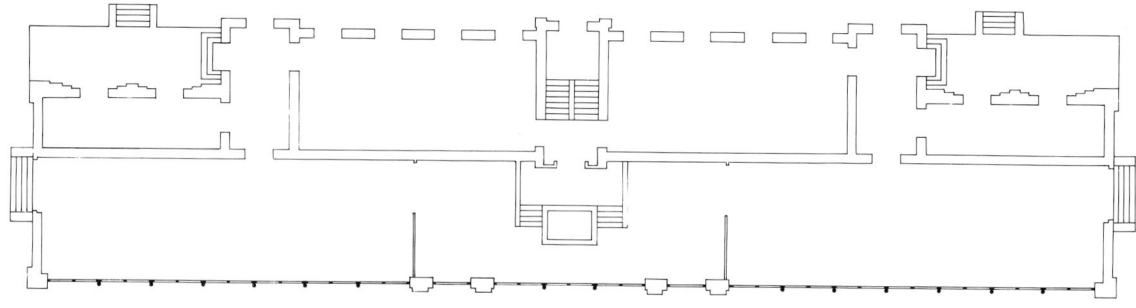

451 Warschau, Orangerie, Łazienki Park, Grundriß

legte Eckbauten aus Mauerwerk eingefaßt, die dem fragil erscheinenden Glashaus einen festen Rahmen geben. Im Norden befindet sich ein Korridor, der die Eckbauten zusammenschließt und mit diesen z. T. in zwei Stockwerken die Nebenräume aufnimmt (Abb. 449, 450).

Das Tragwerk besteht aus Stützen, Dachbindern und Querpfetten aus gewalztem Stahl. In den Seitenflügeln sind an jedem Binder gebogene Stahlprofile befestigt, welche im First ansetzen und im Mauerwerk an der Rückfront verankert sind. Sie betonen die rhythmische Gliederung der Konstruktion und sind ein ästhetisch wirkungsvolles Gegengewicht zu dem gradlinigen Tragwerk. Am Dachrand des Mittelbaus und am First der Flügelbauten sind Galerien angebracht, die durch Stützenwerk und Geländer einen ornamental betonten Dachabschluß bilden. Die Verglasung ist außer dem Dach des Mittelbaues doppelt. Der dominierende Mittelteil mit vorgesetztem Renaissance-Portal aus Gußeisen bildet im Zusammenhang mit den schrägen Dächern der abgestuften Seitenflügel eine architektonische Einheit, welche durch ihre schlichte kubische Form besticht. Die Beeinflussung des Baues durch das ›Große Gewächshaus‹ in Straßburg ist nicht nur in der Gesamtform, sondern auch am Detail, z. B. in der Anwendung und Form der Laufstege, nachweisbar. Obwohl das ›Gewächshaus‹ in Tübingen nur als Kulturhaus gedacht war, tritt es dem Betrachter mit ästhetischem Anspruch entgegen: »Dies zeigt die Auszeichnung des Baues durch das reichverzierte Portal. Es geht aber auch aus Berichten zu den Entwürfen und den früheren Projekten des Gewächshauses hervor, etwa wenn die Schönheit und Eleganz des Entwurfs besonders betont wird, oder wenn es heißt, daß der Bau mit Geschick und Geschmack entworfen ist. Das fertige Gebäude müßte wohl nicht bloß durch seine Zweckmäßigkeit der Förderung botanischer Studien bedeutenden Vorschub leisten, sondern hätte auch in Anbetracht der gefälligen architektonischen Gliederung als eine Zierde des Gartens zu gelten.«[160]

Literatur: Schulz, E. von: Das große Gewächshaus im alten botanischen Garten. In: Attempto, 1969, H. 33/34, S. 9-19; Die Bauwelt, 6. 10. 1969, Jg. 60, H. 40, S. 1326, 1344-1346

WARSCHAU, Orangerie, Łazienki-Park *Abb. 693*

Länge:	60 m	Architekt:	Krakau
Breite:	13 m	Baujahr:	um 1840
Höhe:	16 m	Zustand:	gut erhalten

Die ›Orangerie‹ von Warschau, ein Bauwerk im ehemaligen Kgl. Garten, ist ein schönes Beispiel für ein Gewächshaus des Spätklassizismus. Von drei Seiten von Massivmauerwerk umschlossen und mit Blechdach gedeckt, öffnet es sich in seiner Schaufront mit ausgedehnten Glasflächen nach Süden (Abb. 451). Die Glasflächen und das Dach werden durch gußeiserne Stützen getragen, welche innen hohl sind und in Einkerbungen die Fensterrahmen aufnehmen (Abb. 452). Die Mitte des Gebäudes wird durch gemauerte Pilaster und ein Tonnengewölbe, in der Fassadenebene durch eine gußeiserne Rosette abgeschlossen, architektonisch hervorgehoben. Diese Rosette von 8 m Durchmesser ist von feinster Gußarbeit und nimmt englische Vorbilder auf. Die Pflanzenhalle mit Bassin und Treppenanlage ist, wie bei Orangerien mit festem Dach üblich, von geringer Breite.

452 Detail der Gußeisenstütze

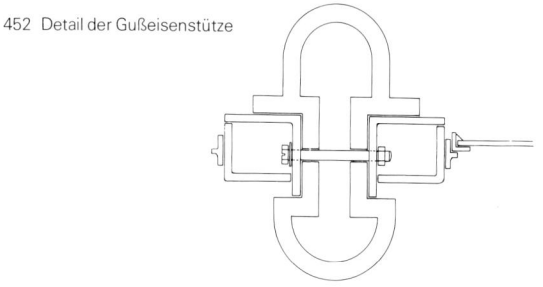

WARSCHAU, Palmenhaus

Baujahr:	um 1890
Zustand:	abgebrochen

Das eiserne, bereits Formen des Jugendstils vorwegnehmende ›Palmenhaus‹ hatte einen langgestreckten, rechteckigen Grundriß, der durch ein kielbogenförmiges

492

Glasdach überwölbt war. Die Eingänge in der Mitte wurden durch ein kurzes Querschiff, mit demselben Glasgewölbe betont. Die Bogenbinder und Fassadenpfosten waren genietet und gaben, in die Glasfläche gestellt, dieser die Gliederung.

WIEN-HIETZING, Gewächshaus, Garten des Herzogs von Braunschweig   *Abb. 700*

Länge:	60 m	Baujahr:	um 1850
Breite:	9 m	Zustand:	abgebrochen?
Höhe:	12 m		

Das ›Gewächshaus‹ des Herzogs von Braunschweig in Hietzing ist an ein Palais angeschlossen und diente als privater Wintergarten (Abb. 453). Von stattlicher Länge, ganz aus Eisen und Glas, vereinigt es die Formsprache des Klassizismus mit dem Typus kurvenlinearer Glasflächen Loudonscher Art. Ein zeitgenössischer Berichterstatter schreibt zu diesem Wintergarten: »Die ganze Länge desselben beträgt sechzig Meter und ist in drei Abteilungen geteilt, von denen die mittlere aus einem Blumensalon mit aufrechten Fenstern und flachgedecktem Dache, und die zu beiden Seiten befindlichen aus halbbogenförmigen Glasgewölben für Kalt- und Warmhaus-Pflanzen bestehen, welche sämtlich rückwärts an eine starke Mauer sich anlehnen. Der innere Raum ist 75 cm in den Boden vertieft. Die Mitte dieses Salons nimmt ein Marmorbassin ein, welches die herabfallenden Strahlen einer Fontaine aufnimmt. Die Glasgewölbe bestehen aus 5 mm dicken Scheiben, um dem Hagel besser Widerstand zu leisten. Zum Lüften sind sowohl in der Vorderfront, als auch in der Rückwand Fenster angebracht, mittelst welchen die Temperatur in beliebigem Grade reguliert werden kann. Die Mauer, welche die Rückwand bildet, ist so eingerichtet, um bequem darauf gehen und von dort aus die nötigen Verrichtungen, Beschatten, Verdecken vornehmen zu können. Die Heizung besteht aus Kanälen, welche so in den Boden vertieft sind, daß ihre mit Eisenplatten bedeckte Oberfläche mit dem Fußboden eben liegt. Gefeuert wird mit Koks, welcher bei dem sehr gut ziehenden Feuerherd jedwede beliebige Temperatur gewährt.«[161] In Hietzing steht noch ein kleines Gewächshaus ähnlicher Bauart, wie sie die Zeichnung von 1859 vermittelt. Es läßt sich jedoch nicht mit Sicherheit annehmen, ob es sich dabei um das erwähnte Glashaus handelt (Abb. 700).

Literatur: Deutsches Magazin für Garten- und Blumenkunde, 1859, Jg. 12, S. 113, 114

453 Gesamtansicht und Grundriß, Stich

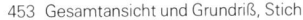

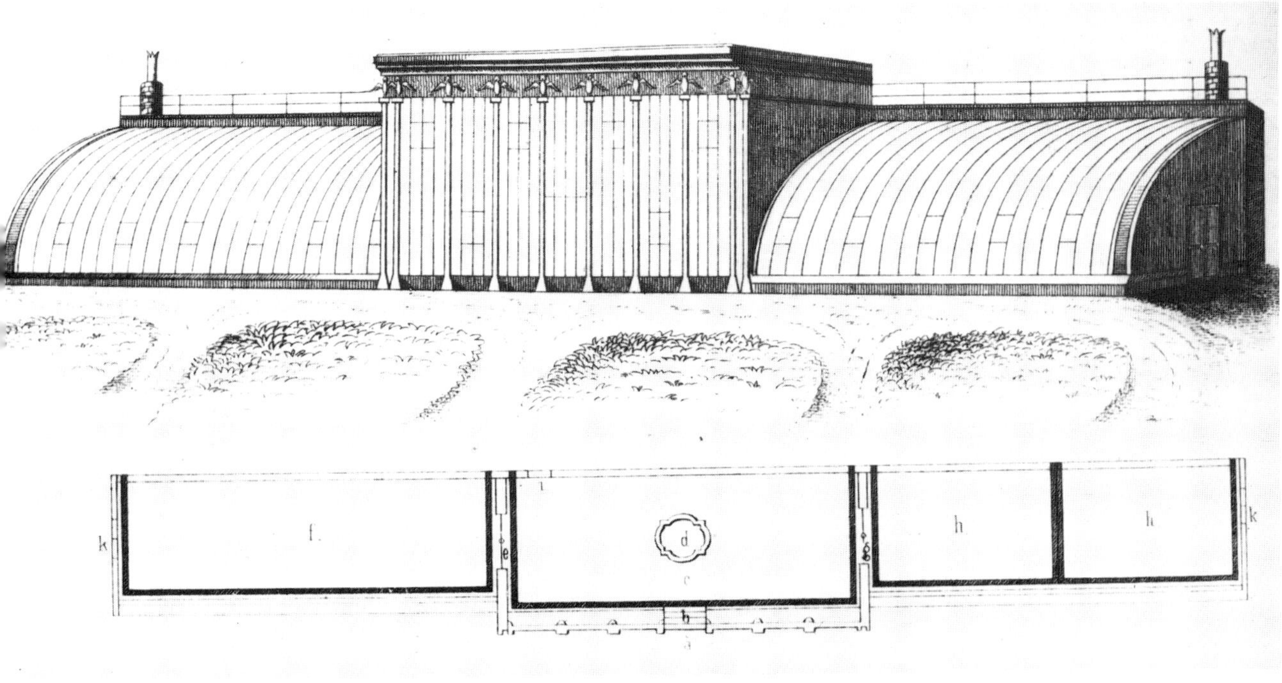

WIEN-PENZING, Treibhäuser
im Mayerschen Garten

Länge:	45 m	Architekt:	Pietro Nobile
Breite:	10 m		und Schedel
Höhe:	7 m	Baujahr:	1830-1834
		Zustand:	abgerissen

Dem reichen Bürgertum der Vormärzzeit genügte es nicht, daß Privileg ökonomischer Herrschaft gegenüber dem Adel durchgesetzt zu haben. Es setzte seinen Ehrgeiz darein, seine – zwar politisch noch nicht eingelöste, jedoch in Form von Kapital faktisch wirksame – Macht, durch repräsentative und luxuriöse Bauten vor Augen zu stellen und darin mit dem Adel zu wetteifern. Ein Beispiel für diese architektonische Ostentation bieten die beiden gußeisernen ›Treibhäuser‹ des Bankiers Johann Mayer in Penzing (Abb. 454). Sie sind das bürgerliche Pendant zu den benachbarten fürstlichen ›Gewächshäusern‹ des Herzogs von Braunschweig in Hietzing. In Gußeisen-Gotik errichtet, nehmen sie die vom Adel an seinen Schloßbauten propagierte neueste Stilrichtung auf: Der ›Wintergarten‹ des Fürsten Schwarzenberg in Hluboká (Frauenberg) 1840 bis 1847 ist ein Beispiel der Vorliebe des Adels für gotisierende Formen in jener Zeit. Das zweite der beiden ›Treibhäuser‹ des Mayerschen Gartens, das um 1838 von Architekt Schedel erbaute Glashaus, übertraf das erste an Größe und Vielfalt der Dekoration. Ein pylonenartiger Aufbau mit gemauerten Pilastern, ein großes Spitzbogenfenster einrahmend und mit gußeisernen gotischen Zinnen gekrönt, bildete einen für Empfänge bestimmten Mittelpavillon. An ihn schlossen sich seitlich die beiden niedrigeren Flügel der eigentlichen Gewächshäuser an, deren verglaste Rasterfronten und gußeiserne Stützenreihen ebenfalls nach oben mit einem gotischen Fries abschlossen. Wie beim ›Wintergarten‹ in Hluboká, ging es bei der Anwendung des Gußeisens darum, dem Material den Aspekt scharfgeschnittenen Steinwerks zu verleihen, was man durch entsprechenden Anstrich zu erreichen suchte.

»Die beiden Treibhäuser ließ der Hr. Banquier Johann Mayer, Chef des Großhandelshauses J.H. Stametz und Kompanie, in seinem, nahe dem k.k. Lustschlosse Schönbrunn, in Penzing belegenen Garten in mehreren Jahren erbauen, und bewies auch durch diese wie durch manche andere Anlagen in seiner weitläufigen Besitzung, seinen geläuterten Geschmack und seine Vorliebe für Hortikultur und dekorative Baukunst. Bei beiden Gebäuden war eine gehörig motivierte Beachtung des sogenannten Tudorstiles vorgeschrieben. Das zuerst gebaute Treibhaus wurde nach einem Entwurf des Herrn Hofbaurathes Nobile ausgeführt, und enthält, neben dem Raume für Gewächse, zu jeder Seite einen Pavillon, welcher sowohl mit dem letzteren, als mit dem Garten durch große Thüren in Verbindung steht, und durch die beiden Fenster zur Seite eine Aussicht auf die Blumengefilde des Gartens gestattet. Die Nischen in der Hinterwand sind ebenfalls wie Fenster dekoriert, enthalten jedoch statt der Glasscheiben Spiegeltafeln. Die Säulen zwischen den Fensterfeldern sind von Gußeisen.

Das zweite Treibhaus ist einige Jahre später erbaut, und von dem Architekten Herrn Schedel konstruiert worden. Es war Bedingung, einen Salon für größere Gesellschaften in der Mitte des Gebäudes so anzubringen, daß derselbe mit den Räumen für die Gewächse in Verbindung stehe, und außerdem noch zwei kleinere Glas-

454 Fassade, Grundriß, Schnitt und Details, Stich

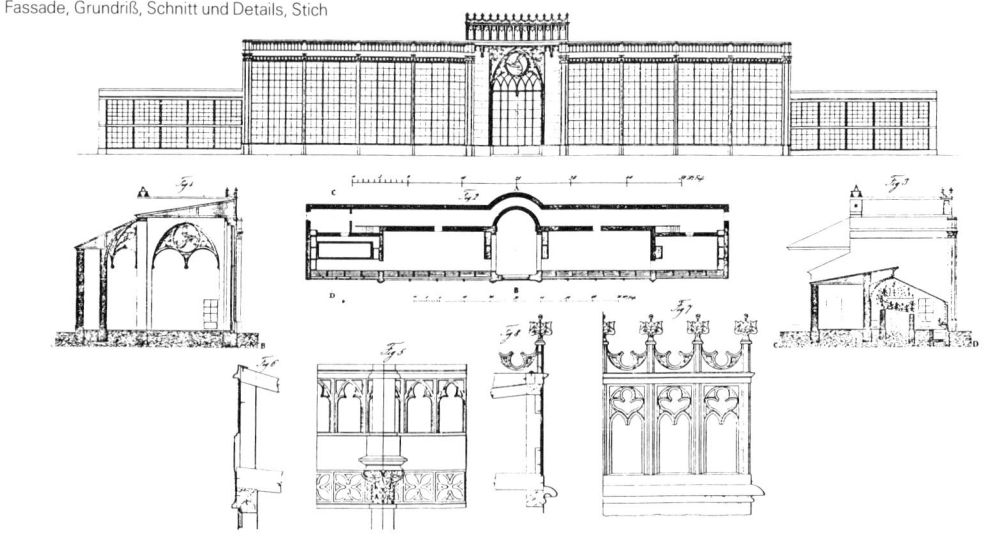

häuser, für niedrige Gewächse zu beiden Seiten anzubringen. Im Uebrigen sollte auch hier eine Imitation des normannischen Styles vorwalten. Sämtliche Gesimse sind von Gußeisen, und nach Zeichnungen und unter Aufsicht des Herausgebers der allgemeinen Bauzeitung, auf den fürstlich Salmschen Eisenwerken zu Blansko in Mähren, welche unter der Leitung des verdienstvollen, und als Chemiker rühmlichst bekannten Herrn Dr. Reichenbach bedeutende Fortschritte machen, sehr sauber ausgeführt worden. Die Heizung geschieht durch Rauch, und die Leitungen bestehen aus viereckigen, aus Thon geformten und gebrannten Kästen. Sämtliche Eisenteile des Gesimses sind mit hellsteingrauer Oelfarbe dreimal angestrichen. Die beiden ersten Anstriche haben einen Zusatz von Sand erhalten; nur der letzte, ziemlich dünne, ist mit reiner Oelfarbe gegeben worden. Diese Art der Färbung hat sich sehr gut erhalten, und das Ganze gleicht dem Sandstein vollkommen.«[162]

Literatur: Allgemeine Deutsche Bauzeitung, 1838, Jg. 3, Nr. 44, S. 395 ff.

WIEN-SCHÖNBRUNN, Gewächshäuser, Park Schönbrunn
Abb. 694-699

Wendet man sich im Park von Schönbrunn nach Durchschreiten des Schlosses nach rechts zum Tiergarten hin, so stößt man auf zwei große ›Gewächshäuser‹, nahe der Mauer, welche den Park gegen Hietzing abgrenzt. Das ›Große Palmenhaus‹ 1880 bis 1882 von Franz von Sengenschmid erbaut, ist in architektonischer und konstruktiver Hinsicht am bedeutendsten. Das vor die Fassade gelegte Gerippe der Eisenkonstruktion bestimmt das ganze Erscheinungsbild: Die Konstruktion wird zum Anlaß, die Möglichkeiten des Eisens im Gegensatz zu den traditionellen Baustoffen Stein und Holz zu demonstrieren. Die fließenden Formen der Bogengitterträger sind in ihrer pflanzlichen Geschmeidigkeit nur in Stahl verwirklichbar. Die der Stahlkonstruktion folgenden Glasflächen ergeben einen Baukörper, welcher besonders in den Pavillons durch das Spiel konkaver und konvexer Linien bestimmt wird: Obwohl die Glashülle durch Kombination senkrechter und gebogener Flächen aufgebaut wird, fällt bei diesem Bauwerk die traditionelle Trennung von Wand und Dach weg; vom Sockel ausgehend, reicht die Glashülle bruchlos – ohne Kanten – bis zur Laterne hinauf. Die außen liegende Eisenkonstruktion wurde bereits in Laeken, in den Münchner ›Gewächshäusern‹ von August von Voit, in der Frankfurter ›Flora‹ usw. verwendet, jedoch wurde nirgends mit dieser Konsequenz eine vom Sockel her aufsteigende, allseits sichtbare Eisenkonstruktion gezeigt. Das Bauwerk erhielt durch sie einen expressionistischen Aspekt.

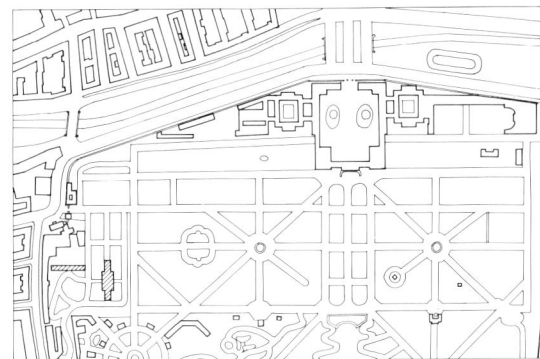

455 Lageplan (Ausschnitt), 1972

Zeitgenössische Texte stellen unter Beweis, daß bereits 1883 das ›Palmenhaus‹ von Schönbrunn als bahnbrechendes Beispiel für eine dem neuen Material angemessene Architektur betrachtet wurde. Das in der Nähe liegende quer zur Hauptachse des ›Palmenhauses‹ gestellte ›Sonnenuhrhaus‹ ist im Gegensatz zum ›Großen Palmenhaus‹ als eine durchgehende stützenfreie Glashalle konzipiert. Die Schönheit dieses Gewächshauses besteht in den großen ruhigen Formen der Glasflächen und in der Eleganz der durchbrochenen Bogenbinder.

Situation

Der Park von Schönbrunn, zu welchem 1696 Johann Bernhard Fischer von Erlach im Auftrag des Kaiser Josephs I. Pläne verfertigt hatte und welcher dann in modifizierter Form von Adrian van Steckhoven und Johann Ferdinand Hetzendorf Hohenberg verwirklicht wurde, ist einer der bedeutendsten und besterhaltenen Barockgärten in französischem Stil (Abb. 455). Der botanische Garten wurde von van Steckhoven als Teil des Parks in Verbindung mit einer ›Menagerie‹, dem ersten öffentlichen Tierpark der Welt, im Jahr 1753 gegründet. Kaiser Franz entschloß sich 1752, dem von seiner Gattin Maria Theresia neu geschaffenen Schönbrunner Garten, einem sogenannten Pflanzengarten, anzuschließen. Zu diesem Zweck wurde das Territorium, auf dem sich heute das ›Palmenhaus‹ und der sogenannte Botanische Garten befinden, von der Gemeinde Hietzing käuflich erworben. Dieser blickt auf eine Entwicklung zurück, die ihn zu einem der hervorragendsten botanischen Gärten Europas machte. Einen wichtigen Anteil daran haben die im Schönbrunner Botanischen Garten nach und nach errichteten Glashäuser, in welchen ein in aller Welt gesammelter exotischer Pflanzenbestand Aufnahme fand. Von Schönbrunn aus wurden eigene Schiffsexpeditionen organisiert, die Gärtner wie Nicolas Joseph Jacquin, H. Märtens, Franz Boos durchführten. 1860, nach Ab-

456 Gesamtansicht, Stich, 1885

WIEN-SCHÖNBRUNN, Park, Großes Palmenhaus

Abb. 694-697

schluß der letzten großen Expedition von Erzherzog Ferdinand Maximilian füllten die Gewächse allmählich vier Glashäuser, von welchen heute keines mehr steht. An ihre Stelle trat 1880 das ›Große Palmenhaus‹ und das ›Sonnenuhrhaus‹.

Quellen: Wien, Schloß Schönbrunn, Plankammer

Literatur: Der Bautechniker, 1885, Jg. 5, Nr. 22; Kronfeld 1923; Illustrierte Zeitung, 22.4.1882, Bd. LXXVIII, Nr. 2025, S. 325, 326

Länge:	111 m	Architekt:	Franz von
Breite:	28 m		Sengenschmid
Höhe:	25 m	Konstruktion:	Sigmund Wagner
Fläche:	2437 m²	Bauausführung:	Ignaz Gridl
Inhalt:	ca. 25 000 m³	Baujahr:	1880-1882
		Zustand:	gut erhalten

Die Konfiguration des Grundrisses des Hauses ist symmetrisch-axial und besteht aus dem hohen, mittleren Pavillon von 39 m Länge, 28 m Tiefe, an welchen sich beiderseits Seitenflügel mit 15 m Länge und 17 m Tiefe anschließen, die wieder je durch einen quadratischen

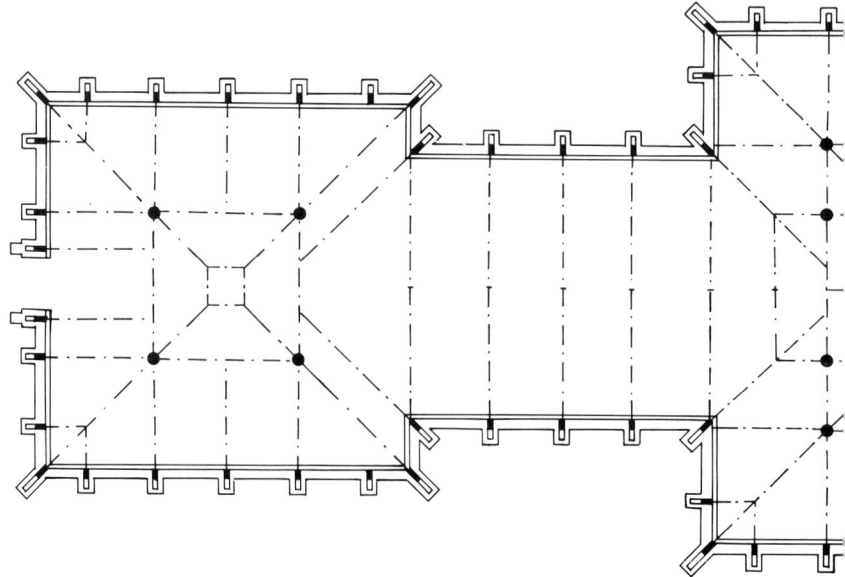

458 Grundriß EG

Eckpavillon von 21 m Seitenlänge abgegrenzt sind. Der Abschluß geschieht durch bogenförmige und gerade Glasflächen, welche als kontinuierliche Fläche von dem 1 m hohen Sockel, an eine Laterne anlaufen. Durch die Hervorhebung des Mittelbaus und durch Betonung der Eckbauten hat der auf einem niederen Steinsockel ruhende Eisenbau eine bewegte Umrißlinie und eine differenzierte Raumfolge erhalten. Der linke Eckpavillon dient als Kalthaus, der Zentralbau als Palmen- und der rechte Pavillon als Warmhaus (Abb. 458).

Konstruktionsform

Die Konstruktion ist außer den Säulen des Mittelbaus und der beiden Eckkuppeln in Schmiedeeisen ausgeführt. Grundelemente der Eisenkonstruktion sind genietete, gebogene Gitterträger, welche in den pavillonartigen Aufbauten in Kastenträger münden, welche ihrerseits von gußeisernen Stützen getragen werden. Darauf baut sich ein senkrechtes gußeisernes Säulen-Bogen-Ständerwerk auf, welches ebenfalls über einen Kastenträger die Last der darauf sitzenden Kuppel ableitet. Die Kuppel wird – im Mittelteil – durch gebogene Gitterträger gebildet, auf welche eine Laterne aufsetzt. An den Verbindungsstellen der Tragglieder werden zur Aussteifung bogenförmige gußeiserne Streben innen und außen angebracht. Sie verstärken den Eindruck des nahtlosen Übergangs der Tragglieder ineinander. Die Kurve wird zum vorherrschenden Element der Konstruktion (Abb. 457). Die bogenförmigen Binder werden grundsätzlich durch horizontale, geradlinige Gitterträger untereinander ausgesteift. Durch die Verknüpfung von bogenförmigen und geradlinigen Trägern entsteht ein Traggerippe, welches in seinem Aufbau an einen Schiffbau erinnert. Durch das hier verwendete Prinzip entstehen nur nach einer Richtung gekrümmte Flächen, welche auf recht-

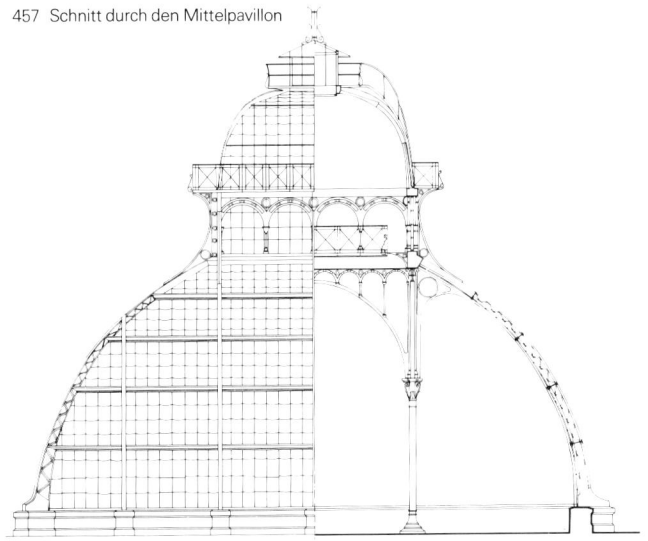

457 Schnitt durch den Mittelpavillon

eckigem Grundriß einfach miteinander verschnitten werden können und die kostspielige Verglasung auf sphärischer Fläche vermeiden.

An den Schnittlinien der gekrümmten Flächen sind eigene gebogene Gitterträger konstruiert worden, welche nach der Diagonale herausgedreht sind und den Fluß der Linien über Eck noch einmal unterstreichen. Der Verbindungteil zwischen den Pavillons wird durch Bogenbinder überwölbt, die sich im Scheitel in einem Gelenk zusammenschließen. Die Ausbildung der gußeisernen Säulen sowie der Aussteifungsbogen sind im Vergleich zur übrigen Formulierung der Tragkonstruktion konventionell gelöst: Formale, nicht vorrangig konstruktive Überlegungen führten zur Ausbildung einer Art romani-

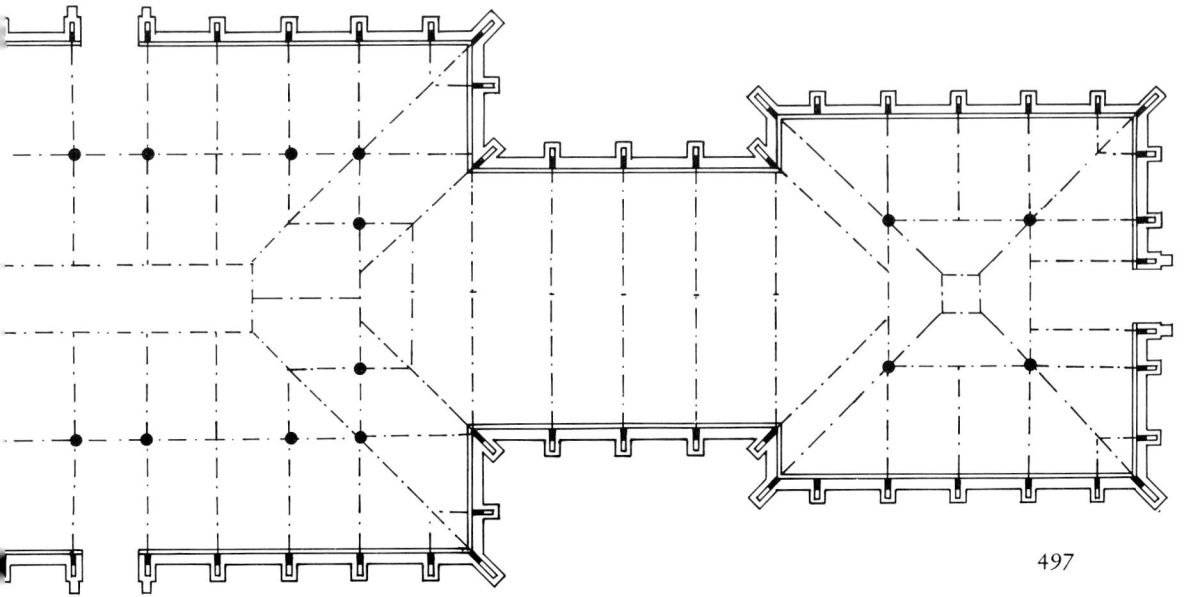

scher Zwerggalerie aus gußeisernen Säulen, welche in komplizierter Weise mit dem Blechträgerbogen verbunden sind. Die Ausbildung dieser Konstruktionsteile sind der einzige Kompromiß des Architekten und Konstrukteurs an den historisierenden Zeitgeschmack (Abb. 457, 696). Das nach innen abgehängte aus grünen Scheiben bestehende Glasgewölbe ist doppelt verglast, und zwar so, daß die Kittfalze nach außen gelegt sind. Zahlreiche Lüftungsklappen in den Glasvouten und in den Firstlaternen gewährleisten eine ausgiebige und rasche Lüftung des ganzen Hauses. Das Haus ist von außen und innen sowie von allen Seiten durch stabile Galerien und Treppen wie auch durch eine mobile Vorrichtung im Innern der großen Mittelkuppel bequem zu begehen.

Die Heizung des Hauses war eine Dampfwarmwasserheizung. Zu diesem Zweck wurde an der Menagerieseite eine eigene Kesselanlage mit drei stabilen Röhrenkesseln mit Tenbrink-Feuerung angeordnet. Der sich entwickelnde Dampf wurde in die Heizkammern geleitet, welche unter dem Terrain des ›Palmenhauses‹ untergebracht wurden. Das Gewicht der ganzen Eisenkonstruktion betrug 723 Tonnen; davon 601 Tonnen Schmiedeeisen und 122 Tonnen Gußeisen für die Säulen und Verkleidungen. Die Kosten der Eisenkonstruktion betrugen 220000 Florins mit der Heizungsanlage, den Maurer-, Fundament-, Steinmetz-, Glaser- und Anstreicherarbeiten insgesamt: 600000 Florins. Die Konstruktion wurde unter der Bauleitung von Sengenschmid und von dem Hof-Eisen-Konstrukteur Ignaz Gridl ausgeführt. Der Statiker war Ingenieur Sigmund Wagner.

Text

»Das neue Palmenhaus in Schönbrunn:
Die Sommerresidenz des kaiserlichen Hofes vor den Toren Wiens, das prachtvolle, durch so viele historische Erinnerungen berühmte Schönbrunn, hat einen neuen Schmuck erhalten. Die alten Glashäuser des Botanischen Gartens, welche weder den Anforderungen der Schönheit noch jenen der modernen Pflanzenzuchtmethode entsprechen, verschwinden, und an ihre Stelle tritt das in den großartigsten Verhältnissen angelegte Palmenhaus. Der imposante Bau ist von dem Hofarchitekten Sengenschmid entworfen, welcher im Auftrage des Hofs eine Studienreise nach allen hervorragenden Pflanzenkulturstätten Europas unternahm, um aus eigener Anschauung die neuesten Verbesserungen im Bau und der Einrichtung von monumentalen Gewächshäusern kennenzulernen und dieselben im Schönbrunner Blumentempel in Anwendung zu bringen.

Nach dem Urteil der Sachkundigen hat der Künstler seine schwierige Aufgabe in glücklichster Weise gelöst. Der Anblick des riesigen Glasgehäuses ist von imponierender Wirkung; es hebt sich in seiner harmonischen Gliederung mit seinen weichen Konturen duftig und

kräftig zugleich von dem grünen Hintergrund ab. Wenn seine Glaswölbungen im Sonnenlicht glitzern, leuchtet und funkelt es wie ein Zauberschloß. Vermöge seiner Dimensionen ist das Schönbrunner Palmenhaus das größte aller nach einem einheitlichen Plan gebauten Gewächshäuser Europas. Was dem Gebäude seinen graziösen Charakter verleiht, das sind die vorherrschende Anwendung der kurvenartigen geschweiften Linien und die Vermeidung der bei Eisenkonstruktionen so häufig vorkommenden Entlehnung der Formen der Steinarchitektur und des Holzbaus.

In botanisch-technischer Beziehung dürfte das Schönbrunner Palmenhaus als das vollkommenste Etablissement seiner Art dastehen und den Pflanzenschätzen, die es aufzunehmen bestimmt ist, ein ebenso prächtiges wie wohnliches Heim bilden. Aber auch in stilistisch-konstruktiver Hinsicht markiert es einen interessanten Fortschritt in der künstlerischen Entwicklung des Eisenbaus, der, da die Vergangenheit kein Muster für die architektonische Anwendung dieses modernen Baumaterials bietet, entweder in den unkünstlerischen Formen der praktischen, aber unschönen Nutzbauten auftritt oder die heuchlerische Maske des Stein- und Holzbaus vornimmt. ›Bei dem Schönbrunner Palmenhaus‹, sagt der treffliche Kunstschriftsteller Ilg, ›ist die Form des Ganzen eine dem Material angemessene; die Kurve beherrscht einzig und allein die Kontur. Das geradlinige Element ist einzig und allein auf die Träger des Innern beschränkt, welche die Mittelpartie stützen. Dabei ist ihrer Säulenähnlichkeit dadurch aus dem Wege gegangen, daß die strebenartig aufschießende Form alle Verhältnisse der Stein- und Holzsäule entbehrt und den Typus des Stils bewahrt, dessen Kapitell weniger als ein Auflager der Last als vielmehr als Knotenpunkt für die weitere aussprießende Gabelung der Strebeglieder erscheint. Wo an einem Trägerstamm sich schwächere Stützen anzugliedern haben, ist wieder jeder Verwandtschaft mit dem Steinpfeilersystem ausgewichen; es schießen vielmehr die Stämme nicht wie aus Einem gehauen, sondern wie zusammengegossen, bündelförmig in die Höhe, wo ihre Kapitelle mit den äußerst schlanken Blattformen wieder jeden Gedanken der horizontalen Lastunterlage benehmen. Diese sehr modifizierten Kapitelle repräsentieren die einzige der Steinarchitektur verwandte Form im ganzen Bau, das Übrige ist durchaus Konstruktion. Die Gesamtwirkung übt einen künstlerischen Eindruck aus, über dessen Ursache wir uns keine eigentliche Rechenschaft zu geben vermögen. Es spricht die künstlerische Kraft des Materials in dieser seiner zweckmäßigen künstlerischen Behandlung aus, aber wir kennen die Urgründe solchen Eindrucks noch nicht. Noch stehen wir da am Anfang einer neuen dunklen Bahn auf fremdem Boden; bei diesem Bau aber ist mir, als ob die Rute des Quellensuchers leise, leise niedergezuckt hätte!‹«[163]

Quellen: Wien, Schloß Schönbrunn, Plankammer

Literatur: Der Bautechniker, 1885, Jg. 5, Nr. 22; Kronfeld 1923; Illustrierte Zeitung, 22.4.1882, Bd. LXXVIII, Nr. 2025, S.325, 326

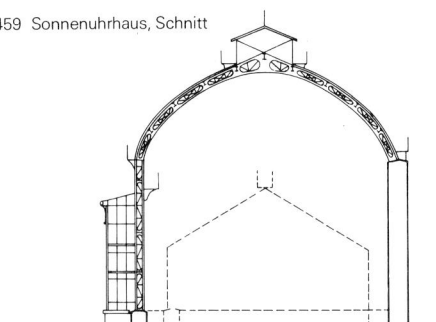

459 Sonnenuhrhaus, Schnitt

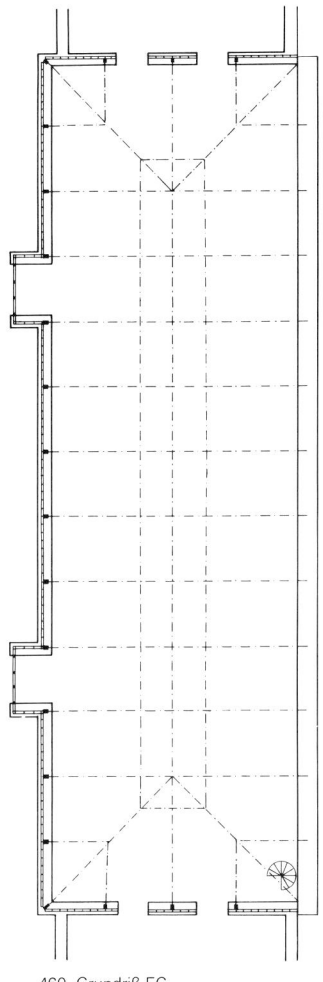

460 Grundriß EG

WIEN-SCHÖNBRUNN, Park, Sonnenuhrhaus

Abb. 698, 699

Breite:	14,50 m	Architekt:	?
Länge:	45 m	Baujahr:	1885
Höhe:	15,50 m	Zustand:	gut erhalten

Die Konstruktion des Daches des ›Sonnenuhrhauses‹ wird durch gebogene Träger von 14,50 m Spannweite gebildet, welche aus Gitterstäben und großflächigen Blechelementen zusammengesetzt sind. Horizontal sind sie untereinander durch gitterförmige Querpfetten ausgesteift. Das Dachgewölbe der Eisenbinder ist an den Stirnseiten abgewalmt und ruht an der Nordseite auf einer 8,50 m hohen, bis zur Traufkante hochgezogenen Mauer, auf den anderen Seiten auf Gitterstützen, welche die senkrechte Verlängerung der Bogenbinder sind. Durch dieses Konstruktionsprinzip entsteht ein stützenfreier hallenartiger Großraum, der an Bahnhofshallen kleinerer Spannweiten erinnert. Im Unterschied zum ›Großen Palmenhaus‹ ist hier die Verglasung einfach. Die Konstruktion ist hinter der Glaswand. Entlang des Firstes und der Traufkanten sind leichte Galerien gelegt. Die Belüftung nach oben erfolgt über eine durchlaufende Firstlaterne (Abb. 459, 460).

Quellen: Wien, Schloß Schönbrunn, Plankammer

WIEN, Burggarten, Alter Wintergarten (1823-1826)

Länge:	130 m	Architekt:	Louis von Remy
Höhe:	13 m	Zustand:	1901 abgerissen

Der vor der alten Befestigungsmauer Wiens im Zusammenhang mit der Kaiserlichen Hofburg angelegte Burggarten war traditionsgemäß der Schauplatz des Repräsentationsbedürfnisses des Hofes. Die Pflege der Botanik war von vornherein an höfische Funktionen gebunden. Das Zeremoniell forderte Gewächshäuser in der Form von Wintergärten, die für Festlichkeiten des Hofes geeignet waren und unmittelbar an die Burg anschlossen.

Das bedeutendste Gewächshaus in der Zeit Franz' I. war der in den Jahren 1823 bis 1826 von Louis von Remy errichtete ›Alte Wintergarten‹. Im klassizistischen Stil erbaut, fanden bei dem Gebäude bereits weitgehend Eisenkonstruktionen ihre Anwendung, vornehmlich bei der Ausbildung der senkrechten Fensterwände. Der Architekt benützte einen Teil der alten Festungsmauer für die Rückwand des ›Wintergartens‹. Dieser stand durch das Untergeschoß der Bauten ›Am Augustinergang‹ und durch den unterirdisch geführten ›Laterndlgang‹ mit der Burg in Verbindung. Das Hauptgebäude war 130 m lang und 13 m hoch. Die abschließenden Kopfbauten waren

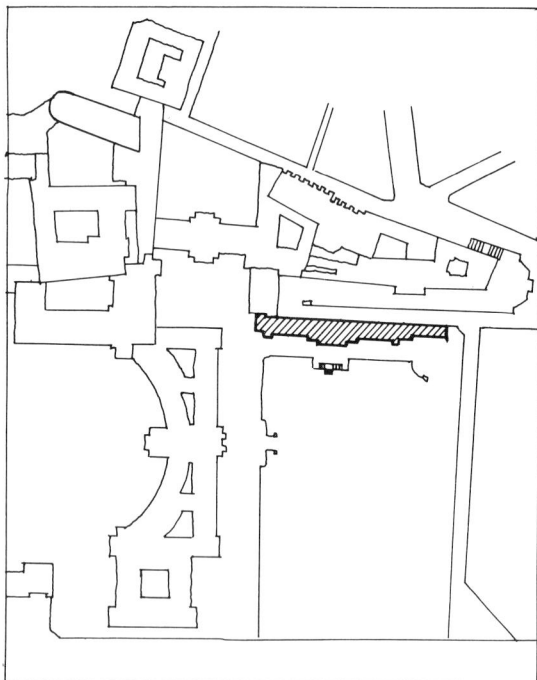

461 Lageplan (Ausschnitt)

Hofgartendirektion eine gegen Süden gerundete Glasfläche, das Oberhofmeisteramt die Einschaltung eines Gartensalons forderte (Abb. 464). Das Glashaus sollte durch Gänge sowohl mit der Burg als auch mit dem Palais des Erzherzogs Friedrich verbunden werden. Die Ausführungspläne wurden 1901 genehmigt. Der ›Alte Wintergarten‹ wurde abgetragen und 1902 mit dem Neubau begonnen (Abb. 461).

Quellen: Wien, Hofgang, Plankammer

Literatur: Tschira 1939

WIEN, Burggarten, Neuer Wintergarten *Abb. 701, 702*

Länge:	120 m	Architekt:	Friedrich Ohmann
Breite:	16 m	Baujahr:	1902
Höhe:	17 m	Zustand:	gut erhalten

Das Gewächshaus von Ohmann ist in seinem räumlichen Aufbau – Gliederung in massive Eckpavillons, betonter Mittelpavillon mit massiver Säulenordnung und Seitenflügeln – seinem Vorgänger, dem ›Alten Wintergarten‹ von Remy, verwandt (Abb. 465). Im Gegensatz zu diesem ist hier, den Möglichkeiten der Eisenkonstruktion entsprechend, die Grundfläche im Mittelteil durch tonnenförmige, in den Seitenflügeln durch halbtonnenförmige Glasgewölbe überdeckt. Das in den frühen Entwürfen quergestellte Tonnengewölbe im Mitteltrakt – in seiner Art das Prinzip des klassischen Bahnhofs-Empfangsbaues des 19. Jahrhunderts aufnehmend – wird in der Ausführung nach der Längsachse ausgerichtet. In der Aneinanderreihung der Glasgewölbe entsteht ein durchgehendes Raumkontinuum. Diesen Eindruck wird verstärkt durch den Verzicht auf abgewalmte Seitenflügel, die die massiven Eckpavillons vom Gesamtbau isoliert hielten.

Das Gerippe der Eisenkonstruktion bilden genietete, halbkreisförmig gebogene Blechträger. Sie tragen mit Hilfe dünn gehaltener Querrippen die Doppelverglasung der Gewölbe (Abb. 466). Das Prinzip der Verglasung ist die Bildung einer im Inneren vor den Trägern durchgehenden Glasfläche. Dadurch vermindert sich die Schwitzwasserbildung. Nach außen wirkt die gewölbte Glasfläche wie zwischen den Trägern eingespannt. Die in dieser Weise stark hervortretende Konstruktion wird bewußt als ein gestaltendes Element des Glashauses behandelt. Die Reihung der Konstruktionselemente gibt dem Bau eine rhythmische Gliederung, die von der vorgeblendeten Steinarchitektur der Brüstung und Säulenordnung aufgenommen und verstärkt wird. Bemerkenswert ist die Ausbildung der vorderen Auflager der Blechträger in den Seitenflügeln, die als eine Art Fuß in einem leichten Gegenschwung auf den Steinsockel aufsetzen und

ganz massiv und flächig gestaltet. Der Mittelbau war durch eine korinthische Säulenordnung hervorgehoben. Die Flächen zwischen den Säulen und dem Mittel- und Kopfbau in den Seitenflügeln waren bis zur Attika hinauf voll verglast.

Während der hohe Festsaal des Mittelteiles mit einer flachen Decke abgeschlossen wurde, waren die Seitenflügel mit schrägen Fenstern und Sonnenfang versehen. Von der schlichten Vornehmheit dieses 1901 abgerissenen Hauses, besonders aber von seinem erstaunlichen Reichtum an Pflanzen aus aller Welt, zeugt die genaue Beschreibung des Hofgärtners Franz Antoine d. Ä., von Ludwig Czerny 1850 lithographiert (Abb. 462, 463). Nach den Lithographien vermittelte der Pflanzenbestand in den Seitenflügeln den Eindruck einer tropischen Landschaft. Die Darstellungen sind für die damalige Betrachtungsweise sehr aufschlußreich. Sie lassen größtenteils alles weg, was Decken und Wände des Gebäudes bezeichnen könnte, so daß der Eindruck einer freien Landschaft hervorgerufen wird. Ähnliche Tendenzen finden wir in den Darstellungen M. Neumanns, 1852. Um 1900 hat der Architekt Friedrich Ohmann vom Hof den Auftrag erhalten, Vorschläge für einen neuen Wintergarten auf der Basis des alten Gewächshauses auszuarbeiten. Zwei Drittel des Wintergartens sollten als Kalthaus dienen. Es waren mehrere Entwürfe nötig, da die

462 Alter Wintergarten, Innenansicht, Lithographie, um 1840

463 Ansicht vom Garten, Lithographie, um 1840

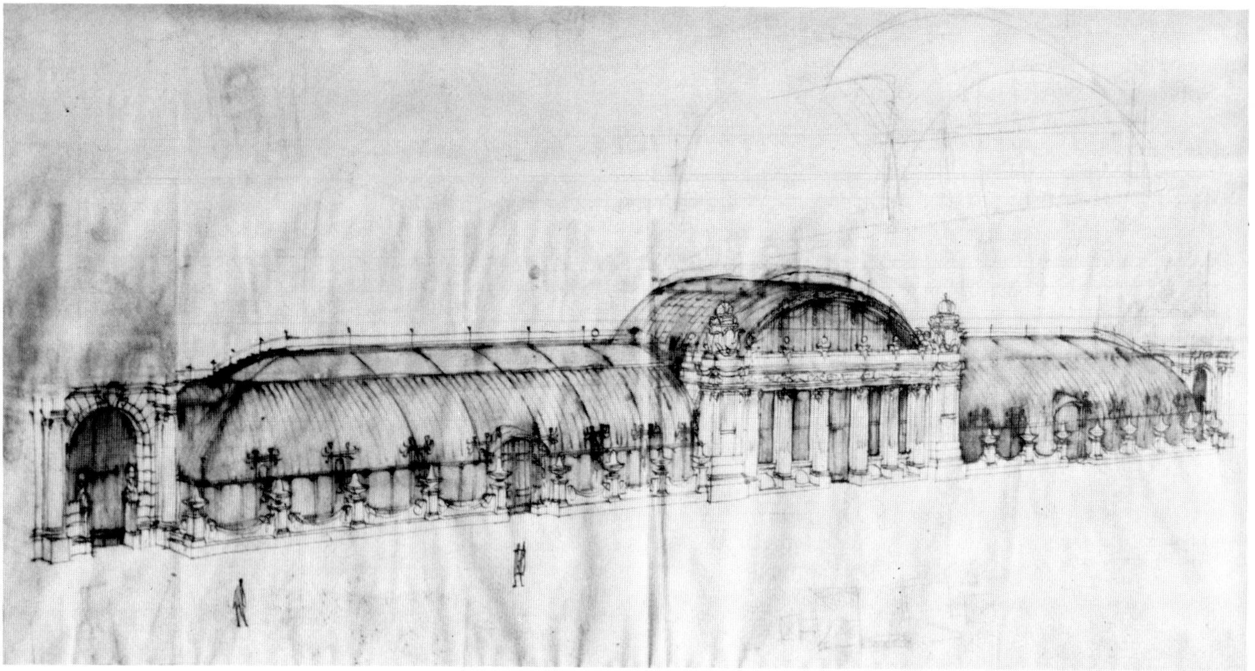

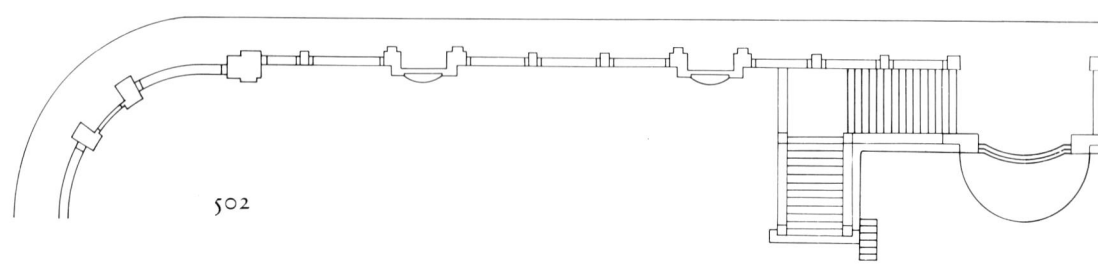

464 Neuer Wintergarten, Früher Entwurf, Handzeichnung um 1900

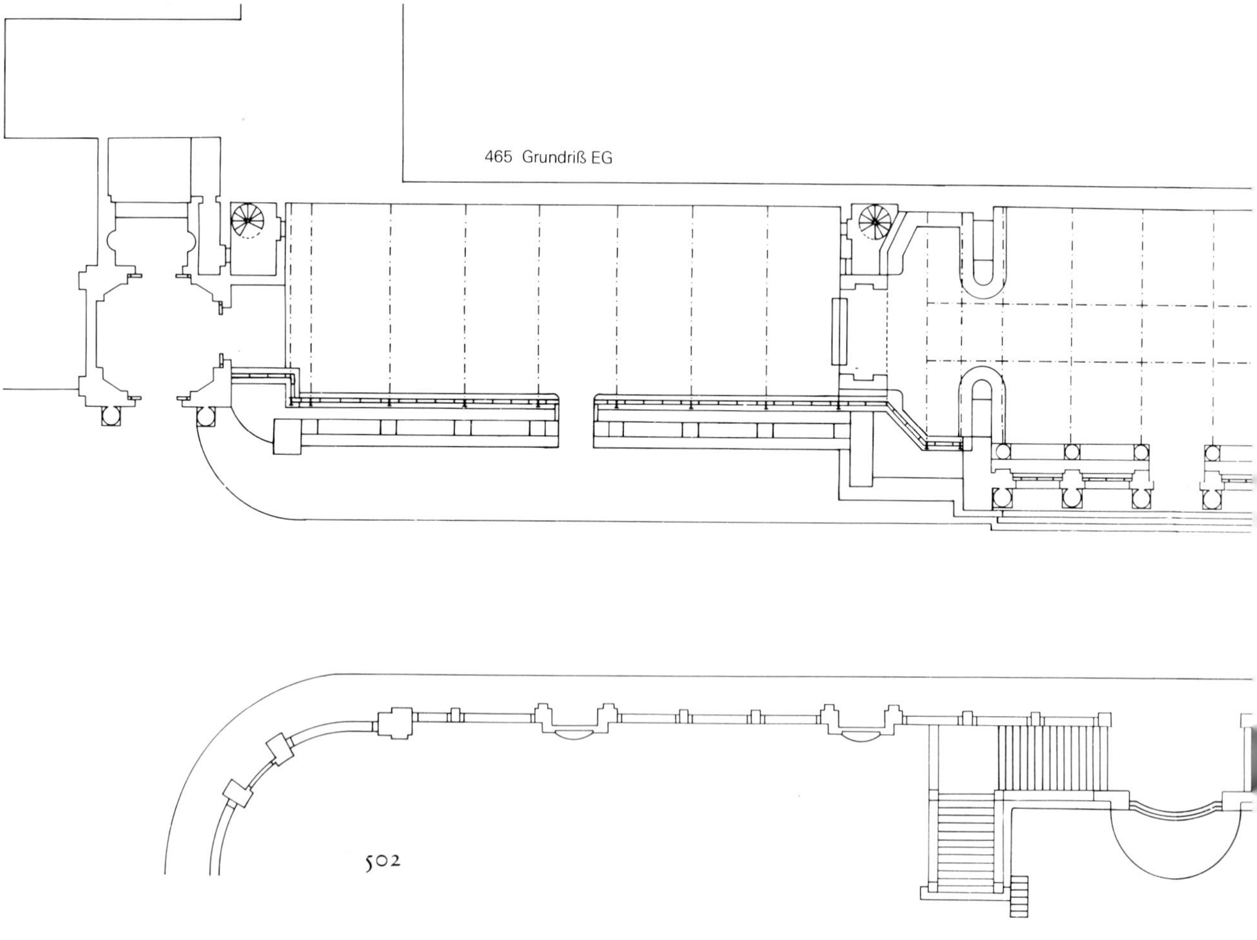

465 Grundriß EG

502

den Kraftfluß auch für das Auge nachvollziehen. Es wird deutlich, daß in Analogie zur tradierten Säulenordnung, in der die unterschiedliche Funktion von Säule und Basis charakterisiert wird, auch hier eine funktionelle Darstellung der statischen Kräfte maßgeblich war. Die notwendigen Nietenköpfe der Blechträger werden in dem hier gezeigten funktionellen Expressionismus zu einem den Kräftezusammenhang interpretierenden Ornament. Die Hervorhebung des Traggerüsts in den erwähnten Formen weist auf das Schönbrunner ›Palmenhaus‹ als Vorbild. Das Gewächshaus ist in der Formensprache des Wiener Jugendstils ausgeführt, wobei der Einfluß von Ohmanns Lehrer Otto Wagner deutlich wird.

Quellen: Wien, Hofburg, Plankammer; Wien, Nachlaß von Professor Hans Pfann, Entwürfe Ohmanns

Literatur: Wagner-Rieger, R.: Wiens Architektur im 19. Jahrhundert. Wien 1970; Lhotsky, A.: Die Baugeschichte der Museen und der Neuen Burg. Wien 1941; Tschira 1939

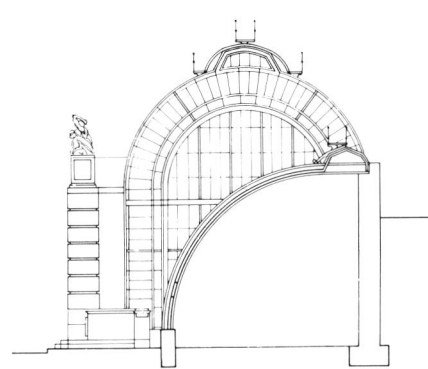

466 Schnitt durch den Seitenflügel

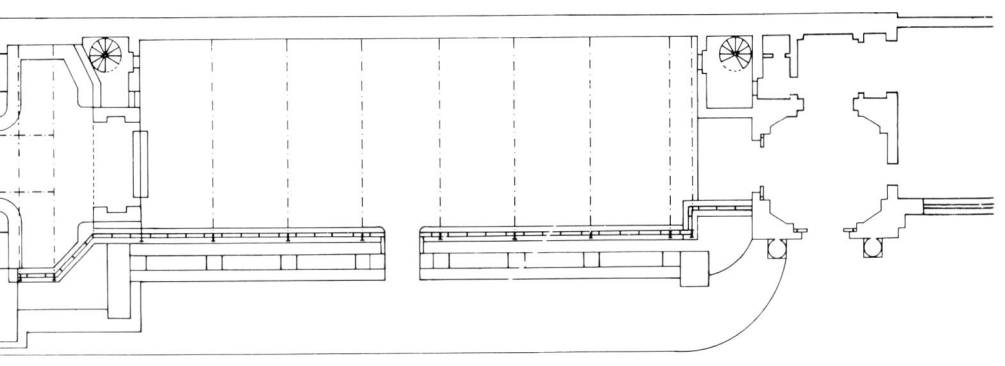

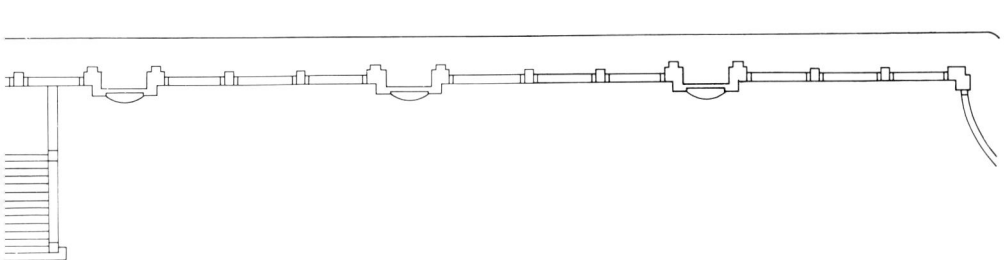

WOLLATON HALL (Nottingham), Kamelienhaus

Abb. 703-708

Länge:	28 m	Architekt:	unbekannt,
Breite:	15 m		errichtet durch
Höhe:	6,40 m		die Gewächshausfirma
			Thomas Clark,
			Birmingham
		Baujahr:	1823
		Zustand:	gut erhalten

Das 1823 erbaute ›Kamelienhaus‹ in Wollaton Hall ist nicht nur – neben den Gewächshäusern von Bicton Gardens und Syon House – eines der ältesten eisernen Gewächshäuser Englands, sondern ist zugleich das erste noch erhaltene, vorfabrizierte Gewächshaus. Mit diesem Haus entstand ein Gewächshaustyp, der nach den Gesichtspunkten der Typisierung und Addierbarkeit der Bauelemente konzipiert wurde. 1825 wurde derselbe Gewächshaustyp in ›The Grange‹ (Hampshire) in variierter Form wiederholt. Charles McIntosh bezeichnet in seiner Schrift ›The Book of the Garden‹ das Prinzip des Dachtragwerks mit Recht als Vorläufer des ›Ridge-and-furrow‹-Daches von Joseph Paxton. Die tragende Konstruktion ist zugleich das Wegsystem: Entlang von Gängen aufgereihte gußeiserne Säulen sind durch ein Eisenblechgewölbe zu Stützenpaaren verbunden. Zwischen den Gängen ausgesparte Pflanzenbeete sind durch prismenförmige Glasdächer überdeckt. Durch diese konstruktive Grundidee war es möglich, ein in sich steifes Rahmenwerk herzustellen, welches eine äußerst filigrane Ausbildung der Stützen erlaubte. Dieses konstruktive Grundgerüst wurde zur Schattenseite hin durch eine Massivmauer, nach Süden durch eine völlig in Glasfenster aufgelöste, klassizistische Fassade mit Halbsäulen und verkröpftem Architrav abgeschlossen.

Die konsequente Verfolgung der Grundidee der überwölbten Gehsysteme mit dazwischen liegenden Glasdächern bei einer gleichzeitig sorgfältigen Detaillierung der Bauglieder bewirkte einen Raumeindruck, der in seiner Ausgewogenheit in Zusammenhang mit den an den Säulen hochgezogenen Kletterpflanzen an einen Paradiesgarten erinnert (Abb. 705). Die Grundstruktur des Gewächshauses ist auch von der sonst dem Auge entzogenen Dachaufsicht ablesbar. Die sich gegenseitig durchdringenden Eisengewölbe und die dazwischen liegenden Glasprismen, aus Glasschuppen gebildet, schaffen eine Dachlandschaft, welche in ihrer Exotik an eine orientalische Kasbah erinnert. Dasselbe Prinzip des Traggerüstes wurde in abgewandelter Form in dem vom Engländer Devien 1843 erbauten ›Gewächshaus‹ in Lednice aufgegriffen. Auch im Projekt John Claudius Loudons für ein ringförmiges ›Gewächshaus‹ in Birmingham von 1831 wurde eine entlang einer Ringpromenade aufgestellte, doppelte Stützenreihe zum tragenden Kern der Glasdächer.

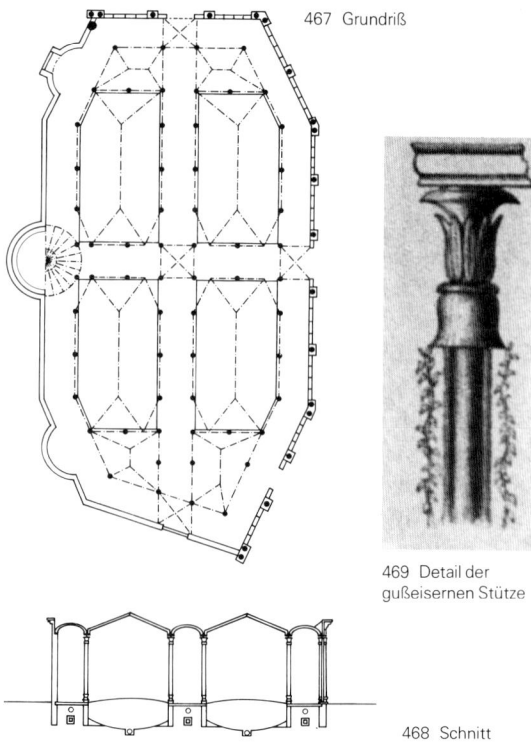

467 Grundriß

469 Detail der gußeisernen Stütze

468 Schnitt

Situation

Das Gewächshaus in Wollaton Hall liegt inmitten eines Landschaftsparkes mit hohen Bäumen und einem ausgedehnten See, dessen Zentrum, auf einer Anhöhe gelegen, das geräumige, im Renaissancedekor um 1600 erbaute Schloß bildet. Dieses ist seit über 300 Jahren der Sitz der Willoughbys, eines der angesehensten Adelsgeschlechter in Nottingham. Der Bauherr des Schlosses, Sir Rancis Willoughby, konnte durch den Verkauf von Kohlenminen den Bau mit großem Aufwand durchführen und mit erlesenem Luxus ausstatten, geriet jedoch dadurch am Ende in Schulden und starb, seiner Familie entfremdet, unter elenden Bedingungen in London. Das für Kamelien bestimmte Gewächshaus wurde 1823 von Thomas Clark geliefert, einer der frühesten Firmen für vorgefertigte, eiserne Gewächshäuser. Dieselbe Firma konstruierte zwei Jahre später, also 1825, das Gewächshaus ›The Grange‹ in Hampshire (Abb. 470).

Raum- und Konstruktionsform

Es ist erstaunlich, in einer Zeit, in welcher noch Stein auf Stein gebaut wurde, ein Konstruktionsprinzip aus Glas und Eisen verwirklicht zu sehen, welches bereits auf Vorfabrikation und Addierbarkeit abgestimmt war. Gußeiserne Säulen und gewölbte Stahlbleche bildeten einen Trag-Rahmen für das aufgelegte Glasdach. Die

Auflager für das Glas- und Stahlgewölbe bildeten Rinnenbalken, welche das Regenwasser in die hohlen Eisenstützen führten. Die äußerst dünnen, 3,59 m hohen Säulen sind mit elegant geformten Basen, Kapitellen und Kannelüren versehen (Abb. 22 a, 73, 468, 469). Die Gewächshausfirma Thomas Clark, welche dieses Glashaus errichtet hatte, hatte ihr Geschäft im Herbst 1818 in der Lionel Street in Birmingham gegründet. Der Firmenname war ursprünglich ›Jones and Clark‹. »Der Firma erstes noch vorhandenes Bestellbuch von 1818 zeigt auf der ersten Seite zwei stützenverstärkte Häuser, eines für den Duke of Newcastle, Clumberpark, Nottinghamshire. Die späteren Bestellbücher sind gefüllt mit Verkäufen an den Adel, einschließlich der Glasschiebefenster 1844 für Queen Victorias Frogmore, den Glashausbau bei Windsor. Der erste ausländische Auftrag war 1839 für zwei Gewächshäuser mit Warmwasserheizung für ein Pine House seiner Majestät des Königs von Württemberg in Stuttgart.«[164]

Das im Grundriß unregelmäßige Glashaus wird durch das Achsenkreuz der auf die Eingänge ausgerichteten Gehwege bestimmt. Längs der abschließenden Wände sind umlaufende Gänge (Abb. 467). Dieses Gangsystem, von Säulenreihen eingefaßt und überwölbt, ist an seinen Schnittpunkten, welche im Zentrum und an den Eingängen liegen, verglast. Das Gewächshaus, in seinem Wechsel von Glas und Eisen, nutzt wirkungsvoll das Spiel von Licht und Schatten, das eigentliche ästhetische Grundprinzip der Architektur. McIntosh beschreibt im bereits erwähnten Buch den von der Firma Clark gelieferten Gewächshaustypus anhand des drei Jahre nach Wollaton Hall erbauten Gewächshauses von ›The Grange‹ im Besitz von Lord Ashbarton: »Das Conservatory in The Grange war nach dem Entwurf von C. R. Cockerell gezeichnet, welcher zur gleichen Zeit das Haus konzipierte. Es ist im griechischen Stil und ist 21,35 m lang, bei 14 m Breite und 6,4 m Höhe. Wir stellen dieses Haus nicht als eine Neuheit vor, es ist jedoch eines der besten

470 Thomas Clark und C. R. Cockerell, The Grange (Hampshire), 1825, Innenansicht, Stich

Conservatories, welche wir gesehen haben. Seine Proportionen sind gut, seine Verbindung mit dem Wohnhaus ist erfreulich, seine Details sind tadellos, und wir betrachten es, sei es als ein an ein Wohnhaus gebundenes Conservatory, sei es losgelöst auf einen Raster gestellt, als ein Modell. Natürlich würden wir, im letzten Fall, Glas anstelle der undurchsichtigen Wand geben, welche das Gewächshaus mit dem Wohnhaus verbindet. Zwei Beete mit präparierter Erde, jedes 4,72 m breit, sind mit geeigneten Pflanzen gefüllt, ein Geweg, 1,70 m breit, führt durch das Zentrum, ein anderer, 1,45 m breit, führt entlang der Rückseite und der Frontseite. Entlang der hinteren Mauer befindet sich eine Einfassung, 0,46 m breit, in welcher Kletterpflanzen wachsen und über ein Drahtgeflecht die Mauer bedecken. Ebenso hat jeder Pilaster eine Einfassung, in welcher ausgewählte Arten von Kletterpflanzen gepflanzt sind und an den Eisensäulen hochgezogen werden.

Eine Glastür öffnet sich von Lady Ashbartons Privaträumen in das Conservatory und der Haupteingang von der äußeren Terrasse führt durch ein Vestibül, in welchen große Pflanzengebilde in ornamentalen Vasen, Kisten und Töpfen stehen. In den Fensternischen zwischen den Pilastern sind 18 cm hohe Ständer angebracht, auf welche kleine, oft blühende Pflanzen gesetzt sind. Unter diesen Ständern ist die Lüftung, welche warme Luft und Dampf, vereint oder getrennt, je nach Wunsch in das Haus liefert. Das vom Dach kommende Regenwasser wird durch die Eisensäulen, welche das Dach tragen, in geräumige Tanks unter dem Portikus geführt und wird dort durch Pumpen für den Gebrauch des Hauses wieder hochgeleitet. Das unmittelbar über den Wegen liegende Dach ist mit doppelten Eisenplatten bedeckt, welche einen Luftraum einschließen, um den Wärmeverlust zu verhindern. Über diesen ist ein sauber ausgeführtes Gitterwerk aus Eisen, so daß jedermann entlanggehen kann, um das Glas zu reparieren, anzustreichen etc. Die Ventilation wird durch Öffnen der Fenster in der Stirn- oder Endseite und durch Aufklappen der Dachluken bewirkt. Das Haus wird durch eine Kombination von Sylvesters Heißluftofen und Dampf, angeordnet in Kammern unter dem Boden, geheizt. In der Art, in welcher das Dach konstruiert ist, kann leicht verstanden werden, daß jede Ausdehnung des Raumes möglich gemacht wird. In dieser Hinsicht nähert es sich sehr dem kürzlich erfundenen ›Ridge-and-furrow‹-Dach. Diesbezüglich würden ohne Zweifel die halbe Anzahl an Säulen genügen, sowohl zur Unterstützung des Daches als auch zur Ableitung des Regenwassers.«[165]

Literatur: Nottingham Museums (Hrsg.): The Story of Wollaton Hall. Guide. 4. Aufl., Nottingham 1976; McIntosh 1853, S. 360 ff.; Neumann 1862, S. 173-179

Anhang

Anmerkungen zum Text

1 Meyer 1907, S. 58.
2 Ebd., S. 55 ff.
3 Vgl. dazu auch Gesamtdarstellungen über Eisenbauten: Giedion 1928 und 1976; Gloag und Bridgewater 1948; Henning-Schefold und Schmidt-Thomsen 1972; Benevolo 1978; Pevsner 1976; Hitchcock 1958; Roisecco 1972.
4 Meyer 1907, S. 55.
5 Giedion 1976, S. 454.
6 Wilde 1977, Bd. 1, S. 393-427.
7 Giedion 1976, S. 455.
8 Häberlin 1855, S. 107.
9 Hartog 1962, S. 39.
10 Hegemann 1976, S. 207.
11 Zit. nach: ebd., S. 262.
12 Zit. nach: ebd., S. 264.
13 Baumeister 1876, S. 184 ff.
14 Zit. nach: Réau 1954, S. 31.
15 Frégier 1840, Bd. II, S. 51 ff.
16 Réau 1954, S. 33. Bereits in der Zeit des Konvents und des Directoire hatte die ›Commission des Artistes‹ rigorose Urbanisationsvorschläge für Paris ausgearbeitet, die jedoch auf dem Papier blieben. Erst mit der strategischen Funktion der Boulevards wurden solche Vorschläge im ausgedehnten Maßstab realisierbar, wobei die damit verbundene Bodenspekulation der Aktiengesellschaften als mächtiger Antrieb wirkten.
17 Haussmann, Mémoires, 1890-1893, Bd. III, S. 530.
18 Ebd., S. 173.
19 Texier 1852/53, S. 183 [Beschreibung der Gewächshäuser im Jardin des Plantes, Paris].
20 Dickens 1977, S. 85.
21 Fourier 1966, S. 174.
22 Ebd., S. 11.
23 Enzyklopädie des Gartenwesens. London 1822 [übersetzt aus dem Englischen, Weimar 1923/24; zit. in: Tschira 1939, S. 99].
24 Posener 1968, S. 21.
25 Ebd., S. 22 ff.

26 Zit. nach: ebd., S. 26.
27 Semper 1849, S. 524.
28 The Builder, 15. 12. 1855, Bd. 13, Nr. 671, S. 603, 604.
29 Posener 1968, S. 35.
30 Howard 1907, zit. in: Posener 1968, S. 57, 58.
31 Ebd., S. 62.
32 Hegemann 1976, S. 214.
33 Behne 1973, S. 67 ff.
34, 35 Ebd.
36 Scheerbart 1971, S. 27.
37 Ebd., S. 65.
38 Sternberger 1974, S. 156 ff.
39 Gurlitt 1888, S. 166-173.
40 Lucae 1869, S. 294-306.
41 Titel des Buches von: Giedion 1929.
42 Le Corbusier 1963, S. 25.
43 Ebd., S. 173.
44 Ebd., S. 99 ff.
45 Ebd., S. 86.
46 Mendelsohn 1924, S. 211.
47 Le Corbusier 1963, S. 15, 179.
48 Ebd., S. 102.
49 Ebd., S. 207.
50 Vgl. Giedion 1929, S. 26.
51 Realis 1846, S. 60 ff.
52 Sckell 1825, S. 1.
53 Ebd., S. 4.
54 Loudon 1817, S. 1.
55 Loudon 1818, S. 1 ff.
56 Sckell 1825, S. 181 ff.
57 Ebd., S. 181.
58 Neumann 1862, S. 180.
59 Chadwick 1961, S. 72 ff.
60 Semper 1849, S. 522-524.
61 Pett 1966, S. 62.
62 Über Land und Meer, 1871/72, Jg. 14, Bd. XXVII, Nr. 10, S. 5, 6.
63 Neumann 1862, S. 171.
64 Ebd., S. 175, 176.
65 Chadwick 1961, S. 104 ff.

66 The Gardener's Magazine, 1839, Bd. xv, S. 450.

67 Die Gartenzeitung, 1882, Jg. 1, S. 80.

68 Ranke 1977, S. 143, 144.

69 Über Land und Meer, 1869, Jg. 11, Bd. xxii, Nr. 32, S. 522.

70 Fontane 1969, S. 72, 73.

71 DBZ, 1872, Jg. 6, Nr. 1, S. 29 [Schinkelfest].

72 Zit. nach: Fischer 1970, S. 104.

73 Schoser 1969, S. 14.

74 McGrath und Frost 1961, S. 134 ff.

75 Allgemeine Bauzeitung, 1852, Jg. 17, S. 299.

76 The Illustrated London News, 5.3.1859, Jg. 18, Bd. xxxiv, Nr. 963, S. 226.

77 Jardins en France, 1977, S. 18.

78 Zit. nach: ebd., S. 49.

79 Dietrich 1860, S. 143 ff.

80 Sachs 1875, S. 6.

81 Ebd., S. 10.

82 Humboldt 1845, Bd. 1, S. 55.

83 Eichler 1881, Bd. 1, S. 34 ff.

84 ZfBW, 1867, Jg. 17, H. 7-10, S. 315 ff.

85 Tschira 1939, S. 11.

86 Pfann 1935, S. 5.

87 Tschira 1939, S. 89.

88 Pfann 1935, S. 4.

89 Tschira 1939, S. 97.

90 Ebd., S. 98.

91 Pfann 1939, S. 3.

92 Bouché 1886, S. 15.

93 Chadwick 1961, S. 70 ff.

94 Loudon 1817, S. 74.

95 Jordan 1913, S. 31.

96 Zit. nach: Tschira 1939, S. 66.

97 Bucher 1971, S. 51 ff.

98 Scheerbart 1971, S. 42, 43.

99 McGrath und Frost 1961, S. 41.

100 Ebd., S. 41 ff.

101 Fischer 1970, S. 27.

102 Ebd., S. 27 ff.

103 McGrath und Frost 1961, S. 44.

104 Fischer 1970, S. 80.

105 Meyer 1907, S. 55.

106 McIntosh 1853, S. 119-123.

107 McGrath und Frost 1961, S. 45.

108 Chadwick 1961, S. 96, 104-124.

109 McIntosh 1853, S. 108 ff., 134 ff.

110 Pfann 1935, S. 3.

111 Deutsches Magazin für Garten- und Blumenkunde, 1872, Jg. 25, S. 194; Seemann 1856, S. 11.

112 Dietrich 1860, S. 605, 606.

113 Ebd., S. 683, 684.

114 Troll 1926, S. 47.

115 Deutsches Magazin für Garten- und Blumenkunde, 1872, Jg. 25, S. 196.

116 Mit Ausnahme der Golfstromregion.

117 Deutsches Magazin für Garten- und Blumenkunde, 1872, Jg. 25, S. 197.

118 Ebd., S. 198.

119 Ebd., S. 194 ff.

120 Die Gartenflora, 1876, Jg. 25, S. 111.

121 Deutsches Magazin für Garten- und Blumenkunde, 1872, Jg. 25, S. 291.

122 Seemann 1856, S. 23.

123 Kazvini 1872, S. 231.

124 Deutsches Magazin für Garten- und Blumenkunde, 1872, Jg. 25, S. 288.

125 Matthäus, Kap. 21, Vers 8; Johannes, Kap. 12, Vers 12, 13.

126 Deutsches Magazin für Garten- und Blumenkunde, 1872, Jg. 25, S. 227, 228.

127 Ebd., Jg. 25, S. 198; Humboldt 1849, Bd. 1.

128 Seemann 1856, S. 42 ff.

129 Kronfeld 1923, S. 29.

130 Ebd., S. 68.

131 Herrenhausen 1666-1966, 1966, S. 27.

132 Humboldt 1845, Bd. 1, S. 97.

133 Bouché 1886, S. 213.

134 Neumann 1862, S. 182.

135 Mit Wahrscheinlichkeit kannten bereits die Römer nach Senecas Bericht ›naturalium quaestionum‹ die Warmwasserheizung für ihre Thermen, jedoch nutzten sie nicht die Zirkulation des zum Herd zurücklaufenden Wassers.

136, 137 Neumann 1862, S. 189.

138, 139 Ebd., S. 192.

140 Ebd., S. 250.

141 Ebd., S. 251.

142 Ebd., S. 250.

143 Meißner 1821.

144 Pfann 1935, S. 7.

145 Bouché 1886, S. 28 ff.

146 Durm und Ende 1893, Teil 4, Halbbd. vi, H. 4, S. 403.

147 Dietrich 1860, S. 369 ff.; Bouché 1886, S. 28 ff.

148 Tschira 1939, S. 100.

149 Zit. nach: ebd., S. 99.

150 Jordan 1913, S. 31.

151 G.E., S.E. bezeichnen das Material: Gußeisen bzw. Schmiedeeisen (Stahl).

152 Marx 1959, Bd. 1, S. 392.

153 Ebd., S. 389.

154 Ashton 1951, S. 87 ff.

155, 156 Marx 1959, S. 396 ff.

157 Ebd., S. 399.

158 Kuczynski 1964, Bd. xxii, S. 84 ff.

159 Vgl. hierzu: Johannsen 1925, S. 122 ff.

160 Marx 1959, Bd. 1, S. 400.

161 Johannsen 1925, S. 130 ff.

162 Marx 1959, Bd. 1, S. 402.

163 Vgl. hierzu: Beck 1879, Bd. III, S. 503 ff., 1069 ff., 546 ff.; Johannsen 1925, S. 110 ff., 112, 115; Marx 1959, S. 315; Werner 1975, S. 36.

164 Beck 1879, Bd. III, S. 246 ff., 518, 580 ff.

165 Vgl. hierzu: Marx 1959, S. 400, S. 403 ff.; Werner 1975, S. 38; Johannsen 1925, S. 131 ff.; Beck 1879, Bd. III, S. 755.

166 Vgl. hierzu: Beck 1879, Bd. III, S. 756 ff., 761; Bd. IV, S. 295 ff.; Mertens 1977, S. 33; Voigt 1965, S. 255 ff., 367 ff.; Johannsen 1925, S. 130 ff.; Wiedenfeld 1938, S. 45; Werner 1975, S. 43; Hennig-Schefold und Schmidt-Thomsen 1972, S. 14.

167 Beck 1879, Bd. IV, S. 285.

168 Voigt 1965, S. 362 ff.

169 Ebd., S. 225 ff.

170 Marx 1959, S. 401.

171 Mertens 1977, S. 33.

172 Voigt 1965, S. 225 ff.

173 Beck 1879, Bd. III, S. 756 ff.

174 Ebd., S. 761.

175 Beck 1879, Bd. IV, S. 295 ff.

176 Johannsen 1925, S. 130 ff.; Voigt 1965, S. 367 ff.

177 Johannsen 1925, S. 131.

178 Wiegenfeld 1938, S. 45.

179 Hennig-Schefold und Schmidt-Thomsen 1972, S. 14.

180 Werner 1975, S. 43; zit. nach: Schadendorf 1965, S. 64.

181 Mertens 1977, S. 39, 40.

182 Ebd., S. 31.

183 Vgl. hierzu: Ashton 1951, S. 13 ff.; Beck 1879, Bd. I, S. 963 ff.; Gloag 1948, S. 3 ff.; Johannsen 1925, S. 75; Mertens 1977, S. 27; Werner 1975, S. 12 ff., 16 ff., 20.

184 Ashton 1951, S. 24 ff., 30 ff., 34 ff.; Beck 1879, Bd. III, S. 6, 161 ff., 376 ff., 615, 757 ff., 1064; Bd. IV, S. 92; Johannsen 1925, S. 97, 106, 123-126; Schild 1967, S. 10.

185 Piwowarsky 1958, S. 4, 5.

186 Vgl. hierzu: Beck 1879, Bd. IV, S. 102, 107, 155, 161, 764, 864 ff.; Bd. V, S. 1376; Johannsen 1925, S. 98, 134, 138, 146 ff.; Mertens 1977, S. 46; Giedion 1976, S. 135; Scheerer 1848, Bd. I, S. 406-527.

187 Kuczynski 1964/65, Bd. XXIII, S. 33; Bd. XXIV, S. 87.

188 Weyrauch über die Zunahme der Brückenspannweiten im 19. Jahrhundert. In: ZfBW, 1901, Jg. 51, H. 7-9, S. 465 ff., 471.

189 Meyer 1907, S. 43.

190 Ebd., S. 29 ff.

191 Straub 1949, S. 71 ff.; Werner 1975, S. 49.

192 Meyer 1907, S. 37.

193 Straub 1949, S. 152 ff.

194 Beck 1879, Bd. III, S. 63.

195 Giedion 1976, S. 157 ff.

196 Brunet 1809.

197 Benevolo 1978, Bd. I, S. 21; Rondelet 1812-1817.

198 Meyer 1907, S. 40.

199 Werner 1975, S. 50.

200 Hamilton 1941, S. 139 ff.

201 Gatz und Hart 1966, S. 9.

202 Beck 1879, Bd. IV, S. 208.

203 Ebd., S. 208 ff.

204 Ebd., S. 212.

205 Wittek 1964, S. 7.

206 Gloag 1948, S. 193; Wittek 1964, S. 9.

207 Straub 1949, S. 217 ff.

208 Wittek 1964, S. 11.

209 Ebd., S. 18.

210 Werner 1974, S. 164.

211 Meyer 1907, S. 47.

212 Werner 1974, S. 276 ff.

213 Breymann 1890, Bd. III, S. 5.

214 Ebd., S. 1.

215 Allgemeine Bauzeitung, 1862, Jg. 27, S. 239, 240, Atlas, Bl. 510-514.

216 The Illustrated London News, 1.3.1851, Jg. 10, Bd. XVIII, Nr. 472, S. 176.

217 Mäurer 1865, S. 108.

218 Foerster 1903, S. 75.

219 Wittek 1964, S. 18.

220 Meyer 1907, S. 160.

221, 222 Baumeister 1866, S. 85 ff.

223 Pfann 1935, S. 3.

224 Brandt 1876, S. 34 ff.

225 Wittek 1964, S. 10; Benevolo 1978, Bd. I, S. 48.

226 Fairbairn 1859, S. 7.

227 Gloag 1948, S. 192.

228 Beck 1878, Bd. III, S. 761; Bd. IV, S. 295.

229 Gloag 1948, S. 193.

230 Durm und Ende 1896, Teil 3, Bd. III, H. 1, S. 63.

231 Ebd., S. 61.

232 McIntosh 1853, S. 546 ff.

233 Brandt 1876, S. 386 ff.

234 McIntosh 1853, S. 382 ff.

235 Höltje und Weber 1964.

236 Meyer 1907, S. 18.

237 Ebd., S. 20.

238 Wittek 1964, S. 13.

239 Stroud 1962, S. 116, 131.

240 McIntosh 1853, S. 366 ff.

241 Ebd., S. 365.

242 Werner 1973, S. 256.

243 Die Bauwelt, 24.11.1969, Jg. 60, H. 47, S. 1677-1681.

244 Werner 1973, S. 256.

245 Pevsner 1976, S. 242.

246 Curl 1973, S. 25.

247 Wittek 1964, S. 13, 94.

248 Loudon 1817, S. 74.

249 McGrath und Frost 1961, S. 119.

250 Allgemeine Bauzeitung, 1849, Jg. 14, S. 108-110, Atlas, Bl. 253-255.
251 Ebd., 1852, Jg. 17, S. 139-142, Atlas, Bl. 469-475.
252 Chadwick 1961, S. 73-103.
253 McIntosh 1853, S. 374.
254 Ebd., S. 122.
255 Mäurer 1865, S. 107.
256 Heinzerling 1878, Bd. II, S. 1.
257 Wittek 1964, S. 6.
258 Walmisley 1950, S. 29, 30.
259 Wittek 1964, S. 28.
260 Allgemeine Bauzeitung, 1863, Jg. 28, S. 115, Atlas, Bl. 568.
261 Wittek 1964, S. 29.
262, 263 Brandt 1876, S. 427 ff.
264 Schoser 1971, S. 1-4.
265 ZfBW, 1887, Jg. 37, H. 1-3, S. 70-72, Atlas, Bl. 18.
266 Wittek 1964, S. 40 ff.
267 Loudon 1817, S. 74.
268, 269 Ebd., S. 75.
270 Chadwick 1961, S. 98, 99.
271 Werner 1970, S. 35.
272 Allgemeine Bauzeitung, 1850, Jg. 15, S. 277-285, Notizbl. Nr. 341, Atlas, Bl. 362-367.
273 Chadwick 1961, S. 107 ff.
274 Werner 1970, S. 38 ff.
275 Allgemeine Bauzeitung, 1850, Jg. 15, S. 277-285, Notizbl. Nr. 341, Atlas, Bl. 362-367.
276 Wittek 1964, S. 15.
277 Bouché 1886, Taf. XXIII, XXIV.
278 Wittek 1964, S. 50.
279 Giedion 1976, S. 174.
280 Zeitschrift für praktische Baukunst, 1849, Jg. 9, S. 515-526, Taf. 54.
281 Allgemeine Bauzeitung, 1852, Jg. 17, S. 299-304, Atlas, Bl. 506, 507.
282 Walimsley 1950, S. 21.
283 Illustrierte Zeitung, 17.9.1864, Bd. XLIII, Nr. 1107, S. 197.
284 Breymann 1854, Bd. III.
285 McIntosh 1853, S. 363 ff.
286 Ebd., S. 368 ff.
287 Chadwick 1961, S. 94.
288 McIntosh 1853, S. 376 ff.
289 McCracken 1971, S. 27.
290 Chadwick 1961, S. 157, 158.
291 Gayle und Gillon 1974, S. VIII.
292 Ebd., S. 16.
293 Breymann 1890, Bd. III, S. 80.
294 Bannister 1950, S. 231 ff.
295 Meyer 1907, S. 160.
296 Giedion 1976, S. 140.
297 McIntosh 1853, S. 361, 362.
298 Chadwick 1961, S. 77-80.

299 McIntosh 1853, S. 120.
300 Brandt 1876, S. 285.
301 Scharowsky 1895, S. 41.
302 McIntosh 1853, S. 368.
303 Sturges 1970; Gayle und Gillon 1974, S. x.
304 Allgemeine Bauzeitung, 1837, Jg. 2, Nr. 33, S. 271 bis 274.
305 Chadwick 1961, S. 70 ff.
306 Curl 1973, S. 26.
307 Gloag 1948, S. 192.
308 Skempton 1956, S. 1029 ff.
309 Gayle und Gillon 1974, S. v.
310 Sturges 1970, Taf. XVI.
311 Loudon 1832.
312 Werner 1970, S. 20.
313 Gloag 1948, S. 201 ff.
314 Werner 1970, S. 30.
315 Ebd., S. 35, 49.
316 Mertens 1977, S. 40.
317 McGrath und Frost 1961, S. 134-138.
318 Allgemeine Bauzeitung 1852, Jg. 17, S. 299-304, Atlas, Bl. 506-507; Geist 1969, S. 216.
319 Wittek 1964, S. 15.
320 Roth 1971, S. 2.
321 ZfBW 1867, Jg. 17, H. 7-10, S. 315-324; Atlas, Bl. 34-39.
322 Wittek 1964, S. 17.
323 Bouché 1886, Taf. XXII-XXIV.
324 Chadwick 1966, S. 146.
325 The Illustrated London News, 15.10.1859, Jg. 18, Bd. XXXV, Nr. 998, S. 370, 371.
326 Ebd. 5.3.1859, Jg. 18, Bd. XXXIV, Nr. 963, S. 224 bis 226.
327 Gloag 1948, S. 249; Roisecco 1972, Bd. I, S. 460 ff.
328 Brandt 1876, S. 404-407.
329 Tschira 1939, S. 14.
330 Allgemeines Teutsches Gartenmagazin, 1806, Jg. 3, Bd. II, Stück 1, S. 3-5; Taf. 2, 3.
331 Nau 1959, S. 102 ff.
332 Thiollet 1832, S. 24.
333 Gloag 1970, S. 47 ff.
334 Loudon 1817.
335 Hix 1974, S. 105.
336 Chadwick 1961, S. 75.
337 McIntosh 1853, S. 371.
338 The Gardeners' Chronicle, 31.8.1850, Jg. 10, Nr. 35, S. 548, 549.
339 Bannister 1950, S. 231-246.
340 Allgemeine Bauzeitung, 1850, Jg. 15, S. 448.
341 Ebd. 1852, Jg. 17, S. 222; Atlas, Bl. 488.
342 Gloag 1948, S. 250.
343 The Gardeners' Chronicle, 8.8.1868, Jg. 28, Nr. 32, S. 858.
344 Gloag 1948, S. 250.

345 Messenger 1880, S.6.

346 McIntosh 1853, S.109.

347 Gloag 1948, S.201.

348 Wittek 1964, S.21.

349 Beck 1879, S.205.

350 Ebd., S.266.

351 Loudon 1818, S.2.

352 Gloag 1970, S.45.

353 Mäurer 1865, S.35; Beck 1879, Bd.III, S.631.

354 Heinzerling 1876, Bd.I, S.1.

355 Beck 1879, Bd.IV, S.266.

356 Mäurer 1865, S.33.

357 Ebd., S.107.

358 Ebd., S.103.

359 Fairbairn 1859, S.62.

360 Mäurer 1865, S.105.

361 Wittek 1964, S.33.

362 Ebd., S.30.

363 Hübsch 1825, S.19.

364 McIntosh 1853, S.382, 383.

365 Ebd., S.384.

366 Heinzerling 1878, Bd.II, S.1, 25.

367 Wittek 1964, S.50.

368 Zeitschrift für praktische Baukunst, 1849, Jg.9, S.515-526, Taf.54.

369 Heinzerling 1878, Bd.II, S.2.

370 Illustrierte Zeitung, 17.9.1864, Bd.XLIII, Nr.1107, S.197.

371 Heinzerling 1878, Bd.II, S.2.

372 Der Bautechniker 1885, Jg.5, Nr.22, S.152.

373 Deutsche Bauzeitung 1902, Bd.II, Teil 5, S.373.

374 Wittek 1964, S.64, 65.

375 DBZ, 1873, Jg.7, Nr.32, S.121, 122, 125; Nr.40, S.149-151; Nr.44, S.163-166; Nr.46, S.171, 172; Nr.64, S.258, 259, S.269, 270.

376 ZfBW, 1909, Jg.59, H.4-6, S.202-222, Abb.20, Atlas, Bl.25-30.

377 Ebd., 1916, Jg.66, H.1-3, S.30-40.

378 Ebd., 1887, Jg.37, H.1-3, S.70-72; Atlas, Bl.14, 15.

379 Hix 1974, S.146, 147.

380 Meyer 1907, S.131-133; Deutsche Bauzeitung 1902, Bd.II, Teil 5, S.361.

381 Quentin 1964, S.152-155.

382, 383 ZfBW, 1866, Jg.16, H.1-3, S.7-34, Atlas, Bl. 10-14.

384 Ebd., 1888, Jg.38, H.1-3, S.43-82, Atlas, Bl. 18.

385 Zu 1., 2., 7.-9. vgl.: Siegel 1960, S.241; zu 3. vgl.: Wittek 1964, S.67, 121; zu 6. vgl.: Breymann 1890, Bd.III, S.251.

386 Dischinger 1928.

387 Loudon 1833, S.7.

388 Ebd., S.24.

389 Hix 1974, S.111.

390 Ebd., S.112.

391 Hix 1974, S.112.

392 Ebd., S.26.

393 Loudon 1822, S.357.

394 McIntosh 1853, S.542.

395 Durm und Ende 1894. Teil 3, Bd.II, H.5, S.298ff.

396 Mäurer 1865, S.224.

397 Breymann 1890, Bd.III, S.187, 188.

398 Gloag 1970, S.45.

399 Allgemeine Bauzeitung, 1837, Jg.2, Nr.48, S.395ff; Nr.49, S.403ff.

400 McIntosh 1853, S.547.

401 Ebd., S.364.

402 Deutsches Magazin für Garten- und Blumenkunde, 1866, Jg.19, S.214.

403 Allgemeine Bauzeitung, 1837, Jg.2, Nr.48, S.395ff; Nr.49, S.403ff.

404 Loudon 1833, S.24.

405 Loudon 1818, S.5.

406 Ebd., S.4.

407 Zeitschrift für Bauwesen, 1866, Jg.16, H.1-3, S.7 bis 34, Atlas, Bl.10-14.

408 Loudon 1818, S.2.

409 The Builder, 23.12.1843, Bd.I, Nr.46, S.552.

410 Mertens 1977, S.1.

411 Ebd., S.2.

412 Josch 1942; Piwowarsky 1958; Brandt 1876, S.98.

Anmerkungen zum Katalog

1 McIntosh 1853.
2 Pett 1966, S. 62.
3 Eichler 1881, Bd. 1, S. 34 ff.
4 Architekten-Verein zu Berlin, 1896, Bd. II, S. 252 bis 256.
5 Bouché 1886, S. 15.
6 Ebd., S. 15, 120.
7 Martius 1965, S. 262 ff.
8 Neumeyer 1973, S. 15-19.
9 Die Gartenflora, 1894, Jg. 43, S. 4.
10 Neumeyer 1973, S. 17.
11 DBZ, 1873, Jg. 7, Nr. 32, S. 121.
12 Ebd., S. 122.
13 DBZ, 1873, Jg. 7, Nr. 44, S. 164.
14 Ebd., Nr. 64, S. 259.
15-17 Ebd., S. 269.
18 DBZ, 1873, Jg. 7, Nr. 32, S. 121.
19 Über Land und Meer, 1871, Jg. 13, Bd. XXVI, Nr. 48, S. 14.
20 ZfBW, 1869, Jg. 19, H. 8-10, S. 432-435.
21, 22 ZfBW, 1881, Jg. 21, H. 1-3, S. 176, Atlas Bl. 38-42.
23 Ebd., S. 181.
24 Hix 1974, S. 164.
25 ZfBW, 1909, Jg. 59, H. 4-6, S. 202-222, Atlas Bl. 25 bis 30.
26 Koerner 1910, S. 15.
27 Deutsches Magazin für Garten und Blumenkunde, 1861, Jg. 14, S. 84-91.
28 Loudon 1835, S. 336, 337.
29 Loudon 1832, Bd. VIII, S. 407-432.
30, 31 McIntosh 1853, S. 363, 364.
32 Chadwick 1961, S. 94.
33 Balis und Witte 1970, S. 9.
34 Ebd., S. 11.
35 Ebd., S. 15.
36, 37 Borncrêpe 1920, S. 185.
38 Meyer 1907, S. 131-133.
39 Borncrêpe 1920, S. 177.
40 James 1973, S. 3-9.
41 Hix 1974, S. 25-27.
42 Loudon 1818, S. 1.
43 Fintelmann 1882, Jg. 1, S. 31-83.
44 Chadwick 1961, S. 72-103.
45 Ebd., S. 74.
46 Ebd., S. 75, 76.
47 Ebd., S. 76.
48 Report of the Commissioners 1852, S. 304, 312.
49 Chadwick 1961, S. 98.
50 Loudon 1839, Bd. XV, S. 450 ff.
51 Schild 1967, S. 36.
52 Chadwick 1961, S. 94.
53 Ebd., S. 96.

54 Ebd., S. 95.
55 Zit. nach: ebd., S. 97.
56 Fintelmann 1882, Jg. 1, S. 31-83.
57 Chadwick 1961, S. 78.
58 Ebd., S. 102.
59 Ebd., S. 103.
60 McGrath und Frost 1961, S. 119.
61 McCracken 1971, S. 42.
62 The Illustrated London News, 18.3.1865, Jg. 24, Bd. XLVI, Nr. 1306, S. 258, 262.
63 Walmisley 1950, S. 21, 22.
64 The Gardeners' Chronicle, 23.5. 1874, Jg. 34, Nr. 21, S. 662.
65 The Gardeners' Chronicle, 1.12. 1855, Jg. 15, Nr. 48, S. 790, 791.
66 Siebert 1908, S. 96 ff.
67 Ebd., S. 97.
68 Ebd., S. 99.
69 Über Land und Meer, 1870, Jg. 12, Bd. XXIV, Nr. 41, S. 6-12.
70 Meyer 1907, S. 173.
71 Die Gartenflora, 1872, Jg. 21, S. 116.
72 Ebd., S. 115.
73 Siebert 1908, S. 96.
74 Möller's Deutsche Gärtner-Zeitung, 2.6.1906, Jg. 21, Nr. 22, S. 257 ff.
75 Zit. in: Smith 1971, S. 24.
76 Ebd., S. 34.
77 Downie 1973.
78 Allgemeine Bauzeitung, 1837, Jg. 2, Nr. 48, S. 395 ff.
79 Ebd., S. 400.
80 Ebd., S. 398.
81 Meyer 1966, S. 23-28.
82 Höltje und Weber 1964.
83 Die Gartenzeitung 1882, Jg. 1, S. 53-55.
84 Valdenaire 1926, S. 67.
85 Karlsruhe im Jahre 1870. In: Baugeschichtliche und ingenieurwissenschaftliche Mitteilungen, 1872, S. 66, 67.
86 Messerschmidt 1927, S. 7.
87-89 Illustrierte Zeitung, 17.9.1864, Bd. XLIII, Nr. 1107, S. 197.
90 Jacobsen und Rothe 1879, S. 5.
91 DBZ, 1881, Jg. 15, Nr. 23, S. 133.
92 Jacobson und Rothe 1879, S. 5.
93 Poulsen 1974, S. 10 ff.
94 Silva-Taroucca, Graf E. (Hrsg. u. a.): Die Gartenanlagen Österreich-Ungarns. Wien 1910, Bd. IV, H. 2, S. 30.
95 Durm und Ende 1885, Teil 4, Halbbd. IV, S. 142.
96 Bulletin administratif, ville de Lille, 1875, Nr. 9, S. 170 ff.

97 Hughes 1969, S. 147-154.

98 The Liverpool Review, 10. 10. 1896, S. 11.

99 McIntosh 1853, S. 368.

100 McGrath und Frost 1961, S. 119.

101 Allgemeine Bauzeitung, 1837, Jg. 2, Nr. 48, S. 395.

102 Hix 1974, S. 121-123 [deutsche Übersetzung].

103 McIntosh 1853, S. 368, 369.

104 Plaistow 1970, S. 1-2.

105 ZfBW, 1887, Jg. 37, Heft 1-3, S. 70.

106 McIntosh 1853, S. 367.

107 McCracken 1971, S. 42.

108 Loudon 1818, S. 1.

109 The Builder, 15. 1. 1848, Bd. VI, Nr. 258, S. 29-31.

110 McIntosh 1853, S. 119.

111 Ebd., S. 119-123.

112 Architectural Review, Februar 1957, Bd. XXI, Nr. 721, S. 127, 128.

113 ZfBW, 1887, Jg. 37, H. 1-3, S. 70-72.

114 Bucher 1851.

115 Chadwick 1961, S. 107 ff.; The Illustrated London News, 6.7. 1850, Jg. 9, Bd. XVII, Nr. 434, S. 13.

116 Chadwick 1961, S. 111.

117 Schild 1967, S. 53.

118 Allgemeine Bauzeitung, 1850, Jg. 15, S. 277 ff.; The Illustrated London News, 1.3.1851, Jg. 10, Bd. XVIII, Nr. 472, S. 176.

119 Gloag 1948, S. 201.

120 Werner 1970, S. 29.

121 ZfBW, 1852, Jg. 2, H. 1, 2, S. 46.

122 Durm und Ende 1893, Teil 4, Halbbd. VI, H. 4, S. 481, 482.

123 Werner 1974, S. 26-29.

124 ZfBW 1852, Jg. 2, H. 1, 2, S. 44.

125 McGrath und Frost 1961, S. 134 ff.

126 Bouvier und Maynial 1946.

127 Sckell 1825, S. 181 ff.

128 Ebd., S. 182, 183.

129 Tschira 1939, S. 85.

130 Sckell 1825, S. IX.

131, 132 Tschira 1939, S. 95.

133 Sckell 1825, S. 180.

134 Roth 1971, S. 18.

135 Die Gartenlaube, 1859, Jg. 6, S. 158.

136 Wittek 1964, S. 15, 43.

137 Ebd., S. 112.

138 Blunt 1973.

139 ZfBW, 1867, Jg. 17, H. 7-10, S. 316.

140 Ebd., S. 317, 318.

141 Ebd., S. 318.

142 Über Land und Meer, 1868, Jg. 10, Bd. XX, Nr. 20, S. 328.

143 Giedion 1976, S. 137.

144 Allgemeine Bauzeitung, 1837, Jg. 2, Nr. 33, S. 271 ff.

145 Texier 1852/53, S. 183.

146 Zeitschrift für praktische Baukunst, 1849, Jg. 9, S. 516, 517.

147 Hix 1974, S. 118.

148 Zeitschrift für praktische Baukunst, 1849, Jg. 9, S. 520.

149 Ebd., S. 521-524.

150 Hix 1974, S. 84.

151 ZfBW, 1888, Jg. 38, H. 4-6, S. 202, Atlas Bl. 30-33.

152 Nau 1959, S. 102.

153 Deutsches Magazin für Garten- und Blumenkunde, 1852, Jg. 5, S. 93 ff.

154 Zanth 1855, S. 1.

155 Ebd., S. 11 ff.

156 Gerhard 1936, S. 86.

157 Über Land und Meer, 1871/72, Jg. 14, Bd. XXVII, Nr. 10, S. 5, 6.

158 Zanth 1855, S. VIII-XX.

159 Gerhard 1936, S. 83.

160 Attempto, 1969, H. 33, 34, S. 9-19.

161 Deutsches Magazin für Garten- und Blumenkunde, 1859, Jg. 12, S. 113, 114.

162 Allgemeine Bauzeitung, 1837, Jg. 2, Nr. 44, S. 395 ff.

163 Illustrierte Zeitung, 22.4.1882, Bd. LXXVIII, Nr. 2025, S. 325, 326.

164 Hix 1974, S. 105.

165 McIntosh 1853, S. 360-362.

Archive und Museen

Belfast	Botanic Garden, Library; Ulster Museum	Liverpool	Liverpool City Libraries
Berlin	Archiv des Landes Berlin; Bibliothek Botanischer Garten, Berlin-Dahlem; K+S, Archiv; Staatliche Schlösser und Gärten, Verwaltung, Schloß Charlottenburg	London	British Museum; J. Russel and Sons, Archiv; J. Troughton Collection; London Country Council Library; North Library and North Library Gallery; Patent Office
Bonn	Bildarchiv der Bundeshauptstadt Bonn	Lyon	Jardin Botanique de Ville de Lyon, Parc de la Tête d'Or; Société d'Etude d'Histoire de Lyon, Cours Gambetta
Bournemouth	Central Library, Archiv		
Breslau	Botanischer Garten, Archiv		
Brüssel	Archives de la ville Bruxelles; Bibliothéque Royale Albert 1er, Cabinet des Estampes; Jardin Botanique National de Belgique, Bibliothèque	München	Bayerische Verwaltung der staatlichen Schlösser, Gärten und Seen, Schloß Nymphenburg; Geheimes Hausarchiv; Münchner Stadtmuseum; Stadtarchiv München
Buxton	Department of Technical Services, Town Hall		
Edinburgh	Royal Botanic Garden, Library	New York	Museum of Modern Art, Archiv Dr. Glaeser
Glasgow	Botanic Gardens, Archiv	Paris	Bibliothèque Nationale, Cabinet des Estampes; H. Roger-Viollet, Archiv; Musée National d'Histoire Naturelle
Hannover	Stadtarchiv Hannover		
Innsbruck	Botanischer Garten, Archiv		
Karslruhe	Botanischer Garten, Achiv	Pavia	Orto Botanico, Archiv
Kassel	Stadtbauamt Kassel	Sheffield	Recreation Department, Head Office
Kew bei London	Royal Botanic Gardens, Archiv	Stuttgart	Staatliches Hochbauamt II, Planarchiv
Köln	Kölnisches Stadtmuseum	Wien	Österreichische Nationalbibliothek, Bildarchiv; Schloß Schönbrunn, Plankammer; Hofburg, Plankammer, Nachlaß von Professor Hans Pfann
Kopenhagen	Botanisk Have, Archiv, Ny Carlsberg Glyptotek, Bibliothek		
Leeds	Central Library, Archiv		
Lille	Mairie de Lille, Services Techniques, Espaces verts	Wiesbaden	Bildarchiv der Landeshauptstadt Wiesbaden

Literaturverzeichnis

Anderson, A.: An Historical and Chronical Deduction of the Origin of Commerce, from the Earliest Account to the Present Time. Containing a History of the Great Commercial Interests of the British Empire. London 1764, Bd. III [deutsche Übersetzung Riga 1773].

Architekten-Verein zu Berlin (Hrsg.): Berlin und seine Bauten. 2 Teile, Berlin 1877; 1896, Bd. I-III, hrsg. zusammen mit der Vereinigung der Berliner Architekten; 1972, Teil I-XI.

Ashton, T.S.: Iron and Steel in the Industrial Revolution. 2. Ausg., Manchester 1951 [Erstausg. Manchester 1924].

Bannister, T.: The First Iron-Framed Buildings. In: Architectural Review, April 1950, Bd. CVII, Nr. 637, S. 231 ff.

Baumeister, R.: Architektonische Formenlehre für Ingenieure. Stuttgart 1866.

– Stadterweiterungen in technischer, baupolizeilicher und wirtschaftlicher Beziehung. Berlin 1876.

Balis, J. und Witte, E.: Histoire des Jardins Botaniques de Bruxelles 1870-1970. Brüssel 1970.

Beck, L.: Die Geschichte des Eisens. 1. Aufl., 4 Bde., Braunschweig 1879 [2. Aufl. 1890-1899]; Bd. I: Von der ältesten Zeit bis um das Jahr 1500 n. Chr.; Bd. II: Das 16. und 17. Jahrhundert; Bd. III: Das 18. Jahrhundert; Bd. IV: Das 19. Jahrhundert.

Behne, A.: Wiederkehr der Kunst. Berlin 1919 [Neuaufl., Nendeln 1973].

Benevolo, L.: Geschichte der Architektur des 19. und 20. Jahrhunderts (dtv, wissenschaftliche Reihe). 2 Bde., München 1978.

Blunt, W.: The Dream King Ludwig II. of Bavaria. London 1973 [deutsche Ausgabe München 1970].

Bouché, C.D. und J.: Bau und Einrichtung von Gewächshäusern. Bonn 1886 (mit Tafeln).

Bouvier, R. und E. Maynial: Der Botaniker von Malmaison. Berlin 1946.

Borncrêpe, H.: Les serres de Laeken. Brüssel 1920.

Börsch-Supan, E.: Garten-, Landschafts- und Paradiesmotive im Innenraum. Berlin 1967.

Boudon, F.: Hector Horeau. 1801-1872. Ausstellungskat., Museé des Arts Décoratifs, Paris 1972.

Brandt, E.: Lehrbuch der Eisenkonstruktionen mit besonderer Anwendung für den Hochbau. Berlin 1876.

Breuer, K.: Die Pfaueninsel. Diss. Berlin 1923.

Breymann, G. A.: Bauconstruktionslehre. 1. Aufl., 4 Bde., Stuttgart 1849-1854 [5. Aufl., Leipzig 1890].

Brunet: Dimensions des fers qui doivent former la coupole de la Halle aux Blés. Paris 1809.

Buchanan, R. A.: Industrial Archaeology in Britain (Penguin Books). Harmondsworth 1972.

Bucher, L.: Kulturhistorische Skizzen aus der Industrie-Ausstellung aller Völker. In: Kat. Die verborgene Vernunft. Funktionale Gestaltung im 19. Jahrhundert. Neue Sammlung, München Jan.-März 1971.

Carus, C.G.: Neun Briefe über Landschaftsmalerei geschrieben in den Jahren 1815 bis 1824. Dresden 1955.

Chadwick, G.F.: The Works of Sir Joseph Paxton. London 1961.

– The Park and the Town. London 1966.

Curl, J.S.: Victorian Architecture, its Practical Aspects. Newton Abbot 1973.

Deutsche Bauzeitung und Deutscher Baukalender (Hrsg.): Baukunde des Architekten. 2 Bde., 1. Aufl., Berlin 1880-1884, Halbbd. I, II; 2. Aufl. (hrsg. von Theodor Goecke), Berlin 1897-1904, Bd. I, II, Teil 1-6.

Dickens, Ch.: Oliver Twist. London 1838 [deutsche Übersetzung, Leipzig 1977].

Dietrich, L.F. (Hrsg.): Encyclopädie der gesamten niederen und höheren Gartenkunst. Leipzig 1860.

Dischinger, F.: Schalen und Rippenkuppeln. Berlin 1928.

Douin, R.: Le Jardin Botanique de la ville de Lyon. Lyon 1954.

Downie, A.: Kibble Palace Centenary. In: Glasgow Herald, 16. 6. 1973.

Drexler, A. (Hrsg.): The Architecture of the Ecole des Beaux-Arts. London 1977.

Durm, J. und H. Ende (Hrsg. u.a.): Handbuch der Architektur. Teil 1-4. Darmstadt, Stuttgart und Leipzig 1885-1931; Teil 3, Bd. IV, H. 1, Stuttgart 1896; Teil 4, Halbbd. IV, Darmstadt 1885; Halbbd. VI, H. 1-6, Darmstadt 1888-1904; H. 4, Darmstadt 1893.

Eichler, A.W. (Hrsg.): Jahrbuch des Königlichen botanischen Gartens und des botanischen Museums zu Berlin. Berlin 1881, Jg. 1., Bd. 1.

Engels, F.: Anti-Dühring. Herrn Dührings Umwälzung der Wissenschaft (Engels Studienausgabe). Hamburg 1973, Bd. II.

– Die Entwicklung des Sozialismus von der Utopie zur Wissenschaft. Berlin 1891.

Fairbairn, W.: On the Application of Cast and Wrought Iron to Building Purposes. 1. Aufl., London 1854; (to which is added a short Treatise on Wrought Iron Bridges). 2. Aufl., London und Cambridge 1857/58 [nach der 2. Aufl. deutsch bearbeitet von D. Brauns: Eiserne Träger und ihre Anwendung bei Hochbau und Brückenbau. Braunschweig 1859].

Fintelmann, H.: Mein Besuch in Chatsworth. In: Gartenzeitung 1882, Jg. 1, S. 31-35, 76-83.

Fischer, W.: Geborgenheit und Freiheit. Vom Bauen in Glas. Krefeld 1970.

Foerster, M.: Die Eisenkonstruktion der Ingenieurshochbauten. Erg. bd. zum Handbuch der Ingenieurswissenschaften. 1. Aufl., Leipzig 1902 [2. Aufl. 1903].

Fontane, Th.: L'Adultera. München 1969.

Fourrier, Ch.: Theorie der vier Bewegungen, hrsg. von Theodor W. Adorno. Deutsche Übersetzung von Gertrud von Holzhausen, Frankfurt a.M. 1966 [1. Aufl., Paris 1808].

Frégier: Des classes dangereuses de la population dans les grandes villes. 2 Bde., Paris 1840.

Gatz, K. und F. Hart: Stahlkonstruktionen im Hochbau. München 1966.

Gayle, M. und E. von Gillon: Cast-Iron Architecture in New York. New York 1974.

Geist, J.F.: Passagen. Ein Bautypus des 19. Jahrhunderts. 1. Aufl., München 1969 [2. Aufl. 1978; 3. Aufl. 1979].

Gerhard, O.: Stuttgarts Kleinod. Stuttgart 1936.

Giacomini, V.: Orto Botanico. Pavia 1959.

– Alle Origini dell' Orto Botanico nell' Università di Pavia. Pavia 1962.

Giedion, S.: Bauen in Frankreich. Leipzig und Berlin 1928.

– Befreites Wohnen. Zürich und Leipzig 1929.

– Raum, Zeit, Architektur. Zürich und München 1976.

Goecke, T. (Hrsg.): Baukunde des Architekten, 2 Teile. 4 Bde., Berlin 1897-1904; Bd. I: 1897; Bd. II: 1899; Bd. III: 1900; Bd. IV: 1900; Bd. V: 1902; Bd. VI: 1904.

Gloag, J.: A History of Cast-Iron in Architecture. London 1948.

– Mr. Loudon's England. Newcastle 1970.

Gottgetreu, R.: Lehrbuch der Hochbau-Konstruktionen. 3 Bde., Berlin 1880-1890.

Gurlitt, C.: Im Bürgerhause. Dresden 1888.

Häberlin, K.L.: Die Bauten des neunzehnten Jahrhunderts im Park von Sanssouci. Eine Sammlung von 14 zeitgenössischen Aquarellen von V. Arnim u.a. und einem Parkplan von Kohles nebst einer Beschreibung von C.L. Häberlin, gen. Belani aus dem Jahre 1855, hrsg. von Staatliche Schlösser und Gärten. Potsdam-Sanssouci 1973.

Hartog, R.: Stadterweiterung im 19. Jhdt. Stuttgart 1962.

Hamilton, S.B.: Use of Cast-Iron in Buildings. In: Transactions of the Newcomen Society, 1941, Bd. XXI, S. 139-155.

Haussmann, G.-E.: Mémoires. 4 Bde., Paris 1890-1893.

Hegemann, W.: Das steinerne Berlin. Berlin 1930 [2. Aufl., Berlin 1976].

Heinzerling, F.: Der Eisenhochbau der Gegenwart. Aachen und Leipzig 1878 und 1889, Bd. II, III.

Hennig-Schefold, M. und H. Schmidt-Thomsen: Transparenz und Masse. Passagen und Hallen aus Eisen und Glas 1800-1880. Köln 1972.

Hinz, G.: Peter Joseph Lenné. Berlin 1937.

Hitchcock, H.-R.: Architecture, Nineteenth and Twentieth Centuries (Pelican History of Art). Harmondsworth 1958.

Hix, J.: The Glass House. London 1974.

Höltje, G. und H. Weber: Georg Friedrich Laves. Hannover 1964.

Hoffmann, W.: Ideengeschichte der sozialen Bewegung. Berlin 1971.

Hübsch, H.: Entwurf zu einem Theater mit eiserner Dachrüstung. Heidelberg 1825.

Hughes, Q.: Seaport, Architecture and Townscape in Liverpool. London 1964 (2. Aufl. 1969).

Humboldt, A. von: Ansichten der Natur mit wissenschaftlichen Erläuterungen. 2 Bde., Stuttgart und Tübingen 1808 [2. erweiterte Aufl. 1826; 3. erweiterte Aufl. 1849].

– Kosmos. Entwurf einer physischen Weltbeschreibung. Stuttgart und Tübingen 1845, Bd. I; 1847, Bd. II; 1850, Bd. III; 1858, Bd. IV.

Jacobsen, J.C. und T. Rothe: Description des serres du jardin botanique de l'université de Copenhague. Kopenhagen 1879.

James, N.D.G. (Hrsg.): Gärten von Bicton. Ein illustrierter Führer durch die Gärten von Bicton. 1. Aufl., Norwich 1973.

Johannsen, O.: Geschichte des Eisens. 1. Aufl., Düsseldorf 1924 [2. Aufl. 1925].

Jordan, H.: Die künstlerische Gestaltung von Eisenkonstruktionen, hrsg. im Auftrag der Akademie des Bauwesens zu Berlin von H. Jordan und E. Michel. 2 Bde., Berlin 1913.

Josch, K.: Gußeisen als Baustoff. Stuttgart 1942.

Kazvini: Merkwürdigkeiten der Welt und Wunder der Schöpfung. In: Deutsches Magazin für Garten- und Blumenkunde, 1872, Jg. 25.

Koerner, A.: Die Bauten des Königlichen Botanischen Gartens in Dahlem. Berlin 1910.

Kronfeld, E.M.: Park und Garten von Schönbrunn. Wien 1823.

Kuczynski, J.: Die Geschichte der Lage der Arbeiter und des Kapitalismus. Berlin 1964/65. Bd. XXII-XXIV.

Laborde, A. de: Description des nouveaux jardins de la France. Paris 1808.

Le Corbusier: Vers une Architecture, Paris 1922 (Ausblick auf eine Architektur, deutsche Übersetzung von Hans Hildebrandt und Eva Gärtner, Bauwelt Fundamente, 1963, Nr. 2)

Lopatto, A.E.: V.G. Schuhov. Moskau 1951.

Loudon, J.C.: Remarks on the Construction of Hothouses. London 1817.
– Sketches of Curvilinear Hothouses. London 1818.
– Encyclopaedia of Gardening. Comprising the Theory and Practice of Horticulture, Floriculture, Arboriculture and Landscape-Gardening including all the latest Improbements. 1. Aufl., London 1822 [Neuaufl., London 1835].
– Birmingham Botanical Horticultural Garden. In: Gardener's Magazine, August 1832, Bd. VIII, S. 407-432.
– Encyclopaedia of Cottage, Farm and Villa Architecture. London 1833.
– Recollections of a Tour made in May 1839. In: Gardener's Magazine, August 1832, Bd. VIII, Seite 407 bis 432.
Lucae, R.: Über die Macht des Raumes in der Baukunst. In: ZfBW, 1869, Jg. 19, H. 4-7, S. 294-306.

Mäurer, E.: Formen der Walzkunst. Stuttgart 1865.
Martius, L.: Die Villa Borsig in Berlin-Moabit. In: Der Bär von Berlin, 1965, Jg. 14, S. 262 ff.
Marx, K.: Das Kapital. 3 Bde., Berlin 1959.
McCracken, E.: The Palmhouse and Botanic Garden Belfast. Belfast 1971.
McGrath, R. und A.C. Frost: Glass in Architecture and Decoration. London 1961.
McIntosh, C.: The Book of the Garden. Edinburgh 1853.
Meißner, P.T.: Die Heizung mit erwärmter Luft. Wien 1821. In Auszügen in: Allgemeines Teutsches Gartenmagazin 1822, Jg. 14, Bd. VI, 1. Stück, S. 3-7. Allgemeine Bauzeitung 1838, Jg. 3, Beilage, S. 99 ff.
Mendelsohn, E.: Vortrag vom 6. 11. 1923: Die internationale Übereinstimmung des neuen Baugedankens oder Dynamik und Funktion. In: Architectura, Jg. 28, 1924.
Mertens, G.: Eisen und Eisenkonstruktionen. Duisburg 1977.
Messenger and Comp. (Hrsg.): Constructions on the Patent System of Messenger and Comp. Loughborough 1880.
Messerschmidt, H.: Wilhelmshöhe. Münster 1927.
Meyer, A.G.: Eisenbauten, ihre Geschichte und Ästhetik. Eßlingen 1907.
–, H.K.: Zur Geschichte des Berggartens. In: Herrenhausen 1666-1966. Kat. zur Jubiläumsausstellung in Hannover, Orangerie Herrenhausen, 19.6.–28.8. 1966, S. 23-28.

Nau, S.: Die Gärten von Hohenheim. Stuttgart 1959.
Neumann, M.: Grundsätze und Erfahrungen über die Anlegung, Erhaltung und Pflege von Glashäusern aller Art (aus dem Französischen übersetzt von F. Freiherr von Biedenfeld), hrsg. von J. Hartwig. 1. Aufl. mit Atlas, Weimar 1842; 3. Aufl. 1862.

Neumeyer, F.: Die Entwicklung bürgerlicher Wohnformen an Beispielen des 19. und 20. Jahrhunderts. Dipl.-Arbeit Berlin 1973.

Pett, E.: Die Pfaueninsel. Berlinische Reminiszenzen. Berlin 1966, Bd. XII.
Pevsner, N.: Architektur und Design. Von der Romantik zur Sachlichkeit. München 1971 [englische Ausgabe, London 1968].
– A History of Building Types. London 1976.
Pfann, H.: Das Gewächshaus in alter und neuer Zeit, seine Beziehung zur Technik und Architektur und zum Garten. Wien 1935.
Picton, J.A.: The Progress of Iron and Steel as Constructional Materials. In: Journal of the Iron and Steel Institute, 1879, Nr. 11.
Piwowarsky, E.: Hochwertiges Gußeisen. 1. Aufl., Berlin 1942 [2. Aufl., Berlin 1951; Neudruck Berlin, Göttingen und Heidelberg 1958].
Plaistow, S.: Kew. The Royal Botanic Gardens. Führer durch den Garten. London 1970.
Poensgen, G.: Die Pfaueninsel. Berlin 1950.
Polonceau, C.: Revue générale de l'architecture et des travaux puplics (RGA), 1840, Jg. 1.
Posener, J.: Anfänge des Funktionalismus. In: Bauwelt-Fundamente, 1964, Nr. 11.
– Ebenezer Howard. Gartenstädte von morgen. Das Buch und seine Geschichte. In: Bauwelt-Fundamente, 1968, Nr. 21.
Poulsen, V.: Ny Carlsberg Glyptotek. Führer durch die Sammlungen. Kopenhagen 1974.

Ramme, W.: Über die geschichtliche Entwicklung der Statik in ihren Beziehungen zum Bauwesen. Diss. Braunschweig 1939.
Ranke, W.: Joseph Albert – Hofphotograph der bayerischen Könige. München 1977.
Rapp, G.H.: Beschreibung des Gartens in Hohenheim. In: Taschenbuch für Natur- und Gartenfreunde. Tübingen 1798, Bd. IV, S. 135 ff.
Rave, P.O. (Hrsg.): Die Bauwerke und Kunstdenkmäler von Berlin. Stadt und Bezirk Charlottenburg, bearbeitet von Irmgard Wirth. Berlin 1961.
Realis: Das K. K. Lustschloß Schönbrunn. Wien 1846.
Réau, L.: L'Œuvre du Baron Haussmann. Paris 1954.
Ring, M.: Die deutsche Kaiserstadt Berlin. Berlin 1883/84.
Roisecco, G.: L'architettura del ferro. 2 Bde., Rom 1972/73; Bd. I: L'Inghilterra 1688-1914; Bd. II: La Francia 1715-1914.
Rondelet, J.B.: Traité théorique et pratique de l'art de bâtir. 5 Bde., Paris 1812-1817 [deutsche Übersetzung: Eisenkonstruktionen. Leipzig und Darmstadt 1834, Bd. V].
Roth, E.: Der Glaspalast in München. München 1971.

Rousseau, L.: Promenades au Jardin des Plantes. Paris 1837.

Sachs, J.: Geschichte der Botanik. München 1875.

Schadendorf, W.: Das Jahrhundert der Eisenbahn. München 1965.

Schaedlich, Chr.: Das Eisen in der Architektur des 19. Jahrhunderts. Beitrag zur Geschichte eines neuen Baustoffs. Habil.-Schrift Weimar 1966 (MS.)

Scharowsky, C.: Musterbuch für Eisenkonstruktionen 3. Aufl., Leipzig 1895.

Scheerbart, P.: Glasarchitektur. 1. Aufl., Berlin 1914 [Neuaufl., München 1971].

Scheerer, T.: Lehrbuch der Metallurgie. Braunschweig 1848, Bd. 1.

Schild, E.: Zwischen Glaspalast und Palais des Illusions. In: Bauwelt-Fundamente, 1967, Nr. 20.

Schoser, G.: Die Biebricher Wintergärten. In: Der Palmengarten der Stadt Frankfurt am Main, 1971, Jg. 34, H. 1, S. 1-4.

– (Hrsg.): Palmengarten Frankfurt a. M. Frankfurt a. M., 1969.

Sckell, F. L. von: Beiträge zur bildenden Gartenkunst. München 1825.

Seemann, B.: Popular History of the Palms and their Allies. London 1856.

Semper, G.: Der Wintergarten zu Paris. In: Zeitschrift für praktische Baukunst, 1849, Jg. 9, S. 516-526.

Siegel, C.: Strukturformen der modernen Architektur. 1. Aufl., München 1960 [2. Aufl. 1965].

Sievers, A.: Der Palmengarten der Stadt Frankfurt am Main. In: Festzeitung für das 11. Deutsche Turnerfest zu Frankfurt am Main. Frankfurt a. M. 1908.

Sievers, J.: Bauten für die preußischen Prinzen. 3 Bde., Berlin 1942-1955; Berlin 1954, Bd. II: Bauten für die Prinzen August, Friedrich und Albrecht von Preußen. Ein Beitrag zur Geschichte der Wilhelmstraße in Berlin; Berlin 1955, Bd. III: Die Arbeiten von K. F. Schinkel für Prinz Wilhelm späteren König von Preußen.

Silva-Taroucca, Graf. E. (Hrsg.): Die Gartenanlagen Österreich-Ungarns. 4 Bde., Wien 1910, Bd. IV, H. 2.

Skempton, A. W.: The Origin of Iron Beams. Florenz 1956.

Smith, G. T.: Kibble Palace. Diss. Glasgow 1971.

Sperlich, M. und M. Seiler: Schloß und Park Glienicke. In: Zehlendorfer Chronik, 1979, H. 2.

Sternberger, D.: Panorama oder Ansichten vom 19. Jahrhundert. Frankfurt a. M. und Berlin 1974.

Straub, H.: Die Geschichte der Bauingenieurkunst. Ein Überblick von der Antike bis zur Neuzeit. 1. Aufl., Basel 1949 [2. Aufl., Basel und Stuttgart 1964].

Stroud, D.: Humphry Repton. London 1962.

Sturges, K. W.: The Origins of Cast-Iron Architecture in America. New York 1970.

Svedenstjorna, E.: Reise durch einen Theil von England und Schottland in den Jahren 1802/03 (deutsch von Blumhof). Marburg 1803.

Taube, F.: Schilderung der Englischen Manufakturen. Wien 1774.

Texier, E.: Tableaux de Paris. Paris 1852/53.

Thiollet, F.: Serrurerie et Fonte de Fer. Paris 1832.

Timler F. K. und Zepernick, B.: Der Berliner Botanische Garten. In: Berliner Forum, 1978, H. 7.

Troll, W.: Goethes morphologische Schriften. Jena 1926.

Tschira, A.: Orangerien und Gewächshäuser, ihre geschichtliche Entwicklung in Deutschland. Berlin 1939.

Valdenaire, A.: Heinrich Hübsch. Karlsruhe 1926.

Vierendeel, A.: La construction architecturale en fer, fonte et acier. Louvain 1900.

Voigt, F.: Der Verkehr. Berlin 1965.

Wachsmann, K.: Wendepunkt im Bauen. Wiesbaden 1959.

Walmisley, A. T.: Iron Roofs. London 1950.

Werner, E.: Der Kristallpalast zu London 1851. Düsseldorf 1970.

– Die Gießhalle der Sayner Hütte. In: Zeitschrift für Industriebau 1973, Jg. 19, Nr. 6, S. 256ff.

– Die ersten eisernen Brücken (1777-1859). Diss. München 1974.

– Übersicht über die Grundlagen zur Entwicklung der ersten eisernen Tragkonstruktionen. Duisburg 1975.

Wiedenfeld, K.: Die Eisenbahn im Wirtschaftsleben. Berlin 1938.

Wilde, O.: Werke in zwei Bänden. München 1977.

Wittek, K. H.: Die Entwicklung des Stahlhochbaues. Düsseldorf 1964.

Zanth, L. von: Die Wilhelma, maurische Villa. Leipzig 1855.

518

Zeitschriften und Ausstellungskataloge

Allgemeine Deutsche Bauzeitung, hrsg. von Ch. F. L. Förster und Nachfolger (mit Atlas Literatur und Anzeigeblatt als Beilage), 1837, Jg. 2, Nr. 32-34, 44, 45, 48, 49; 1838, Jg. 3, Literatur und Anzeigeblatt, S. 99ff.; 1849, Jg. 14, Atlas, Bl. 253-255; 1850, Jg. 15, Atlas, Bl. 362-367; 1852, Jg. 17, Atlas, Bl. 469-475, 488, 506, 507; 1862, Jg. 27, Atlas, Bl. 510-514; 1863, Jg. 28, Atlas, Bl. 568; 1873, Jg. 38.

Allgemeines Teutsches Garten-Magazin oder gemeinnützige Beiträge für alle Teile des praktischen Gartenwesens, hrsg. von Fr. J. Bertuch und J. von Sickler, 1804 bis 1811, Jg. 1-8; Fortsetzung 1815-1824, Jg. 9-18; 1806, Jg. 3, Bd. II, Stück 1; Taf. 2, 3; 1822, Jg. 14, Bd. VI, Stück 1; 1823, Jg. 15, Bd. VII, Stück 1, V.

The Architectural Review for the Artist and Craftman, a Magazine of Architecture and the Arts of Design, hrsg. von H. de C. Hastings u. a.; April 1950, Bd. C VII, Nr. 637; Februar 1957, Bd. C XXI, Nr. 721.

Der Bautechniker. Centralorgan für das österreichische Bauwesen, hrsg. von J. Klasen und Röttinger, 1885, Jg. 5, Nr. 22.

Die Bauwelt. Zentralorgan des gesamten Baumarktes, 6. 10. 1969, Jg. 60, H. 40; 24. 11. 1969, Jg. 60, H. 47.

The Builder. An illustrated weekly Magazine, hrsg. von G. Godwine u. a.; Bd. LXVI-XCII, hrsg. von H. Heathcote; 23. 12. 1843, Bd. I, Nr. 46; 15. 1. 1848, Bd. VI, Nr. 258; 21. 10. 1848, Bd. VI, Nr. 298; 15. 12. 1855, Bd. XIII, Nr. 671; 19. 5. 1860, Bd. XVIII, Nr. 902; 12. 1. 1861, Bd. XIX, Nr. 936; 20. 7. 1861, Bd. XIX, Nr. 963; 31. 1. 1863, Bd. XXI, Nr. 1043; 13. 6. 1863, Bd. XXI, Nr. 1062.

Deutsche Bauzeitung (DBZ), hrsg. von Mitgliedern des Architektenvereins zu Berlin [später: Verband Deutscher Architekten und Ingenieur-Vereine zu Berlin], 1869, Jg. 3, Nr. 20; Nr. 23; 1872, Jg. 6, Nr. 1; 1873, Jg. 7, Nr. 32, 40, 44, 46, 68; 1876, Jg. 10, Nr. 87; 1881, Jg. 15, Nr. 23, Nr. 25.

Deutsches Magazin für Garten- und Blumenkunde. Zeitschrift für Garten- und Blumenfreunde und Gärtner, hrsg. von W. Neubert, 1852, Jg. 5; 1859, Jg. 12; 1861, Jg. 14; 1866, Jg. 19; 1872, Jg. 25.

The Gardener's Chronicle and Agricultural Gazette. A weekly Illustrated Journal of Horticulture and allied Subjects, hrsg. von Prof. Lindley u. a. 14. 2. 1846, Jg. 6, Nr. 7; 31. 8. 1850, Jg. 10, Nr. 35; 1. 12. 1855, Jg. 15, Nr. 48; 8. 8. 1868, Jg. 28, Nr. 32; 23. 5. 1874, Jg. 34, Nr. 21; 11. 11. 1876, Jg. 36, Nr. 150; 20. 1. 1877, Jg. 37, Nr. ?; 18. 10. 1882, Jg. 42, Nr. ?

The Gardener's Magazine and Register of rural and domestic Improvements, hrsg. von J. C. Loudon u. a. [ab 1826]; August 1832, Bd. VIII; Juli 1839, Bd. XV; August 1839, Bd. XV; Januar 1843, Bd. XIX.

Die Gartenflora. Allgemeine Monatsschrift für deutsche, russische [Jg. 7-33] und schweizerische Garten- und Blumenkunde, hrsg. von E. Regel u. a. [ab 1898: Organ des Vereins zur Beförderung des Gartenbaues in den preußischen Staaten, hrsg. von L. Wittmack], 1872, Jg. 21; 1876, Jg. 25; 1894, Jg. 43; 1898, Jg. 47.

Die Gartenlaube. Illustriertes Familienblatt, hrsg. von F. Stolle und A. Dietzmann, 1859, Jg. 6.

Die Gartenzeitung. Monatsschrift für Gärtner und Gartenfreunde. Organ des Vereins zur Beförderung des Gartenbaues in den kgl. preußischen Staaten, hrsg. von L. Wittmack, 1882, Jg. 1.

Herrenhausen 1666-1966. Kat. der Jubiläumsausstellung in Hannover. Orangerie Herrenhausen 19. 6.-28. 8. 1966, Hannover 1966.

The Illustrated London News. 6. 7. 1850, Jg. 9, Bd. XVII, Nr. 434; 16. 11. 1850, Jg. 9, Bd. XVII, Nr. 455; 7. 12. 1850, Jg. 9, Bd. XVII, Nr. 458; 4. 1. 1851, Jg. 10, Bd. XVIII, Nr. 463; 11. 1. 1851, Jg. 10, Bd. XVIII, Nr. 466; 25. 1. 1851, Jg. 10, Bd. XVIII, Nr. 466; 1. 2. 1851, Jg. 10, Bd. XVIII, Nr. 467; 1. 3. 1851, Jg. 10, Bd. XVIII, Nr. 472; 3. 5. 1851, Jg. 10, Bd. XVIII, Nr. 481; 14. 6. 1851, Jg. 10, Bd. XVIII, Nr. 493; 28. 6. 1851, Jg. 10, Bd. XVIII, Nr. 497; 12. 2. 1859, Jg. 18, Bd. XXXIV, Nr. 959; 5. 3. 1859, Jg. 18, Bd. XXXIV, Nr. 963; 9. 7. 1859, Jg. 18, Bd. XXXV, Nr. 982; 15. 10. 1859, Jg. 18, Bd. XXXV, Nr. 998; 18. 3. 1865, Jg. 24, Bd. XLVI, Nr. 1306; 17. 6. 1865, Jg. 24, Bd. XVVII, Nr. 1320.

Illustrierte Zeitung. Wöchentliche Nachrichten über alle Ereignisse, Zustände und Persönlichkeiten der Gegenwart, 17. 9. 1864, Bd. XLIII, Nr. 1107; 22. 4. 1882, Bd. LXXVIII, Nr. 2025.

Jardins en France 1760-1820. Pays d'illusion, Terre d'expériences. Ausstellungskat., Hôtel de Sully, Paris, 18. S. – 11. 9. 1977.

Möller's Deutsche Gärtner-Zeitung, 2. 6. 1906, Jg. 21, Nr. 22.

Moniteur des Architectes. Revue de l'art ancien et moderne, 1860, Jg. 11, Bd. LVIII, Taf. 693, 694.

Panorama, 12. 10. 1850; 30. 11. 1850; 1. 1. 1851.

Report of the Commissioners, appointed to inquire into the Lost and Applicability of the Exhibitions Building in the Hyde Park. London 1851/52, Cmd. 1453, S. 304-312.

Revue générale de l'architecture (RGA) et des travaux publics. Journal des architectes, des ingenieurs, des archéologues [u.a.], hrsg. von C. Daly 1840, Jg. 1; 1841, Jg. 2; 1870/71, Jg. 28.

Taschenbuch für Natur- und Gartenfreunde, hrsg. von G.H. Rapp. Tübingen 1795-1799; 1798, Bd. IV.

Über Land und Meer. Allgemeine illustrierte Zeitung, hrsg. von F.W. Hackländer, 1868, Jg. 10, Bd. XX, Nr. 20; 1869, Jg. 11, Bd. XXII, Nr. 32; 1870, Jg. 12, Bd. XXIV, Nr. 41; 1871, Jg. 13, Bd. XXVI, Nr. 48; 1871/72, Jg. 14, Bd. XXVII, Nr. 10; 1876, Jg. 18, Bd. XXXV, Nr. 20.

Zeitschrift für Bauwesen (ZfBW), hrsg. von der königlichen Technischen Bau-Deputation und dem Architekten Verein zu Berlin, redigiert von G. Erbkam u.a. (mit Atlas); Jg. 37-70, hrsg. vom Ministerium der öffentlichen Arbeiten, Berlin; Jg. 70ff., hrsg. vom preußischen Finanzministerium; 1852, Jg. 2, H. 1, 2, Atlas Bl. 13-14; 1863, Jg. 13, H. 4-6, Atlas Bl. 25, 26; 1866, Jg. 16, H. 1-3, Atlas Bl. 10-14; 1867, Jg. 17, H. 7-10, Atlas Bl. 34-39; 1869, Jg. 19, H. 4-10; 1881, Jg. 21, H. 1-3, Atlas Bl. 38-42; 1887, Jg. 37, H. 1-3, 10-12, Atlas Bl. 14-15, 18, 30-33; 1888, Jg. 38, H. 1-3, Atlas Bl. 18; H. 4-6, Atlas Bl. 30-33; 1901, Jg. 51, H. 7-9; 1909, Jg. 59, H. 4-6, Atlas Bl. 25-30; 1916, Jg. 66, H. 1-3; Atlas Bl. 8, 9.

Zeitschrift für praktische Baukunst. Monatsschrift zur Verbreitung gemeinnütziger Kenntnisse im Gebiete des gesamten Bauwesens, hrsg. von J.A. Romberg, 1849, Jg. 9; Taf. 54.

Zeitschrift des Vereins zur Ausbildung der Gewerke, hrsg. vom Kunstgewerbeverein München, 1853, Jg. 3, H. 4, Bl. 1-3; 1854, Jg. 4, H. 1, Bl. 1-3.

Zentralblatt für Industriebau, 1973, Jg. 19, Nr. 6.

Zentralblatt der Bauverwaltung, hrsg. vom Ministerium der öffentlichen Arbeiten zu Berlin; Jg. 40ff. hrsg. vom preussischen Finanzministerium), redigiert von O. Sarrazin und H. Eggert; 1882, Jg. 2; 1883, Jg. 3.

Abbildungsnachweis

1 Werner Hofmann: Das Irdische Paradies, München 1974 [1. Aufl. 1960], S. 242
2 Ebd., S. 176
3 McIntosh 1853, Taf. 12
4 Gloag 1970, S. 75
5 Posener 1968, S. 57, 61
6 Neumann 1862, Taf. xxxxiii, Fig. 176, 177
7 a Wien, Österreichische National-bibliothek, Bildarchiv
   b Hix 1974, Fig. 117
   c Tschira 1939, S. 100, Abb. 79
8 Neumann 1862, Taf. xx, Fig. 82
9 Über Land und Meer, 1869, Jg. 11, Bd. xxii, Nr. 32, S. 525
10 Seemann 1856, S. 1
11 Berlin, Bibliothek Botanischer Garten, Berlin-Dahlem
12 Allgemeines Teutsches Garten-Magazin, 1823, Jg. 17, Taf. 14; 1822, Jg. 16, Taf. 1
13 Gartenflora 1876, Jg. 25, Taf. 860
14 a McIntosh 1853; b ebd.
15 a Bouché 1886, Fig. 35; b Hix 1974, S. 36
16, 17 Zeichnungen K + S
18 Brüssel, Bibliothèque Royale Albert Ier, Cabinet des Estampes, Archivfoto von 1875
19 Beck 1879, Bd. iii, S. 761
20 Wittek 1964, S. 7, 93
21 a Zeichnung K + S; b McIntosh 1853, S. 123
22 a Zeichnung K + S; b Chadwick 1961, S. 91
23 Bouché 1886, Taf. xxii-xxiv
24 Brandt 1876, S. 289
25 Chadwick 1961, S. 91
26 Zeichnung K + S nach Fotos
27 Meyer 1907, S. 2
28 Wittek 1964, S. 13
29 Zentralblatt für Industriebau, 1973, Jg. 19, Nr. 6, S. 255
30 Wittek 1964, S. 13, 95
31 Allgemeine Deutsche Bauzeitung, 1862, Jg. 27, Atlas, Bl. 510
32 Stroud 1962, S. 116
33-35 Zeichnungen K + S nach Fotos
36 McIntosh 1853, S. 367
37 Ebd., S. 365
38 Boudon 1972, S. 43
39 Ebd., S. 47
40 Gayle und Gillon 1974, S. vii
41 Zeichnung K + S nach: Loudon 1817, Taf. 10
42 Rekonstruktionsversuch K + S
43 Allgemeine Deutsche Bauzeitung, 1849, Jg. 14, Atlas, Bl. 253
44 Chadwick 1961, S. 86
45 Allgemeine Deutsche Bauzeitung, 1850, Jg. 15, Atlas, Bl. 367
46 McIntosh 1853, S. 120
47 Ebd., S. 375
48 Zeichnung K + S nach: Originalplan. Edinburgh, Royal Botanic Gardens, Library, Archiv

49 Leeds, Central Library, Archiv
50 Zeichnung K + S nach Plan. Stuttgart, Staatliches Hochbauamt ii, Planarchiv
51 Schema K + S
52 Wiesbaden, Bildarchiv der Landes-hauptstadt Wiesbaden
53-55 Schemata K + S
56 Loudon 1817, Taf. ix
57 Rekonstruktionsversuch K + S
58 Allgemeine Deutsche Bauzeitung 1850, Jg. 15, Atlas, Bl. 366
59 Zeichnung K + S nach Originalplänen. München, Münchner Stadtmuseum
60 Bouché 1886, Taf. xxiii, xxiv
61 Brandt 1876, S. 407
62 Zeichnung K + S nach: Zeitschrift für praktische Baukunst, 1849, Jg. 9, Taf. 54
63 Meyer 1907, S. 62
64 Walmisley 1950, S. 21
65 Wittek 1964, S. 121
66, 67 McIntosh 1853, Taf. 21, 22
68 Hix 1974, S. 155
69 Beck 1879, Bd. iii, S. 375
70 Giedion 1976, S. 143
71 Zeichnung K + S nach Foto
72 Paris, Bibliothèque Nationale, Cabinet des Estampes
73 Zeichnung K + S nach: McIntosh 1853, S. 120
74 a Gloag 1948, S. 256; b Zeichnung K + S
75 Chadwick 1961, S. 87
76 McIntosh 1853, S. 120
77 Wachsmann 1959, S. 17
78 a Brandt 1876, S. 285; b Scharowsky 1895, S. 50
79, 80 Zeichnungen K + S
81 Bibliothèque Nationale, Cabinet des Estampes
82 Gayle und Gillon 1974, S. xi
83 Wittek 1964, S. 8
84 Allgemeine Deutsche Bauzeitung, 1850, Jg. 15, Atlas, Bl. 365
85 Zeichnung K + S nach: Originalplänen. München, Münchner Stadtmuseum
86 ZfBW, 1867, Jg. 17, H. 7-10, Atlas, Bl. 37
87 Zeichnung K + S nach: Bouché 1886, Taf. xxii, xxiii
88 Bouché 1886, Taf. xxii, xxiv
89 Zeichnung K + S nach Originalplan. Breslau, Botanischer Garten, Archiv
90 Durm und Ende (Hrsg.) 1893, Teil 4, Halbbd. vi, H. 4, S. 421
91 The Illustrated London News, 12. 2. 1859, Jg. 18, Bd. xxxiv, Nr. 959, S. 103
92 a Tschira 1939, S. 14
   b Ebd., S. 69
   c Allgemeines Teutsches Garten-Magazin, 1806, Jg. 3, Bd. ii, Stück 1, Taf. 2, 3
93 Tschira 1939, S. 76
94 Nau 1959, S. 103
95, 96 Chadwick, 1961, S. 82

97 McIntosh 1853, S. 371
98 Chadwick 1961, S. 91
99 The Gardeners' Chronicle, 31. 8. 1850, Jg. 10, Nr. 35, S. 549
100 Chadwick 1961, S. 184
101 Schild 1967, S. 47
102 The Gardeners' Chronicle, 8. 8. 1868, Jg. 28, Nr. 32, S. 858
103 Messenger and Comp. (Hrsg.) 1880, Taf. 13
104 Allgemeine Deutsche Bauzeitung, 1873, Jg. 38, S. 103
105 Wittek 1964, S. 57
106 Ebd., S. 101
107 Zeichnung K + S nach Originalplan. München, Bayerische Verwaltung der staatlichen Schlösser, Gärten und Seen, Schloß Nymphenburg
108 Wittek 1964, S. 105
109, 110 McIntosh 1853, S. 383, 384
111 Wittek 1964, S. 54
112 Zeichnung K + S nach: Plänen. Wien, Schloß Schönbrunn, Plankammer
113 Zeichnung K + S nach: Deutsche Bauzeitung (Hrsg.) 1902, Bd. ii, Teil 5, Fig. 146
114 Zeichnung K + S nach: DBZ, 1873, Jg. 7, Nr. 64, S. 258
115 Zeichnung K + S nach: Koerner 1910, S. 26, Abb. 11
116 Zeichnung K + S nach: Die Gartenzeitung, 1882, Jg. 1, Fig. 19
117 Gloag 1970, S. 48
118 Wittek 1964, S. 121
119 Ebd., S. 122
120 The Illustrated London News, 5. 3. 1859, Jg. 18, Bd. xxxiv, Nr. 963, S. 224, 225
121 Zeichnung K + S nach: Architektenverein zu Berlin (Hrsg.) 1896, Bd. ii, S. 254
122 Zeichnung K + S nach: Meyer 1907, S. 131, 132.
123 Wittek 1964, S. 122
124-126 Loudon 1817, Taf. iv, v
127 Hix 1974, S. 85
128 Gardener's Magazine, August 1832, Bd. viii, S. 420
129 Ebd., S. 422
130 Hix 1974, S. 112
131 Allgemeine Deutsche Bauzeitung, 1837, Jg. 2, Nr. 33, Fig. 3; Rousseau 1834, S. 433
132 a Gloag 1970, S. 45; b und c McIntosh 1853, S. 547
133 a, b und c Allgemeine Deutsche Bauzeitung, 1837, Jg. 2, Nr. 49, S. 403
134 a Sperlich und Seiler 1979, S. 27
   b Zeichnung K + S nach Vermessung
135 Gloag 1970, S. 1
136 The Illustrated London News, 3. 5. 1851, Jg. 10, Bd. xviii, Nr. 481, S. 343
137 Loudon 1818, Fig. 1-11
138 Ebd., Fig. 12-19
139 Ebd., Fig. 20-36
140 Ebd., Fig. 37-42

141 Gloag 1970, S. 46

142 Zeichnung K + S nach Lageplan aus: Frazer's Guide, 1851, in: McCracken 1971, S. 30, 31

143 McCracken 1971, S. 35

144 Belfast, Ulster Museum

145-147 Bauaufnahmen K + S.

148 Berlin, Landesbildstelle

149 Zeichnung K + S nach Entwurfszeichnungen von G. Schadow. Berlin, Staatliche Schlösser und Gärten, Verwaltung, Schloß Charlottenburg

150 Zeichnung von Hans Junnecke nach Archivfoto. Berlin, Staatliche Schlösser und Gärten, Verwaltung, Schloß Charlottenburg

151 Sieverts 1954, S. 167-171

152 Zeichnung K + S nach Lageplan in: Architektenverein zu Berlin (Hrsg.) 1896, Bd. II, S. 252

153 Bouché 1886, S. 15

154, 155 Zeichnung K + S nach: ebd., Taf. XXII, XXIII

156 Ebd., Taf. XXIV

157, 158 Zeichnung K + S nach: Architektenverein zu Berlin (Hrsg.) 1896, Bd. II, S. 254, 255

159 Neumann 1862, Fig. 175

160 Ring 1883/84, S. 114

161 Zeichnung K + S nach Lageplan aus: Architektenverein zu Berlin (Hrsg.) 1896, Bd. I, S. 551, Abb. 673

162 Berlin, Archiv des Landes Berlin

163 Zeichnung K + S nach: DBZ, 1873, Jg. 7, Nr. 32, S. 125

164 Architektenverein zu Berlin (Hrsg.) 1877, Teil 1, Abschnitt 2, S. 344

165 Zeichnung K + S nach: DBZ, 1873, Jg. 7, Nr. 40, S. 149

166 Zeichnung K + S nach: ebd., Nr. 64, S. 259

167 Über Land und Meer, 1871, Jg. 13, Bd. XXVI, Nr. 48, S. 8

168 DBZ, 1873, Jg. 7, Nr. 64, S. 259

169 Zeichnung K + S nach Stadtplan von Berlin, 1900

170 DBZ, 1869, Jg. 3, Nr. 20, S. 232

171, 172 Zeichnung K + S nach: ebd.

173 Ebd., S. 233

174 Ring 1883/84, S. 106

175 Zeichnung K + S nach: ZfBW, 1881, Jg. 21, H. 1, S. 176

176 Ebd., Atlas, Bl. 42

177 Zeichnung K + S nach: ebd., Atlas, Bl. 39

178 Zeichnung K + S nach: ebd., Atlas, Bl. 42

179 Zeichnung K + S nach: ebd., Atlas, Bl. 42

180 Ring 1883/84, S. 125

181 Zeichnung K + S nach: Führer durch den Botanischen Garten. Berlin-Dahlem 1964, S. 1

182 Zeichnung K + S nach: Koerner 1910, Abb. 47, 48

183 Zeichnung K + S nach: ebd., Abb. 11

184 Zeichnung K + S nach: ebd., Abb. 7

185 Zeichnung K + S nach: ebd., Abb. 1

186 Zeichnung K + S nach: ebd., Abb. 29, 31

187 Zeichnung K + S nach: ebd., Abb. 30-33

188, 189 Wiesbaden, Bildarchiv der Landeshauptstadt Wiesbaden

190 The Gardener's Magazine, August 1832, Bd. VIII, S. 414, 415, 420, 422

191 The Illustrated London News, 28.6. 1851, Bd. XVII, Nr. 497, S. 622

192 Zeichnung K + S nach Stadtplan, 1930. Bournemouth, Central Library, Archiv

193 The Gardeners' Chronicle, 20.1. 1877, Jg. 37, Nr. 160, S. 77

194-196 Zeichnungen K + S nach Entwurfszeichnungen. Bournemouth, Central Library, Archiv

197 Zeichnung K + S nach Lageplan in: Führer durch den Botanischen Garten Breslau. Breslau 1870, S. 1

198 Bauaufnahme K + S

199 Zeichnung K + S nach Entwurfszeichnungen, 1860. Breslau, Botanischer Garten, Archiv

200-202 Neumann 1862, Fig. 76-78, Taf. XIX

203 Loudon 1833, Fig. 1732

204 Zeichnung K + S nach Stadtplan, 1885. Brüssel, Archives de la ville Bruxelles

205 Brüssel, Bibliothèque Royale Albert Ier, Cabinet des Estampes

206, 207 Zeichnungen K + S nach: Neumann 1862, Fig. 71

208 Brüssel, Bibliothèque Royale Albert Ier, Cabinet des Estampes

209 Zeichnung K + S nach Lageplan. Brüssel, Archives de la ville Bruxelles

210, 211 Meyer 1907, S. 131-133

212 Zeichnung K + S nach: Meyer 1907, S. 131

213 Zeichnung K + S nach: Deutsche Bauzeitung (Hrsg.) 1902, Bd. II, Teil 5, Fig. 128

214 The Gardener's Chronicle, 11.11.1876, Jg. 36, Nr. 150, S. 7

215 Zeichnung K + S nach Lageplan in: James 1973, S. 1

216-218 Bauaufnahmen K + S

219 Zeichnung K + S nach Lageplan. Buxton, Department of Technical Services, Town Hall

220 Chadwick 1966, S. 146

221 Chadwick 1961, S. 83

222 Zeichnung K + S nach: ebd., S. 34

223 Ebd., S. 82

224 Deutsche Bauzeitung (Hrsg.) 1902, Bd. II, Teil 5, S. 356

225 Rekonstruktionsversuch K + S nach: Neumann 1862, Fig. 136, Taf. XXXIII

226 Zeichnung K + S nach: Chadwick 1961, S. 86

227-229 Zeichnungen K + S nach: The Gardeners' Chronicle, 31.8. 1950, Jg. 10, Nr. 35, S. 548, 549

230, 231 Ebd., S. 549

232 Chadwick 1961, S. 91

233 Hix 1974, S. 117

234 McGrath und Frost 1961, S. 118

235 Zeichnung K + S nach Lageplan von 1975, in: Dublin, Glasnevin. National

Botanic Gardens. A short guide to the Gardens. Dublin 1975, S. 1

236-238 Bauaufnahmen K + S

239 Gloag 1948, S. 254

240 The Illustrated London News, 18.3. 1865, Jg. 24, Bd. XLVI, Nr. 1306, S. 258

241 Zeichnung K + S nach Lageplan von 1890. Edinburgh, Royal Botanic Gardens Library

242-245 Zeichnungen K + S nach Originalplan um 1857. Ebd.

246 McIntosh 1853, S. 791

247 Bauaufnahme K + S

248 The Gardeners' Chronicle, 23.5. 1874, Jg. 34, Nr. 21, S. 669

249 Zeichnung K + S nach Lageplan in: Siebert 1908, S. 13

250, 251 Meyer 1907, S. 173, 174

252, 253 Zeichnungen K + S nach: Siebert 1908, S. 74

254 Schoser 1974, S. 77

255 Zeichnung K + S nach Lageplan von 1970 in: Glasgow, Botanic Garden, Archiv

256 The Baillie, November 1873

257-261 Zeichnungen K + S nach Bauaufnahme aus: Smith 1971, S. 90, 91

262-269 Allgemeine Deutsche Bauzeitung, 1837, Jg. 2, Nr. 48, Taf. CLXXIII

270 Zeichnung K + S nach Lageplan von 1852 in: Mayer 1966, S. 142

271-273 Zeichnungen K + S nach ZfBW, 1916, Jg. 66, H. 1-3, Bl. 9, Abb. 5-9

274 Holtje 1964, S. 208

275-277 Zeichnungen K + S nach: DBZ, 1876, Jg. 10, Nr. 87, Fig. 3, 4, 17

278 Die Gartenzeitung, 1882, Jg. 1, Fig. 2

279 Zeichnung K + S nach Lageplan in: Silva-Taroucca 1910, S. 47

280 Zeichnung K + S nach: ebd.

281 Bauaufnahme K + S

282 Zeichnung K + S nach Originalplan in: Innsbruck, Botanischer Garten, Archiv

283 Berlin K + S, Archiv

284-289 Zeichnungen K + S nach Plänen einer Bauaufnahme von 1939 in: Karlsruhe, Botanischer Garten, Archiv

290 Zeichnung K + S nach Lageplan in: Messerschmidt 1927, S. 37

291 Zeichnung K + S nach: Loudon 1835, S. 208

292, 293 Zeichnungen K + S nach Plänen zum Pflanzenhaus zur Wilhelmshöhe (Bl. 2-4). Kassel, Stadtbauamt Kassel

294 McIntosh 1853, Taf. 20

295 Zeichnung K + S nach Lageplan, 1862

296, 297 Zeichnungen K + S nach Plänen aus: Deutsche Bauzeitung (Hrsg.) 1902, Bd. II, Teil 5, S. 375, Fig. 150

298 The Illustrated London News, 17.6. 1865, Jg. 24, Bd. XLVII, Nr. 1320, S. 596

299 Illustrierte Zeitung, 17.9. 1864, Bd. XLIII, Nr. 1107, S. 196, 197

300 Zeichnung K + S nach Lageplan in: DBZ, 1881, Jg. 15, Nr. 23, S. 133
301 Ebd.
302, 303 Zeichnungen K + S nach: DBZ, 1881, Jg. 15, Nr. 25, S. 145 ff.
304 Aquarell und Bleistiftzeichnung, um 1872, Kopenhagen, Botanisk Have, Archiv
305 Jacobson und Rothe 1879, Taf. I-XII
306 Zeichnung K + S nach Lageplan, um 1900, Kopenhagen, Ny Carlsberg Glyptotek, Bibliothek
307 Grundrißplan, 1905. Ebd.
308-310 Hix 1974, S. 23
311 Zeichnung K + S nach Lageplan in: Silva-Taroucca 1910, S. 27
312, 313 Bauaufnahmen K + S
314 Walmisley 1950, Fig. 22
315 Zeichnung K + S nach: ebd., Taf. 30
316 Gloag 1948, S. 255, Fig. 309
317 Durm und Ende 1885, Teil 4, Halbbd. IV, S. 141
318 Loudon 1835, S. 244
319, 320 Zeichnungen K + S nach Plänen. Lille, Mairie de lille, Services Techniques, Espaces verts
321-324 Zeichnungen K + S nach Plänen. Liverpool, Liverpool City Libraries
325, 326 Zeichnungen K + S nach: McIntosh 1853, Taf. 16
327 London, J. Troughton Collection
328 The Gardener's Magazine, Februar 1831, Bd. VII, S. 693
329 Zeichnung K + S nach Plan in: ebd.
330 Allgemeine Deutsche Bauzeitung, 1837, Nr. 49, Bl. CLXXV, Fig. 1-5
331-334 Hix 1974, S. 121-123
335 Lageplan K + S nach: Guide. Botanic Gardens Kew. London 1975, S. 49
336, 337 McIntosh 1853, S. 367, Fig. 506, 507
338 The Builder, 15.1.1848, Bd. VI, Nr. 258, S. 31
339-343 Zeichnungen K + S nach: ebd., S. 29-31
344 Ebd., 12.1.1861, Bd. XIX, Nr. 936, S. 23, 24
345 Ebd., S. 25
346 Zeichnung K + S nach: Durm und Ende 1893, Teil 4, Halbbd. VI, H. 4, S. 426, Fig. 503-505
347 Chadwick 1961, S. 92
348 The Illustrated London News, 6.7. 1850, Jg. 9, Bd. XVII, Nr. 434, S. 13
349 Ebd., 12.1.1851, Jg. 10, Bd. XVIII, Nr. 467, S. 72
350 Ebd., 4.1.1851, Jg. 10, Bd. XVIII, Nr. 463, S. 8
351 Ebd., 11.1.1851, Jg. 10, Bd. XVIII, Nr. 464, S. 17
352 Ebd., 1.2.1851, Jg. 10, Bd. XVIII, Nr. 467, S. 72
353 Ebd., 25.1.1851, Jg. 10, Bd. XVIII, Nr. 466, S. 57
354 Ebd., 7.12.1850, Jg. 9, Bd. XVII, Nr. 455, S. 432
355 Ebd., 1.3.1851, Jg. 10, Bd. XVIII, Nr. 472, S. 176

356 The Illustrated London News, 16.11. 1850, Jg. 9, Bd. XVII, Nr. 455, S. 396
357 Allgemeine Deutsche Bauzeitung, 1850, Jg. 15; Atlas, Bl. 365, Fig. 11, 12
358 Ebd., Fig. 2-4
359, 360 Ebd., Atlas, Bl. 366, Fig. 1
361 Chadwick 1961, S. 33
362, 363 Zeichnungen K + S nach: Allgemeine Deutsche Bauzeitung, 1850, Jg. 15; Atlas, Bl. 363, 364
364 London, Country Council Library
365 The Illustrated London News, 15.10. 1859, Jg. 18, Bd. XXXV, Nr. 998, S. 371
366 Ebd., 5.3.1859, Jg. 18, Bd. XXXIV, Nr. 963, S. 225
367 Chadwick 1961, S. 183
368 Durm und Ende 1885, Teil 4, Halbbd. IV, S. 144, Fig. 154
369 Zeichnung K + S nach Lageplan aus: The Builder, 19.5.1860, Bd. XVIII, Nr. 902, S. 312
370 Gloag 1948, S. 250, Fig. 305
371 Hix 1974, S. 107
372, 373 Boudon 1972, S. 13, 44, 55
374 Zeichnung K + S nach Lageplan von 1970. Jardin Botanique de la Ville de Lyon, Parc de la Tête d'Or, Archiv
375, 376 Zeichnungen K + S nach Plänen. Ebd.
377 Lyon, Jardin Botanique de la ville de Lyon, Parc de la Tête d'Or, Archiv
378 Zeichnung K + S nach: Bauwelt 1980, Jg. 71, H. 29, S. 1255
379 Zeichnung K + S nach: Deutsche Bauzeitung (Hrsg.) 1902, Bd. II, Teil 5, S. 368, Fig. 137
380 Zeichnung K + S nach: Laborde 1808, Taf. 1
381 Ebd., Taf. 6
382, 383 Allgemeines Deutsches Garten-Magazin, 1806, Jg. 3, Bd. II, Stück 1, Taf. 2, 3
384 Zeichnung K + S nach Lageplan, um 1830. München, Stadtarchiv München
385-390 Zeichnungen K + S nach Plänen. München, Bayerische Verwaltung der staatlichen Schlösser, Gärten und Seen, Schloß Nymphenburg.
391-393 Zeichnung K + S nach: Sckell 1825, S. 182
394 Zeichnung K + S nach: Zeitschrift des Vereins zur Ausbildung der Gewerke, 1854, Jg. 3, H. 4, Bl. 2
395 München, Münchner Stadtmuseum
396 Zeichnung K + S nach: Zeitschrift des Vereins zur Ausbildung der Gewerke, 1854, Jg. 3, H. 4, Bl. 1, 3
397-399 Zeichnungen K + S nach Konstruktionsplänen, 1852. München, Münchner Stadtmuseum
400-402 Zeichnungen K + S nach Plänen. München, Geheimes Hausarchiv
403 Zeichnung K + S nach Lageplan in: ZfBW, 1867, Jg. 17, H. 7-10 Bl. M
404-407 Zeichnungen K + S nach: ZfBW, 1867, Bl. 35-37
408 Ebd., Bl. 37

409 Zeichnung K + S nach Lageplan in: Rousseau 1837, S. 1
410 Texier 1852/53, S. 183
411 Rousseau 1837, S. 433
412 Neumann 1862, Taf. IX, Fig. 40
413-415 Zeichnung K + S nach: Allgemeine Deutsche Bauzeitung, 1837, Jg. 2, Nr. 33, S. 271-274, Bl. CXLVI, Fig. 1-6
416 Paris, Musée National d'Histoire Naturelle
417-419 Zeichnung K + S nach: Zeitschrift für praktische Baukunst, 1849, Jg. 9, Taf. 54
420 Paris, Bibliothèque Nationale, Cabinet des Estampes
421 Zeitschrift für praktische Baukunst, 1849, Jg. 9, Taf. 54
422 The Illustrated London News, 9.7. 1859, Jg. 18, Bd. XXXV, Nr. 982, S. 29
423 Zeichnung K + S nach Lageplan in: Deutsche Bauzeitung (Hrsg.) 1902, Bd. II, Teil 5, S. 372
424 Meyer 1907, S. 123
425, 426 Zeichnungen K + S nach Plänen in: Deutsche Bauzeitung (Hrsg.) 1902, Bd. II, Teil 5, S. 373, Taf. IX
427 Zeichnung K + S nach Lageplan um 1910. Paris, H. Roger-Viollet, Archiv
428-430 Zeichnung K + S nach Plänen in: Pavia, Orto Botanico, Archiv
431 Giacomini 1959, S. 85, Fig. 25
432 Über Land und Meer, 1876, Jg. 18, Bd. XXXV, Nr. 20, S. 400.
433 Hix 1974, S. 85
434 Zeichnung K + S nach Lageplan in: Sheffield, Recreation Department, Head Office
435 Ebd.
436 Zeichnung K + S nach Lageplan in: ZfBW, 1887, Jg. 37, H. 10-12, Atlas, Bl. 67
437-440 Zeichnung K + S nach: ebd., 1888, Jg. 38, H. 4-6, Atlas, Bl. 30-33
441 Nau 1967, S. 13
442 Ebd., S. 103
443 Deutsches Magazin für Garten und Blumenkunde, 1852, Jg. 5, S. 160
444 Zeichnung K + S nach Lageplan in: Zanth 1855, Taf. 1
445 Über Land und Meer, 1871/72, Jg. 14, Bd. XXVII, Nr. 10, S. 8-9
446-448 Zeichnungen K + S nach Plänen. Stuttgart, Staatliches Hochbauamt II, Planarchiv
449, 450 Zeichnungen K + S nach: Attempto, 1969, H. 33/34, S. 10
451, 452 Bauaufnahmen K + S
453 Deutsches Magazin für Garten und Blumenkunde, 1859, Jg. 12, S. 113
454 Allgemeine Deutsche Bauzeitung, 1838, Jg. 3, Nr. 44, S. 399, Bl. CCXL, CCXLI
455 Zeichnung K + S nach Stadtplan von Wien, 1972
456 München, Bayerische Verwaltung der staatlichen Schlösser, Gärten und Seen, Schloß Nymphenburg
457-460 Zeichnungen K + S nach Plänen. Wien, Schloß Schönbrunn, Plankammer

461 Zeichnung K + S nach Stadtplan von Wien, 1972
462, 463 Tschira 1939, S. 106, 107
464 Wien, Hofburg, Plankammer
465, 466 Zeichnungen K + S nach Plänen. Wien, Hofburg, Plankammer
467, 468 Bauaufnahmen K + S
469 McIntosh 1853, S. 361
470 Meyer 1907, S. 57
471-477 Berlin K + S, Archiv
478, 479 Berlin, Staatliche Schlösser und Gärten, Verwaltung, Schloß Charlottenburg
480, 481 Berlin, Bibliothek Botanischer Garten, Berlin-Dahlem
482, 483 Berlin K + S, Archiv
484, 485 Koerner 1910, S. 13, 14
486-491 Berlin K + S, Archiv
492 Berlin, Staatliche Schlösser und Gärten, Verwaltung, Schloß Charlottenburg
493 DBZ, 1873, Jg. 7, Nr. 32, S. 126
494 Berlin, Staatliche Schlösser und Gärten, Verwaltung, Schloß Charlottenburg
495, 496 Wiesbaden, Archiv der Landeshauptstadt Wiesbaden
497 The Gardener's Magazine, August 1832, Bd. VIII, S. 420-422
498, 499 Berlin K + S, Archiv
500, 501 Breslau, Botanischer Garten, Archiv
502-507 Berlin K + S, Archiv
508 Borncrêpe 1920, S. 194
509 The Gardeners' Chronicle, 11.11.1876, Jg. 36, Nr. 150, S. 6
510-517 Berlin K + S, Archiv
518 Brüssel, Archives de la ville Bruxelles
519-526 Berlin K + S, Archiv
527 Chadwick 1961, S. 84
528 Ebd., S. 85
529 The Illustrated London News, 17.11.1849, Jg. 8, Bd. XVI
530 Konstruktionszeichnung aus: ebd., S. 87

531 Neumann, 1862, Taf. XXXIII, Fig. 136, 137
532-546 Berlin K + S, Archiv
547 Edinburgh, Royal Botanic Gardens, Library
548-553 Berlin K + S, Archiv
554 Schoser 1969, S. 106, 107, Abb. 79
555 Berlin K + S, Archiv
556 Über Land und Meer, 1870, Jg. 12, Bd. XXIV, Nr. 41, S. 9
557-567 Berlin K + S, Archiv
568 Hannover, Stadtarchiv
569 ZfBW, 1916, Jg. 66, H. 1-3, Abb. 5-9
570 Ebd., Abb. 25
571 Die Gartenzeitung, 1882, Jg. 1, Fig. 34
572-584 Berlin K + S, Archiv
585-588 Köln, Kölnisches Stadtmuseum, Graphische Sammlung
589-593 Berlin K + S, Archiv
594 Kopenhagen, Ny Carlsberg Glyptotek, Bibliothek
595-602 Berlin K + S, Archiv
603, 604 New York, Museum of Modern Art, Archiv Dr. Glaeser
605 Berlin K + S, Archiv
606 Paris, H. Roger-Viollet, Archiv
607-618 Berlin K + S, Archiv
619 Kew bei London, Royal Botanic Gardens, Archiv
620-625 Berlin K + S, Archiv
626, 627 Chadwick 1961, S. 132, 133
628-630 London, J. Russel and Sons, Archiv
631 Illustrated London News, 14.6.1851, Jg. 10, Bd. XVIII, Nr. 493, S. 563
632 Ebd., 15.10.1859, Jg. 18, Bd. XXV, Nr. 998, S. 371
633 Ebd., 12.2.1859, Jg. 18, Bd. XXXIV, Nr. 959, S. 103
634 Ebd., 5.3.1859, Jg. 18, Bd. XXXIV, Nr. 963, S. 224, 225
635-636 Berlin K + S, Archiv
637 Berlin, Manfred Schonlau

638-641 Berlin K + S, Archiv
642 ZfBW, 1867, Jg. 17, H. 7-10; Atlas, Bl. 37
643, 644 München, Stadtarchiv München
645 ZfBW, 1867, Jg. 17, H. 7-10; Atlas, Bl. 38
646-649 München, Stadtarchiv München
650 Zeitschrift des Vereins zur Ausbildung der Gewerke, 1854, Jg. 4, H. 1, Bl. 3
651 München, Stadtarchiv München
652 München, Geheimes Hausarchiv
653 München, Bayerische Verwaltung der staatlichen Schlösser, Gärten und Seen, Schloß Nymphenburg
654 München, Stadtarchiv München. Foto von J. Albert
655 München, Geheimes Hausarchiv
656-658 Paris, H. Roger-Viollet, Archiv
659, 660 Texier 1852/53, S. 10
661 Paris, Bibliothèque Nationale, Cabinet des Estampes
662 Moniteur des Architectes, 1860, Jg. 11, Taf. 693, 694
663 Zeitschrift für praktische Baukunst, 1849, Jg. 9, Taf. 54
664 Paris, Bibliothèque Nationale, Cabinet des Estampes
665, 666 Boudon 1972, S. 55, 95, 131
667 Deutsche Bauzeitung (Hrsg.) 1902, Bd. II, Teil 5, Kap. 4, Fig. 146
668-670 Paris, H. Roger-Viollet, Archiv
671, 672 Berlin K + S, Archiv
673 New York, Museum of Modern Art, Archiv Dr. Glaeser
674 a Hix 1974, S. 86
     b Berlin K + S
675-688 Berlin K + S, Archiv
689, 690 Zanth 1855, Taf. II, III
691 Berlin K + S, Archiv
692 Attempto, 1969, H. 33/34, S. 10
693-708 Berlin K + S, Archiv

Die Tafeln

Die Tafeln in alphabetischer Reihenfolge nach Standorten

471-477 Charles Lanyon und Richard Turner, Botanical Garden, Palmenhaus, 1839/40, 1853

471 Kuppelkonstruktion des Mittelpavillons

472 Mittelpavillon

473 Blick in die Kuppel

474 Umgang des Kuppelraumes

475 Richard Turner, Seitenflügel des Palmenhauses, 1839/40

476 Stütze mit Rankenwerk im Seitenflügel

477 Dach des Palmenhauses

478 Innenraum nach einem Gemälde von Karl Blechen, 1834

478, 479 Albert Dietrich Schadow, Pfaueninsel, Palmenhaus, 1829-1831 (abgebrannt)

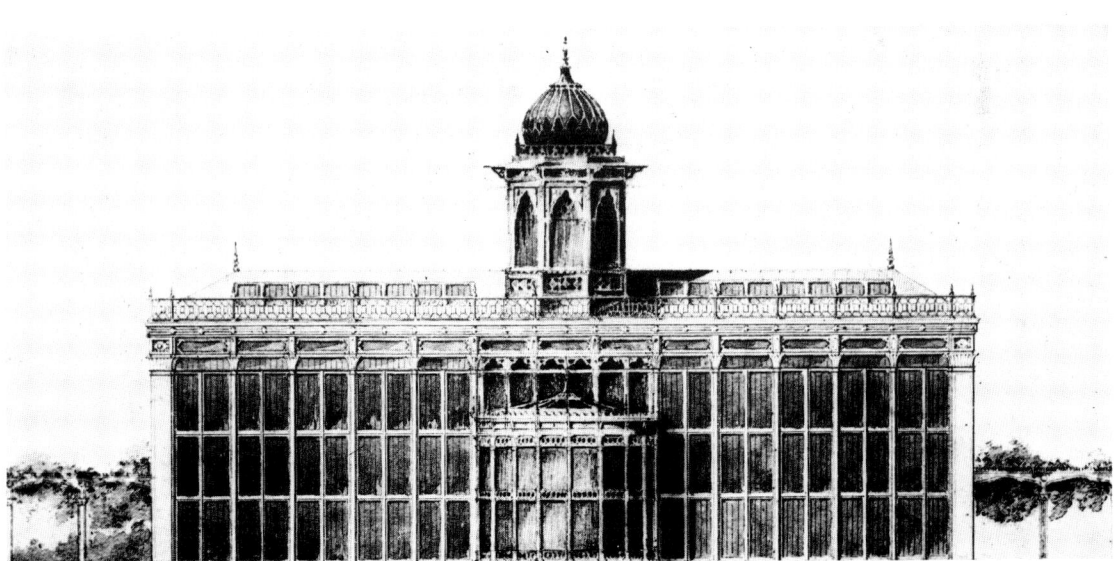

479 Oben: Gesamtansicht, Gemälde, um 1835
Unten: Entwurf mit Turm

481 Carl David Bouché, Herter und Nietz, Kgl. Botanischer Garten, Großes Palmenhaus, 1857-1859.
Innenansicht, Foto kurz vor dem Abriß, 1910

Vorhergehende Doppelseite:
480 Carl David Bouché, Herter und Nietz, Kgl. Botanischer Garten, Großes Palmenhaus, 1857-1859.
Außenansicht, Foto kurz vor dem Abriß, 1910

482 Alfred Koerner, Botanischer Garten, Gewächshäuser, 1905-1909, Ansicht von Süd-Osten

483 Ansicht nach dem Umbau

483-485 Alfred Koerner, Botanischer Garten, Großes Palmenhaus, 1905-1907

484 Blick in das Glasgewölbe, um 1907

485 Längsschnitt mit Tropenflora, 1910

486 Peter Behrens, AEG-Turbinenhalle, 1909, Stütze

487 Alfred Koerner, Botanischer Garten, Großes Palmenhaus, 1905-1907, Stütze

488 Eingangsfront

488-491 Alfred Koerner, Botanischer Garten, Subtropenhaus, 1908/09

489 Seitenfront, Detail der Fassade

490 Fensterdetail

Folgende Doppelseite:
492 Hubert Stier, Johannes Otzen, Flora, 1871-1873 (abgerissen),
Blick in den Wintergarten, um 1880

491 Eingangsfront, Türme mit Brücke

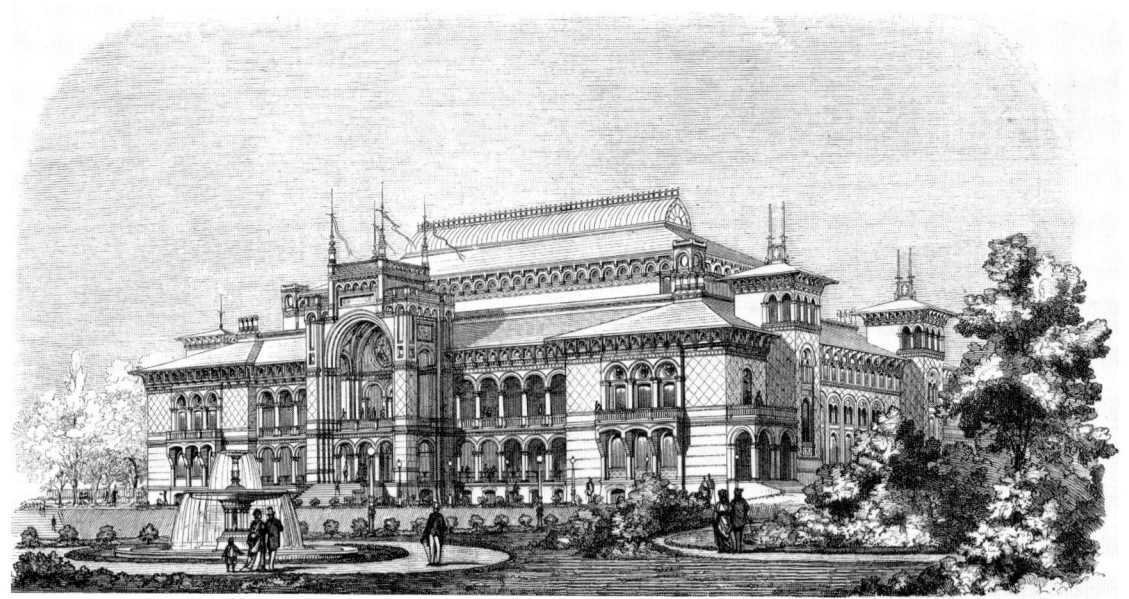

493 Hubert Stier, Johannes Otzen, Flora, 1871-1873 (abgerissen); Ansicht des Gesellschaftshauses, Stich, 1873

494 Hermann von der Hude und Julius Hennicke, Centralhotel, 1880/81 (abgerissen);
Blick in den Wintergarten, um 1881

495, 496 Gewächshäuser des Herzogs Adolf von Nassau, 1846-1861 (abgerissen)

495 Zweischiffige Ausstellungshalle, Lithographie

496 Dreischiffige Ausstellungshalle, 1861, Lithographie

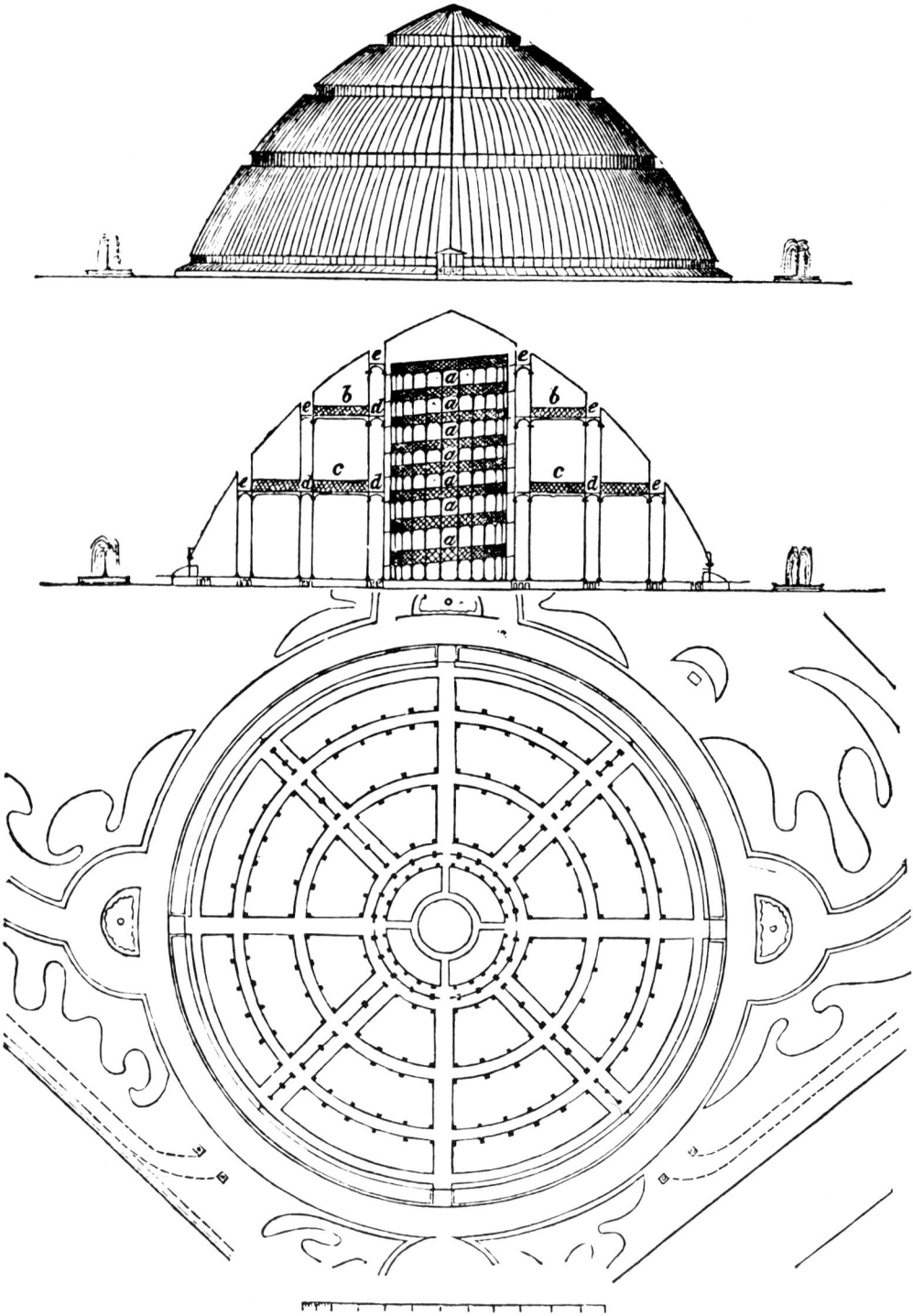

497 John Claudius Loudon, Botanical Gardens; gewölbter Wintergarten, Projekt 1831, 2. Fassung

498 F.B. Osborn, Botanical Gardens, Gewächshaus, 1869, Detail der Eckstütze

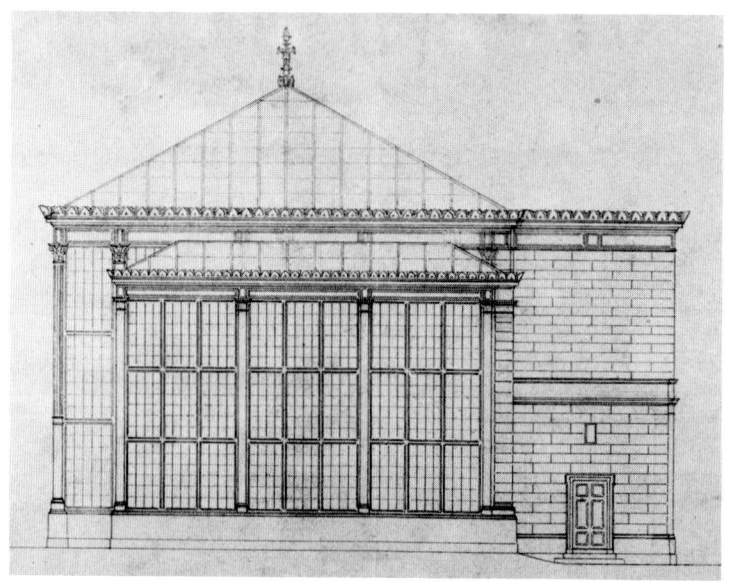

499 Fassade des Seitenflügels mit ›Ridge-and-furrow‹-Dach

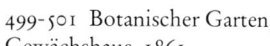

499-501 Botanischer Garten,
Gewächshaus, 1861

500 Seitenansicht, Entwurf

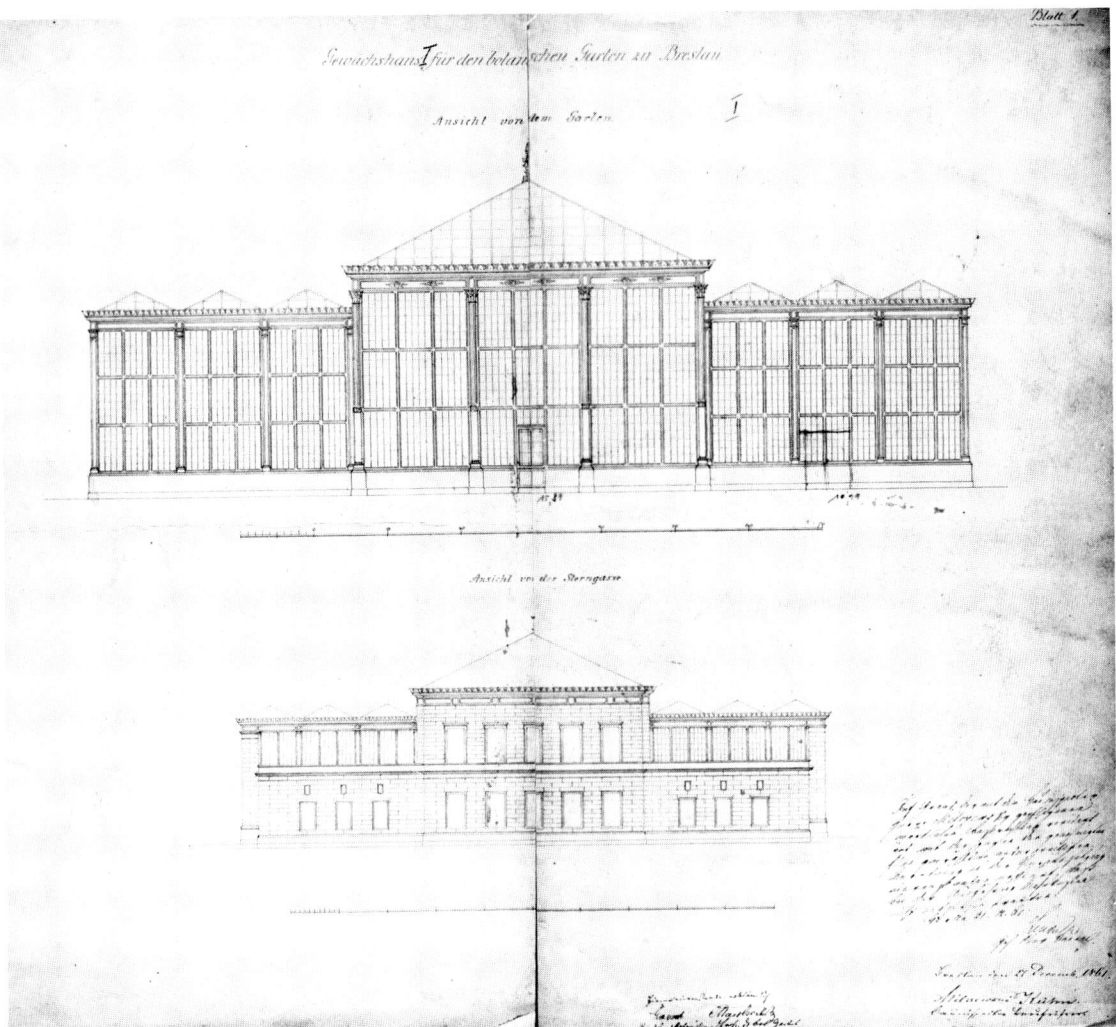

501 Vorder- und Rückansicht, Entwurf

502, 503 Tielemann Franciscus Suys, Gineste, Meeus-Wouters, Jardin Botanique, Großes Gewächshaus, 1826/27

502 Ansicht vom Garten

503 Rotunde (Palais de Flore)

504-509, 514 Alphonse Balat und Maquet, Kgl. Park von Laeken, Jardin d'Hiver, 1875/76

505 Blick in die Kuppel

506 Auflager des Fachwerkbinders

507 Alphonse Balat und Maquet, Kgl. Park von Laeken, Panorama der Gewächshäuser
In der Mitte: Jardin d'Hiver, 1875/76; links: Serre du Congo, 1886

508 Lageplan der Gesamtanlage der Gewächshäuser im Kgl. Park

1 Loggia und Serre d'Introduction
2 Serre aux Palmiers
3 Galerie
4 Sacristie
5 Serre Chapelle (l'Eglise en fer)
6 Pavillon des Palmiers
7 Galerie
8 Serre circulaire
9 Serre aux Azalées
10 Serre pour confection des bouquets
11 Galerie
12 Serre de Diane und Pavillon de Narcisse
13 Galerie
14 Ancien Pavillon de Narcisse
15 Galerie souterraine
16 Escalier blanc und Embarcadère
17 Serre du Congo
18 Annexe aux Palmiers

19 Jardin d'Hiver
20 Annexe aux Fougères
21 Orangerie
22 Annexe de l'Orangerie
23 Serre du Théâtre
24 Serre Salle à manger
25 Serre aux Camélia
26 Serre Maquet
27 Nouvelle Orangerie
28 Galerie
29 Serre aux Rhododendrons
30 Nouvelles Serres à fleurs
31 Serres du Plateau des Palmiers
32 Galerie
33 Petite Serre aux Orchidées
34 Grande Serre aux Orchidées
35 Petite Serre aux Orchidées
36 Forcerie

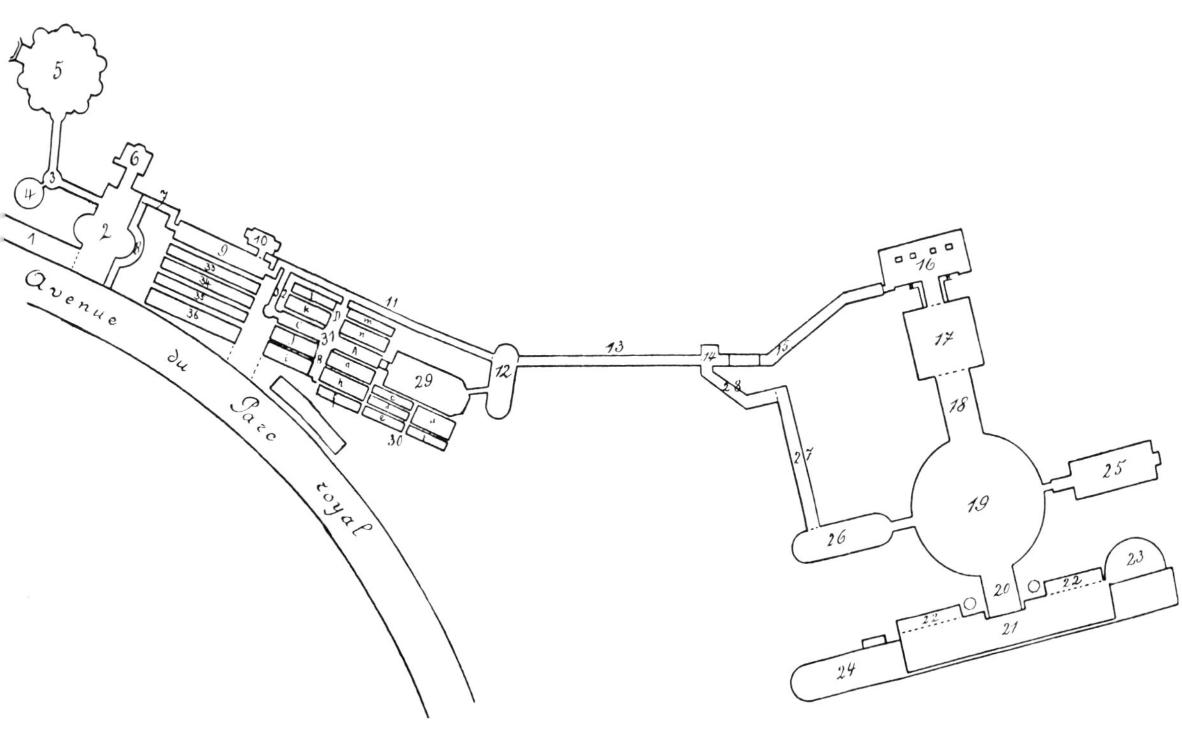
Avenue du Parc royal
1
2
3
4
5
6
7
8
9
10
11
12
13
14
15
16
17
18
19
20
21
22
23
24
25
26
27
28
29
30
31
33
34
35
36

509 Alphonse Balat und Maquet, Jardin d'Hiver, 1875/76, Innenansicht, Stich, 1876

510 Serre du Congo, Blick in die Längshalle

511 Alphonse Balat, Serre du Congo, 1886, Ansicht der Turmaufbauten

512 Alphonse Balat, Serre aux Palmiers, 1885

514 Alphonse Balat und Maquet, Kgl. Park von Laeken, Jardin d'Hiver, 1875/76, Kuppellaterne und Krone

513 Alphonse Balat, Jardin Botanique in Bouchot, Victoria regia-Haus, 1859

515   Alphonse Balat, Serre du Congo, 1886, Detail der Turmaufbauten

516, 517 Alphonse Balat, Kgl. Park von Laeken

516 Hallenkonstruktion, 1885

517 Hallenkonstruktion, 1886

518 Alphonse Balat und König Leopold II. von Belgien, Kgl. Park von Laeken, Serre Chapelle, 1886

519 Vorderansicht

519-525 D. and E. Bailey, Bicton Gardens, Palmenhaus, um 1843

520 Glasgewölbe der Nebenkuppel

521 Glasgewölbe der Hauptkuppel

522 Seitenansicht

523 Seitenansicht

524 Blick in die Nebenkuppel mit Filigranstützen

525 Detail des gußeisernen Stützwerks

526 Edward Milner, Pavilion Gardens, Gewächshaus, 1871, Palmenhalle

Folgende Doppelseite:
527 Joseph Paxton, Großes Gewächshaus, 1836-1840 (abgerissen), Außenansicht, Foto um 1900

528 Großes Gewächshaus, Blicke in das Hauptgewölbe, Foto kurz vor dem Abriß 1920

529 Joseph Paxton, Victoria regia-Haus, 1849 (abgerissen), seine Tochter auf einem Blatt der Victoria regia, Stich, 1849

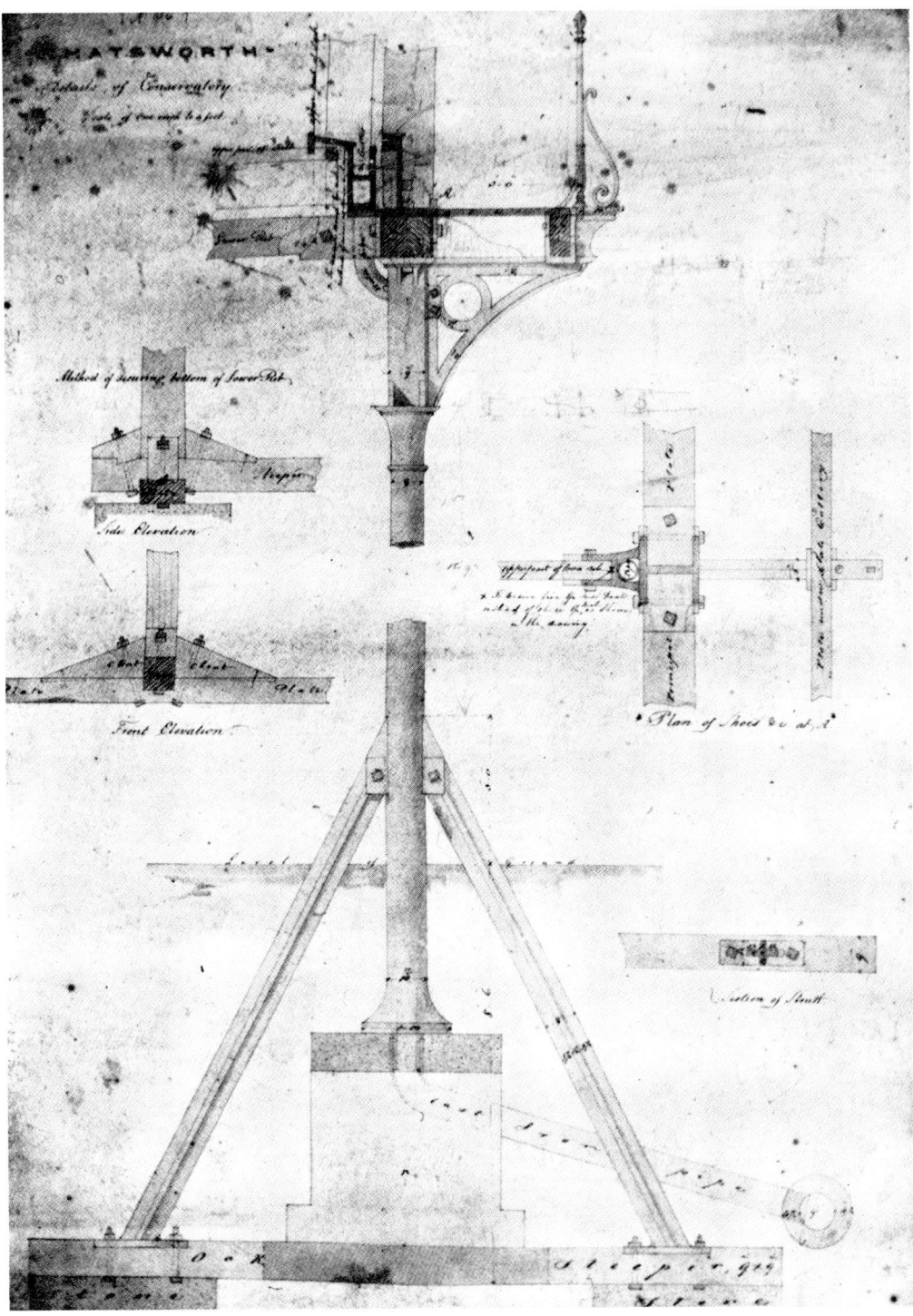

530 Konstruktionszeichnung der Stütze, 1835

530-532 Joseph Paxton, Großes Gewächshaus, 1836-1840 (abgerissen)

531 Schnitt und Grundrißschema mit Bepflanzung und Heizung

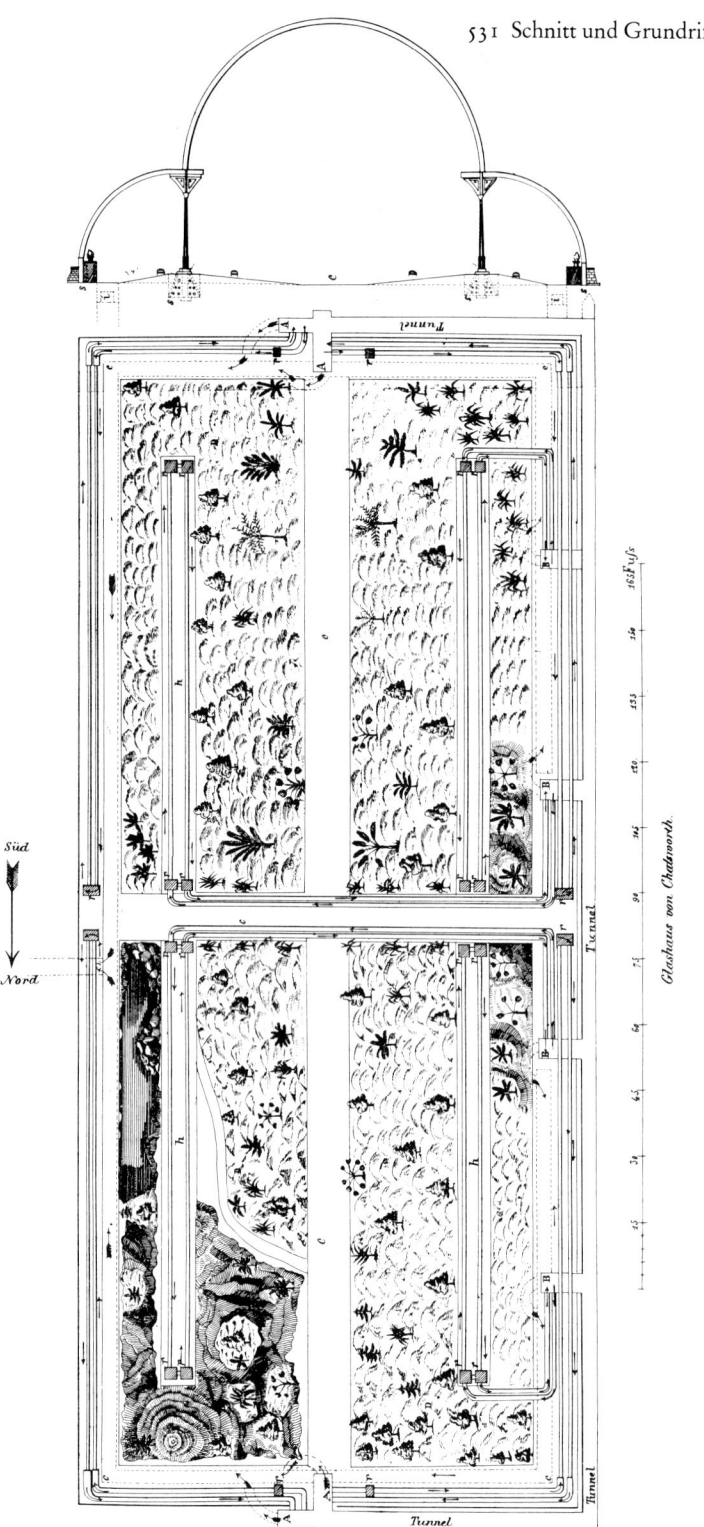

532 Reste der Sockelmauer (rechts oben)

533 Gesamtansicht (rechts unten)

534 Mittelpavillon

533-535 Joseph Paxton, Conservative Wall, 1848

535 Innenraum mit Blick auf die Orangerie

536 Mittelpavillon, 1850

536-540 Richard Turner und William Clancy, National Botanic Gardens, Gewächshäuser, 1842-1850

537 Mittelpavillon, Blick in das Glasgewölbe

538 Detail der Fassade des Mittelpavillons, 1850

539 Blick in den rechten Seitenflügel, 1842

540 Kleiner Pavillon des linken Seitenflügels, 1842

541 Paisley, National Botanic Gardens, Neues Palmenhaus, 1884, Seitenfront

542 Vorderfront

543 Eingangsfront

544 Blick in das Hauptgewölbe

545 Konstruktionsdetail der Stütze

546 Blick in das Nebengewölbe von der Galerie

547 Altes Palmenhaus, 1834 (oben) und Neues Palmenhaus, 1858 (unten), Dachaufsicht

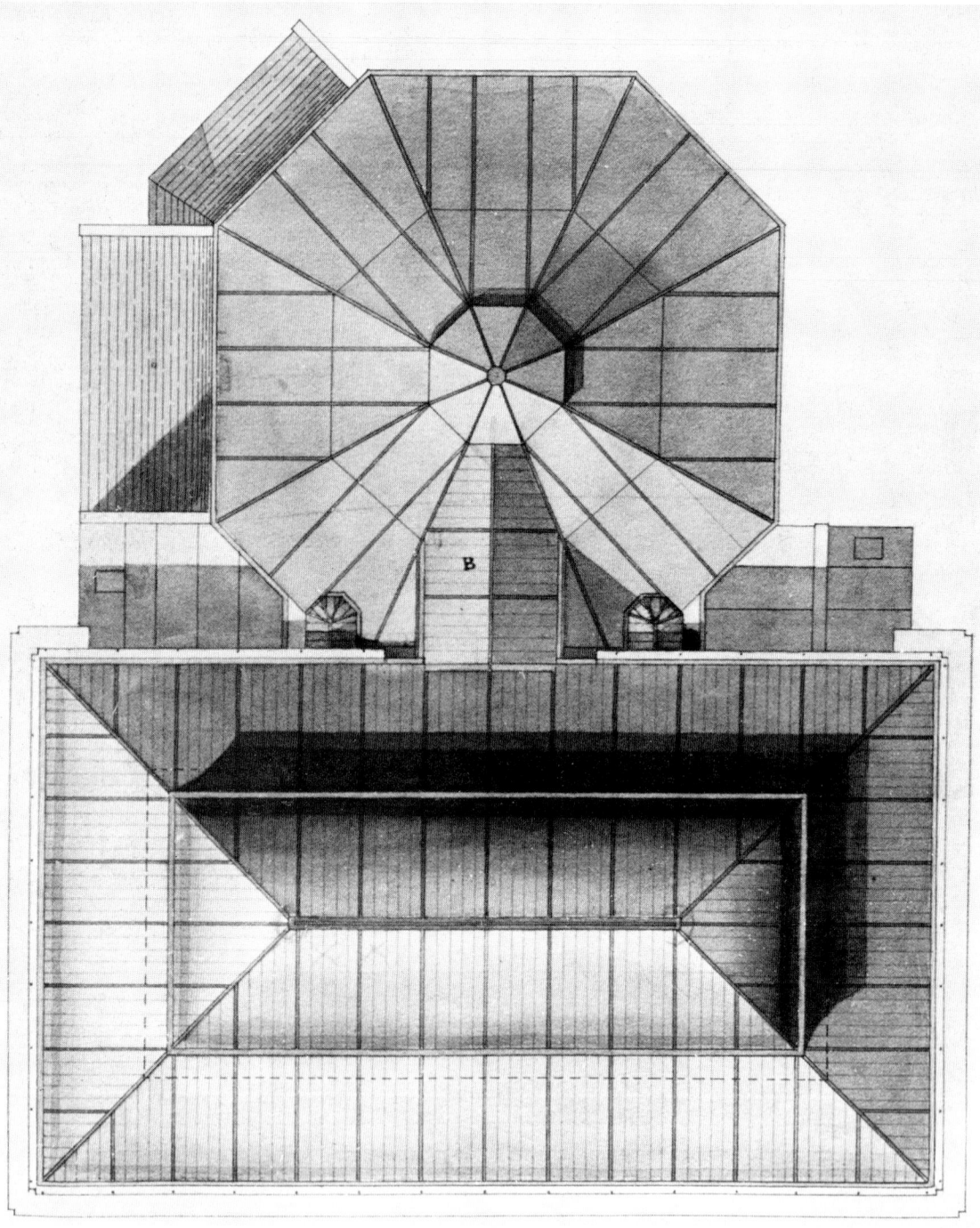

548 Blick in das Hauptgewölbe des Palmenhauses

549, 550 Ansichten vom Garten

549-553 Giacomo Roster, Orto Botanico, Palmenhaus, 1874

551 Innenansicht

552 Blick in das Hauptschiff

553 Detail der Eckausbildung

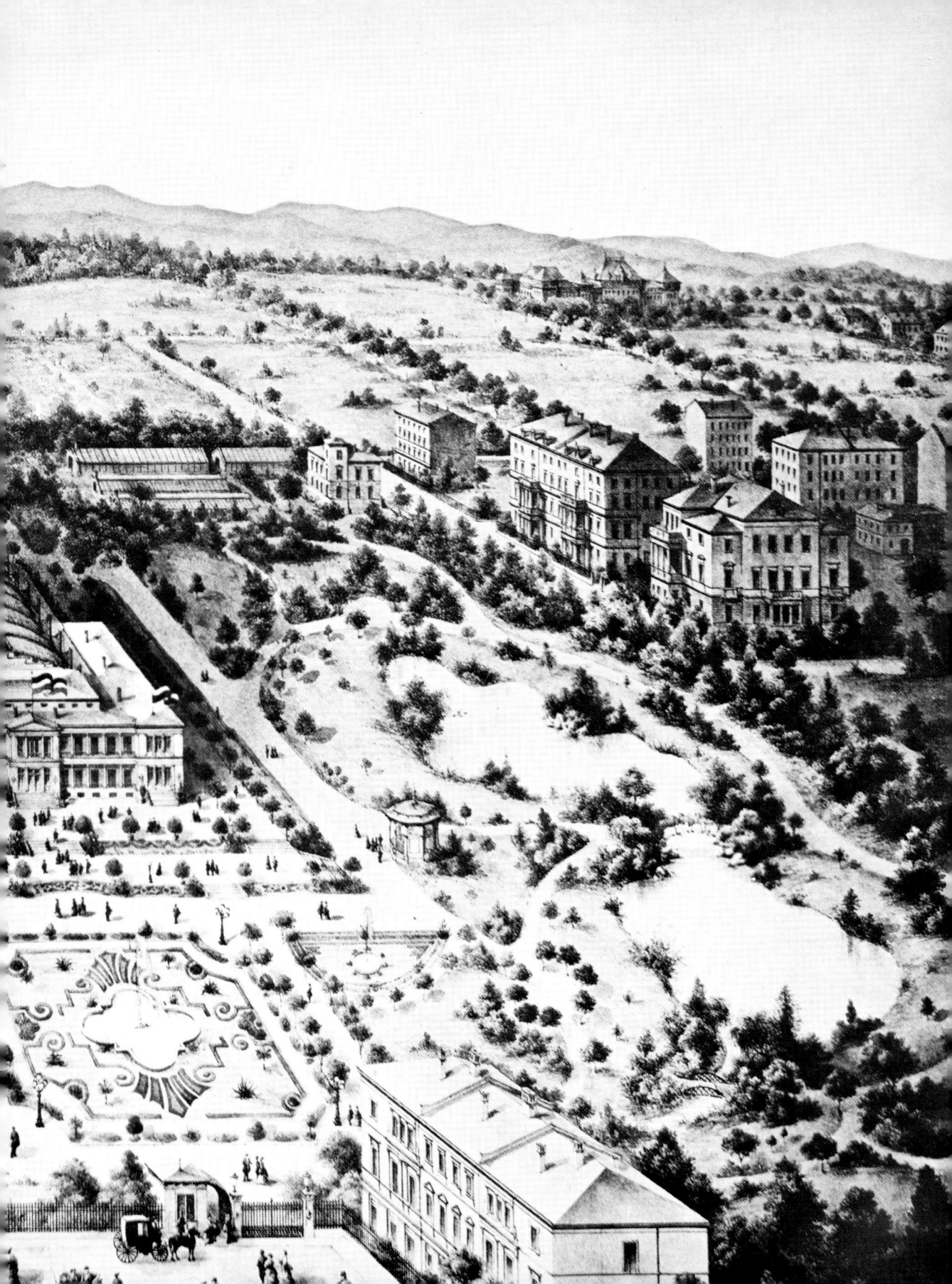

555 Dachlandschaft des Palmenhauses

554-556 Friedrich Kayser, Palmengarten der Stadt Frankfurt, Flora, 1869-1871

Vorhergehende Doppelseite:
554 Panorama, 1870

556 Innenansicht des Palmenhauses, Stich, 1870

557-563 John Kibble, Botanic Gardens, Kibble Palace, 1872

558 Blick in den Umgang der Hauptkuppel

557 Dachaufsicht

559 Blick auf die Hauptkuppel

560 Blick in die Hauptkuppel mit Laternenaufsatz

561 Blick vom Umgang in die Hauptkuppel

562 Detail der Stütze mit Konsole

563 Detail der Fassade der Hauptkuppel

564, 565 Glasgow Green, People's Palace, Wintergarten, um 1880

564 Seitenfront des Wintergartens

565 Innenansicht des Wintergartens

566 Botanischer Garten, Universität, Kleines Gewächshaus, um 1850, Innenansicht

567 Wintergarten, 1830-1840, Innenansicht

568, 569 Georg Ludwig Friedrich Laves, Park Herrenhausen, Palmenhaus, 1846-1849 (abgerissen)

568 Außenansicht, Lithographie

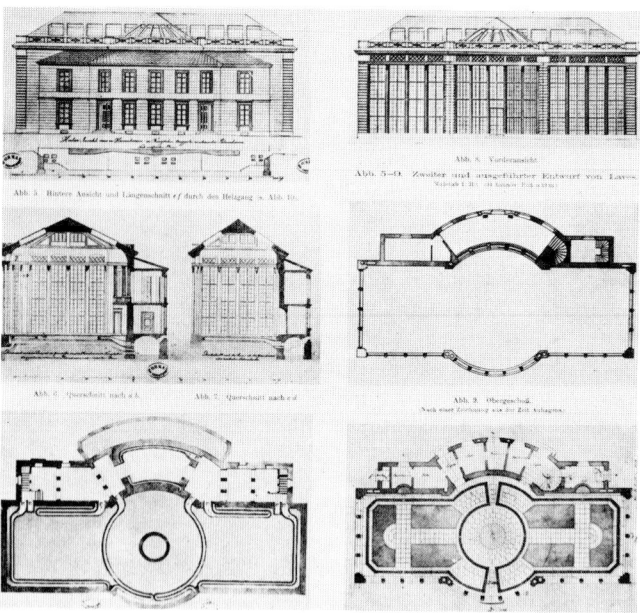

569 Palmenhaus, 1846-1849 (abgerissen), Entwurfsserie

570, 571 Auhagen, Park Herrenhausen, Palmenhaus, 1879 (abgerissen)

570 Außenansicht, Foto von 1916

571 Blick in die Palmenhalle, 1882, Stich

572-575 Franz Beer, Schloß Schwarzenberg, Wintergarten, 1840-1847

572 Eingangsportal

573 Gesamtansicht

574 Schloß mit gußeiserner Balustrade

575 Detail der Balustrade

576 Botanischer Garten, Palmenhaus, 1905, Außenansicht

577 Botanischer Garten, Palmenhaus, 1905, Außenansicht

578 Mittelpavillon des Palmenhauses, 1857

578-581 Heinrich Hübsch, Gewächshäuser der Residenz, 1853-1857

579 Mittelpavillon mit Seitenflügel, 1857, Umbau 1868/69

580 Fassade des Mittelpavillons, Detail

581 Wintergarten, 1857 (im Sommer abschlagbar), Detailansicht

582 Mittelpavillon

582-584 Johann Conrad Bromeis, Wilhelmshöhe, Großes Gewächshaus 1822, Umbau 1887

583 Gesamtansicht

584 Blick in den Seitenflügel

585 Lageplan von Peter Joseph Lenné, Lithographie, 1862

586 Park mit Blick auf die Flora, Lithographie

585-588 H. Märtens und Georg Eberlein, Botanischer Garten Köln-Riehl, Flora 1864 (abgerissen)

587 Außenansicht der Flora, Foto um 1880

588 Blick in das Glasgewölbe, Foto um 1880

589 Blick auf die Rotunde

590 Palmenhaus mit Treppenanlage

589-592 Tyge Rothe und Johann Carl Jacobsen, Botanischer Garten, Palmenhaus, 1872-1874

591 Rotunde, Detail der Fassade

592 Rotunde, Blick in die Palmenhalle

593 Blick in die Kuppel

593, 594 Vilhelm Dahlerup, Ny Carlsberg Glyptotek, Wintergarten, 1904-1906

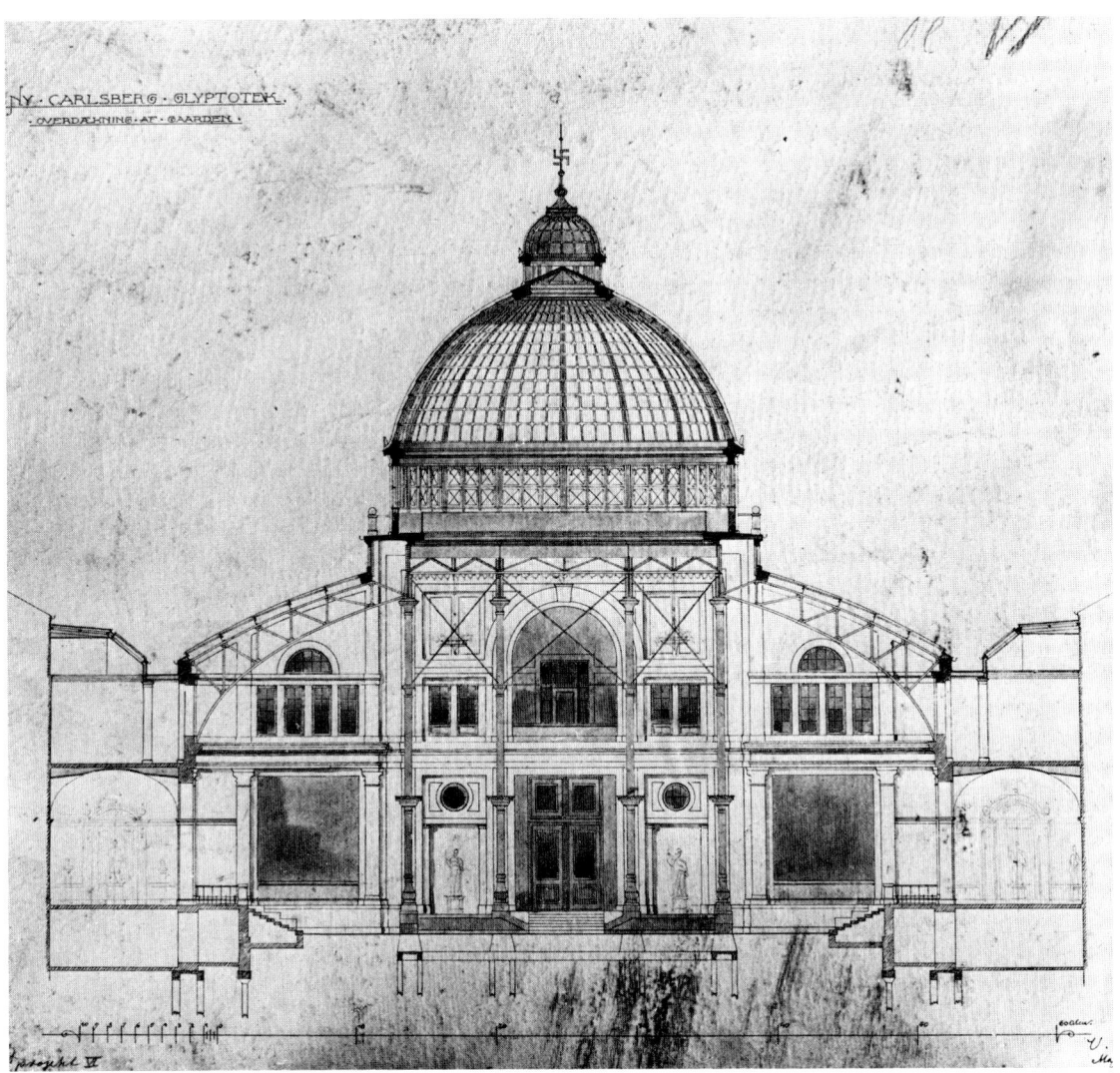

594 Schnitt durch den Wintergarten, Entwurf, 1897

Lednice (Eisgrub)

595-598 Devien, Schloß Liechtenstein, Wintergarten, 1843

595 Ansicht vom Parterre mit Blick auf das Schloß

596 Innenansicht des Wintergartens

597 Detail der gußeisernen Filigranstütze

598 Gesamtansicht (oben) und Seitenansicht

599 Gewölbtes Palmenhaus

600 Achteckige Palmenhalle, Seitenfront

599-602 Botanischer Garten, Palmenhäuser, 1880-1900

644

601 Gewölbtes Palmenhaus, Eingangsportal

602 Achteckige Palmenhalle, Eingangsfront

603 Eingangsfront

603,604 Palais Burnay, Gewächshaus, um 1910

604 Dachaufsicht

605 Mackenzie and Moncur, Sefton Park, Palmenhaus, 1896, Eingangsfront

606 Decimus Burton und Richard Turner, Regent's Park,
Wintergarten der Royal Botanic Society, 1842-1846 (abgerissen), Innenraum, Foto um 1930

608 Blick in den Kuppelraum (Abdeckung aus neuerer Zeit)

607-612 Charles Fowler, Syon House, Großes Gewächshaus, 1820-1827

607 Mittelpavillon mit Kuppel

609 Mittelpavillon mit Kuppel

610 Dachkonstruktion der Seitenpavillons

612 Dachkonstruktion der Seitenflügel

611 Mittelpavillon, Detail des Eingangsportals

613 Außenansicht mit Garten

613-619 Richard Turner und Decimus Burton, Royal Botanic Gardens, Palmenhaus, 1844-1848

615 Mittelpavillon, Detail des Tragwerks

614 Blick auf den Mittelpavillon

616 Blick in den Kuppelabschluß der Seitenflügel

617 Eingangsportal im Mittelpavillon

618 Kuppelabschluß der Seitenflügel

619 Palmenhaus mit Victoria regia-Haus, 1852, Stich

620-622 Decimus Burton, Royal Botanic Gardens, Temperate House, 1859-1863

620 Mittelpavillon, Eingangsfront

621 Blick in den Mittelpavillon mit Detail der Bogenbinder

622 Temperate House, 1859-1863; Blick in die Halle des Mittelpavillons

623 William Chambers, Royal Botanic Gardens, Orangerie, um 1760

624 Jeffry Wyatville, Royal Botanic Gardens, Architectural Conservatory, 1836, Giebelfront

625 Richard Turner, Royal Botanic Gardens, Victoria regia-Haus, 1852, Detail der Tragkonstruktion

626, 627 Joseph Paxton, Hyde Park, Weltausstellung 1851, Kristallpalast 1850/51

626 Blick in das Transept

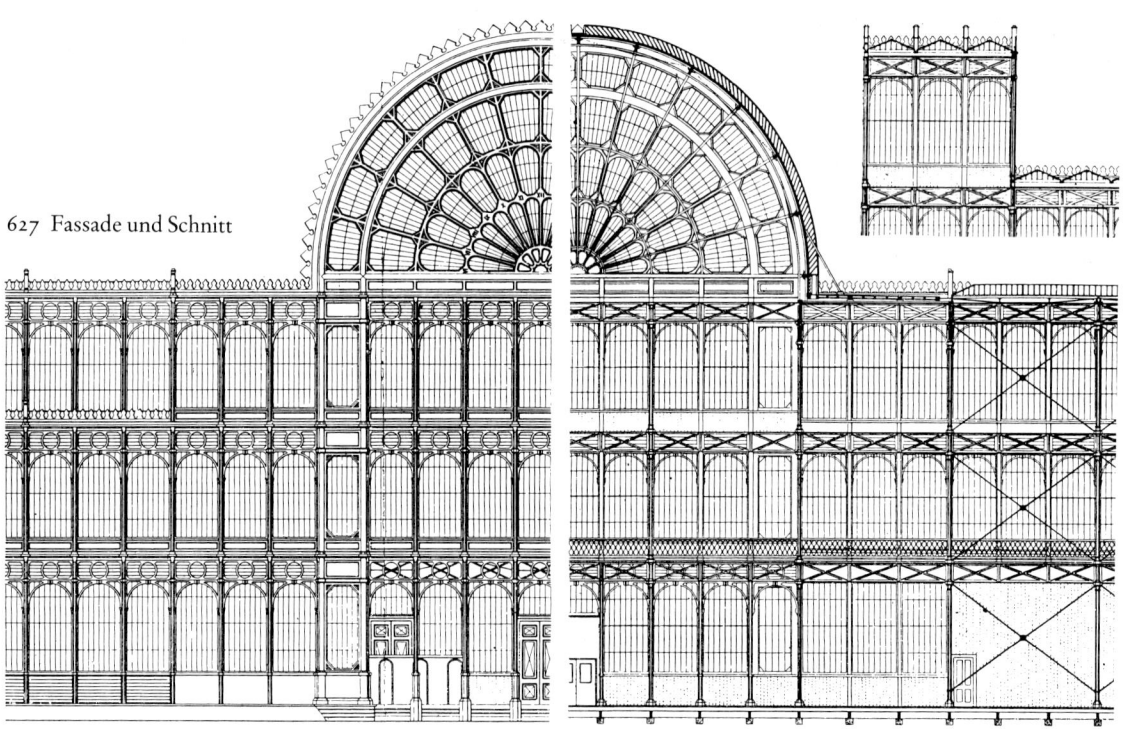

627 Fassade und Schnitt

628 Dachlandschaft mit Blick auf das Transept

628-630 Joseph Paxton, Sydenham, Kristallpalast 1852-1854 (abgebrannt)

630 Details der Tragkonstruktion (oben und unten)

629 links: Verglasungsarbeit

631 Joseph Paxton, Hyde Park, Weltausstellung 1851,
Kristallpalast, 1850/51 (demontiert), Besucher im East Indian Bazaar, Holzstich, 1851

632 Edward Middleton Barry, Covent Garden, Floral Hall, 1857/58; Eingangsfront, Holzstich, 1859

633 Ansicht vom Park, Holzstich

633, 634 Owen Jones, People's Palace, Projekt 1859

634 People's Palace, Blick
in den zentralen Wintergarten,
Holzstich

635, 636 Parc de la Tête d'Or, Großes Gewächshaus, 1877-1880

635 Blick auf den Mittelpavillon (oben) und Gesamtansicht (unten), Fotos um 1970

636 Ansicht der seitlichen Palmenhalle

637 Velázquez Bosco, Parque del Retiro, Palacio de Cristal, 1887, Ansichten

638 Eisernes Gewächshaus, 1807, Ansicht vom Garten

639 Palmenhaus, 1820, Ansicht vom Garten

640 Eisernes Gewächshaus, 1807, Umbau um 1850, Dachkonstruktion

638-641 Friedrich Ludwig von Sckell, Kgl. Hofgarten in Nymphenburg, Gewächshäuser, 1807-1820

641 Eisernes Gewächshaus, 1807, Umbau um 1850, Fassadendetail

642-645 August von Voit, Alter Botanischer Garten, Großes Palmenhaus, 1860-1865 (abgerissen)

642 Schnitt durch die Palmenhalle, Horizontalschnitt der Fassade, Fassadendetail

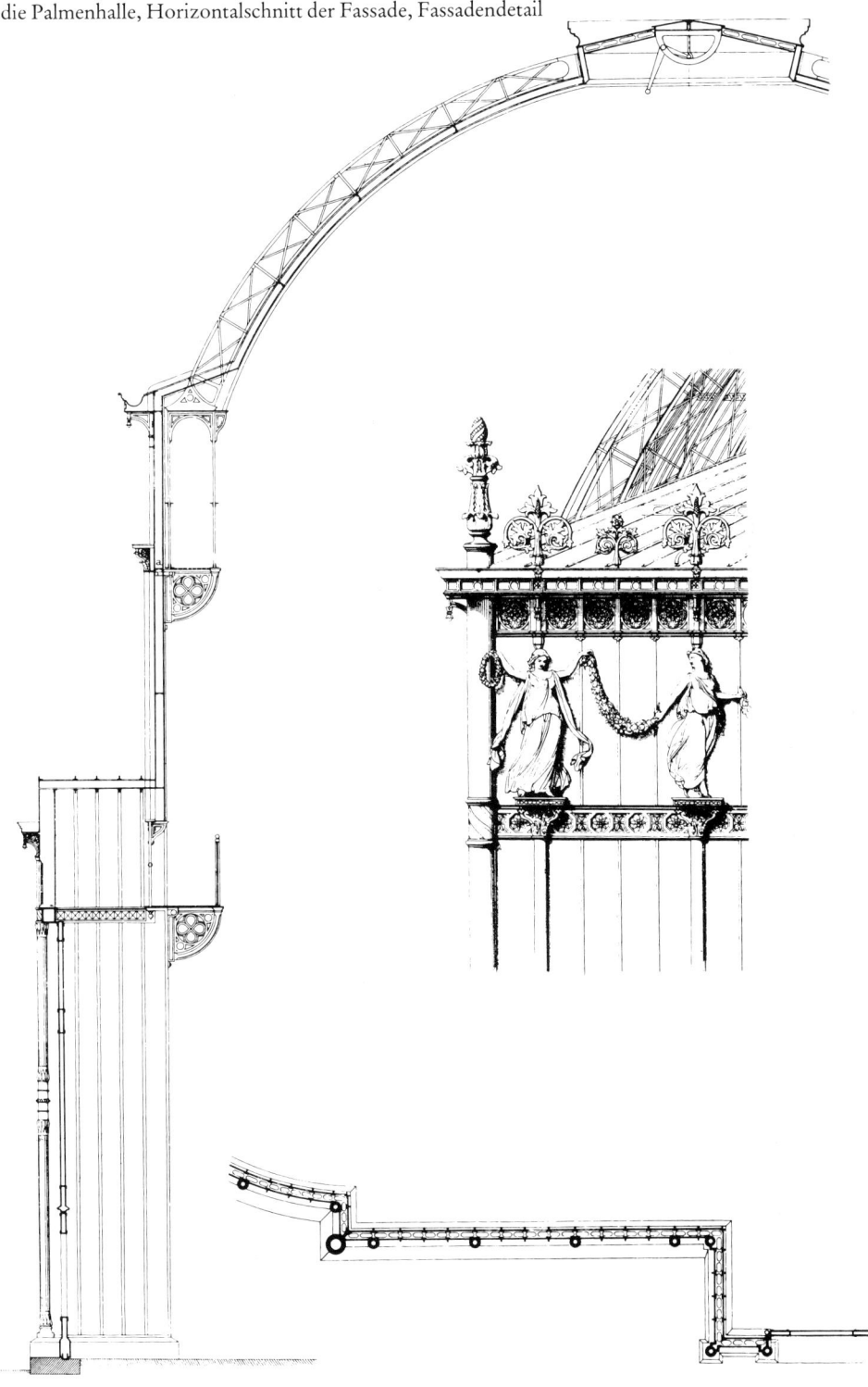

643 Innen- und Außenansicht, Stich, um 1865

644 Außenansicht, Foto, um 1920

645 Detail vom Portal aus Gußeisen

687

München

646, 647 August von Voit,
Alter Botanischer Garten,
Glaspalast 1853/54
(abgebrannt)

646 Blick vom Transept in
die Längshalle, Stich 1854

688

647 Außenansicht

648 Joseph Paxton, London, Hyde Park, Kristallpalast 1850/51, Außenansicht

649 Blick in die Längshalle

649-651 August von Voit, Alter Botanischer Garten, Glaspalast 1853/54 (abgebrannt)

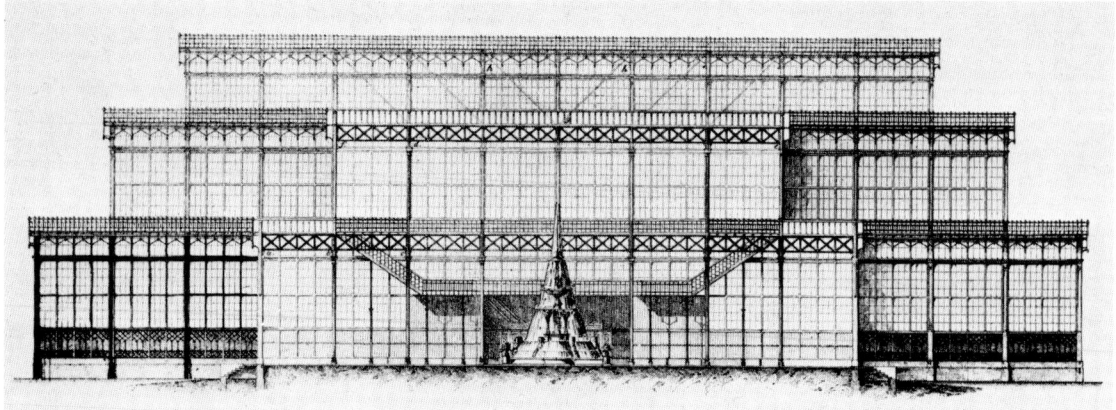

650 Querschnitt durch die Längshalle

651 Reste der Eisenkonstruktion nach dem Brand von 1931

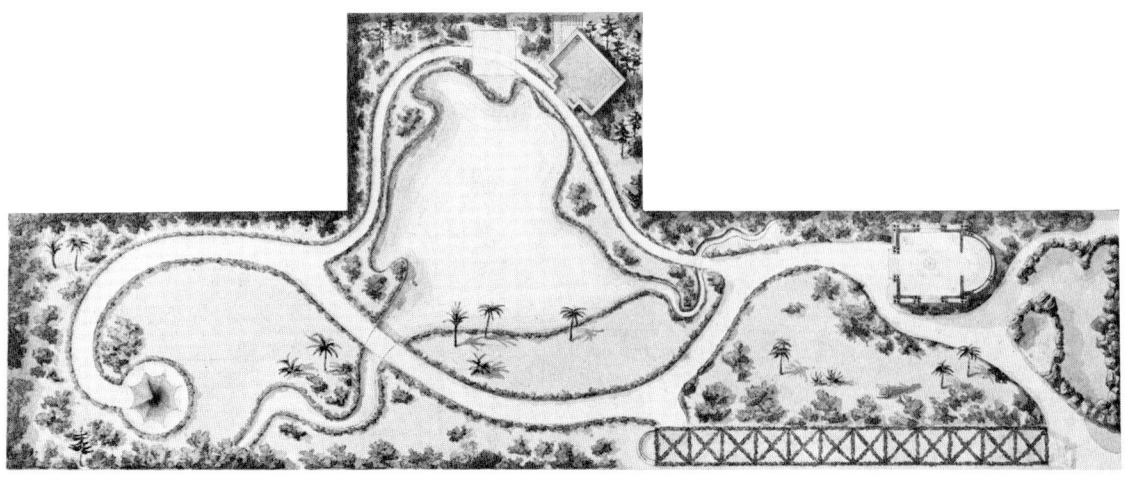

652 Außenansicht, Aquarell

652-655 August von Voit, Residenz, Wintergarten Ludwig II., 1867/69 (abgerissen)

653 Grundriß, aquarellierte Zeichnung

654 Innenansicht

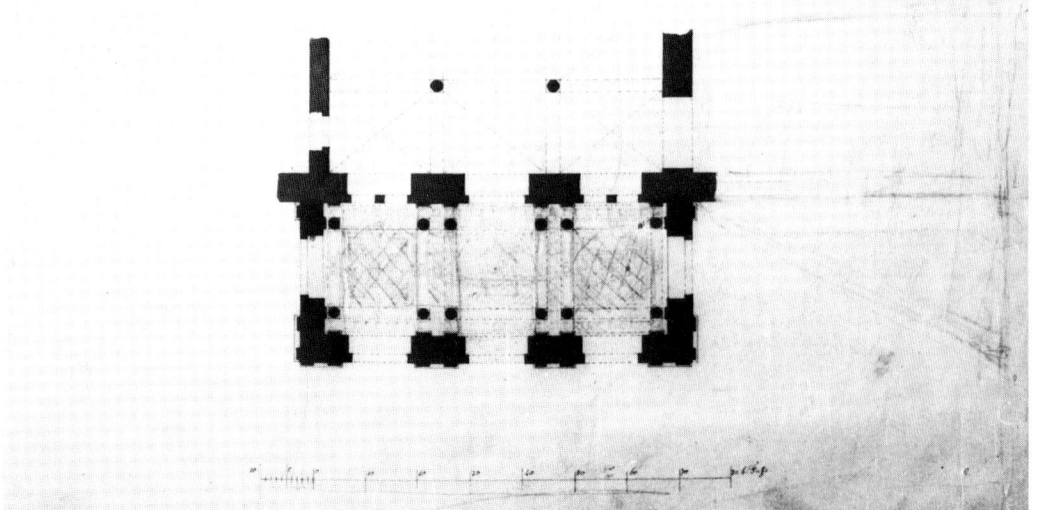

655 Glasgewölbe und Grundrißdetail des Eingangs im EG, Entwurfsskizze

656 Außenansicht, Lithographie

657 Anbau der Palmenhalle, 1854 (abgerissen), Stich, 1885

656-658 Charles Rohault de Fleury, Jardin des Plantes, Gewächshäuser 1833, 1854

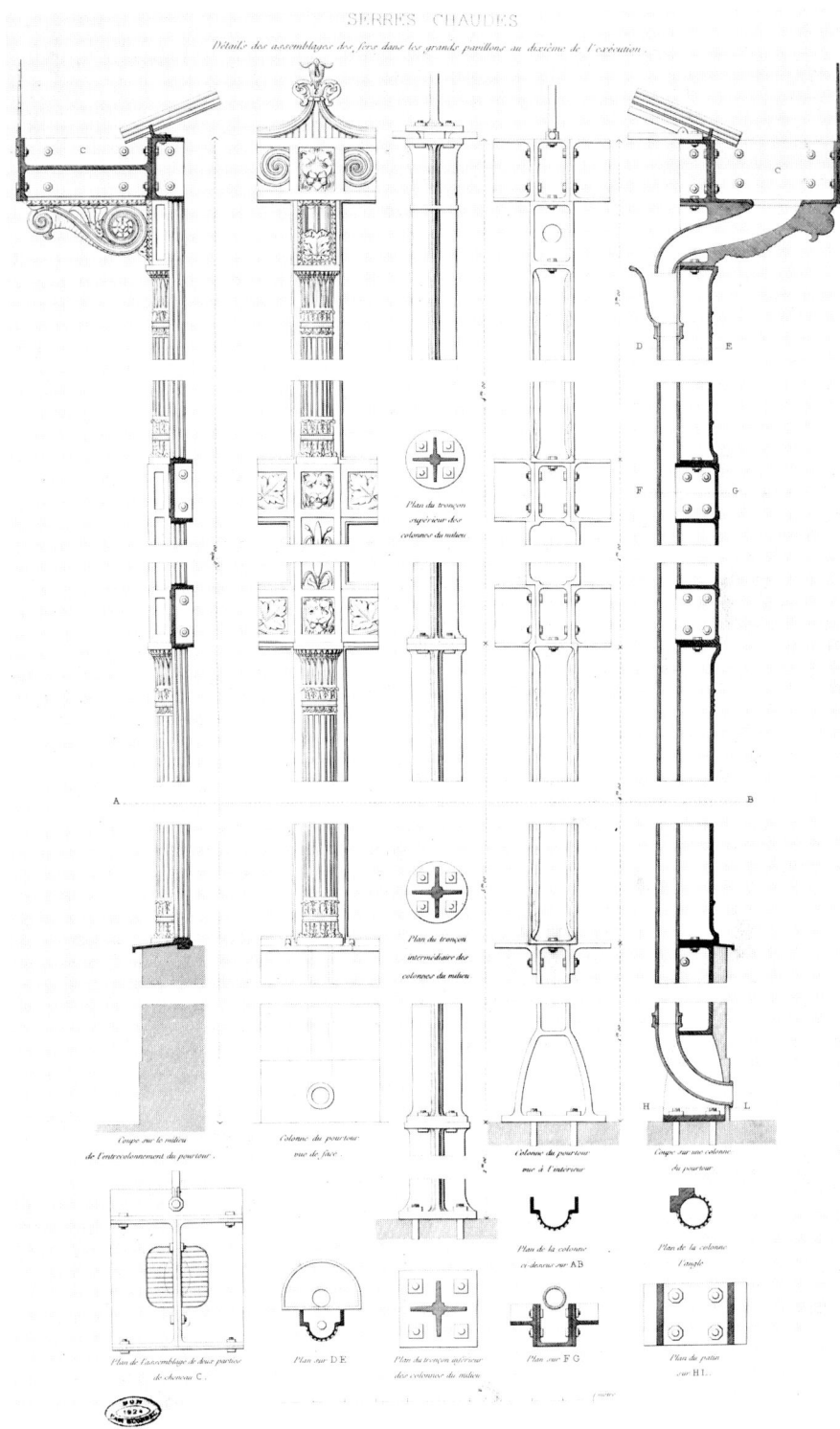

SERRES CHAUDES

Détails des assemblages des fers dans les grands pavillons au dixième de l'exécution.

658 Konstruktionsdetail der Eckpavillons

659 Champs-Elysées, Konzert im Freien, Stich, 1852/53

660 H. Meynadier de Flamalens, Charpentier und M. Rigolet, Champs-Elysées,
Jardin d'Hiver, 1846-1848 (abgerissen), Innenansicht, Stich, 1852/53

661 Jardin d'Hiver, Aktie zu 500 Francs der Compagnie Immobilière des Serres des Champs-Elysées, 1846

662-664 H. Meynadier de Flamalens, Charpentier und M. Rigolet, Champs-Elysées,
Jardin d'Hiver, 1846-1848 (abgerissen)

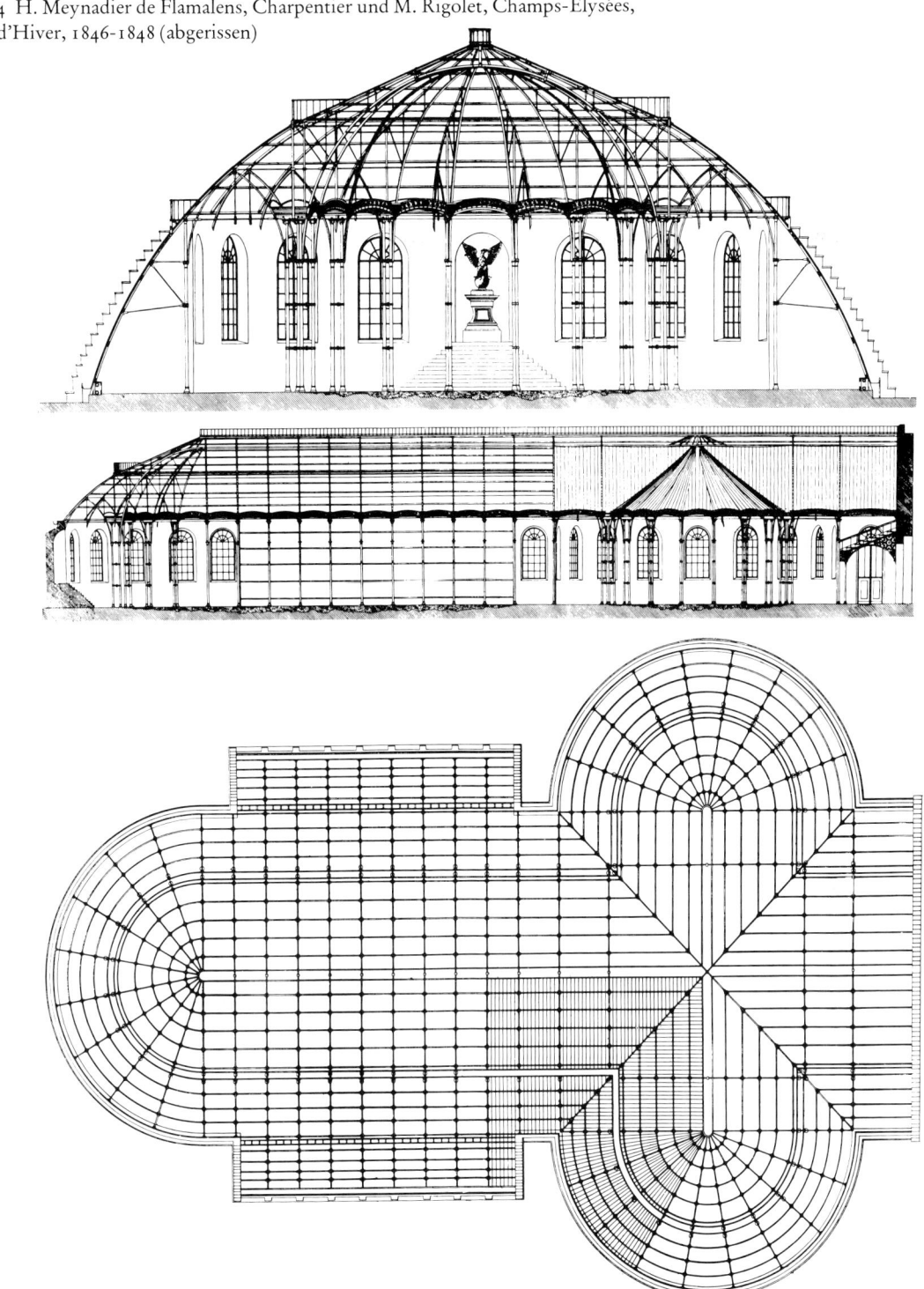

662 Konstruktionszeichnungen, Querschnitt, Längsschnitt und Dachtragwerk von M. Rigolet

663 Schnitt mit Fontäne und Grundriß

664 Innenansicht, Lithographie

665 Darstellung einer Idealstadt mit den Bauten und Projekten von 1826-1852, Aquarell, 1852

665, 666 Hector Horeau, Idealentwürfe zu Glaspassagen und Wintergärten

666a (rechts oben) Paris, Projekt zur Überdeckung der Boulevards, Aquarell, 1866
666b (rechts unten) Paris, Hôtel de Ville, Federzeichnung, 1871

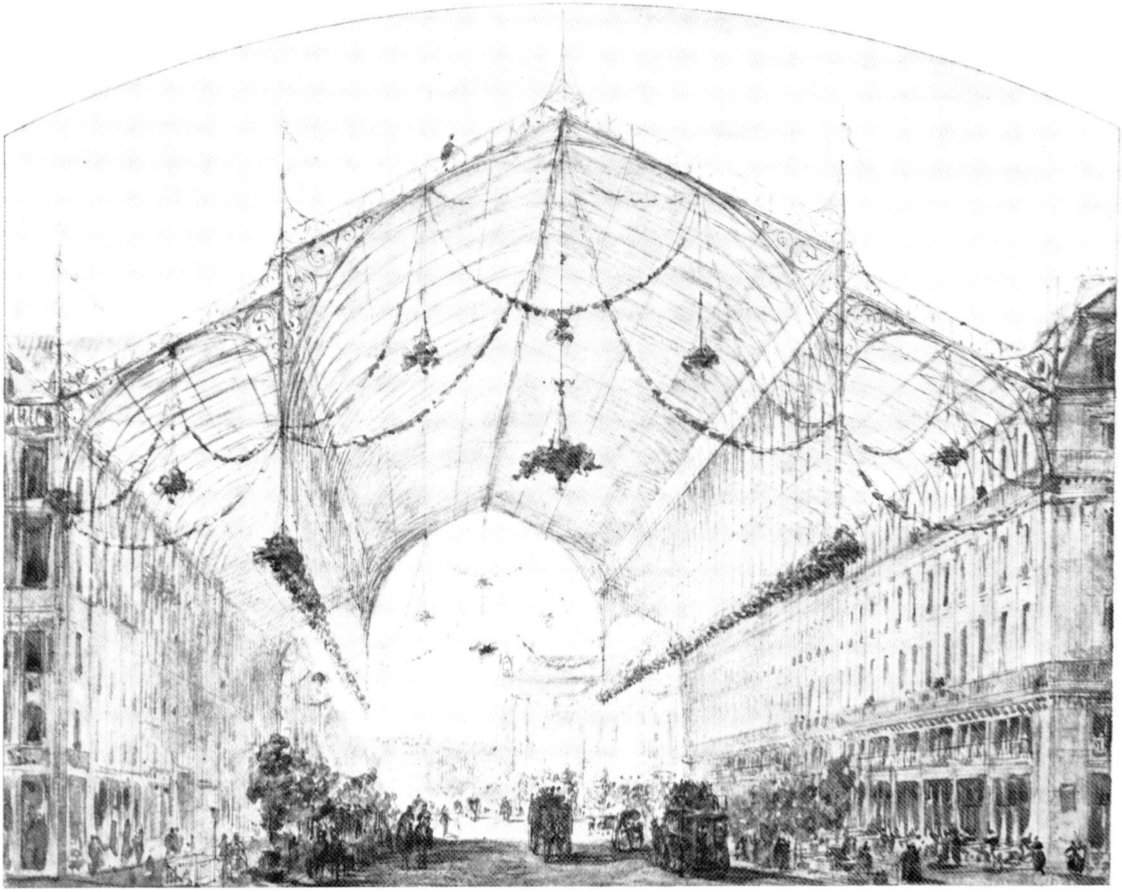

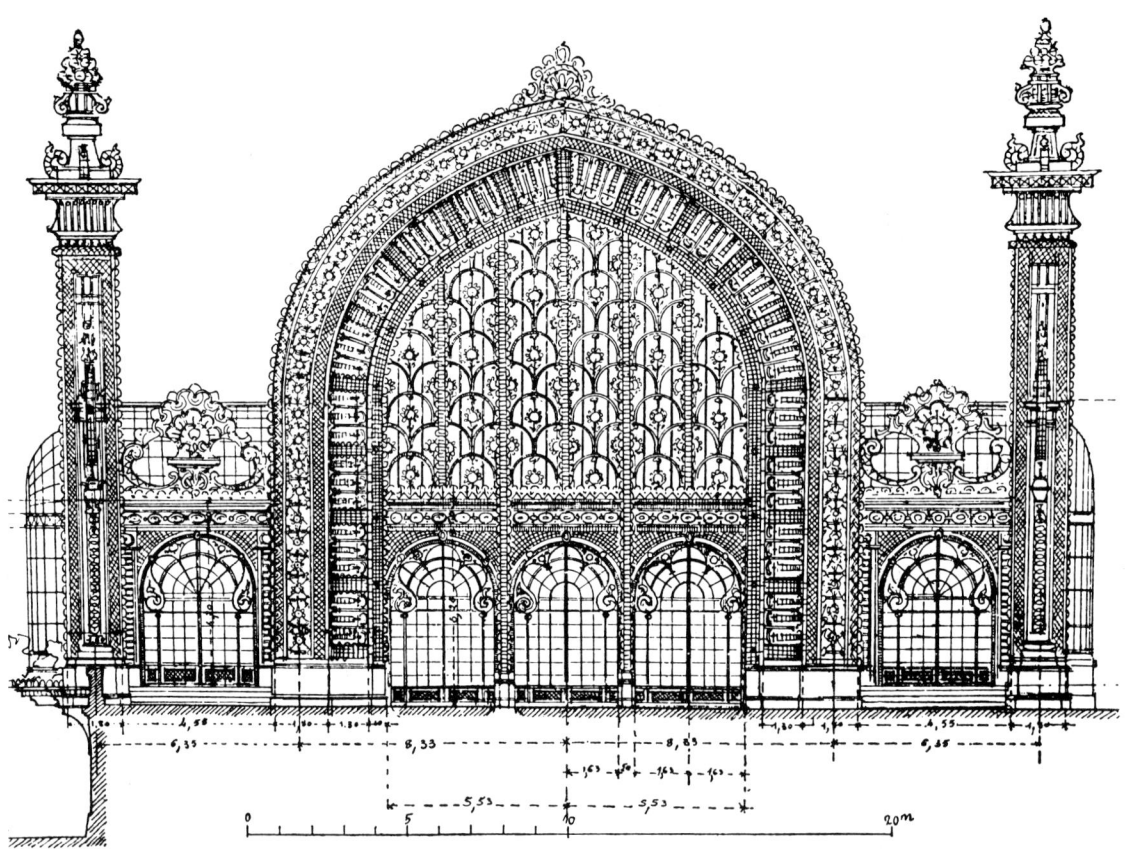

667 Eingangsfront

667, 668 Charles Albert Gautier, Weltausstellung, 1900, Halle für Gartenbaukunst (abgerissen)

668 Blick von der Seine und Innenansicht

669, 670 Bertrand, Jardin Public, Wintergarten, 1898 (abgerissen)

669 Innenansicht der Pflanzenhalle

670 Außenansicht

671 Außenansicht

671, 672 G. Piermarini und L. Canonica, Orto Botanico, Gewächshaus, 1776-1780

672 Blick in das Innere

673 Gewächshaus, um 1890, Ansicht des zentralen Kuppelbaues

674a Stich von J. Martin

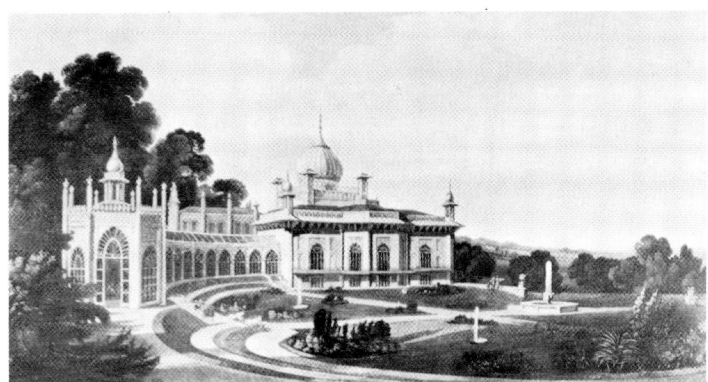

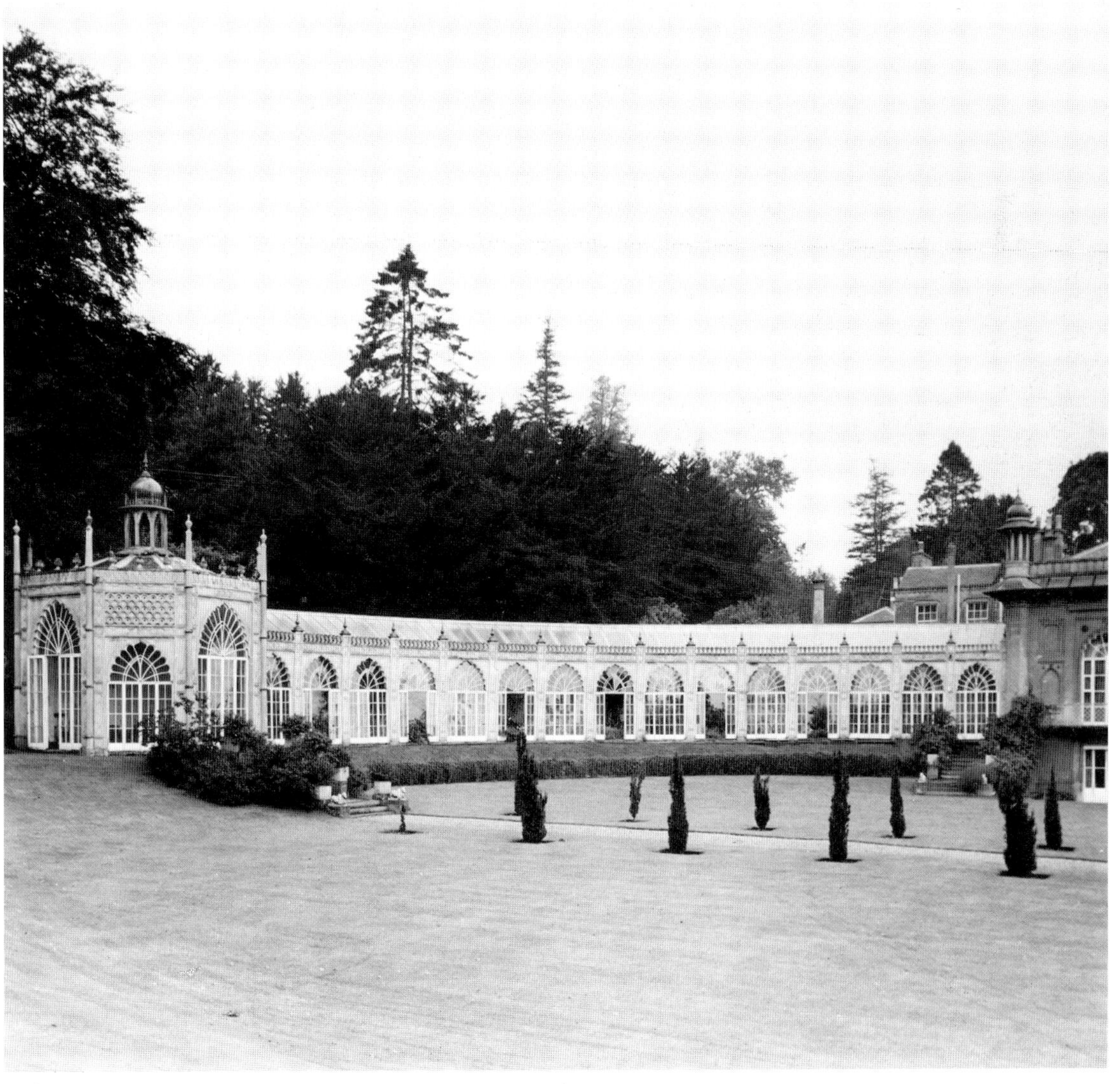

674b Humphry Repton und Samuel Pepys Cockerell, Indian Villa, Gewächshaus, 1806, Ansicht vom Park

675 Ansicht der drei Pavillonbauten

675-679 B.B. Taylor, Botanical Gardens, Glass Pavilions, 1836

676 Blick in das Glasgewölbe des Mittelpavillons

678 Vorderfront des Mittelpavillons

677 Seitenansicht des Mittelpavillons

717

680 Eckpavillon

680-690 Ludwig von Zanth, Wilhelma, Gewächshäuser, 1842-1846, 1852/53

679 Mittelpavillon, Blick in das Sprossentragwerk

681 Fassadendetail des Eckpavillons

682 Blick in die Kuppel

683 Blick in den Seitenflügel

684 Innenecke im Kuppelraum

685 Blick vom Laubengang auf den Eckpavillon

686 Fassadendetail mit Dach des Laubenganges

687 Ludwig von Zanth, Wilhelma, Palmenhalle, 1852/53

688 (rechts) Palmenhalle und Kulturhäuser

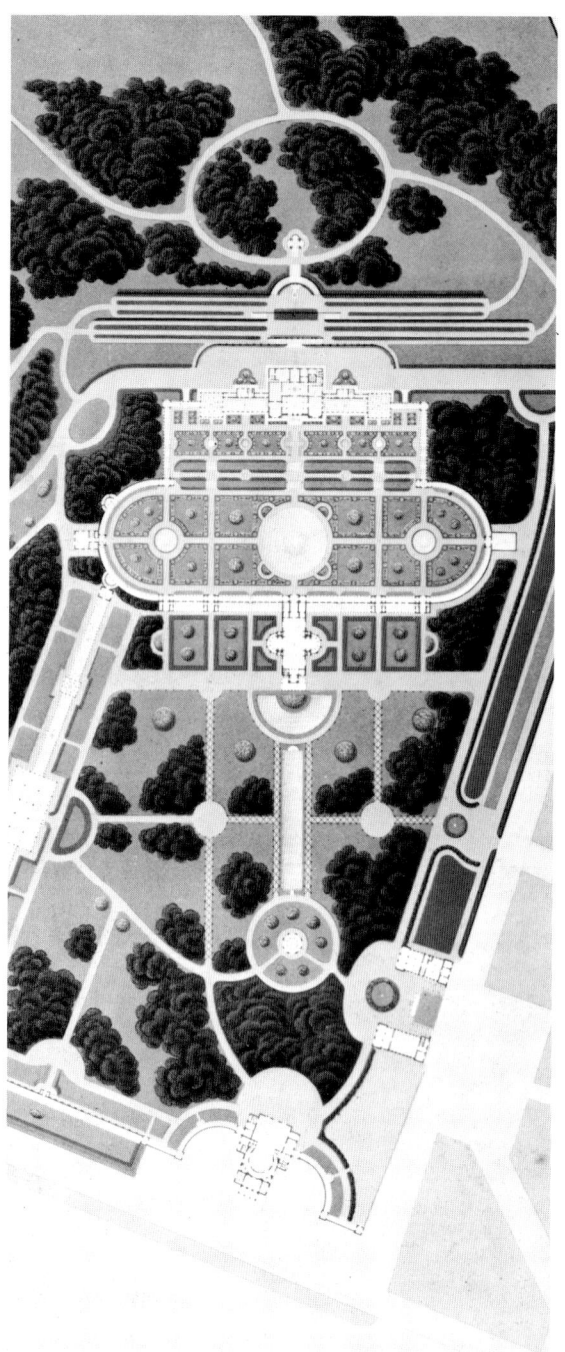

689 Ludwig von Zanth, Wilhelma, Grundriß des
Gartenhofes, Lithographie, 1855

690 Panorama der Gesamtanlage, Lithographie, 1855

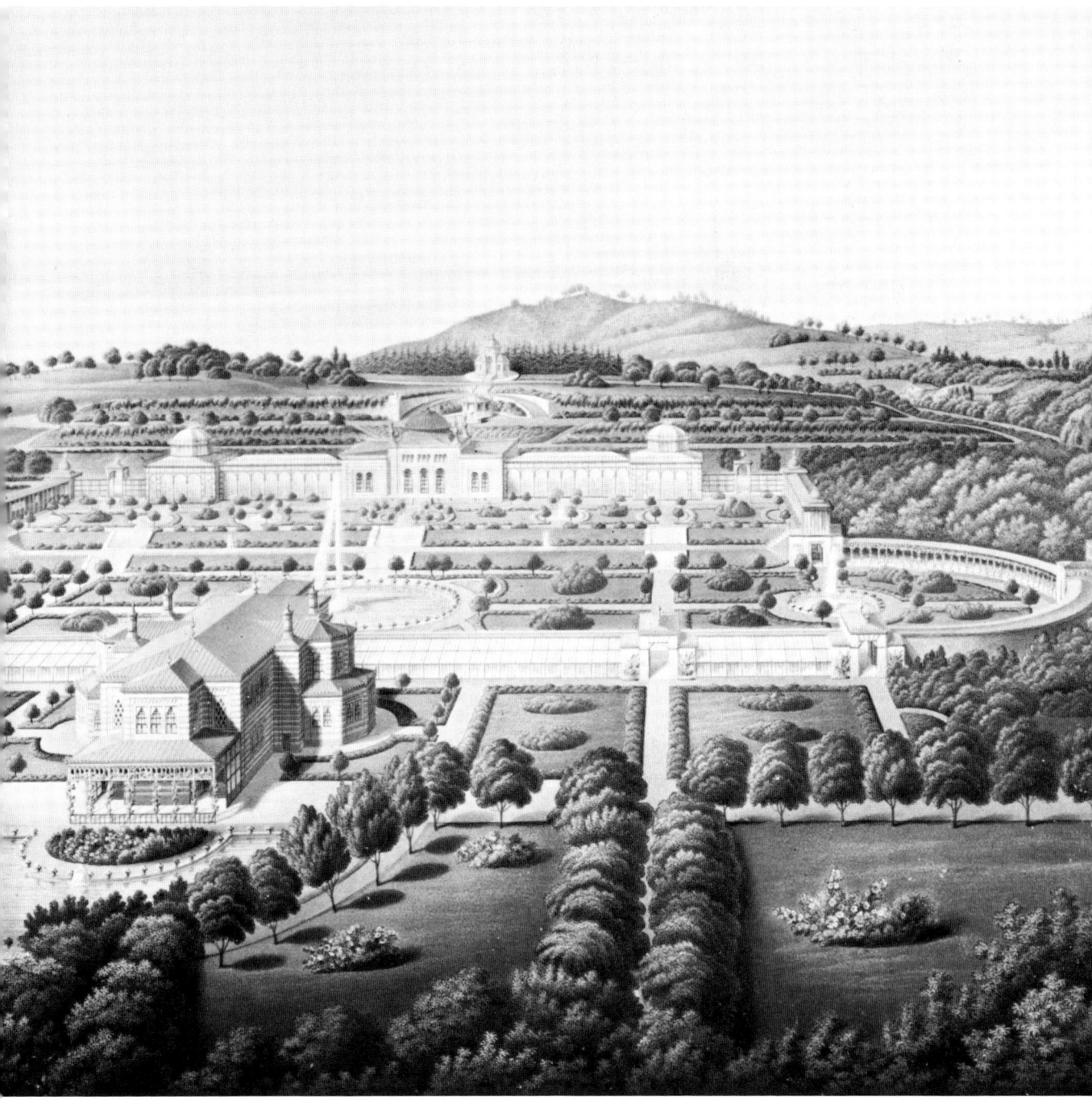

691, 692 Albert Koch, Alter Botanischer Garten, Großes Gewächshaus, 1885/86 (abgerissen)

691 Außenansicht

692 Aquarellierter Entwurf

693 Orangerie im Łazienki Park, um 1840, Mittelteil

695 Mittelpavillon

694-697 Franz von Sengenschmid, Park Schönbrunn, Großes Palmenhaus, 1880-1882

Vorhergehende Doppelseite:
694 Gesamtansicht

696 Blick in die Halle des Mittelpavillons

698, 699 Park Schönbrunn, Sonnenuhrhaus, 1885

698 Hauptfront

697 Blick in das Glasgewölbe des Mittelpavillons

699 Blick in das Glasgewölbe

700 Kleines Gewächshaus, um 1850, Außenansicht

701, 702 Friedrich Ohmann, Burggarten, Neuer Wintergarten, 1902

701 Gesamtansicht vom Park

702 Ansicht des Mittelpavillons

Wollaton Hall

703-708 Thomas Clark, Kamelienhaus, 1823

703 Gesamtansicht

704 Fassadendetail

705 Blick in die Stützenreihe des Mittelganges

706 Dachlandschaft

707 Dachlandschaft

Register

Ortsregister

Dank

Dieses Buch verdankt sein Entstehen dem an der Sache engagierten Einsatz und der freundlichen Beratung der Herren Professoren Julius Posener, Johann Friedrich Geist, Stefan Polonyi, Ernst Werner und Stephan Waetzoldt. Julius Posener hat das Manuskript kritisch durchgelesen und uns, das Ganze stets im Auge behaltend, auf Mängel und Ungereimtheiten aufmerksam gemacht. Im besonderen hat er uns zur ungekürzten Veröffentlichung des Kapitels über die Analyse der Tragkonstruktionen als geschichtliches Erklärungsmoment der Glashaus-Architektur ermuntert. Friedrich Geist hat sich vor allem mit der im Buch entwickelten Genesis des Glashauses als Bautypus auseinandergesetzt und uns – gerade wegen seiner zu uns oft unterschiedlichen Auffassung des Verfahrens – wertvolle Anregungen gegeben. Stefan Polonyi und Ernst Werner, beide leidenschaftlich an der Geschichte des Eisenbaues interessiert, haben den Abschnitt über schmiedeeiserne bzw. gußeiserne Tragwerke nicht nur vom Standpunkt der Statik und Tragwerkslehre, sondern konsequent weitergehend, auch nach dem Gesichtspunkt der ästhetischen Logik beurteilt. Ungewöhnlich war auch der persönliche Einsatz, mit dem Stephan Waetzoldt im Rahmen der Fritz Thyssen Stiftung das Entstehen unseres Werkes begleitete. Darüber hinaus sind wir Frau Dr. Brigitte Mudrak-Trost vom Prestel-Verlag für ihre aus dem Thema entwickelten, sachkundigen Anregungen und für das mühevolle Redigieren dankbar. In der langwierigen und wichtigen Aufgabe der Reinschrift des sich stets verändernden Manuskriptes hat Frau Barbara Imme große Geduld gezeigt. All diesen Personen sprechen wir unseren besonderen Dank aus.